Israël
et les Territoires
palestiniens

ÉDITION ÉCRITE ET ACTUALISÉE PAR

Daniel Robinson, Orlando Crowcroft, Anita Isalska,
Dan Savery Raz, Jenny Walker

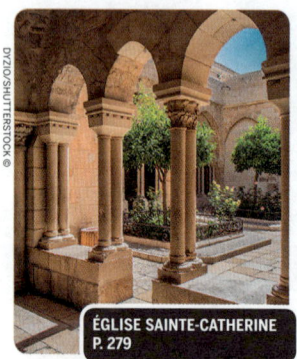

ÉGLISE SAINTE-CATHERINE
P. 279

DYZIO/SHUTTERSTOCK ©

EFESENKO/SHUTTERSTOCK ©

GASTRONOMIE LOCALE
P. 398

DANIEL REINER /SHUTTERSTOCK ©

TOUTES LES SAVEURS DU PROCHE-ORIENT

Sommaire

COMPRENDRE ISRAËL

ISRAËL PRATIQUE

COUPS DE PROJECTEUR

Bienvenue en Israël et dans les Territoires palestiniens

À la croisée de l'Asie, de l'Europe et de l'Afrique, Israël et les Territoires palestiniens sont le lieu de rencontre des cultures, des empires et des religions depuis les débuts de l'histoire.

Sites sacrés

Berceau du judaïsme et du christianisme, sacrée pour les musulmans et les bahaïs, la Terre sainte invite les visiteurs à considérer les traditions religieuses de la région. Parmi les sites juifs antiques figurent le mur des Lamentations et des synagogues de l'époque byzantine. Juifs et chrétiens ont fréquenté les synagogues de l'ère romaine autour du lac de Tibériade avant que les divergences les séparent. Pèlerins chrétiens et touristes peuvent explorer les sites liés à la naissance, au ministère et à la crucifixion de Jésus. Pour les musulmans, seules La Mecque et Médine sont plus sacrées que Haram Ash-Sharif à Jérusalem, le mont du Temple pour les juifs – sans doute le bout de terre le plus disputé du monde.

Tel-Aviv

Tel-Aviv est un tourbillon multiculturel de gratte-ciel, de charmants cafés et de corps musclés qui bronzent sur le sable. Aujourd'hui plus que centenaire – et inscrite au patrimoine mondial de l'Unesco pour son architecture Bauhaus –, cette ville fondée en 1909 reste une jeunette au regard des millénaires d'histoire locale. D'ailleurs la "ville start-up" (ainsi qu'elle se nomme) est connue dans le monde entier en tant que berceau des nouvelles technologies.

Archéologie

Grâce au travail minutieux de générations d'archéologues, les visiteurs peuvent aujourd'hui explorer les vestiges de Jéricho, vieux de 10 000 ans, entrer dans le monde de David et de Salomon dans la cité de David à Jérusalem, et coupler la visite de Massada, évoquant la résistance aux puissantes légions romaines, avec celle de Beit She'an, qui vibre encore de l'opulence romaine. Nombre des pièces les plus intéressantes du pays sont exposées au musée d'Israël, à Jérusalem.

Activités de plein air

Peu de pays présentent une telle variété géographique dans un si petit espace, qui permet de se prélasser sur une plage de la Méditerranée un jour, de flotter sur la mer Morte le lendemain, et de plonger en mer Rouge le jour suivant. Les randonneurs peuvent parcourir le pays grâce à l'Israel National Trail, traverser des cours d'eau saisonniers qui se précipitent dans le Jourdain, découvrir des oasis nichées sur les promontoires arides surplombant la mer Morte, et explorer les formations de grès multicolores de Makhtesh Ramon. Il existe de nombreux sentiers parfaits pour ceux qui roulent VTT.

Pourquoi j'aime Israël et les Territoires palestiniens

Par Orlando Crowcroft, auteur

Israël et les Territoires palestiniens ont quelque chose de très rude. Mais, quand on entre dans Jérusalem, on ressent sa puissance spirituelle, et lorsque les parfums des épices enveloppent la vieille ville de Naplouse ou que le soleil se couche sur les collines de Galilée, on tombe sous le charme. La région est aussi fascinante que frustrante, aussi attrayante que déchirée. Si vous y allez sans idées préconçues, vous comprendrez ce qui unit tous ceux qui vivent entre le Jourdain et la Méditerranée : l'attachement à la terre.

Pour en savoir plus sur nos auteurs, voir p. 480

Ci-dessus : Bethléem (p. 277)

Israël et les Territoires palestiniens

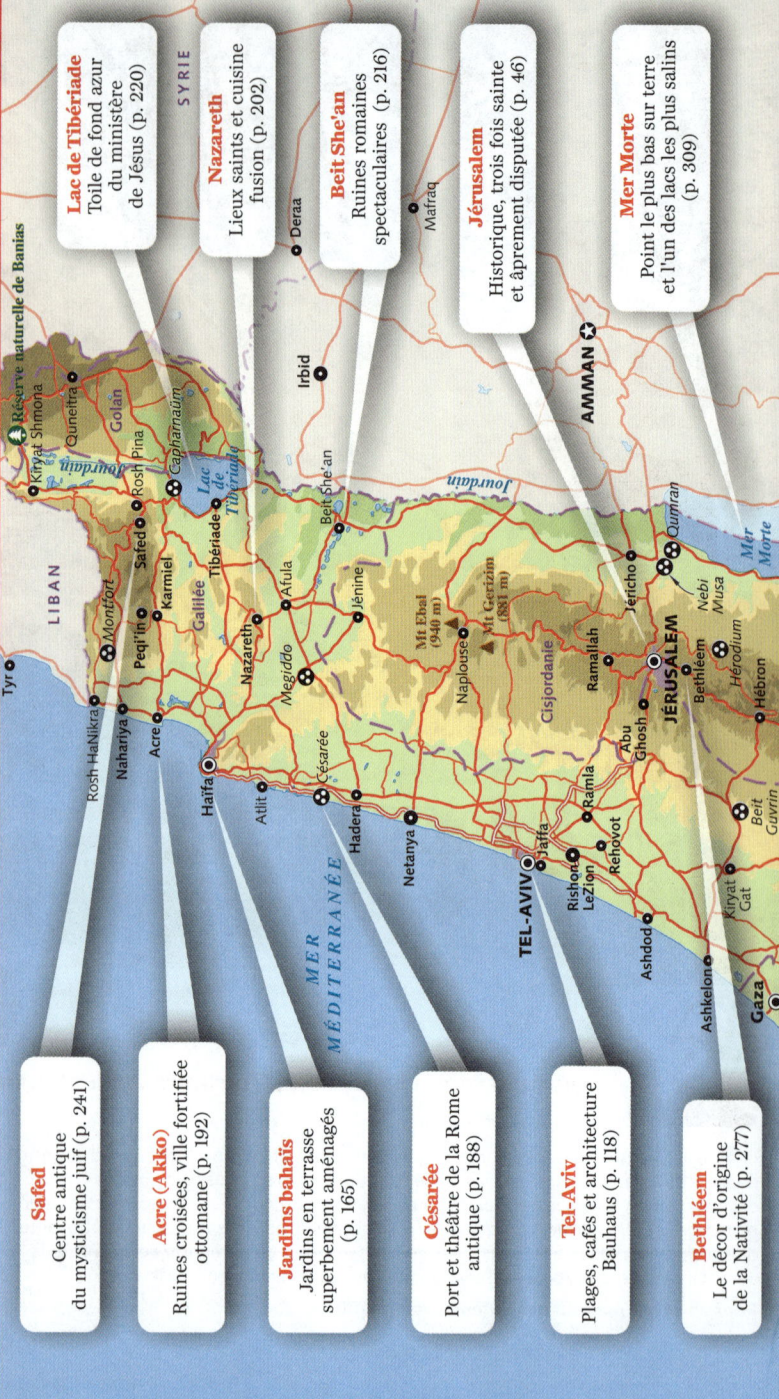

Lac de Tibériade
Toile de fond azur du ministère de Jésus (p. 220)

Nazareth
Lieux saints et cuisine fusion (p. 202)

Beit She'an
Ruines romaines spectaculaires (p. 216)

Jérusalem
Historique, trois fois sainte et âprement disputée (p. 46)

Mer Morte
Point le plus bas sur terre et l'un des lacs les plus salins (p. 309)

Safed
Centre antique du mysticisme juif (p. 241)

Acre (Akko)
Ruines croisées, ville fortifiée ottomane (p. 192)

Jardins bahaïs
Jardins en terrasse superbement aménagés (p. 165)

Césarée
Port et théâtre de la Rome antique (p. 188)

Tel-Aviv
Plages, cafés et architecture Bauhaus (p. 118)

Bethléem
Le décor d'origine de la Nativité (p. 277)

SYRIE
LIBAN
Réserve naturelle de Banias
Kiryat Shmona
Quneitra
Golan
Kiryat Shmona
Rosh Pina
Capharnaüm
Jourdain
Lac de Tibériade
Safed
Tibériade
Beit She'an
Deraa
Mafraq
Irbid
Peqi'in
Karmiel
Galilée
Nazareth
Afula
Jénine
Megiddo
Mt Ebal (940 m)
Mt Gerizim (881 m)
Naplouse
Cisjordanie
Ramallah
AMMAN
Jourdain
Jéricho
Nebi Musa
Qumran
Mer Morte
JÉRUSALEM
Bethléem
Hérodium
Hébron
Abu Ghosh
Ramla
Rehovot
Montfort
Tyr
Rosh HaNikra
Nahariya
Acre
Haïfa
Atlit
Césarée
Hadera
Netanya
Rishon LeZion
Yafo
TEL-AVIV
Ashdod
Ashkelon
Kiryat Gat
Beit Guvrin
Gaza
Bet She'an
MER MÉDITERRANÉE

50 km
N 0

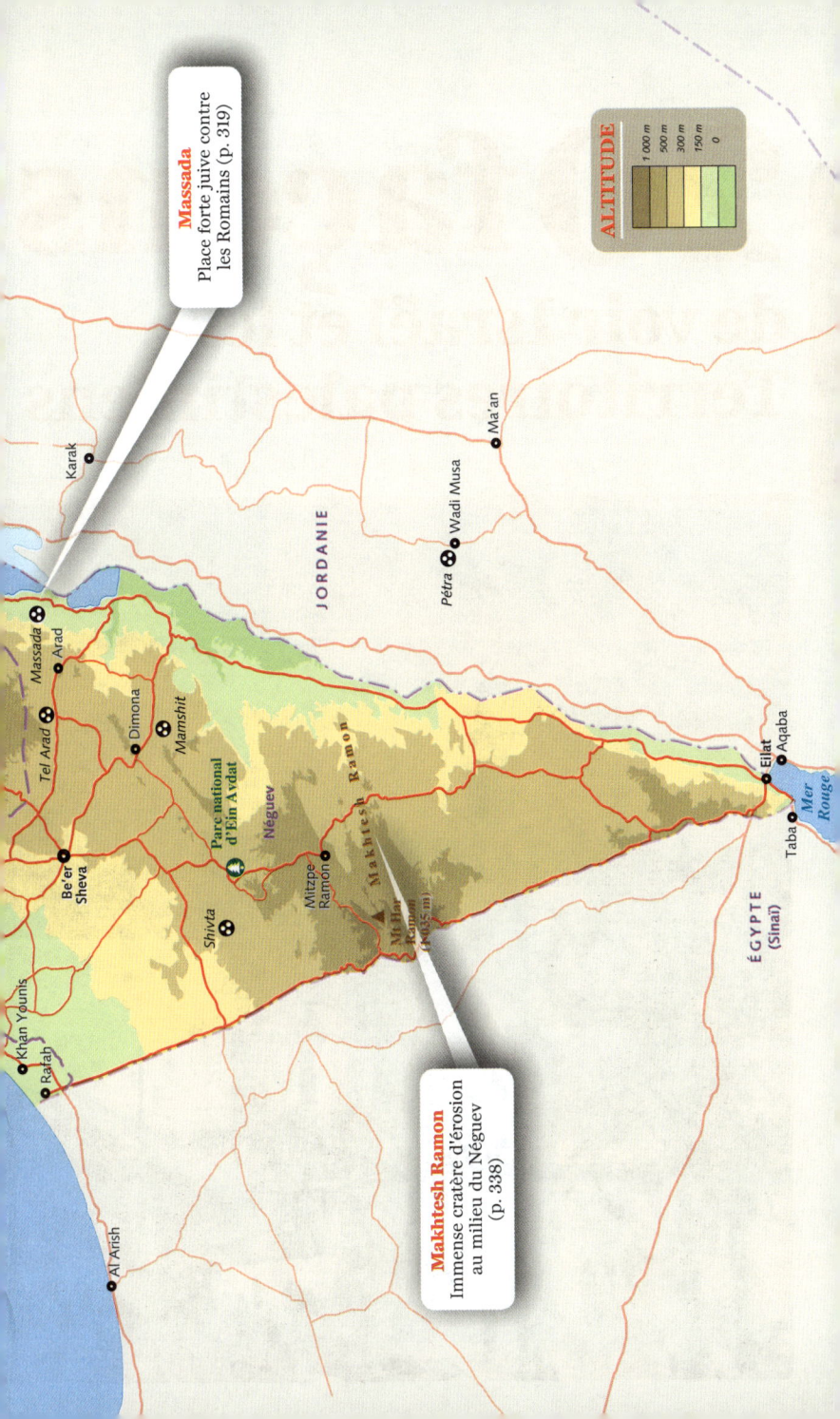

Massada
Place forte juive contre les Romains (p. 319)

Makhtesh Ramon
Immense cratère d'érosion au milieu du Néguev (p. 338)

ALTITUDE

1 000 m
500 m
300 m
150 m
0

Karak

Ma'an

JORDANIE

Wadi Musa

Pétra

Massada

Arad

Tel Arad

Dimona

Mamshit

Parc national
d'Ein Avdat

Néguev

Be'er
Sheva

Mitzpe
Ramon

Shivta

Makhtesh Ramon

Mt Har
Ramon
(1035 m)

Eilat

Aqaba

Taba

Mer
Rouge

ÉGYPTE
(Sinaï)

Khan Younis

Rafah

Al 'Arish

20 façons

de voir Israël et les Territoires palestiniens

1

Dôme du Rocher

1 Apercevoir pour la première fois le dôme du Rocher, à Jérusalem (p. 58) – avec sa coupole dorée étincelante, posée sur sa base octogonale turquoise –, est toujours impressionnant. C'était peut-être l'effet recherché par les architectes qui imaginèrent ce magnifique édifice voilà plus de 1 300 ans. Certains estiment qu'on en a la plus belle vue depuis le mont des Oliviers, mais allez l'admirer de près lors d'une promenade matinale sur le mont du Temple/Haram Ash-Sharif.

La mer Morte

2 Dépassez le panneau "niveau de la mer" et continuez à descendre la colline jusqu'à ce que vous voyiez les eaux bleues de la mer Morte (p. 309), entourées de dépôts de sel blanc, de falaises rouges et de touffes de végétation vert sombre. À l'oasis d'Ein Gedi, on peut se promener dans de profonds canyons jusqu'à des bassins aux eaux transparentes et des cascades grondantes, avant de grimper jusqu'au plateau du désert de Judée – ou descendre jusqu'au rivage pour une trempette revigorante et salée. Au sud, autour du mont Sodome, on peut faire du vélo le long des lits de rivières asséchées.

MARK MILLAN / 500PX ©

RUSLANDASHINSKY / GETTY IMAGES ©

S.J.TRAVEL PHOTO AND VIDEO / SHUTTERSTOCK ©

Plages de Tel-Aviv

3 Tel-Aviv se résumait il y a cent ans à des dunes de sable. C'est aujourd'hui une grande ville débordant d'activité, mais dont les plages, comme Gordon Beach (p. 131), restent l'épicentre. Certains bronzent et nagent, d'autres pratiquent le surf ou la voile, et presque tout le monde joue au *matkot* (raquettes de plage). Déjeunez dans l'un des bars ou restaurants qui servent bières et plats sur la plage, puis, le soir venu, faites comme les habitants : prenez un verre pendant que le soleil se couche sur la Méditerranée.

Ramallah

4 Comptant certains des meilleurs hébergements et la grande majorité des bars et discothèques de Cisjordanie, Ramallah (p. 286) est une ville cosmopolite qui constitue une bonne base pour les visiteurs. Un musée consacré à Yasser Arafat, situé dans le bâtiment où le leader palestinien a passé ses dernières années, y a ouvert fin 2016. La capitale administrative des territoires palestiniens a également un musée dédié à Mahmoud Darwich, poète et écrivain de Palestine.

Mur des Lamentations

5 En Israël, on dit que chaque pierre est sacrée. Pour les juifs, les plus sacrées de toutes sont celles du mur des Lamentations (p. 67), vestige doublement millénaire du mur d'enceinte occidental du mont du Temple. Depuis des siècles, les juifs viennent y prier et pleurer la destruction des premier et second Temples. Les énormes pierres du mur, polies par les innombrables caresses, attirent les mains et les fronts des fidèles qui viennent y chercher une connexion avec Dieu.

5

Basilique du Saint-Sépulcre

6 Érigée à l'endroit censé être, selon sainte Hélène, le site de la crucifixion et de l'ensevelissement de Jésus, la basilique du Saint-Sépulcre (p. 62), à Jérusalem, est le lieu le plus sacré au monde pour de nombreux chrétiens. Dans les chapelles sombres, des fidèles de diverses confessions chrétiennes font vivre certaines des plus anciennes traditions. Les visiteurs peuvent se joindre aux membres du clergé et aux pèlerins qui déambulent dans les galeries éclairées aux bougies.

ROSTISLAV GLINSKY / SHUTTERSTOCK ©

6

LÉONID ANDRONOV / SHUTTERSTOCK ©

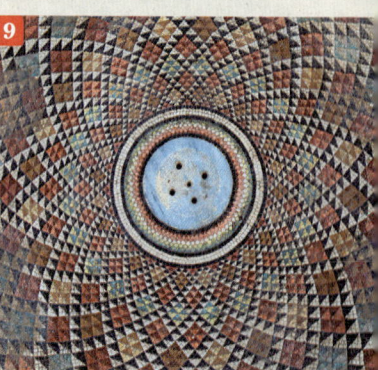

Jardins bahaïs

7 Lieu saint du bahaïsme – l'une des plus jeunes religions du monde –, les jardins bahaïs (p. 165), à Haïfa, allient symbolisme religieux et vue éblouissante au gré de 19 terrasses paysagées dévalant les pentes du mont Carmel. Coiffé d'un dôme d'or, le mausolée du Bab forme le centre de ces jardins où les parterres de fleurs, les pelouses immaculées, les sculptures et les fontaines créent un sentiment de profonde sérénité. La vue sur Haïfa depuis le sommet vaut largement l'effort !

Massada

8 À la destruction de Jérusalem par les Romains, un millier de zélotes se réfugièrent en plein désert de Judée, sur un promontoire dominant la mer Morte. Du haut de ces ruines évocatrices, on peut encore voir les huit camps (p. 319), reliés entre eux par une muraille, depuis lesquels les Romains menèrent le siège en 73. Ces derniers finirent par construire une rampe et éventrèrent les murailles, mais ils ne trouvèrent qu'une poignée de survivants – la plupart avaient préféré le suicide à l'esclavage.

Jéricho antique

9 Une promenade dans les ruines de la Jéricho antique (p. 293), l'une des plus anciennes ville du monde, est essentielle à tout voyage en Cisjordanie. Prenez le temps d'admirer les mosaïques du Palais d'Hisham, puis montez dans le téléphérique qui mène au spectaculaire mont de la Tentation et au monastère de la Quarantaine d'où le panorama est superbe.
Ci-dessus : mosaïque du Palais d'Hisham (p. 294)

Safed (Tsfat)

10 L'esprit des rabbins du XVIᵉ siècle qui transformèrent Safed (p. 241) – la plus haute ville de Galilée et d'Israël – en centre de la kabbale (mysticisme juif) le plus important au monde est perceptible dans les allées et les anciennes synagogues du quartier des synagogues, mais aussi dans celui des artistes où de petites galeries proposent des objets rituels juifs (*judaica*) créatifs. La même ferveur est palpable dans le cimetière à flanc de colline, où certains des plus grands sages du judaïsme reposent – Isaac Louria (Ari), Yossef Karo.

Césarée

11 D'impressionnantes ruines romaines (p. 188) permettent d'imaginer la vie de la ville d'il y a deux millénaires, quand les foules massées dans l'amphithéâtre acclamaient les combats entre esclaves et animaux sauvages et que le théâtre accueillait, comme aujourd'hui, des talents musicaux. Les vestiges du port d'Hérode sont devenus l'un des lieux les plus charmants d'Israël où l'on vient dîner. Les plongeurs apprécieront la découverte guidée des vestiges archéologiques immergés.

Acre (Akko)

12 Les allées étroites, les dômes des mosquées et caravansérails à colonnades de la vieille ville d'Acre (p. 192) ramènent à l'ère ottomane, tandis que les vestiges souterrains transportent à l'époque des croisés, quand cette ville portuaire était la plus riche de l'est méditerranéen. Traversez de vastes salles voûtées où dînaient jadis les chevaliers chrétiens, ou suivez les traces des Templiers dans un étonnant tunnel. Le port de pêche, caressé par la Méditerranée, est parfait pour prendre un verre ou se restaurer.

Nazareth

13 Le village où Jésus grandit est aujourd'hui une ville arabe animée. Dans la vieille ville, les allées sont jalonnées d'églises commémorant l'Annonciation, et d'autres événements du Nouveau Testament, et de demeures ottomanes. Une nouvelle génération de restaurants a fait de Nazareth (p. 202) une star du firmament gastronomique israélien. Outre les spécialités traditionnelles, servies avec la fameuse hospitalité arabe, goûtez aux plats "fusion" mêlant saveurs d'Orient et d'Occident.

SOPOTNICKI / SHUTTERSTOCK ©

PROTASOV AN / SHUTTERSTOCK ©

Lac de Tibériade

14 Avant la séparation du judaïsme et du christianisme, Jésus et ses premiers disciples vivaient parmi les juifs du lac de Tibériade (p. 226), dans des villages tels que Capharnaüm – célèbre pour ses synagogues – et Bethsaïde. Le mont des Béatitudes offre une vue époustouflante. Un bateau bien préservé datant de l'époque de Jésus est exposé au kibboutz Ginosar. La baignade est autorisée sur plusieurs plages, dont beaucoup accessibles par des chemins cyclables. En haut à droite : Capharnaüm (p. 228)

Beit She'an

15 Pour un aperçu de la grandeur et la décadence de la vie à l'époque romaine, parcourez le Cardo (boulevard principal) bordé de colonnes, les rues pavées, les thermes élaborés et les toilettes publiques de l'antique Beit She'an (p. 216), détruite en 749 par un tremblement de terre. Le théâtre de 7 000 places et ses entrées voûtées ont peu changé depuis le IIe siècle, quand y étaient joués des spectacles dramatiques (aujourd'hui, il accueille des concerts).

Makhtesh Ramon

16 Voici la version israélienne du Grand Canyon, dans le désert du Néguev. Résultat de 200 millions d'années d'érosion, ce cirque (p. 338) forme une majestueuse entaille dans un paysage lunaire d'où émergent d'étonnantes formations rocheuses roses. Autrefois recouvert par la mer, le sol parsemé de fossiles d'ammonite est désormais le repaire des animaux sauvages – oryx, gazelles, léopards, bouquetins et vautours. Parfois balayé par les vents, toujours énigmatique, ce site est l'un des plus captivants d'Israël.

Bethléem

17 Depuis presque deux millénaires, les pèlerins chrétiens se rendent sur ce qui serait le lieu de naissance de Jésus. Parcourez les rues autour de la Basilique de la Nativité (p. 279) pour découvrir d'anciens bâtiments en pierre et des ruelles qui n'ont guère changé depuis des siècles. Mais Bethléem ne s'intéresse pas qu'au passé : c'est aussi l'endroit idéal en Cisjordanie pour goûter à la gastronomie palestinienne et découvrir des bars agréables.

ALEXANDRE ROTENBERG / SHUTTERSTOCK ©

ALDO PAVAN / GETTY IMAGES ©

Architecture de Tel-Aviv

18 Les architectes juifs fuyant l'Allemagne des années 1930 importèrent un nouveau style à Tel-Aviv (p. 118) : le Bauhaus ou style international. Leur héritage – de nombreux édifices aux lignes sobres jouant avec la rondeur – constitue le plus grand ensemble de bâtiments Bauhaus au monde, et a valu à Tel-Aviv d'être classée au patrimoine mondial de l'Unesco. La préservation des joyaux Bauhaus de la ville est en cours.

Musée d'Israël

19 Ouvert en 1965 et agrandi en 2010, le musée d'Israël (p. 92) est l'une des deux extraordinaires institutions culturelles de Jérusalem qui doivent leur existence à un programme de philanthropie culturelle internationale (l'autre étant le musée de l'Holocauste Yad Vashem, p. 94). Il renferme les manuscrits de la mer Morte, une collection archéologique, des salles pleines d'objets rituels juifs et de présentations ethnographiques juives, des galeries d'art (Van Gogh, Monet, Renoir) et un jardin de sculptures.
En haut à droite : le Sanctuaire du Livre (p. 92)

Naplouse

20 La deuxième ville de Cisjordanie (p. 299) s'étend entre les monts Garizim et Ebal. Dans le marché animé, les commerçants palestiniens vendent de tout, des fruits aux légumes, des riches parfums aux épices piquantes. Multipliez les plaisirs sensoriels en mangeant un *kunafeh*, la gourmandise de Naplouse, une pâtisserie chaude et sucrée à base de fromage, et en poussant la porte d'un des deux hammams de la ville ouverts aux touristes. Le mont Garizim est le premier lieu saint pour les Samaritains, qui y bâtirent leur temple rival de celui de Jérusalem.

L'essentiel

Pour plus d'informations, voir la section *Carnet pratique* (p. 427).

Monnaies

Israël et Territoires palestiniens : nouveau shekel israélien (NIS ou ILS). Jordanie et Cisjordanie : dinar jordanien (DJ ou JOD).

Langues

Israël : hébreu et arabe (langues officielles), anglais. Territoires palestiniens et Jordanie : arabe, anglais.

Visas

Israël et la Jordanie (sauf au poste-frontière Jourdain/ Sheikh Hussein) accordent des visas à l'arrivée aux ressortissants de la plupart des pays.

Argent

DAB nombreux. Cartes bancaires acceptées presque partout.

Téléphone

La couverture réseau est bonne hormis dans les zones les plus reculées.

Heure locale

2 heures d'avance sur le GMT/UTC.

Quand partir

Été chaud à très chaud, hiver doux
Climat sec
Climat sec et désertique

Tibériade
Meilleure période
oct-juin

Tel-Aviv •
Meilleure période
oct-juin

Jérusalem
Meilleure période
sept-juin

Mer Morte
Meilleure période
oct-mai

Eilat
Meilleure période
oct-juin

Haute saison

(juil-août)

➡ Chaud à Jérusalem, lourd à Tel-Aviv, étouffant à Tibériade, Jéricho, sur la mer Morte et à Eilat.

➡ Prix des hôtels au plus haut et peu de chambres disponibles.

➡ Fêtes juives de Pessah, Rosh ha-Shana et Soukkot.

Saison intermédiaire

(sept-nov, mars-juin)

➡ Pluies ponctuelles, mais soleil et chaleur dominant.

➡ Mars et avril sont idéaux pour la randonnée.

Basse saison

(déc-fév)

➡ Frais, voire froid dans le Nord, surtout en altitude.

➡ Les pèlerins affluent à Bethléem pour Noël.

➡ Idéal pour profiter de la chaleur d'Eilat et de la mer Morte.

Sites Web

➡ **Israel Nature & Parks Authority** (www.parks.org.il). Réserves et sites archéologiques.

➡ **Ministère israélien du Tourisme** (www.goisrael.com). Infos et événements.

➡ **This Week in Palestine** (www.thisweekinpalestine. com). Articles et événements culturels.

➡ **ILH-Israel Hostels** (www. hostels-israel.com). Auberges de jeunesse indépendantes.

➡ **Lonely Planet** (www.lonelyplanet.fr). Infos, forum et newsletter.

Numéros utiles

Ambulance	☎ 101
Indicatif Israël	☎ 972
Indicatifs Territoires palestiniens	☎ 972 ou 970
Police	☎ 100
Pompiers	☎ 102

Taux de change

		NIS	DJ
Canada	1 $C	2,80	0,55
États-Unis	1 $US	3,65	0,70
Israël	1 NIS	–	0,20
Suisse	1 FS	3,60	0,70
Zone euro	1 €	4,31	0,84

Pour les taux de change actualisés, voir www.xe.com

Budget quotidien

Moins de 350 NIS

➡ Lit en dortoir : 100 NIS

➡ Falafels, houmous, et pique-niques : 100 NIS/jour

➡ Déplacements en bus ou *sherout* (taxi collectif) : 50 NIS

➡ Plages publiques gratuites

350-600 NIS

➡ Chambre double (catégorie moyenne) : 150-220 NIS/pers

➡ Restaurants de catégorie moyenne : 100-150 NIS

➡ Taxi privé : 100-150 NIS

Plus de 600 NIS

➡ Chambres doubles (luxe ou B&B) : à partir de 300 NIS/pers

➡ Restaurants haut de gamme : 300 NIS

➡ Voiture de location ou avec un guide : 400 NIS

Heures d'ouverture (Israël)

Banques De 8h30 à 12h30, et parfois de 16h à 18h30, du lundi au jeudi. De nombreuses agences ouvrent le dimanche et le vendredi matin.

Bars et clubs 12h-minuit.

Centres commerciaux De 10h à 21h30 du dimanche au jeudi, jusqu'à 14h ou 15h le vendredi.

Magasins De 9h à 18h du dimanche au jeudi, jusqu'à 14h ou 15h le vendredi.

Poste De 8h à 12h30 et parfois de 15h30 à 18h du dimanche au jeudi, 8h-12h le vendredi. Fermeture plus tôt pendant les vacances et en juillet-août.

Restaurants De 8h à 22h, fermés pour shabbat.

Pendant le Ramadan, presque tous les restaurants des Territoires palestiniens ferment en journée.

Arriver en Israël et dans les Territoires palestiniens

Aéroport Ben Gourion (Tel-Aviv). Taxi pour Jérusalem/Tel-Aviv (110/300 NIS), *sherout* pour Jérusalem (64 NIS) ou train pour Tel-Aviv (13,50 NIS).

Poste-frontière Jourdain/Sheikh Hussein (Jordanie). Taxi pour Beit She'an (40 NIS, mais vous devrez négocier comme jamais).

Pont Allenby/King Hussein (Jordanie). *Sherout* pour Jérusalem (35 NIS, 30 minutes).

Poste-frontière Yitzhak Rabin/Wadi Araba (Jordanie). Taxi pour Eilat (35 NIS, 20 minutes).

Comment circuler

Israël a d'importants réseaux de transports publics ; pour connaître les lignes et horaires, consultez www.bus.co.il. Les bus et trains ne circulent pas lors du shabbat et les fêtes juives. La Cisjordanie est bien desservie par des lignes de bus et des taxis collectifs ("services").

Bus Important service de bus.

Sherout Service de taxis collectifs, qui ne partent qu'une fois pleins et sont souvent plus rapides que les bus sur les itinéraires principaux.

Train Des lignes intercités et de banlieue circulent le long de la côte, vers l'aéroport Ben Gourion et jusqu'à Jérusalem.

Voiture Idéale pour visiter la campagne mais il peut être très compliqué de se garer dans la plupart des grandes villes.

Pour plus de détails sur les **transports locaux** voir p. 446.

PRÉPARER SON VOYAGE L'ESSENTIEL

Quoi de neuf ?

Trains à grande vitesse

Une nouvelle ligne entre Haïfa et Beit She'an a été inaugurée fin 2016, mais le train à grande vitesse entre Jérusalem et Tel-Aviv prévu pour le printemps 2018 a pris un peu de retard. En tout cas, le trajet entre les deux villes se réduira dès lors à une demi-heure. On envisage également la construction d'une autre ligne reliant Eilat à Tel-Aviv.

Festivals

Israël n'a jamais manqué de divertissements et l'offre s'est encore étoffée avec, entre autres, le Shutka Festival, qui apporte la musique balkanique dans le Néguev, et le Rising Spirit Festival au Golan, dédié à la *dance*.

Cuisine fusion

Dans des villes comme Nazareth et Haïfa, ou encore en Galilée, la cuisine arabo-israélienne plaît de plus en plus. Les plus grands chefs y rivalisent d'ingéniosité gastronomique dans des recettes "fusion" qui séduisent les convives.

Plage d'Ein Bokek

Les rives de la mer Morte où se baigner gratuitement se raréfient et la toute nouvelle plage publique d'Ein Bokek est l'un des rares endroits d'Israël encore accessibles. De surcroît il y des douches sur place, indispensables pour se rincer avant de repartir (p. 322).

Tel-Aviv, "la bulle"

Toujours prospère, la cité concentre nombre d'entreprises de haute technologie et foisonne d'espaces de coworking, dont WeWork et Mindspace, inaugurés ces dernières années.

Cuisine végane

Dans tout le pays, des autocollants "vegan-friendly" ou "HappyCow" (www.happycow.net) signalent une nouvelle génération d'établissements véganes, jadis totalement absents en Israël.

Boulangeries "tout à 5 shekels"

Excellentes haltes pour un déjeuner à petit prix, ces boulangeries où tout est à 5 shekels gagnent désormais d'autres villes, après leur succès remporté à Jérusalem ces dernières années.

Applis pour smartphone

Les applications de localisation – des taxis comme… des tirs de roquettes – remportent tous les suffrages en Israël. Outil essentiel, Waze permet aux automobilistes d'éviter des ralentissements spécifiquement israéliens comme les contrôles militaires. Côté taxis, les applications dédiées simplifient la vie à Tel-Aviv.

Bière artisanale

En Israël, comme partout ailleurs, la bière artisanale a connu un engouement. Découvrez l'offre de la microbrasserie Libira à Haïfa ou de l'une des nombreuses autres brasseries du pays (p. 179).

Petite reine

Il ne se passe pas une année en Israël sans que de nouvelles pistes cyclables soient inaugurées, en ville comme à Tel-Aviv mais tout autant en terres désertiques ou dans les massifs forestiers. Israel Ride organise des circuits.

Envie de...

Plages

Farniente en Méditerranée, baignade et fangothérapie dans la mer Morte, plongée en mer Rouge et rives tranquilles du lac de Tibériade : les plages sont bien au rendez-vous !

Metzitzim Beach Une plage familiale, au sud du port de Tel-Aviv (p. 131).

Coral Beach La meilleure plage d'Eilat et un paradis pour les amateurs de snorkeling (p. 349).

Plage d'Ein Bokek La meilleure plage gratuite de la mer Morte (p. 322).

Lac de Tibériade Gratuites ou aménagées et payantes, toutes sont rafraîchissantes les jours d'été caniculaires (p. 226).

Herzliya Belle plage de sable entre la marina et les villas les plus chères d'Israël (p. 157).

Randonnées

Passées les pluies hivernales, collines et vallées se couvrent de fleurs au printemps pour le plus grand bonheur des randonneurs. De la promenade en famille au trek de plusieurs jours, on n'a que l'embarras du choix.

Israel National Trail Le plus long sentier d'Israël relie la frontière libanaise à la mer Rouge (p. 33).

Ein Gedi Les deux canyons de l'oasis bruissent de vie au printemps, avec une profusion de plantes et d'animaux (p. 312).

Réserve naturelle de Makhtesh Ramon Un grand "cratère" désertique, célèbre pour ses grès multicolores (p. 338).

Réserve naturelle de Yehudiya Canyons, chutes et piscines naturelles en lisière ouest du Golan (p. 264).

Chemin de Jésus De Nazareth au lac de Tibériade (p. 207).

Sentier d'Abraham Des portions de cet itinéraire entre l'Iraq et La Mecque passent par Israël et la Cisjordanie (p. 275).

Parc national d'Ein Avdat Une oasis cachée dans le désert du Néguev (p. 335).

Dégustation de vin

Le raisin s'épanouit depuis des temps immémoriaux en Israël, produisant des vins primés à découvrir.

Zikhron Yaakov Centre vinicole depuis la fin du XIXe siècle jouissant d'un climat méditerranéen (p. 185).

Plateau du Golan Haute altitude, climat frais, sols volcaniques bien drainés et excellent savoir-faire (p. 261).

Ramat Dalton Dans les hauteurs du nord de la Galilée, "la Toscane israélienne" produit des crus remarqués (p. 253).

Taybeh Winery De délicieux rouges et blancs issus d'un coteau près de Ramallah (p. 292).

Hauts plateaux du Néguev Journées chaudes, nuits froides et héritage des Nabatéens (p. 333).

Synagogues anciennes

Des synagogues du passé, pour certaines ornées de sculptures et de mosaïques, ont été exhumées à travers tout le pays.

Synagogue de Beit Alpha Des mosaïques extraordinaires aux symboles juifs (p. 218).

Parc national de Hamat Tveriya Les mosaïques au lac Tibériade représentent deux chandeliers à 7 branches et un zodiaque (p. 222).

Parc national de Korazim Des sculptures d'une finesse exceptionnelle (p. 229).

Parc national de Tzipori Une synagogue byzantine parée de splendides mosaïques (p. 211).

Parc national de Bar'am Une solide synagogue en calcaire finement taillé datant de la fin de la période talmudique (p. 250).

Sites du Nouveau Testament

Les sites associés à la vie de Jésus et à son ministère – Bethléem, Nazareth, Galilée, Jérusalem – sont des lieux de pèlerinage chrétien.

Basilique du Saint-Sépulcre Considérée comme étant le site de la crucifixion, de la mort et de la résurrection de Jésus, c'est le lieu le plus sacré du christianisme (p. 62).

Basilique de la Nativité Considérée comme le lieu de naissance de Jésus (p. 279).

Basilique de l'Annonciation Pour les chrétiens, le lieu de l'annonce faite à Marie (p. 202).

Capharnaüm Là où Jésus exerça la plus grande partie de son ministère galiléen (p. 228).

Qasr Al Yahud Le site où Jésus aurait été baptisé par Jean (p. 294).

Mont Tabor Lieu de la Transfiguration de Jésus (p. 214).

Vie nocturne

Sirotez du vin de Galilée en bord de mer ou une bière de micro-brasserie dans un pub, assistez à un concert dans un vieil entrepôt ou dansez toute la nuit sur la plage.

Tel-Aviv Cafés en bord de mer, cuisine gastronomique, concerts et danse toute la nuit (p. 144).

Ramallah Siège de bars et cafés parmi les plus animés de Cisjordanie (p. 286).

Théâtre Cameri Représentations de théâtre contemporain israélien à Tel-Aviv, parfois avec traduction simultanée en anglais (p. 152).

Haïfa Bars et clubs branchés drainent une large clientèle estudiantine (p. 178)

En haut : source d'Ein Akev (p. 336) dans le parc national d'Ein Avdat.
En bas : basilique de l'Annonciation (p. 202) à Nazareth .

Mois par mois

Janvier

Le mois le plus froid de l'année, frais à Jérusalem et dans le Nord, souvent ensoleillé au bord de la mer Morte et à Eilat. Il y a parfois un peu de neige à Jérusalem ainsi qu'à Safed. Les hôtels pratiquent les tarifs de basse saison.

 Tou Bichvat

(Nouvel An des arbres). Ce véritable renouveau attire foule dans les parcs nationaux, où les écoliers israéliens viennent planter des arbres. C'est le moment rêvé pour randonner dans les forêts autour de Jérusalem. Consultez le site du Keren Kayemet Fund (www.kkl-jnf. org) pour y participer. Prochaines dates : 20-21 janvier 2019, 9-10 février 2020, 27-28 janvier 2021.

Février

Amandiers en fleurs et coquelicots sur les collines autour de Jérusalem annoncent le printemps en Israël et dans les Territoires palestiniens. Mais février reste froid et humide, et le vent du désert souffle parfois par surprise.

🏃 Marathon de Tel-Aviv

Un vendredi matin de fin février, des dizaines de milliers de coureurs prennent d'assaut le front de mer, les artères principales et le parc HaYarkon. De nombreuses rues étant fermées, déplacez-vous dès lors à pied ou à vélo.

Mars

Collines et vallées se tapissent de fleurs sauvages, pour le plus grand plaisir des randonneurs. Jérusalem peut rester froid et humide, mais il règne sur la côte une douceur délicieuse.

◉ Pourim

Commémore l'échec d'un complot visant à éliminer les Juifs de la Perse antique.
Enfants et adultes revêtent des costumes pour une journée de fête. La plus grande parade a lieu à Holon, au sud de Tel-Aviv. Pour les adultes, la fête bat son plein à Tel-Aviv, souvent autour de la place Kikar HaMedina ou dans le quartier de Florentine. Prochaines dates : 20-21 mars 2019, 9-10 mars 2020, 25-26 février 2021.

Avril

La pleine floraison est la période idéale pour randonner. Le prix des hébergements grimpe pendant Pessah et, près des sites chrétiens, au moment de Pâques. La côte bénéficie toujours d'un temps idyllique.

◉ Lailat Al Miraj

(Al-Israa' wal-Mi'raj). Commémore le "voyage nocturne" de Mahomet de La Mecque à Jérusalem puis au paradis.

Des milliers de musulmans se rendent au dôme du Rocher à Jérusalem. Le mont du Temple/Haram Ash-Sharif est alors fermé aux visiteurs. Prochaines dates : 2-3 avril 2019, 21-22 mars 2020, 10-11 mars 2021.

CALENDRIERS RELIGIEUX

Les fêtes juives suivent le calendrier luni-solaire hébreu et tombent dans les quatre semaines correspondant du calendrier grégorien. Certaines fêtes sont célébrées durant 2 jours dans la Diaspora mais seulement durant une journée en Israël.

Les musulmans obéissant à un calendrier lunaire, les fêtes arrivent chaque année 11 ou 12 jours avant les dates du calendrier grégorien. Les dates définitives sont déterminées par l'observation directe de la Lune et peuvent donc différer légèrement de celles que nous avons listées.

Fêtes juives et islamiques durent du coucher du soleil au coucher du soleil le jour suivant ; les dates données incluent la veille du jour dit.

Les églises orthodoxes d'Orient associent le calendrier julien et, à Pâques, le cycle pascal.

☉ Pessah

Célébration de la libération des Israélites de l'esclavage en Égypte. La Pâque juive dure une semaine où magasins et services sont fermés les 1er et 7e jours. Les familles juives organisent un *seder* (dîner rituel) le premier soir (les deux premiers soirs dans la Diaspora). La vente de *chametz* (pain et autres produits contenants du levain) est interdite dans les zones juives. Beaucoup d'Israéliens partent en vacances, les chambres sont rares et les prix flambent. Prochaines dates : 19-26 avril 2019, 8-15 avril 2020, 27 mars-3 avril 2021.

☉ Vendredi saint

Le vendredi précédant le dimanche de Pâques est celui de la crucifixion de Jésus à Jérusalem. Des milliers de pèlerins se rassemblent pour suivre le chemin de croix le long de la Via Dolorosa, suivi le soir d'une procession funéraire aux chandelles dans la basilique du Saint-Sépulcre. La date diffère selon qu'on est protestant/catholique : 19 avril 2019, 10 avril 2020, 2 avril 2021, ou orthodoxe : 26 avril 2019, 17 avril 2020, 30 avril 2021.

☉ Pâques

Trois jours après la crucifixion du Christ, sa résurrection marque la fin du carême (40 jours de pénitence et de jeûne). Célébrée dans les principales églises de Jérusalem, Bethléem et Nazareth, la fête pascale est l'occasion à Jérusalem de nombreuses manifestations, entre autres la parade des fanfares arméniennes le Samedi saint, et les offices du lever du soleil au jardin de la Tombe. Prochaines dates catholiques et protestantes : 21 avril 2019, 12 avril 2020, 4 avril 2021 ; dates orthodoxes : 28 avril 2019, 19 avril 2020, 2 mai 2021.

⚡ Zorba Festival

Cinq jours de musique et spiritualité dans le sud du désert du Néguev, au sein du Desert Ashram (www. desertashram.co.il/en).

Mai

De longues journées ensoleillées sans être trop chaudes. Peu de voyageurs en famille car les enfants ont classe en Israël. Les dernières pluies tombent souvent début mai.

☉ Ramadan

Mois sacré durant lequel les musulmans jeûnent du lever au coucher du soleil. Nombre de magasins et restaurants restent fermés tant qu'il fait jour à Jérusalem-Est (vieille ville comprise), en Cisjordanie et dans les villes arabes d'Israël. Les rues s'animent au crépuscule. Dans les régions arabes, les maisons sont illuminées et le rassemblement des familles induit une circulation accrue. Dates : 5 mai-4 juin 2019, 23 avril-23 mai 2020, 12 avril-11 mai 2021.

⚡ Jour de l'Indépendance

(Yom Ha'atzmaout). Un jour férié majeur en souvenir de la déclaration d'indépendance d'Israël en 1948. Magasins et restaurants sont ouverts, et les bus circulent normalement. La veille, jour du Souvenir (Yom HaZikaron), on se recueille en souvenir des soldats morts au champ d'honneur. Le soleil tombé, place à la fête comme sur la place Rabin à Tel-Aviv, avec des feux d'artifice. Prochaines dates : 8-9 mai 2019, 28-29 avril 2020, 14-15 avril 2021.

⚡ Docaviv

De marginal, ce festival de films documentaires est devenu le premier du Moyen-Orient, et un des événements majeurs sur l'agenda de Tel-Aviv. Projections en anglais, en hébreu et en arabe à la cinémathèque de Tel-Aviv (p. 151).

 Midburn

Prolongement au Néguev du festival Burning Man américain, Midburn (www.midburn.org/en) célèbre 6 jours durant art, musique et expression personnelle. Des milliers de participants rejoignent une ville éphémère édifiée au milieu du désert, près de Sde Boker.

Israel Festival

(www.israel-festival.org.il). Trois semaines, de fin mai à début juin, de musique, de théâtre et de danse dans Jérusalem et ses environs (p. 97).

Juin

Soleil, chaleur et longues journées sans la touffeur et l'humidité qui règnent en juillet et août sur la côte. Rares sont les gouttes de pluie mais tablez parfois sur des tarifs de haute saison.

Aïd el-Fitr

(Rupture du jeûne). La fin du ramadan est marquée par 1 à 3 jours de célébrations en famille et entre amis. Prochaines dates : 4 et 5 juin 2019, 23 et 24 mai 2020, 12 et 13 mai 2021.

Chavouot

(Pentecôte). La dernière grande fête juive avant l'été célèbre le don de la Torah sur le mont Sinaï. On consomme des produits laitiers et un marché

s'installe sur la place Rabin à Tel-Aviv. La majorité des commerces ferment, les transports en commun se raréfient. Les habitants affluent vers les plages et les sites touristiques. Prochaines dates : 8-9 juin 2019, 28-29 mai 2020, 16-17 mai 2021.

Gay Pride

La deuxième semaine de juin, le grand défilé gay et lesbien d'Israël couvre Tel-Aviv de drapeaux multicolores.

Nuit blanche

(Laila Lavan en hébreu). Le dernier jeudi soir de juin, la Nuit blanche enflamme chaque année Tel-Aviv. Des scènes improvisées accueillent groupes locaux, DJ, pianistes classiques et quelques têtes d'affiche (p. 140).

Lights in Jerusalem

Fin juin et début juillet, projections vidéo colorées et installations lumineuses en 3D illuminent la vieille ville. Un festival gratuit qui met sublimement en valeur les murailles (p. 97).

Juillet

Sec (et toujours chaud) à Jérusalem, étouffant sur la côte (où affluent les méduses tant l'eau est chaude), brûlant au lac de Tibériade, sur la mer Morte et à Eilat. L'hébergement devient cher, surtout dans les B&B du Nord.

Festival du film de Jérusalem

Ce festival attire foule mi-juillet (www.jff.org.il/en ;

réservez tôt vos places) dans la Ville sainte. La cérémonie de remise de prix est très animée.

Opera in the Park

Au plus chaud de l'été, pas loin de 100 000 spectateurs se pressent au parc HaYarkon de Tel-Aviv pour le spectacle gratuit de l'Israeli Opera. Pique-nique et vin font partie des incontournables pour prendre place (tôt !) sur les pentes herbeuses de l'amphithéâtre naturel.

Août

Le mois le plus chaud de l'année : étouffante sur la côte, la chaleur est un peu moindre à Jérusalem, mais infernale sur les rives du lac de Tibériade, sur la mer Morte et à Eilat. L'affluence renforce les tarifs hôteliers, surtout dans les B&B du Nord.

Aïd al-Adha

La commémoration du sacrifice d'Abraham marque pour les musulmans la fin du hadj (pèlerinage annuel à La Mecque). Attendez-vous à des embouteillages en Cisjordanie car c'est une période de vacances pour les Palestiniens. Prochaines dates : 11-15 août 2019, 30 juillet-3 août 2020, 20-24 juillet 2021.

International Klezmer Festival - Tsaft

La ville de Safed (Tsfat), en Galilée, vit 3 jours au rythme de la soul juive d'Europe de l'Est – concerts de 21h à bien après minuit.

🌟 Red Sea Jazz Festival

Le meilleur du jazz sous le soleil d'Eilat (en.redseajazz.co.il ; 4 nuits dernière semaine d'août ; p. 351).

🌟 Festival du vin de Jérusalem

Quatre jours autour de Tou Beav (équivalent de la Saint-Valentin), ce festival œnologique se niche dans le jardin de sculptures du musée d'Israël. L'entrée donne droit à un nombre illimité de dégustations des meilleurs producteurs d'Israël, comme aux concerts (p. 97).

Septembre

L'heure de la rentrée scolaire a sonné, peu de familles font du tourisme, mais se loger coûte une fortune au moment de Rosh ha-Shana (voire de Soukkot). Côté transports, les vols affichent vite complet pour le Nouvel An juif, puis pour Yom Kippour.

👁 Rosh ha-Shana

(Nouvel An juif). Tout ferme pendant deux jours. Certains Israéliens partent en vacances, les chambres se font donc rares et les prix augmentent. Pas de grandes fêtes de rue, mais depuis quelques années certaines discothèques comme Block (p. 150) à Tel-Aviv organisent des soirées DJ spéciales. Prochaines dates : 29 septembre-1ᵉʳ octobre 2019, 18-20 septembre 2020, 6-8 septembre 2021).

Octobre

En ce début d'automne, le temps est souvent ensoleillé et sec. Il peut faire frais dans le Nord et à Jérusalem. Les tarifs hôteliers flambent autour de Soukkot.

👁 Yom Kippour

(Grand Pardon). Jour solennel de réflexion et de jeûne – et de promenades à vélo sur les routes désertées. La sonnerie du schofar (corne de bélier) marque la fin de la journée. Dans les zones juives, les commerces ferment et les transports s'arrêtent ; les aéroports et les frontières ferment en Israël. Prochaines dates : 8-9 octobre 2019, 27-28 septembre 2020, 15-16 septembre 2021.

👁 Soukkot

(Fête des Cabanes). Fête d'une semaine qui commémore les 40 années d'errance des Israélites dans le désert. C'est aussi la grande fête automnale des récoltes. Les 1ᵉʳ et 7ᵉ jours sont fériés, les magasins ferment. Le dernier jour, Sim'hat Torah, conclut le cycle annuel juif de lecture de la Torah, avec danses dans les synagogues, surtout à Jérusalem. Les Israéliens étant en vacances, nombre d'expositions et de festivals de musique prennent place à ce moment-là. Prochaines dates : 13-20 octobre 2019, 2-9 octobre 2020, 20-27 septembre 2021.

🌟 Tamar Festival

L'un des plus grands festivals de musique d'Israël. Une fois l'an, les artistes les plus célèbres de la région se retrouvent à Massada pendant la semaine de vacances de Soukkot. Les concerts se déroulent dans un cadre offrant de belles vues sur le désert rouge et la mer Morte.

🌟 InDNegev Festival

Mitzpe Gvulot, à 30 km à l'ouest de Beer Sheva dans le Néguev, accueille mi-octobre ce grand festival musical annuel surnommé Indie Negev (www.indnegev.co.il). Trois jours durant, plus d'une centaine des meilleurs artistes underground israéliens se succèdent sur scène.

🏃 Sovev TLV

Tel-Aviv laisse libre cours à sa passion du vélo pendant plusieurs jours. L'événement phare, les 42 km, commence à l'aube un vendredi de la mi-octobre. Beaucoup de voies rapides et de rues du centre sont fermées. Cours pour les enfants et les skaters.

Novembre

Parfois pluvieux et froid, souvent ensoleillé, notamment sur la côte, au bord de la mer Morte et à Eilat. Les jours raccourcissent. Retour aux prix de basse saison.

👁 Jour du Souvenir Yitzhak Rabin

Grand rassemblement pacifique sur la place Rabin à Tel-Aviv en mémoire de Yitzhak Rabin, Premier ministre assassiné le 4 novembre 1995 en représailles de ses efforts pour instaurer la paix avec les Palestiniens.

★ Festival international d'oud de Jérusalem

Dix jours consacrés à l'oud (instrument à cordes oriental) au sein de la Kalman Sultanic Confederation House (www.confederationhouse.org), siège du centre pour la musique et la poésie locales, ainsi que dans d'autres lieux de Jérusalem.

Décembre

Parfois pluvieux et froid, avec des épisodes de soleil et de chaleur. Tarifs hôteliers de basse saison, sauf en terres chrétiennes au moment de Noël, où les chambres se font très rares. Les jours sont courts.

◉ Hanoucca

(Fête des Lumières). Un beau moment pour visiter le pays. Les Juifs célèbrent la réinauguration du Temple après la révolte des Maccabées. Les familles allument des bougies 8 nuits de suite sur un chandelier à 9 branches ; on déguste toutes sortes de beignets. Les magasins restent ouverts et les entreprises fonctionnent. Prochaines dates : 2-10 décembre 2018, 22-30 décembre 2019, 10-18 décembre 2020.

✪ The Holidays of Holidays

Les 3 derniers week-ends de décembre, le quartier Wadi Nisnas, à Haïfa, célèbre Hanoucca, Noël et le ramadan par de l'art, des spectacles et des concerts. Marché de Noël unique de style arabe.

◉ Noël

Le pèlerinage à Bethléem, lieu de naissance de Jésus selon les évangiles, compte parmi les plus importants pour les chrétiens. Une messe de minuit, catholique, est célébrée dans l'église de la Nativité (p. 279, tout comme à Jérusalem et Nazareth) et la place de la Crèche s'orne d'un grand arbre de Noël. Ailleurs en Israël et dans les Territoires palestiniens, c'est un jour de travail comme les autres (sauf s'il tombe le jour du shabbat). Les chrétiens orthodoxes fêtent Noël début janvier.

Itinéraires

2 SEMAINES ## Le meilleur d'Israël

Un concentré des sites historiques, religieux et naturels les plus importants d'Israël.

Passez les quatre premiers jours à **Jérusalem** et dans les environs, en consacrant au moins la moitié à arpenter les allées de la **vieille ville** : marchez du mur des Lamentations jusqu'au mont du Temple/Haram Ash-Sharif, et suivez la Via Dolorosa jusqu'à la basilique du Saint-Sépulcre. Puis étrennez votre maillot de bain et vos chaussures de marche lors d'une excursion d'une journée à la **mer Morte** et à **Massada**. Ensuite, direction la côte méditerranéenne pour trois jours autour de **Tel-Aviv**. Au programme, promenades, vélo, bronzage sur la plage, dîners fins et contemplation. Remontez la côte pour découvrir **Césarée** la Romaine avant de pousser jusqu'à **Haïfa**. Contemplez la vue du sommet du **mont Carmel** et admirez les jardins bahaïs avant de passer la journée dans la ville fortifiée d'Acre et les grottes de **Rosh HaNikra**. Après une journée à **Nazareth**, s'achevant sur un délicieux dîner "fusion," direction **Tibériade** pour une journée d'exploration des rives du lac de Tibériade. En rentrant à Jérusalem, arrêtez-vous aux ruines romaines de **Beit She'an**.

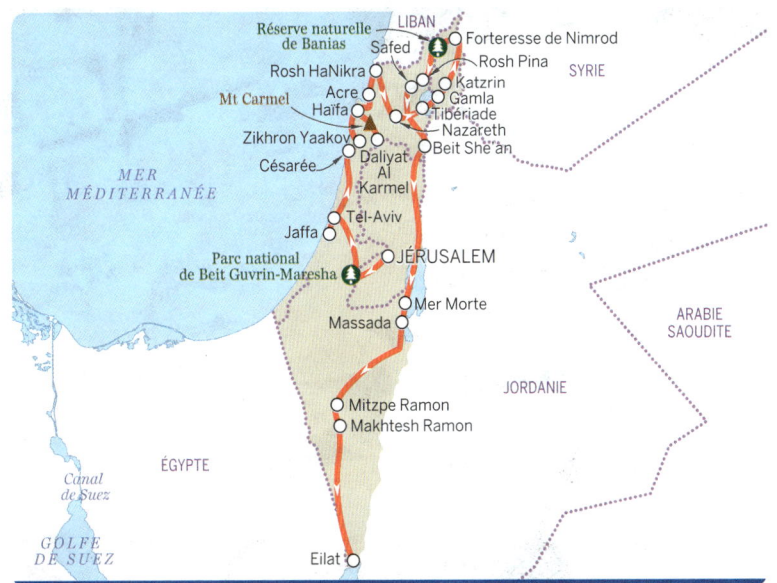

4 SEMAINES

Odyssée israélienne

Une exploration du pays en profondeur, de la frontière libanaise à la mer Rouge.

Après quatre ou cinq jours à **Jérusalem** et alentour, dont deux consacrés à la découverte de la vieille ville et une demi-journée au musée d'Israël, allez visiter les grottes de **Beit Guvrin–parc national de Maresha**, avec une halte en chemin dans un établissement viticole. Ensuite, restez quelques jours à **Tel-Aviv**, arpentez la promenade du front de mer jusqu'à l'historique **Jaffa**, baladez-vous à vélo le long de la Yarkon. En chemin vers **Haïfa**, au nord, arrêtez-vous aux ruines romaines de **Césarée** et dans la vieille ville de **Zikhron Yaakov**, célèbre pour son domaine viticole historique. Après la visite des sublimes jardins bahaïs de Haïfa, visitez le **mont Carmel** et le village druze de **Daliyat Al Karmel**. Le lendemain, continuez au nord vers **Acre**, qui mêle ruines des croisades et vestiges ottomans. Puis poussez jusqu'aux grottes souterraines de **Rosh HaNikra**, avant de gagner l'intérieur des terres pour passer quelques jours à **Nazareth**, explorer des sites chrétiens et vous régaler de mets traditionnels arabes et de plats fusion mêlant saveurs orientales et occidentales. Installé deux jours à **Tibériade**, détendez-vous au bord du **lac de Tibériade**, qui marie anciennes synagogues, sites chrétiens et plages tranquilles, ou laissez-vous tenter par un peu de rafting sur le Jourdain. Mettez le cap à l'est vers le plateau du Golan pour visiter les ruines de **Gamla**, sur des hauteurs, le Musée archéologique du Golan, à **Katzrin**, et l'imposante **forteresse de Nimrod**. Bifurquez vers l'ouest en passant par la **réserve naturelle de Banias**, à la végétation luxuriante, et gagnez les marécages de la vallée de la Hula fort appréciés des oiseaux migrateurs, avant d'arpenter les pittoresques rues pavées de **Rosh Pina** et de **Safed**, empreinte de la spiritualité de la kabbale. Enfin, traversez la vallée du Jourdain au sud et flânez dans les rues à colonnades romaines de **Beit She'an**. Après une nuit étoilée sur les rives de la **mer Morte**, partez de bon matin voir le soleil se lever du haut de **Massada**. Continuez au sud dans le désert du Néguev et passez un jour ou deux à **Mitzpe Ramon**, sans manquer de faire une randonnée jusqu'à **Makhtesh Ramon**. Dernière étape : **Eilat**, pour un moment de mer, de soleil et de snorkeling.

Ci-dessus : épices, marché de Mahane Yehuda (p. 86), Jérusalem.
Ci-contre : tombe de Yasser Arafat (p. 286), Ramallah.

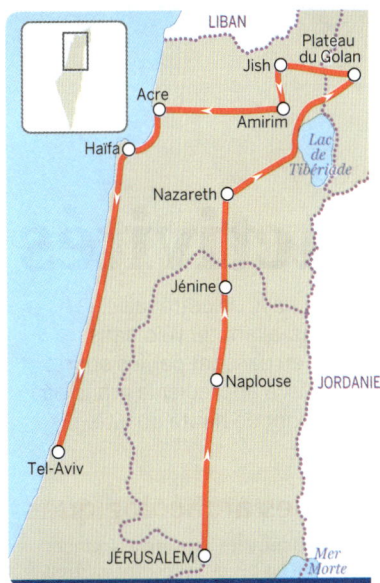

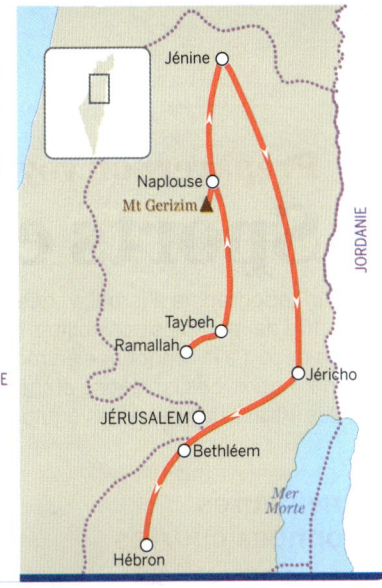

10 JOURS Circuit gourmand

L'itinéraire débute à **Jérusalem**, où les prétendants au titre de "meilleur houmous" sont rassemblés dans la vieille ville. Les gourmets exploreront les alentours du marché de Mahane Yehuda. Pour goûter à un bon *kenafeh* (pâtisserie à base de cheveux d'ange et de fromage imbibée de sirop), cap au nord sur **Naplouse**, en Cisjordanie. Profitez-en pour savourer de l'huile d'olive extra vierge à **Jénine**. Envie de cuisine fusion ? Direction **Nazareth**, où ce mot fait recette… Continuez votre périple sur les rives du **lac de Tibériade** en vous régalant de poisson, puis gagnez le **plateau du Golan**. Vous y dégusterez une viande délicieuse accompagnée d'un vin rouge local. En bifurquant vers l'ouest, faites étape à **Jish** pour sa cuisine arabe galiléenne, ou passez par le **Moshav Amirim** où vous pourrez manger bio. Enfin, rejoignez la côte méditerranéenne. Au menu : poisson et fruits de mer à **Acre (Akko)**, cuisine arabe inventive à **Haïfa**, et gastronomie israélienne moderne à **Tel-Aviv**, où les tables chics côtoient les restaurants traditionnels servant houmous, falafel et *sabich*, le plat local.

1 SEMAINE Bienvenue en Cisjordanie

Un circuit à travers les principales villes et curiosités de Palestine.

Commencez par le musée Yasser Arafat de **Ramallah** avant de prendre un *sherout* pour **Taybeh**, où la plus vieille brasserie de Cisjordanie mérite bien une à deux heures de visite. Pour le premier soir, vous pouvez faire la tournée des bars de Ramallah ou flâner à l'instar des habitants dans les cafés des environs de la place Al-Manara. Puis, prenez un bus pour **Naplouse** pour une journée où vous alternerez shopping, détente dans un hammam ancien et rencontre avec des Samaritains au sommet du **mont Garizim**. Lever matinal le jour suivant pour rejoindre **Jénine** et son Freedom Theatre (théâtre de la Liberté), avant de regagner Ramallah. Ensuite, direction **Jéricho** pour une journée de visite (voire deux, si vous voulez tout voir de la ville). Terminez votre voyage par deux-trois nuits à **Bethléem**, pour découvrir ses ruelles sinueuses et ses anciennes églises, et, si la situation le permet, une excursion d'une journée à **Hébron**, ville sacrée pour les juifs comme pour les musulmans.

Préparer son voyage

Sports et activités

La topographie d'Israël, variée pour un pays de cette taille, offre de multiples possibilités d'activités, allant du vélo dans le désert à la randonnée en montagne, en passant par les sports nautiques. Les Israéliens étant nombreux à apprécier le grand air, les infrastructures et les équipements sont de haute qualité.

Les meilleures randonnées courtes

Réserve naturelle d'Ein Gedi (p. 313)
Alimentés par des sources toute l'année, les deux canyons dominant la mer Morte foisonnent de végétation. Un excellent site où apercevoir des bouquetins.

Réserve naturelle de Banias (p. 268)
Sources jaillissantes, chutes d'eau et ruisseaux ombragés, ainsi qu'un palais datant de l'époque romaine.

Réserve naturelle de Majrase (p. 236)
Frayez-vous un chemin dans l'eau parmi les denses roselières dans la partie nord-est du lac de Tibériade.

Wadi Qelt (p. 294)
Parcourez un canyon qu'alimentent des sources pour atteindre le monastère Saint-Georges, creusé dans la falaise au Ve siècle.

Réserve naturelle de Yehudiya (p. 264)
Diverses randonnées d'une journée au départ des deux entrées de parc vous conduisent à de splendides oueds du Golan.

Montfort (p. 199)
Un impressionnant château croisé donnant sur l'ouest de la Galilée et la Méditerranée.

Fouilles archéologiques

Pour connaître les sites archéologiques acceptant les bénévoles contre un droit d'entrée, consultez les sites Web suivants :

Ministère israélien des Affaires étrangères (www.mfa.gov.il). Tapez "archaeological excavations" dans le moteur de recherche.

Société d'archéologie biblique (digs.bib-arch.org/digs)

Université hébraïque de Jérusalem (archaeology. huji.ac.il/excavations/excavations.asp)

Observation des oiseaux

Le littoral méditerranéen, la vallée de la Hula et les environs d'Eilat comptent parmi les meilleures régions du monde pour l'observation des oiseaux. Le Hula Valley Bird Festival et l'Eilat Bird Festival (www.birds.org.il) sont quelques-uns des rassemblements d'amateurs d'oiseaux.

Planche à voile

Le véliplanchiste Gal Fridman a remporté la seule médaille d'or israélienne de l'histoire des jeux Olympiques, en 2004 à Athènes ; vous ne serez donc pas étonnés d'apprendre qu'Israël offre des conditions exceptionnelles pour pratiquer ce sport. Le littoral méditerranéen, la mer Rouge et même le lac de Tibériade sont très appréciés.

Plongée sous-marine

La mer Rouge possède des récifs coralliens parmi les plus spectaculaires au monde. Des cours de plongée et des forfaits d'un bon rapport qualité-prix sont proposés à Eilat. À certains endroits, comme Césarée, on peut explorer des ruines antiques. La vie sous-marine est bien plus éblouissante au-delà de la frontière égyptienne mais il est déconseillé de s'y rendre, sauf en avion jusqu'à Charm el-Cheikh.

Randonnée

Avec ses reliefs d'une belle diversité, Israël se prête à des randonnées superbes. Le pays reçoit peu ou pas de précipitations pendant au moins la moitié de l'année, on peut donc organiser une excursion sans avoir à se soucier de la pluie. N'oubliez pas d'emporter un chapeau et beaucoup d'eau. Prévoyez de rentrer avant la tombée de la nuit.

Dans de nombreux parcs nationaux et réserves naturelles (www.parks.org.il), des cartes de randonnées sommaires vous sont remises avec votre ticket d'entrée. Ailleurs, les cartes topographiques au 1/50 000 éditées par la Société pour la protection de la nature en Israël (SPNI), en vente en librairie, dans les centres d'écoformation de la SPNI et dans certaines réserves naturelles, sont les meilleures, notamment parce qu'elles indiquent les limites précises des champs de mines et de tir de l'armée.

Le site www.tiuli.com fournit des informations en anglais sur les possibilités de randonnée en Israël.

Pour des raisons de sécurité, il est déconseillé de circuler seul en Cisjordanie. Consultez les organismes locaux comme Walk Palestine (www.walkpalestine.com) pour trouver un guide et connaître les dernières informations ; Jéricho et ses environs sont en général un bon choix.

Sentiers populaires longue distance (du nord au sud) :

Israel National Trail (Shvil Yisra'el ; www.israeltrail.net). Traversée de 940 km des zones les moins peuplées d'Israël, du kibboutz Dan, au nord, à Taba, sur la mer Rouge.

Randonnée d'une rive à l'autre (Masa MiYam l'Yam ; www.touristisrael.com/yam-lyam-hike). Itinéraire de 70 km, de la Méditerranée (Achziv Beach) au lac de Tibériade (près de Ginosar).

Chemin de Jésus (www.jesustrail.com). Randonnée de 65 km de la basilique de l'Annonciation, à Nazareth, à Capharnaüm, sur le lac de Tibériade.

Gospel Trail (www.goisrael.com). Version de 63 km du sentier de Jésus allant du mont du Précipice (Nazareth) à Capharnaüm.

Circuit du lac de Tibériade (Shvil Sovev Kineret, Kinneret Trail). Tour du lac de Tibériade. Sur les 60 km de sentier prévus, 45 km ont d'ores et déjà été balisés en blanc, violet et blanc.

Nativity Trail. Entre Nazareth et Bethléem, 160 km traversent les paysages du nord de la Cisjordanie. Un guide est nécessaire – contactez Hijazi Travel (hijazih.wordpress.com), Walk Palestine (www.walkpalestine.com) ou Green Olive Tours (www.toursinenglish.com).

Sentier d'Abraham (Masar Ibrahim Al Khalil ; www.abrahampath.org). Il faudra peut-être de nombreuses années avant que cette traversée du Moyen-Orient soit entièrement opérationnelle, mais une section a déjà ouvert entre Naplouse et Hébron via Jéricho.

Jerusalem Trail 42 km reliant l'Israel National Trail et Jérusalem, en passant par les collines de Jérusalem et les environs de la vieille ville.

Vélo

Le VTT est devenu très populaire en Israël. De nombreuses voies cyclables traversent les forêts gérées par le Fonds national juif (www.kkl.org.il) ; pour plus de détails, cliquer sur "Cycling Routes" sur le site. Shvil Net (www.shvilnet.co.il, en hébreu) publie des guides pour cyclistes en hébreu, avec des cartes topographiques détaillées.

Des courses sont organisées près de la mer Morte ; beaucoup sont sponsorisées par la Fédération de cyclisme d'Israël (www.israelcycling.org.il). Il existe des parcours annuels longue distance, comme la randonnée Israël de l'Arava Institute et de Hazon (israelride.org) et la randonnée cycliste caritative de l'ALYN Hospital (www.alynactive.org). Cyclotourisme Israel Spokes (www.israelspokes.com) organise des circuits en groupe.

Cyclenix (www.cyclenix.com)

Genesis Cycling (www.genesiscycling.com)

Israel Cycling Tours (www.israelcycling.com)

Israel Pedals (www.israelpedals.co.il)

Le cyclisme urbain est très développé à Tel-Aviv, qui possède 130 km de pistes et de bandes cyclables.

Préparer son voyage
Shabbat

Qu'ils soient pratiquants ou non, le shabbat – le jour de repos –, est pour les juifs un temps dédié à la famille. Dans tout le pays, les juifs israéliens se réunissent le vendredi soir pour partager un dîner festif. Si pour les touristes le shabbat peut être source de petits désagréments, voire de vrais problèmes (ne pas pouvoir retourner à l'hôtel à cause de l'arrêt des transports publics), il fait aussi partie des temps forts d'un séjour en Israël.

Lois du shabbat

Pendant le shabbat, 39 activités relevant de la "création" sont interdites aux juifs pratiquants, notamment allumer ou éteindre un feu, utiliser l'électricité, se déplacer en véhicule motorisé, écrire, préparer et cuire des aliments, coudre, moissonner, faire des affaires, manipuler de l'argent et transporter des objets entre des espaces privés et publics.

Aéroports et transports publics

Les aéroports d'Israël fonctionnent normalement durant le shabbat. En revanche, la plupart des bus et trains urbains et interurbains – y compris ceux à destination et en provenance des aéroports – s'arrêtent du vendredi après-midi au samedi après-midi (les services de bus reprennent plusieurs heures avant le coucher du soleil). Certains bus locaux circulent dans les villes arabo-juives comme Haïfa.

Postes-frontières et checkpoints de Cisjordanie

Les checkpoints entre Israël et la Cisjordanie, ainsi que les postes-frontières vers la Jordanie et l'Égypte restent ouverts, mais peuvent être très fréquentés (en particulier à Jalameh, en Cisjordanie). Le poste-frontière Allenby vers la Jordanie ferme tôt le vendredi et le samedi après-midi ; ne tardez pas pour éviter de rester bloqué d'un côté ou de l'autre de la frontière.

Observance du shabbat

Le shabbat débute 18 minutes (36 minutes à Jérusalem) avant le coucher du soleil le vendredi et s'achève le samedi une heure après le coucher du soleil (en théorie, quand on aperçoit trois étoiles dans le ciel, selon la loi juive). Pendant cette période, la circulation est bien moins dense dans de nombreuses villes israéliennes (y compris Tel-Aviv), mais peu de juifs israéliens, hormis les orthodoxes, respectent les interdictions du shabbat.

En raison de la diversité culturelle et religieuse d'Israël, l'importance du shabbat varie selon les endroits. À Tel-Aviv, on sort le vendredi soir, pour dîner au restaurant ou assister à un événement culturel. Villes à majorité arabe et régions de Nazareth, Acre et Jaffa, entre autres, ne sont pas concernées (mais peuvent être plus calmes le vendredi, jour de repos des musulmans), de même que Jérusalem-Est.

Les meilleurs endroits pour faire l'expérience du shabbat traditionnel sont Safed et Jérusalem, où il est annoncé par une longue sirène. La vieille ville de Jérusalem offre alors un spectacle fascinant, hommes et garçons haredim aux papillotes et costumes noirs se précipitant vers le mur des Lamentations pour les prières du coucher du soleil.

Nous avons classé de 1 à 5 l'importance du shabbat dans les villes et régions suivantes.

Jérusalem

C'est lors du shabbat que la division entre restaurants kasher et non kasher (conforme et non conforme à la loi juive) se manifeste : les premiers ferment leurs portes le vendredi en milieu d'après-midi et, pour certains, ne rouvrent pas avant le dimanche. C'est le cas de la plupart des restaurants de Jérusalem-Ouest, notamment de la rue Jaffa, mais il y a des exceptions. Dans certains hôtels, la réception ferme avant le coucher du soleil le vendredi et il se peut que l'on demande aux clients de régler leur note avant.

Durant le shabbat, les *sherout* (taxis collectifs) circulent mais pas les bus. Les taxis sont relativement nombreux, mais les tarifs officiels sont 25% plus élevés qu'en semaine, et les chauffeurs rechignent à utiliser le compteur (on peut obtenir des prix raisonnables dans l'est de la ville). Les *sherout* Nesher entre Jérusalem et l'aéroport Ben Gourion circulent pendant le shabbat, tout comme ceux de Tel-Aviv, mais partent de la rue Jaffa, à l'ouest de la Jerusalem Hostel & Guest House.

Conduire dans les quartiers orthodoxes le jour du shabbat est déconseillé, voire dangereux : des rues sont fermées et des jeunes jettent des pierres sur les voitures.

5/5

Tel-Aviv

Bien que la ville affiche sa laïcité, les visiteurs y perçoivent l'influence du shabbat. Les rues sont plus calmes et certaines lignes de bus sont remplacées par des *sherout*. On doit généralement prendre un taxi pour se rendre à l'aéroport (250 NIS). La plupart des bars et restaurants restent ouverts. Jaffa n'est presque pas concernée.

2/5

Côte nord

À Haïfa et Acre, on ne remarque parfois même pas que c'est le shabbat ; la vie nocturne de la première bat toujours son plein et la seconde ne connaît que peu d'interruptions dans les services. En revanche, le shabbat est strictement observé à Zikhron Yaakov, et les mémoriaux de l'Holocauste du kibboutz Lohamei HaGeta'ot ferment.

2/5

> **CE QUI EST OUVERT**
>
> Pour des conseils pratiques pendant le shabbat à Jérusalem et ailleurs dans le pays, voir p. 103 et p. 440.

Basse Galilée

Tout est ouvert à Nazareth, mais Tibériade ferme entièrement à l'exception de quelques restaurants. Les sites touristiques autour du lac de Tibériade (sites chrétiens, parcs nationaux, plages gratuites et payantes) sont ouverts, mais les plages peuvent être noires de monde. Dîner à Nazareth le vendredi soir est une bonne idée, mais la circulation peut être infernale.

3/5

Haute Galilée et Golan

Safed est complètement fermée, de même que les vignobles de Ramat Dalton. Presque tout reste ouvert à Rosh Pina, tout comme dans les réserves naturelles de la vallée de la Hula et le long de la frontière libanaise. La plupart des restaurants sont aussi ouverts. Dans le Golan, tout est fermé à Katzrin, à l'exception de deux restaurants, mais les nombreuses réserves naturelles, presque tous les sites touristiques et les villages druzes restent ouverts.

3/5

Mer morte

Tout, ou presque, reste ouvert, y compris les réserves naturelles, les restaurants, les boutiques et les plages.

1/5

Néguev

Presque tout est ouvert à Eilat (les Israéliens ne viennent guère se reposer dans le haut lieu des fêtes de plage), et les visiteurs remarquent à peine le shabbat sur le littoral de la mer Rouge. À Beer Sheva, la plupart des sites touristiques restent ouverts, mais les boutiques, les transports publics et certains restaurants sont à l'arrêt. Pas mal d'activités sont possibles à Mitzpe Ramon le vendredi soir et le samedi. Les réserves naturelles sont ouvertes.

2/5

Préparer son voyage

Passage de frontières

Si Israël est en paix avec deux de ses voisins (l'Égypte et la Jordanie), ses postes-frontières sont toujours très militarisés. Il peut donc s'avérer compliqué d'entrer et de sortir du pays. La plupart des visiteurs reçoivent un visa à leur arrivée en Israël par voie terrestre depuis la Jordanie et l'Égypte, mais les règles pour les entrées dans l'autre sens (notamment l'entrée en Jordanie depuis Israël) changent fréquemment. Il est préférable de vous renseigner avant de vous présenter à la frontière. Il est impossible de se rendre au Liban ou en Syrie depuis Israël.

Égypte et Jordanie

Les frontières entre Israël et l'Égypte et la Jordanie, avec lesquels ont été signés des accords de paix, sont ouvertes aux touristes et aux habitants. Toutefois, en raison d'attaques récentes perpétrées par des islamistes radicaux sur des touristes, la plupart des gouvernements occidentaux déconseillent vivement tout voyage dans le nord du Sinaï.

Lignes verte, violette et bleue

La frontière internationale avec le Liban certifiée par l'ONU est appelée la Ligne bleue ; celle du cessez-le-feu israélo-syrien de 1974 porte le nom de Ligne violette ; et la frontière entre Israël et la Cisjordanie d'avant 1967, celui de Ligne verte.

Histoire de frontières

Lors des accords secrets Sykes-Picot de 1916, la Grande-Bretagne et la France décidèrent du partage des provinces arabes de l'Empire ottoman, définissant ainsi les futures frontières de la Palestine, de la Syrie, du Liban, de la Transjordanie (Jordanie) et de l'Iraq.

Préparer son passage
Visas, sécurité et tampons

Pour des détails sur les visas pour Israël et la Jordanie, consultez la p. 436. Pour des précisions sur les mesures de sécurité israéliennes, reportez-vous à la p. 428.

Israël ne tamponne plus les passeports des touristes. On vous délivre à la place un récépissé de la taille d'une carte à jouer. Si vous la perdez, quitter le pays sera très compliqué. Les touristes dont le passeport comporte des tampons de pays arabes peuvent s'attendre à un interrogatoire serré en arrivant (ou en quittant) le territoire.

Postes-frontières

Israël-Jordanie : poste-frontière Jourdain/Sheikh Hussein, au sud du lac de Tibériade ; poste-frontière Yitzhak Rabin/Wadi Araba, au nord d'Eilat/Aqaba

Cisjordanie-Jordanie : poste-frontière pont Allenby/King Hussein, à l'est de Jéricho (contrôlé par Israël)

Israël-Égypte : poste-frontière Taba, sur la mer Rouge, au sud d'Eilat

Tarifs des passages de frontières (prix des visas – si nécessaires – non compris) :

PAYS	ARRIVÉE	DÉPART
Israël	gratuit	101 NIS (175 NIS au pont Allenby/King Hussein)
Sinaï, Égypte	gratuit	gratuit
Reste de l'Égypte	frais de visa 25 $US	gratuit
Jordanie	42 DJ	8 JD à Jourdain/Sheikh Hussein, 10 JD à Allenby/King Hussein

Fermeture des frontières

Yom Kippour Les frontières et les aéroports d'Israël sont tous fermés.

Al-Hijra/Nouvel An musulman Fermeture des frontières terrestres avec la Jordanie.

Aïd Al Adha Fermeture du poste-frontière de Taba (entre Israël et l'Égypte) et du poste-frontière du pont Allenby/King Hussein côté palestinien.

Ramadan Les frontières peuvent fermer plus tôt.

Frontières du Nord

Les frontières d'Israël avec la Syrie et le Liban sont fermées.

Depuis/vers la Jordanie

Si le passage des deux frontières terrestres entre Israël et la Jordanie est rapide et efficace, franchir le poste-frontière du pont Allenby/King Hussein entre la Cisjordanie, sous contrôle israélien, et la Jordanie, peut se révéler fastidieux.

On peut acquitter les frais de sortie du territoire israélien à la frontière (cartes bancaires et diverses devises acceptées). Afin d'économiser les frais de traitement (5 NIS), payez les frais de sortie à l'avance dans n'importe quelle poste israélienne (en espèces), ou en ligne (borderpay.co.il).

Poste-frontière Jourdain/Sheikh Hussein

Situé dans la vallée du Jourdain, à 8 km à l'est de Beit She'an, à 30 km au sud du lac de Tibériade, à 135 km au nord-est de Tel-Aviv et à 90 km au nord-est d'Amman, ce poste-frontière est bien moins fréquenté que le pont Allenby/King Hussein. La Jordanie délivre des visas à l'arrivée aux

ressortissants de nombreux pays. La frontière est ouverte de 7h à 20h30 du dimanche au jeudi et de 8h30 à 18h30 le vendredi et le samedi mais ferme pour Yom Kippour et Al-Hijra (Nouvel An musulman).

Côté israélien, il n'y a pas de DAB, mais on peut se procurer des espèces au guichet du bureau de change (mêmes heures d'ouverture que le poste-frontière).

Il faut compter environ une demi-heure de formalités à la frontière israélienne à destination de la Jordanie. Vous devez ensuite prendre un bus pour traverser le pont (il est interdit de le franchir à pied).

Comment s'y rendre

Les taxis stationnés à la frontière pourront vous conduire à Beit She'an (40 NIS, marchandez) et vers plusieurs destinations en Israël, notamment Tibériade, Jérusalem et Tel-Aviv.

Le bus Kavim n°16 relie Beit She'an au kibboutz Ma'oz Haim (7 NIS, 10 min, 5-6/jour, dimanche à vendredi), à 3 km à l'ouest du poste-frontière.

Côté jordanien, des taxis desservent fréquemment la gare routière ouest d'Irbid.

Nazarene Tours (p. 210) relie Nazareth et Amman via le poste-frontière Jourdain/Sheikh Hussein, les dimanches, mardis, jeudis et samedis. Les départs se font à 8h30 depuis le bureau de la compagnie à Nazareth, près de la Banque de Jérusalem et du Nazareth Hotel (à ne pas confondre avec le bureau de Nazarene Transport & Tourism en centre-ville), et à 14h du Royal Hotel (University St) à Amman. Réservez par téléphone au moins deux jours à l'avance.

Poste-frontière Yitzhak Rabin/Wadi Araba

Situé à 3 km au nord-est d'Eilat, ce poste-frontière est pratique pour se rendre à Aqaba, Pétra et Wadi Rum. Les visas jordaniens ne sont plus délivrés ici : il faut en demander un au préalable. La plupart des hôtels et auberges de jeunesse d'Eilat proposent des excursions d'une journée à Pétra. Ce poste-frontière ouvre de 6h30 à 20h du dimanche au jeudi et de 8h à 20h le vendredi et le samedi.

Comment s'y rendre

Vous pouvez prendre un taxi depuis/vers Eilat (35 NIS, 10 min). Si vous

PASSEPORT : TAMPONS ISRAÉLIENS INDÉSIRABLES

Les pays arabes et musulmans ont des politiques très différentes concernant les voyageurs dont le passeport indique qu'ils sont allés en Israël. La Jordanie et l'Égypte, avec lesquels Israël a passé des accords de paix, ne posent pas de problèmes aux voyageurs concernés, ce qui est également vrai de la Turquie, de la Tunisie, du Maroc et de la plupart des émirats du Golfe, de la Malaisie et de l'Indonésie.

En revanche, il est arrivé que des étrangers soient contraints au Liban et en Iran de quitter le territoire par le premier avion, à cause de preuves d'un voyage en Israël, comme un passeport récemment délivré à Amman ou un emballage de chewing-gum en hébreu. L'Arabie saoudite se montre aussi occasionnellement très stricte.

Si vous envisagez de vous rendre dans un pays arabe ou musulman pendant la durée de validité de votre passeport, assurez-vous qu'il ne présente aucune marque d'un voyage en Israël. Le fait qu'Israël ne tamponne plus les passeports des touristes (visa sur une feuille séparée) simplifie les choses. En général, la Jordanie procède de même. L'Égypte ne se montre pas aussi souple. Un tampon égyptien obtenu à Taba a valeur de preuve de votre passage en Israël. Si vous devez vous rendre d'Eilat au Sinaï sans faire tamponner votre passeport au poste-frontière de Taba, une solution consiste à se rendre d'abord en Jordanie, puis à prendre un ferry depuis Aqaba.

Certains pays, comme les États-Unis, autorisent leurs ressortissants à avoir plus d'un passeport : un pour Israël et les pays voisins et l'autre pour le reste du monde.

arrivez du Nord en bus (par exemple de Jérusalem, Tel-Aviv ou la mer Morte), il est possible de descendre sur la route 90 à l'embranchement pour le poste-frontière ou au kibboutz Eilot, mais il faudra marcher 2 km dans le désert (par la route 109).

Une fois en Jordanie, on peut prendre un taxi pour Aqaba, d'où des minibus parcourent les 120 km jusqu'à Pétra ; ces derniers partent une fois pleins entre 6h et 7h et entre 11h et 12h. Sinon, négociez un taxi pour le trajet de la frontière à Pétra.

Pont Allenby/King Hussein

Reliant la Cisjordanie sous contrôle israélien et la Jordanie, ce poste-frontière est à 46 km à l'est de Jérusalem, 8 km à l'est de Jéricho et 60 km à l'ouest d'Amman. C'est le seul point de passage que les voyageurs porteurs de documents délivrés par l'Autorité palestinienne, peuvent franchir pour circuler vers la Jordanie, et le reste du monde. Il est donc très fréquenté, en particulier le dimanche, aux périodes de fêtes, et en semaine de 11h à 15h. Les plages horaires pendant lesquelles les touristes sont autorisés à passer peuvent être limitées, et les retards fréquents. Les citoyens israéliens (même ceux qui ont une double nationalité) n'ont pas le droit d'utiliser ce poste-frontière.

La Jordanie *ne délivre pas* de visas à l'arrivée au poste-frontière du pont Allenby/ King Hussein. Vous devrez donc vous en procurer un au préalable dans une ambassade jordanienne, par exemple celle de Ramat Gan, près de Tel-Aviv. Toutefois, si votre voyage vers les Territoires palestiniens et/ou Israël a débuté en Jordanie, vous n'aurez pas besoin d'un nouveau visa pour revenir dans le pays par le pont Allenby/ King Hussein, à condition que votre visa jordanien soit valide – il suffit de montrer votre récépissé de sortie tamponné.

Le bus qui traverse la frontière coûte 7 DJ, plus 1,50 DJ par bagage. La Jordanie a doublé le prix de ses visas (60 JD).

Prévoyez beaucoup d'espèces (les dinars jordaniens seront les plus utiles) et assurez-vous d'avoir de la monnaie. Il n'y a pas de DAB, mais des bureaux de change sont installés des deux côtés.

Ce passage peut être interminable, surtout si vous entrez en Cisjordanie et/ou en Israël. Files d'attente, fouilles et passage des bagages aux rayons X sont la norme. Préparez-vous à de nombreuses questions de la part du personnel de sécurité israélien si votre passeport comporte des tampons de pays comme la Syrie ou le Liban, ou si vous vous rendez dans des zones moins touristiques de la Cisjordanie.

La frontière est ouverte (officiellement) de 8h à minuit du dimanche au jeudi et de 8h à 15h le vendredi et le samedi, mais si vous arrivez après 18h, vous risquez de ne pas pouvoir traverser.

Comment s'y rendre

Des taxis collectifs gérés par Abdo (02-628 3281) et Al Nijmeh (02-627 7466), plus fréquents avant 11h, relient la gare routière bleu et blanc, en face de la porte de Damas à Jérusalem, et la frontière (40 NIS, 30 min) ; comptez 5 NIS par bagage. Les taxis privés (jusqu'à 300 NIS) peuvent vous prendre à votre hôtel.

Les bus Egged 948, 961 et 966 qui partent de la gare routière de Jérusalem-Ouest pour Beit She'an (et d'autres destinations au nord) s'arrêtent sur la route 90 à l'embranchement pour le pont Allenby (12,50 NIS, 40 min, environ 1/h). Il est interdit de parcourir à pied les derniers kilomètres jusqu'au poste-frontière : vous devrez prendre un taxi (50 NIS).

Pour un voyage depuis/vers Jérusalem, des services de navette comme Amman 2 Jérusalem (www.amman2jerusalem.com) peuvent vous délester quelque peu du fardeau de l'organisation (transport 4/7 places 250/350 US$), mais le temps d'attente pour les contrôles est le même.

Depuis/vers la gare routière d'Abdali et la gare routière Sud, à Amman, on peut prendre un *servees* (taxi collectif) ou un minibus (8 DJ, 45 min) ; en taxi, comptez environ 22 DJ. JETT (www.jett.com.jo) opère un bus quotidien d'Abdali à la frontière (8,50 DJ, 1 heure, départ à 7h).

Depuis/vers l'Égypte

Poste-frontière de Taba

Ce poste-frontière, sur la mer Rouge, à 10 km au sud d'Eilat, est le seul entre Israël et l'Égypte franchissable par les touristes. La frontière est ouverte 24h/24. Il y a un bureau de change côté égyptien. La sécurité au Sinaï est incertaine : consultez les conseils aux voyageurs.

On peut obtenir une autorisation d'entrée de 14 jours uniquement pour le Sinaï, qui permet de visiter les complexes de la mer Rouge situés entre Taba et Charm El-Cheikh, plus Sainte-Catherine.

Il n'est plus possible de se rendre au Caire par voie terrestre via le Sinaï. Vous pouvez aller à Charm El-Cheikh puis prendre un avion pour Le Caire, mais il faudra vous procurer à l'avance un visa égyptien, soit auprès du consulat égyptien d'Eilat ou de l'ambassade à Tel-Aviv.

Comment s'y rendre

Le bus local n°15 relie la gare routière centrale d'Eilat au poste-frontière de Taba (30 min, toutes les heures, 8h10-21h10 du dimanche au jeudi, 8h10-16h10 vendredi, et 9h10-19h10 samedi). Sur le chemin du retour à Eilat, cette ligne prend le nom de bus n°16 ; les départs se font 50 minutes plus tard. Un taxi coûte environ 30 NIS.

Frontières israéliennes

Les procédures d'entrée en Israël sont très strictes. Attendez-vous à des questions sur le but de votre séjour, vos derniers voyages en date, votre métier, vos connaissances en Israël et dans les Territoires palestiniens.

Si vous venez voir des amis ou de la famille, ayez sur vous leur nom, adresse et numéro de téléphone (une lettre de leur part confirmant votre séjour chez eux serait un avantage). Une photocopie de votre réservation d'hôtel peut aider.

Si les fonctionnaires frontaliers vous soupçonnent de venir pour prendre part à des activités politiques pro-palestiniennes, ou si vous avez un patronyme à consonance arabe ou musulmane, ils pourront vous poser des questions très pointues. Il arrive qu'ils portent attention aux tampons de pays comme le Liban ou l'Iran figurant dans les passeports, mais le plus souvent, ils ne le font pas. Dans tous les cas, restez calme et courtois.

Les règles de sécurité des aéroports israéliens sont les plus rigoureuses en vigueur dans le monde. Les autorités ont recours sans complexe aux méthodes de profilage, mais pas forcément comme on l'imagine. En 1986, Anne Mary Murphy, une Irlandaise enceinte, a failli embarquer à Londres dans un 747 d'El Al avec du Semtex caché dans ses bagages. L'explosif avait été placé là sans qu'elle le sache par son compagnon jordanien, Nezar Hindawi, aujourd'hui encore emprisonné au Royaume-Uni. Depuis, les responsables israéliens de la sécurité, à l'aéroport Ben Gourion mais aussi dans les aéroports à l'étranger, sont aux aguets pour repérer d'éventuels auteurs involontaires d'attentats-suicides. Les jeunes femmes occidentales célibataires figurent en tête de leur liste de profilage.

Voyager avec des enfants

Voyager avec des enfants dans la région est globalement agréable et facile : la cuisine est variée et savoureuse, les distances, réduites, et de nombreuses activités leur sont proposées à tous les coins de rue. Pour des conseils supplémentaires, consultez le guide Lonely Planet *Voyager avec ses enfants*.

Le top des activités

Parc d'observation sous-marine (p. 349) Pour admirer les récifs et approcher les poissons.

Rosh HaNikra (p. 200) Les enfants adorent le téléphérique à flanc de falaise, tout comme les grottes aux eaux turquoise, creusées et battues par les vagues.

Randonnées aquatiques Longez et traversez des cours d'eau pendant les chaudes journées d'été (réserves naturelles d'Ein Gedi, Banias, Yehudiya et Majrase).

Vélo dans le désert Balades à VTT dans le désert le long du lit d'un oued (*wadi*) asséché – parfait pour ados et préados. Il existe de nombreux itinéraires dans le désert de Judée, mais il est préférable de participer à un circuit organisé.

Parc animalier Gan Garoo (p. 218) Venez caresser des kangourous et nourrir des loriquets arc-en-ciel dans la vallée de Jezreel.

Mini Israël (p. 116) À mi-chemin entre Jérusalem et Tel-Aviv, ce parc compte pas moins de 350 répliques réduites des sites israéliens les plus connus.

Aire de jeux dans les galeries marchandes La plupart des galeries marchandes sont équipées d'un *meeschakiya* (espace de jeux) pour bébés et tout-petits. L'endroit idéal pour rencontrer les enfants du coin.

Israël avec des enfants

En Israël, les enfants sont les bienvenus à peu près partout. Et où que vous soyez, vos enfants rencontreront de petits Israéliens de leur âge, surtout le samedi et pendant les vacances scolaires (juillet, août et fêtes juives).

Les plages sont généralement propres et bien équipées, avec des cafés et même des aires de jeux. Ne lésinez pas sur la crème solaire et bien entendu évitez le soleil à la mi-journée (la mer Morte, à cause de son altitude, présente un risque moins important de brûlures, mais les enfant– comme les adultes – doivent faire attention à bien garder la tête hors de l'eau, à ne pas flotter sur le ventre et à ne surtout pas boire la tasse).

La plupart des réserves naturelles sont fantastiques pour les enfants, et les plus grands apprécieront les randonnées – certaines faciles, d'autres plus ardues – possibles dans tout le pays. L'accès en fauteuil roulant s'est amélioré ces dernières années, facilitant ainsi les déplacements en poussette. Tel-Aviv, Jérusalem, Mitzpe Ramon et Eilat ont tous les atouts pour plaire aux enfants. Un bémol toutefois : les ruelles de la vieille ville de Jérusalem sont difficiles à parcourir en poussette.

Organisation

Couches jetables (*chitulim*), lingettes *(magavonim)*, lait en poudre (*formoola*), biberons *(bakbukim l'tinok)* et tétines (*motzetzim*) sont vendus dans les supermarchés et les pharmacies, mais les prix sont plus élevés que dans la plupart des pays occidentaux. Si votre bébé a des goûts bien à lui, mieux vaut apporter votre propre lait en poudre. Des petits pots sont également disponibles ; les produits bio font doucement leur apparition. Il est facile de se procurer des médicaments pour enfants : presque tous les pharmaciens parlent anglais et vous aideront volontiers.

Une poussette-canne pliable est pratique. Un porte-bébé sera utile pour les rues pavées et les escaliers de la vieille ville de Jérusalem, d'Acre et de Safed.

Hébergement

À l'exception de quelques B&B (*zimmer*) qui n'accueillent que des couples (par exemple à Rosh Pina), les enfants sont les bienvenus à peu près partout. Dans la grande majorité des hôtels, pensions et B&B, bébés et bambins peuvent dormir gratuitement dans la chambre de leurs parents (si vous avez besoin d'un lit d'enfant, prévenez les gérants) ; les enfants plus grands paient parfois un supplément. La plupart des chambres dans les auberges de jeunesse HI et gérées par la SPNI (Société pour la protection de la nature en Israël) possèdent au moins 4 lits.

Les repas

Tous les restaurants, ou presque, accueillent volontiers les enfants, et serveurs et clients s'adaptent à la présence des petits. Presque tous possèdent des chaises hautes et certains proposent des menus enfants. La plupart, sauf les plus haut de gamme, ouvrent toute la journée, ce qui permet des horaires de repas souples. Les petits-déjeuners israéliens, copieux, comprennent souvent des céréales.

Beaucoup d'enfants apprécient falafels, houmous, *sabich* (pita garnie d'aubergine, d'un œuf dur, de pommes de terre et de salade) et *shawarma* (émincés de viande grillée). Attention toutefois, ces plats rapides sont plus susceptibles de contenir des bactéries auxquelles les enfants ne sont pas habitués.

RÉDUCTIONS

Les enfants accèdent généralement aux réserves naturelles, aux sites archéologiques et aux musées gratuitement jusqu'à 4 ans, et bénéficient de réductions de 5 à 17 voire 18 ans. Les jeunes enfants voyagent à tarif réduit dans les bus et les trains. Les établissements destinés aux enfants, comme les parcs d'attractions, pratiquent souvent le plein tarif à partir de 3 ans.

Voyager en voiture

➡ Les bébés de moins d'un an ou de moins de 9 kg doivent voyager dans un siège installé dos à la route (recommandé pour les enfants jusqu'à 2 ans). Un siège bébé portable s'appelle en hébreu un *salkal*.

➡ Un siège enfant (dos ou face à la route) est indispensable pour les enfants de 2 et 3 ans, et recommandé jusqu'à 4 ans.

➡ Les enfants, jusqu'à 8 ans, doivent être assis sur un rehausseur.

➡ Les sièges-auto ne sont pas obligatoires dans les taxis.

➡ Il ne faut pas installer de siège-auto sur un siège passager équipé d'un airbag.

Les Territoires palestiniens avec des enfants

Vos bambins seront souvent invités à jouer avec les enfants du coin ou à déguster gâteaux et biscuits. Voyager dans la région présente cependant des difficultés particulières. Se déplacer avec une poussette dans les villes cisjordaniennes comme Ramallah, Naplouse et Bethléem peut se révéler laborieux, et vous devrez passer les *checkpoints*.

N'oubliez pas les passeports des enfants, en plus des vôtres.

Les régions en un clin d'œil

Jérusalem

Histoire
Religion
Culture

Vieille ville

Visitez les quartiers chrétien, arménien, juif et musulman de la vieille ville, notamment la citadelle (tour de David) et la Via Dolorosa.

Sites sacrés

Mur des Lamentations, basilique du Saint-Sépulcre, dôme du Rocher... Il faudrait des semaines pour visiter tous les sites religieux de Jérusalem.

Diversité culturelle

Juifs ultraorthodoxes coiffés du *shtreimel* (chapeau de fourrure), juifs laïcs en shorts, musulmans palestiniens se rendant à la mosquée al-Aqsa, membres du clergé chrétien en habits longs, juifs orthodoxes féministes, militants pour les droits des homosexuels, artistes libertaires : les rues de Jérusalem reflètent une merveilleuse diversité.

p. 46

Tel-Aviv - Jaffa (Yafo)

Cuisine
Shopping
Vie nocturne

Gastronomie

Étals de falafels, marchands de houmous, glaciers, cafés, bars à sushis et restaurants de luxe tenus par des chefs célèbres... Vos papilles seront comblées.

Boutiques

Entre les marchés, les centres commerciaux modernes et les boutiques de créateurs des rues Sheinken, Dizengoff et Shabazi, votre carte bancaire n'aura aucun répit.

Faire la fête

Rendez-vous sur le boulevard Rothschild ultra-branché ou dans les bars et boîtes de nuit qui bordent les grandes artères que sont le boulevard Ben Gourion et la rue Dizengoff pour une immersion dans la vie nocturne réputée de la ville.

p. 118

Haïfa et la côte nord

Histoire
Sites sacrés
Paysages

Ports antiques

Césarée fut l'un des grands ports de l'Antiquité, puis, mille ans plus tard, un bastion croisé doté d'un mur d'enceinte. Acre est une ode à l'histoire médiévale et ottomane.

Nature et spiritualité

Les splendides jardins bahaïs, à Haïfa, sont une merveille de spiritualité. À Haïfa toujours, la grotte d'Élie est un site sacré pour les juifs, les chrétiens et les musulmans.

Bleu marine

Les grottes marines de Rosh HaNikra arborent des tons de bleu presque surnaturels. Pour profiter d'une vue magnifique sur la Méditerranée, rejoignez la promenade de Haïfa haut perchée sur le mont Carmel.

p. 162

Basse Galilée et lac de Tibériade

**Christianisme
Archéologie
Cuisine**

Le ministère de Jésus

Nazareth, ville de l'Annonciation, aurait vu grandir Jésus, qui passa la plus grande partie de son ministère près du lac de Tibériade, à Tabgha, Capharnaüm, Bethsaïde et Kursi. La Transfiguration aurait eu lieu sur le mont Tabor.

Histoire

Découvrez la ville romaine et byzantine de Beit She'an, d'anciennes synagogues à Hamat Tverya, Korazim, Capharnaüm et Tzipori, et la forteresse de Belvoir.

Saveurs

Nazareth est célèbre pour sa cuisine mêlant orient et occident, à déguster dans les restaurants de la vieille ville.

p. 201

Haute Galilée et Golan

**Randonnée
Ornithologie
Viticulture**

Balades nature

Des sommets du mont Hermon (2 000 m) aux rives du Jourdain (-200 m d'altitude), et dans les canyons des réserves naturelles de Banias et Yehudiya, les sentiers sont nombreux.

Migrations

Au printemps et en automne, vous pourrez observer depuis les marais de la réserve naturelle de la Hula et à Agamon HaHula les oiseaux qui migrent via la vallée de la Hula.

Nectars

À Katzrin, Ein Zivan et Odem, dans le Golan, et sur le plateau de Dalton, au nord-ouest de Safed, les meilleurs établissements viticoles d'Israël sont souvent ouverts à la visite.

p. 239

Cisjordanie

**Shopping
Cuisine
Religion**

Marchés

Le souk est le cœur des villes cisjordaniennes. Achetez fruits frais et douceurs sur les étals d'Hébron, de Naplouse et de Bethléem.

Mets locaux

La cuisine palestinienne est largement répandue à Bethléem et Ramallah. À Naplouse, goûtez au *kenafeh*, bon dessert local.

Sites sacrés

Grotte de Machpelah, église de la Nativité, mont de la Tentation... Aucune découverte des sites sacrés de Cisjordanie ne saurait être complète sans une visite à la communauté de Samaritains qui vit sur le mont Garizim.

p. 271

Bande de Gaza

Inaccessible

Cette étroite bande de terre est pour l'heure quasiment impénétrable à moins d'être travailleur humanitaire ou diplomate. Malgré les milliards de dollars d'aide versés notamment par l'UE et les États-Unis pour sa reconstruction après la guerre qui l'a opposée à Israël à l'été 2014, il faudra sans doute encore de nombreuses années avant que les villes bombardées et les infrastructures puissent répondre aux besoins des 1,8 million d'habitants de la bande de Gaza. Quant à répondre à ceux des touristes... D'ici là, les villes chargées d'histoire politique, les plages magnifiques, les sites historiques et la culture singulière de Gaza resteront inaccessibles.

p. 304

Mer Morte

**Plages
Archéologie
Randonnée**

Eau salée

Lire son journal en flottant sur le dos, impossible ? Pas dans la mer Morte. Vous y détendrez vos nerfs et adoucirez votre peau.

Massada

Les Romains avaient déjà détruit Jérusalem, mais en haut de Massada, 1 000 juifs résistèrent à la puissante X^e légion et choisirent la mort plutôt que l'esclavage.

Oasis du désert

Des ruisseaux alimentent toute l'année les oasis du désert d'Ein Gedi et d'Ein Bokek, où les randonneurs se rafraîchissent au milieu d'une végétation luxuriante, de cascades paradisiaques et d'une faune rare, comme le bouquetin de Nubie.

p. 309

Néguev

**Randonnée
Plongée
Archéologie**

Chemins du désert

Le désert du Néguev est plein de vie. En marchant dans le décor sauvage de Makhtesh Ramon, Sde Boker ou Ein Avdat, vous apercevrez sûrement un bouquetin, un chameau ou un oiseau de proie.

Récifs coralliens

Envie d'admirer des coraux et de nager au milieu des poissons tropicaux ? Direction la mer Rouge, pour faire de la plongée ou du snorkeling. Il suffit de mettre la tête sous l'eau pour que le spectacle commence.

Sites nabatéens

Dans ce désert gisent les ruines de Tel Be'er Sheva et de Tel Arad, mentionnées dans la Bible, ainsi que les cités nabatéennes d'Avdat, de Shivta et de Mamshit.

p. 327

Pétra

**Ruines antiques
Randonnée
Paysages**

La ville rose

Prévoyez assez de temps pour atteindre le Trésor tôt le matin. Pique-niquez au haut lieu du Sacrifice, regardez le coucher du soleil au Monastère et, à la nuit tombée, arpentez le Siq à la lueur des bougies.

Dans le désert

Pétra et ses alentours recèlent certaines des randonnées les plus belles et les plus faciles de Jordanie. Louez les services d'un guide bédouin et vous apprendrez aussi beaucoup de choses sur l'histoire plus récente de la région.

Décor naturel

Grès aux couleurs incroyables, escarpements érodés par le vent et oueds plantés de lauriers-roses forment le somptueux écrin de l'architecture antique de Pétra.

p. 357

Sur la route

Jérusalem القدس ירושלים

🎵 02 / 865 721 HABITANTS

Le top des restaurants

➡ Machneyuda (p. 107)

➡ Abu Shukri (p. 104)

➡ Modern (p. 107)

➡ Pinati (p. 105)

➡ Anna Cafe (p. 105)

Le top des hébergements

➡ American Colony Hotel (p. 99)

➡ Abraham Hostel (p. 100)

➡ Austrian Hospice (p. 90)

➡ Post Hostel (p. 100)

➡ YMCA Three Arches Hotel (p. 102)

Pourquoi y aller

Considérée comme sainte par les juifs, les chrétiens et les musulmans, la vieille ville de Jérusalem reste un grand carrefour spirituel. Des pèlerins affluent dans la cité fortifiée pour vénérer les sites aux fondements même de leur foi. Ici, au milieu des édifices sacrés et des reliques, on est réellement au cœur de l'histoire : on marche dans les pas des prophètes, on prie dans des sanctuaires bâtis sur l'ordre de califes et de rois, on dort dans des hospices où croisés et cardinaux se sont reposés avant nous. Les cloches des églises, l'appel du muezzin et le *shofar* (corne de bélier) résonnent dans l'air, où flottent des odeurs d'encens et l'arôme entêtant des épices des souks.

En dehors de sa vieille ville, Jérusalem ne manque pas de lieux à visiter, tels le très impressionnant musée d'Israël et le mémorial aux victimes de l'Holocauste Yad Vashem, poignant. On comprend sans peine pourquoi Jérusalem demeure la première destination touristique du pays.

Quand partir
Jérusalem

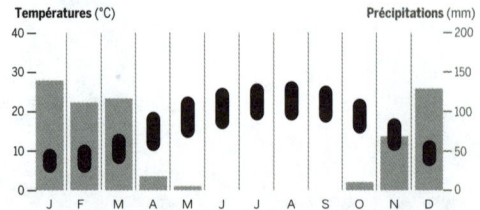

Températures (°C)   **Précipitations** (mm)

J F M A M J J A S O N D

Avr-mai Agréable et ensoleillé, mais les visiteurs sont nombreux et les tarifs des hôtels élevés.

Juil Illuminations dans la vieille ville, festival de cinéma, et températures étouffantes.

Sept-oct Temps idéal, moins de visiteurs, sauf pendant certaines fêtes juives (prix plus élevés).

Histoire

Premier Temple

C'est sur la colline d'Ophel, au sud-est de l'actuel quartier juif, que débuta l'histoire de Jérusalem. Les Cananéens (une tribu préisraélite) y avaient fondé une petite cité – mentionnée dans des textes égyptiens datant du XXe siècle av. J.-C. – qui fut conquise en 997 av. J.-C. par les Israélites. Leur roi, David (v. 1010-v. 970 av. J.-C.), fit de Jérusalem sa capitale.

Selon la Bible, le roi Salomon, fils de David, développa la petite ville vers le nord, au-delà du mont connu aujourd'hui sous le nom de Haram Ash-Sharif, où il entreprit la construction du premier Temple vers 950 av. J.-C.

Dix-sept ans après sa mort, dix tribus du nord firent sécession et formèrent le royaume d'Israël, tandis que Jérusalem devint la capitale du royaume de Juda. En 586 av. J.-C., Nabuchodonosor, roi de Babylone, s'empara de la ville, détruisit le Temple et déporta la population vers Babylone. En 539 av. J.-C., Cyrus le Grand, roi de Perse, prit Babylone, mit fin à la captivité des Judéens, les autorisa à regagner leur terre et alla jusqu'à financer la reconstruction du temple dans l'espoir de s'en faire des alliés.

Second Temple

Le second Temple fut édifié vers 520 av. J.-C., et vers 445 av. J.-C., Néhémie, gouverneur de Judée, fit reconstruire les murs d'enceinte de la ville. En 332 av. J.-C., Alexandre le Grand s'empara de Jérusalem. À sa mort en 323, la ville fut prise par les Séleucides jusqu'à la révolte des Maccabées, trente ans plus tard. Profané par les Séleucides, le Temple fut à nouveau consacré en 165 av. J.-C. sous la dynastie des Hasmonéens.

L'ère romaine

Dirigés par le général Pompée, les Romains prirent Jérusalem vers 63 av. J.-C. Vingt-six ans plus tard, ils nommèrent Hérode le Grand roi de Judée et le soutinrent dans sa reconquête de la ville, alors aux mains des Parthes. Ce tyran fit exécuter sa femme, plusieurs de ses enfants et des rabbins qui s'étaient opposés à lui, mais il mit également en œuvre d'ambitieux projets de construction, notamment pour avoir donné au mont du Temple sa forme actuelle. À la mort d'Hérode, les Romains désignèrent un procurateur pour administrer la ville. Ponce Pilate, connu pour avoir ordonné la crucifixion de Jésus, devint ainsi le cinquième procurateur de Jérusalem.

En 66, les Juifs se levèrent contre les Romains. Après quatre années de conflit, cette grande révolte s'acheva par la victoire du général romain (et plus tard empereur) Titus. L'arc de Titus, à Rome, avec sa célèbre frise représentant des soldats romains portant les objets pillés du Temple, fut érigé pour célébrer sa victoire.

Le second Temple fut détruit, Jérusalem incendiée et de nombreux Juifs furent réduits en esclavage ou exilés. Le quartier général administratif et militaire de la province romaine de Judée fut maintenu dans la cité en ruines, devenue entretemps un foyer de développement du christianisme.

Vers 130, l'empereur Hadrien décida de reconstruire Jérusalem, non pas en tant que cité juive (il craignait de nouvelles aspirations nationales juives), mais en tant que cité romaine dotée de temples païens. Cette décision provoqua une seconde révolte juive (132-135) menée par Simon Bar-Kokhba. La rébellion fut écrasée dans le sang, Jérusalem fut renommée Ælia Capitolina, et la Judée Syria Palaestina. Les Romains rebâtirent la ville en ruines, mais les Juifs y furent interdits.

Byzantins et musulmans

En 313, à Milan, Constantin, l'empereur romain d'Occident et Licinius, l'empereur romain d'Orient, promulguèrent ensemble un édit de tolérance envers toutes les religions jusque-là persécutées, dont le christianisme. Onze ans plus tard, ils entrèrent en guerre l'un contre l'autre. Victorieux, Constantin devint l'unique souverain de l'Empire romain (connu ensuite sous le nom d'Empire byzantin). Il devient le premier empereur romain converti au christianisme. Sa mère, Hélène, convertie elle aussi, visita la Terre sainte en 326-328 à la recherche des lieux saints chrétiens où elle affirma avoir découvert la "Vraie Croix", sur laquelle Jésus avait été crucifié. Sous son impulsion, des églises et des basiliques furent érigées un peu partout dans Jérusalem. La ville retrouva la taille qu'elle avait du temps d'Hérode le Grand.

Après avoir vaincu l'Empire byzantin, les Perses s'emparèrent de Jérusalem en 614 et y demeurèrent une quinzaine d'années, jusqu'à sa reconquête par les Byzantins. Dix ans plus tard, le calife Omar envahit la Palestine sous la bannière de l'islam. En 688, le dôme du Rocher fut érigé à l'emplacement

À ne pas manquer

1 Le **mont du Temple/Haram Ash-Sharif** (p. 54), site sacré pour les musulmans et les juifs.

2 La puissance spirituelle du **mur des Lamentations** (p. 64).

3 La **basilique du Saint-Sépulcre** (p. 62), l'un des sanctuaires les plus importants de la chrétienté.

4 Les allées du **marché de Mahane Yehuda** (p. 86), bordées d'étals de fruits frais et de halvas.

5 **Yad Vashem** (p. 94), où méditer sur la tragédie, l'horreur, la résilience humaine et la réconciliation.

6 L'extraordinaire collection d'œuvres d'art du **musée d'Israël** (p. 92).

7 Les souks colorés et parfumés du **quartier musulman** (p. 71) de la vieille ville.

8 Le musée de l'Histoire de Jérusalem dans la **citadelle** (p. 59).

9 La **Via Dolorosa** (p. 62), sur les traces de Jésus.

10 Les galeries souterraines du site archéologique de la **cité de David** (p. 75).

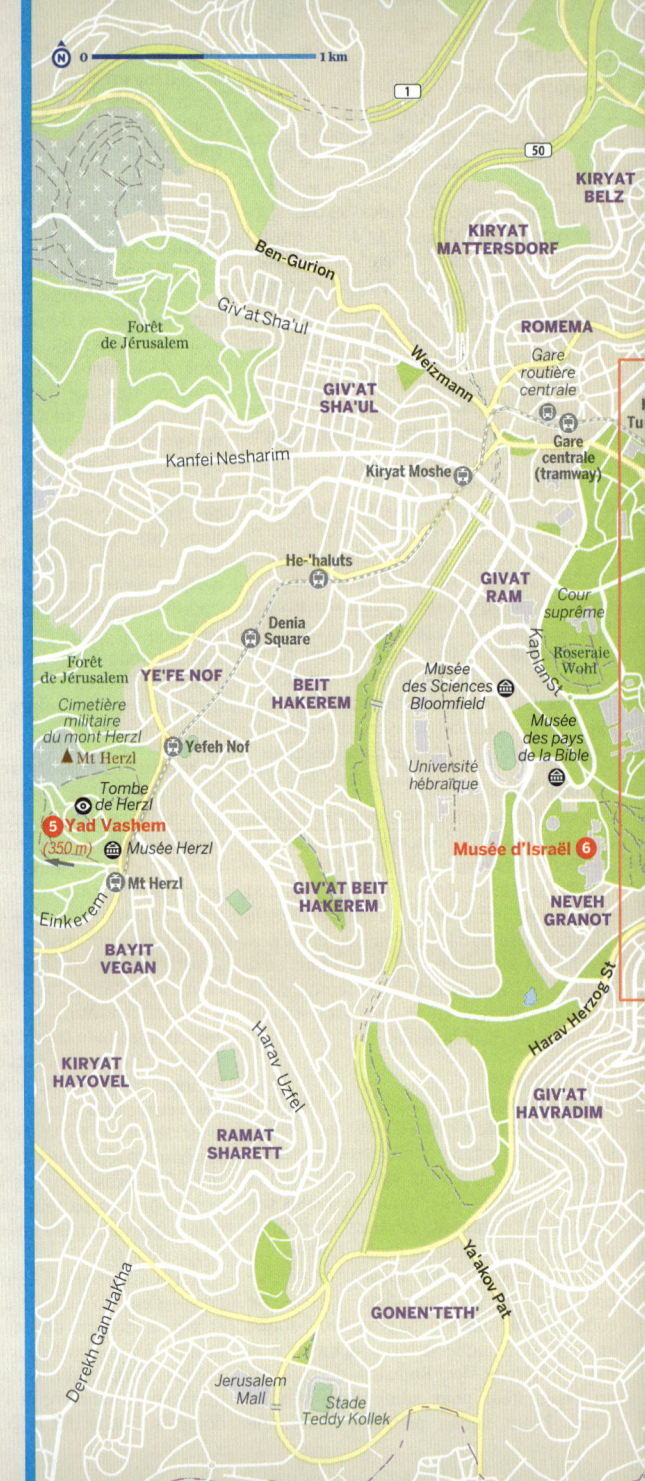

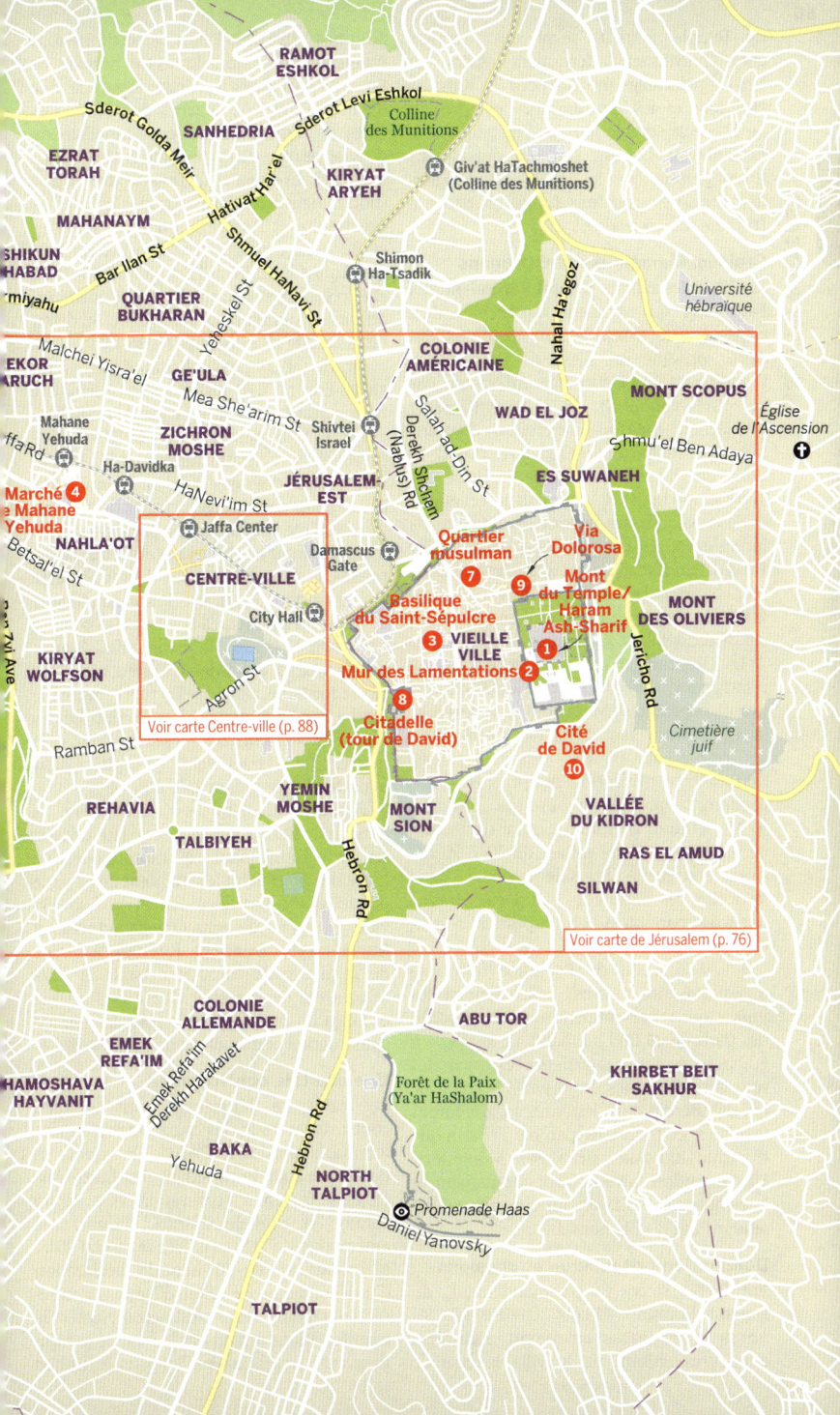

du Temple. Sous le règne des premiers chefs musulmans, Jérusalem devint un lieu de pèlerinage protégé pour les juifs, les chrétiens et les musulmans. Cela prit fin au Xe siècle sous le joug de l'instable calife fatimide Al Hakim. Les non-musulmans furent persécutés et les églises et synagogues détruites. Ces exactions furent en partie à l'origine des croisades.

Croisés, Mamelouks et Ottomans

En 1099, les croisés prirent Jérusalem aux Fatimides, qui venaient eux-mêmes d'en reprendre le contrôle aux Seldjoukides. Après presque un siècle de domination, l'Empire latin des chrétiens fut vaincu par Saladin (Salah ad-Din, 1137-1193) en 1187, ce qui déclencha la troisième croisade deux ans plus tard. Richard Ier d'Angleterre (Cœur de Lion) parvint à regagner des territoires en Terre sainte mais vit Jérusalem lui échapper.

Sous Saladin, les juifs et les musulmans furent autorisés à se réinstaller dans la ville. Du XIIIe au XVe siècle, les architectes mamelouks bâtirent d'admirables édifices consacrés à l'étude religieuse et Jérusalem devint un centre académique musulman très actif.

La cité connut une période d'accalmie relative jusqu'en 1516, lorsque les Ottomans, ayant écrasé les Mamelouks, ajoutèrent la Palestine à leur immense empire. Ils se révélèrent piètres administrateurs, mais leur contribution architecturale est toujours appréciée aujourd'hui. Soliman le Magnifique fit bâtir le mur d'enceinte de la vieille ville au milieu du XVIe siècle. Après son règne, Jérusalem sombra dans le déclin, les bâtiments et les rues furent livrés à l'abandon et la corruption se répandit parmi les institutions.

En 1856, l'édit de tolérance religieuse du sultan turc autorisa officiellement les juifs – qui représentaient alors la majorité des quelque 25 000 habitants de la ville – à établir les premiers quartiers à l'extérieur des remparts. Certaines des premières colonies, qui débutèrent dans les années 1860, furent inspirées et financées par un Britannique d'origine italienne, sir Moses Montefiore. L'immigration juive s'accrut rapidement et la colonie s'étendit vers un quartier qui est aujourd'hui la ville nouvelle.

Domination britannique et divisions

Fin 1917, sous le commandement du général Edmund Allenby (1861-1936), les forces britanniques enlevèrent Jérusalem aux Turcs, faisant de la ville la capitale administrative de la Palestine, territoire sous mandat britannique. En cette période de fervents nationalismes arabe et juif, la ville devint un foyer de tensions politiques. Des actes de terrorisme et, occasionnellement, de guerres ouvertes, aussi bien entre les Juifs et les Arabes qu'entre factions arabes rivales (notamment entre les partisans des familles Nashashibi et Husseini), ou entre sionistes et Britanniques, agitèrent la ville. En 1921 Mohammed Amin al-Husseini (1895-1974), chef religieux et nationaliste palestinien, fut nommé grand mufti de Jérusalem. Au début de la grande révolte arabe (1936-1939), il fut contraint à l'exil par les Britanniques ; réfugié en Europe, il fit alliance avec l'Allemagne nazie durant la Seconde Guerre mondiale.

Le plan de partition de l'ONU de 1947 prévoyait l'internationalisation de Jérusalem, séparée des deux États juif et arabe que l'ONU proposait de créer à partir de la Palestine. Accepté sur le principe par les sionistes mais rejeté par les dirigeants arabes et palestiniens, le plan de partition devint obsolète quand survint la guerre arabo-israélienne de 1948 qui submergea la ville et le pays.

Durant le conflit, la vieille ville, Jérusalem-Est et la Cisjordanie furent annexées par la Jordanie, alors que l'actuel centre-ville tomba majoritairement sous le contrôle des Juifs. Des *no man's land* les séparaient, et le nouvel État d'Israël établit sa capitale dans la partie de Jérusalem qu'il détenait.

Pendant dix-neuf ans, Jérusalem, à l'image de Berlin, demeura une cité divisée. La porte Mandelbaum, à la limite ouest de la vieille ville, devint le seul point de passage officiel entre Jérusalem-Est et la nouvelle ville, mais peu de gens étaient autorisés à franchir cette frontière. En 1967, à l'issue de la guerre des Six-Jours, Israël arracha le contrôle de la vieille ville à la Jordanie et lança un programme de restauration, de construction et d'aménagement paysager.

Une capitale controversée

Le statut de Jérusalem étant toujours controversé, tous les pays maintenaient leurs ambassades à Tel-Aviv. Pourtant, en décembre 2017, le président des États-Unis Donald Trump a reconnu la ville sainte comme la capitale d'Israël. L'ambassade américaine y a été transférée le 14 mai 2018, à l'occasion des 70 ans de déclaration d'indépendance de l'État d'Israël. La cérémonie d'inauguration s'est accompagnée de manifestations organisées le long de la frontière avec Israël par le Hamas et le Djihad

JÉRUSALEM EN...

Quatre jours

Pour une intéressante vue d'ensemble de la vieille ville, commencez par la visite guidée gratuite de 8h45 proposée par **Sandemans** (p. 140). Flânez ensuite sur Salah Ad-Din St et achetez une bouteille d'eau avant de rejoindre la file d'attente pour le **mont du Temple/Haram Ash-Sharif** (p. 54 ; 2 créneaux-horaires limités/jour pour les non-musulmans). Après un houmous exceptionnel chez **Abu Shukri** (p. 104), trouvez votre chemin vers la **basilique du Saint-Sépulcre** (p. 62). Quittez la vieille ville par la **porte de Jaffa** (p. 59) et terminez la journée dans les bars autour de Jaffa Rd.

Le lendemain, allez voir le **mur des Lamentations** (p. 67 ; réservez la visite guidée des tunnels du mur des Lamentations). Après un déjeuner dans la pittoresque **Armenian Tavern** (p. 104), perdez-vous dans les ruelles du **quartier juif**, profitez de la vue depuis la **synagogue Hurva** (p. 70) et découvrez les souks du **quartier musulman**.

Le troisième jour, prenez le tramway pour l'émouvant **Yad Vashem** (p. 94). Au retour, descendez au **marché de Mahane Yehuda** (p. 86) et observez l'animation en dégustant un café glacé ou une bière. Le soir, assistez au **spectacle son et lumière** à la **citadelle** (p. 59 ; pensez à réserver).

Le dernier jour, commencez tôt la visite du vaste **musée d'Israël** (p, 92), puis déjeunez dans l'élégant restaurant **Modern** (p. 107). De retour dans le centre, prenez le bus pour la **cité de David** (p. 75) et explorez ses fouilles archéologiques. Couronnez votre journée dans les bars autour de la rue Horkanos.

JÉRUSALEM HISTOIRE

---

islamique palestinien, manifestations au cours desquelles des dizaines de participants ont été tués et des centaines d'autres blessés. Pour l'heure, l'Autorité palestinienne est basée à Ramallah, non loin, mais elle espère s'installer un jour à Jérusalem-Est.

Environ 300 000 Hiérosolymitains palestiniens vivent dans les quartiers de Jérusalem-Est, y compris dans la vieille ville, à At-Tur sur le mont des Oliviers, à Silwan et Ras Al Amud près de l'extrémité sud de la vieille ville, et à Sheikh Jarrah et Shuafat au nord de celle-ci. En 2013, un rapport sur l'économie palestinienne à Jérusalem-Est, rédigé par la conférence des Nations Unies sur le commerce et le développement (CNUCED), observait que les autorités israéliennes appliquaient une ségrégation physique, politique et économique entre Jérusalem-Est et la Cisjordanie, et que ses habitants rencontraient des obstacles avec l'administration dans les domaines du logement, de l'éducation, de l'emploi, de la fiscalité et de la représentation. Le rapport indiquait également que les services municipaux (eau, égouts, maintenance des routes, poste et collecte des ordures notamment) de Jérusalem-Est étaient disproportionnellement limités par rapport au reste de la ville.

Plusieurs plans de paix prônent le partage de la ville, avec les quartiers juifs en Israël et les quartiers arabes en Palestine. La gestion de la vieille ville fait l'objet de désaccords, notamment pour le mont du Temple/Haram Ash-Sharif (p. 54), à la fois le lieu le plus sacré du judaïsme, et le plus sacré de l'islam après La Mecque et Médine.

Le gouvernement israélien, considérant Jérusalem comme la capitale indivisible de l'État hébreu, a érigé une barrière "de sécurité" entre la ville et la Cisjordanie, étendant considérablement ses frontières municipales, annexant des territoires de Cisjordanie et développant de nombreux quartiers juifs dans Jérusalem-Est, où vivent actuellement quelque 200 000 Israéliens. Cette colonisation est vue comme une entrave au processus de paix par les Palestiniens, une partie des Israéliens et la quasi-totalité de la communauté internationale.

Ces dernières années, les confrontations violentes (et souvent mortelles) entre extrémistes des deux communautés se sont multipliées de manière inquiétante. Après l'assassinat de deux policiers israéliens par trois Arabes israéliens en juillet 2017, des détecteurs de métaux ont été installés aux points d'entrée de la mosquée al-Aqsa (p. 58). À la suite de protestations massives et d'affrontements violents faisant plusieurs victimes des deux côtés, ils ont été retirés par le gouvernement israélien qui a proposé d'autres mesures de sécurité, notamment la révocation du titre de séjour des agresseurs

Vieille ville

Map of the Vieille ville (Old City) of Jerusalem

Labels on the map:

Khuldah HaNevi'a
HaYyin Khet
Elisha
Damascus Gate
HaNevi'im St
Gare routière arabe
Sultan Suleiman St
Saadiya
Porte de Damas
El Mawlawiya
QUARTIER MUSULMAN
Jardins Mish'ol HaPninim
HaTsankhanim Rd
HaKnesiyot
El Jabsha
HaShlikhim
Souq Khan Al Zeit St
El Wad Rd
45
37
35
9
10
42
44
13
Via Dolorosa
49
11
Porte Neuve
41
Bab El Jadid Rd
46
Aqabat Al Khangah St
38
12
St Francis St
Greek Orthodox Patriarchate St
Casa Nova St
St Dmitri's St
14
15
22
48
Basilique du Saint-Sépulcre
1
Aqabat At Takiya St
Palais de Dame Tunshuq
Ribat Bayram Jawish
HaSaraya
50
52
Les Freres St
Orthodox Society Medical Centre
HaKoptim
Dabbaga Rd
Christian Quarter Rd
Mauristan Rd
Ha-Kari
Aqabat Al Khalidiyya
Latin Patriarchate Rd
Greek Catholic Patriarchate St
QUARTIER CHRÉTIEN
29
28
47
39
20
David St
40
St Mark's Rd
36
Jaffa Gate Tourist Office
Christian Information Centre
Mamilla Mall
Yitskhak Kariv Rd
Porte de Jaffa
30
2
19
Citadelle (tour de David)
43
33
Habad St
Jewish Quarter Rd
Shone HaLakhot Rd
Tiferet Israel
51
Arts & Crafts Lane
Elrei
Hativat Yerushalayim
Armenian Orthodox Patriarchate Rd
Or HaChaim St
18
26
25
24
Hurva Sq
23
Batei Mahseh Sq
Yoels
Jardins Bloomfield
Ararat St
32
QUARTIER ARMÉNIEN
HaMalakh St
QUARTIER JUIF
Batei Mahseh St
Dror Elrei Rd
Hativat Zion Rd
Cimetière catholique
Cimetière arménien
Porte de Sion

palestiniens (ainsi que de leurs familles), une mesure condamnée par la communauté internationale.

Malgré les initiatives de coopération israélo-palestinienne (dans des domaines aussi divers que le tourisme, l'artisanat, les "échanges" religieux et les clubs sociaux) visant à panser les blessures, le fossé entre habitants de Jérusalem-Est et Ouest semble se creuser.

⊙ À voir

Les principaux sites touristiques sont situés dans plusieurs secteurs, mais ils sont particulièrement nombreux dans la vieille ville, depuis laquelle Jérusalem-Est, la cité de David et le mont de Sion sont facilement accessibles à pied.

À Jérusalem-Ouest, le musée d'Israël, le mont Herzl, Yad Vashem et Ein Kerem comptent parmi les sites les plus visités. Mieux vaut les rallier en tramway (JLR), en taxi ou en bus car ils sont éloignés les uns des autres.

⊙ Vieille ville

À l'abri des routes vrombissantes, la vie n'a pas beaucoup changé derrière les majestueux remparts de la ville au fil des siècles. Le matin, des pèlerins du monde entier viennent prier au mur des Lamentations (p. 67), au dôme du Rocher (p. 58) ou à la basilique du Saint-Sépulcre (p. 62). Jusqu'en fin d'après-midi, les touristes explorent les quartiers chrétien, musulman, juif et arménien, et font (ou pensent faire) de bonnes affaires dans les souks. Au crépuscule, lorsque les marchés, les boutiques et la plupart des restaurants ont fermé et que les pierres prennent une teinte cuivrée, la vieille ville s'apaise et montre son plus beau visage.

La vieille ville compte quatre entrées principales : la porte de Jaffa (p. 59), la porte de Damas (p. 71), la porte des Immondices et la porte des Lions (porte Saint-Étienne, p. 72). La plupart des visiteurs entrent par la porte de Jaffa qui mène directement aux quartiers chrétien et arménien, d'où le reste de la vieille ville est rapidement accessible en descendant à pied. La porte de Damas mène au quartier musulman, la porte des Lions au départ de la Via Dolorosa, et la porte des Immondices au quartier juif (mur des Lamentations) et à l'entrée du mont du Temple/Haram Ash-Sharif pour les visiteurs. La plupart des rues sont piétonnes (et peuvent être plutôt glissantes !).

Vieille ville

◉ Mont du Temple/ Haram Ash-Sharif

♥ Mont du Temple/ Haram Ash-Sharif

SITE RELIGIEUX

(Carte p. 52 ; ⊙8h30-11h30 et 13h30-14h30 dim-jeu avr-sept, 7h30-10h et 12h30-13h30 dim-jeu oct-mars). GRATUIT Peu d'endroits sur terre sont aussi sacrés et disputés. Haram Ash-Sharif ("noble sanctuaire") pour les musulmans, et Har HaBayit ("mont du Temple") pour les juifs, une esplanade surélevée et plantée de cyprès à l'angle sud-est de la vieille ville abrite deux des bâtiments les plus saints de l'islam : le dôme du Rocher (p. 58) et la mosquée al-Aqsa (p. 58). Pour les juifs, il est révéré en tant qu'emplacement des premier et second Temples. Habillez-vous convenablement et arrivez tôt pour faire la queue. Notez que les heures d'ouverture sont limitées pour les non-musulmans et les contrôles de sécurité poussés.

D'après le Talmud, c'est sur cette immense saillie rocheuse qui dépassait du mont Moriah que Dieu aurait pris de la terre pour façonner Adam, et où Adam, Caïn, Abel et Noé auraient effectué leurs sacrifices rituels. Le récit le plus connu est dans la Genèse (XXII, 1-19) : Dieu, pour tester la foi d'Abraham, demanda à ce dernier de sacrifier son fils Isaac. À la onzième heure, un ange apparut et un bélier fut offert en sacrifice à la place du fils. Dans la Bible, David érigea ensuite un autel à cet endroit (Samuel XXIV, 18-25).

Bien qu'aucun vestige archéologique n'ait été retrouvé sur place (et ne le sera sans doute jamais car, du fait de susceptibilités religieuses, des fouilles sont inenvisageables), Salomon aurait érigé le premier Temple à l'emplacement de l'autel de David. D'après le Talmud, sa construction dura 7 ans et demi, mais, pour des raisons inconnues, il resta inutilisé pendant 13 ans. Lorsqu'il fut consacré, Salomon y déposa l'Arche d'alliance et organisa 14 jours de célébrations et de sacrifices.

Victime de nombreux pillages, le temple fut détruit par Nabuchodonosor II de Babylone en 587 av. J.-C. Reconstruit sur l'ordre de Zorobabel, nommé gouverneur de Judée par Cyrus II après la défaite des Babyloniens contre les Perses, il fut ensuite remplacé par le second Temple, très étendu, érigé par Hérode le Grand (règne 39-4 av. J.-C.). Le roi Hérode fit construire un mur autour du mont et nivela le terrain pour obtenir l'esplanade que l'on peut voir aujourd'hui. La plus grosse des pierres du mur des Lamentations, soutenant le mont du Temple, pèse plus de 500 tonnes.

Les juifs qui se rendaient au mont du Temple arrivaient par le sud. Les pèlerins devaient se plonger dans le *mikveh* (bain pour immersion rituelle) à des fins de purification avant de monter les marches abruptes. L'un de ces bains est conservé dans le parc archéologique de Jérusalem (p. 69), non loin de là. Des inscriptions sur les pierres indiquaient que tout non-juif se rendant sur le mont serait puni de mort. Seul le grand prêtre était autorisé à pénétrer dans le saint des saints, à l'intérieur du Temple, ce qu'il faisait une fois par an pour Yom Kippour.

Tous les aménagements entrepris par Hérode furent réduits à néant quand, en 70, les Romains détruisirent presque entièrement le second Temple. Toutefois, ce lieu sacré pour les juifs trouva un écho spirituel chez les conquérants, qui choisirent d'y ériger un sanctuaire en l'honneur de Jupiter. Celui-ci devint ensuite une église chrétienne.

Au milieu du VIIe siècle, à La Mecque, le prophète Mahomet annonça à ses condisciples qu'en une seule nuit, il avait rejoint en compagnie d'autres prophètes "la mosquée la plus lointaine" (*Al Masdjid Al Aqsa*) pour prier. Même si Jérusalem n'est pas mentionnée, "la mosquée la plus lointaine" fut interprétée comme étant à Haram Ash-Sharif, ce qui fit de Jérusalem un lieu saint pour les musulmans. Le mont du Temple est le troisième site le plus sacré de l'islam, après La Mecque et Médine. Lorsque les Byzantins remirent Jérusalem au calife Omar en 638, celui-ci s'intéressa immédiatement au mont du Temple sur lequel il décida de faire ériger une simple mosquée, plus tard remplacée par le dôme du Rocher (construit en 691) et la mosquée al-Aqsa (construite en 705-715).

Au XIXe siècle, des explorateurs découvrirent sous la surface pavée plus de 30 citernes, dont certaines atteignant 15 à 20 m de profondeur et 50 m de long. Datant de plusieurs milliers d'années, elles permettaient probablement d'alimenter la ville en eau. L'accès en est aujourd'hui strictement interdit pour des raisons religieuses.

Immédiatement après la guerre des Six-Jours, le commandant israélien Moshe Dayan remit les clés du mont du Temple/ Haram Ash-Sharif aux autorités musulmanes de Jérusalem. Leur contrôle des lieux n'a jamais été accepté par les extrémistes

ℹ VISITER LE MONT DU TEMPLE/HARAM ASH-SHARIF

Neuf portes relient le mont du Temple/Haram Ash-Sharif aux ruelles qui l'entourent, mais les non-musulmans ne peuvent emprunter que Bab Al Maghariba/Sha'ar HaMugrabim (porte des Maghrébins ou porte des Immondices), que l'on rejoint par une passerelle en bois à l'extrémité sud de la place du mur des Lamentations. Venez tôt (sinon vous ne pourrez sans doute pas entrer) et n'oubliez pas que le site est fermé les jours fériés musulmans et n'ouvre que le matin pendant le ramadan. Votre passeport sera exigé aux contrôles de sécurité. La sortie peut s'effectuer par n'importe quelle porte.

Au niveau de l'enceinte, des gardiens obligent les visiteurs – hommes ou femmes – qu'ils jugent insuffisamment couverts à acheter un foulard à porter à la façon d'un sarong. Inutile de préciser que ces sarongs sont hors de prix et qu'on ne vous délivrera aucun reçu. Pour éviter cette dépense, portez un pantalon ou une jupe longue et couvrez vos épaules, vos coudes votre dos et votre décolleté.

Les sacs sont méticuleusement fouillés et toute chose assimilée à un objet religieux non islamique sera interdite sur le site. N'ayez sur vous aucun symbole, ni texte religieux ; même les brochures touristiques sur le mur des Lamentations sont confisquées.

Les non-musulmans ne sont pas autorisés à pénétrer dans la mosquée al-Aqsa ou le dôme du Rocher.

Notez que l'enceinte est souvent fermée aux visiteurs en période d'agitation politique.

Mont du Temple/Haram Ash-Sharif

VISITE DU MONT DU TEMPLE

Le mont du Temple comprend plusieurs sites qui se répartissent sur une superficie équivalente à un ou deux pâtés de maisons. Vous devrez planifier votre visite un minimum et peut-être prévoir deux jours. Gravissez la rampe en bois chancelante partant de l'esplanade du mur des Lamentations pour atteindre le mont du Temple par Bab al-Maghariba (la porte des Maures).

Passez sous la porte et continuez jusqu'à la sobre façade de la ❶ **mosquée al-Aqsa** et les détails somptueux du ❷ **dôme du Rocher**. Prenez le temps de faire le tour du dôme pour admirer les structures qui l'entourent, notamment le curieux ❸ **dôme de la Chaîne** et l'élégant ❹ **sabil de Qaitbay**. Profitez de la vue époustouflante sur le mont des Oliviers qui se dessine derrière les arcades en pierre appelées aussi ❺ **balances**.Sortez du mont du Temple par la ❻ **porte des Marchands de coton)**, puis vous pouvez revenir sur l'esplanade pour profiter au mieux du ❼ **mur des Lamentations** et visiter le ❽ **Parc archéologique de Jérusalem et Centre Davidson**.

Les balances

Pour les musulmans, le jour du Jugement dernier, le poids de l'âme des morts sera évalué par des balances qui seront suspendues aux arcades.

Bab al-Atim

Bab al-Ghawanima

Bab al-Nazir

Petit mur

Dôme de l'Ascension

Bab al-Hadad

❺

❻

Bab al-Qattanin (porte des Marchands de coton)

C'est la plus imposante des portes du haram ("territoire sacré" en arabe). On y passe pour accéder au marché des marchands de coton (souk al-Qattanin), une halle couverte d'arcades qui date des Mamelouks.

Sabil de Qaitbay

Cette structure haute de 13 m à trois niveaux est l'une des plus belle constructions du mont du Temple. Elle fut érigée par les Égyptien en 1482 comme acte de dévotion à Allah et possède le seul dôme en pierre sculptée en dehors de ceux du Caire

CONSEILS

➜ Les horaires d'accès au mont du Temple sont restreints et l'attente est souvent longue durant la haute saison. Arrivez tôt (les portes ouvrent à 7h30).

➜ Il est intéressant d'accéder au parc archéologique de Jérusalem par le tunnel qui s'ouvre 600 m plus loin, dans la cité de David.

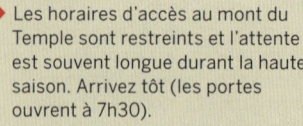

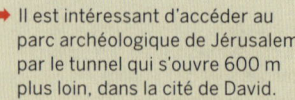

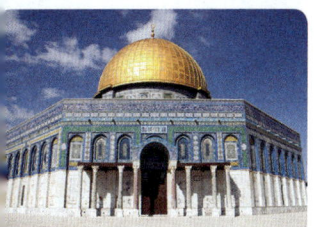

Dôme du Rocher
Fleuron du patrimoine architectural d'Israël, le dôme repose sur l'énorme rocher qui représente, pour les juifs, le centre du monde, et, pour les musulmans, le lieu de l'ascension du prophète Mahomet.

Dôme de la Chaîne
Pour certains, cette construction aurait servi de maquette au dôme du Rocher. Son nom vient de la chaîne que Salomon aurait accrochée au dôme ; les personnes qui prêtaient serment devaient la tenir et les parjures étaient immédiatement frappés par la foudre.

ASIM BHARWANI/GETTY IMAGES ©

Mosquée al-Aqsa
Al-Aqsa ("la mosquée la plus lointaine") est l'une des mosquées les plus anciennes du monde. Elle fait 75 m de long et peut accueillir plus de 5 000 fidèles. Les croisés l'appelaient le temple de Salomon et s'en servaient comme palais royal et écurie.

Bab Hitta

Trône de Salomon

②

③

Chaire d'été

⑤

Fontaine al-Kas

Mosquée Musala Marwani (Écuries de Salomon)

Dôme de la Connaissance

Arcade mamelouke

Bab al-Maghariba

①

⑦

Esplanade du mur des Lamentations

⑧

PURIFICATION
La fontaine al-Kas, située entre la mosquée al-Aqsa et le dôme du Rocher, sert pour les ablutions avant la prière.

Mur des Lamentations
C'est aujourd'hui le lieu au monde le plus sacré du judaïsme, et un important carrefour culturel le jour du shabbat, lorsque les juifs de toute la ville s'y retrouvent pour chanter, danser et prier.

Parc archéologique de Jérusalem et centre Davidson
Vous pourrez y voir l'arche de Robinson, les marches qui menaient au mont du Temple et un ancien *mikveh* (bain d'immersion rituelle juive) où les pèlerins se lavaient avant d'entrer dans le temple sacré.

STOCKSTUDIO/SHUTTERSTOCK ©

DOIN/SHUTTERSTOCK ©

juifs, causant de nombreuses manifestations et actes de violence. Des complots visant à dynamiter les sites sacrés musulmans furent même déjoués au début des années 1980. De nombreuses autorités juives orthodoxes interdisent aux juifs de visiter le mont du Temple, car ils pourraient marcher par inadvertance sur le sol sacré sur lequel le Temple s'élevait jadis. La prière non musulmane reste interdite.

Pour le visiteur non concerné par la querelle religieuse, le mont du Temple/Haram Ash-Sharif est un endroit paisible – une fois passés les files d'attente et les contrôles de sécurité. L'esplanade pavée de près de 60 ha est bordée de jolis bâtiments érigés par les Mamelouks. Le dôme du Rocher se dresse pratiquement en son centre. Après le bruit et la foule des ruelles environnantes, il est agréable de se promener sur ce site historique, aujourd'hui le plus grand espace public de Jérusalem-Est, où les adultes viennent prier ou se détendre et les enfants jouer au football.

💜 Dôme du Rocher — SITE RELIGIEUX

(Carte p. 52 ; Qubbet Al Sakhra). Couronnant le mont du Temple/Haram Ash-Sharif de sa coupole dorée, le dôme du Rocher est emblématique de la cité, et compte parmi les monuments les plus photographiés au monde. Le monument tire son nom du rocher qu'il abrite, sacré à la fois pour le judaïsme et l'islam. Selon la tradition juive, il s'agirait du lieu précis où Abraham s'apprêta à sacrifier son fils, alors que dans la tradition islamique, le prophète Mahomet se serait élancé d'ici vers le paradis.

Les visiteurs (pas de short ni de minijupe, et bras couverts) peuvent l'admirer lors de leur balade sur la place, mais seuls les musulmans peuvent entrer.

La démarche du calife omeyyade Abd Al-Malik, qui fit ériger l'édifice entre 688 et 691, était aussi pieuse qu'intéressée : il voulait insuffler à la population musulmane locale un sentiment de fierté pour qu'ils restent fidèles à l'islam. Son but était aussi d'envoyer un message aux juifs et aux chrétiens : l'islam, droit et tout-puissant, était capable d'ériger une structure plus resplendissante que toutes les églises chrétiennes bâties sur ce site juif hautement saint – il surpassait ainsi les deux religions.

Abd Al-Malik demanda à ses architectes byzantins de copier la rotonde du Saint-Sépulcre, mais d'en ignorer les façades et l'architecture intérieure, jugées trop austères.

au goût des musulmans. La mosquée fut recouverte, à l'intérieur comme à l'extérieur, de mosaïques colorées et de versets du Coran, et le dôme fut orné d'or fin, brillant tel un phare pour l'islam.

Une plaque dédiée à Abd Al-Malik indiquant la date de la construction fut apposée à l'intérieur. Deux cents ans plus tard, le calife abbasside Al Mamun, voulant s'arroger l'initiative de son élévation, fit effacer le nom pour y inscrire le sien, en négligeant de rectifier la date. Utilisé comme église durant une courte période sous les croisés, l'édifice redevint lieu de culte islamique au XIIe siècle sous Saladin. En 1545, Soliman le Magnifique ordonna que les mosaïques extérieures, très abîmées, soient remplacées par des carreaux, à leur tour changés au cours d'une restauration d'envergure au XXe siècle. Le dôme en or d'origine a également disparu depuis longtemps. Celui que l'on voit aujourd'hui, couvert de 5 000 plaques d'or, fut financé par feu le roi Hussein de Jordanie, qui vendit l'une de ses résidences londoniennes pour payer les 8,2 millions de dollars que coûtèrent ces 80 kg d'or.

Toutefois, l'essentiel de l'édifice encore en place remonte à Abd Al-Malik. Sous le dôme haut de 20 m, ceint d'une barrière en bois, se trouve le rocher d'où Mahomet aurait commencé son *miraj* (ascension vers le paradis). Selon le Coran, Mahomet aurait repoussé le rocher de son pied en y laissant son empreinte (laquelle serait toujours visible à l'un de ses coins). La tradition juive tient également cette marque pour le centre du monde. Sous le rocher, un escalier descend vers une grotte appelée "puits des Âmes" où l'on entendrait, selon des légendes médiévales, les morts tomber dans la rivière du paradis et s'en aller vers l'éternité. Le mihrab (niche indiquant la direction de La Mecque) du sanctuaire serait le plus ancien du monde islamique.

Notez que l'enceinte du mont du Temple/Haram Ash-Sharif est souvent fermée au public en période de troubles politiques.

Mosquée al-Aqsa — MOSQUÉE

(Carte p. 52). *Al-Aqsa* signifie "la mosquée la plus lointaine", en référence au voyage nocturne que Mahomet y aurait accompli avant d'arriver au paradis pour recevoir des instructions d'Allah. Si le dôme du Rocher est plus un sanctuaire qu'une mosquée, al-Aqsa est un lieu de culte très actif qui peut accueillir jusqu'à 5 000 fidèles.

QUI GÈRE LE MONT DU TEMPLE/HARAM ASH-SHARIF ?

L'administration et la sécurité du mont du Temple/Haram Ash-Sharif sont des questions sensibles pour les juifs comme pour les musulmans. Après la guerre des Six-Jours de 1967, Israël confia l'administration du mont du Temple au Waqf de Jérusalem sous contrôle jordanien, une institution islamique sous la houlette du grand mufti de Jérusalem et du Conseil suprême des musulmans.

Puis, en 1994, Israël et la Jordanie signèrent le traité de paix de Wadi Araba qui plaçait le contrôle administratif de tous les sites musulmans de Jérusalem sous autorité jordanienne. Cet accord est toujours en vigueur, mais les Israéliens maintiennent leur surveillance du quartier musulman et du mont du Temple/Haram Ash-Sharif. D'après la réglementation israélienne, les non-musulmans ne peuvent pas prier sur le site (à la grande colère des juifs ultranationalistes) et les hommes musulmans de moins de 45 ans ne sont pas autorisés à entrer lorsque la sécurité est jugée préoccupante. Les Palestiniens de Cisjordanie (seulement les hommes de plus de 35 ans et les femmes de tous âges) ont besoin d'un permis délivré par les Israéliens et ont le droit d'y pénétrer uniquement pendant les jours fériés musulmans. Les détecteurs de métaux israéliens installés en juillet 2017 ont rapidement été retirés après été la source d'affrontements meurtriers, ravivant l'épineuse question du contrôle de ce lieu saint.

Érigée sur ordre du calife omeyyade Abd Al-Malik (règne 709-715), la mosquée est installée sur ce que les croisés croyaient être le site du premier Temple, mais certains spécialistes pensent qu'il s'agissait d'un marché en marge du Temple. Des chrétiens vénèrent le lieu comme celui où Jésus "chassa tous ceux qui vendaient et qui achetaient dans le temple" (Matthieu XXI, 12).

Reconstruite au moins deux fois après des tremblements de terre, la mosquée al-Aqsa fut transformée en résidence pour les rois de Jérusalem après la prise de la ville par les croisés en 1099. À la mort de Baudoin II en 1131, le bâtiment fut transmis à un ordre de moines-soldats qui se fit bientôt appeler les Templiers, en référence à leur nouveau quartier général. L'ordre élargit la structure, ajoutant notamment un réfectoire toujours présent le long du mur sud de l'enceinte. Les autres constructions croisées furent détruites par Saladin, qui rajouta le mihrab (niche indiquant la direction de La Mecque pour la prière) très travaillé de la mosquée.

Une série d'événements tragiques frappa la mosquée au cours du dernier siècle. Le roi Abdallah de Jordanie (1882-1951) y fut assassiné alors qu'il assistait aux prières du vendredi. En 1969, un incendie volontaire provoqué par un visiteur australien endommagea irrémédiablement des objets religieux d'une valeur inestimable. En juillet 2017, l'installation par les autorités israéliennes de détecteurs de métaux aux entrées de la mosquée, en réponse au meurtre de deux policiers israéliens, provoqua des affrontements sanglants, faisant plusieurs morts.

◉ Porte de Jaffa

Porte de Jaffa — PORTE

(Carte p. 52). L'une des six portes construites sur ordre de Soliman le Magnifique, la porte de Jaffa forme un coude à angle droit lorsque l'on passe son imposante entrée, une caractéristique architecturale destinée à ralentir toute charge ennemie. La trouée pratiquée dans le mur en 1898 pour permettre le passage en grande pompe de l'empereur allemand Guillaume II est de nos jours principalement empruntée par les taxis.

♥ Citadelle (tour de David) — MUSÉE

(Carte p. 52 ; ✆ infos 02-626-5333, réservations 02-626-5347 ; www.tod.org.il ; Omar Ibn Al Khattab Sq ; tarif plein/réduit/enfant 40/30/18 NIS ; ⊙9h-16h sam-jeu, 9h-17h juil-août, 9h-14h ven). La "tour de David", dominant la porte de Jaffa, fut en réalité construite pour servir de palais à Hérode le Grand. Utilisée également par les Romains puis les croisés, la structure fut considérablement transformée par les Mamelouks et les Ottomans. Elle abrite aujourd'hui l'impressionnant **musée de l'Histoire de Jérusalem** (www.tod.org.il/en/), où le passé de la ville est retracé à travers plusieurs expositions classées par ordre chronologique, depuis le deuxième millénaire avant notre ère jusqu'à 1948.

Bâtisseur mégalomane, Hérode fit ajouter trois énormes tours, dont la plus large était une copie du phare d'Alexandrie, l'une des sept merveilles du monde. Un bloc de pierre taillée, vestige d'une tour de plus petite dimension, maintient toujours le donjon principal. À la mort d'Hérode, les procurateurs romains s'installèrent dans le palais. Il est ainsi probable que le jugement de Jésus par Ponce Pilate eut lieu ici (Jean XVIII, 28 – XIX, 16). Le bâtiment fut en grande partie détruit lors de la révolte juive de 66. 250 ans plus tard, les Byzantins crurent que le tertre laissé par les ruines correspondait au mont Sion et en déduisirent que les vestiges étaient ceux du palais du roi David – d'où le nom de tour de David. Ils bâtirent une nouvelle forteresse sur le site.

Les croisés, qui reprirent la citadelle aux musulmans, lui ajoutèrent des douves. En 1310, le sultan mamelouk Malik an-Nasir lui donna son apparence actuelle, complétée par des ajouts de Soliman le Magnifique entre 1531 et 1538, notamment la porte d'entrée que l'on utilise toujours. La méprise induite par l'appellation de la citadelle se perpétua au XIXe siècle, les Européens prenant son minaret ottoman pour la tour de David. Sur l'escalier, le général Allenby accepta la capitulation ottomane le 9 décembre 1917, après 400 années d'occupation.

Il vaut la peine de commencer ici la visite de Jérusalem ; la vue à 360° et le musée constituent une excellente introduction à l'architecture et à l'histoire de

MURS ET PORTES

Les murs de la ville, tels qu'ils existent aujourd'hui, datent de Soliman le Magnifique, qui les fit édifier entre 1537 et 1542. La portion nord, incluant la porte de Damas, fut la première construite, avant de s'étendre vers le sud. Elle fut entravée par un différend portant sur l'inclusion du mont Sion et du monastère franciscain au sein des remparts. Pour gagner du temps et limiter les dépenses, les bâtisseurs choisirent d'exclure le monastère de l'enceinte. Selon la légende populaire, Soliman, condamnant ce choix et le peu d'économie qui en résulta, fit décapiter les architectes.

Aux sept portes du mur de Soliman s'ajouta une dernière à la fin du XIXe siècle. À l'exception de la porte Dorée au sud du mont du Temple, toutes les portes sont accessibles. Si vous avez le temps, franchissez-les à tour de rôle, soit en entrant, soit en sortant de la vieille ville.

Notre tour des portes commence avec celle de Damas et se poursuit dans le sens des aiguilles d'une montre.

Porte de Damas (carte p. 52). Bien antérieure à l'actuelle, édifiée par Soliman le Magnifique, une porte servait d'entrée principale du temps d'Agrippa, au Ier siècle av. J.-C. Elle fut considérablement élargie sous le règne de l'empereur romain Hadrien ; des fouilles dans les années 1960 ont permis de mettre au jour les vestiges d'une porte romaine à triple arche. Une colonne érigée du temps d'Hadrien et disparue depuis longtemps se dressait sur la place ; voilà pourquoi la porte est aussi connue sous le nom arabe de Bab al-Amud (porte de la Colonne). En hébreu, elle est appelée Sha'ar Shchem, porte de Naplouse.

Porte d'Hérode (carte p. 76). Le 15 juillet 1099, les croisés investirent Jérusalem par une brèche pratiquée dans le mur d'enceinte, à cent mètres à l'est de cette porte. Elle doit son nom à une erreur : au XVIe et au XVIIe siècle, les pèlerins avaient identifié à tort un bâtiment proche comme le palais d'Hérode Antipas. En hébreu, la porte se nomme Sha'ar HaPrahim et en arabe Bab al-Zahra (les deux veulent dire "la porte des Fleurs").

Porte des Lions/Porte Saint-Étienne (carte p. 76). Les parachutistes de l'armée israélienne la franchirent au moment de donner l'assaut, le 7 juin 1967, pour reprendre la vieille ville aux Jordaniens. Nommée Bab al-Ghor ("la porte du Jourdain") par Soliman, elle fut rebaptisée en l'honneur de saint Étienne, le premier martyr chrétien, qui fut lapidé à proximité. Le nom hébreu, Sha'ar Ha'Arayot (la porte des Lions) se réfère aux quatre léopards (et non des lions) sculptés qui ornent sa façade.

Porte Dorée (carte p. 76). L'incertitude demeure sur cette porte murée qui scellait l'entrée du mont du Temple et qui comprend des éléments architecturaux remontant à l'époque d'Hérode. Elle est mentionnée dans la Mishna comme étant à l'est du Temple. Selon certains, c'est par là qu'un jour le Messie devrait entrer dans la ville (Ézéchiel XLIV, 1-3). La porte aurait été murée au VIIe siècle par les musulmans, de manière à interdire aux la ville. Un audioguide utile est disponible gratuitement au musée. On peut aussi télécharger une application mobile (iOS et Android) sur le site Internet avant la visite. Un **café** (☺9h-16h dim-jeu, 9h-14h ven) équipé du Wi-Fi est aménagé dans le jardin intérieur.

Night Spectacular (tarif plein/réduit 55/45 NIS) est un spectacle apprécié de son et lumière de 45 minutes sur l'histoire de Jérusalem. Il se tient dans la cour intérieure de la citadelle, deux fois par soirée, cinq soirées par semaine. Les horaires varient en fonction du coucher du soleil. Plus d'informations sur le site Internet. Le spectacle est accessible en fauteuil roulant, de même que certaines parties du musée.

Promenade des remparts SITE HISTORIQUE
(Carte p. 52 ; adulte/enfant 18/8 NIS ; ☺les 2 tronçons 9h-16h sam-jeu oct-mars, 9h-17h avr-sept, tronçon sud 9h-14h ven toute l'année). Nombreux sont les visiteurs qui viennent contempler la ville intemporelle depuis les tronçons nord et sud des remparts, respectivement de la porte de Jaffa à la porte Saint-Étienne (porte des Lions ; p. 72) et de la porte de Jaffa (p. 59) à la porte des Immondices (ci-dessous). Sachez toutefois qu'il n'y a pas d'ombre, ce qui peut être difficile à supporter lorsque le soleil est au zénith. Les remparts du mont du Temple ne sont pas accessibles. Les billets sont en vente à l'office du tourisme (p. 112) proche de la porte de Jaffa.

non-musulmans l'accès au mont du Temple. Selon une autre théorie populaire, ils l'auraient murée et auraient établi un cimetière à l'extérieur pour interdire l'accès au Messie juif. La porte Dorée porte le nom hébreu de Sha'ar ha-Rahamim (porte de la Miséricorde) et en arabe Bab al-Rahma ou Bab al-Dahriyya (porte de la Vie éternelle).

Porte des Immondices/porte des Maghrébins (carte p. 52). Appelée Sha'ar HaAshpot (porte des Immondices) en hébreu, cette porte, selon une théorie populaire, tiendrait son nom de la décharge publique qui la jouxtait autrefois. Son nom arabe, Bab al-Maghariba (porte des Maghrébins) se réfère aux Maghrébins qui habitaient le voisinage au XVIᵉ siècle. Élargie par les Jordaniens dans les années 1940 afin de permettre l'accès de la vieille ville aux voitures, elle est restée la plus petite de la ville. On discerne les traces de l'ancienne arche, plus étroite, construite par les Ottomans.

Porte de Sion (carte p. 52). Cette porte a permis l'accès au monastère franciscain que les architectes de Soliman avaient exclu de l'enceinte. Après la prise du mont Sion, lors de la guerre israélo-arabe de 1948, les soldats israéliens tentèrent de l'emprunter pour libérer le quartier juif, alors assiégé. Le dynamitage de la muraille, 100 m à l'est de la porte, se solda par un échec. Les soldats lancèrent un dernier assaut, en vain. Les impacts de balles et la plaque commémorative sur le fronton de la porte rappellent ce désastre militaire. Notez la *mezouza* (réceptacle contenant des passages de la Torah) sur la porte : elle a été fabriquée avec des cartouches ramassées après la bataille. En hébreu elle se nomme Sha'ar Tziyon (porte de Sion), et Bab Haret al-Yahud (porte du Quartier juif) en arabe.

Porte de Jaffa (carte p. 52). La porte de Jaffa est percée d'un passage coudé, réservé aux piétons. Cette chicane, commune aux porte de Damas, d'Hérode et de Sion, était vouée à ralentir toute charge ennemie. La trouée par laquelle passe aujourd'hui la route date de 1898, pour permettre le passage en grande pompe de l'empereur allemand Guillaume II. À l'intérieur de la porte, sur votre gauche en entrant, se trouvent deux tombes qui seraient celles des architectes décapités par Soliman pour avoir exclu le mont Sion des murs d'enceinte. En arabe, cette porte se nomme Bab al-Khalil (porte de l'Ami), et fait référence à la ville sainte de Hébron (Al-Khalil en arabe). Son nom hébreu est Sha'ar Yafo (porte de Jaffa), car c'est à cet endroit que commençait l'ancienne route (rue de Jaffa, Jaffa Rd) qui menait à la cité portuaire de Jaffa.

Porte Neuve (carte p. 52). Inaugurée en 1887 par le sultan Abdul Hamid, elle permettait de relier les nouveaux hospices des pèlerins aux sites sacrés du quartier chrétien de la vieille ville. C'est la plus récente des portes. Elle se nomme Ha-Sha'ar He-Chadash en hébreu et al-Bab al-Jadid en arabe (les deux veulent dire "porte Neuve").

Un billet donne accès aux deux tronçons pendant une journée. Le tronçon nord est fermé le vendredi. Le tronçon sud est ouvert jusqu'à 22h en juillet et août. La partie entre les portes de Jaffa et de Damas offre la meilleure vue, mais on profite de panoramas encore plus beaux (et à l'abri du soleil) depuis la citadelle (p. 59), l'église luthérienne du Rédempteur (p. 66) et les toits-terrasses de plusieurs restaurants et auberges de jeunesse.

Promenade sur les toits   POINT DE VUE

Pour admirer la vieille ville d'en haut, gravissez les escaliers métalliques au coin de Habad St et St Mark St, ou l'escalier en pierre au sud-ouest de Khan al-Sultan. Ils vous conduiront aux toits-terrasses qui surplombent David St et les marchés d'El Wad. La vue sur les ruelles animées, aussi attrayantes de jour que de nuit, gagne en mystère au clair de lune.

◉ Quartier chrétien

Le quartier chrétien s'étend sur 18,2 ha avec ses ruelles emplies de boutiques de souvenirs, d'ateliers d'artisans, d'hospices, d'auberges de jeunesse et d'institutions religieuses dépendant d'une vingtaine d'obédiences chrétiennes différentes. Il abrite en son centre la vénérable basilique du Saint-Sépulcre, l'un des plus importants lieux de pèlerinage au monde.

Dès l'entrée de la vieille ville par la porte de Jaffa, les deux premières rues à gauche, la rue du Patriarcat latin (Latin Patriarchate St) et la rue du Patriarcat grec catholique (Greek Catholic Patriarchate St) mènent à un secteur tranquille près de la porte Neuve, où s'est établi le clergé local.

Traversez tout droit la place Omar Ibn Al Khattab depuis la porte de Jaffa, vous arriverez à une étroite allée qui mène à David St, un souk pour touristes où les prix sont excessifs et le marchandage de rigueur. En descendant la rue, à gauche, la rue du quartier chrétien (Christian Quarter Rd), autre ruelle jalonnée de boutiques de souvenirs, mène à la basilique du Saint-Sépulcre.

David St se termine par une intersection. À gauche on rejoint Souq Khan Al Zeit St, l'une des artères principales du quartier musulman, à droite, le Cardo Maximus (p. 69) qui mène au quartier juif. En continuant tout droit, on passe une chicane et on rallie Bab Al Silsila St qui conduit au mur des Lamentations (p. 67) et à la porte A-Silsila du mont du Temple/Haram Ash-Sharif (p. 54).

Le vendredi, les frères franciscains portent la croix en procession le long de la **Via Dolorosa** (Chemin de la souffrance ; carte p. 52). Ils partent du Centre d'accueil des pèlerins, à 300 m à l'intérieur de la porte Saint-Étienne (porte des Lions) à 15h (octobre à mars) ou 16h (avril à septembre). La foule rend hélas l'expérience peu plaisante, aussi est-il préférable de découvrir la rue à un autre moment avec la promenade à pied proposée p. 64.

On trouve un guide pratique sur les sites chrétiens sur www.cicts.org.

♥ Basilique du Saint-Sépulcre   ÉGLISE

(Carte p. 52 ; ☎ 02-626-7000 ; ⊙ 5h-21h Pâques-sept, 5h-20h dim, 4h-19h oct-Pâques). L'église la plus importante de la chrétienté est nichée au milieu des souks, en bordure des quartiers chrétien et musulman. Depuis seize siècles, des pèlerins chrétiens venus des quatre coins du globe viennent se recueillir dans cette église. Son apparence n'a rien d'exceptionnel, mais les larmes, les lamentations et la ferveur des pèlerins ont contribué à la sacraliser. L'église peut être difficile à localiser. Le plus simple est d'y accéder par Christian Quarter Rd.

Pour les chrétiens, l'église est édifiée sur le site du Calvaire, ou Golgotha, où Jésus a été cloué sur la croix, est mort et est ressuscité, et elle comprend les cinq dernières stations du chemin de croix. Elle est perpétuellement pleine de touristes et de pèlerins. N'espérez pas y goûter un moment serein de contemplation ou de recueillement.

La décision d'ériger une église à cet endroit aurait été prise devant l'insistance d'Hélène, la mère de l'empereur Constantin, 300 ans après la crucifixion. En pèlerinage dans la ville sainte, elle repéra un temple païen construit par Hadrien en l'honneur de Vénus en 135 av. J.-C. Selon elle, le temple avait été bâti afin d'empêcher les premiers chrétiens d'y rendre leurs dévotions. Avec l'évêque de Jérusalem, Macarius, elle demanda à l'empereur la démolition du temple, l'excavation du tombeau du Christ et la construction d'une église pour abriter le sépulcre.

Les fouilles permirent de mettre au jour trois croix. Hélène en déduisit qu'il s'agissait bien du lieu du Calvaire. Sous l'égide de Constantin, les travaux de construction de la nouvelle église commencèrent en 326 pour se terminer 9 ans plus tard. Situé au milieu de l'actuelle cité, ce lieu de supplice était, voici 2 000 ans, un terrain vague éloigné

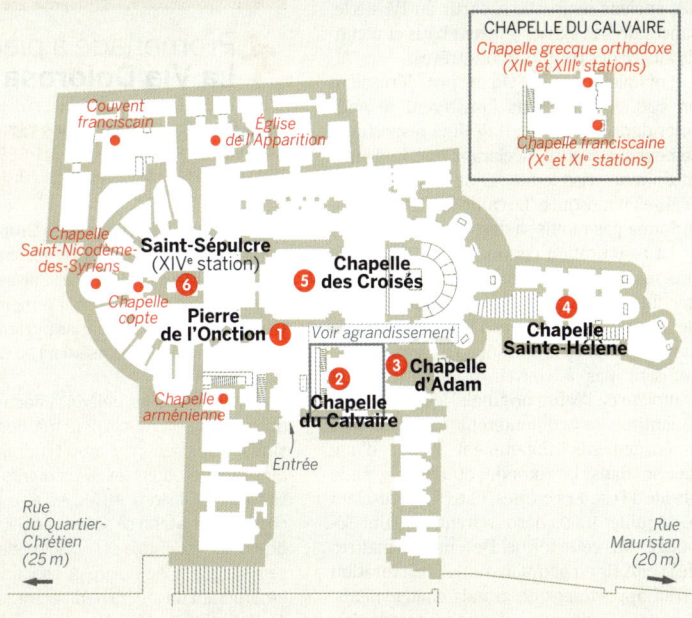

Map labels:

CHAPELLE DU CALVAIRE
Chapelle grecque orthodoxe (XIIe et XIIIe stations)
Chapelle franciscaine (Xe et XIe stations)

Couvent franciscain
Église de l'Apparition

Chapelle Saint-Nicodème-des-Syriens
Saint-Sépulcre (XIVe station)
Chapelle copte
Pierre de l'Onction ❶
❺ **Chapelle des Croisés**
❹ **Chapelle Sainte-Hélène**
Voir agrandissement
❷
❸ **Chapelle d'Adam**
Chapelle arménienne
Chapelle du Calvaire
Entrée

Rue du Quartier-Chrétien (25 m)
Rue Mauristan (20 m)

Visite
Basilique du Saint-Sépulcre

DÉPART PIERRE DE L'ONCTION
ARRIVÉE TOMBE DU SAINT-SÉPULCRE
DURÉE 1 HEURE

En pénétrant dans l'église, la ❶ **Pierre de l'Onction** est face à vous. C'est là que le corps de Jésus aurait été lavé avant d'être enterré. La pierre actuelle date de 1810 ; de fervents pèlerins s'allongent souvent dessus.

Empruntez l'escalier raide juste à droite de l'entrée principale. À l'étage, la ❷ **chapelle du Calvaire** est divisée en deux nefs. À l'entrée de la première chapelle (franciscaine) se trouve la Xe station du chemin de croix, où Jésus aurait été dépouillé de ses vêtements, ainsi que la XIe station, où Jésus aurait été cloué sur la croix. La XIIe station, dans la chapelle grecque orthodoxe, commémore la crucifixion de Jésus. En son centre se trouve le rocher du calvaire, sur lequel un autel a été érigé (un trou dans l'autel permet aux pèlerins de toucher le rocher). Les gardiens peu commodes font en sorte que les visiteurs ne

s'attardent pas. La XIIIe station, où le corps de Jésus aurait été descendu de la croix et remis à Marie, est à gauche de l'autel.

Descendez l'escalier devant la chapelle grecque orthodoxe et tournez à droite. C'est dans la ❸ **chapelle d'Adam** à votre droite que les deux premiers chefs des croisés, Godefroy de Bouillon et Baudoin Ier, reposaient à l'origine (leurs tombeaux ont été déplacés en 1809). Plus loin, en bas d'un escalier, on arrive à ❹ **la chapelle Sainte-Hélène**. D'après la légende, Hélène, mère de l'empereur Constantin, entreprit des fouilles en ce lieu et y découvrit trois croix. La "vraie croix" aurait été identifiée lorsqu'un homme malade les ayant touchées fut guéri par l'une d'elles.

En suivant le mur est de la ❺ **chapelle des croisés** centrale (en rénovation lors de notre visite), on arrive à une rotonde en bois au centre de laquelle se tient la XIVe station du chemin de croix, le ❻ **Saint-Sépulcre**. Les pèlerins font la queue pour entrer dans le minuscule espace, où le prêtre à la porte les exhorte à sortir au bout de quelques instants.

des anciens remparts. À partir du IVe siècle, sanctuaires et églises y furent bâtis et démolis au gré des conflits et des trêves.

Lorsque le calife Omar prit Jérusalem en 638, les chrétiens l'invitèrent à venir prier dans leur église. Il déclina respectueusement cette offre, déclarant que le peuple musulman risquerait sinon de convertir l'église en mosquée. Le calife fou Hakim n'en ordonna pas moins sa destruction en 1009.

La restauration commença en 1010 mais progressa lentement en raison du manque de financement. Il fallut attendre plus de vingt ans pour que l'Empire byzantin accorde une subvention. La somme ne suffisant pas à couvrir la reconstruction complète de l'église originale, les architectes byzantins se contentèrent de quelques aménagements, notamment l'ajout d'une galerie dans la rotonde et d'une grande abside à l'est. Les croisés, entrés à Jérusalem le 15 juillet 1099, découvrirent le Saint-Sépulcre sous cette forme. Devenus les maîtres de la cité, ils en poursuivirent la restauration et lui apportèrent de grands changements. Depuis cette époque, aucune reconstruction majeure n'ayant été entreprise, elle a gardé sa structure "croisée" aux origines byzantines. À cette époque, on accédait à l'entrée principale par deux points : la porte actuelle et une autre, située à droite en haut de l'escalier extérieur, qui menait à une petite chapelle permettant une entrée cérémoniale au calvaire. Elle fut murée après la défaite des croisés en 1187 ; son linteau sculpté est exposé au Rockefeller Museum (p. 83).

La basilique fut terriblement endommagée par un incendie en 1808, puis par un séisme en 1927. L'édifice étant un sujet de rivalité entre les différentes Églises chrétiennes (catholique, orthodoxe grecque et arménienne, syrienne, copte et éthiopienne) qui s'en partageaient la propriété, il fallut attendre 1959 pour qu'un programme de restauration majeur soit adopté. Plusieurs décennies furent aussi nécessaires pour qu'un accord soit trouvé pour les travaux de consolidation du tombeau, finalement réalisés en 2016. Pour éviter tout conflit, les clés de l'église sont détenues par les Nusseibeh, famille musulmane considérée comme la plus ancienne de Jérusalem, chargée depuis l'époque de Saladin d'ouvrir les portes le matin et de les fermer le soir.

L'église a toujours abrité des reliques, certaines convoitées par les pèlerins. À l'origine, la croix découverte par Hélène était

Promenade à pied
La Via Dolorosa

DÉPART VIA DOLOROSA, Iʳᵉ STATION
ARRIVÉE BASILIQUE DU SAINT-SÉPULCRE
DISTANCE 600 M ; 1 HEURE-1 HEURE 30

La Via Dolorosa (ou chemin de Croix) est le chemin que Jésus aurait emprunté alors qu'il portait sa croix jusqu'au Calvaire. L'histoire du chemin de croix remonte au temps des premiers pèlerins byzantins, qui marchaient de Gethsémani au Calvaire le Jeudi saint.

Au VIIIe siècle, les pèlerins effectuaient quelques arrêts rituels pour marquer les stations du chemin de croix (endroits où se sont produits les événements liés à la crucifixion). Au Moyen Âge, le christianisme latin se sépara en deux branches, l'orientale et l'occidentale, et se partagea la Via Dolorosa, chacune empruntant un itinéraire différent. Au XIVe siècle, les franciscains empruntaient un chemin de dévotion qui partait du Saint-Sépulcre et incluait certaines stations actuelles, ce qui fut considéré comme le parcours officiel pendant près de deux siècles. Il fut modifié ultérieurement par les pèlerins européens qui préféraient suivre l'ordre des événements mentionnés dans les Évangiles et terminer sur le site de la crucifixion. Aujourd'hui, les stations communément reconnues sont marquées de plaques rondes métalliques.

La **1** Iʳᵉ station, où Ponce Pilate aurait condamné à mort Jésus, se trouve à l'intérieur de l'école islamique Al Omariyeh, près de la porte Saint-Étienne (porte des Lions). On entre par une porte marron en haut de la rampe (au sud de la Via Dolorosa, près de l'arc de l'Ecce Homo). L'accès n'est pas toujours autorisé (vous aurez plus de chance d'entrer après les cours, entre 15h et 17h).

La **2** IIe **station** est située en face du collège de l'église franciscaine de la Condamnation, à gauche après être entré dans l'enceinte de l'église. Elle commémore l'endroit où Jésus fut chargé de sa croix. La chapelle de la Flagellation, à droite, est le lieu où Jésus aurait été flagellé. Construite en 1929, la chapelle est surmontée d'un dôme où se trouve figurée

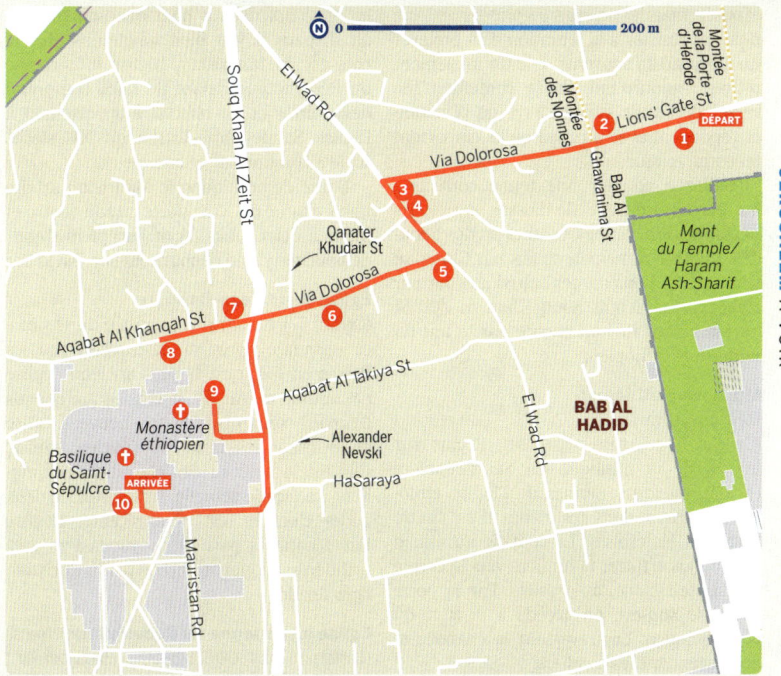

la couronne d'épines. Les vitraux tout autour de l'autel représentent la foule qui assistait à l'événement. Pour un supplément de 15 NIS, un spectacle multimédia vous raconte toute l'histoire.

Descendez jusqu'à El Wad Rd. Tournez à gauche et faites quelques pas jusqu'à la **3 IIIe station**, où le Christ serait tombé pour la première fois. La station se trouve dans la petite chapelle, à gauche de l'entrée de l'hospice du Patriarcat catholique arménien ; descendez jusqu'à la crypte. La **4 IVe station**, la zone pavée devant l'entrée de la chapelle, commémore la rencontre de Jésus avec sa mère parmi la foule des curieux.

El Wad Rd continue vers le sud, en direction du mur des Lamentations, mais le chemin de croix remonte abruptement vers l'ouest. La **5 Ve station**, à l'angle, est indiquée par une inscription latine sur l'architrave d'une porte. Elle commémore la rencontre entre Jésus et Simon de Cyrène, à qui les Romains demandèrent d'aider Jésus à porter sa croix.

En continuant cette rue, on arrive à la **6 VIe station**. Une porte en bois brun, à gauche, indique le lieu où Véronique essuya le visage du Christ avec un linge sur lequel se seraient imprimés ses traits.

Un peu plus loin, on arrive dans Souq Khan Al Zeit St. La **7 VIIe station** est une petite chapelle qui marque le lieu de la deuxième chute de Jésus. Au Ier siècle, ce quartier se situait à la limite de la ville et s'ouvrait sur la campagne. Cet élément confirmerait l'hypothèse selon laquelle le lieu de la crucifixion, de la mise au tombeau et de la résurrection se trouverait bien sur le site du Saint-Sépulcre.

Traversez Souq Khan Al-Zeit St tout droit et montez Aqabat Al-Khanqah St. Non loin, dans le mur sur la gauche (repérez le panneau rouge), vous verrez la pierre et la croix latine marquant la **8 VIIIe station**, où Jésus aurait dit à quelques femmes de pleurer pour elles-mêmes et leurs enfants, pas pour lui.

Retournez dans Souq Khan Al Zeit St et tournez à droite (au sud). Prenez l'escalier à votre droite et suivez le chemin qui contourne l'église copte. La **9 IXe station**, indiquée sur les vestiges d'une colonne, commémore la troisième chute de Jésus.

Rebroussez chemin jusqu'à la rue principale ou traversez le monastère éthiopien pour rejoindre la **10 basilique du Saint-Sépulcre** (p. 62), qui abrite les cinq dernières stations.

exposée, mais les pèlerins les plus fervents ne pouvant résister à la tentation d'en prélever un morceau en souvenir , elle fut finalement retirée. Aujourd'hui, ils se contentent de verser de l'huile sur la Pierre de l'Onction et l'épongent avec un tissu qu'ils emportent telle une relique.

Veillez à adopter une tenue correcte : les gardes refusent de laisser entrer les personnes aux jambes, épaules ou dos dénudés. L'entrée principale se fait par Christian Quarter Rd, mais on peut aussi accéder par Dabbaga St (depuis Souq Khan Al Zeit St ou Mauristan Rd) ou encore par le toit du monastère éthiopien.

Monastère éthiopien
Deir es-Sultan   SITE RELIGIEUX

(Carte p. 52 ; ⊘ aube-crépuscule). Reclus sur le toit de la basilique du Saint-Sépulcre (p. 62), quelques moines de l'Église éthiopienne vivent dans les ruines d'un cloître érigé par les croisés. La coupole au milieu du toit laisse filtrer la lumière vers la crypte de Sainte-Hélène, au-dessous. Par la porte à l'angle sud-est, on accède à la cour du Saint-Sépulcre en traversant la chapelle et en descendant les escaliers.

Sur les murs du cloître sont accrochées des peintures de saints éthiopiens, de la Sainte Famille et de la reine de Saba lors de son passage à Jérusalem. Une légende éthiopienne raconte que, durant son séjour, la reine aurait fréquenté le roi Salomon et donné naissance à des héritiers des deux maisons royales. L'un d'entre eux apporta l'Arche d'alliance en Éthiopie.

Le monastère fait partie du Patriarcat copte. Lorsqu'au XXᵉ siècle l'Église d'Éthiopie sortit du giron de l'Église copte pour devenir indépendante, ses moines furent chassés du monastère copte et s'installèrent dans ces huttes sur le toit.

Pour atteindre le monastère, montez les marches qui partent de Souq Khan Al Zeit St (cherchez le stand de jus de fruits et l'entrée de la pâtisserie Zalatimo ; p. 104). En montant, vous verrez la chapelle du Patriarche face à vous et l'entrée d'une citerne à votre droite. Le monastère est à gauche.

Mauristan   SITE HISTORIQUE

(Carte p. 52). Mauristan est un dérivé du mot farsi signifiant "hôpital" ou "hospice". Cette place au sud de la basilique du Saint-Sépulcre abritait autrefois trois églises médiévales avec des hospices attenants. L'une d'elles, Saint-Jean-Baptiste,

est toujours debout bien que son hospice ait disparu il y a bien longtemps. Sur le côté est du Mauristan, l'église luthérienne du Rédempteur, datant de 1898, comprend des cloîtres et un réfectoire appartenant à l'église Sainte-Marie-Latine du XIᵉ siècle, bâtie à l'origine sur ce site.

Bordé de boutiques, le Mauristan arbore une fontaine du XIXᵉ siècle en son centre et mène à deux souks (dont l'un plein d'étals de boucherie) qui débouchent sur David St.

Église Saint-Jean-Baptiste   ÉGLISE

(Carte p. 52). Construite au milieu du Vᵉ siècle et restaurée après sa destruction par les Perses en 614, c'est la plus ancienne église de Jérusalem. Au XIᵉ siècle, les marchands d'Amalfi construisirent une nouvelle église en utilisant les murs de l'ancien édifice. Elle fut le berceau des chevaliers hospitaliers. La façade actuelle, surmontée de deux petits clochers, est plus récente. L'église fait désormais partie d'un monastère grec orthodoxe auquel on accède par la Christian Quarter Rd.

Église luthérienne du Rédempteur   ÉGLISE

(Carte p. 52 ; ☎ 02-626-6800 ; Mauristan Rd ; crypte et circuit adulte/-14 ans 15/7,50 NIS ; ⊘ 10h-17h lun-sam). Le beau clocher de cette église protestante, la deuxième de Jérusalem, érigée par l'empereur Guillaume II sur le site d'un sanctuaire du XIᵉ siècle, domine le Mauristan et les toits de la vieille ville depuis 1898. Il vaut la peine d'acheter un billet pour la vue à 360° qu'offre le sommet de la tour (l'escalier en colimaçon est très exigu).

Christ Church   ÉGLISE

(Carte p. 52 ; ☎ 02-627-7727 ; www.cmj-israel.org ; Omar ibn al-Khattab Sq). En face de la citadelle se dresse Christ Church, la première église protestante en Terre sainte, consacrée en 1849. On doit sa construction à la London Society for Promoting Christianity Among the Jews (Société londonienne pour la promotion du christianisme chez les juifs), dont les pères fondateurs pensaient que le peuple juif retournerait un jour vers la "Palestine turque" et que nombre d'entre eux reconnaîtraient Jésus-Christ comme le Messie avant son retour. Visant à exprimer un rapprochement entre le christianisme et le judaïsme, Christ Church associe l'architecture d'une église protestante à celle d'une synagogue. Des symboles juifs et des écritures hébraïques figurent sur l'autel et les vitraux, et comme toutes les synagogues de

LE SYNDROME DE JÉRUSALEM

Tous les ans, des millions de touristes affluent à Jérusalem pour suivre les traces des prophètes et certains rentrent chez eux pensant qu'ils *sont* ces prophètes. Ce syndrome, médicalement reconnu, se manifeste par un élan mystique et une empathie excessive avec les lieux saints, qui entraîne une identification avec des personnages de la Bible ou l'assurance que l'Apocalypse est proche.

Ce trouble psychique, qui touche des personnes de toutes confessions, fut décrit pour la première fois dans les années 1930 par le Dr Heinz Herman, psychiatre de Jérusalem. Le nombre de cas atteint un pic autour de la Pâque juive (Pessah) et de Noël. Les premiers symptômes sont généralement l'anxiété et la désorientation, culminant avec des délires de mission divine. Ces dernières années, des visiteurs se sont pris pour le Samson biblique, la Vierge Marie enceinte et, dans des cas fréquents, des cavaliers de l'Apocalypse.

Les personnes atteintes sont pour la plupart inoffensives, prononçant des sermons impromptus et agissant de manière excentrique. L'un des cas les plus graves fut celui d'un Australien qui mit le feu à la mosquée al-Aqsa en 1969. Il se croyait en mission divine pour débarrasser le mont du Temple d'édifices non chrétiens avant le retour du Messie.

Selon les médecins, le syndrome de Jérusalem affecte plus de 50 personnes chaque année. Si bon nombre d'entre elles souffrent de problèmes de santé mentale, certaines – dites de type III – n'ont pas d'antécédents.

La plupart des malades sont pris en charge par l'hôpital psychiatrique public de Kfar Shaul, en périphérie de Jérusalem-Ouest. Les patients sont examinés et généralement rapatriés, pour peu qu'ils ne représentent pas un risque pour eux-mêmes ou les autres.

On présume que la vieille ville de Jérusalem, chargée d'histoire et de spiritualité, joue un rôle de déclencheur. Les neuroscientifiques expliquent le phénomène par une surstimulation du système limbique, centre émotionnel du cerveau. Le syndrome disparaît habituellement aussi rapidement qu'il est apparu, généralement lorsque le sujet quitte Jérusalem.

Jérusalem, l'église est tournée vers le mont du Temple/Haram Ash-Sharif.

Le premier consulat britannique en Palestine s'installa dans ses murs, qui abritent aujourd'hui une pension (p. 99), ainsi qu'un café et un musée renfermant d'anciens documents et des maquettes de la cité. Parmi les reliques les plus intéressantes se trouvent un Nouveau Testament en syriaque datant de 1664 et un guide de Jérusalem imprimé en 1595. Un ancien réservoir sous le musée fait actuellement l'objet de fouilles.

Le culte est célébré en anglais le dimanche à 9h30 et 19h.

◉ Quartier juif

Lourdement bombardé par la Légion arabe lors des combats de 1948, puis détruit par les Jordaniens, le quartier juif fut en grande partie reconstruit après 1967. Quelque 2 000 personnes y vivent aujourd'hui (environ un dixième de la population du début du XXᵉ siècle), parmi d'agréables rues en pierre qui s'enchevêtrent jusqu'à la place centrale, **Hurva Square** (carte p. 52). Des vestiges archéologiques ont été découverts sous

la rue : certains dateraient de l'époque du premier Temple (entre 1000 et 586 av. J.-C.). Les plus intéressants sont exposés au Musée archéologique Wohl (p. 70).

Le quartier juif est la partie de la vieille ville la plus facile à visiter en fauteuil roulant ; un parcours balisé adapté part du parking situé au sud de la place Hurva. Renseignez-vous à l'office du tourisme (p. 112). Pour plus d'informations sur les sites juifs, rendez-vous sur www.rova-yehudi.org.il.

💙 **Mur des Lamentations**   SITE RELIGIEUX
(Carte p. 52 ; fr.thekotel.org ; ⊘24h/24). Les bâtisseurs du mur Occidental ou mur des Lamentations n'auraient jamais imaginé que leur imposant ouvrage prendrait une telle importance religieuse. Érigé voici environ 2 000 ans, le plus sacré de tous les sites juifs servait à l'origine à maintenir la plate-forme en saillie sur laquelle se dressait le second Temple. Malgré sa destruction, le mur de soutènement est toujours debout et les textes rabbiniques affirment que la Shechina (présence divine) ne l'a jamais quitté.

Après sa destruction en 70, les Juifs furent exilés et l'emplacement exact du Temple fut oublié. À leur retour, ils évitèrent le mont du Temple, de peur de fouler le saint des saints, le sanctuaire réservé au grand prêtre. Ils commencèrent alors à prier sur ce vestige de la structure d'origine.

Le mur devint un lieu de pèlerinage pendant la période ottomane. À cette époque, une étroite allée, dévolue aux prières, le séparait des habitations. Les Juifs venaient y pleurer la perte de leur temple, ce qui lui valut le nom de mur des Lamentations. Aujourd'hui, les Juifs préfèrent employer le terme Kotel (nom hébreu pour mur Occidental). À cette époque, une étroite allée, dévolue aux prières, le séparait des habitations.

En 1948, les Juifs perdirent le droit d'accès au mur lorsque la vieille ville fut prise par les Jordaniens et que la population du quartier juif fut expulsée. Dix-neuf ans plus tard, lorsque les parachutistes israéliens donnèrent l'assaut pendant la guerre des Six-Jours, ils rasèrent le quartier arabe qui jouxtait le mur pour créer l'esplanade visible actuellement.

La zone s'étendant au pied du mur est devenue une grande synagogue à ciel ouvert, qui exerce un attrait certains même pour les visiteurs non croyants. Elle est divisée en deux parties, une section pour les femmes et une beaucoup plus large, au nord, pour les hommes. Les ultraorthodoxes vêtus de noir oscillent sur place, secouent la tête en priant et s'avancent de temps à autre vers le mur pour en embrasser les pierres. Les femmes qui souhaitent y prier librement rencontrent une forte opposition des gardiens orthodoxes. Les projets d'espace de prière mixte font l'objet de vifs débats : l'association "Femmes du Mur des Lamentations" (www.womenofthewall.org.il) proteste contre la ségrégation genrée et l'espace réduit accordé aux femmes – question importante pour les juifs américains, mais sur laquelle les juifs israéliens s'expriment rarement.

Le gouvernement israélien a récemment fait marche arrière concernant un compromis attendu et salué sur la création d'un espace de prière égalitaire.

Pour célébrer le début du shabbat, une grande foule se réunit le vendredi au coucher du soleil. Pendant le shabbat, ou le lundi et le jeudi matin, la place est un site privilégié pour célébrer les bar-mitsva. Il est intéressant de se rendre dans cette zone à ces périodes animées, les familles chantant et dansant tandis qu'elles rejoignent le mur.

On peut discerner les différentes époques de construction du mur. Les énormes pierres du bas datent du roi Hérode. Les blocs supérieurs datent de la construction de la mosquée al-Aqsa. On peut aussi voir des bouts de papier dans les fentes du mur. Certains juifs croient que les prières et requêtes insérées entre les pierres ont de meilleures chances d'être exaucées. Les billets ne sont jamais jetés ; ceux tombés sur la place sont régulièrement rassemblés par les gardiens du mur et enterrés avec le prochain défunt inhumé sur le mont des Oliviers. Sur le site Internet du Kotel, un formulaire permet par ailleurs d'envoyer des prières par voie électronique pour qu'elles soient imprimées par les gardiens du mur.

Dans la partie réservée aux hommes, une étroite ruelle enjambée par l'arche de Wilson permettait autrefois aux prêtres d'entrer dans le Temple. Jetez un coup d'œil dans les deux puits de lumière, pour juger de la hauteur du mur d'origine. L'accès à la zone n'est pas autorisé aux femmes.

Le mur est ouvert à toutes les confessions, 24h/24, 365 jours par an. Il est conseillé de porter des vêtements décents et les hommes doivent avoir la tête couverte (des kippas en papier sont disponibles sur place). Les photos sont interdites pendant le shabbat ; le reste du temps, maniez votre objectif avec respect. Il est interdit d'écrire sur la place durant le shabbat ; si vous souhaitez glisser une prière dans le mur ce jour-là, rédigez votre billet avant d'arriver.

BILLET COMBINÉ DU QUARTIER JUIF

Un **billet combiné** (adulte/enfant 60/45 NIS) permet d'économiser sur quatre sites du Quartier juif : le Musée archéologique Wohl, la synagogue Hurva (p. 70), la Maison brûlée et le Parc archéologique de Jérusalem/Centre Davidson. Il est disponible sur les quatre sites et valable pendant 48 heures.

♥ Tunnels du mur des Lamentations   SITE ARCHÉOLOGIQUE

(Carte p. 52 ; ☎ 02-627-1333 ; fr.thekotel.org ; tarif plein/réduit 35/19 NIS ; ⊙ visites guidées uniquement 8h30-17h). La visite de ces tunnels vous offre une autre perspective du mur, et permettent de découvrir les fondations de l'esplanade qui soutenait jadis le temple de Jérusalem. Dégagées par les archéologues, les galeries s'avancent sous terre au niveau de la rue d'origine (que les guides appellent la "rue du Marché", car elle aurait fait partie d'une zone marchande). Les pierres des fondations sont gigantesques ; l'une d'elles, de la dimension d'un minibus, pèse près de 5 870 tonnes.

Les tunnels se découvrent seulement dans le cadre de visites guidées de 1 heure 15 environ (en hébreu et anglais plusieurs fois par jour, en français moins régulièrement, en été uniquement). Très prisées, elles affichent rapidement complet ; réservez au moins une semaine à l'avance.

Associé (sur réservation uniquement) à la visite des tunnels, le **centre de la Chaîne des générations** (www.thekotel.org ; tarif plein/réduit 25/15 NIS ; ☉9h40-23h dim-jeu, 7h-12h ven) est une exposition utilisant des supports multimédias pour expliquer l'origine du peuple juif en remontant jusqu'à Abraham, il y a 6 000 ans. Les galeries obscures renferment des sculptures de verre gravées des noms d'ancêtres des Juifs, et un audioguide (disponible en français notamment) fournit des explications. Quelque 77 tonnes de verre furent nécessaires à la construction de cette exposition. Elle s'achève par un petit film sur la vie de Moshe Amirav, l'un des premiers parachutiste à avoir atteint le mur des Lamentations pendant la guerre des Six-Jours (1967).

Parc archéologique de Jérusalem et Centre Davidson SITE HISTORIQUE
(Carte p. 52 ; ☏02-627-7550 ; www.archpark.org.il ; tarif plein/étudiant et enfant 30/16 NIS, visites guidées 160 NIS, audioguide 5 NIS ; ☉8h-17h dim-jeu, 8h-14h ven). Près de la porte des Immondices (p. 61), ce site archéologique regroupe des vestiges de rues, colonnes, portes, murs, esplanades et *mikvehs* (bains rituels juifs). Un intéressant audioguide vous accompagne sur la partie extérieure du site et, dans le centre d'accueil des visiteurs, des vidéos (en hébreu et anglais) présentent les principales fouilles des années 1970 et la reconstruction du site tel qu'il apparaissait il y a 2 000 ans.

En entrant, vous remarquerez à gauche les vestiges de ce qui fut l'artère principale de Jérusalem, qui longeait le mur des Lamentations de bout en bout. Notez les restes d'une arche tenant encore au mur d'Hérode. Il s'agit de l'arche de Robinson (du nom d'un explorateur américain du XIXᵉ siècle), élément d'un pont qui reliait le mont du Temple au quartier des commerces. Dans la rue datant de l'époque d'Hérode,

en dessous de l'arche, un tas de pierres proviendraient du mur des Lamentations. Elles furent probablement lancées là par les soldats romains lorsqu'ils rasèrent le Temple en 70. À proximité, un escalier divisé en deux descend à un *mikveh* datant de la même période ; un côté de l'escalier était réservé à ceux qui se rendaient au bain, l'autre aux personnes qui en ressortaient purifiées.

Vers l'arrière du complexe (près du mont des Oliviers) se trouvent les portes de Houldah, également construites à l'époque du second Temple, qui permettaient d'accéder aux tunnels menant à l'enceinte du mont du Temple. Non loin, on peut voir un escalier, en grande partie reconstruit, qui constituait autrefois l'entrée principale des pèlerins au mont du Temple. D'autres *mikvehs* se tiennent près des premières marches.

Réservez pour une visite guidée.

Le cardo (Cardo Maximus) SITE HISTORIQUE
(Carte p. 52). Artère principale de la Jérusalem romano-byzantine, le cardo était à l'origine une avenue à colonnades de 22 m de large, bordée de galeries couvertes. Après les fouilles de 1975, une partie sud de la vaste voie, à 2,5 m sous le niveau du sol actuel, fut reconstruite, tandis qu'un autre tronçon fut transformé en arcade remplie de boutiques d'art.

Autrefois, le cardo traversait la ville dans toute sa longueur, jusqu'à ce qui est aujourd'hui la porte de Damas, mais dans sa forme actuelle, il part du sud de la rue David, le souk touristique, servant d'accès principal au quartier juif depuis les quartiers musulman et chrétien. Des puits permettent de voir les couches successives d'un mur datant du premier Temple et du second Temple, sous le niveau de la rue.

Musée du Vieux Yishouv MUSÉE
(Carte p. 52 ; www.oyc.co.il ; 6 Or HaChaim St ; adulte/senior et étudiant/enfant 18/12/8 NIS ; ☉10h-17h dim-jeu, 10h-13h ven). Ce petit musée décrit la vie quotidienne dans le quartier juif de Jérusalem à la fin du règne ottoman. Installé dans les vestiges de deux synagogues, il contient des objets d'époque, des vêtements et des effets personnels ayant appartenu aux familles qui vivaient dans les environs. La dernière salle renferme des affiches de propagande intéressantes datant de la période du mandat britannique.

Quatre synagogues séfarades SYNAGOGUES
(Carte p. 52 ; ☏02-628-0592 ; 2 Mishmerot HaKehuna ; adulte/enfant 10/7 NIS ; ☉9h30-15h30

dim-jeu, 9h30-13h ven). Un seul billet permet de découvrir les styles bien différents des quatre synagogues qui composent cet ensemble compact. Avec leurs études et institutions caritatives attenantes, les synagogues formaient le cœur de la vie spirituelle et culturelle séfarade du XVIe siècle jusqu'à la fin du XIXe siècle. En ruine après la guerre israélo-arabe, toutes les quatre ont été restaurées entre 1967 et 1972. Ces lieux de culte et de célébration sont toujours en activité aujourd'hui.

Pour respecter une loi qui stipulait que les synagogues ne devaient pas dépasser la hauteur des bâtiments voisins, les architectes firent creuser de profondes fondations. Cela leur permit de résister au bombardement du quartier en 1948. Elles furent cependant pillées par les Jordaniens et utilisées comme bergeries avant d'être restaurées grâce à des matériaux récupérés sur le site des synagogues italiennes détruites pendant la Seconde Guerre mondiale.

La première synagogue du complexe (la plus proche de la billetterie), **Eliyahou Ha'navi**, est la plus ancienne (XVIe siècle). Ses arches et son dôme rappellent l'architecture byzantine. La synagogue **Yohanan Ben Zakkai**, érigée entre la fin du XVIe et le début du XVIIe siècle, arbore des fenêtres de style mauresque espagnol. La **synagogue Emtza'i (du milieu)**, de forme allongée, est la plus petite. Elle date du milieu du XVIIIe siècle, lorsque la construction d'un toit au-dessus d'une cour coincée entre les deux synagogues la transforma en synagogue "du milieu".

Depuis Emtza'i, des portes mènent à une petite exposition retraçant l'histoire des synagogues et à la **synagogue Istanbuli**, la plus grande des quatre et la plus récente. Elle fut construite dans les années 1760 par des immigrants turcs d'Istanbul.

Maison brûlée
MUSÉE

(Carte p. 52 ; Maison des Kathros ; ☑02-626-5921 ; Tiferet Israel St ; tarif plein/réduit 29/15 NIS ; ☺9h-17h dim-jeu, 9h-13h ven). Restée enfouie sous les décombres pendant des siècles, cette maison récemment mise au jour fut détruite en 70 lors de l'incendie de la ville par les Romains. Des pièces romaines, des tablettes en pierre, des fours, des ustensiles de cuisine et une lance ont été retrouvés sur le site, ainsi qu'une pierre gravée du nom de "Kathros" (une famille de prêtres vivant à Jérusalem à l'époque).

Le musée a reconstitué l'histoire de la Maison. Des films (25 minutes) sont projetés toutes les 40 minutes en différentes langues, notamment en anglais, selon des horaires variables ; attendez-vous à devoir patienter.

La Maison brûlée est incluse dans le billet du quartier juif (60 NIS), qui donne aussi accès à la tour de la synagogue Hurva et au Musée archéologique Wohl.

Quartier d'Hérode – Musée archéologique Wohl
SITE ARCHÉOLOGIQUE

(Carte p. 52 ; musée archéologique Wohl ; ☑072-393-2833 ; 1 HaKara'im St ; tarif plein/réduit 20/10 NIS ; ☺9h-17h dim-jeu, 9h-13h ven). Ce petit musée souterrain vous conduit dans les entrailles de Jérusalem. Il comprend une maison du Ier siècle et plusieurs sites datant du règne d'Hérode (Ier s. av. J.-C.). En descendant depuis la billetterie, on voit clairement le nombre de couches ajoutées à la ville au cours des siècles : les vestiges des trois maisons palatiales datant du règne d'Hérode se trouvent aujourd'hui à 3 m en dessous des rues. Bâties à flanc de colline face au mont du Temple (probablement pour les prêtres et leur famille), elles furent détruites par les Romains en 70. Le site archéologique inclut les restes de bains rituels, de fresques, de salles de bains, de citernes et de sols couverts de mosaïques colorées. Le musée évoque le luxe du quartier juif de l'époque. La collection inclut des fresques, des reliefs en stuc, des sols couverts de mosaïque, des ornements, des meubles et des objets de la vie quotidienne. Il vaut la peine de demander un audioguide (5 NIS).

Synagogue Hurva
SYNAGOGUE

(Carte p. 52 ; ☑02-626-5900 ; www.rova-yehudi.org.il ; Hurva Sq ; tarif plein/réduit 20/10 NIS ; ☺9h-17h dim-jeu l'hiver, 9h-19h dim-jeu l'été, 9h-13h ven). Pour la communauté juive locale, cette synagogue est un symbole de résilience. Elle borde la place Hurva à l'ouest et se visite sur réservation.

Des immigrants Juifs polonais achetèrent le domaine à leur arrivée en Terre sainte au début du XVIIIe siècle. L'argent nécessaire à la construction de la synagogue leur fut prêté par les Arabes vivant ici, mais le prêt était assorti d'un taux d'intérêt de 40%. En 1720, lorsque les Juifs ne parvinrent plus à rembourser, les Arabes réduisirent le bâtiment en cendres. Un nouveau nom, Hurva (la ruine), fut attribué à ce qu'il restait.

En 1864, des Juifs lituaniens firent bâtir une nouvelle synagogue ornée de fenêtres cintrées de 12,8 m de hauteur et un plafond en dôme haut de 24,9 m de hauteur. L'arche (armoire renfermant les rouleaux de la Torah) provenait de la ville ukrainienne de Kherson. Pendant la guerre de 1948, des soldats juifs s'en servirent comme d'un bunker jusqu'à sa prise et son dynamitage par la légion arabe. Après de longs travaux de reconstruction, le bâtiment a rouvert ses portes en 2010.

Les guides vous feront découvrir le sous-sol et les vestiges d'un *mikveh* (bain rituel de purification) de l'époque du second Temple qui fut découvert pendant la reconstruction. La visite comprend également l'accès au toit, d'où vous jouirez d'une vue magnifique sur le quartier juif.

Synagogue Ramban
SYNAGOGUE

(Carte p. 52). GRATUIT La synagogue Ramban, dont le nom est un acronyme de rabbi Moshe Ben Nahman (aussi connu sous le nom de Moïse Nahmanide), jouxte la synagogue Hurva. Fondée au XIIIe siècle, elle fut le premier lieu de culte juif à l'intérieur des murailles après les croisades – mais il est probable qu'elle était alors située sur le mont Sion. Vers 1400, les bâtiments actuels – peut-être une écurie – sont achetés à un Arabe afin d'y installer l'actuelle synagogue, mais elle fut l'objet d'un conflit au moment de la construction d'une mosquée (dont on peut voir le minaret) dans le voisinage. La conséquence de cette proximité fut l'interdiction infligée aux juifs d'utiliser leur lieu de culte, qui fut converti en atelier en 1589. Il fallut attendre 1967, près de quatre siècles plus tard, pour qu'elle reprenne ses fonctions.

Porte de Sion
PORTE

(Carte p. 52). Rescapée de la guerre israélo-arabe de 1948, cette porte du mur sud de la vieille ville fut un important théâtre des combats. Les impacts de balles sur la façade témoignent de leur violence (voir l'encadré p. 61).

⊙ Quartier musulman

Visiter ce quartier n'est pas de tout repos. Mieux vaut être en forme pour louvoyer parmi les charrettes, les enfants qui courent, les groupes de pèlerins marquant des arrêts au niveau des stations du chemin de croix, et affronter la pression des marchands qui cherchent à vous attirer dans leurs boutiques.

Le quartier musulman, qui compte 22 000 habitants, s'étend de la toujours très

animée porte de Damas jusqu'à la rue Bab Al Silsila près du mont du Temple/Haram Ash-Sharif. À environ 100 m de la porte, la rue bifurque. À gauche, El Wad Rd est bordée de boutiques où l'on trouve de tout : des marmites en cuivre aux burqas, mais aussi des sucreries. La rue traverse le chemin de croix et mène au mur des Lamentations (p. 67). À droite de la bifurcation, Souq Khan Al Zeit St est encore plus encombrée que El Wad Rd. Vous y trouverez des marchands de fruits et de légumes, de pâtisseries, de vêtements, d'épices et de noix.

Essayez de visiter le quartier vers midi le vendredi, si vous vous placez en bas de Aqabat Al Takiya St, vous pourrez observer le flot de musulmans remonter vers le mont du Temple, en route pour la prière.

Porte de Damas
PORTE

(Carte p. 52). Vos sens resteront en éveil à l'approche de la porte de Damas (voir l'encadré p. 61), sur le mur nord de la vieille ville. Ses créneaux en pointe lui donnent des allures de couronne. Pour l'admirer, traversez-la pour rejoindre la petite place en pierre, surveillée par des soldats israéliens et donnant sur Naplouse St (Derekh Shchem Rd). Arrêtez-vous un moment pour observer les vendeurs interpellant les passants, les habitants et touristes marchandant légumes, cartes SIM et autres produits, les vieilles Palestiniennes des villages avoisinants vendant des herbes aromatiques.

Basilique Sainte-Anne
ÉGLISE

(Carte p. 76 ; Sha-ar HaArayot Rd ; tarif plein/réduit 10/8 NIS ; ⊙8h-12h et 14h-18h avr-sept, 8h-12h et 14h-17h tlj sauf dim oct-mars). Bâtie en 1140 à l'endroit où auraient habité Joachim et Anne, les parents de Marie, Sainte-Anne est le plus bel exemple d'architecture croisée de Jérusalem. Sa construction asymétrique est inhabituelle, et son intérieur splendide. L'un des bassins auxquels on accède par l'arrière de l'église serait la **piscine de Bethesda**, où Jésus aurait guéri un paralytique (Jean V, 1-18).

À l'intérieur de l'énigmatique édifice roman, les innombrables visiteurs lèvent les yeux vers les voûtes longilignes et entonnent un chant pour tester la célèbre acoustique du lieu (en particulier les groupes de pèlerins chrétiens).

Dans le jardin, on peut voir les ruines d'un sanctuaire païen de l'époque romaine, les vestiges architecturaux les plus anciens

ARCHITECTURE MAMELOUKE

Le quartier musulman possède une profusion de bâtiments construits pendant l'âge d'or de l'architecture islamique. Si la plupart sont aujourd'hui dans un triste état, ils conservent néanmoins certains vestiges de leur grandeur d'origine.

Cette partie de la vieille ville a été développée durant l'ère des Mamelouks (1250-1517), une dynastie militaire d'anciens esclaves expulsés d'Égypte. Ils chassèrent les croisés de Palestine et de Syrie et participèrent à la diffusion de l'islam en construisant des mosquées, des madrasas (écoles religieuses), des pensions, des monastères et des mausolées. Leur architecture se caractérise par une alternance de pierres sombres et claires (une technique appelée *ablaq*), par des encadrements de fenêtre sculptés et ornés de motifs, et des portails encastrés.

Le **palais de Dame Tunshuq** (Aqabat Al Takiya St), construit en 1388, est un très bel exemple de cette architecture. Il se trouve à mi-chemin en descendant les escaliers de la ruelle Aqabat at-Takiya. Sa façade est très érodée, mais la plus haute des trois larges portes a conservé ses incrustations de marbre. La troisième porte dans le sens de la descente est ornée de *muqarna*, éléments décoratifs en forme de nid-d'abeilles typiquement mamelouk. On ne peut l'admirer que de l'extérieur, l'édifice abritant à présent un orphelinat. En face, se trouve la **tombe de Dame Tunshuq** datant de 1398. Notez le panneau sculpté surmontant la porte verte verrouillée.

En descendant vers l'intersection avec El Wad Rd, à droite, vous verrez la dernière construction mamelouke notable édifiée à Jérusalem, le **Ribat Bayram Jawish** (Aqabat Al Takiya), de 1540, dont la façade arbore un bel *ablaq* et des *muqarna*. Vous comparerez son architecture à celle des bâtiments de Tariq Bab Al Nazir St, juste en face d'El Wad, qui sont les premières constructions mameloukes de Jérusalem. Elles datent des années 1260, avant l'utilisation de l'*ablaq*. Cette rue aboutit à la porte du même nom (Bab Al Nazir) qui mène au mont du Temple/Haram Ash-Sharif (entrée réservée aux musulmans).

En continuant vers le sud dans El Wad Rd, la rue passe devant le souk Al Qattanin. Le **sabil de Soliman**, du même côté, est une fontaine publique (*sabil*) érigée sous le règne du sultan ottoman. En forme de porte, elle fut réalisée à partir de vestiges de bâtiments de l'époque croisée et antérieurs ; un sarcophage romain lui sert de base. La rue se termine par un poste de contrôle à l'embouchure du tunnel qui descend vers l'esplanade du mur des Lamentations. L'escalier à gauche aboutit à Bab Al Silsila St, très animée, et à la porte Bab Al Silsila (qui mène au mont du Temple/Haram Ash-Sharif). Juste avant cette porte se trouve la **tombe de Turkan Khatun** (Bab Al Silsila St), datant de 1352, qui ressemble à un petit édicule avec une façade sculptée de motifs géométriques asymétriques.

retrouvés sur le site. Lorsque Saladin conquit Jérusalem, l'église devint une école coranique, comme en témoigne l'inscription au-dessus du portail d'entrée. Les autorités successives abandonnèrent l'église jusqu'à ce qu'elle atteigne l'état de ruine au XVIIIᵉ siècle. Après la guerre de Crimée, en 1856, les Turcs offrirent le site à l'Église catholique de France pour remercier les Français de leur soutien. Cette dernière en est toujours la propriétaire.

Porte des Lions/ porte Saint-Étienne
PORTE

(Carte p. 76). Cette porte (voir p. 61) donne accès au mont des Oliviers et à Gethsémani. Le dimanche des Rameaux, une procession chrétienne part du mont des Oliviers et entre dans la vieille ville par cette porte.

Souk al-Qattanin
MARCHÉ

(Marché des marchands de coton ; carte p. 52 ; ☉aube-crépuscule). Ancien marché du coton, cette galerie marchande abrite aujourd'hui sous ses hautes voûtes des étals de vêtements, de nourriture, de lampes et de bibelots en tous genres. Établi par les croisés, le marché fut transformé par les Mamelouks au milieu du XIVᵉ siècle. La partie proche de El Wad Rd date des croisés. Le souk est bordé de boutiques et comporte un caravansérail côté sud où est hébergé un département de l'université palestinienne Al-Quds.

Couvent des Dames de Sion (Ecce Homo)
SITE RELIGIEUX

(Carte p. 52 ; www.eccehomopilgrimhouse.com/ fr ; 41 Via Dolorosa). Ce couvent tient son nom de l'arc de l'Ecce Homo qui enjambe la Via Dolorosa. On pensait autrefois que l'arc, dont une partie est intégrée au mur du couvent, était un vestige de la porte de la forteresse Antonia d'Hérode, où Ponce Pilate présenta Jésus à la foule en proclamant : "*Ecce Homo*." (Voici l'homme.) Les archéologues datent aujourd'hui cet arc de triomphe du IIe siècle, pendant le règne d'Hadrien.

À l'intérieur du couvent, au sous-sol, se trouve un réservoir surmonté d'une voûte en berceau, typique de l'époque d'Hadrien. Sur le sol pavé, ou **lithostrotos** (☉ 8h-17h tlj), des dessins représentent les jeux dont se divertissaient les gardes romains, tel le "jeu royal", un jeu de hasard que se soldait généralement par la mort d'une jeune recrue – remplacée ensuite par un prisonnier – déguisée en roi.

Le couvent accueille une pension.

☉ Quartier arménien

Niché derrière de hauts murs et d'énormes portes en bois, le quartier arménien de Jérusalem (10 ha) a traversé deux millénaires sans attirer l'attention. L'Arménie fut la première nation à embrasser officiellement le christianisme lorsque son roi se convertit vers 300. Après la perte de leur royaume, un siècle plus tard, les Arméniens s'établirent à Jérusalem et en firent leur capitale spirituelle. Ils habitent la cité depuis cette époque, leur communauté ayant compté jusqu'à 25 000 membres.

Le grand monastère est au cœur de ce quartier. Si la présence arménienne à Jérusalem était à l'origine purement religieuse, elle changea de nature au début du siècle dernier, lorsque les Arméniens arrivèrent pour refaire le toit du dôme du Rocher (p. 58) et pour échapper aux persécutions de l'Empire turc ottoman. De nombreux habitants du quartier s'emploient à sensibiliser les touristes aux atrocités subies par les Arméniens sous les Ottomans entre 1915 et 1918 (le terme "génocide", largement utilisé par les spécialistes et les gouvernements, est contesté par la Turquie et d'autres États).

Aujourd'hui, la communauté compte environ 2 000 membres, dont les habitations sont protégées par une enceinte. Véritable ville dans la ville, elle administre ses propres écoles, sa bibliothèque et son séminaire (fermé au public).

Cathédrale Saint-Jacques   ÉGLISE

(Couvent arménien Saint-Jacques ; carte p. 52 ; ✆ info services religieux 02-628-2331 ; armenian-patriarchate.com ; Armenian Orthodox Patriarchate St ; ☉ office du matin 6h30, vêpres 15h,

messe 8h sam et 8h30 dim). Avec ses lustres, ses murs ornés d'icônes et ses tapis richement décorés, cette cathédrale du XIIe siècle dégage une atmosphère mystique d'une rare intensité dans la ville. Elle n'est ouverte qu'au moment des services, dont le plus émouvant est celui du dimanche, conduit par le patriarche arménien de Jérusalem. Le reste du temps, on peut pénétrer dans la cour pour admirer l'extérieur, décoré de *khatchkars* (croix arméniennes en pierre sculptée) et de carreaux peints représentant le Jugement dernier et les apôtres.

Les Géorgiens construisirent une première église en l'honneur de saint Jacques, sur le site où aurait été décapité ce premier disciple martyr. Au XIIe siècle, les Arméniens, en bons termes avec les croisés qui avaient conquis la ville, prirent possession de cette église et entreprirent sa restauration. Les carreaux à l'intérieur datent du XVIIIe siècle.

Durant l'office, adoptez une tenue correcte (femmes doivent se couvrir la tête).

Chapelle Saint-Marc   ÉGLISE

(Carte p. 52 ; ☉ 9h-12h et 14h-17h lun-sam avr-sept, 7h-14h lun-sam oct-mars, 11h-16h dim). Cette chapelle médiévale accueille la petite communauté syriaque orthodoxe de Jérusalem. Pour eux, l'église serait construite sur le site de la maison de Marie, la mère de saint Marc, où Pierre trouva refuge après avoir été libéré de prison par un ange (Actes XII, 12:12-17). Vous remarquerez, à l'intérieur du sanctuaire du XIIe siècle, une intéressante peinture sur cuir de la Vierge à l'Enfant, attribuée à saint Luc.

☉ Mont Sion

Le mont Sion rassemble des sites révérés par les juifs et les chrétiens. La Cène aurait eu lieu sur cette colline, tout comme la dormition de la Vierge Marie. C'est aussi le site du tombeau de David. L'appellation englobait jadis la partie haute de la vieille ville (dont la citadelle). Après la destruction de la cité de David en 70, le "mont Sion" ne désigne plus que ce seul relief austère, situé au sud de la vieille ville, derrière la porte du même nom.

Tombeau du roi David   SITE RELIGIEUX

(Carte p. 76 ; ☉ 8h-17h dim-jeu, 8h-13h ven). GRATUIT Érigé par les croisés 2 000 ans après la mort du roi David, ce tombeau au niveau du sol et à l'authenticité controversée n'en est pas moins un lieu sacré du judaïsme et du

CÉRAMIQUES ARMÉNIENNES

En 1919, la restauration du dôme du Rocher (p. 58) a permis l'établissement du premier atelier de céramique arménienne dans la ville, une tradition artisanale toujours présente.

Les techniques de céramique arméniennes ont atteint leur apogée en Turquie aux XVIIe et XVIIIe siècles, quand de nombreuses familles arméniennes tenaient des ateliers dans les grands centres de céramique de Kütahya et Iznik. Après le génocide arménien de 1915-1918, quelques potiers arméniens furent conduits à Jérusalem avec leur famille par David Ohannessian (1884-1953), maître céramiste qui avait travaillé à Kütahya et se réfugia à Jérusalem en 1919. À son arrivée, il put ouvrir un atelier de céramique sur la Via Dolorosa avec l'aide de la Pro Jerusalem Society, fondée en 1918 par sir Ronald Storrs, gouverneur militaire de la ville, et Charles Robert Ashbee, architecte et concepteur en chef du mouvement Arts & Crafts (Arts et artisanat). David Ohannessian et ses maîtres céramistes arméniens ont alors fabriqué les carreaux destinés à remplacer ceux, abîmés, du dôme du Rocher.

Les artisans affirment que Jérusalem est aujourd'hui le seul endroit au monde où l'on fabrique encore une véritable poterie arménienne. Les techniques de peinture à la main ont peu changé au cours des siècles et sont toujours appliquées pour produire des motifs géométriques, floraux ou animaux richement colorés.

On peut admirer de fabuleux exemples de céramique arménienne dans la cathédrale Saint-Jacques, avec sa profusion de carreaux bleu et blanc, et juste à l'entrée de l'église Saint-André (p. 89) et de sa pension. Pour acheter des céramiques, faites un tour au Sandrouni Armenian Art Centre (p. 110), dans la vieille ville, à l'Armenian Ceramics (p. 111), dans Jérusalem-Est, ou chez Arman Darian (p. 111), dans Jérusalem-Ouest.

christianisme. La salle de prière se divise en deux parties, l'une pour les hommes, l'autre pour les femmes, toutes deux menant au tombeau recouvert de velours. Derrière se trouve une alcôve qui serait une synagogue du Ve siècle.

La Bible indique que le roi fut inhumé avec ses ancêtres dans la cité de David (I Rois II, 10) et la plupart des archéologues et historiens pensent que sa sépulture se situe sous le mont Sion d'origine, à l'est de la cité de David (page ci-contre).

Le tombeau est en retrait de la cour devant le monastère franciscain, auquel on accède en passant par une porte à gauche du sentier menant au site principal, sous une arche et enfin par l'escalier menant au cénacle.

Cénacle
SITE RELIGIEUX

(Coenaculum ; carte p. 76 ; 🕗8h-18h). GRATUIT Le bâtiment identifié comme le cénacle (du latin *cena*, le diner), également appelé *coenaculum* (salle à manger), est un petit édifice de deux étages situé dans un ensemble de bâtiments plus important, au sommet du mont Sion.

Ce lieu, qui serait l'endroit où Jésus et ses apôtres auraient partagé leur dernier repas, est l'un des plus sacrés du christianisme (avec la basilique du Saint-Sépulcre et l'église de la Nativité à Bethléem).

Ce serait ici aussi que le Saint-Esprit serait descendu sur les disciples rassemblés et tous s'en seraient trouvés investis du don des langues (Actes II, 1-5). Marquant le début du christianisme et la formation de la première communauté chrétienne, 3 000 fidèles furent par la suite baptisés.

Le bâtiment d'origine abritait la première église chrétienne. Il fut détruit deux fois avant d'être reconstruit sous cette forme par les croisés au XIVe siècle. À droite de l'entrée, le mur est orné de deux armoiries croisées, patinées par le temps. Un agneau (symbole chrétien) est représenté au plafond (le lustre y est attaché). Au Moyen Âge, l'édifice appartenait aux moines franciscains avant qu'ils n'en soient expulsés par les Turcs. Sous la domination ottomane, la salle fut transformée en mosquée, dont elle garde des vitraux et un *mihrab*. Les chrétiens avaient interdiction d'y entrer et les juifs ne pouvaient se rendre sur la tombe de David, en dessous. Pendant la période du mandat, les Britanniques interdirent de prier en ces lieux pour ménager les susceptibilités entre les différentes religions et obédiences.

On rejoint le cénacle par un escalier menant à un atrium. Pour le trouver, dirigez-vous vers le site principal et grimpez le premier escalier à gauche après l'arche sculptée. Un autre escalier part de la cour devant le monastère franciscain, près du tombeau du roi David.

Église et monastère de la Dormition
ÉGLISE

(Carte p. 76 ; 02-565-5330 ; www.dormitio.net ; 9h-17h30 tlj sauf dim, 10h-17h dim). GRATUIT Avec sa tour ronde de grès et ses élégantes arches de style roman, cette église compte parmi les monuments architecturaux les plus reconnaissables de Jérusalem. Elle est construite à l'endroit où la Vierge Marie se serait "endormie d'un sommeil éternel", d'où son nom – en latin – de "Dormitio Sanctae Mariae" (le sommeil de la sainte Marie). L'église actuelle et son monastère, propriété de l'ordre allemand des Bénédictins, furent consacrés en 1906. L'escalier situé à gauche en entrant mène à la **crypte** où des colonnes sculptées entourent un sanctuaire dédié à la Vierge Marie. Habillez-vous convenablement.

L'ensemble a été endommagé lors des combats que subit Jérusalem en 1948 et en 1967. Lors de ce dernier conflit, les soldats israéliens occupèrent la tour, disposant ainsi d'une vue sur l'armée jordanienne postée sur les remparts de la vieille ville.

L'intérieur de l'église est orné d'une mosaïque dorée représentant Marie et l'Enfant Jésus, en haut de l'abside. Au-dessous figurent les prophètes d'Israël. Les chapelles qui entourent la nef principale sont dédiées à des saints : saint Willibald, un bénédictin anglais qui fit un pèlerinage en Terre sainte en 724, les Rois mages, saint Joseph, dont la chapelle est couverte de médaillons représentant les rois de Judée comme ancêtres de Jésus, et saint Jean-Baptiste. Le sol décoré des noms des saints et des prophètes, et des signes du zodiaque.

Tombe d'Oskar Schindler
MÉMORIAL

(Carte p. 76 ; 8h-12h lun-sam). L'industriel autrichien Oskar Schindler (1908-1974) reçut le titre honorifique de "Juste parmi les nations", remis par Israël aux non-juifs qui risquèrent leur vie pour sauver des juifs pendant l'Holocauste ; il en sauva plus de 1 200 des chambres à gaz en les embauchant dans son usine. Sa tombe se trouve dans le cimetière chrétien du mont Sion. Depuis la porte de Sion, descendez la colline tout droit. Une fois dans le cimetière, rendez-vous au troisième niveau (le plus bas) et cherchez le tombeau couvert de pierres (une coutume juive symbolisant le respect).

La "liste de Schindler" rendue célèbre par le film éponyme de Spielberg récompensé aux Oscars (basé sur un roman historique de Thomas Keneally) contenait le nom des juifs dont il organisa l'évacuation vers Brněnec.

Église Saint-Pierre-en-Gallicante
ÉGLISE

(Carte p. 76 ; 02-673-1739 ; www.stpeter-gallicantu.org ; tarif plein/enfant 10/5 NIS ; 8h30-17h lun-sam). Cette église semble en équilibre précaire sur son perchoir rocheux, là où Jésus aurait été renié par son disciple Pierre (Marc XIV, 66-72) : "Avant qu'un coq ait chanté deux fois, tu m'auras renié par trois fois" (*gallicantu* signifie "chant du coq" en latin). De là-haut, la vue sur la cité de David et le village palestinien de Silwan est à couper le souffle.

Érigé sur les fondations d'anciennes églises byzantine et croisée, l'édifice moderne (1930) présente des dômes bombés et de larges arches d'inspiration byzantine. À l'intérieur, on peut admirer des vitraux peu communs et, en dessous, les fondations apparentes et des mosaïques des églises antérieures (avec notamment le site où trois croix de l'époque byzantine ont été découvertes). Le site est géré par un ordre catholique français.

Pour accéder à l'église, descendez la route qui vient du mont Sion, vers l'est, et contournez la piscine du Sultan. L'escalier romain, dans le jardin de l'église, descend à la fontaine de Gihon, dans la vallée du Kidron.

⊙ Vallée du Kidron

Des vestiges et tombeaux remontant à plus de 4 000 ans ont été découverts dans la vallée du Kidron, le site le plus ancien de Jérusalem, et sur ses pentes occidentales. La ville antique qui se tenait à cet endroit serait la légendaire cité de David. Toutefois, les datations indiquent un établissement bien antérieur au règne de ce souverain biblique. Les sépultures y sont nombreuses, en particulier dans la vallée de Josaphat. La vallée, très escarpée, est isolée du reste de la cité. On y accède le plus aisément par la porte des Immondices ou par la porte des Lions. La descente dans la vallée plaira sans aucun doute aux passionnés d'archéologie équipés de bonnes chaussures de marche.

Cité de David
SITE ARCHÉOLOGIQUE

(Carte p. 52 ; infos 02-626-8700, réservations 077-996-6726 ; www.cityofdavid.org.il/fr ; tarif adulte/enfant 29/15 NIS, film 13 NIS, ville biblique tarif adulte/enfant 60/45 NIS ; 8h-17h dim-jeu, 8h-14h ven, oct-mars, 8h-19h dim-jeu, 8h-16h ven

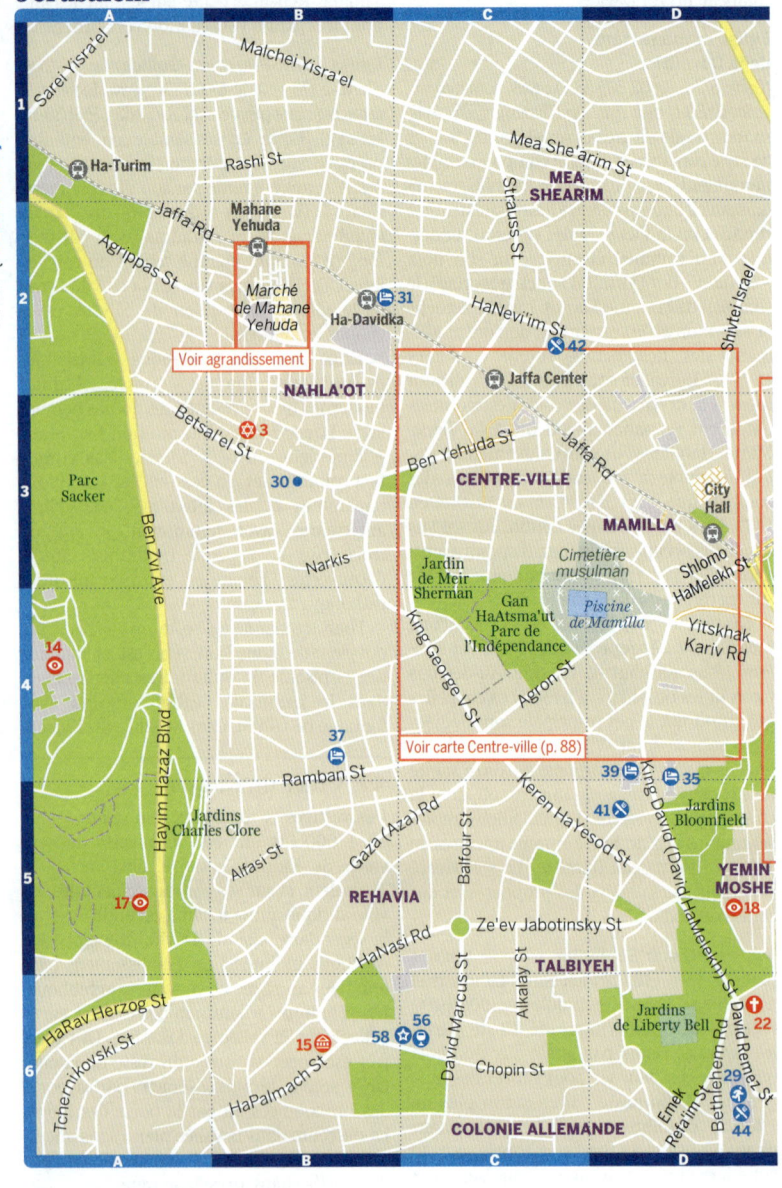

avr-sept ; 📷1, 2, 38). Aussi controversée que riche en vestiges historiques anciens, la cité de David est l'un des sites archéologiques les plus étudiés de Jérusalem. Il s'agit de la partie la plus ancienne de la ville, à l'origine une colonie cananéenne. David s'en serait

emparé et y aurait apporté l'Arche d'alliance il y a 3 000 ans. Entamées dans les années 1850, les fouilles se poursuivent aujourd'hui, comme les débats sur le développement du site (à Silwan, dans Jérusalem-Est). Prévoyez au moins trois heures de visite.

Depuis la porte des Immondices (p. 61), descendez vers l'est et prenez la route à droite ; l'entrée est à votre gauche. Le centre d'accueil des visiteurs vend de l'eau (indispensable en été) et propose un film en 3D de 15 minutes sur la cité. Pour la traversée du tunnel d'Ézéchias (que nous recommandons), vous pouvez mettre un maillot de bain dans les toilettes et laisser vos affaires dans un casier (10 NIS), ou porter un short. Équipez-vous de chaussures adaptées (tongs ou chaussures résistantes à l'eau). Des

Jérusalem

porte-clés lampe torche sont en vente à la billetterie, mais mieux vaut apporter une véritable torche électrique.

Le billet comprend la visite des parties souterraines du site (puits de Warren, tunnel d'Ézéchias, bassin de Siloé, ascension de la route du Temple). L'entrée est gratuite si vous n'explorez que les parties supérieures. Compte tenu des fouilles en cours, il peut être difficile de comprendre seul l'organisation du site. Nombreux sont les visiteurs qui optent donc pour une visite guidée.

Arrivé en bas de la colline, vous pouvez vous engager dans l'ascension de la route du Temple ou emprunter celle qui traverse le village palestinien de Silwan.

➡ **Cité royale (secteur G)**

Le secteur G, ou cité royale, date du Xe siècle av. J.-C. Il s'agissait probablement d'une fortification servant à protéger un palais construit au sommet de la colline. À l'époque du premier Temple, la demeure d'un aristocrate, appelée "maison Achiel", était accolée au mur d'enceinte. Elle fut détruite en même temps que le Temple en 586 av. J.-C. Des pointes de flèches judéennes et babyloniennes furent retrouvées dans l'une des pièces, appelée la **salle brûlée** en raison dè la présence d'une couche de cendre, éloquent témoignage de la sanglante bataille livrée ici. Les archéologues ont aussi découvert 51 sceaux royaux gravés en langue hébraïque ancienne. L'un d'entre eux aurait appartenu à Gemaryahu Ben Shafan, scribe du prophète Jérémie (mentionné dans Jérémie XXXVI, 10).

➡ Puits de Warren

Ce puits doit son nom à l'ingénieur britannique sir Charles Warren, qui l'a découvert en 1867. La galerie souterraine relie la cité de David à la source de Gihon. Elle assurait aux Cananéens un ravitaillement en eau permanent, vital en cas de siège. Situé à l'intérieur des fortifications, le passage correspondrait à celui par lequel les soldats du roi David se seraient infiltrés pour s'emparer de la ville (II Samuel V). Les archéologues contemporains mettent en doute cette hypothèse et suggèrent que les envahisseurs ont emprunté un autre passage souterrain. Depuis le puits de Warren, vous pouvez descendre jusqu'au tunnel d'Ézéchias, en bas de la colline. Le puits ferme 1 heure avant la fermeture officielle de la cité de David.

➡ Tunnel d'Ézéchias

Ce canal souterrain de 530 m de long achemine un courant d'eau (d'une profondeur de 70 cm environ) vers le bassin de Siloé, où Jésus aurait rendu la vue à un aveugle après lui avoir demandé de s'y baigner. Le tunnel était destiné à capter l'eau du Gihon, une source intermittente qui relâche un fort débit pendant une trentaine de minutes avant de s'assécher quelques heures.

La source de Gihon (de "jaillir" en hébreu) serait la raison principale de l'installation des Cananéens dans la vallée. Vers 700 av. J.-C., le roi Ézéchias fit construire un aqueduc souterrain permettant d'amener l'eau du Gihon vers la cité et de la stocker dans le bassin de Siloé. Il fut conçu au départ pour camoufler la source de l'eau de la ville aux envahisseurs, et notamment aux Assyriens, qui assiégeaient Jérusalem (fait mentionné dans II Chroniques XXXII, 30).

Bien qu'étroit (parfois seulement 50 cm de large) et bas par endroits, il est possible de se frayer un chemin dans le tunnel, dont le niveau d'eau varie en général de 50 cm à 1 m.

Au bout d'une vingtaine de mètres, la galerie oblique vers la gauche. Un mur de pierre bloque une autre voie menant au puits de Warren. Vers l'extrémité de la galerie, la hauteur du plafond augmente en raison du manque de coordination entre les deux équipes de terrassiers qui creusaient à chaque extrémité. Réalisant que le niveau de terrassement était différent de part et d'autre, il fallut creuser un peu plus profondément d'un côté pour que l'eau puisse s'écouler sur toute la longueur du canal. Une inscription en hébreu taillée dans la pierre décrit la construction du tunnel par les bâtisseurs d'Ézéchias. Une copie de ce texte est exposée au musée d'Israël (p. 92).

La promenade à pied dure environ 20 minutes (40 minutes s'il y a beaucoup de monde). Si vous ne voulez pas vous mouiller, il y a aussi un tunnel sans eau dont la traversée s'effectue en une quinzaine de minutes. Pour le trouver, prenez à gauche juste après l'embouchure du tunnel d'Ézéchias. Les enfants suffisamment grands sont autorisés à le parcourir, mais renseignez-vous sur le niveau de l'eau avant d'y pénétrer. Commencez votre visite au plus tard 1 heure avant la fermeture officielle de la cité de David.

➡ Bassin de Siloé

En sortant du tunnel d'Ézéchias, vous découvrirez un petit bassin byzantin avec des pierres rondes. Les Byzantins le bâtirent au Ve siècle en mémoire du réservoir où un aveugle envoyé par Jésus aurait retrouvé la vue (Jean IX). Ils ne trouvèrent pas la piscine de Siloé, alors enfouie sous une épaisse couche de débris et de déchets.

➡ Piscine de Siloé

Montez l'escalier qui part du bassin byzantin de Siloé. Vous déboucherez sur une esplanade où des marches en ruine descendent vers un étang, la piscine de Siloé. Découverte lors de fouilles en 2005, celle-ci date de la période du second Temple. Elle était alors utilisée pour des rituels de purification. Selon les archéologues et les historiens, il pourrait s'agir du bassin où Jésus aurait guéri un aveugle.

➡ Rue en escalier orientale

(Eastern Stepped Street). De la piscine de Siloé, un escalier en bois conduit à cette volée de marches en pierre ancienne. De grands espaces séparent les paires de petites marches ; on pense que l'escalier fut conçu ainsi pour permettre aux animaux de gagner facilement le sommet pour les sacrifices. En dessous se trouve un système d'égout où les archéologues ont découvert des pièces de monnaie et des poteries datant de l'époque romaine. Les historiens supposent que les Juifs s'y cachèrent pendant le pillage de la ville en 70.

➡ Ascension de la route du Temple

Cette galerie de 650 m de long récemment découverte est une tranchée de drainage qui servait à évacuer les eaux du mont du

UN SITE CONTROVERSÉ

Si les sites anciens entourés de controverses sont légion à Jérusalem, la cité de David – sorte d'îlot juif au milieu de quartiers à majorité palestinienne – divise tout particulièrement. Le site est géré par Elad, une organisation qui promeut le tourisme à Jérusalem et finance les fouilles archéologiques. Le groupe soutient l'expansion des colonies israéliennes à Jérusalem-Est, aussi sa gestion est-elle la cible de nombreuses critiques. Les historiens contestent la manière subjective dont les découvertes archéologiques sont utilisées pour confirmer les récits bibliques, et les visiteurs peuvent parfois trouver le récit officiel présenté par certains guides partial et judéo-centriste.

Temple. Elle débouche près de la piscine de Siloé ; de là, il est possible de remonter à pied vers la vieille ville, en sortant près de la porte des Immondices. Le plafond du tunnel est bas et les murs sont étroits à certains endroits ; à éviter donc si vous êtes particulièrement grand, costaud ou claustrophobe.

Vallée de Josaphat   SITE RELIGIEUX

(Carte p. 76 ; Jericho Rd ; don suggéré ; ☉ aube-crépuscule) *Josaphat* ou *Jeoshaphat* - en hébreu "Dieu a jugé" – désigne l'étroite bande de terre située entre le mont du Temple/Haram Ash-Sharif et le mont des Oliviers. Selon les textes bibliques, c'est ici que devrait avoir lieu le Jugement dernier (Joël III, 12).

Plusieurs tombeaux datant de la période du second Temple se trouvent à l'extrémité sud. Le **tombeau de Josaphat**, le plus au nord, est une sépulture du Ier siècle dans une grotte à l'entrée ornée d'une frise. En face, le **pilier d'Absalon** serait, selon la Bible, le tombeau du fils du roi David (II Samuel XVIII, 17). De l'autre côté de cette sépulture, la **grotte Saint-Jacques** aurait servi d'abri au saint après l'arrestation de Jésus. À proximité, creusé dans le rocher, se niche le **tombeau de Zacharie**, où serait enterré le prophète selon la tradition juive (II Chroniques XXIV, 25).

Malgré les noms attribués à ces tombeaux, les personnages inhumés à ces endroits sont plus vraisemblablement des personnalités influentes de l'époque du second Temple.

◉ Mont des Oliviers

Selon le livre de Zacharie (XIV, 4), lorsque le Messie reviendra au jour du Jugement dernier, le mont des Oliviers se fendra par le milieu et de là Dieu commencera à ressusciter les morts. Afin d'être parmi les premiers à revenir à la vie, de nombreux Juifs se sont fait enterrer sur les versants de la colline.

À ce jour, on compte plus de 150 000 sépultures juives dans ce cimetière qui est le plus ancien du monde encore utilisé. De nombreux monuments chrétiens commémorent la période entre l'arrestation de Jésus et son ascension.

Église de l'Ascension   ÉGLISE

(www.evangelisch-in-jerusalem.org ; angle Anbar St et Martin Buber St ; 5 NIS ; ☉ 8h-13h tlj sauf dim ; ▢ 275). En 1898, les Ottomans cédèrent à l'Allemagne 8 ha de terrain sur le mont des Oliviers ; on décida d'y construire une église et un hospice baptisés du nom d'Augusta-Victoria, femme de l'empereur Guillaume II. Achevée en 1910, l'église est ornée de mosaïques et de fresques, et on peut accéder au sommet du clocher de 60 m de haut (203 marches).

L'armée turque occupa l'hospice pendant la Première Guerre mondiale, puis les Britanniques en firent un hôpital militaire – c'est toujours un hôpital aujourd'hui.

Couvent russe de l'Ascension   ÉGLISE

(Carte p. 76 ; ☎ 02-628-4373 ; ☉ horaires variables, généralement 9h-12h). Surmonté d'une flèche, le plus haut bâtiment du mont des Oliviers se dresse sur le lieu où, selon les chrétiens orthodoxes, Jésus serait monté aux cieux. Construite au XIXe siècle, la chapelle fait partie d'un couvent difficile à trouver. Cherchez une étroite allée partant de la rue principale, entre deux boutiques.

Dôme de l'Ascension
(chapelle de l'Ascension)   SITE RELIGIEUX

(Carte p. 76 ; ☉ 7h30-10h30 et 13h30-14h30). Minuscule et délabrée, cette chapelle est difficile à repérer. Édifiée par les Byzantins à l'endroit où Jésus serait monté au paradis (Luc XXIV, 50-51), elle a été retravaillée par les croisés puis convertie en mosquée par Saladin en 1198. Le bâtiment actuel est une tour circulaire située à l'intérieur d'une structure octogonale incorporant un minaret trapu en pierre. Les horaires d'ouverture sont aléatoires, mais en général il y a quelqu'un pour ouvrir le matin.

À l'intérieur, le sol en pierre porte une empreinte de pied attribuée à Jésus. Les pèlerins de la période byzantine ayant été autorisés à prélever des morceaux de ce précieux témoignage, son aspect actuel a peu de rapport avec l'épisode dont elle est supposée porter témoignage. Seule l'empreinte du pied droit est visible aujourd'hui, celle du pied gauche ayant été transférée à la mosquée al-Aqsa (p. 58) au Moyen Âge.

Église du Pater Noster ÉGLISE

(Carte p. 76 ; 📞02-626-4904 ; 8 NIS ; ⊘8h30-12h et 14h30-16h30 lun-sam avr-sept, 8h-12h et 14h30-16h30 lun-sam oct-mars). Aux murs de l'église et du cloître, des panneaux en carreaux de céramique arborent le Notre Père en 132 langues (dont plusieurs langues retranscrites en braille). La reine Hélène, mère de l'empereur Constantin, fit construire ici, au IVe siècle, la première église, convaincue qu'il s'agissait du lieu où Jésus enseigna la célèbre prière à ses disciples. Après sa destruction, les croisés bâtirent une nouvelle église (1152), qui fut elle-même rasée par les Mamelouks. Le bâtiment actuel est une reconstruction partielle de l'église byzantine. Le cloître date du XIXe siècle.

L'église byzantine était connue sous le nom d'église d'Eleona, du grec *elaion* signifiant "oliveraie" ; le site, avec son couvent carmélite attenant, en a toujours une.

La grotte se trouve dans une cour close devant l'église, en contrebas d'un escalier.

Tombeau des prophètes SITE RELIGIEUX

(Carte p. 76 ; don suggéré 5 NIS ; ⊘9h-15h lun-jeu). Ces anciens tombeaux sont dans une section du cimetière accessible par un escalier, en contrebas du point de vue panoramique. Si la tradition juive les attribue aux prophètes

Aggée, Zacharie et Malachie, qui vécurent au Ve et VIe siècles av. J.-C., les archéologues contemporains contestent cette théorie, les datant d'une époque plus tardive. Les tombeaux sont la propriété de l'Église russe orthodoxe.

Église Sainte-Marie-Madeleine ÉGLISE

(Carte p. 76 ; ⊘10h-12h mar et jeu). Les sept bulbes dorés coiffant cette église orthodoxe russe forment dans le paysage de Jérusalem un contraste séduisant. Construite en 1888 par le tsar Alexandre III à la mémoire de sa mère, elle abrite un couvent où sont conservées les reliques de deux saints russes.

Église de Toutes-les-Nations ÉGLISE

(Basilique de Gethsémani ; carte p. 76 ; ⊘8h-17h50 avr-sept, 8h-16h50 oct-mars). Installée sur le site du jardin de Gethsémani et consacrée en 1924, cette église néoclassique franciscaine a une façade ornée de mosaïques rehaussées d'or représentant Jésus portant les souffrances du monde – d'où son autre nom de "sanctuaire de l'Agonie". L'intérieur recèle d'autres mosaïques en or. Les emblèmes nationaux des 12 pays donateurs sont visibles au plafond. La roche apparente devant l'autel serait le lieu exact des prières de Jésus.

L'église repose sur les fondations de deux lieux saints antérieurs : une église du IVe siècle, détruite par le tremblement de terre dans les années 740, et un oratoire construit sur les ruines par les croisés et abandonné en 1345.

Jardin de Gethsémani JARDINS

(Carte p. 76 ; ⊘8h30-12h et 14h30-17h lun-mer et ven-sam, 14h30-16h dim et jeu). GRATUIT C'est dans ce jardin, jouxtant l'église de Toutes-les-Nations, que Jésus aurait été arrêté (Marc

---

ⓘ DÉCOUVRIR LE MONT DES OLIVIERS

L'ascension du mont des Oliviers à pied peut être ardue, surtout en été : vous apprécierez de participer à un circuit organisé pour visiter le site. Sandemans (p. 140) propose une excellente excursion de 3 heures (21 € transport compris). Sinon, prenez le bus arabe n°275 (5 NIS) à la gare routière de Jérusalem-Est dans la rue Sultan Suleiman, en face de la porte d'Hérode, ou faites-lui signe devant la porte de Damas. Descendez à l'église de l'Ascension (lorsque vous apercevrez le panneau "Augusta Victoria Hospital") ou quelques arrêts plus loin, pour vous rapprocher des sites du mont des Oliviers les plus intéressants historiquement, qui comprennent (en descendant la colline) le Couvent russe de l'Ascension (p. 80), le dôme de l'Ascension, l'église du Pater Noster et le tombeau des prophètes. Lorsque vous remonterez vers la porte des Lions (p. 72) et la vieille ville, vous passerez devant le jardin de Gethsémani (ci-dessus) et le tombeau de la Vierge Marie (p. 82). La plupart des églises et des jardins ouvrent le matin, ferment au moins deux heures aux alentours de midi, et rouvrent en milieu d'après-midi.

XIV, 26, 32-50). Ses oliviers comptent parmi les plus anciens au monde (en hébreu, Gethsémani, *gat shmanim*, signifie "pressoir à huile"). Trois d'entre eux ont plus de 2 000 ans, ce qui en fait les témoins de tout événement que la Bible situe ici. Une barrière protège les arbres restants des pèlerins. On entre par l'étroite allée menant au mont des Oliviers.

Tombeau de la Vierge Marie SITE RELIGIEUX
(Carte p. 76 ; ⊙ 5h-12h et 14h30-17h avr-sept, 6h-12h et 14h30-17h oct-mars). GRATUIT L'un des lieux les plus sacrés du christianisme est une crypte profonde et sombre, éclairée par d'anciennes lampes de cuivre. À sa mort (on parle, pour la Vierge Marie, de "dormition") au milieu du Ier siècle, Marie aurait été déposée dans ce caveau par les disciples de Jésus. Un monument a été édifié au Ve siècle, mais a été détruit plusieurs fois. La façade de l'édifice actuel remonte au temps des croisés (XIIe siècle), mais la crypte est byzantine. Une citerne ancienne se trouve sous le sol. Les pèlerins peuvent pénétrer dans le sanctuaire central, enveloppé de velours.

Les œufs sur les lampes à huile suspendues du sanctuaire ne sont pas des décorations de Pâques : ils sont destinés à empêcher les rats de descendre par les chaînes.

DÉSAGRÉMENTS ET DANGERS

La plupart des visiteurs profitent de leur séjour à Jérusalem sans incident, mais sachez que les tensions peuvent monter rapidement et des violences éclater.

➡ Les manifestations, arabes et juives, sont courantes à Jérusalem. Beaucoup sont pacifiques, mais mieux vaut rester à l'écart. La porte de Damas, la porte des Lions et le mont du Temple/Haram Ash-Sharif sont souvent des foyers de conflits.

➡ De nombreux visiteurs déclarent ne pas se sentir en sécurité dans la zone du mont des Oliviers et des voyageuses se sont plaintes de harcèlement. Si possible, ne vous y rendez pas seul(e).

➡ Des groupes de juifs ultraorthodoxes lancent parfois des pierres sur les bus et s'opposent violemment à la police dans le quartier de Mea Shearim. Les touristes qui s'y promènent peuvent faire face à des réactions hostiles.

Sur la route principale, à côté des marches qui descendent au tombeau, la petite coupole soutenue par des colonnes est un mémorial dédié à Mujir ad-Din, un juge et historien musulman du XVe siècle.

⊙ **Jérusalem-Est**

Majoritairement arabe, Jérusalem-Est est âprement disputée. Le territoire appartenait à la Jordanie à l'issue de la guerre israélo-arabe, conformément aux accords d'armistice de 1949. De 1948 à 1967, la Ligne verte qui délimitait les parties de la ville respectivement contrôlées par Israël et la Jordanie courait le long de la rue Chel Handasa (aujourd'hui sur la ligne JLR). Après la guerre des Six-Jours de 1967, Jérusalem-Est passa sous contrôle israélien, considérée depuis comme un territoire occupé par la plupart des membres de la communauté internationale.

"Jérusalem-Est" peut spécifiquement désigner certains quartiers au nord, à l'est et au sud de la vieille ville, foyers de tension (et de violence) entre la population majoritairement arabe et les forces de sécurité israéliennes omniprésentes.

En explorant le quartier, arrêtez-vous pour prendre un verre ou manger à l'historique American Colony Hotel (p. 99). Lors de la prise de Jérusalem par les Britanniques, le gouverneur turc arracha un drap à l'un des nombreux lits de l'hôtel (qui servait alors d'hôpital) pour annoncer sa capitulation. Ce drapeau blanc est exposé au musée impérial de la Guerre à Londres.

♥ **Palestinian Heritage Museum** MUSÉE
(Fondation Dar Al-Tifel Al-Arabi ; carte p. 76 ; ☑ 02-627-2531 ; www.dta-museum.org ; Colonie américaine, Al-Jarrah St ; adulte/enfant 20/10 NIS ; ⊙ 8h-16h lun-jeu et sam). Parfaite introduction à la culture palestinienne ancienne et moderne, ce musée présente les traditions villageoises séculaires (broderie, vannerie, agriculture), retrace le déplacement du peuple palestinien (avec des listes d'anciens villages arabes) et commémore des événements tels que le massacre de Deir Yassin en 1948. Il occupe un bâtiment du XIXe siècle dans la Colonie américaine.

Cathédrale Saint-Georges ÉGLISE
(Carte p. 76 ; www.j-diocese.org ; Derekh Shchem (Nablus Rd) ; ⊙ variables ; 🚇 Shivtei Israel). Nommée d'après le saint patron de l'Angleterre, qui aurait été un martyr en Palestine

au IVᵉ siècle, cette cathédrale consacrée en 1898 est le siège d'une paroisse à la fois anglophone et arabophone. Le site a conservé de nombreux symboles datant du mandat britannique à Jérusalem : des fonts baptismaux offerts par la reine Victoria, des mémoriaux aux soldats de Sa Majesté, ainsi qu'une tour dédiée au roi Édouard VII.

Pendant la Première Guerre mondiale, les Turcs condamnèrent l'entrée de l'église et installèrent leur état-major dans l'évêché. En 1917, après la prise de Jérusalem, les Britanniques signèrent le traité de paix dans le bureau de l'évêque.

Grotte de Sédécias SITE HISTORIQUE

(Carte p. 52 ; 18 NIS ; 9h-17h dim-jeu ; Damascus Gate). Une bonne partie des pierres qui font la réputation de Jérusalem provient de l'actuelle grotte de Sédécias. À la fois carrière de pierre et lieu sacré, elle est située à une courte marche de la porte de Damas, le long des remparts de la vieille ville.

Pendant des siècles, la grotte a été source de légendes, rumeurs populaires et récits bibliques. L'histoire la plus connue raconte que Sédécias (Zedekiah), dernier roi de Juda, s'y était réfugié pour échapper aux troupes chaldéennes envoyées par le roi Nabuchodonosor de Babylone. Mais quand Sédécias émergea de la grotte (à Jéricho), les soldats l'attendaient pour le capturer. La distance séparant Jérusalem de Jéricho, bien supérieure à la taille de la grotte, la rend toutefois historiquement improbable.

La grotte est également appelée "carrière de Salomon" car des pierres extraites ici auraient servi à construire le temple du roi Salomon. Pour les francs-maçons, elle revêt une importance particulière, Salomon étant considéré comme le premier membre de leur ordre.

L'embouchure est naturelle mais le reste, soit l'équivalent de cinq pâtés de maisons, a été extrait par des esclaves. Certaines salles contiennent des blocs quasiment terminés que les tailleurs ont abandonnés pour une raison inconnue. La fraîcheur qui y règne toute l'année en fait une visite particulièrement plaisante durant les chaleurs estivales.

Museum on the Seam MUSÉE

(Carte p. 76 ; 02-628-1278 ; www.mots.org.il ; 4 Chel Handasa St ; tarif plein/réduit 30 NIS/25 NIS ; 10h-17h lun, mer et jeu, 10h-14h ven, 14h-20h mar ; Shivtei Israel). Les thèmes de l'identité, de la multiplicité et de la foi reviennent fréquemment dans les expositions de ce musée d'art contemporain – dont la situation entre Jérusalem-Est et Ouest explique le nom (*seam* veut dire "couture", pris dans le sens de "frontière"). Le bâtiment, avant-poste militaire de l'armée israélienne entre 1948 et 1967, porte encore les stigmates des conflits. Certains contenus présentés ne sont pas adaptés aux jeunes enfants.

Il y a un café sur le toit, et une boutique au rez-de-chaussée.

Jardin de la Tombe JARDINS

(Carte p. 76 ; 02-539-8100 ; www.gardentomb. org ; Jérusalem-Est ; 8h30-17h15 lun-sam ; Damascus Gate). GRATUIT Une thèse très discutée soutient que cet espace vert clos, loin du tumulte de la rue de Naplouse (Derekh Shchem Rd), serait le jardin de la sépulture de Joseph d'Arimathie et le lieu où Jésus aurait ressuscité. Quoi qu'il en soit, c'est un parc paisible et joliment aménagé, plus propice à la contemplation que la basilique du Saint-Sépulcre (p. 62), plus largement acceptée comme étant le site de la crucifixion du Christ. Le jardin aussi comprend d'intéressants vestiges archéologiques.

Le général Charles Gordon, qui s'illustra au siège de Khartoum en 1883, ne croyait pas que le Saint-Sépulcre occupât le site du Calvaire. Selon lui, la colline en forme de tête de mort semblait un endroit plus probable pour la crucifixion et la mise au tombeau du Christ. Les tombeaux anciens qu'il découvrit sous le mont, dont une chambre scellée avec une pierre roulante, achevèrent de le convaincre.

Les archéologues ont depuis remis en cause sa théorie en datant les tombeaux entre les VIIᵉ et Vᵉ siècles avant notre ère, mais les croyants rappellent que les vieilles tombes furent souvent réutilisées en Terre sainte. Des cyniques prétendent que si certains continuent de défendre l'intérêt de ce site, c'est surtout parce qu'il s'agit du seul lieu saint de Jérusalem sous la férule des protestants.

Pour accéder au jardin de la Tombe, prenez Sultan Suleyman St, continuez vers le nord sur la rue de Naplouse (Derekh Shchem Rd) et tournez à droite dans Schick St, en face de l'arrêt de bus. Le site est accessible aux personnes en fauteuil roulant.

Rockefeller Museum MUSÉE

(Carte p. 76 ; 02-670-8074 ; 27 Sultan Suleiman St, Jérusalem-Est ; 10h-15h dim-lun et mer-jeu, 10h-14h sam ; Damascus Gate). GRATUIT Souvent boudé par les visiteurs, ce musée

1

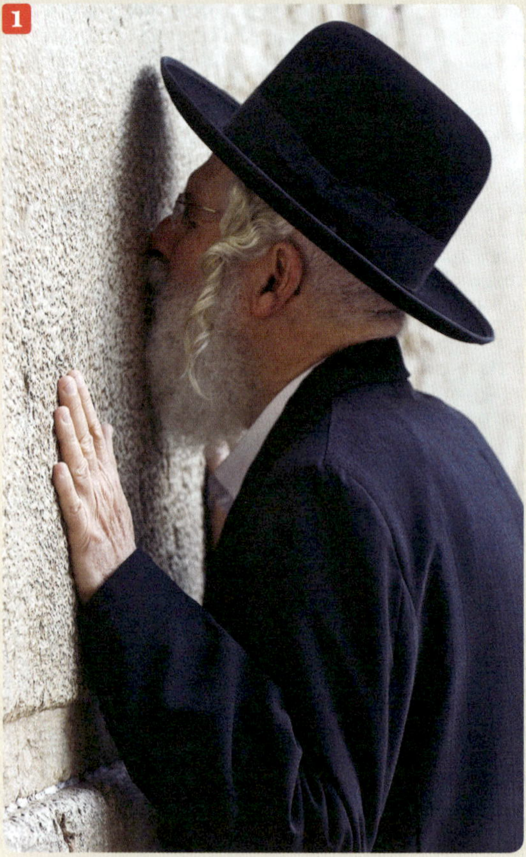

KOBBY DAGAN / SHUTTERSTOCK ©

2

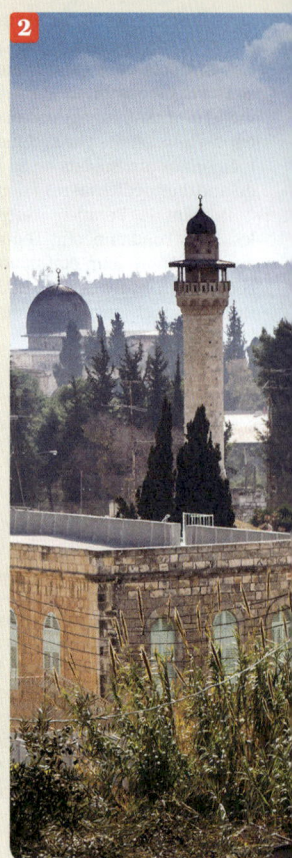

4

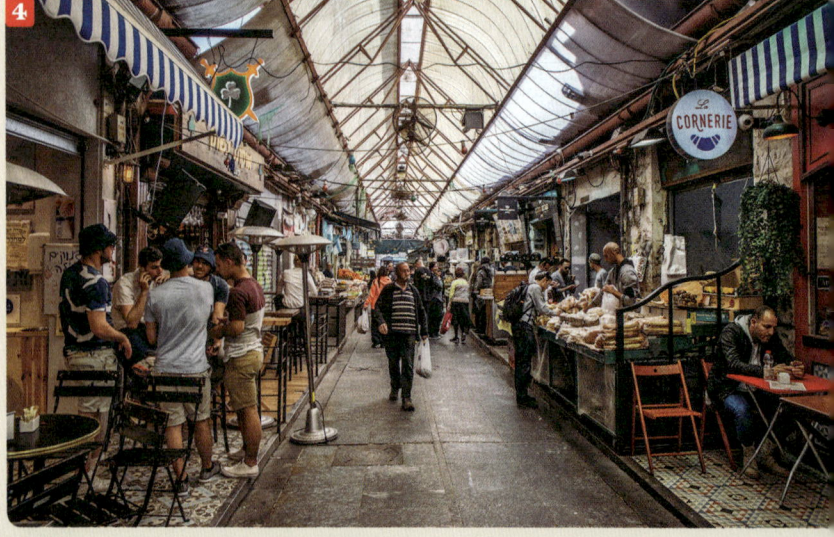

IVOHA / SHUTTERSTOCK ©

KYRYLO GLIVIN / SHUTTERSTOCK ©

1. Mur des Lamentations (p. 67)
Ce mur deux fois millénaire est le lieu de prière le plus sacré du judaïsme.

2. Dôme du Rocher (p. 58)
Ce dôme étincelant abrite le rocher d'où le prophète Mahomet aurait commencé son ascension vers le paradis.

3. Basilique du Saint-Sépulcre (p. 62)
L'un des sanctuaires les plus sacrés de la chrétienté, construit sur ce qui serait le site de la crucifixion, de l'inhumation et de la résurrection de Jésus.

4. Mahane Yehuda (p. 86)
Goûtez aux produits locaux et délices du Moyen-Orient dans ce marché animé.

3

situé à seulement quelques pas de la porte d'Hérode vaut pourtant le détour, tant pour son atmosphère tranquille que son contenu. Les expositions, présentées par ordre chronologique, couvrent la préhistoire jusqu'au Moyen Âge. On peut y voir des linteaux sculptés du XIIe siècle provenant de l'église du Saint-Sépulcre, des sculptures et moulures du VIIIe siècle retrouvées dans le palais d'Hisham près de Jéricho (découvrez l'extraordinaire dôme en stuc provenant du *diwan*, lieu de réunion musulman), ainsi qu'une magnifique maquette en bois de l'église du Saint-Sépulcre incrustée de nacre.

Le musée a été dessiné par l'architecte britannique Austen St Barbe Harrison et construit en 1927 grâce au don de 2 millions de dollars de la famille Rockefeller. Dans sa cour intérieure, des antiquités de l'époque romaine sont disposées autour d'un bassin.

⊙ Centre-ville

Le centre-ville de Jérusalem s'étend au nord-ouest de la vieille ville. Son artère centrale, la rue de Jaffa, part de la place Tzahal pour rallier le quartier du marché Yehuda. Entre la place et le marché, Zion Square (place de Sion) est un lieu de rendez-vous et un point de repère pratique. Ce quartier central est peu encombré par les voitures, et il est très agréable de s'y déplacer à pied.

♥ Marché de Mahane Yehuda   MARCHÉ
(Carte p. 76 ; www.machne.co.il ; Jaffa Rd, centre-ville ; ⊙8h-19h dim-jeu, 9h-15h ven ; 🚇Mahane Yehuda). Tout Jérusalem se rencontre au Mahane Yehuda, visiteurs comme habitants, remplissant leur panier de fruits et légumes. Les étals sont couverts de cylindres de halva (nougat à pâte de sésame), d'olives plus grandes que le pouce, de pâtisseries brillantes aux graines de pavot et de divers autres produits cultivés ou fabriqués dans la région. Le soir venu, le lieu se change en quartier des bars et des restaurants où se mêlent touristes et gastronomes locaux.

Le marché compte deux allées principales, Mahane Yehuda St et Etz Chayim St. La première, la partie en plein air, regroupe bouchers et marchands de légumes, tandis que la seconde, la partie couverte, propose pâtisseries, galettes et jus à profusion.

Un marché se tient ici depuis l'époque ottomane. Pendant le mandat britannique, les tentatives de canaliser le Mahane Yehuda avortèrent, lui permettant de préserver jusqu'à aujourd'hui son caractère dispersé.

Historiquement, les allées étaient nommées en fonction des denrées qui y étaient vendues, mais aujourd'hui on peut acheter du linge de maison à HaAfarsek ("rue de la pêche"), de la viande à HaTut ("rue de la baie") et des fleurs, du café et des confiseries à Ha'Egoz ("rue de la noix").

Le jeudi et le vendredi avant le shabbat, lorsque le marché bat son plein, il faut jouer des coudes pour s'y frayer un chemin.

Ethiopia Street   RUE
Nichée au cœur de l'étroite et verdoyante "rue des Éthiopiens", se dresse l'**église éthiopienne** au dôme recouvert de bronze, érigée entre 1896 et 1904. Son portail est orné du lion de Juda, un emblème qui aurait été offert par Salomon à la reine de Saba lors de sa visite à Jérusalem. Il contient aussi des inscriptions en guèze, ancienne langue éthiopienne encore en usage dans la liturgie. Les visiteurs doivent ôter leurs chaussures avant d'entrer.

En face, se trouve la **maison de Ben Yehuda**, où le grand philologue accomplit la plus grande partie de son travail pour la renaissance de l'hébreu.

En tournant à gauche en sortant d'Ethiopia St, descendez la rue HaNevi'im vers la vieille ville : vous trouverez le **consulat d'Éthiopie**, dont la façade est ornée de mosaïques.

Notre-Dame-de-Jérusalem   ÉDIFICE HISTORIQUE
(www.notredamecenter.org ; 3 Para-troopers Rd ; ⊙14h-18h ; 🚇City Hall). Construit par les assomptionnistes en 1884, cet ancien hospice évoque par certains aspects une forteresse, dont l'imposante silhouette parvient même à dépasser les murs de la vieille ville. Entre 1948 et 1967, au moment de la division de Jérusalem, l'aile sud de l'église servit de poste-frontière et de bunker à l'armée israélienne.

Malgré sa robustesse, les années de conflit ont endommagé les bâtiments. Dans les années 1970, un vaste programme de rénovation fut entrepris et Notre-Dame-de-Jérusalem gère désormais un restaurant et une pension. L'établissement compte aussi un café et accueille une exposition permanente sur le Saint-Suaire (⊙9h30-12h30 et 14h30-18h30).

Mission russe   SITE HISTORIQUE
(Carte p. 88 ; Shivtei Israel St, centre-ville ; ⊙église de la Sainte-Trinité 9h-13h tlj sauf dim avr-sept, 9h-13h lun-ven et 9h-12h sam oct-mars ; 🚇City Hall). Dominé par les dômes verts de la

cathédrale orthodoxe de la Sainte-Trinité, le lotissement fut acquis par l'Église russe orthodoxe en 1860 pour renforcer la présence impériale russe en Terre sainte. La cathédrale et tout un ensemble de bâtiments accueillirent les nombreux pèlerins slaves en Terre sainte jusqu'à la Première Guerre mondiale. La cathédrale occupe le site d'un campement militaire assyrien datant de 700 av. J.-C. En 70, lors de la révolte des Juifs, les légions romaines se rassemblèrent à cet endroit. En face de la cathédrale, le pilier d'Hérode, long de 12 m, devait être intégré à la construction du second Temple, mais la pierre se serait craquelée sous les coups de burin et il fut abandonné ici.

Durant les dernières années du mandat britannique, la mission et ses rues adjacentes firent office de zone administrative fortifiée et furent surnommées "Bevingrad" par les Juifs palestiniens (du nom du détesté Ernest Bevin, ministre des Affaires étrangères britannique). Aujourd'hui, l'enclave russe abrite le poste de police central et un tribunal.

Musée d'Art juif italien   MUSÉE

(Carte p. 88 ; ✆ 02-624-1610 ; ijamuseum.org ; 25 Hillel St, centre-ville ; adulte/enfant 25/15 NIS ; ⊙ 10h-17h dim et mar-mer, 12h-21h jeu, 10h-13h ven ; 🚊 Jaffa Center). Ce musée méconnu a pour pièce maîtresse une synagogue de style baroque, aux étincelantes arches ornementales et feuilles de vignes dorées. Transportée pièce par pièce à travers la Méditerranée depuis Conegliano (Vénétie), son emplacement d'origine, elle fut rebâtie ici en 1951. Le même bâtiment abrite une collection d'objets en lien avec la vie des juifs en Italie, de la Renaissance à nos jours.

Synagogue Ades   SYNAGOGUE

(Carte p. 76 ; angle Be'ersheva St et Shilo St ; ⊙ horaires variables). Érigée par les Juifs d'Alep (Syrie) en 1901, cette synagogue doit son nom à Ovadia et Yosef Ades, les deux frères qui financèrent le projet. Rapidement, l'édifice devint un haut lieu du *hazzanut* (chant liturgique juif) syrien où de nombreux chantres apprirent leur métier. Aujourd'hui, la synagogue maintient en vie la tradition rare du *bakashot*, un cycle de poésie kabbalistique chanté durant les premières heures du shabbat en hiver.

La synagogue s'adresse essentiellement aux fidèles, mais elle est parfois visitée par les touristes. Elle célèbre deux services le matin et un service combiné après-midi/

NAHLA'OT

Créé dans les années 1860, ce quartier situé au sud du marché de Mahane Yehuda est un dédale de ruelles où sont nichés nombre de vieilles synagogues et de *yeshivas* (séminaires religieux juifs), souvent installées derrière de grandes enceintes de pierre. La rue la plus intéressante, **HaGilboa**, renferme des maisons historiques dont chacune porte une plaque décrivant la famille qui l'a construite. Non loin, dans HaCarmel, la belle synagogue Hased ve-Rahamim se reconnaît à ses portes en argent.

---

soir, auquel les visiteurs peuvent assister ; les horaires sont affichés à l'extérieur.

Ticho House (Beit Ticho)   MUSÉE

(Carte p. 76 ; www.imj.org.il/en/wings/arts/ticho-house ; 10 HaRav Agan St ; ⊙ 12h-20h dim-jeu, 10h-22h mar, 10h-14h ven ; 🚊 Jaffa Center). GRATUIT Le docteur Abraham Ticho, un ophtalmologue d'origine autrichienne, acheta cette demeure en pierre du XIXᵉ siècle en 1924. Il y établit une clinique ophtalmologique et sauva des centaines d'Arabes palestiniens de la cécité. À sa mort, son épouse Anna fit don de la propriété, qui abrite désormais un espace d'exposition, branche du musée d'Israël.

On peut y voir le bureau du docteur, ainsi que des lettres et des documents d'un grand intérêt, relatifs à son travail. Ses lampes de cérémonie pour Hanoucca (fête des lumières) et les œuvres picturales de sa femme font aussi partie de la collection.

◉ King David St

Les propriétés les plus convoitées à l'extérieur de la vieille ville se trouvent dans King David St (David HaMelekh), sur un coteau à l'ouest de la porte de Jaffa. Dominée par le **King David Hotel** (p. 102), la zone comprend des parcs, des jardins et des restaurants chics. À **Mamilla**, des rangées d'appartements neufs luxueux – beaucoup appartiennent à des Juifs vivant à l'étranger une grande partie de l'année – donnent sur les remparts de la vieille ville. Parmi les sites importants, notons l'**Hebrew Union College** (Beit Shmuel ; carte p. 88 ; www.beitshmuel.co.il ; 6 Eliyahu Shama St) du mouvement réformiste, en partie conçu par l'architecte Moshe Safdie (qui a aussi mis

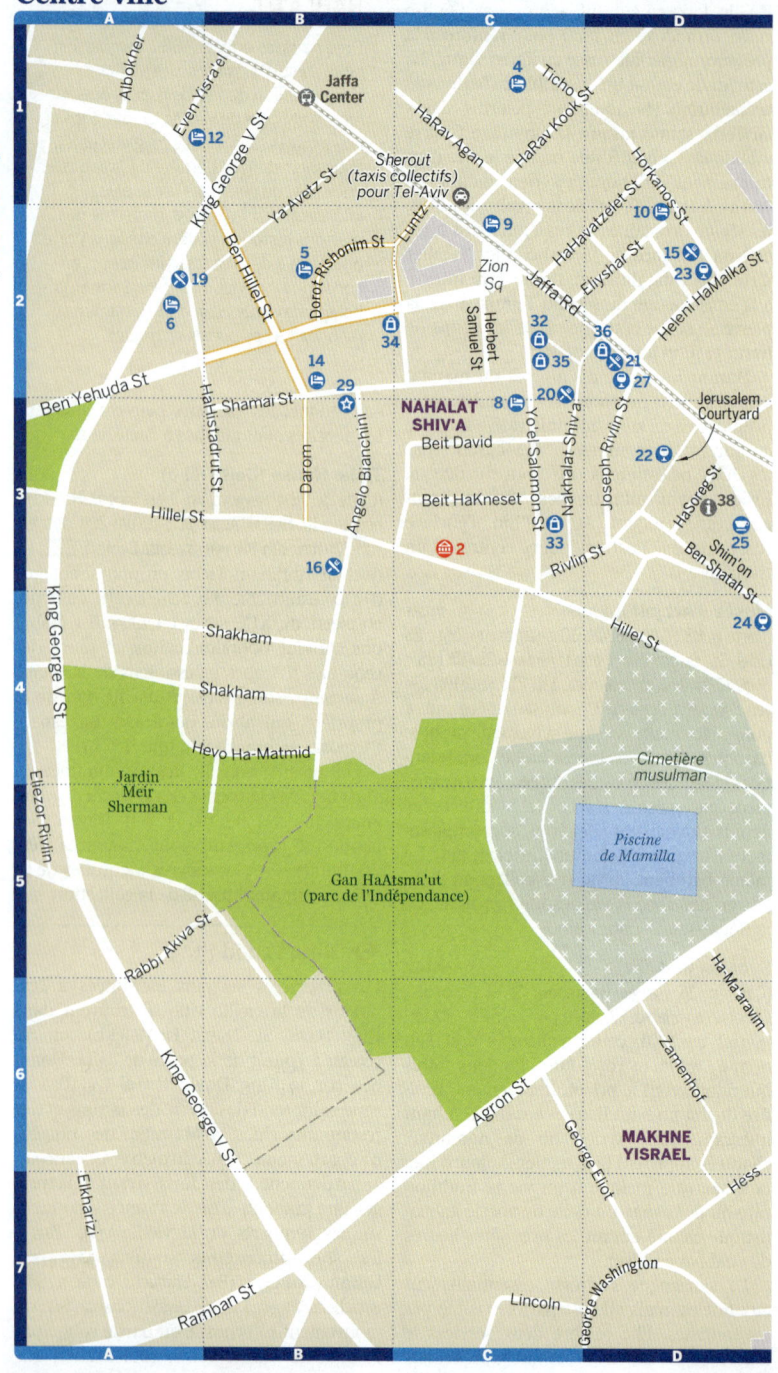

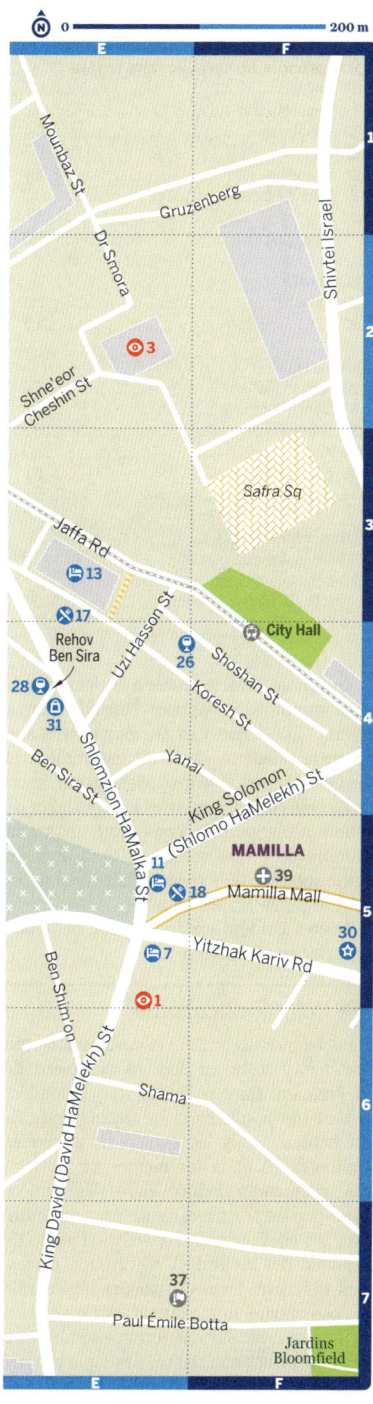

son talent au service du Mamilla Mall et de Yad Vashem), et le **YMCA** (p. 102) dessiné en 1933 par Arthur Loomis Harmon, l'architecte de l'Empire State Building à New York.

Moulin à vent de Montefiore POINT D'INTÉRÊT
(Moulin de Yemin Moshe ; carte p. 76 ; ☎02-625-1258 ; Yemin Moshe ; ☺musée 9h-16h dim-jeu, 9h-13h ven). GRATUIT Datant de 1857, le moulin de sir Moses Montefiore, philanthrope juif anglais qui contribua grandement au développement du quartier Mishkenot Sha'ananim ("résidence tranquille"), fut l'une des premières constructions au-delà des limites sécurisées de la vieille ville.

Le procédé fut abandonné après seulement 18 ans d'utilisation au profit de systèmes fonctionnant à la vapeur ; la partie supérieure du moulin fut démantelée à la fin des années 1940. Un nouveau dôme et des ailes identiques aux originales ont été ajoutés en 2012 (financés par des chrétiens hollandais). Elles tournent aujourd'hui pour le plus grand plaisir des visiteurs et des curieux.

Église Saint-André ÉGLISE
(Carte p. 76 ; ☎02-673-2401 ; www.standrews-jerusalem.org ; 1 David Remez St, Colonie allemande ; ☺église 9h-16h dim-jeu, 9h-13h ven). Petit coin d'Écosse en plein Jérusalem, l'"église écossaise" se dresse tel un château des Highlands. Édifiée en 1927 en mémoire des soldats écossais tombés en Terre sainte pendant la Première Guerre mondiale, elle accueillit des Écossais durant la Seconde Guerre mondiale, mais de nos jours une multitude de nationalités y défilent, notamment pour son excellente pension (p. 101).

Le bâtiment mêle styles oriental et occidental. Remarquez les vitraux de style croisé en verre bleu d'Hébron, la faïence arménienne et le large dôme à la byzantine. Les beaux carreaux de céramique arméniens à l'entrée de la pension et de l'église ont été réalisés par un atelier sur la Via Dolorosa. Sur le sol, une inscription à la mémoire de Robert Ier Bruce, roi d'Écosse, rappelle qu'au moment de sa mort (1329), il demanda à ce que son cœur reposât à Jérusalem. Son contemporain, sir James Douglas, Templier croisé, tenta de respecter la dernière volonté du roi, mais au cours de son voyage, il fut tué lors d'une bataille contre les Maures, en Espagne. Le cœur de Bruce fut retrouvé et apporté à l'abbaye de Melrose, en Écosse.

Centre-ville

◉ Rehavia et Talbiyeh

Établis au début du XXe siècle par de riches Arabes chrétiens (Talbiyeh) et par des intellectuels juifs (Rehavia), ces quartiers résidentiels figurent parmi les plus branchés de la ville. C'est ici que se trouvent les résidences officielles du Premier ministre et du président. La partie supérieure (nordest) de Gaza (Aza) Road – l'ancienne route de Gaza – et la rue Ramban bouillonnent de bars et de cafés.

Ces deux quartiers s'étendent au sud de Bezalel St à l'ouest des rues King George V et Keren HaYesod.

Institut d'Art islamique L. A. Mayer MUSÉE (Carte p. 76 ; ☎ 02-566-1291 ; www.islamicart.co.il ; 2 HaPalmach St, Rehavia ; tarif plein/réduit/enfant 40/30/20 NIS ; ⊙10h-15h lun-mer, 10h-19h jeu, 10h-14h ven-sam ; 🚌13). De superbes trésors du monde islamique sont exposés dans ce musée à la lisière sud de Rehavia. Les verreries du XIe siècle et les céramiques mameloukes sont dignes d'intérêt, de même que les marqueteries et les armes incrustées de bijoux, mais la faïence iranienne leur vole la vedette. Après avoir visité les trois niveaux (environ 1 heure), les thèmes et le développement de l'art islamique n'auront plus de secret pour vous.

Ouvert en 1974, le musée a également une salle multimédia baptisée "Introduction à l'islam". Elle remet l'art islamique dans son contexte religieux, abordant notamment la vie de Mahomet et le mysticisme soufi.

La collection de montres et d'horloges de renommée mondiale comprend un grand nombre de pièces volées en 1983, lors du cambriolage le plus spectaculaire d'Israël, et retrouvées en France en 2008.

Visites guidées en anglais sur demande (appelez au préalable).

◉ Colonie allemande

Dans ce quartier raffiné et cosmopolite, qui commence juste au sud du complexe de la Première Gare (p. 109), vous entendrez autant parler allemand qu'anglais, français ou hébreu. Seuls les caractères gothiques trahissent çà et là les racines de la Colonie allemande, fondée dans les années 1880 par les templiers (à ne pas confondre avec les chevaliers de l'ordre du Temple de l'époque des croisades), un groupe protestant dissident. Dans ce quartier impeccable et cosmopolite, lire le quotidien *Ha'aretz* en sirotant un café sur une terrasse semble être l'activité principale. Le soir, il fait bon y flâner et s'attarder dans ses cafés et restaurants.

Depuis King George V St, dans le centre, les bus n°s 7 et 34 vont jusqu'à Emek Refa'im.

◉ Talpiot

Promenade Haas POINT DE VUE
(Talpiot). La promenade Haas, encadrée de cyprès, domine tout Jérusalem : sa vieille ville, les gratte-ciel qui s'élèvent au-delà et les vallées ondoyantes émaillées de villages au loin. Les sentiers pédestres offrent différents points de vue.

Le paysage est particulièrement beau en fin d'après-midi, lorsqu'il est baigné d'une lumière cuivrée.

Prenez le bus n°78 à la gare routière centrale et descendez à l'angle de Daniel Yanovski et de HaAskan.

◉ Givat Ram et les musées

Le siège du gouvernement israélien et deux musées importants se situent dans le quartier universitaire et administratif de Givat Ram, au sud de la gare routière centrale.

MEA SHEARIM

De la rue Jaffa, longez la rue Strauss vers le nord, et vous arriverez dans un quartier d'immeubles trapus où le linge sèche aux balcons. Dans la rue circulent des hommes barbus, en long manteau noir, et des femmes suivies de nombreux enfants. Kikar Shabbat, l'intersection principale de Mea Shearim, donne l'impression d'avoir remonté le cours du temps pour se retrouver dans un ghetto d'Europe de l'Est des années 1880.

Les immigrants ultraorthodoxes qui s'établirent à Mea Shearim à la fin du XIXe siècle ne changèrent en rien le mode de vie traditionnel qui avait été le leur en Pologne, en Allemagne ou en Hongrie. Ainsi, sous le soleil de plomb de l'été oriental, les femmes gardent leurs longues robes et les hommes leurs chapeaux noirs, parfois garnis de fourrure, et leurs épais manteaux, pendant le shabbat et les jours fériés.

La population de Mea Shearim détient le taux de natalité le plus élevé de Jérusalem. Cette croissance démographique n'est pas étrangère au regain de ferveur religieuse que connaît la ville. Le yiddish est la langue adoptée dans la rue, les ultraorthodoxes réservant l'hébreu, langue sacrée, à la religion. Les journées sont souvent occupées à prier, les affaires passant au second plan (les études religieuses sont généralement financées par des subventions de l'État et le concours des communautés ultraorthodoxes à l'étranger).

Dans les familles les plus conservatrices, les femmes mariées se rasent la tête et couvrent leur crâne chauve d'un foulard ou d'une perruque, en signe de pudeur. Mais cela ne suffit pas à certains fanatiques, et en 2011, des groupes extrémistes tentèrent d'établir une ségrégation en désignant des trottoirs pour les hommes et des trottoirs pour les femmes. La campagne, à laquelle s'opposèrent de nombreux juifs ultraorthodoxes du courant dominant, fut déclarée anticonstitutionnelle par la Cour suprême d'Israël.

Pour circuler dans ce quartier, il convient d'observer une grande sobriété vestimentaire. De grands panneaux indiquent le code vestimentaire recommandé (jupes jusqu'au genou pour les femmes ; épaules couvertes et manches jusqu'aux coudes pour les hommes et les femmes). Les visiteurs sont priés de ne pas prendre les résidents en photo (ce qui leur donne le sentiment d'être une curiosité touristique) et de ne parler ni aux enfants ni aux personnes du sexe opposé. Si vous êtes en couple, ne vous prenez pas par la main, ni par le bras, et surtout ne vous embrassez pas. Vous vous retrouveriez la cible d'insultes ou même de jets de pierre. Au moment où nous rédigeons ces lignes, une série de confrontations avait eu lieu entre la police et la population locale, certaines violentes ; si vous sentez des tensions, restez à l'écart.

Le vendredi est le jour le plus vivant de la semaine, surtout aux alentours du marché où les familles s'approvisionnent en vue du repas du shabbat, et en soirée, lorsque les croyants se promènent après le dîner du shabbat. Pendant le shabbat, ne vous rendez pas en voiture dans ces zones, d'autant que la municipalité y érige des barrières sur les routes, et si vous vous y promenez à pied, ne sortez pas votre téléphone (même pour trouver votre chemin), car cela pourrait provoquer la colère des résidents locaux, pour qui l'utilisation d'appareils électroniques est une violation du shabbat.

Mea Shearim se situe à moins de 15 minutes à pied de la porte de Damas et de l'intersection des rues Jaffa et King George V.

♥ Musée d'Israël
MUSÉE

(☎02-670-8811 ; www.imj.org.il/en ; 11 Ruppin Blvd, Museum Row ; tarif plein/étudiant/5-17 ans 54/39/27 NIS ; ⏱10h-17h sam-lun et mer-jeu, 16h-21h mar, 10h-14h ven ; 🚍7, 9, 14, 32). Plus de 5 000 ans de trésors culturels sont rassemblés dans ce vaste musée intérieur et extérieur. Les statues titanesques exposées dans l'**aile archéologique** sont incontournables, et l'**aile des beaux-arts** met à l'honneur les arts israéliens du XXᵉ siècle, du tissage de tapis à la sculpture. Les novices en culture juive apprécieront la salle **Rhythm of Life**, consacrée aux cérémonies de la naissance, du mariage et de la mort. Joyaux de la collection, les **manuscrits de la mer Morte**, conservés dans un sanctuaire reconnaissable, comptent parmi les plus vieux manuscrits bibliques du monde.

Avant de commencer la visite (comptez au moins une demi-journée), munissez-vous d'un audioguide (compris dans le prix du billet) au centre d'accueil. Si, comme de nombreux visiteurs, vous passez la journée au musée, le restaurant Modern (p. 107) sert un excellent déjeuner. Deux autres cafés (moins cher) sur place.

➡ Sanctuaire du Livre
Le toit de ce pavillon, en forme de couvercle de jarre, représente les récipients qui contenaient les manuscrits de la mer Morte. Plus de 900 manuscrits découverts en 1947 datent, pour les plus anciens, de la révolte de Bar-Kokhba (132-135) et traitent de sujets laïcs et religieux. Ils auraient été écrits par les esséniens, des ascètes juifs qui habitèrent cette région pendant trois siècles. Exposé au centre de l'édifice, le livre d'Isaïe est le plus grand manuscrit (7,3 m) et le mieux préservé (l'exemplaire présenté est une reproduction). L'exposition retrace l'histoire des manuscrits et des esséniens. Certains des documents originaux sont exposés dans le pavillon.

➡ Aile archéologique
Cette collection consacrée à l'archéologie biblique et de la Terre sainte, la plus grande au monde, est organisée de façon chronologique depuis la préhistoire jusqu'à l'Empire ottoman. Dans la première salle, on peut admirer des cercueils en argile à forme humaine datant du XIIIᵉ siècle av. J.-C. et d'autres objets fascinants dont un sol orné de mosaïques du IIIᵉ siècle provenant de Naplouse et dépeignant certains événements de la vie d'Achille. Remarquez également la stèle de la victoire de la Maison de David, le fragment d'une inscription monumentale remontant à l'époque du premier Temple et découvert à Tel Dan (p. 257). Elle comporte la seule référence connue à la dynastie de David qui lui soit contemporaine, en dehors de la Bible.

➡ Aile sur l'art et la culture juifs
Les quatre synagogues complètes, rapportées de l'étranger et reconstruites ici, forment l'attraction principale de cette aile. La synagogue Vittorio Veneto, ornée de dorures et de stuc, remonte au XVIIIᵉ siècle et fut transportée depuis la ville italienne éponyme en 1965. Les autres proviennent de Cochin en Inde, de Paramaribo au Suriname et de Horb am Main en Allemagne. Notez aussi la *soukka* peinte (cabane en bois temporaire dressée pour la fête des moissons de Soukkot) de la famille Deller, qui date du XIXᵉ siècle et fut sortie clandestinement d'Allemagne en 1935. Les salles à l'arrière de l'aile sont consacrées aux vêtements et bijoux juifs.

➡ Aile des beaux-arts
La galerie impressionniste et postimpressionniste est le joyau de cette aile, avec des œuvres de Renoir, Pissarro, Degas, Sisley, Monet et Cézanne entre autres. La partie réservée à l'art moderne expose des œuvres de Schiele, Rothko, Motherwell, Pollock, Modigliani et Bacon. On peut aussi admirer de fantastiques tableaux de Reuven Rubin et Yosef Zaritsky dans le pavillon consacré à l'art israélien.

➡ Jardin des sculptures
Une allée pavée relie le sanctuaire du Livre à ce vaste jardin dessiné par l'artiste et paysagiste japonais Isamu Noguchi orné d'œuvres d'artistes des XIXᵉ, XXᵉ et XXIᵉ siècles comme Rodin, Picasso, LeWitt, Oldenburg, Moore et Serra.

Entrée 10% moins chère avec le billet du musée des Pays de la Bible.

Musée des Pays de la Bible
MUSÉE

(☎02-561-1066 ; www.blmj.org ; 21 Stefan Wise St, Museum Row ; tarif plein/réduit 44/22 NIS ; ⏱9h30-17h30 dim-mar et jeu, 9h30-21h30 mer, 10h-14h ven-sam ; 🚍7, 9, 14, 35, 66). Le musée a été fondé par le Dr Elie Borowski, un universitaire né en Pologne qui combattit les nazis en Allemagne avant de s'établir en Suisse, où il s'illustra comme marchand d'art et d'antiquités. Il créa ce musée afin que l'histoire biblique et celle du Proche-Orient puissent être étudiées, comprises et appréciées par les différentes confessions. L'exposition permanente, constituée de sa collection privée d'art ancien du Proche-Orient, retrace les premières civilisations jusqu'au début de l'ère chrétienne. L'organisation du lieu pouvant être un peu déroutante, mieux vaut utiliser l'audioguide ou suivre la visite guidée gratuite ; à 10h30 (en anglais) et 11h (en hébreu) du dimanche au vendredi, à 17h30 (en anglais) et 18h (en hébreu) le mercredi, et à 11h30 le samedi (en hébreu).

Ne manquez pas la collection égyptienne, comprenant des sarcophages richement décorés et des bijoux vernissés de bleu, les représentations syriennes de la fertilité datant du néolithique et le récipient dont les inscriptions ont permis aux historiens de déchiffrer les écritures cunéiformes.

Entrée gratuite pour les moins de 18 ans les samedi et mercredi après-midi.

Knesset POINT D'INTÉRÊT

(Carte p. 76 ; ☑ 02-675-3337 ; www.knesset.gov.il ; Ruppin Rd, Givat Ram ; Ⓟ ; ☐ 7, 7A, 14, 35). GRATUIT Les 120 députés israéliens siègent dans ce bâtiment de 1966 ressemblant à un parking à étages. Des visites guidées gratuites des salles de réunion, de la chambre plénière, du hall Chagall (orné de trois tapisseries et de quelques mosaïques du célèbre artiste juif français du XXᵉ siècle), ainsi qu'une exposition sur la Déclaration d'Indépendance. L'édifice fait partie du Kiryat Ben-Gurion, la cité gouvernementale.

Les visites ont lieu le dimanche et le jeudi (en hébreu, arabe, anglais et français notamment). Vérifiez les horaires sur le site Internet. Des circuits pour enfants autour

JÉRUSALEM À VOIR

CODE VESTIMENTAIRE ULTRAORTHODOXE

Porter des vêtements "décents" (couvrants) constitue un élément central de la vie des haredim, que l'on appelle couramment les juifs "ultraorthodoxes" (certains préfèrent l'expression "orthodoxes traditionnels"). Les femmes portent donc des jupes ou robes longues (jamais de pantalons) et des chemises ou blouses à manches longues. Les hommes s'habillent généralement de costumes noirs et de chemises blanches sans cravate. Les femmes haredim se couvrent la tête d'une perruque ou d'un foulard. Tous les hommes portent un type de couvre-chef, parmi lesquels :

La **kippa** (*yarmulke* en yiddish). Portée par tous les juifs dans les synagogues et les lieux saints, et à tout moment par la plupart des hommes religieux, la kippa rappelle que Dieu est constamment au-dessus de celui qui la porte. Les orthodoxes modernes et les sionistes religieux portent des kippas en tricot ou au crochet, tandis que celles des haredim sont plutôt en velours ou en tissu noirs, souvent sous un chapeau, bien que certains groupes, comme les Breslevers (un courant hassidique), les préfèrent blanches. Ces dernières décennies, certaines femmes membres des mouvements réformiste et conservateur ont commencé à porter la kippa.

Le **schtreimel**. Ce chapeau à large bord recouvert de fourrure, qui serait d'origine tartare, est porté pendant le shabbat et les jours fériés par les Juifs hassidiques mariés et les "Yeroushalmi" (appartenant à une ancienne communauté ashkénaze de la ville). Les *schtreimels* traditionnels ornés de fourrure de renard ou de marte peuvent coûter plusieurs milliers de dollars, c'est pourquoi leurs propriétaires les protègent parfois de la pluie avec d'immenses capuches en plastique.

Le **spodik**. Autre chapeau de fourrure porté par certains haredim pendant le shabbat et les fêtes juives, également originaire d'Europe de l'Est, mais plus haut et plus étroit que le *shtreimel*.

Le **fedora**. Hommes et garçons haredim portent des chapeaux noirs en semaine. Il s'agit souvent d'un fedora à large bord orné de fourrure de lapin, ou d'un chapeau rond à large bord.

La panoplie vestimentaire religieuse comprend également le **talit katan**, une chemise de corps à quatre coins comportant des franges nouées appelées *tsitsit* (le seul élément visible de l'extérieur). Les nœuds sont attachés conformément au Talmud et certains sont teints d'un bleu spécial appelé *t'chelet* (Nombres XV, 38).

De nombreux hommes hasidim et yéménites traditionnels portent des mèches bouclées, ou **payot** (*peyes* en yiddish), en respect d'une interprétation de la Bible qui interdirait de se raser les "côtés" (*payot*) du visage (Lévitique XIX, 27). D'après la Mishna, cela ne s'applique qu'aux hommes.

des coutumes et symboles juifs ont lieu le dimanche ; renseignez-vous à l'avance. Il est également possible d'assister aux assemblées plénières depuis la galerie publique les lundi et mardi à partir de 16h, et le mercredi dès 11h.

Munissez-vous de votre passeport et portez des vêtements décents (pas de shorts, débardeurs, vêtements portant des slogans politiques ni de tongs). Attendez-vous à un rapide interrogatoire, même si vous ne faites que passer devant le site.

Près de l'arrêt du bus, en face de la Knesset, trône une menora en bronze géante, don du Parti travailliste britannique à l'État d'Israël. Elle est ornée de panneaux représentant les personnages et les événements majeurs de l'histoire juive.

Monastère de la Croix   MONASTÈRE
(Carte p. 76 ; ☑ 054-520-2281 ; 15 NIS ; ⏰ 10h-16h lun-sam oct-mars, 10h-18h avr-sept ; 🚌 15). Les origines de ce monastère fortifié sont entourées de mystère. On pense que le bois utilisé pour la fabrication de la croix de Jésus provenait de cette vallée, ce qui expliquerait la fondation au IVᵉ siècle du monastère d'origine, que certains historiens associent à l'impératrice Hélène, mère de Constantin le Grand. Le bâtiment actuel fut construit au XIᵉ siècle sur ordre du roi Bagrat Iᵉʳ de Géorgie. L'intérieur contient des fresques du XVIIᵉ siècle, des fragments d'un sol en mosaïque du VIᵉ siècle dans la chapelle et un petit musée.

⦿ Har Hazikaron

À l'extrémité ouest de la ville, entre des rangées d'immeubles d'habitation et la forêt de Jérusalem, se dresse le quartier de Har Hazikaron (mont du Souvenir) avec ses pentes boisées et sa vue imprenable. On y trouve le mont Herzl, un cimetière militaire et Yad Vashem, le principal mémorial israélien aux victimes de l'Holocauste.

♥ Yad Vashem   MÉMORIAL
(☑ infos 02-644-3749, réservations 02-644-3802 ; www.yadvashem.org/fr ; Hazikaron St, Har Hazikaron ; ⏰ 9h-17h dim-mer, 9h-20h jeu, 9h-14h ven ; 🚇 Mt Herzl). GRATUIT Poignant et édifiant, le mémorial officiel d'Israël en l'honneur des six millions de juifs assassinés par les nazis est aussi un chef-d'œuvre architectural. Son nom, tiré du livre d'Isaïe LVI, 5, signifie "un mémorial et un nom".

En plus de commémorer les noms des victimes identifiées, Yad Vashem s'attache, à travers son centre de recherche, à retrouver le nom de celles tombées dans l'oubli faute de proches survivants.

Prévoyez au moins 3 heures pour faire le tour de ce site de 18 ha.

OFFICES RELIGIEUX À JÉRUSALEM

Vivez une expérience spirituelle à Jérusalem en assistant à un office du shabbat, aux prières du vendredi ou à une messe à l'église un dimanche matin. Une tenue décente est de rigueur.

Le service du shabbat a généralement lieu le vendredi soir, peu après l'allumage des bougies (36 min avant le coucher du soleil) et le samedi matin entre 8h30 et 9h30 (les synagogues séfarades et surtout yéménites commencent parfois plus tôt). Tous les quartiers juifs possèdent différentes synagogues, la plupart orthodoxes ou ultra-orthodoxes. Nahla'ot est réputé pour la diversité de ses nombreuses maisons de prière minuscules, dont une respecte les traditions d'Alep (Syrie).

Voici quelques synagogues non orthodoxes à Jérusalem :

Har El (www.kharel.org.il). Première synagogue réformiste d'Israël, fondée en 1958.

Kol HaNeshama (www.kolhaneshama.org.il). Importante congrégation réformiste de Jérusalem.

Moreshet Yisrael (www.moreshetyisrael.org). Conservatrice/Massorti.

Shira Hadasha (www.shirahadasha.org.il). Communauté orthodoxe féministe.

Pour connaître les horaires des **offices des églises**, consultez le site du Christian information centre (www.cicts.org) dans la rubrique "Masses and Services".

Les musulmans pourront participer à la prière du vendredi dans la mosquée al-Aqsa (p. 58), à condition qu'aucune restriction de sécurité ne soit en place. Vérifiez auprès de l'office du tourisme (p. 112) de la porte de Jaffa.

La pièce maîtresse du musée est le **musée d'Histoire de l'Holocauste** en forme de prisme, situé à l'étage inférieur, et comportant neuf galeries souterraines retraçant l'histoire de la Shoah. La forme triangulaire du bâtiment évoque la moitié inférieure d'une étoile de David, de manière à rappeler que près de la moitié de la population juive mondiale a disparu au cours de la Shoah. L'histoire est présentée par ordre chronologique et par thématique au travers d'objets, films, témoignages vidéo, photographies et installations artistiques. Les visiteurs sortent progressivement de l'obscurité pour atteindre une terrasse donnant sur la forêt de Jérusalem.

Dans la **salle des Noms**, les photos des victimes couvrent l'intérieur de la coupole et leurs noms remplissent les livres disposés tout autour. Le trou dans le sol symbolise les victimes dont le nom est tombé à jamais dans l'oubli car, leurs familles ou leurs amis ayant été exterminés, personne ne pourra plus les commémorer ou prononcer un kaddish (prière juive) en leur honneur.

Près de la sortie du musée, un bâtiment séparé abrite le **musée d'Art de la Shoah**, une collection d'œuvres réalisées dans les camps et les ghettos. Non loin se trouvent le **pavillon des Expositions**, qui accueille des expositions temporaires, et une **synagogue** décorée d'objets issus de synagogues européennes détruites, où les visiteurs peuvent se recueillir.

Dans la **crypte du Souvenir**, au rez-de-chaussée, une flamme éternelle brûle près d'une crypte qui contient les cendres de victimes des camps. Sur le sol sont inscrits les noms de 22 des plus tristement célèbres camps de concentration et d'extermination. Derrière l'ensemble, on trouve plusieurs autres mémoriaux parmi lesquels le **mémorial du Wagon à bestiaux**, l'un des wagons utilisés pour déporter les Juifs, et le **jardin des Justes parmi les Nations**, en commémoration des milliers de non-Juifs qui sauvèrent la vie des Juifs au péril de la leur.

Près du centre d'accueil des visiteurs, le **mémorial des Enfants**, autre œuvre poignante de Moshe Safdie est dédié au 1,5 million d'enfants juifs tués pendant l'Holocauste. Dans le soubassement, le sombre mémorial souterrain contient une flamme reflétée à l'infini par des centaines de miroirs. Des voix enregistrées récitent le nom des jeunes victimes. Soyez prudent à votre arrivée, car vos yeux devront se faire à l'obscurité. À proximité, la **place du ghetto de Varsovie** comprend un imposant monument de brique rouge en hommage à la résistance acharnée des combattants lors du soulèvement du ghetto de Varsovie en 1943.

L'arrêt Mt Herzl du tramway est tout proche ; comptez 15 minutes depuis l'Hôtel de ville. En descendant du tramway, traversez la rue vers la forêt et remontez à pied la rue Hazikaron pendant 10 minutes. Vous pouvez aussi attendre la navette gratuite qui opère toutes les 20 minutes.

Notez que le jeudi, bon nombre de mémoriaux ferment à 17h (le musée d'Histoire de l'Holocauste, le musée d'Art de la Shoah, le pavillon des Expositions et la synagogue restent ouverts jusqu'à 20h). L'accès au musée d'Histoire de l'Holocauste n'est pas autorisé aux moins de 10 ans.

Musée Herzl

MUSÉE

(☑ 02-632-1515 ; www.herzl.org.il ; Herzl Blvd, Har Hazikaron ; tarif plein/réduit 25/20 NIS ; ⊘ 8h30-17h dim-mer, 8h30-19h jeu, 8h30-12h15 ven ; 🚇 Mt Herzl). Ce musée retrace l'histoire du rêve sioniste et propose un voyage multimédia dans la vie de Theodor Herzl (1860-1904), père du sionisme moderne. La visite guidée d'une heure, en plusieurs langues, se fait uniquement sur réservation.

L'histoire de Herzl, retracée par le musée, débuta à Paris, où il travaillait comme correspondant d'un journal viennois. Après avoir été témoin de violences antisémites lors de l'affaire Dreyfus en 1894, il consacra sa vie à militer pour la création d'un État juif, où les Juifs seraient préservés d'une telle haine. En 1897, il organisa le premier congrès sioniste mondial, à Bâle, en Suisse. Il poursuivit sa lutte jusqu'à sa mort en 1904.

Sa tombe, un simple bloc noir sur lequel est gravé son nom, occupe une petite butte à l'ouest du musée. À côté se trouvent les tombes de plusieurs présidents et Premiers ministres israéliens, dont Golda Meir et Yitzhak Rabin.

Une courte marche vers le nord vous mènera au cimetière militaire. Sinon, en continuant vers l'ouest par un chemin, vous arriverez à Yad Vashem.

◉ Ein Kerem

Niché dans une vallée à la périphérie ouest de la ville, Ein Kerem est un ancien village arabe aux maisons de pierre, entouré de cèdres du Liban et de pins. En 1948, pendant le conflit israélo-arabe, les résidents arabes durent abandonner leurs maisons qui furent occupées plus tard par des immigrants marocains et roumains. Une population d'artistes et d'étudiants insuffle aujourd'hui une nouvelle énergie à la communauté.

Au milieu du VIᵉ siècle, les pèlerins chrétiens identifièrent Ein Kerem comme le village d'Élisabeth, la mère de Jean-Baptiste, et bâtirent des sanctuaires et des églises sur les sites sacrés. On y trouve ainsi plusieurs églises majeures liées à Jean-Baptiste. Des vitraux de Marc Chagall sont présents non loin du centre.

Le bus n°28 dessert le village depuis la gare routière centrale ou le Mt Herzl.

Église Saint-Jean-Baptiste ÉGLISE
(☎02-632-3000 ; Ein Kerem ; ◷8h-11h45 et 14h30-17h45 lun-sam, 9h-11h45 et 14h30-17h45 dim été, 8h-11h45 et 14h30-16h45 lun-sam, 9h-11h45 et 14h30-16h45 dim hiver). Propriété des Franciscains, cette église construite à la demande de la monarchie espagnole au milieu du XIXᵉ siècle évoque le style européen de cette époque, avec son intérieur carrelé bleu et blanc, ses murs ornés de peintures d'artistes espagnols et les armoiries royales au-dessus du porche. Vers le devant de l'église, une petite grotte aurait vu naître Jean le Baptiste (Luc I, 5-25, 57-80). Un petit cercle sous l'autel indique l'endroit de sa naissance.

L'église est située dans une rue à l'est de l'artère principale d'Ein Kerem ; son clocher vous guidera.

Église de la Visitation ÉGLISE
(☎02-641-7291 ; Ein Kerem ; ◷8h-11h45 et 14h30-17h oct-mars, 8h-11h45 et 14h30-18h avr-sept). Cette église moderne franciscaine est édifiée sur ce qui aurait été le foyer de Zacharie et d'Élisabeth, parents de Jean-Baptiste. Son nom évoque la visite de Marie à sa cousine Élisabeth (Luc I, 39-49) lorsque celles-ci étaient enceintes. Les mots qu'aurait alors prononcés Marie (premiers mots du Magnificat) – "Mon âme exalte le Seigneur" (Luc I, 46-56) – sont inscrits sur les murs de l'église en plus de 40 langues.

Depuis la principale intersection d'Ein Kerem, empruntez à pied la route étroite qui mène vers le sud et vous verrez l'église sur la gauche après 10 minutes de marche.

Vitraux de Chagall SYNAGOGUE
(☎02-677-6271 ; www.hadassah-med.com ; Ein-Kerem ; ◷8h-13h et 14h-15h30 dim-jeu). GRATUIT L'artiste moderniste Marc Chagall réalisa 12 vitraux pour la synagogue du Hadassah Medical Centre Ein Kerem (à ne pas confondre avec son homonyme du mont Scopus, à l'autre bout de la ville), un don d'amour et de paix pour le peuple juif. Ces images oniriques représentent les 12 tribus d'Israël mentionnées dans la Genèse (XXXXIX) et le Deutéronome (XXXIII).

Prenez le tramway à la gare routière centrale direction ouest et descendez au dernier arrêt (Mt Herzl). De là, le bus n°27 vous emmènera à l'hôpital.

 Cours

Ulpan Or COURS DE LANGUE
(☎3-915-5651 ; www.ulpanor.com ; 3 Yad Harutzim St. Beit Yair Bldg, 3ᵉ niveau). Cette ulpan (école d'hébreu) vous promet qu'après un cours particulier d'une heure et demie autour d'un café (149 $US), vous pourrez tenir une conversation simple en hébreu.

Ulpan Beit Ha'Am COURS DE LANGUE
(Carte p. 76 ; ☎02-545-6891, 02-624-0034 ; ulpanbeithaam@gmail.com; Centre Gerard Behar, 11 Betsal'el St, centre-ville ; 2/3/5 jours par semaine 394/613/920 NIS par mois ; ◷8h-12h30 dim-jeu). Programme en centre-ville géré par la municipalité, qui accepte des inscriptions à tout moment pour ses cours d'hébreu.

Hebrew University Ulpan COURS DE LANGUE
(☎02-588-2603 ; overseas.huji.ac.il/hebprograms ; Rothberg International School, Boyar Bldg, université hébraïque de Jérusalem, mont Scopus ; 1 730-2 385 $US). Cours d'été intensifs d'hébreu (fin juin à fin septembre, jusqu'à 11 semaines). L'approche est plus académique que dans les ulpanim non universitaires. Hébergement non compris.

Ulpan Etzion COURS DE LANGUE
(☎02-636-7310, 02-636-7326 ; www.jewishagency.org/ulpanetzionjerusalem ; General Pierre Koenig St ; 7 200 NIS/pers). La première ulpan d'Israël, fondée en 1949. Les 22-35 ans peuvent y obtenir des diplômes universitaires d'hébreu dans une ambiance conviviale. Les semestres de cinq mois commencent en janvier et en juillet. Les frais comprennent repas et chambres partagées.

Al Quds Centre for Jerusalem Studies COURS DE LANGUE
(Carte p. 52 ; ☎02-628-7517 ; www.jerusalem-studies.alquds.edu ; quartier musulman, vieille ville). Les cours ont lieu dans les locaux de l'université Al Quds dans la vieille ville. Cours de 60 et 75 heures (495-860 $) d'arabe dialectal et d'arabe standard moderne pour débutants, niveaux intermédiaire et avancé.

☞ Circuits organisés

Le site Internet de la ville propose gratuitement plans et applications pour 15 circuits pédestres audioguidés dans la vieille ville (www.itraveljerusalem.com/trs/old-city-self-guided-audio-tours). Cinq circuits dans le quartier juif sont accessibles en fauteuil roulant. Les circuits sont en anglais, russe et hébreu, disponibles pour iOS et Android.

Les guides touristiques qui proposent leurs services devant la porte de Jaffa n'ont souvent pas de licence (certains assurent vous donner accès gratuitement à divers monuments, mais ne vous emmènent que sur des sites gratuits !). Adressez-vous plutôt à l'office du tourisme ou à un tour-opérateur fiable comme Abraham Tours (www.abrahamtours.com ; affilié à l'Abraham Hostel, p. 100) ou Green Olive Tours.

❤ Sandemans New Jerusalem Tours À PIED
(www.newjerusalemtours.com ; ⊙ 8h45, 11h et 14h). GRATUIT Parfaite introduction à la vieille ville de Jérusalem, ces circuits gratuits, bien organisés et encadrés par des guides aux connaissances impressionnantes, ont lieu 3 fois par semaine. Il n'est généralement pas nécessaire de réserver (sauf en haute saison). Pourboires appréciés (l'idéal : 50 NIS/personne). La plupart des circuits partent de la porte de Jaffa (p. 59) ; repérez les guides en T-shirt rouge.

Green Olive Tours À PIED
(☎ 03-721-9540 ; www.greenolivetours.com). Cette agence arabo-israélienne réputée propose une visite à pied de la vieille ville (3 heures, 165 NIS) chaque jour, une promenade à pied et en tramway dans Jérusalem-Ouest comprenant Yad Vashem (260 NIS) 2 fois par semaine, une balade hebdomadaire dans Jérusalem-Est (3 heures, 140 NIS) et des excursions en Cisjordanie, dont un Banksy Tour à Bethléem et la visite d'Hébron.

Free Saturday Tours À PIED
(☎ 050-593-1450 ; www.itraveljerusalem.com/free-saturday-tours ; ⊙ 10h-13h sam). GRATUIT Organisés par la ville au départ de la place Safra (26 Jaffa Rd), près des palmiers, ces circuits gratuits de 3 heures, généralement en anglais, explorent un quartier différent chaque semaine.

City Tour Jerusalem À PIED
(☎ 054-930-1499 ; www.citytourjerusalem.com ; à partir de 100 $US). Visites guidées de la vieille ville de Jérusalem, du marché de Mahane Yehuda (p. 86), de la cité de David (p. 75) et du musée d'Israël (p. 92).

✺ Fêtes et festivals

Festival d'Israël ARTS VIVANTS
(israel-festival.org ; ⊙ fin mai à mi-juin). Trois semaines de spectacles (musique, danse et théâtre) donnés par des artistes israéliens et internationaux lors de ce festival renommé fondé en 1961.

Festival du film de Jérusalem FILM
(www.jff.org.il ; ⊙ mi-juil). L'un des plus importants festivals de cinéma du Moyen-Orient. Projections en salles et en plein air au mois de juillet.

Festival de musique sacrée de Jérusalem MUSIQUE
(en.mekudeshet.com ; ⊙ fin sept). Quatre jours durant, ce grand événement festif réunit des artistes du monde entier autour du thème de la paix religieuse. Le festival propose également une nuit entière de représentations musicales à la citadelle.

❤ Lights in Jerusalem ART
(www.lights-in-jerusalem.com ; ⊙ fin juin à mi-juil). Projections vidéo géantes et installations lumineuses en 3D parent de couleurs féériques les rues, les monuments et les remparts de la vieille ville.

Balabasta CUISINE ET BOISSONS
(⊙ diverses dates en juil). L'activité du Mahane Yehuda (p. 86), déjà importante en temps normal, s'intensifie pendant Balabasta (dégustations gratuites, DJ, jeux culinaires et circuits gastronomiques), et ses cafés et étals restent ouverts jusque tard le soir. Demandez les dates exactes à l'office du tourisme (p. 112).

Festival du vin de Jérusalem VIN
(www.imj.org.il ; ⊙ fin août-début sept). Ce festival organisé pendant quatre soirs dans le jardin du musée d'Israël (p. 92) est probablement le plus important événement vinicole du pays. De petits vignobles se joignent aux grands noms internationaux pour présenter leurs produits lors de soirées de dégustation chics, où le vin s'accompagne de fromage, d'olives et de sushis.

Festival d'opéra de Jérusalem MUSIQUE
(jerusalem-opera.com/fr ; ⊙ fin juin). Des spectacles d'opéra ont lieu dans de superbes décors extérieurs pendant ce festival très réputé. Réservez.

Festival international d'oud de Jérusalem
MUSIQUE

(www.confederationhouse.org ; ⊘nov). Des joueurs d'oud (instrument à cordes moyen-oriental traditionnel) d'Israël et d'ailleurs se produisent pendant 10 jours dans diverses salles de la ville à l'occasion de ce festival d'hiver organisé par la Confederation House, un centre pour la musique et la poésie ethniques.

Festival de la bière de Jérusalem
BIÈRE

(www.jerusalembeer.com ; tickets à partir de 40 NIS ; ⊘août). En août, plus de 120 bières locales et étrangères coulent à flots à Gan HaAtsma'ut (parc de l'Indépendance).

🛏 Où se loger

Le centre-ville et la vieille ville offrent le plus grand choix, mais les bonnes adresses de catégorie moyenne restent rares. Si la vieille ville présente plus de charme, le centre-ville a pour lui la proximité des restaurants, bars, cafés et transports en commun.

Les prix fluctuent considérablement en fonction des saisons et des troubles politiques. Les prix de la saison haute s'appliquent généralement d'avril à juin et de septembre à octobre, ainsi qu'à Pâques, Noël et au Nouvel An.

🛏 Vieille ville

La vieille ville compte de nombreux hôtels d'entrée de gamme et de catégorie supérieure, mais peu d'adresses intermédiaires de qualité. Si vous arrivez à Jérusalem en taxi ou en *sherout* (taxi partagé) et que vous logez dans la vieille ville, vous serez déposé à l'une des portes et devrez marcher jusqu'à votre hôtel. Si vous avez une voiture, évitez de séjourner dans la vieille ville. Dans le quartier musulman, l'appel à la prière peut perturber le sommeil ; prévoyez des bouchons d'oreille.

Citadel Youth Hostel
AUBERGE DE JEUNESSE $

(Carte p. 52 ; ☑02-628-5253 ; www.citadelyouthhostel.com ; 20 St Mark's Rd, quartier arménien ; matelas sur le toit 50 NIS, dort 63 NIS, d 207 NIS, s/d avec sdb commune 123/177 NIS ; @☎). Un potentiel largement inexploité : certaines parties du bâtiment, situé à deux pas des marchés, datent d'il y a 700 ans et les pièces ne manquent pas de charme, mais les lits sont fatigués et les salles de bains mal entretenues.

Golden Gate Inn
PENSION $

(Carte p. 52 ; ☑02-628-4317 ; www.goldengate4.com ; 10 Souq Khan Al-Zeit St, quartier musulman ; ch à partir de 250 NIS ; ☎). Cette pension familiale, dans un bâtiment de caractère ayant pris différentes formes depuis 1155, laisse certes à désirer – les salles de bains des chambres doubles et familiales sont attaquées par la rouille et les ventilateurs de plafond inefficaces – mais les prix sont bas, le toit-terrasse a une jolie vue et l'emplacement est excellent, en plein souk, près de la porte de Damas. Wi-Fi uniquement dans le hall. Alcool interdit.

♥ Austrian Hospice
PENSION $$

(Carte p. 52 ; ☑02-626-5800 ; www.austrianhospice.com ; 37 Via Dolorosa, quartier musulman ; dort/s/d/tr 32/97/140/198 € ; @☎). En passant les portes de ce complexe sécurisé, on découvre un véritable joyau, un hospice de 1863 aux allures de château, dont les jardins, arches et murs respirent l'histoire. Grandes chambres meublées simplement, mais avec de bons lits. Dortoirs non mixtes au sous-sol et impeccables salles de bains communes. Supplément de 7 € pour les séjours d'une nuit. Demi-pension 16 € par personne.

À l'angle d'El Wad Rd et de la Via Dolorosa. Sonnez pour entrer (la réception est ouverte de 7h à 23h).

Hashimi Hotel
HÔTEL $$

(Carte p. 52 ; ☑02-628-4410 ; www.hashimihotel.com ; 73 Souq Khan Al Zeit St, quartier musulman ; s/d/tr à partir de 80/110/280 $US ; @☎). Oasis au cœur de la vieille ville, ce bâtiment quatre fois centenaire abrite des chambres aux motifs floraux, baignées de lumière (demandez une chambre d'angle avec vue). Quelques règles s'appliquent (pas d'alcool, ni de couple non marié dans la même chambre), mais elles sont vite oubliées une fois sur le toit-terrasse à siroter un thé à la menthe devant la vue exceptionnelle sur le dôme du Rocher.

Lutheran Guest House
PENSION $$

(Carte p. 52 ; ☑02-626-6888 ; www.luth-guesthouse-jerusalem.com ; St Mark's Rd, quartier arménien ; s/d/tr/qua à partir de 71/109/142/185 € ; ☎). La lourde porte en acier cache un jardin intérieur et un toit-terrasse avec salon de lecture, bâti sur des fondations du milieu du XIXᵉ siècle. Les chambres, variées, sont meublées simplement mais confortables. Généreux petit-déjeuner buffet. Depuis la porte de Jaffa, descendez David St puis prenez la première à droite en haut d'un escalier étroit ; la pension est à 100 m à gauche. Déjeuner ou dîner moyennant un supplément de 18 €. Adresse prisée : réservez.

New Imperial Hotel HÔTEL **$$**
(Carte p. 52 ; ☎02-628-2261 ; angle Demetrius Hakadosh et Omar el-Hatab St, vieille ville ; s/d/qua à partir de 75/140/240 $US ; ☎). La façade délicieusement défraîchie du New Imperial, à quelques pas de la porte de Jaffa, date des années 1880. Les parties communes, dont la réception et la salle de petit-déjeuner, rassemblent une collection de curiosités islamiques. La qualité des chambres est variable : certaines ont été soigneusement rénovées, d'autres sont exiguës (avec des lits dans un espace mansardé au-dessus de la salle de bains).

Christ Church Guesthouse PENSION **$$$**
(Carte p. 52 ; ☎02-627-7727 ; www.cmj-israel.org ; Omar Ibn Al Khattab Sq, vieille ville ; s/lits jum/ste/qua 430/645/710/985 NIS ; ℗@☎). Pension fort bien tenue se distinguant par son atmosphère d'époque, son personnel polyglotte, son emplacement de choix et son jardin. Chambres meublées simplement, avec sol en pierre, plafond voûté et lits confortables. Thé et café (gratuit) dans les salons.

Intégrée à Christ Church (p. 66), la première église protestante du Moyen-Orient, la pension est principalement fréquentée par les pèlerins venus assister au culte ou se recueillir. Le café (p. 104), en revanche, sert de point de rencontre aux touristes de tous genres.

🛏 Jérusalem-Est

Un certain nombre d'éléments sont à prendre en compte si l'on séjourne dans ce quartier essentiellement palestinien qui s'étend à l'est de la porte de Damas, considéré comme un territoire occupé : de nombreux taxis refuseront de vous y emmener, les rues y sont moins bien entretenues que dans Jérusalem-Ouest et l'on vous déconseillera souvent de vous y promener après la tombée de la nuit. Cependant, le quartier offre un bon choix d'hôtels arabes et multinationaux, de catégories moyenne (comme l'agréable Legacy Hotel) et supérieure (comme le célèbre American Colony Hotel).

💙 **American Colony Hotel** HÔTEL HISTORIQUE **$$$**
(Carte p. 76 ; ☎02-627-9777 ; www.americancolony.com ; 1 Louis Vincent St ; s à partir de 320 $US, d 320-550 $US, ste 675-875 $US ; ℗@☎☀). Ce luxueux complexe aménagé autour d'un

---

JÉRUSALEM AVEC DES ENFANTS

Parc zoologique Tisch (Zoo biblique de Jérusalem ; ☎02-675-0111 ; www.jerusalemzoo.org.il ; 1 Derech Aharon Shulov, Malha ; adulte/enfant 55/42 NIS ; ☉9h-19h dim-jeu, 9h-16h30 ven, 10h-18h sam ; ℗ ; 🚌26). Un lieu apprécié des petits comme des grands. On y montre en particulier les espèces mentionnées dans la Bible, installées autour d'un joli lac artificiel.

Musée des Sciences Bloomfield (☎02-654-4888 ; www.mada.org.il ; université hébraïque de Jérusalem, Ruppin Rd, Museum Row ; tarif plein/-5 ans 49 NIS/gratuit ; ☉10h-18h lun-jeu, 10h-14h ven ; 🚏 ; 🚌9, 14). Des salles aux miroirs et une multitude de jeux sur le thème de la science (avec catégories d'âge suggérées). Aire de jeux et en-cas à l'arrière.

Time Elevator (carte p. 88 ; ☎02-624-8381 ; www.time-elevator-jerusalem.co.il ; 6 Yitzhak Kariv Rd, centre-ville ; 54 NIS, réservation par Internet 46 NIS ; ☉10h-17h dim-jeu, 10h-14h ven, 12h-18h sam ; 🚏 ; 🚌City Hall). Une expérience cinématographique interactive pour les plus de cinq ans, avec écrans panoramiques et effets spéciaux synchronisés avec l'action du film. Réservez.

Cité de David (p. 75). Les enfants assez grands peuvent parcourir le sinistre tunnel rempli d'eau d'Ézéchias (le niveau de l'eau est d'environ 70 cm).

Musée d'Israël (p. 92). Grands enfants et adolescents peuvent apprécier les innombrables jouets anciens et œuvres de très jeunes artistes dans l'aile jeunesse.

Smart Tour (carte p. 76 ; ☎02-561-8056 ; smart-tour.co.il ; 4 David Remez St, Première Gare ; vélo électrique 199 NIS/jour ; ☉9h-18h dim-jeu, 9h-12h30 ven). Découvrir Jérusalem est bien plus amusant sur un gyropode ou un vélo électrique ! Ce tour-opérateur propose des circuits guidés adaptés aux familles.

bâtiment du milieu du XIXᵉ siècle est l'adresse des VIP à Jérusalem-Est. L'établissement a conservé une grande partie de son charme historique (mobilier incrusté de nacre, faïences travaillées), mais la dose parfaite de modernité a été apportée aux chambres. Les chambres standards sont de style classique (lit en bois dur, rideaux flottants). Certaines suites ont de grandes fenêtres cintrées et des lits à baldaquin.

National Hotel
HÔTEL $$$

(Carte p. 76 ; ☎02-627-8880 ; www.national-hotel-jerusalem.com ; As Zahra St ; s/d/tr/f 125/185/250/300 $US ; P ☎ ; Shivtei Israel). Ce qui fut une pension de 2 chambres en 1948 est devenu un prestigieux hôtel de 121 chambres (élégants lits bleu marine et blanc, coffre-fort, réfrigérateur) à la beauté délicieusement fanée. Le roi Hussein de Jordanie et l'ancien président américain Jimmy Carter y ont séjourné. À 5 minutes à pied de la porte d'Hérode.

St George's Guesthouse
PENSION $$$

(Carte p. 76 ; ☎02-628-3302 ; www.stgeorgesguesthouse.org ; 20 Derekh Shchem (Nablus Rd) ; s/d standard 110/150 $US, deluxe 150/180 $; P @ ☎ ; Shivtei Israel). Dans l'enceinte d'une église anglicane centenaire, la paisible pension accueille des pèlerins depuis 1923 (les bâtiments abritaient auparavant la manécanterie et le clergé). Les chambres avec lits jumeaux, linge de lit impeccable, TV et bouilloire, sont disposées autour du jardin intérieur. Les deluxes, aux murs de pierre, plus spacieuses et dotées de salles de bains modernisées, valent le supplément.

Jerusalem Hotel
HÔTEL $$$

(Carte p. 76 ; ☎02-628-3282 ; www.jrshotel.com ; Derekh Shchem (Nablus Rd) ; s/d/f 130/160/240 $US ; @☎ ; Shivtei Israel). Verre décoré et vigne agrémentent l'entrée de la demeure du XIXᵉ siècle qui abrite ce petit hôtel familial. Hautes de plafond, les 14 chambres sont toutes ornées de couvre-lits brodés et de meubles anciens. Certaines sont climatisées, les autres ont des ventilateurs. À 5 minutes à pied de la porte de Damas.

Legacy Hotel
HÔTEL $$$

(Carte p. 76 ; ☎02-627-0800 ; legacy-hotel-jerusalem.h-rzn.com ; 29 Derekh Shchem (Nablus Rd) ; s/d à partir de 150/185 $, s/d affaires 175/195 $; P @ ☎ ; Shivtei Israel). Cet hôtel raffiné occupe un ancien centre du YMCA. Les salles de bains mériteraient un brin d'entretien et le petit-déjeuner buffet est juste

correct, mais les chambres crème sont spacieuses et élégantes, et le personnel polyglotte est chaleureux. Le toit-terrasse est un excellent endroit où admirer Jérusalem au soleil couchant.

Restaurant au 5ᵉ étage avec vue sur la vieille ville, bar dans le hall et café dans le jardin. Les hôtes peuvent profiter gratuitement de la salle de gym du YMCA et de la piscine couverte dans le bâtiment voisin.

Centre-ville

Majoritairement juif, le cœur commercial de Jérusalem-Ouest en a pour tous les budgets, avec notamment un grand choix d'auberges de jeunesse.

♥ Abraham Hostel
AUBERGE DE JEUNESSE $

(Carte p. 76 ; ☎02-650-2200 ; abrahamhostels.com/jerusalem ; 67 HaNevi'im St, Davidka Sq ; dort 85-115 NIS, s 270-330 NIS, d 300-420 NIS, f 490-620 NIS ; @☎ ; Ha-Davidka). L'Abraham Hostel mérite son succès. En plus de largement couvrir les besoins des voyageurs (dortoirs mixtes et non mixtes, chambres privatives basiques mais propres, réception ouverte 24h/24, blanchisserie (12 NIS), cuisine commune, bar-lounge), la sympathique équipe organise des événements chaque soir et des circuits culturels. Après vous être mêlé à la foule cosmopolite, contemplez la vue depuis le toit-terrasse.

Pour shabbat, l'établissement prépare un dîner pour 40 personnes maximum (40 NIS). Profitez aussi des échanges linguistiques (lundi), de l'*happy hour* (18h-20h) et d'au moins une des activités proposées, par exemple l'excellente tournée des bars ou le cours de préparation de houmous.

L'eau chaude est disponible 24h/24 dans les salles de bains communes, mais dans les chambres privatives, une minuterie chauffe l'eau en 20 minutes. Entrée rue HaNevi'im, près de l'arrêt de bus.

♥ Post Hostel
AUBERGE DE JEUNESSE $

(Carte p. 88 ; ☎02-581-3222 ; theposthostel.com ; 23 Jaffa Rd ; dort 24-32 $US, d 105-125 $US, tr 145 $US ; ☎ ; City Hall). Une auberge de jeunesse spacieuse et bien tenue au 3ᵉ étage d'un ancien bureau de poste. La décoration rouge vif et bleu marine, ainsi que les peintures murales rendent hommage au passé de l'édifice. Chambres et dortoirs (mixtes et non mixtes) basiques mais impeccables. Le bar, le toit-terrasse et l'espace détente avec table de billard favorisent la convivialité.

Jerusalem Hostel & Guest House
AUBERGE DE JEUNESSE $

(Carte p. 88 ; ☎02-623-6102 ; www.jerusalem-hostel.com ; 44 Jaffa Rd, Zion Sq ; dort 80-90 NIS, d 240-330 NIS ; @🔊 ; 🚇Jaffa Center). Une ambiance routarde imprègne cette auberge bien entretenue. Si les chambres et dortoirs (mixtes et non mixtes) sont quelconques, les parties communes sont rehaussées d'antiquités, de vieilles photos, d'objets du monde juif et (dans l'entrée) d'immenses colonnes. Cuisine commune et toit-terrasse.

City Center Hotel
HÔTEL $$

(Carte p. 88 ; ☎02-650-9494 ; www.citycentervacation.com ; 17 King George St, angle HaHistadrut St ; studios 512-640 NIS, ste 695-824 NIS ; P@🔊 ; 🚇Jaffa Center). Cet hôtel flambant neuf est donc bienvenu dans le quartier. Ses deux bâtiments bien situés dans la partie moderne du centre proposent 38 chambres confortables avec kitchenette.

Shamai Suites
APPARTEMENTS $$

(Carte p. 88 ; ☎02-579-7705 ; www.shamaisuites.com ; 15 Ben Hillel St ; studios 120-150 $US, ste 135-220 $US ; 🔊 ; 🚇Jaffa Center). Si vous comptez cuisiner pendant votre séjour, laissez-vous tenter par l'un de ces superbes appartements (studios et suites 1 ou 2 chambres) de style minimaliste, pourvus de toutes les commodités (TV , kitchenette bien équipée et balcon) et nettoyés chaque jour. Personnel polyglotte.

Jerusalem Inn
HÔTEL $$

(Carte p. 88 ; ☎072-256-6964 ; smarthotels.co.il ; 7 Horkanos St ; d à partir de 110 $US ; 🔊). Cet hôtel de chaîne a de quoi plaire avec son ambiance cosy, ses petites chambres pourvues d'excellents lits, de mini-réfrigérateurs et de salles de bains vitrées et sa très bonne situation à proximité des bars et restaurants (Jaffa Rd est à 150 m).

Palatin Hotel
HÔTEL $$

(Carte p. 88 ; ☎02-623-1141 ; www.palatinhotel.com ; 4 Agrippas St ; s/d/ste à partir de 105/130/180 $US ; 🔊 ; 🚇Jaffa Center). Les 33 chambres de cet établissement, situé près du quartier des cafés et des boutiques, sont petites mais plutôt confortables (les salles de bains montrent des signes de fatigue). Le bel emplacement ferait presque oublier l'absence d'insonorisation.

♥ Harmony Hotel
HÔTEL $$$

(Carte p. 88 ; ☎02-621-9999 ; www.atlas.co.il/harmony-hotel-jerusalem ; 6 Yo'el Salomon St ; s/d à partir de 180/200 $US ; P@🔊 ; 🚇Jaffa Center).

Nous apprécions autant le lieu pour son esprit ouvert et accueillant – les photos au plafond du hall représentent les différentes religions de Jérusalem et un apéritif est offert de 17h à 19h du dimanche au vendredi – que pour la qualité de ses chambres, décorées de tons royaux pourpre et émeraude, et dotées de salles de bains ultramodernes.

♥ Arthur Hotel
BOUTIQUE-HÔTEL $$$

(Carte p. 88 ; ☎02-623-9999 ; www.atlas.co.il/arthur-jerusalem ; 13 Dorot Rishonim St ; d à partir de 184 $US ; P@🔊 ; 🚇Jaffa Center). Un hôtel empreint de nostalgie, où les chambres variées et colorées évoquent les années 1920 – essayez d'en obtenir une avec balcon à l'arrière du bâtiment. Salles de bains étincelantes. Petit-déjeuner impressionnant ; apéritif et en-cas offerts en soirée.

7 Kook Hotel & Suites
BOUTIQUE-HÔTEL $$$

(Carte p. 88 ; ☎02-580-8068 ; Ticho St ; sans petit-déj d 160-570 $US, studios à partir de 600 $US ; 🔊 ; 🚇Jaffa Center). Dans un immeuble haut de gamme, les chambres et studios aux murs blancs et au parquet impeccables du 7 Kook sont élégants, très bien insonorisés et équipés (excellente sdb, machine à expresso et bouilloire). Les prix varient considérablement selon la saison et le logement : les plus simples n'ont pas de fenêtre, les meilleurs sont immenses et dotés de canapés.

Notre Dame Guest House
PENSION $$$

(Carte p. 52 ; ☎02-627-9111 ; www.notredamecenter.org ; 3 Paratroopers Rd , près de la vieille ville; d à partir de 300 $, ste à partir de 430 $; ❄🔊 ; 🚇City Hall). Installée dans un édifice de 1904, cette pension appartenant au Vatican est très bien située. Ses chambres raffinées récemment rénovées bénéficient pour la plupart d'une superbe vue sur la vieille ville et sur le mont des Oliviers. Restaurant méditerranéen avec terrasse au rez-de-chaussée et bar à vins sur le toit. Excellente adresse.

🛏 Mamilla et Yemin Moshe

St Andrew's Scottish Guesthouse
PENSION $$

(Carte p. 76 ; ☎02-673-2401 ; www.scotsguesthouse.com ; 1 David Remez St, Yemin Moshe ; s/d/ste 135/170/380 $US ; P@🔊). La position dominante et la façade en pierre de la St Andrew lui donnent un air impressionnant. L'Écosse s'y exprime partout, notamment dans la généreuse utilisation du tartan. Aux allures de dortoirs scolaires, les chambres sont néanmoins spacieuses, hautes de plafond et pourvues de salles de bains d'une propreté irréprochable. Les plus chères ont un balcon ; demandez le n°1 pour profiter d'une vue spectaculaire sur la vieille ville.

YMCA Three Arches Hotel
HÔTEL **$$**

(Carte p. 76 ; ☑02-569-2692 ; 26 King David (David HaMelekh St), Yemin Moshe ; s/lits jum/tr/ste à partir de 137/166/174/200 $US ; P@🛜🍽). L'une des constructions les plus reconnaissables de la Jérusalem moderne. Sous sa tour de 46 m, le bâtiment principal abrite des voûtes ornées et d'immenses lustres cuivrés ; les chambres sont plutôt vieillottes mais aménagées dans un style classique.

King David Hotel
HÔTEL **$$$**

(Carte p. 76 ; ☑02-620-8888 ; www.danhotels. com ; 23 King David (David HaMelekh St) ; ch 550-800 $US, ste 1 020-2 700 $US ; P@🛜🍽). Datant des années 1930, le King David Hotel compte parmi les adresses les plus majestueuses de Jérusalem. À votre arrivée, vous serez saisi par les lignes Art déco du hall (canapés de velours, rideaux dorés, tables au plateau de marbre). Les chambres ne sont pas en reste, avec des lits quasi royaux, de vastes salles de bains en marbre et tout le confort moderne. Les standards ne sont pas immenses, mais les deluxes comportent un sofa en veloutine raffiné et un bureau.

Mamilla Hotel
HÔTEL DESIGN **$$$**

(Carte p. 88 ; ☑02-548-2222 ; www.mamillahotel. com ; 11 King Solomon (Shlomo HaMelekh St) ; ch 400-475 $US, ste 585-860 $US ; P@🛜🍽 ; 🚈City Hall). Les voyageurs branchés ne trouveront pas mieux situé que cet hôtel luxueux dont la pierre couleur pêche imite celle de la vieille ville : à l'est, la rue commerçante piétonne Mamilla Mall, à l'ouest, les bars et restaurants de la rue Hillel (et le "Triangle du centre-ville"). À l'intérieur, les salles de bains vitrées agrandissent encore davantage les chambres. Les suites donnent sur la vieille ville. Sur place également : spa avec hammam, salle de sport, piscine intérieure, bars, café et restaurant kasher sur le toit.

David Citadel Hotel
HÔTEL **$$$**

(Carte p. 88 ; ☑02-621-1111 ; www.thedavidcitadel.com ; 7 King David/David HaMelekh St ; ch 510-634 $, ste 1 000 $; P🛜🍽 ; 🚈City Hall). Certains grands hôtels, tels de petites villes, offrent à leurs clients tout ce dont ils ont besoin. C'est le cas ici : outre ses jolies chambres spacieuses, on y trouve restaurants, piscine extérieure, centre de jeux pour enfants, spa et salle de gym.

🛏 Rechavia

Little House in Rehavia
HÔTEL **$$**

(Carte p. 76 ; ☑02-563-3344 ; www.jerusalem-hotel.co.il/rehavia-fr ; 20 Ibn Ezra St ; s/d/qua/f 139/153/190/243 $US ; 🛜). Joyau de catégorie moyenne, la Little House occupe un bâtiment en pierre de caractère de 1929, dans un joli quartier résidentiel. Les 28 chambres sont simples mais propres et les salles de bains nettes. Plutôt dépouillé mais d'excellent rapport qualité-prix, l'établissement propose toit-terrasse, café gratuit et petit-déjeuner buffet israélien kasher, à déguster dans le jardin gardé par un chat.

🛏 Colonie allemande, Abu Tor et Baka

Jerusalem Garden Home
B&B **$$**

(☑050-524-0442 ; www.jerusalemgardenhome. com ; 74 Derech Beit Lehem, Colonie allemande ; s à partir de 95 $US, d 120-150 $US, tr à partir de 150 $US ; P🛜 ; 🚌7, 71, 72, 74, 75). Roni et Adi, les propriétaires de ce B&B, nés à Jérusalem, réservent à leurs hôtes un accueil des plus chaleureux. Carrelage ancien et jetés de lit brodés à la main apportent des touches d'élégance aux chambres sobres mais spacieuses. Le ravissant jardin et la terrasse carrelée invitent à la détente. À 5 minutes à pied de la rue principale de la Colonie allemande.

Ariela's Place
APPARTEMENTS **$$**

(☑052-380-7077 ; 49 Hebron Rd, Abu Tor ; ste à partir de 355 NIS ; 🛜). Ces suites au charme désuet, avec kitchenette, se trouvent à 20 minutes minutes de marche de la vieille ville (moins pour la Colonie allemande et la vie nocturne de la Première Gare (p. 109), mais les prix sont bien plus intéressants que dans le centre et l'atmosphère plaisante, avec petits balcons, passementeries élégantes et carrelage ancien.

Arcadia Ba'Moshava
BOUTIQUE-HÔTEL **$$$**

(☑02-542-3000 ; www.arcadiahotels.co.il ; 13 Yehoshua bin-Nun St, Colonie allemande ; d/f en sem à partir de 205/240 $US, week-end à partir de 255/290 $US ; P@🛜 ; 🚌14, 18). Cet hôtel de 23 chambres occupe un bâtiment de grès romantique dans une rue résidentielle tranquille de la Colonie allemande. Les chambres standards ne sont pas immenses, mais hauts plafonds, douches à effet pluie, mini-réfrigérateurs et rideaux dorés font vite oublier cet inconvénient. Mettez votre réveil pour ne pas rater le remarquable petit-déjeuner buffet. Vélos à disposition.

Dan Boutique Hotel
HÔTEL $$$

(Carte p. 76 ; ☑ 02-568-9999 ; www.danhotels.
co.il ; 31 Hebron Rd, Abu Tor ; d à partir de 210 $US ;
🅿🛜). On peut difficilement rater l'édifice,
sorte d'énorme pouce levé en béton. Les
128 chambres modernes présentent des tons
un peu sombres, mais elles sont bien équi-
pées. Excellente vue sur la ville depuis le bar
et la petite salle de sport.

🛏 Quartier de la gare routière centrale

Allenby 2 B&B
B&B $

(☑ 052-396-3160 ; allenby2.com ; Allenby Sq 2,
Romema ; s avec sdb commune 55 NIS, d à partir
de 95 $, avec sdb commune à partir de 80 $, app
à partir de 130 $; @🛜 ; 🚇 Central Station).
Grâce à son ambiance chaleureuse et son
excellent service, c'est l'un des B&B les plus
appréciés de Jérusalem. Avec 11 chambres
réparties sur plusieurs bâtiments, c'est
également l'un des plus grands. Cuisine
commune et bon emplacement près de
la gare routière centrale et de la ligne de
tramway. Il n'y a pas de réception, il est
donc essentiel de réserver.

🍴 Où se restaurer

Quel que soit leur budget, les gourmets
ont l'embarras du choix à Jérusalem. Abu
Shukri et Lina, deux adresses prisées,
offrent une authentique expérience culinaire
moyen-orientale pour seulement 15 NIS envi-
ron. Ceux qui ne regardent pas à la dépense
peuvent s'offrir les délices gastronomiques
du Notre Dame (p. 106), du Yudale (p. 107)
ou du Modern (p. 107). Pour un panorama
animé des produits locaux, faites un tour au
marché de Mahane Yehuda (p. 86).

🍴 Vieille ville

Dans la vieille ville, vous trouverez prin-
cipalement des kebabs, des *shawarma* et
d'autres spécialités du Moyen-Orient. La
porte de Jaffa propose un peu de diversité
avec quelques restaurants méditerra-
néens et l'on trouve quelques fast-foods
à l'américaine sur la place Hurva dans
le quartier juif. Vous aurez peut-être du
mal à vous restaurer dans cette zone à la
nuit tombée, les commerces fermant dès
le départ des foules.

JÉRUSALEM OÙ SE RESTAURER

QUE FAIRE À JÉRUSALEM DURANT LE SHABBAT ?

Trente-six minutes avant le coucher du soleil, une sirène, le *shofar*, retentit sur les collines
de Jérusalem pour annoncer le début du shabbat. La ville s'apaise alors soudainement
et les Hiérosolymitains, dans leurs plus beaux habits de shabbat, se dirigent vers le mur
des Lamentations, rentrent chez eux chargés de sacs à dos remplis de victuailles, ou vont
passer la soirée avec des proches pour le dîner rituel du vendredi soir.

Mettez-vous sur votre trente-et-un et suivez la foule jusqu'au mur des Lamentations.
Laissez-vous porter par la magie du lieu, des prières, des chants et des danses. Vous
pouvez également assister au service de Kabbalat Shabbat dans une synagogue.

Si vous en avez l'occasion, partagez le dîner du shabbat d'une famille
hiérosolymitaine. Si vous logez au Abraham Hostel (p. 100) dans le centre-ville, vous
pourrez vous joindre au repas de shabbat qu'il organise. Sinon, vous devrez repérer un
restaurant à l'avance car la plupart des établissements de Jérusalem-Ouest ferment
le vendredi soir. Parmi les restaurants qui restent ouverts, on peut citer Adom (p. 107),
dans la Colonie allemande, ainsi que Focaccia Bar (p. 105) et Notre Dame Cheese & Wine
Restaurant (p. 106), dans le centre-ville. Plus tard dans la soirée, au grand dam des juifs
ultraorthodoxes, quelques bars du centre-ville ouvrent leurs portes.

Le centre-ville et le quartier juif de la vieille ville sont fermés le samedi mais pour la
population arabe, c'est un jour comme un autre, et la plupart des sites à visiter sont
ouverts dans la vieille ville, sur le mont Sion, sur le mont des Oliviers et à Jérusalem-Est.

Le samedi, vous pouvez rejoindre deux promenades à pied gratuites : le circuit de trois
heures (p. 97) organisé par la ville et le circuit de la vieille ville de Sandemans (p. 97).

Les bus Egged et le tramway ne circulent pas ce jour-là. Les bus arabes et les taxis
fonctionnent depuis le quartier de la porte de Damas. C'est le moment de partir en
excursion dans une ville de Cisjordanie comme Bethléem ou Jéricho.

Ein Gedi, Massada ou la mer Morte sont aussi de bonnes options – des excursions
d'une journée sont proposées par les tour-opérateurs et hôtels de Jérusalem. On peut
aussi prendre un minibus collectif pour Tel-Aviv dans la rue Neveim.

N'oubliez pas que de nombreux établissements du quartier musulman sont fermés pendant le ramadan.

♥ Abu Shukri
MOYEN-ORIENTAL $

(Carte p. 52 ; ☑ 02-627-1538 ; 63 El Wad Rd, quartier musulman ; houmous 20 NIS ; ⊙9h-16h ; ✐). Extrêmement populaire, Abu Shukri a fait des émules dans tout Jerusalem. L'assiette classique comporte un bol de savoureux et onctueux houmous, garni de pois chiches, de *tahina*, de *fuul* (ragoût de fèves) ou de pignons, ainsi que des légumes croquants et un panier de pain pita, à accompagner de falafels (10 NIS). Espèces uniquement.

Lina Restaurant
ORIENTAL $

(Carte p. 52 ; ☑ 02-627-7230 ; Aqabat Al Khanqah St, quartier musulman ; houmous 20 NIS; ⊙9h-17h). Le principal concurrent du légendaire Abu Shukri prépare l'un des meilleurs houmous de Jérusalem. Il possède 2 salles, de part et d'autre de la rue. Idéal pour se remettre de la foule de la basilique du Saint-Sépulcre.

Ja'far Sweets
PÂTISSERIE $

(Carte p. 52 ; 40-42 Souq Khan Al-Zeit St, quartier musulman ; pâtisseries à partir de 15 NIS ; ⊙8h-19h sam-jeu). Laissez-vous tenter par un *kenafeh* (gâteau de fromage imbibé de sirop à l'eau de rose), spécialité de cette pâtisserie palestinienne bien établie, qui vend aussi des plateaux de baklavas et de délices turcs (chose rare, les prix sont indiqués) à emporter.

Zalatimo
PÂTISSERIE $

(Carte p. 52 ; Souq Khan Al Zeit St, quartier musulman ; murtabak 20 NIS ; ⊙horaires variables). Caché sous un monastère éthiopien, le Zalatimo est réputé pour ses *murtabak*, réalisés selon une recette familiale perfectionnée pendant 150 ans. Après avoir pétri la pâte et l'avoir fait tournoyer, le pâtissier la garnit de beurre clarifié, de cannelle et de noix ou de fromage de brebis, la cuit au four, puis l'arrose de sirop de sucre. Vérifiez le prix lors de la commande (les erreurs de calcul sont courantes). Pas d'enseigne visible ; repérez la porte métallique grise à mi-hauteur de l'escalier, derrière un stand de jus.

Armenian Tavern
ARMÉNIEN $$

(Carte p. 52 ; ☑ 02-627-3854 ; 79 Armenian Orthodox Patriarchate St, quartier arménien ; plats 65-80 NIS ; ⊙11h-22h30 mar-dim). Dans le sous-sol d'un bâtiment de l'époque des croisés, rempli de miroirs au cadre nacré, de lustres en fer et d'antiquités qui encombrent le passage, la "taverne arménienne" ne manque pas de caractère. Le service n'est pas très chaleureux, mais les vins maison se laissent boire et la cuisine est plus que correcte ; essayez le *khagoli derev* (feuilles de vigne farcies d'agneau haché, mijotées dans du yaourt).

Family Restaurant
MOYEN-ORIENTAL $$

(Carte p. 52 ; ☑ 02-628-3435 ; Souq Khan Al-Zeit St, quartier musulman ; plats à partir de 30 NIS). Établi depuis 1942 dans le quartier musulman, ce restaurant irréprochable de style cafétéria porte bien son nom : les familles s'y pressent pour se régaler de brochettes, de demi-poulets grillés, de houmous et de salades. Pas d'alcool. Espèces uniquement.

Christ Church Cafe
CAFÉ $$

(Carte p. 52 ; ☑ 02-627-7727 ; Omar Ibn Al Khattab Sq, vieille ville ; plats 20-60 NIS ; ⊙repas 10h30-15h30, café 10h30-20h ; ☎). Orné de citations bibliques, ce café proche de la porte de Jaffa entretient une atmosphère chaleureuse. Pizzas, salades et sandwichs ne sont plus servis après 15h30, mais on y retourne plus tard pour les glaces à l'italienne, gâteaux aux carottes ou cake au citron.

Rossini's Restaurant
INTERNATIONAL $$

(Carte p. 52 ; ☑ 02-587-7423 ; www.rossini-rest. com ; 42 Latin Patriarchate St, quartier chrétien ; plats 45-130 NIS ; ⊙12h-23h ; ☎ ; ☐City Hall). Ce restaurant de steaks et de pâtes plutôt banal attire les touristes pour plusieurs raisons : il est ouvert pendant le shabbat, de l'alcool y est servi et la porte de Jaffa est à deux pas. L'ambiance est moderne et accueillante, et les nourrissants plats comme le *musakhan* (poulet à la palestinienne avec oignons et sumac sur du pain) redonnent des forces après une journée de visite dans la vieille ville.

✕ Jérusalem-Est

Al Mihbash
MOYEN-ORIENTAL $$

(Carte p. 76 ; ☑ 02-628-9185 ; www.facebook. com/AlMihbashRestaurantAndCafe ; 21 Derekh Shchem (Nablus Rd) ; plats 50-75 NIS ; ⊙10h-tard ; ☐Shivtei Israel). Installez-vous sur le balcon en surplomb pour un festin palestinien (kebabs de poisson, falafels, poulet farci). La carte, quelque peu hétérogène, comprend aussi des smoothies aux amandes et purée d'avocat, ou encore des filets de saumon à la méditerranéenne et des steaks qui satisferont les expatriés nostalgiques. Service désinvolte, mais cuisine excellente et superbe vue.

Sarwa Street Kitchen
CAFÉ $$

(Carte p. 76 ; 42 Salah Ad-Din St ; www.facebook. com/sarwarstreetkitchen ; plats 15-60 NIS ; ⊙11h-23h ; 🛜📶 ; 🚇Shivtei Israel). Le lieu, tranquille, baigné de lumière naturelle et équipé du Wi-Fi, donne envie de s'attarder autour d'un café, d'une bière ou d'un repas ; la carte propose pizzas et burritos maison, classiques palestiniens comme le *makloubeh* (marmite de poulet, riz, légumes et épices retournée sur l'assiette après cuisson), ou encore plats végétariens.

Al Diwan Restaurant
MOYEN-ORIENTAL $$$

(📞02-541-2222 ; www.jerusalemambassador.com ; Ambassador Hotel, 5 Derekh Shchem (Nablus Rd) ; plats 70-120 NIS ; ⊙12h-23h ; 🚇Shimon Ha-Tsadik). Le restaurant de l'Ambassador Hotel peut vous paraître cher si vous avez grignoté à peu de frais tout au long de la journée, mais il s'agit là de l'une des meilleures adresses de Jerusalem-Est. Les pitas sorties du four à charbon de bois s'empilent sur les tables, aux côtés des viandes grillées, de la soupe de blé vert et des excellentes pizzas. À la salle, quelconque, préférez la véranda.

✕ Centre-ville

Le centre-ville rassemble d'innombrables cafés et restaurants, en particulier autour de la rue commerçante Ben Yehuda. La plupart sont kasher : ils ferment pendant le shabbat et les jours fériés.

Hamarakia
SOUPES $

(Carte p. 88 ; 📞02-625-7797 ; 4 Koresh St ; plats 30 NIS ; ⊙12h30-minuit dim-jeu, 20h-minuit sam ; 📶 ; 🚇City Hall). Une institution de Jérusalem, aussi accueillante que délabrée. Les soupes, nourrissantes et différentes chaque jour, y sont la spécialité (poireaux, lentilles et tomates reviennent souvent parmi les ingrédients). Pour un déjeuner moins liquide, commandez une salade d'aubergine, un houmous ou un autre plat de légumes. La table commune et la cuisine ouverte encouragent la convivialité. Terrasse à l'arrière.

♥ Pinati
MOYEN-ORIENTAL $$

(Carte p. 88 ; 📞02-625-4540 ; pinati.rest-e.co.il ; 13 King George V St ; plats 25-60 NIS ; ⊙8h-19h dim-jeu, 8h-15h ven ; 📶 ; 🚇Jaffa Center). Les habitants ne jurent ici que par le houmous, servi avec du pain pita et une pâte à l'ail et au piment, mais les autres plats – moussaka, escalopes, soupes de haricots, *tchakchouka* (œufs et tomates au four) – sont aussi excellents. Le cadre décontracté et les spécialités

kasher gourmandes déplacent les foules à l'heure du déjeuner. Remarquez les photos des fidèles clients ayant fréquenté l'établissement au cours de 30 dernières années.

T'mol Shilshom
CAFÉ $$

(Carte p. 88 ; 📞02-623-2758 ; www.tmol-shilshom. co.il ; 5 Yo'el Salomon St ; plats 40-55 NIS ; ⊙8h30-23h dim-jeu, 8h30-14h ven ; 🛜📶 ; 🚇Jaffa Center). Que ce soit dans la salle remplie de livres ou dans la cour ombragée, ce café kasher accueillant est l'une des meilleures adresses de Jérusalem pour un brunch tranquille. Il est surtout connu pour son *tchakchouka* en version classique, épicée ou au fromage, toujours accompagné de pain frais, de salade et de tapenade. L'endroit est un peu difficile à trouver : suivez le panneau sous l'arche dans la rue Yoel Solomon, longez la ruelle, tournez à gauche et traversez la cour. Le café est à l'étage.

Village Green
VÉGÉTARIEN $$

(Carte p. 88 ; 📞053-944-3273 ; www.villayegreen. rest-e.co.il ; 33 Jaffa Rd ; bar à salades à partir de 45 NIS, plats 30-70 NIS ; ⊙9h-22h dim-jeu, 9h-15h ven ; 📶 ; 🚇Jaffa Center). Dans cette cafétéria végétarienne et végane kasher, on peut se régaler de soupes, quiches, salades à composer soi-même, et même de pâtisseries (brownies et muffins à la farine de quinoa, entre autres délices). Présentez-vous au comptoir pour commander votre repas.

Focaccia Bar
ITALIEN $$

(Carte p. 88 ; 📞02-625-6428 ; bar.focaccia.co ; 4 Rabbi Akiva St ; focaccias et pizzas 30-60 NIS, pâtes 45-65 NIS, plats 57-109 NIS ; ⊙9h-minuit ; 📶 ; 🚇Jaffa Center). Les focaccias, cuites au *taboun* (four en argile), garnies de fromage de chèvre, d'aubergine ou encore d'oie fumée, tiennent le haut de la carte de ce restaurant prisé, qui sert aussi pizzas, pâtes, salades et steaks. Jolie terrasse. À l'intérieur, l'ambiance peut être tapageuse ; les voyageurs solitaires se plairont au bar.

♥ Anna Cafe
ITALIEN $$$

(Carte p. 76 ; 📞02-543-4144 ; www.annarest.co.il ; Ticho House, 10 HaRav Hagan ; pizzas et pâtes 50-70 NIS, plats 80-90 NIS ; ⊙9h-23h dim-jeu, 9h-14h ven ; 📶 ; 🚇Jaffa Center). 🌱 Un cadre élégant pour un café ou un repas italien, à l'étage supérieur de l'élégante Ticho House. En dégustant vos pâtes, votre *pizza bianca* ou votre omelette aux artichauts, vous pourrez vous dire que vous servez une bonne cause : le café emploie et forme des jeunes en difficulté.

Darna
MAROCAIN $$$

(Carte p. 88 ; 02-624-5406 ; www.darna.co.il ; 3 Horkanos St ; plats 75-155 NIS ; menus 175-240 NIS ; 12h-15h et 18h30-minuit dim-jeu, après le shabbat-22h sam ; Jaffa Center). Dans une ambiance marocaine traditionnelle, ce restaurant kasher apprécié de longue date sert une multitude de savoureux tajines et couscous ainsi que de la *pastilla fassia* (pâte feuilletée farcie au poulet et amandes) ou le méchoui (épaule d'agneau marinée et longuement rôtie).

Notre Dame Cheese & Wine Restaurant
FRANÇAIS $$$

(Carte p. 52 ; 02-627-9177 ; www.notredamecenter.org ; 4ᵉ ét., Notre Dame Centre, 3 Paratroopers Rd, près de la vieille ville ; assiettes à partir de 80 NIS ; 12h-23h ; City Hall). L'odeur de brie et de gruyère chatouillera vos narines dès la sortie de l'ascenseur. La vue depuis la terrasse, avec le son des carillons en arrière-fond, est superbe. Les assiettes de fromage éclipsent le reste de la carte, composée de plats européens tels que carré d'agneau et escalopes. Idéal pour un apéritif au coucher du soleil.

✘ Mahane Yehuda

Certaines des adresses les plus originales et intéressantes de la ville sont regroupées dans les allées du marché de Mahane Yehuda (p. 86).

Sabayos
CRÊPES $

(Carte p. 76 ; 050-301-9708 ; Haetz Ha'em St ; crêpes 25 NIS ; 8h-coucher du soleil dim-jeu, 9h-14h ven ; Mahane Yehuda). Les énormes crêpes kasher sont généreusement garnies d'olives, de tomates et de divers fromages. Les versions sucrées, au halva (nougat à base de pâte de sésame) broyé et aux fruits de saison, sont tout aussi nourrissantes. Pâte à base de farine de blé ou de sarrasin, au choix. Excellent rapport qualité-prix.

Pasta Basta
ITALIEN $

(Carte p. 76 ; pastabasta.co.il ; 8 HaTut Alley ; pâtes 25-38 NIS ; 11h-22h dim-jeu, 11h-13h30 ven ; Mahane Yehuda). Ce bar à pâtes, dans le marché, n'est pas bien indiqué, mais vous verrez de loin les pennes, fettucines et fusillis baignant dans l'une des 9 sauces au choix.

Mousseline
GLACES $

(Carte p. 76 ; 02-500-3601 ; www.mousseline-jerusalem.com ; HaArmonim 2 ; glaces à partir de 15 NIS ; 10h-minuit dim-mer, 9h-minuit jeu, 7h30-15h ven, 1 heure après le shabbat-minuit

sam ; Mahane Yehuda). Près de l'extrémité du marché de Mahane Yehuda, ce glacier offre un réconfort mérité après une matinée passée à esquiver les chariots et les caisses des marchands. Le parfum grenade est très rafraîchissant par temps chaud, tout comme le pamplemousse-basilic.

Azura
MOYEN-ORIENTAL $$

(Carte p. 76 ; 02-623-5204 ; marché irakien ; houmous 22-40 NIS, plats 22-100 NIS ; 9h30-16h, fermé pendant le shabbat ; ; Mahane Yehuda). En retrait de la rue Rehov HaEshkol, près du Mahane Yehuda, ce restaurant kasher d'influence turque est l'une des adresses les plus appréciées de Jérusalem, notamment pour son service efficace et ses généreux plats mijotés : goulasch, boulettes de viande et surtout aubergine farcie au bœuf assaisonné à la cannelle et aux pignons de pin, la spécialité de la maison.

Ishtabach
KURDE $$

(Carte p. 76 ; 02-623-2997 ; angle Shikma St et Beit Ya'akov St ; plats 40-65 NIS ; 12h-1h ; Mahane Yehuda). L'Ishtabach est perdu parmi de nombreux autres restaurants dans une rue située en périphérie du Mahane Yehuda, mais nulle part ailleurs vous ne goûterez les mêmes savoureux *shamburak*, beignets kurdes farcis à la viande ou aux légumes, et agrémentés de sauces originales. Assurez-vous d'avoir bien faim si vous optez pour le *siske*, du bœuf qui a mijoté pendant plus de 15 heures.

♥ Machneyuda · INTERNATIONAL $$$

(Carte p. 76 ; 📵 02-533-3442 ; www.machneyuda.
co.il ; 10 Beit Ya'akov St ; plats 86-175 NIS, menu
dégustation 295 NIS ; 🕑 12h30-16h et 18h30-23h
dim-jeu, 12h30-15h ven ; 🚇 Mahane Yehuda). Ce
superbe restaurant proche du marché de Mahane
Yehuda a conquis la population locale avec sa carte
déroutante, qui réunit calamar à la catalane, *linguine*
noires au crabe et bon vieux steak-pommes de terre.
Réservez bien à l'avance et priez pour qu'il reste du
gâteau de semoule.

Yudale · ISRAÉLIEN $$$

(Carte p. 76 ; 📵 02-533-3442 ; 11 Beit Ya'akov St ;
entrées 46-71 NIS, plats 77-175 NIS ; 🕑 18h30-tard
dim-jeu ; 🚇 Mahane Yehuda). Le Yudale, qui évoque
une cabane de plage hawaïenne, est le petit frère du
Machneyuda. On y sert la même fabuleuse cuisine
fusion moderne – tartare de bœuf à la thaïlandaise,
beignets kurdes, polenta aux truffes – mais dans une
ambiance plus délurée. Asseyez-vous au bar pour
profiter du spectacle offert par les chefs qui ne lésinent
pas sur l'arak. Le vendredi, l'établissement ferme 2
heures avant le début du shabbat pour rouvrir le samedi
2 heures après la fin du shabbat.

✗ Mamilla et Yemin Moshe

Angelica · INTERNATIONAL $$$

(Carte p. 76 ; 📵 02-623-0056 ; www.angelicarest.
com ; 4 George Washington St, Yemin Moshe ; plats
92-158 NIS ; 🕑 12h30-22h30 dim-jeu, 20h30-23h
sam). Si les arches de grès et les fenêtres encadrées
de pierre confèrent à l'Angelica une atmosphère
prosaïque, sa carte, elle, n'est que créativité. En
entrée, éveillez vos papilles avec un *shawarma* de
poisson avec un soupçon d'aïoli servi dans un taco,
ou une salade d'amandes fumées et de nectarines
arrosée de vinaigrette au champagne, avant de
poursuivre avec un plat emprunté aux classiques
européens tels que poitrine d'oie aux haricots, onglet
ou raviolis.

Mamilla Rooftop Restaurant · INTERNATIONAL $$$

(Carte p. 88 ; 📵 02-548-2230 ; www.mamillaho-
tel.com ; 11 King Solomon (Shlomo HaMelekh St),
Mamilla ; plats 90-186 NIS ; 🕑 18h-23h dim-jeu,
12h-14h30 ven, 19h30-23h sam ; 🚇 City Hall). Cette
élégante brasserie, au dernier étage du Mamilla Hotel,
sert des repas (tous kasher) : sashimi de saumon au
citron, gnocchis aux olives noires, ou encore oie rôtie
rehaussée de sauce au chocolat et au caramel. Réservez.

✗ Colonie allemande

La rue Emek Refa'im compte moult chaînes de café et
fast-foods, et l'offre culinaire de milieu de gamme s'y
améliore progressivement, avec notamment des
restaurants italiens et des bistrots de style français.

Adom · MÉDITERRANÉEN $$$

(Carte p. 76 ; 📵 02-624-6242 ; www.adom.rest/en ;
Première Gare, 4 David Remez St ; plats 70-135 NIS ;
🕑 12h30-minuit ; 🗷 ; 🚌 71). Ce bistrot branché, aux
allures de salle d'attente de gare chic, déborde sur la
cour de la Première Gare. Sur la carte européenne se
démarquent l'entrecôte grillée et le tartare de saumon
au sirop de dattes, ainsi que les associations végétariennes inattendues comme les gnocchis aux marrons
ou la salade d'artichaut, de fromage de chèvre et de
figues.

✗ Givat Ram

♥ Modern · ISRAÉLIEN $$$

(📵 02-648-0862 ; www.modern.co.il ; musée d'Israël, Ruppin Rd ; plats 70-120 NIS, assiette de tapas
110 NIS ; 🕑 11h30-17h dim-jeu, 11h30-tard mar ; 🗷 ;
🚌 7, 9, 14, 35, 66). Le restaurant principal du musée
d'Israël (p. 92) propose des mets à la hauteur de
l'institution culturelle, notamment *sofrito* d'artichauts,
raviolis et *kadaïf* de poulet à la présentation digne
d'une toile de Jackson Pollock. Les saveurs locales
sont revisitées de manière surprenante (tapas
israéliennes, brochettes de bœuf et d'abricot) et du
pain tout juste sorti du four accompagne chaque
assiette.

🍷 Où prendre un verre et faire la fête

Les bars sont nombreux dans le centre-ville de
Jérusalem. Les meilleurs se situent dans les environs
du marché de Mahane Yehuda et aux alentours de la
place Zion, dans les rues Rivlin, Ben Shatah, Hillel,
Heleni HaMalka et Dorot Rishonim. À Jérusalem-Est,
la plupart se trouvent dans des hôtels tandis que ceux
de la vieille ville se comptent sur les doigts de la main.

🍷 Vieille ville

Viennese Café · CAFÉ

(Carte p. 52 ; Austrian Hospice, 37 Via Dolorosa ;
gâteaux 23 NIS, plats 50-70 NIS ; 🕑 10h-22h). Une
simple cafétéria certes, mais où l'on peut déguster une
part de sachertorte, un strudel aux pommes, un
schnitzel ou une bonne

tasse de thé sur fond de musique baroque. On se croirait transporté à Vienne.

Sonnez à la porte à l'angle d'El Wad Rd et de la Via Dolorosa, et entrez dans le charmant hall de la pension et prenez à gauche ; le café se trouve au bout du couloir. Espaces intérieur et extérieur.

Versavee
BAR, CAFÉ

(Carte p. 52 ; ☎02-627-6160 ; www.versavee.com ; Greek Patriarchate Rd ; ⊙10h-tard ; 🛜). Non loin de la porte de Jaffa, la cour du Versavee invite à une petite pause désaltérante, que ce soit avec un verre de vin ou une limonade à la menthe infusée. Juste à côté du New Imperial (p. 99), le bar a adopté un même style, mélangeant délicieusement délabrement et splendeur du XIXᵉ siècle.

 Centre-ville

Cassette Bar
BAR

(Carte p. 88 ; 1 Horkanos St ; ⊙20h-5h tlj sauf ven, 14h-6h ven ; 🚇Jaffa Center). Ce minuscule bar, accessible depuis la rue (cherchez la porte en métal couverte de vieilles cassettes) ou par l'arrière du HaTaklit, attenant, accueille de longue date une clientèle branchée qui vient y boire jusque tard dans la nuit sur fond de musique alternative. À l'étage se trouve le Videopub, bar gay prisé.

Kadosh
CAFÉ

(Carte p. 88 ; ☎02-625-4210 ; 6 Shlomzion HaMalka St ; ⊙7h-0h30, fermé pendant le shabbat ; 🛜 ; 🚇City Hall). Depuis 1967, le Kadosh cultive une atmosphère de café littéraire parisien avec ses tables en terrasse, ses tons lustrés et sa musique d'ambiance empruntée à la chanson française. Pour un rafraîchissement caféiné, commandez un expresso glacé à la vanille. Les verres à cocktails remplacent les tasses à la tombée de la nuit.

Videopub
GAY

(Carte p. 88 ; sites.google.com/site/videopubjerusalem ; 1ᵉʳ ét, 1 Horkanus St ; ⊙20h-4h lun-jeu et sam-dim, 22h-4h ven ; 🚇Jaffa Center). Les LGBT et leurs amis hétéros se rassemblent dans cet espace situé au-dessus du Cassette Bar pour prendre un verre, danser sur des rythmes pop des années 1980 et, de temps à autre, assister à un numéro de drag-queens. Les jeudi et samedi sont très animés.

Barood
BAR

(Carte p. 88 ; ☎02-625-9081 ; 31 Jaffa Rd ; ⊙12h-tard ; 🚇Jaffa Center). Vaste choix de vins locaux, bière à la pression, savoureux en-cas

italo-balkaniques, murs en pierre décorés d'affiches européennes évoquant un bistrot parisien : ce bar-restaurant aménagé dans une cour derrière la rue Jaffa est la promesse de délicieux moments.

Sira
BAR, CLUB

(Carte p. 88 ; ☎02-623-4366 ; 1 Ben Shatakh St ; ⊙16h-3h ; 🚇City Hall). Dans ce bar minuscule, sombre, bondé (nombreux étudiants) et bruyant, la bière coule à flots jusqu'à une heure très avancée. Mini-piste de danse et DJ à la programmation éclectique, allant du jazz à l'électro. Près de Ben Sira St.

Mazkeka
BAR

(Carte p. 88 ; www.mazkeka.com ; 3 Shoshan St ; ⊙21h-2h ; 🚇City Hall). Les soirs de week-end, la Jérusalem branchée vient ici prendre un verre et découvrir les artistes indépendants de la ville (programme des films et des concerts proposés tout au long de la semaine sur www.facebook.com/Mazkeka).

Jabotinski
PUB

(Carte p. 88 ; 2 Ben Shatah St ; ⊙19h-2h tlj sauf sam, 13h-tard sam ; 🛜 ; 🚇City Hall). Portant le nom du sioniste d'origine russe Zeev Jabotinsky (1880-1940), ce pub est l'un des nombreux bars appréciés de Shim'on Ben Shatah St. Bière fraîche et nombreuses places assises à l'extérieur. La nourriture (côtelettes, burgers et autres) n'y est toutefois pas mémorable.

Mike's Place
BAR SPORTIF

(Carte p. 88 ; ☎054-799-1220 ; www.mikesplace-bars.com ; 33 Jaffa Rd ; ⊙12h-tard dim-jeu, 12h-17h ven, 21h-tard sam ; 🚇Jaffa Center). La formule bière à la pression, sport sur écran et personnel accueillant se retrouve dans une dizaine d'autres bars, mais cette chaîne israélienne reste un lieu plaisant où commencer ou terminer une soirée à Jérusalem, à une table extérieure ou dans la salle agréablement défraîchie (avec un vaste sous-sol).

Le pub s'anime à partir de 22h, lorsque débute l'événement de la soirée (scène libre le lundi, musique live les mardi et jeudi, jazz le mercredi).

🍷 Mahane Yehuda

Beer Bazaar
BIÈRE ARTISANALE

(Carte p. 76 ; ☎02-671-2559 ; www.facebook.com/Beer.Bazaar.Jerusalem ; 3 Haetz Ha'em St ; ⊙11h-tard dim-jeu, 11h-17h ven, à partir de 20h sam ; 🚇Mahane Yehuda). Une centaine de bières artisanales (dont plusieurs dizaines israéliennes) est disponible dans ce

UNE GARE FERROVIAIRE OTTOMANE RÉINVENTÉE

La **Première Gare** (carte p. 76 ; 📞 02-653-5239 ; www.firststation.co.il ; 4 David Remez St, Colonie allemande ; en-cas à partir de 20 NIS, plats à partir de 55 NIS ; ⏱ 7h-tard ; 🅿 ♿), complexe de restauration et de loisirs aménagé dans une belle gare ferroviaire du XIXᵉ siècle, offre un cadre charmant où prendre une bière ou un repas assis. On y trouve des boutiques, des cafés, un stand de glaces et plusieurs restaurants, notamment le Bread & Meat (steaks kasher), le Fiori (italien) et le Station 9 (asiatique). Fréquenté par les familles la journée, l'endroit prend une dimension plus festive à la tombée de la nuit.

Premier terminus de la ligne Jaffa-Jérusalem construit en 1892, la gare fut utilisée quasi en continu jusqu'en 1998, date à laquelle la ligne reliant Tel-Aviv à Jérusalem fut fermée. Après restauration, elle a rouvert en 2013 sous sa forme actuelle.

Cours de pilates, concerts jazz, stand-up et danse folk trouvent leur place dans le dense programme de loisirs, et nombre d'événements et d'activités sont proposés gratuitement. En été, il vaut la peine d'y faire un tour à partir de 16h le jeudi, lorsqu'un marché d'artisanat s'y installe. Pour les enfants de 2 à 12 ans, un train miniature et un manège sont généralement disponibles, entre autres jeux. Consultez en ligne le programme des événements, qui comprend en été de nombreux concerts.

---

bar accueillant du marché de Mahane Yehuda (p. 86), succursale appréciée d'une micro-brasserie de Tel-Aviv. Les événements programmés varient autant que les bières proposées à la pression.

Roasters
CAFÉ

(Carte p. 76 ; 📞 054-671-0296 ; Haetz Ha'em St ; ⏱ 8h-crépuscule dim-jeu, 9h-14h ven ; 🚊 Mahane Yehuda). Perché sur un tabouret bancal (ou un fût métallique, encore plus instable) de ce café très populaire, en plein marché, savourez un cappuccino mousseux ou un café glacé onctueux, rehaussé d'une dose de sucre liquide.

Casino de Paris
BAR

(Carte p. 76 ; ⏱ 12h-2h dim-jeu, à partir de 21h sam ; 🚊 Mahane Yehuda). Club des officiers anglais (amateurs de gin) sous mandat britannique, le bâtiment fut laissé à l'abandon après 1948, jusqu'à ce que des entrepreneurs locaux décident de lui redonner son éclat d'antan. Aujourd'hui, le Casino de Paris abrite un bar intérieur-extérieur qui sert tapas, pizzas, bières artisanales israéliennes et cocktails dédiés à l'âge d'or du lieu, les années 1920.

Etrog Man
BAR À JUS

(Carte p. 76 ; www.etrogman.com ; Ha'Egoz St ; ⏱ 8h-crépuscule dim-jeu, 9h-14h ven ; 🚊 Mahane Yehuda). Etrog Man "le guérisseur" s'emploie à vous débarrasser de vos divers maux avec un verre glacé de lait de chèvre et fruit de la passion, ou avec son "etrogat", qui vous apportera la paix lors du shabbat. À 5 NIS le verre, il est dur de résister à ce stand sympathique et rafraîchissant.

 Talbiyeh et Colonie allemande

Talbiye
BAR À VINS

(Carte p. 76 ; 📞 02-581-1927 ; www.talbiye.com ; 5 Chopin St, Talbiyeh ; ⏱ 9h30-16h30 et 17h-minuit). Vins israéliens et étrangers coulent à flots dans ce bar à l'esprit bohème, dont le mobilier ancien et la situation à côté du théâtre de Jérusalem attirent une foule aisée de lettrés et de fêtards. Comme son grand frère gastronomique branché, le Machneyuda (p. 107), le Talbiye propose de superbes en-cas et festins européens.

Coffee Mill
CAFÉ

(📞 02-566-1665 ; 23 Emek Refa'im St, Colonie allemande ; ⏱ 7h-23h dim-jeu, 7h-15h ven, 19h-23h sam ; 🚌 4, 18, 21). Une foule polyglotte se presse pour siroter un *latte* dans ce café animé aux murs parés de couvertures du *New Yorker*.

 Où sortir

Amateurs de théâtre, de cinéma et de musique se sentiront à leur place à Jérusalem, dont l'offre culturelle est particulièrement dense en été (juin à août). Si Tel-Aviv accueille la plupart des grands événements internationaux, la scène musicale locale est dynamique et variée dans le centre-ville de Jérusalem. Consultez www.itraveljerusalem.com ou l'édition du vendredi du *Jerusalem Post* pour connaître la programmation et réservez vos billets auprès de **Bimot** (carte p. 88 ; 📞 02-623-7000 ; tickets.bimot.co.il ; 8 Shamai St, centre-ville ; ⏱ 9h-19h dim-jeu, 9h-13h ven ; 🚊 Jaffa Center).

LA JÉRUSALEM LGBT

La scène gay, lesbienne, bisexuelle et transsexuelle de la très religieuse Jérusalem est nettement plus contenue que celle de Tel-Aviv. Les démonstrations d'affection en public, en particulier entre personnes du même sexe, sont mal vues dans les quartiers juifs orthodoxes et à Jérusalem-Est.

Videopub (p. 108) est un bar gay à paillettes avec une toute petite piste de danse. Contactez **Jerusalem Open House** (carte p. 88 ; ☏ 02-625-3191 ; www.joh.org.il ; 1ᵉʳ ét, 2 HaSoreg St ; ◪ City Hall) par e-mail à l'avance pour connaître les événements à venir, certains desquels sont en anglais.

Fin juillet ou début août, la communauté LGBT investit la rue pour la **Jerusalem March for Pride and Tolerance**. Davantage une manifestation pour les droits humains qu'une parade, la marche appelle à la tolérance et rend hommage aux morts et aux blessés de la fusillade de Bar-Noar en 2009, ainsi qu'à Shira Banki, mort poignardé par un ultraorthodoxe lors du défilé de 2015.

Cinémathèque
CINÉMA

(Carte p. 76 ; ☏ 02-565-4333 ; www.jer-cin.org.il ; 11 Hebron Rd, près de la vieille ville ; billets 39 NIS). Avec ses films étrangers de qualité et ses petits festivals sur des thèmes aussi variés que le cinéma gay et le cinéma chinois, la cinémathèque de Jérusalem attire les vrais cinéphiles et les Hiérosolymitains laïques gauchisants. S'y tient le renommé festival du film de Jérusalem (p. 97).

Yellow Submarine
CONCERTS

(☏ 02-679-4040 ; www.yellowsubmarine.org.il ; 13 HaRechavim St, Talpiot). Danse moyen-orientale, pop des Balkans, *soft jazz*, chant religieux juif, ou encore stand-up en anglais : la programmation du Yellow Submarine est d'une diversité extraordinaire. Consultez le programme sur le site Internet.

Zappa in the Lab
CONCERTS

(☏ billetterie 03-762-6666 ; www.zappa-club.co.il ; 28 Hebron Rd, Abu Tor ; ☺ billetterie 9h-21h). Cette salle de style industriel, aménagée dans un entrepôt ferroviaire désaffecté dont la pierre érodée est mise en valeur par le rétroéclairage du bar, accueille (principalement en soirée) des concerts jazz, folk, rock et pop, ainsi que quelques *tribute bands* et humoristes. Consultez le site Internet (réservation conseillée).

Théâtre de Jérusalem
SPECTACLES

(Jerusalem Centre for the Performing Arts ; carte p. 76 ; ☏ 02-560-5755 ; www.jerusalem-theatre. co.il ; 20 David Marcus St, Talbiyeh ; ☺ billetterie 9h30-19h30 dim-jeu, 9h30-13h ven). Ce complexe comprend une salle de concert, un cinéma, des théâtres et un café. On peut y voir des concerts (l'Orchestre symphonique de Jérusalem s'y produit régulièrement), des

comédies, des pièces de théâtre pour enfant et des spectacles de danse.

Certains spectacles joués au **Sherover Theatre**, la plus grande scène, sont surtitrés en anglais.

 Achats

Jérusalem est un excellent endroit où acheter des objets typiques de la culture juive : faites un tour au Cardo (p. 69), dans la vieille ville ou dans la rue Yo'el Salomon du centre-ville. Évitez David St (vieille ville), où les articles sont généralement de qualité inférieure. Ailleurs, les délicates céramiques arméniennes et les produits alimentaires (café, épices, pâtisseries emballées) proposés dans le quartier musulman et au marché de Mahane Yehuda (p. 86) font d'excellents cadeaux.

 Vieille ville

Sandrouni Armenian Art Centre
CÉRAMIQUES

(Carte p. 52 ; ☏ 02-626-3744 ; www.sandrouni.com ; 4 HaAhkim St ; ☺ 9h30-19h lun-sam). Lorsque l'on passe la porte Neuve vers la vieille ville, difficile de résister à la tentation de faire un tour dans l'atelier coloré des frères arméniens George et Dorin Sandrouni. Depuis 1983, ils y produisent des céramiques arméniennes traditionnelles : objets en forme de grenade (le fruit !), assiettes décoratives et carreaux de faïence aux motifs de poissons, de fleurs et de symboles de paix.

Heifetz
SOUVENIRS

(Carte p. 52 ; ☏ 02-628-0061 ; www.bennyheifetz. com ; 24 Tiferet Israel Rd ; ☺ 10h-17h dim-jeu, 10h-14h ven). Dans son atelier, Benny Heifetz revisite les objets rituels juifs traditionnels dans un style épuré et contemporain. Il réalise des pointeurs de lecture de la Torah en argent, des candélabres aux formes irrégulières, ainsi que de beaux bijoux à thèmes juifs (étoiles de David et *haï* notamment).

Bint Al-Balad Workshop & Café — ARTISANAT
(Carte p. 52 ; ☑02-627-7333, 02-628-1377 ; www.araborthodoxsociety.com ; HaAhkim St ; h9h-15h lun-sam ; 🚇City Hall). Dirigée par la Société arabe orthodoxe, cette boutique vend des vêtements, sacs et oreillers brodés, confectionnés par des Cisjordaniennes œuvrant à la préservation des traditions artisanales palestiniennes. Café et pâtisseries de style palestinien également proposés.

Alan Baidun — ANTIQUITÉS
(Carte p. 52 ; ☑02-626-1469 ; www.baidun.com ; 28 Via Dolorosa ; ⊘10h-19h sam-jeu). Les chineurs retrouveront le sourire dans la boutique d'Alan Baidun, l'une des rares de la vieille ville à vendre des objets anciens de qualité, notamment des amulettes égyptiennes et d'exquises œuvres d'art islamique. Tous possèdent un certificat d'exportation et de provenance.

🏛 Jérusalem-Est

Educational Bookshop & Cafe — LIVRES
(Carte p. 76 ; ☑02-628-3704 ; www.educational-bookshop.com ; 19 Salah Ad Din St ; ⊘8h-20h ; ☎ ; 🚇Shivtei Israel). Point de départ idéal pour visiter Jérusalem-Est, cette librairie attire journalistes, travailleurs humanitaires, militants et amateurs d'art. Elle dispose d'un choix impressionnant de livres et de DVD sur le conflit israélo-arabe, ainsi que d'une bonne sélection de magazines et de CD de musique palestinienne. Attardez-vous dans le tout petit café à l'étage pour un thé, un sandwich.

Armenian Ceramics — CÉRAMIQUE
(Carte p. 76 ; ☑02-628-2826 ; www.armenian-ceramics.com ; 14 Derekh Shchem (Nablus Rd) ; ⊘8h-17h ; 🚇Shivtei Israel). Cette affaire familiale, gérée par le petit-fils d'un maître potier originaire de Turquie, est l'atelier de céramique de style arménien le plus ancien de Jérusalem. Fondée en 1922 et ressuscitée après sa destruction lors de la guerre des Six-Jours, la fabrique propose toujours de magnifiques carreaux peints à la main.

En face du consulat américain, dans Jérusalem-Est. Repérez le panneau "Palestinian Ceramics" ; il se peut que vous deviez sonner ou appeler pour entrer.

Sunbala — ARTISANAT
(☑02-672-1707 ; www.sunbula.org ; angle Derekh Shchem (Nablus Rd) et Sheikh Jarah ; ⊘12h-18h lun-jeu et sam ; 🚇Shimon Ha-Tsadik). Cette association à but non lucratif vise à autonomiser les artisans palestiniens en promouvant et en vendant leurs objets d'artisanat traditionnel faits main (broderie, vannerie, tissage, sculptures et savons à l'huile d'olive). Elle possède deux boutiques à Jérusalem, la seconde se trouvant dans la St Andrew's Scottish Guesthouse (p. 101).

🏛 Centre-ville

Greenvurcel — SOUVENIRS
(Carte p. 88 ; ☑02-622-1620 ; www.greenvurcel.co.il ; 27 Yo'el Salomon St ; ⊘10h-22h dim-jeu, 10h-14h ven, 1 heure après le shabbat-23h sam ; 🚇Jaffa Center). Les œuvres de ferronnerie de Yaakov Greenvurcel se distinguent par leur style élégant et épuré. L'artiste aux multiples talents réalise des objets juifs comme des toupies de Hanoucca et des plateaux de *challah* étincelants, ainsi que des bijoux très contemporains avec perles de Tahiti, pierres semi-précieuses ou motifs abstraits.

Arman Darian Ceramic — CÉRAMIQUE
(Carte p. 88 ; ☑02-623-4802 ; www.facebook.com/arman.darian.ceramic ; 12 Shlomzion HaMalka St ; ⊘horaires variables ; 🚇City Hall). Né à Erevan, Arman Darian est sans doute le céramiste le plus connu d'Israël, ses œuvres ornant de nombreux bâtiments publics. Son atelier-boutique, fondé en 1986, est rempli de vases, assiettes et carreaux de céramique habilement décorés, ainsi que de pièces plus importantes comme des tables couvertes de faïence arménienne bleu et blanc.

Danny Azoulay — SOUVENIRS
(Carte p. 88 ; ☑02-623-3918 ; www.ketubahazoulayart.com ; 5 Yo'el Salomon St ; ⊘10h-19h dim-jeu, 10h-14h30 ven ; 🚇Jaffa Center). Puisant son inspiration en Europe et au Moyen-Orient, cet artiste né au Maroc réalise des *ketouba* (contrats de mariage juifs) aux motifs en dentelle découpés dans le papier. Sont également en vente de jolis pots de miel en céramique, des photos encadrées et d'autres objets juifs.

Kippa Man — MODE, ACCESSOIRES
(Carte p. 88 ; ☑02-622-1255 ; 5 Ben Yehuda St ; ⊘horaires variables dim-jeu ; 🚇Jaffa Center). L'extraordinaire collection de kippas (à partir de 15 NIS) de cette boutique de la rue piétonne Ben Yehuda s'étale jusque dans l'entrée, les

thèmes allant des plus classiques (comme l'étoile de David) aux plus insolites (smiley, logo des Chicago Bulls, etc.).

Steimatzky
LIVRES

(Carte p. 88 ; www.steimatzky.co.il ; 33 Jaffa Rd ; ⏱8h30-20h lun-jeu, 8h30-15h ven ; 🚊 Jaffa Center). Chaîne de librairies possédant plusieurs points de vente à Jérusalem, dont celui-ci sur Jaffa Rd et un autre dans la **Colonie allemande** (43 Emek Refa'im St ; ⏱8h30-22h dim-jeu, 8h30-15h ven, 21h-22h30 sam). Bonne sélection de livres en anglais.

Librairie Vice-Versa
LIVRES

(www.viceversalib.com ; 1 Ben Shatah St ; ⏱9h-19h dim-jeu, 10h-13h ven en été, 9h-18h30 dim-jeu, 10h-13h ven en hiver ; 🚊City Hall). Une librairie française où trouver des titres traduits de l'hébreu et des ouvrages sur Israël.

Lametayel
SPORTS ET PLEIN AIR

(Carte p. 88 ; ☎077-333-4504 ; www.lametayel.co.il ; 5 Yo'el Salomon St ; ⏱10h-20h dim-jeu, 10h-14h ven ; 🚊 Jaffa Center). Matériel de camping de qualité, cartes et guides.

🔒 Mahane Yehuda

♥ Halva Kingdom
ALIMENTATION

(Carte p. 76 ; 12 Haetz Ha'em St ; ⏱8h-coucher du soleil dim-jeu, 8h-14h ven ; 🚊Mahane Yehuda). Le Halva Kingdom fabrique de la pâte de sésame depuis 1947. Difficile de manquer ce stand, avec son enseigne en forme de couronne, ses énormes cylindres de halva et son vendeur qui vous proposera une dégustation. Faites votre choix parmi les divers parfums (rose, pistache, chocolat, etc.).

ℹ Renseignements

ARGENT

Vous trouverez des bureaux de change privés, sans commission, un peu partout dans le centre-ville (aux alentours de la place Zion), à Jérusalem-Est (rue Salah Ad Din) et dans la vieille ville (porte de Jaffa). Dans les quartiers juifs, beaucoup ferment tôt le vendredi et restent clos tout le samedi.

Il existe des banques équipées de DAB à tous les coins de rue, notamment sur la place Zion.

OFFICES DU TOURISME

Appelez la ligne touristique au *3888 (attention à l'astérisque) pour obtenir des renseignements sur les services touristiques ou joindre la police, les services du ministère de l'Intérieur ou les autorités aéroportuaires. En service 24h/24, 7 jours/7.

Christian Information Centre

(☎02-627-2692 ; www.cicts.org ; Omar Ibn Al Khattab Sq, vieille ville ; ⏱9h-17h30 lun-ven, 8h30-12h30 sam). En face de l'entrée de la citadelle, ce centre d'accueil des chrétiens géré par des Franciscains donne des renseignements sur les sites chrétiens de la ville.

Office du tourisme de la porte de Jaffa

(☎02-627-1422 ; www.itraveljerusalem. com ; Jaffa Gate ; ⏱8h30-17h sam-jeu, 8h30-13h30 ven). Principal office du tourisme de Jérusalem. Cartes gratuites, renseignements et conseils. On peut aussi vous réserver un guide. Deuxième bureau après la porte de Jaffa.

SERVICES MÉDICAUX

Hadassah Medical Centre Ein Kerem

(☎service d'urgences 02-677-7222, infos 02-677-6333 ; www.hadassah.org.il ; Kiryat Hadassah). Le campus Ein Kerem de cet hôpital réputé comprend un service d'urgences ouvert 24h/24 et du personnel anglophone et russophone. Prenez un train en direction de l'ouest à la gare routière centrale jusqu'au dernier arrêt (Mt Herzl), puis le bus n°27.

Hadassah Medical Centre Mount Scopus

(☎urgences 02-584-4333, infos 02-584-4222 ; www.hadassah.org.il ; 🚌19). Les urgences (et les urgences pédiatriques) de cet hôpital à but non lucratif situé sur le mont Scopus sont toutes deux ouvertes 24h/24.

Orthodox Society Medical Centre

(☎02-627-1958 ; Greek Orthodox Patriarchate Rd ; ⏱9h-14h lun-ven, 9h-13h sam). Dans le quartier chrétien de la vieille ville. Propose un service médical et dentaire peu onéreux aux voyageurs.

Superpharm

(carte p. 88 ; ☎077-888-1450 ; 9 Mamilla Mall, centre-ville ; ⏱9h30-22h, fermé pdt le shabbat). Pharmacie située entre la porte de Jaffa et le centre-ville.

Terem

(☎1-599-520-520 ; www.terem. com ; 80 Yirmiyahu St, Romema ; ⏱24h/24 ; 🚊Central Station). Excellent centre médical polyglotte, accessible sans rendez-vous. Prend en charge tous les problèmes médicaux, quelle que soit leur gravité. À cinq minutes à pied de la gare routière centrale.

SITES INTERNET

Go Jerusalem (www.gojerusalem.com). Site touristique pratique avec infos sur les événements, circuits et sites d'intérêt.

I Travel Jerusalem (www.itraveljerusalem. com/fr). Site extrêmement utile géré par la municipalité. Propose des itinéraires.

Jerusalem.com (www.jerusalem.com). Aperçu de la ville, de ses sites et événements. Inclut des visites virtuelles des sites importants.

ⓘ Depuis/vers Jérusalem

BUS

Depuis la **gare routière centrale** (www.bus.co.il ; Jaffa Rd ; 🚇 Central Station), des bus rallient toutes les grandes et moyennes villes d'Israël. Réservez votre billet pour Eilat (les bus sont rapidement complets).

Pour le nord de la Cisjordanie, comme Ramallah (bus n°18, 7 NIS), rendez-vous à la **gare routière arabe** (East Jerusalem Central Bus Station ; carte p. 76) de Derech Shchem (Nablus Rd), devant la porte de Damas (bus vert et blanc).

Pour Bethléem, prenez le bus n°21 (8 NIS) à la **gare routière arabe** (Sultan Suleiman St, Jérusalem-Est) située à l'ouest de la porte de Damas près de l'arrêt de tramway (bus bleu et blanc). Pour Hébron, prenez le bus n°21, descendez à Bab Al Zqaq puis prenez un bus pour Hébron (5 NIS).

Obtenez les dernières informations auprès de l'Association des transports de Jérusalem-Est (📞02-627-2881). En règle générale, les bus bleu et blanc rallient le sud de la Cisjordanie et le vert et blanc le nord.

SHEROUT (TAXI COLLECTIF)

Les *sherout* (taxis collectifs) partent plus fréquemment que les bus, mais ils sont souvent un peu plus chers (de quelques shekels). Pendant le shabbat, ils sont les seuls transports à rallier d'autres villes d'Israël. Pour Tel-Aviv, il faut compter 24 NIS par personne en semaine et 30 NIS pendant le week-end et après minuit. Les *sherout* partent du coin des rues Harav Kook et Jaffa, près de la place Zion. À Tel-Aviv, ils s'arrêtent devant la gare routière centrale.

TRAIN

La **gare ferroviaire** (Jerusalem Malha ; 📞 02-577-4000 ; www.rail.co.il ; Yitzhak Moda'i St, Malha ; ◷ billetterie 6h-10h et 15h15-19h45 dim-jeu, 8h45-14h ven) se situe au sud-ouest de la ville, près du Jerusalem Mall. Des trains partent toutes les heures pour les gares Savidor, HaHagana et HaShalom de Tel-Aviv (20 NIS, 1 heure 30). Lors de nos recherches, les trains circulaient entre 6h17 et 21h17 du dimanche au jeudi ; le vendredi, le dernier train partait à 14h46 et un train était disponible le samedi, à 21h45. Depuis Haïfa et la côte, il faut prendre une correspondance à Tel-Aviv.

La gare ferroviaire est desservie par le bus n°18 au départ de King George et le bus n°6 au départ de la gare routière centrale (comptez 45 minutes). Appelez le *5770 (n'oubliez pas l'étoile) pour plus d'informations.

ⓘ Comment circuler

On peut parcourir la vieille ville à pied. Les autres quartiers sont bien desservis par les bus et l'excellent réseau de tramway. Sinon, prenez un taxi avec compteur. Louer une voiture peut être intéressant pour partir en excursion aux monts de Judée.

DEPUIS/VERS L'AÉROPORT

L'aéroport Ben Gourion est à 52 km au nord-ouest de Jérusalem, juste à côté de la route 1 vers Tel-Aviv. **Nesher service taxis** (📞02-625-7227 ou 072-264-6059 ; www.neshertours.co.il) propose des minibus (*sherout*) pour Jérusalem 24h/24 depuis Ben Gourion (64 NIS/passager). Ils partent de la station située devant le hall des arrivées internationales une fois pleins (vous devrez peut-être attendre). Indiquez au chauffeur dans quelle partie de Jérusalem vous allez ; il décidera dans quel ordre déposer les passagers (le trajet peut prendre un certain temps selon la destination des autres passagers). Pour vous rendre à Ben Gourion depuis Jérusalem, appelez Nesher un jour à l'avance pour fixer l'heure à laquelle le taxi collectif passera vous chercher. Si le service peut être bourru, les *sherout* sont fiables et de bon rapport qualité-prix.

Un bus (le n°485) relie désormais toutes les heures Ben Gourion à la gare routière centrale de Jérusalem ; le trajet coûte 16 NIS. On ne peut pas réserver les places ; attendez le bus sur la route devant la gare routière, à côté de l'arrêt indiquant son numéro. En taxi privé, comptez 268 NIS la semaine et 320 NIS le week-end.

ⓘ CARTES RAV-KAV

Pour faciliter vos déplacements en ville, procurez-vous une carte réutilisable Rav-Kav, valable dans le tramway et tous les bus circulant dans l'agglomération de Jérusalem (sauf Jérusalem-Est). Achetez une carte "anonyme" pour 5 NIS auprès d'un chauffeur de bus ou obtenez-en une gratuitement sur présentation de votre passeport au guichet Egged (7h-19h dim-jeu, 7h-14h ven) près du quai n°22 de la gare routière centrale. Créditez sur la carte des trajets simples (5,90 NIS/trajet sans correspondance) ou des forfaits (par jour/sem à partir de 13,50/64 NIS), et passez-la chaque fois que vous prenez le tramway ou le bus. Rechargez la carte aux billetteries automatiques des arrêts de tramway, dans les bus ou au guichet Egged (gare routière centrale). Un enfant de moins de 5 ans peut voyager gratuitement avec chaque utilisateur.

DESTINATION	BUS N°	PRIX (NIS)	DURÉE (HEURES)	FRÉQUENCE
Beer Sheva	446, 470	27	1¾	2/heure
Eilat	444	70	5	4/jour
Haïfa	940, 947	37,50	2½-3	toutes les 15 minutes
Massada	444, 486	37,50	2½	presque toutes les heures
Tel-Aviv (terminal Arlozorov)	480	16	1	toutes les 15 minutes
Tel-Aviv (gare routière centrale)	405	16	1	toutes les 15 minutes
Tibériade	961, 962	37,50	2½	presque toutes les heures

BUS

La ville a un bon réseau de bus (5,90 NIS/trajet), qui couvre tous les quartiers de Jérusalem-Ouest (et quelques-uns de Jérusalem-Est). Lignes, horaires et plan des transports publics sur www.jet.gov.il.

Notez que les cartes Rav-Kav, utilisables sur la plupart des bus de l'agglomération de Jérusalem, ne sont pas valables sur les lignes de Jérusalem-Est, gérées par des compagnies privées. Au moment de la rédaction de ce guide, il était prévu d'introduire un système équivalent sur le réseau de Jérusalem-Est.

Pour vous rendre dans des zones de Jérusalem-Est comme le mont des Oliviers (bus n°75, 5 NIS), rejoignez la **gare routière arabe** (carte p. 76 ; Sultan Suleyman St, Jérusalem-Est), près de la porte d'Hérode. Les bus sont bleu et blanc.

TAXI

Comptez entre 25 et 50 NIS pour un trajet dans le centre-ville. Exigez toujours du chauffeur qu'il mette son compteur ; entre 5h30 et 21h (sauf pendant le shabbat), il doit démarrer à 12,30 NIS. Appelez **Hapalmach Taxi** (☎ 02-679-3333) ou cherchez un taxi par quartier (et consultez les tarifs) sur jerusalemtaxies.com/en.

Les chauffeurs près de la porte de Jaffa ont la réputation de refuser d'allumer leur compteur et de surfacturer leurs clients. Si vous devez prendre un taxi depuis cet endroit, demandez à l'office du tourisme proche d'en appeler un pour vous. Les chauffeurs qui attendent près du tombeau de la Vierge Marie sur le mont des Oliviers ont la même réputation.

TRAMWAY

Le **tramway de Jérusalem** (www.citypass. co.il) consiste en une ligne reliant le mont Herzl, à l'ouest de la ville, à Cheyl HaAvir (Pisgat Ze'ev), à l'extrémité nord-est de Jérusalem. Le trajet de 13,9 km compte 23 arrêts et dessert des lieux importants comme la gare routière centrale, le marché de Mahane Yehuda et la porte de Damas. Le tramway circule de 5h30 à minuit (toutes les 10 minutes environ) tous les jours sauf pendant le shabbat. Le vendredi, le service s'arrête 1 heure 30 avant le début du shabbat et reprend 1 heure après la fin du shabbat. On achète les billets (5,90 NIS) auprès des machines situées aux arrêts et on les composte à bord. Des trajets multiples peuvent être crédités sur la carte Rav-Kav.

VÉLO

À Jérusalem, où les pentes sont nombreuses et le centre-ville chaotique, le vélo est uniquement conseillé aux cyclistes chevronnés. L'office du tourisme de la porte de Jaffa fournit des listes d'agences de location de vélos et de cyclotourisme.

Bike Jerusalem (☎ 02-579-6353 ; www. bikejerusalem.com ; location 90 NIS/jour) loue des vélos (avec casque et kit de réparation) et on vient vous chercher en ville. Smart Tour (p. 99) propose des vélos électriques, vous soulageant dans les pentes de Jérusalem. L'hôtel Arcadia Ba'Moshava (p. 102), dans la Colonie allemande, met des vélos à la disposition de ses clients.

VOITURE

Les embouteillages sont fréquents, les conducteurs impatients et le stationnement est plutôt compliqué ; réfléchissez-bien avant de louer une voiture. Les non-résidents peuvent stationner uniquement sur les espaces payants bleu et blanc. Achetez un ticket à l'une des machines proches (5,70 NIS/ heure) et mettez-le en évidence derrière le pare-brise. Le stationnement dans les rues est généralement gratuit le soir et pendant le shabbat. Sinon, inscrivez-vous auprès de Pango (en.pango.co.il) pour localiser les places et payer via une application sur votre téléphone (à certains endroits, Pango est le seul moyen de paiement). Les amendes de stationnement sont très courantes et les voitures mal garées sont rapidement mises en fourrière.

Parking Mamilla (17 Kariv St, centre-ville ; 1re heure gratuite, puis 12 NIS/h, 50 NIS/jour ; ⏰6h-2h) est un emplacement sûr près de la porte de Jaffa.

ENVIRONS DE JÉRUSALEM

Depuis des millénaires, les pèlerins parcourent les monts de Judée pour gagner la ville sainte, érigeant monastères, églises et sanctuaires sur leur chemin. Ce paysage de plaines parsemées de rochers, de basses collines et de vallées, qui dissimulent grottes et tombeaux, concentre splendeurs naturelles et richesses archéologiques. Les sites majeurs peuvent se visiter dans la journée en voiture depuis Jérusalem.

Abu Ghosh أبو غوش אבו גוש

🎵 02 / 7 000 HABITANTS

Églises historiques et paysages vallonnés attirent les voyageurs à Abu Ghosh, 12 km à l'ouest de Jérusalem. Cette petite ville arabe animée, traversée par une route principale raide et fréquentée, propose nombre de cafés et stands de houmous où s'arrêter avant la visite de ses deux sites d'intérêt principaux : une église du temps des croisades et une magnifique basilique. Non loin, un village plus ancien, cité dans la Bible sous le nom de Kiryat Ya'arim (ville des Forêts), aurait abrité l'Arche d'alliance pendant vingt ans, jusqu'à ce que David la transporte à Jérusalem (I Chroniques XIII, 5-8).

👁 À voir

Notre-Dame-de-l'Arche-d'Alliance ÉGLISE
(Angle Kvish Ha-Shalom et Notre Dame St ; ⊙ 8h30-11h30 et 14h30-17h lun-sam ; P). Une statue de la Vierge à l'Enfant couronne cette église érigée au sommet d'une colline, sur le site de Kiryat Ya'arim, qui, selon de nombreux chrétiens, aurait abrité l'Arche d'alliance au cours des règnes des rois Samuel, Saül et David. Sur le sol de l'église, on peut admirer une mosaïque du Ve siècle magnifiquement conservée, provenant de l'église byzantine d'origine, détruite et reconstruite à de multiples reprises. L'édifice actuel date de 1924, décoré dans un splendide style Art déco.

Église de l'abbaye bénédictine Sainte-Marie de la Résurrection ÉGLISE
(Rashid St ; ⊙ 8h30-11h30 et 14h30-17h30 lun-sam). Pièce maîtresse de cet ensemble bénédictin, l'église de la Résurrection, sublime édifice voûté datant du milieu du XIIe siècle, acquis par le gouvernement français au tournant du XXe siècle, fait partie des églises croisées les mieux préservées du pays. Elle est aujourd'hui entourée d'une petite communauté bénédictine française, auprès de laquelle on peut acheter de l'huile d'olive et des icônes religieuses.

🛏 Où se loger

Si la plupart des voyageurs font l'aller-retour depuis Jérusalem dans la journée, il est agréable de passer la nuit à Abu Ghosh pour son charme discret. On y trouve le **Jerusalem Hills Inn** (☎ 077-557-0948 ; jerusalemhillsinn.com ; Rehov HaTut 9 ; s/d à partir de 65/95 $US ; P 🕏) et quelques autres adresses de qualité. Les voyageurs qui disposent d'un budget plus important (et d'une voiture) peuvent s'offrir un séjour au luxueux **Cramim Resort** (☎ 08-638-7797 ; www.isrotel.com/cramim ; ch à partir de 330 $US ; P @ 🕏 ✉) de Kiryat Anavim, à 2,5 km à l'est.

🍴 Où se restaurer

Kvish Ha-Shalom, la route principale, compte plusieurs cafés, supérettes et restaurants, dont deux quelconques qui ont pour spécialité le houmous et nommés Abu Shukri (sans rapport avec le célèbre établissement éponyme du vieux Jérusalem).

💙 **Sultan Sweets & Cafe** PÂTISSERIES **$**
(Haj Musa 8 ; pâtisseries à partir de 10 NIS ; ⊙ 9h-20h lun-sam). Ce café sympathique, décoré d'instruments de musique et passant de la pop arabe, offre un cadre où déguster un baklava, une tranche de halva ou un *kenafeh* bien sirupeux, accompagné d'un café fort.

ℹ Depuis/vers Abu Ghosh

Abu Ghosh se situe à 12 km à l'ouest de Jérusalem par la route 1. Les Superbus n°s185 et 189 s'y rendent au départ d'un arrêt situé dans Shazar Blvd, en face du Jerusalem International Convention Center et près de la gare routière centrale (9,60 NIS, 30 min, toutes les 30 min).

Latroun اللطرون לטרון

Juste à l'ouest de la route 1 entre Tel-Aviv et Jérusalem, Latroun est moins une ville qu'un nœud de routes vrombissantes, qui contrastent avec les paisibles oliveraies et vignes alentour. Le monastère de Latroun, dont les moines produisent de l'huile d'olive et du vin depuis sa fondation, et le parc de loisirs Mini Israel voisin (les deux principaux – voire seuls – attraits de la région) en font une plaisante destination pour une excursion au départ de Jérusalem ou de Tel-Aviv.

Environs de Jérusalem

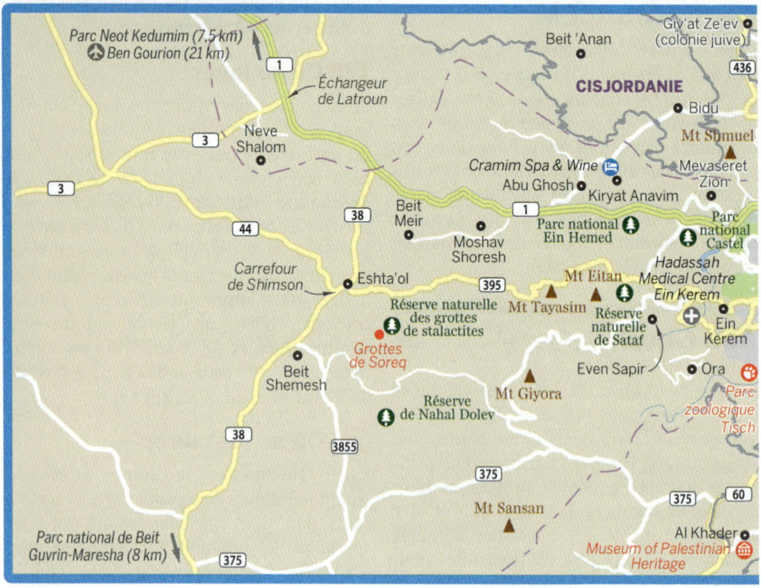

Parc Neot Kedumim (7,5 km)
 *Ben Gourion (21 km)*
Échangeur de Latroun

1

3
Neve Shalom

Beit 'Anan

Gi'at Ze'ev (colonie juive)

CISJORDANIE

436

Bidu

Mt Shmuel

3

Beit Meir

38

Cramim Spa & Wine
Abu Ghosh

Kiryat Anavim

Mevaseret Zion

Parc national Ein Hemed

1

Parc national Castel

44

Moshav Shoresh

Hadassah Medical Centre Ein Kerem

Carrefour de Shimson
Eshta'ol

395

Mt Eitan

Réserve naturelle des grottes de stalactites

Mt Tayasim

Réserve naturelle de Sataf

Ein Kerem

Grottes de Soreq

Beit Shemesh

Even Sapir

Ora

Parc zoologique Tisch

Réserve de Nahal Dolev

Mt Giyora

38

3855

375

375

60

Mt Sansan

Al Khader

Parc national de Beit Guvrin-Maresha (8 km)

375

Museum of Palestinian Heritage

◉ À voir

Monastère de Latroun   MONASTÈRE
(www.holy-wine.com ; ⊘église 8h30-11h30 et 14h30-16h lun-sam l'hiver, 8h30-12h et 15h30-17h lun-sam l'été, boutique 8h-17h lun-sam l'hiver, 8h30-17h30 lun-sam l'été ; Ⓟ). Ce qui amène les visiteurs au monastère de Latroun, ce n'est pas seulement sa sérénité et son église, mais aussi sa production d'huile d'olive et de vin. Des moines trappistes français s'installèrent ici en 1890 et entreprirent de cultiver la terre. Ils quittèrent les lieux pendant la Première Guerre mondiale avant de revenir en 1926 pour construire l'ensemble monastique que l'on voit aujourd'hui, ses élégantes arches, ses beaux vitraux et ses jardins fleuris ceints de hauts murs de brique. La boutique de souvenirs propose un excellent choix de produits, notamment huiles, vin et savons à l'huile d'olive.

Mini Israel   PARC DE LOISIRS
(☎1-700-559-559 ; www.minisrael.co.il ; tarif plein/réduit 69/59 NIS ; ⊘10h-17h dim-jeu et sam tte l'année, 10h-22h ven juil-août, 10h-14h ven sept-juin ; Ⓟ). Plus de 380 grands sites touristiques d'Israël sont réduits à une échelle lilliputienne dans ce parc de loisirs amusant et apprécié des enfants. Les chemins passent parmi les maquettes de villes comme Tel-Aviv et Haïfa, mais aussi un modèle réduit des ruines de Césarée et, curieusement, d'une usine Coca-Cola. Les maquettes mobiles des skieurs sur les pistes du mont Hermon et des fidèles au mur des Lamentations sont saisissants.

❶ Depuis/vers Latroun

Les bus nᵒˢ404, 433, 434 et 435 circulent entre Latroun et la gare routière centrale de Jérusalem (16 NIS, 30 min, fréquents).

Neot Kedumim

(Réserve de paysage biblique ; ☎08-977-0777 ; www.neot-kedumim.org.il ; près de la rte 443 ; adulte/enfant 25/20 NIS ; ⊘8h30-16h dim-jeu, 8h30-13h ven). Cette réserve de 2,5 km² est le meilleur endroit du pays pour avoir un aperçu des paysages naturels et agricoles de la Terre sainte pendant la période biblique. Munis d'un guide sur la faune et la flore locales, les visiteurs suivent quatre sentiers écologiques (jusqu'à 3 heures 30 de marche) passant par des dattiers et des pressoirs à huile anciens.

À 9 km au sud-est de l'aéroport international Ben Gourion et à 17 km au nord de Latroun.

N 0 ——————————— 10 km

Shu'fat

60

Jérusalem

1

Abu
Dis

Ma'ale
Adumim
(colonie juive)

Voir carte Jérusalem (p. 48)

Gilo
(colonie
juive)

Har Homa/Jabal Abu
Ghneim (colonie juive)

Bethléem

Beit
Jala

Beit Sahour

398

CISJORDANIE

Artas

Désert de Judée

Grottes de Sorek

מערת שורק

مغارة سوريك

D'innombrables stalactites ornent les grottes de Sorek (grottes de stalactites, grottes d'Avshalom ; ☎02-991-1117 ; www.parks.org.il ; Beit-Shemesh ; tarif plein/réduit/enfant 29/25/15 NIS ; ⊙8h-17h sam-jeu, 8h-15h en avr-sept, 8h-16h sam-jeu, 8h-14h ven oct-mars), dont les illuminations bleues et violettes ajoutent à la magie du lieu. Un petit film explique la formation des grottes (4 800 m²) et leur découverte accidentelle en 1967 par une équipe d'extraction.

Les promenades guidées régulières (45 minutes environ), sur le parcours aménagé, attirent l'attention sur certaines des formations les plus intéressantes.

Parc national de Beit Guvrin-Maresha

حديقة وطنية بيت جبرين ماريشا

בית גוברין-מרשה פארק לאומי

Les vallées rocheuses et les basses collines du **parc national de Beit Guvrin-Maresha** (☎08-681-1020 ; www.parks.org.il ; près de la rte 35 ; adulte/enfant 28/14 NIS ; ⊙8h-16h

sam-jeu, 8h-15h ven), couvrant 5 km² des monts de Judée, sont peuplées de gazelles de montagne, de hyènes et d'oiseaux chanteurs, mais les nombreux visiteurs viennent principalement pour les vestiges de la cité biblique de Maresha et les tombeaux nichés dans les grottes de calcaire blanc. Comptez 2 heures pour le circuit complet des sites classés par l'Unesco en voiture depuis l'entrée (dans le sens contraire des aiguilles d'une montre), avec haltes aux tombeaux, et une demi-journée si vous souhaitez parcourir les sentiers pédestres.

Sur une colline de 30 m de haut, le site de **Tel Maresha** (près du parking B) révèle les vestiges de remparts restés debout pendant plus de 800 ans, entre les IXᵉ et Iᵉʳ siècles av. J.-C., ainsi que les fondations d'une grande **villa** datant de la fin de cette période. Continuez sur la route du parc jusqu'au parking C pour atteindre les époustouflantes **grottes sidoniennes**, où furent inhumés la plupart des citoyens illustres de la cité antique. En entrant, admirez les peintures murales d'animaux, de poissons et d'urnes soigneusement restaurées. Parmi les fascinantes découvertes archéologiques faites ici, l'inscription "Je couche avec quelqu'un d'autre, mais c'est toi que j'aime" fait l'objet de nombreux débats.

Plus loin sur la route, un sentier pédestre conduit aux ruines de l'**église Sainte-Anne** de l'époque des croisés, appelée "Sandahanna" par les populations arabes locales. Vers la sortie du parc, on découvre les **grottes-cloches**, dont les formes voluptueuses furent ciselées par les carriers de l'époque byzantine et du début de la période islamique. En quittant le parc, on trouve une station-service juste à l'ouest sur le côté opposé de la route et, non loin, les ruines usées par les intempéries d'un **amphithéâtre romain** et des **bains** de 4 000 m².

Archaeological Seminars BÉNÉVOLAT (www.archesem.com ; adulte/enfant 30/25 $US ; ⊙sur demande). Les sessions de fouilles de 3 heures ("Dig for a Day") organisées par l'Archaeological Seminars Institute offrent l'occasion aux adultes et aux enfants de plus de 4 ans de jouer les Indiana Jones dans le parc national de Beit Guvrin-Maresha.

Tel-Aviv - Jaffa (Yafo)

תֵל-אָבִיב–יָפוֹ   تــل ابـيـب–يافا

03 / 432 892 HABITANTS

Le top des restaurants

➡ Dalida (p. 147)
➡ Kalamata (p. 148)
➡ Miznon (p. 144)
➡ Ouzeria (p. 148)
➡ Port Sa'id (p. 145)

Le top des hébergements

➡ Abraham Hostel (p. 142)
➡ Cinema Hotel (p. 142)
➡ Hotel Montefiore (p. 143)
➡ Mendeli Street Hotel (p. 141)
➡ Shenkin Hotel (p. 143)

Pourquoi y aller

Tel-Aviv est aux antipodes de l'autre grande ville du pays, Jérusalem. Moderne, branchée et cosmopolite, cette "Manhattan" méditerranéenne a l'hédonisme pour religion. Dans cette bande étroite de littoral baignée de soleil, on parle toutes les langues, et ses habitants, dehors la majeure partie du temps, croquent la vie à pleines dents.

Inscrits au patrimoine mondial de l'Unesco, ses beaux immeubles de style Bauhaus lui valent son surnom de "ville blanche", tandis que le vieux port de Jaffa, avec son patrimoine arabe, séduit également, tout comme le quartier tranquille de Neve Tzedek et celui plus tendance de Florentin. Le véritable attrait de la ville, cependant, réside dans le style de vie des Tel-Aviviens. Le voyageur est immédiatement pris par l'ambiance, papillonnant de galeries d'art contemporain et cafés chics un jour, en boutiques d'artisanat et plages paisibles le lendemain. Mais seule une immersion d'une semaine au moins permet d'en saisir l'essence.

Quand partir
Tel-Aviv

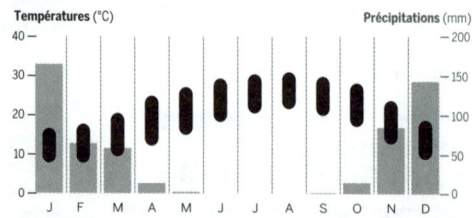

Températures (°C)   Précipitations (mm)

Mars-mai Les bougainvilliers fleurissent et les terrasses de café se repeuplent.

Juin à mi-sept C'est l'époque de la Gay Pride (juin) et des joies balnéaires.

Déc-début mars Malgré le froid et des pluies occasionnelles, la ville est baignée d'un soleil hivernal.

Histoire

Vieux Jaffa

Si la mythologie grecque tient l'endroit pour celui où Andromède aurait été enchaîné à un rocher, les archéologues, eux, ont établi que Jaffa était déjà un port fortifié au XVIIIᵉ siècle avant J.-C. Un document égyptien remontant à environ 1470 avant J.-C. mentionne la conquête de la ville par le Pharaon Thoutmosis III.

Si Jaffa fut envahie successivement par les Assyriens (701 av. J.-C.), les Babyloniens (586 av. J.-C.), et Alexandre le Grand (332 av. J.-C.), elle fut ensuite dominée par l'Égypte hellénistique (301 av. J.-C.) puis connut des soubresauts de nature plus locale, tel celui de la révolte des Macchabées (vers 150 av. J.-C.). Passée sous protectorat romain, elle fut boudée par les conquérants, qui lui préférèrent le port de Césarée.

Tombée sous la domination musulmane en 636, la ville fut prise en 1099 par les croisés, qui la conservèrent jusqu'à l'invasion des Mamelouks en 1268 (sauf entre 1187 et 1191, lorsque Saladin prit la ville et la perdit au profit de Richard 1ᵉʳ d'Angleterre dit Cœur de Lion). S'ensuivirent quatre siècles sous la férule ottomane (1515-1917), brièvement interrompus par Napoléon qui conquit la ville en 1799.

Le regain du XIXᵉ siècle

Au tout début des années 1800, Jaffa n'était qu'une petite bourgade avant que des travaux de réhabilitation ne soient entrepris en 1807 sous le règne de Muhammad Abu Nabbut. Des Juifs se réinstallèrent à Jaffa dès les années 1820, et à la fin du XIXᵉ siècle la ville était devenue le port d'attache de bateaux entiers de pèlerins juifs et d'immigrants. Les fermiers palestiniens cultivèrent un nouveau type d'oranges, connue plus tard sous le nom d'orange de Jaffa (ou Shamouti), et les exportations augmentèrent significativement de 1845 à 1870.

Durant la seconde moitié du XIXᵉ siècle, plusieurs nouveaux quartiers furent établis au nord-est de la ville fortifiée. En 1866, un groupe de chrétiens américains du Maine fonda la Colonie américaine, dont la dissolution, quelques années plus tard, fut suivie par l'installation des membres d'une secte messianique protestante allemande, baptisés les templiers. À la fin des années 1880, de petits groupes de Juifs, fatigués par les conditions de vie étriquées du vieux Jaffa, bâtirent un peu plus loin, dans les dunes, deux nouvelles localités, Neve Tzedek (1887) et Neve Shalom (1890).

La nouvelle ville de Tel-Aviv

En 1906, 60 familles juives originaires de Chisinau et Odessa, conduites par Meïr Dizengoff (1861-1936), un ambitieux homme d'affaires et pionnier du sionisme – qui deviendra le premier maire de Tel-Aviv –, se retrouvèrent à Jaffa avec le projet de construire une nouvelle ville juive. En 1909, ces familles achetèrent environ 12,8 ha de dunes au nord de la ville, les divisèrent en 60 lots, et organisèrent une loterie (avec des coquillages) pour attribuer chaque lopin de ce qui deviendrait un jour le secteur du carrefour entre la rue Hertzl et le boulevard Rothschild. Ils prirent pour modèle d'urbanisme la "cité-jardin" anglaise (une communauté autonome établie sur plans et dotée de nombreux parc publics et espaces verts). Lorsque la Première Guerre mondiale éclata, en 1914, 140 maisons avaient été construites.

Le nom de Tel-Aviv ("colline du printemps") vient de la traduction en hébreu du titre du roman de Theodor Herzl, *Altneuland*, lui-même tiré d'Ézéchiel III, 15.

Le mandat britannique

La construction de la nouvelle ville s'interrompit en 1917 avec l'expulsion de la population juive de Jaffa et de Tel-Aviv par les Ottomans, mais le mandat britannique en Palestine permit la reprise d'une croissance exponentielle après la Première Guerre mondiale. Suite aux émeutes arabes de Jaffa en 1921, de nombreux Juifs trouvèrent refuge à Tel-Aviv, dont la population avoisinait, en 1925, les 34 000 âmes.

Les années 1930 se traduisirent par l'arrivée massive de Juifs venus de l'étranger – dont un certain nombre avaient quitté l'Allemagne nazie. Dès 1936, le boycott des marchandises et des passagers juifs par les travailleurs du port de Jaffa obligea la municipalité à se doter de son propre port. En 1939, la population atteignait 160 000 habitants. Pendant ce temps, à quelques kilomètres au nord-est, certains ressortissants allemands de la colonie templière de Sarona exhibaient le drapeau nazi.

Les architectes juifs, qui avaient fui le régime hitlérien, conçurent des immeubles inspirés du style International ou Bauhaus, lequel deviendrait bientôt caractéristique de la ville.

Map labels

Terminal Reading
Vieux port (Namal)
Rokach Blvd
Eretz Israel Museum (500 m)
Yitzhak Rabin Center (800 m)
Palmach Museum (1 km)
Ramat Aviv (1 km)
Beit Hatfutsot (2,5 km)
Université de Tel-Aviv (2,5 km)
Sde Dov (2,5 km)
7 Parc HaYarkon
Yarkon
Ussishkin St
Namir Rd (Hwy 2)

Metzitzim Beach
Nordau Beach
Yehuda HaMaccabi St
Pinkas St
Ibn Gabirol St

Voir carte Centre-ville nord (p. 128)
Hilton Beach
Parc de l'Indépendance
Basel St
Jabotinsky St
Yehoshu'a Bin Nun St
Bloch St
HaMedina Sq
Gare ferroviaire Savidor (Tel-Aviv Merkaz)

Marina de Tel-Aviv
HaYarkon St
Dizengoff St
Sokolov St
Arlozorov St
Weizmann St
Terminal des bus Arlozorov
20

MER MÉDITERRANÉE
1 Gordon Beach
Ben-Gurion Blvd
Ben Yehuda St
Shlomo HaMelekh St
Yitzhak Rabin Memorial Sq
David HaMelekh Ave
Ichilov Hospital

Frishman Beach
Gordon St
Frishman St
Chen Blvd
Tel Aviv Museum of Art 3
Dubnov St
Shaul HaMelekh Blvd

Dizengoff Sq (Kikar Dizengoff)
Zamenhoff St
Centre Azrieli
Ayalon Hwy

Bograshov Beach
Bograshov St
Dizengoff St
HaBima Sq
Kaplan St
Gare ferroviaire HaShalom
HaShalom Rd

Jerusalem Beach
Pinsker St
Ben Zion Ave
Herbert Samuel Esplanade
HaYarkon St
Allenby St
Geula St
Tchernichovsky St
King George St
HaHashmona'im St
Carlebach St
SARONA
Safari Ramat Gan (4 km)

Banana Beach
QUARTIER YÉMÉNITE
Sheinken St
Rothschild Blvd
Lincoln St
Menachem Begin Rd
HaMasger St

Marché du Carmel
Daniel St
Balfour St
Allenby St
Parc Charles Clore
Yitzhak Sadeh St

Neve Tzedek 5
Boulevard Rothschild 4
Yehuda HaLevi St
HaRakevet St
Salmon St
Ayalon Hwy
Yigal Alon St
La Guardia St

NEVE TZEDEK
Jaffa Rd
Prof Yehezkel Kaufmann St
20

Alma Beach
Voir carte Jaffa (p. 135)
Florentin 6
Florentin St
Eilat St
Effrati St
HaAliya St
Levinsky St
HaTzion Ave
Rosh Pina St
Gare routière centrale
Voir carte Centre-ville sud (p. 124)
HaCharash St
Ben Gourion (25 km)

2 Marché aux puces de Jaffa
Salame (Shlomo) Rd
Gare ferroviaire HaHagana

0 ——— 1 km

À ne pas manquer

1 La célèbre **Gordon Beach** (p. 31) plage parfaite pour la baignade, le farniente et le beach-volley.

2 Les bars bohèmes et les boutiques arabes du **marché aux puces de Jaffa** (p. 136).

3 Les merveilles impressionnistes et les œuvres contemporaines du **Tel Aviv Museum of Art** (p. 122).

4 Les cafés chics et les immeubles de style Bauhaus du **boulevard Rothschild** (p. 126).

5 Les ruelles étroites et paisibles de **Neve Tzedek** (p. 127), le plus vieux quartier de la ville.

6 Les bars et le street art de **Florentin** (p. 130), le quartier tendance.

7 Le **parc HaYarkon** (p. 133), grand espace vert de Tel-Aviv fréquenté par les marcheurs, les joggeurs et les cyclistes.

Dès le début de la Seconde Guerre mondiale en 1939, de nombreux Juifs de Tel-Aviv s'engagèrent dans l'armée britannique et la ville accueillit les soldats alliés tout en devenant l'un des centres du mouvement de résistance sioniste à la politique britannique de quotas d'arrivants. La ville fut bombardée en 1940 par l'aviation de Mussolini. Fin 1947, alors que les Britanniques se préparaient à quitter la Palestine, les tensions s'exacerbèrent à la frontière de Jaffa, des tireurs arabes visant les Juifs du haut du minaret de la mosquée Hassan Bek. La Haganah et l'Irgoun (organisations juives armées clandestines) ripostèrent en assiégeant Jaffa. En avril 1948, Jaffa fut prise d'assaut par les forces juives et la majeure partie de ses 70 000 habitants arabes quittèrent la vieille ville portuaire, la plupart pour aller se réfugier à Gaza ou Beyrouth.

De ville à métropole

Le 14 mai 1948, David Ben Gourion proclama l'indépendance de l'État d'Israël depuis la maison du maire, Meïr Dizengoff, sur le boulevard Rothschild. En avril 1949, Tel-Aviv et Jaffa fusionnèrent en une seule et même municipalité. Les anciens habitants arabes ne furent pas autorisés à retourner chez eux en raison de la loi sur les propriétés des absents. Maints logements vides de Jaffa furent ainsi confisqués et repris par des immigrants juifs, dont des milliers venus de Bulgarie, ce qui valut à la ville d'être surnommée la "Petite Sofia".

Dans les années qui suivirent l'indépendance d'Israël, Tel-Aviv continua de s'étendre, au point de transformer en banlieues des localités voisines comme Ramat Gan et Givatayim à l'est et Bat Yam et Holon au sud. Elle devint l'épicentre national en matière de presse, de littérature, de théâtre et d'art hébraïques. Les restrictions initiales concernant la hauteur des bâtiments durent être modifiées quand les autorités eurent réalisé que Tel-Aviv n'avait plus d'autre expédient pour s'étendre.

Pendant la guerre du Golfe (1991), Tel-Aviv et ses environs furent touchés par une trentaine de missiles Scud irakiens, lesquels détruisirent des milliers de logements. Vint ensuite l'assassinat, en 1995, du Premier ministre Yitzhak Rabin par un juif orthodoxe extrémiste lors d'une manifestation en faveur du processus de paix sur l'actuelle place Rabin. L'année suivante, le centre fut la cible d'une vague d'attentats-suicides palestiniens, ce qui finit d'anéantir l'optimisme consécutif au processus de paix d'Oslo, et s'ajouta à la morosité économique.

Tel-Aviv aujourd'hui

Le nouveau millénaire a également apporté avec lui son lot de turpitudes, avec notamment une seconde Intifada, marquée d'une dizaine d'attentats-suicides commis en centre-ville. Mais le début du XXIe siècle s'est aussi traduit par un regain de prospérité, lié pour une bonne part au secteur des hautes technologies. En 2003, la municipalité a accepté que ses immeubles Bauhaus soient inscrits au patrimoine mondial, et la restauration de la "ville blanche" est en cours. Les jeunes Israéliens ont commencé à regagner Tel-Aviv et de vieux quartiers comme Neve Tzedek et Ajami, à Jaffa, se sont embourgeoisés.

Durant l'été 2011, tandis que le "printemps arabe" continuait à dominer l'actualité, Tel-Aviv fut au cœur d'une vague de protestations. Les manifestants réclamaient plus de justice sociale et des logements abordables. Mais le mouvement a fini par s'essouffler et la ville est devenue de plus en plus huppée. Des quartiers à l'abandon comme l'ancienne gare ferroviaire ou Sarona ont été transformés en zones de shopping et de divertissement de luxe. Les infrastructures se modernisent et se développent : projet d'un réseau ferroviaire léger, nouvelle promenade de bord de mer, gratte-ciel ultramodernes. Aujourd'hui, Tel-Aviv dépend fortement du tourisme et de sa réputation montante de ville de bord de mer parmi les plus branchées du monde.

🔴 À voir

C'est à pied ou en vélo que vous découvrirez au mieux Tel-Aviv. Les sites incontournables sont peu nombreux : profitez-en pour déambuler à travers les quartiers du centre-ville et alentour, et pour vous détendre sur les belles plages de l'extrémité ouest de la ville. En été, la règle est simple : on passe ses journées à la plage et ses nuits à découvrir certains des meilleurs restaurants et bars du Proche-Orient. En hiver, les musées et les boutiques, suffisamment nombreux, sauront vous occuper à l'instar de l'animation nocturne, tout aussi effervescente qu'en été.

🔵 Centre-ville

La zone qui s'étend à partir d'Arlozorov St, au sud de Sheinken St, est généralement désignée comme le centre-ville (*Merkaz*

TEL-AVIV EN...

Deux jours

Si vous ne disposez que de deux jours, vous n'aurez pas une minute à perdre pour profiter un maximum de la ville. Commencez par petit-déjeuner chez **Benedict** (p. 145) ou tout autre café autour du boulevard Rothschild puis flânez dans le quartier pour admirer ses immeubles Bauhaus. Partez ensuite à la découverte des boutiques du vieux quartier de Neve Tzedek (p. 127) avant d'aller déjeuner au **marché aux puces** (p. 136) de Jaffa et d'en arpenter le quartier historique. Le soir, dégustez la nouvelle cuisine israélienne du trépidant **Port Sa'id** (p. 145) ou du **North Abraxas** (p. 146), plus chic.

Le deuxième jour, savourez une portion bien chaude d'excellent houmous au **Ali Caravan** (p. 148), flânez sur la promenade qui longe la plage, puis passez par le **marché du Carmel** (p. 126) avant de rejoindre le centre-ville pour visiter le superbe **Tel Aviv Museum of Art** (ci-dessous). Le soir, mangez grec à l'**Ouzeria** (p. 148) avant de prendre un verre sous les arbres de la cour du **Kuli Alma** (p. 149), ultra-tendance.

Quatre jours

Deux jours supplémentaires feront la différence et vous permettront de savourer pleinement la quiétude du mode de vie tel-avivien. Passez une matinée à **Hilton Beach** (p. 131) au nord et une autre à **Alma Beach** (p. 132) au sud. Louez un vélo chez **O-Fun** (p. 156) ou partez pour une visite en Segway avec **SmartTour** (☑02-561-8056 ; smart-tour.co.il ; 195 NIS/pers) au départ du port de Jaffa et le long de la plage, sans oublier de vous reposer dans des cafés en chemin. Visitez le musée **Beit Hatfutsot** (p. 133), très complet, à l'université de Tel-Aviv et profitez de la verdure du **parc HaYarkon** (p. 133), avant de revenir dans le centre pour déguster un yaourt glacé aux saveurs audacieuses chez **Tamara** (p. 144). Si vous en avez le temps, parcourez le centre **Sarona** (p. 130) récemment reconverti, participez à une promenade guidée de **Delicious Israel** (p. 140) ou prenez le temps de découvrir, une fois la nuit tombée, les bars et les cafés de la ville.

---

ha-Ir ou *Lev ha-Ir*). Elle comprend le quartier culturel autour d'HaBima Sq, la partie supérieure du Rothschild Blvd (la promenade favorite de la ville), les nombreux commerces du centre Dizengoff, Sarona (p. 130) et du marché du Carmel (p. 126), et les fameuses boutiques de détail et cafés qui jalonnent les rues Dizengoff, Allenby et King George.

Rabin Square   PLACE

Cette immense place pavée est la plus grande de la ville. Rénovée et améliorée ces dernières années, elle est dotée d'un bassin écologique avec fleurs de lotus et carpes koï, d'une fontaine qui s'illumine quand vient la nuit et de cafés branchés. Au nord, trône l'hôtel de ville, de style brutaliste, qui date des années 1960.

L'ancienne place Malchei Israel (place des Rois d'Israël) fut renommée après l'asssassinat du Premier ministre Yitzhak Rabin en 1995. Elle accueille la plupart des événements importants de Tel-Aviv, des festivités du Jour de l'Indépendance aux manifestations et rassemblements pacifistes. Dans

Ibn Gabirol St, près de l'hôtel de ville, un petit mémorial signale l'endroit où Rabin fut touché mortellement par deux balles tirées à bout portant.

Ben-Gurion House   MUSÉE

(Maison de Ben Gourion ; carte p. 128 ; ☑03-522-1010 ; www.bg-house.org ; 17 Ben-Gurion Blvd ; ☺8h-15h dim et mar-jeu, 8h-17h lun, 8h-13h ven, 11h-14h sam). **GRATUIT** Construite entre 1930 et 1931, cette modeste maison près du bord de mer fut la résidence de David Ben Gourion, Premier ministre d'Israël. Sis dans un quartier ouvrier, l'endroit est conservé tel qu'il était à la mort du politicien. Au rez-de-chaussée, des photographies montrent Ben Gourion rencontrant des personnalités comme Nixon, Kennedy et Einstein, tandis qu'à l'étage on peut voir la bibliothèque de l'ancien Premier ministre qui contient des milliers d'ouvrages en différentes langues.

♥ Tel Aviv Museum of Art   MUSÉE

(Carte p. 124 ; ☑03-607-7020 ; www.tamuseum.com ; 27 Shaul HaMelech Blvd ; tarif plein/étudiant/senior/-18 ans 50/40/25 NIS/ gratuit ; ☺10h-18h lun-mer et sam, 10h-21h mar et jeu,

10h-14h ven ; 🅿️🅿️ ; 🚌7, 9, 18, 38, 42, 70, 82). Le bâtiment moderne conçu par l'architecte américain Preston Scott Cohen offre une raison supplémentaire de visiter le musée d'Art de Tel-Aviv, situé à l'extrémité est du centre-ville. Parmi les superbes collections d'art moderne et contemporain qu'il présente, figurent des œuvres de Gauguin, Van Gogh, Picasso, Matisse, Chagall, Modigliani, Kandinsky, Klimt ou encore Mondrian, Ernst et Dalí. Vous pourrez également découvrir l'art israélien et admirer les vieux maîtres de l'art européen que sont Rubens, Van Dyck ou Canaletto. Un musée exceptionnel à ne pas manquer.

Helena Rubinstein Pavilion for Contemporary Art   MUSÉE

(Carte p. 124 ; ☑03-528-7196 ; www.tamuseum. com ; 6 Tarsat Blvd ; 10 NIS ; ⊙10h-16h lun, mer et sam, 10h-21h mar et jeu, 10h-14h ven). Le pavillon d'Art contemporain Helena Rubinstein, du nom de la célèbre créatrice de cosmétiques, fait partie du Tel Aviv Museum of Art. Cet édifice de style International, qui a ouvert en 1959, accueille au dernier étage une collection permanente d'arts décoratifs. Mais son véritable atout se situe au rez-de-chaussée où un espace est consacré aux expositions temporaires d'artistes israéliens et étrangers. La galerie se trouve un peu en retrait de la place HaBima, où figure le Théâtre national.

Jabotinsky Institute   MUSÉE

(Carte p. 124 ; ☑03-528-6523 ; www.jabotinsky. org ; 38 King George St ; ⊙8h-16h dim-jeu). GRATUIT Cet institut de recherche historique dispose d'un petit musée au 1er étage présentant l'histoire et les activités de l'Etzel (Irgoun), organisation militaire clandestine fondée par Ze'ev Jabotinsky en 1931. Plusieurs salles évoquent les activités politiques, littéraires et journalistiques du leader sioniste, ainsi que la Légion juive, qu'il créa (cinq bataillons de volontaires juifs qui servirent dans l'armée britannique durant la Première Guerre mondiale).

Parc Gan Meir   PARC

(Carte p. 124). Faites une pause au calme dans ce parc situé à l'ouest de King George St, où les promeneurs laissent leurs chiens gambader et les enfants s'égayer dans l'aire de jeux. Il y a beaucoup de bancs et d'espaces ombragés, l'idéal pour pique-niquer. Au milieu du parc se trouve l'Israeli LGBT Center (p. 150) et une enseigne de Landwer Cafe.

Beit Ha'ir   CENTRE CULTUREL

(Maison de ville ; carte p. 124 ; ☑03-724-0311 ; beithair.org ; 27 Bialik St ; tarif plein/réduit 20/ 10 NIS, musée Bialik inclus adulte 30 NIS ; ⊙9h-17h lun-jeu, 10h-14h ven et sam). Sis dans une impasse au bout de Bialik St, laquelle compte de nombreux beaux immeubles de style Bauhaus, ce centre culturel comprend deux galeries qui accueillent des expositions temporaires ainsi qu'une exposition permanente de photographies historiques et de documents sur Tel-Aviv. L'édifice, de 1925, servit d'hôtel de ville jusqu'en 1965. On peut y voir une reconstitution du bureau du premier maire, Meïr Dizengoff.

Bialik Museum   MUSÉE

(Carte p. 124 ; ☑03-525-3403 ; 22 Bialik St ; tarif plein/réduit 20/10 NIS, Beit Ha'ir inclus tarif plein 30 NIS ; ⊙11h-17h lun-jeu, 10h-14h ven et sam). Cette villa des années 1920 où vécut le poète israélien Haïm Nahman Bialik (1873-1934) arbore un style Arts and Crafts. Le rez-de-chaussée est richement décoré avec du mobilier réalisé sur mesure, des couleurs vives et des carreaux de céramique représentant les douze tribus d'Israël, l'étoile de David et les signes du zodiaque. La bibliothèque du poète, son bureau et sa chambre sont préservés à l'étage et ses écrits archivés au sous-sol.

Rubin Museum   MUSÉE

(Carte p. 124 ; ☑03-525-5961 ; www.rubinmuseum.org.il ; 14 Bialik St ; tarif plein/réduit/-18 ans 20/10 NIS/gratuit ; ⊙10h-15h lun, mer, jeu et ven, 10h-20h mar, 11h-14h sam). Influencé par Cézanne et Le Douanier Rousseau, Reuven Rubin (1893-1974), né en Roumanie, a immigré en Palestine en 1923. Ses tableaux, qui représentent de superbes paysages et scènes de vie de son pays, sont exposés pour la plupart dans cette galerie, aménagée dans son ancienne demeure. On y découvre des peintures de Jaffa et des portraits illustrant l'immigration juive et les débuts d'Israël.

🎯 Centre-ville (sud)

Tel-Aviv compte une foule de galeries d'art, de cafés, de bars et de boutiques. Mais c'est à la lisière sud du centre-ville que se trouve la plus grande concentration de sites culturels et que fraie la communauté branchée et avant-gardiste.

La section entre Sheinken St et Allenby St, jalonnée de restaurants, de cafés et d'hôtels chics, est bordée à l'est

Centre-ville sud

A B C D

Mendeli St

Bograshov Beach

HaYarkon St

Sirkin St

HaYarkon St

Ben Yehuda St

Herbert Samuel Esplanade

Shalom Aleichem St

Hovevei Tsion St

Bograshov St

Pinsker St

Yosef Trumpeldor St

Ness Ziona St

Idelson St

Pinsker St

Moshe Hess St

3

Tchernichovsky St

Jerusalem Beach

Fountain

Allenby St

82

Yona Hanavi St

Geula St

49

Bialik St

4

66

Israeli LGBT Center

6

16

Hillel HaZaken St

King George St

Hasandlar St

Herbert Samuel Esplanade

HaYarkon St

Hakovshim St

Rabbi Meir St

Najara St

Gedera St

1

Marché du Carmel

25

27

MER MÉDITERRANÉE

Banana Beach

QUARTIER YÉMÉNITE

62

28

72

5

Daniel St

Kappa St

HaCarmel St

Rambam St

Shefer St

58

Mohliver St

70

Gruzenberg St

52

Allenby St

8

Ha'Tavor St

Kalisher St

60

48

22

Montefiore St

Har Sinai St

43

Ahad

53

Parc Charles Clore

Nahalat Binyamin St

7

47

30

33

31

Prof Yehezkel Kaufmann St

Ha'mared St

Degania St

68

38

11

37

Ya'akov St

69

73

Shabazi St

76

Lilienblum St

59

40

41

75

NEVE TZEDEK

Pines St

Yehuda HaLevi St

Zvulun St

67

14

Rokach St

44

Jaffa Rd

34

Alma Beach

17

Levinsky St

HaShuk St

50

13

15

10

Matalon St

42

Kompert St

Arbarbanel St

55

Wolffsohn St

Herzl St

HaAliya St

Eilat St

Eliflet St

Auerbach St

Frenkel St

FLORENTIN

56

29

Vital St

Florentin St

Voir carte Jaffa (p. 135)

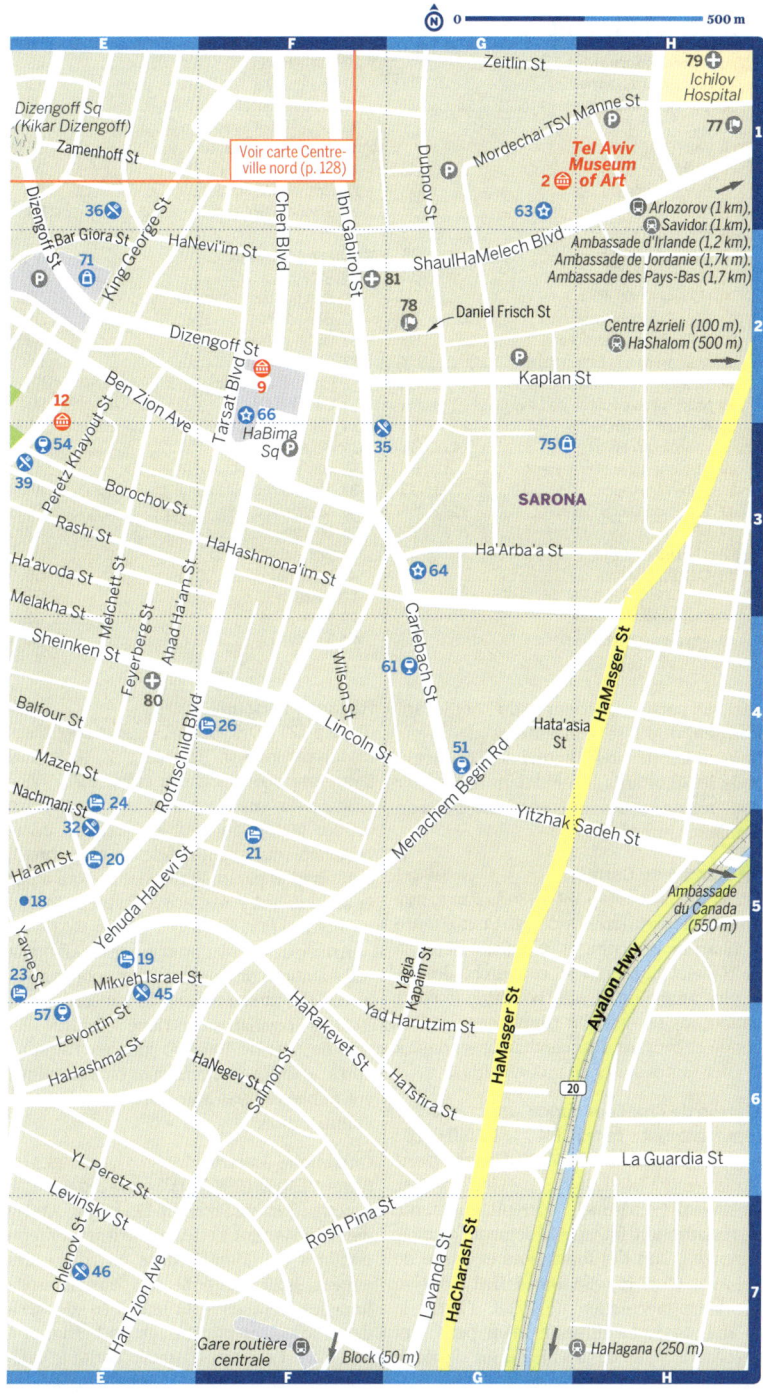

Centre-ville sud

par la partie inférieure du boulevard Rothschild où se concentrent de beaux immeubles de style Bauhaus. Les weekends, les habitants affluent dans le quartier pour retrouver des amis et profiter de son ambiance huppée.

♥ Marché du Carmel   MARCHÉ

(Shuk HaCarmel ; carte p. 124 ; ☺8h-fin d'après-midi dim-jeu, 8h-milieu d'après-midi ven). Coincé entre le quartier yéménite et la partie piétonne de Nahalat Binyamin St, ce marché de rue, le plus animé de la ville, constitue le cœur battant de Tel-Aviv. On trouve dans ce lieu bondé et bruyant des marchands vendant à la criée toutes sortes de produits frais.

Maison de l'Indépendance   ÉDIFICE HISTORIQUE

(Beit Haatzmaut ; carte p. 124 ; ☎03-510-6426 ; eng.ihi.org.il ; 16 Rothschild Blvd ; tarif plein/étudiant/enfant 24/18/16 NIS ; ☺9h-17h dim-jeu, 9h-14h ven). Ce bâtiment décrépit, en attente de restauration, fut jadis la demeure de Meïr Dizengoff, l'un des fondateurs et maire de Tel-Aviv. C'est ici que David Ben Gourion proclama la création de l'État d'Israël le 14 mai 1948. La diffusion d'un petit film précède la visite de la salle où fut signée la déclaration d'indépendance.

Haganah Museum   MUSÉE

(Carte p. 124 ; ☎03-560-8624 ; shimur.org/sites/the-haganah-museum/?lang=en ; 23 Rothschild Blvd ; tarif plein/étudiant et enfant 15/10 NIS ; ☺8h-16h dim-jeu). Ce musée très intéressant retrace la formation et les activités de la Haganah (qui signifie défense en hébreu), organisation paramilitaire sioniste qui a par la suite donné naissance à l'actuelle Tsahal (armée de l'État d'Israël).

Armée de guérilla protégeant les kibboutz (exploitation communautaire et coopératives juives) des attaques dans les années 1920 et 1930, la Haganah a contribué à l'entrée illégale de plus de 100 000 juifs en Palestine après que le gouvernement britannique eut publié en 1939 son Livre blanc limitant l'immigration.

Chelouche Gallery   GALERIE D'ART

(Carte p. 124 ; ☎03-620-0068 ; www.chelouchegallery.com ; 7 Mazeh St ; ☺11h-19h lun-jeu, 10h-14h ven et 11h-14h sam). Cette galerie d'art contemporain a élu domicile dans un édifice des années 1920 composé de deux maisons jumelles, lesquelles tinrent lieu de résidence à leur architecte, Joseph Berlin, et à son frère. Le rez-de-chaussée abrite le café-librairie Tola'at Sfarim ("Bouquineur").

Maine Friendship House   MUSÉE

(☎ 03-681-9225 ; www.jaffacolony.com ; 10 Auerbach St ; ⊙ 12h-15h ven, 14-16h sam). Premier quartier hors de Jaffa, la Colonie américaine fut établie par un groupe de chrétiens américains en 1860. L'histoire de leur installation malchanceuse (certains diraient insensée) est racontée au musée de la Maine Friendship House. La zone, vétuste mais néanmoins charmante, se concentre à l'angle des rues Auerbach et Be'er Hoffman, à 1 km au nord-est du vieux Jaffa.

Le musée n'est ouvert que deux jours par semaine, mais le personnel vous ouvrira les portes si vous appelez avant de venir.

En 1866, 157 hommes, femmes et enfants, conduits par George J. Adams, un prêcheur excentrique et charismatique (de fait, un Mormon excommunié), quittent Jonesboro, dans le Maine, sur un trois-mâts baptisé *Nellie Chapin*. Ils emportent avec eux 22 maisons de bois préfabriquées ainsi que des équipements agricoles. Leur destination : la Terre sainte, où ils espèrent préparer le terrain pour le retour de la population juive. Mais les maladies, les dissensions et l'alcoolisme du prêtre feront échouer rapidement l'entreprise.

En 1868, seuls 20 colons demeurent et la majeure partie des propriétés de la colonie sont vendues aux templiers allemands l'année suivante. Aujourd'hui quelques-unes des maisons subsistent, tout comme l'**église templière de l'Emmanuel** (www.immanuel-church-jaffa.com ; 15 Be'er Hoffman St ; ⊙ 10h-14h mar-ven), construite en 1904 et aujourd'hui luthérienne. Son orgue est régulièrement utilisé pour des concerts.

Marché aux épices
de Levinsky   MARCHÉ

(Shuk Levinsky ; carte p. 124 ; www.shuktlv.co.il ; Levinsky St, angle Herzl St et HaAliya St). Appréciée autant par les chefs réputés que les cuistots du quartier, cette enfilade de boutiques le long de Levinsky St naquit dans les années 1920 lorsque les immigrés des Balkans vinrent se fournir en épices fraîches, fruits secs, huile d'olive, fromage et autres produits.

⦿ Neve Tzedek

Neve Tzedek, enclave bohème qui s'étend le long d'une pente douce jusqu'à la promenade de Tel-Aviv, est le quartier le plus ancien de la nouvelle ville. Il fut édifié en 1887. Autour de Shabazi St, avec une pente douce descendant vers la promenade de Tel-Aviv, un enchevêtrement de ruelles étroites très animées se déploie, ponctué de bars, de cafés et de boutiques artisanales atypiques.

Centre-ville nord

Metzitzim Beach (400 m),
port (1 km) et Shablul
Jazz Club (1,1 km)

O-Fun (50 m),
Nam (350 m)
et Terminal
Reading (1,2 km)

Parc
de l'Indépendance

Ha'Yarkon St

Ben Yehuda St

Dizengoff St

Jabotinsky St

Arlozorov St

MER
MÉDITERRANÉE

Marina
de Tel-Aviv

Atarim Sq

Dizengoff St

Ben-Gurion Blvd

Natan
HaHahan
St

Ruppin St

Ben Yehuda St

Jean Juarez St

Gordon
Beach

Gordon St

Dizengoff St

Reines St

Herbert Samuel Esplanade

Mapu St

Frishman St

Voir carte Centre-
ville sud (p. 124)

Ha'Yarkon St

Ben Yehuda St

Mendeli St

Sirkin St

Shalom Aleichem St

Hovevei Tsion St

Ben Ami St

Aharonovitch
St

Dizengoff Sq
(Kikar
Dizengoff)

Zamenhoff St

Bograshov St

N ↑ 0 ——————— 200 m

Centre-ville nord

TEL-AVIV - JAFFA (YAFO) À VOIR

Suzanne Dellal Centre   CENTRE D'ART
(Carte p. 124 ; ☎03-510-5656 ; www.suzannedel-lal.org.il ; 5 Yechiely St, Neve Tzedek). Première école construite en dehors de Jaffa, cet édifice de 1892, sis dans un cadre verdoyant, fut transformé en centre culturel entre 1984 et 1989, ce qui participa de l'embourgeoisement du quartier de Neve Tzedek. Le centre accueille désormais des festivals et d'autres manifestations culturelles, souvent axées sur la danse. C'est

aussi le lieu de résidence de la célèbre compagnie de danse Bat Sheva.

Nahum Gutman Museum of Art   MUSÉE (Carte p. 124 ; ☑ 03-516-1970 ; www.gutmanmuseum.co.il ; 21 Shimon Rokah St, Neve Tzedek ; adulte/enfant 24/12 NIS ; ⊙10h-16h lun-jeu, 10h-14h ven, 10h-15h sam). Installé dans une rue calme et pittoresque de Neve Tzedek, ce musée réunit 200 œuvres de l'artiste israélien Nahum Gutman (1898-1980), l'un des plus célèbres peintres et illustrateurs de livres pour enfants du pays. La famille Gutman fut l'une des premières familles juives à s'installer à Tel-Aviv.

◉ **Florentin**

David Florentin, un Grec juif qui acheta l'endroit dans les années 1920, a donné son nom au quartier artistique de Tel-Aviv. Il attire des designers, des musiciens, des photographes et quelques graffeurs de talent. Installez-vous dans un bar ou dans un café de Vittal St pour vous plonger dans son atmosphère hipster.

◉ **Plages et ports de Tel-Aviv**

Par beau temps, les habitants de Tel-Aviv sont nombreux à profiter des plages dorées de la ville, lesquelles se succèdent sur 14 km le long de la côte, chacune ayant son caractère propre. Jeunes et vieux y lézardent au soleil, se baignent ou disputent des parties de *matkot* (jeu de raquettes de plage) acharnées.L'eau est propre, et les plages sont toutes équipées de vestiaires et de douches. Tenez bien compte des indications données par les maîtres-nageurs : le drapeau noir signifie qu'il est interdit de se baigner, le rouge qu'il y a des risques, le blanc que tout va bien. Elles sont surveillées entre mai et octobre jusqu'à 18h environ.

Les plages sont bondées en été, les foules affluant tôt pour trouver le meilleur emplacement. Le prix de la location de matériel est fixé par la municipalité : une chaise de plage ou un parasol vous coûteront 6 NIS et une chaise longue 12 NIS. La ville propose aussi une connexion Wi-Fi gratuite. Vous entendrez peut-être quelqu'un crier "Arctic" : c'est un vendeur de glaces à l'eau.

SARONA D'HIER ET D'AUJOURD'HUI

En 1871, un groupe de chrétiens piétistes du sud-ouest de l'Allemagne, connu sous le nom de templiers (à ne pas confondre avec les chevaliers médiévaux de l'ordre des Templiers), s'établit, à 4 km au nord-est de Jaffa, au bord de la rivière Ayalon, en une petite colonie agricole, baptisée Sarona. Les techniques qu'ils apportèrent en ce domaine eurent d'importantes répercussions sur les premiers sionistes avec qui ils entretenaient de bonnes relations. Exilés en Égypte par les Britanniques à la fin de la Première Guerre mondiale, ils revinrent en 1921 et construisirent des immeubles de style Bauhaus.

Lorsque le parti nazi arriva au pouvoir en Allemagne, certains des habitants de Sarona devinrent de fervents partisans d'Hitler, ce qui se solda par des affrontements avec leurs voisins juifs. Lorsque la Seconde Guerre mondiale éclata, les templiers furent déclarés "sujets du pays ennemis" et Sarona fut transformée en camp d'internement. En 1943, la plupart d'entre eux avaient été déportés en Australie. Après la guerre, le camp fortifié devint une base militaire pour les forces britanniques et donc une cible pour les attaques des différentes organisations militaires juives clandestines (la Haganah, l'Etzel et le Lehi). En décembre 1947, alors qu'ils s'apprêtent à partir, les Britanniques remettent le camp aux dirigeants juifs. Après 1948, le gouvernement israélien convertira les vieux édifices templiers en administrations publiques.

Une trentaine d'anciens bâtiments de la colonie furent restaurés il y a peu et réaménagés en centre commercial. Sis dans un cadre verdoyant, Sarona comprend bureaux, restaurants, bars, cafés, boutiques de mode, galeries d'art, ainsi qu'un centre d'information où est détaillée la fascinante histoire de la colonie. Aujourd'hui, le **Sarona Market** (carte p. 124 ; ☑ centre 03-609-9028, marché 03-624-2424 ; saronamarket.co.il/en ; Eliezar Kaplan St, Sarona ; ⊙9h-22h dim-jeu, 8h-17h ven, 9h-23h sam ; 🛜🍴) est l'une des installations les plus intéressantes du site : cette galerie regroupe des stands de restauration rapide, des restaurants de chefs réputés et des boutiques de produits frais – viande, poisson, fromages, et bien d'autres choses.

Sarona se trouve dans Eliezer Kaplan St, à l'est du centre Dizengoff (à 1 km) et de la place Habima.

TEL-AVIV AVEC DES ENFANTS

Les plages de Tel-Aviv, surveillées et bordées de glaciers et de cafés, sont parfaitement adaptées aux sorties en famille. Si vous préférez la verdure, le parc HaYarkon (p. 133) comporte des pelouses, un petit zoo, des pédalos et des aires de jeux. À proximité, le **parc aquatique Meymadion** (☏03-642-2777 ; www.meymadion.co.il ; Ganei Yehoshua Park, Rokah Ave ; 117 NIS, après 13h 97 NIS ; ☺9h-16h30 juin-août, sam 1re quinzaine de sept) propose des attractions appréciées des enfants, mais moins des adolescents. De l'autre côté de la rue, le **Luna Park** (☏03-642-7080 ; www.lunapark.co.il ; Rokach Ave ; adulte/-2 ans 117 NIS/gratuit ; ☺10h-20h juil-août, 10h-18h sam seulement reste de l'année ; 🚌113, 48, 47, 28, 27, 21) est un parc d'attractions dense qui plaira aux adolescents comme aux tout-petits. Les horaires changent d'un mois sur l'autre, renseignez-vous par téléphone. Le **Safari Ramat Gan** (☏03-632-0222 ; www.safari.co.il ; Sederat Hatsvi St, Ramat Gan ; tarif plein/réduit/-2 ans 70/63 NIS/gratuit ; ☺9h-17h sam-jeu, 9h-14h ven mai-août, horaires réduits sept-avr ; 🅿🚻 ; 🚌67, 55), qui importe les plaines d'Afrique en Israël, ou presque, comprend à la fois un safari en voiture et un grand zoo avec ferme pédagogique et ateliers pour enfants.

On trouve des aires de jeux avec balançoires, toboggans et cages à poules notamment au parc de l'Indépendance, au parc Gan Meir (p. 123) situé au nord du vieux port, dans la rue Dubnov derrière le Tel Aviv Museum of Art (p. 122) et au bout de la rue Shabazi à Neve Tzedek. La plupart des centres commerciaux, dont Gan Ha'ir (p. 153) et le centre Dizengoff (p. 153) sont équipés d'aires de jeux (*mischakiyot*) pour les jeunes enfants.

À Holon, le musée des Enfants israéliens (p. 158), très éducatif, et le parc aquatique **Yamit 2000** (☏03-650-6500 ; www.yamit2000.co.il ; 66 Mifratz Shlomo St ; adulte/-2 ans 106 NIS/gratuit ; ☺9h-16h dim-jeu, 9h-16h30 ven-sam ; 🚌89, 96, 163, 172, 201) sont parfaits pour une sortie d'une journée.

Envie de manger au restaurant en famille ? La majorité des restaurants proposent des menus enfants et sont équipés de chaises hautes. La plupart des enseignes du **Landwer Café** (carte p. 128 ; ☏03-681-8699 ; www.landwercafe.co.il ; 14 Eliezer Peri St , Marina ; petit-déj et plats à partir de 52 NIS ; ☺8h-minuit ; 🛜🚻) offrent des crayons et des menus à colorier. On voit souvent des enfants dîner avec leurs parents tard le soir.

💙 Gordon Beach
PLAGE

(Carte p. 128 ; 🅿). Située au sud de Hilton Beach, c'est la plage principale de Tel-Aviv. Elle dispose de bonnes installations (transats, glaciers, espace de gym extérieur et restaurants) et attire de nombreux Tel-Aviviens, touristes et joueurs de *matkot*. Le samedi, des groupes dansent sur la promenade. La piscine Gordon (p. 136) se trouve à la marina, tout près.

Vieux Port
PORT

(Namal ; www.namal.co.il ; 🅿). Ce port de 1936 fut délaissé au profit du nouveau port aménagé à Ashdod dans les années 1960, mieux agencé et plus profond. Au début des années 2000, la municipalité de Tel-Aviv rénova la zone, y aménageant une vaste promenade en bois, des aires de jeux et des pistes cyclables, et transformant les entrepôts délabrés en centre commercial dévolu à de grandes enseignes. Le week-end, une foule familiale déambule sur le front de mer bordé de boutiques, de restaurants et de cafés, tandis que les avions sur le point d'atterrir à l'aéroport Sde Dov voisin survolent le secteur à basse altitude. Les habitants viennent s'approvisionner au marché couvert. Le soir, et surtout le week-end, des fêtards prennent d'assaut les bars et les discothèques.

Metzitzim Beach
PLAGE

Baptisée d'après le titre d'une comédie de 1972, *Hof Metzitzim* ("plage des voyeurs"), cette plage accueille un public familial et est équipée d'une petite aire de jeux pour les enfants. Des fêtes y sont organisées le vendredi après-midi en été.

Hilton Beach
PLAGE

(Carte p. 128). Cette plage qui doit son nom à l'hôtel Hilton voisin est divisée en trois parties : les promeneurs avec chiens s'installent au nord (la seule plage où les canidés sont officiellement acceptés), tandis que les surfeurs viennent se mesurer aux vagues dans sa portion sud. La plage gay officieuse de Tel-Aviv se trouve au milieu. Cette baie est utilisée par les kayakistes et les véliplanchistes (avec également des cours de kayak et de planche à voile).

Parc de l'Indépendance — PARC

(Gan Hatzma'ut ; carte p. 128). Aucun rapport avec la maison de l'Indépendance qui se trouve à l'autre bout de la ville. Ce beau parc en bord de mer bénéficie de points de vue sur la Méditerranée et de grandes étendues d'herbes pour gambader, jouer au frisbee ou pique-niquer. Comme dans la plupart des espaces publics de Tel-Aviv, on y voit beaucoup de promeneurs avec leur chien, ainsi que des fêtes d'anniversaire d'enfants le week-end. Situé juste à côté de l'hôtel Hilton, il dispose d'une aire de jeux.

Frishman Beach — PLAGE

(Carte p. 128 ; P). Frishman Beach est sans doute la plus vaste étendue de sable de Tel-Aviv. Elle dispose d'un bon accès à la zone de baignade et de grands kiosques en bois où se mettre à l'ombre. Juste en face du bâtiment arc-en-ciel du Dan Hotel.

Bograshov Beach — PLAGE

(Carte p. 128). Bograshov Beach fait partie de la même bande de sable que Gordon et Frishman, qui l'encadrent. C'est l'une des plages les plus fréquentées de la ville. Relativement calme en semaine, elle se remplit d'habitants au bronzage impeccable et de touristes légèrement rouges le vendredi et le samedi.

Alma Beach — PLAGE

(Charles Clore Beach ; carte p. 135 ; P). Cette plage, probablement la plus agréable de la ville, a une vue superbe sur Jaffa. C'est ici que se trouve le Manta Ray (p. 147), un restaurant très apprécié. Le jour du shabbat, la plage se peuple de hipsters sirotant des bières.

⊙ Parc HaYarkon et Ramat Aviv

Au nord du centre-ville, de l'autre côté de la rivière Yarkon s'étendent les immenses espaces verts du parc HaYarkon et la banlieue résidentielle huppée de Ramat Aviv, où l'on trouve l'université de Tel-Aviv ainsi que plusieurs musées et institutions culturelles.

TEL-AVIV ET LE BAUHAUS

Le centre de Tel-Aviv (notamment les rues du centre-ville et du sud du centre) compte davantage de bâtiments de style Bauhaus que tout autre endroit du monde, ce qui lui vaut son surnom de "ville blanche" et son classement au patrimoine mondial de l'Unesco depuis 2003. Malgré les modifications intervenues ces 70 dernières années, l'héritage architectural de la "ville blanche" se distingue encore aisément. Il suffit pour cela de repérer les édifices caractérisés par des lignes horizontales, des toits plats, des murs blancs et une quasi-absence d'ornementation.

Fondée par Walter Gropius et conduite plus tard par Ludwig Mies van der Rohe, l'école du Bauhaus – active dans les villes allemandes de Weimar, Dessau et Berlin de 1919 à 1933 – eut une influence énorme sur l'esthétique moderne. À leur arrivée au pouvoir, les nazis décidèrent sa fermeture, considérant son style "cosmopolite" et "dégénéré".

Les préceptes du Bauhaus furent introduits en Palestine par des architectes juifs allemands ayant fui le régime hitlérien. Lorsque Tel-Aviv se développa dans les années 1930 (d'après le plan établi plus tôt par l'urbaniste écossais sir Patrick Geddes), 4 000 bâtiments blancs correspondant aux concepts du mouvement furent érigés. Environ un millier sont désormais inscrits au patrimoine mondial.

Aujourd'hui, nombre de ces constructions sont en piteux état (le climat met à rude épreuve les barres d'armature, matériau de choix utilisé par le mouvement), mais plusieurs centaines d'entre elles ont déjà été rénovées et d'autres suivent chaque année. Les plus beaux exemples du style Bauhaus bordent le boulevard Rothschild et les rues attenantes (Mazeh St et Nahmani St par exemple) et Bialik St près du parc Gan Meir.

Le **Bauhaus Center** (carte p. 128 ; ☏03-522-0249 ; www.bauhaus-center.com ; 99 Dizengoff St ; ☺10h-19h30 dim-jeu, 10h-14h30 ven ; ☏) vend des livres sur l'architecture, des affiches, des objets design et des plans de la ville. Il organise par ailleurs deux visites à pied sur le thème du Bauhaus. Pour l'une, louez un audioguide et laissez-vous guider dans les rues du centre. L'autre consiste en une promenade guidée de 2 heures dans les mêmes rues, chaque vendredi à 10h. Chacune coûte 80 NIS par personne. Bien mieux, le **Bauhaus Tour**, un circuit guidé gratuit en anglais, organisé par l'office du tourisme, part du 46 Rothschild Blvd le samedi à 11h (à l'angle de Shadal St).

❤ Parc HaYarkon PARC

(Ganei Yehoshua ; www.park.co.il ; Rokach Blvd ; [P]). Les amateurs de jogging, de vélo, de roller, de football et de frisbee apprécieront ce parc de 3,5 km², aménagé le long de la rivière Yarkon, et qui constitue le plus grand espace vert de Tel-Aviv. Il abrite le **Centre Sportek**, où vous trouverez un mur d'escalade, des cours de basket, un *skate park* et des trampolines. Le parc commence près du vieux port de Tel-Aviv, puis s'élargit en de vastes étendues d'herbes, autour d'un grand lac, au fur et à mesure que l'on s'approche de Ramat Gan.

Beit Hatfutsot MUSÉE

(Musée du Peuple juif ; ☎ 03-745-7808 ; www.bh.org.il ; Gate 2, université de Tel-Aviv, 2 Klausner St, Ramat Aviv ; tarif plein/-5 ans 45 NIS/gratuit ; ⊙10h-19h dim-mer, 10h-22h30 jeu, 9h-14h ven, 9h-15h sam ; [P] ; 🚌7, 13, 25, 45). Situé sur le campus ombragé de l'université de Tel-Aviv, cet ancien musée de la Diaspora a été récemment rénové et renommé musée du Peuple juif. Inauguré en 1978, il retrace l'histoire épique de l'exil des Juifs et de la Diaspora à travers des objets, des photographies, des présentations audiovisuelles et des bases de données. De nouvelles sections permanentes ont ouvert, notamment "Heroes", une exposition interactive sur des Juifs célèbres destinée aux enfants, et "Hallelujah !", qui présente des maquettes complexes de synagogues anciennes et récentes.

Le musée comprend également le centre de musique juive Feher, le centre de généalogie Douglas E. Goldman (où les visiteurs israélites peuvent faire enregistrer leur arbre généalogique) et le Centre de documentation visuelle, la plus grande base de données photographiques du monde consacrée à la communauté juive. Des expositions sont préentées dans le hall. L'espace dédié aux collections permanentes est en cours de rénovation (fin des travaux prévue en 2019).

Ce musée, l'un des plus complets que compte le pays, témoigne de la foi et du courage qui ont préservé le judaïsme au cours des siècles. Il faut compter plusieurs heures pour en faire le tour. On y accède en prenant un train jusqu'à l'université de Tel-Aviv, puis en marchant jusqu'à la porte 2.

Eretz Israel Museum MUSÉE

(Musée de la Terre d'Israël ; ☎ 03-641-5244 ; www.eretzmuseum.org.il ; 2 Chaim Levanon St ; Ramat Aviv ; tarif plein/étudiant/-18 ans 52/32 NIS/gratuit, avec le planétarium adulte/enfant 84/35 NIS ; ⊙10h-16h dim-mer, 10h-20h jeu, 10h-14h ven et 10h-15h sam, représentations planétarium à 11h30 et 13h30 dim-jeu, 11h et 12h sam ; [P] ; 🚌7, 13, 24, 25, 45, 127). Aménagé sur le site archéologique de Tel Qasile, ancienne ville portuaire du XIIᵉ siècle av. J.-C., le musée Eretz Israel est un complexe qui présente une myriade d'expositions et mérite au bas mot une demi-journée de visite. Outre le planétarium, on y découvre – entre autres – des pavillons dans lesquels sont exposés de la verrerie et des pièces de monnaie, la reconstitution d'une minoterie et d'une fabrique d'huile d'olive, une collection sur l'ethnographie et le folklore, ainsi qu'un jardin aménagé autour d'un magnifique oiseau byzantin en mosaïque.

Palmach Museum MUSÉE

(☎ 03-643-6393 ; www.palmach.org.il ; 10 Haim Levanon St, Ramat Aviv ; adulte/enfant 30/20 NIS ; ⊙visite sur réservation dim-ven ; [P]). Ce musée multimédia relate l'histoire du Palmach, l'unité d'élite de la Haganah, de sa création en 1941 à la fin de la guerre israélo-arabe de 1948. La visite commence dans un mémorial consacré aux membres de l'unité tués lors des combats pour la création de l'État d'Israël. Un guide parlant hébreu relate la vie de certains soldats. Un casque permet de suivre les récits en plusieurs langues.

Yitzhak Rabin Center MUSÉE

(☎03-745-3313 ; www.rabincenter.org.il ; 14 Chaim Levanon St ; visite avec audioguide tarif plein/réduit 50/25 NIS ; visite guidée tarif plein/réduit 60/35 NIS ; ⊙9h-17h dim, lun et mer, 9h-19h mar et jeu, 9h-14h ven ; [P] ; 🚌7, 85, 29). Édifié en 1997 pour promouvoir les valeurs démocratiques, réduire les inégalités socio-économiques et lutter contre les divisions sociales, ce centre héberge également l'**Israeli Museum**, lequel rassemble plus de 150 films et 1 500 photographies racontant le combat de l'État israélien pour la paix avec ses voisins. Les visiteurs peuvent arpenter seuls le musée avec un casque audio multilingue ou réserver une visite guidée en hébreu ou en anglais.

Au récit narratif du musée vient s'ajouter l'histoire de l'ancien Premier ministre Yitzhak Rabin (1922-1995), qui fut assassiné par un juif orthodoxe de la droite radicale pour avoir participé aux accords d'Oslo, lesquels ont abouti à la création d'une Autorité nationale palestinienne et à l'administration partielle, par cette dernière, de certaines parties de la bande de Gaza et de la Cisjordanie.

GARDEZ LA FORME !

Les parcs de la ville et la promenade du bord de mer se transforment chaque jour en vaste salles de gym à ciel ouvert.

Piscine Gordon (p. 136). Grande piscine extérieure à l'eau de mer dans la marina de Tel-Aviv.

Gordon Beach (p. 131). Plage centrale idéale pour jouer au volley-ball, parcourir la promenade en vélo ou faire de la gym en plein air.

Parc HaYarkon (p. 133). Terrains de basket, terrains de football, murs d'escalade et bien d'autres équipements.

Hilton Beach (p. 131). Baie aux vagues excellentes pour les surfeurs et les véliplanchistes.

Kayak4All (p. 140). Centre de kayak dans le vieux port de Jaffa.

◉ Jaffa (Yafo)

Jaffa est le quartier le plus ancien de Tel-Aviv, et celui dont les origines arabes sont les plus prononcées. Cette enclave, dotée de sa propre histoire, compte davantage de résidents arabes que Tel-Aviv et se distingue par son atmosphère. Les touristes y viennent pour son marché aux puces (p. 136), installé près de la tour de l'horloge (bâtie en 1903), son quartier historique perché en haut d'une colline et le centre commercial du vieux port.

Au sud du vieux Jaffa et du vieux port, le quartier d'Ajami recèle d'anciennes demeures ottomanes, voisines de minuscules cabanes de pêcheurs. Tristement célèbre pour sa criminalité et ses problèmes de drogue (le quartier a servi de décor, en 2009, au film israélien *Ajami*, de Scandar Copti et Yaron Shani), son front de mer s'ouvre désormais sur un vaste parc verdoyant et une promenade reliant le vieux Jaffa à Bat Yam.

La plupart des bus du centre-ville s'arrêtent sur Sderot Yerushalayim, l'extension sud de l'esplanade Herbert Samuel et de la rue Kaufmann. Descendez à l'arrêt près de la route de Shalma (Salameh) ou à celui près de la rue Olei Zion.

Tour de l'horloge   MONUMENT
(Clock tower ; carte ci-contre ; Yefet St). Cette tour ottomane, certes moins impressionnante

que Big Ben, fut financée par les habitants pour fêter le 25ᵉ anniversaire du règne du sultan Abdülhamid II (1876-1909). Sa construction s'acheva en 1903, à une époque où la plupart des sujets du sultan n'avaient pas de montre. Bon lieu de rendez-vous pour les visites guidées.

Old Jaffa Visitors Center   SITE ARCHÉOLOGIQUE
(Carte ci-contre ; ☎ 03-603-7686, 03-603-7000 ; www.oldjaffa.co.il ; Kikar Kedumim, vieux Jaffa ; tarif plein/réduit 30/15 NIS ; ⊘ 9h-20h sam-jeu, 9h-17h ven été, 9h-17h sam-jeu, 9h-15h ven hiver). Parfois appelé "Jaffa Tales" ("les contes de Jaffa"), ce petit centre d'accueil des visiteurs se situe dans une chambre souterraine sous la place Kedumim (Kikar Kedumim) où des vestiges datant des périodes romaine et hellénistique ont été partiellement mis au jour. Une installation virtuelle permet de découvrir le passé de Jaffa.

Église Saint-Pierre   ÉGLISE
(Carte ci-contre ; Kikar Kedumim ; ⊘ 8h-11h45 et 15h-17h oct-fév, 8h-11h45 et 15h-18h mars-sept). Cette belle église franciscaine fut bâtie dans les années 1890 sur les ruines de la citadelle des croisés. C'est toujours un lieu de culte, et l'édifice le plus remarquable de Jaffa. L'un des rares arbres de Noël géants de la ville y est installé en décembre.

Jardins HaPisgah   PARC
(Carte ci-contre) Depuis cette agréable colline herbeuse, on dispose d'un point de vue panoramique sur le front de mer de Tel-Aviv. Le petit **amphithéâtre** au milieu du parc accueille des concerts gratuits tous les samedis en juillet et en août à partir de 21h. L'arche blanche installée sur l'une des collines représente la chute de Jéricho, le sacrifice d'Isaac et le rêve de Jacob.

Ilana Goor Museum   MUSÉE
(Carte ci-contre ; ☎ 03-683-7676 ; www.ilanagoor. com ; 4 Mazal Dagim St ; tarif plein/réduit/-17 ans 30/25/20 NIS ; ⊘ 10h-16h dim-ven, 10h-18h sam ; 🚍 10, 18, 25, 41). Construite au XVIIIᵉ siècle au sud de la place Kedumim, cette demeure fut naguère une hôtellerie pour pèlerins juifs arrivant à Jaffa, avant d'être convertie en fabrique à savons et à parfums. C'est désormais ici que réside et expose Ilana Goor. La collection, composée majoritairement d'art tribal et des œuvres de cette artiste locale, n'est pas forcément du goût de tous, mais l'intérieur de la maison ainsi que la terrasse panoramique méritent le coup d'œil.

Jaffa

Jaffa

Port de Jaffa   PORT

(Carte ci-dessus ; www.namalyafo.co.il ; ☺10h-22h lun-mer, 10h-23h jeu, 9h-23h ven et sam ; P ; 🚌10, 18, 25, 41). Comptant parmi les plus vieux du monde, le port de Jaffa est cité dans la Bible (en tant que "Joppa"). Et c'est ici que les pèlerins juifs en route vers la Terre sainte débarquèrent des siècles durant.

Voir carte Centre-ville sud (p. 124)

TEL-AVIV - JAFFA (YAFO) À VOIR

Il y a quelques décennies encore, les oranges de Jaffa y étaient stockées avant d'être exportées dans le monde entier. Aujourd'hui devenu principalement un lieu de loisirs, il compte une promenade et ses anciens entrepôts abritent des bars, des restaurants de fruits de mer, des boutiques ainsi que le Nalaga'at Center (p. 152), à but non lucratif, qui héberge une compagnie de théâtre pour personnes malentendantes et malvoyantes.

Les soirs d'été, lorsque des manifestations gratuites sont organisées et que les restaurants se remplissent, l'animation bat son plein. Grand parking gratuit au sud du port.

♥ Marché aux puces   MARCHÉ

(Shuk HaPishpeshim ; carte p. 135 ; ⊙ étals 10h-15h dim-ven, 10h-tard jeu ; 🚌 10, 18, 25, 41). Au cours des dernières années, le vieux Jaffa a subi d'importantes rénovations, et le résultat est plutôt réussi. Pourtant, l'attrait majeur de ce quartier réside toujours dans son marché aux puces, resté dans son jus. S'étendant sur plusieurs rues au sud de la tour de l'horloge, le *Pishpeshuk* ou *shuk ha-pishpeshim* foisonne de boutiques, de cafés décontractés, de bars animés et d'étals bigarrés où sont vendus vêtements et décoration vintage, curiosités et antiquités. On peut dénicher d'authentiques antiquités, des objets en bois, des tambours arabes et bien d'autres trésors. Les étals et boutiques sont fermés le samedi, mais les cafés, bars et restaurants restent ouverts. Les soirs d'été, des manifestations extérieures sont parfois organisées dans les allées centrales, et le marché ferme tard le jeudi.

Mosquée Hassan Bek   MOSQUÉE

(Carte p. 124). La mosquée Hassan Bek (ou Hasan Bey) porte le nom du gouverneur ottoman de Jaffa qui la fit construire en 1916 sur la frontière entre celle-ci et Tel-Aviv. De par son emplacement, cet édifice en pierres blanches a toujours été un symbole fort pour la population arabe de Jaffa. Lors de la guerre israélo-arabe de 1948, son minaret fut utilisé par des tireurs arabes. La mosquée, fermée aux visiteurs, reste l'un des monuments anciens les mieux préservés de la ville.

Ancienne gare ferroviaire   SITE HISTORIQUE

(HaTachana ; carte p. 124 ; www.hatachana.co.il ; Neve Tzedek ; ⊙ 10h-22h sam-jeu, 10h-17h ven ; 🅿 ; 🚌 18, 10, 100). Ancien terminus de la ligne Jérusalem-Jaffa, cette gare, à l'extrémité sud de la promenade du front de mer, fut active entre 1892 et 1948 avant d'être utilisée par Tsahal comme entrepôt puis convertie en complexe commercial et de loisir entre 2005 et 2010. Communément appelée HaTachana ("la gare"), elle abrite aujourd'hui des cafés, restaurants et boutiques ainsi qu'une franchise du célèbre fabricant de crèmes glacées Vaniglia. Un marché de fruits et légumes s'y tient le vendredi. Le parking est pratique quand on vient visiter le quartier de Neve Tzedek (p. 127). Les cafés et restaurants sont ouverts le vendredi soir mais les boutiques ferment à 17h.

Israel Defense Forces History Museum   MUSÉE

(Musée historique des Forces de défense d'Israël ; carte p. 124 ; 📞 03-517-2913 ; Prof Yehezkel Kaufmann St, Tel Aviv Promenade ; tarif plein/réduit 15/10 NIS ; ⊙ 8h-16h dim-jeu). Dans la vieille gare de Jaffa, treize pavillons et hangars abritent des tanks, des véhicules blindés, des canons anti-aériens, des fusils et des mitrailleuses utilisés par l'armée israélienne depuis sa création en 1948. Si la plupart des enfants adorent escalader les véhicules, l'absence d'indications ou de panneaux explicatifs autres qu'en hébreu pose problème aux visiteurs qui ne sont pas experts en équipements militaires. On y accède par le parking à côté de l'ancienne gare ferroviaire.

Activités

Piscine Gordon   BAIGNADE

(Carte p. 128 ; 📞 03-762-3300 ; www.gordon-pool.co.il ; Tel-Aviv Marina ; tarif plein/réduit 69/59 NIS dim-ven, 79/70 NIS sam ; ⊙ 6h-21h lun-jeu, 6h-19h ven, 7h-18h sam, 13h30-21h dim ; ♿). Datant de 1956 et reconstruite en 2009, cette piscine en plein air, proche de la marina et entourée de palmiers, possède un bassin de 50 m, dont l'eau salée est changée régulièrement, ainsi qu'une pataugeoire. Sauna, Jacuzzi et salle de gym moyennant supplément.

Cours

Tel Aviv Art Studio   ART

(Carte p. 128 ; 📞 052-786-3483 ; www.telavivartstudio.com ; 31 Gordon St ; cours à partir de 120 NIS ; ♿). Ce lieu unique géré par Natasha et Michal, art-thérapeutes et enseignants expérimentés, accueille adultes (seuls ou en couple) et enfants pour des cours mixtes de peinture et d'anglais. La Paint Night du jeudi (19h-21h) est une bonne occasion de laisser libre cours à sa créativité tout en dégustant du vin.

RENAISSANCE D'UNE LANGUE OUBLIÉE

Une des grandes réussites de l'État d'Israël a été la résurrection de l'hébreu biblique, qui avait cessé d'être la langue vernaculaire des Juifs depuis 2 000 ans. Avant même la destruction du second Temple, les Juifs de Judée s'exprimaient le plus souvent en araméen pour les affaires de la vie quotidienne et, par la suite, les membres de la Diaspora adoptèrent les idiomes des pays d'accueil, les déclinant en d'innombrables variations, tels le yiddish (basé sur l'allemand médiéval) ou le ladino (judéo-espagnol). L'hébreu subsistait certes dans les textes sacrés des synagogues du monde entier, mais on ne l'utilisait plus que pour la liturgie.

La situation changea au milieu du XIXe siècle lorsque les premiers sionistes eurent commencé à faire paraître une littérature séculière en hébreu, puis s'installèrent en Palestine. Parmi ces derniers figurait Eliezer Ben Yehuda, rédacteur en chef d'un journal et auteur du premier dictionnaire d'hébreu moderne, né en Lituanie en 1858 qui, comme la plupart des enfants de l'époque, avait appris l'hébreu dans le cadre de son éducation religieuse. Il arriva en Palestine en 1881, bien décidé à transformer la langue archaïque des écritures en un outil permettant à tous les Juifs de communiquer entre eux. (Herzl ne précisa jamais clairement quelle devait être, selon lui, la langue de l'État juif, mais il penchait pour l'allemand par défaut.)

Dans la pratique, Ben Yehuda se trouva fort dépourvu pour exprimer en hébreu les réalités de son temps : les mots manquaient pour désigner des inventions nouvelles comme le train ou l'ampoule électrique. Il entreprit alors simultanément de moderniser la langue et de la diffuser parmi ses pairs.

Sa persévérance finit par porter ses fruits grâce à l'ouverture d'*ulpanim* (écoles de langue) destinées aux nouveaux immigrants, si bien que l'on recense aujourd'hui au moins 9 millions d'hébraïsants sur la planète, y compris des Arabes palestiniens. (Par comparaison, il n'existe plus qu'un million de personnes parlant yiddish contre environ 11 millions avant la Seconde Guerre mondiale.) Ceux qui s'emploient à préserver des langues en déclin s'inspirent souvent de ce cas unique.

Au fil des décennies, une véritable littérature hébraïque s'est développée, du poète israélien des débuts, Bialik, aux conteurs d'aujourd'hui, Amos Oz, David Grossman et Etgar Keret. En un siècle, la langue de la Torah est devenue une langue vivante, du quotidien, dans laquelle on chante, on discute, on raconte des histoires aux enfants.

Comme à l'époque antique où des mots grecs, araméens, perses et égyptiens avaient infiltré l'hébreu, l'époque actuelle a fait des emprunts à l'anglais, à l'allemand, au français, au russe et à l'arabe. Exemple classique, le symbole @ que les Israéliens ont baptisé "strudel" car sa forme évoque celle de la célèbre pâtisserie autrichienne. Dans les rues de Tel-Aviv – qui se targuait jadis d'être la "première ville de langue hébraïque" – vous entendrez sans doute de l'"hebrish", les Israéliens ayant l'habitude de ponctuer les phrases en hébreu de termes anglais. Quant à l'argot, il provient en grande partie de l'arabe. Ainsi, *"saibaba"* veut dire "OK, ça va", *"achla"*, "super". À noter aussi les expressions hybrides mêlant l'arabe, l'anglais et l'hébreu, dont la plus commune chez les jeunes sur le point de se quitter est *Tov, yallah, bye"* ("Super, allez, salut").

Citizen Cafe — LANGUE

(Carte p.124 ; www.citizencafetlv.com ; 45 Rothschild Blvd ; cours à partir de 3 320 NIS). Cette école d'hébreu (*ulpan*) d'un nouveau genre propose des cours à ceux qui veulent parler comme les locaux. Située à Mindspace, un espace de coworking tendance, elle propose des sessions de 10 semaines, à raison de 2 cours par semaine, et sans manuel scolaire ! Si vous êtes à Tel-Aviv pour un moment, c'est un moyen sympathique d'apprendre l'hébreu.

Surf House — SPORTS NAUTIQUES

(Carte p. 128 ; ☏ 09-957-4522 ; www.surfhouse. co.il ; 169 HaYarkon St ; cours à partir de 250 NIS ; ☉ 10h-19h dim-jeu, 10h-15h ven). Idéalement située près de Gordon Beach, cette école propose des cours de kitesurf, de planche à voile, de *paddleboard* et de surf pour les débutants. Détail sur le site Web.

Tel-Aviv University Ulpan — LANGUE

(☏ 03-640-8639 ; www.international.tau.ac.il ; Ramat Aviv). Cette prestigieuse université

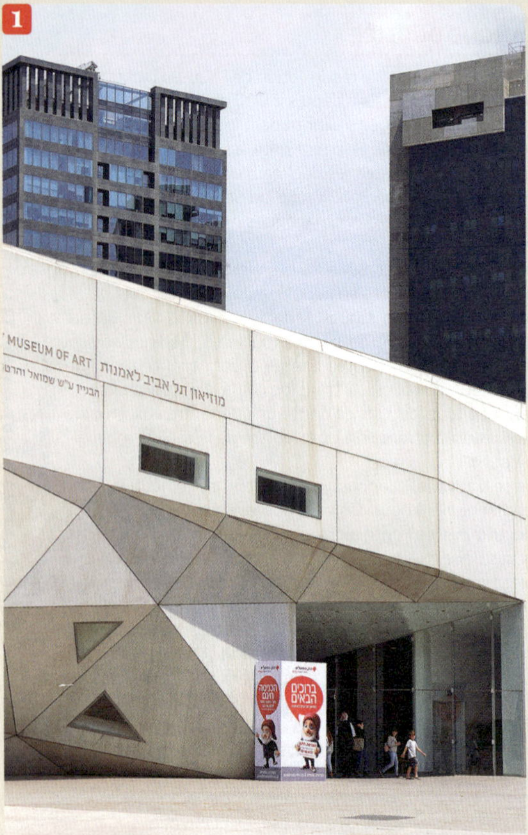

1

MUSEUM OF ART | מוזיאון תל אביב לאמנות
הבניין ע"ש שמואל והרט

2

4

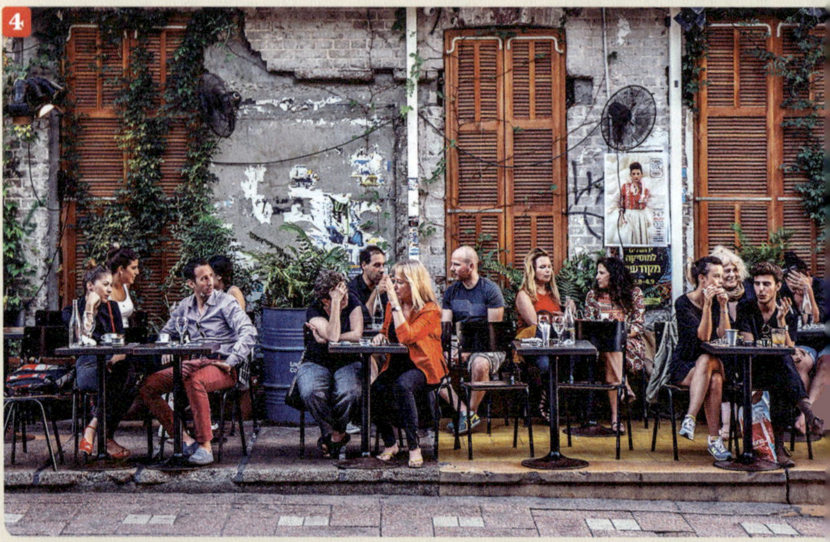

ALEKSANDAR TODOROVIC / SHUTTERSTOCK ©

. Tel Aviv Museum of Art (p. 122)
es superbes collections sont tout aussi
npressionnantes que son architecture.

. Gordon Beach (p. 31)
es Tel-Aviviens investissent en masse cette
lage méditerranéenne pour faire du sport
u se dorer au soleil.

. Neve Tzedek (p. 127)
ânez dans les ruelles étroites et envoûtantes
u plus vieux quartier de Tel-Aviv.

. Boulevard Rothschild (p. 126)
înez dans les cafés chics et admirez
s immeubles de style Bauhaus inscrits
u patrimoine mondial.

FOTOKON / GETTY IMAGES ©

propose, entre autres cours, un cursus débouchant sur un diplôme universitaire d'*ulpan*. Les étudiants souhaitant perfectionner leur hébreu ont le choix entre un programme de sept semaines et un cours intensif de quatre semaines. Possibilité d'hébergement sur le campus.

Ulpan Gordon   LANGUE

(Carte p. 128 ; ☑ 03-522-3181 ; ulpangordon.co.il/fr/ ; 7 LaSalle St). L'*ulpan* (école d'hébreu) la plus prisée de Tel-Aviv facture environ 750 NIS/mois aux touristes. Les cours durent 2 heures 30 à 4 heures 30 par jour, deux à trois fois par semaine.

☞ Circuits organisés

L'office du tourisme de Tel-Aviv (www.visit-tel-aviv.com/fr/) organise des promenades à pied guidées gratuites. L'une d'elles se concentre sur le quartier de Sarona et commence à 11h le vendredi, au 34 Kaplan St. Une autre a pour thème l'héritage Bauhaus de la ville ; le départ est à 11h le samedi, au 46 Rothschild Blvd. Des visites permettent aussi de découvrir le vieux Jaffa. Il n'est pas nécessaire de réserver ; contactez l'office du tourisme de Jaffa (p. 154) pour plus de détails. Pour des visites de la ville sur mesure et haut de gamme, pour des groupes de toutes tailles, contactez Pomegranate Travel (pomegranate-travel.com).

Delicious Israel   À PIED

(☑ 052-569-9499 ; www.deliciousisrael.com ; à partir de 110 $/pers). Arrivé des États-Unis en 2009, Inbal Baum a depuis monté une affaire florissante de circuits culinaires à travers le pays. À Tel-Aviv, l'agence organise une promenade de 4 heures 30 à travers Jaffa et le centre-ville, une autre de 2 heures 30 autour du marché aux épices de Levinsky (p. 127), une visite plus courte du marché du Carmel (p. 126), un circuit à la découverte du houmous ainsi qu'un aperçu de la cuisine de rue.

Alternative Tel Aviv   À PIED

(www.hasayeret.co.il ; promenade 2/6 pers 800/1 200 NIS). Ce prestataire propose des promenades guidées centrées sur l'art de rue et les galeries d'art contemporain, principalement dans le quartier Florentin. Il y a d'excellents artistes de rue à Tel-Aviv, et ces circuits vous feront découvrir ceux qui se cachent derrière les graffitis. Les visites durent environ 1 heure 30. Visites à prix libre parfois le vendredi à 11h.

Sandemans Tours   À PIED

(www.newtelavivtours.com). **GRATUIT** Deux promenades sont proposées, l'une dans le vieux Jaffa à 11h quotidiennement, l'autre dans Jaffa et la nouvelle ville à 14h les lundi, mercredi et samedi. Toutes deux sont conduites par des guides indépendants ; la première est gratuite mais repose sur un pourboire (généralement 50 NIS/personne), la deuxième coûte 76 NIS par personne. Consultez le site Internet pour plus d'informations.

Kayak4All   KAYAK

(Carte p. 135 ; ☑ 054-775-7076 ; www.kayak4all.com ; circuit à partir de 150 NIS). Situé dans le vieux port de Jaffa, ce prestataire organise des excursions en mer en kayak. Liste des activités et tarifs sur le site Web.

✳ Fêtes et festivals

Gay Pride de Tel-Aviv   LGBT

(www.visit-tel-aviv.com/fr ; ⊙ juin). Pendant la deuxième semaine de juin, la communauté homosexuelle d'Israël célèbre la Gay Pride, le festival le plus important du pays. La parade, partant de Gan Meir Park, qui attire un grand nombre de visiteurs étrangers est le clou de la manifestation. Outre les fêtes organisées à Hilton Beach (p. 131), l'événement accueille aussi le Festival international du film gay et lesbien (www.tlvfest.com).

♥ Nuit Blanche   CULTURE

(Laila Lavan ; www.visit-tel-aviv.com/fr ; ⊙ juin). En juin, pendant la Nuit Blanche, les sites culturels de la ville restent ouverts toute la nuit durant et des manifestations gratuites de musique sont organisées un peu partout en ville comme dans l'HaTachana, le quartier Sarona, le port de Jaffa, les plages, la place HaBima et le marché Nachalat Binyamin. Il y a toujours de l'ambiance sur Rothschild Blvd.

Opera in the Park   MUSIQUE

(www.israel-opera.co.il ; parc HaYarkon, Rokach Ave ; ⊙ juil-août). "Opera in the Park" fait partie des plus grands événements culturels de Tel-Aviv. Quelque 100 000 spectateurs venus de tout le pays assistent à cette représentation gratuite d'un opéra classique par l'Israeli Opera, en juillet ou en août. Cette foule s'installe sur l'herbe pour pique-niquer et boire du vin, sur une colline au milieu du parc HaYarkon. Renseignements sur le site Web. Mieux vaut arriver tôt pour avoir une bonne place.

DocAviv CINÉMA
(www.docaviv.co.il/org-en ; 5 Ha'Arba'a St ; ⊙ mai).
DocAviv est le plus grand festival de films documentaires du Moyen-Orient. Pendant 10 jours, en mai, les meilleurs documentaires israéliens et internationaux sont projetés à la cinémathèque de Tel-Aviv (p. 151), en anglais et en hébreu.

Tel Aviv Jazz Festival MUSIQUE
(www.visit-tel-aviv.com/fr ; ⊙ nov). Chaque année à la fin du mois de novembre, la cinémathèque (p. 151) et l'un des clubs Zappa hébergent ce festival de musique jazz. Moins important que le Red Sea Jazz Festival, il n'en accueille pas moins d'excellents artistes israéliens et étrangers, sur trois soirs.

Israeli Beer Festival BIÈRE
(www.hatachana.co.il ; Neve Tzedek ; entrée dégustations incluses 70-100 NIS ; ⊙ juin). La deuxième semaine de juin, 2 jours durant, l'Israeli Beer Festival prend possession de l'ancienne gare ferroviaire (p. 136). On peut y déguster pas moins de 200 bières artisanales israéliennes. Pour prendre le temps de savourer les meilleures breuvages de la Terre sainte !

🏠 Où se loger

Les hôtels de charme se concentrent autour du boulevard Rothschild. Il est agréable de résider à Jaffa, quartier vivant où l'influence arabe est particulièrement marquée. On trouve plusieurs auberges de jeunesse appréciées dans les environs de Yehuda HaLevi St, un quartier en cours de rénovation bientôt desservi par un métro léger. Les grands hôtels de chaîne se concentrent dans

les tours surplombant la plage, dans HaYarkon St, très animée. Les hôtels disposent rarement de parkings, mais la plupart ont un accord avec un parking voisin, où vous pourrez vous garer pour environ 70 NIS/jour.

Il vous faudra réserver la plus grande partie de l'année, surtout les week-ends en juillet-août et lors des fêtes telles que Rosh ha-Shana, Soukkot, Hanoucca et la Pâque juive. Pendant la Gay Pride de Tel-Aviv, tous les hôtels de la ville sont pleins. Pensez à réserver tôt.

🏠 Centre-ville

💙 **Mendeli Street Hotel** HÔTEL DE CHARME **$$$**
(Carte p. 128 ; ☎ 03-520-2700 ; www.mendelistreethotel.com ; 5 Mendeli St ; d 250 $, supérieure/deluxe 300/360 $US ; @ 🛜). Un hôtel glamour près de Frishman Beach, où passer l'été en douceur. Le hall et le restaurant ont l'élégance des magazines de design, et les chambres, tout aussi stylées, sont bien équipées. La chambre standard est compacte, envisagez la version deluxe ou supérieure. Personnel charmant et serviable.

Dizengoff Avenue Hotel HÔTEL DE CHARME **$$$**
(Carte p. 128 ; ☎ 03-694-3000 ; www.d-avenue.co.il ; 133 Dizengoff St ; s/d 550/732 NIS ; 🛜). Ce ravissant hôtel est situé sur Dizengoff, l'une des principales rues commerçantes de la ville, mais il passe facilement inaperçu. Une porte discrète mène à cet établissement de charme très simple, légèrement moins cher que les autres hôtels du même style. Glaces à l'eau gratuites à la réception et *happy hour* avec vin israélien pour les résidents.

TEL-AVIV - JAFFA (YAFO) OÙ SE LOGER

LA SCÈNE ARTISTIQUE

Tel-Aviv est une ville créative où résident de nombreux artistes et étudiants en art, et où les galeries ne manquent pas.

Alternative Tel Aviv (ci-contre). Promenades guidées à la découverte des sensationnels graffitis du quartier Florentin.

Chelouche Gallery (p. 126). Dans un magnifique bâtiment de style Bauhaus, l'un des meilleurs lieux pour découvrir l'art contemporain de Tel-Aviv.

Nahum Gutman Museum of Art (p. 130). Présente les œuvres de ce peintre et illustrateur israélien du XXe siècle, à Neve Tzedek.

Rubin Museum (p. 123). Les peintures à l'huile oniriques de Reuven Rubin, maître du paysage méditerranéen.

Tel Aviv Museum of Art (p. 122). Une collection d'art moderne et contemporain, de design et d'architecture d'envergure mondiale.

Tel Aviv Art Studio (p. 136). Pour apprendre à peindre en s'amusant, dans une ambiance détendue.

TEL-AVIV CONNECTÉE

À Tel-Aviv des connexions Wi-Fi sont disponibles dans les cafés, les hôtels, et même sur les plages. Pour le voyageur qui cherche à communiquer facilement ou à gagner sa vie tout en étant sur la route, cette ville est une aubaine. Particulièrement tournée vers les start-up, Tel-Aviv est l'une des premières villes où se sont développés des espaces de *coworking*. Ces pôles de hautes technologies mettent à disposition des bureaux à différents tarifs, des salles de réunion, un environnement créatif favorisant les collaborations entre jeunes talents aux intérêts communs. Voici quelques-uns des meilleurs espaces de *coworking* de Tel-Aviv :

Mindspace (mindspace.me/tel-aviv). Deux bâtiments très proches l'un de l'autre sur le boulevard Rothschild et dans Ahad Ha'am St. Décor design et ambiance hipster.

Urban Place (urbanplace.me). Le petit dernier des espaces de *coworking*, un vaste *open space* au 3 Rothschild Blvd.

WeWork (www.wework.com/l/tel-aviv). Quatre lieux dans Tel-Aviv, dont un à Sarona, en passe de devenir le nouveau pôle des start-up en Israël.

Cinema Hotel
HÔTEL $$$

(Carte p. 128 ; ☎ 03-520-7100 ; www.atlas.co.il ; 2 Zamenhoff St ; s/d/ste à partir de 196/216/300 $US ; P🖥). Les amateurs du grand écran apprécieront le décor de cet ancien cinéma de l'époque Bauhaus. Dans les espaces communs sont exposés de vieux projecteurs et autres objets du 7ᵉ art. Les 83 chambres sont décorées de photos de film et de lampes en trépied. Si l'établissement se révèle en définitive plus fonctionnel que glamour, son apéritif gratuit, servi sur le toit, aura peut-être votre faveur. Parking gratuit et location de vélos.

Lusky Hotel
HÔTEL $$$

(Carte p. 128 ; ☎ 03-516-3030 ; www.luskyhtl.co.il ; 84 HaYarkon St ; s/d/ste 165/180/300 $US ; P🖥). Chambres nettes et bien aménagées, largement éclairées par de grandes fenêtres ; la plupart ont une kitchenette et certaines un balcon avec vue sur la mer. La suite dispose d'une immense terrasse en surplomb de plage. Parking souterrain gratuit.

🛏 Centre-ville (sud)

♥ Abraham Hostel
AUBERGE DE JEUNESSE $

(Carte p. 124 ; ☎ 03-624-9200 ; abrahamhostels.com ; 21 Levontin St ; dort/s/d/ste à partir de 95/460/470/520 NIS ; 🖥). Cette immense auberge de jeunesse, l'une des mieux tenues de la ville, est l'endroit idéal pour rencontrer d'autres voyageurs. Il y a aussi d'excellentes suites pour des couples ou des familles avec salle de bains, kitchenette et télévision. Le personnel, sympathique, cosmopolite et multilingue propose des circuits organisés

à Tel-Aviv et en Israël. L'immense salle à manger accueille parfois des groupes de musique (souvent bruyants) et des spectacles comiques.

Little Tel-Aviv Hostel
AUBERGE DE JEUNESSE $

(Carte p. 124 ; ☎ 03-559-5050 ; www.littletlvhostel.com ; 51 Yehuda HaLevi St ; dort/d 130/450 NIS ; 🖥). Installée dans un immeuble rénové au cœur de l'animation, cette auberge de jeunesse est plus grande qu'elle n'y paraît de l'extérieur. On y trouve des dortoirs mixtes, des dortoirs réservés aux femmes et des chambres doubles très propres. Ravissant jardin, cuisine commune et bar. L'âge limite pour les dortoirs est de 35 ans.

Florentine Hostel
AUBERGE DE JEUNESSE $

(☎ 03-518-7551 ; www.florentinehostel.com ; 10 Elifelet St ; Florentin ; dort/d à partir de 94/280 NIS, avec sdb partagée 240 NIS ; @🖥). Si, à première vue, le quartier semble peu engageant, la plupart des voyageurs ne mettent pas longtemps à apprécier l'endroit, proche de Neve Tzedek, Florentin, Jaffa et des plages. L'auberge compte 8 dortoirs à 6 lits et 9 chambres individuelles (tous de petite taille), un bar sur le toit et un programme d'animations bien rempli. Attention, elle accueille les clients de 18 à 40 ans uniquement.

♥ Poli House
HÔTEL DESIGN $$$

(Carte p. 124 ; ☎ 03-710-5000 ; brownhotels.com/poli ; 1 Nahalat Binyamin St ; s/d à partir de 900/1 300 NIS ; 🖥🏊). Entré avec fracas sur la scène de Tel-Aviv en 2017, le Poli House avec ses 40 chambres est la dernière création des propriétaires du Brown TLV. Plus éblouissant, le Poli House se distingue légèrement des autres établissements Brown. Les chambres, très confortables, sont décorées dans des tons noir et blanc, avec des touches de couleur flashy. La piscine sur le toit terrasse est un vrai plus.

♥ The Norman Hotel   BOUTIQUE-HÔTEL $$$

(Carte p. 124 ; ☎03-543-5555 ; www.thenorman. com ; 23-25 Nachmani St ; ch/loft/ste à partir de 570/840/1 090 $US ; ☎❄☎). Installé dans deux bâtiments rénovés de style Bauhaus datant des années 1920, le Norman est le plus royal des boutiques-hôtels de Tel-Aviv (surtout la King Albert Suite). Aucun détail n'est négligé. L'offre va du loft à la suite avec jardin. Les équipements comportent une salle de gym, un espace bien-être et une piscine à débordement sur le toit. Restauration sophistiquée dans la bibliothèque-brasserie.

♥ Rothschild Hotel   BOUTIQUE-HÔTEL $$$

(Carte p. 124 ; ☎03-957-8888 ; www.rothschild-hotel.co.il ; 96 Rothschild Blvd ; d/ste/tr à partir de 272/382/510 $US ; ☎). 🖉 À l'extérieur sur un balcon, la sculpture représentant une chorale, signée Ofra Zimbalista, donne le ton de cet établissement qui a précédé le boom des boutiques-hôtels. Le décor a très bien vieilli et le service est toujours de premier ordre. Le restaurant sur place sert une cuisine qu'il présente comme "sioniste aux accents français".

♥ Hotel Montefiore   BOUTIQUE-HÔTEL $$$

(Carte p. 124 ; ☎03-564-6100 ; www.hotelmontefiore.co.il ; 36 Montefiore St ; s/d 1 420/1 560 NIS ; ☎). Un établissement de luxe aménagé dans un bâtiment classé de 1920 et situé dans une rue arborée, entre Rothschild Blvd et Allenby St. Les douze chambres sont stylées, avec hauts plafonds, parquet, fauteuil, une bibliothèque généreusement remplie, fenêtres à double vitrage et spacieuses salles de bains. De l'art israélien contemporain orne les murs, tout comme dans le restaurant-bar chic au rez-de-chaussée.

♥ Shenkin Hotel   BOUTIQUE-HÔTEL $$$

(Carte p. 124 ; ☎03-600-9400 ; www.shenkinhotel. com ; 21 Brener St ; s/d à partir de 196/270 $US ; ☎@☎). Un établissement petit mais chic, très bien placé derrière la rue Shenkin, avec quatre types de belles chambres, des espaces communs dévolus à l'art contemporain, une terrasse sur le toit et une adorable terrasse à l'arrière, où thé, café et biscuits sont gracieusement offerts. L'aimable personnel du Shenkin est d'excellent conseil.

Alma Hotel   BOUTIQUE-HÔTEL $$$

(Carte p. 124 ; ☎03-630-8777 ; www.almahotel. co.il ; 23 Yavne St ; s/deluxe/affaires à partir de 260/280/550 $US ; ☎). Installé dans un charmant immeuble des années 1920, cet hôtel en retrait du Rothschild Blvd compte, outre un décor théâtral, un restaurant et bar à tapas, un bar sur le toit et un joli jardin à l'arrière. Les chambres sont spacieuses, avec lit immense, machine à expresso et belle salle de bains.

Diaghilev   HÔTEL DE CHARME $$$

(Carte p. 124 ; ☎03-545-3131 ; www.diaghilev. co.il ; 56 Mazeh St ; d/ste sans petit déj à partir de 235/340 $US ; ☎). Peintures, lithographies et sculptures ornent les murs des espaces communs de cet hôtel, aménagé dans un bâtiment de style Bauhaus près du boulevard Rothschild. Chambres spacieuses avec coin salon, kitchenette et chambre séparée. Mention spéciale pour la tranquillité du lieu, le parking sur place et la réception serviable. Également des suites familiales.

🛏 Jaffa (Yafo)

Beit Immanuel   AUBERGE DE JEUNESSE $

(☎03-682-1459 ; www.beitimmanuel.org ; 8 Auerbach St, American Colony ; dort/s/d 225/285/410 NIS ; ☎☎). Sis en face d'une ravissante église luthérienne, le bâtiment de cette auberge de jeunesse aux allures de couvent date de 1884. Géré par une congrégation évangélique, il dispose de chambres propres et confortables, d'un jardin privé et d'un parking gratuit. C'est un lieu très calme, bien que situé à 10 minutes de marche du vieux Jaffa et du quartier Florentin. Jadis, l'établissement, qui appartenait au baron Plato von Ustinov, grand-père de l'acteur Peter Ustinov, a logé des personnalités comme l'empereur d'Allemagne Guillaume II en 1898. Il se trouve dans une impasse donnant dans Eilat St (prolongement de la route de Jaffa).

Old Jaffa Hostel   AUBERGE DE JEUNESSE $

(Carte p. 135 ; ☎03-682-2370 ; www.telaviv-hostel.com ; 13 Amiad St ; dort/s/d 90/250/280 NIS ; @☎ ; ☎10, 18, 25, 41). Occupant une demeure ottomane du marché aux puces, cet auberge est la plus pittoresque de Tel-Aviv dans cette catégorie de prix, mais pas la plus confortable. Les tarifs des dortoirs sont raisonnables, avec suffisamment de salles de bains communes, une cuisine commune et une vaste terrasse de toit d'où on entraperçoit la mer.

🛏 Port de Tel-Aviv

Port Hotel
BOUTIQUE-HÔTEL **$$**

(📞03-544-5544 ; www.porthoteltelaviv.com ; 4 Yirmiyahu St ; s/d 175/185 $US ; P 🔊). Près du vieux port, voilà une denrée rare à Tel-Aviv : un hébergement stylé pour les petits budgets. Bien que petites et dépourvues de vue, les chambres sont propres et confortables. La terrasse et la proximité de la plage sont d'autres atouts du lieu.

🛏 Parc HaYarkon

HI Tel Aviv Hostel
AUBERGE DE JEUNESSE **$**

(📞02-594-5654 ; www.iyha.org.il ; 36 B'nei Dan St ; dort/s/d 162/321/410 NIS, enfant 94 NIS ; @ 🔊). Anciennement connue sous le nom de B'nei Dan Guest House, cette auberge de jeunesse propre et spacieuse a été récemment rénovée. Seule auberge à proximité du parc HaYarkon, elle est accessible à pied depuis le vieux port, mais vous préférerez peut-être prendre un *sherout* (n°5) ou louer un vélo pour aller en ville.

Où se restaurer

Les bons restaurants ne manquent pas à Tel-Aviv. Dans cette ville située en plein cœur du Moyen-Orient se rencontrent une multitude d'influences : méditerranéennes, balkaniques, arabes et asiatiques. Les végétaliens trouveront ici tout ce qui leur convient.

 Centre-ville

💙 Miznon
ISRAÉLIEN **$**

(Carte p. 124 ; www.facebook.com/miznon ; 30 King George St ; pitas 25-49 NIS ; ⊙12h-1h dim-jeu, 12h-15h ven, 19h-1h sam ; 🖉). Cet établissement animé aux prix (très) raisonnables est tenu par un personnel plein d'allant, et ses spécialités sont délicieuses. Pizzas géantes aux légumes, poulet, abats ou viande, *fish and chips* ou encore patates douces et chou-fleur rôtis aux épices (un délice !).

Pour commander, faites la queue et donnez votre nom, puis choisissez vos condiments, prenez place et attendez qu'on annonce votre commande, que vous arroserez de limonade, de bière ou d'arak.

💙 Dosa Bar
INDIEN **$**

(Carte p. 128 ; 📞03-659-1961 ; www.facebook.com/Dosabar ; 188 Ben Yehuda St ; plats à partir de 35 NIS ; ⊙12h-23h dim-jeu, 11h-16h ven ; 🖉). Ce petit restaurant indien est à la fois kasher,

végétalien et sans gluten. Les *dosas* (sorte de crêpe indienne sucrée ou salée) sont la spécialité de la maison ; la *dosa masala* est délicieuse. Petits-déjeuners indiens le vendredi matin, si cela vous tente de commencer le week-end par une bonne dose d'épices.

💙 Tamara
GLACIER **$**

(Carte p. 128 ; 96 Ben Yehuda St ; coupe petite/moyenne/grande 22/27/32 NIS, tapioca 15 NIS ; ⊙9h30-0h30 dim-ven, 10h30-0h30 sam). Ce merveilleux glacier près de Gordon Beach sert les meilleurs yaourts glacés de la ville (et il y a de la concurrence). À déguster nature ou agrémenté de généreuses garnitures. Vend également de rafraîchissants tapiocas aux fruits et des *paletas* (glaces fruitées mexicaines). Les enfants s'assoient sur des balançoires dans la boutique pendant que les parents font la queue.

HaKosem
ISRAÉLIEN **$**

(Carte p. 124 ; 1 Shlomo HaMelech St ; falafel à partir de 18 NIS ; ⊙10h30-23h30 dim-jeu, 10h30-15h ven ; 🖉). L'un des stands de falafels les plus sympathiques et populaires de Tel-Aviv se tient à l'angle de la rue King George. Outre sa spécialité, les boulettes de pois chiches vertes dans du pain plat, il propose des *sabich* (œuf dur, aubergine frite, salade de pommes de terre, houmous et sauce *amba* dans un pain pita), des escalopes de veau panées et des *shawarma*.

Sabich Frishman
MOYEN-ORIENT **$**

(Carte p. 128 ; 42 Frishman St ; sabich 18 NIS ; ⊙9h-23h30 dim-jeu, 9h-16h ven, à partir de 20h sam ; 🖉). Minuscule stand de *sabich*, en-cas originaire d'Irak consistant en une pita fourrée (aubergine sautée, œuf dur, chou, salade de pommes de terre, houmous et sauce *amba* à la mangue relevée). À l'angle des rues Dizengoff et Frishman (repérez la longue queue et le stand de falafels voisin).

Ha'achim
ISRAÉLIEN **$$**

(Carte p. 124 ; 📞03-691-7171 ; www.facebook.com/haachim ; 12 Ibn Gabirol St ; plats 39-62 NIS ; ⊙12h-minuit dim-jeu, 9h-minuit ven-sam ; 🖉). Ha'achim, "Les frères" en hébreu, propose une carte typiquement méditerranéenne : houmous, *labneh, tahina*, olives... Le pain pita et l'huile d'olive sont offerts. On peut aussi déguster les spécialités du chef, de la viande et du poisson grillé ; le menu déjeuner d'affaires comprend un plat et deux salades au choix (betteraves et aubergines par exemple).

LA CUISINE À L'HONNEUR

Il y en a pour tous les goûts à Tel-Aviv, des fruits de mer à la cuisine grecque, en passant par les restaurants asiatiques, en plein essor : le restaurant thaïlandais **Nam** (03-670-8050 ; www.facebook.com/namrest ; 275 Dizengoff St ; plats 67-75 NIS ; 12h30-17h et 18h-minuit ;) et le vietnamien Vong (p. 146) en sont de bons exemples. On retrouve des saveurs du monde entier aux stands des marchés couverts de Sarona (p. 130) et de Rothschild-Allenby.

L'actuel changement d'aspect de la ville s'accompagne d'une multiplication des "tables de chefs" (gérées par des toques sélectes) et de brasseries sélectes. Nous avons rejoint les nombreux fans tel-aviviens d'Eyal Shani, le plus célèbre de ces chefs, adepte d'une cuisine simple et de saison, qui a l'art d'arranger des restaurants à la fois chics et décontractés – Miznon (ci-contre), Port Sa'id, Romano (ci-dessous) et North Abraxas (p. 146) –, où il est tenu pour aussi important de s'amuser que de se régaler.

Bien entendu, il existe aussi une multitude d'échoppes et de kiosques bon marché. Vous n'aurez aucun mal à trouver le plat national israélien, le fameux falafel, ainsi que le *sabich* (œufs durs, aubergine frite, salade de pommes de terre, houmous et *tahina* dans un pain pita). Le houmous est davantage la spécialité d'Abu Gosh ou d'Acre, mais vous en trouverez de délicieux à Jaffa, au Ali Caravan (p. 148).

Côté emplettes, le marché du Carmel (p. 126) vend les meilleurs fruits et légumes. Les supérettes, présentes un peu partout, vendent un bon choix de produits et restent ouvertes tard le soir et – pour nombre d'entre elles – pendant le shabbat.

Du dimanche au vendredi, maints restaurants proposent une formule "déjeuner d'affaires" avec entrée gratuite, voire un verre de vin, pour tout plat commandé.

Goocha
FRUITS DE MER **$$**

(Carte p. 128 ; 03-522-2886 ; www.goocha.co.il ; 171 Dizengoff St ; plats 64-92 NIS ; 12h-1h ;). À ne pas confondre avec la nouvelle enseigne, le Goocha Diner dans Ibn Gabirol St ! C'est celui-ci l'original, et il est bien meilleur. Touristes et habitants s'y précipitent pour savourer des moules-frites, un burger aux crevettes ou un risotto de la mer. Idéalement situé à l'angle de l'avenue Ben Gourion, ce restaurant est toujours bondé. Réservation conseillée.

Barbunia
POISSON **$$**

(Carte p. 128 ; 03-527-6965 ; 163 Ben Yehuda St ; plats 58-86 NIS ; 12h-23h). Ouvert depuis presque trente ans, le Barbunia est plus vieux que la plupart des habitants de Tel-Aviv. Les nappes en papier sans chichis contribuent au charme de ce restaurant familial spécialisé dans le poisson. Chaque plat est servi avec une myriade d'accompagnements : petites salades, légumes grillés, pain et houmous. Nos favoris sont la dorade et l'assiette de crevettes et calamars frits. À déguster avec une bière locale.

Benedict
PETIT-DÉJEUNER **$$**

(Carte p. 128 ; 03-686-8657 ; www.benedict.co.il ; 171 Ben Yehuda St ; petit-déj à partir de 69 NIS ; 24h/24 ;). Pancakes aux myrtilles, œufs au bacon, *tchakchouka* ou œufs Benedict sont servis ici à toute heure du jour et de la nuit, de surcroît en portions gigantesques, pain compris. Venez avec un solide appétit. Autres succursales sur **Rothschild Blvd** (carte p. 124 ; 29 Rothschild Blvd ; petit-déj à partir de 62 NIS) et à **Herzliya** (09-958-0701 ; 1 Haetzel St ; petit-déj 45-98 NIS).

Anastasia
VÉGANE **$$**

(Carte p. 128 ; 03-529-0095 ; www.facebook.com/cafeanastasia ; 54 Frishman St ; sandwichs/petit-déj à partir de 39/52 NIS ; 8h-23h30 dim-jeu, 8h-17h ven, 9h-23h sam ;). Le paradis des végétaliens ! Petits-déjeuners, salades, soupes, sandwichs, tout y est. L'établissement possède aussi une boutique de produits végétaliens. Le menu comprend des omelettes au maïs et au houmous, du pain maison sans gluten et des gâteaux et biscuits. Le milkshake banane, datte, cacao et amande vaut à lui seul une halte.

✕ Centre-ville (sud)

♥ Port Sa'id
MOYEN-ORIENT **$$**

(Carte p. 124 ; 5 Har Sinai St ; petites assiettes 22-52 NIS, plats à partir de 34 NIS ; 12h-tard ;). Non loin de la Grande synagogue, des habitués fréquentent ce bar-restaurant branché aux étagères en bois garnies de disques vinyles. Bonne cuisine aux accents proche-orientaux (pas de menu en anglais, demandez aux serveurs) et grand choix de boissons. Arrivez tôt pour avoir une table. Essayez le houmous aux haricots de Lima.

♥ Arte
GLACIER $

(Carte p. 124 ; ☑055-895-4868 ; arteglideria.com ; 11 Nahalat Binyamin St ; glace à partir de 22 NIS ; ⊙11h-23h mars-oct, 13h-19h30 dim-mer et 13h-23h jeu-sam nov-fév ; ☑). ⬤ Voici de véritables glaces à l'italienne en plein cœur du Nahalat Binyamin Crafts Market (p. 153). Tenu par les chefs Stefania Pagani et Marco Camorali, des glaciers professionnels originaires de Toscane et de Sicile, Arte répond à des principes durables : pas de colorants ni d'ingrédients chimiques, produits locaux si possible.

Bunny Chow
SUD-AFRICAIN $

(Carte p. 124 ; ☑054-260-8850 ; www.facebook.com/bunnychowtlv ; 36 Rothschild Blvd ; plats à partir de 35 NIS ; ⊙12h-tard). Malgré son nom, ce restaurant ne sert pas de lapin, mais une délicieuse cuisine de rue sud-africaine. Le plat star est le "Bunny Chow", miche de pain vidée et remplie de curry. Les sandwichs au bœuf dans du pain *challah* maison sont divins.

Jadis disposant d'un stand au marché du Carmel, le restaurant est aujourd'hui installé dans un local intérieur au **marché Rothschild-Allenby** (carte p. 124 ; 36 Rothschild Blvd ; ⊙8h-23h30).

Tenat
ÉTHIOPIEN $

(Carte p. 124 ; ☑054-749-9538 ; www.facebook.com/tenatvegan ; 27 Chlenov St ; plats 35 NIS ; ⊙11h-23h lun-jeu, 11h-16h ven ; ☑). Ce petit restaurant éthiopien, chaleureux et végétalien, se trouve dans un quartier peu reluisant, mais n'en sert pas moins une cuisine délicieuse. Parmi les spécialités, l'*injera* (galette éthiopienne spongieuse) en guise d'assiette, servie avec de la salade, des fèves et des épices, et les jus de betteraves et de carottes fraîchement pressés.

Taqueria
MEXICAIN $

(Carte p. 124 ; ☑03-600-5280 ; www.taqueria.co.il ; 28 Levontin St ; plats 29-39 NIS ; ⊙12h-minuit dim-mar, 12h-1h mer-sam ; ☎). Ce restaurant mexicain sans prétentions est très populaire auprès des jeunes Tel-Aviviens. Les tacos et les burritos sont très abordables ; quant aux nachos, ils comptent parmi les meilleurs de la ville. Pas de réservations (sauf le vendredi soir) : sirotez un cocktail Frozen Margarita en attendant votre tour !

Vong
VIETNAMIEN $$

(Carte p. 124 ; ☑03-633-7171 ; www.vong.co.il ; 15 Rothschild Blvd ; plats 57-65 NIS, banhs à partir de 42 NIS ; ⊙12h-minuit ; ☎☑). Implanté juste en face de la Maison de l'Indépendance, Vong est une institution. On y sert de gigantesques bols de spécialités vietnamiennes, comme le *bok choy* (chou de Chine), les *bunhs* et les nouilles *dien-dien* épicées, ou encore les rouleaux farcis au bœuf, au poisson, au curry ou au tofu. Penchez-vous sur la liste des cocktails, aux noms surprenants comme Forrest Jump ou Lady Ga.

Zakaim
VÉGANE $$

(Carte p. 124 ; ☑03-613-5060 ; 20 Simtat Beit Hashoeva ; plats 49-62 NIS ; ⊙18h-tard dim-jeu, 12h-tard ven-sam ; ☑). Malgré sa carte 100% végétalienne, le restaurant du chef Harel Zakaim – dissimulé dans une ruelle au niveau du 98 Allenby St – ravira tous les gourmets. Les plats vont du riz persan (cuisiné avec des pommes de terre croustillantes) aux poivrons rouges farcis aux légumes et aux lentilles, des pizzas végétaliennes aux frites servies dans un sac en papier brun. Il y a même des cocktails et des truffes au chocolat.

North Abraxas
ISRAÉLIEN $$

(Carte p. 124 ; ☑03-516-6660 ; 40 Lilienblum St ; petites assiettes 22-52 NIS, plats 34-120 NIS, pizza 54 NIS ; ⊙12h-minuit dim-jeu, 13h-minuit ven et sam). La cuisine passe au second plan dans ce lieu flamboyant à l'ambiance unique. On s'y régale, assis au bar, à observer les chefs et les serveurs découper, flamber, et se livrer à d'autres préparations, tout en chantant et en trinquant à l'arak avec les clients. La carte israélienne moderne inclut pizzas, plats de légumes colorés et viandes mijotées.

Nanuchka
VÉGÉTALIEN $$

(Carte p. 124 ; ☑03-516-2254 ; nanuchka.co.il/en/ ; 30 Lilienblum St ; plats 49-68 NIS ; ⊙12h-tard ; ☑).

VÉGÉTALISME TENDANCE

Israël aurait la plus grande proportion de végétaliens au monde au sein de la population. C'est difficile à prouver, mais il est vrai, effet de mode oblige, que le végétalisme a le vent en poupe à Tel-Aviv. Un autocollant sur la vitrine signale les restaurants agréés par Vegan Friendly (www.vegan-friendly.co.il), une organisation israélienne, et par HappyCow (www.happycow.net), une communauté internationale en ligne.

UNE VILLE EN PLEINE MUTATION

Où que vous alliez dans Tel-Aviv, vous verrez de vastes chantiers de construction. La ville est en plein développement, et la municipalité a entrepris de rénover ses bâtiments de style Bauhaus, qui ont pour la plupart bien besoin d'un lifting.

Un réseau de trains légers futuristes est en cours de construction, ce qui devrait faciliter la circulation et contribuer à résoudre les légendaires problèmes de stationnement. La première ligne, qui ira de Petah Tikva à Bat Yam, devrait ouvrir en 2021. Mais c'est une habitude en Israël de ne pas respecter les délais en ce qui concerne les projets de transport de grande ampleur. Les environs de la gare ferroviaire Savidor (p. 155) et de Yehuda HaLevi St sont les zones les plus affectées par les travaux d'excavation.

La place Dizengoff et certaines portions de la promenade de front de mer sont également en pleine mutation.

Des gratte-ciel occupés par des appartements luxueux et des bureaux d'entreprises de haute technologie sortent de terre, surtout autour de l'ancienne colonie de Sarona (p. 130). Les grues dominent l'horizon de cette ville trépidante qui ne tient pas en place.

Nanuchka, autrefois un restaurant géorgien traditionnel, est aujourd'hui un restaurant géorgien végétalien. Son ambiance bohème et les concerts qui s'y tiennent parfois expliquent sa popularité. Au menu, feuilletés aux épinards, tofu et oignons verts, riz cuit à basse température aux lentilles et aux légumes-racines, aubergine rôtie au *tahina*.

♥ Dalida
FUSION **$$$**

(Carte p. 124 ; ☏ 03-536-9627 ; en.dalidatlv.co.il ; 7 Zvulun St ; plats 84-142 NIS, plateau à partager 159 NIS ; ☉ 17h-2h lun-jeu, 12h-2h ven-sam ; ☏✐). Dalida, l'un des meilleurs restaurants de Florentin, est ainsi nommé en l'honneur de la célèbre chanteuse qui, comme la cuisine ici, mêla les influences arabe, italienne et française. L'ambiance est à la fois distinguée et chaleureuse. Menu à moitié prix entre 17h et 19h du dimanche au jeudi. On vous conseille le chou arabe et ses calamars poêlés, ou le kebab agneau, pistache et *halloumi*.

Café Noir
EUROPÉEN **$$$**

(Carte p. 124 ; ☏ 03-566-3018 ; www.cafenoir.co.il ; 43 Ahad Ha'am St ; brunch 34-64 NIS, plats 66-128 NIS ; ☉ 12h-minuit dim-mer, 12h-1h jeu, 8h-1h ven, 9h-minuit sam ; ☏). Cette brasserie animée est réputée pour ses brunchs du week-end et ses fameuses escalopes. Or, si nous avons beaucoup aimé les premiers, nous penchons davantage pour l'une des excellentes salades ou pâtes que pour les secondes. La corbeille de pain est en supplément.

Manta Ray
PETIT-DÉJEUNER, POISSON **$$$**

(Carte p. 124 ; ☏ 03-517-4773 ; www.mantaray.co.il ; sud de la promenade de Tel-Aviv ; petit-déj 39-45 NIS, plats 75-175 NIS ; ☉ 9h-23h ; ☏). Tout à la fois chic et décontracté, le Manta Ray, en surplomb d'Alma Beach, attire une clientèle mêlée de Tel-Aviviens et de touristes, venus y petit-déjeuner ou y déjeuner. Pensez à réserver (précisez si vous souhaitez une table dehors avec vue). Laissez-vous tenter par l'omelette au petit-déjeuner et par le poisson aux autres repas.

✗ Neve Tzedek

Meshek Barzilay
CAFÉ **$$**

(Carte p. 124 ; ☏ 03-516-6329 ; www.meshekbarzilay.co.il ; 6 Ahad Ha'am St, Neve Tzedek ; petit-déj 38-64 NIS, plats 46-68 NIS ; ☉ 7h-16h dim, 7h-minuit lun-ven, 9h-minuit sam ; ☏✐). Les végétariens et végétaliens de Tel-Aviv ne manquent pas de tables, mais ils se sentiront particulièrement à l'aise ici. Ce restaurant est l'un des deux seuls où nous avons trouvé des œufs bio de poules élevées en plein air (bravo !). Nombreux plats d'influence indienne et asiatique, et quelques bonnes options de petit-déjeuner. Les habitués ne jurent que par le petit-déjeuner fermier végétalien.

✗ Florentin

Bet Lehem Hummus
MOYEN-ORIENT **$**

(Carte p. 124 ; 5 Florentin St ; houmous 18 NIS ; ☉ 10h-21h dim-jeu, 10h-16h ven ; ✐). Si le *tshai nana* (thé à la menthe) gratuit, en libre-service, est une délicate attention, les habitués viennent ici pour le houmous : *fuul* (avec purée de fèves épicées) ou *masabacha* (avec pois chiches entiers et *tahina* chaud), ou avec supplément œuf (2 NIS). Beit Lechem signifie "maison du pain", comme la ville de Bethléem.

Casbah Cafe
CAFÉ **$**

(Carte p. 124 ; ☑03-518-2144 ; 3 Florentin St ; plats à partir de 34 NIS ; ⊙8h-2h lun-sam, 8h-minuit dim ; 🕿🍴). L'un des restaurants bon marché les plus appréciés du quartier Florentin, tenu par les mêmes personnes qui gèrent le Hoodna Bar (p. 151) du coin de la rue, tout aussi sympathique. L'atmosphère est détendue, et les végétaliens trouveront de nombreux plats à leur convenance, comme le *tchakchouka* des Balkans, le curry de chou-fleur ou le burger végétalien et ses frites de patate douce.

Ouzeria
GREC **$$**

(Carte p. 124 ; ☑03-533-0899 ; 44 Matalon St, Florentin ; mezze 35-60 NIS ; ⊙12h-minuit dim-ven ; 🍴). Apprécié d'une clientèle locale de tous âges et styles, ce restaurant exubérant près du marché aux épices de Levinsky est animé tous les soirs, mais assailli le vendredi après la fermeture du marché. Pas de réservation, vous devrez sûrement faire la queue. Excellents mezze grecs de légumes et fruits de mer à prix doux.

Romano
FUSION **$$**

(Carte p. 124 ; ☑054-317-7051 ; www.facebook.com/romanotlv ; 9 Jaffa Rd ; plats 41-74 NIS ; ⊙18h-2h lun-sam ; 🕿). Ce restaurant hypertendance est bien caché. Franchissez le portail couvert de graffitis, traversez la cour, montez l'escalier, et vous voici dans l'un des lieux les plus à la mode du sud de Tel-Aviv. Des posters de films de Bruce Lee décorent les murs de cette étrange création du chef Eyal Shani, où de jeunes affamés dévorent des plats tantôt classiques, tantôt expérimentaux.

🍴 Jaffa (Yafo)

♥ Ali Caravan
PROCHE-ORIENT **$**

(Abu Hassan ; carte p. 135 ; 1 HaDolphin St ; portions de houmous 20 NIS ; ⊙8h-15h dim-ven ; 🍴 ; 🚌10, 18, 25, 41). Ce petit restaurant près du port de Jaffa de prépare un houmous réputé. Trois menus houmous au choix : classique, *fuul* (avec purée de fèves épicées) ou *masabacha* (avec pois chiches entiers et *tahina* chaud). Vous devrez probablement faire la queue.

♥ Kalamata
GREC **$$**

(Carte p. 135 ; ☑03-681-9998 ; www.kalamata.co.il ; 10 Kikar Kedumim ; plats 62 NIS ; ⊙17h-tard dim-mer, 12h-tard jeu-sam ; 🕿). Ce ravissant restaurant est une authentique taverne tel-avivienne, installée dans une demeure vieille de 500 ans sur la principale place de Jaffa. La cuisine grecque et chypriote

comporte quelques touches israéliennes. On se régale de feuilles de vigne farcies ou de ceviche à la mode arabe, avant de savourer des pâtes noires aux fruits de mer ou un kebab à l'agneau ou au poisson.

Casino San Remo
MÉDITERRANÉEN **$$**

(☑03-504-2003 ; 2 Nehama St ; plats 46-58 NIS ; ⊙8h-2h ; 🕿🍴). Situé à la lisière de Jaffa, dans le quartier branché de Noga, le Casino San Remo est un café-bar-restaurant à l'atmosphère détendue. Qu'on aime la viande (bolognese ou burger) ou les légumes (beignets aux poireaux ou salades), on savoure son repas en écoutant de la bonne musique.

Puaa
CAFÉ **$$**

(Carte p. 135 ; ☑03-682-3821 ; www.puaa.co.il ; 8 Rabbi Yohanan St ; petit-déj 39-48 NIS, sandwichs 38 NIS, plats 44-58 NIS ; ⊙9h-1h dim-ven, 10h-1h sam ; 🕿 ; 🚌10, 18, 25, 41). Ici, tous les éléments hétéroclites de la décoration et du mobilier sont à vendre. Au milieu de l'agitation du marché aux puces, on y sert le petit-déjeuner toute la journée. Le week-end, la clientèle, nombreuse, y commande *tchakchouka*, *sabich* et *bundash* (*challah* frit servi avec de la confiture ou du halva, ou des concombres à la crème).

El Jamila
PROCHE-ORIENT **$$**

(Carte p. 135 ; ☑03-550-0042 ; 4 Olei Zion St, Jaffa ; plats 60-120 NIS ; ⊙12h-minuit ; 🚌10, 14, 25, 41). Ce restaurant arabe du marché aux puces sert des plats de poisson traditionnels du quartier Ajami. La salle à manger haute de plafond aux murs de pierre et au joli carrelage est agréable après une matinée d'achats au souk. Goûtez le *ta'ashima* (filets de poisson pané et *tahina* aux amandes).

Dr Shakshuka
PROCHE-ORIENT **$$**

(Carte p. 135 ; shakshuka.rest.co.il ; 3 Beit Eshal St, Jaffa ; tchakchouka 38-45 NIS, couscous 45-58 NIS, shawarma 52-58 NIS ; ⊙8h-minuit dim-ven ; 🍴). Dans ce bâtiment de l'époque ottomane, en plein marché aux puces, le docteur concocte depuis 1991 des *tchakchoukas* succulentes (son secret réside dans la quantité d'épices, essentiellement du paprika), mais la clientèle locale leur préfère le *shawarma* et le couscous. Salle intérieure et cour ombragée.

♥ Old Man & the Sea
POISSON **$$$**

(☑03-681-8699 ; 85 Kedem St ; plats à partir de 99 NIS ; ⊙11h-1h). Toujours au top, cette adresse est un classique, comme le roman d'Hemingway *Le Vieil Homme et la Mer*.

TCHAKCHOUKA

Si différentes cultures se disputent la maternité de ce plat, il n'y a qu'en Israël que la *tchakchouka* a atteint le statut de trésor national. Les œufs cuits dans une sauce tomate épaisse, avec oignons et épices (paprika, cumin et piment en poudre), sont parfois agrémentés de poivrons, saucisses, fromage, épinards et autres ingrédients. Cuite et servie dans une poêle plate en fer, en cuivre ou terre cuite et accompagnée de pain blanc, on la déguste à toute heure, mais surtout au petit-déjeuner et au brunch. La plus célèbre de la ville est servie chez Dr Shakshuka (page ci-contre) à Jaffa.

Ce restaurant dispose d'une terrasse donnant sur la mer dans la partie sud de Jaffa. Les copieuses portions de poisson et de fruits de mer sont servies avec une vingtaine de petits mezze, de type falafels ou houmous.

 Où prendre un verre et faire la fête

Les bars sont légion en ville : il y en a pour tous les goûts et pour toutes les bourses, qu'il s'agisse du dernier endroit branché, de bars à vins, de cafés de quartier ou de brasseries artisanales.

Côté discothèques, ce sont les bars dansants et les bars à concerts qui mènent le bal. Les méga-clubs sont plutôt rares. Le code vestimentaire étant plutôt relax, il n'est pas indispensable de se mettre sur son trente-et-un.

Centre-ville

Kanta
BAR

(Carte p. 128 ; kanta.co.il ; 71 Ibn Gabirol ; ⊙ 20h-3h ; ☎). Ce bar tendance bénéficie de l'une des meilleures terrasses de la ville, sur le toit du centre commercial Gan Ha'Ir ("jardin de ville"), derrière la place Rabin. Ce jardin urbain est aussi agréable en été qu'en hiver. Le célèbre chef israélien Yaron Malka est aux fourneaux. N'hésitez pas à goûter les cocktails, comme le Lion in Zion, mélange surprenant mais rafraîchissant de gin, citron vert et basilic frais. Si l'entrée du centre commercial est fermée, il faut emprunter le large escalier extérieur du parc Gan Ha'Ir depuis le boulevard Ben Gourion.

HaMaoz
BAR

(Carte p. 124 ; ☎ 03-620-9458 ; 32 King George St ; ⊙ 17h-tard dim-jeu, 12h-3h ven-sam ; ☎). Le HaMaoz est divisé en trois zones : un jardin en terrasse, un bar intérieur et une arrière-pièce qui ressemble à un appartement privé. L'endroit est très fréquenté le vendredi, l'après-midi et le soir.

BuXa
BAR-CLUB

(Carte p. 124 ; ☎ 058-511-1558 ; buxatlv.com/bar ; 31 Rothschild Blvd ; ⊙ 21h-6h). Ce lieu unique est à la fois une galerie d'art exposant des jouets de designers, un bar à cocktails chic et un club DJ underground. Des concerts ont lieu régulièrement au sous-sol, où se trouve la piste de danse, tandis qu'une foule jeune et artistique se rassemble sur la terrasse du dernier étage. Des plats de cuisine asiatique fusion sont servis au bar, comme le Bombay Sloppy Joe.

The Cat and the Dog
DISCOTHÈQUE

(Carte p. 124 ; ☎ 03-561-5595 ; www.facebook.com/thecatandthedog ; 23 Carlebach St ; entrée à partir de 50 NIS ; ⊙ 23h-7h jeu-ven). L'endroit idéal pour se déchaîner et transpirer au rythme d'une musique trance et house progressive. Cet établissement situé en plein cœur de Tel-Aviv domine depuis des années la scène des clubs underground. De grands DJ locaux et internationaux y sont venus, comme John Digweed, Sven Väth, Sasha et Infected Mushroom.

Centre-ville (sud)

Bicicletta
BRASSERIE EN PLEIN AIR

(Carte p. 124 ; ☎ 03-643-3097 ; www.facebook.com/BiciclettaTLV ; 29 Nahalat Binyamin St ; ⊙ 18h-1h dim-jeu, 12h-1h ven-sam ; ☎). Ce bar dispose de l'une des plus belles cours de la ville. La cuisine est délicieuse et éclectique, avec des plats comme le sandwich à la dinde fumée et au brie, la poitrine de porc au chou-fleur et au sirop de datte, ou les frites d'aubergine. *Happy hour* de 17h30 à 20h. Reconnaissable à la bicyclette en vitrine.

Kuli Alma
BAR

(Carte p. 124 ; ☎ 03-656-5155 ; kulialma.com ; 10 Mikveh Israel St ; ⊙ 22h-5h ; ☎). Voici une institution de la vie nocturne tel-avivienne, qui fait la part belle à l'art et à la musique. On franchit l'entrée discrète pour se retrouver dans une cour décorée de plantes et de graffitis et dotée d'une galerie extérieure. Il y a un menu végétarien. Programmation éclectique de DJ et de concerts.

♥ Prince
BAR

(Carte p. 124 ; ☎ 058-606-1818 ; www.facebook. com/theprincetlv ; 18 Nahalat Binyamin St ; ⏰17h-tard sam-jeu, 12h-18h ven). Cet incroyable bar perché sur un toit à l'angle du Nahalat Binyamin Crafts Market est resté pendant des années l'un des secrets les mieux gardés de Tel-Aviv. Le Prince (*"HaNasich"* en hébreu) est bien connu aujourd'hui, et toujours bondé. Comme tous les bons bars de Tel-Aviv, son entrée est sombre et peu avenante (et décorée d'étranges graffitis).

En haut de l'escalier, on se retrouve sur une terrasse de toit du plus bel effet. Un établissement sans prétentions, à l'ambiance hippie davantage que hipster.

Herzl 16
BAR

(Carte p. 124 ; ☎ 03-554-4300 ; www.facebook. com/r12tlv ; 16 Herzl St ; ⏰7h30-3h). L'ancien Rothschild 12, dont l'immeuble a été démoli, s'est implanté à proximité et est devenu le Herzl 16. On peut toujours prendre un bon petit-déjeuner de même qu'un déjeuner (hamburgers, *sabich*, sandwichs chauds) avec une touche de cuisine japonaise, un café, l'apéritif ou un verre sur fond de jazz la journée ou de groupes live et de DJ le soir. Site internet en hébreu uniquement.

♥ Block
DISCOTHÈQUE

(www.block-club.com ; 157 Shalma (Salame) Rd, Neve Sha'anan ; arrivée précoce 50-70 NIS, arrivée tardive 70-90 NIS ; ⏰23h-tard jeu-sam). Dans le bâtiment de la gare routière centrale, Block est, à juste titre, considéré comme la meilleure discothèque de Tel-Aviv. Des DJ de renommée internationale y mixent funk, hip-hop, afrobeat, mais aussi drum nd bass, house et trance. Sono impressionnante et espace fumeur.

Beit Maariv
DISCOTHÈQUE

(Carte p. 124 ; www.facebook.com/BeitMaariv ; 51 Menachem Begin Rd ; entrée 70-100 NIS ; ⏰23h30-tard jeu-sam ; 🚌 26, 89, 189). Voici l'un des meilleurs clubs underground de la ville. Attendez-vous à une expérience astrale avec lasers et haut-parleurs gigantesques. Le bâtiment abritait jadis le journal israélien *Maariv*. Il accueille aujourd'hui les meilleurs DJ house de la région et du monde.

Florentin

Beer Bazaar
MICRO-BRASSERIE

(Carte p. 124 ; ☎ 03-917-4590 ; beerbazaar.co.il ; 13 Zvulun St ; ⏰12h-minuit dim-jeu, 12h-18h ven, 20h-minuit sam). À l'origine simple stand de bières artisanales sur le marché du Carmel, Beer Bazaar est devenu un empire, de taille modeste, certes, mais constitué de quatre établissements à Tel-Aviv et un à Jérusalem. Dans ce bar-ci, une centaine de bières artisanales israéliennes sont proposées à la dégustation, pour faire votre choix avant de commander une pinte. Bouteilles en vente à la boutique.

Jackson Bar
BAR, DISCOTHÈQUE

(Carte p. 124 ; www.facebook.com/jacksonIlsEveryDay ; 6 Vital St, Florentin ; ⏰19h-tard ; ☎). Des DJ se produisent tous les soirs dans le bar du rappeur tel-avivien Axum (alias Mr Jackson), mais c'est le mercredi qu'ont lieu les meilleures soirées hip-hop.

TEL-AVIV GAY ET LESBIEN

Tel-Aviv rencontre une faveur grandissante auprès des voyageurs gays et lesbiens du monde entier. En juin, la flamboyante Gay Pride de Tel-Aviv (p. 140), le plus important festival du genre dans le pays, dure une semaine. La plupart des hôtels, cafés, bars et restaurants de la ville sont ouverts à la communauté LGBT.

Parmi les adresses appréciées, citons le bar gay branché **Shpagat** (carte p. 124 ; ☎ 03-560-1785 ; 43 Nahalat Binyamin St ; ⏰19h-tard sam-jeu, 12h-17h ven) et **Apolo** (carte p. 124 ; ☎ 03-774-1106 ; www.apolo.co.il ; 46 Allenby St ; ⏰22h-4h), bar-discothèque de rencontres réservé aux hommes. Tenez-vous informé sur le site Atraf (www.atraf.com), qui dispose d'une application pour smartphones, et sur le site officiel Tel Aviv Gay Vibe (www.visit-tel-aviv.com/gayvibe).

Hilton Beach (p. 131) est officieusement la plage gay de Tel-Aviv. Vous trouverez le calendrier des événements et des soirées spéciales (beaucoup ont lieu au Haoman 17 dans Arbarbanel St) sur www.gaytelavivguide.com.

Israeli LGBT Center (carte p. 124 ; ☎ 03-525-2896 ; www.lgbtqcenter.org.il ; Gan Meir Park), près de la rue King George, organise événements, conférences, groupes de sport et pique-niques.

SAUVE QUI PEUT !

Pour certains, rester enfermé pendant une heure dans une drôle de salle ressemble à une punition, mais pour beaucoup de jeunes Tel-aviviens, c'est le comble du divertissement. La folie des "escape rooms" s'est emparée de la ville : aventure, quêtes et énigmes sont au programme de ces jeux très prisés des trentenaires high-tech. Le but est de rassembler des indices pour réussir à sortir de la salle et, en quelque sorte, sauver le monde.

Ces *escape room*s sont disséminées partout en ville, toutes plus divertissantes les unes que les autres, bien qu'abritées dans des bâtiments quelconques. Voici trois des principaux réseaux d'*escape rooms* proposant des jeux en anglais. Les tarifs varient de 80 NIS à 120 NIS par personne, selon la taille du groupe.

Brainit's (brainit.co.il/en). Parmi les scénarios proposés : un médecin *serial killer* à Jaffa, une fusillade en réalité virtuelle et une station spatiale. Succursales à Herzliya et à Netanya.

Escape Rooms (www.escaperoom.co.il/en/tel-aviv). Jeux pour deux à six participants. Les thèmes vont de la fin du monde au paranormal, en passant par le Titanic.

Locked Games (www.locked-games.com/english). Deux lieux : 26 Tchernichovsky St (près du parc Meir) et 3 HaPelech St (au sud). À partir de 200 NIS.

Hoodna Bar BAR
(Carte p. 124 ; www.facebook.com/hoodnabar ; 13 Arbarbanel St, Florentin ; ⊙18h-tard dim-jeu, 13h-tard ven et sam ; ☎). Hoodna ("trêve" en arabe) est un atelier de charpentier la journée. Le soir venu, tables et canapés sont sortis dans la rue pour créer un espace où prendre un verre. Musique live ou DJ presque tous les soirs à l'intérieur. La dernière semaine de février s'y tient le festival de rock indépendant "Southern Wind".

 Jaffa (Yafo)

Anna Loulou Bar BAR
(Carte p. 135 ; www.annaloulou.com ; 1 HaPninim St, vieux Jaffa ; ⊙21h-3h lun-sam ; 🚌10, 18, 25, 41). À mi-chemin entre le bar underground et le centre culturel, ce bar branché est ouvert aux homosexuels et aux fumeurs. Musique essentiellement électro (arabe, africaine ou orientale), et certaines soirées à thème (country, hip-hop, spectacles de travestis). La fête bat son plein le mercredi.

 Où sortir

La plupart des billets pour les événements majeurs peuvent être achetés en ligne sur Eventim (www.eventim.co.il/en/).

 **Cinémathèque** CINÉMA
(Carte p. 124 ; ☎03-606-0800 ; www.cinema.co.il/en ; 1 Ha'Arba'a St ; à partir de 30 NIS ; ⊙10h-minuit dim-ven, 11h-minuit sam). La cinémathèque propose des rétrospectives, des classiques, des films étrangers, des films d'avant-garde

et expérimentaux. De nombreux festivals s'y déroulent, notamment DocAviv (p. 141).

Barby MUSIQUE LIVE
(☎03-518-8123 ; www.barby.co.il ; 52 Kibbutz Galuyot St). À l'extrême sud de la ville, une institution pour les groupes de reggae, de musique électronique, de funk et de musique alternative. Des célébrités s'y produisent parfois. Programme sur le site Web.

Goldstar Zappa Club MUSIQUE LIVE
(☎03-762-6666 ; www.zappa-club.co.il ; 24 Raoul Wallenberg St, Ramat HaChayal). Artistes israéliens et étrangers se produisent dans ce club à l'ambiance feutrée, qui doit son nom au grand Frank Zappa, situé au nord-est du centre-ville (mieux vaut s'y rendre en taxi). Renseignez-vous sur la programmation par téléphone ou dans les magazines.

Shablul Jazz Club JAZZ
(☎03-546-1891 ; www.shabluljazz.com ; Hangar 13, vieux port). Ce lieu intime situé sur le vieux port accueille tous les soirs de bons concerts de jazz, de blues, de salsa et de world music. Programme sur la page Facebook (www.facebook.com/shabluljazz).

Beit HaAmudim JAZZ
(Carte p. 124 ; ☎03-510-9228 ; www.facebook.com/BeitHaamudim ; 14 Rambam St ; ⊙12h-2h dim, lun, mer-jeu, 9h-3h mar et ven, 19h-3h sam). Cette salle intimiste accueille un public éclectique pour des concerts jazz presque quotidiens, qui commencent à 21h30. L'entrée est de 5 NIS par musicien, vous paierez donc 25 NIS pour

LE SHABBAT À TEL-AVIV

Si vous avez déjà fait l'expérience du shabbat à Jérusalem – la ville y cesse pratiquement de respirer pendant 24 heures et le touriste se demande alors ce qu'il va faire sans transports en commun, DAB, restaurant ou boutique – n'ayez crainte : Tel-Aviv traverse le shabbat d'une tout autre façon.Certes, la plupart des commerces ferment tôt le vendredi pour ne rouvrir que le samedi soir ou le dimanche matin – comme une manière de vague concession à la tradition. En revanche, le vendredi soir, bars, restaurants et discothèques sont bondés, et le restent jusqu'à l'aube. Le samedi, les plages sont prises d'assaut, on paresse dans les cafés ou on dîne au restaurant. Et malgré l'interdiction municipale d'ouvrir pendant le shabbat, de nombreuses supérettes AM:PM, Tiv Ta'am et Super Yuda restent ouvertes tous les jours, 24h/24.Les rues sont moins bruyantes car les bus ne circulent pas, à l'inverse des *sherout* et des taxis.

un concert de cinq musiciens. Situé près du marché du Carmel, c'est un café en journée.

Felicja Blumental Music Centre MUSIQUE CLASSIQUE
(Carte p. 124 ; ☎03-620-1185 ; www.fbmc.co.il ; 26 Bialik St). Baptisée en hommage à la pianiste Felicja Blumental, cette salle, aussi somptueuse qu'intimiste, de 115 places accueille des concerts de classique, jazz et musique de chambre.

Suzanne Dellal Centre DANSE
(Carte p. 124 ; ☎03-510-5656 ; www.suzannedellal. org.il ; 5 Yechieli St). La meilleure école de danse du pays, installée dans un bâtiment de 1892 dans le quartier de Neve Tzedek, fait également office de théâtre. Fondé en 1989 par la famille Dellal de Londres, le centre est consacré aux arts du spectacle en général – danse moderne, musique, ballet... C'est aussi le lieu de résidence de la compagnie de danse Bat Sheva, de renommée internationale.

Théâtre Cameri THÉÂTRE
(Carte p. 124 ; ☎03-606-0960 ; www.cameri.co.il ; 30 Leonardo da Vinci St). Accueille des représentations en hébreu de premier choix, avec traduction anglaise simultanée ou sur-titres en anglais certains soirs.

Théâtre national Habima THÉÂTRE
(Carte p. 124 ; ☎03-629-5555 ; www.habima.co.il ; 2 Tarsat Blvd, HaBima Sq). Cet impressionnant bâtiment circulaire, moderne et restauré, héberge la troupe de théâtre nationale. Des représentations ont lieu chaque semaine. La plupart sont sous-titrées en anglais.

Théâtre de Jaffa THÉÂTRE
(Théâtre arabe-hébreu ; carte p. 124 ; www.arab-hebrew-theatre.org.il ; 10 Mifratz Shlomo St). Fondé en 1998 dans un bâtiment voûté du vieux Jaffa dans le but de réconcilier

les deux cultures, ce théâtre accueille des pièces en hébreu et en arabe, parfois sous-titrées en anglais. Les œuvres représentées abordent souvent la question du conflit israélo-palestinien sans langue de bois. Également des spectacles musicaux et des festivals, comme le Festival arabe-hébreu des femmes.

Nalaga'at Center THÉÂTRE
(Carte p. 135 ; ☎03-633-0808 ; www.nalagaat. org.il ; port de Jaffa). Nalaga'at (qui signifie "Touchez") est la seule compagnie théâtrale de sourds et aveugles au monde. Cette organisation à but non lucratif a pris ses quartiers dans un hangar portuaire rénové. Les acteurs nous racontent des histoires, jouent de la musique ou exécutent des chorégraphies, et on oublie rapidement qu'ils ne peuvent ni voir ni entendre. Le centre abrite également le restaurant **Black-Out**, où l'on mange dans le noir et dont les serveurs sont aveugles.

Achats

Centre-ville

Lametayel ÉQUIPEMENT PLEIN AIR
(Carte p. 124 ; ☎077-333-4501 ; www.lametayel. co.il ; dernier ét, 50 Dizengoff St, centre Dizengoff ; ⏰10h-21h dim-jeu, 10h-14h30 ven). Le plus grand magasin de matériel de camping et de voyage d'Israël. Large choix de guides Lonely Planet et principale source d'information des globe-trotters israéliens. Passez-y si vous prévoyez de camper, que ce soit sur le chemin de Jésus, autour de la mer de Galilée ou de la mer Morte.

Steimatzky LIVRES
(Carte p. 128 ; ☎03-522-1513 ; www.steimatzky. co.il, en hébreu uniquement ; 109 Dizengoff St ; ⏰9h-20h dim-jeu, 9h-16h ven). Cette enseigne

de la chaîne Steimatzky a pour atout, outre son personnel serviable, un rayon correct d'ouvrages en anglais.

Centre-ville (sud)

Contour
BIJOUX

(Carte p. 124 ; ☑ 03-654-2270 ; www.contour-studio. com ; 25 Gruzenberg St ; ⊘ 10h-18h dim-jeu, 10h-15h ven). Cette boutique a été fondée en 2015 par deux designers israéliens primés, Lior Shulak-Hai et Galit Barak. Les bijoux créés sur mesure sont originaux. Près du Nahalat Binyamin Crafts Market.

Neve Tzedek

Sipur Pashut
LIBRAIRIE

(Carte p. 124 ; ☑ 03-510-7040 ; www.sipurpashut. com/english ; 36 Shabazi St, Neve Tzedek ; ⊘ 10h-19h dim-jeu, 9h30-16h ven). Sipur Pashut ("histoire simple" en hébreu) est une minuscule boutique remplie du sol au plafond d'excellents ouvrages en hébreu et en anglais. La version israélienne du célèbre magazine *Granta* y est publiée.

Chomer Tov
CÉRAMIQUE

(Carte p. 124 ; ☑ 03-516-6229 ; www.chomertov. co.il ; 27 Shabazi St, Neve Tzedek ; ⊘ 10h-20h dim-jeu, 10h-17h ven). Chomer Tov (qui signifie "bons matériaux") est une coopérative de 15 artistes potiers. Dans cet espace sont exposés des objets à la fois fonctionnels (bols, tasses) et originaux, ainsi que des objets de culte juifs modernes.

Agas & Tamar
BIJOUX

(Carte p. 124 ; ☑ 03-516-8421 ; www.agasand-tamardesign.com ; 43 Shabazi St, Neve Tzedek ; ⊘ 10h-19h dim-jeu, 10h-16h ven). Dans leur atelier-boutique, Einat Agassi et Tamar Harel-Klein utilisent l'or et l'argent pour créer des bijoux "qui racontent une histoire" en s'inspirant d'une thématique.

Orit Ivshin
BIJOUX

(Carte p. 124 ; ☑ 03-516-0811 ; www.oritivshin.com ; 54 Shabazi St, Neve Tzedek ; ⊘ 10h-19h dim-jeu, 10h-15h ven). Orit Ivshin réalise à la main, dans son atelier de Neve Tzedek, des bijoux délicats en or 19 carats souvent incrustés de diamants.

TEL-AVIV - JAFFA (YAFO) ACHATS

MARCHÉS ET CENTRES COMMERCIAUX

L'amour des Tel-Aviviens pour les boutiques se mesure au nombre de marchés en plein air et de centres commerciaux, entre produits frais et vêtements à bas prix au marché du Carmel (p. 126), objets anciens et "Altezachen" ("vieilleries" en yiddish) au marché aux puces de Jaffa (p. 136), grandes enseignes haut de gamme et stands de rues gastronomiques au centre Sarona (p. 130), construit par les templiers allemands. S'il vous reste de l'énergie et de l'argent, essayez aussi :

Gan Ha'ir Mall (carte p. 128 ; ⊘ 8h-20h dim-jeu, 8h-16h ven). En plein centre-ville, juste au nord de la place Rabin, ce centre commercial haut de gamme comprend des grandes enseignes et un marché de produits bio. Stands de restauration le vendredi.

Ramat Aviv Mall (www.ramat-aviv-mall.co.il ; 40 Einstein St, Ramat Aviv ; ⊘ 9h30-21h30 dim-jeu, 9h30-15h ven). Le plus vaste et le plus chic des centres commerciaux de la ville. Excellente sélection de créateurs haut de gamme. Près de l'université de Tel-Aviv.

Kikar HaMedina (HaMedina Sq). Grande place circulaire où sont installés Gucci, Tag Heuer et Versace.

Centre Dizengoff (carte p. 124 ; ☑ 03-621-2400 ; angle Dizengoff St et King George St ; ⊘ 9h-minuit dim-jeu, 9h-16h ven, 20h-minuit sam ; 🅿). Le premier centre commercial d'Israël compte de nombreux cafés, fast-foods, stands de téléphonie mobile et commerces. Tous les vendredis à partir de 9h, avant le shabbat, marché animé de plats cuisinés israéliens.

Nahalat Binyamin Crafts Market (carte p. 124 ; www.nachlat-binyamin.com ; ⊘ 10h-17h mar, 10h-18h ou 19h en été, 10h-16h30 ven). Les mardi et vendredi, des stands d'artisanat sont dressés dans cette rue piétonne près du marché du Carmel. Excellent pour trouver des objets de culte juifs originaux.

Marché des producteurs du vieux port (☑ 077-541-1393 ; shukhanamal.co.il/english ; Hangar 12, vieux port ; ⊘ 9h-16h dim, 9h-20h lun-jeu et sam, 7h-17h ven). Petit marché de produits alimentaires principalement bio. Dans un hangar rénové.

Ronit
BIJOUX

(Carte p. 124 ; ☎03-516-2721 ; ronitjewelry.com ; 20 Shabazi St, Neve Tzedek ; ☺10h-19h dim-jeu, 10h-15h ven). Ronit Cohen vend de nombreuses pièces faites main, la majorité en plaqué or 24 carats.

Jaffa (Yafo)

Shelley Dahari
MODE ET ACCESSOIRES

(Carte p. 135 ; ☎03-620-8004 ; www.shelleydahari. com ; 14 Rabbi Yohanan St, Jaffa ; ☺9h30-20h dim-jeu, 9h30-16h ven). Cette boutique du marché aux puces de Jaffa, est le lieu tout indiqué pour dénicher un maillot de bain de la marque israélienne Ugly Duckling et un *galabiya* (caftan long) signé Karen Shavit.

Zielinski & Rozen
COSMÉTIQUES

(Carte p. 135 ; ☎054-774-0566 ; www.facebook. com/ZielinskiRoze ; 10 Rabbi Pinchas St ; ☺10h30-19h dim-jeu, 9h30-16h ven ; 🚌10, 18, 25, 41). Des jasmins odorants ornent la devanture de cette parfumerie dans laquelle on peut prendre rendez-vous pour créer son parfum.

ℹ Renseignements

ACCÈS INTERNET

Tel-Aviv est la ville israélienne la plus à la pointe des nouvelles technologies. On ne s'étonne donc pas de trouver un accès Wi-Fi dans la plupart des cafés, restaurants et hôtels, ainsi que des points d'accès gratuit sur les principaux boulevards et en bord de mer.

ARGENT

De nombreux bureaux de change ponctuent les rues Allenby, Ibn Gabirol et Dizengoff. Ils ouvrent en principe de 9h à 21h du dimanche au jeudi et jusqu'à 14h le vendredi.

On trouve partout des DAB, mais n'étant pas réapprovisionnés le vendredi soir et le samedi, ils sont parfois à court de liquidité ces jours-là. Les banques ont souvent des horaires d'ouverture irréguliers et prennent des commissions plus élevées que les bureaux de change.

DÉSAGRÉMENTS ET DANGERS

Les rues de Tel-Aviv sont sûres à toute heure du jour et de la nuit – il faut toujours être prudent si l'on est seul. Malgré les gros titres parfois effrayants, les Tel-Aviviens ne s'inquiètent généralement pas de la menace terroriste.

Pour déclarer un vol de vélo ou tout autre délit, rendez-vous au **poste de police de Dizengoff** (Dizengoff Police Station ; carte p. 128 ; ☎03-545-4444 ; 221 Dizengoff St). Attachez les vélos avec une chaîne solide. À la plage, mieux vaut ne pas laisser les objets de valeur sans surveillance ; demandez à quelqu'un de garder un œil sur vos affaires pendant votre baignade.

OFFICES DU TOURISME

Le principal **office du tourisme** (carte p. 124 ; ☎03-516-6188 ; www.visit-tel-aviv.com ; 46 Herbert Samuel Esplanade ; ☺9h30-17h30 dim-jeu, 9h30-13h ven nov-mars, 9h30-18h30 dim-jeu et 9h30-14h avr-oct) de Tel-Aviv fournit cartes, brochures et conseils.

Près de la tour de l'horloge, le **centre d'information de Jaffa** (carte p. 135 ; ☎03-516-6188 ; www.visit-tel-aviv.com ; 2 Marzuk Ve-Azar St, Jaffa ; ☺9h30-17h30 dim-jeu, 9h30-13h ven, 10h-16h sam avr-oct, 9h30-17h30 dim-jeu, 9h-14h ven nov-mars) propose un plan de Jaffa gratuit.

SERVICES MÉDICAUX

Tel-Aviv bénéficie d'infrastructures médicales de grande qualité. En cas d'urgence, votre hôtel peut se charger de contacter un médecin ou un hôpital. **Ichilov Hospital** (Tel-Aviv Sourasky Medical Centre ; carte p. 124 ; ☎03-697-4444 ; www. tasmc.org.il ; 6 Weizmann St ; ☺urgences 24h24). L'Ichilov, proche du centre, est le grand hôpital central de la ville. Il dispose d'un service d'urgences fonctionnant 24h/24 et d'un service spécialisé dans la médecine de voyage (la Malram Clinic), où l'on pratique des vaccinations.

Superpharm Cette chaîne très pratique possède plusieurs pharmacies en ville, notamment au 129 Dizengoff St (carte p. 128 ; ☎077-888-0730 ; ☺8h-minuit sam-jeu, 8h-18h ven), au 62 Sheinkin St (carte p. 124 ; ☎077-888-0830 ; ☺8h-23h30 dim-jeu, 8h-17h30 ven, 20h-minuit

---

SITES INTERNET

DIY Tel-Aviv (www.diytelavivguide.com/blog). Guide alternatif : restaurants, bars, vie nocturne, achats et culture.

Midnight East (www.midnighteast.com/mag). Blog intéressant sur les arts et la culture.

Secret Tel-Aviv (www.secrettelaviv.com). Bons plans et conseils de locaux.

Tel Aviv Nonstop City (tel-aviv.gov.il/en). Excellent site de la municipalité.

Time Out Israel (www.timeout.fr/israel/fr). Adresses et activités à Tel-Aviv.

Visit Tel Aviv (www.visit-tel-aviv.com). Le site touristique officiel.

sam) et au 4 Shaul HaMelech Blvd (carte p. 124 ; 077-888-0390 ; 24h/24 dim-jeu, fermé 18h ven-20h sam). Celle de la rue Dizengoff est ouverte pendant le shabbat.

Tel-Aviv Doctor (carte p. 128 ; 054-941-4243, numéro gratuit 1-800-201-999 ; www.telaviv-doctor.com ; 46 Basel St, près de Basel Sq). Centre médical bien équipé, avec médecins polyglottes. Radiologie et urgences.

Depuis/vers Tel-Aviv

BUS

La majorité des bus interurbains partent du 6e étage de la **gare routière centrale** (carte p. 124) de Tel-Aviv, où l'on trouve aussi un comptoir d'information. Les bus sillonnant la ville et sa banlieue démarrent des 4e et 7e niveaux. Les billets s'achètent auprès des chauffeurs et aux guichets. Seuls les *sherout* (taxis collectifs) circulent durant le shabbat.

Des bus **Egged** (www.egged.co.il) desservent Jérusalem (n°405, 16 NIS, 1 heure, 1 bus/20 min) ; Haïfa (n°921, 27 NIS, 1 heure 30, 1 bus/25 min) ; Tiberias (n°836, 37,50 NIS, 2 heures 30, 1 bus/30 min) ; Nazareth (n°826, 34 NIS, 2 heures 45, 1 bus/45 min) ; et Eilat (n°s393, 394 et 790, 70 NIS, 5 heures 30,1 bus/heure). Réservez vos billets pour Eilat (au 2800 ou sur www.egged.co.il), car les bus sont souvent complets. Les bus Metropoline circulent depuis/vers Beer Sheva (n°s353, 369 et 370, 15 NIS, 1 heure 30, 1 bus/30 min).

La deuxième gare routière de Tel-Aviv, le **terminal Arlozorov** en plein air, jouxte la gare ferroviaire Savidor Merkaz au nord-est du centre. Pour vous y rendre, prenez le bus n°61 (6,90 NIS) qui longe les rues Allenby, King George, Dizengoff et Arlozorov, ou le bus n°10 sur Ben Yehuda. Si vous logez dans le centre ou le nord, le bus Egged n°480 (16 NIS, 1 heure, 1 bus/10 min) est le moyen le plus pratique de rallier Jérusalem. Il part du parking principal de la gare.

SHEROUT

Des *sherout* (taxis collectifs, le plus souvent des minivans jaunes) partent de Tsemach David St, à l'extérieur de la gare routière centrale, vers Jérusalem (26 NIS, 36 NIS pendant le shabbat) et Haïfa (30 NIS, 45 NIS pendant le shabbat).

Près du terminal Arlozorov, des *sherout* attendent dans Namir Rd et desservent Herzliya (15 NIS) et Netanya (20 NIS), au nord.

Des *sherout* relient l'aéroport Ben Gourion (www.iaa.gov.il) à Jérusalem (à partir de 42 NIS), Haïfa (à partir de 78 NIS) et Acre (à partir de 90 NIS).

TRAIN

Tel-Aviv compte quatre gares ferroviaires : Savidor (terminal Arlozorov (Merkaz), HaHagana, HaShalom et University.

PLANS DE TEL-AVIV

L'office du tourisme distribue l'excellente carte en anglais *Tel-Aviv-Jaffa Tourist*. La plupart des hôtels fournissent également des plans touristiques de la ville. L'Abraham Hostel (p. 142) propose un plan particulièrement bien conçu, qui comprend des recommandations.

De Savidor, des trains rallient Haïfa (27,50 NIS, 1 heure) via Netanya (13,50 NIS, 25 min) toutes les demi-heures, avant de continuer jusqu'à Acre (35,50 NIS, 1 heure 30) et Nahariya (39,50 NIS, 1 heure 45). Ils circulent toutes les 30 minutes entre 6h et 20h30 du dimanche au jeudi, puis toutes les heures entre 20h33 et 23h33. Le service s'arrête aux environs de 16h le vendredi pour reprendre après 21h le samedi. La gare est 2,7 km à l'est de la plage et à 1,5 km à l'est de Ibn Gabirol St, à l'extrémité d'Arlozorov St. Attention, la gare peut être désignée par plusieurs noms : Tel Aviv Mercaz (gare centrale de Tel Aviv), Tel Aviv Tzafon (Tel Aviv nord) ou Arlozorov.

En direction du sud, on peut aller jusqu'à Ashkelon (22 NIS, 1 heure) et Beer Sheva (27 NIS, 1 heure 15) – liaisons assurées toutes les heures. Pour vous rendre à Savidor depuis le centre-ville, prenez le bus n°61 vers le nord dans Allenby St ou Dizengoff St et descendez au terminal Arlozorov (à 2 min à pied de la gare).

Comment circuler

DEPUIS/VERS L'AÉROPORT

Le train constitue le moyen de transport le plus pratique pour rejoindre Tel-Aviv depuis l'aéroport international Ben Gourion – l'entrée de la gare se trouve à l'extérieur du terminal international, sur la gauche. À l'exception du shabbat et des jours fériés, les trains circulent toutes les 30 minutes de 5h35 à 23h35 et s'arrêtent aux quatre gares de Tel-Aviv. Services supplémentaires à 0h53, 1h53, 2h53, 3h53 et 4h53 pour la gare Savidor uniquement. Tarif : 14 NIS. Consultez le site d'Israel Railway (www.rail.co.il/en) pour plus d'informations.

Les tarifs des taxis sont encadrés (compteur ou prix fixes officiels). Il y a une file d'attente à l'extérieur du terminal international. Selon la circulation, la course jusqu'au centre de Tel-Aviv prend environ 20 minutes et devrait coûter 160 NIS (tarif de jour) et 200 NIS (de 21h à 5h30). Comptez en général un supplément de 5 NIS par bagage.

Un taxi entre l'aéroport Sde Dov et le centre-ville devrait revenir à moins de 50 NIS.

BUS ET SHEROUT

L'efficace réseau des bus urbains, géré par la **Dan cooperative** (www.dan.co.il), fonctionne de 5h30 à minuit, sauf durant le shabbat. Un billet pour un trajet coûte 6,90 NIS, un pass à la journée (*hofshi yomi*), pour un nombre illimité de trajets en bus dans Tel-Aviv et ses banlieues vaut 13,50 NIS et un pass à la semaine (*hofshi shavoui*) 64 NIS.

Vous pourrez acheter votre pass auprès d'un chauffeur de bus, ou acheter une carte de transport personnelle Rav Kav (à recharger) délivrée gratuitement par les guichets d'information Dan de la gare routière centrale et du terminal Arlozorov, ouverts de 8h à 18h du dimanche au jeudi, et de 8h à 13h le vendredi. Il vous faudra remplir un formulaire et vous munir d'une photo d'identité ainsi que de votre passeport. Il est plus simple d'acheter une carte *Anonymous Rav Kav* auprès de n'importe quel chauffeur de bus (pas de photo ni de passeport).

La ville compte trois grandes gares routières de desserte locale : la gare routière centrale (près de la gare ferroviaire HaHagana), le terminal Arlozorov (près de la gare ferroviaire Savidor/Tzafon) et le terminal Carmelit (à l'extrémité sud du marché du Carmel). Des bus locaux quittent la gare routière centrale depuis les 4e et 7e niveaux, et depuis la rue Levinsky.

Le temps d'attente est affiché à la plupart des arrêts de bus, et l'application Moovit (moovitapp.com), très pratique, fournit des informations en temps réel sur tous les itinéraires.

Voici les principales lignes :

Bus n°4 Gare routière centrale, Allenby St, Ben Yehuda St et terminal Reading, au nord de la rivière Yarkon. Départ du 4e niveau.

Bus n°5 Gare routière centrale, à l'extérieur (rez-de-chaussée), Allenby St, Rothschild Blvd, Dizengoff St, Nordau Blvd, Ibn Gabirol St, Pinkas St, Weizmann St, HaMaccabi St et retour par le même itinéraire. Pratique pour gagner l'auberge de jeunesse HI, l'ambassade d'Égypte, les places HaBima et Dizengoff.

Bus n°10 Gare ferroviaire de Savidor, Arlozorov St, Ben Yehuda St, Allenby St, esplanade Herbert Samuel, Sderot Yerushalayim (Jaffa) et Bat Yam.

Bus n°18 Gare ferroviaire de Savidor jusqu'à l'Ichilov Hospital, la place Rabin, King George St, Allenby St, Sderot Yerushalayim (Jaffa) et jusqu'à Bat Yam.

Bus n°25 Université de Tel-Aviv jusqu'au **terminal Reading**, puis place Rabin, King George St, Allenby St et marché Carmel, puis jusqu'à Jaffa et Bat Yam.

Sherout n°4 Même parcours que le bus n°4, mais circule durant le shabbat.

Sherout n°5 Même parcours que le bus n°5, mais circule durant le shabbat.

City Tour (bus n°100) Dan assure également une ligne touristique à bord d'un bus à impériale qui part du vieux port et s'arrête dans les principaux musées ainsi qu'à Jaffa. Le forfait journalier permet de monter et descendre à toutes les stations (adulte/enfant 65/56 NIS). Il circule toutes les heures de 9h à 16h du dimanche au jeudi, et jusqu'à 13h le vendredi.

TAXI

Comptez entre 40 NIS et 50 NIS pour la plupart des trajets en centre-ville. L'application la plus utilisée à Tel-Aviv est Gett Taxi (gett.com).

VÉLO

Le vélo est le moyen de transport le plus simple et le plus rapide pour circuler dans Tel-Aviv, grâce en particulier aux 120 km de pistes cyclables le long d'artères comme les boulevards Rothschild, Chen, Ben-Gourion et la Ibn Gabirol St. Pour un itinéraire plus pittoresque, vous pouvez rejoindre le parc HaYarkon (p. 133) et pédaler vers l'est ou bien suivre la promenade côtière de 10 km. Vous pouvez louer des vélos auprès de **O-Fun** ([] 03-544-2292 ; ofun.co.il ; 197 Ben Yehuda St ; heure/24 h/week-end 25/75/130 NIS ; ⊘9h30-19h dim-jeu, 9h30-14h ven) dans Ben Yehuda St ou de la succursale **O-Fun** d'Allenby St (carte p. 124 ; [] 03-522-0488 ; ofun.co.il ; 32 Allenby St ; ⊘10h-19h dim-jeu, 10h-14h ven).

VOITURE

Se garer en centre-ville peut virer au cauchemar. Le stationnement est payant dans la plupart des rues en journée (6,20 NIS/heure), sauf durant le shabbat (13h ven-9h dim), et les places sont réservées aux résidents disposant d'une vignette de stationnement entre 17h et 9h. Les panneaux jaunes indiquant les règles en vigueur n'ont pas toujours de traduction en anglais. Stationner sur les espaces rouge et blanc est interdit sous peine de retrouver son véhicule à la fourrière.

Les parkings privés et les garages facturent un minimum de 60 NIS/24 heures. Les parkings publics sont beaucoup moins chers (généralement un forfait de 20 NIS entre 7h et 19h, ou de 8-10 NIS/heure). Il y a de grands parkings publics, idéalement situés, en face de l'ancienne gare ferroviaire (p. 136) sur l'esplanade Herbert Samuel et juste au sud du vieux port de Jaffa.

Le plus grand parking de la ville est au terminal Reading, à la périphérie de Tel-Aviv près du parc HaYarkon. En raison de sa localisation et des nombreux bus qui le desservent, il est souvent utilisé comme parking relais.

Il est souvent plus facile de se garer pendant le shabbat (du vendredi soir au samedi après-midi) car beaucoup de Tel-aviviens quittent la ville, et la plupart des parkings restent ouverts. Quelques parkings pratiques : rue Ben Saruk St

LE BOOM DU VÉLO

Agglomération compacte, Tel-Aviv se prête idéalement au vélo. La "Big Orange" compte plus de 120 km de voies cyclables le long de nombreux grands axes. Certaines sillonnent le parc HaYarkon, d'autres longent le littoral du nord au sud, de l'aéroport Sde Dov jusqu'au faubourg de Bat Yam via Jaffa. Procurez-vous un plan gratuit du réseau de pistes dans les offices du tourisme. Il est impératif de rester sur les pistes cyclables lorsque c'est possible. Rouler sur le trottoir est passible d'une amende. Les principaux boulevards (Ben Gourion, Chen, Rothschild) et la promenade du front de mer sont reliés entre eux par des pistes.

La municipalité a mis en place **Tel-O-Fun** (www.tel-o-fun.co.il) , un système de location de vélos similaire au Vélib' parisien. À ne pas confondre avec O-Fun, qui est un loueur de vélos privé. Il y a plus de 75 stations Tel-O-Fun dans la ville, où vous pouvez prendre ou laisser votre vélo vert. L'abonnement coûte 17 NIS par jour (23 NIS du vendredi 14h au samedi 19h) et 70 NIS par semaine.

La première demi-heure d'utilisation est gratuite, ensuite les tarifs augmentent graduellement : de 5 NIS/30 minutes ils passent rapidement à 20/40/80 NIS puis à 100 NIS/heure. Pour éviter ces frais, rendez votre vélo, attendez au moins 10 minutes puis reprenez-en un. Les touristes n'ont pas besoin d'ouvrir un compte, ils peuvent payer directement une carte bancaire à n'importe quelle station Tel-O-Fun.

Les vélos électriques sont très populaires. Vous devez avoir plus de 16 ans pour en louer un, porter un casque et ne pas dépasser la vitesse limite de 25 km/h.

(au niveau d'Arlozorov St), à Sarona (Kaplan St), Basel St et au théâtre HaBima (Rothschild Blvd).

La plupart des loueurs ont une agence dans HaYarkon St.

ENVIRONS DE TEL-AVIV

Gush Dan غوش دان גוש דן

3.7 MILLIONS D'HABITANTS

L'agglomération de Tel-Aviv, aussi appelée Gush Dan, est composée d'un maillage de villes de banlieues aisées comme Herzliya, qui sont principalement au nord de Tel-Aviv, et de moins riches, comme Ramla, au sud – Rishon Le Zion étant une exception. Le joyau de la région est la longue étendue de plages dorées entre Tel-Aviv et Netanya. C'est aussi le cœur économique du pays, où les centres de bureaux axés sur la haute technologie, les centres commerciaux et... le trafic routier sont en plein essor.

Herzliya هرتسليا הרצליה

09 / 92 000 HABITANTS

Herzliya, ville de banlieue cossue au nord de Tel-Aviv, doit son charme à ses plages, belles et propres, ainsi qu'à sa marina et son chapelet de cafés sur le front de mer. À seulement 13 km de Tel-Aviv, ses rives sont plus calmes que celles de la métropole, mais la ville a moins d'attraits pour les visiteurs.

Créée en 1924 et baptisée en hommage à Theodor Herzl, l'ancienne petite communauté rurale est devenue depuis une agglomération formée de deux villes distinctes séparées par la route n°2. Herzliya Pituach (à l'ouest de l'autoroute) regroupe la plupart des restaurants, des magasins et des plages, tandis que le centre de Herzliya, à l'est de l'autoroute, est principalement résidentiel et commercial.

À Herzliya Pituach vivent certaines des plus grandes fortunes du pays ainsi que les ambassadeurs étrangers. C'est aussi l'un des pôles de la haute technologie en Israël ; Apple, Microsoft et Amazon y sont installés. *Pituach,* d'ailleurs, signifie "développement".

À voir

Herzliya Beach PLAGE

(P). La longue bande de sable blanc qui s'étend de la marina au parc national Apollonia est le principal attrait de la ville. Très large, elle offre davantage d'espace que les plages parfois bondées de Tel-Aviv tout en bénéficiant de la présence de bars et d'hôtels en front de mer. La marina est à l'extrémité sud de la plage, ainsi que le centre commercial Arena, légèrement désuet. Au nord, s'élèvent les impressionnantes dunes de sable et les falaises découpées d'Apollonia. Si vous dorer au soleil ne vous suffit pas, vous pourrez pratiquer le beach-volley, le kayak ou le surf.

Parc national Apollonia — PARC NATIONAL

(☎09-955-0929 ; tarif plein/enfant 22/9 NIS ; ⏰8h-17h avr-sept, 8h-16h oct-mars, fermé 1 heure plus tôt ven et fêtes ; 🅿). Au nord d'Herzliya, juste après la bourgade de Nof Yam, ce parc côtier pittoresque englobe les ruines d'une forteresse croisée où se donnent, en été, des concerts le week-end. On peut également admirer sur place les vestiges d'une villa romaine et la mosquée Sidni Ali, datant du XIII siècle et impeccablement entretenue.

Le parc est accessible à pied en empruntant la Wingate St sur 3 km ou en voiture par la Route 2, juste après la petite ville de Nof Yam. Le parc national Hof Hasharon voisin dispose aussi d'aires de pique-nique et de dunes de sables herbeuses, idéales pour une sortie avec des enfants.

Où se restaurer

On trouve quantité de restaurants pour tous les budgets autour de la marina, le long de la plage et dans le quartier des affaires, plus à l'intérieur des terres.

♥ Zozobra — ASIATIQUE $$

(☎09-957-7077 ; www.zozobra.co.il ; 7 Shenkar St ; plats 49-83 NIS ; ⏰12h-minuit). Loin d'être un restaurant asiatique ordinaire, le Zozobra répond à un concept élaboré par le grand chef israélien Avi Conforti, amoureux de la cuisine asiatique. On y déguste les traditionnelles salades de papaye et autres pad thaïs, mais des influences coréennes, indiennes et japonaises se font aussi sentir. Les clients sont assis à de grandes tables communes.

Derby Bar — POISSON $$$

(☎09-951-1818 ; derbybar.co.il ; Arena Mall ; pâtes 69-89 NIS, plats 99-135 NIS ; ⏰12h-minuit ; 🛜). L'endroit parfait si vous rêvez de déguster des crevettes en contemplant des yachts hors de prix ! Le Derby, qui fait partie du centre commercial Arena, sert fruits de mer, poissons et pâtes sur une grande terrasse au bord de l'eau.

Où prendre un verre et faire la fête

Yam Bar — BAR

(☎09-959-7102 ; www.facebook.com/YamBarHerzliya ; 100 Ramat Yam St ; ⏰17h-2h). Le Yam Bar se situe en bord de mer à l'extrémité nord de Herzliya. Sa terrasse en bois à quelques mètres du sable est idéale pour se détendre en buvant une bière fraîche et en contemplant le coucher du soleil sur la Méditerranée. *Happy hour* de 17h à 20h30.

❶ Depuis/vers Herzliya

Le bus Metropoline no 90 part du terminal Carmelit et d'Arlozorov St à Tel-Aviv toutes les 20 minutes (9 NIS, 30 min). Les bus Egged n°s501, 502, 524, 525 et 531 circulent depuis la gare routière centrale de Tel-Aviv (10,90 NIS, 30 min). Des trains passent toutes les 20 minutes (10 NIS, 10 min). La gare se situant assez loin de la plage, prenez un taxi ou le bus n°29 (7 NIS) jusqu'à la marina.

Holon — حولون — חולון

☎ 03 / 188 834 HABITANTS

La ville ouvrière de Holon, à 7 km au sud-est de Jaffa, met tout en œuvre pour devenir un pôle culturel national. L'ouverture du musée du Design et du centre culturel attenant a donné un coup de jeune à la ville. Grâce à ses parcs et à son musée des Enfants, Holon est une destination idéale pour une excursion d'une journée en famille. Fondée sur des dunes de sable dans les années 1930, c'est le lieu de résidence de 400 des 800 derniers Samaritains vivant dans le monde (les autres sont près de Naplouse en Cisjordanie).

◉ À voir

♥ Design Museum Holon — MUSÉE

(☎073-215-1500 ; www.dmh.org.il ; 8 Pinhas Eilon St ; tarif plein/11-17 ans/5-10 ans 35/30/20 NIS ; ⏰10h-16h lun et mer, 10h-18h mar, jeu et sam, 10h-14h ven ; 🅿 ; 🚍89, 71). L'édifice imaginé par le célèbre architecte israélien Ron Arad, une immense volute de rubans rouges en béton et en acier, est l'un des exemples les plus frappants de Tel-Aviv en matière d'architecture contemporaine. À l'intérieur, le musée comprend deux espaces qui accueillent régulièrement des expositions temporaires sur la mode, le mobilier et d'autres créations. Les collections permanentes couvrent l'histoire du design jusqu'à nos jours, partout dans le monde. Vous y trouverez un café et une boutique de design.

Musée des Enfants israéliens — MUSÉE

(☎03-650-3000 ; www.childrensmuseum.org.il ; Mifratz Shlomo St, Peres Park ; 50-65 NIS/parcours ; ⏰9h-13h dim, lun et ven, 9h-13h et 16h-20h mar, mer et jeu, 10h-13h30 sam ; 🅿🚻 ; 🚍89, 96, 163, 172, 201). Ce musée interactif, empirique et éducatif est destiné aux enfants de 2 ans ½ à 11 ans. Il comprend une forêt magique (pour découvrir les émotions), un royaume du temps (axé sur les notions de croissance et de changement) un parc à papillons pour les tout-petits et des expériences extraterrestres dans un vaisseau spatial pour les plus âgés. Réservation indispensable.

ℹ️ Depuis/vers Holon

Plusieurs bus desservent Holon depuis Tel-Aviv, dont le bus Dan n° 3 depuis Allenby St, le bus Dan n° 89 depuis Ibn Gabirol St ou la gare routière centrale de Tel-Aviv, et le bus Egged n° 71 depuis le terminal Arlozorov. Depuis Rishon Le Zion, il faut prendre le bus n° 2. Si vous décidez de venir en taxi du centre de Tel-Aviv, cela devrait vous prendre 15 minutes et vous coûter environ 70 NIS. Malheureusement, la gare ferroviaire Wolfson, à Holon, est loin du centre-ville.

Netanya
نتانيا   נתניה

📱 09 / 192 160 HABITANTS

Les plages de Netanya sont parmi les plus grandes et les plus belles d'Israël. Auto-proclamée "Riviera israélienne", la ville a un charme désuet rappelant certaines stations balnéaires européennes. Son front de mer est beaucoup plus paisible que celui de ses voisines du sud. Jadis prisée des visiteurs âgés (majoritairement français, britanniques et russes), Netanya cherche aujourd'hui à attirer des touristes plus jeunes. La vaste promenade agrémentée d'aires de jeux pour enfants, de parterres de fleurs et d'ornements aquatiques, les concerts sur la place de la ville et les quelques bars animés constituent les nouveaux attraits de Netanya.

👁 À voir

Les Israéliens viennent de tout le pays profiter des vastes **plages** de sable blond de Netanya, bondées le week-end de baigneurs, d'adeptes de la bronzette et de joueurs de volley. Surveillées par des maîtres-nageurs, elles sont équipées de vestiaires, douches, chaises longues et parasols. Sur la falaise surplombant les plages, la promenade HaRishonim invite à flâner tout en contemplant la mer.

💙 Netanya Beach
PLAGE

Netanya compte 12 km de plages de sable, les plus belles et les mieux entretenues d'Israël. Plus on s'éloigne du centre-ville, moins il y a de monde. On trouve tout l'espace libre que l'on veut en semaine ; les plages sont plus fréquentées le week-end. La promenade, décorée de parterres fleuris, de bassins et de fontaines, dispose d'une bonne piste cyclable. Un ascenseur descend jusqu'à la plage principale au bout de Herzl St.

Environs de Tel-Aviv

Mikhmoret Beach
PLAGE

(🅿️) La plage de Mikhmoret est spectaculaire avec ses hectares de dunes de sable courant sur la rive méditerranéenne. Un *moshav* (communauté agricole coopérative) résidentiel est établi dans cet endroit paisible. La plage est équipée de douches et d'une baraque de restauration. La brise venue de la mer la rend populaire auprès des amateurs de cerfs-volants. À 9 km au nord de Netanya.

Parc national Alexander Stream
PARC NATIONAL

(📱 09-866-6230 ; www.parks.org.il ; ⏰ 8h-17h avr et oct, 8h-18h mai et sept, 8h-19h juil-août ; 🅿️). GRATUIT Cette réserve naturelle s'étend sur de vastes dunes de sable blanc à l'endroit où le fleuve Alexander se jette dans la Méditerranée. Étonnamment, ces eaux peu profondes hébergent la plus importante population de tortues à carapace molle du pays. Leur nombre décline, mais on peut toujours observer ces charmantes créatures depuis le "pont des Tortues", particulièrement apprécié des enfants.

Le parc comprend aussi les vestiges d'un poste de guet ottoman datant du XIXe siècle, ainsi que la plage de Beit Yanai et son camping (48 NIS/véhicule/nuit). Non desservi par les transports en commun, le

WEIZMANN

Mondialement connu, l'**Institut scientifique Weizmann** (☎08-934-4499 ; www.weizmann.ac.il ; 234 Herzl St, Rehovot ; centre des visiteurs entrée libre, jardin adulte/enfant 30/20 NIS, maison 20/15 NIS ; ◷centre des visiteurs 9h-16h dim-jeu, jardin 10h-16h lun-jeu, 10h-13h ven) est un campus éducatif ouvert au public. Le **Clore Garden of Science**, un musée des sciences interactif en plein air doté d'une écosphère vitrée, traite de l'énergie solaire, de la force hydraulique et d'autres phénomènes naturels. Le **centre des visiteurs Levinson** propose une exposition multimédia qui présente le travail de l'institut et organise des visites guidées gratuites du campus, en anglais ou en hébreu.

L'institut porte le nom du premier président d'Israël, Chaïm Weizmann, qui était un éminent chimiste. Il fut fondé en 1934 sur le terrain d'un *moshav* (communauté agricole coopérative). Ses équipements permettent de mener des travaux de pointe dans les domaines de la biologie, de la chimie, de la biochimie, de la physique et de l'informatique.

Près des tombes de Weizmann et de son épouse Vera, la maison Weizmann, conçue en 1936-1937 par l'architecte allemand Erich Mendelsohn, accueille un musée rassemblant des photos, livres et souvenirs du grand homme, notamment son passeport (le premier d'Israël). Durant la Première Guerre mondiale, celui-ci apporta par ses recherches une aide précieuse aux Alliés dans le domaine militaire et participa à la rédaction de la déclaration Balfour de 1917.

Le campus se trouve à Rehovot, à 25 km au sud de Tel-Aviv. On peut s'y rendre en train depuis n'importe quelle gare de la ville, mais il faut compter ensuite 10 minutes de marche. Sinon, des bus Egged le desservent au départ de la gare routière centrale (nos 201 et 301, 12, 40 NIS, 45 minutes, fréquent).

parc est à 15 minutes en voiture de Netanya, en empruntant la route 2 vers le nord.

🛏 Où se loger

Hotel Orit   HÔTEL **$$**
(☎09-861-6818, 054-657-9212 ; www.hotelorit.com ; 21 Sderot Chen St ; s/d 300/370 NIS). L'hôtel Orit est un endroit charmant situé à l'écart du centre-ville dans une paisible zone résidentielle. Il est tenu par une famille suédoise, et le petit-déjeuner israélo-suédois est un régal : muesli, œufs, fromages, salades et houmous. Les chambres, modestes mais confortables, disposent d'un réfrigérateur et d'un petit balcon. L'hôtel est à 400 m à pied du centre-ville et à 50 m de la plage.

🍴 Où se restaurer

Herzl St – l'artère principale qui va de la place Ha'Atzmaut au front de mer – est bordée de cafés et de restaurants.

Marrakesh   MAROCAIN **$$**
(☎09-833-4797 ; 5 David HaMelech St ; plats 60-125 NIS ; ◷12h-minuit dim-jeu, 12h-15h30 ven, 20h-minuit sam). De savoureux tajines, couscous et viandes vous attendent près du front de mer dans ce restaurant au décor atypique. De fait, le bâtiment tient à la fois du plat à tajine géant et de la tente bédouine.

ℹ Renseignements

Office du tourisme (☎09-882-7286 ; Ha'Atzmaut Sq 12 ; ◷8h30-16h dim-jeu, 9h-12h ven). Dans un kiosque, à l'angle sud-ouest de la place Ha'Atzmaut.

ℹ Depuis/vers Netanya

Les bus de Nateev Express (nos 600, 601 et 605, 11 NIS, 30 min) passent toutes les 15 minutes environ depuis et vers la gare routière centrale de Tel-Aviv, par Namir Rd (autoroute n°2). Des trains depuis et vers Tel-Aviv circulent deux fois par heure (13,50 NIS, 25 min), mais ils s'arrêtent à la **gare** à 2,5 km à l'ouest du centre-ville, côté ouest de la Route 2. L'un des meilleurs moyens de rejoindre Netanya est le *sherout* (minivan jaune) qui emprunte Namir Rd au départ de la gare routière (20 NIS, 25 min).

Ramla   الرملة   רמלה

☎03 / 73 686 HABITANTS

Moins ancienne que sa voisine Jaffa (1 300 ans d'existence "seulement"), Ramla compte un marché très animé, des citernes souterraines et des monuments musulmans délabrés constituant une excursion intéressante d'une demi-journée depuis Tel-Aviv. Venez plutôt un mercredi, lorsque le marché bat son plein.

Ramla

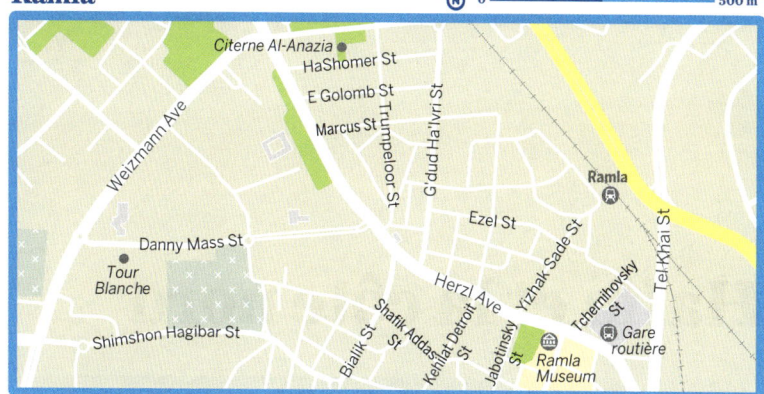

N 0 ▬▬▬▬▬▬ 500 m

Citerne Al-Anazia
HaShomer St
E Golomb St
Marcus St
Weizmann Ave
Trumpeldor St
G'dud Ha'lvri St
Ezel St
Ramla
Danny Mass St
Tour Blanche
Herzl Ave
Yizhak Sade St
Tchernihovsky St
Tel-Khai St
Shimshon Hagibar St
Bialik St
Shafik Addas St
Kehilat Detroit St
Jabotinsky St
Ramla Museum
Gare routière

Cette cité caravanière fut établie en 716 sur la route reliant l'Égypte à Damas par le calife omeyyade Soliman, et fut la capitale de la Palestine jusqu'à l'arrivée des croisés au XIᵉ siècle. Elle conserva son importance tout au long du Moyen Âge en tant que première étape vers Jérusalem pour les pèlerins débarquant en Terre sainte au port de Jaffa. L'issue de la guerre israélo-arabe de 1948 entraîna l'exode massif de la majorité des habitants arabes, remplacés par des immigrants juifs pauvres, originaires avant tout d'Asie et d'Afrique du Nord. La population actuelle est un mélange d'Arabes musulmans (16%), d'Arabes chrétiens (4%) et de Juifs (80%).

◉ À voir

♥ Citerne Al-Anazia   SITE HISTORIQUE
(Breichat Hakeshatot ; ☑ 08-921-6873 ; www.goramla.com ; HaHaganah St ; tarif plein/réduit 14/12 NIS ; ⊘ 8h-16h sam-jeu, 8h-14h ven, 8h-18h mer et jeu juin-août ; ℙ). Le nom de ce réservoir souterrain du VIIIᵉ siècle signifie "bassin des Arcades", en référence à ses majestueuses arches de pierre. La structure principale datant de la période abbasside se visite en barque. Elle est parfois appelée bassin de Sainte-Hélène, la mère de l'empereur Constantin qui selon certains chrétiens aurait ordonné sa construction.

Ramla Museum   MUSÉE
(☑ 08-929-2650 ; 112 Herzl Ave ; tarif plein/réduit 12/10 NIS ; ⊘ 10h-16h dim-jeu, 10-13h ven).

Installé dans un bâtiment datant du mandat britannique, ce petit musée est dédié à l'histoire de la ville. On peut y voir des pièces d'or du VIIIᵉ au XVᵉ siècle mises au jour dans la région, une collection de produits traditionnels issus des manufactures de savons arabes du début du XXᵉ siècle, ainsi qu'une exposition sur la guerre israélo-arabe de 1948 à Ramla et ses alentours.

Tour Blanche   SITE HISTORIQUE
(☑ 08-921-6873 ; Danny Mass St ; tarif plein/réduit 10/9 NIS ; ⊘ 8h-16h sam-jeu, 8h-14h ven ; ℙ). Minaret ou tour de garde ? Les experts ne sont pas unanimes sur la fonction de cette construction de 30 m datant du XIVᵉ siècle qui fut ajoutée à la mosquée blanche (Jamaa Al Abiad) bâtie au VIIIᵉ siècle, dont il ne subsiste que quelques vestiges. Le site comprend trois citernes asséchées et le sanctuaire de Nabi Salih, un prophète mentionné dans le Coran.

❶ Depuis/vers Ramla

Des trains pour Ramla (11 NIS, 25 min) partent de Tel-Aviv toutes les 20 minutes, toute la journée. La gare ferroviaire de Ramla n'est qu'à quelques minutes à pied de la vieille ville. Les bus nos 450 et 451 partent de la gare routière centrale de Tel-Aviv toutes les 20 minutes (15 NIS, 40 min) et arrivent à la gare routière de Ramla sur l'avenue Herzl.

Haïfa et la côte nord

Le top des restaurants

➡ Uri Buri (p. 197)

➡ Ma'ayan HaBira (p. 178)

➡ Ein El Wadi (p. 178)

➡ Helena (p. 191)

➡ Nili Restaurant (p. 187)

Le top des hébergements

➡ Villa Carmel (p. 176)

➡ Bat Galim Hotel (p. 176)

➡ Port Inn (p. 176)

➡ Efendi Hotel (p. 196)

➡ Grushka Country Accommodation (p. 191)

Pourquoi y aller

Sur la côte nord d'Israël, l'Antiquité pointe toujours le bout du nez derrière les palmiers. Bercées par la brise marine, les plages de sable ourlant la Méditerranée attirent surfeurs et baigneurs. Au sud, à Césarée, les ruines bien conservées du port d'Hérode se dressent fièrement face à la mer. Au nord, la vie bat son plein dans les ruelles plusieurs fois centenaires de la ville fortifiée d'Acre (Akko).

Empreinte d'art et de culture, la grande ville est bien sûr Haïfa, port animé où cohabitent Juifs et Arabes sur les flancs du mont Carmel. Outre sa baie admirable, Haïfa recèle bien des richesses dont ses célèbres jardins bahaïs. De là, aventurez-vous dans les terres jusqu'aux catacombes de Beit She'arim, voire jusqu'à Megiddo, l'Armageddon biblique censée accueillir le dernier combat de tous les temps. Enfin esthètes et œnophiles consacreront une visite à Ein Hod et à Zikhron Yaakov avant de repenser à toutes ces découvertes près des lumineuses grottes marines de Rosh HaNikra ou sur une plage dorée d'Akhziv.

Quand partir
Haïfa

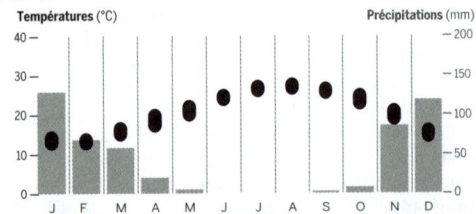

Avr-mai
Les températures sont agréables et les jardins bahaïs en fleurs.

Juil-août La chaleur invite à faire une pause dans les bars branchés d'Ein Hod ou de Zikhron Yaakov.

Déc Haïfa célèbre chaque week-end les fêtes juives, chrétiennes et musulmanes.

Haïfa   حيفا   חיפה

📷 04 / 278 900 HABITANTS

La baie de Haïfa, plus bel abri naturel de la côte israélienne, était destinée à devenir l'un des plus grands ports. Ses gracieux rivages s'étendent au pied du mont Carmel, dont les flancs escarpés s'élèvent à 546 m de hauteur. Offrant un large panorama sur la mer, des routes sinueuses et l'un des plus beaux jardins au monde, Haïfa est l'une des villes les plus pittoresques du Moyen-Orient.

Les urbanistes britanniques envisageaient d'en faire le principal port et nœud de

À ne pas manquer

❶ Les terrasses des **jardins bahaïs** (p. 165) dévalant les pentes du mont Carmel jusqu'à la Méditerranée.

❷ Les salles voûtées et les tunnels secrets laissés par les croisés à **Acre** (p. 192).

❸ Les grottes calcaires de **Rosh HaNikra** (p. 200), fruit étincelant des flots incessants de la Méditerranée.

❹ L'amphithéâtre de **Césarée** (p. 188) pour imaginer les clameurs aux temps du port construit sous Hérode.

❺ Une dégustation de vin local à **Zikhron Yaakov** (p. 185), joli village du XIXᵉ siècle sur les flancs du mont Carmel.

❻ Une marche dans le **parc national de Megiddo** (p. 187) qui entoure l'Armageddon de la Bible.

❼ Les catacombes de **Beit She'arim** (p. 183), antique ville juive détruite au IVᵉ siècle.

❽ Le village d'artistes d'**Ein Hod** (p. 183), sorte de galerie à ciel ouvert sur les pentes du mont Carmel.

Haïfa

Haïfa

⊙ Les incontournables
1 Clandestine Immigration
& Naval Museum B1
2 Monastère carmélite
Stella Maris B1

⊙ À voir
3 Plage de Bat Galim B1
4 Grotte d'Élie B1
5 National Maritime Museum B1

✪ Activités
6 Ulpan Aba Hushi................................C2

⌂ Où se loger
7 Bat Galim Hotel B1
8 Villa Carmel C4

transports du Levant, relié – par des chemins de fer et un oléoduc – à un territoire comprenant la Transjordanie et l'Irak. Ce projet tomba à l'eau en 1948, quand une grande partie de la population arabe de la ville fut chassée ou s'enfuit. Aujourd'hui, juifs, chrétiens et musulmans y vivent généralement en harmonie. Sa culture cosmopolite en fait aussi un modèle de cohabitation entre Juifs et Arabes dans la région.

À la fois marqués par l'architecture ottomane et le Bauhaus importé d'Allemagne par les réfugiés juifs, les quartiers de Haïfa, troisième plus grande ville d'Israël, forment un curieux kaléidoscope : l'élégante Colonie allemande, le quartier arabo-chrétien et l'avant-gardiste rue Masada, chacun donnant à cette ville portuaire son énergie. Le site le plus célèbre de Haïfa, le temple bahaï entouré de jardins tropicaux, trône au-dessus de la circulation bruyante et l'agitation des quais. Dévalant les flancs du mont Carmel (546 m), ces jardins apportent une symétrie radieuse à cette ville complexe dont l'atmosphère tranquille peut laisser la place, en quelques pas, à l'agitation. Les voyageurs intéressés par l'héritage religieux de la ville visiteront aussi la grotte d'Élie et l'édifice néogothique du monastère carmélite Stella Maris (étoile de mer).

Située quasiment à équidistance (moins de 45 km) de Césarée, de Nazareth et des grottes de Rosh HaNikra, Haïfa constitue également une excellente base pour découvrir la Galilée.

Histoire

Haïfa abrite un port depuis le XIVe siècle av. J.-C. au moins. À l'époque romaine, avant et après la destruction du second Temple (70 apr. J.-C.), Haïfa était peuplée de juifs et de non-juifs. Le nom de la ville apparaît pour la première fois dans la littérature talmudique du IIIe siècle et, bien que d'origine obscure, il semble que "Haïfa" soit lié aux mots hébreux *hof yafe*, "beau littoral". Le mont Carmel, dont le nom signifie "vignoble de Dieu", est un lieu sacré depuis l'Antiquité.

Il y a un millénaire, Haïfa était une ville fortifiée majoritairement juive, mais en 1100, après être tombée entre les mains des croisés, ses défenseurs juifs et égyptiens furent exécutés. Acre (Akko), non loin, la supplanta, et lorsque les Ottomans conquirent la Palestine au XVIe siècle, Haïfa n'était plus qu'un village mineur. La vieille ville fut détruite puis reconstruite dans la baie sous le nom de "nouvelle Haïfa" (Haifa al-Jadida), pour devenir ensuite un pôle d'exportation majeur pour la Palestine.

Au début du XIXe siècle, l'industrie de Haïfa avait commencé à croître, tout comme sa communauté juive séfarade. En 1868, des protestants allemands de la Société des templiers s'y installèrent, mais la modernisation de la ville ne débuta qu'en 1905, avec l'ouverture d'une ligne de chemin de fer reliant Haïfa, Damas et, trois ans plus tard, Médine. Au tout début du XXe siècle, le transfert de la dépouille du Bāb, figure centrale du bahaïsme (voir l'encadré p. 170), dans le mausolée au futur dôme doré (1953) a fait du mont Carmel le siège mondial de ce courant religieux.

En septembre 1918, alors que les forces britanniques avançaient vers le nord, trois pelotons de lanciers indiens à cheval envahirent les postes de mitrailleuses ottomans. Sous le mandat britannique, Haïfa devint rapidement le port principal, centre naval et ferroviaire, et terminal pétrolier de Palestine. L'Institut de technologie d'Israël, le Technion, dont quatre diplômés et

professeurs remporteront plus tard le prix Nobel de chimie, ouvrit ses portes en 1924.

Des années 1920 à 1950, Haïfa fut la première vision de la Terre promise pour beaucoup de réfugiés juifs arrivés par bateau. À l'origine majoritairement musulmane, la population de la ville compta dès lors presque moitié de Juifs. Les tensions arabo-israéliennes générèrent des attaques des extrémistes de chaque camp. En avril 1948, peu avant le retrait des Britanniques, Haïfa tomba aux mains des forces juives et quelque 65 000 résidents arabes de la ville s'enfuirent ou furent chassés.

Au cours des trente années qui suivirent, la ville fut un haut lieu du prolétariat mais l'idéologie socialiste s'estompa largement avant les années 1980. Aujourd'hui, l'économie est passée de l'industrie lourde à la haute technologie ; une zone près de la gare routière de Haïfa-Hof HaCarmel abrite des bureaux de Google, Intel, IBM et autres poids lourds de l'informatique.

Aujourd'hui, la communauté juive, principalement laïque, entretient globalement de bonnes relations avec la population arabe (10% du total), majoritairement chrétienne.

◉ À voir

◉ Carmel Centre (Merkaz HaCarmel)

La crête du mont Carmel, avec ses résidences privées et ses parcs à l'ombre des pins, offre une vue sur la Méditerranée à l'ouest et la baie de Haïfa au nord-est. La rue Yefe Nof, quasiment parallèle à l'avenue HaNassi (Sderot HaNassi) et qui mène aux jardins bahaïs, réserve les plus beaux panoramas.

Le centre névralgique du secteur – notamment pour les restaurants, la vie nocturne et les commerces – est Carmel Centre, qui s'étire le long de l'avenue HaNassi (Sderot HaNassi). L'altitude garantit une température toujours inférieure de quelques degrés à celle du port. Carmel Centre est relié à Hadar et au centre-ville (Kikar Paris ou place de Paris) par le métro Carmelit (en réfection lors de nos recherches) ; la station s'appelle Gan HaEm. Depuis la Colonie allemande, prenez les bus n°s 28, 37 ou 37א.

♥ **Jardins bahaïs**   JARDINS

(Carte p. 166 ; ☎04-831-3131 ; www.ganbahai.org. il ; 45 Yefe Nof St, visite guidée de la terrasse supérieure ; ☉jardins inférieurs 9h-17h, fermés pendant les fêtes bahaïes et Yom Kippour ; ℗). GRATUIT Tirés

Centre de Haïfa

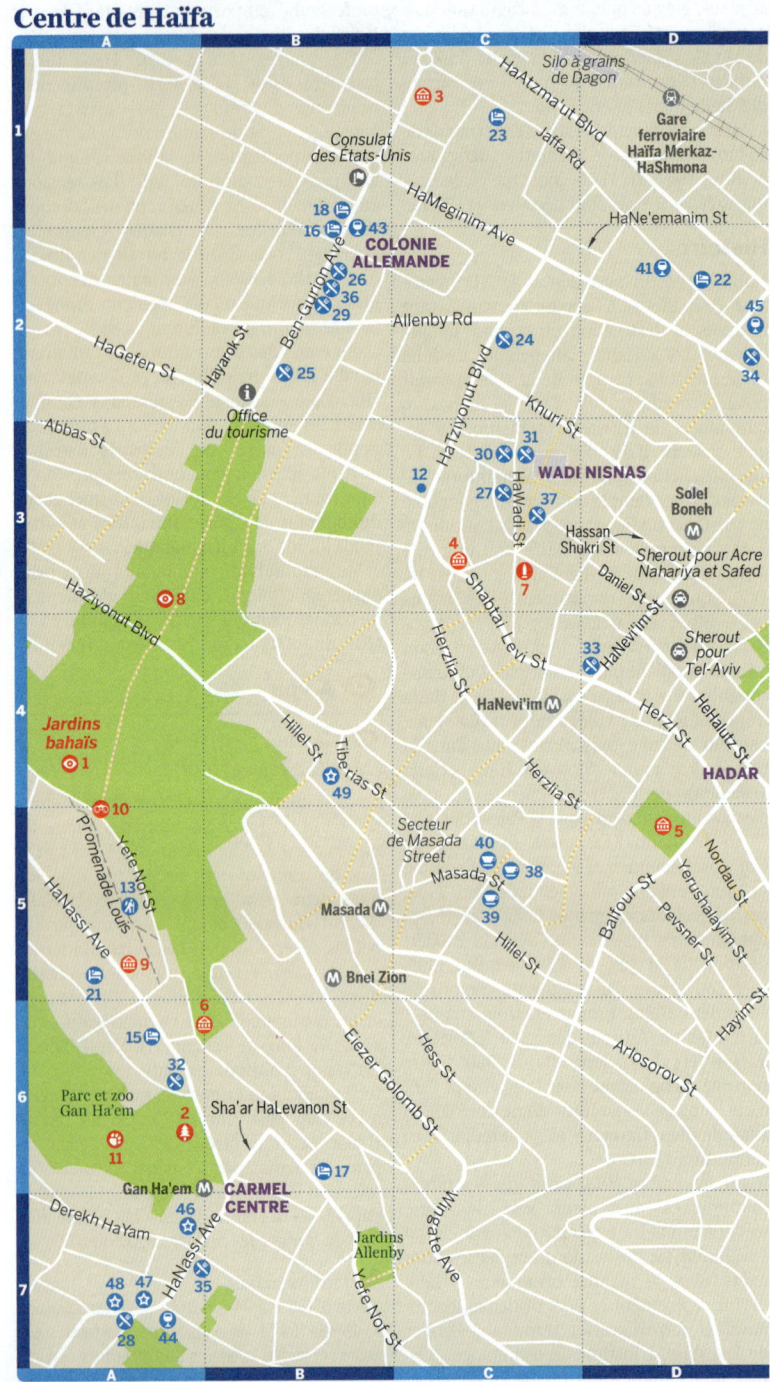

Silo à grains de Dagon

HaAtzma'ut Blvd

Gare ferroviaire Haïfa Merkaz-HaShmona

Jaffa Rd

HaNe'emanim St

Consulat des États-Unis

HaMeginim Ave

COLONIE ALLEMANDE

Ben-Gurion Ave

HaYarok St

Allenby Rd

HaGefen St

Office du tourisme

Abbas St

HaTziyonut Blvd

Khuri St

WADI NISNAS

HaWadi St

Solel Boneh

Hassan Shukri St

Sherout pour Acre Nahariya et Safed

Daniel St

HaZiyonut Blvd

Shabtai Levi St

Herzlia St

Sherout pour Tel-Aviv

HaNevi'im St

HaNevi'im

HaNevi'im

Herzlia St

Herzl St

HaHalutz St

HADAR

Jardins bahaïs

Hillel St

Tiberias St

Secteur de Masada Street

Nordau St

Yerushalayim St

Promenade Louis

Yefe Nof St

Masada St

Masada

Hillel St

Balfour St

Pevsner St

HaNassi Ave

Bnei Zion

Hayim St

Arlosorov St

Parc et zoo Gan Ha'em

Elezer Golomb St

Hess St

Wingate Ave

Sha'ar HaLevanon St

Gan Ha'em

CARMEL CENTRE

HaNassi Ave

Derekh HaYam

Jardins Allenby

Yefe Nof St

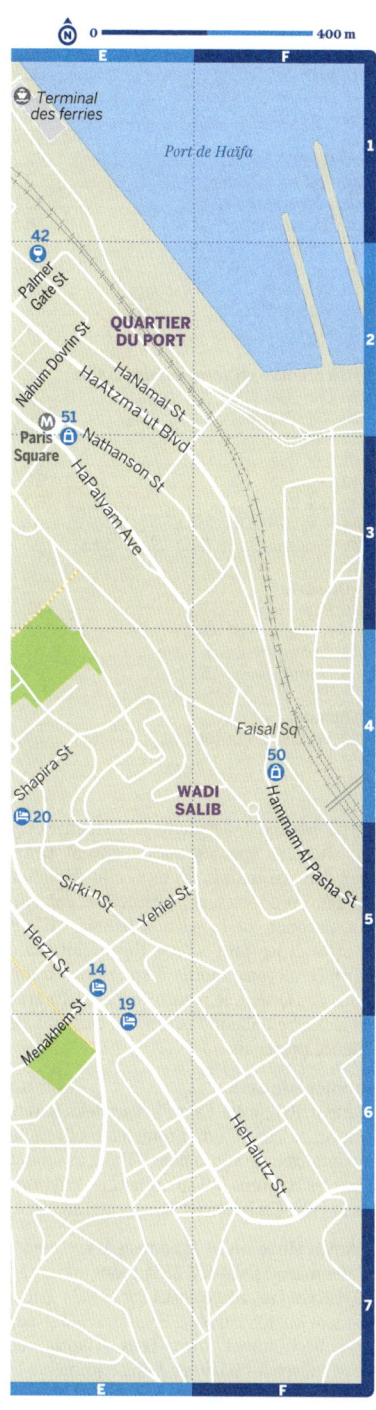

au cordeau, ces superbes jardins classiques aux 19 terrasses savamment dessinées forment un écrin autour du mausolée au dôme resplendissant qui abrite la dépouille du héraut de la foi bahaïe.

Du **balcon d'observation** (carte p. 166 ; 61 Yefe Nof St ; ☺9h-17h) sommital, le regard plonge le long de cette cascade de verdure et de fleurs jusqu'à la Méditerranée. Le meilleur moyen de voir ces célèbres jardins consiste à rejoindre une **visite de la terrasse supérieure** (45 minutes), gratuite. En dehors du mercredi, les départs ont lieu à 11h30 pour les visites en hébreu et à 12h en anglais notamment. Les premiers arrivés étant les premiers servis, présentez-vous une demi-heure avant ; hommes et femmes doivent avoir les genoux et les épaules (un châle convient) couverts.

Siège mondial du bahaïsme, le **Baha'i World Centre** se charge de l'entretien rigoureux de ces somptueux jardins.

Achevé en 1953, le mausolée à l'étincelante coupole dorée honore le prédécesseur spirituel de Baha'ullah, fondateur de la religion bahaïe. Persécuté puis emprisonné par les Perses, le Bāb fut exécuté en 1850. Plus d'un demi-siècle plus tard, sa dépouille secrètement conservée par ses fidèles fut portée en 1909 à Haïfa où Baha'ullah avait choisi de l'enterrer sur ces pentes du mont Carmel.

Dessinés tout autour dans les deux dernières décennies du XXe siècle, les jardins suspendus sont inscrits au patrimoine mondial de l'Unesco depuis 2008, tout comme ceux qui entourent le mausolée de Baha'ullah (p. 195) à Acre. D'une symétrie sans faille à l'image des jardins à la française, ils sont rythmés par des fontaines, des massifs de fleurs, des aigles de pierre, des haies taillées en étoiles à huit branches, et des pelouses. Il est interdit de manger, de fumer ou de marcher sur la pelouse. Les jardins sont illuminés la nuit, en guise de réconfort spirituel pour les années d'emprisonnement du Bāb dans l'obscurité presque totale. Un spectacle que l'on peut admirer depuis la Colonie allemande.

Parmi les bâtiments (fermés au public), disséminés dans les jardins figurent la **Maison universelle de justice**, structure néoclassique dotée d'un dôme et de colonnes corinthiennes, où sont gérées les affaires spirituelles et administratives des bahaïs ; et les **Archives**, dans une structure au toit vert ressemblant au Parthénon.

HAÏFA ET LA CÔTE NORD HAÏFA

Centre de Haïfa

Pour rejoindre le départ de la visite de la terrasse supérieure depuis Carmel Centre (station Gan HaEm du Carmelit), suivez sur 1 km vers le nord Yefe Nof St. Sinon, depuis Bat Galim Egged, le bus n°136 monte en zigzag par Ben Gurion blvd jusqu'à HaNassi Ave (parallèle à Yefe Nof St). La visite prend fin au niveau du boulevard HaTziyonut. Pour regagner Carmel Centre, prenez un *sherout* (10 NIS) ; comptez 30 NIS pour un taxi. Le bus n°115 relie l'entrée inférieure des jardins sur le boulevard HaTziyonut, la gare routière Haifa-Hof HaCarmel et le marché Talpiot.

L'attente pour la visite de la terrasse supérieure peut être longue lorsqu'un paquebot de croisière débarque dans le port. L'entrée est limitée à 60 personnes (120 si deux guides sont présents). Consultez horaires et langues de visite sur le site Internet.

Mausolée du Bâb   PÈLERINAGE
(Carte p. 166 ; www.ganbahai.org.il ; 80 HaTziyonut Blvd ; ⊙9h-12h, fermé pendant les fêtes bahaïes et Yom Kippour). S'il s'agit avant tout d'un lieu

de pèlerinage, les visiteurs sobrement vêtus (ni short ni épaules nues) peuvent pénétrer dans ce temple où repose la dépouille du Bâb, prédécesseur spirituel de Baha'ullah, prophète de la religion bahaïe. Mêlant le style et les proportions de l'architecture européenne aux motifs inspirés des traditions de l'Orient, le mausolée a été bâti avec de la pierre italienne et orné de carreaux de faïence portugais.

Promenade Louis   PANORAMA
(Carte p. 166 ; mont Carmel). Parallèle à Yefe Nof St, ce chemin de promenade offre une vue plongeante sur la baie d'Haïfa et rejoint d'autres chemins qui sillonnent les environs de la ville. Un bonheur au coucher du soleil.

Tikotin Museum of Japanese Art   MUSÉE
(Carte p. 166 ; ☎04-838-3554 ; www.tmja.org.il ; 89 HaNassi Ave ; adulte/enfant 35/23 NIS ; ⊙10h-19h sam-jeu, 10h-13h ven). Fondé en 1959 par le collectionneur d'art Felix Tikotin, ce petit musée à l'éclairage tamisé immerge le visiteur dans un monde sensible aux mille

et une délicatesses : panneaux de soie à dérouler, vaisselle et vases à fine glaçure, calligraphies… autant d'objets invitant à faire le plein de sérénité. Agréable cafétéria à l'étage pour se régaler de gâteaux maison.

Mané-Katz Museum — MUSÉE
(Carte p. 166 ; www.mkm.org.il ; 89 Yefe Nof St ; adulte/enfant 35/23 NIS ; 10h-16h dim-mer, 10h-1 3h ven, 10h-15h sam, 16h-19h jeu). Emmanuel Mané-Katz (1894-1962), connu – comme Chagall – pour ses représentations colorées des shtetls (quartiers juifs) d'Europe de l'Est, fut un représentant influent du mouvement des expressionnistes juifs installés à Paris au début du XXe siècle. À la fin des années 1950, les autorités municipales de Haïfa lui offrirent une maison en remerciement du legs de ses œuvres. Beaucoup d'objets juifs de sa collection personnelle y sont présentés.

Le musée ferme ses portes entre deux expositions temporaires, mais le café du jardin reste ouvert. Consultez le site Internet avant de vous y rendre.

Gan Ha'Em — PARC
(Carte p. 166 ; HaNassi Ave ; 6h-21h, tte la nuit jeu-ven). Sur la crête du mont Carmel, en face du terminus du métro Carmelit, le "parc de la mère" (1913) est un jardin public ombragé qui ravira les enfants. Il abrite un zoo, une aire de jeux et un amphithéâtre qui accueille des concerts gratuits certains soirs d'été.

Zoo — ZOO
(Zoo pédagogique de Haïfa ; carte p. 166 ; www.haifazoo.co.il ; HaNassi Ave ; tarif plein/réduit 38/25 NIS ; 9h-18h sam-jeu, 9h-14h sam avr-oct, 9h-16h sam-jeu, 9h-13h sam nov-mars ; P). Les pentes ombragées sous le parc Gan Ha'Em accueillent un petit zoo avec des paons en liberté, une volière, une maison des reptiles et des singes, des suricates, des bouquetins, des cerfs… Les enclos sont un peu exigus pour les espèces de grande taille comme les ours et les tigres du Bengale.

Colonie allemande (Moshava Germanit)
Juste en contrebas – et dans l'alignement – des jardins bahaïs, la Ben-Gurion Avenue est bordée de belles demeures du XIXe siècle, aux toits pentus en tuiles rouges et aux portes surmontées de citations bibliques en allemand. Le quartier, qui se résume à cette rue, constitue la Colonie allemande, établie en 1868 par la Société des templiers (à ne pas confondre avec les chevaliers de l'ordre du Temple de l'époque des croisés), un courant religieux protestant piétiste du sud-ouest de l'Allemagne dont l'objectif était de hâter le Second avènement du Christ en s'installant sur la Terre promise. Ces templiers fondèrent sept colonies en Palestine et participèrent au développement du pays dans le dernier quart du XIXe siècle, améliorant les transports, les techniques et l'agriculture.

La Colonie allemande (Moshava Germanit en hébreu) fit vive impression sur Baha'ullah, fondateur de la foi bahaïe, et reçut la visite du Kaiser allemand Guillaume II en 1898. Les templiers y vécurent jusqu'en 1939, lorsque les Britanniques les internèrent en tant que sujets d'un pays ennemi (beaucoup avaient rejoint le parti nazi dans les années 1930) avant de les déporter en Australie.

Le quartier a été rénové dans les années 1990 pour devenir le haut lieu du shopping et de la gastronomie à Haïfa ; nombre de ses édifices ont été restaurés et agrémentés de plaques informant sur leur histoire pittoresque. Les lignes de bus n^{os}1 et 2 du Metronit s'arrêtent tout près.

Haifa City Museum — MUSÉE
(Carte p. 166 ; 04-911-5888 ; www.hcm.org.il ; 11 Ben-Gurion Ave ; adulte/enfant 35/23 NIS ; 10h-16h dim-mer, 16h-19h jeu, 10h-13h ven, 10h-15h sam). Réparties sur deux bâtiments, les collections du musée couvre les cent dernières années d'histoire haïfaïenne que viennent enrichir des expositions temporaires sur la vie actuelle locale. Particulièrement instructive, la section "ville rouge" montre Haïfa telle qu'elle était à partir des années 1950, quand elle affichait une forte idéologie socialiste.

Wadi Nisnas
Dans une petite vallée entre Hadar et la Colonie allemande, ce quartier aux airs de village, majoritairement arabo-chrétien, évoque un Moyen-Orient intemporel, avec

BILLET COMBINÉ

Il existe un billet combiné (tarif plein/réduit 60/30 NIS) valable une semaine pour 6 espaces d'exposition de Haïfa : le Mané-Katz Museum, le Tikotin Museum of Japanese Art, le Haifa Art Museum, le Haifa City Museum, le National Maritime Museum (p. 172) et le Hermann Struck Museum. En vente dans les 6 musées.

ses ruelles étroites, ses bâtiments en pierre et son marché animé. En décembre et en janvier se tient ici une fête unique appelée Holidays of Holidays (p. 173), célébrant à la fois Hanoucca, Noël et le ramadan.

Centre culturel
Beit HaGefen CENTRE CULTUREL
(Carte p. 166 ; ☑ 04-852-5252 ; www.beit-hage-fen.com ; 2 HaGefen St ; visites à partir de 40 NIS ; ⊙ musée 10h-15h, 10h-14h ven-sam). GRATUIT Dans une vieille maison de pierre face au centre arabo-juif Beit HaGefen, cet espace-galerie parraine des activités socio-culturelles interreligieuses. Des visites de 2 heures (sur réservation téléphonique préalable) vous font découvrir street art, quartiers et lieux spirituels d'Haïfa. Des expositions sont présentées dans la galerie à l'étage.

Museum Without Walls ART
(Carte p. 166 ; www.mwwart.com ; HaWadi St). GRATUIT Plus de 60 fresques et sculptures en plein air agrémentent les rues et ruelles de Wadi Nisnas, des fresques de super-héros aux sculptures de technique mixte en passant par le pop art. Il est possible de télécharger la carte pour dénicher les œuvres sur le site Internet du "musée sans murs".

Haifa Museum of Art ART CONTEMPORAIN
(Carte p. 166 ; ☑ 04-911-5997 ; www.hms.org.il ; 26 Shabtai Levi St ; adulte/enfant 45/30 NIS ; ⊙ 10h-16h dim-mer, 10h-13h ven, 10h-15h sam, 16h-19h jeu). Sur trois espaces d'exposition, cette institution contemporaine performante expose des œuvres de technique mixte et des photographies d'artistes israéliens et étrangers. Ce musée spacieux apprécié des artistes locaux vaut le détour.

◉ Hadar

Conçu en 1920 comme une "ville-jardin", Hadar HaCarmel (ou simplement Hadar) devint le cœur commercial animé de Haïfa dans les années 1930, avec la construction de superbes bâtiments Bauhaus. Parmi les joyaux architecturaux du quartier figure le Beit HaKranot, à l'angle nord-ouest

---

LA RELIGION BAHAÏE

Fondé au milieu du XIXᵉ siècle, le bahaïsme (www.bahai.org) met en avant l'existence d'un Dieu unique, l'unité de toutes les religions, et l'égalité et l'unité de tous les êtres humains, hommes et femmes (une idée totalement révolutionnaire en Iran, pays de son fondateur, au milieu du XIXᵉ siècle). Cette religion reconnaît de nombreux prophètes, tels Abraham, Moïse, Krishna, Jésus ou Mahomet.

Les origines de cette religion remontent à un certain Sayyid Ali Muhammad (1819-1850), né à Chiraz, en Perse. En 1844, il déclara être le Bâb (la "porte"), annonciateur des prophéties. Cet homme charismatique s'attira de nombreux disciples (les babistes) mais il fut finalement arrêté pour hérésie contre l'islam et fusillé à Tabriz après des années d'emprisonnement.

L'une des prophéties du Bâb annonçait la venue de "celui que Dieu rendra manifeste". En 1866, un babiste du nom de Mirza Hussein Ali (1817-1892) affirma être cette figure messianique et prit le titre de Baha'ullah, ayant reçu l'inspiration divine pendant son emprisonnement dans la "Fosse noire" de Téhéran (une prison souterraine).

Comme celles du Bâb, les déclarations de Baha'ullah furent très mal perçues en Perse : il fut exilé d'abord à Bagdad, puis à Constantinople, à Edirne (Andrinople) et enfin à la prison ottomane d'Acre. Dans sa cellule d'Acre, il s'attela à la définition d'une nouvelle religion, le bahaïsme, de l'arabe baha (gloire).

Dans ses écritures, Baha'ullah affirma notamment qu'on ne pouvait naître bahaï : on choisit de le devenir, ou pas, à quinze ans. Il écrivit aussi sur l'égalité entre hommes et femmes, l'unité de l'humanité, la paix dans le monde, la nécessité d'une éducation obligatoire universelle et l'harmonie entre religion et sciences.

Le Baha'i World Centre (siège mondial de la religion), célèbre pour ses jardins (p. 165), se trouve sur le mont Carmel de Haïfa, tandis que le site bahaï le plus sacré, le sanctuaire de Baha'ullah (p. 195), est situé près d'Acre ; tous deux sont gérés par des bénévoles du monde entier. Les bahaïs ne croient pas au prosélytisme de leur foi. Il n'y a pas non plus de communauté bahaïe officielle en Israël.

La foi bahaïe compte aujourd'hui environ 5 à 6 millions de fidèles dans le monde. La tradition veut que tout bahaï qui en est capable fasse un pèlerinage à Acre et à Haïfa.

de l'intersection des rues Balfour et Herzl – un grand immeuble datant de 1939. Les boutiques à proximité vendent vêtements, accessoires et chaussures bon marché et de catégorie moyenne – et des livres en russe.

Hadar est l'un des quartiers les plus mélangés de la ville. Plus d'un tiers de ses résidents sont des immigrés de l'ancienne Union soviétique (notamment d'Ukraine) et un quart sont arabes. Hadar compte aussi de petites communautés ultraorthodoxe et philippine.

Le quartier occupe le bas des versants du mont Carmel. Herzl St, l'artère principale, est à 1 km au sud de Kikar Paris et à 1,6 km au nord-est de Carmel Centre. L'arrêt HaNevi'im du Carmelit se trouve à l'extrémité nord-ouest de la rue Herzl, qui est reliée – tout comme sa parallèle, HeHalutz St – aux deux gares routières centrales par le bus n°115 et à Haïfa-Hof HaCarmel par le bus n°112.

MadaTech
MUSÉE

(Musée national des Sciences ; carte p. 166 ; ☎ 04-861-4444 ; www.madatech.org.il ; 25 Shemaryahu Levin St, Hadar ; adulte/enfant 75/65 NIS ; ☉ 10h-15h dim-mer, 10h-17h mar et sam, 10h-13h ven ; 🅿 ♿). Les installations feront la joie des enfants : dispositifs interactifs dans les salles d'astronomie, illusions d'optique et galerie des glaces (les expositions sont classées par âge). Le musée occupe les premiers locaux du Technion (l'Institut de technologie d'Israël) dont on découvre avec plaisir les immenses arches et les couloirs sonores construits en 1924 (les cours ne commencèrent qu'en 1924 en raison d'un désaccord concernant la langue d'enseignement, l'allemand ou l'hébreu). Lorsque Albert Einstein visita les lieux en 1923, il planta le palmier toujours présent devant.

Le billet d'entrée est cher mais les expositions sont impressionnantes. Le musée se prête idéalement à une visite en famille.

🔴 Stella Maris

🟦 Monastère carmélite
Stella Maris
ÉGLISE

(Carte p. 164 ; ☉ 6h30-12h30 et 15h-18h). L'ordre du Carmel fut fondé à la fin du XIIe siècle quand les pèlerins de l'époque des croisés, inspirés par le prophète Élie, choisirent la vie érémitique sur les versants du mont Carmel. Ce désir de solitude fut rarement satisfait : au fil des siècles, les carmes subirent les persécutions des musulmans et durent souvent abandonner leurs monastères. Ils furent aussi en partie responsables

de leurs malheurs, comme en 1799, lorsqu'ils offrirent l'hospitalité au général Bonaparte pendant sa campagne contre les Ottomans : les Français perdirent la bataille, et les carmes leur monastère.

Aujourd'hui, l'ordre perdure dans le monde entier et dans le monastère de l'"Étoile de mer". Le bâtiment actuel ainsi que l'église furent construits en 1836 sur la pointe nord du mont Carmel, au-dessus de la grotte d'Élie, les bâtiments antérieurs ayant été détruits en 1821 par Abdullah, pacha d'Acre. La vue sur la mer y est spectaculaire. Portez des vêtements cachant genoux et épaules ; les hommes doivent découvrir leur tête.

Dans l'église, le plafond et le dôme joliment peints représentent Élie et le chariot de feu qui l'aurait conduit au ciel, le roi David et sa harpe, les saints de l'ordre, les prophètes Isaïe, Ézéchiel et David, et la Sainte Famille avec les quatre évangélistes.

Sur le chemin conduisant à l'entrée de l'église, la pyramide surmontée d'une croix en fer forgé est un mémorial pour les 200 soldats français hospitalisés ici qui furent massacrés par les Ottomans après le retour de Napoléon à Paris en 1799.

Le monastère est accessible en téléphérique depuis la promenade du front de mer de Bat Galim ; en bus n°115 depuis Hadar et Haïfa-Hof HaCarmel ; en bus n[os]30 et 31 depuis Carmel Centre ; et à pied depuis la grotte d'Élie.

🔴 Musées maritimes et grotte d'Élie

Bizarrement situé de l'autre côté de la voie ferrée et de la route, face à la station inférieure du téléphérique Stella Maris, ce secteur se trouve 2 km au nord-ouest de la Colonie allemande. Prenez le bus n°111 ou 112 depuis la Colonie allemande, Wadi Nisnas et Hadar ; le bus n°111 conduit aussi à Haïfa-Hof HaCarmel.

🟦 Clandestine Immigration
& Naval Museum
MUSÉE

(Carte p. 164 ; ☎ 04-853-6249 ; 204 Allenby Rd ; adulte/enfant 15/10 NIS ; ☉ 10h-16h dim-jeu ; 🅿). Beaucoup plus évocateur et spectaculaire qu'on ne pourrait croire, ce musée rappelle les efforts déterminés des sionistes pour infiltrer des réfugiés juifs d'Europe en Palestine sous mandat britannique, de 1934 à 1948. La pièce centrale est une péniche de débarquement de la Seconde Guerre mondiale, rebaptisée *Af-Al-Pi-Chen* ("malgré tout" en hébreu), qui transporta 434 réfugiés en Palestine en 1947 ; interceptés par les Britanniques, ils furent envoyés en camps d'internement à Chypre. Le musée est géré par le ministère de la Défense, un passeport est donc obligatoire pour y entrer.

Les témoignages les plus touchants sont ceux racontant la vie à bord de ces navires de guerre en surplus ; les survivants évoquent les conditions de vie et la surpopulation, mais également leurs espoirs d'atteindre la Terre sainte. Beaucoup n'y parvinrent jamais, notamment les passagers à bord de l'*Exodus,* ce bateau à vapeur infiniment surchargé qui transporta en 1947 plus de 4 500 survivants de l'Holocauste en Palestine mais fut contraint par les Britanniques de retourner en Europe.

National Maritime Museum   MUSÉE

(Carte p. 164 ; ☑04-853-6622 ; www.nmm.org.il ; 198 Allenby Rd ; adulte/enfant 35/23 NIS ; ⊙10h-16h dim-mer, 10h-13h ven, 10h-15h sam, 16h-19h jeu ; ℙ). Fondée en 1953, cette institution déploie sur trois niveaux 5 000 ans d'histoire de la navigation, des amphores couvertes de bernacles à l'histoire navale israélienne récente. Des expositions portant sur des thèmes comme les pirates ou les batailles navales se succèdent au rez-de-chaussée, pendant que les trésors archéologiques retrouvés dans la baie de Haïfa sont présentés à l'étage.

Grotte d'Élie   SITE RELIGIEUX

(Carte p. 164 ; Allenby Rd ; ⊙8h-18h, 8h-17h hiver dim-jeu, 8h-13h ven, fermé sam et fêtes juives). GRATUIT C'est dans cette grotte, sacrée pour les juifs, les chrétiens, les musulmans et les druzes, que le prophète Élie aurait prié avant d'affronter les prêtres de Baal sur le mont Carmel (I Rois, 18) et qu'il aurait ensuite échappé au courroux de la reine Jézabel (I Rois, 19, 1-3). À l'entrée, suivez les indications vers les espaces séparés : à droite pour les hommes, à gauche pour les femmes ; la grotte se trouve derrière un rideau de velours. Aujourd'hui, il n'y a plus grand-chose si ce n'est un lieu de pèlerinage juif. Portez une tenue décente.

Suivant la tradition chrétienne, Marie, Joseph et Jésus se seraient réfugiés ici à leur retour d'Égypte. Les musulmans associent le site à Al-Khidr (le prophète vert), parfois considéré comme l'équivalent musulman d'Élie, ou son compagnon.

Pour rejoindre la grotte depuis le musée national de la Marine, cherchez le chemin goudronné qui monte depuis la rue Allenby. Celui depuis Stella Maris pour la grotte part

du parking en face de l'église, le long de la clôture de la base marine israélienne.

◉ Université de Haïfa

L'université de Haïfa se trouve à 6,5 km au sud-est de Carmel Centre, sur la crête du mont Carmel. Plus de 30% des étudiants sont arabes, un taux bien supérieur à celui des autres universités israéliennes.

Du dimanche au jeudi, pendant les cours, le parking de l'université est réservé, mais il existe un accord pour les visiteurs du musée Hecht qui peuvent généralement s'y garer gratuitement. Sinon prenez le bus n°37 ou 37ﬡ depuis Hadar ou Carmel Centre, le bus n°46 depuis Haïfa-Hof HaCarmel, ou encore le bus n°141 ou 171 depuis Haïfa-Merkazit HaMifratz.

♥ Hecht Museum   MUSÉE

(☑04-825-7773 ; mushecht.haifa.ac.il ; 199 Abba Hushi Blvd, Haifa University ; ⊙10h-16h dim, lun, mer et jeu, 10h-19h mar, 10h-13h ven, 10h-14h sam ; ℙ). GRATUIT Situé sur le campus de l'université, ce musée rassemble des trésors archéologiques mis au jour sur terre comme au large. Outre des mosaïques remarquablement restaurées et des monnaies antiques, la pièce maîtresse est l'épave du *Ma'agan Michael*, navire marchand de 2 400 ans découvert en 1984 au large de Césarée. D'une longueur initiale de 12,5 m de long, le navire, équipé d'une rare ancre en bois à une branche, pouvait transporter 15 tonnes de marchandise.

La section consacrée à l'art fait une place majeure aux artistes impressionnistes et postimpressionistes (une partie de la collection privée du fondateur, le Dr Reuben Hecht), au nombre desquels Manet, Monet, Pissarro, Van Gogh et Modigliani pour ne citer qu'eux.

S'y ajoute la collection réunie à Paris après 1945 par Oscar Ghez : plus d'une centaine d'œuvres d'artistes parisiens de la communauté juive victimes de l'Holocauste et oubliés. Des expositions temporaires mettent également l'accent, entre autres thèmes, sur les jeunes artistes, le portrait, les colonies artistiques israéliennes.

Le musée se trouve sous la tour Eshkol ; suivez les panneaux jusqu'au niveau le plus bas du bâtiment puis continuez dans le couloir jusqu'à apercevoir une amphore.

Eshkol Tower   POINT DE VUE

(www.haifa.ac.il ; 199 Abba Hushi Blvd, université de Haïfa ; ⊙horaires variables ; ℙ). GRATUIT Laissez-vous porter par l'ascenseur au sommet de cet audacieux gratte-ciel signé Oscar Niemeyer. L'architecte brésilien (mort en 2012) n'a pas hésité en 1978 à coiffer le mont Carmel de ces 30 étages dressés au-dessus de l'université de Haïfa. La tour Eshkol n'est certes plus le bâtiment le plus haut de Haïfa, mais la vue depuis sa plate-forme d'observation reste exceptionnelle. D'en haut, la massive Haïfa semble minuscule.

 Activités

Plage de Bat Galim BAIGNADE, SURF
(Carte p. 164 ; ⊙baignade 8h-18h). Cette plage de sable surveillée se trouve au fond d'une crique du nord de Haïfa, à quelques pâtés de maison au nord-est du pied du téléphérique, dans le quartier de Bat Galim – au bout de la ligne n°2 du Metronit, près de l'hôpital Rambam. Toilettes et échoppes sur place.

Plage de Dado BAIGNADE, SURF
(Carte p. 164 ; en retrait de la rue David Elzara ; 🚋Carmel Beach). C'est l'une des plus belles plages sur la rive ouest du cap de Haïfa. Parfaite pour le surf, la vaste plage de Dado est proche de l'arrêt Haifa-Hof HaCarmel.

Plage de Zamir BAIGNADE
(Carte p. 164). Cette belle étendue de sable en bordure ouest de Haïfa ourle une jolie promenade et bon nombre de cafés.

 Cours

University of Haifa Ulpan LANGUES
(☏04-824-0766 ; overseas.haifa.ac.il). Les programmes linguistiques sont parmi les plus réputés d'Israël. Cours intensifs d'hébreu de 5 à 6 heures/jour du dimanche au jeudi sont dispensés en sessions d'été (juillet-août, 1 400/2 000 $US pour 1/2 mois), ainsi qu'un cours intensif d'arabe en août (1 400 $US), avec possibilité de loger sur le campus (à partir de 320 $US/mois).

Ulpan Aba Hushi LANGUES
(Carte p. 164 ; ☏04-605-5149 ; 131 HaMeginim Ave). Cours intensifs d'hébreu 5 jours par semaine pendant 5 mois.

 Circuits organisés

Free Tours Haifa À PIED
(☏058-604-8428 ; www.facebook.com/free-tourshaifa ; ⊙10h30 presque tous les mercredis). GRATUIT Un guide local plein d'entrain vous mène à la découverte à pied des principaux sites (3 heures) chaque mercredi. Consultez la page Facebook ou confirmez votre présence sur le site Internet.

 Fêtes et festivals

Haifa Film Festival CINÉMA
(www.haifaff.co.il/eng ; 142 Hanassi Ave, billeterie ; projection 45 NIS ; ⊙mi-oct). Initié en 1983, le premier festival international de cinéma d'Israël offre des projections dans plusieurs endroits de la ville. C'est aussi l'occasion de foires artisanales, de concerts, de multiples comptoirs gourmands et de bars ouverts tard. Places de cinéma en vente sur les lieux de projection ou à la billeterie.

The Holidays of Holidays FÊTE
(Fête des Fêtes ; www.haifahag.com ; ⊙déc). Véritable rassemblement des différentes communautés de Haïfa pendant trois vendredis et samedis de décembre, la fête des Fêtes se déroule en plein air dans les quartiers de Wadi Nisnas et de la Colonie allemande. Foires, dégustations culinaires et concerts célèbrent à la fois Hanoucca, Noël et le ramadan. L'événement est appelé Chag HaChagim en hébreu et Id al-A'yad en arabe.

🛏 Où se loger

🛏 Carmel Centre

♥ Molada Guesthouse PENSION $
(Carte p. 166 ; ☏04-838-7958 ; molada.org.il ; 82 HaNassi Ave ; s/d/tr 200/350/525 NIS ; 🅿🛜). Spartiate mais impeccable, cette pension aux airs de dortoir universitaire réunit 16 chambres doubles et triples avec de spacieuses salles de bains. Certaines donnent sur des pins ; les plus belles ont vue sur mer (demandez la 14 ou la 16). Réservez par téléphone ou en ligne et on vous expliquera comment récupérer les clés au cas où serait fermée la réception (horaires variables) en bas de la rue, dans le Ruthenberg Institute for Youth Education (77 HaNassi Ave) où se prend le petit-déjeuner.

Au fond d'une allée carrossable en retrait de l'avenue HaNassi. Demandez à l'avance l'accès au parking sécurisé (gratuit).

Beth Shalom Hotel HÔTEL $$
(Carte p. 166 ; ☏04-837-7481 ; www.beth-shalom.co.il ; 110 HaNassi Ave ; s/d/tr 85/110/140 $US ; 🅿🛜). Cette pension économique loue de petites chambres lumineuses et fonctionnelles avec salles de bains, et des petits bonus comme des coffres et des sèche-cheveux. Sur place également : petite aire de jeux, tables de ping-pong, bibliothèque et espace de détente avec boissons chaudes offertes.

SHUJAA_777 / SHUTTERSTOCK ©

1. Jardins bahaïs (p. 162), Haïfa
Un écrin horticole tiré au cordeau autour du mausolée
du Bâb et de son dôme étincelant.

2. Grottes de Rosh HaNikra (p. 200)
Puissance érosive des flots et jeux de lumière sur
le calcaire de ces curiosités géologiques.

3. Hammam el-Pacha (p. 194), Acre
Les bains turcs de 1780 comme si vous y étiez.

4. Parc national de Césarée (p. 189)
Les gradins du théâtre d'Hérode où se donnent encore
des spectacles, non loin du grand amphithéâtre.

Crowne Plaza
HÔTEL **$$**

(Carte p. 166 ; ☎ 04-835-0801 ; www.crowneplaza. com ; 111 Yefe Nof St ; d 145-185 $US ; P @ 🛜 ⛵). Chic et agréables à l'image du groupe hôtelier, les chambres à vastes lits et parquet impeccablement ciré offrent une vue splendide sur la baie de Haïfa. Après un petit moment au sauna ou à la piscine couverte, vous oublierez vite l'ambiance "business".

💙 Villa Carmel
BOUTIQUE-HÔTEL **$$$**

(Carte p. 164 ; ☎ 04-837-5777 ; www.villacarmel. co.il ; 30 Heinrich Heine St ; ch 167-237 $US ; @ 🛜 ; 🖥 136). Entre gramophones et objets anciens, c'est un parfum de vieille Europe qui berce encore cet établissement de 1942 au service raffiné en accord avec le cadre. Douches à l'italienne, Jacuzzi et sauna sur le toit.

🛏 Colonie allemande

Colony Hotel Haifa
BOUTIQUE-HÔTEL **$$**

(Carte p. 166 ; ☎ 04-851-3344 ; www.colonyhaifa. com ; 28 Ben-Gurion Ave ; d 90-245 $US ; @ 🛜). Rénovée avec goût, cette bâtisse typique de la Colonie allemande vous fait revivre l'époque où vinrent s'installer les protestants de la Société des templiers. Larges fenêtres, hauts plafonds et mobilier ancien (lits à baldaquin compris) agrémentent ses 40 chambres aux belles salles de bains en marbre. La terrasse sur le toit, l'excellent petit-déjeuner méditerranéen et le massage suédois (à partir de 160 NIS) ne gâtent rien !

Haddad Guest House
HÔTEL **$$**

(Carte p. 166 ; ☎ 077-201-0618 ; www.haddadguesthouse.com ; 26 Ben-Gurion Ave ; d/tr à partir de 360/460 NIS ; P 🛜). Blotties dans une demeure du XIXᵉ siècle joliment rénovée au cœur de la Colonie allemande, cet établissement familial compte 4 chambres simples habillées de pin au rez-de-chaussée, plus 7 autres avec kitchenette au 2ᵉ étage. Certaines salles de bains ne sont plus toutes jeunes, mais toutes les chambres disposent d'un sèche-cheveux, d'une bouilloire et d'une télévision.

🛏 Hadar

Loui Hotel
HÔTEL **$**

(Carte p. 166 ; ☎ 054-837-1342, 04-432-0149 ; 35 HeHalutz St ; d sans petit-déj 65-85 $US ; 🛜). Les 19 chambres simples mais accueillantes et pratiques avec leur kitchenette compense largement le look un peu vieillot de cette adresse remontant à 1948. Le toit-terrasse avec ses fauteuils en osier fait face à la mer.

Art Gallery Hotel
HÔTEL **$$**

(Carte p. 166 ; ☎ 04-861-6161 ; www.hotelgallery. co.il ; 61 Herzl St ; s/d 336/450 NIS ; P @ 🛜). Des œuvres contemporaines d'artistes haïfaïens cotoient les beaux espaces Bauhaus de ce bâtiment de 1938. Pas très grandes, les 40 chambres acajou et crème disposent toutes d'un réfrigérateur, d'une bouilloire et d'un coffre, avec de larges fenêtres et mobilier d'époque pour la catégorie "Superior". Salle de sport ouverte 24h/24, massages (à partir de 200 NIS) et terrasse au 5ᵉ étage, avec vue plongeante sur le port. Proche de l'arrêt Talpiyot Market du Metronit.

Hotel Theodor
HÔTEL **$$**

(Carte p. 166 ; ☎ 04-867-7111 ; www.theodorhotel. co.il ; 63 Herzl St ; s/d/tr 125/155/215 $US ; @ 🛜). Davantage orienté business que loisir, le Teodor loge dans une tour de 17 étages ses 90 chambres nettes, modernes et à larges fenêtres (ouvrant sur la baie pour la majorité). Réception au 1ᵉʳ étage au-dessus de la galerie marchande.

🛏 Centre-ville et port

💙 Port Inn
PENSION **$**

(Carte p. 166 ; ☎ 04-852-4401 ; www.portinn. co.il ; 34 Jaffa Rd, port ; dort/s/d/tr/quad 100/290/340/450/550 NIS, d/tr avec sdb commune 260/300 NIS ; @ 🛜). Les voyageurs au budget modeste accourent dans cette charmante pension avec jardin. Tapis turcs, œuvres d'art et plantes agrémentent la bibliothèque et le salon. Chambres sobres et impeccables. Dortoirs mixtes de 5 ou 9 lits ; dortoirs non mixtes de 9 lits.

Saint Charles Guest House
PENSION **$**

(Carte p. 166 ; ☎ 04-855-3705 ; saintcharlesguesthouse.wordpress.com ; 105 Jaffa Rd, port ; s/d/f 180/300/390NIS ; 🛜). Les sœurs catholiques du Rosaire gèrent cette pension tranquille nichée dans un bâtiment de 1880 aux allures d'internat. Chambres d'une belle hauteur sous plafond, pas feutrés et bruissement des aubes, tuiles anciennes et jardin intérieur participent à l'atmosphère contemplative. La cuisine partagée et l'emplacement sur le port contribuent à l'excellent rapport qualité-prix du lieu. Couvre-feu généralement à 22h. Paiement en espèces uniquement. Sonnez si le portail est fermé.

💙 Bat Galim Hotel
BOUTIQUE-HÔTEL **$$**

(Carte p. 164 ; ☎ 04-603-7800 ; www.batgalim-boutique-hotel.co.il ; 10 Yonatan St, Bat Galim ; d à partir de 114 $ US ; P 🛜). Implanté dans un quartier résidentiel paisible du nord de Haïfa, près de la plage de Bat Galim, ce havre de paix décoré dans des tons marins invite au repos : infusions servies dans les chambres, assortiment de yaourts aux graines de pavot et de pâtisseries fraîches au réveil.

Où se restaurer

Colonie allemande

Plus d'une dizaine d'excellents restaurants, aux influences moyen-orientales, européennes ou métissées bordent l'élégante Ben-Gurion Ave. La majorité d'entre eux servent tous les jours.

Al Diyar
MOYEN-ORIENTAL **$$**

(Carte p. 166 ; ☑04-852-8939 ; 55 Ben-Gurion Ave ; plats 55-98 NIS ; ⏱12h-minuit ; 🖬). Très appréciée de la communauté arabe de Haïfa, ce vaste établissement propose la gamme habituelle d'incontournables moyen-orientaux – assortiments copieux de légumes méditerranéens, salades *fattoush*, kebabs – ainsi que des plats de pâtes et de fruits de mer, comme les crevettes marinées à l'ail.

Shtroudl
DOUCEURS **$$**

(Carte p. 166 ; ☑053-934-4986 ; www.shtroudl. rest.co.il ; 39 Ben-Gurion Ave ; plats 42-89 NIS, desserts 25-39 NIS ; ⏱8h-1h dim-ven). Shtroudl marie les plaisirs des douceurs allemandes et moyen-orientales, régalant ses convives dans un cadre rappelant la maison d'été d'une tante excentrique : plantes grimpantes, carillons et bruits de fourchettes plantées dans un cheese-cake ou un strudel. Si vous ne craignez pas trop pour votre ligne, commandez un *kenafeh*, délicieux feuilleté au fromage nappé de sirop et surmonté d'une boule de glace à la pistache.

Douzan
MOYEN-ORIENTAL **$$$**

(Carte p. 166 ; ☑04-852-5444 ; 35 Ben-Gurion Ave ; plats 55-110 NIS ; ⏱9h-23h ou plus tard ; 🖬🖬). Entre restaurant libanais et café français version hippie, ce chaleureux établissement de la Colonie allemande ne manque pas d'originalité. Les spécialités vont des *sfeeha* (shifa, tarte au bœuf émincé, aux oignons et aux pignons de pin) aux crevettes à la sauce tomate mexicaine en passant par les *rolettini* (tranches d'aubergine frite fourrées au fromage). En fin de repas goûtez l'alcool au tamarin glacé (mais ne prenez pas la route tout de suite après). Gardez un peu de place pour un dessert, comme les poires pochées ou un gateau de semoule à l'eau de rose.

Faces
MÉDITERRANÉEN **$$$**

(Carte p. 166 ; ☑04-855-2444 ; www.faces. rest-e.co.il ; 37 Ben-Gurion Ave ; plats 60-135 NIS ; ⏱9h-minuit ou plus tard ; 🖬🖬). Veau Stroganoff, médaillon de poulet style cordon bleu et moules au Pernod composent une carte éclectique qui s'inspire de différents styles culinaires méditerranéens. L'assemblage de saveurs peut surprendre, mais les ingrédients sont de première fraîcheur. Service raffiné en terrasse comme dans l'élégante salle habillée de rouge et de noir.

✘ Carmel Centre

Carmel Centre mêle restaurants haut de gamme, élégants cafés et échoppes de restauration rapide.

❤ Gal's Bakery
CAFÉ **$**

(Carte p. 166 ; ☑04-836-2928 ; galsbakery. co.il ; angle HaNassi Ave et HaTishbi St ; pâtisseries 15-25 NIS, plats 25-50 NIS ; ⏱7h-22h dim-jeu, 7h-15h ven ; 🖬🖬). Fidèle aux recettes traditionnelles d'Europe, la "boulangerie" sert entre autres douceurs des *babka* aux graines de pavot, des *cremeschnitte* (sorte de millefeuille), des chaussons aux pommes. La salle aux allures de serre, avec fauteuils en osier, offre une halte apaisante que l'on s'attarde autour d'un café ou d'un brunch avec une *tchakchouka* (œufs cuits dans de la sauce tomate). Kasher (produits laitiers).

El Kheir
MOYEN-ORIENTAL **$$**

(Carte p. 166 ; ☑04-850-0090 ; 139 HaNassi Ave ; salades 40 NIS, plats 59-98 NIS ; ⏱12h-16h et 18h-22h dim-jeu, 12h-22h ven-sam ; 🖬). Ce restaurant affiche une large sélection de plats libanais et syriens : dorade frite, kebabs avec boulgour, et la spécialité, les *shishbarak* (chaussons à la viande hachée trempés dans du yaourt). Les végétariens peuvent se régaler de choux-fleur frit au *tahina*, de pâtisseries à la grenade et au fromage comme de feuilles de vigne farcies.

Mandarin
CAFÉ **$$**

(Carte p. 166 ; ☑04-836-3554 ; 129 HaNassi Ave ; plats 45-74 NIS ; ⏱8h-minuit, plus tard ven-sam ; 🖬🖬). À l'abri de l'agitation qui règne sur HaNassi, ce café franchisé concocte quelques recettes, plus ou moins réussies, à cheval entre les saveurs orientales et occidentales. Vous y mangerez du *pad ka pao* (viande hachée et riz style thaï) au sauté de *halloumi*, comme un burger végane ou un goulash. La terrasse comme la confortable salle intérieure offrent une halte reposante dans le cadre d'une visite des jardins bahaïs.

 Centre-ville et port

Quelques joyaux culinaires se distinguent parmi ce quartier en pleine redynamisation.

♥ Ma'ayan HaBira   EUROPÉEN DE L'EST $$

(Carte p. 166 ; 📞04-862-3193 ; www.facebook.com/MaayaNHabira ; 4 Nathanson St, centre-ville ; plats 30-120 NIS ; ⊘10h-17h dim-ven, 10h-23h mar, 10h-20h jeu). Ancienne boucherie, cette adresse renommée pour sa bière cultive sa vieille ambiance bavaroise, photos et chopes anciennes à l'appui. La viande prédomine dans une carte composée de plats typiques d'Europe de l'Est. Les *kostiza* (tranches de porc avec du lard) sont servies avec d'incroyables quantités d'ail frais. Les bols de haricots fumés, les pieds de veau en gelée et le goulash sont tout aussi copieux. Presque tous les jeudis soirs, concerts de guitare.

 Wadi Nisnas

Les vendeurs de falafels se font face dans la rue HaWadi. Trois rues au nord, des échoppes de *shawarma* se tiennent à l'angle de la rue Allenby et du boulevard HaZiyonut. Presque tout ici est fermé le dimanche.

Felafel HaZkenim   FALAFEL $

(Carte p. 166 ; 18 HaWadi St ; falafel 15 NIS ; ⊘8h-19h30 lun-sam ; 📶). La file d'attente mène à la porte du meilleur falafel de Haïfa, servi avec un sourire dans un cadre sans chichis. La première bouchée de pita et de falafel chaud et croustillant (une recette sans cesse améliorée depuis 1950) trempé dans du *tahina* vous fera oublier l'attente.

Felafel Michelle   FALAFEL $

(Carte p. 166 ; 21 HaWadi St ; falafel 16 NIS ; ⊘8h-19h30 lun-sam ; 📶). Cet établissement dont les spécialités sont le houmous et le falafel compte parmi les plus appréciés de Wadi Nisnas. Venez le ventre vide !

Abd Al Hadi   PÂTISSERIE $

(Carte p.166 ; 3 Sh'hadah Shalach St ; pâtisseries à partir de 10 NIS ; ⊘9h-23h). Parmi les piles d'alléchantes pâtisseries moyen-orientales de la vitrine de cette boulangerie, on aperçoit les *kenafeh* et différentes versions de baklavas croustillants et garnis de fruits secs.

Souk   MARCHÉ $

(Carte p. 166 ; Yochanan HaKadosh St ; ⊘6h30-17h lun-sam). La meilleure adresse de Haïfa

pour les fruits et légumes frais, ainsi que des douceurs pour le pique-nique : sucreries, houmous et pâtisseries.

♥ Ein El Wadi   LIBANAIS $$

(Carte p. 166 ; 📞04-855-3353 ; 26 HaWadi St ; plats 55-80 NIS ; ⊘10h-20h lun-sam ; 📶). Les plats de ce restaurant familial typique sont aussi authentiques que ses vieilles voûtes en pierre et son accueil chaleureux. Attablez-vous autour de spécialités libanaises et palestiniennes comme le *fatayer* (chausson aux épinards), le *musakhan* (poulet au sumac sur du pain) ou, notre coup de cœur, le *makloubeh* (couches de poulet mijoté, riz parfumé et chou-fleur). Les desserts sont très riches et une portion de *kenafeh* nageant dans le sirop ou de semoule parfumée à la rose suffit pour deux.

✖ Hadar

La partie nord-ouest de la rue Herzl réunit bonnes adresses de falafels, de *shawarma* et autres délices bon marché. La rue Masada compte son lot de cafés avant-gardistes (parfaits pour un brunch ou un repas léger).

HaMis'ada Shel Ima   ÉTHIOPIEN $

(Restaurant de la mère ; carte p.166 ; 20 HaNevi'im St, angle de Shabtai Levi ; plats 35-40 NIS ; ⊘12h-22h dim-ven, coucher du soleil-22h ou 23h sam ; 📶). Ce restaurant sans prétention nous transporte à Addis Abeba, bande-son tapageuse incluse. Ses délicieux plats épicés sont à déguster avec une *injera* (sorte de crêpe éthiopienne spongieuse à base de farine de teff). Quelques plats au menu : *doro* (poulet cuisiné avec du piment et des oignons), *kitfo* (bœuf mariné cru ou légèrement cuit) et, pour les végétariens et végétaliens, *beyaynetu* (assortiment de lentilles, pommes de terre, carottes et épinards).

Un repère dans la cour : le panneau indiquant le bâtiment des Amisragas.

🍷 Où prendre un verre et faire la fête

Une soirée à Haïfa peut être aussi calme ou déchaînée que vous le souhaitez. Carmel Centre ne manque pas de cafés et de bars, mais le meilleur endroit pour entamer la soirée est la Colonie allemande où nombre de restaurants font aussi bars. Pour plus d'action, vous rejoindrez les cafés autour de Masada St. Après 23h, la cadence s'accélère dans les salles de concerts et pubs du secteur animé du port (centre-ville).

 Centre-ville

Syncopa
BAR

(Carte p. 166 ; 5 Khayat St ; ⊙21h-2h). Établissement sur deux niveaux, comprenant un bar au rez-de-chaussée et une salle de spectacles à l'étage. Attendez-vous à du rock, du grunge et autres rythmes à la guitare ou du drum and bass (certains concerts sont gratuits). Programme affiché sur la porte.

Eli's Pub
BAR

(Carte p. 166 ; ☎054-635-4696 ; www.facebook. com/elis.pub ; 35 Jaffa Rd ; ⊙20h-3h ou plus tard). Dans ce pub où vous aurez le choix entre 11 bières pression (à partir de 24 NIS). Cet ancien hammam de l'époque ottomane s'anime dès 22h30 ou 23h le lundi (bœuf), le mercredi (concert de jazz) et le samedi (groupes locaux).

Libira
BIÈRES

(Carte p. 166 ; ☎04-374-0251 ; www.libira.co.il ; 26 HaNamal St ; ⊙12h-1h). Vedette des établissements du port, ce bar au look industriel sert avant tout des bières maison : blanche, bitter, double pils, stout fumée et ale forte. Outre sa production de bières non filtrées et non pasteurisées, le propriétaire, Leonid Lipkin, propose aussi des boissons venues d'ailleurs comme l'ale palestinienne de Noël. On y sert aussi de copieux plats d'Europe centrale comme les *schnitzels* et les filets d'oie fumés, ainsi que des plats de résistance comme les burgers (plats 28-90 NIS).

Secteur de Masada Street

Ces dernières années, Masada St et ses environs sont devenus une enclave bohème. Au beau milieu des graffitis se multiplient boutiques de vêtements alternatifs, salons de tatouage et cafés servant petits-déjeuners et boissons alcoolisées, et une bonne dose d'idées de gauche. Pour vous y rendre depuis Herzl St, à Hadar, grimpez la colline sur environ 500 m (vers le sud-ouest), ou prenez le Carmelit jusqu'à la station Masada et dirigez-vous vers l'est.

Cafe Masada
CAFÉ

(Carte p. 166 ; 16 Masada St ; ⊙8h-2h, 9h-2h sam ; ☎). Refaites le monde autour d'un café dans ce bar animé, entre chats, passionnés d'art et activistes. Autour de *shakshuka* et de sandwichs, les conversations vont bon train, controverses animées ou simples bavardages avec son voisin, dans une bonne humeur contagieuse.

Café Puzzle
CAFÉ

(Carte p. 166 ; ☎04-866-0879 ; 21 Masada St ; ⊙10h-minuit dim-ven, 16h-minuit sam ; ☎). Branchés, étudiants comme jeunes artistes composent la clientèle de ce Puzzle au trio gagnant : excellent café, ondes positives et Wi-Fi correct. Un petit creux ? Brunch (48 NIS), soupes et sandwichs (28-38 NIS), ou encore halva et gâteaux maison (32 NIS), servis sur fond de musique rock.

Elika
CAFÉ

(Carte p. 166 ; ☎052-443-3755 ; 24 Masada St ; ⊙7h-1h). Repaire favori de l'élite culturelle arabe de Haïfa, notamment la scène artistique, Elika mélange savamment nostalgie de gauche (vieilles photos, affiches de Che Guevara) et simple divertissement (diffusion occasionnelle de matchs et bar bien garni). Sirotez un épais café turc ou une bière, remplissez-vous de mezze, et laissez la bande-son jazz et musique du monde vous envahir.

Colonie allemande

Oak Bar
BAR

(Carte p. 166 ; www.facebook.com/oakbarhaifa ; 24 Ben-Gurion Ave ; ⊙12h-tard). La pop arabe et le cliquetis des jetons et autres jeux de société forment la "bande-son" de ce bar décontracté situé dans la rue principale de la Colonie allemande.

Carmel Centre

Pundak HaDov
BAR

(Bear Inn ; Carte p. 166 ; www.pundakhadov.rest-e. co.il ; 135 HaNassi Ave ; plats 55-90 NIS ; ⊙17h-1h ou plus tard, 12-1h ven). Rendez-vous des expatriés, ce pub-restaurant sert des bières et de copieux plats de pub : ailes de poulet, hot dogs, assiettes de charcuterie, à manger en regardant les événements sportifs à l'écran.

☆ Où sortir

On peut profiter de nombre d'événements pendant The Holidays of Holidays (p. 173) en décembre. Toute l'année, la présence estudiantine assure un programme diversifié. Pour plus d'informations sur les événements culturels, consultez le site Internet www. ethos.co.il, géré par la municipalité de Haïfa.

Beat Club
MUSIQUE LIVE

(Carte p. 166 ; ☎04-810-1961 ; www.ethos.co.il ; 124 HaNassi Ave, Carmel Centre ; 50-100 NIS). Groupes de rock internationaux et israéliens se déchaînent dans cette salle de spectacle de premier plan, affiliée à l'école de musique de la ville. Occasionnelle boîte de nuit.

Cinémathèque de Haïfa
CINÉMA

(Carte p. 166 ; ☑04-833-8888 ; www.haifacin.co.il ; 142 HaNassi Ave, Carmel Centre ; billet 35 NIS). Films d'avant-garde et d'essai. Ses deux salles en font le principal lieu de projection du Haifa Film Festival (p. 173).

Matnas Tverya 15
MUSIQUE LIVE

(Centre social Gould-Shenfeld ; carte p. 166 ; ☑04-850-7785 ; tveria15@hadarhaifa.org.il ; 15 Tiberias St). Concerts, spectacles et cours (Pilates, tango…) ont lieu dans ce centre socio-culturel où se tiennent également des expositions. Un endroit idéal pour rencontrer les habitants. Desservi par les bus n°s115 et 133, ou le Carmelit jusqu'à Masada.

Auditorium de Haïfa
SALLE DE CONCERTS

(Carte p. 166 ; ☑04-835-3506 ; www.ethos.co.il ; 140 HaNassi Ave, Carmel Centre). L'une des salles principales pour les ballets classiques, la danse moderne et la musique, avec plus de 1 100 places. Le Haifa Symphony Orchestra, ainsi que d'autres grands noms, s'y produit.

Achats

Marché aux puces
MARCHÉ

(Shuk Pishpeshim ; carte p. 166 ; www.facebook.com/shukpishpeshim.haifa ; Kibbutz Galuyot St, Wadi Salib ; ☉9h-15h). Sacs, cadres photo, vieilles cartes postales… À 700 m au sud-est de la place de Paris se cotoient ainsi magasins d'antiquités et étals au sol. Le samedi et le dimanche rassemblent le plus de vendeurs.

Marché turc
MARCHÉ

(HaShuk HaTurki ; carte p. 166 ; place de Paris, centre-ville ; ☉10h-16h ven). Créé par des dockers de Thessalonique dans les années 1930, ce marché n'est plus que l'ombre de lui-même. La renaissance du centre-ville ces dix dernières années le fait revivre sous forme de marché artisanal régional.

❶ Orientation

Plus on grimpe le mont Carmel, plus les quartiers sont huppés. Le centre-ville (Ir Tachtit) et le quartier du port adjacent occupent le pied des versants, à côté du port de Haïfa et des voies ferrées. À 1 km à l'ouest, sous les jardins bahaïs, la Ben-Gurion Avenue est l'artère principale de la Colonie allemande. Le quartier essentiellement arabe de Wadi Nisnas (p. 169) se niche dans une petite vallée, à mi-chemin entre la Kikar Paris et la Colonie allemande. Au nord-ouest, de l'autre côté des voies ferrées, Bat Galim abrite l'hôpital

Rambam et une plage. De la promenade en bord de mer, on accède par le téléphérique à Stella Maris (p. 171). Environ 1 km au sud (sur la colline) de la place de Paris, Herzl St est le cœur de Hadar HaCarmel, appelé Hadar.

Autour du terminus supérieur du Carmelit, Gan HaEm, s'étend Carmel Centre (Merkaz HaCarmel, p. 165), le cœur commercial des quartiers aisés disséminés sur la crête du mont Carmel.

❶ Renseignements

ARGENT

On trouve de nombreuses banques à Hadar et sur les hauteurs de Carmel Centre.

OFFICE DU TOURISME

Office du tourisme (Haïfa Tourist Board ; carte p. 166 ; ☑04-853-5606 ; www.visit-haifa.org ; 48 Ben-Gurion Ave, Colonie allemande ; ☉8h30-18h dim-jeu, 8h30-13h ven). Presque en haut de l'avenue Ben-Gurion.

SERVICES MÉDICAUX

Rambam Medical Centre (Rambam Health Care Campus ; carte p. 164 ; ☑1-700-505-150, urgences 04-777-3300 ; www.rambam.org.il ; 8 HaAliya HaShniya St, Bat Galim ; ☉24h/24). Le plus grand hôpital du nord d'Israël et l'un des mieux équipés. Prenez un bus depuis Bat Galim (n°43 depuis la gare routière Hof HaCarmel, n°16 ou 136 depuis Lev HaMifratz, ou encore n°24 ou 36 depuis l'université) pour y aller.

❶ Depuis/vers Haïfa

AVION

Aéroport de Haïfa (HFA ; ☑03-975-8337 ; www.iaa.gov.il ; Derech Yigael Yadin). Situé à 7,5 km au sud-est de la place de Paris, il dessert Eilat par la compagnie Arkia (www.arkia.com). Le bus Egged n°58 y mène depuis la gare routière principale.

BATEAU

Des ferries relient le **port de Haïfa** (carte p. 166 ; www.haifaport.co.il ; Kdoshei Bagdad St) à l'ancienne marina d'Acre 2 fois par jour en semaine et 3 fois le samedi. Comptez 45 minutes ou plus selon les conditions maritimes. Vente des billets de traversée 1 heure avant le départ.

BUS

Haïfa possède 2 gares routières centrales. Du côté méditerranéen (ouest) du mont Carmel, Haïfa-Hof HaCarmel, pour les bus qui longent la côte en direction du sud (vers Tel-Aviv), se trouve près de la gare ferroviaire Haïfa-Hof HaCarmel, à 8 km de la Colonie allemande en contournant la base du mont Carmel. Mais le train reste le moyen le plus rapide de gagner Tel-Aviv et d'autres villes côtières.

Autres destinations : Centre de détention d'Atlit (bus n°221, 25 min, 2/heure) ; Jérusalem (bus

Egged n°940, 37,50 NIS, 2 heures, toutes les
30 à 90 min sauf du vendredi soir au crépuscule
le samedi ; bus Egged n°947, 3 heures) ; Zikhron
Yaakov (bus Egged n°s202 et 921, 14,50 NIS,
1 heure, au moins 1/heure sauf du vendredi après-
midi au samedi soir).

Du côté de la baie de Haïfa, la gare routière
Haïfa-Merkazit HaMifratz sert à la plupart
des bus allant vers le nord et l'est de Haïfa.
Elle se trouve à 8 km au sud-est de la Colonie
allemande, à quelques centaines de mètres – via
l'immense centre commercial Lev HaMifratz –
de la gare routière Lev HaMifratz. Le train est le
moyen le plus rapide de gagner Acre et Nahariya.

Afula (bus Nateev Express n°301, 40 min,
3/heure sauf du vendredi après-midi au
crépuscule le samedi). Des bus relient
fréquemment Afula et Beit She'an.

Acre (bus Nateev Express n°s271 et 361, 16 NIS,
35-45 min, 6/heure). Le bus n°271 continue
vers le nord jusqu'aux jardins bahaïs, au
kibboutz Lohamei HaGeta'ot et à Nahariya.

Beit She'arim (carrefour HaShomrim ; bus
Nateev Express n°301, 13,50 NIS, 15 min,
3/heure).

Jérusalem (bus Egged n°960, 37,50 NIS,
2 heures, 1 ou 2/heure sauf du vendredi après-
midi jusqu'au crépuscule le samedi).

Kiryat Shmona (bus Egged n°s500 et 505,
37,50-44 NIS, 2 heures, 2/heure sauf du
vendredi après-midi au crépuscule le samedi).

Nazareth (bus n°s331 et 332, communs à
Nazareth Tourism & Transport et GB Tours ;
19-26 NIS, 1 heure, 2/heure du dimanche au
vendredi, 1/heure le samedi).

Tibériade (bus Egged n°s430 et 434, 21,50 NIS,
1 heure 15, 3/heure sauf du vendredi après-
midi au crépuscule le samedi)

Safed (bus Nateev Express n°361, 1 heure 45,
2/heure). Via Acre (45 min).

Les 2 gares routières centrales sont reliées par la
ligne 1 (30 min) du Metronit, qui forme une boucle
via la Colonie allemande et le port, ainsi que par
le bus n°101 (20 min), qui emprunte les Carmel
Tunnels, un tunnel à péage sous le mont Carmel.

Tous les tickets de bus interurbains pour Haïfa
comprennent le transport depuis l'une des gares
routières jusque dans la ville – à condition de
demander un *kartis hemshech* (forfait transfert)
en achetant votre ticket (au chauffeur, par
exemple). Pour cela, il faut avoir une carte à puce
Rav-Kav rechargeable (vendue par le chauffeur).

SHEROUT

Des *sherout* (taxis partagés) pour **Acre** (carte
p. 166 ; ☎ 04-862-2115), **Nahariya et Safed**
(carte p. 166 ; ☎ 04-862-2115) et **Tel-Aviv** (carte
p. 166 ; ☎ 04-862-2115) partent en semaine
de Hadar, depuis divers endroits autour de
l'intersection des rues Herzlia et HaNevi'im
(semaine/shabbat 30/45 NIS).

Réservez la veille un **sherout pour l'aéroport
Ben Gourion** (Amal Taxi ; ☎ 04-866-2324)
depuis leur point de départ principal (autour
de l'intersection de Herzlia et HaNevi'im Sts ;
77 NIS) ou de votre hôtel (119 NIS).

TRAIN

Haïfa possède quatre gares ferroviaires :

Haïfa-Hof HaCarmel – à 8 km de la Colonie
allemande, à l'ouest puis au sud en contournant
la base du mont Carmel ; près de la gare
routière Haïfa-Hof HaCarmel.

Haïfa Merkaz-HaShmona (Haïfa Center-
HaShmona ; Derech HaAtsmaut, port d'Haïfa)
– dans le centre-ville (quartier du port),
à 700 m au nord-ouest de la place de Paris
et 700 m à l'est de la Colonie allemande.

Haïfa-Bat Galim (carte p. 164 ; HaHayil St)
– dans le quartier de bord de mer Bat Galim,
près de l'hôpital Rambam et 1 km au sud-est
du téléphérique Stella Maris.

Lev HaMifratz (HaHistadrut) – à 8 km au
sud-est de la Colonie allemande et à quelques
centaines de mètres – en passant par
l'immense centre commercial Lev HaMifratz –
de la gare routière Merkazit HaMifratz.

Les trajets dans Haïfa, entre n'importe
lesquelles de ces gares (ttes les 10 à
20 minutes) coûtent 7,50 NIS. Des trains
rejoignent l'aéroport Ben Gurion depuis
les quatre gares principales (35,50 NIS,
1 heure 15-1 heure 45, 2/heure), Acre (13,50 NIS,
30 min, 4/heure), Nahariya (13,50-17,50 NIS,
35 min-1 heure, 3/heure) et Tel Aviv (27,50-
32,50 NIS, 1 heure-1 heure 15, 2-3/heure).

Les trains ne circulent pas du vendredi
après-midi jusqu'au crépuscule le samedi.

ℹ Comment circuler
BUS

Le métro Carmelit est idéal pour monter et
descendre la colline, mais pour vous déplacer
sur les flancs du mont Carmel, vous devrez
prendre les bus (gérés par Egged, Nateev Express
et Omni Express) et le Metronit, un réseau de
3 lignes de bus inauguré en 2013, aussi rapide
qu'un tramway grâce à des voies réservées et
à la synchronisation des feux tricolores. À la
différence des bus ordinaires, vous devez prendre
à la billetterie automatique de l'arrêt un ticket
(5,90 NIS, valable 90 min) pour monter à bord.

La ligne 1 du Metronit relie les 2 gares
routières centrales, Haïfa-Merkazit HaMifratz
et HaïfaHof HaCarmel, via le port et la Colonie
allemande au moins 2 fois par heure (toutes les
5 min aux heures d'affluence), 24h/24, 7 jours/7
(même durant le shabbat !). La ligne 2 relie
Bat Galim (hôpital Rambam) et Haïfa-Merkazit
HaMifratz, également via la Colonie allemande
et le quartier du port.

MÉTRO

Seul métro d'Israël (techniquement, un funiculaire), le Carmelit (www.carmelithaifa. co.il ; 6h-minuit dim- jeu, jusqu'à 15h ven et après 20h sam) possède 6 stations. Il relie la place de Paris (Kikar Pariz) au centre-ville (Port), puis à Hadar (arrêt HaNevi'im) et à Carmel Centre (arrêt Gan HaEm). Sur environ 2 km, il grimpe un dénivelé de 268 m sur une inclinaison allant jusqu'à 17,5 degrés.

VOITURE

À Haïfa, les grandes compagnies de location de voitures ont une agence dans les rues près de la gare routière Haïfa-Merkazit HaMifratz.

Daliyat al-Karmel
دالية الكرمل داليت אל כרמל

♫ 04 / 16 780 HABITANTS

C'est au XVIIe siècle que les Druzes du Liban sont venus s'établir sur le versant sud du mont Carmel. Située à quelque 16 km au sud de Haïfa, Daliyat al-Karmel est ainsi l'implantation druze la plus méridionale au monde et la plus grande d'Israël. Des années d'expansion l'ont presque fait rejoindre Isfiya (Usfiyeh), autre village druze plus petit sis au nord.

L'essentiel d'une visite à Daliyat al-Karmel tient dans l'approche inédite de la culture druze. Considérée comme une branche hétérodoxe de l'islam, la religion des Druzes reste assez secrète pour les protéger des accusations d'hérésie dont ils ont été victimes. Leur communauté tisse aussi des liens très serrés, mariages mixtes et conversions étant interdits.

Le "centre-ville" se concentre sur 200 m de la route 672 qui traverse la ville, débordante d'animation pendant le shabbat et les fêtes juives. Regards curieux et sourires amicaux accompagneront votre passage.

◉ À voir

Beit Oliphant   SITE HISTORIQUE

Beit Oliphant (indiqué "Beit Druze") fut, de 1882 à 1887, la demeure du chrétien sioniste sir Laurence Oliphant et de son épouse Alice. Les Oliphant comptaient parmi les rares non-druzes à entretenir un lien étroit avec la communauté, qu'ils soutinrent activement. À l'époque, l'assistant d'Oliphant était Naftali Hertz Imber, l'auteur des paroles de l'hymne d'Israël, *Hatikvah*, publiées en 1886.

L'antique colonne romaine à l'extérieur est un mémorial à Alice, morte à 36 ans, et dont Imber aurait été fou amoureux. La demeure

accueille désormais le **centre mémorial druze**, en souvenir des 398 Druzes de l'armée israélienne (Tsahal) morts au combat depuis 1948.

Mausolée d'Abou Ibrahim   SANCTUAIRE

(⊙ horaires variables). GRATUIT Cette petite bâtisse carrée à la façade en pierre de Jérusalem surmontée d'un petit dôme rouge est le mausolée d'Abou Ibrahim, réincarnation d'Élie pour les Druzes. Les visiteurs doivent porter une tenue décente, avec manches longues, et ôter leurs chaussures (à déposer sur l'étagère).

Au carrefour en T, juste après les boutiques (la route 672 marque un virage à 90 degrés à gauche, vers le sud-est), tournez à droite (ouest) ; le mausolée est situé environ 600 m plus loin – suivez les panneaux indiquant *Holy Place*.

Où se restaurer

Andarin   MOYEN-ORIENTAL $$

(Rte 672 ; plats 55-120 NIS ; ⊙ 10h-22h). Service cordial et chiche-kebabs impeccables désignent l'Andarin comme le numéro un de la grand-rue. Les grillades (dont le poulet et l'agneau haché) sont assorties de multiples salades et d'ingrédients inattendus comme le *kimchi* ou la carotte aigre-douce.

Abu Anter   MOYEN-ORIENTAL $$

(☏ 04-839-3537 ; Rte 672 ; plats 45-140 NIS ; ⊙ 10h-17h). Les habitants fréquentent volontiers cette table accueillante où l'on se régale de kebabs, falafels, feuilles de vignes farcies, *labneh* (yaourt épais)… Des classiques moyen-orientaux.

🛍 Achats

Autour comme à l'intérieur des restaurants, vous pourrez faire emplette de textiles locaux druzes, châles et pantalons aux couleurs vives, de tablas, de poteries et de souvenirs. Mais attention ! les bonnes affaires sont souvent mêlées à des objets sans valeur et souvenirs venus d'on ne sait où.

ⓘ Comment s'y rendre et circuler

Le bus n°37א relie Daliyat Al Karmel, Isfiya, l'université de Haïfa, la Colonie allemande, les jardins bahaïs et Bat Galim (5,90 NIS, 1 heure-1 heure 15, 2 ou 3 bus/heure, sauf du vendredi après-midi au crépuscule le samedi).

La rue principale étant souvent encombrée, il existe tout près un **parking privé** (à l'écart

BEIT SHE'ARIM

Situé entre le mont Carmel et la basse Galilée, le **parc national de Beit She'arim** (04-983-1643 ; www.parks.org.il ; adulte/enfant 22/10 NIS ; 8h-17h heure d'été (8h-16h ven), 8h-16h heure d'hiver (8h-15h ven), dernière entrée 1 heure avant fermeture ; P) envoûte le visiteur. Rien d'étonnant : d'anciennes catacombes se cachent sous vos pieds. Elles témoignent des débuts du judaïsme rabbinique. L'antique ville juive étant devenue au IIe siècle un centre dynamique d'étude de la Torah, nombre de juifs pieux souhaitèrent y avoir leur sépulture à la suite du rabbi Juda Hanassi, chef du Sanhédrin (conseil suprême juif de l'époque). Des galeries relient les tombeaux souterrains magnifiquement restaurés. Le plus impressionnant, avec son entrée à triple arche, est le **tombeau du rabbi Juda HaNassi**. Procurez-vous une carte au centre des visiteurs.

Juda Hanassi assumait des responsabilités tant laïques que religieuses et menait les affaires politiques entre Juifs et suzerains romains. Il rassembla à Tsippori des doctes juifs et compila la Mishna (la première codification du judaïsme). Il demanda à être enterré après sa mort à Beit She'arim. La ville fut détruite par les Romains au IVe siècle. Au cours des six siècles suivants, les nombreuses sépultures furent pillées, puis progressivement enfouies sous la terre et les pierres. Il fallut attendre 1936 pour que des archéologues découvrent les ruines de Beit She'arim.

En rejoignant en voiture l'entrée du parc, vous verrez sur la gauche les vestiges d'une **synagogue** du IIe siècle. On dénombre 31 catacombes (la plupart visitables) sur le site. La plus grande compte 24 chambres distinctes et plus de 200 sarcophages. On remarquera la grande variété des symboles et des inscriptions sur les cercueils, écrits en hébreu, en araméen, en palmyréen et en grec.

Toujours dans l'enceinte du parc national, on peut découvrir en visite guidée la catacombe où se trouve le **tombeau de la menora**, à 6 chambres. Les motifs sculptés et reliefs de pierre très élaborés montrent notamment une menora (chandelier à sept branches) et une Arche sainte (niche où l'on dépose les rouleaux de la Torah).

Beit She'arim se trouve à 23 km au sud-est de Haïfa, par la route 75. Le bus Nateev Express n°301 part de Haïfa-Merkazit HaMifratz (13,50 NIS, 30 minutes, au moins 2/heure) ; dites au chauffeur que vous allez à Beit She'arim, il vous déposera au carrefour HaShomrim, soit à 1 km au nord du parc sur la route 722.

de la route 672 ; 15 NIS/voiture) où un gardien encaisse le prix du stationnement.

Monastère carmélite Saint-Élie   דיר المحرقة מנזר
כרמליתי של אליהו הקדוש   دير المحرقة

Monastère carmélite Saint-Élie MONASTÈRE (Muhraqa ; www.muhraqa.org ; 4 NIS ; 9h-17h été, 9h-16h30 hiver ; P). Ce monastère perché est appelé Muhraqa ("qui brûle") par les Israéliens arabes et juifs, car c'est ici qu'Élie aurait offert un sacrifice à Dieu, qui aurait répondu par un feu céleste, alors que les offrandes de 450 prophètes de Baal auraient été ignorées (I Rois, 18). La chapelle (1883) et les cellules constituent l'ensemble monastique proprement dit, qui relève de l'ordre des Carmes déchaux (pour "déchaussés").

Du toit (accessible par la boutique), on aperçoit la Méditerranée jusqu'au mont Hermon. À l'avant, un paisible petit jardin abrite une statue d'Élie et un petit chemin.

La Muhraqa est à 5 km au sud du centre de Daliyat Al Karmel ; prenez à gauche au carrefour en Y signalé.

Ein Hod et Ain Hud
עין הוד ועין חוד   عين هود عين حوض

Le long des ruelles d'Ein Hod, des statues de bronze regardent le visiteur depuis une boîte à sardines géante et des sculptures en pierre attirent l'œil sous des arbres en fleurs. Bel endroit surréaliste que cette petite communauté d'artistes installée ici depuis plus d'un demi-siècle à l'initiative du peintre dadaïste Marcel Janco (1895-1984) ! En fait l'histoire de ce village est un peu triste. Pendant les affrontements de 1948, 700 à 900 résidents arabes ont quitté Ein Hod pour la région de Jénine, mais un cheikh resta tout près. La famille Abu al-Hija s'installa à quelques kilomètres et, dans les années 1960, fonda **Ain Hud**, reconnu par le gouvernement israélien en 1992 et devenu un hameau prospère situé 4 km après Ein Hod. Que ce soit dans le cadre d'une visite à la journée depuis Haïfa ou un séjour plus long, une visite d'Ein Hod et de ses environs invite à réfléchir.

À voir

Des dizaines d'artistes vivent et travaillent à Ein Hod. De nombreux ateliers sont fermés aux visiteurs de passage et le débat fait rage quant à savoir si, pour les artistes locaux, les touristes sont une bénédiction ou une source de distraction. Il est possible de visiter diverses galeries et expositions et, en réservant à l'avance, d'assister à des ateliers de céramique, de peintures, de lithographie et de photographie. Pour les détails, consultez les sites www.ein-hod.org et www. ein-hod.info.

Janco-Dada Museum
MUSÉE

(☏ 04-984-2350 ; www.jancodada.co.il ; adulte/enfant 24/12 NIS, Dada Lab inclus25/30 NIS ; ⊙10h-15h dim-jeu, 10h-14h ven, 10h-15h30 sam, Dada Lab 11h-14h sam et fêtes ; 🖼). Vous pourrez voir la créativité de Marcel Janco dans ce musée (1983) dédié à la vie et l'œuvre du dadaïste le plus célèbre d'Israël. Il y a également des expositions temporaires d'artistes de la communauté d'Ein Hod. Le **Dada Lab** situé au rez-de-chaussée, un espace interactif ludique, permet aux jeunes visiteurs de créer, se déguiser et faire les fous.

Le musée sert, à l'occasion, de salle de spectacle.

Ein Hod Gallery
GALERIE

(⊙10h-16h dim et mar-jeu, 10h-14h ven, 11h-16h sam). Cet espace d'exposition fut créé dès 1953, au tout début de la "colonie artistique" initiée par Janco.

Studio Magal
GALERIE

(☏ 04-984-2313 ; ⊙10h-17h). Céramiques, mosaïques et œuvres expressionnistes réalisées par Ben Zion Magal (1908-1999).

Nisco Museum
MUSÉE

(☏ 052-475-5313 ; adulte/enfant 30/20 NIS ; ⊙10h-17h lun-sam). Une collection d'instruments de musique mécanique composée par Nisan Cohen, natif de New York. Ce passionné adore passer un disque de son archive musicale yiddish sur un phonographe Victrola. Visites à l'heure précise. Situé quelques centaines de mètres en contrebas (en direction de la route 4) de l'entrée d'Ein Hod.

 Circuits organisés

Shuli Yarkony
Tours
À PIED

(☏ 052-645-6072 ; shuliyarkony@gmail.com). Les circuits pédestres de Shuli Yarkony conduisent dans des ateliers d'artistes en général inaccessibles. Les liens familiaux de la guide officielle avec les artistes locaux rendent souvent l'expérience riche. Visites en anglais ou en hébreu sur réservation, tarifs variables en fonction de la durée et de l'importance du groupe.

✖ Où se restaurer

Makolet
SUPÉRETTE $

(⊙9h-17h ou plus tard). Seul endroit où acheter des produits frais.

♥ HaBayit
MOYEN-ORIENTAL $$

(Al Beyt ; ☏ 053-944-2990 ; albeet.rest.co.il ; Ayn Hawd ; menus fixes à partir de 110 NIS ; ⊙12h-18h ; 🖼). À 4 km au-dessus d'Ein Hod, Ain Hud abrite cette authentique table arabe tenue en famille. Les menus fixes comprennent une grande variété de salades, soupes, poulet farci, agneau rôti, pain maison et okra épicé, le tout parfumé d'herbes cueillies sur le mont Carmel. Suivez l'humeur du chef car il n'y a pas de carte, mais les végétariens y trouveront leur compte. Réservez les vendredi et samedi.

Nof Hvade
MOYEN-ORIENTAL $$

(☏ 04-671-2560 ; nofmulhavadi.co.il ; Ayn Hawd ; plats 50-80 NIS ; ⊙9h-dernier client ; 🖼). Accessible par 4 km de route pentue – mais quelle vue une fois arrivé à Ain Hud ! –, cette chaleureuse table familiale vous régale d'excellentes grillades accompagnés de non moins délicieuses garnitures comme chou-fleur mariné et *tahina*. Feuilles de vignes farcies et *mujaddara* (lentilles et riz avec oignons frits) régaleront les végétariens.

À l'entrée du village, des panneaux vous feront redescendre vers la gauche jusqu'à une mosaïque à colombes créée à Ein Hood. Là des marches mènent au restaurant.

Doña Rosa
ARGENTIN $$$

(☏ 053-934-5520 ; plats 56-88 NIS, steaks 94-120 NIS ; ⊙12h-23h lun-sam). La meilleure adresse d'Ein Hod pour un bon gueuleton, ce grill argentin reproduit fidèlement les saveurs de la mère-patrie, des viandes et du vin au décor inspiré de la pampa. Réservez pour les jeudi soir, vendredi et samedi ; musique live le samedi.

Atlit عتليت עתלית

Camp de détention d'Atlit SITE HISTORIQUE

(☑04-984-1980 ; eng.shimur.org/atlit ; adulte/
enfant 32/27 NIS ; ⊙9h-17h dim-jeu, 9h-13h ou 14h
ven, visite guidée sur rdv ; Ⓟ). En 1939, alors que
la situation s'aggravait pour les Juifs d'Europe, le gouvernement britannique publia
un livre blanc limitant le nombre annuel
de certificats d'immigration vers la Palestine entre 10 000 et 15 000. Les dirigeants
du mouvement sioniste décidèrent que si
les réfugiés juifs ne pouvaient se rendre
légalement en Palestine, ils le feraient clandestinement. Des milliers de Juifs fuyant le
nazisme franchirent le blocus britannique,
mais plus encore furent capturés et internés
dans ce camp de détention.

Le 10 octobre 1945, le Palmach (unité de
forces spéciales de la Haganah) fit irrup-
tion dans le camp et libéra 208 personnes.
Cette incursion audacieuse, emmenée par
le jeune Yitzhak Rabin, poussa les Britanniques à fermer le camp. De 1946 à 1949,
les survivants de l'Holocauste et autres Juifs
arrêtés pour être entrés clandestinement en
Palestine furent envoyés dans des camps de
détention à Chypre.

Vous pouvez visiter seul le site mais la visite
guidée de 1 heure 30 reste le meilleur moyen
de voir le camp. Les guides présentent les
baraquements (reconstruits) ; une effroyable
salle de lavage (en grande partie d'origine)
où les nouveaux arrivants étaient déshabillés
et désinfectés au DDT ; et un navire de 34 m
de long semblable à ceux utilisés pour transporter les *ma'apilim* (immigrés clandestins)
vers ce qui allait devenir Israël (ce bateau est
en fait le *Galina*, construit en Lettonie dans
les années 1970). Un navire de cette taille
aurait embarqué 600 à 800 réfugiés.

Le camp d'Atlit se trouve à 16 km au sud
de Haïfa et à 20 km au nord de Zikhron
Yaakov. Le bus n°221 (2/heure) relie le camp
à la gare ferroviaire d'Atlit (10 minutes), à
3 km au sud, et à la gare routière Haïfa's Hof
HaCarmel (25 minutes).

Château Pèlerin RUINES DES CROISADES

Connu sous son nom latin *Castrum
Pergrinorum*, cet imposant château croisé
devenu ruines se dresse sur un promontoire à environ 750 m à l'ouest de la plage
d'Atlit. Il se trouve sur une base navale
servant aux entraînements des commandos
israéliens et ne peut donc se visiter, mais on
l'aperçoit de la plage.

Zikhron Yaakov
زخرون يعقوب זכרון יעקב

☑04 / 22 500 HABITANTS

Éminemment résidentielle, Zikhron Yaakov,
avec ses édifices méticuleusement restaurés, a
su conserver un charme romantique. Fondée
en 1882 par des Juifs de Roumanie non loin
de l'extrémité sud du massif du mont Carmel,
Zikhron (comme disent les Israéliens) doit sa
célébrité à son vin avant même d'incarner,
plus récemment, un certain chic à l'ancienne.

Les premiers plants de vigne ont été
importés de France à l'initiative du baron
Edmond de Rothschild (1845-1934), de la
famille de banquiers, qui donna au lieu le
nom de son père James, ou Jacob (Yaakov).
Les bâtiments de la fin du XIXᵉ siècle bordant
ses rues abritent désormais pour beaucoup
des ateliers d'artistes, des boutiques et des
cafés, qui font de la vieille ville un terrain
d'exploration parfait. Dans la campagne
environnante, les vignobles complètent le
caractère apaisant de l'endroit.

◉ À voir

Majoritairement piétonne, la grand-rue de la
fin du XIXᵉ siècle, HaMeyasdim, est bordée
de restaurants, cafés et boutiques nichées
dans des bâtisses en pierre restaurées.

◉ Centre-ville

Carmel Winery DOMAINE VITICOLE

(☑04-629-1788 ; www.carmelwines.co.il ; 2 Derech
HaYekev ; dégustation/visite par pers 25/30 NIS ;
⊙caviste 9h-17h lun-jeu, 9h-14h ven, visite caves 10h
et 12h ven). Sirotez des rouges secs, des riesling
équilibrés et des vins pétillants légers dans
cette exploitation fondée en 1882.

First Aliyah museum MUSÉE

(Musée de la Première Aliya ; 2 HaNadiv St ; tarif
plein/réduit 20/15 NIS ; ⊙9h-16h lun-jeu, 9h-14h ven).
Des présentations et de courts films retracent
les épreuves des pionniers sionistes : échapper aux pogroms dans leur pays d'origine,
aux recherches ottomanes à l'arrivée en Terre
sainte, puis cultiver dans un climat inhos-
pitalier. C'est au soutien financier du baron
Edmond de Rothschild que les communautés agricoles comme Zikhron Yaakov doivent
leur naissance, puis leur succès.

NILI Museum MAISON-MUSÉE

(☑04-639-0120 ; 40 HaMeyasdim St, angle Jabo-
tinski St ; www.nili-museum.org.il ; adulte/enfant
26/20 NIS ; ⊙9h-15h dim-jeu, 9h-12h ven). Ce musée

LES BELLES PLAGES DE LA CÔTE NORD

Un chapelet de plages de sable fin s'étire le long de la partie nord de la côte méditerranéenne. Voici, du sud au nord, quelques-unes parmi les plus belles :

Beit Yanai (parking 24-33 NIS) À mi-chemin entre Tel Aviv et Haïfa, une belle plage avec douches et toilettes gratuites, zone de baignade surveillée et snacks. Pour lézarder et regarder les surfers affronter les vagues, l'espace ne manque pas.

Aqueduc (p. 191) Une plage dorée située non loin d'un tronçon de l'aqueduc de Césarée. Entrée libre. À 2,5 km par la route au nord de l'ancienne Césarée.

Dor Une longue plage de sable fin au sud du village de Dor, antique ville portuaire souvent mentionnée dans l'Ancien Testament. Baignade surveillée, cuvettes de marée et ruines non loin. À 10 km au nord-ouest de Zikhron Yaakov.

Atlit Sable couleur de sucre brun et brises sévères. Majoritairement non surveillée mais parfaite pour se dorer au soleil et jouer du cerf-volant.

Hof HaCarmel Deux plages de sable fin, Dado (p. 173) et Zamir (p. 173), longeant le flanc ouest du cap de Haïfa, près de la gare routière de Haifa-Hof HaCarmel.

Bat Galim (p. 173) Charmante petite plage à quelques pâtés de maisons au nord-ouest de la station inférieure du téléphérique de Haïfa (terminus de la ligne 2 du Metronit).

Argaman (p. 195) Plage municipale d'Acre, à 1,5 km au sud-est de la vieille ville.

Parc national d'Akhziv (p. 199) À quelque 4 km au nord de Nahariya, familiales et pleines de charme, les 2 plages d'Akhziv font partie du parc national.

et ses pièces d'époque présentent la vie productive et l'époque agitée d'Aaron Aaronsohn (1876-1919), agronome et botaniste célèbre, qui dirigeait, avec sa famille, un réseau d'espionnage pro-britannique durant la Première Guerre mondiale, appelé Nily (*Netsah Israël Lo Yeshaker* : "L'éternité d'Israël ne décevra pas", Samuel I, 15, 29). Visites de la demeure familiale à l'heure précise (hébreu), plus en anglais toutes les 1 heures 30 (horaires à vérifier par téléphone et réservation par mail conseillée).

Environs de Zikhron Yaakov

Jardins HaNadiv   JARDINS BOTANIQUES
(04-629-8111 ; www.ramat-hanadiv.org.il ; 8h-16h sam-jeu, 8h-14h ven ; P). GRATUIT Hommage à la contribution très active d'Edmond de Rothschild aux débuts viticoles du tout jeune pays, ces jardins aux sentiers qui serpentent entre palmeraies, massifs de roses et plantes grasses accueillent aussi la crypte où repose la dépouille du baron. À 4 km au sud-ouest du centre.

Tishbi Winery   DOMAINE VITICOLE
(04-628-8195 ; www.tishbi.com ; dégustation avec/sans visite 40/35 NIS ; boutique 8h-17h dim-jeu, 8h-13h ven, visites 10h, 12h et 14h dim-jeu). Les gourmets ne manqueront pas de déguster un verre de vin (voire plus) sur ce domaine pittoresque situé à 4 km au sud de Zikhron Yaakov. Créé à la fin du XIXe siècle, il reste géré un siècle plus tard par la même famille. Une session de dégustation standard offre une bonne introduction, du malbec au chardonnay, mais nous recommandons plus particulièrement l'expérience vin et chocolat (45-55 NIS). Réservez.

Un excellent **restaurant kasher** jouxte l'exploitation. Sinon, rendez-vous dans le **bar à vins** (à l'angle de HaMayesdim St et de Sderot Nili ; 8h-22h dim-jeu, 8h-15h ven) associé, en plein centre de Zikhron.

Où se loger

Beit Maimon Hotel   BOUTIQUE-HÔTEL $$
(04-629-0390 ; www.maimon.com ; 4 Tzahal St ; s/d à partir de 480/600 NIS ; P). Avec son mobilier en bois brut, ses salles de bains dallées de pierre et sa vue sur la Méditerranée depuis la terrasse du petit-déjeuner, le Beit Maimon oscille entre confort et chic. Pour un Jacuzzi et une vue sur la côte, optez pour la chambre romantique *superior seaview* (200 NIS supplémentaires). Dans un quartier résidentiel, situé à un quart d'heure à pied de HaMeyasdim St. Séjour minimum de 2 nuits pour shabbat.

Le Casa Barone, qui fait partie des murs, compte parmi les meilleures tables du coin.

My Place in the Colony
PENSION **$$**

(054-234-2947 ; 32 Hanadiv St ; ch à partir de 380 NIS ; P). À l'abri d'une maison du XIXᵉ siècle, cette pension un brin rétro avec son solide mobilier et son papier à fleurs loge chaleureusement ses hôtes dans de spacieuses chambres dotées d'une kitchenette et d'une petite salle de bains. Le soir, le jardin illuminé se transforme en un lieu enchanteur.

✗ Où se restaurer

Cucina
ITALIEN **$$**

(053-427-2527 ; cucina.rest.co.il ; 41 HaMeyasdim St ; plats 50-95 NIS ; 12h-22h ;). Une table stylée servant un assortiment raffiné d'*aperitivi* et de tapas de style méditerranéen ainsi que les grands classiques italiens : carpaccio de bœuf, raviolis à la ricotta, pizzas et poisson. Pizzas taille mini pour les plus jeunes ainsi que quelques plats en portions enfant.

♥ Nili Restaurant
EUROPÉEN, POISSON **$$$**

(04-629-2899 ; www.nilirestaurant.com ; 43 HaMeyasdim St ; plats 60-110 NIS ; 8h-23h dim-jeu). Ce restaurant kasher de belle tenue concocte tous les plats de poisson imaginables : sushis maison, ceviche, mulet et brème au four, ou tagliatelles au saumon. De surcroît, tout est superbement présenté et la carte des vins locaux bien alléchante.

🔒 Achats

Bon nombre de maisons en pierre de HaMeyasdim St ont été converties en boutiques et en bijouteries. L'idéal pour une session shopping : vêtements, accessoires,

---

MEGIDDO (ARMAGEDDON)

Préparez-vous à l'Apocalypse ! Si vous roulez vers le nord-est sur la route 65, Tel Megiddo, en hébreu, est sur votre gauche, en retrait de la route 66. C'est ici, selon saint Jean, que devrait avoir lieu le dernier grand combat sur Terre (Apocalypse XVI, 14 et 16). Le site appartient aujourd'hui au **parc national de Megiddo** (Tel Megiddo ; 04-659-0316 ; www. parks.org.il ; Rte 66, Megiddo ; adulte/enfant 28/14 NIS ; 8h-17h été, 8h-16h hiver, fermeture 1 heure plus tôt ven). De nos jours, le calme règne. Des sentiers de randonnée relient les vestiges de plus de 25 périodes historiques différentes entre 4000 et 400 av. J.-C. Avec un peu d'imagination, vous reconnaîtrez d'autant mieux ce qui fut des édifices religieux et des citernes que vous aurez vu l'introduction filmée (15 minutes).

Megiddo a en effet vécu son lot de batailles au fil des siècles. Des hiéroglyphes gravés sur le temple de Karnak, à Louxor (Égypte), décrivent la bataille livrée ici par Touthmôsis III en 1457 av. J.-C. pour étouffer une rébellion. Pendant au moins un siècle, Megiddo resta un prospère bastion égyptien, résistant aux Israélites (Juges I, 27) pour ne tomber probablement que devant David. Sous le règne de son fils, Salomon, Megiddo devint l'un des joyaux du royaume, surnommé "la ville de chars de Salomon" – les fouilles ont révélé la présence d'écuries assez vastes pour accueillir des centaines de chevaux.

Pendant quelque temps, la ville fut un bastion stratégique sur la Via Maris, route commerciale de l'Empire romain, mais dès le IVᵉ siècle av. J.-C., Megiddo se vida de ses habitants. Néanmoins, son importance stratégique demeura et une autre bataille de Megiddo fut livrée par les Britanniques pendant la Première Guerre mondiale. Lorsqu'il fut anobli, le général Allenby prit ainsi le titre de vicomte Allenby de Megiddo. Juifs et Arabes s'affrontèrent aussi ici pendant la guerre de 1948.

Le résultat le plus visible des fouilles est le système d'approvisionnement en eau, qui date du IXᵉ siècle av. J.-C. Il s'agit d'un puits de 30 m creusé dans la roche et débouchant sur un tunnel de 70 m, qui gardait les sources d'eau de la ville à l'abri de l'envahisseur, un peu comme le tunnel d'Ézéchias (p. 79) à Jérusalem. Mais dans ce réseau ne coule plus d'eau. Gardez la visite du tunnel pour la fin, car ses 183 marches en descente vous feront quitter le site et déboucher sur une route secondaire à 600 m du centre d'accueil.

Megiddo se trouve à 37 km au sud-est de Haïfa (sur les routes 75, 70 et 66), à 45 km à l'est de Césarée (via la route 65) et à 13 km au sud-ouest d'Afula (dans la vallée de Jezreel). Peu fréquent, le bus n°300 au départ de la gare routière Haifa-Merkazit HaMifratz rejoint l'intersection de la route 66 et de Tel Meggido (40 minutes) ; une courte marche vous amènera alors au site. En voiture, vous pouvez en faire une expédition d'une demi-journée depuis Haïfa, Césarée ou Zikhron Yaakov (à moins d'1 heure de route).

souvenirs et cosmétiques. Aventurez-vous dans les cours pour les plus belles trouvailles.

❶ Depuis/vers Zikhron Yaakov

Les bus s'arrêtent dans HaNadiv St, entre le musée de la Première Aliya et la zone piétonne de HaMeyasdim St. Le bus Egged n°202 rejoint Haifa-Hof HaCarmel (14,50 NIS, 30 min, 13 bus/jour mer-jeu, 6 ven, 1 sam soir). Pour Tel Aviv, prenez le bus Egged n°872 (21,50 NIS, 2 heures 15, 8 bus/jour dim-jeu, 5 ven, 3 sam soir), qui s'arrête à la gare routière centrale et au terminal Arlozorov.

Mey Kedem   מי קדם   مي كيدم

Tunnel de Mey Kedem   SITE ARCHÉOLOGIQUE
(☑ 04-638-8622 ; www.meykedem.co.il ; Moshav Amikam ; adulte/enfant 30/25 NIS ; ☉ 9h-16h sam-mar, 9h-13h ven mars-oct). Pour acheminer l'eau jusqu'à Césarée, les Romains construisirent un extraordinaire réseau de 23 km de long composé de canaux, de tuyaux et d'aqueducs et d'un tunnel de 6 km de long. Une section de ce tunnel, longue de 300 m, est ouverte aux visiteurs, mais il ne faut pas avoir peur de patauger dans l'eau jusqu'aux genoux. Apportez une lampe de poche, des vêtements de rechange et des chaussures adaptées. Le prix d'entrée inclut une visite guidée d'une heure. Cette activité convient parfaitement

aux enfants, surtout l'été (mais est vraiment déconseillée aux claustrophobes).

Mey Kedem se trouve près de la communauté religieuse de Moshav Amikam et fait partie du parc Alona. Par la route, le site est à 18 km de Zikhron Yaakov.

Césarée (Caesarea)   קיסריה   قيسارية

☑ 04 / 4 800 HABITANTS

Située sur la côte méditerranéenne, Césarée (Qeysarya en hébreu) fut l'un des grands ports antiques, rivalisant avec des ports historiques tels qu'Alexandrie et Carthage. Malgré les efforts des divers conquérants pour entretenir l'activité portuaire et le dynamisme de la ville, le temps et la guerre firent leur œuvre et, au XIVe siècle, Césarée avait en grande partie disparu sous les dunes. Grâce aux fouilles archéologiques – terrestres et sous-marines – menées depuis les années 1950, Césarée est désormais l'un des sites romains les plus impressionnants du Levant (égalé en Israël uniquement par Beit She'an).

Césarée est désormais partagée entre antiquité et modernité : les vestiges de la vieille ville forment le parc national de Césarée et les quartiers résidentiels chics – et le seul club de golf international d'Israël – s'étendent à l'est. Fermez les yeux et imaginez les chars

HAIFA ET LA CÔTE NORD CÉSARÉE (CAESAREA)

HORS DES SENTIERS BATTUS

JISR AZ-ZARKA

La plupart des automobilistes de la route 2 (la voie rapide entre Tel Aviv et Haïfa) jettent à peine un regard au dernier village arabe d'Israël en bord de mer. Les problèmes sociaux et le crime ont donné à Jisr une mauvaise réputation, mais des militants locaux et une humble pension visent à changer le destin de cet ancien village de pêcheurs. Lentement mais sûrement, les routards affluent pour s'immerger dans la culture arabe locale et contempler les couchers de soleil sur la plage paisible.

Jisr az-Zarka a été fondée dans les années 1830 par des familles égyptiennes venues en Palestine aux côtés des forces du vice-roi égyptien Méhémet-Ali (1769-1849) et doit son nom au pont en pierre construit pour la visite du Kaiser Guillaume II en 1898, qui enjambe l'Al Wadi Az-Zarka (rivière Bleue) voisine. Les bonnes relations avec les villages juifs voisins lui permirent de sortir indemne de la guerre de 1948.

Bien que spartiate, **Juha's Guesthouse** (☑ 052-862-2088, 058-588-5589 ; www.zarqabay. com ; Markaz Al Qarya, Rte 6531 ; dort 85 NIS, ch 320 NIS, avec sdb commune 250 NIS ; ☐ ☎) connaît un succès inattendu auprès des voyageurs prêts à sortir des sentiers battus. Tenue par Ahmed, originaire de Jisr, et Neta, juive israélienne, la pension réunit un dortoir à 8 lits et des chambres doubles avec salle de bains privative ou commune (dans une annexe séparée), plus une confortable salle commune avec cuisine attenante.

La route 6531 menant à Jisr Az Zarka est accessible depuis la route 4 (l'ancienne route de Tel-Aviv à Haïfa) mais pas depuis la route 2. Le bus Kavim n°69 relie Jisr az-Zarka à la gare ferroviaire de Binyamina (12 min, 4 à 5 bus/jour dim-jeu, 2 ven).

fonçant dans l'amphithéâtre et les prières murmurées dans les temples sombres de Mithra. Puis ouvrez-les devant la flopée de cafés et de restaurants en bord de mer, où l'on peut dîner jusque tard dans la nuit.

Histoire

D'antiques documents révèlent que Césarée fit d'abord fortune en tant que colonie phénicienne pendant la période hellénistique. En 22 av. J.-C., Hérode le Grand (73-4 av. J.-C.) lança la construction de la plus grandiose ville portuaire imaginable, qu'il dédia à l'empereur romain Auguste et nomma Césarée (de "césar", titre honorifique des empereurs). Pendant des années, des centaines de bâtisseurs et plongeurs travaillèrent sans relâche. Pour créer les deux digues qui s'étirent sur 540 m au sud et 270 m au nord, 230 m³ de pierres furent déversés en pleine mer.

Poursuivant son projet de construction, Hérode se fit de plus en plus tyrannique et ceux qui désobéissaient étaient souvent exécutés. Hérode entra dans la disgrâce pour le massacre des Innocents (Mathieu 2, 16-18), où il fit tuer tous les garçons en bas âge de Bethléem, pour ne pas avoir à céder son trône au roi des Juifs. À sa propre mort, Caesarea Maritima – qui à son apogée abritait 50 000 habitants – devint la capitale de la province romaine de Judée (Iudaea).

Ponce Pilate y résida en tant que préfet de 26 à 36. Son nom apparaît dans une inscription découverte dans les ruines du théâtre (original exposé au musée d'Israël à Jérusalem, p. 92), laquelle apporte l'unique preuve archéologique de l'existence de l'homme qui, d'après la Bible, aurait ordonné la crucifixion de Jésus. Selon le Nouveau Testament (Actes X), un centurion romain, Cornelius, en garnison à Césarée, baptisé par Pierre, fut le premier païen converti au christianisme.

On pense que c'est à Césarée que se firent sentir les premières tensions religieuses qui débouchèrent sur des émeutes et conduisirent à la Grande Révolte (première guerre judéo-romaine, 66-70) des Juifs contre les Romains, durement réprimée par l'exécution de milliers de prisonniers dans l'amphithéâtre de Césarée et l'expulsion des Juifs de Jérusalem. Une soixantaine d'années plus tard, après que la répression de la révolte de Bar-Kokhba, l'amphithéâtre fut à nouveau un lieu d'horreurs où dix sages juifs, dont le rabbin Akiva (p. 222), furent torturés et exécutés en public.

La ville fut prise par les Arabes en 640 puis laissée à l'abandon. En 1101, les croisés, sous la houlette de Baudouin Ier, roi de Jérusalem, s'emparèrent de Césarée, où ils découvrirent une coupe de verre vert en laquelle ils crurent avoir trouvé le saint Calice (le Graal), dans lequel Jésus aurait bu lors de la Cène (calice aujourd'hui conservé dans la cathédrale San Lorenzo de Gênes). Les croisés privilégièrent les ports de Saint-Jean-d'Acre (Akko) et de Jaffa et seule une partie de la Césarée d'Hérode fut réhabilitée.

La ville passa des Arabes aux croisés à quatre reprises avant d'être conquise en 1251 par Louis IX (Saint Louis) qui fit ajouter la plupart des fortifications visibles de nos jours. Mais celles-ci cédèrent en 1265 face à l'assaut du sultan mamelouk Baybars Ier et Césarée fut dévastée.

Les sables accumulés par le vent ensevelirent petit à petit ces ruines restées désertes. En 1878, des réfugiés musulmans de Bosnie fuyant les attaques autrichiennes dans leur pays furent installés là par les Turcs – la mosquée et le minaret près du port datent de cette époque. Leurs descendants ont fui ou ont été chassés pendant la guerre de 1948.

Ce n'est qu'en 1940, lors de la création du kibboutz de S'dot Yam, que réapparut la Césarée antique. Fragments de murs et morceaux d'objets antiques ressortant régulièrement des labourages, des archéologues accoururent. À partir des années 1990, des fouilles intensives ont été menées avec l'aide d'équipes américaines, dont certaines se poursuivent encore aujourd'hui.

⊙ À voir

Parc national de Césarée   SITE ARCHÉOLOGIQUE (www.parks.org.il ; adulte/enfant 39/24 NIS, port seul 14 NIS ; ⊙ 8h-17h sam-jeu, 8h-16h ven avr-oct, 8h-16h sam-jeu, 8h-15h ven nov-mars, dernière entrée 1 heure avant fermeture). L'implantation le long du rivage léché par les vagues rend un peu plus magique encore l'exploration des vestiges romains et croisés entre imposantes voûtes en pierre, amphithéâtre d'Hérode de sinistre mémoire et traces des envahisseurs successifs.

Le parc national de Césarée possède deux entrées : une au nord (porte du Croisé) permettant de franchir les remparts croisés pour rejoindre le port et ses restaurants ; et, 600 m au sud, l'entrée sud (théâtre romain).

Le ticket complet donne accès aux ruines romaines (entre les deux entrées) et aux

Césarée

N · 0 ▬▬ 200 m

MER MÉDITERRANÉE

Plage de l'Aqueduc (850 m)

Ville des croisés

Port

Entrée nord

Dan Caesarea (1,5 km)

Église croisée

Ville romaine

Entrée sud

Kibboutz S'dot Yam

Césarée

présentations multimédias. Le ticket pour le port, disponible à l'entrée nord, donne uniquement accès à la zone portuaire, y compris à ses restaurants, et à la ville croisée, mais pas à la cité romaine. Après la fermeture du parc, l'entrée pour le port – dont les bars et restaurants ferment tard – est gratuite.

L'entrée nord, ou porte du Croisé, donne accès au **cardo** (ancien axe nord-sud de la cité romaine repris à l'époque byzantine) et à la ville des croisés. Parmi les deux grandes

statues du IIᵉ ou IIIᵉ siècle, celle en porphyre rouge pourrait représenter l'empereur Hadrien tenant un globe et un sceptre. Une inscription dans le sol en mosaïque attribue à Flavius Strategius, un édile du VIᵉ siècle, les améliorations du Cardo. Face à la Méditerranée s'élève la **plateforme du temple** initialement dévolu, sous Hérode, au culte de Rome et d'Auguste, avant de devenir, au fil des occupations et destructions successives, une église byzantine, une mosquée et une église des croisés. En avançant sur la jetée sud du port d'Hérode (ruines visibles sous l'eau), les visiteurs accèdent aux installations multimédias sur la Césarée antique, la **tour du Temps** et la **Caesarea Experience** (Time Trek ; ☉ 8h-17h sam-jeu, 8h-16h ven avr-oct, 8h-16h sam-jeu, 8h-15h ven nov-mars, dernière entrée 1 heure avant fermeture), utiles pour mesurer le rôle historique joué par la cité de Césarée et se représenter la cité aux différentes époques. N'oubliez pas de profiter du sommet de la tour du Temps pour observer le port antique et ses vestiges sous-marins.

Plus au sud encore s'étire une longue arène de 250 m, l'**amphithéâtre d'Hérode**, appelée aussi hippodrome, où pouvaient prendre place 10 000 spectateurs pour des courses de chars ou des combats de gladiateurs. Juste à côté se trouvent les ruines de **thermes**. Des mosaïques aux motifs géométriques, étonnamment bien conservées, sont protégées des éléments par un toit. À l'extrémité sud de l'arène de l'amphithéâtre la côte s'avance en mer : c'est là que furent construits à l'époque romaine le **Palais promontoire** et, un peu plus dans les terres, le plus ancien **théâtre romain** d'Israël, dit aussi "théâtre d'Hérode", où 4 000 spectateurs installés sur les gradins hémisphériques venaient applaudir les classiques de la dramaturgie romaine.

Les cars de tourisme déposent généralement les visiteurs à l'une des entrées et les récupèrent à l'autre, mais si vous voulez visiter puis retourner à votre véhicule, préférez l'entrée nord.

Ville des croisés · SITE ARCHÉOLOGIQUE

(Parc national de Césarée). Les remparts du IXᵉ siècle de la ville arabe ont été repris après 1251 et la victoire de Saint Louis pour en faire une forteresse croisée. On rendit ces remparts de 900 m de long et 13 m de haut encore plus infranchissables en creusant autour de ceux-ci des douves de 9 m de profondeur. Pour une vue d'ensemble du site, grimpez la pente depuis le minaret près du port. Un sentier mène aux vestiges (trois absides arrondies) d'une **église croisée** (XIIIe siècle) bâtie sur l'emplacement d'une ancienne église byzantine.

La ville croisée, située entre l'entrée nord du parc national et le port, est accessible quand le site est ouvert.

Caesarea Maritima Museum MUSÉE

(Musée maritime de Césarée ; ☑04-636-4367 ; www.caesareamuseum.com ; kibboutz S'dot Yam ; adulte/enfant 18/12 NIS ; ⊙10h-16h dim-jeu). Pièces, amphores, bijoux et autres vestiges de la Césarée antique, de l'époque romaine à celle des croisades, sont présentés dans ce musée du kibboutz S'dot Yam, fléché à 600 m au sud de l'entrée sud du parc. Y sont également conservés des pierres tombales juives et des objets religieux provenant de l'ancienne synagogue de Césarée.

Plage de l'Aqueduc PLAGE

(Plage de Césarée).  À 2,5 km au nord de la Césarée antique, cette plage de sable doré à deux pas de l'aqueduc romain courant jusqu'au mont Carmel, est idéale pour une session de farniente.

✗ Activités

Old Caesarea Diving Centre PLONGÉE

(☑04-626-5898 ; www.caesarea-diving.com ; port de Césarée ; location équipement 165 NIS/jour, initiation plongée avec équipement 240 NIS, brevet open-water 1 460 NIS ; ⊙9h-17h dim-jeu, 7h-17h ven-sam avr-nov, 10h-16h dim-jeu, 7h-16h ven-sam déc-mars). Ce centre de plongée certifié et réputé assure les initiations à la plongée jusqu'à 6 m (aucun brevet requis) ainsi que des cours PADI.

🛏 Où se loger

♥ Grushka Country Accommodation PENSION $$

(☑04-638-9810 ; www.6389810.com ; 28 HaMeyasdim St, Binyamina ; d 385-540 NIS, 90 NIS/pers supp ; P@🔁). Plafonds lambrissés, chambres sous les combles et quelques sabots confèrent à cette agréable pension de 4 chambres une atmosphère batave. Paisible jardin avec patio. Petit-déjeuner en sus. À 10 minutes à pied de la gare ferroviaire de Binyamina.

Dan Caesarea HÔTEL $$$

(☑04-626-9111 ; www.danhotels.com ; 1 Rothschild St ; d 260-350 $US ; P🚻). Tons sableux, lits immenses, balcons ou larges fenêtres ouvertes sur la verdure ou la mer au loin : cette adresse chic à 1,5 km à l'intérieur des terres est tout ce qu'il y a de luxueux. Une

salle de sport élégante au parquet en bois jouxte des saunas, des Jacuzzi et des salles de massage. Club pour enfants, piscine extérieure (avril-octobre) , pelouse et palmiers.

✗ Où se restaurer

Le port, avec sa demi-douzaine de restaurants de catégories moyenne et supérieure, est idéal pour un repas en bord de mer et mérite le détour même si l'Antiquité ne vous passionne pas. Côté menu, tablez sur des classiques moyen-orientaux.

♥ Helena MÉDITERRANÉEN $$$

(☑04-610-1018 ; www.hellena.co.il ; port de Césarée ; plats 70-120 NIS ; ⊙12h-23h). Les chefs de ce restaurant chic du rivage mixent saveurs hellènes et italiennes sur une carte affichant des plats de bistrot classiques (porc laqué au sirop d'érable, dorade grillée) comme des combinaisons de saveurs intéressantes : salade de fenouil et pomelos ou moules cuites au cidre.

🍷 Où prendre un verre et faire la fête

Beach Bar PLAGE

(☑04-636-3989 ; www.beach-bar.co.il ; port de Césarée ; bière 28-32 NIS, plats 50-100 NIS ; ⊙9h-tard mars-oct, horaires réduits en hiver). Ce bar est situé dans une petite baie protégée (mais sans maître-nageur) dont l'accès est gratuit ; commandez à boire ou à manger (salade, escalope de veau panée et frites, pizza, burger) pour pouvoir utiliser chaises longues, parasols et vestiaires. Musique grecque le jeudi dès 21h, jazz le vendredi à 19h et musique brésilienne le samedi à 21h.

ℹ Depuis/vers Césarée

Césarée est à 40 km au sud de Haïfa et à 57 km au nord de Tel Aviv. On y accède facilement depuis Zikhron Yaakov (14 km au nord-est) et 10 km (via la route 4) la sépare de Jisr az-Zarka au nord.

Toutes les 1 à 2 heures, un bus Kavim n°80 relie le parc national de Césarée à la gare ferroviaire Caesarea-Pardes Hanna (30 min) ; de là partent des trains pour Tel Aviv (22 NIS, 1 heure, 1 train/heure minimum) et Haïfa (20,50 NIS, 45 min, 1 train/heure minimum) via Binyamina. Sinon, prenez le bus Kavim n°68 pour la gare ferroviaire de Binyamina, d'où des trains rejoignent Tel Aviv (22 NIS, 1 heure, 4/heure) et Haïfa (20,50 NIS, 30 min, 2/heure).

La course en taxi vers Binyamina, la gare ferroviaire de Binyamina ou celle de Caesarea-Pardes Hanna coûte environ 50 NIS.

Acre (Akko)   عكا   עכו

🎵 04 / 47 675 HABITANTS

Il y a 750 ans, Marco Polo traversa Acre (Akko ; Akka en arabe), tout comme un nombre infini de pèlerins, de marchands, de mystiques et de savants. Installée sur une étroite avancée de terre sur la mer, la ville reste la Saint-Jean-d'Acre des croisés qui, en tant que capitale du royaume latin de Jérusalem, voyait débarquer des navires d'Amalfi, de Gênes, de Pise et de Venise. Ses bâtiments en pierre merveilleusement préservés, ses imposants remparts, ses profondes douves, ses dômes verts, ses minarets élancés, ses clochers, ses ruelles secrètes et ses voûtes souterraines offrent au promeneur un voyage dans l'histoire. La ville a été classée au patrimoine mondial de l'Unesco en 2001.

Acre se visite facilement en une journée depuis Haïfa mais sa richesse historique (et sa gastronomie) invite volontiers à y passer la nuit. Quoi qu'il en soit, gardez un moment pour vous laisser porter, sans carte, par le charme enchanteur des ruelles enchevêtrées.

Histoire

Acre compterait parmi les villes habitées les plus anciennes et ses vestiges archéologiques remontent au début de l'âge de bronze. En 333 av. J.-C., Alexandre le Grand autorisa la ville à battre monnaie – ce qu'elle fit pendant six siècles. À la mort du Macédonien, Acre tomba sous la coupe des Ptolémées (et prit le nom de Ptolemaïs), puis en 200 av. J.-C. sous celle des Séleucides jusqu'à l'arrivée des Romains, menés par Pompée, inaugurant deux siècles de domination.

Conquise en 638 par les Arabes, Acre connut une époque plutôt paisible jusqu'à l'arrivée en 1104 des croisés qui en firent leur principal port (et site d'approvisionnement vers l'Europe), avec des quartiers séparés pour les marchands arrivant des cités maritimes rivales de Gênes, Pise et Venise. Tombée en 1187 aux mains de Saladin (Salah el-Din Youssouf), elle fut reprise quatre ans plus tard, lors de la troisième croisade, par les armées de Richard Ier d'Angleterre (Richard Cœur de Lion) et Philippe Auguste.

La Saint-Jean-d'Acre des croisés comptait 60 000 habitants et abritait l'une des communautés juives les plus importantes de Palestine. Le philosophe, intellectuel et médecin espagnol Moïse Maïmonide passa cinq mois ici en 1165, et le philosophe catalan, kabbaliste et commentateur de la Torah, Nahmanide, traversa Acre en 1267 sur son chemin vers Jérusalem.

En 1291, les Mamelouks surgirent avec une armée dix fois plus nombreuse. Au terme d'un siège de deux mois qui fit fuir vers Chypre la plupart des habitants d'Acre, la ville tomba, dévastée par les Mamelouks pour éviter toute reconquête chrétienne. S'ensuivirent quatre siècles et demi de sommeil.

La renaissance d'Acre fut l'œuvre du mercenaire bosniaque Ahmed Pacha, dit "el-Djezzar" (le Boucher) pour sa cruauté sans pareille lorsqu'il matait les révoltes. Jouant des faiblesses de l'administration ottomane corrompue, el-Djezzar fonda un pouvoir quasi indépendant et remit le port en activité. En 1799, la ville avait acquis suffisamment d'importance pour que Bonaparte tentât de la prendre, mais il fut mis en échec par el-Djezzar, soutenu par la flotte anglaise. La détermination des défenseurs aurait été renforcée par les récits du massacre des prisonniers de guerre ottomans par Napoléon après la chute de Jaffa. Témoin des efforts déployés par l'Empereur pour s'emparer de la ville, le visionnaire hassidique Rabbi Nahman de Bratslav (1772-1810) passa ici un shabbat chaotique sur le chemin du retour en Ukraine après un pèlerinage en Terre sainte.

Acre resta aux mains des Turcs jusqu'à la prise de la Palestine par les Britanniques en septembre 1918. Une fois le port de Haïfa aménagé, Acre perdit de l'importance, mais sa citadelle fut conservée pour abriter la principale prison de Palestine. Dans les années 1930, au moment de l'essor de l'immigration juive et de l'idée d'un État sioniste, Acre devint un foyer d'hostilité arabe, mais les forces juives s'en emparèrent en 1948. Trois quarts des quelque 17 000 Arabes furent chassés ou prirent la fuite.

Aujourd'hui, Acre, comme Haïfa, est une ville mélangée – environ 70% des habitants sont juifs et 30% arabes. La population de la vieille ville est à 95% arabe. Ces dernières années, des familles arabes de Galilée sont venues s'installer dans des quartiers historiquement juifs de la ville.

◉ À voir

Une visite sans guide des sites croisés d'Acre prend au moins 2 heures. Mais nul besoin de tout faire en une journée : les billets combinés (avec bains turcs adulte/enfant

Acre (Akko)

Acre (Akko)

62/54 NIS, sans bains turcs 40/36 NIS) sont valables un an ! Il peut aussi être avantageux d'acquérir un billet combinant aussi la visite des grottes de Rosh HaNikra (adulte/enfant 95/80 NIS, voir encadré p. 200) et/ou celle du musée de l'Holocauste (72/64 NIS, p. 198) au kibboutz Lohamei HaGeta'ot.

◉ Vieille ville

Remparts   SITE HISTORIQUE
Fortifiée, détruite puis fortifiée à nouveau par les musulmans, les croisés et les Mamelouks, la vieille ville d'Acre est entourée par une digue à l'ouest, au sud et au sud-est, et par des remparts (que l'on peut parcourir). La muraille a été complétée au nord et au nord-est par une douve sèche creusée principalement entre 1750 et 1840.

À l'angle nord-est de la vieille ville, la **Burj al-Kommander** (tour du Commandeur) est un bastion offrant une vue superbe sur Acre. De là, la **promenade des remparts** – qui est accessible par des escaliers intra muros – court vers le sud sur 200 m jusqu'à la **porte de la Terre** (XIIe siècle), autrefois unique accès terrestre. Jusqu'en 1910, le seul autre accès s'effectuait par la **porte de la Mer**, qui fait aujourd'hui face à la **marina** et à ses bateaux de pêche colorés.

À l'angle nord-ouest de la vieille ville se dresse la **Burj al-Karim**, également appelée forteresse anglaise. De là, la **digue** du XIIe siècle (rénovée au XVIIIe siècle par el-Djezzar à partir de pierres récupérées au château croisé d'Atlit) s'étire vers le sud (parallèle à HaHagana St) jusqu'au **phare** rayé de noir et blanc, puis vers l'est – on peut alors se balader sur la **promenade de la digue** – jusqu'à la marina.

♥ Salles des Chevaliers   SITE HISTORIQUE
(Forteresse des Hospitaliers ; adulte/enfant 25/22 NIS ; ⊙8h30-17h sam-jeu, 8h30-16h ven). Construites il y a huit siècles par l'ordre monastique et militaire des Hospitaliers, ces immenses salles gothiques voûtées de pierre laissent imaginer l'ampleur des activités ici : les chevaliers y patrouillaient, dînaient et priaient. Un guide audio (inclus dans le prix du billet) évoque sons et odeurs de cette vie animée entre les murs de la citadelle. La "belle salle", où étaient accueillis les pèlerins en route pour la Terre sainte, est la plus impressionnante de par sa conservation. L'un des plus beaux sites d'Acre.

Hammam el-Pacha   MUSÉE
(Bains turcs ; adulte/enfant 25/21 NIS). Édifiés en 1780 par el-Djezzar et utilisés jusque dans les années 1940, ces bains tout tapissés de céramique et de marbre servent désormais de cadre à un spectacle multimédia (30 minutes) mettant en scène le dernier surveillant des bains pour vous faire plonger dans la vie quotidienne à Acre à l'époque ottomane, environnement visuel et auditif à l'appui grâce à un circuit, casque sur la tête, à travers les différentes salles des bains.

Khan al-Oumdan   ÉDIFICE HISTORIQUE
La vieille Acre possède quatre vastes **khans** (caravansérails), dont la cour – entourée de réserves à colonnade surmontées de chambres – accueillait autrefois les caravanes de dromadaires qui apportaient des céréales de l'intérieur des terres et repartaient avec d'autres produits. Le plus majestueux, le **Khan al-Oumdan** (auberge des piliers) du XVIIIe siècle, est reconnaissable grâce à sa tour horloge ottomane carrée, près de la **marina**. Les piliers qui donnent son nom au khan proviennent de Césarée.

Des projets visant à transformer le complexe en hôtel sont en cours, mais il est possible de visiter les lieux en passant par l'entrée du tunnel des Templiers voisine.

Les autres khans sont plus faciles d'accès. Le **Khan a-Shawarda** (auberge des marchands), juste au sud de Salah ad-Din St, abrite des restaurants. Des porches voûtés permettent d'entrer dans les cours du **Khan el-Franj** (auberge des Francs), quelques rues au sud-ouest, et du **Khan al-Shuna** (auberge des granges), à quelques pas à l'ouest de l'entrée est du tunnel des Templiers.

Tunnel des Templiers   PASSAGE SECRET
(Adulte/enfant 15/12 NIS ; ⊙9h30-18h30 sam-jeu, 9h30-17h30 ven, fermeture 1 heure plus tôt en hiver). Découvert par hasard en 1994, cet extraordinaire passage souterrain long de 350 m fut creusé par l'ordre militaire des Templiers entre leur forteresse principale – juste au nord du phare rayé de noir et blanc à l'extrémité sud-ouest de la vieille ville – et la marina (Khan al-Oumdan). On y accède d'un côté comme de l'autre, où sont vendus les tickets pour tous les sites croisés. À l'intérieur, films en hébreu ou en anglais.

Musée des Trésors des murailles   MUSÉE
(Burj Al Kommander ; adulte/enfant 15/12 NIS ; ⊙10h-17h). Promenez-vous dans la Galilée d'il y a un siècle grâce à ce musée de l'artisanat traditionnel, installé sur les remparts

supérieurs à l'angle nord-est de la vieille ville. Il est aménagé comme un souk de Galilée de l'époque ottomane, avec ateliers de forgeron, étameur, potier, pharmacien, dentiste, orfèvre et ébéniste et du mobilier marqueté (d'os et de perles), spécialité de Damas.

Entrée sur la promenade des remparts, accessible depuis la rue par des escaliers.

Mosquée el-Djezzar
MOSQUÉE

(☑ 04-991-3039 ; Al Jazzar St ; 10 NIS ; ⊘ 8h-11h, 11h45-15h et 15h30-18h hiver, 8h-12h, 12h45-16h et 16h45-19h30 été, pauses plus longues pour la prière ven). Bâtie sur le site d'une ancienne cathédrale croisée, dont les caves furent aménagées en citernes par les Turcs, cette mosquée au dôme vert et au minaret élancé (124 marches) impose sa gracieuse silhouette sur toute l'extrémité nord de la vieille ville. El-Djezzar en personne la dessina dans le plus pur style classique ottoman et en supervisa la construction en 1781. À l'intérieur, vous ne manquerez pas de remarquer le *minbar* (chaire) en marbre magnifiquement restauré, les *mihrab* sculptés, et de délicates calligraphies s'envolant sur les carreaux bleus et verts au-dessus.

Les colonnes dans la cour sont un réemploi des vestiges de la Césarée romaine. Au pied du minaret, le petit édifice à deux dômes abrite les sépultures d'el-Djezzar et de son fils adoptif et successeur Soliman.

Habillez-vous sobrement (épaules et genoux couverts) ; les femmes doivent se couvrir la tête d'un châle.

Underground Prisoners Museum
MUSÉE

(Musée de l'Héroïsme ; ☑ 04-991-1375 ; à l'angle de HaHagana St et du rempart nord de la vieille ville ; adulte/enfant 15/10 NIS ; ⊘ 8h30-16h30 dim-jeu). Consacré à la résistance armée juive pendant le mandat britannique, ce musée occupe une construction massive bâtie par les Turcs à la fin du XVIIIᵉ siècle sur les fondations (XIIIᵉ siècle) d'édifices croisés, laquelle a servi de prison ottomane puis britannique. Parmi les détenus ont figuré le fondateur du Parti sioniste révisionniste Zeev Jabotinsky (de 1920 à 1921) et huit résistants juifs qui furent pendus. Autre prisonnier célèbre des Ottomans à la fin du XIXᵉ siècle : Baha'ullah, le fondateur du bahaïsme, dont la cellule, lieu saint pour les bahaïs, est ouverte aux pèlerins.

L'atmosphère est quelque peu lugubre, renforcée par une bande-son de cliquetis de chaînes et des effigies ombrées. Un film présente l'audacieuse évasion de masse de l'Etzel (Irgoun) en 1947.

Le musée est géré par le ministère de la Défense, un passeport est donc obligatoire pour entrer.

Souk al-Abiad
MARCHÉ

(Marché blanc ; Salah Ad Din St ; ⊘ 8h-fin de l'après-midi). Créé à l'époque ottomane, le souk a flambé à peine un an plus tard mais a aussitôt été reconstruit. L'actuel compte désormais de nombreux étals. On y presse la canne à sucre en jus, les sacs de safran semblent pleins à craquer, le *kenafeh* est tranché, les vendeurs vantent la qualité de leurs sandales, lanternes ou écharpes.

⊙ Sites bahaïs

Les principaux sites bahaïs d'Acre sont situés à 4,5 km au nord-est de la vieille ville, à l'intersection de la route 4 et de la route 8510. Le bus Nateev Express n°271 (toutes les 10 à 15 minutes du dimanche au vendredi après-midi, toutes les 45 à 60 minutes samedi soir) dessert Naharya (1 heure), Acre (25 minutes) et Haïfa-Merkazit HaMifratz (50 minutes).

Jardins bahaïs
JARDINS

(www.ganbahai.org.il ; Rte 4 ; ⊘ 9h-16h mer-lun, 12h-16h mar). GRATUIT Sans égaler l'ampleur des jardins bahaïs incroyablement pentus de Haïfa (p. 165), ces jardins à la française n'en sont pas moins incroyablement pittoresques, avec leurs massifs de fleurs manucurés, leurs fontaines gargouillantes et leurs pelouses tondues au millimètre. Ils dessinent un vaste cercle autour du **mausolée de Baha'ullah** (www.bahaullah. com ; ⊘ 9h-minuit ven-lun) GRATUIT, où repose le fondateur de la foi bahaïe qui vécut dans le manoir voisin (non ouvert aux touristes) de sa sortie de prison en 1879 à sa mort en 1892.

Plage d'Argaman
BAIGNADE

Cette large plage de sable municipale avec maîtres-nageurs offre une pause agréable dans l'exploration des sites antiques d'Acre. À environ 1,5 km au sud-est de la vieille ville.

Activités

Il part de la marina des balades maritimes (20 NIS/personne) longeant les remparts.

Bains turcs Ghattas
SPA

(☑ 04-689-7462 ; www.ghattasbath.com ; 11 HaHagana St ; 2 heures 300-400 NIS/pers, 2 au minimum ; ⊘ 9h30-19h30). Réservez (au moins plusieurs jours à l'avance) des soins à l'huile d'olive et des massages dans ce somptueux spa turc.

La transformation de ce bâtiment ottoman en bains traditionnels fut un vrai travail d'amour pour le propriétaire Emil Ghattas originaire d'Acre, et ses marbres nous ramènent véritablement à une époque révolue. Hammam, sauna, un Jacuzzi et soins traditionnels.

Fêtes et festivals

Festival de théâtre alternatif　　THÉÂTRE
(☑ billeterie 04-838-4777 ; www.accofestival.co.il/). Plages, rues, édifices de la vieille ville, souks vibrent au rythme de toute une série de spectacles de théâtre non institutionnel (billets à partir de 40 NIS) soulignant la diversité des cultures alentour.

🛏 Où se loger

Intra muros, il y en a pour toutes les bourses. En entrée de gamme, les pensions historiques pèchent parfois par le manque d'entretien. À l'autre extrémité de la gamme se déploie tout le faste du luxe ottoman. Au sud-est de la ville on trouvera toute la modernité des établissements de station balnéaire.

Akko Gate Hostel　　AUBERGE DE JEUNESSE $
(☑ 04-991-0410 ; 13/14 Salah Ad Din St ; dort/d/tr/qua 20/78/110/125 $US ; @ 🖹). Tenue par le chaleureux Walid, cette auberge installée dans un édifice remontant à l'époque ottomane, et ouverte de longue date, bénéficie d'un emplacement idéal au cœur de la vieille ville, près du souk et à deux pas des restaurants à falafel. Vous y trouverez des chambres un peu vieillottes aux lits en fer forgé, avec mini-réfrigérateur et télévision, .

HI Knights Hostel　　AUBERGE DE JEUNESSE $$
(☑ 02-594-5711, 1-599-510-511 ; www.iyha.org.il ; 2 Weizmann St ; dort 135-155 NIS, d 380-500 NIS ; @ 🖹). Unique, cette classique auberge IYHA de 76 chambres impeccables mais sans fantaisie a la particularité de vous immerger tout droit dans l'Antiquité avec sa portion d'aqueduc romain et ses ruines dans la cour.

♥ Efendi Hotel　　HÔTEL HISTORIQUE $$$
(☑ 074-729-9799 ; www.efendi-hotel.co.il ; Louis IX St ; d 320-730 $US ; 🖹). Appartenant au même propriétaire que le restaurant Uri Buri de renommée mondiale, cet hôtel de charme est le summum du luxe ottoman. Il est aménagé dans deux demeures ottomanes soigneusement restaurées. Ses 12 chambres aux murs blancs sont ornées de marbre, de tapis turcs et ont d'immenses lits. Bains

turcs, terrasse sur le toit avec vue sur la mer et une cave de l'époque des croisés qui sert maintenant de bar à vins.

Akkotel　　HÔTEL $$$
(☑ 04-987-7100 ; www.akkotel.com ; 1 Salah Ad Din St ; s/d/tr/qua 165/200/250/290 $US ; 🅿 @ 🖹). Niché dans la muraille, cet hôtel réunit 16 chambres (5 familiales) toutes décorées différemment. Plafonds voûtés et épais murs de pierre confèrent au lieu un charme certain et la terrasse sur le toit offre une vue fantastique sur la ville et la baie. Parking possible mais limité (prévenez).

🍴 Où se restaurer

La vieille Acre abrite quelques excellentes tables, notamment des restaurants de poisson et fruits de mer. Sous les arcades turques du Khan ash-Shawarda se trouvent bon nombre de restaurants et cafés, et Salah Ad Din St est le royaume des houmous, falafels et *shawarma* bon marché. Les restaurants de houmous sont généralement ouverts du matin jusqu'à 15h.

Hummus Said　　MOYEN-ORIENTAL $
(☑ 04-991-3945 ; houmous 17 NIS ; ⏱ 6h-14h30 dim-ven ; 🖹). Bon marché et incroyablement copieux, le houmous soyeux du Said, le meilleur d'Acre, s'accompagne d'une montagne de pickles, de salades et de pitas, sans compter la prime : une garniture aux fèves ou à l'ail. Patientez car il y a foule.

Abu Suheil　　MOYEN-ORIENTAL $
(Hummus Suheila ; ☑ 04-981-7318 ; 14/21 Salah Ad Din St ; houmous 20 NIS ; ⏱ 9h-17h mer-lun). Un établissement minuscule et sans prétention où les visiteurs sont accueillis avec de grands sourires et de plus grandes quantités encore de houmous crémeux et garni de pignons de pin, ainsi que de falafels tout chauds et d'innombrables salades.

Kukushka　　FAST-FOOD $$
(☑ 04-901-9758 ; Turkish Bazaar ; snacks 40 NIS ; ⏱ 11h-18h ou plus tard). On vient dans cette minuscule échoppe du bazar turc pour les falafels au crabe et les brochettes de crevettes. Les en-cas de style tapas au goût de revenez-y sont parfaits à emporter.

Doniana　　POISSON $$
(☑ 04-991-0001 ; port pisan ; plats 48-115 NIS ; ⏱ 12h-minuit ; 🖹). Les excellents poissons grillés et la superbe vue sur la Méditerranée font de ce restaurant l'adresse idéale pour un repas romantique (en arabe, son nom

signifie "notre monde"). Les amateurs de viande choisiront un steak tendre, accompagné d'un vin rouge du Golan. Garnitures et salades à volonté (45 NIS si vous les commandez comme plat). Situé au sommet des marches, à l'extrémité est du port pisan.

 **Uri Buri** POISSON $$$

(☑ 04-955-2212 ; HaHaganah St ; plats 82-134 NIS, demi-portions 51-78 NIS ; ☺12h-minuit ; ☂). Un dîner à l'Uri Buri est une raison suffisante pour vous rendre à Acre. Les amoureux de poisson et fruits de mer comprendront vite pourquoi le chef Uri est une légende. Commencez par les divins sashimis de saumon rafraîchis d'un sorbet de wasabi, puis continuez avec les crevettes géantes et l'artichaut dans des nouilles de riz noir au goût de beurre ou le bar mijoté dans le lait de coco avec des pommes.

Les gourmands seront ravis de savoir que le restaurant conseille de commander deux demi-portions plutôt qu'un seul plat principal (copieux également).

La réservation s'impose les vendredi et samedi. En cas de visite impromptue, tentez plutôt votre chance en semaine au déjeuner.

El Marsa MÉDITERRANÉEN $$$

(☑ 04-901-9281 ; www.elmarsa.co.il ; Talmi St, jetée des pêcheurs ; menu déj 80-90 NIS, plats dîner 59-119 NIS ; ☺12h-minuit ; ☂⏰). Après avoir travaillé dans des restaurants étoilés au Michelin, le chef Alaa Musa a regagné sa ville natale pour ouvrir El Marsa, dont la carte, inventive et à base d'ingrédients de Galilée, vise juste. Ceviche, barramundi grillé et salades d'herbes locales sont remarquables, parfaitement accompagnés par la carte des vins. Une salle élégante et moderne à l'abri d'un édifice historique du XIIIᵉ siècle au bord du port.

🍷 Où prendre un verre et faire la fête

El Bourj Cafe CAFÉ

(☑ 053-937-4925 ; Khan Ash Shawarda ; ☺10h-minuit). Un bon café au cœur d'un caravansérail du XVIIIᵉ siècle.

☆ Où sortir

Akko Theatre Centre THÉÂTRE

(☑ 04-991-4222 ; www.acco-tc.com ; 1 Weizmann St. Un programme de spectacles multidisciplinaires innovants pour adultes et pour enfants, dont le Festival de théâtre alternatif (p. 196), qui tisse des liens entre artistes juifs et artistes arabes.

 Achats

Bazar turc MARCHÉ

(☺8h-18h). Construit à la fin du XVIIIᵉ siècle pour servir de marché municipal, ce bazar héberge désormais artisans et vendeurs de souvenirs. Amusez-vous à dénicher bijoux, paniers, épices…

Kurdi Spice & Coffee ALIMENTATION

(☑ 04-991-6188 ; souk al-Abiad ; ☺10h-18h). Au fond du souk, cette boutique accueillante envers les touristes expédie des herbes, des épices et du café dans le monde entier.

❶ Renseignements

ARGENT

La vieille ville (autour de Al-Jazzar St notamment) compte plusieurs bureaux de change officiels. On trouve des banques avec DAB dans la ville moderne.

DÉSAGRÉMENTS ET DANGERS

L'activité de la vieille ville s'arrête au crépuscule. Prenez donc les précautions ordinaires de sécurité si vous vous déplacez de nuit à pied.

Poste de police (☑ 04-987-6736, 04-987-6808 ; 1 Weizmann St). Situé sur le parking entre l'office de tourisme et l'auberge de jeunesse HI.

OFFICES DE TOURISME

Centre des visiteurs (☑ 04-995-6706 ; www.akko.org.il ; ☺8h30-18h30 été, 8h30-16h30 hiver, fermeture 2 heures plus tôt ven ; ☎). Vous y demanderez une carte gratuite de la ville. Une maquette et un film de présentation de 8 minutes (disponible en 9 langues) permettent de visualiser l'ensemble avant d'amorcer la découverte d'Acre. Billets d'entrée sur les sites vendus dans un kiosque situé devant ; audio-guide gratuit à prendre (contre dépôt d'une pièce d'identité) à l'autre kiosque situé derrière l'entrée des salles des Chevaliers.

Western Galilee Tourist Information Centre (☑ 04-601-5533 ; www.westgalil.org.il ; Genoa Sq ; ☺9h-17h dim-jeu, 9h-14h ven, 10h-16h sam). Un office de tourisme régional regorgeant de brochures sur Acre, d'idées d'excursions à la journée et bien plus encore.

❶ Depuis/vers Acre

Le train est le moyen le plus rapide et le plus pittoresque de voyager depuis/vers Nahariya (7,50 NIS, 10 minutes, 3 trains/heure), Haïfa Merkaz-HaShmona (13,50 NIS, 30 min, 3/heure), Tel-Aviv (35,50 NIS, 1 heure 45, 2/heure) et l'aéroport Ben Gourion (51,50 NIS, 2 heures, 1/heure).

Les bus Nateev Express n[os]271 et 361 relient Acre à Haïfa-Merkazit HaMifratz (16 NIS, 35-45 min, 6 bus/heure) ; le n°271 continue vers le nord jusqu'à Nahariya (8,50 NIS, 35 min, 4 à 6/heure) via les jardins bahaïs et le kibboutz Lohamei HaGeta'ot.

Des ferries (☎052-888-8784 ; aller/aller-retour 30/55 NIS) assurent en semaine 2 liaisons (3 le samedi, 45 minutes selon les conditions de navigation) entre la marina de la vieille ville et le port d'Haïfa deux fois par jour en semaine et trois le samedi. Achetez vos billets au moins 1 heure avant le départ.

Des *sherout* (taxis partagés) stationnent devant la gare routière d'Acre et partent dès qu'ils sont pleins vers Haïfa (Hadar) et Nahariya.

❶ Comment circuler

Pour rejoindre la vieille ville d'Acre depuis la **gare ferroviaire** (Rte 8510) et la gare routière adjacente, comptez 20 minutes à pied (1,5 km) en direction du sud-ouest, ou prenez un **taxi** (☎04-955-5544) pour 15 à 25 NIS. La conduite dans les rues étroites est éprouvante et les places de stationnement sont rares. Nombreux emplacements payants du côté de l'entrée de la ville (tarifs par 2 heures pour certains, contre 20-25 NIS/journée pour d'autres).

Kibboutz Lohamei HaGeta'ot
كيبوتز مقاتلون
קיבוץ לוחמי הגטאות

☎04

Minuscule communauté à mi-chemin entre Acre et Nahariya à l'est de la route 4, le kibboutz Lohamei HaGeta'ot (kibboutz des Combattants du ghetto) a été fondé en 1949 par des Juifs ayant combattu les nazis pendant la Seconde Guerre mondiale dans le ghetto de Varsovie et dans les forêts polonaises et lituaniennes. Deux musées témoignent de cette incroyable bravoure : des évasions risquées préparées dans les égouts à la résistance spirituelle par le développement clandestin de l'éducation et de la culture juives. Une émouvante et instructive excursion d'une demi-journée depuis Acre ou Nahariya.

◉ À voir

Beit Lohamei HaGeta'ot   MUSÉE

(Maison des combattants du ghetto ; ☎04-995-8014 ; www.gfh.org.il ; adulte/enfant 30/15 NIS les 2 musées ; ⊙9h-16h dim-jeu ; Ⓟ). Créé la même année que le kibboutz, le premier musée au monde consacré à l'Holocauste se focalise sur la résistance juive du ghetto de Varsovie. Les fondateurs du kibboutz considérèrent qu'il était de leur devoir envers les générations futures de garder une trace de la bravoure des combattants. Le musée qui en résulte nous livre un excellent témoignage, à travers des dioramas, des témoignages vidéo et des diaporamas d'œuvres d'art par des habitants du ghetto de Varsovie.

Yad LaYeled - musée-mémorial des enfants   MUSÉE

(☎04-995-8044 ; www.gfh.org.il ; adulte/enfant 30/15 NIS les 2 musées ; ⊙9h-16h dim-jeu ; Ⓟ). Ce mémorial aux enfants juifs victimes de l'Holocauste (1,5 million) occupe un bâtiment circulaire, dont la visée symbolique est d'unir leurs histoires. Réservé aux plus de 10 ans, le musée fait découvrir au visiteur des témoignages d'enfants juifs pendant la Seconde Guerre mondiale, dont certains portent sur la traque des nazis et la vie en camp de concentration.

Aqueduc   SITE HISTORIQUE

Construit par el-Djezzar autour de 1780 puis reconstruit au début du XIXe siècle, cet aqueduc ottoman alimentait autrefois Acre en eau depuis les hautes terres de Galilée. Profitez d'une superbe vue de cette immense structure depuis l'entrée de la Beit Lohamei HaGeta'ot.

✗ Où se restaurer

♥ Alto Dairy   FROMAGE $$

(☎04-985-4802 ; altodairy.co.il ; kibboutz Shomrat ; fromage/plats à partir de 10/60 NIS ; ⊙8h30-17h dim-jeu). Tome crémeuse, bleus forts en bouche et yaourt bien épais ne sont que quelques-uns des délices de cette exploitation qui produit du lait de chèvre à 1,5 km au sud de Lohamei HaGeta'ot dans le petit kibboutz de Shomrat. Elle est tenue par Ariel Mazan, spécialiste convaincu des bienfaits du lait de chèvre de première qualité et riche en nutriments – et cela se sent dans ses savoureux fromages et desserts en vente ici.

❶ Depuis/vers le kibboutz Lohamei HaGeta'ot

Le kibboutz se trouve sur la route 4, à mi-chemin entre Acre et Nahariya. De nombreux bus relient les deux villes, notamment le bus Nateev Express n°271 (5-7 NIS, 15 min, 4 à 6 bus/heure dim-ven après-midi, 3 ou 4/heure sam soir).

Nahariya نهريا נהריה

📷 04 / 54 305 HABITANTS

Fondée par des réfugiés juifs allemands en 1935, Nahariya a toujours cet air de station balnéaire d'Europe centrale de l'entre-deux-guerres. Certes jumelée avec Miami Beach en Floride, elle n'en a pas tout le glamour mais reste très appréciée des amateurs de bronzette. Centre névralgique de la ville, bordé de cafés, de glaciers, de fleuristes et de restaurants, le boulevard HaGa'aton s'étire sur 1 km le long des deux rives de la rivière Ga'aton (qui est en fait un canal) à l'ombre des eucalyptus.

Où se loger

Amigo Hotel HÔTEL $$

(📷 04-992-2967 ; www.amigo-hotel.co.il ; 41 Kaplan St ; d à partir de 90 $US ; 🅿 🛜). Les chambres sont quelque peu spartiates mais l'emplacement privilégié de l'Amigo, au bord de la plage, est difficilement égalable. À environ 750 m au sud du boulevard HaGa'aton. Petit-déjeuner non inclus.

Où se restaurer

Le boulevard HaGa'aton offre un grand choix de fast-food, restaurants de sushis et moyen-orientaux, de cafés de style européen et de glaciers. La zone de divertissement semblable à une jetée non loin de la plage compte des snacks et des échoppes de yaourts glacés.

ℹ Depuis/vers Nahariya

Nahariya est à 36 km au nord-est de Haïfa, 11 km au nord d'Acre et 10 km au sud de Rosh HaNikra.

Le train est la meilleure option pour s'y rendre. Deux ou trois trains par heure partent depuis la **gare ferroviaire** de Nahariya (angle du boulevard HaGa'aton et de la Rte 4) vers le sud pour Acre (7,50 NIS, 7 min) et Haïfa Merkaz-HaShmona (17,50 NIS, 35 min) ; toutes les demi-heures des trains desservent Tel-Aviv (39,50 NIS, 1 heure 45) et l'aéroport Ben Gourion (48,50 NIS, 2 heures).

Nord de Nahariya

Montfort مونفورت רופטנומ

Ce qui reste de **Montfort** GRATUIT, seule forteresse bâtie par les chevaliers Teutoniques (ordre hospitalier recrutant parmi la noblesse allemande) en Terre sainte, est une ruine imposante que l'on atteint au terme d'une agréable randonnée.

Au XIIᵉ siècle, Josselin III de Courtenay bâtit une première forteresse sur un éperon rocheux afin d'assurer la protection de Saint-Jean-d'Acre. La place forte est conquise par Saladin en 1187 puis reprise par les croisés en 1192. En 1226, les chevaliers Teutoniques, déjà possesseurs de nombreuses terres autour d'Acre, acquièrent les ruines du château de Montfort. La forteresse (alors appelée Starkenberg, traduction littérale de "mont fort") est relevée et abrite dès lors leur trésorerie, leurs archives et devient leur siège en Terre sainte. En 1271, les Mamelouks, emmenés par le sultan Baybars, s'emparent du château, après une première tentative avortée cinq ans plus tôt. Les croisés se replient sur Acre et le château est rasé.

À droite de l'entrée se trouve la résidence du gouverneur, et, plus loin, une tour. Les deux salles voûtées à droite sont le sous-sol de la salle des Chevaliers ; la chapelle est à côté.

Les sentiers pour Montfort sont accessibles à environ 18 km au nord-est de Nahariya, à partir du parc Goren, à 9 km à l'est de la ville de Shlomi (sur la route 899). À cet endroit, une aire de pique-nique, avec bancs, eau potable et beaucoup d'ombre, donne sur le château. Depuis les deux points de départ, comptez environ 45 minutes à 1 heure jusqu'au château.

Akhziv شاطئ الزيب ביזכא

La portion de littoral entre Nahariya et Rosh HaNikra est appelée Akhziv.

Parc national d'Akhziv PLAGE

(www.park.org.il ; adulte/enfant 35/21 NIS ; ⊙ 8h-17h sept-juin 8h-19h juil-août ; 🅿). À quelque 5 km au nord de Nahariya, le parc national d'Akhziv abrite à la fois les vestiges d'un port phénicien, de vastes pelouses et une petite plage familiale bénéficiant de vestiaires sur une petite colline, site d'un ancien village arabe dont les habitants ont fui en 1948. À quelques centaines de mètres au sud se trouve une plage plus longue et plus large, avec transats, douches et snack-bar.

Il est possible de passer la nuit dans une tente, un camping-car ou un bungalow, simple ou avec salle de bains particulière, dans un **camping** (📷 04-982-3263 ; tente adulte/enfant 63/53 NIS, bungalow à partir de 450 NIS ; ⊙ réception 12h-19h ; 🅿) donnant sur l'eau.

LES GROTTES DE ROSH HANIKRA

À cheval sur la frontière entre Israël et le Liban, les falaises de craie blanc immaculé semblent jaillir du bleu profond de la mer, formant une magnifique curiosité géologique, les **grottes de Rosh HaNikra** (☑ 073-271-0100 ; www.rosh-hanikra.com ; Rosh HaNikra ; téléphérique adulte/enfant 45/36 NIS ; ☺ téléphérique 9h-18h dim-jeu, 9h-16h ven). Un téléphérique descend abruptement au pied des falaises en à peine 1 minute ; les visiteurs peuvent pénétrer à pied dans les grottes sculptées par les vagues et écouter celles-ci s'écraser impitoyablement sur les rochers.

Derrière la station inférieure du téléphérique, dans un tunnel ferroviaire naturellement frais, vous pouvez voir un **film** sur la géographie de la région et l'histoire de la ligne ferroviaire Haïfa-Beyrouth (hors service depuis 1948), dont les tunnels furent creusés par des unités d'ingénieurs de l'armée britannique venues de Nouvelle-Zélande et d'Afrique du Sud en 1941 et 1942.

Les guichets louent des **vélos** (avec les grottes 72 NIS) pour parcourir les 5 km (aller-retour) jusqu'à la **plage de Betzet**.

Au sommet, vous pouvez jeter un œil à travers le poste-frontière camouflé marquant la frontière israélo-libanaise et poser pour une photo à côté de la pancarte indiquant la direction de Beyrouth. À quelques kilomètres au nord s'étend la base de Naqoura, abritant les 12 000 membres de la Force intérimaire des Nations unies au Liban (Unifil), qui patrouille à la frontière depuis 1978.

En cas de fringale, vous trouverez un snack-bar en bas et une cafétéria-restaurant à côté du poste-frontière. Contrairement aux grottes, le téléphérique est accessible aux personnes en fauteuil roulant.

Le bus Nateev Express n°31 relie Rosh HaNikra à Nahariya (7,40 NIS, 17 minutes, toutes les 1 heure 30 à 2 heures, sauf pendant le shabbat).

Akhzivland SITE INSOLITE

(☑ 054-467-9689 ; près du parc national d'Akhziv ; entrée du musée 20 NIS ; ☺ horaires variables ; Ⓟ). Mini-État autoproclamé indépendant en 1971 par l'activiste anticonformiste Eli Avivi, cette séduisante portion de rivage a quelque peu irrité les autorités israéliennes lorsque le rebelle en a lui-même tracé la ligne frontière (d'autant plus qu'elles souhaitaient faire de cette avancée de terre stratégique une base militaire). Aujourd'hui âgé de plus de 80 ans, Avivi accueille toujours les visiteurs dans son enceinte boisée et son étrange **musée** d'antiquités regroupant mannequins costumés, squelettes d'animaux, brochures de journaux et vidéos (en hébreu seulement) sur Akhzivland. Suivez les panneaux "Eli Avivi" près du parc national d'Akhziv.

Lorsque l'ancien village arabe de l'endroit, Az Zib, fut abandonné en 1948, Avivi avait décidé d'y fonder en 1952 un kibboutz, qui se développa rapidement en retraite hippie aux idéaux utopistes, attirant d'aussi célèbre visiteurs que Sophia Loren dans les années 1960.

Le moment décisif a été la création par le gouvernement du parc national d'Akhziv. Avivi ne céda pas, refusant de donner "ses" terres et renonçant à la citoyenneté israélienne dès lors que les autorités le séparèrent de sa plage bien aimée. Ainsi naquit Akhzivland, avec ses propres visas de passeport et son drapeau à l'effigie d'une sirène.

Appelez à l'avance pour réserver l'une des **chambres** (☑ 054-467-9689 ; ch sans petit-déj à partir de 400 NIS ; Ⓟ) sur place ou camper sur le terrain.

Basse Galilée
et lac de Tibériade

الجليل الاسفل بحيرة طبريا   גליל תחתון וכנרת

Le top des restaurants

➡ Magdalena (p. 235)
➡ AlReda (p. 208)
➡ Abu Ashraf (p. 208)
➡ Tibi's Steakhouse & Bar (p. 235)
➡ Cafederatzia (p. 215)

Le top des hébergements

➡ Fauzi Azar Inn (p. 208)
➡ Arbel Guest House (p. 223)
➡ Pilgerhaus Tabgha (p. 235)
➡ Ein Harod Guest House (p. 219)
➡ Genghis Khan in the Golan (p. 237)
➡ Setai Sea of Galilee (p. 237)

Pourquoi y aller

Avec ses collines couvertes de fleurs au printemps, ses sites archéologiques remontant aux premiers siècles du christianisme et ses anciennes synagogues en pierre, la basse Galilée – la partie du nord d'Israël au sud de la route 85 (reliant Acre au lac de Tibériade) – est extrêmement appréciée des randonneurs, des cyclistes, des familles israéliennes juives et arabes en vacances, des épicuriens de Tel-Aviv et, naturellement, des pèlerins chrétiens.

C'est dans cette région fertile, verte et luxuriante, fraîche l'hiver, brûlante l'été, que Jésus de Nazareth aurait vécu, prêché et accompli certains de ses miracles. Nazareth est non seulement une étape incontournable pour les chrétiens mais aussi l'un des hauts lieux de la gastronomie israélienne. Et les abords de l'étincelant lac de Tibériade ("Kinneret" en hébreu), riches en sites archéologiques liés à la vie de Jésus, sont une destination de choix pour les vacanciers.

Quand partir

Nazareth

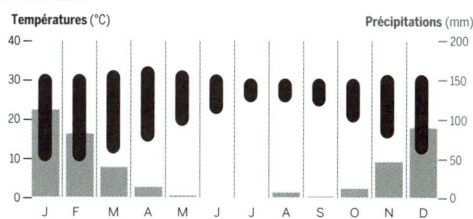

Déc-mars
Jonquilles, coquelicots et, en mars, iris violets couvrent le mont Gilboa.

Juil-sept
La chaleur est oppressante autour du lac de Tibériade et dans la vallée de Beit She'an.

Début déc et début mai
La musique du Jacob's Ladder Festival, bi-annuel, résonne au kibboutz Ginossar.

Nazareth   الناصرة   נצרת

🎵 04 / 75 700 HABITANTS

Nazareth a bien changé depuis le temps où elle n'était qu'un village juif dans une Galilée dirigée par les Romains ; ne vous attendez donc pas à une rusticité bucolique. Aujourd'hui, la plus grande ville arabe d'Israël est une mini-métropole animée, aux artères jalonnées de boutiques et embouteillées, avec de jeunes hommes qui friment au volant. La vieille ville, dont les ruelles pavées sont bordées de demeures de l'ère ottomane tombant en ruine, se réinvente en destination culinaire et culturelle sophistiquée.

Selon le Nouveau Testament, c'est à Nazareth ("Al Naasira" en arabe, "Natzrat" ou "Natzeret" en hébreu) qu'eut lieu l'Annonciation : l'ange Gabriel serait apparu à Marie pour l'informer qu'elle concevrait et donnerait naissance au fils de Dieu (Luc I, 26-38).

À Nazareth, tout est ouvert pendant le Shabbat (vendredi soir et samedi). En revanche, le dimanche, les boutiques et la plupart des restaurants ferment.

Histoire

Le village aurait abrité une communauté chrétienne jusqu'au IIIe siècle, avant de décliner pour renaître à la fin du VIe siècle, lorsque des récits rapportèrent que plusieurs miracles s'y seraient produits et que le livre avec lequel Jésus aurait appris à écrire et le banc sur lequel il se serait assis y auraient été conservés dans une synagogue. Un siècle plus tard, l'invasion persane s'accompagna de massacres de chrétiens. Nombre d'habitants se convertirent à l'islam à son introduction dans la région en 637, mais une minorité chrétienne significative demeura.

ℹ️ **PERDU DANS NAZARETH**

Difficile de ne pas se perdre dans le labyrinthe d'allées de la vieille ville, alors détendez-vous et partez à l'aventure ! Pour compliquer les choses, pas le moindre panneau portant le nom des rues. Elles en sont dotées pourtant, mais comme la plupart de ces noms sont des nombres à quatre chiffres, les habitants ne s'en servent pas. Cela dit, des plans en couleur de Nazareth, disponibles généralement dans toutes les pensions et B&B de la vieille ville, vous aideront à vous repérer.

Les croisés firent de Nazareth leur capitale galiléenne en 1099 avant d'en être chassés un siècle plus tard par Saladin (Salah Ad Din). Au milieu du XIIIe siècle, le sultan mamelouk Baybars expulsa le clergé chrétien et à la fin du siècle, Nazareth n'était plus qu'un simple village.

Au XVIIe siècle, les franciscains parvinrent à racheter les ruines de l'église de l'Annonciation et à rétablir une présence chrétienne. Ils bâtirent une nouvelle église en 1730 – elle fut démolie en 1955 pour être remplacée par la basilique actuelle. Napoléon Bonaparte s'empara brièvement de la ville en 1799. À la fin de la période ottomane, Nazareth comptait une grande communauté chrétienne et de plus en plus d'églises et de monastères (aujourd'hui on en recense une trentaine).

Durant leur mandat, les Britanniques installèrent le siège de leur administration en Galilée à Nazareth. Lorsqu'ils quittèrent Israël en 1948, les forces israéliennes s'emparèrent de la ville. Dans les années 1950, celle-ci s'agrandit suite à la création pour les Juifs de Nasrat Illit (Nazareth la haute), une ville industrielle, juste à côté.

Aujourd'hui, la population de Nazareth est en partie musulmane, en partie chrétienne (30% environ, appartenant principalement aux églises grecque orthodoxe, grecque-catholique melchite et catholique romaine, contre 60% en 1949). Les tensions montent parfois entre chrétiens et musulmans, poussant certains chrétiens à quitter la ville.

👁️ À voir et à faire

💙 **Basilique de l'Annonciation**   ÉGLISE

(🎵 04-565-0001 ; www.nazareth-en.custodia.org ; Al Bishara St ; ⏰ basilique supérieure 8h-18h ; grotte de l'Annonciation 5h45-18h ; prière silencieuse 18h-21h ; prière de l'Angelus 12h tlj dans la grotte ; Adoration eucharistique 20h30 jeu ; procession des cierges 20h30 sam). Dominant les toits de la vieille ville, cette basilique catholique dirigée par les franciscains, avec sa coupole surmontée d'un lanternon, est une structure moderniste unique en son genre. Bâtie entre 1960 et 1969 sur les plans de l'architecte Giovanni Muzio, elle se dresse là où aurait vécu Marie et où aurait eu lieu l'Annonciation – l'Église grecque orthodoxe situe l'événement à un autre emplacement.

L'**église supérieure**, dont la coupole adopte la forme d'un lys renversé, glorifie Marie, mère de Dieu. Le béton nu est orné de pointillés, illustrant un style caractéristique de la moitié du XXe siècle.

À ne pas manquer

1 **Capharnaüm** (p. 228), un site considéré comme au centre du ministère de Jésus.

2 Un repas dans l'un des restaurants de **Nazareth** (p. 202), capitale gastronomique de la Galilée.

3 Les signes du zodiaque, symboles juifs et personnages bibliques

du sol en mosaïque de la **synagogue de Beit Alpha** (p. 218).

4 Une randonnée de Nazareth au lac de Tibériade par le **chemin de Jésus** (p. 207).

5 Une promenade dans les rues à colonnades romaines de **Beit She'an** (p. 216).

6 Les superbes mosaïques

du **parc national de Tzipori** (p. 211).

7 Un plongeon dans les eaux rafraîchissantes du **lac de Tibériade** (p. 226) en été.

8 Les bassins d'eau de sources chaudes de **Hamat Gader** (p. 236).

9 Les fleurs sauvages du **mont Gilboa** (p. 219) au printemps.

Dans l'**église inférieure** faiblement éclairée, une barrière protège la **grotte de l'Annonciation**, où serait apparu l'ange Gabriel, ainsi que des vestiges d'églises de l'époque byzantine (IVe siècle) et des croisades (XIIe siècle).

Les murs de la cour et de l'église supérieure sont ornés de **panneaux de mosaïques** colorées offerts par les communautés catholiques du monde entier, représentant Marie et l'Enfant Jésus dans des styles qui reflètent la culture de leur pays d'origine.

Nazareth

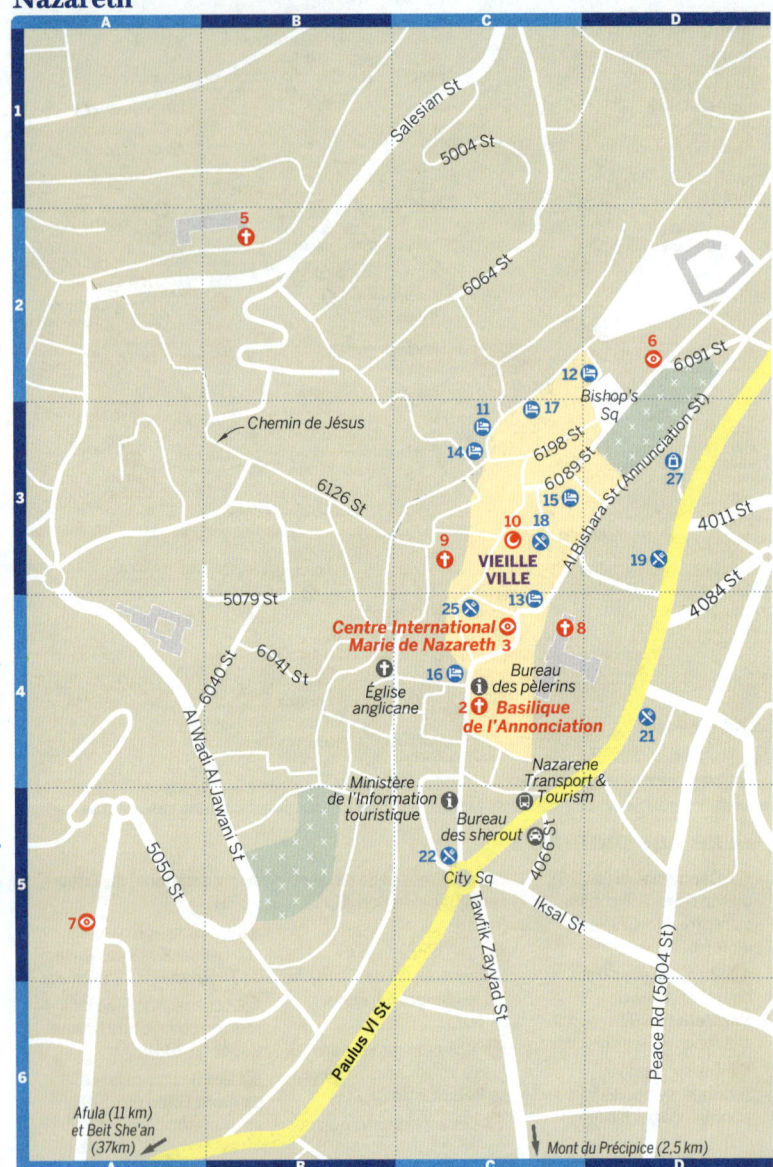

BASSE GALILÉE ET LAC DE TIBÉRIADE NAZARETH

Salesian St
5004 St
6064 St
5
6
6091 St
12
17
Bishop's Sq
11
Chemin de Jésus
14
6126 St
6198 St
6089 St
Al Bishara St (Annunciation St)
27
15
4011 St
10 18
9
VIEILLE VILLE
19
4084 St
5079 St
25
13
Centre International Marie de Nazareth 3
8
16
Bureau des pèlerins
Église anglicane
2 **Basilique de l'Annonciation**
21
6040 St
6041 St
Al Wadi Al Jawani St
Nazarene Transport & Tourism
Ministère de l'Information touristique
Bureau des sherout
22
City Sq
4096 St
5050 St
7
Tawfik Zayyad St
Iksal St
Peace Rd (5004 St)
Paulus VI St
Afula (11 km) et Beit She'an (37km)
Mont du Précipice (2,5 km)

Il est possible de se confesser en plusieurs langues le matin de 8h30 à 11h30 et l'après-midi de 15h à 17h. Voici le programme régulier :

Prière de l'angélus 12h tous les jours, dans la grotte

Prière mariale 20h30 le mardi

Adoration eucharistique 20h30 le jeudi

Procession des cierges 20h30 le samedi

Certains offices sont diffusés en direct sur www.cmc-terrasanta.com.

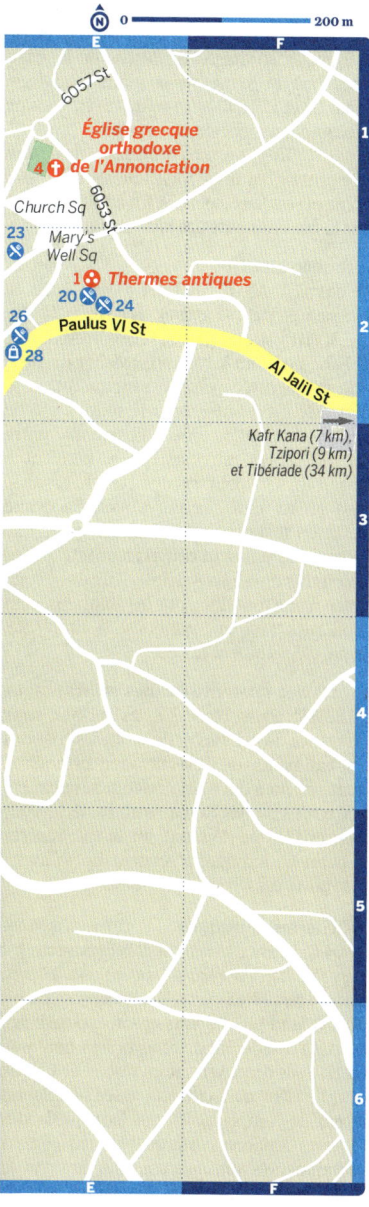

Nazareth

principale de la basilique. Possibilité d'obtenir des renseignements par e-mail.

Église Saint-Joseph
ÉGLISE

(Al Bishara St ; ⊘8h-18h). De l'autre côté de la cour et d'un jardin verdoyant au niveau supérieur de la basilique de l'Annonciation, cette église franciscaine néoromane, bâtie en 1914 sur les vestiges d'une église de croisés, occupe, d'après la tradition, l'emplacement de l'atelier de charpenterie de Joseph. Dans la crypte, des panneaux sont consacrés aux fouilles archéologiques menées sur place.

Des brochures gratuites dans une douzaine de langues, ainsi que des châles et des jupes pour couvrir épaules et genoux (caution et pièce d'identité demandées) sont proposés au **bureau des pèlerins** (⊘9h-12h et 14h-18h lun-sam), à 20 m à gauche de l'entrée

♥ Centre international
Marie de Nazareth
CENTRE CULTUREL

(☎04-646-1266 ; www.cimdn.org ; Al Bishara St ; don apprécié 50 NIS ; ☉9h30-12h et 14h30-18h lun-sam, dernière entrée 17h). Presque en face de la basilique de l'Annonciation, ce remarquable centre, qui a ouvert ses portes en 2011, est géré par la communauté du Chemin Neuf, une communauté catholique française, pour accueillir des travaux œcuméniques dans le cadre d'un dialogue interreligieux. Les paisibles jardins botaniques, sur les terrasses du toit, agrémentés de plantes citées dans la Bible, président à un panorama à 360 degrés, tandis que le sous-sol recèle des vestiges archéologiques datant de l'époque du premier Temple.

Dans 4 salles, une présentation multimédia (disponible en 11 langues) illustre les temps forts de la Bible (de la Création à la Résurrection), en insistant sur la vie de Marie et de Jésus. Des films en 14 langues sont projetés ; certains sont visibles sur www.netforgod.tv. Prières quotidiennes (en français) à 18h. Sur place également : chapelle, boutique d'art et d'artisanat monastique. Accessible en fauteuil roulant.

Église anglicane
ÉGLISE

(Christ Church ; ☎04-655-4568 ; www.j-diocese. org). Consacrée en 1871, cette église en pierres solidement bâtie fut la seconde église anglicane construite en Terre sainte (la première est à Jérusalem). La flèche fut achevée en 2014. À l'intérieur, l'austérité des murs blanchis à la chaux est rompue par les arcs brisés et adoucie par les vitraux, qui apportent une touche de couleur.

Église de la Synagogue
ÉGLISE

(☉8h-12h et 15h-19h sauf pendant les prières, fermée dim matin). Dissimulée dans une

HORS DES SENTIERS BATTUS

LE CHEMIN DES ÉVANGILES
• •
Créé à l'initiative du ministère du Tourisme israélien, le Gospel Trail (chemin des Évangiles) relie Nazareth (le mont du Précipice, plus précisément) à Capharnaüm en traversant les paysages où Jésus aurait vécu. Balisé par des rochers arborant le logo de la randonnée (une ancre en mosaïque), ce sentier de 62 km destiné aux randonneurs, cyclistes et cavaliers évite la plupart du temps les zones urbanisées.

allée près du souk, cette modeste structure remontant aux croisés, aujourd'hui église catholique, se dresse sur le site de la synagogue où le jeune Jésus aurait cité Isaïe (LXI, 1-2 et LVII, 6) et se serait révélé comme l'accomplissement de sa prophétie (Luc IV, 15-30). L'**église catholique grecque** adjacente (horaires identiques), avec son dôme et ses deux clochers, fut édifiée en 1887 par la communauté grecque melchite locale.

Mosquée blanche
MOSQUÉE

(Al Jaami' Al Abyad ; 6133 St ; ☉9h-18h30 ou 19h sauf pendant la prière). Érigée à la fin du XVIIIᵉ siècle par le cheikh Abdullah al-Fahoum (dont la tombe est visible derrière une porte vitrée près du sanctuaire), cette mosquée est réputée pour le soutien qu'elle apporte de longue date à l'harmonie entre les différentes religions qui se côtoient à Nazareth. On peut garder ses chaussures, sauf sur les tapis. Le bureau situé à droite de la porte fournit des foulards pour que les femmes puissent couvrir leur tête, et des brochures en anglais. L'intérieur et la cour, dotée d'une fontaine pour les ablutions, sont modernes. Le blanc symbolise la simplicité, la pureté, l'unité et la paix.

Grotte des quarante moines saints
GROTTE

(21 6198 St ; don apprécié ; ☉visites 9h-14h lun-sam). Ce réseau de galeries et de grottes, situé sous les bâtiments de l'évêché grec orthodoxe, tient son nom de 40 moines qui auraient été martyrisés par les Romains au Iᵉʳ siècle. Pour trouver l'entrée donnant sur la rue, repérez le panneau indiquant "Ancient Holy Cave" ; si la porte est fermée, téléphonez.

♥ Thermes antiques
SITE ARCHÉOLOGIQUE

(☎04-657-8539 ; www.nazarethbathhouse.org/fr ; Mary's Well Sq ; visite 120 NIS/groupe jusqu'à 4 pers, plus de 4 pers 28 NIS/pers ; ☉9h-19h lun-sam, parfois dim). Quand Elias Shama et son épouse belge Martina décidèrent de rénover leur boutique en 1993, ils découvrirent un réseau de tuyaux d'argile vieux de 2 000 ans, assez semblables à ceux de Pompéi, puis, sous leurs pieds, des thermes romains remarquablement conservés, alimentés autrefois par l'eau du puits de Marie. La visite (30 min), lors de laquelle les découvertes se succèdent, se termine par des noix, des dates fourrées et du café.

♥ Église grecque orthodoxe
de l'Annonciation
ÉGLISE

(Église Saint-Gabriel ; Church Sq ; ☉7h-12h et 13h-18h lun sam, 7h-13h dim). Selon la tradition grecque orthodoxe, l'Annonciation eut lieu

LE CHEMIN DE JÉSUS

Les 65 km du **chemin de Jésus** (www.jesustrail.com)mènent les randonneurs de l'église de l'Annonciation de Nazareth à Tabgha et Capharnaüm, sur le lac de Tibériade, en passant par des sites religieux et historiques : lieux sacrés chrétiens, anciennes synagogues, un champ de bataille de l'ère croisée et Nebi Shu'eib, le sanctuaire le plus important de la religion druze. Le paysage offre une belle variété de collines sauvages, d'oliveraies, de forêts et de falaises. Si vous pénétrez dans des réserves naturelles ou dans des parcs nationaux en chemin (Tzipori ou Arbel, par exemple), vous devrez en payer l'entrée.

Parcourir l'intégralité du sentier, marqué de signaux orange, prend environ 4 jours, mais il est possible d'en explorer certaines sections en une journée. Avec de bonnes chaussures et beaucoup d'eau, c'est un itinéraire pour tout âge et tout niveau. On peut camper, mais les possibilités d'hébergement ne manquent pas, des B&B aux hôtels de catégorie supérieure. L'itinéraire et les repères GPS sont disponibles sur le site Internet. Deux très bons guides (en anglais) : *Hiking the Jesus Trail* d'Anna Dintaman et David Landis, et *Jesus Trail and Jerusalem* de Jacob Saar ; vous pouvez aussi consulter le site www.hikamp.com/randonnees/chemins-de-legende/le-chemin-de-jesus-en-galilee.

alors que Marie allait puiser de l'eau dans la source située juste sous cette église du XVIIe siècle richement ornée de fresques (les autres églises estiment que l'Annonciation eut lieu chez elle, dans l'actuelle grotte de l'Annonciation). La **crypte** voûtée, construite sous Constantin (IVe siècle), abrite l'unique source permanente de Nazareth. Notez les graffitis vieux de plusieurs siècles à l'extérieur de la porte.

Basilique de Jésus-Adolescent ÉGLISE

(☑04-646-8954 ; Salesian St/5004 St ; ☺9h-12h et 15h-18h lun-sam). Érigée entre 1906 et 1923, sur une haute colline à l'ouest de la ville, cette grande église néogothique (aussi appelée église des Salésiens), en pierre calcaire à la blancheur éclatante, est très impressionnante. Son intérieur est rythmé d'arches délicates et de hautes voûtes. Conçue par un architecte français, elle doit son nom au fait que Jésus aurait passé la majeure partie de sa jeunesse à Nazareth.

Située sur le **chemin de Jésus** (voir l'encadré p. 207), l'église se trouve dans l'école Jésus-Adolescent, administrée par l'ordre catholique des Salésiens de Don Bosco.

Depuis le centre-ville, il faut parcourir 2 km en pente raide pour l'atteindre. On peut aussi prendre le bus n°15 dans Paulus VI St. Passée la grande porte de l'école, prenez l'escalier sur la gauche ; une fois en haut, franchissez la porte à droite, et l'église est au bout du long couloir.

Nazareth Village FERME

(☑04-645-6042 ; www.nazarethvillage.com ; Al Wadi Al Jawani St/5079 St ; adulte/enfant 50/25 NIS ; ☺9h-17h, dernière visite 15h30 lun-sam). Gérée par Nazareth Trust (www.nazarethtrust. org), une ONG œcuménique, cette reconstitution d'un village galiléen du Ier siècle, avec ses commerces et sa ferme en activité, permet d'imaginer à quoi ressemblait la vie quotidienne à l'époque de Jésus. Le pressoir à vin, les carrières et quelques-unes des vignes en terrasses sont authentiques, mais tout le reste – l'espace de battage, la grotte funéraire, le pressoir à olives, les ateliers de charpentier et de tissage, la synagogue – est reconstitué. Acteurs et bénévoles font des démonstrations en costumes.

Renseignez-vous par téléphone sur les horaires des visites guidées (1 heure 15) dans la langue de votre choix. Le village est situé à 1 km (par un itinéraire sinueux) à l'ouest de la basilique de l'Annonciation.

☞ Circuits organisés

Tous les jours à 9h30, l'auberge Fauzi Azar Inn (p. 208) organise un circuit culturel de deux heures à travers la vieille ville (gratuit pour les résidents, 20 NIS sinon) qui vous fera découvrir ce que vous ne pourriez voir seul. Également : cours d'arabe gratuits (lundi et mercredi à 19h), ateliers de cuisine arabe (50 NIS ; jeudi à 19h) et soirées musicales arabes (vendredi à 19h).

⊨ Où se loger

Les groupes de pèlerins viennent en nombre en mars, avril, octobre, novembre et autour de Noël et du Nouvel An, alors que les routards, eux, sont plus nombreux de fin juin à octobre et autour de Noël et du Nouvel An. Lors de ces périodes de forte affluence, il est sage de réserver.

Toutes les pensions de la vieille ville sont bien indiquées par des panneaux dans les ruelles.

Vitrage Guesthouse
B&B $

(📞052-525-8561, 04-657-5163 ; www.nazareth360.com/accommodtion/vitrage-guest-house ; n°4, 6083 St ; s/d/tr avec sdb commune 210/234/270 NIS, petites ch 150/198/250 NIS ; 📶). Avec 9 chambres simplement meublées, l'endroit évoque plus un séjour chez l'habitant qu'un B&B. Bishara, le vitrailliste à la retraite qui tient cet établissement avec sa femme, a grandi ici. Toujours partant pour parler de la fabrication des vitraux, il invite souvent ses hôtes à partager le repas de la famille. Excellent rapport qualité/prix.

Simsim Backpackers
PENSION $

(📞077-551-7275 ; www.simsim-guesthouse.com ; 6132 St ; dort sans petit-déj 70 NIS ; 📶). Tenue par les sympathiques Sami et Silke, cette charmante pension propose 23 lits en dortoirs (la plupart superposés), dont 7 dans un dortoir réservé aux femmes. Cuisine à disposition. Très bon rapport qualité/prix. Réception dans le Liwan Cultural Cafe voisin.

Abu Saeed Hostel
PENSION $

(📞04-646-2799 ; 6097 St ; dort sans petit-déj 75 NIS, d/tr 350/430 NIS, avec sdb commune 230/300 NIS ; 📶). On se croirait reçu par une famille dans cette maison vieille de 350 ans dotée de deux antiques réservoirs, de meubles dépareillés, d'un "musée" familial et d'une cour emplie de plantes où vivent deux tortues, un poisson rouge et des inséparables. Les chambres et les douches sont rudimentaires. Cuisine à disposition et espace détente sur le toit.

Sister of Nazareth Guest House
PENSION $

(📞04-655-4304 ; 6167 St ; dort/s/d/tr sans petit-déj 85/250/300/430 NIS). Bienvenue au couvent des sœurs de Nazareth (un ordre catholique français), édifié au milieu du XIXe siècle autour d'une cour fleurie. Un important site archéologique, que l'on peut visiter, a été mis au jour sous le bâtiment lors de sa construction. L'hébergement pour pèlerins consiste en 61 chambres, dans un bâtiment datant de 1855 (une nouvelle aile a ouvert en 2017). Les dortoirs impeccables, aux allures de caserne, regroupent 4 à 6 lits chacun et ne sont pas mixtes. La porte ferme pour la nuit à 22h30. Petit-déjeuner : 25 NIS. Comme il est difficile de joindre les sœurs à l'avance, le mieux est de tenter sa chance directement à la porte du couvent.

♥ Fauzi Azar Inn
PENSION $$

(📞04-602-0469 ; www.abrahamhostels.com ; dort 85-100 NIS, d 335-385 NIS, pas de petit déj inclus ; @📶). Une pension pleine de caractère, cachée dans une magnifique maison en pierre qui date de deux siècles, au cœur de la vieille ville. Les 14 chambres, simples et joliment décorées, ne peuvent égaler la splendeur du salon aux fenêtres cintrées, avec sols en marbre et plafonds peints de 5 m de haut. Parfait pour rencontrer d'autres voyageurs. Quiconque possède un passeport arborant un tampon du Liban, du Kurdistan irakien ou d'Iran se voit offrir la première nuitée en dortoir. Coût d'une lessive : 15 NIS.

♥ Al Mutran Guest House
PENSION $$

(📞04-645-7947 ; www.al-mutran.com ; Bishop's Sq ; d 108-128 $, ste 220 $; ✳@📶). À côté de la résidence du *mutran* ("évêque" en arabe) grec orthodoxe de Nazareth, ce joyau, tenu en famille, occupe une demeure magnifique, vieille de près de 200 ans, contenant 11 chambres et arborant arches ottomanes et carreaux antiques sous de hauts plafonds. Le petit-déjeuner est servi dans l'élégant salon, orné de textiles bédouins.

AlReda Guesthouse
B&B $$$

(📞04-608-4404 ; alreda2000@hotmail.com ; 21 Al Bishara St ; d/tr/qua 800/900/1 000 NIS). Au dernier étage d'une demeure ottomane, ce vaste studio/appartement, tout en bois, bénéficie d'une vue époustouflante.

✕ Où se restaurer

Les gourmets savent que la gastronomie de Nazareth mérite amplement que l'on brave la terrible circulation de la ville. Le mot d'ordre est "fusion" : les plats d'inspiration européenne s'agrémentent de saveurs locales et sont servis dans les demeures envoûtantes de la vieille ville ou sur la place du Puits de Marie (Mary's Well Sq).

Les habitants ont tendance à dîner tard, à partir de 21h, voire 22h.

♥ Abu Ashraf
MOYEN-ORIENTAL $

(Diwan Al Saraya ; ✆04-657-8697 ; 6 134 St ; plats 20 NIS ; ⏱8h-20h lun-sam ; 📶). Ce café à l'ancienne est connu dans toute la ville pour ses *katayef* (crêpes sucrées garnies de fromage de chèvre ou de noix à la cannelle, et arrosées de sirop de géranium), son café (un mélange spécial de cinq fèves avec de la cardamome) et sa collection d'objets anciens. L'exubérant propriétaire, Abu Ashraf, adore partager ses anecdotes sur Nazareth.

On y sert aussi d'excellentes salades, du *freekeh* (blé vert grillé), du *labneh* (yaourt crémeux) et des *kebbeh* (boulettes de boulgour garnies de viande). Attention à ne pas confondre ce lieu, construit aux environs de 1730, avec la copie moderne du même nom qui se trouve à côté.

Souk

MARCHÉ $

(Market Sq et 6152 St ; ⊙ environ 8h-15h lun-sam). Fruits, légumes, pain et même pizzas-pitas (6 NIS) vous attendent dans les allées étroites et sinueuses du marché de la vieille ville.

Al Taboun

MOYEN-ORIENTAL $

(Paulus VI St ; plats 25-30 NIS ; ⊙ 9h-22h lun-sam ; 🖉). Le cadre est ultra-kitsch, mais les *shawarma*, le houmous et les salades de crudités sont de premier ordre.

Mama Cafe

CAFÉ $

(🖉 04-637-7807 ; 6 089 St ; gâteaux 12-30 NIS ; ⊙ 7h30-19h ou 19h30 lun-mer et sam, 7h30-23h30 ou plus tard jeu-ven ; 🕿). Orné de photos d'artistes locaux, ce café sert des sandwichs, des jus de fruits frais et des pâtisseries maison. Comptez entre 20 et 40 NIS pour une salade, 28 NIS pour un brunch.

Elmokhtar Sweets

PÂTISSERIE $

(Paulus VI St ; 70-90 NIS/kg ; ⊙ 9h-23h30 ou minuit). Un paradis pour les becs sucrés qui ne dépareraient pas au Caire ou à Beyrouth. Sélection d'appétissants baklavas, de superbes *kenafeh* (pâtisserie chaude et sirupeuse au fromage) et de halva maison.

Mahroum Sweets

PÂTISSERIE $

(www.mahroum-baklawa.com ; angle Paulus VI St et Al Bishara St ; 80 NIS/kg ; ⊙ 8h-0h). Gérée par la même famille depuis 1890, cette pâtisserie, qui a changé de locaux en 2017, est l'une des meilleures adresses de la région pour les baklavas et autres pâtisseries arabes au sirop, ainsi que les *kenafeh* et les loukoums.

Avra

GREC $$

(🖉 04-659-1547 ; Mary's Well Sq ; plats 32-86 NIS ; ⊙ 8h30-minuit ou plus tard lun-sam). "Avra" signifie "bonne atmosphère" en grec, et ce café-restaurant porte bien son nom. On y sert de délicieux plats grecs et palestiniens. L'Assiette Ouzo, spécialité de la maison, est composée de classiques – feuilles de vigne farcies à la viande, feta et olives de Kalamata –, accompagnée d'un verre d'ouzo grec ou local. On y déguste aussi des pâtes, des sandwichs, d'authentiques salades grecques et des cafés frappés à la grecque.

Rose Mary

CAFÉ $$

(🖉 04-647-1212 ; www.nrmary.com ; plats 38-88 NIS ; ⊙ 9h-23h30 mar-sam, 18h-23h30 lun, 10h-23h30 dim ; 🕿). Ce café-bistrot convivial sert une cuisine française et italienne à base d'excellents produits et d'épices fraîches de Galilée. La spécialité de la maison est un plat de crevettes et de calamars à l'ail dans une sauce à l'arak. Aussi au menu : du chorizo de porc local, une excellente salade du chef, des pâtes et des sandwichs.

Tishreen

MÉDITERRANÉEN $$

(🖉 04-608-4666 ; www.tishreen.rest.co.il ; 56 Al Bishara St ; plats 52-129 NIS ; ⊙ 10h-23h ; 🖉). Du four à bois de ce restaurant chaleureux, orné d'objets anciens et de bouteilles de vin, sortent des plats d'inspiration méditerranéenne, comme l'aubergine farcie au pesto et au fromage, l'excellent *muhammar* (pizza arabe au poulet et aux oignons), de généreuses portions de viande, des pâtes et de copieuses salades – un repas à elles seules. Essayez aussi le *freekeh*, un plat galiléen traditionnel à base de blé vert grillé.

♥ AlReda

FUSION $$$

(🖉 04-608-4404 ; 21 Al Bishara St ; plats 50-100 NIS ; ⊙ 19h-2h ; 🖉). Dans une vieille demeure ottomane, ce restaurant évocateur – les chansons d'Oum Kalthoum tournent en boucle – sert des recettes nazaréennes traditionnelles avec une touche méditerranéenne. Plats de saison à base d'okra (*bamya*), de chardon sauvage (*akub*), de cœurs d'artichaut farcis au bœuf, aux amandes et aux pignons de pin. Bar sur place.

🍷 Où prendre un verre et faire la fête

Vins, bières et alcools forts sont disponibles dans les régions chrétiennes. Les établissements en vogue sont concentrés sur et autour de la place de l'Église (Church Sq) et de la place du Puits de Marie (Mary's Well Sq), centre de la vie nocturne nazaréenne.

☆ Où sortir

Liwan Culture Cafe

CENTRE D'ART

(🖉 04-628-3511 ; 6 132 St ; ⊙ 8h-20h ou plus tard). Ce café accueille des expositions d'artistes palestiniens (galiléens pour la plupart), ainsi que des événements culturels gratuits chaque semaine. Un *plat du jour* végétarien, cuisiné par des habitants du quartier, est servi le midi. Côté boissons : des vins palestiniens et les deux bières brassées en Cisjordanie, la Taybeh et la Shepherds.

BASSE GALILÉE ET LAC DE TIBÉRIADE NAZARETH

Le café fait office de centre d'information touristique.

Achats

Elbabour Galilee Mill
ALIMENTATION

(Galilee Mill ; ☑ 04-645-5596 ; www.elbabour-shop. com ; entrées dans Al Bishara St et Paulus VI St ; 25 NIS/100 g ; ☺8h30-19h ou 19h30 lun-sam). Les arômes qui émanent de cet "empire" des épices sont indescriptibles. Étagères, sacs, boîtes et bouteilles contiennent des mélanges d'épices exotiques (dont la Pierina's Spice, basée sur une recette secrète de la mère du propriétaire) aux tisanes et fruits secs, en passant par les huiles aromatiques. Son nom est la prononciation arabisée de "la vapeur", sobriquet donné dans les années 1890 au moteur à vapeur qui faisait fonctionner le moulin allemand de l'entreprise. Les produits peuvent être commandés en ligne et expédiés partout dans le monde.

Cactus Gallery
ARTS ET ARTISANAT

(Mary's Well Sq ; ☺9h-19h lun-sam, parfois dim). La boutique, située au-dessus des thermes romains de Nazareth, vend des bijoux créatifs et de magnifiques broderies palestiniennes, fabriquées à partir de vieilles robes dans un couvent de Jérusalem.

Sport Al Ein
SPORTS ET PLEIN AIR

(☑ 052-353-5362 ; Paulus VI St ; ☺8h30-20h lun-sam). Vous trouverez ici du matériel de camping bon marché. À 150 m du puits de Marie dans Paulus VI St.

ⓘ Renseignements

Bureau des pèlerins de la basilique de l'Annonciation (p. 202). Renseignements sur les prières et autres activités de la basilique.

Ministère de l'Information touristique (☑ 04-657-0555 ; www.goisrael.com ; 58 Casanova St ; ☺8h30-17h lun-ven, 9h-14h sam). Dispose d'une carte gratuite de Nazareth en anglais et de brochures sur Nazareth et la Galilée en une douzaine de langues.

Nazareth Cultural & Tourism Association (www.nazarethinfo.org). Bon site Internet.

ⓘ Depuis/vers Nazareth

BUS

Nazareth ne possède pas de véritable gare routière. Les bus intercités s'arrêtent en fait le long de la rue Paul VI (Paulus VI St), toujours embouteillée, entre le puits de Marie et la basilique de l'Annonciation – en direction du nord vers Cana (Kafr Kana), Tibériade et Acre (Akko), en direction du sud vers Haïfa, Tel-Aviv

et Jérusalem. La compagnie de bus interurbains **Nazarene Transport & Tourism** (www.ntt-buses. com ; Paulus VI St ; ☺5h30-18h) a un bureau en centre-ville où se procurer les horaires.

Acre (bus Nazareth Tourism & Transport n°353 et bus Egged n°343, 21,50 NIS, 50 min, 1 bus/heure sauf ven soir et sam avant le crépuscule)

Haïfa (gares ferroviaires Merkazit HaMifratz et/ou Merkaz HaShmona, bus Nazareth Tourism & Transport n°s332 et 342 et bus GB Tours n°331 , 16 NIS, 50 minutes, au moins 2/heure sauf ven soir)

Jérusalem (bus Egged n°955, 37,50 NIS, 2 heures, 2 le matin dim-jeu, 1 le ven matin, 2 le sam soir)

Tel-Aviv (bus Egged n°826 et bus Nazareth Tourism & Transport n°833, 34 NIS, 2 heures 45, plusieurs par heure). S'arrête sur la route 75.

Tibériade (bus Nazareth Tourism & Transport n°431, 16 NIS, 1 heure, 1 bus/heure sauf ven soir et sam avant le coucher du soleil). Certains bus s'arrêtent sur le périphérique de Nazareth, la route 75, et non dans Paulus VI St. Les bus pour Amman, en Jordanie, sont gérés par **Nazarene Tours** (☑04-601-0458 ; 3 Marj Ibn Amer St ; 80 NIS ; ☺départs 8h30 mar, jeu et sam).

SHEROUT

Des *sherout* (taxis collectifs) partent de la rue 4066, près de Paulus VI St (en face de Nazarene Transport & Tourism) – repérez le **bureau** (☑ 04-657-1140 ; 4066 St) sur la droite avec un panneau blanc aux caractères rouges.

Parmi les destinations figurent :

Jénine (Cisjordanie) (25 NIS, 30 à 40 min, départs à 7h30 pour Jénine et 11h pour le point de passage de Jalameh (Gilboa), 10 km au sud d'Afoula).

Tel-Aviv (gare routière centrale, 32 NIS dim-ven matin, 40 NIS ven après-midi et sam, 1 heure 30 à 1 heure 45, départs de 8h à 15h ou 16h)

TAXI

Commandez un taxi auprès de **Mary's Well Taxi** (☑ 04-655-5105, 04-656-0035).

Cana (Kafr Kana)
كفر كنا
כפר כנא

☑ 04 / 12 300 HABITANTS

La petite ville arabe de Kafr Kana est plus connue sous le nom de Cana, le lieu où Jésus aurait accompli son premier miracle en changeant l'eau en vin lors d'un banquet de noces (Jean II, 1-11). On y trouve deux églises, l'une grecque orthodoxe, l'autre chrétienne. La ville, dont environ 10% de la population est chrétienne, est à 8 km au nord-est du centre de Nazareth sur la route de Tibériade (et sur le chemin de Jésus).

🅞 À voir

La plupart des sites chrétiens de Cana sont regroupés dans la rue des Églises (Churches St), bordée de magasins de souvenirs, qui coupe en oblique l'artère principale (route 754) qui traverse la ville. L'intersection, signalée par un grand panneau noir et blanc, est à 200 m au nord de l'entrée de l'église nuptiale grecque orthodoxe de Cana, située sur la route 754.

Église grecque orthodoxe de Cana et monastère
ÉGLISE

(Église Saint-George ; rte 754 ; ⊙10h-15h, fermé les jours fériés de l'Église grecque orthodoxe). Cette église de la fin du XIXᵉ siècle, à l'intérieur richement décoré et marqué par une coupole à la croisée du transept, abrite deux anciennes jarres qui auraient été utilisées par Jésus pour accomplir son miracle.

Église catholique de Cana
ÉGLISE

(Churches St ; ⊙8h-17h30 lun-sam, 12h-17h30 dim). Cette église franciscaine de la fin du XIXᵉ siècle, coiffée d'un dôme vert, occupe le site où aurait eu lieu le miracle accompli par Jésus lors des noces. Au sous-sol, une ancienne jarre est présentée comme l'une des six que Jésus utilisa pour transformer l'eau en vin (accès par le côté de l'église). Sous la nef, à travers une vitre dans le sol, on voit une inscription en araméen datant du IVᵉ siècle.

🛏 Où se loger

Cana Guest House
PENSION **$**

(☎04-651-7186, Salman 050-400-7637 ; www.cana-guesthouse.com ; dort/d/tr avec sdb commune sans petit-déj 120/350/480 NIS ; @🖥). L'accueillante famille Billan a converti 4 appartements en 18 chambres propres et confortables. Beaucoup sont spacieuses ; des salles de bains privées sont prévues. Les dortoirs ont 4 lits. Les hôtes peuvent utiliser la cuisine et profiter de la cour ombragée par des citronniers. Derrière l'église catholique de Cana, à 70 m dans une ruelle partant de Churches St. Le petit-déjeuner coûte 35 NIS, un panier-repas 35 NIS et un dîner maison 70 NIS.

❶ Depuis/vers Cana

De nombreux bus courte distance relient Cana à la vieille ville de Nazareth (Paulus VI St), à 8 km au sud-ouest.

Le bus Nazareth Tourism & Transport n°431 (1 bus/heure sauf ven soir et sam) relie Cana à Tibériade (12,50 NIS, 27 min, 1 bus/heure sauf ven soir et sam avant le coucher du soleil).

Tzipori صفورية ציפורי

Tzipori, l'ancienne Sepphoris, capitale de la Galilée à l'époque de Jésus, compte parmi les sites romains les plus impressionnants d'Israël. Ce fut aussi l'un des plus importants centres de vie juifs de la région après la destruction du Temple. Aujourd'hui subsistent les vestiges d'aménagements publics grandioses et ceux d'une synagogue, ainsi que de superbes mosaïques antiques.

🅞 À voir

♥ Parc national de Tzipori
SITE ARCHÉOLOGIQUE

(Zippori, Sepphoris ; ☎04-656-8272 ; www.parks. org.il ; adulte/enfant 28/14 NIS ; ⊙8h-16h ou 17h, ferme 1 heure plus tôt le ven, dernière admission 1 heure avant fermeture). Tzipori était à l'époque antique une cité prospère et bien équipée, dotée de rues pavées (on voit encore les ornières creusées par les chariots romains), d'un réseau de distribution d'eau élaboré (on peut parcourir une portion de l'ancien aqueduc souterrain), d'une place de marché, de thermes et d'un théâtre de 4 500 places. Pour beaucoup de visiteurs, les joyaux de Tzipori sont ses magnifiques (et nombreuses) mosaïques byzantines du IIIᵉ siècle, découvertes dans les années 1980. La plus célèbre représente le portrait d'une jeune femme contemplative – auréolée d'une couronne de lauriers et portant des pendentifs aux oreilles – surnommée la **Mona Lisa de Galilée**. La plupart de ces mosaïques sont présentées dans une réplique de villa romaine (commentaires en anglais).

Bâtie par les Hasmonéens – la dynastie fondée par les Macchabées – au IIᵉ siècle avant notre ère, puis conquise en 63 av. J.-C. par le général romain Pompée, la ville fut la capitale romaine de la Galilée durant le règne d'Hérode. Aux IIᵉ et IIIᵉ siècles – une ou deux générations après la révolte de Bar Kokhba (132 à 135) contre Rome –, Tzipori était l'un des plus importants centres de vie juifs d'Israël. C'est là que Rabbi Yehuda HaNassi aurait rédigé la Mishna (plus ancienne codification de la loi juive), et plus tard, des érudits de Tzipori contribuèrent au Talmud de Jérusalem (ou Talmud palestinien).

Deux petits films fournissent des informations sur le site : l'un à l'entrée du parc, l'autre dans la **synagogue** (climatisée) des Vᵉ-VIIᵉ siècles, dont le beau sol en mosaïque représente un **cercle zodiacal**. Le site est entièrement accessible en fauteuil roulant.

BASSE GALILÉE ET LAC DE TIBÉRIADE CANA (KAFR KANA)

RICHARDERNESTYAP / SHUTTERSTOCK ©

JEKLI / SHUTTERSTOCK ®

ALLA KHANANASHVILI / SHUTTERSTOCK ®

2

Lac de Tibériade (p. 226)
rofitez d'une vue spectaculaire sur le
lus grand réservoir d'eau douce d'Israël.

**2. Parc national de Tzipori
p. 211)**
dmirez les anciennes mosaïques qui
onstituent le trésor de cet endroit
ascinant.

Nazareth (p. 202)
chetez des produits locaux dans l'un
es marchés de la ville.

**Parc archéologique
e Beit She'an (p. 216)**
ouez aux archéologues dans les ruines
époque romaine de ce vaste site.

🛏 Où se loger et se restaurer

Il y a une petite épicerie (*tzarchaniya*) à Moshav Tzipori, juste à l'ouest du parc national.

Zippori Village B&B $$

(☎04-646-2647 ; www.zippori.com ; Moshav Tzipori ; d petit-déj non inclus à partir de 400 NIS ; 🛜❄). Aussi cultivés que sympathiques, Suzy et Mitch (qui ont grandi respectivement à Denver et à New-York) tiennent ces cinq cottages de deux chambres chacun avec superbes vues sur le paysage galiléen. Confortables bien qu'ayant un décor un peu désuet, ils sont dotés d'une baignoire balnéo, et une aire de couchage pour les enfants est accessible par une échelle un peu raide. Cuisines bien équipées et kasher (produits laitiers uniquement). Petit-déjeuner : 100 NIS pour deux. Comptez 20 ralentisseurs à partir de l'entrée du *moshav*, puis tournez à gauche.

🍷 Où prendre un verre et faire la fête

Si vous êtes venus à Tzipori pour faire la fête, vous avez quelque 1 700 ans de retard !

ℹ Depuis/vers Tzipori

Le village de Tzipori et le parc national de Tzipori sont à 11 km au nord-ouest de Nazareth, à quelques kilomètres au nord de la route 79. Pas de transports publics.

Mont Tabor et ses environs

Mont Tabor רובת הר جبل الطور

Nul besoin d'être un pèlerin chrétien pour profiter de la beauté du mont Tabor, site biblique de la Transfiguration de Jésus (Matthieu XVII, 1-9, Marc IX, 2-8 et Luc IX, 28-36), lors de laquelle "son visage devint aussi éblouissant que le soleil ; ses vêtements aussi radieux que la lumière", et où il aurait parlé avec les prophètes Moïse et Élie. Deux églises couronnent la montagne, une catholique (franciscaine) et l'autre grecque orthodoxe (fermée au public).

Selon la Bible hébraïque, le mont Tabor est le lieu où les Israélites, dirigés par la prophétesse Deborah, ont vaincu l'armée cananéenne sous la férule de Sisra (Juges IV).

La montagne fut très disputée pendant les croisades.

👁 À voir et à faire

L'**Israel National Trail** gravit et franchit le mont Tabor en croisant deux sentiers signalisés qui en font le tour : **Shvil HaYa'aranim** et, près du sommet, **Sovev Har Tavor** (circuit du mont Tabor). Procurez-vous la carte topographique SPNI n°3 (*HaGalil HaTachton HaAmakim v'HaGilboa*).

Monastère et église franciscains ÉGLISE

(⏱8h-17h lun-sam, 8h-12h et 14h-17h dim). On accède au domaine des franciscains par la porte principale de la forteresse musulmane du XIIIe siècle, restaurée en 1897. Son mur défensif, qui comporte 12 tours, épouse tout le contour du sommet. Une fois franchie la porte, à 150 m environ sur la droite, se dresse une petite chapelle bâtie sur des fondations byzantines qui commémore la conversation entre Jésus et ses disciples après la Transfiguration (Marc IX, 9-13). Le cimetière nord date de l'époque médiévale, celui qui se trouve au sud-est, du Ier siècle.

Au bout du chemin, on arrive devant la **basilique de la Transfiguration** de style romano-syriaque, l'une des plus belles églises de la Terre sainte. Consacrée en 1924, elle est ornée de charmantes mosaïques dorées et recèle une crypte que l'on atteint en descendant 12 larges marches. Tenue correcte exigée pour les femmes (pas de minijupe ni de débardeur) ; les hommes doivent retirer leurs chapeaux.

À droite de l'entrée de l'église, une **plateforme d'observation** offre une vue spectaculaire sur les champs multicolores de la vallée de Jezreel.

ℹ Depuis/vers le mont Tabor

Le mont Tabor se situe à mi-chemin environ entre Tibériade et Afoula, en retrait de la route 65. De la route 7266, qui fait tout le tour de la base de la montagne en reliant les villages arabes de Shibli et Daburiyeh à la route 65, comptez 3 km de grand frisson (16 virages en épingle à cheveux) jusqu'au sommet.

Kfar Tavor רובת רפכ كفر تافور

☎04 / 3 800 HABITANTS

Fondé en 1901, le village juif de Kfar Tavor est le principal centre commercial et touristique des environs du mont Tabor. Parfait pour se restaurer et goûter des vins locaux.

👁 À voir et à faire

Kfar Tavor et les villages voisins, comme Kfar Kisch, constituent une base idéale pour

arpenter l'**Israel National Trail** et un tronçon du **chemin de Jésus** – par exemple
au nord-est jusqu'au site de baptême de
Yardenit sur le lac de Tibériade, ou à l'ouest
jusqu'au sommet du mont Tabor. Certaines
sections des 2 sentiers peuvent se parcourir à
vélo. Pour les cyclistes, il y a aussi un sentier
traversant la **forêt Beit Keshet** (nord-ouest
de Kfar Tavor) et certains bons itinéraires sur
les hauteurs de **Sirin** (est de Kfar Tavor).

Tabor Winery
VIGNOBLE

(04-676-0444 ; www.twc.co.il ; zone industrielle
de Kfar Tavor ; ⊙9h-17h dim-jeu, 9h-14h ven en
hiver, 9h-16h ven en été). Réputée pour ses vins
rouges (issus de cépages merlot, cabernet
sauvignon, syrah, cabernet franc) et ses
blancs (chardonnay, sauvignon blanc, rous-
sanne et gewurztraminer), cette exploitation
produit environ 2 millions de bouteilles
par an. Elle propose dégustations gratuites,
ventes et, pour les groupes de 10 personnes
minimum, visites.

Où se restaurer

Cafederatzia
CAFÉ $$

(04-676-6233 ; angle HaMeyasdim St et Bar
Giyyora St ; plats 38-62 NIS ; ⊙8h30-23h30
dim-jeu, 8h30-16h30 ven, 10h-23h30 sam ; 🕾 ⌨).
Ce café accueillant propose des salades, des
tchakchouka, des quiches, des pâtes, des
hamburgers et des hotdogs améliorés, le
tout en généreuses quantités. On y sert aussi
du pain sans gluten, des pâtisseries maison
et des vins locaux au verre. Petit-déjeuner
pour une/deux personnes à 58/109 NIS. Si
le temps le permet, installez-vous dans le
jardin planté d'oliviers.

❶ Depuis/vers Kfar Tavor

De nombreux bus reliant Tibériade à Afoula
effectuent un arrêt à Kfar Tavor.

Kfar Kama כפר כמא كفر كما
 04 / 3 200 HABITANTS

Kfar Kama a la particularité d'être majori-
tairement peuplé de Circassiens, peuple du
nord du Caucase de religion musulmane
sunnite qui fut chassé de ses terres (entre la
mer Noire et la mer Caspienne), au milieu
du XIXᵉ siècle, par l'expansion vers le sud de
l'empire russe. Un musée local présente leur
culture et leur histoire.

Un demi-million de Circassiens au moins
trouvèrent refuge dans l'empire ottoman.
En 1876, certains vinrent s'installer en
Palestine, où ils s'établirent à Kfar Kama et
à Rehaniya. Depuis la création de l'État d'Is-
raël, les Circassiens de ces deux villages de
Galilée ont toujours entretenu de bonnes
relations avec leurs voisins juifs, et tous les
hommes, à la réputation de guerriers redou-
tables, font leur service militaire dans l'armée
israélienne. Les panneaux de cette bourgade
prospère sont en hébreu, en circassien (parlé
à la maison et enseigné à l'école) et en arabe.

◉ À voir

Circassian Heritage Center
MUSÉE

(050-585-7640 ; www.circassianmuseum.co.il ;
adulte/enfant 25/20 NIS ; ⊙9h-17h). Dans un
ensemble de maisons en basalte centenaires,
ce musée fascinant permet de découvrir la vie
quotidienne de la communauté circassienne
locale depuis l'époque ottomane. La visite
comprend un film de 20 minutes sous-titré
en anglais et une visite guidée d'une heure
sur les costumes traditionnels, les instru-
ments de musique, les objets du quotidien
et les outils agricoles des Circassiens. Visites
en anglais possibles : renseignez vous par
téléphone sur les horaires.

Où se restaurer

Laoz
CIRCASSIEN $$

(050-302-0992 ; Shabso St ; plats 40-90 NIS ;
⊙12h-22h ou plus tard ; ⌨). Ce restaurant
propose un menu circassien avec *halozh*
(crêpe frite à l'huile d'olive farcie de fromage
circassien) et *mataza* (ravioli farci de
fromage circassien et d'oignon vert, servi avec
du yaourt), mais aussi de la *tchakchouka* et
les habituelles viandes grillées moyen-orientales. Juste à l'entrée ouest de la ville.

❶ Depuis/vers Kfar Kama

Les bus Superbus nᵒˢ 30 et 33 relient Kfar Kama à
Tibériade (10 NIS, 50 min, 1 bus/heure minimum).

Vallées de Jezreel et de Beit She'an
مرج ابن عامر مرج بيسان
עמק יזרעאל ובית שאן

La vallée de Jezreel (ou plaine de l'Esdraelon ;
Emek Yizreel en hébreu), largement agricole,
renferme un certain nombre de kibboutz
établis de longue date, ainsi que d'extraordinaires mosaïques, vestiges d'une synagogue
de l'époque byzantine. S'étirant sur quelque
45 km à l'est de Nazareth jusqu'au sud-est vers
le Jourdain, elle bute au sud sur les versants
partiellement boisés du mont Gilboa.

TRÈS, TRÈS CHAUD !

La température la plus élevée jamais relevée en Asie, rien moins que 53,9 °C, le fut au kibboutz Tirat Tzvi (à 8 km a-u sud de Beit She'an) le 21 juin 1942.

À son extrémité est, la vallée de Jezreel rejoint la vallée de Beit She'an, qui renferme l'un des plus impressionnants sites archéologiques romains d'Israël. Cette région fait partie à la fois de la vallée du Jourdain et de la vallée du rift du Jourdain.

Beit She'an ناسيب וֵאש תיב

 04 / 17 300 HABITANTS

Fondée au cours du Vᵉ millénaire av. J.-C., Beit She'an – stratégiquement située à l'intersection de la vallée de Jezreel et de la vallée du Jourdain – est connue pour abriter l'un des plus vastes sites archéologiques de l'époque romaine d'Israël. La ville moderne, peu florissante, n'a pas grand-chose à offrir aux visiteurs, hormis une auberge de jeunesse et quelques restaurants.

⊙ À voir

♥ Parc archéologique
de Beit She'an   SITE ARCHÉOLOGIQUE

(☏04-658-7189 ; www.parks.org.il ; rte 90 ; adulte/enfant 28/14 NIS ; ⊗8h-16h oct-mars, 8h-17h avr-sept, ferme 1 heure plus tôt ven, dernière entrée 30 min avant fermeture). Les extraordinaires ruines romaines de Beit She'an sont le meilleur endroit d'Israël pour se représenter la vie, le travail et le commerce sous l'Empire romain. Des rues à colonnades, un **théâtre** de 7 000 places presque inchangé depuis 1 800 ans (avec latrines non loin), deux thermes et d'immenses colonnes en pierre écroulées lors du séisme de 749 évoquent la grandeur, l'assurance et la décadence de l'ancienne vie provinciale romaine.

Le chemin qui mène au théâtre et au **cardo**, l'impressionnante rue principale à colonnades, est accessible en fauteuil roulant.

Dominant la cité romaine, appelée Scythopolis en grec, **Tel Beit She'an** naquit de la superposition d'une vingtaine de strates urbaines successives. Depuis son sommet s'offre une vue presque aérienne sur les ruines romaines.

Tous les soirs du lundi au jeudi de mars à novembre, **She'an Nights**, un spectacle nocturne multimédia en anglais ou en hébreu (tarif plein/réduit 55/45 NIS), fait renaître les ruines grâce à des projections d'images mais ne remplace pas une visite de jour – il fait trop sombre pour lire les panneaux et une grande partie du site est inaccessible. Le spectacle est annulé s'il pleut. Téléphonez au 04-648-1122 ou au 1222-3639 avant pour réserver.

Pour atteindre l'entrée du parc, descendez sur quelques centaines de mètres depuis l'agence de la Bank Leumi au n°81 de la rue Sha'ul Ha Melech.

🛏 Où se loger

Vous trouverez des pensions dans plusieurs kibboutz des environs de Beit She'an, comme au kibboutz Kfar Rupin.

HI – Beit She'an
Guest House   AUBERGE DE JEUNESSE $$

(☏02-594-5644 ; www.iyha.org.il ; 129 Menahem Begin Ave/rte 90 ; s/d 400/530 NIS, adulte/enfant supp 145/113 NIS ; @🛜🛁). Accessible à pied depuis les ruines de Beit She'an, cette auberge de 60 chambres (18 chambres ont été ajoutées en 2017) possède de jolis espaces communs, une superbe terrasse sur le toit et une piscine (ouverte d'avril au Souccot). Chambres doubles ou familiales avec salle de bains pratiques et propres. Située légèrement au sud des arrêts de bus intercités. Accessible en fauteuil roulant.

🍴 Où se restaurer

En terme de restauration, l'offre à Beit She'an se limite à des falafels, du *shawarma* et des viandes grillées.

Shipudei HaKikar   MOYEN-ORIENTAL $$

(☏04-606-0198 ; www.shipudey-hakikar.co.il ; 1 Shaul HaMelech St ; plats 38-120 NIS ; ⊗11h30-minuit dim-jeu, 30 min après le crépuscule-minuit sam ; 🍴). Le meilleur restaurant de Beit She'an sert un excellent *shish kebab* accompagné d'un *laffa* (pain pita) tout juste sorti du four. En entrée, 18 salades fraîches, comprenant aubergines, houmous et *tahina*, sont proposées. Si vous ne prenez pas de plats, les salades coûtent 36 NIS et composent un formidable plat végétarien. *Laffa* ou baguette garnie de viande grillée, sans salade : 38-60 NIS.

À 1 km au nord-ouest des ruines romaines dans un bâtiment surmonté d'une tour de l'horloge (juste après le poste de police).

ℹ️ Depuis/vers Beit She'an

Beit She'an ne possède pas de véritable gare routière. Les bus s'arrêtent en fait le long de l'avenue Menaham Begin, la route 90, environ 100 m au nord de l'auberge de jeunesse Beit She'an Guest House.

Afoula (bus Superbus n°s411 et 412, 10 NIS, 30 min, 2 à 3/heure sauf ven soir et sam avant le crépuscule).

Jérusalem (bus Egged n°s943, 961 et 966, 37,50 NIS, 2 heures 15, toutes les 30 min à 1 heure 30 dim-ven après-midi et sam soir). Via la vallée du Jourdain (Cisjordanie).

Tel-Aviv (bus Egged n°843, 37,50 NIS, 3 heures, 3 bus/jour dim-jeu, 1 bus ven, 2 bus sam soir).

Tibériade (bus Superbus n°28, 14 NIS, 35 min, toutes les 45 min dim-jeu, 1 bus/heure jusqu'au ven milieu d'après-midi et sam après le coucher du soleil). Arrêts le long de la rive sud-ouest du lac de Tibériade. Pour se rendre à Nazareth, changez à Afoula.

La légendaire Rakevet HaEmek (ligne ferroviaire de la vallée de Jezreel) a réouvert en 2016 ; elle relie la gare ferroviaire de Beit She'an, située à 2,5 km au nord-ouest du parc national, à **Haïfa-Merkaz HaShmona** (20 NIS, 45 min, 1 train/heure).

Les voyageurs à destination de la Jordanie peuvent passer par le poste-frontière Jourdain/ Sheikh Hussein, à 8 km à l'est de la ville.

Belvoir   كوكب الهوا   ‏ראוולב

Située sur une colline, à 550 m au-dessus du Jourdain, cette **forteresse croisée** (parc national Kochav HaYarden ; ☎ 04-658-1766 ; www. parks.org.il ; adulte/enfant 22/9 NIS ; ⏰ 8h-16h ou 17h, ferme 1 heure plus tôt ven, dernière entrée 1 heure avant la fermeture), mesurant 110 m par 110 m, classée parc national, est composée de deux enceintes concentriques, de portes, de cours et de tours offrant une vue spectaculaire sur les vallées du Jourdain et de Jezreel et sur les montagnes jordaniennes de Galaad. Admirez le réfectoire surmonté d'une voûte gothique, une immense citerne en pierre et, le long du côté ouest, de profondes douves sèches. Il fait sensiblement plus frais ici que dans la vallée en contrebas. Excellentes indications en anglais et hébreu.

Érigée par les chevaliers hospitaliers à partir de 1168, la forteresse de Belvoir (dérivé du français "belle vue" ; le nom hébreu, Kochav HaYarden, signifie "étoile du Jourdain" ; le nom arabe, Kawkab Al Hawa, signifie "étoile du vent") dut se rendre aux forces musulmanes de Saladin en 1189 après un siège d'un an et demi. En récompense de leur courage, les assiégés eurent le droit de se retirer à Tyr (aujourd'hui au Liban).

Le **Wingate Trail**, sentier panoramique de 1,2 km délimité par des rochers, descend en contrebas des ruines. Des cartes présentent ce que l'on voit des deux côtés de la frontière, notamment des détails sur les plaques tectoniques de la région et l'itinéraire de l'oléoduc en service avant 1948, entre Kirkouk (Irak) et Haïfa.

RÉOUVERTURE D'UNE LIGNE HISTORIQUE

Du début du XXᵉ siècle à 1951, on pouvait monter dans le train de la **Jezreel Valley Railway**, à la lenteur légendaire, à Haïfa à 8h et arriver à Hamat Gader à 11h45 – ou, jusqu'en 1946, à Damas à 19h47. On pouvait aussi prendre la ligne Hejaz Railway dans la ville syrienne de Daraa, à 60 km à l'est de Hamat Gader, direction le sud. (C'est à Daraa que se sont déroulées les premières confrontations de la guerre civile syrienne en 2011.) Jusqu'à ce que la Hejaz Railway soit mise hors service pendant la Première Guerre mondiale par Lawrence d'Arabie et ses combattants bédouins, on pouvait prendre le train jusqu'à Médine, aujourd'hui en Arabie saoudite.

Dans les années 1930, la Jezreel Valley Railway permettait de transporter les matériaux de construction pour les 942 km de l'**oléoduc Kirkouk-Haïfa** qui, jusqu'en 1948, acheminait du pétrole brut de l'Irak aux raffineries de la baie de Haïfa. Des vestiges sont encore visibles encore sur le plateau du Golan. Si la paix revenait dans la région, le rétablissement du pipeline serait très intéressant à la fois d'un point de vue stratégique et économique, et transformerait Haïfa en grand port méditerranéen tel que les Britanniques l'avaient imaginé.

La remise en service de la Jezreel Valley Railway est évoquée depuis des années, mais, en 2016, la ligne à écartement standard (les Ottomans avaient construit des voies étroites) de Haïfa à Beit She'an (61 km en 45 minutes) a enfin été inaugurée. Prévu par la suite, le prolongement de la ligne jusqu'à Irbid, en Jordanie, permettra au royaume hachémite de tirer profit des installations portuaires de Haïfa.

BASSE GALILÉE ET LAC DE TIBÉRIADE BEIT SHE'AN

À côté des ruines, un **jardin de sculptures** contient les œuvres – en plaques d'acier découpées – de l'artiste israélien primé Yigal (Igael) Tumarkin (né en 1933), créateur du mémorial de l'Holocauste sur la place Rabin de Tel-Aviv.

Belvoir est à 20 km au nord de Beit She'an et à 20 km au sud du lac de Tibériade, 6 km en retrait de la route 90 sur un tracé à une voie.

ⓘ VISITER JÉNINE

Le trajet depuis/vers la région de Jénine, dans le nord de la Cisjordanie, par la barrière de séparation, s'effectue par le **point de passage de Jalameh (Gilboa)**, administré par Tsahal, à 10 km au sud d'Afoula sur la route 60.

Synagogue de Beit Alpha

בית הכנסת בית אלפא   كنيس بيت ألفا

En 1928, alors qu'ils creusaient un canal d'irrigation, les kibboutzniks de Hefzibah eurent la surprise de découvrir un sol en mosaïque pratiquement intact, datant de l'ère byzantine (VIᵉ siècle). D'autres fouilles révélèrent les vestiges de la **synagogue de Beit Alpha** (☑04-653-2004 ; www.parks.org.il ; Kibbutz Heftzibah ; adulte/enfant 22/9 NIS ; ◷8h-16h ou 17h, ferme 1 heure plus tôt ven), dont les mosaïques extraordinairement préservées sont vieilles de près de 1 500 ans.

Les trois panneaux de mosaïques dépeignent des symboles juifs traditionnels, comme l'arche de la Torah, deux menoras (chandeliers sacrés à 7 branches) et un *shofar* (corne de bélier), ainsi qu'un spectaculaire et très païen **cercle zodiacal** à 12 panneaux. En bas, au-dessus des inscriptions en araméen et en hébreu, est représenté le **sacrifice d'Isaac**. On voit Abraham, tenant un couteau, sur le point de sacrifier son fils Isaac, au côté du bélier que Dieu (représenté par une main venue du ciel) envoya pour être mis à mort à la place du garçon ; chaque personnage est identifié en hébreu. Le film (14 min ; en 6 langues), projeté sur les mosaïques, est une excellente introduction. Accessible en fauteuil roulant.

Le kibboutz Hefzibah est à 8 km à l'ouest de Beit She'an par la route 669. Le bus Superbus n°412 (2 bus/heure sauf ven soir et sam en journée) dessert à la fois Beit She'an (3,80 NIS, 11 minutes) et Afoula (7,40 NIS, 20 minutes).

En amont de la synagogue, dans le kibboutz Hefzibah, se trouve un ravissant **jardin japonais** (☑Na'ama 054-663-4348 ; Kibbutz Heftzibah ; visite adulte/enfant 25/10 NIS) agrémenté d'un paisible bassin où évoluent des carpes, construit par la secte chrétienne japonaise de la Makoya, dont les membres étudient l'hébreu au kibboutz depuis 1962. Appelez pour la visite guidée (1 heure) de ce jardin privé.

Parc animalier Gan Garoo

جن جرو" حديقة استرالية"

'פארק אוסטרלי 'גן גורו

Les enfants adoreront le **parc animalier Gan Garoo** (☑04-648-8060 ; www.nirtours.co.il/gan_garoo ; rte 669, kibboutz Nir David ; tarif plein/enfant -2 ans 48 NIS/gratuit ; ◷9h-16h dim-jeu, jusqu'à 15h ven, jusqu'à 17h sam sept-juin, 9h-20h sam-jeu, jusqu'à 15h juin juil et août), où – dans une végétation australienne – ils peuvent caresser et nourrir de sympathiques kangourous en liberté. Ne manquez pas non plus la volière (ouverte 20 ou 30 minutes une heure sur deux) où ils peuvent donner des morceaux de pommes aux loriquets colorés et calopsittes élégantes ; ces oiseaux ingénieux ont pris l'habitude de s'accrocher aux visiteurs pour leur lécher le cou et récupérer le sel que contient la sueur. Ouvert en 1996, ce zoo, géré par le kibboutz Nir David, accueille aussi casoars, émeus, renards volants (chauves-souris) et le seul koala d'Israël. À 6,5 km à l'ouest de Beit She'an, à côté de l'entrée du parc national de Sachne (Gan HaShlosha).

Ein Harod

עין חרוד   عين حرود

Ein Harod est en réalité constitué de deux kibboutz, séparés il y a plus de 65 ans par leurs idéologies socialistes différentes. L'un d'eux possède un musée d'art réputé, l'autre une charmante pension à flanc de colline.

◉ À voir

Mishkan Museum of Art, Ein Harod MUSÉE (Mishkan Le'Omanut ; ☑04-648-6038 ; museumeinharod.org.il/en ; kibboutz Ein Harod Meuchad ; adulte/enfant 40/20 NIS ; ◷9h-16h30 dim-jeu, jusqu'à 13h30 ven, 10h-16h30 sam). Presque aussi remarquable pour son bâtiment (inauguré en 1948, avec des ajouts des années 1950) qui joue avec la lumière, que pour sa splendide collection (principalement d'artistes juifs et israéliens), ce musée précurseur propose des expositions temporaires (brochures explicatives en anglais) très cotées dans 14 salles, ainsi qu'une exposition permanente de Judaïca (objets rituels juifs). En voiture, prenez la route 71 en direction du kibboutz Ein Harod Meuchad et suivez les panneaux "Museums".

🛏 Où se loger

💙 Ein Harod Guest House   PENSION $$

(📞 04-648-6083 ; www.ein-harod.co.il ; kibboutz Ein Harod Ichud ; d/chalet dim-mer à partir de 500/990 NIS, jeu-sam à partir de 600/1360 NIS, 160 NIS/enfant supp ; @ 🛜 ☒). Perchée sur une colline, avec vue sur le mont Carmel, le mont Hermon et les montagnes jordaniennes de Galaad, cette pension accueillante propose des chambres traditionnelles de kibboutz et des chalets romantiques "Iris" offrant 50 m² de luxe. Prenez la route 716 en direction du kibboutz Ein Harod Ichud ; l'entrée est à 1 km au nord de la route 71.

L'endroit comporte plusieurs dizaines de chambres et une piscine de 50 m (ouverte de mai à octobre). La visite des parties agricoles du kibboutz est possible, sur demande.

ℹ Depuis/vers Ein Harod

Le bus Superbus n°41 fait la liaison entre les kibboutz d'Ein Harod et Afoula (7,40 NIS, 25 min).

Mont Gilboa   جبل فقوعة   הר הגלבוע

Le mont Gilboa – crête accidentée de 18 km culminant à 536 m qui longe le sud de la vallée de Jezreel – est propice aux escapades dans la nature. Après les pluies d'hiver (décembre à mars ou avril), la zone se couvre de fleurs sauvages, notamment d'iris violets (fin février-début mars). Selon la Bible, c'est là que le roi Saül et son fils Jonathan furent tués lors de la bataille contre les Philistins (1 Samuel XXXI, 1-13).

Si vous avez envie d'une belle balade en voiture avec vue sur la vallée de Jezreel, suivez les 28 km de la route 667 (route panoramique de Gilboa) qui relie la route 675 (à 8 km au sud-est d'Afoula, via la route 71) à la route 90, dans la vallée du Jourdain.

👁 À voir

Nachmani Winery   VIGNOBLE

(📞 053-772-0369 ; www.nachmaniwines.com ; 329 HaRav David Nuri St, Gan Ner ; visite guidée 30 NIS). Frances, d'origine britannique, et son mari David, né au Maroc, tous deux passionnés d'œnologie, ont créé ce micro-vignoble qui ne produit pas plus de 2 100 bouteilles par an. Vous pouvez déguster leurs vins primés, issus de grappes cueillies à la main dès l'aube et versées dans le pressoir dès 7h du matin – dans la charmante arrière-cour, en profitant d'une vue splendide sur la vallée de Jezreel. Appelez pour planifier une visite

PASSIONS SOCIALISTES

La vie au kibboutz Ein Harod, fondé en 1921 à mi-chemin entre Afoula et Beit She'an (à quelque 14 km de chacun), était tranquille jusqu'au début des années 1950, lorsque éclata une dispute idéologique autour de la préférence stratégique du Premier ministre israélien David Ben Gourion pour les États-Unis plutôt que pour l'Union soviétique de Staline. À l'époque, Staline organisait des procès antisémites où d'éminents Juifs étaient accusés de crimes antirévolutionnaires, puis exécutés. Les fidèles de Staline au kibboutz, en restaient malgré cela d'ardents défenseurs. Les passions se déchaînèrent – cette communauté vivait après tout un idéal socialiste –, des barricades apparurent au réfectoire, des amis se déchirèrent, on en vint aux mains et des couples se séparèrent. Ein Harod finit par se diviser en deux kibboutz distincts, Ein Harod Meuchad, géré par les stalinistes, et Ein Harod Ichud, sous le contrôle des bengourionistes (ironiquement, *meuchad* et *ichud* signifient tous deux "unis").

Le ressentiment resta vivace pendant des décennies et, aujourd'hui encore, certains anciens gardent rancune de la lâche trahison de leurs rivaux. Ce n'est qu'il y a 30 ans que se forma le premier couple "mixte" Ichud-Meuchad, et 20 ans qu'une coopération agricole et culturelle limitée entre les deux kibboutz a repris. Aujourd'hui, Ein Harod Ichud – qui tire ses revenus du blé, du coton, des vaches laitières, des moutons, des poissons de rivière et de la production de mini-cryoréfrigérateurs ultraperfectionnés – reste un kibboutz traditionnel "collectif", tandis qu'Ein Harod Meuchad, contrôlé par la gauche dure il y a 60 ans, a choisi le chemin capitaliste de la privatisation.

guidée (45 minutes) ou un festin de vin et de fromage (45 NIS).

Où se restaurer

Herb Farm on Mt Gilboa   BISTROT $$$

(📱 04-653-1093 ; www.herb-farm.co.il ; Rte 667 ; plats 85-139 NIS ; ⏱12h-22h lun-sam, 9h-11h et 12h-22h ven ; 📶). Cet établissement tenu en famille propose des plats de viande (coquelet, côtes d'agneau) et des mets végétariens et végétaliens. La cuisine est généreuse et rustique, comme le cadre. Beau point de vue sur la vallée de Jezreel. Mieux vaut réserver les vendredi et samedi. Sur la route 667, à 3,5 km au sud-est de la route 675 ; suivez les panneaux jaunes indiquant "Country Restaurant".

Tibériade   طبريا   טבריה

🚗 04 / 42 600 HABITANTS

Tibériade, où sont enterrés des sages juifs vénérés, est l'une des quatre villes saintes du judaïsme et une base appréciée des chrétiens visitant les sites sacrés de la région. C'est aussi l'une des stations balnéaires les moins attrayantes d'Israël, avec d'affreux bâtiments construits sur les bords du lac dans les années 1970. Le sacré et le kitsch – agrémentés de plages, de sources d'eau chaude et d'une communanuté ultra-orthodoxe en pleine expansion – cohabitent dans un tourbillon de sainteté et d'hédonisme.

La chaleur à Tibériade est souvent accablante en juillet et août.

Histoire

La ville s'est développée autour d'un ensemble de 17 sources d'eau chaude qui séduisirent les hédonistes de l'époque romaine et attirèrent l'attention d'Hérode Antipas, fils d'Hérode le Grand, qui fit bâtir la cité en 21 et lui donna le nom de l'empereur romain Tibère (14-37).

Après la désastreuse révolte de Bar-Kokhba (132-135), Tibériade devint un centre de vie juif majeur en terre d'Israël et joua un rôle-clé dans la redéfinition du judaïsme après la victoire romaine de 70 qui marqua l'arrêt des sacrifices rituels à Jérusalem. Certains des plus grands sages de l'époque d'après le second Temple, notamment Yehuda HaNassi, qui contribua à l'élaboration de la Mishna, vécurent ici, et une grande partie du Talmud de Jérusalem semble également avoir été rédigée à Tibériade. À partir de la fin du IIe siècle, le Sanhédrin (ancien tribunal suprême d'Israël) siégea dans la ville. Le système encore utilisé aujourd'hui pour indiquer le son des voyelles en hébreu a été élaboré à Tibériade et en tire son nom.

Les croisés s'emparèrent de Tibériade en 1099 et construisirent une forteresse massive un peu au nord du centre romano-byzantin de la ville. En 1187, Saladin s'empara de la ville et anéantit les croisés à la bataille de Hattin, à 8 km à l'ouest de Tibériade.

Après que les Ottomans eurent conquis la Terre sainte, au début du XVIe siècle, Soliman le Magnifique accorda en 1558 le droit de percevoir les impôts de Tibériade à un Juif influent, don Joseph Nassi, et à sa tante, doña Gracia. Nouvelle chrétienne (juive convertie au christianisme mais pratiquant en secret sa religion d'origine) née à Lisbonne et réfugiée à Istanbul pour fuir l'Inquisition, elle entreprit avec un certain succès de redynamiser la ville, favorisant l'installation de Juifs séfarades.

Au début du XVIIIe siècle, un cheikh bédouin appelé Daher al-Omar établit un fief indépendant en Galilée, avec Tibériade comme capitale, et invita des familles juives à revenir en ville. À la fin de la période ottomane, les Juifs constituaient la grande majorité des 6 500 habitants de Tibériade.

La ville fut presque totalement détruite dans le grand séisme de 1837.

À voir

⦿ Promenade Yigal Allon

La plupart des sites de Tibériade se trouvent le long du lac. Certains d'entre eux sont sans éclat et/ou à louer, et la zone peut sembler à l'abandon en hiver. Mais on ne se lasse pas de la vue sur le lac et le Golan. Les sites ci-dessous s'égrainent du nord au sud.

Tibériade

Tibériade

◉ À voir
1 Mosquée Al Amari.................................C2
2 Mosquée Al Bahr................................D2
3 Église et monastère
   des Apôtres......................................D3
4 Église Saint-Pierre D1
5 Tombe de Rabbi
   Yohanan ben Zakkai B1
6 Tombe du Rambam B1
7 Indicateur du niveau
   de l'eau..D3

⊕ Activités
   Aviv Hostel Bike Rental ....(voir 11)
8 Tiberias Water Sports D2
9 Water Sports Center............................D2

⬚ Où se loger
10 Aviv Holiday Flats C3
11 Aviv Hostel...C3
12 Emily's Boutique Hotel..........................D3
13 Rimonim Galei Kinnereth......................D3
14 Scots Hotel C1
15 Tiberias Hostel B1

⊗ Où se restaurer
16 Baguette Levin C3
17 Decks...D1
18 Marché aux fruits et légumes B2
19 Galei Gil...D1
20 Guy..C3
21 Little Tiberias......................................C2
22 Supersol Express.................................C2

Église Saint-Pierre   ÉGLISE

(☎04-672-0516 ; www.saintpeterstiberias.org ; promenade Yigal Allon ; ⊙visites 8h30-12h30 et 14h30-17h30 lun-sam, messe en anglais 19h mar-jeu, 18h30 ven-sam, 8h30 dim). Construite en 1100 par les croisés, puis transformée en mosquée par les Ottomans, cette petite église fut récupérée en 1847 par les franciscains qui lui adjoignirent un couvent. Elle adopte la forme d'un bateau dont la proue serait l'abside pour symboliser l'Église qui résiste aux tempêtes. Aujourd'hui administrée par la Koinonia Giovanni Battista, une communauté catholique basée en Italie, elle possède une cour paisible ombragée par une treille. À l'intérieur, la peinture représentant Jésus sur le lac de Tibériade date de 1902. La communauté tient une auberge de jeunesse pour les pèlerins catholiques.

Une réplique de la célèbre statue de saint Pierre du Vatican se dresse dans la cour, près du **monument à la Vierge de Czestochowa** en pierre, érigé en 1945 par des soldats polonais cantonnés ici pendant la guerre.

Mosquée Al Bahr
MOSQUÉE

(Mosquée de la Mer ; Yigal Allon Promenade). Édifiée au XVIIIᵉ siècle en basalte, la mosquée de la Mer a une entrée spéciale pour les fidèles qui arrivent en bateau.

Église et monastère des Apôtres
ÉGLISE

(⊙ 8h-16h lun-sam). De la cour paisible et fleurie, des marches descendent vers une église grecque orthodoxe, à l'aura mystérieuse avec ses icônes dorées, ses lampes en cuivre et ses sculptures sur bois élaborées. Les trois chapelles sont dédiées aux 12 apôtres, aux saints Pierre et Paul, et à Marie Madeleine. Pour savoir si un moine est disponible pour vous faire visiter, sonnez la cloche en haut à droite de la porte rouge, à 10 m à l'ouest du pont piéton surélevé.

⊙ Tombes des sages juifs

Les juifs attachant de l'importance à la religion sont nombreux à venir témoigner leur respect aux grands *tsadik* (chefs spirituels hassidiques) inhumés dans le secteur, notamment aux dates anniversaires de leur mort. Les quatre rabbins qui reposeraient ici sont parmi les sages les plus éminents et les plus influents du judaïsme.

Tombe de Rabbi Meir Ba'al HaNess
SITE RELIGIEUX

(⊙ 6h ou 7h-22h ou plus tard dim-jeu, jusqu'à 2h avant le coucher du soleil ven). Un ensemble de bâtiments religieux s'est développé autour de la tombe de Rabbi Meir Ba'al HaNess, sage du IIᵉ siècle souvent cité dans la Mishna (*ba'al ha ness* signifie "maître des miracles"). La tombe, dont les entrées pour hommes et femmes sont séparées par des rideaux, occupe une synagogue séfarade surmontée d'un dôme, située en contrebas de son homologue ashkénaze, coiffée d'un plus grand dôme. Le complexe est à 2,5 km au sud du centre-ville, 150 m en amont d'une route goudronnée partant du parc national de Hamat Tveriya.

Derrière la partie séfarade, des vendeurs présentent sur leur étals des amulettes sacrées, dont de l'huile d'olive et de l'arak bénis (50 NIS). Non loin de là, on peut se faire bénir en échange d'un don charitable.

La *hiloula* (célébration organisée par les hassidim lors de l'anniversaire de la mort d'un sage) de Rabbi Meir ayant lieu seulement 3 jours avant celle de Shimon Bar Yochai, qui est enterré au mont Méron, certains juifs pieux se rendent en Galilée pour assister aux deux événements, très populaires.

Tombe du Rambam
SITE RELIGIEUX

(Ben Zakkai St ; ⊙ 24h/24). Nombreux sont ceux qui viennent se recueillir sur la tombe de Moïse Maïmonide (1135-1204), plus connu sous le nom de Rambam, esprit universel né à Cordoue, célèbre pour son approche rationaliste de la religion et de la vie (il aimait citer Aristote). L'endroit où il serait enterré a été rénové et couvert d'un toit en 2017.

Ses œuvres les plus remarquables sont le *Mishneh Torah,* première codification systématique de la loi juive ; le *Guide des égarés,* œuvre théologique écrite en judéo-arabe, encore très influente aujourd'hui ; et divers livres sur la médecine (il fut le médecin personnel du sultan d'Égypte, pays où il résida les dernières décennies de sa vie).

Tombe de Rabbi Yohanan ben Zakkai
SITE RELIGIEUX

(Ben Zakkai St ; ⊙ 24h/24). Sage le plus éminent du judaïsme du Iᵉʳ siècle, Rabbi Yohanan ben Zakkai joua un rôle central dans le remplacement des sacrifices d'animaux – raison d'être du temple de Jérusalem, détruit en 70 – par la prière. Sa tombe se trouve à quelques mètres de celle du sage de Cordoue, au pied de la colline.

Tombe de Rabbi Akiva
SITE RELIGIEUX

(HaGevura St ; ⊙ 24h/24). Rabbi Akiva, éminent sage mishnaïque (et professeur de Rabbi Meir Ba'al HaNess), joua un rôle majeur dans la mise en place du judaïsme rabbinique (c'est-à-dire après le second Temple). Il fut torturé à mort par les Romains pour son soutien à la révolte de Bar-Kokhba (132-135) – son enthousiasme pour la résistance aux Romains fut telle qu'il déclara que Shimon Bar Kokhba était le Messie. L'édifice surmonté d'un dôme qui abriterait sa tombe offre une vue magnifique. Il se trouve à flanc de colline à environ 3 km (par la route) à l'ouest du centre-ville.

⊙ Ailleurs en ville

Parc national de Hamat Tveriya
PARC NATIONAL

(☑ 04-672-5287 ; www.parks.org.il ; Eliezer Kaplan Ave/rte 90 ; adulte/enfant 15/7 NIS ; ⊙ 8h-17h heure d'été, jusqu'à 16h heure d'hiver, ferme 1 heure plus tôt ven, dernière entrée 1h avant la fermeture). À l'époque romaine, les sources chaudes de Tibériade étaient si réputées qu'en 110, l'empereur Trajan fit frapper une pièce qui leur était dédiée, figurant Hygie (dont le mot hygiène est tiré), déesse de la Santé, assise sur un rocher et profitant de l'eau. Dix-sept petites sources chaudes et un bassin dans lequel on peut tremper les orteils attirent toujours les visiteurs à Hamat Tveriya, ainsi qu'une **synagogue du IVe siècle** (aujourd'hui climatisée) ornée d'une belle mosaïque représentant une **roue zodiacale**. Situé à 2,5 km au sud du centre ; desservi par le bus local n°5.

Mosquée Al Amari   MOSQUÉE

(Ha Banim St). Avec ses murs en basalte noir, son dôme blanc et son minaret rythmé de bandes noires, cette mosquée tranche avec le centre commercial voisin. Érigée par Daher al-Omar en 1743, elle n'est plus utilisée depuis l'évacuation de la minorité arabe de Tibériade par les Britanniques en avril 1948.

Activités

Le long de la promenade Yigal Allon, une demi-douzaine d'agences, dont **Tiberias Water Sports** (☏052-807-7740 ; Yigal Allon Promenade ; ⊘fermé sam) et **Water Sports Center** (☏052-349-1462 ; Yigal Allon Promenade ; ⊘fermé ven-sam), proposent locations de canots à moteur (100 NIS/30 min), ski nautique (200 NIS/15 min), ainsi que sorties en "banana-boats" (40 NIS/15 min). Fermés quand il fait froid, les jours de pluie, pendant le shabbat et les fêtes juives.

Sources chaudes de Tibériade   SPA

(Ma'ayanot Hammei Tveriya ; ☏04-612-3600 ; www.hamei-tveria.co.il ; Eliezer Kaplan Ave/rte 90 ; tarif plein/3-12 ans 88/45 NIS ; ⊘8h-18h dim, lun et mer, 8h-19h mar et jeu, 8h-15h45/17h sam hiver/été, ferme 1h plus tôt en hiver). Pour faire trempette et profiter d'un *shvitz* (bain de vapeur) tant apprécié des Romains, direction ce spa moderne. Émergeant du sol à 52°C, l'eau thermale refroidit un peu avant d'être envoyée ici. Situé à 2 km au sud du centre-ville, en face du parc national de Hamat Tveriya ; desservi par le bus n°5.

Le complexe possède aussi deux saunas (un humide et un sec), quatre piscines d'eau chaude thermale ou froide pour adultes et enfants (ouvertes toute l'année), et propose des massages suédois (210 NIS pour 30 min) ; serviette : 10 NIS. Restaurant sur place.

Gai Beach Water Park   PARC AQUATIQUE

(☏04-670-0713 ; www.gaibeach.com ; à partir de 3 ans 90 NIS, juil août 99 NIS ; ⊘9h30-17h env PessahSukkot). Jolie plage de 50 m le long du lac de Tibériade avec 5 toboggans, machine à vagues et section spéciale pour les plus petits. À environ 1 km au sud du centre-ville. Casier : 15 NIS

🛏 Où se loger

On trouve à Tibériade des lits en dortoir aux tarifs parmi les plus avantageux de Galilée... et l'un des hôtels les plus luxueux du nord d''Israël. Les touristes israéliens sont nombreux à y séjourner en juillet et août, quand il fait trop chaud pour que les touristes étrangers s'y aventurent.

💙 Tiberias Hostel   AUBERGE DE JEUNESSE $

(☏04-679-2611 ; www.hosteltiberias.com ; Rabin Sq ; dort 75-100 NIS, s 180-250 NIS, d 230-350 NIS ; @🛜). Cette excellente auberge de jeunesse du réseau ILH fait preuve d'un véritable esprit routard. Aire de détente sur le toit, cuisine équipée à disposition et personnel qui prodigue de bons tuyaux sur les activités aux environs. Petit-déjeuner à 15 NIS seulement ; le dîner sans viande du vendredi est également bon marché (15-35 NIS).

Aviv Hostel   AUBERGE DE JEUNESSE $

(☏04-672-0007 ; 66 HaGalil St ; dort 20-30 $, s/d / tr sans petit-déj 50/60/80 $; @🛜). L'Aviv s'apparente plutôt à un hôtel bon marché, avec 26 chambres très vieillottes (bons matelas à ressorts, draps en polyester, vue sur la mer) dotées de réfrigérateurs. Pas de lit superposé dans les dortoirs, dont certains sont réservés aux femmes. Ascenseur. Excellent buffet petit-déjeuner pour 12 $.

💙 Arbel Guest House   PENSION $$

(☏04-679-4919 ; www.4shavit.com ; Moshav Arbel ; dort/d sans petit-déj 30/110 $, ven, août et jours fériés 37,5/160 $, pers supp 33 $; 🛜🖥). Ce paisible B&B semble être à mille lieues de Tibériade, alors que Moshav Arbel n'est qu'à 8 km au nord-ouest du centre-ville. Au programme : détente au bord de la piscine ou balade parmi les bougainvilliers, les treilles et les vergers d'arbres fruitiers. Les 6 studios

SITES INTERNET

Office du tourisme régional de la vallée du Jourdain (www.ekinneret.co.il)

Autorité du développement en Galilée (www.gogalilee.org)

Travelujah (tourisme chrétien) www.travelujah.com

BibleWalks (www.biblewalks.com)

BASSE GALILÉE ET LAC DE TIBÉRIADE TIBÉRIADE

LE CHEMIN DU SANHÉDRIN

L'ouverture du chemin du Sanhédrin est prévue pour 2018, pour célébrer l'indépendance de l'État d'Israël. Long de 70 km, il reliera différents sites de basse Galilée – de Tibériade à Beit She'arim – associés au Grand Sanhédrin. À la fois assemblée et tribunal, le Sanhédrin siégeait en Galilée. Il était composé d'environ 70 sages chargés d'établir et de faire respecter la loi juive au cours des siècles qui suivirent la destruction du second Temple en 70. Le chemin sera divisé en cinq segments d'une journée chacun. Une application de réalité augmentée permettra aux randonneurs de s'immerger dans le passé.

de 2 pièces, pouvant accueillir chacun 4 ou 5 personnes, arborent une décoration éclectique et sont équipés de baignoire balnéo et kitchenette. Excellent rapport qualité/prix ; petit-déjeuner épatant (13,5 $).

Arbel étant à 80 m au-dessus du niveau de la mer, il y fait plus frais qu'à Tibériade l'été et plus chaud qu'au Golan en hiver.

Aviv Holiday Flats HÔTEL $$

(☏04-671-2272 ; aviv-hotel.xwx.co.il ; 2 HaNoter St ; s/d/tr/qua sans petit déj 300/400/500/600 NIS ; ☎). Trente jolis studios modernes de 30 m² minimum, avec balcon, kitchenette, draps et matelas flambant neufs. L'un des meilleurs rapports qualité/prix en ville. Le buffet petit-déjeuner, très copieux, est à 50 NIS.

Rimonim Galei Kinnereth HÔTEL $$$

(☏04-672-8888 ; www.rimonim.com ; 1 Eliezer Kaplan St ; d sam-mer à partir de 280 $, jeu-ven à partir de 400 $; ☎☀). Apprécié de David Ben Gourion dans les années 1950, le doyen des hôtels de Tibériade – ouvert en 1946 – a été entièrement modernisé. Parmi les équipements et services proposés : plage de galets privée, spa et club pour les 5-10 ans (tous les jours de juillet à août, vendredi et samedi le reste de l'année). Une peinture, derrière la réception, représente ses clients célèbres.

Petite exposition sur l'histoire de l'hôtel dans la Hermon Room (2ᵉ niveau).

Scots Hotel HÔTEL $$$

(☏04-671-0710 ; www.scotshotels.co.il ; 1 Gdud Barak St/rte 90 ; d à partir de 390 $; @☎☀). Ouvert en 2004 sur le domaine d'un ancien hôpital construit dans les années 1890,

ce complexe hôtelier somptueusement restauré, toujours propriété de l'Église d'Écosse, s'agrémente de jardins, de cours aérées et d'une piscine (avril-octobre) avec vue sur le lac. L'établissement possède 69 chambres et un superbe spa (hammam, bain à remous, massages...). Des réductions sont souvent proposées. Les non-résidents peuvent visiter les jardins de 10h à 16h du dimanche au mercredi.

Emily's Boutique Hotel HÔTEL $$$

(☏04-664-7500 ; www.emilys-hotel.com ; 66 HaGalil St ; d/tr 167/230 $, enfant supp 42 $; ☎). Cet hôtel tenu par une famille de la région est une valeur sûre. Les 48 chambres, spacieuses (28 m²), avec parquet au sol et bonne hauteur sous plafond, sont dotées de salles de bains aux carrelages et aux cuivres étincelants et jouissent d'une vue sur le lac. Des carpes koï nagent dans un bassin dans l'atrium, tandis que de vieilles photos de Tibériade en noir et blanc ornent les murs des couloirs.

✖ Où se restaurer

Marché de fruits et légumes MARCHÉ $

(HaPrachim St ; ☉6h-20h lun-jeu, jusqu'à 1 heure avant le crépuscule ven, certains marchands ouvrent le dimanche ; ☞). Certains marchands sont parfois un peu rustres, mais les produits sont d'excellente qualité et bon marché.

Baguette Levin RESTAURATION RAPIDE $

(☏04-857-7762 ; 32 HaGalil St ; ☉12h-4h dim-jeu, 12h-6h ven, 10h-4h sam). Une adresse spécialisée dans le *shawarma* et le *schnitzel* sur une baguette ou dans un pain pita. Ouvert tard et pendant le shabbat.

Supersol Express SUPERMARCHÉ $

(HaBanim St ; ☉7h30-20h dim-jeu, 7h30-16h30 ven en été, 7h30-14h ven en hiver). Petit supermarché où trouver des provisions pour les pique-niques et pour le shabbat.

Guy ISRAÉLIEN $$

(☏04-672-3036 ; HaGalil St, angle Achva St ; plats 38-75 NIS ; ☉12h-21h ou 22h dim-jeu, 12h-14h30 ven en hiver, 12h-16h ven en été ; ☞). Modeste restaurant mizrahi (juif oriental) d'antan proposant grillades maison, soupes (uniquement en hiver) et choix de légumes farcis, ainsi que foie haché ashkénaze, *kibbeh* irakien (boulettes de viande épicée dans une soupe piquante) et *kebbeh* libanais (boulettes de viande frites à base de pâte de blé concassé farcies de viande hachée et parfumée d'épices et d'herbes). En espèces uniquement.

Little Tiberias INTERNATIONAL **$$**
(☎04-679-2806 ; www.littletiberias.com ; HaKishon St ; plats 59-155 NIS ; ☉12h-22h30 sam-jeu, 12h-23h ven ; 🖊). Poisson (grillé, au four ou frit), viande, fruits de mer et pâtes, servis sur des tables en pin massif. Ouvert pendant le shabbat.

❤ **Yisrael's Kitchen** ISRAÉLIEN **$$$**
(☎04-679-4919 ; www.4shavit.com ; Arbel Guest House, Moshav Arbel ; plats 76-128 NIS ; ☉début petit déj. 8h-9h20, début dîner18h-19h30 tlj). À 8 km de Tibériade en voiture (prenez la route 77 puis 7717), ce restaurant rustique est tenu par la même famille que l'Arbel Guest House (p. 223). Authentique cuisine campagnarde à base de produits locaux, en particulier les steaks et l'agneau de Galilée servis en énormes portions (500 g) dans des pots en terre, le tilapia au four et de délicieux desserts, comme la glace maison. Réservez.

Bon choix de vins de Galilée et du Golan.

Decks GRILL **$$$**
(☎04-671-0800 ; www.decks.co.il ; Lido Beach, Gdud Barak St ; plats 75-175 NIS ; ☉12h-23h dim-jeu, 11h30 avant le crépuscule ven, ouvert après le crépuscule sam). Réputé pour ses grillades – filet mignon, agnelet et foie d'oie (non gavée) – préparées en extérieur sur un mélange de 5 essences de bois : olivier, citronnier, cerisier, noyer et eucalyptus. De la focaccia fraîche est cuite pour chaque dîner dans un *taboun* (four en argile) au feu de bois. Dans cet immense espace aménagé au-dessus de l'eau, la vue est magnifique. Excellente carte des vins. Kasher.

Galei Gil POISSON **$$$**
(☎04-672-0699 ; promenade Yigal Allon ; plats 68-105 NIS ; ☉10h30-23h tlj ; ☎). La terrasse en bois donnant sur le lac offre une vue inégalable. Sont proposées huit sortes de poissons du lac de Tibériade ou de la Méditerranée, grillés ou frits, ainsi que de la viande et des soupes. Ouvert pendant le shabbat.

ⓘ Renseignements

On trouve des banques avec DAB près de l'intersection des rues HaYarden et HaBanim.
Magen David Adom (☎04-671-7611 ; angle HaBanim St et HaKishon St ; ☉premiers secours 19h-minuit dim-jeu, 14h-minuit ven, 10h-minuit sam, ambulance 24h/24). Clinique privée gérée par Malram (www.mrlm.co.il). Premiers secours de nuit et visites de médecins à domicile et à l'hôtel.

Office du tourisme (☎04-672-5666 ; HaBanim St ; ☉8h-16h dim-jeu, jusqu'à 12h ven). Propose de nombreuses brochures gratuites sur le lac de Tibériade, notamment sur les sites chrétiens, et d'excellentes cartes de randonnée et de cyclisme (pour le sentier Kinneret, par exemple). Situé dans un parc archéologique en plein air abritant les ruines d'une synagogue du Vᵉ siècle et des mosaïques représentant des symboles juifs tels qu'un *lulav* (feuille de palmier) et un *etrog* (sorte d'agrume).

Poriya Hospital (Baruch Padeh Medical Center ; ☎04-665-2211 ; www.poria.health.gov.il ; rte 768 ; urgences 24h/24). L'hôpital public de Tibériade est à 8 km au sud-ouest du centre-ville. Relié par les bus Superbus nᵒˢ37 et 39 (40 min, 2/heure sauf ven après-midi et sam).

ⓘ Depuis/vers Tibériade

BUS

La plupart des bus intercités s'arrêtent à la **gare routière centrale** (www.bus.co.il ; HaYarden St) ; certains bus courte distance s'arrêtent aussi dans la rue HaGalil. Destinations desservies :
Beit She'an (bus Superbus nᵒ28, 14 NIS, 35 min, toutes les 45 min dim-jeu, 1 bus/heure jusqu'au milieu de l'après-midi ven et après le crépuscule sam). Arrêts le long de la rive sud-ouest du lac de Tibériade.

Haïfa-Merkazit HaMifratz (bus Egged nᵒˢ430 et 434, 21,50 NIS, 1 heure 15, 2/heure sauf du ven après-midi au crépuscule le sam)

Jérusalem (bus Egged nᵒˢ959, 961 et 962, 37,50 NIS, 2 heures 45, toutes les 1 ou 2 heures sauf du ven soir au crépuscule le sam). Les busnᵒˢ959 et 962 empruntent la route 6, le bus nᵒ961 passe par Beit She'an et la vallée du Jourdain.

Katzrin (bus Rama nᵒˢ52 et 57, 35 à 50 min, 12/jour sauf du ven en milieu d'après-midi au crépuscule le sam). Le bus nᵒ52 passe par la rive nord-ouest du lac de Tibériade, dont Capharnaüm. Le bus nᵒ57, plus lent, suit les rives sud-est et est du lac, en passant par Ein Gev et le parc national de Kursi.

Kiryat Shmona (bus Egged nᵒˢ541 et 840, 27 NIS, 1 heure, 1 bus/heure). Passent par Rosh Pina.

Nazareth (bus Nazareth Tourism & Transport nᵒ431, 16 NIS, 1 heure, 1 bus/heure sauf ven soir et sam avant le crépuscule). À Nazareth, certains bus s'arrêtent sur le périphérique (route 75) et non pas dans Paulus VI St.

Safed (Tsfat) (bus Superbus nᵒ450, 14 NIS, 37 min, toutes les 40 min dim-ven après-midi, 3 le sam soir)

Tel-Aviv (bus Egged nᵒˢ836 et 840, 37,50 NIS, 2 heures 45, au moins toutes les heures sauf du ven en milieu d'après-midi au sam en milieu d'après-midi)

LE LAC DE TIBÉRIADE À VÉLO

Faire le tour du lac de Tibériade (environ 65 km) prend environ 6 heures – sur environ 70% du parcours, vous pouvez suivre le sentier Kinneret (Shvil Sovev Kinneret), mais pour le reste (notamment d'Ein Gev, sur la rive est, au pont d'Arik à la pointe nord du lac) vous devrez rouler sur une route nationale. Ne partez pas sans une bonne carte (à l'échelle 1/50 000 par exemple), car l'itinéraire est mal indiqué.

Pour faire une agréable balade d'une demi-journée, rendez-vous à Yardenit, à 8 km au sud de Tibériade, d'où un circuit de 8 km suit le Jourdain.

Commencez tôt pour éviter la chaleur et emportez beaucoup d'eau. Sur la route, assurez-vous d'être visible et restez sur le bas-côté, aussi loin que possible de la circulation. Ne roulez pas dans l'obscurité.

Aviv Hostel Bike Rental (☎ 04-672-0007, Beni 050-728-2052 ; 66 HaGalil St ; 70 NIS/jour ; ☺ 6h-18h en hiver, 7h-19h en été) loue 300 VTT à 24 vitesses. Le prêt d'un casque, d'un cadenas et de cartes est inclus dans le prix. Si votre vélo a des problèmes mécaniques, quelqu'un viendra sur place le réparer.

SHEROUT (TAXI COLLECTIF)

Le moyen le plus rapide pour gagner Tel-Aviv est de prendre un **sherout** (☎ Moshe 050-755-9282 ; 40 NIS ; ☺ 5h-19h ou plus tard dim-jeu, jusqu'à 14h30 ven) sur le parking juste en contrebas de la gare routière centrale.

TAXI

Moniyot Tveriya (☎ 04-655-5550) est une des compagnies de taxis.

VOITURE

Le Golan, le Doigt de Galilée, Beit She'an, Nazareth et même Acre sont à 1 heure en voiture. Tibériade est le meilleur endroit de Galilée pour louer une voiture. Agences de location : **Avis** (☎ 04-672-2766 ; www.avis.co.il ; 2 HaAmakim St, angle HaYarden St) et **Eldan** (☎ 04-672-2831 ; www.eldan.co.il ; 26 HaBanim St)

LAC DE TIBÉRIADE
بحيرة طبريا   ים כנרת

Les rives du lac de Tibériade (Yam Kinneret ou HaKinneret en hébreu), le plus grand lac d'eau douce d'Israël, sont bordées de sites invitant à la détente : plages, campings, pistes cyclables et sentiers de randonnée.

Selon le Nouveau Testament, Jésus aurait passé la plus grande partie de son ministère autour du lac de Tibériade. C'est là qu'il aurait accompli la plupart de ses miracles les plus connus (la multiplication des pains et des poissons, la marche sur les eaux), et c'est face à la mer de Galilée (l'autre nom du lac de Tibériade) qu'il aurait délivré le Sermon sur la montagne (Matthieu V-VII).

Le Jourdain se déverse dans le lac près des ruines de la cité antique de Bethsaïde, lui fournissant les 75% de son approvisionnement annuel, et sort du lac, direction la mer Morte, près du site de baptême de Yardenit, au sud.

Le camping est autorisé sur presque toutes les plages du lac, y compris les plages payantes.

La route 90 longe toute la rive occidentale du lac, la route 92 la rive orientale, et la route 87 relie les deux par la rive nord-ouest.

Le lac est desservi sur toute sa périphérie par deux bus reliant Tibériade à la ville de Katzrin, sur le plateau du Golan. Le bus n°52 suit les rives ouest et nord-ouest du lac de Tibériade en passant par Tabgha et Capharnaüm, tandis que le bus n°57, plus lent, longe les rives sud-ouest et est en desservant Ein Gev et le parc national de Kursi.

Nord de Tibériade

Au nord de Tibériade, la route 90 et le sentier de Kinneret (Shvil Sovev Kinneret), qui lui est parallèle, longent la rive nord-ouest du lac, en passant devant certains sites évoqués dans le Nouveau Testament.

Deux églises catholiques, à quelques centaines de mètres l'une de l'autre, occupent une partie le long du lac appelée **Tabgha** (déformation arabe du grec *hepta pega,* "sept sources"). Un agréable sentier relie Tabgha à Capharnaüm, à environ 3 km.

Sauf exception, les sites à découvrir sont ici présentés du sud-ouest au nord-est.

 **À voir**

Parc national d'Arbel
PARC NATIONAL

(☎04-673-2904 ; www.parks.org.il ; adulte/enfant 22/9 NIS ; ◷8h-16h ou 17h, ferme 1h plus tôt le ven, dernière entrée 1h avant la fermeture). Offrant une vue à couper le souffle sur le Golan et le mont Hermon, les falaises d'Arbel culminent à 181 m au-dessus du niveau de la mer, soit 390 m au-dessus des eaux bleues du lac de Tibériade. Haut lieu de randonnées, le parc est traversé à la fois par l'Israel National Trail et le chemin de Jésus (les randonneurs doivent payer l'entrée du parc). Il est situé à 11,5 km au nord-ouest de Tibériade ; prenez la route 77, la 7717 puis la route d'accès à Moshav Arbel, d'où une voie latérale suit le nord-est sur 3,5 km.

Pour un panorama de choix, vous pouvez grimper au **point de vue de Carob Tree** (30 min aller-retour) et, un peu plus loin, au **point de vue de Kinneret**. Un circuit assez difficile de 3 heures (à partir de 7 ans), nécessitant un peu d'escalade avec câbles et prises, vous fait passer par la **forteresse troglodytique** (restaurée en 2017) qui aurait été construite par un chef druze dans les années 1600. Il est aussi possible d'effectuer un circuit (5-6 heures) qui descend à la **source d'Arbel** et remonte au bureau du parc via Wadi Arbel et les ruines d'une **synagogue** du VIe siècle (accessible en fauteuil roulant) – cette dernière est à 800 m vers Moshav Arbel sur la seule route d'accès au parc.

En 1187, Saladin infligea une défaite définitive aux croisés aux **Cornes de Hattin**, la crête à quelques kilomètres à l'ouest des falaises d'Arbel. Vous pouvez voir celle-ci juste derrière Moshav Arbel en regardant vers l'ouest depuis le centre d'accueil du parc.

Magdala
SITE ARCHÉOLOGIQUE

(☎04-620-9900 ; www.magdala.org ; embranchement pour Migdal, rte 90 ; tarif plein/enfant 15/10 NIS ; ◷8h-18h). Lorsque les Légionnaires du Christ, une congrégation catholique fondée au Mexique, ont entamé la construction d'une retraite spirituelle/centre d'accueil de pèlerins en 2009, ils ont été surpris de découvrir une synagogue du Ier siècle, datée de l'époque de Jésus grâce à une pièce frappée en 29. Le site des fouilles – qui se poursuivent chaque été – est désormais un musée en plein air. À 6 km au nord de Tibériade sur le site de l'antique Magdala (Migdal en hébreu), où aurait vécu Marie Madeleine.

Dans la synagogue, les archéologues ont mis au jour la **pierre de Magdala**, un autel rectangulaire – découvert face au sud, orienté vers Jérusalem – orné d'une menora à 7 branches sculptée quand le Temple de Jérusalem était encore debout. L'autel a pu servir pour lire la Torah. L'original se trouve au musée d'Israël, à Jérusalem.

On peut également découvrir l'élégant **Worship Center** et ses six chapelles ornées de mosaïques. Des bénévoles font des visites gratuites en anglais, en espagnol, et parfois dans d'autres langues. Une pension de 160 chambres est en cours de construction.

♥ Bateau de Galilée
SITE HISTORIQUE

(☎04-911-9585 ; www.bet-alon.co.il ; kibboutz Ginossar, rte 90 ; adulte/enfant 20/15 NIS ; ◷8h-17h sam-jeu, jusqu'à 16h ven ; ☎). En 1986, alors que le niveau de l'eau du lac de Tibériade était particulièrement bas, un pêcheur local fit une extraordinaire découverte : les vestiges d'un bateau en bois qui aurait vogué sur le lac à l'époque de Jésus. Ce bateau de pêche de près de 9 m de long et 2,5 m de large, composé de 12 différentes essences de bois (apparemment recyclés), est exposé dans le **centre Yigal Allon** du kibboutz Ginosar. Des panneaux muraux et 3 courts films (tout comme le site Internet) racontent l'histoire fascinante de sa découverte et de sa restauration complexe.

Dehors, le charmant site au bord de l'eau est entouré de roseaux ondulants et d'un jardin de sculptures réalisé par des artistes juifs et arabes.

Église de la Multiplication des pains et des poissons
ÉGLISE

(☎04-667-8100 ; www.dvhl.de ; Tabgha ; parking 10 NIS ; ◷8h-16h45 lun-ven, 8h-14h45pm sam, 11h-16h45 dim). Cette église austère, desservie par des bénédictins allemands, fut érigée en 1982 sur les fondations d'une église byzantine des IVe-Ve siècles. Pour certains, la roche

---

LE LAC EN CHIFFRES

➙ Superficie maximum : 170 km²

➙ Longueur de côte : 53 km

➙ Profondeur maximum : 44 m

➙ Volume d'eau maximum : 4,3 km³

➙ Température moyenne de l'eau en surface en février : 14,7°C

➙ Température moyenne de l'eau en surface en août : 28,6°C

sous l'autel serait "l'endroit solitaire" où Jésus posa les cinq pains et les deux poissons qui se multiplièrent pour nourrir 5 000 témoins. En 2015, elle fut très endommagée par un incendie volontaire, pour lequel un Juif d'extrême droite fut condamné.

Église de la Primauté de Pierre ÉGLISE
(Tabgha ; ⊘ 8h-16h50), Un jardin ombragé et parfumé descend vers la rive du lac et cette chapelle franciscaine érigée en 1933, illuminée par les couleurs vives de vitraux abstraits. La pierre plate devant l'autel fut surnommée Mensa Christi (table du Christ) par les pèlerins byzantins qui pensaient que Jésus et ses disciples y avaient déjeuné de poisson (Jean XXI, 9).

Selon la Bible, Jésus se tenait sur les quelques marches sculptées dans la roche du côté de l'église faisant face au lac quand ses disciples l'aperçurent. Mais il se peut que ces marches datent des IIe ou IIIe siècles de notre ère, quand le site servait de carrière de calcaire. À l'ouest de l'église, un sentier mène à trois chapelles paisibles, entourées par des roseaux et des arbres qui poussent au bord du lac.

❤ Église du Mont des Béatitudes ÉGLISE
(Har HaOsher ; ☎ 04-671-1223 ; rte 90 ; 10 NIS/voiture ; ⊘ porte et église 8h-11h45 et 14h-16h45). Ce site est considéré, depuis au moins le IVe siècle, comme étant celui où Jésus délivra son Sermon sur la montagne (Matthieu V-VII) dont les premières phrases – les huit béatitudes – commencent par "Heureux... Si beaucoup ne le savent pas, le Notre Père et plusieurs expressions proverbiales en sont issus. Qui n'a entendu une fois dans sa vie parler du "sel de la terre" ou de "la paille dans l'œil du voisin" et de "la poutre dans le sien" ?

L'église catholique romaine de forme octogonale et de style italianisant occupant les lieux fut érigée entre 1936 et 1938 avec le soutien de Mussolini ; elle est aujourd'hui gérée par des sœurs franciscaines. Les Béatitudes sont commémorées sur des vitraux sous la coupole, tandis que les vertus théologales et cardinales (la foi, l'espérance et

---

ⓘ TENUE CORRECTE EXIGÉE

Les sites chrétiens de la rive nord du lac de Tibériade requièrent des visiteurs une tenue correcte (pas de débardeur ou de jupe au-dessus du genou).

---

la charité ; la justice, la prudence, la tempérance et la force) sont représentées dans la mosaïque du sol. Le balcon et les jardins offrent une vue magnifique sur le lac de Tibériade. L'auberge de jeunesse des pèlerins (p. 235) est ouverte aux visiteurs de toutes confessions.

Le mont des Béatitudes, situé sur le chemin de Jésus, est à 3,1 km en amont de l'église de la Multiplication des pains et des poissons de Tabgha. On peut l'atteindre en voiture ou à pied – depuis le kiosque d'entrée devant la montagne, un sentier de 1 km descend à Tabgha, rejoignant la route 87 à un point situé à 200 m à l'est de l'église de la Primauté de Pierre.

Capharnaüm SITE ARCHÉOLOGIQUE
(Kfar Nachum, Kfar Nahum ; 5 NIS ; ⊘ 8h-17h, dernière entrée 16h30). Le Nouveau Testament raconte que c'est dans le prospère village lacustre de Capharnaüm (quelque 1 500 habitants à l'époque), situé sur la route impériale de Tibériade à Damas, que Jésus habitait pendant la période la plus influente de son ministère galiléen (Matthieu IV, 13, Marc II, 1, Jean VI, 59). Il est mentionné 16 fois : c'est là que Jésus aurait prêché à la synagogue (Marc I, 21), guéri les malades et recruté ses premiers disciples, les pêcheurs Pierre, André, Jacques et Jean, ainsi que Matthieu, le collecteur d'impôts.

Les moines franciscains qui gèrent le site, vêtus de soutanes marron ceintes d'une corde blanche, répondent volontiers aux questions. Une brochure explicative (1 NIS) est disponible à la billetterie.

La fameuse synagogue de Capharnaüm, dont la façade est tournée au sud vers Jérusalem, n'est pas celle où Jésus aurait enseigné puisqu'elle date de la fin du IVe siècle. Appelée la "synagogue blanche" car elle est faite en calcaire clair, elle a été élevée sur une structure plus ancienne en basalte sombre qui, malgré son nom de "synagogue de Jésus", remonte à au moins un siècle après la Crucifixion.

De l'autre côté des bancs ombragés par les arbres de la synagogue, à 10 m à droite du pressoir à olives, une menora orne le bord supérieur d'une colonne. Une autre porte une inscription du Ve siècle en hébreu commémorant une donation faite par un certain Alpheus, fils de Zebidah.

Une église moderne, aux murs vitrés (1991, maintenant climatisée), où sont célébrées de fréquentes messes dans une douzaine de langues (demandez au prêtre si

BASSE GALILÉE ET LAC DE TIBÉRIADE NORD DE TIBÉRIADE

vous voulez y assister), est aménagée au-dessus des vestiges d'une église octogonale du Vᵉ siècle masquant partiellement la **maison de saint Pierre**, où Jésus aurait séjourné.

Près de l'entrée du site s'alignent d'impressionnants linteaux de pierre ornés de fruits et autres végétaux mais, en accord avec le troisième commandement (Exode XX, 4), sans représentation humaine ou animale.

Capharnaüm est à 16 km au nord-est de Tibériade et à 3 km au nord-est de Tabgha. La route 87 compte 3 panneaux indiquant les embranchements vers Capharnaüm ; pour aller au site archéologique, prenez celui qui est le plus à l'ouest.

Monastère des Douze Apôtres ÉGLISE

(Monastère des saints apôtres ; ☎052-885-8421 ; ⊙env 9h-16h, jusqu'à 18h heure d'été). Des paons se pavanent dans le paisible jardin ombragé de ce site grec orthodoxe, à 200 m à vol d'oiseau (1,6 km à pied ou en voiture) au nord-est de la synagogue de Capharnaüm, à l'extrémité est de l'ancienne ville. L'église, de la taille d'une chapelle, arbore des dômes rouges visibles de loin (notamment depuis le mont des Béatitudes) et date de 1925, mais l'ensemble – des treilles à la riche iconographie intérieure (refaite pour l'an 2000) – dégage un charme très byzantin. Pour s'y rendre, suivre les panneaux "Capernaum (Orthodox)" sur la route 87 et tourner à droite juste avant l'entrée du parc national de Capharnaüm.

Domus Galilaeae SITE CHRÉTIEN

(☎04-680-9100 ; www.domusgalilaeae.org ; ⊙visites 9h-12h et 15h-16h30 lun-sam). Près du sommet du mont des Béatitudes, ce superbe complexe moderne a pour but d'expliquer aux visiteurs chrétiens (surtout aux séminaristes catholiques) le judaïsme d'aujourd'hui et les racines juives du christianisme, afin de mieux comprendre Jésus et son message. Des visites guidées gratuites (30 min) permettent de découvrir le lieu, inauguré par le pape Jean-Paul II en 2000, y compris le cloître d'une modernité surprenante.

Parc national de Korazim SITE ARCHÉOLOGIQUE

(☎04-693-4982 ; www.parks.org.il ; rte 8277 ; adulte/enfant 22/9 NIS ; ⊙8h-16h ou 17h, ferme 1 h plus tôt ven, dernière entrée 1 h avant la fermeture). Dominant une plaine basaltique, les vestiges de l'antique Korazim, cité juive du Iᵉʳ siècle, offrent une belle vue sur le lac de Tibériade et le Jourdain. En partie restaurées, ses ruines permettent d'imaginer l'organisation d'une petite ville de l'époque de Jésus et de la période talmudique (IIᵉ au Vᵉ siècle). La synagogue en basalte noir des IIIᵉ et IVᵉ siècles, d'un style similaire à celle, en calcaire, de Capharnaüm, en est le site le plus notable. Elle est décorée de sculptures raffinées, de motifs floraux et géométriques (autorisés par la loi juive) et de représentations hellénistiques d'animaux, d'humains (comme des personnages foulant le raisin) et de figures mythologiques (comme Méduse).

Deux objets extraordinaires furent découverts dans la synagogue : une colonne richement décorée qui aurait soutenu la table utilisée pour lire la Torah, et un fauteuil portant une inscription en araméen. Les originaux sont au musée d'Israël, ici ce sont des reproductions. Les habitants de Korazim, comme ceux de Capharnaüm et de Bethsaïde, auraient été condamnés par Jésus pour leur manque de foi (Matthieu XI, 20-24).

Le parc, accessible en fauteuil roulant, se trouve sur la route 8277, à 2,5 km à l'est de la route 90 à l'embranchement pour Korazim (c'est-à-dire Vered HaGalil) et à 8 km à l'ouest des ruines de Bethsaïde (dans le Parc HaYarden).

BASSE GALILÉE ET LAC DE TIBÉRIADE NORD DE TIBÉRIADE

DYZIO / SHUTTERSTOCK ©

1. Mur des Lamentations (p. 67), Jérusalem **2.** Via Dolorosa (p. 62), Jérusalem **3.** Dôme du Rocher (p. 58), Jérusalem **4.** Qasr Al Yahud (p. 294), au bord du Jourdain, non loin de Jéricho

LINGLING7788 / SHUTTERSTOCK ©

Sites religieux

Les lieux que parcourt les visiteurs sont d'une extrême importance pour les trois grandes religions monothéistes : judaïsme, christianisme et islam. Que vous soyez croyant ou simple curieux, il y a fort à parier que vous ne resterez pas insensible devant ces sites qui ont marqué l'histoire.

Via Dolorosa

S'étirant dans la vieille ville de Jérusalem, le "chemin de la souffrance" (p. 62) est l'itinéraire emprunté par Jésus portant sa croix pour se rendre au Calvaire. Quatorze stations commémorent les événements qui ponctuèrent son chemin.

Dôme du Rocher

Surmonté d'un étincelant dôme doré, ce sanctuaire musulman du VIIᵉ siècle (p. 58) est bâti sur l'énorme rocher d'où le prophète Mahomet serait monté au ciel lors de son voyage nocturne.

Mur des Lamentations

Nombreux sont ceux qui se rendent sur le site le plus sacré du judaïsme (p. 67) pour appuyer leurs mains contre le mur et glisser une prière entre ses pierres.

Mont des Oliviers

Les juifs viennent sur le mont des Oliviers (p. 80) pour le plus vieux cimetière juif du monde, et les chrétiens pour les églises couvertes de mosaïques et coiffées de dômes, ainsi que les oliviers âgés de 2 000 ans du jardin de Gethsémani.

Jéricho

Probablement la ville la plus ancienne au monde, Jéricho (p. 293) est surtout connue en référence aux trompettes de Josué qui ont fait s'effondrer ses remparts. C'est aussi dans ses alentours que Jésus a été tenté par le diable et baptisé par Jean-Baptiste.

Basilique du Saint-Sépulcre

Cierges, icônes et prières murmurées par les pèlerins donnent le ton du lieu le plus sacré du christianisme (p. 62), considéré comme le site de la crucifixion, de l'enterrement et de la résurrection de Jésus depuis au moins le IVᵉ siècle.

Mont Sion

Sur le mont Sion (p. 73), un même édifice est vénéré par les chrétiens et les juifs, car il aurait accueilli la Cène – le dernier repas du Christ avec ses disciples – et le tombeau du roi David.

Tombeau des Patriarches

Selon la genèse et le Coran, Abraham et les membres de sa famille seraient enterrés dans le tombeau des Patriarches, à Hébron (p. 297). Âprement disputé par les juifs et les musulmans, c'est le deuxième lieu sacré de Terre sainte pour chacune de ces religions.

Synagogue ashkénaze Ari

L'une des plus vieilles synagogues d'Israël, à Safed (p. 243), se dresse là où le grand kabbaliste du XVIe siècle Isaac Louria (connu aussi sous le nom d'Ari) célébrait Shabbat.

Basilique de la Nativité, Bethléem

Inclinez-vous humblement pour franchir la porte surbaissée donnant accès à la basilique (p. 279). L'endroit où Jésus serait né est marqué par une étoile en argent à 14 branches.

Tabgha

Situé sur les rives du lac de Tibériade, Tabgha (p. 226) est l'endroit où Jésus aurait accompli le miracle de la multiplication des pains et des poissons, pour nourrir une foule de 5 000 personnes.

1. Tombeau du roi David (p. 73), mont Sion, Jérusalem
2. Église de la Multiplication des pains et des poissons (p. 227), Tabgha **3.** Basilique de la Nativité (p. 279), Bethléem

BORISVETSHEV / SHUTTERSTOCK ©

Bethsaïde
SITE ARCHÉOLOGIQUE

(Beit Tzayda ; ☎ 04-692-3422 ; www.parkyarden. co.il ; rte 888 juste au nord de la rte 87 ; 60 NIS/ voiture, jusqu'à 19h, après 19h 100 NIS ; ⏲ 24h/24). Les ruines visibles dans la **réserve naturelle de HaYarden** (parc du Jourdain) seraient les vestiges de l'ancien village de pêcheurs de Bethsaïde, où Jésus aurait nourri 5 000 personnes avec seulement 5 miches de pain et 2 poissons (Luc IX, 10-17), marché sur l'eau (Marc VI, 45-51) et guéri un aveugle (Marc VIII, 22-26) – et c'est aussi là qu'il aurait sévèrement réprimandé la ville (Luc X, 13-15).

Deux **circuits pédestres** sont balisés en noir : un itinéraire de 500 m autour des ruines en basalte, qui ne paie pas de mine pour l'œil non averti (des panneaux aident les visiteurs à imaginer les structures d'origine), et un autre de 1 km aller-retour vers la source. Le site est entouré de tranchées syriennes et de champs de mines datant d'avant 1967.

Le **Bethsaida Excavations Project** (www.unomaha.edu, cherchez "bethsaida"), un programme de fouilles ouvert aux bénévoles durant l'été, est basé à l'université du Nebraska, à Omaha.

Bethsaïde se trouve à l'extrémité nord-est du lac de Tibériade, à environ 6 km de Capharnaüm. Dans l'Antiquité, le lac de Tibériade, aujourd'hui à 2 km, arrivait sans doute au pied du mont.

Activités

Écuries Vered HaGalil
ÉQUITATION

(☎ pension 04-693-5785, écuries 050-238-2225; www.veredhagalil.com ; angle rte 90 et rte 8277 ; balade 1/2 heures 145/250 NIS, balade coucher de soleil 160 NIS, enfant poney 10 min 35 NIS ; ⏲ 9h-18h). Ce ranch façon "western" a été créé en 1961 par un immigré de Chicago. Il propose des balades à cheval (à partir

---

ⓘ LE SENTIER KINNERET

Dans le cadre d'une campagne menée par des écologistes soucieux d'assurer un accès illimité et gratuit à tout le lac de Tibériade, ce sentier – le **Shvil Sovev Kinneret** en hébreu – finira par permettre de faire tout le tour du lac (65 km) à pied. Pour l'instant, environ 45 km – dont la moitié sud du lac, de Tibériade à Ein Gev, et la partie nord-est – sont praticables et signalés (repères bleus, violets et blancs).

---

de 10 ans) et des promenades pour enfants (à partir de 3 ans). Appelez pour réserver. L'établissement possède 30 chambres. À 6,7 km (par la route) en amont de Tabgha.

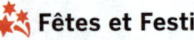 Fêtes et Festivals

Jacob's Ladder Festival
MUSIQUE

Fondé en 1978, le **Jacob's Ladder Festival** (www.jlfestival.com ; tarif plein/5-12 ans 455/290 NIS, ven uniquement 245 NIS, sam uniquement 240/140 NIS ; ⏲ déc et mai), bisannuel, met à l'honneur bluegrass, folk, country, blues, danses irlandaises et musique du monde. Les artistes israéliens et internationaux se produisent autour du Nof Ginosar Hotel (10 km au nord de Tibériade). Les événements sont accessibles en fauteuil roulant.

Le Winter Weekend se déroule un vendredi soir et un samedi début décembre. Le Spring Festival a lieu pendant un long week-end (du jeudi au samedi) début mai.

Où se loger

Inbar Country Lodging
PENSION $$

(☎ 04-698-7302 ; www.inbar.co.il ; Kibboutz Inbar, Rte 806 ; dort petit-déj non inclus 100 NIS, d à partir de 350 NIS ; 🕿). Le plus petit kibboutz d'Israël (cinq familles) gère une charmante pension à flanc de colline affiliée au réseau ILH. Les hamacs se balancent tranquillement dans les jardins fleurant la menthe, le romarin et la verveine. Les 19 chambres sont spacieuses, propres, confortables, et équipées d'une salle de bains carrelée. Excellent rapport qualité/ prix. À 21 km à l'ouest-nord-ouest du mont des Béatitudes, 32 km au sud-ouest de Safed et 38 km à l'est d'Acre.

HI – Karei Deshe Guest House & Youth Hostel
AUBERGE DE JEUNESSE $$

(Kare Deshe ; ☎ 02-594-5633 ; www.iyha.org.il ; dort 130 NIS, d 430-530 NIS ; 🕿). Cet établissement à la blancheur immaculée, devant le lac, offre 82 chambres (et 18 supplémentaires à venir courant 2018), une plage de sable et une végétation abondante. Lits en dortoirs (4 à 6 lits) également disponibles, sauf le vendredi, le samedi, les jours fériés du calendrier juif et en juillet-août. À certaines périodes, l'auberge affiche souvent complet. Hukuk Beach est à côté.

L'arrêt de bus le plus proche, sur la route 90 près de la station de pompage Sapir (3 km au sud-ouest de l'embranchement pour Capharnaüm), est desservi par tous les bus allant vers le nord depuis Tibériade ; à 1,2 km à pied de l'auberge.

♥ Pilgerhaus Tabgha — PENSION $$$

(☑ 04-670-0100 ; www.dvhl.de ; s/d sam-mer 500/680 NIS, jeu-ven 600/880 NIS ; @ 🖥). Ouverte en 1889, cette pension catholique allemande – destinée aux pèlerins chrétiens mais ouverte à tous – est installée au cœur de beaux jardins au bord du lac de Tibériade. Rénovée en 2016, elle abrite 72 chambres, et son cadre propre et ordonné est propice à la méditation et à la réflexion. Accessible en fauteuil roulant. Réservez tôt, surtout pour le printemps et l'automne. À environ 500 m de l'embranchement pour Capharnaüm.

Nof Ginosar Hotel — HÔTEL $$$

(☑ 04-670-0300 ; www.ginosar.co.il ; Kibbutz Ginosar, Rte 90 ; d/tr à partir de 180/250 $; @ 🖥 ⛱). Au cœur du kibboutz Ginosar, cet hôtel fondé en 1964 dispose de 170 chambres élégantes, de 75 chambres "rustiques", d'une salle de sport (depuis 2017), d'un terrain fleuri et d'une plage privée au bord du lac de Tibériade. La piscine est ouverte d'avril à octobre. À 200 m du "Bateau de Galilée" et à 8 km au nord de Tibériade.

Mount of the Beatitudes Guesthouse — PENSION $$$

(☑ 04-671-1200 ; ospbeat@netvision.net.il ; s/d demi-pension 155/220 $). De modestes logements pour pèlerins, avec superbe vue sur le lac de Tibériade et dans le joli cadre du mont des Béatitudes, tenus par des sœurs franciscaines.

✗ Où se restaurer

Le centre commercial situé à l'embranchement pour Migdal (Rte 90) comprend un supermarché Dabbah (ouvert tous les jours) et des établissements de restauration rapide.

Ein Camonim — FROMAGE $$

(En Kammonim ; ☑ 04-698-9680 ; www.eincamonim.rest.co.il ; rte 85 ; repas à volonté 97 NIS, petit-déj pour 1/2 pers 70/130 NIS ; ⏱ restaurant et magasin 9h-17h ; 🅿). Au milieu des broussailles galiléennes, ce "restaurant de fromage de chèvre", tenu en famille, sert un délicieux festin végétarien comprenant 8 à 10 sortes de fromage de chèvre israélien ou français, du pain frais, des salades et du vin. Les enfants peuvent caresser les chevreaux. À 20 km au nord-ouest de Tabgha, à la sortie de la route 85 à 4,8 km à l'ouest de l'embranchement pour Nahal Amud.

Ktzeh HaNahal — LIBANAIS $$

(☑ 04-671-7776 ; www.kazehanahal.rest.co.il ; rte 90 ; plats 70-115 NIS, menu fixe de 4 plats 129 NIS ;

⏱ 12h-minuit ; 🅿). De l'extérieur, on n'imagine pas que ce restaurant sans prétention sert une délicieuse cuisine libanaise agrémentée de sumac, épice très appréciée au Moyen-Orient. Après une parade de 11 mezze, essayez le *shish barak* (raviolis à la viande cuits dans du yaourt au lait de chèvre) ou un kebab Antabli avec tomates rôties.

Situé à l'intersection de la route 90 et de la route d'accès au "Bateau de Galilée", à côté de la station-service Delek (repérez le panneau rouge, vert et blanc).

♥ Magdalena — ARABE $$$

(☑ 04-673-0064 ; www.magdalena.co.il ; centre commercial, Migdal Jct, Rte 90 ; plats 90-165 NIS ; ⏱ 12h-22h). Ce restaurant propose une cuisine arabo-galiléenne innovante, associant des recettes que le chef Zuzu Hanna (originaire du village de Rameh en haute Galilée) tient de sa mère et des techniques gastronomiques modernes, comme la cuisson sous vide.

Le menu, composé à partir d'herbes et de légumes cultivés en Galilée et de viande (bœuf, agneau, poulet), poisson et fruits de mer, varie selon les saisons. Gardez de la place pour le *halawet el jeben* (pâte de semoule fourrée au fromage arabe et parsemée de miel et de pistaches), primé. La situation du restaurant, au-dessus du supermarché Dabbah, est incongrue ; l'entrée se fait par l'arrière.

Tibi's Steakhouse & Bar — GRILL $$$

(☑ 04-633-0885 ; www.tibis.rest.co.il ; angle Rte 90 et Rte 8 277, Vered HaGalil Stables ; steaks 135-160 NIS, pâtes 59-75 NIS ; ⏱ 8h-10h30 et 12h30-22h ; 🅿). Tenu par Chaim Tibi, chef réputé, cet élégant restaurant est spécialisé dans les steaks du Golan mais propose aussi de bons plats végétariens (salades, pâtes). Excellente carte des vins. Le cadre rappelle un chalet montagnard.

ⓘ Comment s'y rendre et circuler

Tous les bus (Egged et Superbus) reliant Tibériade à des destinations au nord, *via* la route 90, dont Safed (Tsfat), Rosh Pina et Kiryat Shmona, passent par Magdala (embranchement pour Migdal ; 8,20 NIS, 11 min), Ginossar ("Bateau de Galilée"), l'embranchement pour Capharnaüm (Tzomet Kfar Nahum, à une courte distance à pied de Tabgha mais à 4 km à l'ouest de Capharnaüm) et la route d'accès de 1 km vers le mont des Béatitudes.

Le bus Rama n°52 (3-4/jour sauf du dim au ven), qui relie Tibériade à Katzrin (14,50 NIS, 50 min), dans le Golan, poursuit vers l'est

BASSE GALILÉE ET LAC DE TIBÉRIADE NORD DE TIBÉRIADE

le long de la rive nord du lac Tibériade (rte 87) en passant par Capharnaüm (10,50 NIS, 15 min).

Rive est

La rive orientale du lac de Tibériade, que longe la route 92, s'ouvre sur les plus grands marécages du pays, plusieurs plages (à la fois gratuites et bien équipées) et un site important du Nouveau Testament. Les sources chaudes de Hamat Gader jaillissent à 10 km à l'est de l'extrémité sud du lac.

À voir

Réserve naturelle de Majrase PARC NATIONAL
(☎04-679-3410 ; www.parks.org.il ; adulte/enfant 28/14 NIS ; ☺8h-16h ou 17h, ferme 1 h plus tôt ven, dernière entrée 1 h avant la fermeture). Dans la partie nord-est du lac de Tibériade, les ruisseaux alimentés par des sources et les marécages aux airs de jungle de cette réserve sont parfaits pour une rafraîchissante "promenade aquatique". Le **circuit humide** (il en existe un "sec" de 20 minutes) dure 40 à 60 minutes ; l'eau arrive jusqu'au cou juste après les pluies (60 cm en été). Les lagunes près du lac sont interdites d'accès pour faciliter la reproduction des poissons et des tortues d'eau.

Vestiaires sur place ; prévoyez des chaussures pour marcher dans l'eau. Certains sentiers sont accessibles en fauteuil. À 2 km en retrait de la route 92 ; suivez les panneaux pour "Daliyyot Estuary" ou "Beth-saida Valley".

Parc national de Kursi SITE ARCHÉOLOGIQUE
(☎04-673-1983 ; www.parks.org.il ; carrefour de la rte 92 et de la rte 789 ; adulte/enfant 14/7 NIS ; ☺8h-16h oct-mars, jusqu'à 17h avr-sept, ferme 1 h avant le ven, dernière entrée 30 min avant la fermeture). Mentionné dans le Talmud comme un endroit où l'on adorait les idoles, ce village de pêcheurs non juif – découvert par hasard au début des années 1970 – est l'endroit où Jésus aurait extirpé les esprits malins d'un homme (Marc V, 1-13, Luc VIII, 26-39) ou de deux hommes (Matthieu VIII, 28-34) et les aurait envoyés dans un troupeau de porcs. Les vestiges d'une église byzantine entourée d'un grand monastère et ceux d'une petite chapelle, datés des Ve et VIe siècles, sont magnifiquement conservés.

Un audioguide, disponible près de l'entrée en basalte, fournit de passionnantes explications sur le contexte historique, en cinq langues. Le site est totalement accessible en fauteuil roulant. S'agissant d'un site chrétien sacré, le port d'une tenue décente est conseillé. À 30 km de Tibériade par le sud du lac et à 33 km en prenant la route parallèle à la rive nord du lac.

 Activités

Hamat Gader SOURCES CHAUDES
(☎04-665-9999 ; www.hamat-gader.com ; tarif plein/enfant 107/80 NIS ; ☺8h30-22h lun-ven, 8h30-19h sam, 8h30-17h dim oct-fin avr, 8h30-17h dim-mer, 8h30-22h jeu-ven, 8h30-19h sam fin avr-sept). Autrefois très appréciées des Romains, dont on peut encore voir les impressionnants **thermes du IIe siècle**, ces sources d'une eau jaillissant à 42°C, à 150 m sous le niveau de la mer, sont parfaites pour se réchauffer par une froide journée d'hiver. Aires de pique-nique, restaurants et restauration rapide. Il faut généralement réserver pour les soins en spa. Accessible en fauteuil roulant.

La température de la piscine extérieure principale est de 37°C ; il est déconseillé d'y rester plus de 10 minutes.

Les jeunes visiteurs adoreront les paons en liberté, les spectacles de la troupe de perroquets et le **zoo**, où évoluent babouins, bouquetins, autruches, alligators (repas à 13h30 généralement du lundi au vendredi) et, dans une **ferme pédagogique** rafraîchie par une légère brume, d'adorables lapins. Lorsqu'il fait beau, les enfants peuvent profiter de la **piscine** et de son toboggan (ouverte de mai à septembre).

Hamat Gader, qui appartenait à la Palestine sous mandat britannique, fut occupée par les Syriens en 1948, largement appréciée par l'armée syrienne pendant les années 1950 et 1960, malgré son emplacement en zone démilitarisée, et reprise par Israël en 1967.

Le site est à 9,5 km au sud-est de l'embranchement pour Tzemah sur la route 98, qui offre une belle vue sur la Jordanie par-delà la Yarmouk (important affluent du Jourdain).

Où se loger

Moshav Ramot (www.ramot4u.co.il), situé à 3km en remontant la colline depuis la route 92, est apprécié des vacanciers israéliens et propose des dizaines de *zimmerim* (B&B) haut de gamme ; détails (en hébreu) sur le site Internet. On trouve plus de B&B dans les villages du Golan voisin, notamment à Giv'at Yoav.

Genghis Khan
in the Golan

AUBERGE DE JEUNESSE **$$**

(☎052-371-5687 ; www.gkhan.co.il ; Giv'at Yoav ; dort/tente 6 pers 100/750 NIS, draps et serviettes 20 NIS/pers). Les hôtes, Sara et Bentzi Zafrir, offrent un accueil des plus chaleureux et une atmosphère idéale pour voyageurs indépendants. Inspirés par les yourtes (*gers*) utilisées par les nomades de Mongolie, ils ont conçu et fait à la main 5 yourtes de couleurs différentes, chacune pouvant accueillir jusqu'à 10 personnes sur de confortables matelas en mousse. Le chauffage et la climatisation assurent chaleur en hiver et fraîcheur en été. À l'extérieur de chaque yourte se trouve une salle de bains privative. Dans la cuisine, les plats, casseroles et autres ustensiles sont de la couleur des tentes, et l'on peut cuisiner avec du thym frais, de la citronnelle et de la menthe du jardin. De nombreux sentiers de randonnée passent à proximité.

Situé sur les versants ouest du Golan, à 13 km au sud-est de l'embranchement (l'intersection des routes 92 et 789) pour Kursi (Kursy). Le bus n°51 relie Giv'at Yoav à Tibériade (35 min, 8/jour du dimanche à jeudi, 6 le vendredi, 1 le samedi soir). Sara vient vous chercher à l'arrêt de bus.

Ein-Gev Holiday Resort

HÔTEL **$$$**

(☎04-665-9800 ; www.eingev.com ; kibboutz Ein Gev, rte 92 ; d 185-200 $; @☎). De 1948 à 1967, lorsque la rive est du lac de Tibériade était majoritairement sous contrôle syrien, le bateau était l'unique moyen d'atteindre le kibboutz Ein Gev. Aujourd'hui, le kibboutz fait pousser bananes, citrons, dates, avocats, mangues et litchis, et possède une étable et cet adorable hôtel de 178 chambres, doté de l'unique plage de sable naturel du lac de Tibériade. Chambres familiales ensoleillées au bord de l'eau (268-308 $) et "Sea Rooms" romantiques réservées aux couples (890-1 330 NIS) ; 30 chambres ont été entièrement rénovées en 2017. Situé sur la route 92, à 1,5 km environ au sud de l'entrée du kibboutz Ein Gev réservée aux véhicules et de son port.

Setai Sea of Galilee

HÔTEL DESIGN **$$$**

(☎04-843-2222 ; www.thesetaihotel.co.il ; Tze'elon Beach, Rte 92 ; d à partir de 460 $; ☎☒). Cet hôtel luxueux inauguré en 2017 bénéficie d'une situation idéale à quelques mètres du lac. Après un moment de détente dans la piscine à débordement ou au spa, vous pourrez déguster un déjeuner végétarien dans le restaurant lounge ou dîner dans une salle chic

et moderne qui ne dénoterait pas à Miami Beach (où la chaîne Setai est basée). Propose 110 chambres très spacieuses (46 m² minimum) ; 43 villas disposant chacune de leur piscine privée sont en cours de construction.

✕ Où se restaurer

Le Moshav Ramot compte de bons établissements, tout comme le port d'Ein Gev, où se trouve un restaurant de poissons réputé.

Moshbutz

GRILL **$$**

(☎04-679-5095 ; www.moshbutz.com ; Dalyot St, Moshav Ramot ; plats 68-159 NIS, menu enfant 49 NIS ; ⏱13h-21h dim-mer, 12h-22h jeu-sam). Ce restaurant chaleureux sert de délicieux steaks de viande du Golan, de savoureux burgers et des salades créatives, ainsi que des entrées comme les aubergines grillées avec du yaourt au lait de chèvre épicé ou la soupe à l'oignon à la française. Le tout est accompagné de vins locaux et de bières de micro-brasseries du Golan. Service charmant et vue magnifique sur le lac de Tibériade. Réservation fortement conseillée.

Pour s'y rendre depuis l'entrée du *moshav* (communauté combinant activités économiques collectives et individuelles) prendre la troisième à droite.

ⓘ Depuis/vers la rive est

Le bus Rama n°52 relie Tibériade à Katzrin via Ein Gev et le parc national de Kursi, en suivant les rives sud-ouest et est du lac.

Rive sud-ouest

La rive sud-ouest du lac de Tibériade se distingue par ses plages publiques gratuites, plusieurs lieux passionnants associés aux débuts des pionniers sionistes (c'est ici que furent fondés les premiers kibboutz) et un site de baptême très fréquenté, Yardenit. Dans cette section, ils sont répertoriés du nord au sud.

◉ À voir

Cimetière de Kinneret

CIMETIÈRE

(rte 90 ; ⏱24h/24). Dans ce cimetière luxuriant, ombragé et serein en bord de lac, aménagé en 1911, reposent de grandes figures du *Tsionut Sotsialistit*, principale branche socialiste du mouvement sioniste, comme Berl Katznelson (1887-1944), entouré de ses deux épouses, et Shmuel Yavnieli (1884-1961), qui œuvra pour amener des Juifs yéménites en Israël. Il se situe à 9 km au sud de Tibériade et à 300 m au sud de l'embranchement pour Kinneret.

La poétesse Rachel (Rachel Blaustein ; 1890-1931) est également enterrée ici. Des recueils de ses poèmes, très populaires, sont entreposés dans une boîte en inox près de sa tombe. Beaucoup ont été mis en musique. La poétesse figure sur les billets de 20 NIS.

Au printemps 1917, les Ottomans chassèrent la population juive de Tel-Aviv et de Jaffa. Sur les 2 000 réfugiés qui gagnèrent la Galilée, 430 moururent et 10 furent enterrés ici, ce que commémorent 10 pierres anonymes et une plaque en pierre, érigée en 2003, portant leurs noms.

Yardenit   SITE RELIGIEUX

(☎ 04-675-9111 ; www.yardenit.com ; Kibbutz Kinneret ; ☺ 8h-18h, 8h-17h déc-fév, 8h-16h ven). GRATUIT À 100 m au sud de l'endroit où le Jourdain quitte le lac de Tibériade, à l'ombre des eucalyptus, ce site de baptême extrêmement populaire est géré par le kibboutz Kinneret. Des groupes de pèlerins chrétiens viennent se faire baptiser ici en robe blanche (on peut apporter la sienne ; sinon location/achat 10/25 $, serviette et certificat compris). Vestiaires sur place (2 NIS).

Partout sur le site, des panneaux en céramique arménienne financés par des chrétiens du monde entier citent Marc I, 9-11 en 102 langues (au moins). Les rongeurs à fourrure qui barbotent dans le poissonneux Jourdain sont des myopotames (ragondins), originaires d'Amérique du Sud. Restaurant sur place (ouvert tous les jours).

Yardenit est à 10 km au sud de Tibériade, à 200 m à l'ouest de la route 90 et à 1 km au nord-ouest du **kibboutz Degania Alef** (degania.org.il), le premier au monde, fondé en 1910.

Bet Gabriel   ÉDIFICE NOTABLE, CENTRE CULTUREL

(☎ ext 3, 04-675-1175 ; www.betgabriel.co.il ; rte 92). GRATUIT Ouvert en 1993, ce centre culturel au bord du lac – l'un des plus beaux édifices d'Israël – est réputé pour ses expositions d'art, son cinéma (deux écrans, et deux autres prévus pour 2019) où sont projetées les derniers films sortis, ses concerts pop et

classiques, son café (fermé le vendredi soir et le samedi) qui sert des bagels et sa vue spectaculaire sur le lac. En novembre 1994, il fut le théâtre d'une cérémonie confirmant le traité de paix entre Israël et la Jordanie. À l'extrémité sud du lac de Tibériade, à 300 m à l'est de l'embranchement pour Tzemah.

Le keffieh rouge et blanc du roi Hussein (écharpe à carreaux portée par les arabes) et une épée offerte par Yasser Arafat à Shimon Peres sont présentés dans la **salle de la paix** (téléphonez avant pour les visites gratuites).

🛏 Où se loger

HI – Poriya Sea of Galilee Guest House & Hostel   AUBERGE DE JEUNESSE **$$**

(☎ 02-594-5720 ; www.iyha.org.il ; dort 27 $, d 430-500 NIS, adulte/enfant supp 140/120 NIS ; @ ☎). Perché à flanc de colline en surplomb du lac de Tibériade, le charmant campus de Poriya (Poria) arbore un lobby vitré à la vue spectaculaire. Il possède 58 chambres plutôt rudimentaires non loin de la Switzerland Forest ("forêt suisse"). Les dortoirs comptent 6 lits. Des cabanes en bois aux toits de tuiles sont également proposées. Dîner (adulte/enfant 83/61 NIS) servi le vendredi et le samedi (parfois d'autres jours). À 9 km au sud de Tibériade ; depuis la route 90, montez par la route 7 877 (la pente est raide) sur 4 km. Pas de transports publics.

🍴 Où se restaurer

Vous trouverez plusieurs cafés et établissements de restauration rapide (certains ouverts pendant le shabbat) à l'extrémité sud du lac de Tibériade, dans le centre commercial situé juste au sud-ouest du rond-point où les routes 90 et 92 se rejoignent.

ℹ Depuis/vers la rive sud-ouest

La route 90 entre Tibériade et l'embranchement pour Tzemah (à l'extrémité sud du lac de Tibériade ; 30 min) est desservie par les bus Superbus nos 26 et 28, tous les bus reliant Tibériade à Beit She'an, et le bus Rama no 57, qui continue le long de la rive orientale du lac et poursuit vers le nord-est jusqu'à Katzrin (sur le plateau du Golan).

Haute Galilée et Golan

الجليل الاعلى وهضبة الجولان

הגליל העליון ורמת הגולן

Le top des restaurants

➡ Dag Al HaDan (p. 259)

➡ HaAri 8 (p. 250)

➡ Shiri Bistro (p. 254)

➡ Lishansky Since 1936 (p. 260)

➡ Meatshos (p. 263)

Le top des hébergements

➡ Villa Tehila (p. 254)

➡ Lishansky Since 1936 (p. 260)

➡ Ohn-Bar Guesthouse (p. 251)

➡ Golan Heights Hostel (p. 268)

Pourquoi y aller

Les collines verdoyantes de la haute Galilée (zone au nord de la route 85) et les paysages sauvages et montagneux du plateau du Golan offrent un incroyable éventail d'activités de plein air et de trésors aussi bien spirituels que culinaires, qui attirent les touristes israéliens en nombre. Certains viennent pour les luxueux *zimmerim* (B&B), les caves à vins chics et les restaurants gastronomiques de campagne, d'autres pour les superbes possibilités de randonnée (à pied, à vélo ou à cheval), de rafting et même de ski.

Mais la région recèle encore bien d'autres attraits : tapis étincelants de fleurs sauvages printanières, remarquables sites d'observation des oiseaux et charmes de la spiritualité de Safed (Tsfat), le plus important centre de la kabbale (mystique juive) depuis plus de cinq siècles. La région et ses sommets, à la fraîcheur vivifiante en été, ne sont qu'à quelques kilomètres des sites chrétiens et des plages attrayantes du lac de Tibériade.

Quand partir
Safed (Tsfat, Zefat)

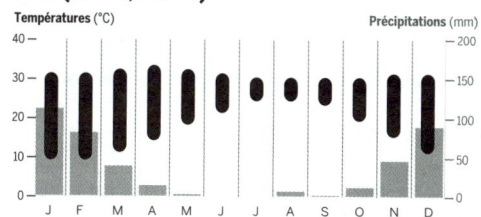

Déc-mars Ski sur le mont Hermon – si l'enneigement est suffisant.

Jan-oct Kayak et rafting sur le Jourdain – sensations fortes garanties.

Fév-août Premières fleurs dans la vallée de la Hula, les dernières sur le mont Hermon.

Mt Hermon ❸
*Station de ski
du mont Hermon* 🚠

LIBAN

Metula
Ghajar
Réserve naturelle
de Nahal Iyyun
Kibboutz Kfar Gil'adi
**Réserve
naturelle
de Tel Dan** **Réserve
naturelle
de Banias** ❶
*Forteresse
de Nimrod*
*Kibboutz
Dan*
Ein Kinya
Neve Ativ
(colonie
juive)
Majdal
Shams
Nimrod
(colonie juive)

Tel Hai
Kiryat
Shmona
*Kibboutz
Ma'ayan
Baruch*
HaGoshrim
*Kibboutz
Snir*
*Chutes
du Banias*
Mas'ada
Birket Ram

Manara
Beit Hillel
Sde Nehemia
*Frontière
de 1923
sous mandat
britannique*
Buq'ata
*Frontière
israélienne
de 1974*

Odem
(colonie juive)

*Kibboutz
Neot Mordechai*
*Kibboutz
Kfar Blum*
*Vallée
de la Hula*
*Embranchement
de Wasset*
Mt Bental
(1 165 m)
**Merom Golan
(colonie juive)** ❽
*Point
de Q...*

Ramot
Naftali
❻ **Agamon HaHula**
**Réserve naturelle
de la Hula**
Mt Avital
Ein Zivan
(colonie juive)
*Embranch...
de Ziv...*
Quneit...

Kerem Ben
Zimra
Bar'am
Ramat Dalton ❹
*Zone
industrielle
de Ramat Dalton*
Yesud
HaMa'ala
*Embranchement
de Yesud
HaMa'ala*
**Réserve naturelle
de Gilabon**
*Embranchement
de Nafah*

Jish
HAUTE GALILÉE
Jordan River Rafting
**PLATEAU
DU GOLAN**

*Sommet du Mt Méron (13 km)
et Nahariya (40 km)*
Kadita
*Tombe
du Rashbi*
Bat Ya'ar
Ayalet
HaShahar
Tel Hatzor
Hatzor
HaGlilit
*Pont de B'not
Ya'akov*
Mahanayim
*Embranchement
de Gadot*
Katzrin
(colonie juive)
*Zone
industrielle
de Katzrin*
Village
d'artistes d'Ani'am

Rosh Pina ❼
Kfar
HaNasi
**Réserve naturelle
de Yehudiya
Parking de Yehudiya**
❺ **Réserve naturelle de Yehudiya**

**Réserve naturelle
du Mt Méron**
*Embranchement
du Méron*
**Safed
(Tsfat, Zefat)**
*Embranchement
de Mahanayim*
Had Nes
(colonie juive)
**Réserve naturelle de Yehudiya
Parking de Yehudiya**

Moshav Amirim
*Embranchement
d'Ami'ad*
Korazim
Almagor
Bethsaïde
**Réserve naturelle
du parc HaYarden**
*Réserve
naturelle
de Gamla*

*Embranchement
de Nahal Amud*
Vered
HaGalil
*Pont
d'Arik*
*Vallée
de Bethsaïde*
Ramot
(colonie juive)

*Kibboutz
Inbar*
Mt des Béatitudes
Capharnaüm
*Embranchement
de Capharnaüm*
Tabgha
Ginnosar
*Lac
de Tibériade*
**Réserve
naturelle
de Majrase**
*Giv'at Yo'av (10 km),
Tzemah (20 km) et Beit
She'an (47 km)*
Synagogue
Umm el-Kanatir
*Hamat
Gader
(25 km)*

Afula (35 km)
*Tibériade (5 km),
Nazareth (35 km) et
Beit She'an (42 km)*
*Acre (40 km)
et Haïfa (60 km)*

À ne pas manquer

❶ Une brumisation naturelle près des chutes de la **réserve naturelle de Banias** (p. 268).

❷ Le quartier des synagogues de **Safed** (p. 241), empreint de mysticisme.

❸ L'air vivifiant au sommet du **mont Hermon** (p. 250), à 2 040 m d'altitude.

❹ La visite des vignobles primés de **Ramat Dalton** (p. 253).

❺ Une randonnée dans les gorges de la **réserve naturelle de Yehudiya** (p. 264), où jaillissent des cascades.

❻ La migration des grues, à observer depuis le Safari

Wagon d'**Agamon HaHula** (p. 256).

❼ Un luxueux séjour en B&B dans une vieille demeure en pierre de **Rosh Pina** (p. 254).

❽ Une **balade à cheval** (p. 267) sur un volcan en compagnie d'un authentique cow-boy israélien de Merom Golan.

ℹ️ Depuis/vers la Haute Galilée et le Golan

La voiture est le moyen de transport le plus adapté : les distances sont relativement courtes et les bus qui desservent nombre de ravissants villages et de réserves naturelles n'effectuent que très peu de trajets chaque jour. Il y a une agence de location, **Eldan** (☎04-690-3186 ; www.eldan.co.il ; 4 Sinai St), à Kiryat Shmona, mais vous trouverez une meilleure offre à Tibériade, Haïfa, Tel-Aviv ou Jérusalem.

Kiryat Shmona est le principal carrefour de bus.

HAUTE GALILÉE

Dans la région montagneuse au nord de la route 85 reliant Acre au lac de Tibériade (50 minutes), on a l'opportunité d'approcher des mondes bien différents : mystiques juifs à Safed, producteurs de fromage et de vin à Ramat Dalton, hipsters telaviviens à Rosh Pina et passionnés d'oiseaux dans la vallée de Hula.

Safed (Tsfat, Zefat) צפת صفد

☑ 04 / 33 350 HABITANTS / ALTITUDE 900 M

Perchée au sommet d'une montagne, Safed est une ville hors du temps où il fait bon se perdre un jour ou deux. Centre de la kabbale depuis le XVIe siècle, elle abrite un mélange intéressant de juifs hassidiques, d'artistes et d'anciens hippies adeptes d'une spiritualité "soft", parmi lesquels un nombre étonnamment élevé d'immigrants américains s'étant tournés vers le mysticisme dans les années 1960.

Dans le labyrinthe de ruelles pavées et d'escaliers escarpés de la vieille ville, vous découvrirez des synagogues anciennes où le bleu domine, des maisons de pierre délabrées aux portes turquoise, des galeries d'art et des ateliers d'artistes. Si certaines parties de Safed ressemblent à un *shtetl* (village juif traditionnel, ou ghetto) construit en pierre de Jérusalem, l'atmosphère, empreinte de spiritualité, est plutôt bohème et un peu hors du temps.

En juillet et août comme pour la Pâque juive (Pessah) et Soukkot (la fête des Cabanes), Safed, qui est l'une des quatre villes saintes du judaïsme avec Hébron, Tibériade et Jérusalem, accueille de nombreux touristes israéliens et étrangers, et les restaurants et cafés restent animés jusqu'à tard dans la nuit. À l'inverse, l'hiver est très calme.

Histoire

Si la tradition fait remonter la création de Safed à Sem, l'un des fils de Noé, qui y aurait établi une yeshiva (école talmudique), la cité fut véritablement fondée pendant la période romaine. Elle faisait partie à l'origine d'un réseau de villages fanaux établis de loin en loin sur les collines, et qui s'étendait jusqu'à Jérusalem. On y allumait des feux pour marquer le commencement d'un nouveau mois ou signaler un jour saint. Safed fut dotée de fortifications par Yosef ben Matityahu (appelé par la suite Flavius Josèphe), commandant des forces juives de Galilée durant les premières années de la Grande Révolte (66-70).

Les croisés, conduits par le comte Foulque d'Anjou, y construisirent une citadelle destinée à contrôler la route de Damas. Celle-ci fut par la suite prise par Saladin (1188), détruite par les Ayyoubides (1220), reconstruite par les chevaliers de l'ordre du Temple (1240) et agrandie par le sultan mamelouk Baybars (après 1266).

À la fin du XVe siècle et au XVIe siècle, la communauté juive de Safed s'agrandit grâce à l'arrivée de Juifs séfarades expulsés d'Espagne en 1492. Ces immigrants comptaient parmi eux certains des plus grands kabbalistes du monde. Durant cette période, Safed, halte importante sur la route commerciale reliant Acre à Damas, était réputée pour ses textiles. En 1576, la ville vit naître la première imprimerie hébraïque du Moyen-Orient.

À la fin du XVIIIe siècle, Safed accueillit un afflux de hassidim (ultraorthodoxes à tendance mystique) et de juifs lituaniens, leurs rivaux, venus de l'Empire russe.

La ville fut décimée par la peste en 1742, 1812 et 1847, et deux fois dévastée par un tremblement de terre, en 1759 puis en 1837, le second faisant des milliers de morts ; seuls quelques bâtiments survécurent.

En 1929, 18 juifs furent tués dans des émeutes antisionistes, provoquant un exode ; ceux qui restèrent organisèrent des unités d'autodéfense et fortifièrent le quartier juif. En 1948, les Britanniques sur le départ cédèrent les actifs stratégiques de la ville aux forces arabes, mais après une bataille rangée, les Juifs l'emportèrent et les Arabes prirent la fuite – parmi eux se trouvait le jeune (13 ans alors) Mahmoud Abbas, actuel président de l'Autorité palestinienne et ancien secrétaire général de l'OLP.

Safed (Tsfat, Zefat)

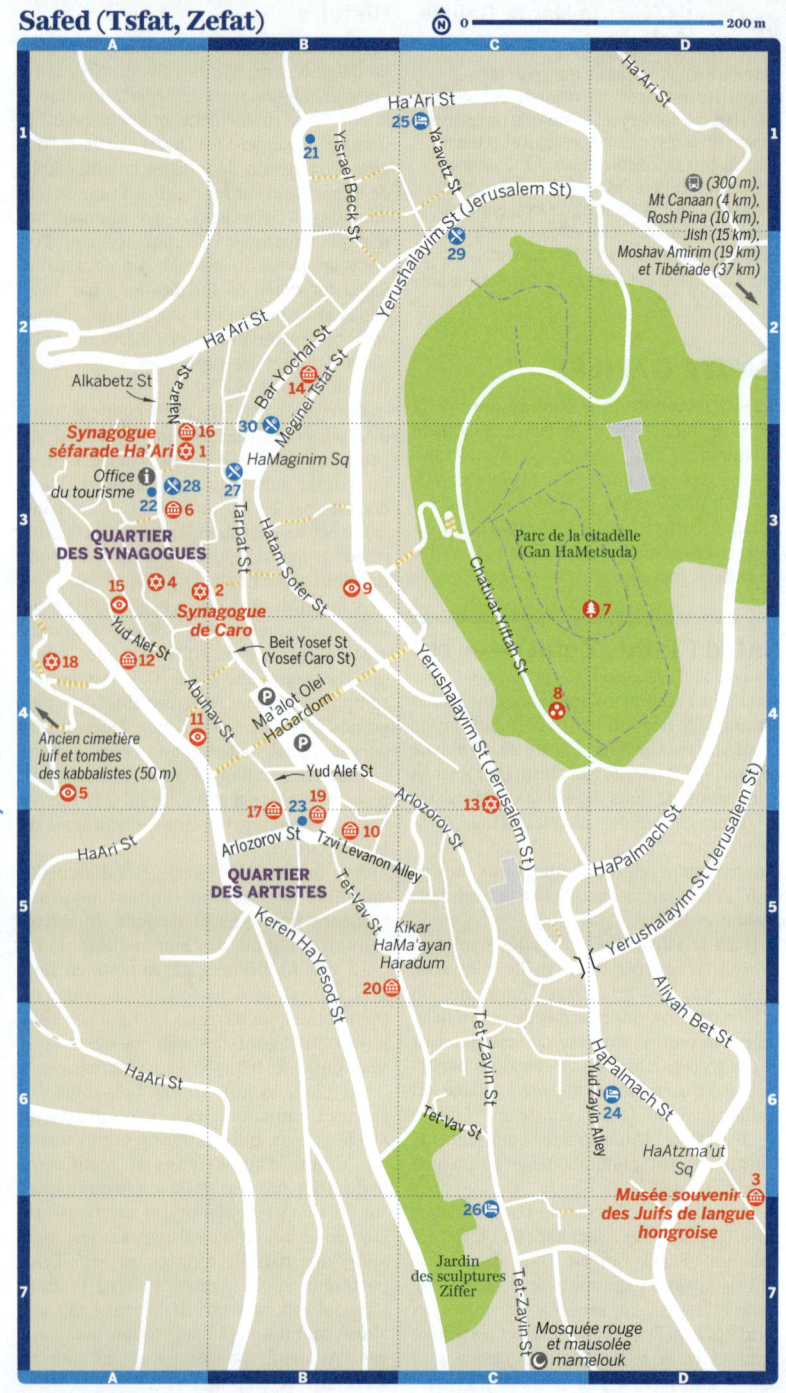

N 0   200 m

Ha'Ari St

Ha'Ari St

25

21

Yisrael Beck St

Yerushalayim St (Jerusalem St)

29

(300 m),
Mt Canaan (4 km),
Rosh Pina (10 km),
Jish (15 km),
Moshav Amirim (19 km)
et Tibériade (37 km)

Ha'Ari St

Alkabetz St

Najara St

Bar Yochaï St

Méguiné Tsfat St

14

30

**Synagogue
séfarade Ha'Ari** 16 1

HaMaginim Sq

Office
du tourisme 28 27

22 6

Tarpat St

Hatam Sofer St

**QUARTIER
DES SYNAGOGUES**

Parc de la citadelle
(Gan HaMetsuda)

9

15 4 2

**Synagogue
de Caro**

7

Yud Alef St

Beit Yosef St
(Yosef Caro St)

18 12

Abuhav St

Chativat Yiftah St

8

11

Ma'alot Olei
HaGardom

Ancien cimetière
juif et tombes
des kabbalistes (50 m)

5

Yud Alef St

Arlozorov St

17 23 19

13

10

Yerushalayim St (Jerusalem St)

HaPalmach St

Arlozorov St

**QUARTIER
DES ARTISTES**

Tzvi Levanon Alley

HaAri St

Keren HaYesod St

Tet-Vav St

Kikar
HaMa'ayan
Haradum

Yerushalayim St (Jerusalem St)

20

HaAri St

Tet-Zayin St

HaPalmach St

Aliyah Bet St

24

Tet-Vav St

Yud Zayin Alley

HaAtzma'ut
Sq

3

**Musée souvenir
des Juifs de langue
hongroise**

26

Jardin
des sculptures
Ziffer

Tet-Zayin St

Mosquée rouge
et mausolée
mamelouk

Safed (Tsfat, Zefat)

◉ À voir

◉ Quartier des synagogues

Le vénérable quartier juif de Safed s'organise, en descendant la colline, autour de la
place HaMaginim (Kikar HaMaginim, "place
des Défenseurs") dessinée en 1777. Toutes les
synagogues kabbalistes anciennes sont à
quelques pas de là (ce qui n'empêche pas de
se perdre). Si vous n'avez que peu de temps,
visitez en priorité la synagogue ashkénaze
Ha'Ari et celle de Caro. Des galeries d'art
juif bordent la ruelle principale, appelée
Alkabetz puis Beit Yosef.

Les horaires d'ouverture des synagogues sont aléatoires, surtout en hiver, et les
fermetures imprévues sont courantes. En
outre, elles sont fermées aux visiteurs pour
le shabbat et les fêtes juives. Tenue décente
de rigueur (pas de short ni d'épaules nues),
kippas/*yarmulkes* fournies pour les hommes
(mais tout couvre-chef peut faire l'affaire).
Petit don souhaité à l'entrée (5 NIS).

💙 **Synagogue ashkénaze Ha'Ari** SYNAGOGUE
(Najara St ; ⏰ environ 9h30-19h dim-jeu, 9h30-13h
ven, fermée pendant les prières). Fondée au
XVIᵉ siècle par des Juifs séfarades venus de
Grèce, cette synagogue occupe l'emplace-
ment où le grand kabbaliste Yitzhak Luria
(Isaac Louria, 1534-1572), surnommé le Ari,
accueillait le shabbat. C'est au XVIIIᵉ siècle
que la communauté ashkénaze (le père du
Ari était ashkénaze) hassidique de Safed

en a fait son lieu de culte. Détruite par le
tremblement de terre de 1837 et reconstruite au milieu du XIXᵉ siècle, la synagogue
se distingue par son arche sacrée (où sont
conservés les rouleaux de la Torah) au décor
finement sculpté et finement peint selon les
traditions de la Galicie (Pologne). On remarquera au sommet la tête d'un lion à face
humaine qui, selon les fidèles, serait celle du
Ari (*ari* signifiant "lion" en hébreu).

Safed Candles   GALERIE-BOUTIQUE
(☎ 04-682-2068 ; Najara St ; ⏰ 9h30-18h30
dim-jeu, 9h30-12h30 ven, 9h30-13h30 ven été).
Pour tout connaître de la fabrication des
bougies de Hanoucca, de Havdalah et du
shabbat, avec leurs décorations et leurs
torsades, rendez-vous dans cet empire de la
bougie pour voir une spécialiste à l'œuvre.
Elle est généralement là jusqu'à 16h du
dimanche au jeudi. Ne manquez pas la
plus grande bougie de Havdalah tressée au
monde (180 mèches) et les chefs-d'œuvre
du kitsch : David tenant la tête tranchée de
Goliath, Samson combattant les Philistins
et un jeu d'échecs opposant les célèbres
hassidim aux tout aussi célèbres Litvaks
(*Mitnagdim*). À 50 m au bout d'une ruelle
partant de la synagogue ashkénaze Ha'Ari.

💙 **Synagogue de Caro**   SYNAGOGUE
(☎ 04-692-3284, Eyal 050-855-0462 ; Beit
Yosef St ; don 5 NIS ; ⏰ 9h-17h ou 18h dim-jeu,
9h-16h ou 17h hiver, 9h-12h ven). Entre les arches

HAUTE GALILÉE ET GOLAN SAFED (TSFAT, ZEFAT)

moyen-orientales, des lampes suspendues et des étagères chargées de textes sacrés, cette synagogue fondée au XVIe siècle pour abriter une maison d'études fut reconstruite à la suite des tremblements de terre de 1759 et 1837, puis à nouveau en 1903. Elle doit son nom, tout comme la rue, à l'auteur du *Choulhan Aroukh* (guide de conduite faisant autorité dans la religion juive), Joseph Caro (Yossef Karo, 1488-1575), né à Tolède.

Au XVIe siècle, Caro, à la tête du tribunal rabbinique de Safed, était l'autorité rabbinique la plus respectée, non seulement dans toute la Palestine, mais aussi par de nombreux membres de la Diaspora juive. Selon la tradition, un ange révéla à Caro les secrets de la kabbale dans la maison en dessous de la synagogue. À droite en faisant face à l'arche, on peut voir accrochés à l'une des fenêtres les restes tordus d'une roquette Katioucha tirée depuis le Liban, qui a atterri juste à l'extérieur en 2006.

Synagogue Abohav   SYNAGOGUE

(☎04-692-3885 ; Abuhav St ; ☺environ 9h-17h dim-jeu, 9h-12h ven). Cette synagogue du XVIe siècle a reçu le nom d'un intellectuel espagnol du XVe, Rabbi Isaac Abohav. Après le tremblement de terre de 1837, il n'en restait que le mur sud, elle a donc été intégralement reconstruite. Sa cour richement

SHABBAT À SAFED

Du coucher du soleil le vendredi à celui du samedi, c'est shabbat et tous les commerces sont fermés. Si trouver de quoi manger peut alors s'avérer compliqué, l'absence de circulation crée une atmosphère méditative, rehaussée par les mélodies hassidiques qui s'échappent des synagogues et des maison. Attention à ne pas photographier les juifs observants pendant le shabbat et les fêtes juives. Dans la **Maison d'amour et de prière** (☎054-804-8602 ; www.carlebach.intzfat. info/en ; 72 Jerusalem St, sous la banque HaPoalim), on chante ses prières dans la tradition du rabbin auteur-compositeur Shlomo Carlebach (1925-1994), ceux qui souhaitent prier pendant le shabbat étant les bienvenus. Des groupes hassidiques tiennent des *farbrengen* (joyeuses réunions communautaires).

sculptée, restaurée à la fin du XXe siècle, sert pour les mariages.

À l'intérieur, les quatre piliers centraux représentent les quatre éléments (la terre, l'air, l'eau et le feu) qui, selon les kabbalistes (et les Grecs anciens comme Aristote), sont à la base de la Création. Éclairé par 10 fenêtres, une pour chacun des Dix Commandements, le dôme ovale est orné de représentations des 12 tribus d'Israël, d'instruments de musique utilisés dans le Temple et de grenadiers (dont le fruit contiendrait 613 graines, soit le nombre exact de commandements de la Torah).

Crémerie Kadosh   CRÉMERIE

(Kadosh Zefat Cheese ; ☎04-692-0326 ; 34 Yud Alef St ; ☺8h-20h dim-jeu, 8h-1 heure avant le coucher du soleil ven). Cette micro-crèmerie tenue par la famille Kadosh depuis sept générations produit en quantités infimes de succulents *gvina Tzfatit* (fromages typiques de Safed, vieillis pendant six mois), forts et salés, ainsi que divers autres fromages, dont du bleu, du *kashkaval* (fromage jaune au lait de brebis à pâte mi-dure), du pecorino et des glaces artisanales. On peut voir les crémiers à l'œuvre le dimanche, le mardi et le jeudi de 8h à 15h. Depuis le quartier des synagogues, suivez les panneaux "Safed Cheeze" ou "Zefat Cheeze" en descendant la colline.

La crémerie vend aussi du halva préparé avec du miel, des feuilles de vigne farcies et des vins locaux. La copieuse assiette-dégustation (50 NIS) contient une dizaine de fromages et du pain.

Synagogue séfarade Ha'Ari   SYNAGOGUE

(Ha'Ari St ; ☺environ 12h15-17h dim-mer, 12h15-15h ou 16h jeu, fermé ven). La plus ancienne synagogue de Safed (citée dans des documents de 1522) était fréquentée par Ari, grand kabbaliste du XVIe siècle, qui trouvait de l'inspiration dans la vue panoramique sur le mont Méron et la tombe de Shimon Bar Yohaï. À gauche de la *bimah* (estrade) surélevée se trouve une petite pièce éclairée de bougies, où il aurait étudié les textes mystiques avec le prophète Élie. La structure actuelle est en partie le résultat de travaux de reconstruction suite au tremblement de terre de 1837.

Maison de HaMeiri   MUSÉE

(Beit HaMeiri ; ☎04-697-1307 ; 158 Keren Ha-Yesod St ; adulte/enfant 20/13 NIS ; ☺8h30-14h30 dim-jeu, 9h30-13h30 ven). L'ancien siège du tribunal rabbinique de Safed, un édifice vieux de 150 ans, héberge ce musée consacré à la vie des Juifs de Safed au XIXe siècle et au début du XXe siècle. Sont exposés ici des objets uniques de la vie domestique et religieuse fabriqués par les ferblantiers locaux à partir de bidons de kérosène vides. À l'étage est reconstituée la pièce unique où vivait une famille de six enfants, la mère dormant dans l'unique lit et la douche se résumant à un vieux bidon suspendu équipé d'une pomme de douche.

On vous demandera de déposer vos sacs au vestiaire pour éviter la casse. Explications en anglais. Pour venir, descendez tout en bas de l'escalier Ma'alot Olei HaGardom et tournez à droite.

Crémerie Hameiri · CRÉMERIE

(☏ 04-692-1431, Yaniv 052-372-1609 ; hameiri-cheese.co.il ; Keren HaYesod St ; ⊙ 11h-15h dim-jeu, 11h-13h30 ven). Chaque année, cette petite crèmerie, tenue par la même famille depuis six générations, transforme quelque 80 000 litres de lait de brebis en de délicieux fromages, dont un fromage bulgare doux et crémeux (affiné pendant un an) et différents *gvina Tzfatit* (fromages typiques de Safed, affinés pendant six mois), plus durs, plus salés et meilleurs que ceux des supermarchés. Ces fromages sont en vente au comptoir traiteur.

◉ Quartier des artistes

Le quartier au sud de l'escalier Ma'alot Olei HaGardom était autrefois le quartier arabe de Safed, comme en témoignent encore les minarets. Après la guerre de 1948, une colonie d'artistes israéliens s'y est installée. Le gouvernement avait décrété que tout artiste qui vivrait au moins 180 jours par an à Safed bénéficierait d'une galerie et d'un logement gratuits.

Au cours des années 1950 et 1960, certains des artistes les plus en vue du pays – Moshe Castel (1909-1991), Alexandre Frenel (Yitzhak Frenkel 1899-1981), Shimshon Holzman (1907-1986), Arieh Merzer (1905-1966) et Menahem Shemi (1897-1951) –, inspirés par les magnifiques paysages et la tradition mystique de Safed, y installèrent leurs ateliers et y organisèrent des expositions. Aussi les amateurs d'art prirent-ils l'habitude de venir passer leurs vacances d'été loin de la chaleur de Tel-Aviv, dans les quelques hôtels de Safed.

La plupart des galeries et ateliers du quartier sont ouverts aux visiteurs et les artistes parlent avec plaisir de leur travail.

◉ Ancien cimetière juif

Si le dédale de tombes ensoleillées jonchées de pierres et de mauvaises herbes en contrebas du quartier des synagogues ne paie pas de mine, c'est, pour les adeptes de la mystique juive, un endroit exceptionnel où trouver l'étincelle divine par la prière et la méditation, entouré de l'esprit des grands kabbalistes du XVIe siècle qui y sont inumés.

On a souvent l'impression d'être ici dans un autre monde, mais l'atmosphère est particulièrement magique en début de soirée, lorsque les chandelles illuminent l'endroit tandis que monte la mélopée des prières et des psaumes.

Le "bleu de Safed", peint sur certaines tombes, symbolise le ciel et rappelle aux passants que le rôle spirituel des kabbalistes est de relier les cieux à la terre.

Pour éviter que les hommes pieux qui viennent prier dans l'ancien cimetière juif aient des pensées impures, à certains endroits des panneaux en hébreu indiquent aux femmes les espaces qui leur sont réservés pour prier.

Mikveh de Ari · SITE RELIGIEUX

(Près de Ha'Ari St ; ⊙ 24h/24). La pancarte à l'entrée en hébreu signifiant "réservé aux hommes" n'est pas un signe de gynophobie : elle s'explique par le fait qu'à l'intérieur, des hommes nus prennent un bref bain de purification rituel dans les eaux glacées d'une source naturelle. Le site, jadis utilisé par Ari selon certaines croyances, est géré par le mouvement hassidique Bratslav.

Tombes des kabbalistes · CIMETIÈRE

(Près de Ha'Ari St ; ⊙ 24h/24). Les tombes de nombre des plus grands kabbalistes et sages de Safed sont à environ un tiers de la pente de l'ancien cimetière juif, juste en dessous d'un pin solitaire dans une zone où les allées doubles sont couvertes de toits transparents. Si vous ne lisez pas l'hébreu, demandez aux passants de vous indiquer la tombe de **Yitzhak Luria** (Isaac Louria, né à Jérusalem en 1534, mort à Safed en 1572), alias Ari (HaAri), le père du mysticisme juif moderne (kabbale lourianique).

Près de la tombe d'Isaac Louria se trouve celle de **Shlomo Alkabetz** (né à Thessalonique vers 1500, mort à Safed en 1580), surtout connu pour être l'auteur du cantique *Lekha Dodi*. **Yossef Karo** (Joseph Caro, né à Tolède en 1488, mort à Safed en 1575), le plus important codificateur de la loi juive, est enterré à 100 m en contrebas. En 2017 a été identifiée la tombe supposée du grand poète, commentateur biblique et philosophe espagnol **Abraham ibn Ezra** (1089-1167).

⦿ Ailleurs dans Safed

Monument Davidka   MÉMORIAL
(Jerusalem St). Mémorable mortier de fabrication artisanale, le Davidka est réputé avoir joué un rôle clé dans la victoire juive à la bataille de Safed en 1948. Si ses obus de 40 kg atteignaient rarement leur cible, le fracas qu'ils produisaient a largement nourri la rumeur selon laquelle les forces juives disposaient de la bombe atomique et semé ainsi la panique parmi la population arabe. À 3 m sur la gauche, un audioguide gratuit conte la tragique histoire de la bataille de Safed en 1947 et 1948 – du point de vue israélien, bien sûr.

De l'autre côté de la rue, l'**ancien poste de police britannique**, criblé d'impacts de balles en 1948, accueille aujourd'hui le Tsfat Academic College (université publique de Safed).

Parc de la citadelle   PARC
(Gan HaMetsuda ; Chativat Yiftach St ; ⊙24h/24). Le point culminant du centre de Safed (834 m), aujourd'hui couvert d'un parc rafraîchi par la brise, faisait autrefois partie de la plus grande forteresse croisée du Moyen-Orient (les murs extérieurs suivaient le tracé actuel de Jerusalem St).

Ruines de la citadelle et citerne   VESTIGES
(Chativat Yiftach St ; ⊙24h/24). Vers la pointe sud du parc de la citadelle, les **ruines** de la muraille intérieure sont visibles le long de la rue Chativat Yiftach. De là, un sentier avec marches gravit la colline, longe la muraille construite sous les croisés avant d'atteindre un **point de vue** ; on passe ensuite sous une vieille canalisation d'eau avant de traverser sur 30 m un tunnel plat et sombre (regardez où vous mettez les pieds) débouchant dans une ancienne **citerne** en pierre. Placez-vous au centre et frappez dans vos mains : l'effet est surprenant. D'autres sentiers montent jusqu'à la **ligne de crête**, d'où se déploie une vue à 360°.

LES GALERIES DE SAFED

Lieu d'inspiration pour les artistes israéliens depuis les années 1950, Safed présente l'une des plus fortes concentrations d'ateliers et de galeries d'art et d'artisanat du pays : le meilleur endroit (avec Jérusalem) pour se procurer de la Judaïca (objets rituels juifs). On y trouve de tout, du plus réussi au plus kitsch, mais presque toutes les pièces – menoras, *mezouzot* (fin étui contenant des extraits bibliques fixé au chambranle d'une porte), manuscrits hébreux enluminés, bijoux, verrerie, sculptures modernes tortueuses, peintures – sont imaginatives et superbement colorées. La plupart, dans la tradition mystique hassidique, sont également très gaies.

Dans le quartier des synagogues, quantité de galeries jalonnent la rue pavée **Alkabetz**, qui part vers le sud depuis la synagogue ashkénaze Ha'Ari ; dans son prolongement plus au sud, la rue prend le nom de **Beit Yosef St** (Yosef Caro St). La plupart des galeries et des ateliers du quartier des artistes se nichent dans les ruelles autour de la General Exhibition, notamment rue Tet Vav. En voici quelques-unes répertoriées du nord au sud :

Kabbalah Art (☑054-202-7832 ; www.kosmic-kabbalah.com ; 38 Bar Yochai St, quartier des synagogues ; ⊙9h-19h dim-jeu, 9h-2 heures avant crépuscule ven). David Friedman, originaire de Denver, utilise les mystères de l'alphabet hébreu, les symboles kabbalistiques comme l'Arbre de vie, et le langage universel de la couleur et de la géométrie pour créer d'étonnantes représentations de la kabbale. Il se fera un plaisir de vous en apprendre plus. À environ 150 m au nord-ouest de la place HaMaginim.

Fig Tree Courtyard (28 Alkabetz St, quartier des synagogues ; ⊙9h-18h dim-jeu, 9h-14h ven). Autour d'un figuier centenaire et d'une citerne de 9 m de profondeur (visible à travers un sol vitré), cet ensemble de quatre galeries est l'un des plus chics de Safed. Les tissages main et les bijoux en argent ont du succès. De la toiture-terrasse, on embrasse du regard la moitié de la Galilée, du mont Méron jusqu'au mont Tabor, au sud, avec les falaises de l'oued Amud (Nahal Amud) en contrebas. Toilettes publiques à disposition.

Canaan Gallery (☑04-697-4449 ; www.canaan-gallery.com ; Fig Tree Courtyard, 28 Alkabetz St, quartier des synagogues ; ⊙9h-18h dim-jeu, 9h-14h30 ven). Perpétuant la tradition textile

♥ Musée souvenir des Juifs de langue hongroise   MUSÉE HISTORIQUE

(☑ 04-692-5881 ; www.hjm.org.il ; HaAzma'ut Sq ; 20 NIS, avec visite guidée 35 NIS ; ⊘ 9h-14h dim-jeu, 9h-13h ven). Les photographies, documents et objets (dont une arche provenant d'une synagogue de Tokaj, en Hongrie) exposés dans ce musée évoquent de manière magistrale le monde perdu des Juifs de langue hongroise d'avant la Seconde Guerre mondiale. Une vidéo (17 minutes) replace les événements dans leur contexte historique. Chava Lustig, cofondatrice du musée, vous parlera de la vie dans le ghetto de Budapest (1944-1945), dont elle réchappa à l'âge de 14 ans. Archives importantes. Pour une visite guidée, téléphonez au préalable.

Mosquée rouge et mausolée mamelouk   MOSQUÉE

(Tet-Zayin St). Érigée à la toute fin du règne du sultan mamelouk Baybars (1223-1277), la Mosquée rouge (intérieur fermé au public) est décorée d'inscriptions à sa gloire. Le mausolée fut construit en 1372 comme dernière demeure d'un gouverneur local.

 Cours

Divers organismes visent à la promotion de la mystique juive et de la vie hassidique traditionnelle auprès des Juifs – et parfois des visiteurs non juifs. Pour savoir où les trouver, consultez le site safed.co.il, onglet "Learning Centers". Certains établissements font du prosélytisme (dans le but de transformer les juifs laïcs en juifs orthodoxes) selon une démarche qui n'est pas complètement transparente ; les personnes à la recherche d'un échange placé sous le signe de l'honnêteté intellectuelle sont parfois déçues.

Centre de Kabbale de Safed   KABBALE

(☑ 04-682-1771 ; www.tzfat-kabbalah.org ; 1er ét, Fig Tree Courtyard, 28 Alkabetz St, quartier des synagogues ; ⊘ 9h-18h dim-jeu, 9h-13h ven). Que vous soyez croyant ou non, et quelle que soit votre religion, profitez d'une présentation de la mystique juive. Eyal Riess, qui donne des conférences dans le monde entier sur

séculaire de Safed initiée par les Juifs fuyant l'Inquisition, l'atelier d'Orna et Yair Moore produit de superbes tentures et objets rituels juifs (*tallitot*, kippas, couvertures de challah) ainsi que des châles et écharpes, à partir de coton et de chenille. On peut voir les tisserands à l'œuvre dans leur atelier à l'étage.

General Safed Exhibition (Ta'arucha Klalit ; ☑ 04-692-0087 ; 1 Tet-Vav St ; ⊘ 10h-17h, 10h-18h été dim-jeu, 10h-14h ven-sam). Ce groupement de galeries, ouvert en 1952 au sein de l'ancienne mosquée ottomane (désacralisée) du marché, expose, vend et expédie par bateau au besoin les œuvres d'une cinquantaine de peintres et de 8 sculpteurs, dont des immigrants très talentueux de l'ex-Union soviétique. Si une œuvre en particulier vous intéresse, demandez l'adresse de l'atelier de l'artiste.

Safed Craft Pottery (HaAri Pottery ; ☑ 054-434-5206 ; www.facebook.com/haaripottery ; 63 Yud Alef St, quartier des artistes ; ⊘ souvent 10h-17h dim-jeu, 10h-3 heures avant crépuscule ven). Le potier britannique Daniel Flatauer façonne, dans la plus pure tradition anglaise, vaisselle, ustensiles de cuisine et Judaïca alliant raffinement et fonctionnalité. Il possède l'un des rares fours à sel d'Israël – si vous ne savez pas ce que c'est, demandez-le-lui ! – et maîtrise la délicate réalisation des émaux cristallins. Sonnez si la porte est fermée.

Sheva Chaya Glassblowing Gallery (☑ 050-430-5107 ; www.shevachaya.com ; 7 Tet Vav St, quartier des artistes ; ⊘ 10h-17h dim-jeu, 10h-14h ven). Sheva Chaya Shaiman, peintre et souffleuse de verre originaire de Denver, axe son art sur les concepts kabbalistiques et la féminité dans le judaïsme. Occasionnelles démonstrations de soufflage de verre (renseignez-vous par téléphone).

Tzfat Gallery of Mystical Art (☑ 04-692-3051 ; www.kabbalahart.com ; 35 Tet Vav St, quartier des artistes ; ⊘ souvent 9h-17h dim-jeu, 9h-12h ven). Avraham Loewenthal, venu de Detroit, explique avec enthousiasme le symbolisme de ses peintures et impressions sur papier inspirées dont les formes abstraites s'appuient sur des concepts kabbalistiques. De l'autre côté de la rue, face à la place HaMa'ayan HaRadum.

la tradition kabbalistique de Safed, propose des ateliers personnalisés de 1 heure (150-250 NIS). Projection de films sur le sujet en hébreu, anglais, espagnol ou russe.

Livnot U'Lehibanot JUDAÏSME
(☎04-697-0311 ; www.livnot.org ; 17 Alkabetz St, quartier des synagogues). Pour les jeunes adultes juifs de 21 à 30 ans, des cours très réputés, des randonnées, des hébergements bon marché et des opportunités de volontariat.

Ascent Institute of Safed KABBALE
(☎077-360-1101 ; www.myascent.org ; 2 Ha'Ari St ; ⊕cours tlj). Les juifs intéressés par la "découverte spirituelle" peuvent y prendre des cours sur la Torah et la mystique juive. Ce centre est géré par des membres du mouvement hassidique Chabad ; leurs opinions divergent quant à savoir si Menachem Mendel Schneerson (1902-1994), alias le rabbi de Loubavitch, était ou non le Messie. Moyennant 200 NIS, un rabbin viendra s'asseoir avec vous pendant 1 heure afin de déterminer votre "code de la Torah personnel", à partir de votre date de naissance.

Circuits organisés

S'il est aisé de circuler seul à Safed, il est moins évident d'en découvrir les histoires et les secrets par ses propres moyens, il est donc intéressant de prendre un guide.

Path of the Heart À PIED
(B'Shvil HaLev, Tzfat Experience ; ☎04-682-6489, 050-750-5695 ; www.shvilhalev.co.il ; 7 Tet-Vav St, quartier des artistes ; circuit de 2 heures 125 NIS jusqu'à 10 pers). Des circuits d'approche empirique de la vieille ville, ponctués de mélodies hassidiques à la guitare, de contes de kabbalistes et d'explications de leur message spirituel.

Yossi Stepansky À PIED
(☎052-458-9009 ; stepansky@bezeqint.net). Un archéologue, écrivain et guide agréé qui organise des circuits sur l'histoire de la ville, l'archéologie et la spiritualité.

Fêtes et festivals

International Klezmer Festival - Tsaft MUSIQUE
(www.klezmerim.info ; ⊕mi-août). Pendant 3 jours à la mi-août, places et rues de la vieille ville s'animent au son de la soul juive d'Europe de l'Est. Toutes les performances sont gratuites. Les hébergements étant pris d'assaut, réservez le plus tôt possible.

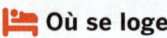 Où se loger

Comme la plupart des propriétaires de B&B et d'appartements de vacances observent le shabbat, il n'est généralement pas possible de prendre possession des lieux le samedi avant la nuit tombée et certains établissements exigent un minimum de deux nuitées le week-end. Le prix des chambres grimpe en flèche lors du Tsfat Klezmer Festival (mi-août), à la période de la fête juive de Lag BaOmer (33 jours après Pessah, la Pâque juive) et au cours des trois semaines suivant le jeûne de Tisha BeAv (fin juillet ou début août). Réservez tôt.

Centre-ville

Carmel Hotel HÔTEL $$
(☎050-242-1092, 04-692-0053 ; 8 Ha'Ari St, angle Ya'avetz St ; s/d/qua sans petit-déj 300/350/600 NIS ; @ 🖝). Shlomo, le propriétaire, gère son hôtel comme une grande maison familiale. Certaines des 12 chambres simplement meublées sont romantiques, d'autres non, mais toutes sont propres et fonctionnelles. Quelques-unes jouissent d'une vue exceptionnelle.

Artist Quarter Guest House B&B $$$
(☎054-776-4877, 077-524-0235 ; www.artistquarterguesthouse.com ; 43 Yud Zayin Alley, quartier des artistes ; d 600-850 NIS, lit supp 200 NIS ; 🖝). Originaires de Californie du Nord, Joy et Evan Yisrael réservent un chaleureux accueil à leurs hôtes, qu'ils logent dans 2 spacieuses chambres de l'époque ottomane – hauts plafonds voûtés en pierre et mobilier de style marocain.

Ruth Rimonim HÔTEL $$$
(☎04-699-4666, réservation 03-675-4594 ; www.rimonim.com ; Tet-Zayin St, quartier des artistes ; d 700-800 NIS ; @ 🖝 ❄ 🏊). La respectable chaîne hôtelière a su dessiner une halte contemporaine de 77 chambres élégantes, dotées de salles de bains en marbre. Parties communes aux murs de pierre et au mobilier en fer forgé, vaste parc avec jardin de plantes aromatiques (composez votre propre tisane), un spa, une piscine extérieure (juin-août) dédiée aux adultes résidents ou non (en ce second cas moyennant 50 NIS).

Beit Yosef Suites B&B $$$
(☎04-692-2515, 054-247-2323 ; www.beityosef.co.il ; d à partir de 170 NIS ; 🖝). Treize appartements (1, 2 et 3 chambres) douillets à la décoration éclectique, dans de vieux

bâtiments en pierre du quartier des artistes. La famille qui gère ces locations tient aussi un café où est servi le petit-déjeuner. Réservez par téléphone ou sur Internet ; à votre arrivée, quelqu'un vous attendra avec la clé.

Mont Canaan

Avant l'arrivée de la climatisation, le mont Canaan (Har Kna'an, 950 m) – devenu un quartier de Safed – offrait une bouffée d'air frais dans la chaleur de l'été. Il est situé à environ 4,5 km de la vieille ville.

♥ Safed Inn PENSION **$$**
(Ruckenstein B&B ; ☎04-697-1007 ; www.safe-dinn.com ; angle HaGdud HaShlishi St et Merom Kna'an St ; dort/d sans petit-déj 29/87 $US dim-mer, 29/100 $US jeu-sam, 29 $US/pers supp ; ☺réception 8h-20h ; @☎). Les principes de la décoration d'intérieur ont épargné les 18 chambres confortables (dont une accessible en fauteuil roulant) de cette pension (1936) au cœur d'un jardin. Sauna, Jacuzzi extérieur (20h-23h) et lave-linge à disposition. Riki et Dov font l'unanimité avec leurs connaissances de la région et leurs délicieux petits-déjeuners (30/60 NIS). Prenez le bus Nateev Express n°3 (4,10 NIS, 20 minutes, 2/heure jusqu'à 21h dim-jeu, jusqu'à 14h30 ven) à la gare routière centrale ou un taxi (course jour/nuit 20/25 NIS).

✗ Où se restaurer

Le long de la rue Yerushalayim, plus d'une dizaine d'échoppes vendent falafels, *sabich* (pita garnie d'œuf et d'aubergine frite), *shawarma*, pizzas et produits de boulangerie. Plusieurs autres adresses entourent la place HaMaginim, en lisière du quartier des synagogues.

Lahuhe Original Yemenite
Food Bar YÉMÉNITE **$**
(☎050-225-4148 ; 22 Alkabetz St, quartier des synagogues ; plats 25-35 NIS ; ☺8h30-19h30 dim-jeu, 8h30-16h ven été, 8h30-18h dim-jeu, 8h30-14h ven reste de l'année). Paré d'une toge et d'un caftan qu'Abraham aurait pu porter, Ronen fait voler ses *lachuch*, des pizzas yéménites cuites à la poêle.

♥ Elements Cafe VÉGÉTARIEN **$$**
(☎054-653-0668 ; www.elementscafe.co.il ; 5 HaMaginim Sq, à 3 m dans la ruelle ; plats 25-55 NIS ; ☺11h-18h ou plus tard dim-jeu tte l'année, 11h30-14h30 ven été ; ☎✗). ✎ Venez nourrir corps et esprit dans ce café 100% végane et sans gluten. Parmi les

ⓘ DURANT LE SHABBAT

Tous les restaurants du centre de Safed ferment pendant le shabbat. Si vous n'allez pas en transports jusqu'à Rosh Pina, Jish ou Amirim pour manger, vous pourrez commander des repas dans plusieurs établissements de la rue Yerushalayim (par exemple Araleh au n°59), à récupérer le vendredi en début d'après-midi – renseignez-vous plus précisément dans votre B&B. Autre possibilité : faire les courses au **Rav-Hesed Supermarket** (13 Yerushalayim St ; ☺7h15-20h dim-mar, 7h15-21h mer-jeu, 7h15-2 heures 30 avant le crépuscule ven).

Au Ruth Rimonim Hotel, un buffet déjeuner ou dîner kasher pendant le shabbat coûte 120/140 NIS.

spécialités : soupe, pizza, choucroute maison, riz ou quinoa sauté (45 NIS), et des desserts tels que glace coco-*tchaï* et smoothies lait d'amande, dattes, graines de *chia* et caroubes. Zev, le propriétaire originaire de Cincinnati, donne volontiers des idées de visites.

Gan Eden ITALIEN **$$**
(☎04-697-2434, 053-944-3471 ; www.seudabe-ganeden.rest.co.il ; 33 HaGdud HaShlishi St, mont Canaan ; plats 57-89 NIS ; ☺9h-22h30 dim-jeu, 9h-14h30 ven ; ✗). Vous ne regretterez pas d'avoir parcouru les 3 km depuis le centre (20/25 NIS en taxi) pour vous régaler de délicieux antipastis, salades fraîches et poissons au four préparés sous la supervision du chef Rafi. Fameux, le pain et les desserts, dont beaucoup au chocolat, sont élaborés par sa femme Yael, chef pâtissière. Le Gan Eden est installé dans une maison du début du XXe siècle, avec jardin et vue sur le mont Méron. Produits laitiers kasher. Petit-déjeuner (124 NIS pour 2 pers) servi de 9h à 12h30.

Tree of Life Vegetarian Cafe VÉGÉTARIEN **$$**
(☎050-696-0239 ; HaMaginim Sq, quartier des synagogues ; plats 38-53 NIS ; ☺10h-20h dim-jeu, 9h30-22h ou plus tard dim-jeu été, 9h30-2 heures avant crépuscule ven ; ✗). Pour un repas sain, par exemple une quiche à la farine de pois chiches et aux légumes, ou encore des baies d'açaï avec d'autres fruits, rejoignez la bonne table végétarienne de Feiga. *Quesadillas* (au maïs ou au blé complet), quinoa aux herbes aromatiques et aux légumes sautés, et glace aux laits de coco et d'amande font partie des spécialités. Plats véganes et/ou sans gluten.

♥ HaAri 8 — ISRAÉLIEN $$$

(☎ 04-692-0033 ; www.haari8.rest.co.il ; 8 Ha'Ari St ;
plats 68-134 NIS ; ☺ 12h-22h dim-jeu ; 🖉 ⊞). Lorsque le maire reçoit des hôtes de marque, c'est ici qu'il les convie. Au nombre des spécialités, on a le choix entre viandes grillées, steaks et poisson. Les végétariens peuvent opter pour une salade, une soupe, des pâtes, une quiche ou des champignons de Paris grillés. Salle de jeux pour les enfants.

❶ Orientation

Orientée nord-sud, la rue Yerushalayim (Jerusalem St), bordée de boutiques et de restaurants, est l'artère principale du centre de Safed. À l'ouest, un large escalier, appelé Ma'alot Olei HaGardom, sépare le quartier des synagogues (au nord) du quartier des artistes (au sud). La principale ruelle du quartier des synagogues, réputée pour ses galeries d'art, s'appelle rue Alkabetz et rue Beit Yosef (Yosef Caro St). Les tombes des kabbalistes sont plus loin en contrebas.

❶ Renseignements

OFFICE DU TOURISME

Pour des renseignements sur l'histoire, les curiosités touristiques, les hébergements et les possibilités d'étude à Safed, consultez le site Internet www.safed.co.il. Le personnel anglophone de l'**office du tourisme** (☎ 04-692-4427 ; www.livnot.org ; 17 Alkabetz St, quartier des synagogues ; ☺ 8h30-17h dim-jeu, 9h-13h ou 14h ven), géré par le centre Livnot U'Lehibanot (p. 248), vous renseignera sur les possibilités de visites et de volontariat à Safed.

SERVICES MÉDICAUX

Créé en 1910, l'**hôpital Rivka Ziv** (Sieff Hospital, Ziv Medical Center ; ☎ 04-682-8811 ; www.ziv.org.il ; HaRambam St ; ☺ urgences 24h/24), établissement public de 331 lits, se trouve à 3 km au sud-ouest de la gare routière centrale. Ces dernières années, il a pris en charge des milliers de blessés syriens. Accès par les bus nos 6 et 11.

❶ Depuis/vers Safed

BUS

De nombreuses destinations sont desservies au départ de la **gare routière centrale** (www.bus.co.il ; HaAtzma'ut St), à 700 m à l'est du quartier des synagogues.

Haïfa-Merkazit HaMifratz (bus Nateev Express n°361 ; 22,40 NIS, 1 heure 30, 2 bus/heure). Via Acre (1 heure).

Jérusalem (bus Nateev Express n°982 ; 37,50 NIS, 3 heures 15, 6-9 bus/jour dim-ven après-midi et sam soir)

Kiryat Shmona (bus Nateev Express n°511 ; 16 NIS, 1 heure, 1/heure). Via Rosh Pina (9,60 NIS, 45 min) et la vallée de la Hula.

Tibériade (bus Superbus n°450 ; 14 NIS, 37 min, toutes les 40 min dim-ven après-midi, 3 bus sam soir). Pour Tel-Aviv, le plus rapide est de prendre le bus Nateev Express n°361 pour Acre, puis le train.

Région du mont Méron
جبل الجرمق   הר מירון

Le nord vallonné de la Galilée est dominé par le mont Méron (1 204 m) surmonté d'une antenne-relais, deuxième plus haut sommet d'Israël (après le mont Hermon). Aux vergers d'arbres fruitiers (poiriers, pommiers…) couvrant collines et vallons succèdent de plus en plus des vignobles florissants, surtout autour du Ramat Dalton (plateau de Dalton), d'où un tourisme œnologique croissant. Les villages juifs, arabes et druzes nichés sur les flancs de l'imposant mont Méron attirent aussi beaucoup les voyageurs amateurs de bonne chère.

◎ À voir

Parc national de Bar'am — SITE ARCHÉOLOGIQUE
(☎ 04-698-9301 ; www.parks.org.il ; rte 8967 ; adulte/enfant 14/7 NIS ; ☺ 8h-16h ou 17h sam-jeu, 8h-15h ou 16h ven). Site d'un village prospère entre le Ier et le VIIe siècle, ce parc national est surtout connu pour son impressionnante **synagogue** de la période talmudique (vers l'an 400), solide construction en roche calcaire finement taillée. Au sommet de la colline se dresse une **église maronite** entourée de champs et de bosquets de cyprès, que fréquentent toujours les anciens habitants du village arabe chrétien de Bir'am, évacué "pour deux semaines" par l'armée israélienne lors de la guerre de 1948.

Tombe du Rashbi — SITE JUIF
(Rte 866 ; ☺ 24h/24). On attribue généralement la paternité du Zohar (ou Livre de la Splendeur), ouvrage le plus important de la mystique juive (kabbale), au rabbi Shimon Bar Yohaï, sage juif du IIe siècle souvent désigné par son acronyme (Rashbi). Selon les érudits, l'ouvrage aurait été compilé au XIIIe siècle en Espagne. Par tradition, on situe sa tombe à 5 km au nord-ouest de Safed, sur les flancs du mont Méron, quelque part sous un ensemble d'édifices où la ségrégation sexuelle est stricte (les hommes à gauche, les femmes à droite), et qui semblerait dater, en partie, de la période des croisades.

HAUTE GALILÉE ET GOLAN RÉGION DU MONT MÉRON

L'endroit précis où le rabbin est enterré étant inconnu, il n'y a pas de tombe à proprement parler, mais juste un *tziun* (une marque) recouvert de velours bleu dans une synagogue aux multiples alcôves. Au-dessus, des bougies scintillent derrière une vitre en verre fumé, tandis que des ultraorthodoxes prient avec ferveur tout autour.

Certains pensent que d'autres sages illustres seraient inhumés à proximité, notamment le fameux **Hillel l'Ancien** (Ier siècle av. J.-C.) – qui résuma le judaïsme en un commandement : "Ce qui est détestable à tes yeux, ne le fais pas à autrui" –, ainsi que le grand rival de ce dernier, **Shammaï**.

La veille de la **fête de Lag BaOmer**, des dizaines de milliers de pèlerins, principalement haredim, se rassemblent sur la tombe du Rashbi et prient, chantent et dansent toute la nuit autour de feux de joie. Certains se livrent à une cérémonie appelée Upsherin en yiddish et Halaaka en judéo-arabe, où les garçons de 3 ans se font couper les cheveux pour la première fois.

L'ensemble d'édifices de la tombe du Rashbi, surmonté d'un dôme bleu, dans le *moshav* orthodoxe de Méron (fermé dès le coucher du soleil pendant le shabbat et lors des fêtes juives), est géré de manière quelque peu chaotique par des groupes haredim. L'ambiance électrique du lieu est encore plus troublante du fait qu'il sert de refuge aux sans-abri (dont certains sont atteints de pathologies psychiatriques) et aux criminels récemment sortis de prison. Avant d'atteindre la tombe, vous devrez peut-être affronter une armée de mendiants.

🛏 Où se loger

Bikta BeKadita   B&B $$$
(☎04-692-1963 ; www.kadita.co.il ; près de Rte 89 ; bungalow dim-mer 650 NIS, jeu-sam 850 NIS ; ☎✉). Perchée au sommet d'une colline isolée, la communauté bohème et rustique de Bikta BeKadita – inspirée par le mouvement américain de retour à la nature des années 1960 – baigne dans une atmosphère à la fois hippie et écolo. Pensés chacun avec fantaisie, les 5 bungalows (2 à 4 personnes, avec kitchenette et hamac) sont construits avec des matériaux naturels recyclables, au milieu des vergers.

Le vignoble de Doron et Mika, vos hôtes, produit chaque année 400 bouteilles de vin. À 4,5 km au nord-est du carrefour de Méron : une petite route gravillonnée à une voie (1 km) vous y mène depuis la route 89.

Moshav Amirim | ميريم بشوم אמירים

🎵 04 / 800 HABITANTS / ALTITUDE 600 M

Fondée en 1958 par des pionniers du mouvement végétarien israélien, la communauté d'Amirim est toujours 100% *veggie* : ici, personne ne cuisine, ne mange ou ne sert de viande ou de poisson. Situé sur les flancs sud-est du mont Méron, ce *moshav* est réputé pour son air pur (du fait de l'absence d'élevages de poulets et de bovins), son excellente cuisine bio et ses pensions rustiques – un vrai lieu de béatitude.

🏃 Activités

Il existe une **piscine** de 25 m (juillet-août) située dans une gorge féerique. Des sentiers mènent non loin à la **réserve naturelle du mont Méron**. Tout est bien indiqué.

Bon nombre des habitants se passionnent tout autant pour les médecines alternatives que pour le végétarisme, et les professeurs de yoga, les masseurs shiatsu et autres naturopathes ne manquent pas – pour plus de précisions, consultez amirim.com/health/fr.

🛏 Où se loger

On ne recense pas moins de 170 *zimmerim* (chambres en B&B) à Amirim. Comptez une moins-value de 30% pour la période courant de décembre à mars.

💙 Ohn-Bar Guesthouse   PENSION $$
(☎04-698-9803 ; www.amirim.com ; Mitzpe Kinneret St ; d/qua sans petit-déj à partir de 585/795 NIS, 50 NIS/ enfant supp ; @). 🍃 Étagés à flanc de coteau, ces 14 bungalows en bois ouvrant sur un balcon ou une terrasse disposent d'une kitchenette et d'une connexion Internet par câble. Il y a un potager bio. Petit-déjeuner pour 120 NIS/couple. Les propriétaires, sont une mine d'informations sur la région.

Campbell Family Guest Rooms   B&B $$
(☎04-698-9045, 054-532-2640 ; alitamirim@hotmail.com ; HaOranim St ; d 1/2 nuitées 400/700 NIS ; ☎). Le charmant Phillip Campbell, expatrié britannique, et son épouse Alit louent 2 chambres doubles sans prétention avec kitchenette, patio, cheminée et Jacuzzi. L'adresse idéale pour trouver le calme et la paix intérieure. Un peu plus haut dans la rue de la synagogue.

🍴 Où se restaurer

Prévoyez 120-200 NIS pour deux personnes si vous souhaitez vous faire livrer votre petit-déjeuner/dîner à votre B&B.

Bait 77
VÉGÉTARIEN $

(Bayit 77 ; ☎04-698-0984 ; www.bait77.com ;
77 Mitzpeh Menahem St ; plats 24-38 NIS ; ⊙8h30-
18h ven-dim, 8h30-21h jeu, tlj de mi-juil à août ; 🖉).
Cette jolie boulangerie/café a pour spécialité les repas légers et diététiques : soupes,
salades, quiches, pâtes, pizzas et *foccacia*,
mais aussi gâteaux maison, pâtisseries et
muffins sans gluten. Le petit-déjeuner coûte
55 NIS/pers. Soirée pizza le jeudi dans le
jardin, vente de pain au blé complet et de
pitas, plus des "tresses" (*challah*, pain traditionnel proche de la brioche) le vendredi.

El Galil
ARABE $$

(☎052-517-7400 ; Mitzpe Kinneret St ; repas 4 plats
100 NIS ; ⊙9h-21h). Des versions végétariennes
et végétaliennes des classiques levantins :
siniya (lentilles au four avec légumes et
tahina), *menazali* (aubergine à la tomate et
aux pois chiches entiers), feuilles de chou et
de vigne farcies. Le personnel est originaire
du village arabe de Rameh. En grimpant sur
la colline depuis la piscine.

❶ Depuis/vers Moshav Amirim

Le bus Nativ Express n°361 (2 bus/heure) relie
le carrefour d'Amirim, à peu près à 1,5 km du
moshav, à la gare routière Merkazit HaMifratz
de Haïfa (22,40 NIS, 1 heure 15) et à Safed
(11,50 NIS, 20 min).

Jish (Gush Halav) الجش גוש

☑ 04 / 3 080 HABITANTS

Seul village d'Israël dont la population est
majoritairement maronite, Jish offre au
voyageur une étape sereine sur les flancs
nord du mont Méron, l'espace de quelques
jours pour découvrir les excellents restau-
rants locaux, le plateau de Dalton (Ramat
Dalton) voisin et ses vignobles.

Aux XVIIIᵉ et XIXᵉ siècles, des chrétiens
du Liban sont venus s'y installer. Ces maro-
nites ont à cœur de réhabiliter l'araméen,
la langue de Jésus, toujours utilisée pour la
liturgie.

Selon Flavius Josèphe, pendant la Grande
Révolte (66-70), le Jish antique – dont le
nom en hébreu était, comme aujourd'hui,
Gush Halav – fut le dernier village de Galilée
à tomber aux mains des Romains.

◉ À voir et à faire

À côté de l'entrée du village, vous pour-
rez visiter une grande église maronite
moderne, et de l'autre côté de la rue, les
tombes de Shemaya et Abtalion, des

sages juifs qui siégeaient au Sanhédrin (cour
suprême de l'Israël antique) à Jérusalem au
Iᵉʳ siècle av. J.-C. Dans une petite vallée à
800 m à l'est de l'entrée de Jish, les randon-
neurs pourront explorer les vestiges d'une
synagogue antique (IIIᵉ ou IVᵉ siècle)
cachée entre les figuiers et les oliviers.

Pédestre, cyclable et accessible en fauteuil
roulant, l'itinéraire goudronné (2,5 km)
appelé sentier de la Coexistence part de
Jish vers l'est pour rejoindre Moshav Dalton
en passant par le lac de barrage de Dalton.

Dans les vergers locaux, on peut cueil-
lir soi-même des cerises (mai), des pêches
(à partir de juin), des framboises (été), des
figues (à partir d'août) et des pommes (fin
août à octobre).

🛏 Où se loger

Ruah Glilit
B&B $$

(☎052-281-0433 ; swojish@yahoo.com ; d 450 NIS).
George Samaan, joueur mondialement
renommé de oud, de *saz* et de violon (vous
pourrez le retrouver sur YouTube) offre, avec
sa femme Eva, un accueil chaleureux et musical dans un salon douillet doté d'un piano
droit, d'un vieux gramophone et d'un poêle à
bois. Il y a 3 chambres à l'étage avec balcons
en bois et superbe vue. À 600 m en haut de la
rue principale depuis l'entrée de la bourgade.

🍴 Où se restaurer

Baladna
MOYEN-ORIENTAL $$

(☎054-469-6610 ; plats 40-80 NIS ; ⊙15h-3h
mar-dim). Deux maisons de pierre du
XIXᵉ siècle accueillent ici les commensaux
de Tony, le propriétaire de cet établissement
plein de caractère. Sa spécialité : la cuisine
arabe galiléenne, notamment des plats à
base de *freekeh* (ou *frik*, blé récolté jeune,
encore vert, puis grillé et séché). Sans comp-
ter plusieurs pains maison savoureux, du rôti
de porc, 6 bières à la pression et nombre de
cocktails. À 600 m en haut de la grand-rue.

Musique live occasionnelle (arabe, hébreu
et musique du monde).

Misedet HaArazim
LIBANAIS $$

(☎Wiam 054-552-5590 ; Rte 89 ; plats 50-110 NIS ;
menu 4 plats 85 NIS ; ⊙10h-22h ou 23h ; 🖉). Cet
authentique restaurant libanais sert 8 sortes
de houmous, feuilles de vigne farcies,
viandes grillées, *shish barak* (raviolis à la
viande dans une sauce au yaourt) et *sheikh
el-mahshi* (courgettes farcies de viande de
bœuf et d'agneau hachée, cuites dans une
sauce au yaourt). Prévoyez 45 NIS/pers

ROUTE DES VINS

Les vins israéliens séduisent de plus en plus de palais à travers le monde et décrochent de grands prix internationaux. Parmi les vins kasher, les meilleurs sont ceux qui ne sont pas *mevushal*, un procédé de pasteurisation éclair pouvant être fatal aux nuances du vin.

Le pays compte aujourd'hui plusieurs centaines de vignobles, dont une trentaine dans le Golan. Il y en a également en haute Galilée, en Galilée occidentale, en basse Galilée et sur le mont Carmel, dans les monts de Judée, et dans le désert du Néguev.

Bon nombre de vignobles accueillent les visiteurs. À vous de créer votre propre route des vins en vous inspirant des adresses ci-après :

➡ Adir Winery (ci-dessous)

➡ Bahat Winery (p. 266)

➡ Dalton Winery (ci-dessous))

➡ Golan Heights Winery (p. 262)

➡ Odem Mountain Winery (p. 267)

➡ Pelter Winery (p. 266)

Les connaisseurs peuvent consulter l'un de ces deux bons guides des vins (en anglais) :

➡ *The Wine Routes of Israel*, 4ᵉ édition (Eliezer Sacks, Yaron Goldfischer et Adam Montefiore, 2015)

➡ *The Ultimate Rogov's Guide to Israeli Wines* (Daniel Rogov, 2012)

Parmi les sites Internet sur les vins israéliens, citons www.winesisrael.com. Le Shiri Bistro (p. 254) de Rosh Pina est une bonne adresse pour déguster des crus rares.

pour l'une des 20 salades végétariennes proposées (35 NIS si vous prenez un plat principal ; 2 personnes minimum), tandis qu'une salade *fattoush* coûte 30 NIS. Au dessert, goûtez au shawarma au chocolat.

À l'entrée de Jish, reconnaissable à son enseigne ornée d'un cèdre du Liban.

❶ Depuis/vers Jish

Jish est à 13 km au nord-ouest de Safed, là où la route 89 tourne à angle droit. Les bus Nateev Express nᵒˢ 43 et 367 relient Jish à Safed (11,50 NIS, 20 min, toutes les heures ou toutes les 2 heures) ; le nᵒ 367 se rend aussi à Nahariya (16 NIS, 45 min).

Ramat Dalton רמת דלתון رمضة الدالتون

Parfois surnommé (non sans exagération) la "vallée de Napa israélienne" ou la "Toscane d'Israël", Ramat Dalton (le plateau de Dalton) produit de très bons vins. Plusieurs domaines viticoles se trouvent dans et autour du parc industriel de Ramat Dalton, à 4 km au nord-est de Jish sur la route 886.

 À voir

Adir Winery　　　　DOMAINE VITICOLE
(☑ 04-699-1039 ; www.adir-visit.co.il ; Rte 886, parc industriel de Ramat Dalton ; ⌚ 9h-17h dim-jeu,

9h-14h ou 15h ven). Ce domaine qui produit quelque 200 000 bouteilles par an s'est fait un nom avec ses remarquables vins et tout aussi excellents fromages de chèvre, et ses repas à base de produits laitiers. Pour 35 NIS, vous pourrez goûter 3 vins, 4 fromages et du yaourt de chèvre glacé. Le petit-déjeuner (75/135 NIS pour 1/2 pers), le brunch (150 NIS pour 2) et le déjeuner (quiche ou assiette de fromages) sont servis sur une jolie terrasse jusqu'à 14h. Réservez.

Dalton Winery　　　　DOMAINE VITICOLE
(☑ 04-952-7107 ; www.dalton-winery.com ; Rte 886, parc industriel de Ramat Dalton ; ⌚ 10h-17h dim-jeu, 10h-14h ou 15h ven). Vous pourrez goûter 3 à 4 des excellents crus primés de ce vignoble dans son centre de dégustation, un bâtiment en rondins (les installations de production modernes sont de l'autre côté du parking). Visites guidées de 40 minutes à 10h30, 12h et 14h (appelez avant si possible). À l'arrière, chaque rangée du tout petit vignoble produit un cépage différent.

 Où se restaurer

Pitputim　　　　BOULANGERIE $
(☑ 052-612-4962 ; www.pitputimbakery.com ; Rte 886, parc industriel de Ramat Dalton ; ⌚ 9h-16h dim-jeu, 9h-14h ven). La seule boulangerie

100% épeautre d'Israël vend de délicieux pains, crackers, cookies et en-cas.

Nalchik
CIRCASSIEN $$

(☎ 04-699-0548 ; Nalchik St, Rehaniya ; plats 29-50 NIS ; ☺ 12h-21h30 lun-sam ; 🖉). *Majmak* (purée de lentilles se consomment avec du pain pita), *shush barak* (raviolis à la farce de veau dans un potage léger à la tomate), *k'ulak* (raviolis farcis aux pois chiches servis avec du yaourt), *haloj* (beignet garni de fromage circassien frit dans l'huile d'olive) et *mataza* (raviolis au fromage circassien et aux oignons verts servis avec du yaourt) sont quelques-unes des spécialités de cette affaire familiale. À 4,5 km au nord du parc industriel de Ramat Dalton.

Rosh Pina ראש פינה روش بينا
☐ 04 / 2 900 HABITANTS

Il y a longtemps que les maisons en pierre du XIXᵉ siècle de Rosh Pina séduisent les citadins aisés de Tel-Aviv. Aujourd'hui, cette grosse bourgade se targue de quantité d'ateliers d'artistes et de certains des hôtels, B&B et restaurants les plus chics de haute Galilée.

👁 À voir

Vieille ville
SITE HISTORIQUE

(Pioneers Restoration Site ; ☎ 04-693-6913 ; www.roshpina.org.il ; ☺ musée 9h-16h dim-jeu, 10h-14h ven-sam, certaines salles fermées sam). Peuplée par les juifs venus de Safed dans les années 1870, puis par des immigrants roumains à partir de 1882, la vieille ville (dite "site des pionniers de Rosh Pina") se résume aujourd'hui à trois petites rues pavées, dont une pompeusement baptisée HaBoulevard ("boulevard" Ha). De jolies maisons en pierre restaurées (ou non) bordent ces paisibles ruelles. Visitez la **vieille synagogue** (1887) qui a conservé son mobilier en bois et découvrez la dizaine de **galeries** (www.art.roshpina.co.il) d'artistes, parfois renommés, qui vendent bijoux, céramiques, sculptures et peintures.

La **maison du professeur Mer** (1887), offre un éclairage sur les premières années de Rosh Pina, tout comme y sont expliqués les travaux de Gideon Mer (1894-1961), pionnier de 1914 venu y fonder un laboratoire avec l'idée d'éradiquer le paludisme en Galilée ; des informations touristiques vous y seront aussi données. La **maison des Dignitaires** (BeitHaPkidut) offre également, à travers sa nouvelle exposition multimédia,

de riches enseignements sur les étapes historiques qui ont marqué Rosh Pina. Suivez les panneaux pour le **jardin du baron** (créé en 1886, deux ans après qu'Edmond de Rothschild ait décidé d'aider le bourg à se développer), espace vert ombragé à flanc de colline, et le **vieux cimetière** (via la rue Ben Arieh). Tout en haut de la rue HaHalutzim, à côté d'un immense carillon éolien, le mémorial **Nimrod Lookout** offre une vue à couper le souffle sur la vallée de la Hula, le Golan et le mont Hermon ; les jumelles sont gratuites.

🛏 Où se loger

Les nombreux B&B de Rosh Pina, parfaits pour une escapade romantique, affichent le plus fort taux d'occupation (et les prix les plus onéreux) les jeudi et vendredi soir.

♥ Villa Tehila
B&B $$$

(☎ 04-693-7788 ; www.villa-tehila.co.il ; HaHalutzim St ; d dim-mer/jeu-sam 690/890 NIS ; @🖉🖼). Un fabuleux B&B, ancienne cache d'armes de l'organisation juive clandestine Lehi, sous le mandat britannique. Aujourd'hui ses cours en pierre du XIXᵉ siècle recèlent fontaines, éclairages féeriques, vitraux et une véritable ménagerie (lamas et poneys). Ses 11 chambres avec Jacuzzi sont toutes exquises. En août et les jours fériés juifs, réservez fort tôt.

Pina Barosh
B&B $$$

(☎ 04-693-6582 ; www.pinabarosh.com ; HaHalutzim St ; d dim-mer/jeu-sam à partir de 600/750 NIS ; 🖉). Autour de la cour intérieure d'une ancienne ferme d'élevage, les 7 chambres aux plafonds voûtés et murs en briques et pierres apparentes ont fière allure avec leur baignoire balnéo en prime. Il y a également une villa de luxe. Petit-déjeuner servi au Shiri Bistro jusqu'à 13h.

🍴 Où se restaurer

Certains restaurants se trouvent dans la vieille ville, d'autres, notamment des échoppes de *shawarma*, à 1,5 km en contrebas de la colline, à l'intérieur et autour du Centre HaGalil, galerie marchande moderne juste en retrait de la route 90.

♥ Shiri Bistro
BISTROT $$$

(☎ 04-693-6582 ; www.pinabarosh.com ; HaHalutzim St ; plats 65-145 NIS ; ☺ 8h30-23h ou plus tard ; 🖉). Fleurs fraîches, scintillement des bougies et vue spectaculaire annoncent d'entrée de jeu la qualité du moment à passer dans ce bistrot à la française où l'on sert des plats d'influence méditerranéenne. Il porte le nom de son chef depuis presque toujours, la famille ayant fondé l'établissement à la fin des années 1870. L'endroit est idéal pour déguster des crus israéliens rares (plus de 250 vins de Galilée et du Golan disponibles au verre).

Où prendre un verre et faire la fête

Tangerine BAR, CAFÉ

(☎ 054-477-6361 ; HaBoulevard ; ☺ 9h-16h dim-ven, 20h-2h ou 3h tlj). Les habitants adorent se retrouver dans l'une des deux salles du Tangerine, le jour, autour d'un brunch ou de délicieux sandwichs végétariens, comme le soir, pour se délecter d'une savoureuse cuisine "italo-galiléenne" (notamment pizzas et calzones). Concerts occasionnels. Au rez-de-chaussée de la maison du professeur Mer ; accès par l'arrière.

❶ Depuis/vers Rosh Pina

La vieille ville coiffe littéralement Rosh Pina. On y accède par HaHalutzim St, qui grimpe vers l'ouest, soit un parcours de 1,5 km depuis le rond-point situé à côté du centre commercial HaGalil, sur la route 90.

Tous les bus longue distance depuis/vers la vallée de la Hula et Kiryat Shmona (par exemple depuis/vers Tibériade ou Tel-Aviv) passent à l'entrée de Rosh Pina sur la route 90.

Le bus Nateev Express n°511 (toutes les heures) relie la périphérie de la vieille ville de Rosh Pina à Safed (via la Rte 89 ; 8,50 NIS, 25 min) et à Kiryat Shmona (15 NIS, 30 min).

Vallée de la Hula

وادي الحولة עמק החולה

Halte vitale pour le demi-million d'oiseaux migrateurs qui passent chaque année par Israël tandis qu'ils descendent de l'Europe vers l'Afrique, les zones humides de la vallée de la Hula comptent parmi les meilleurs endroits du continent asiatique pour l'observation des oiseaux.

Les marais de la vallée de la Hula étaient autrefois connus pour être infestés par la malaria. Mais un programme de drainage de grande envergure, achevé en 1958, fit disparaître les moustiques anophèles indésirables, détruisant du même coup l'une des zones humides les plus importantes du pays. Ces dernières années, quelque 10% de la surface de l'ancien lac ont été restitués, en partie pour préserver la qualité de l'eau du lac de Tibériade.

La Société pour la protection de la nature en Israël (SPNI) doit en partie sa fondation (1953) à la volonté de s'opposer au drainage de la vallée.

◉ À voir

💙 **Réserve naturelle de la Hula** PARC.

(☎ 04-693-7069 ; www.parks.org.il ; adulte/enfant 35/21 NIS ; ☺ 8h-17h dim-jeu, 8h-16h ven, dernière entrée 1 heure avant la fermeture). Les oiseaux migrateurs affluent vers les marécages de la première réserve naturelle créée en Israël (1964). Plus de 200 espèces d'oiseaux aquatiques y côtoient cormorans, hérons, pélicans, cigognes et grues. Certains points de la réserve hébergent aussi des buffles d'eau (*jamoose*), dont les pâturages aident à préserver les prairies ouvertes. La boucle du **sentier des Marais** (1,5 km), qui passe par des cabanes d'affût et une tour d'observation, est accessible en fauteuil roulant.

Le centre des visiteurs projette un excellent **film en 3D** (40 minutes, 15 minutes pour la version anglaise) sur la migration des oiseaux et des dioramas sur la faune de la Hula (en hébreu). Dans le lac, peu profond, vous apercevrez peut-être des ragondins, des loutres, des tortues des marais et des poissons-chats pouvant peser jusqu'à 20 kg. Contrairement au reste du territoire israélien, la vallée de la Hula n'est jamais aussi verdoyante qu'en été. En hiver, au coucher du soleil, on voit les oiseaux rentrer de leur journée passée à chercher de la nourriture. Location de jumelles pour 10 NIS.

---

❶ AVERTISSEMENT : LES ROQUETTES KATIOUCHA

Si le nord de la Galilée est une zone calme et bucolique la plupart du temps, il est encore parfois la cible de roquettes Katioucha tirées depuis le Sud-Liban par le Hezbollah ou d'autres factions armées djihadistes. Utilisés pour la première fois par l'Union soviétique pendant la Seconde Guerre mondiale (leur nom est un diminutif de Yekatrina, Catherine), ces projectiles connus pour leur imprécision explosent 30 à 40 secondes après leur tir. Si vous entendez retentir les sirènes de raid aérien, abritez-vous rapidement dans un bâtiment ou allongez-vous au sol.

♥ Agamon HaHula

PARC, OISEAUX

(☏ 04-681-7137 ; www.agamon-hula.co.il ; 5 NIS ; �﹒9h-17h l'hiver, 9h-18h automne et printemps, 9h-19h été, ouverture à 6h30 ven-sam, dernière entrée 1 heure avant fermeture). Ces zones humides restaurées comptent parmi les meilleurs endroits d'Israël pour voir grues, pélicans, cigognes et quelque 400 autres espèces d'oiseaux. Pour parcourir les 8,5 km de sentiers du site, vous pouvez marcher, louer un VTT (50 NIS), une carriole à pédales (185 NIS jusqu'à 5 pers) ou une voiturette de golf (149/199/259 NIS pour 2/4/6 pers). Le site est accessible, dans son intégralité, aux personnes à mobilité réduite.

Dans les années 1980, les champs de coton de la Hula furent transformés en cultures vivrières : blé, pommes de terre, carottes, pois et surtout arachides, que les grues dégustent avec autant de plaisir que les enfants israéliens leurs Bamba, friandises à base de cacahuètes. Le conflit entre les agriculteurs locaux et les oiseaux, protégés par la loi, était inéluctable. Une solution a été trouvée : pour encourager les oiseaux à poursuivre leur route vers l'Éthiopie et le Soudan, le meilleur moyen n'est-il pas de les nourrir ? En effet, les études démontrent que si les grues ne trouvent rien à manger, elles s'attardent plus longtemps et dévorent plus d'arachides. Ainsi, de fin novembre à mars, un grand champ est maintenant réservé aux volatiles, et 6 à 8 tonnes de blé y sont apportées chaque jour en tracteur.

En temps normal, il est extrêmement difficile de voir des grues de près car, si quelqu'un s'approche, tout le groupe s'envole en une immense nuée, pour se poser dans un champ (d'arachides) voisin. Un agriculteur s'est rendu compte que la seule masse en mouvement que les grues ne craignent pas est leur grand bienfaiteur, le tracteur. Il eut alors une idée brillante : en plus de transporter le blé, le tracteur pourrait aussi amener les ornithologues au plus près des grues sans que celles-ci s'en aperçoivent. C'est ainsi qu'est né le **Safari Wagon** de 50 places (Aglat Mistor ; adulte/enfant 57/49 NIS, à l'aube 85/65 NIS, au crépuscule 62/53 NIS ; �﹒toutes les heures 9h-1 heure avant la nuit fin sept-avr, souvent aussi à 5h30, 6h et 19h30 l'été). Camouflé et tiré par un tracteur, il permet aux visiteurs d'observer les oiseaux de près. Il est préférable de téléphoner pour connaître les horaires et réserver.

Selon la saison, on peut également voir des pélicans (septembre, octobre et mars à mi-avril) – 40 000 font le trajet entre le delta du Danube en Roumanie et le Nil Bleu et le lac Victoria en Afrique –, des cigognes (août, septembre, avril et mai) – elles sont 500 000 à passer ici deux fois par an – et une grande variété de rapaces. N'espérez pas voir beaucoup d'oiseaux en été.

L'ouverture d'un nouveau centre d'accueil des visiteurs appelé Stephen J. Harper, du nom de l'ancien Premier ministre canadien, est prévue.

Tel Hazor

SITE ARCHÉOLOGIQUE

(Tel Hazor National Park ; ☏ 04-693-7290 ; www.parks.org.il ; ancienne Rte 90, près du kibboutz Ayalet HaShachar ; adulte/enfant 22/9 NIS ; �﹒8h-16h ou 17h sam-jeu, 8h-15h ou 16h ven, dernière entrée 1 heure avant la fermeture). Au Tel Hazor, des archéologues ont mis au jour pas moins de 21 strates urbaines successives allant du IIIe millénaire à l'an 732 av. J.-C., lorsque la cité israélite qui se trouvait là (et dont la porte du Xe siècle av. J.-C. aurait été construite par Salomon) fut détruite par les Assyriens. En cas de siège, l'approvisionnement en eau était assuré par un extraordinaire réseau souterrain ; on peut accéder au puits de 40 m par un escalier en colimaçon. Tel Hatzor a été classé au patrimoine mondial de l'Unesco en 2005.

Des bénévoles du monde entier poursuivent les fouilles chaque été. En 2016, le pied d'une statue en pierre d'un fonctionnaire égyptien datant du IIe millénaire av. J.-C. a ainsi été mis au jour. Le billet d'entrée est aussi valable pour le musée archéologique d'Ayalet HaShachar voisin, ouvert de 9h à 13h les vendredi et samedi.

❶ Depuis/vers la vallée de la Hula

Tous les bus depuis/vers Kiryat Shmona traversent la vallée de la Hula par la route 90.

Doigt de Galilée

L'extrême nord de la Galilée se trouve aux confins du Liban qui le borde au nord et à l'ouest. À l'est, il côtoie le Golan et au sud la vallée de la Hula. En hébreu, on désigne cette extrémité septentrionale d'Israël sous le nom d'Etzba HaGalil ("doigt de Galilée"), tandis que les Britanniques lui ont donné le nom de *Galilee Panhandle* ("queue de poêle de Galilée", cette langue de terre rappelant le Texas Panhandle américain). La région réunit des réserves naturelles, d'excellents musées, de bons restaurants et des villages riches en

B&B. Nombre des sites de la région côtoient la route 99, qui longe plus ou moins parallèlement la frontière libanaise entre Kiryat Shmona, à l'ouest, et Massada, à l'est. La réserve naturelle de Banias, dans le Golan, se situe à 5 km à l'est de celle de Tel Dan.

 À voir

♥ Upper Galilee Museum of Prehistory
MUSÉE

(Musée de la Préhistoire de Haute Galilée ; ☏ 04-695-4628 ; www.ugmp.co.il ; kibboutz Ma'ayan Baruch ; adulte/enfant 25/20 NIS ; ◎ 10h-13h30, 10h-16h Pessah, Soukkot et août). Le territoire d'Israël abrite de très importants sites préhistoriques, notamment dans la vallée de la Hula. Ce merveilleux musée attirant les préhistoriens du monde entier conserve une fabuleuse collection d'outils préhistoriques fabriqués à différentes périodes, il y a 780 000 ans comme il y a six millénaires, au nombre desquels des pointes de flèches et surtout une collection sans égale de haches paléolithiques. Plus étonnant encore : la première sépulture connue d'une femme enterrée avec un chien il y a 12 000 ans. Visite guidée (incluse dans le prix) généralement possible en anglais.

Réserve naturelle de Tel Dan
PARC

(☏ 04-695-1579 ; www.parks.org.il ; adulte/enfant 28/14 NIS ; ◎ 8h-16h ou 17h sam-jeu, 8h-15h ou 16h ven, dernière entrée 1 heure avant la fermeture). Cette réserve de 50 ha, à 1,6 km au nord de la route 99, recèle deux curiosités majeures. La première est une zone forestière luxuriante arrosée toute l'année par des **sources** déversant 8 m³ d'eau par seconde dans la rivière Dan, principal affluent du Jourdain. La seconde est l'ensemble de vestiges d'une grande **cité antique** habitée par les Cananéens au XVIIIe siècle avant notre ère, et par les Israélites à l'époque du premier Temple (à partir du XIIe siècle av. J.-C.).

Vous pouvez explorer la réserve en suivant trois itinéraires, pour partie de véritables tunnels à travers ronciers et broussailles : le **sentier court** (45 minutes), le **sentier long** (1 heure 30) et le **sentier de l'antique Dan** (2 heures) ; d'importants tronçons sont accessibles en fauteuil roulant. Tous passent par un petit bassin de 40 cm de profondeur, idéal pour se rafraîchir les pieds (baignade interdite dans le reste de la réserve).

La rencontre de trois écosystèmes explique la présence d'une flore et d'une faune étonnamment variées, comprenant la porc-épic indien et la salamandre tachetée, espèce menacée orange et noir comptant

cinq orteils sur ses pattes arrière, mais seulement quatre sur ses pattes de devant ! Certaines espèces d'arbres non indigènes, comme l'eucalyptus (gomme) et le peuplier argenté, sont coupées au fur et à mesure pour favoriser les espèces endémiques.

La **stèle de Tel Dan**, découverte en 1993 par une équipe d'archéologues du Hebrew Union College, consiste en un fragment d'une tablette du IXe siècle av. J.-C. sur laquelle le roi de Damas se vante (en araméen) d'avoir vaincu le roi d'Israël et le roi de la maison de David. Il s'agit de la plus ancienne référence connue au roi David provenant d'une source autre que la Bible. L'original est exposé au musée d'Israël, à Jérusalem.

Beit Ussishkin Museum
MUSÉE

(☏ 04-694-1704 ; museum.teva.org.il ; kibboutz Dan ; adulte/enfant 20/15 NIS ; ◎ 9h-15h dim-jeu, 9h-14h ven, 10h-15h sam). Dans ce musée de la nature en Galilée, la **section archéologique** est axée sur la réserve naturelle de Tel Dan voisine, tandis que la **salle d'histoire naturelle**, vieillotte mais instructive (et belle à sa manière), vous met nez à nez avec des papillons, oiseaux et mammifères naturalisés que vous aurez peu de chances de croiser à l'extérieur (il s'agit de la collection taxidermique la plus grande et la plus importante d'Israël).

Le musée projette un **film** de 17 minutes (en 8 langues) sur la géographie, l'écologie et l'histoire de la vallée de la Hula et du mont Hermon ; un film de 6 minutes dédié aux familles, comprenant des animations, était en préparation lors de notre dernière visite.

L'**Israel National Trail**, sentier de 1 040 km, part du parking et mène jusqu'à la mer Rouge. Le tank syrien sur la pelouse à côté fut mis K.-O. par les membres d'un kibboutz au début de la guerre des Six-Jours.

À 300 m de la route d'accès à la réserve naturelle de Tel Dan.

Activités

Mifgash HaOfanayim
LOCATION DE VÉLOS

(Bike Place ; ☏ 04-689-0202, Asaf 050-757-8403 ; Rte 9888, Moshav Beit Hillel ; 4 heures/journée 55/90 NIS ; ◎ 8h-18h dim-jeu, 8h-14h30 ven, 9h-14h30 sam). Location et réparation de vélos, et cartes. À 2 km au sud de la route 99.

Où se restaurer

La route 99 est, outre l'axe routier, le rendez-vous culinaire. Le centre commercial Gan HaTzafon (HaTzafon Garden), notamment,

HAUTE GALILÉE ET GOLAN DOIGT DE GALILÉE

situé à 4 km à l'est de la route 90, offre le choix entre falafels, sushis et autres options de restauration. Sinon il existe plusieurs restaurants ouverts 7 jours/7 (mieux vaut réserver le vendredi soir et le samedi).

Minimarket Nofit HaHermon SUPERMARCHÉ $
(Nofit HaHermon Mall, Rte 99 ; ⊘24h/24). On fera ici ses emplettes pour un pique-nique 24h/24 et 7j/7, avec la possibilité d'acquérir aussi du matériel de camping.

Lechem'keh BOULANGERIE $
(☑04-644-1978 ; Nofit HaHermon Mall, Rte 99 ; sandwichs 18-45 NIS, repas léger 44-55 NIS, petit-déj 41-65 NIS ; ⊘8h-18h dim-jeu, 8h-14h ven). La meilleure boulangerie de la région est devenue un petit café gastronomique convivial aux pâtisseries divines. Dans une petite rue

commerçante décrépite, Nofit Hermon, du côté sud de la route 99, à 1,5 km à l'est du croisement entre les routes 99 et 90.

Thali INDIEN $$
(☑04-607-7764 ; Nofit HaHermon Mall, Rte 99 ; plats 31-59 NIS ; ⊘12h-22h dim-jeu, 12h-16h ven ; ☑). Ouvert en 2016, ce restaurant indien décoré de broderies du Rajasthan est 100% végétarien. L'emblématique et fort appétissant Thali Platter, servi sur un plateau, se compose de dhal, d'*aloo gobi* et de *matar* de carottes. Également des *biryani* et un grand choix de plats végétaliens et sans gluten.

Cheese ITALIEN $$
(☑04-690-4699 ; Rte 9888, Beit Hillel ; plats 42-114 NIS, petit-déj 44-60 NIS, formule déj 59-89 NIS ; ⊘9h ou 9h30-23h ; ☎☑). Deux

---

SUR LE JOURDAIN

À première vue, le Jourdain peut surprendre par ses petites proportions, mais une fois embarqué, on réalise sa puissance. La partie la plus sauvage du fleuve, zone de 13 km appelée **Yarden Harari** (partie montagneuse du Jourdain), s'étend du pont de B'not Ya'akov (Rte 91) à Karkom (à 6 km au nord du pont Arik, Rte 87, près du lac de Tibériade). La saison démarre dès que le flot printanier du fleuve est redevenu suffisamment puissant pour le rafting, mais moins dangereux.

Tous les prestataires cités ci-dessous ont des vestiaires avec douches et des casiers pour les objets de valeur (10-20 NIS). Clés de voiture et téléphone portable sont parfois gardés gracieusement. Sauf avis contraire, attendez-vous à revenir au mieux mouillé, au pire trempé. En réservant sur Internet au moins un jour plus tôt, vous pourrez obtenir 20% de ristourne, tout comme en présentant un bon de réduction distribué localement.

Jordan River Rafting (☑04-900-7000 ; www.rafting.co.il ; Rte 918 ; ⊘départ excursions 9h30-15h30 dim-ven, itinéraire habituel Pessah-oct, Yarden Harari déc ou jan-avr). L'itinéraire habituel (1 heure/1 heure 30, âge minimum 5 ans), dans un kayak gonflable pour 2 ou dans un canot pour 3 à 8 personnes, est facturé 93 NIS/personne, mais la descente de l'impétueux Yarden Harari sur 16 km (3 à 5 heures, âge minimum 16 ans) coûte 400 NIS/personne. Autres choix possibles : tyrolienne (25 NIS) et VTT (80 NIS) sauf quand la piste de 8 km (1 heure 30) longeant le fleuve est trop boueuse. Restaurant kasher, spécialisé en viande et poisson grillés. Agence à 11 km au nord-est de Rosh Pina et à 1,6 km au nord de l'embranchement de Gadot sur la route 91 ; de l'angle nord-est du lac de Tibériade, prenez la route 888.

Kfar Blum Kayaks (☑04-690-2616 ; www.kayaks.co.il ; Beit Hillel ; ⊘départ excursions 10h-15h, de Pessah à Soukkot environ). Comptez 97 NIS pour un itinéraire tranquille de 4 km (1 heure 15, âge minimum 5 ans) ou 129 NIS pour un circuit plus difficile de 8 km (2 heures 30, âge minimum 10 ans), à bord d'un kayak gonflable (2 pers) ou d'un canot (jusqu'à 6 personnes). Tous deux partent de la rivière Hatzbani et terminent sur le Jourdain. Un bus vous emmène au point de départ, d'où vous descendez la rivière par vous-même. Il y a aussi un parc d'attractions "sportif" pour les enfants.

Ma'ayan-Hagoshrim Kayaks (☑077-271-7500 ; www.kayak.co.il ; kibboutz Ma'ayan Baruch ; ⊘départ excursions 9h ou 10h-15h ou 16h avr-oct). Ce prestataire chevronné géré par deux kibboutzim voisins organise des excursions en kayaks gonflables (2 pers) et canots (2 à 5-6 pers). La Family Route de 5 km (1 heure 30, âge minimum 5 ans) coûte 97 NIS/pers et la plus ardue Challenge Route de 6 km (2 heures, âge minimum 10 ans), 117 NIS. Camping 125 NIS/personne, tentes et matelas inclus. Non loin de la frontière libanaise ; sur la route 99, prenez l'embranchement pour le kibboutz Ma'ayan Baruch.

frères officient à la tête de cet établissement qui sert de délicieux plats "italo-galiléens", notamment un excellent choix de pâtes et de pizzas et une *tchakchouka*. Dans Beit Hillel, à 2,5 km au sud de la route 99.

♥ Dag Al HaDan
POISSON $$$

(☎ 04-695-0225 ; www.dagaldan.co.il ; en retrait de la Rte 99 ; plats 52-135 NIS ; ⊙ 12h-22h ; 🖋). L'un des meilleurs restaurants de poisson d'Israël. Sauf s'il pleut, on s'installe dehors à l'ombre des figuiers, avec en bruit de fond le murmure des eaux transparentes de la Dan, pour un pur moment de magie. La truite, élevée à seulement 50 m dans des bassins ouverts aux visiteurs et servie grillée ou fumée avec de belles pommes de terre rôties, fait la renommée du lieu. Les végétariens peuvent prendre les champignons farcis au fromage de chèvre, une quiche ou des gnocchis. Pour le déjeuner le samedi et entre juin et Soukkot, réservez. À 1 km au nord de la route 99, du côté opposé au kibboutz Ha-Goshrim.

❶ Depuis/vers le Doigt de Galilée

Le bus **Rama** (☎ 04-373-2099 ; www.golanbus.co.il) n°58 relie Kiryat Shmona à Majdal Shams par la route 99.

Kiryat Shmona et Tel Hai

يح لات ةنومش تيرك   יח לתו הנומש תירק

☎ 04 / 23 100 HABITANTS

Brûlée par le soleil, la "colonie de peuplement" de Kiryat Shmona (ou Qiryat Shemona ; établie dans les années 1950 pour accueillir les réfugiés juifs en provenance des pays arabes), aujourd'hui l'une des plus grandes villes de haute Galilée, n'a guère à offrir aux visiteurs, excepté la promesse de prendre une correspondance pour une autre destination au départ de sa gare routière, peu engageante. La ville s'arrête presque entièrement de vivre pendant le shabbat.

Le nom de Kiryat Shmona, qui signifie "Ville des Huit", rend hommage aux huit pionniers juifs, dont Joseph Trumpeldor – figure majeure du sionisme de l'époque –, qui furent tués en 1920 à Tel Hai, à 3 km au nord. Là, un musée retrace ces événements. Plus récemment, la ville, proche de la frontière libanaise, a souvent été la cible de tirs de roquettes du Hezbollah. Renseignez-vous sur la situation avant de vous y rendre.

◉ À voir

Musée en plein air de la Photographie
MUSÉE

(☎ 04-681-6700 ; www.omuseums.org.il ; parc industriel de Tel Hai, côté est de la Rte 90 ; tarif plein/3-18 ans 22/18 NIS ; ⊙ 8h-16h lun-jeu, 11h-14h sam). Photographes de renom israéliens et internationaux ont ici une vitrine renouvelée, à raison de deux grandes expositions par an. Les enfants bénéficient d'une section interactive leur permettant de découvrir les principes de la photo avant l'ère du numérique, grâce à une chambre noire et une chambre claire. Les panneaux sont en hébreu et en arabe, mais des guides bénévoles peuvent donner des explications en anglais. Depuis le centre de Kiryat Shmona, prenez la route 90 vers le nord sur 3 km puis suivez les panneaux "Photography".

❶ Depuis/vers Kiryat Shmona et Tel Hai

BUS

Kiryat Shmona est le principal carrefour de bus du Doigt de Galilée (Galilee Panhandle). Destinations desservies, entre autres :

Haïfa-Merkazit (bus Egged n°s 500 et 505 ; 37,50 NIS, 2 heures, 2-3 bus/heure)

Jérusalem (bus Egged n°963 ; 42,50 NIS, 3 heures 15, 2 bus/jour dim-jeu, 1 ven). Via la route 6.

Katzrin (bus Rama n°s 54 et 59 ; 16 NIS, 1 heure 10, 10 bus/jour dim-jeu, 4 ven, 1 sam soir). Via Merom Golan et Ein Zivan.

Majdal Shams (bus Rama n°58 ; 14,15 NIS, 30 min, 7 bus/jour dim-jeu, 3 ven jusqu'en début d'après-midi, 1 sam soir). Plusieurs arrêts desservis sur les routes 99 et 989, dont la réserve naturelle de Banias, la citadelle de Nimrod et Neve Ativ.

Tel-Aviv, gare routière centrale (bus Egged n°s 840 et 845, 42,50 NIS, 3 heures 45, au moins 1/heure)

Tibériade (bus Egged n°s 541 et 840 ; 27 NIS, 1 heure, 1 bus/heure). Via Rosh Pina.

Safed (bus Nateev Express n°511 ; 16 NIS, 1 heure, 1 bus/heure). Via la vieille ville de Rosh Pina (15 NIS, 40 min), et les embranchements pour Agamon HaHula (12,50 NIS, 9 min), la réserve naturelle de la Hula (12,50 NIS, 12 min) et Tel Hatzor.

TAXI

Pour un taxi partant de Nehemia Mall (à l'intersection des routes 90 et 99), appelez le ☎ 1-800-304-141. Pour un taxi partant de la gare routière, appelez le ☎ 04-694-2333 ou le ☎ 04-694-2377.

HAUTE GALILÉE ET GOLAN DOIGT DE GALILÉE

Metula ةلوطم הלוטמ

♪ 04 / 1 600 HABITANTS / ALTITUDE 442 M

Ce village pittoresque perché sur une colline à la pointe septentrionale du Doigt de Galilée est entouré sur trois côtés par le Liban. Renseignez-vous sur les conditions de sécurité à la frontière avec le Liban avant de vous y rendre. Outre de superbes panoramas transfrontaliers, le lieu héberge quelques tables gourmandes pour qui souhaite se régaler.

C'est une branche française de la famille Rothschild qui a apporté son aide financière pour la fondation de Metula en 1896. En 1920, l'emplacement du village joua un rôle déterminant dans l'inclusion du Doigt de Galilée à la Palestine sous mandat britannique, plutôt qu'au Liban sous mandat français. Aujourd'hui, l'économie de Metula repose sur un tourisme qui s'apparente à celui d'un village des Alpes suisses, et sur sa production fruitière (pommes, poires, cerises, pêches, prunes, nectarines, kiwis et litchis).

À voir

La charmante artère principale de Metula (rue HaRishonim) est bordée de robustes maisons en pierre centenaires, arborant pour certaines des plaques de céramique où est inscrite leur histoire.

♥ Réserve naturelle
du Nahal Ayun   RÉSERVE NATURELLE

(♪ 04-695-1519 ; www.parks.org.il ; adulte/enfant 28/14 NIS ; ⊙ 8h-16h ou 17h, 8h-15h ou 16h ven). L'un des plus beaux chemins de randonnée de Galilée longe, sur quelque 3 km, le ruisseau de l'Ayun (Iyyun) depuis son point d'entrée en Israël par le Liban. Il passe à travers des gorges surplombées de falaises et conduit jusqu'à quatre chutes d'eau, dont celles du Tanur (Cheminée, 31 m de haut). Le parc possède deux entrées : l'une, à l'extrémité nord-est de Metula, à 100 m de la frontière (dernière entrée 1 heure 30 avant la fermeture), l'autre (qui permet une boucle facile jusqu'aux chutes de Tanur) sur la route 90 à 3 km au sud de la ville (dernière entrée 1 heure avant la fermeture).

De la seconde, une courte marche conduit à trois petits bassins pour les enfants (il est interdit d'entrer dans l'eau ailleurs dans la réserve) et un sentier est accessible en fauteuil roulant.

Point de vue de Dado   PANORAMA

(⊙ 24h/24). Haut perché sur la colline au sud-ouest de HaRishonim St – coiffée d'un pylône d'antenne rouge et blanc –, ce point

de vue souvent venteux préside à un panorama spectaculaire. Au sud, c'est la vallée de la Hula, à l'est, le Golan (dont le mont Hermon et les volcans jumeaux Avital et Bental), et au nord, ce sont les champs et les collines du Liban. On voit la vallée du Nahal Ayun au premier plan et, à l'horizon, on distingue aisément la forteresse croisée appelée **château de Beaufort**.

Un peu après l'embranchement se trouve le site du **Good Fence** ("la Bonne Barrière"), poste-frontière que franchissaient les Libanais du Sud pour aller travailler et se faire soigner en Israël entre 1976 et 2000. Cette zone est aujourd'hui inaccessible, suite au retrait des forces israéliennes du Sud-Liban en 2000.

Activités

Canada Centre   PATINOIRE, PISCINE

(♪ 04-695-0370 ; www.canada-centre.co.il ; 1 HaRishonim St ; 1 heure 30 patinage 70 NIS, piscine 60 NIS, partie de bowling 30-33 NIS, billard 10 NIS/30 min, billet combiné 139 NIS, avec trampolines 155 NIS ; ⊙ fermé dim sauf juil-août). Les infrastructures de ce complexe – patinoire olympique (10h-16h ou 17h), piscines intérieure et extérieure (10h-20h dim-jeu, 10h-18h ven, 10h-19h sam), 10 pistes de bowling (10h-18h), tables de billard et trampolines – sont dans leur jus, mais cela n'empêche nullement les enfants de s'y amuser comme des fous.

Où se loger et se restaurer

HaRishonim St réunit 5 hôtels, soit la totalité du parc hôtelier local, plus 4 excellents restaurants rustiques, occupant tous d'anciennes demeures de la rue.

Travel Hotel Metula   HÔTEL $$

(♪ 04-688-3040 ; www.travelhotels.co.il ; 52 HaRishonim St ; d/app à partir de 500/650 NIS, plus 100 NIS jeu-ven, 100 NIS/enfant supp ; 🛜). En plein centre de la bourgade, ce bel établissement moderne de 23 chambres et 4 appartements suffisamment grands pour 4 à 5 personnes s'adresse aux amateurs de sorties en plein air, que le personnel vous aidera gracieusement à organiser, randonnées comprises. Les clients ont accès gratuitement aux piscines du Canada Centre. Accessibilité en fauteuil roulant.

♥ Lishansky Since 1936 HÔTEL HISTORIQUE $$$

(Villa Lishansky ; ♪ 04-699-7184, 050-833-4552 ; 42 HaRishonim St ; d 600-750 NIS ; ⊙ restaurant 8h30-12h et 18h30-22h ou plus tard lun-sam ; 🛜). Construit en 1936 dans le style Bauhaus par la famille du célèbre espion de la Première Guerre mondiale Yossef Lishansky, cet établissement a conservé son architecture, sa décoration et son mobilier d'origine. Le salon sur lequel donnent les 4 spacieuses chambres vous transporte dans les années 1930, si bien que l'on s'attendrait presque à y voir débarquer un officier de l'armée britannique en uniforme.

Copieux plats de bœuf, de canard et de poisson, truite fumée maison et soupe de champignons aux herbes aromatiques de Galilée sont à la carte du restaurant (plat principal 86-115 NIS, petit-déjeuner 60 NIS).

HaTachanah STEAKS $$$

(☑ 04-694-4810 ; www.hatachana-m.co.il ; 1 HaRishonim St ; plats 65-215 NIS ; ⊘ 13h-22h ou plus tard lun-sam ; ☎). Moderne, spacieux et offrant une vue panoramique, ce restaurant très réputé a un amusant décor mi-chalet suisse mi-saloon. On y sert des steaks de premier choix (élevage du kibboutz Kfar Szold), mais aussi hamburgers, soupes, salades et côtelettes d'agneau (en portions enfants à la demande). Rien n'empêche de boire avec une bière du Golan. Réservation conseillée pour le jeudi soir, le vendredi, le samedi, les jours fériés, ainsi que de mi-juillet à août.

Depuis/vers Metula

Les bus Egged nᵒˢ 20 et 20א relient Metula à Kiryat Shmona (10,50 NIS, 24 min, 8 bus/jour dim-jeu, 5 le ven), via Tel Hai.

PLATEAU DU GOLAN

ה*ضبة الجولان* רמת הגולן

De nature volcanique, le plateau du Golan domine le lac de Tibériade et la vallée de la Hula. Il est sec et brûlé en été, luxuriant et couvert de fleurs sauvages au printemps. Ses champs de basalte, entrecoupés à l'extrémité ouest de gorges vertigineuses, sont ponctués de ranchs d'élevage de bétail et de chevaux, de vergers, de vignobles et de petites communautés accueillantes, druzes et israéliennes.

Depuis la conquête de ce territoire syrien par Israël en 1967, le plateau du Golan est devenu source de tension entre les deux pays (voir également l'encadré p. 262). Lors de la guerre du Kippour de 1973, la Syrie reprit une grande partie de la région, mais fut rapidement repoussée jusqu'à ses frontières actuelles. Tout le Golan porte les traces de

ce conflit : bunkers syriens abandonnés le long des lignes de front d'avant 1967, vieux tanks laissés comme des mémoriaux près des champs de bataille de 1973, et bunkers israéliens prêts à servir, en face de la zone de désengagement placée sous l'autorité de la FNUOD (Force des Nations unies chargée d'observer le désengagement).

Depuis l'annexion de la région en 1981, non reconnue par la communauté internationale, Israël y développe des colonies. En dépit des conflits politiques, les communautés druzes et israéliennes du Golan vivent en harmonie, et le visiteur ne perçoit généralement aucune tension sur place.

ⓘ Depuis/vers le plateau du Golan

Les services de bus dans le Golan, pour Kiryat Shmona, Rosh Pina, ainsi que pour toute la côte du lac de Tibériade (dont Capharnaüm, Kursi et Tibériade), sont assurés par la compagnie **Rama** (p. 263) basée à Katzrin. Les principaux itinéraires (certains desservis par plusieurs lignes adoptant des parcours un peu différents) font l'objet d'un maximum de 10 liaisons par jour du dimanche au jeudi, de 5 au plus le vendredi jusqu'en milieu d'après-midi et d'une seule le samedi après-midi ou soir.

Katzrin كتسرين קצרין

☑ 04 / 6 900 HABITANTS

Katzrin (Qazrin), la "capitale du Golan", est une excellente base pour explorer le centre et le sud du Golan et acheter des victuailles pour un pique-nique. Fondée en 1977, c'est de loin la plus grande communauté de la région.

La petite galerie marchande animée, **Merkaz Eitan**, des années 1970 a été considérablement rénovée il y a quelques années – et agrémentée d'une **sculpture** aussi espiègle que colorée. Outre une banque, une pharmacie et quelques restaurants, vous y trouverez aussi un excellent musée. À l'exception d'une épicerie, tout est fermé pendant le shabbat.

⊙ À voir

♥ **Golan Archeological Museum** MUSÉE

(☑ 04-696-1350 ; Merkaz Eitan ; adulte/enfant 19/16 NIS, billet combiné avec le parc de l'ancienne Katzrin 28/20 NIS ; ⊘ 9h-16h dim-jeu, 9h-14h ven). Un vrai petit bijou que ce musée ! On peut notamment y voir d'étonnants linteaux en basalte et inscriptions en araméen provenant de 30 synagogues du Golan de l'époque byzantine, des monnaies frappées lors de la Grande Révolte (66-70), ainsi qu'une maquette de Rujum Al Hiri. À l'extérieur, on découvre un dolmen vieux de 4000 ans, des sculptures et des chapiteaux ornementés. Une vidéo (disponible en 9 langues) met en lumière le siège romain de Gamla. Accessible aux fauteuils roulants. À 100 m à l'ouest du centre commercial Merkaz Eitan, près de la bibliothèque.

Parc de l'ancienne Katzrin SITE ARCHÉOLOGIQUE

(☎ 04-696-2412 ; adulte/enfant 26/18 NIS, billet combiné avec le musée archéologique adulte/enfant 28/20 NIS ; ☺ 9h-16h dim-jeu, 9h-14h ven, 10h-16h sam, fermeture 1 heure plus tôt août). Ce village de l'époque byzantine, partiellement reconstruit, donne une idée du quotidien des populations à l'époque talmudique (IIIe-VIe siècle), lorsque le Golan comptait des dizaines de villages juifs. On y découvre notamment une synagogue en basalte, une presse à huile d'olive en fonctionnement, une présentation audiovisuelle sur les sommités de l'époque, et des paons qui se baladent en liberté. En août et lors des fêtes juives comme Pessah et Soukkot, des acteurs procèdent à des reconstitutions en costumes d'époque. Pain pita frais souvent disponible à la *beit lehem* (maison du pain). Accessible

---

RÉPERCUSSIONS DE LA GUERRE EN SYRIE ET SÉCURITÉ

La montée des tensions dans le nord d'Israël s'est accrue depuis le début de l'année 2018. La violente guerre en Syrie déborde parfois sur la région, et un certain nombre d'obus et de roquettes sont atterri du côté israélien. Il convient d'être très vigilant et de ne pas s'aventurer près de la frontière syrienne, en particulier à l'est de la route 98, sur la portion nord de la route 899 et sur la route 999 ; renseignez-vous bien sur les conditions de sécurité autour du mont Bental et du point de vue de Quneitra pour savoir si vous pouvez vous y rendre sans risque. Il faut également s'abstenir de se déplacer le long de la frontière avec le Liban. Avant tout déplacement, consultez les recommandations des sites gouvernementaux et leur section "conseils aux voyageurs" (voir p. 428).

---

aux fauteuils roulants. À 1,6 km à l'est de la galerie marchande Merkaz Eitan.

Golan Heights Winery DOMAINE VITICOLE

(☎ 04-696-8435 ; www.golanwines.co.il ; parc industriel ; dégustation 10 NIS, avec visite guidée 20 NIS ; ☺ 8h30-17h30 dim, 8h30-18h30 lun-jeu, 8h30-14h ou 15h ven, dernière visite 16h30 dim-jeu, 12h30 ou 13h ven). Chaque année 5,5 millions de bouteilles sortent de ce vignoble lauréat de nombreux prix internationaux. Visites guidées (sur réservation) et dégustations vous font découvrir ses crus, au nombre desquels quelque 50 bouteilles des gammes Yarden, Gamla (Gilgal), Hermon et Galil Mountain vendues à la boutique. Tous les vins sont kasher, mais ils ne sont pas *mevushal* (pasteurisation éclair).

Kesem HaGolan MUSÉE

(Golan Magic ; ☎ 04-696-3625 ; www.magic-golan.co.il ; Hutzot HaGolan Mall, Katzrin, zone industrielle ; adulte/enfant 26/21 NIS ; ☺ projections 9h-17h sam-jeu, 9h-16h ven). Excellente présentation du Golan, grâce à un voyage virtuel d'une demi-heure dans la région sur écran panoramique à 180° (projection en anglais toutes les heures, à la demie). On y découvre aussi une maquette topographique du Golan à l'échelle 1/5 000. Dans la galerie marchande, à 2 km à l'est de Merkaz Eitan, à côté de la zone industrielle.

🛏 Où se loger

Golan Garden Hostel AUBERGE DE JEUNESSE $

(☎ 053-430-3677 ; www.golangarden.com ; 12 Hukuk St ; dort/d avec sdb commune 100/300 NIS ; @🛜☎). Alon et Daniel tiennent cet établissement de 18 lits (dortoirs à 4 ou 6 lits). On se relaxe dans les hamacs de la terrasse arrière ; guitares et percussions sont à la disposition des hôtes, qui peuvent louer des VTT pour 50 NIS/jour. Cuisine ommune, service de blanchisserie (15 NIS) et location de matériel de camping (sac de couchage 15 NIS/jour).

Blueberry Rooms PENSION $$

(☎ 04-696-2103 ; blueberrygolan@gmail.com ; Merkaz Eitan ; d sans petit-déj 350 NIS, 50 NIS/enfant supp ; ☎). C'est dans la principale galerie marchande et de restauration de Katrin que l'on trouve ce qui se rapproche le plus d'un hôtel. Basiques mais spacieuses, les 10 Blueberry Rooms sont toutes habillées de pin, au sol comme au plafond. Réfrigérateur et micro-ondes font partie des commodités. Réception au Blueberry Cafe & Restaurant, où est servi le petit-déjeuner (40 NIS).

SPNI Golan
Field School
AUBERGE DE JEUNESSE **$$**

(☑04-696-5030 ; www.natureisrael.org/Golan ; 2 Zavitan St ; d 375-503 NIS, 127-157 NIS/adulte supp, 84-113 NIS/enfant supp ; ☎). Un complexe des années 1970 en lisière de ville accueille le centre d'étude de l'environnement de la Société de protection de la nature (SPNI) et 33 chambres fort simples mais toutes avec réfrigérateur, et de 4 et 9 couchages (idéal pour les familles et les groupes). Pas de location de lits en dortoir individuels. Wi-Fi uniquement dans le hall. À 1 km du Merkaz Eitan ; descendez la rue Daliyot puis tournez à gauche dans la rue Zavitan. L'établissement organise parfois (lors des fêtes juives) des randonnées gratuites en groupe.

Où se restaurer

Vous pouvez manger sur le pouce (houmous, *shawarma*, pizzas très ordinaires, hamburgers) au Merkaz Eitan, sauf pendant le shabbat, où vous n'aurez d'autre choix qu'une épicerie et, à 2-3 km à l'est de Merkaz Eitan, dans la zone industrielle, deux restaurants.

HaMakolet Shel HaRusim
SUPÉRETTE **$**

(Merkaz Eitan, en face du Lev Katzrin Mall ; ◷9h-21h dim-jeu, 8h-23h ven, 10h-22h sam). Tenue par un couple originaire d'Ouzbékistan, cette épicerie "russe" ouverte 7 jours/7 vend pain, fromages, saumon fumé, harengs *matjes* (nouveaux), vins, et de nombreux produits provenant de l'ancien bloc soviétique, par exemple des bières Baltika (russe) et Obolon (ukrainienne). Pas de fruits et légumes. Ouvert pendant le shabbat.

Co-op Shop
SUPÉRETTE **$**

(Lev Katzrin Mall ; ◷8h-21h dim-mar, 8h-22h mer-jeu, 7h-14h30 ou 16h ven). Pour acheter des provisions de pique-nique (pour une randonnée, ou pour ne pas tomber d'inanition pendant le shabbat). À 100 m à l'est du centre commercial Merkaz Eitan.

Golan Brewhouse
BRASSERIE **$$**

(☑04-696-1311 ; www.golanbeer.co.il ; Hutzot HaGolan Mall, zone industrielle ; plats 52-139 NIS ; ◷11h-22h30 ; ☑). Son grand bar en bois circulaire et ses fenêtres panoramiques attirent foule. D'autant plus qu'on s'y sustente de steaks de bœuf élevé dans le Golan, hamburgers, poulet, poisson, salades, plats végétariens, soupes (en hiver) pour accompagner d'irrésistibles bières Bazelet.

La formule Brewhouse Beer Sampler (14 NIS) vous permettra de goûter aux 4 bières de la maison (une ambrée, une Pilsner, une Doppelbock et une bière de blé), brassées dans les cuves en cuivre à l'angle du bar. La plupart du temps, une bière saisonnière est aussi disponible. Pour 48 NIS, on vous servira 200 ml de chacune avec des olives et de la choucroute.

♥ Meatshos
GRILL **$$$**

(☑04-696-3334 ; www.meatshos.co.il ; zone industrielle ; plats 59-159 NIS ; ◷12h-18h lun-jeu, 13h-22h ven, 12h-19h sam). Une adresse réputée pour ses savoureux steaks, côtelettes et hamburgers (250 à 750 g), sa viande de veaux et d'agneaux (un an et demi) élevés dans le Golan. Les lasagnes végétariennes satisferont les moins carnivores. Goûtez le Salokiya, un vin rare (rouge/blanc 42/32 NIS le verre) élaboré sur place. À côté de la caserne de pompiers à l'extrémité nord de la zone industrielle, 1 km après la Golan Heights Winery.

❶ Renseignements

Géré par le conseil régional, l'**office du tourisme** (☑04-696-2885 ; www.tourgolan. org.il ; Hutzot HaGolan Mall, Katzrin, zone industrielle ; ◷9h-16h dim-jeu) de Katzrin distribue brochures et cartes gratuites en hébreu, anglais et russe, et pourra vous renseigner sur les hébergements, les randonnées et les visites de vignobles. Dans la galerie marchande à 2 km à l'est du centre-ville, derrière la fontaine ronde.

Les guides expérimentés de **SPNI Hiking Information** (Merkaz Hadracha ; ☑04-770-9460 ; www.teva.org.il ; centre d'étude de l'environnement du Golan, 2 Zavitan St ; ◷8h30-17h dim-jeu) vous aiguilleront gratuitement pour vos randonnées dans le Golan. Possibilité de poser vos questions par téléphone. Cartes de randonnée à l'échelle 1/50 000.

❶ Depuis/vers Katzrin
BUS

Katzrin est le carrefour des transports dans le Golan. Des bus Rama (p. 259) desservent presque toutes les localités du plateau (Ein Zivan propose des lignes particulièrement pratiques), ainsi que Tibériade, Rosh Pina et Kiryat Shmona. Le bus n°57 longe les côtes est et sud-ouest du lac de Tibériade (passant par exemple par Kursi) pour rejoindre Tibériade ; le bus n°52 se rend à Tibériade via la côte nord-ouest du lac (et passe par Capharnaüm). Pour rallier Neve Ativ, Majdal Shams et d'autres sites proches du mont Hermon, il faut généralement prendre une correspondance à Kiryat Shmona car seul le bus n°87 (2/jour) est direct.

Quelques destinations desservies par Egged :

Haïfa-Lev HaMifratz (bus n°503, 37,50 NIS, 2 heures 30, 4 bus/jour dim-jeu, 2/jour ven)

Jérusalem (bus n°966, 42,50 NIS, 4 heures, 1-3 bus/jour)

Tel-Aviv, gare routière centrale (bus n°843 ; 42,50 NIS, 3 heures 30, 4-5 bus/jour dim-jeu, 1/jour ven-sam)

Sud du Golan

La région au sud de Katzrin domine le lac de Tibériade depuis l'est, offrant une belle vue sur l'eau, les lumières étincelantes de Tibériade et les collines de Galilée. Elle compte d'excellents itinéraires de randonnée, en particulier dans les réserves naturelles de Yehudiya et de Gamla et alentour, ainsi que plusieurs sites historiques inattendus.

Réserve naturelle de Yehudiya

שמורת עבט יהודיה מחמק מביה יהודוה

Les 66 km² de la **réserve naturelle de Yehudiya** (☑ entrée Meshushim 04-682-0238, entrée Yehudiya 04-696-2817 ; adulte/enfant 22/9 NIS ; ⊙ 8h-16h sam-jeu, 8h-15h ven fin oct-fin mars, 7h-17h sam-jeu, 7h-16h fin mars-fin oct) conviennent autant aux promeneurs du dimanche qu'aux randonneurs aguerris – et qui n'ont pas peur de marcher dans l'eau. On y croise parfois des gazelles et des sangliers, et les falaises sont peuplées d'oiseaux.

La baignade est autorisée dans les piscines naturelles de la réserve.

La plupart des sentiers longent trois oueds bordés de falaises, dont l'eau, qui coule tout au long de l'année, se déverse dans l'extrémité nord-est du lac de Tibériade. Les **oueds Yehudiya** (Wadi Yehudiya) et **Zavitan** (Wadi Zavitan) sont faciles d'accès depuis le parking de Yehudiya (Chenyon Yehudiya), sur la route 87 à mi-chemin entre Katzrin et le lac de Tibériade.

L'**oued Meshushim** (Wadi Meshushim), plus accessible du parking de Meshushim, se trouve à 2,8 km au bord d'un chemin de gravier depuis la route 888, parallèle au Jourdain. Le parking est à 8 km au nord-est de Bethsaïde, site du Nouveau Testament.

Les gardes forestiers présents aux deux entrées de la réserve connaissent bien le terrain et pourront vous orienter et enregistrer votre itinéraire, pour votre sécurité (voir l'encadré ci-dessous). La seule mais excellente carte avec codes couleurs que l'on vous fournira au guichet sera suffisante.

Il est impératif de rester sur les chemins balisés pour ne pas s'exposer à des chutes fatales, comme cela est déjà arrivé à des personnes imprudentes sur des chemins mal tracés, et pour éviter la zone de tir de l'armée à l'est de l'oued Yehudiya (Wadi Yehudiya, de l'autre côté de la route 87).

Les bus Rama (p. 259) n°s 52 et 57 (8-10 bus/jour dim-ven) reliant Katzrin à Tibériade s'arrêtent au parking de Yehudiya (4,40 NIS, 20 minutes depuis Katzrin).

ⓘ RANDONNER EN SÉCURITÉ DANS LE GOLAN

Vous trouverez d'excellentes cartes au guichet des principaux parcs naturels du Golan en payant vos droits d'entrée. En revanche, si vous voulez vous enfoncer dans les terres, vous devrez vous procurer la **carte n°1 de la SPNI**, carte topographique des sentiers à l'échelle 1/50 000, couvrant le mont Hermon, le Golan et le Doigt de Galilée (vallée de la Hula et environs) – elle vous permettra notamment d'éviter champs de mines et zones de tir. Elle est en vente dans la plupart des parcs nationaux et réserves de la région.

Dans les réserves à entrée payante, on vous fournira des données à jour sur les conditions de randonnée au comptoir d'information. Vous devrez vous faire enregistrer pour certains itinéraires, et éventuellement laisser une fiche sur votre tableau de bord afin que les gardes forestiers sachent où envoyer les équipes de secours s'ils trouvent votre voiture à la nuit tombée.

➡ Apportez beaucoup d'eau.

➡ Portez un chapeau et de bonnes chaussures.

➡ Ne plongez jamais dans les bassins à la base des chutes d'eau (plusieurs personnes sont mortes après avoir heurté des rochers immergés).

➡ Rentrez avant la nuit.

Le bus Egged n°843, entre Katzrin et Tel-Aviv, passe aussi par là. C'est précisément au point info du parking que vous trouverez les horaires affichés.

Réserve naturelle de Gamla

שמורת טבע גמלא الْمحمية الطبيعية للجمل

Site d'un village juif prospère de la fin de l'époque du second Temple, Gamla est perchée au sommet d'une crête rocheuse en forme de dos de chameau (*gamla* signifie chameau en araméen). Le village osa défier les Romains pendant la Grande Révolte (66-70), ce qui lui valut d'être assiégé par les légions de Vespasien. On peut aujourd'hui en visiter les ruines au sein de la **réserve naturelle de Gamla** (☎04-682-2282 ; www.parks.org.il ; Rte 808 ; adulte/enfant 28/14 NIS ; ☺8h-16h ou 17h sam-jeu, 8h-15h ou 16h ven, dernière entrée 2 heures avant la fermeture), d'où l'on jouit d'une vue spectaculaire sur la campagne environnante. Des bureaux du parc, descendre vers la cité antique et en faire le tour prend 2 à 3 heures.

En l'an 67, l'historien Flavius Josèphe relata ce siège de sept mois, la résistance courageuse des défenseurs, la sanglante bataille finale, et le suicide collectif de milliers de Juifs, comme ce fut le cas à Massada. Les indications fournies par Flavius Josèphe ont permis d'identifier le site et c'est ainsi qu'a été exhumée en 1968 une grande quantité d'armes utilisées par les Romains pour le siège (en partie exposées au Musée archéologique du Golan, à Katzrin, p. 262), et que l'on a mis au jour l'une des plus anciennes synagogues au monde, qui daterait du Ier siècle av. J.-C. (c'est-à-dire de l'époque du second Temple).

Gamla est aussi connue pour ses nombreux **vautours fauves** (2,7 m d'envergure) nichant dans les falaises de la réserve et s'élevant majestueusement au-dessus de la vallée. Au nombre d'environ 200 il y a quinze ans, ils ne sont plus qu'une quinzaine aujourd'hui, victimes des lignes électriques à haute tension, des drônes et des charognes empoisonnées laissées illégalement par une minorité de gardes forestiers pour tuer loups et chacals. Pour permettre à leur population de se reconstituer, on a réintroduit des vautours fauves venus d'Espagne. Des visites guidées d'une demi-heure (en hébreu) partent chaque jour à 11h et 13h du **belvédère des Vautours**.

Une remarquable cascade de 51 m de haut est visible depuis le **belvédère de la Cascade** (Tatzpit HaMapal). On s'y rend par un chemin (1 heure 30 aller-retour) traversant un champ de **dolmens** (en basalte) érigés par des nomades il y a 4 000 ans.

Sur le plateau autour du parking, le **chemin des Vautours** (Shvil HaNesharim, 20-30 min), accessible aux fauteuils roulants, offre une vue panoramique sur la cité antique.

Gamla est à 20 km au sud de Katzrin.

Synagogue Umm el-Kanatir

בית הכנסת אום אל קנאטיר سيني ما القناطر

Ce qu'il y a d'extraordinaire à propos de la **synagogue Umm el-Kanatir** (synagogue Ein Kshatot ; depuis la Rte 808, juste à l'ouest de Moshav Natur) érigée au VIe siècle, c'est qu'après son effondrement dans le grand tremblement de terre de 749, ce site isolé est resté quasiment en l'état jusqu'au XXIe siècle. Les blocs de basalte d'origine étant restés *in situ* depuis leur effondrement accidentel, les archéologues peuvent remonter les pierres une à une afin de reconstruire le splendide édifice, à l'aide d'un scanner laser 3D, de radio-étiquettes et d'un pont roulant jaune.

L'arche, orientée vers Jérusalem, est richement décorée d'aigles aux ailes déployées, de grappes de raisin et de symboles juifs tels que menora, *lulav* (branche de palmier) et *etrog* (un agrume). Un centre d'accueil des visiteurs souterrain, avec vue spectaculaire sur le lac de Tibériade, était en construction lors de nos recherches.

Village d'artistes d'Ani'am

☎04 / 500 HABITANTS

Cette paisible communauté compte neuf jolis ateliers et galeries alignés le long de rues piétonnes. Les artistes présentent avec leurs œuvres aux visiteurs. On notera parmi eux deux céramistes ainsi qu'un orfèvre new-yorkais, Joel Friedman, de Golan Gold, qui fabrique des bijoux tressés en or de toute beauté. La plupart des établissements sont ouverts du lundi au jeudi de 11h à 16h ou 17h (plus tard en août), et les vendredi et samedi de 11h à 15h environ (16h en été).

On trouve à Ani'am deux restaurants kasher, un de produits laitiers, l'autre de viande, tous deux fermés le vendredi soir et le samedi.

HAUTE GALILÉE ET GOLAN SUD DU GOLAN

Centre du Golan

Le centre faiblement peuplé du Golan s'étend sur le plateau rocheux et volcanique qui lui donne son nom. Il accueille des ranchs, des vignobles, une chocolaterie artisanale, des fermes où l'on peut cueillir baies et autres fruits, ainsi que les volcans jumeaux Avital et Bental fièrement dressés au-dessus de la ville syrienne de Quneitra et de la zone de désengagement de l'Onu. La région est délimitée par Katzrin au sud, par Odem au nord et par la ligne de désengagement de 1974 à l'est.

Ein Zivan عين زيوان עין זיוון

♩ 04 / 280 HABITANTS

Avec ses deux vignobles et sa chocolaterie, le kibboutz Ein Zivan, colonie israélienne fondée en 1968 à 19 km au nord-est de Katzrin, mérite qu'on y passe l'après-midi. Il fut le premier du pays à connaître la privatisation, à partir de 1992.

⊙ À voir

Pelter Winery   DOMAINE VITICOLE
(☏ 054-248-6663 ; www.pelter.co.il ; ⊘ 10h-16h). Parti étudier la vinification en Australie, Tal Pelter est revenu en 2001 fonder ce vignoble, dont le shiraz et le chenin blanc (entre autres) donnent aujourd'hui 300 000 bouteilles de rouges et de blancs par an. Les visites guidées gratuites (15-30 minutes) s'achèvent sur une dégustation, que l'on peut accompagner d'un plateau de 4 fromages de chèvre fabriqués maison (par l'épouse de Tal), de pain et d'huile d'olive (25 NIS) ou de *focaccia* fraîche (55 NIS pour 2) les vendredi et samedi.

Bahat Winery   DOMAINE VITICOLE
(☏ 04-699-3710 ; www.bahatwinery.co.il ; adulte/enfant 25/10 NIS ; ⊘ 10h-18h dim-jeu, 10h-16h ven, fermeture 1 heure plus tôt hiver). Cette authentique cave haut de gamme occupe une ancienne fabrique de tongs. Le vignoble produit seulement 20 000 bouteilles par an, dont un porto et un mélange de cabernet sauvignon et de shiraz. Les rapides visites du site de production (une seule salle), en hébreu et en anglais, partent toutes les demi-heures et sont suivies de séances de dégustation. Si vous avez faim, assiettes de fromages, pizzas et salades sont notamment proposées. Les enfants peuvent réaliser leur propre bouteille de jus de raisin étiquetée et bouchée professionnellement (25 NIS).

ⓘ **Depuis/vers Ein Zivan**

Ein Zivan se situe à 20 km au nord-est de Katzrin. Les bus **Rama** (p. 259) nos 14, 59 et 87 partent de Katzrin pour Ein Zivan toutes les heures ou toutes les 2 heures.

Point de vue sur Quneitra הרטיניוק קוריתפצת موقع المراقبة القنيطرة

Du haut du mont Avital, les radars de Tsahal scrutent la Syrie. Le **point de vue** (Rte 98 ; ⊘ 24h/24), où une "station audioguide" relate les batailles qui eurent lieu ici en 1973, surplombe la ville fantôme de Quneitra, à 2 km sur les pentes inférieures du volcan. Celle-ci fut autrefois la "capitale syrienne du Golan".

À la fin de la guerre des Six-Jours (1967), Quneitra, alors ville de garnison défendant Damas (à 60 km au nord-est), fut abandonnée par l'armée syrienne après que la radio du gouvernement syrien eut déclaré par erreur la chute de la ville. Elle changea de mains à deux reprises pendant la guerre du Kippour de 1973, qu'Israël commença avec seulement 177 chars, contre 1 500 côté syrien. Intégrée à la zone démilitarisée de l'Onu en 1974, la ville est sous le contrôle des forces rebelles syriennes depuis 2014. En mai 2018, des roquettes tirées de Syrie ont touché le plateau du Golan et l'armée israélienne a riposté. Le regain de tension est vif, et il faut être très prudent et se tenir informé avant d'envisager de se rendre sur place (voir l'encadré p. 262).

À 150 m au nord par la route 98, la tourelle d'un char israélien et une "station audioguide" indiquent un **mémorial** de la guerre du Kippour. Un chemin descend du point de vue pour rejoindre le **parc volcanique de l'Avital** (HaPark HavVolkani ; Rte 98 ; ⊘ 10h-16h), situé dans une ancienne carrière dont les fouilles ont mis au jour les nombreuses strates témoignant de l'histoire géologique du Golan. Signalétique en hébreu, en arabe et en anglais.

Le point de vue et le parc sont du côté est de la route 98, à 1,3 km au nord du carrefour de Zivan.

Merom Golan مروم جولان מרום גולן

♩ 04 / 675 HABITANTS / ALTITUDE 977 M

Nichée au pied des versants occidentaux du mont Bental, cette colonie israélienne est appréciée pour ses circuits à cheval, son restaurant de steaks et le café géré par ce dernier au sommet de la montagne.

 **Activités**

Havat HaBokrim
À CHEVAL

(☏ 052-851-4434 ; www.meromgolantourism.co.il ; chevauchée de 1 heure 30 150 NIS, promenade enfants de 5 min 30 NIS ; ☺départs toutes les 2 heures environ 10h-16h dim-jeu, à 10h, 12h et 15h ven-sam). Enfoncez-vous au cœur des collines volcaniques accompagné par les *bokrim* (cow-boys) de Havat HaBokrim, un ranch version Golan qui propose des randonnées à cheval. Réservez par téléphone.

Où se loger et se restaurer

Merom Golan Resort Village
PENSION $$$

(☏ 04-696-0267 ; www.meromgolantourism.co.il ; d 159-196 $US ; ☎✉). Après une chevauchée harassante, offrez-vous le confort de ce charmant village de vacances, dont les 45 chalets en bois et basalte avec Jacuzzi et les 33 chambres sont entourés de ravissants jardins. L'année 2018 apportant son lot de nouveautés, 38 nouvelles chambres de charme viennent compléter l'offre. Accessible en fauteuil roulant.

♥ Habokrim Restaurant
STEAKS $$$

(☏ 04-696-0206 ; www.meromgolantourism. co.il ; plats 66-142 NIS, buffet ven adulte/enfant 125/60 NIS ; ☺12h-22h dim-jeu, 12h-15h et 19h-21h ven). Depuis 1989, le Habokrim régale ses clients de juteuses pièces de bœuf du Golan (aloyau et entrecôte) et de savoureux hamburgers. Ce n'est pas tout : il sert aussi poisson, gnocchis végétariens, bière Bazelet à la pression et divers menus enfants. Vins du Golan au verre (25 NIS). Nourriture kasher et dîner du vendredi soir sous forme de buffet.

ⓘ Depuis/vers Merom Golan

Les bus Rama (p. 259) nᵒˢ14, 59 et 87 relient Merom Golan à Katzrin (10,50 NIS, 30 min, toutes les heures).

Mont Bental
לטונב רה לطنب لבج

ALTITUDE 1 165 M

Du sommet de ce cône volcanique à l'abri d'une réserve naturelle se déploie un sublime panorama. Depuis les vieux bunkers et tranchées israéliens, on voit la vallée de la Hula, le Liban, le mont Hermon, la partie du Golan sous contrôle syrien et le mont Avital, jumeau volcanique du mont Bental hérissé d'antennes-radars de Tsahal. La fin d'après-midi offre la vue la plus dégagée sur la région de Quneitra. Les troupes de l'Onu ont installé un poste d'observation dans un coin du site pour surveiller la guerre civile syrienne. La montagne est accessible 24h/24, sauf par temps de neige.

La partie souterraine quelque peu nauséabonde du réseau de tranchées, utilisé pour la dernière fois lors de la guerre du Kippour, peut être explorée. En surface, deux "stations audioguides" donnent des informations historiques en hébreu et en anglais, et des panneaux (pour certains disparus) indiquent la direction de Damas (60 km), de Haïfa (85 km), d'Amman (135 km), de Jérusalem (240 km), de Bagdad (800 km) et de Washington (11 800 km).

 **Où se restaurer**

Coffee Anan
SANDWICHS $$

(☏ 04-682-0664 ; www.meromgolantourism. co.il ; sandwichs 35-39 NIS ; ☺9h-17h, fermé lorsqu'il neige). Baptisé en l'honneur de l'ancien secrétaire général des Nations unies Kofi Annan, autrefois responsable des troupes onusiennes qui patrouillaient en contrebas, ce restaurant montagnard sert sandwichs, salades, gâteaux maison, *böreks* (*boureka*), *tchakchouka* et glaces. En hébreu, ce nom signifie aussi "café dans les nuages".

Odem
مدوا סדוא

☏ 04 / 150 HABITANTS / ALTITUDE 1 050 M

Le petit *moshav* d'Odem est une excellente destination pour goûter des vins locaux, cueillir baies et autres fruits d'été et rencontrer d'autres voyageurs.

◉ À voir

Odem Mountain Winery
DOMAINE VITICOLE

(☏ 04-687-1122 ; www.harodem.co.il ; ☺9h-17h dim-jeu, 9h-16h ven). Le rosé léger d'été (cabernet sauvignon et syrah), le cabernet franc (rouge) et le gewurztraminer de ce vignoble familial indépendant produisant 105 000 bouteilles par an sont particulièrement appréciables. On peut goûter 2 vins gratuitement et 4/6 vins pour 20/35 NIS (ou gratuitement si vous achetez une bouteille). Les visites (20 NIS) se concluent par une dégustation.

Ya'ar HaAyalim
ZOO, PARC DE LOISIRS

(☏ 050-522-9450 ; www.yayalim.co.il ; enfant 2-12 ans/adulte accompagnant 60/35 NIS ; ☺9h-17h, 9h-19h juil-août ; ♿). Les enfants adorent ce flanc de coteau rocailleux et ombragé abritant trois espèces de cervidés (d'Europe du Nord, d'Himalaya et du

Japon), des bouquetins, des poneys nains que les enfants peuvent monter, une ferme pédagogique, des voitures à pédales, cinq trampolines et un parcours sur cordes comprenant une tyrolienne de 15 m.

🛏 Où se loger

💙 **Golan Heights Hostel** AUBERGE DE JEUNESSE $
(☎054-260-0334 ; www.thegolanheightshostel. com ; dort 100 NIS, d avec sdb privative/commune 350/270 NIS ; @ 🛜). Voilà à quoi doit ressembler une auberge de jeunesse : de grands espaces de détente et de sociabilisation, une cuisine spacieuse, une bibliothèque fournie, une buanderie et des peintures murales colorées. Le chauffage par le sol est une bénédiction en hiver. Sont proposés 6 doubles et 3 dortoirs de 6 ou 8 lits superposés. Liad, l'enthousiaste et accueillant propriétaire, a élaboré un guide sur les randonnées entre autres activités possibles dans la région, à télécharger sur le site Internet.

Nord du Golan

La partie la plus septentrionale du Golan couvre les flancs accidentés de l'imposant mont Hermon, entre la station de ski et les villages druzes de Majdal Shams, Massada et Ein Kinya. Nombre des sites les plus pittoresques de la région, notamment la solide forteresse de Nimrod, de l'époque des croisades, et la réserve naturelle de Banias, sont regroupés autour de la route 99, qui continue vers l'ouest à travers le Doigt de Galilée jusqu'à Kiryat Shmona.

Forteresse de Nimrod
قلعة الصبيبة   מבצר נמרוד

Construite au XIIIᵉ siècle par les musulmans pour protéger l'axe Tyr-Damas face à l'avancée des croisés, la **Forteresse de Nimrod** (☎04-694-9277 ; www.parks.org.il ; Rte 989 ; adulte/enfant 22/9 NIS ; ⊘8h-16h ou 17h sam-jeu, 8h-15h ou 16h ven, dernière entrée 1 heure avant la fermeture) se dresse tel un château imaginaire sur une crête longue et étroite (815 m d'altitude) du versant sud-ouest du mont Hermon. On a du mal à imaginer comment la construction d'un tel édifice – 420 m de long et jusqu'à 150 m de large – fut possible sur ce sommet isolé, battu par les vents. Si vous ne pouvez visiter qu'une forteresse de l'époque des croisés pendant votre voyage, optez pour celle-ci. Son nom lui vient de

FLEURS PRINTANIÈRES

Les champs, les collines et les vallées (*widyan*) du plateau du Golan sont une vaste éclosion de fleurs de février à avril. Plus on grimpe sur le mont Hermon, plus la floraison est tardive. Les réserves naturelles de la région sont sillonnées de sentiers grimpant à l'assaut de coteaux tapissés de fleurs.

Nimrod, le "roi chasseur", personnage biblique du Livre de la Genèse (Genèse 10, 8-9), qui aurait, selon la tradition locale, vécu sur ce sommet.

L'excellente carte-brochure fournie au guichet vous permettra d'en savoir plus sur l'histoire médiévale mouvementée de la citadelle (dont sa destruction par les Mongols). Visitez la grande salle du XIIIᵉ siècle, intacte, dotée de meurtrières, dans la **tour nord**.

La forteresse, visible depuis toute la vallée de la Hula, est protégée de toutes parts (sauf un côté) par des falaises quasiment verticales et des gorges vertigineuses. Au sud de la citadelle de Nimrod, le Wadi Sa'ar divise le plateau basaltique du Golan depuis les flancs calcaires du mont Hermon (au nord) vers le sud.

Le site est desservi par le bus Rama n°58 reliant Kiryat Shmona à Majdal Shams.

Réserve naturelle de Banias محمية
שמורת טבע הבניאס   طبيعية بانياس

Les sources, chutes et ruisseaux aux rives luxuriantes de la **réserve naturelle de Banias** (☎sources de Banias 04-690-2577, chutes de Banias 04-695-0272 ; www.parks.org.il ; Rte 99 ; adulte/enfant 28/14 NIS ; ⊘8h-16h ou 17h sam-jeu, 8h-15h ou 16h ven, dernière entrée 1 heure avant la fermeture) forment l'un des sites naturels les plus beaux (et les plus fréquentés) du pays. Le parc possède deux entrées sur la route 99, distantes l'une de l'autre d'environ 3,5 km (1 heure 30 à pied). Le nom "Banias" rappelle qu'un culte était ici rendu au dieu grec Pan, protecteur de la nature, dans un sanctuaire de l'époque romaine.

Les 4 sentiers du parc (carte fournie à l'entrée) sont en grande partie ombragés par des chênes, platanes, figuiers et caroubiers. Du **sentier suspendu**, passerelle surplombant les eaux limpides du tumultueux Banias (Hermon), on peut se faire une idée de la façon dont les Anciens s'imaginaient le jardin d'Éden. À 15 minutes de marche en amont, les grondantes **chutes de Banias** se jettent à pic sur 10 m de haut dans un profond bassin ; la baignade y est tentante mais interdite, comme partout ailleurs dans la réserve. En partant de l'entrée côté chutes (en zone démilitarisée avant 1967), un circuit de 45 minutes permet de découvrir les deux sites.

Près de l'entrée côté sources, ont été mis au jour les vestiges d'un **ensemble palatial** construit par Agrippa II, le petit-fils d'Hérode. C'est l'objet d'un autre itinéraire pédestre de 45 minutes.

De délicieuses pitas druzes sont généralement proposées aux deux entrées de la réserve (ou à proximité). Desserte des deux entrées de la réserve par le bus Rama n°58, qui relie Kiryat Shmona à Majdal Shams.

Nimrod   دورمن   נמרוד

📷 04 / 20 HABITANTS

Cette communauté isolée juchée sur une colline, en retrait de la route 98 (sur le sentier du Golan), préside à un panorama tout aussi éblouissant que ses neiges hivernales. Aussi connue sous le nom de Nahal Nimrod, elle ne compte que cinq familles.

🛏 Où se loger

Ohel Avraham   CAMPING $

(Tente d'Abraham ; 📞 052-282-1141, 04-698-3215 ; tipi 100 NIS plus 60 NIS/pers, camping 60 NIS/pers, préfabriqués 400 NIS ; ⊙ environ Pessah-Soukkot, préfabriqués toute l'année). À flanc de coteau, cet hébergement style baba cool se résumant à 4 tipis, 4 yourtes, une grande tente bédouine et quelques bungalows en préfabriqué invite à la détente. Salles de bains et cuisines communes, sauf dans les bungalows. Les matelas sont fournis mais apportez un sac de couchage. Très rudimentaire.

Bikta BaArafel   PENSION $$

(📞 052-269-7718 ; www.bikta.net ; d sans petit-déj 500 NIS, 100 NIS/pers supp, camping 50 NIS/pers ; 📷). Faites principalement de bois recyclé, 10 chambres rustiques – toutes pourvues d'une kitchenette, d'un Jacuzzi et d'un balcon – au cœur d'un verger bio planté de cerisiers, de pommiers et d'abricotiers. Comptez 60 NIS pour le petit-déjeuner. Pour le dîner, vous pouvez commander un ragoût de viande ou de légumes (70 NIS). Les campeurs apportant tente et sac de couchage peuvent louer un matelas pour 15 NIS.

Majdal Shams مجدل شمس מג' דל שמש

📷 04 / 10 640 HABITANTS

La plus grande des quatre bourgades druzes du Golan sert de centre marchand et culturel à la communauté druze alentour. Des drapeaux druzes (avec cinq bandes horizontales) flottent dans le vent, et il n'est pas rare de voir des hommes portant de complexes moustaches recourbées et la tenue traditionnelle composée d'un *shirwal* noir (pantalon bouffant) et d'un *fez* blanc. Cela dit, ce gros bourg est beaucoup moins conservateur que beaucoup de villages druzes : les jeunes gens sont vêtus comme les Israéliens laïques, et plusieurs pubs servent de l'alcool.

Dans le centre, au milieu d'un rond-point, trône une **statue équestre** du sultan Pacha al-Atrach, héros druze de la révolte contre la domination coloniale française en Syrie.

On accorde ici la plus grande importance à l'enseignement supérieur. Avant la guerre civile syrienne, quelque 400 Druzes du Golan étudiaient dans les universités syriennes. À présent, la plupart des jeunes préfèrent poursuivre leurs études universitaires en Israël ou en Allemagne.

🛏 Où se loger

Narjis Hotel   HÔTEL $$

(Malon Butik Narkis ; 📞 04-698-2961 ; www.narji-shotel.com ; Rte 98 ; d été/hiver 500/680 NIS ; ⊙ réception 9h-18h ; 📷). Les 18 immenses chambres de cet élégant hôtel sont aménagées dans un style moderne et romantique, avec Jacuzzi, balcon et réfrigérateur. Réservez. À 200 m plus haut que Hermon Junction (rond-point situé au croisement des routes 989 et 98), en direction du mont Hermon.

CONCOURS DE DOUCEURS

À Majdal Shams, deux établissements concurrents vendent de délicieux baklavas et de moelleux *kenafeh* chauds à quelques centaines de mètres sur la route 989 depuis l'intersection avec la route 98. Ils se distinguent l'un de l'autre par leurs enseignes : rouge et blanc en hébreu et russe pour **Abu Jabal** (📞 04-687-1515 ; Rte 989 ; baklava/kenafeh 65/50 NIS le kilo ; ⊙ 8h-21h) et rose en hébreu pour **Abu Zeid** (📞 04-698-4846 ; rte 989 ; baklava/kenafeh 65/50 NIS le kilo ; ⊙ 8h-21h), 250 m plus bas.

HAUTE GALILÉE ET GOLAN NORD DU GOLAN

Sanabl Druze Hospitality — B&B $$$

(☎050-577-8850 ; sanabl.tal@gmail.com ; Ein Kinya ; d 650-850 NIS, adulte/enfant supp 300/200 NIS ; 🖥). Ce B&B idéal pour les familles a pris place dans une maison chocolat ornée d'éléments en pierre de Jérusalem. Les 3 doubles et les 2 spacieux appartements offrent une belle vue sur la citadelle de Nimrod et la vallée de la Hula. À 9 km au sud-ouest de Majdal Shams, dans la partie nord du village druze d'Ein Kinya, au-dessus de la grand-rue (repérez les panneaux au logo vert, rouge et blanc).

 ## Où se restaurer

À l'entrée ouest de Majdal Shams, près de l'intersection des routes 98 et 989, une rangée d'échoppes vend falafels, houmous, *shawarma*, pita druze garnie de *labneh (pita druzit)* et *sahlab* (boisson chaude faite de bulbes d'orchis moulus). Deux pubs servent des plats de style occidental.

 ## Où prendre un verre et faire la fête

Why? — BAR

(☎054-793-7187 ; Rte 98 ; ⊙11h-tard). Adresse sympathique où prendre une bière ou bien manger un morceau (viandes grillées, houmous, raviolis) sur fond de blues. À 50 m à l'est du Narjis Hotel.

Green Apple Bar & Cafe — PUB

(☎04-687-1400 ; www.046871400.com ; Rte 98 ; ⊙11h-23h, 11h-2h ou 3h jeu-ven). Ce pub-restaurant de style irlandais, à côté du Narjis Hotel, ne déparerait pas dans une grande ville occidentale. Cinq bières à la pression, dont Guinness. Parfois musique live le jeudi à partir de 21h. .

 ## Depuis/vers Majdal Shams

Majdal Shams se situe 30 km à l'est de Kiryat Shmona. Elle est desservie par le bus Rama n°58 (p. 259) partant de Kiryat Shmona et passant par Neve Ativ, la citadelle de Nimrod et la réserve de Banias.

Mont Hermon خبل الشيخ הר חחרמן

Le mont Hermon est réputé pour son air vif (même en été), sa flore alpine et ses chutes de neige imprévisibles. Son sommet culmine à 2 814 m d'altitude en Syrie, le plus haut point relevé en Israël n'atteignant que 2 236 m.

 ## Activités

Ski

Si les tarifs sont parfois élevés pour accéder aux pistes du mont Hermon. En hiver, il y a généralement 3 à 4 m de neige au sommet ; le record atteint en 1992 fut de 10 m ! Conditions d'enneigement à vérifier par téléphone ou sur Internet.

Station de ski du mont Hermon — SKI

(☎1-599-550-560 ; www.skihermon.co.il ; Rte 98 ; adulte/enfant 39/34 NIS hiver, gratuit en été ; ⊙8h-16h, dernière accès 15h, parfois plus tard). Les équipements rappellent ceux d'une station alpine bon marché de basse altitude des années 1970. Les bonnes années, on compte 30 à 40 jours d'enneigement suffisant pour skier, de décembre à mars, période d'affluence forte sur les pistes.

Il y a 3 pistes bleues, 7 rouges et 2 noires. La plus longue fait 1 248 m pour 376 m de dénivelé ; la plus haute part de 2 036 m. Il y a 11 remontées mécaniques, dont 5 télésièges et 5 téléskis.

Au droit d'entrée (qui s'acquitte aux péages de la route montant à la station), il faut ajouter le prix du forfait (journée/après-midi 250/200 NIS) et celui de la location de matériel, éventuellement des skis (adulte/enfant 140/120 NIS), un snowboard (140 NIS) et/ou un pantalon de ski ou une veste (60 NIS chacun).

Une fois sur le site, on a le droit d'y rester jusqu'au coucher du soleil.

Activités estivales

À la belle saison, on peut accéder à la crête (2 040 m) – et à une débauche de fleurs alpines – en **télésiège** (adulte/enfant 3-12 ans 49/42 NIS ; première montée 8h, dernière descente 15h30). Le trajet, magnifique, offre un panorama éblouissant. En revanche, une fois en haut, il n'y a pas grand-chose à voir hormis des bunkers israéliens au loin. Cela vaut donc la peine de faire coïncider la montée avec la **promenade guidée** (gratuite, 11h et 13h ven-sam juin-juillet, tlj août, Pâque juive et Soukkot). Conduites par des guides de la SPNI, ces promenades permettent de découvrir la flore et l'histoire militaire locale ; arrivez à la remontée une demi-heure avant. Ici, la floraison dure de fin mai à août.

Depuis/vers le mont Hermon

La station est à 9 km en montant la colline depuis Majdal Shams sur la route 98.

La Cisjordanie

الضفة الغربية

הגדה המערבית

Dans ce chapitre

Le top des restaurants

➡ Fadwa Cafe & Restaurant (p. 285)

➡ Hosh Al Jasmine (p. 285)

➡ Abu Omar (p. 296)

➡ La Vie Café (p. 288)

➡ Al Aqsa (p. 302)

Le top des hébergements

➡ Hosh Al Syrian Guesthouse (p. 283)

➡ Area D Hostel (p. 287)

➡ Walled Off Hotel (p. 283)

➡ Khan Al Wakalah (p. 301)

➡ Sami Youth Hostel (p. 295)

Pourquoi y aller

"Bienvenue" est le maître mot en Cisjordanie. Qu'il vous soit adressé par un vendeur dans un souk, exprimé par un sourire autour d'une assiette de falafels à partager ou crié haut et fort par un chauffeur de taxi pour couvrir une musique orientale assourdissante, peu importe. Les Palestiniens ont à cœur que les touristes se sentent bien accueillis.

Au vu des conflits politiques et de la violence auxquels on associe souvent leurs territoires, cela peut surprendre. Mais la Cisjordanie est bien loin de se résumer à une poudrière politique : souks pleins de vitalité, rues chaotiques, collines ondoyantes, paysages désertiques calcaires, café noir et épais servi dans une tasse en porcelaine et villes tellement chargées d'histoire qu'elles inspirent l'humilité en composent un autre visage.

C'est avec cette magie, parfois insaisissable et débordante, que la Cisjordanie ensorcèle ses visiteurs d'aujourd'hui, comme elle le fait depuis des millénaires.

Quand partir

Bethléem

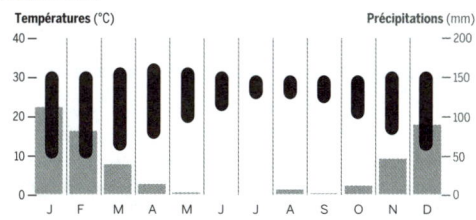

Oct Ambiance festive dans les villages pour la cueillette des olives.

Nov Une fête des récoltes se déroule à Burqi'in au début du mois.

Fin déc Bethléem illuminée célèbre Noël par des chants et une messe de minuit.

À ne pas manquer

1 Une balade dans les jolies rues pavées de **Bethléem** (p. 277), de la vieille ville à la place de la Crèche et à la basilique de la Nativité.

2 Une soirée branchée dans le célèbre monde de la nuit de **Ramallah** (p. 286).

3 Le téléphérique menant aux vestiges de l'antique

Jéricho (p. 293), l'une des villes habitées les plus anciennes au monde.

4 La cité triplement sainte et pourtant meurtrie d'**Hébron** (p. 296) et son tombeau des Patriarches.

5 Les plaisirs du hammam et les fabriques de savon de **Naplouse** (p. 299).

6 La rencontre avec les acteurs du célèbre **Freedom Theatre** (p. 303) de renommée mondiale.

7 Une ascension jusqu'au plateau coiffant le **Mont Garizim** (p. 299), la montagne sacrée des Samaritains.

SÉCURITÉ DES VOYAGEURS

Ces dernières années, la Cisjordanie s'est révélée une destination sûre pour les visiteurs occidentaux. Mais c'est une zone sous occupation militaire où la situation est instable et peut rapidement évoluer suivant l'actualité politique. Les flambées de violence entre les soldats israéliens et les jeunes Palestiniens qui jettent des pierres ne sont pas rares, surtout le vendredi.

Suivez bien l'actualité et les conseils aux voyageurs (voir p. 428), et n'hésitez pas à vous renseigner à l'avance par e-mail auprès de votre auberge de jeunesse ou de votre hôtel. Il va sans dire que les touristes doivent se tenir à l'écart de toute manifestation, notamment celles qui ont lieu près des *checkpoints* et des colonies israéliennes, et rester très vigilants dans les lieux publics. C'est particulièrement vrai à Hébron, où la situation peut rapidement dégénérer, et aux environs de Naplouse.

À l'entrée sur le territoire israélien, on vous demandera quels endroits vous comptez visiter, et souvent aussi si vous envisagez de vous rendre en Cisjordanie. Si vous répondez par l'affirmative, on vous retiendra peut-être un petit peu plus longtemps.

Histoire

L'apparition de la Cisjordanie en tant qu'entité géographique a été provoquée par la création de l'État d'Israël en 1948, sur 78% de la Palestine historique. Correspondant à la Judée-Samarie biblique, elle est située sur la rive ouest du Jourdain, d'où le nom de West Bank que lui donnent les anglophones mais aussi les colons juifs – une dénomination toutefois controversée, puisqu'elle suggère l'adhésion à la prophétie biblique selon laquelle les Juifs établiront un jour Israël sur l'ensemble de la Palestine historique. Certains préfèrent donc employer l'expression "Territoire palestinien occupé", ou se contenter de dire "Territoire". Dans ce guide, nous avons choisi de parler des "Territoires palestiniens" pour désigner la Cisjordanie, la bande de Gaza et Jérusalem-Est.

La culture de la Cisjordanie garde l'empreinte de 400 ans de pouvoir ottoman, mais aussi d'occupations de plus courte durée, comme le mandat britannique qui fut instauré à l'issue de la Première Guerre mondiale (l'anglais est toujours enseigné à l'école). Au début du XXe siècle, la lutte tripartite entre les Palestiniens, les sionistes européens et les autorités britanniques déboucha sur le conflit que nous connaissons aujourd'hui.

Une petite population juive demeura sur place, notamment à Hébron, tout au long de la période ottomane. À la fin du XIXe siècle et au XXe siècle, des Juifs de Russie, du Yémen et d'autres pays immigrèrent massivement en Palestine, mais peu d'entre eux s'installèrent dans les régions montagneuses correspondant à l'actuelle Cisjordanie.

Durant la guerre israélo-arabe de 1948, la Jordanie s'empara du territoire, avant qu'Israël n'en prenne le contrôle en 1967 à l'issue de la guerre des Six-Jours. Au cours des années 1970 et 1980, la Jordanie tenta de réunifier les deux rives du Jourdain, mais renonça en 1988 à ses prétentions sur la Cisjordanie au profit de l'Organisation de libération de la Palestine (OLP).

À la suite de la première Intifada ("soulèvement", en arabe), qui a duré de 1987 à 1993, les accords d'Oslo, passés entre le gouvernement israélien et l'OLP, ont préparé le terrain pour l'éventuelle création d'un État palestinien en Cisjordanie et à Gaza – certaines zones telles que Jéricho, Ramallah et Jénine étant confiées à l'administration de la toute nouvelle Autorité palestinienne.

Mais les deux parties étaient mécontentes des accords et de leurs conséquences. Les violences ont donc continué, et l'on a déploré des morts tant du côté israélien que palestinien. En 2000, l'échec des négociations pour la paix initiées par les États-Unis, lors du sommet de Camp David, a ouvert la voie à la seconde Intifada (2000-2005).

La violence a alors atteint un tragique apogée, avec des assassinats retentissants de part et d'autre. Batailles sanglantes et attaques militaires ont fait des centaines de victimes, et quantité d'attentats-suicides ont été perpétrés en Israël. En réaction, les Israéliens ont édifié une barrière de sécurité (p. 281) bouclant la Cisjordanie.

Après la mort de Yasser Arafat en 2004, Mahmoud Abbas, candidat du Fatah, a gagné les élections présidentielles palestiniennes en 2005. Mais en 2006, c'est le

CHECKPOINTS

Les *checkpoints* (*machsomim* en hébreu) contrôlent le flux des voyageurs qui circulent entre la Cisjordanie et Israël. Il en existe aussi à l'intérieur du territoire palestinien, mais ils ont tendance à être moins durables, disparaissant soudainement pour resurgir ailleurs.

Bien que la plupart soient gérés par l'armée israélienne, l'exploitation de certains d'entre eux a été confiée à des compagnies privées. Ces derniers s'avèrent souvent plus pénibles pour les étrangers, qui courent davantage le risque d'être questionnés et de voir leurs bagages fouillés.

Les horaires d'ouverture de ces *checkpoints* varient, mais la plupart des voies d'accès principales en Cisjordanie sont désormais ouvertes 24h/24 : elles incluent le Checkpoint 300 à Bethléem et Qalandia, près de Ramallah. Jalameh, au nord de Jénine, n'est ouvert que de 8h à 19h.

D'une manière générale, le contrôle des voyageurs ne s'exerce que dans le sens Cisjordanie-Israël.

Les ressortissants étrangers ont le droit de franchir les *checkpoints* de l'armée israélienne pour gagner les territoires administrés par l'Autorité palestinienne, ce qui est interdit aux citoyens israéliens.

Sur place, il suffit de présenter son passeport et son visa et de placer ses bagages dans la machine à rayons X. Malgré la rapidité de la procédure, comptez 15-20 minutes sur place avec l'attente (davantage en cas de queue).

Évitez de franchir un *checkpoint* tôt le matin (7h à 9h) ou lors des fêtes juives et musulmanes, quand les files d'attente sont très longues.

Les étrangers peuvent entrer et sortir de Cisjordanie en voiture. Attendez-vous cependant à perdre du temps sur le chemin du retour vers Israël, car il arrive que les militaires fouillent les véhicules à la recherche d'explosifs. Si vous roulez en voiture de location, vérifiez que votre police d'assurance couvre bien les trajets sur le territoire de l'Autorité palestinienne, car la plupart des contrats excluent cette zone.

Voici quelques-uns des principaux *checkpoints* entre Israël et la Cisjordanie :

Qalandia – Entre Jérusalem et Ramallah. Emprunté pour rallier Ramallah, Naplouse et Jénine, c'est l'un des plus fréquentés. Il présente des grilles et tourniquets métalliques peu engageants, dignes d'une prison de haute sécurité. Qalandia est parfois le cadre de scènes de violence entre soldats israéliens et jeunes palestiniens qui lancent des pierres, en particulier le vendredi ou quand la situation politique est très tendue.

Checkpoint 300 – Au sud de Jérusalem, à l'entrée du tombeau de Rachel. Une route conduit au *checkpoint* des voitures, une autre à celui des piétons. Meilleures conditions que Qalandia. Ouvert 24h/24.

Bethlehem (route) – Vous le traverserez si vous voyagez à bord du bus n°231 au départ de Bethléem. Ouvert 24h/24 et sous des mesures de sécurité légères, il ressemble à un péage. Les touristes peuvent rester dans le bus durant le contrôle des passeports, alors que les Palestiniens doivent descendre.

Jalameh – À 10 km au sud d'Afula, il est très accessible et facile à franchir. De longues files d'attente ont néanmoins été signalées, et ce *checkpoint* n'est ouvert que de 8h à 17h.

Abu Dis – Relie Jérusalem-Est à Abu Dis, d'où les voyageurs peuvent rejoindre Jéricho. Réservé aux piétons, il ferme habituellement la nuit.

Pour de plus amples détails sur chacun des *checkpoints*, consultez le site Internet du mouvement israélien de gauche Machsom Watch, www.machsomwatch.org.

Hamas, mouvement islamique militant, qui a triomphé aux élections législatives. De nombreux pays, le considérant comme une organisation terroriste, ont alors réduit l'aide internationale. Une guerre civile a éclaté entre le Hamas et le Fatah un an plus tard, laissant le premier en charge de Gaza et le second de la Cisjordanie.

Les soulèvements se sont intensifiés dans toute la Cisjordanie au cours des conflits de 2014 à Gaza qui ont duré 60 jours et ont causé la mort de plus d'un millier de personnes côté palestinien, un peu moins d'une centaine côté israélien. La violence s'est poursuivie en 2015, avec une série d'attaques à l'arme blanche perpétrées par des Palestiniens contre des Juifs à Jérusalem et en Cisjordanie.

Au moment de la rédaction de ce guide, la décision du président américain Donald Trump de reconnaître Jérusalem comme la capitale d'Israël a suscité consternation et colère côté palestinien, faisant s'éloigner un peu plus les espoirs de paix. La succession de Mahmoud Abbas, âgé de plus de 80 ans et dont l'état de santé se détériore, accentue l'incertitude sur l'avenir des Territoires.

Dans les villes tenues par l'Autorité palestinienne sous la férule du Fatah, on peut voir de grandes banderoles proclamant le droit des Palestiniens à siéger à l'ONU (un fauteuil symbolique trône d'ailleurs dans le centre de Ramallah), et à retourner dans les territoires perdus en 1948.

Le mécontentement gronde face à la politique d'expansion des colonies juives toujours menée par le gouvernement israélien, mais les Palestiniens continuent d'œuvrer à la construction de leurs institutions et de leur économie en caressant le rêve d'un État indépendant.

Climat

Le climat varie selon l'endroit où vous vous trouvez en Cisjordanie. À Bethléem, comme à Jérusalem, il peut y avoir des chutes de neige en hiver, et les étés sont moins torrides que dans le reste du territoire. Ceux qui aiment l'ambiance des fêtes mettront leur petite laine pour affronter le froid cinglant de Noël à Bethléem. Jéricho conserve des températures douces en hiver mais peut être accablée de chaleur durant les mois d'été. Si vous prévoyez une randonnée dans les environs du Wadi Qelt ou ailleurs, le printemps et l'automne sont les meilleures périodes.

Circuits organisés

Les auberges de jeunesse, notamment à Jénine, Naplouse, Ramallah et Bethléem, sont d'excellents endroits pour se renseigner sur les circuits organisés. Ceux qui voyagent en solo y rencontreront d'autres voyageurs – l'occasion de partager les frais.

Si vous voulez organiser un circuit avant le départ, contactez l'une des agences locales proposant des excursions dans la région. **Green Olive Tours** (www.greenolivetours.com) est particulièrement recommandée. Le **Siraj Center for Holy Land Studies** (www.sirajcenter.org), basé à Beit Sahour, organise des circuits à vélo ou à pied. **Bike Palestine** (www.bikepalestine.com) gère un circuit de sept jours de cyclotourisme de Jénine à Jérusalem. Walk Palestine (www.walkpalestine.com) propose des randonnées pédestres de 3 à 14 jours le long du **sentier d'Abraham** (www.abrahampath.org), avec hébergement chez l'habitant dans des villages du parcours.

Depuis/vers la Cisjordanie

Pénétrer en Cisjordanie implique toujours de traverser un *checkpoint* israélien, en bus, en voiture ou à pied. Les taxis israéliens ne pouvant entrer en Zone A (signalée par de grands panneaux rouges interdisant l'accès aux Israéliens), vous devez prendre un bus palestinien (depuis Jérusalem Est par exemple), ou un bus ou taxi israélien jusqu'au *checkpoint*, traverser à pied puis prendre un taxi ou un bus palestinien.

Si vous envisagez de vous y rendre en voiture par vos propres moyens, sachez que la plupart des agences de location israéliennes refusent que leurs véhicules circulent dans les zones sous contrôle palestinien. Deux exceptions notables : **Dallah** (02-627-9725, 057-756-9405 ; www.dallahrentacar.com) et Goodluck (www.goodluckcars.com), toutes deux installées près de l'American Colony Hotel à Jérusalem.

De l'Aéroport Ben Gourion à la porte de Damas (Jérusalem). Devant le hall des arrivées, des *sherout* (taxis collectifs) blanc et jaune sont stationnés (24 heures/24), prêts à emmener des passagers de l'aéroport (près de Tel-Aviv) jusqu'à Jérusalem. Les chauffeurs vous demanderont le nom d'un hôtel ou un point où vous déposer. Si vous allez directement en Cisjordanie, demandez la porte de Damas.

De la porte de Damas (Jérusalem) à Ramallah. À la porte de Damas, traversez la route puis remontez Nablus St (en face) jusqu'à l'arrêt du bus palestinien (sur votre gauche). Là, les bus nos218 et 219 vous emmèneront à Ramallah, via le *checkpoint* de Qalandia. Vous n'aurez pas à descendre. En été, les bus rejoignent Ramallah jusqu'à 21h – en hiver jusqu'à 18h, 19h au plus tard. Le terminus est la gare routière principale de la ville, située juste en face de l'Area D Hostel (7 NIS).

---

❶ MÉDIA EN ANGLAIS

This Week in Palestine (www.thisweekinpalestine.com), petite brochure mensuelle gratuite, est une bonne source d'information sur les événements culturels en Cisjordanie.

GÉOGRAPHIE POST-OSLO : ZONES A, B ET C

La Cisjordanie est divisée en trois zones. Pour chacune d'elles est définie l'étendue des pouvoirs civils et militaires exercés respectivement par les Israéliens et par les Palestiniens.

Zone A (environ 17%). Entièrement sous contrôle civil et militaire palestinien. On y voit des panneaux rouges interdisant aux Israéliens d'y pénétrer. Comprend les villes de Ramallah, Naplouse, Tulkarem, Jénine, Qalqilya, Bethléem et Jéricho, certaines parties d'Hébron ainsi que plusieurs autres petites villes et villages.

Zone B (environ 24%). Sous contrôle civil palestinien, mais sous contrôle militaire israélien. Englobe de nombreuses zones rurales palestiniennes.

Zone C (environ 59%). Entièrement sous contrôle israélien. Inclut de nombreuses régions peu peuplées, des faubourgs de villes et villages, le réseau routier qui traverse la Cisjordanie et la plupart de la vallée du Jourdain.

De la porte de Damas (Jérusalem) à Bethléem Juste en face de la vieille ville, de l'autre côté de la rue, se situe une autre gare routière, d'où partent des bus pour Bethléem. Le bus n°231 vous amènera directement en ville sans arrêt et le bus n°234 vous fait traverser le Checkpoint 300, où vous devrez descendre et traverser à pied. Pour le Walled Off Hotel, mieux vaut prendre le bus n°234 et marcher jusqu'à l'hôtel depuis *checkpoint* (15 min) ou prendre un taxi (10 NIS). Pour toute autre destination, prenez le bus n°231 puis un taxi pour la ville (20 NIS).

De King Hussein Bridge (Jordanie) à la porte de Damas (Jérusalem) Devant le hall des arrivées, des *sherout* attendent les voyageurs pour Jérusalem. Une fois à la porte de Damas, prenez un bus pour Ramallah ou Bethléem.

De Nazareth/Afula à Jénine Prenez un taxi partagé jusqu'au *checkpoint* de Jalameh, que vous pouvez traverser à pied afin de prendre un bus palestinien ou un taxi de l'autre côté pour un trajet de 25 minutes jusqu'à Jénine.

Lorsque les bus ne circulent plus entre Jérusalem, Ramallah et Bethléem, il est possible de prendre un taxi israélien pour Qalandia ou le Checkpoint 300, puis un taxi palestinien jusqu'à votre destination. Dans les deux cas, il vous faudra négocier avec le chauffeur.

ℹ️ Comment circuler

La Cisjordanie est desservie par un excellent réseau de transports publics faciles d'accès. En outre, des bus et des taxis collectifs, appelés "services", circulent entre les grandes villes et la quasi-totalité des sites et des localités d'intérêt touristique. Les panneaux sont généralement en arabe, mais du moment que l'on connaît le nom de sa destination, il est assez facile de prendre le bon bus ou taxi collectif, et il n'en coûtera qu'une petite partie du prix d'un taxi privé.

En bus, la plupart des trajets, même entre les villes, coûtent entre 5 NIS et 20 NIS.

Dans la mesure où les distances sont courtes – et la connaissance des routes essentielle –, beaucoup de touristes choisissent de louer un taxi, à l'heure ou à la journée. Adressez-vous pour cela à un tour-opérateur, qui vous mettra en contact avec un chauffeur fiable. La plupart des taxis de Bethléem ont l'habitude des touristes et peuvent assurer des excursions sur mesure dans toute la Cisjordanie. Ils stationnent autour de Bab Iz Qaq (où le bus de Jérusalem s'arrête) ou à l'entrée du *checkpoint* de Bethléem. Préparez-vous à marchander fermement.

Les routes palestiniennes sont en plus ou moins bon état selon les endroits. Nids-de-poule et mauvaise signalétique peuvent poser problème, mais le plus grand défi consiste à s'acclimater à la conduite pour le moins excentrique des Palestiniens, surtout si l'on n'a encore jamais conduit au Moyen-Orient. La règle générale tient en quelques mots : chacun pour soi et Dieu pour tous.

Les plaques d'immatriculation israéliennes sont jaunes, les palestiniennes vert et blanc. Si elle ne pose généralement pas de problème dans la majeure partie de la Cisjordanie, surtout dans les périodes calmes, cette plaque jaune peut faire prendre les voyageurs pour des Israéliens ou des colons juifs, et susciter de l'hostilité. Pour parer au risque dans les zones sensibles, certains touristes placent un keffieh sur le tableau de bord. Soyez très prudent à Hébron ou aux abords de certains camps de réfugiés.

Étant donné que des barrages routiers, des colonies et la barrière de sécurité sont en cours de construction, les possibilités d'accès et la configuration des routes peuvent changer rapidement. Cela vaut la peine d'acheter une carte routière à jour (celles que l'on trouve en Israël couvrent aussi la Cisjordanie) avant de se rendre dans la région. Le GPS est inutile du côté palestinien de la Ligne verte. Pour trouver votre destination facilement, n'hésitez pas à demander votre chemin à un passant.

Bethléem   בית לחם   بيت لحم

🎵 02 / 47 000 HABITANTS

Loin de la modeste étable dans laquelle Jésus aurait vu le jour, Bethléem offre l'image d'une ville dynamique, mais chaque pavé, chaque rue, chaque église rappelle l'histoire de Marie et Joseph, du Sauveur, de la mangeoire dans laquelle il fut couché et de l'étoile qui signala sa présence.

Comme à Jérusalem, toutes les confessions chrétiennes – luthérienne, syriaque, catholique, orthodoxe – sont représentées ici et la ville bourdonne véritablement d'activité, ses rues sinueuses étant encombrées par la circulation et sa place principale envahie de pèlerins armés d'appareils photos qui crapahutent derrière leur guide.

Reste que même pour les non-religieux, il y a beaucoup à voir, qu'il s'agisse de la vieille ville et son souk animé, ou des centres d'intérêt dispersés dans et autour de la ville, comme l'extraordinaire monastère de Mar Saba. Beaucoup viennent aussi pour le *street-art* – en particulier plusieurs graffs de l'artiste britannique Banksy – qui a fait du mur israélien séparant maintenant Bethléem de Jérusalem une surface d'expression.

Histoire

On pense que le lieu de naissance présumé de Jésus-Christ aurait été habité depuis l'ère du paléolithique. La ville aurait pris son essor vers le XIVe siècle avant J.-C. en tant que cité-État. Elle fut d'abord appelée Beit (maison) Lahmu, d'après Lahmu, divinité païenne protectrice, avant de prendre le nom d'Ephrata, mentionné dans la Bible hébraïque.

En 313, trois siècles après la naissance de Jésus, l'empereur romain Constantin Ier (280-337) fit du christianisme la religion d'État officielle. Bethléem devint vite un lieu de pèlerinage apprécié et prospère, où sortirent bientôt de terre une multitude de monastères et d'églises. Même après sa conquête par les musulmans en 638, un traité garantit aux chrétiens la liberté de culte et le droit à la propriété, et Bethléem continua de prospérer tout au long du millénaire qui suivit. Au début du XIIe siècle, la ville fut conquise par les croisés, qui l'entourèrent de remparts. Saladin en prit possession en 1187, puis la ville retourna sous l'autorité chrétienne de 1229 à 1244 avant de passer successivement aux mains des Turcs, des Mamelouks d'Égypte et des Ottomans. Comme toute la Palestine, Bethléem fut sous mandat britannique de 1917 à 1948, puis sous l'autorité du Royaume hachémite de Jordanie de 1948 à 1967. La localité a fait partie des territoires occupés par Israël de juin 1967 à 1994, date depuis laquelle la cité est sous l'administration de l'Autorité palestinienne.

Après 1948, suite à la création de l'État d'Israël, la population de Bethléem fut gonflée par le flot des réfugiés palestiniens. Nombre d'entre eux continuent de vivre, avec leurs descendants, dans les camps de réfugiés d'Aïda, de Dheisheh et d'Al Azzah, dans les faubourgs de la ville.

Aujourd'hui, Bethléem, dont les habitants sont majoritairement des Arabes chrétiens et musulmans, continue de dépendre – comme au cours des 1 700 dernières années – du tourisme et du pèlerinage. Elle est, de loin, la ville la plus visitée de Cisjordanie, en particulier pendant les fêtes

LA CISJORDANIE DE L'INTÉRIEUR

Pour découvrir la Cisjordanie de plus près, et partager un peu le quotidien de ses habitants, renseignez-vous sur les actions menées par les organisations suivantes :

Alternative Tourism Group (hatg.ps). Fournit quantité d'informations, et organise des circuits d'une journée appréciés à Hébron et Bethléem.

Palestine Fair Trade Association (www.palestinefairtrade.org). Propose des séjours chez l'habitant et des postes de bénévoles dans des maisons et fermes palestiniennes, en particulier durant la récolte annuelle des olives.

Palestinian Association for Cultural Exchange (www.pace.ps). Organise des circuits d'une ou de plusieurs journées à Naplouse, Hébron, Qalqilya et environs. Soutient des coopératives locales et peut organiser des conférences.

Siraj Center for Holy Land Studies (www.sirajcenter.org). Organise et coordonne de nombreuses activités et échanges culturels dans toute la Cisjordanie.

Bethléem

Bethléem

chrétiennes, notamment à Pâques et à la période de Noël, surtout lors de la traditionnelle messe de minuit.

⊙ À voir

Les étroites rues pavées en pierre calcaire et les devantures pittoresques des magasins de la place de la Crèche et de la vielle ville ont beaucoup de charme, notamment Pope Paul VI St (rue Paul VI), Star St (rue de l'Étoile), et les ruelles étroites qui les relient. Passez un dimanche à entrer discrètement à l'intérieur des édifices. La plupart des fidèles sont des Palestiniens, ainsi que des moines et des religieuses, mais les visiteurs peuvent se joindre à eux ou s'arrêter quelques minutes pour se recueillir. Les horaires d'ouverture des églises et des autres sites à Bethléem même et ailleurs en Cisjordanie sont sujets à variation, sans préavis. En règle générale, mieux vaut commencer ses visites tôt et s'attendre à ce que la plupart des sites ferment au coucher du soleil ou 1 heure avant.

La plupart des centres d'intérêt de la ville sont accessibles à pied depuis le centre, mais vous pouvez prendre un taxi dans Manger Sq (rue de la Crèche) ou sur Manger Sq (place de la Crèche) pour vous rendre au champ des Bergers, au monastère de Mar Saba ou à l'Herodium.

De Bab Iz Qaq (où se trouve l'arrêt du bus n°231 en provenance de Jérusalem), remontez à pied Pope Paul VI St jusqu'à Cinema Sq (5 minutes), d'où vous gagnerez Manger Sq (la place de la Crèche, parfois appelée place de la Mangeoire ; 10 minutes). Si le bus vous a déposé au *checkpoint*, des taxis conduisent en ville moyennant 20 NIS.

Si vous prenez un taxi pour vous rendre sur Manger Sq, remontez ensuite Pope Paul VI St, toujours animée, d'où vous pourrez faire un crochet par le souk (sur la gauche), avant de tourner à droite pour décrire une boucle et revenir à votre point de départ par la charmante Star St, idéale pour s'imprégner de l'atmosphère de la vieille ville.

◉ Vieille ville

Basilique de la Nativité   ÉGLISE

(🕑 6h30-19h30 été-automne, 6h30-18h hiver). **GRATUIT** Sur les millions de pèlerins qui affluent en Terre sainte chaque année, beaucoup viennent avant tout pour voir la basilique de la Nativité. L'église, qui a été édifiée en 326 sur décision de l'empereur Constantin à l'endroit où Jésus serait né, connut par la suite d'innombrables transformations. Sa rénovation, entreprise en 2013, devrait bientôt être achevée.

Pour tirer le meilleur parti de votre visite, faites-vous accompagner par l'un des guides postés à l'extérieur (prix à négocier).

Il faudra vous courber pour passer par une minuscule porte de l'époque ottomane, nommée à juste titre **porte de l'humilité**. Beaucoup plus grande à l'origine, elle fut réduite par les croisés pour empêcher l'ennemi d'y pénétrer à cheval, puis de nouveau par les Mamelouks ou les Ottomans (on aperçoit encore le contour de l'entrée du VIe siècle avec, en dessous, l'arche des croisés).

Dans la nef, il est possible d'apercevoir, par des trappes en bois, le sol en mosaïque de la basilique constantinienne, mis au jour en 1934.

Au VIe siècle, l'empereur Justinien fit rebâtir l'édifice, en grande partie détruit au cours d'une révolte samaritaine. Dans la nef, les énormes colonnes en calcaire rouge et blanc constituent les seuls vestiges de la construction d'origine. Certaines sont ornées de fresques représentant des saints, œuvres d'artistes croisés du XIIe siècle. À droite de la porte de l'Humilité se trouve l'entrée du monastère arménien,

où seulement six moines s'occupent aujourd'hui des 300 fidèles que compte la congrégation arménienne. Les Arméniens connurent leur période de gloire dans les années 1600, époque à laquelle ils étaient réputés pour leurs transcriptions et enluminures de la Bible.

À l'avant de la nef, descendez l'escalier permettant d'accéder à la **grotte de la Nativité**. Pour éviter les groupes de touristes, venez plutôt en semaine, à l'heure du déjeuner – le week-end, l'attente peut durer 1 heure ou plus. (Sachez aussi qu'un garde zélé est réputé écarter physiquement les pèlerins dont il estime qu'ils s'attardent trop longtemps pour les faire sortir.)

Théâtralement éclairée par des lanternes, une **étoile en argent à 14 branches** indique au sol le lieu de naissance de Jésus. Sur l'un des côtés, la **chapelle de la Crèche** illustre la scène de la Nativité. En face, une autre chapelle abrite l'autel de l'Adoration des Mages qui commémore la visite de Gaspard, Melchior et Balthazar. On raconte que les Perses, qui saccagèrent la Palestine en 614, épargnèrent l'église et la grotte à cause de la représentation des Rois mages portant le costume de leur pays.

La grotte a connu une histoire mouvementée. L'étoile à 14 branches fut volée en 1847, chacune des trois communautés chrétiennes résidentes (grecque orthodoxe, arménienne et catholique, qui se sont toujours disputé âprement la propriété de la grotte) accusant les deux autres du forfait. Par la suite, elle fut remplacée par une copie, mais les querelles ne s'arrêtèrent pas là. La basilique passa à plusieurs reprises des mains des orthodoxes à celles des catholiques et vice versa. Aujourd'hui, la gestion est partagée entre orthodoxes, catholiques et Arméniens, qui possèdent chacun leur périmètre (le système d'administration des lieux saints est connu sous le nom de "statu quo"), déterminé au mètre près. Par exemple, six des lampes de la grotte appartiennent aux grecs orthodoxes, cinq aux Arméniens et quatre aux catholiques.

Église Sainte-Catherine   ÉGLISE

(Manger Sq ; 🕑 6h30-19h30 printemps-automne, 6h30-18h hiver) **GRATUIT** C'est dans cette église de couleur rose jouxtant la basilique de la Nativité, et bâtie en 1882 par les franciscains, que se déroule la messe de minuit le 24 décembre, retransmise à la télévision dans le monde entier. Il n'y a toutefois rien de tel que d'assister en personne à cette célébration unique, la veille de Noël.

Pour vous rendre dans l'église par la basilique de la Nativité, vous devrez d'abord traverser un cloître franciscain de l'époque croisée, où se trouve une statue de saint Jérôme.

Chapelle de la grotte du Lait ÉGLISE
(Milk Grotto St ; ⏱8h-18h été, 8h-17h hiver). Lieu saint moins connu, à courte distance à pied de la place de la Crèche, la grotte du Lait correspond à l'endroit où Marie se serait arrêtée pour allaiter Jésus avant la fuite en Égypte, laissant tomber quelques gouttes de lait qui auraient coloré en blanc la roche initialement rouge. La tradition veut que les femmes avalent un morceau de la pierre crayeuse pour favoriser leur fertilité et leur lactation.

Mosquée d'Omar MOSQUÉE
(Manger Sq ; ⏱10h-11h, 13h30-14h et 17h-19h). GRATUIT Sur la place de la Crèche, en face de la basilique de la Nativité, la mosquée d'Omar fut construite en 1860 sur un terrain concédé par l'Église orthodoxe. Seule mosquée de la vieille ville, elle est dédiée au deuxième calife Omar Ibn Al Khattab, beau-père de Mahomet, qui avait pris Jérusalem aux Byzantins en 637 et prié dans la basilique de la Nativité, avant de déclarer, dans le pacte d'Omar, que la basilique resterait aux mains des chrétiens et que ces derniers, même sous domination musulmane, demeureraient libres de pratiquer leur culte.

Baituna al-Talhami Museum MUSÉE
(Musée du Vieux Bethléem ; ☎02-274-2589 ; www.bethawu.org ; Star St ; 10 NIS ; ⏱8h-13h et 14h-17h lun-sam). Installé dans une demeure palestinienne typique du XIXe siècle, le musée compte trois salles reproduisant un habitat familial traditionnel de Bethléem, avec de nombreux objets remontant à plus de 200 ans. Le billet donne droit à une visite plutôt rapide dispensée par l'un des employés et accès au magasin de souvenirs, où l'on peut acheter des broderies confectionnées par des membres de l'Arab Women's Union de Bethléem.

Souk MARCHÉ
GRATUIT Propose toutes sortes de fruits et légumes, de la viande, du poisson, des babioles diverses, des chaussures et des en-cas délicieux. Surnommé Green Market par les habitants, il date de 1929.

Centre international de Bethléem CENTRE CULTUREL
(Dar Annadwa ; ☎02-277 0047 ; www.diyar.ps ; boutique : www.annadwa.org ; Pope Paul VI St, Madbasseh Sq). Géré par des luthériens, le centre Dar Annadwa programme des concerts, des pièces de théâtre, des films, des documentaires en anglais, des ateliers et des conférences. Il comprend un café et une pension, ainsi que la galerie/boutique-cadeaux appelée The Cave où des artisans exposent leurs œuvres. Il est souvent fermé pour des événements privés.

Église luthérienne de la Nativité ÉGLISE
(☎02-274-2312 ; www.bethlehemchristmasluthe-ran.org ; Pope Paul VI St, Madbasseh Sq ; ⏱9h30-15h lun-ven, 10h30-12h dim). Construite au XIXe siècle – elle fut inaugurée en 1898 par l'empereur Guillaume II à l'occasion de sa visite

---

VISITER UN CAMP DE RÉFUGIÉS

Le terme "camp de réfugiés" évoque instantanément des tentes bondées, la misère et la maladie, mais bon nombre de ceux de Cisjordanie, existant depuis 1948, ressemblent à de véritables quartiers, bien que délabrés, avec boutiques, restaurants et cafés.

Mis en place et toujours gérés par l'UNRWA (Office de secours et de travaux des Nations unies pour les réfugiés de Palestine dans le Proche-Orient), ces camps sont généralement sûrs et, pour certains (Dheisheh à Bethléem et Aqbat Jabr à Jéricho), disposent d'infrastructures d'accueil pour les touristes, comme des hôtels et des centres de visiteurs.

Hormis ces exceptions notables, il est déconseillé de visiter les camps sans un guide local au courant du contexte et capable d'évaluer les conditions de sécurité. En effet, en un instant, des gaz lacrymogènes, des jets de pierres et des tirs de balles en caoutchouc entre manifestants et soldats israéliens peuvent venir rompre le calme apparent.

Le meilleur moyen pour visiter un camp de réfugiés – ou toute zone politiquement sensible en Cisjordanie – est de prendre part à un circuit organisé. Ceux du Walled Off Hotel (p. 283) à Bethléem pour le camp voisin d'Aida sont recommandés.

LE MUR DE LA DISCORDE

De 1967 à la seconde Intifada (2000-2005), la plupart des Palestiniens pouvaient encore circuler assez librement entre la Cisjordanie et Israël, beaucoup faisant la navette chaque jour pour aller travailler.

Mais au milieu des années 1990 et plus encore durant la seconde Intifada, des attentats à la bombe meurtriers furent perpétrés en Israël par des kamikazes venus de Cisjordanie, provoquant en représailles des incursions de Tsahal dans les zones contrôlées par l'Autorité palestinienne. Dans ce contexte, les spécialistes de la sécurité et l'opinion publique israélienne réclamèrent la construction d'un mur de protection.

Du point de vue de la gauche israélienne, une barrière de sécurité ne pouvait que contribuer à l'avancement du processus amorcé par les accords d'Oslo, accords qui avaient comme objectif l'établissement de deux États. Selon elle, une séparation claire permettrait d'améliorer les rapports de voisinage. À condition toutefois de ne pas empiéter sur le territoire du voisin en question. Mais cela souleva l'opposition des colons juifs qui ne voulaient pas se retrouver du côté cisjordanien du mur, et celle des Palestiniens de Cisjordanie, dont les villages et les champs étaient coupés par le mur, et pour qui les frontières rendaient l'accès à Jérusalem difficile, voire impossible.

Excepté à Jérusalem, la majeure partie du mur (composé pour 5% de parois en béton antisniper hautes de 8 m) longe plus ou moins – de manière vraiment approximative – la Ligne verte, démarcation datant de l'armistice de 1949 entre Israël et la Jordanie. Le tracé dessine cependant des décrochements autour des colonies israéliennes, formant des enclaves palestiniennes coupées du reste de la Cisjordanie. Surnommé "mur de l'Apartheid", l'ouvrage est perçu par les Palestiniens comme une mesure concertée des Israéliens pour annexer autant de territoire que possible. Israël, où l'on considère qu'il s'agit d'une réussite sur le plan sécuritaire, prétend que son tracé peut toujours être modifié en cas d'accord sur le statut final des frontières.

Des manifestations se déroulent périodiquement dans les parties de la Cisjordanie où des villages sont coupés en deux. Elles dégénèrent souvent car Tsahal n'hésite pas à employer des gaz lacrymogènes et des balles en caoutchouc pour disperser la foule – mais aussi des munitions réelles selon les ONG locales et internationales. Des manifestants sont fréquemment blessés, d'autres ont été tués.

en Terre sainte –, cette église dépend du Centre international de Bethléem (p. 280). Ses vitraux ont été financés par l'empereur en personne. Le culte luthérien est célébré le dimanche à 10h30. Pour une visite, mieux vaut contacter l'église au préalable (via le site Internet).

⊙ Environs de Bethléem

Tombeau de Rachel　　　　SITE RELIGIEUX
(www.rachelstomb.org ; ⊙12h30-22h30 dim-mer, 12h30-minuit jeu). GRATUIT Le tombeau de Rachel est situé dans un sinistre corridor – du fait de la construction du mur de sécurité d'Israël –, près du principal *checkpoint* de Bethléem du côté israélien. Rachel serait morte en couches, et son époux Jacob aurait dressé une stèle sur sa tombe.

Depuis Bethléem, atteindre le tombeau n'est pas simple, car s'il n'est qu'à quelques mètres du Checkpoint 300, il est interdit de franchir ce dernier à pied. Vous devrez donc soit avoir votre propre voiture, soit prendre un taxi israélien. Autrement, depuis la gare centrale routière de Jérusalem, le bus Egged n°163 va jusqu'au tombeau.

Sur place, hommes et femmes empruntent des entrées séparées (kippas pour les messieurs disponibles à la porte).

Révéré par les trois religions abrahamiques, l'endroit a été sanctuarisé et protégé aussi bien pendant les périodes byzantines et islamiques qu'à l'époque des croisés et, plus récemment, par les Ottomans et les Israéliens – c'est le troisième Lieu saint du judaïsme après le mont du Temple et le tombeau des Patriarches.

Champ des Bergers　　　　PARC
(Beit Sahour ; ⊙9h-15h lun-sam). GRATUIT Si le champ des Bergers (Shepherds' Field), paysage bucolique qui s'étend juste à l'extérieur de Beit Sahour, n'est pas le seul endroit de Bethléem désigné comme celui où l'ange est apparu aux bergers pour leur annoncer la

naissance du Christ (Luc II, 8), il est certainement le plus fréquenté. Le site comprend aussi une **grotte** byzantine abritant une chapelle, les ruines de deux monastères ainsi que l'**église des Anges** (1953) conçue dans les années 1950 par l'Italien Barluzzi.

Pour vous rendre au champ des Bergers, prenez un taxi privé depuis Bethléem (20 NIS).

Piscines de Salomon   PARC

(Al-Khader ; 10 NIS ; ⊙ 8h-minuit) Ces trois immenses réservoirs rectangulaires alimentés par des sources doivent leur nom de "vasques ou piscines de Salomon" à Flavius Josèphe, qui raconte que le roi aimait se promener dans les bois qui se trouvaient là "avec l'eau courante". En réalité, elles sont postérieures à son règne et datent plus probablement de l'époque romaine, où elles fournissaient en eau l'Hérodium (ci-après) et Jérusalem via un système d'aqueducs. Au XXᵉ siècle, les sources furent utilisées pour irriguer la vallée fertile alentour. Plusieurs armées ont également dressé leur camp ici à différentes époques. Le fort ottoman que l'on peut voir et qui accueille désormais le Murad Castle Museum for Palestinian Heritage (ci-après) a longtemps marqué la dernière étape des pèlerins en route pour Jérusalem.

Les piscines, fermées et ne contenant plus que de l'eau croupie, devraient être restaurées grâce à un financement américain. En attendant, le parc qui les entoure reste apprécié des habitants qui y font des barbecues le week-end.

Au départ de Bethléem, un taxi pour les piscines de Salomon coûte entre 20 et 30 NIS.

Murad Castle Museum for Palestinian Heritage   MUSÉE

(Al-Khader ; ⊙ 8h-16h sam-jeu). GRATUIT Construit autour des vestiges de l'ancienne forteresse ottomane qui fait face aux piscines de Salomon, ce musée renferme l'exceptionnelle collection d'Ishaq al-Hroub jusque-là conservée dans sa cave à Dura (près d'Hébron). Pendant cinquante ans, il a parcouru le pays et rassemblé objets traditionnels palestiniens, poteries de l'époque ottomane ou costumes de mariage bédouins, entre autres. Ishaq se fait un plaisir de montrer lui-même sa collection aux visiteurs.

Centre Al Rowwad   CENTRE CULTUREL

(☎ 02-275-0030 ; www.alrowwad.org ; ⊙ 9h-17h jeu-mar). GRATUIT Il est préférable de visiter ce centre culturel dans le cadre d'un circuit organisé. Niché au cœur des ruelles étroites du camp de réfugiés d'Aida, c'est une mine d'informations sur l'histoire du camp et, plus généralement, le problème des réfugiés palestiniens. Si vous voyagez seul, renseignez-vous par e-mail au préalable pour une visite.

Al Rowwad propose des formations dans le domaine du théâtre, de la musique, des arts visuels et de l'informatique, ainsi que des cours et des ateliers spécifiques pour les femmes, les aveugles et les handicapés.

⊙ Environs de Bethléem

♥ Monastère de Mar Saba   MONASTÈRE

(⊙ 8h-17h sam-mar et jeu). Incontournable lors de tout séjour en Terre sainte, le monastère de Mar Saba, à 20 km à l'est de Bethléem (après Beit Shahour), s'atteint par une route traversant des paysages aussi fabuleux que désolés.

Les femmes devront se contenter d'admirer cet impressionnant complexe fondé au Vᵉ siècle, agrippé à flanc de falaise et surmonté d'une coupole en cuivre, depuis la pente opposée. Les hommes en revanche pourront le visiter avec l'un des 15 moines résidents.

L'enceinte du monastère abrite la dépouille de saint Sabas, un ascète du Vᵉ siècle, qui repose dans la seconde chapelle de l'église, ainsi que les crânes de quelque 120 moines massacrés ici en 614.

Si vous avez un véhicule, sachez que le monastère est bien indiqué depuis Beit Sahour. Sinon, de Bethléem, il faut prendre un taxi privé pour Mar Saba (120-150 NIS ; prévoyez environ 3 heures de trajet).

N'oubliez pas que le monastère ferme pour le déjeuner des moines (12h-13h).

Herodium   PALAIS

(Hérodion ; adulte/enfant 29/15 NIS ; ⊙ 8h-17h avr-sept, 8h-16h oct-mars). Le spectaculaire palais-forteresse du roi Hérode, construit entre 24 et 15 av. J.-C., est connu des habitants arabes comme la montagne du Paradis. Situé à 9 km au sud de Beit Sahour, il domine le désert de Judée tel un volcan aplati (le sommet de la colline ayant été creusé pour contenir le palais).

L'ensemble comprend une série d'incroyables vestiges, dont des thermes et une piscine, ainsi que le tombeau du roi Hérode, découvert en 2007.

Bien que le site ait été mis à sac par les Romains en 71, de nombreux éléments subsistent et attendent encore d'être mis au jour – en particulier un réseau de galeries empruntées par les Juifs rebelles durant leur soulèvement contre Rome. On peut aujourd'hui parcourir beaucoup de ces tunnels.

Notez que l'Hérodium se trouve en zone C et qu'il est donc sous contrôle israélien (vous verrez la base militaire au pied du tertre). Le site à proprement parler est administré par l'Israeli Parks and Nature Authority. Cela signifie que vous pouvez y accéder depuis Jérusalem sans passer par le Checkpoint 300, soit avec votre propre voiture (indications depuis la route 60) soit en taxi (les taxis israéliens sont bien plus chers). Si vous prenez un taxi privé au départ de Bethléem, demandez au chauffeur de vous attendre au moins 1 heure sur place. Évitez le vendredi, jour où le site est envahi de cars de touristes.

🛏 Où se loger

Les hébergements ne manquent pas à Bethléem. À l'origine relativement rudimentaires, car s'adressant aux pèlerins, ils connaissent actuellement une montée en gamme, et les bonnes adresses pour petits et moyens budgets se multiplient.

Ibdaa Cultural Centre Guesthouse   PENSION $
(📞 02-277-6444 ; www.ibdaa48.org ; Dheisheh Refugee Camp ; dort/d 50/100 NIS ; @📶). Première pension à avoir ouvert ses portes dans un camp de réfugiés, cet établissement, installé dans le centre culturel du même nom, Ibdaa, propose peu de services, mais l'immersion dans la vie palestinienne, loin de la foule des touristes, est sans égale.

Le camp de Dheisheh est à 20 minutes en voiture en direction d'Hébron, près de la route Jérusalem-Hébron, à côté de la station de taxis.

Habibi Hostel   AUBERGE DE JEUNESSE $
(📞 59-909-9089 ; Palestine St ; dort 75 NIS, d 150-250 NIS ; 📶). Auberge simple mais accueillante au deuxième étage d'un immeuble d'appartements situé à 15 minutes en contrebas de la place de la Crèche (Manger Sq). Seul hébergement réellement bon marché de Bethléem, l'Habibi Hostel est prisé des bénévoles et des routards. L'endroit dispose de dortoirs non mixtes et d'une chambre privée. Parking gratuit.

Dar Al Balad   HÔTEL $
(www.daralbalad.ps ; Beit Sahour ; s/d 150/250 NIS ; 📶). Tenue par une famille, cette adresse paisible et confortable est située dans la toute proche Beit Sahour. Dar Al Balad dispose d'une dizaine de chambres rénovées réparties autour d'une cour ombragée dont la plupart donnent sur les rues de la vieille ville, récemment réhabilitée.

❤ Hosh Al Syrian Guesthouse   BOUTIQUE HÔTEL $$
(📞 02-274-7529 ; www.hoshalsyrian.com ; d 70-140 $; 📶). Ce nouveau venu place la barre très haut ! Caché au fond du quartier syrien, à 2 minutes à pied de la place de la Crèche, le magnifique boutique-hôtel de Fadi Kattan

---

À NE PAS MANQUER

WALLED-OFF HOTEL

Pendant 10 ans, l'artiste britannique Banksy a recouvert le mur qui sépare Bethléem de Jérusalem, ainsi que ses alentours, de ses graffs. Il a récemment ouvert le **Walled Off Hotel** (📞 02-277-1322 ; www.walledoffhotel.com ; 182 Caritas St ; dort 30 US$, d 215-265 US$, ste 965 US$; 🅿📶), qui, situé en face du mur, promet "la pire vue du monde". La vue est certes peu conventionnelle, mais l'hôtel en lui-même est moderne et élégant – et surréaliste (une des suites dispose de son propre bar de plage).

Abritant un musée, un bar avec piano et une galerie d'art, le Walled Off compte aussi l'un des dortoirs les plus haut de gamme du Moyen-Orient, si ce n'est du monde, avec serviettes fraîches, mini-réfrigérateurs et musique d'ambiance.

L'hôtel, construit en secret, ne devait rester ouvert que durant un an, mais en septembre 2017, il a commencé à prendre des réservations pour la saison d'hiver, et depuis est resté ouvert.

L'hôtel propose des circuits instructifs dans le camp de réfugié situé non loin d'Aida, ainsi que dans les autres villes voisines, telles que Jéricho et Hébron.

Centre de la Cisjordanie

comprend plusieurs chambres avec terrasses donnant sur les toits de la vieille ville.

Wi-Fi uniquement dans les espaces communs, car comme le dit le propriétaire : "On vient ici pour se reposer."

Manger Square Hotel
HÔTEL **$$**

(www.mangersquarehotel.com ; Manger St ; s/d/tr 90/130/150 $). Ouvert en 2012 de l'autre côté de la route face à la place de la Crèche, ce quatre-étoiles est d'un excellent rapport qualité/prix au regard de son emplacement. Certaines chambres (il y en a 220) donnent sur la vallée derrière Bethléem, d'autres sur la vieille ville. Personnel courtois et serviable, piscine sur le toit en terrasse l'été.

Grand Hotel Bethlehem
HÔTEL **$$**

(☎ 02-274 1440 ; www.grandhotelbethlehem.com ; Pope Paul VI St ; s/d 55/85 $; ☎). Soigné, propre, bien géré, et situé au cœur de l'action, le Grand Hotel n'a pas un charme fou, mais ses chambres sont confortables et très centrales. Le petit-déjeuner est servi dans le Mariachi Bar, qui propose aussi des plats mexicains et des fruits de mer tous les jours jusqu'à minuit.

Abu Jubran Guesthouse
PENSION **$$**

(☎ 02-277-0047 ; www.diyar.ps ; 109 Pope Paul VI St ; s/d US$72/102 ; ☎). Calme et un peu désuète, cette pension confortable d'obédience luthérienne est située dans le même bâtiment que le Centre international de Bethléem (p. 280), et chacune de ses 13 chambres porte le nom d'un village des Territoires palestiniens. Idéalement située, mais un peu chère par rapport aux autres options des alentours. Réservez, car la réception est souvent fermée.

✖ Où se restaurer

Pour manger sur le pouce, rendez-vous dans la rue de la Crèche (Manger St) ou au petit souk qui jouxte la rue Paul VI (Pope Paul VI St). Vous y trouverez des falafels, des *shawarma* grésillants et quantité de produits alléchants pour pique-niquer ou composer un repas.

Afteem
MOYEN-ORIENTAL **$**

(Manger Sq ; plats 6-35 NIS). Une institution depuis des dizaines d'années. Les houmous, dont le *masabacha* (houmous chaud avec pois chiche entiers), excellents, comptent parmi les plats à la carte.

Peace Center Restaurant
SANDWICHS, ITALIEN **$**

(Manger Sq ; plats 20-45NIS ; ⊗9h-23h lun-sam). Ce restaurant est tout indiqué pour goûter à une cuisine palestinienne traditionnelle dans le centre-ville. Prix raisonnables et carte variée, avec, notamment, du *makloubeh* (poulet "renversé" recouvert de riz aux fruits secs et aux épices) et du *mansaf* (poulet ou agneau sur du riz servi avec un épais bouillon de viande). Même si vous n'avez pas faim, la terrasse est un bel endroit pour une limonade à la menthe et une chicha.

The Square
MOYEN-ORIENTAL, OCCIDENTAL $

(Manger Sq ; plats à partir de 35 NIS ; ☺9h-minuit ; ☎). Ambiance détendue dans cet établissement en face du Peace Center. The Square est une bonne adresse pour déguster une bière en début de soirée avec vue sur la basilique de la Nativité. On y sert un éventail de plats arabes et occidentaux, en particulier un assortiment de mezze locaux et levantins.

♥ Hosh Al Jasmine
MOYEN-ORIENTAL $$

(Beit Jala : plats 30-55 NIS). Situé à flanc de colline à Beit Jala, non loin de Bethléem, Hosh Al Jasmine est à la fois une exploitation bio et un restaurant. Au programme, une cuisine palestinienne simple arrosée de la bière et du vin du domaine, caquètement des poules et chant d'oiseaux en bande son, et vue fantastique sur les collines de Cisjordanie du sud. Déjeuner et dîner sont servis sur des tables en bois branlantes au bord de la vallée, tandis que canapés et plateformes dans les arbres se prêtent à la détente et à la dégustation d'une chicha. Le meilleur moment est le coucher du soleil.

Hosh Al Jasmine pouvant être difficile à trouver, assurez-vous que votre chauffeur de taxi connaît l'endroit.

Fadwa Cafe & Restaurant
ARABE $$

(www.hoshalsyrian.com/fawda-cafe-restaurant ; Hosh Al Syrian Guesthouse ; plats 30-70 NIS ; ☺sur réservation seulement, déj 12h30-14h, dîner 18h30-20h30). Il s'agit du restaurant de la Hosh Al Syrian Guesthouse, et l'endroit est au diapason de son somptueux environnement. Le chef Fadi Kattan élabore de fantastiques plats d'inspiration franco-co-palestinienne uniquement à base de produits frais, ce qui nécessite de réserver 24 heures à l'avance. Le café est ouvert tous les jours de 8h à 22h.

Kattan modifie sa carte en fonction de la viande et des légumes disponibles chez les fermiers locaux, mais certains plats emblématiques sont toujours disponibles, comme la déconstruction du dessert palestinien *kenafeh* : une pêche cuite dans un nid de blé broyé.

♥ Où prendre un verre et faire la fête

Trouver de l'alcool n'est pas un problème dans bon nombre de restaurants de Bethléem, où il y a même quelques bars, pour la plupart en contrebas de la vieille ville, qui ferment après la tombée de la nuit.

♥ Rewined
BAR

(Manger St ; ☺19h-tard jeu-dim). Ce repaire branché à 15 minutes à pied en contrebas de la vieille ville sert une variété de bières et de vins locaux, et propose cocktails et chichas, à une clientèle d'habitués qui viennent se détendre sur les canapés de la terrasse surplombant Manger St.

Stars & Bucks
CAFÉ

(Manger Sq ; ☺8h-23h). Sans lien aucun avec la fameuse imitation de Starbucks de Ramallah, le Stars & Bucks est un petit kiosque à café avec vue superbe sur Manger Sq et jusqu'à la basilique de la Nativité.

❶ Renseignements

Peace Center (Manger Sq ; ☎02-276 6677 ; ☺8h-15h lun-jeu et sam ; ☎). Ce centre culturel fournit des plans de la ville et des informations utiles sur l'hébergement et les transports. Il accueille souvent des expositions d'art et de photographie.

❶ Depuis/vers Bethléem

Le bus n°231 Jérusalem-Bethléem (30 min) circule toutes les 15 minutes de 6h à 21h (18h30 en hiver) depuis la gare routière de la porte de Damas via Beit Jala.

Sinon, le bus n°234 va de Jérusalem jusqu'au principal *checkpoint* de Bethléem (Checkpoint 300). Prendre ensuite un taxi pour la ville (20 NIS).

De Bethléem aux sites environnants, le taxi est le meilleur moyen de transport. Les chauffeurs proposent, dans une belle cacophonie, la visite de nombreux sites moyennant un prix fixe (classiquement dans les 50 NIS l'heure, mais il faut marchander). Une solution d'un assez bon rapport qualité/prix, surtout si l'on est en petit groupe. En outre, nombre de chauffeurs parlent bien anglais et pourront donc répondre à vos questions. Ils se rassemblent en général à l'extérieur du Checkpoint 300, sur Manger Sq ou à l'arrêt du bus n°231 à destination de Jérusalem.

Il est également possible d'emprunter des taxis collectifs pour Jéricho et Hébron à la gare routière principale.

Ramallah רמאללה رام الله

☑ 02 / 65 000 HABITANTS

Dans une région où l'ancienneté des villes se mesure souvent en milliers d'années, Ramallah – à peine plus qu'un hameau jusqu'à la fin du XIXe siècle – joue véritablement le rôle de petite nouvelle. Mais la capitale des Territoires palestiniens a rattrapé le temps perdu : c'est aujourd'hui une ville dynamique, animée et cosmopolite, et le cœur politique et économique de la Cisjordanie, à seulement 10 km au nord de Jérusalem.

Si la ferveur religieuse n'y est pas aussi ardente qu'à Hébron ou Naplouse, les drapeaux palestiniens et les graffitis qui couvrent ses murs ne laissent planer aucun doute sur l'endroit où vous êtes. Politique mise à part, la ville recèle de minuscules boutiques, cafés et restaurants le long des artères menant à la place Al Manara – et ses quatre lions emblématiques –, autant d'endroits fascinants à découvrir, tout comme le proche quartier d'Al Masyoun, centre du célèbre – certains diraient tristement célèbre – monde de la nuit de Ramallah.

◉ À voir

La plupart des touristes commencent leur exploration de Ramallah par la place Al Manara, à courte distance à pied de la gare routière où arrivent les bus en provenance de Jérusalem.

Les rues qui partent de la place Al Manara mènent aux autres quartiers de la ville. La rue Al Raeesy (aussi appelée Main St) et la rue de la Palestine (Palestine St ; juste en face) conduisent respectivement à la vieille ville et à l'entrée du marché. Quantité de cafés et d'échoppes de kebabs y sont concentrés.

De par sa situation au sommet d'une colline escarpée, Ramallah peut désorienter, et il est fatigant de s'y perdre. Toutefois, les habitants savent en principe vous indiquer le bon chemin. Les taxis sont aussi relativement bon marché ; une course en ville devrait coûter entre 10 et 20 NIS.

♥ Yasser Arafat Museum MUSÉE

(Mouqata'a ; www.yam.ps ; Al Itha'a St ; 5 NIS ; ⊘10h-18h mar-dim). Non loin du mausolée en pierre de taille de Jérusalem gardé par deux soldats qui abrite la tombe de Yasser Arafat, un musée portant son nom a ouvert ses portes dans la Mouqata'a, bureaux gouvernementaux de l'Autorité palestinienne. La vie

du leader palestinien, l'évolution du Fatah – qu'il fonda – et des autres factions palestiniennes, ainsi que les méandres du conflit israélo-palestinien y sont retracés. On peut également voir les pièces dans lesquelles Arafat se réfugia durant 5 mois, entre 2001 et 2004, assiégé par l'armée israélienne.

Une dernière section met en avant différents rapports de toxicologie laissant entendre qu'Arafat fut peut-être empoisonné avant son évacuation vers la France, où il mourut en 2004 à l'hôpital militaire de Percy – l'enquête de la justice française a abouti à un non-lieu.

Le complexe de la Mouqata'a étant un bâtiment gouvernemental, la sécurité y est stricte : munissez-vous d'une pièce d'identité pour pouvoir entrer, et attendez-vous à être suivi par le "personnel" du musée.

À environ 1 km d'Al Manara, sur la route de Birzeit et Naplouse. Accessible à pied depuis le centre-ville.

Dar Zahran Heritage Building GALERIE

(www.darzahran.org ; ⊘11h-19h lun-sam). GRATUIT Construite il y a 250 ans, quand Ramallah était à peine plus qu'un hameau, la demeure de la famille Dar Zahran est l'une des plus anciennes de la ville. Depuis 1990, elle accueille des expositions, notamment d'artistes palestiniens contemporains, et une galerie de photographies datant de 1850 à 1979. Un café devrait bientôt y voir le jour, au niveau supérieur.

Nelson Mandela Square MONUMENT

Il semble qu'un selfie devant cette statue haute de 6 m de Nelson Mandela soit devenu un incontournable de toute visite à Ramallah. Dévoilée en 2016, l'œuvre est un cadeau de la ville de Johannesburg, jumelée avec la capitale palestinienne.

"Madiba" se tient debout, le poing levé, sur un rond-point à environ 15 minutes à l'extérieur de la ville. Prenez un bus dans la rue Al Tira pour sortir de Ramallah ou un taxi.

Mahmoud Darwish Museum MUSÉE

(☑ 02-295-2809 ; www.darwishfoundation.org ; 5 NIS ; ⊘10h-18h). Figure maîtresse de la littérature palestinienne, le poète Mahmoud Darwich a été enterré au sommet d'une colline, à Al Masyou, en 2008, et un ensemble culturel a été construit tout autour pour lui rendre hommage. Il comporte un musée quelque peu décevant (sont exposés les derniers billet d'avion, la mallette et le bureau du poète), mais aussi un jardin et un

Ramallah

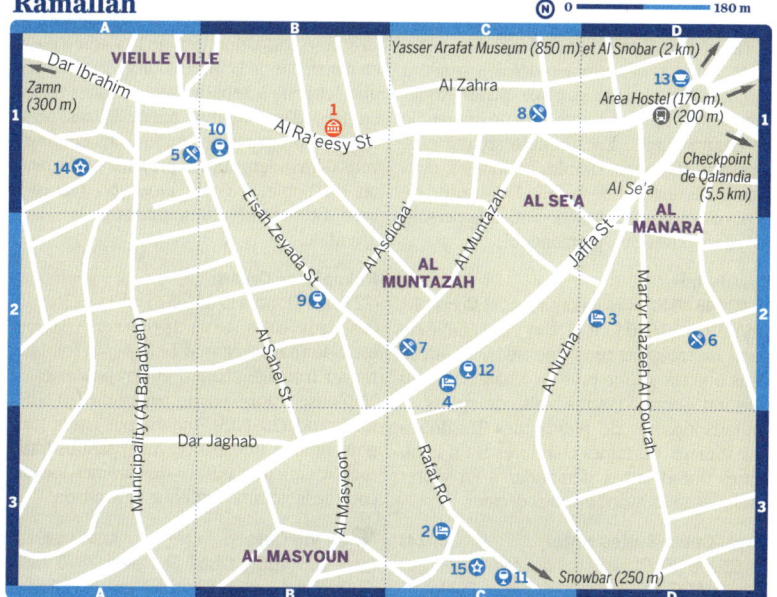

théâtre de plein air avec vue sur la ville fort agréables.

Un taxi depuis le centre-ville coûte entre 15 NIS et 20 NIS, mais si vous trouvez un *sherout* qui s'y rend, il ne vous coûtera que 3 NIS.

🛏 Où se loger

Ramallah propose un excellent choix d'hébergements, dont au moins deux bonnes auberges de jeunesse, plusieurs adresses correctes en milieu de gamme et un hôtel de luxe, le Millennium (anciennement le Mövenpick). Autant que possible, trouvez un point de chute proche d'Al Manara ou de la place Arafat.

💜 **Area D Hostel**　　AUBERGE DE JEUNESSE $
(📞056 934-9042 ; ramallahhostel.com ; Vegetable Market St ; dort/d/apt 70/200/250 NIS ; 🅿@🛜). Area D est l'une des rares auberges de jeunesse répondant aux critères internationaux en Cisjordanie et de loin la meilleure de Ramallah. Ses dortoirs et ses chambres doubles sont basiques mais impeccables, et le salon partagé parfait pour se détendre, faire des rencontres et planifier ses excursions.

L'auberge est située à deux pas du parking de taxis collectifs de la ville, à environ 50 m

Ramallah

de l'arrêt des bus arrivant de Jérusalem. Elle se revendique comme une base pour découvrir d'autres villes de Cisjordanie, notamment Hébron, et d'au-delà, et son personnel est une mine d'informations.

Hostel in Ramallah
AUBERGE DE JEUNESSE **$**

(☎02-296-3555 ; www.hostelinramallah.com ; Al Nuzha St ; dort/s/d 50/105/130 NIS ; 🖥). Cette auberge de jeunesse décalée située à 5 minutes à pied de la place Yasser Arafat occupe trois appartements dans un immeuble de quatre étages. Elle propose six dortoirs, plusieurs chambres simples et doubles, et la plus belle terrasse de la ville ! Constitué de bénévoles venus du monde entier, le personnel se renouvelle en permanence.

Beauty Inn
HÔTEL **$$**

(☎02-246 4040 ; www.beautyinn.ps ; Al Muntazah ; s/d/ste 90/120/180 $; 🅿 @ 🛜 🛏). Cet établissement de catégorie moyenne, stylé, est niché dans une rue calme près du Khalil Sakakini Cultural Centre. Piscine, salle de sports et couloirs décorés de photos des Territoires palestiniens. Certaines chambres étant meilleures que d'autres, demandez à en visiter quelques-unes avant de vous décider.

Royal Court Suites Hotel
HÔTEL **$$**

(☎02-296 4040 ; www.rcshotel.com ; Jaffa St ; s/d 280/370 NIS ; @ 🛜). Adresse fiable de catégorie moyenne, à un quart d'heure du centre-ville (à pied en descente) et proche du Sangria's. Nombre des chambres ont une kitchenette et un balcon. Wi-Fi et petit-déjeuner dans toutes. Les suites sont immenses. Préférez une des chambres à l'arrière de l'hôtel, plus calmes.

Millennium Ramallah
HÔTEL **$$$**

(☎02-298-5888 ; www.millenniumhotels.com/fr/ramallah/millennium-palestine-ramallah/ ; Emil Habibi St ; s/d 185/200 US$; 🅿 🛜 🛏). Ex-Mövenpick (et toujours connu sous ce nom par certains chauffeurs de taxi), le Millennium est sans doute l'hôtel le plus raffiné de Ramallah et l'adresse de prédilection des voyageurs d'affaires. Les chambres sont immenses, le personnel excellent et les services attractifs, comme la salle de sports et la piscine (en été seulement), qui est ouverte aux non-résidents (100 NIS, 9h-18h).

✖ Où se restaurer

Des plats italiens aux spécialités mexicaines en passant par les sushis, l'offre culinaire de Ramallah, tant pour les habitants que les touristes, est en perpétuelle évolution. Le meilleur rapport qualité-prix reste de loin les restaurants traditionnels autour de la place Al Manara. En revanche, pour des cafés et bars chics, ou pour un dîner, direction le quartier d'Al Muntazah.

Boaz
ARABE **$**

(Plats 6-20 NIS ; ⊘10h-tard). En face du café La Grotta (p. 289), non loin de la vieille ville et en contrebas de la place Al Manara, Boaz est une échoppe à kebabs avec quelques tables, en face d'un salon à narguilé très prisé. Boaz, le propriétaire, ou l'un des employés vous demandera si vous préférez de l'agneau ou du poulet avec le *moutabel* (sauce à base d'aubergine), le houmous et la salade orientale.

Rukap's Ice Cream
GLACE **$**

(22 Rukab St ; glace 10-24 NIS ; ⊘8h-tard). Réputé des deux côtés de la Ligne verte, Rukap est à Ramallah ce que le *kenafeh* (pâtisserie au fromage chaude et sirupeuse) est à Naplouse. Choisissez un petit cône (10 NIS), un grand (16 NIS), ou un pot assez gros pour nourrir une armée. Aux parfums habituels viennent s'ajouter des arômes locaux, comme la gomme arabique et le citron.

♥ La Vie Café
INTERNATIONAL **$$**

(☎02-296 4115 ; Castel St ; plats 35-70 NIS ; ⊘10h-minuit sam-jeu, 16h-minuit ven). Niché dans une rue paisible à 10 minutes à pied de la place Al Manara, cet établissement est apprécié pour son jardin et sa carte variée (des pâtes aux pizzas et sandwichs). La majeure partie des ingrédients proviennent du jardin sur le toit des propriétaires. Le week-end, La Vie est un lieu de sortie nocturne incontournable. On y sert une sélection de bières, de vins et de cocktails.

Ouvert pour le petit-déjeuner et le déjeuner, mais ne s'anime vraiment qu'en fin d'après-midi.

Pronto Resto-Café
ITALIEN **$$**

(Al Muntazah ; plats 45-75 NIS ; ⊘7-23h). Si Pronto n'est plus la seule adresse pour manger de la pizza à Ramallah, on comprend vite à quoi tient sa longévité dans une ville où les restaurants restent rarement ouverts plus d'un an. Bassem Khoury et sa famille privilégient les ingrédients locaux, et Pronto reste le seul établissement où déguster une authentique cuisine italienne.

🍷 Où prendre un verre et faire la fête

Bien qu'il existe quelques bons bars à Bethléem, Ramallah est le seul endroit de Cisjordanie jouissant d'une véritable vie nocturne. Des bars à cocktails branchés aux bistrots de quartier, vous ne mourrez pas de soif. Area D (p. 287) et Hostel in Ramallah

(p. 288) organisent une tournée des pubs une fois par semaine, en général le jeudi (l'équivalent du vendredi soir en Cisjordanie).

♥ Birzeit Brewery
BRASSERIE

(Birzeit ; sheperds.ps ; ☺9h-17h). Au nord de Ramallah, dans le village chrétien de Birzeit, une nouvelle bière a vu le jour en 2015 qui a supplanté la Taybeh dans tous les Territoires palestiniens : la Shepherds (bière des bergers). Trois frères président à sa fabrication dans une brasserie ouverte au public. Petits plus : une pinte à déguster et un excellent magasin de souvenirs.

♥ Snowbar
BAR

(Ein Samaan St, Al Irsal ; ☎02-296-5571 ; snowbar.wixsite.com/snowbar ; ☺12h-tard mai-oct). Depuis vingt ans, Snowbar ("pin" en arabe) est l'endroit en vue de Ramallah et réputé être un haut lieu de la fête. Mais en semaine, ce club avec restaurant, piscine (10h-17h) et aires de pique-nique accueille une clientèle majoritairement locale dans une ambiance décontractée, qui s'attarde autour de cocktails, de bières et de narguilés. La course en taxi depuis le centre de Ramallah coûte 20 NIS ; tous les chauffeurs connaissent l'endroit. Le Snowbar organise régulièrement événements et soirées, particulièrement en fin de semaine.

♥ Berlin Pub
BAR À COCKTAILS

(Eisah Zeyada St ; ☺15h-2h ; ☎). Berlin est la dernière adresse en vue de la scène nocturne de Ramallah. Le barman, qui s'est formé en Allemagne avant d'ouvrir ce minuscule pub et bar à cocktails, est fier de l'absence de carte, préférant que les clients lui disent simplement ce qu'ils aiment.

Radio
BAR

(Al Masyoun St ; ☺12h-tard ; ☎). Les habitués de Ramallah qui regrettent le renommé Beit Aneeseh peuvent être tranquilles : Radio, installé dans le même bâtiment, comble le vide qu'a laissé ce haut lieu de la nuit, fermé en 2014. On y retrouve une même ambiance grunge, avec de la musique *live*, des narguilés et des bières bon marché, à boire à l'intérieur ou dans le jardin. Entrez par derrière, la porte de devant étant souvent fermée.

La Grotta
BAR

(Tahta ; ☺18h-tard). Repaire minuscule et alternatif non loin de la vieille ville, La Grotta, tenue par un musicien local, est réputée pour rester ouverte tard dans la nuit. Il y a quelques tables dehors mais le bar principal se trouve au premier étage d'une maison palestinienne traditionnelle. Elle peut être difficile à trouver : en descendant Main St, tournez à gauche au garage.

Sangria's
BAR

(22 Jaffa St ; ☎02-295 6808 ; Jaffa St ; ☺12h-minuit ; ☎). Installé de longue date à Ramallah, ce bar en plein air est l'endroit incontournable le jeudi et le samedi soir. Si la carte (mélange de spécialités mexicaines et internationales) ne manque pas d'ambition, la clientèle y vient surtout pour les boissons – sans conteste l'un des meilleurs choix de la ville. Qu'on en juge : bière Taybeh, cocktails, et sangria bien sûr.

Stars & Bucks
CAFÉ

(Al Manara Sq ; ☺8h-tard). Une institution à Ramallah, et pas simplement du fait du logo imitant celui de la fameuse chaîne américaine (voire le concept dans son ensemble). C'est en effet un endroit parfait où s'attarder devant un café ou des mocktails, en surplomb de l'animation de la place Al Manara.

☆ Où sortir

S'il se passe beaucoup de choses à Ramallah, encore faut-il être de ceux qui sont au courant de la programmation et des adresses. Renseignez-vous à votre hôtel, sur Internet, ou procurez-vous la brochure *This Week in Palestine*, consacrée aux manifestations culturelles.

Al-Kamandjati
CENTRE ARTISTIQUE

(☎02-297 3101 ; www.alkamandjati.com ; vieille ville). Ce petit conservatoire laisse s'échapper des sons de flûte et de violon sous sa voûte, au-delà d'une entrée moderne en cuivre. Des concerts et des récitals s'y déroulent. En dehors des spectacles officiels, il ne se passe pas grand-chose à Al-Kamandjati. Consultez le programme en ligne avant de vous y rendre.

Khalil Sakakini Cultural Center
CENTRE CULTUREL

(KSCC ; ☎02-298 7374 ; www.sakakini.org ; Al Muntazah). Accueille des expositions d'artistes locaux et étrangers de renom, et propose toutes sortes d'activités culturelles. Consultez la programmation en cours sur le site Internet.

❶ Depuis/vers Ramallah

De la vieille gare routière arabe de Jérusalem-Est, prenez les bus nos218 ou 219 (30 min) jusqu'à Ramallah.

1

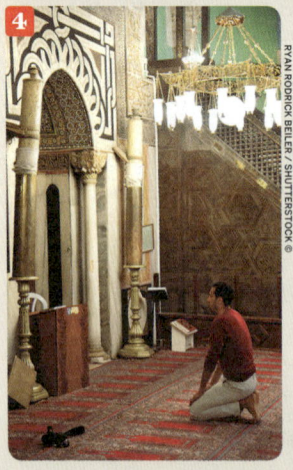

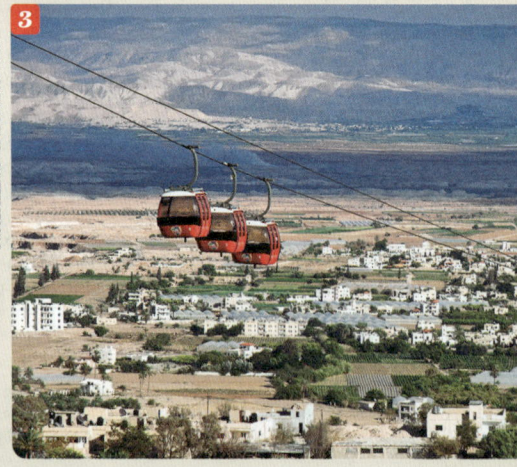

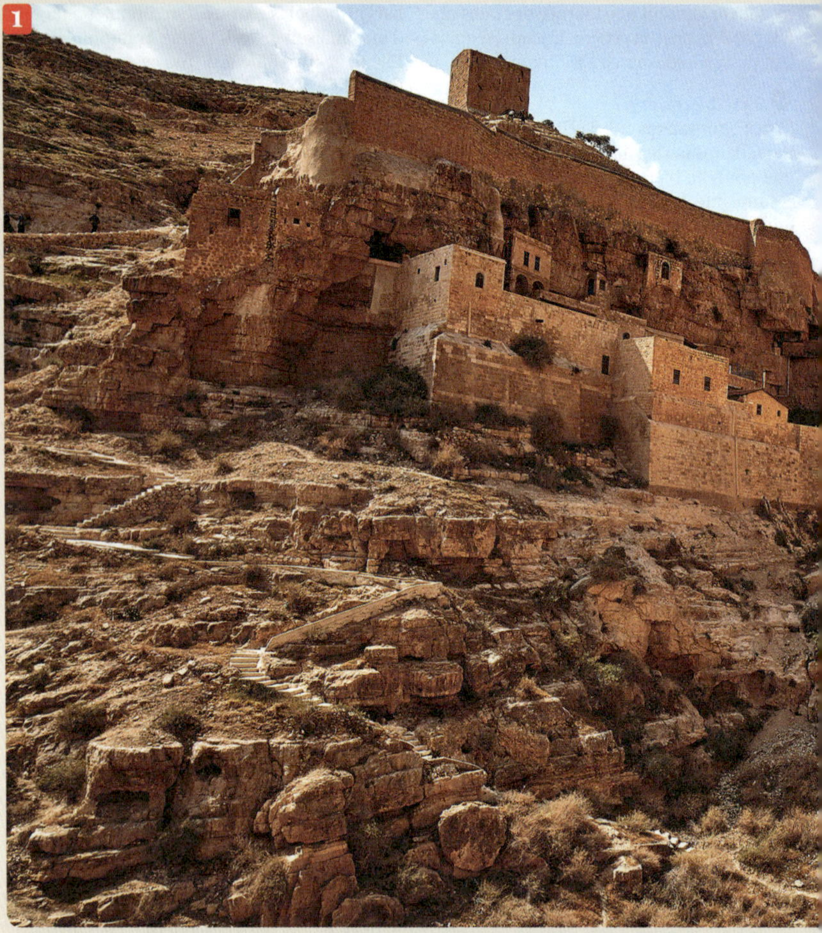

4

RYAN RODRICK BEILER / SHUTTERSTOCK ©

3

RASIKA108 / SHUTTERSTOCK ©

Monastère de Mar Saba
(p. 280)

Ce spectaculaire ermitage agrippé à la falaise a plus de 1 500 ans.

Artisanat à Hébron
(p. 296)

Achetez des souvenirs dans cette ville de Cisjordanie célèbre pour ses poteries peintes à la main.

Jéricho (p. 293)

Prenez le téléphérique pour une vue panoramique de la "ville habitée la plus ancienne".

Tombeau des Patriarches/mosquée Ibrahim (p. 297)

Ce lieu d'inhumation d'Abraham et des siens est autant vénéré par les juifs que par les musulmans.

ELEONORA TUVERI / SHUTTERSTOCK ©

En règle générale, plus le bus est petit, plus il va vite. Les bus depuis/vers Ramallah circulent de 6h à 21h30 ou 22h en été, et jusqu'à 19h en hiver. Ensuite, on peut prendre un taxi collectif de Ramallah à Qalandia, puis un taxi pour Jérusalem, ou l'inverse.

Sur le chemin de la Cisjordanie, vous n'aurez pas à descendre du bus. En revanche, dans l'autre sens, tous les passagers doivent descendre et franchir un poste de sécurité semblable à ceux des aéroports. Préparez votre passeport et votre visa israélien, à montrer aux soldats installés derrière une vitre blindée. Gardez aussi votre billet pour le montrer au chauffeur de l'autre côté du *checkpoint*.

La gare routière de Ramallah est à 5 minutes à pied de la place Al Manara et à 2 minutes à pied du parking d'où les taxis partagés partent pour toute la Cisjordanie.

L'emplacement de la ville au centre de la Cisjordanie et les liaisons par bus à la fois vers le nord (Naplouse et Jénine) et le sud (Jéricho) en font une bonne base pour visiter la région.

ⓘ Comment circuler

Une fois à Ramallah, les sites d'intérêt se trouvent tous à 10 minutes maximum du centre-ville en taxi privé – comptez 15-20 NIS la course (négociez le prix avec le chauffeur avant de monter).

Se déplacer dans la journée en taxi partagé revient moins cher. Vous pouvez en arrêter dans toute la ville et donner votre destination. La plupart vous emmèneront place Al Manara pour 3 NIS.

Taybeh الطيبة טייבה

☏ 02 / 1 400 HABITANTS

Taybeh, perché a 15 km de Ramallah sur le flanc d'une colline isolée, était un village de Cisjordanie classique jusqu'à ce qu'un natif des lieux, Nadim Khoury, revienne d'une université américaine avec l'idée de brasser de la bière.

Sa société est devenue un empire, la bière Taybeh étant vendue dans toute la Cisjordanie (et même en Israël, de l'autre côté de la Ligne verte), mais aussi en Allemagne, en Suède et aux États-Unis.

Chaque année, l'Octoberfest de Taybeh attire des milliers de Palestiniens, d'expatriés et de touristes. Désormais, avec son exploitation vinicole et son hôtel, la famille Khoury espère encourager les visiteurs à séjourner un peu plus longtemps dans le village où Jésus aurait passé ses derniers moments en compagnie de ses disciples.

Taybeh compte d'intéressantes églises et chapelles, ainsi que de superbes ruines byzantines. Prenez un taxi collectif depuis le parking où ils sont rassemblés, sous l'Area D Hostel à Ramallah.

⊙ À voir

Taybeh Winery EXPLOITATION VINICOLE
(☏ 02-289-9440 ; www.taybehwinery.com ; 100 Main St ; ⊙ 8h-16h ; ℗). Canaan, fils de Nadim Khoury, fondateur de la brasserie Taybeh, a commencé à produire du vin dans ces locaux modernes situés à côté du Taybeh Golden Hotel en 2013. On y produit maintenant six crus, quatre rouges et deux blancs. Les clients peuvent visiter la cave et déguster des vins (3/5 vins 50/80 NIS) avec quelques en-cas. Mieux vaut prendre contact par e-mail au préalable.

☝ Circuits organisés

♥ Taybeh Brewing Company BRASSERIE
(☏ 02-289-8868 ; www.taybehbeer.com ; ⊙ 8h-16h lun-sam). GRATUIT Incontournable dans tout voyage en Cisjordanie, la Taybeh Beer Brewery propose des visites tous les jours, souvent guidées par le maître-brasseur Madees Khoury en personne. Les visiteurs peuvent observer le processus de brassage et, quelquefois, de mise en bouteilles et découvrir comment le minuscule village chrétien de Taybeh a fini par exporter de la bière dans toute la Cisjordanie, le reste d'Israël et le monde entier.

Fondé en 1994 par le père de Madees, Nadim Khoury, la Taybeh Brewing Company produit maintenant une demi-douzaine de variétés et compte lancer une très attendue IPA, en plus des pils, bières ambrées et brunes.

🛏 Où se loger

Taybeh Golden Hotel HÔTEL $$
(☏ 02-289-9440 ; www.taybehgoldenhotel.com ; 100 Main St ; d/ste 110/160 US$; ℗@🛜). Juste à côté de la Taybeh Winery, le Taybeh Golden Hotel est un établissement moderne tenu par la famille Khoury à quelques minutes à pied du centre du village. Certaines chambres disposent d'une vue saisissante sur les hauteurs environnantes et les oliveraies. Construit en 2015, l'hôtel possède 2 restaurants et 80 chambres (simples, doubles et suites).

ⓘ Depuis/vers Taybeh

Les taxis collectifs pour Taybeh partent du 2ᵉ niveau du parking situé en contrebas de l'auberge de jeunesse Area D à Ramallah, juste en face de l'arrêt des bus pour Jérusalem.

Pour repartir, vous pouvez héler un taxi dans la rue principale de Taybeh en direction de Ramallah ou du *checkpoint* de Qalandia, si vous souhaitez vous rendre à Jérusalem.

Jéricho   اريحا   יריחו

🎵 02 / 20 300 HABITANTS

Que vous parcouriez des ruines antiques ou admiriez les remarquables monastères creusés dans la roche des montagnes de Judée, impossible de ne pas sentir le poids de l'histoire à Jéricho, ville qui se targue d'être la plus ancienne au monde à avoir été habitée en continu.

Il faut dire que des fouilles archéologiques permettent de dater les premières traces de peuplement ici à plus de 10 000 ans, et les vestiges des civilisations qui s'y sont succédé au fil des millénaires sont visibles dans toute la ville.

Si Jéricho a évolué depuis, les petites exploitations agricoles constituent toujours le principal mode d'habitation, et la ville affiche un petit air négligé. Mais avec ses palmiers, ses plantations de dattiers et l'attitude souriante de ses habitants, elle se démarque au sein des Territoires palestiniens et constitue une belle étape pour un jour ou deux.

Histoire

L'histoire de Jéricho remonte à la nuit des temps. Des groupes de chasseurs-cueilleurs s'y installèrent, près d'une source, autour de 10 000 av. J.-C. Les archéologues ont mis au jour des habitations en brique de terre crue et l'on estime qu'un millier de personnes vivaient là en 9 400 av. J.-C.

Selon la Bible, Jéricho fut la première cité dont les Hébreux s'emparèrent, au terme de 40 années passées dans le désert, le son des trompettes restées fameuses ayant provoqué l'effondrement de ses murailles (Josué VI, 1-20). Au IVᵉ siècle av. J.-C., Alexandre le Grand conquit la région, qui devint son fief personnel.

Plusieurs vagues d'occupants se succédèrent, puis Jéricho tomba aux mains de Marc Antoine, qui l'offrit en cadeau de noces à Cléopâtre en 35 av. J.-C. Hérode loua la ville à Cléopâtre et en améliora les infrastructures en construisant des aqueducs et un hippodrome. Au Iᵉʳ siècle, l'aristocratie de Jérusalem y résidait l'hiver.

Pour les chrétiens, c'est le lieu du baptême dans le Jourdain de saint Jean-Baptiste et celui de la tentation du Christ sur la montagne.

Lors de la création de l'État d'Israël, Jéricho reçut le plus grand nombre de réfugiés en Cisjordanie. Ils furent installés dans le village d'Al Awja et dans trois immenses camps, dont Aqabat Jabr, et formèrent plus de 85% de la population de la région.

En 1993, elle est devenue la première ville à passer sous le contrôle de l'Autorité palestinienne, conformément aux accords d'Oslo.

🅞 À voir

Tel Al Sultan   RUINES

(Ville antique ; tarif plein/réduit/enfant 10/7/5 NIS ; ⏱8h-17h). On se sent happé par le cours de l'histoire en flânant parmi les tertres et les ruines de Tel Al Sultan, où l'on a mis au jour les vestiges d'habitations et de fortifications remontant à quelque 10 000 ans. Il n'en reste plus aujourd'hui que des escaliers à moitié ensevelis sous le sable. Les ruines d'une tour ronde, qui daterait de 8 000 av. J.-C. (et aurait subi pas moins de sept tremblements de terre), indiquent qu'il s'agissait vraisemblablement d'une cité fortifiée, parmi les plus anciennes au monde.

Bien qu'une bonne partie du site n'ait pas encore été exhumée, Tel Al Sultan est une destination incontournable quand on visite Jéricho. Les vestiges qui ont déjà été identifiés sont très bien légendés.

L'entrée se situe de l'autre côté de la route par rapport au téléphérique.

Mont de la Tentation et monastère de la Quarantaine   SITE RELIGIEUX

(⏱8h-16h lun-ven, 8h-14h sam-dim). ᴳᴿᴬᵀᵁᴵᵀ L'un des sites les plus impressionnants de Jéricho – si ce n'est de la Cisjordanie –est celui du monastère de la Quarantaine, construit à l'endroit exact où, selon la Bible, Jésus aurait résisté à Satan après un jeûne de 40 jours dans le désert.

Véritable prouesse d'ingénierie, ce monastère creusé dans le flanc de la falaise préside à une vue spectaculaire sur la mer Morte, jusqu'à la Jordanie.

Les heures d'ouverture du monastère sont aléatoires mais, comme pour tous les sites touristiques de Palestine, mieux vaut arriver tôt (ou au moins 2-3 heures avant le coucher du soleil). Le gardien verrouille parfois la porte lorsqu'il montre l'intérieur à des groupes conséquents. Si vous trouvez porte close, cela vaut la peine d'attendre quelques minutes.

Si vous ne voulez pas monter à pied au sommet du mont de la Tentation, un téléphérique vous attend près des ruines de la cité antique de Tel Al Sultan. Il s'arrête juste avant le monastère, et même la courte montée des marches menant à la porte d'entrée peut se révéler une épreuve dans la chaleur de la mi-journée. Le marchand de jus de fruits et une poignée de restaurants permettent toutefois de reprendre des forces.

♥ Palais d'Hisham   RUINES

(Khirbet Al Mafjar ; 10 NIS ; ⊙8h-18h). Ce site extraordinaire, qui s'étend sur 60 ha, est à courte distance en voiture au nord du Tel Al Sultan. Il a été découvert en 1873 et les premières excavations remontent aux années 1930, pendant le mandat britannique en Palestine. Datant du VIIIe siècle, ce joyau omeyyade, palais d'hiver du calife Hisham Ibn Abd Al Malik (724-743) – ou de son héritier Al Walid II –, devait avoir fière allure avec sa cour à colonnades, sa mosquée, sa fontaine monumentale, son caravansérail, son complexe thermal et sa profusion de mosaïques, à tel point que les archéologues l'ont surnommé le "Versailles du Moyen-Orient". Il n'a toutefois pas eu la chance de traverser les siècles intact, ayant été en grande partie détruit par un séisme vers 749, peu de temps après avoir été achevé.

Le gardien vous orientera vers une salle de cinéma où est projetée une vidéo (20 min) sur l'histoire du site – une étape essentielle pour tirer le meilleur parti de la balade au gré des vestiges.

Entre autres mosaïques sublimes, ne manquez pas d'admirer le pavement superbement préservé représentant un "arbre de vie" dans la salle de réception des thermes. Du côté gauche de l'arbre, deux gazelles paissent paisiblement, tandis que de l'autre, une troisième est dévorée par un lion. Les interprétations divergent quant au sens de cette mosaïque, et l'on parle notamment de la lutte entre le Bien et le Mal, de la bonne et mauvaise gouvernance ou d'une allégorie de la guerre et de la paix.

Musée russe et arbre de Zachée   MUSÉE

(Ein Al-Sultan St ; adulte/enfant 20/10 NIS ; ⊙9h-17h). Situé non loin du centre-ville, le musée russe retrace l'histoire de l'église orthodoxe russe en Terre sainte au travers de trouvailles archéologiques, notamment une impressionnante mosaïque, des pièces de monnaie et des objets religieux. Son jardin abrite l'arbre de Zachée, un sycomore qui aurait plus de 2 000 ans et dont il est fait mention dans la bible.

L'histoire raconte que Zachée, un riche publicain (collecteur d'impôts) de Jéricho, de petite taille, serait monté sur cet arbre pour voir Jésus passer dans sa ville. Jésus lui aurait demandé s'il pouvait lui rendre visite, un geste qui aurait tellement ému Zachée qu'il aurait décidé de mener une existence consacrée à la charité.

Les visiteurs souhaitant apercevoir l'arbre derrière une grille sans avoir à visiter le musée peuvent remonter un peu la rue Ein Al-Sultan.

Qasr Al Yahud   SITE RELIGIEUX

(⊙9h-16h). GRATUIT À l'est de Jéricho, sur une rive isolée du Jourdain, à la frontière entre la Cisjordanie et la Jordanie, Qasr Al Yahud ("palais des juifs") correspond au lieu où Jésus aurait été baptisé par Jean, marquant le début de son ministère. Jean se serait installé à un carrefour important, où il prêchait aux marchands et aux soldats de passage. On ne peut pas en dire autant du site aujourd'hui. Gardée par un *checkpoint* israélien, la route d'accès franchit un champ de mines avant de rejoindre un parking, d'où une courte marche descend au fleuve.

Vous y verrez une foule de pèlerins, la plupart en T-shirt ou en sarrau blanc, attendant leur tour de s'avancer dans l'eau pour s'y immerger. Du côté israélien, la clôture du site marque la frontière avec la Jordanie et empêche les pèlerins trop enthousiastes de patauger dans le Jourdain.

À quelques mètres, des soldats jordaniens en armes sont assis nonchalamment sur un banc, face à leurs homologues israéliens.

Que l'on soit ou non croyant, l'endroit frappe par sa beauté. Entièrement rénové, le site comporte des vestiaires, une boutique-cadeaux, une échoppe d'alimentation et de boissons, et des espaces ombragés où s'asseoir pour contempler la vue.

Wadi Qelt   SITE

Le profond canyon du Wadi (oued) Qelt, qui relie Jérusalem à Jéricho, recèle plusieurs sites religieux intéressants disséminés sur toute sa longueur. Il est aussi connu pour ses sources, ainsi que sa flore et sa faune abondantes. En divers endroits, sur les montagnes et le désert est époustouflante. On peut parcourir tout le canyon à pied, mais cela prendrait une journée entière. En outre, même au printemps ou en automne, la chaleur peut être torride. Les principaux sites de l'oued sont reliés à la route qui va de Jérusalem à Jéricho et à la mer Morte. Ils sont bien indiqués, dans les deux sens.

Nabi Musa
SITE HISTORIQUE

(☉8h-crépuscule). **GRATUIT** Nabi Musa est à une dizaine de kilomètres au Sud de Jéricho et au nord-ouest de la mer Morte. Pour les musulmans, c'est là que Moïse (Musa en arabe, Moshe en hébreu) serait enterré. Une mosquée fut érigée sur le site en 1269 sous le règne du sultan mamelouk Baybars (puis agrandie deux siècles plus tard). Par la suite, des pèlerinages d'une semaine ont fait affluer chaque année les fidèles à Nabi Musa depuis Jérusalem – la coutume se perpétue aujourd'hui. La route au-delà de la mosquée passe devant un cimetière musulman (où se trouve la tombe d'un ancien imam de Nabi Musa, hélas couverte de graffitis), puis s'enfonce dans le désert de Judée sur environ 20 km. En chemin, vous verrez des chameaux solitaires, des tanks abandonnés et, surtout, l'immensité du désert.

Monastère Saint-Georges
MONASTÈRE

(☉9h-13h) **GRATUIT** Le spectaculaire monastère Saint-Georges, creusé dans la paroi rocheuse et datant du Ve siècle, est un must du Wadi Qelt. Les peintures de la chapelle principale méritent le coup d'œil, et vous verrez aussi une partie des sols en mosaïque d'origine sous des panneaux en Plexiglas. En haut d'une autre volée de marches vous attend une superbe chapelle troglodytique.

Depuis le parking, la montée à pied (10 min) est épuisante ; attendez-vous à être harcelé par les bédouins qui vous proposeront de vous y rendre à dos d'âne.

Il y a de l'eau potable au monastère. En chemin, des panneaux indiquent les trois sources principales (Ein Qelt, Ein Farah et Ein Fawwar).

Comme pour ne nombreux sites autour de Jéricho, le plus simple pour atteindre le monastère est de réserver un taxi (en général à Bethléem). Mais si vous disposez d'un véhicule, rendez-vous à Mitzpe Jéricho, sur la route menant à Jérusalem, puis prenez la direction de Wadi Qelt. Tournez à droite après 1 km. Descendez sur une petite route pendant 5 km environ, puis tournez à gauche en direction du monastère.

Auberge du Bon Samaritain
SITE BIBLIQUE

(Adulte/enfant 22/10 NIS ; ☉8h-17h). Un peu au sud de la route entre Jérusalem et Jéricho, ce site est lié à la parabole du bon Samaritain (Luc, X, 25-37) qui se serait arrêté pour aider un voyageur blessé, panser ses plaies et l'emmener jusqu'à une auberge toute proche. Des historiens suggèrent toutefois que le héros de cet épisode devait plutôt être israélite, la confusion venant de l'erreur commise par un traducteur grec.

Des archéologues y ont mis au jour une citerne et des thermes de l'époque d'Hérode (Ier siècle av. J.-C.), ainsi que les vestiges d'une auberge et d'une église d'époque byzantine. Les ruines d'une forteresse croisée dominent les lieux. Ne manquez pas le musée rassemblant des mosaïques de Judée, Samarie et Gaza. Les audio-guides sont inclus dans le prix d'entrée.

🏃 Activités

Téléphérique de Jéricho
TÉLÉPHÉRIQUE

(www.jericho-cablecar.com ; 60 NIS ; ☉8h-9h lun-jeu, 8h-20h ven). Les cabines rouges du téléphérique (de fabrication suisse) circulant entre Tel Al Sultan et le mont de la Tentation sont visibles dans tout Jéricho. Le téléphérique semble daté, mais le trajet (20 min) n'en offre pas moins une excellente occasion de voir la ville et les fermes qui parsèment ses environs.

🛏 Où se loger

♥ Sami Youth Hostel
PENSION $

(Aqabat Jabr ; ☎02-232 4220 ; samihostel.com ; ch 120-150 NIS ; 📱). L'une des meilleures adresses de Cisjordanie pour les petits budgets, Sami Youth Hostel est nichée au cœur d'un camp de réfugiés à 3 km du centre de Jéricho. L'auberge compte 22 chambres propres et calmes répartie sur deux niveaux. L'atout majeur des lieux est Sami lui-même, qui parle un anglais parfait et considère ses hôtes plus comme des membres de sa famille que des clients.

En entrant dans Jéricho depuis la route n°90, prenez à gauche au premier rond-point, puis continuez tout droit. La pension est sur la droite. Si vous vous trompez, demandez à n'importe quel habitant l'"Hotel Sami", et il vous indiquera le chemin.

Oasis Hotel
HÔTEL $$$

(☎02-231-1200 ; www.oasis-jericho.ps ; s 450-550 NIS, d 550-650 NIS ; 📶📱📺). L'ancien "Intercontinental" (le logo est encore visible sur un côté du bâtiment) est cher, mais les chambres sont propres et modernes, le personnel serviable, et ses deux piscines en font une option haut de gamme prisée. Son emplacement, à deux pas de la route Jérusalem-Jéricho, en fait une bonne base pour visiter non seulement Jéricho, mais aussi la mer Morte et au-delà.

Où se restaurer

Les rues entourant la place centrale (Main Square) de Jéricho sont jalonnées de stands de kebabs et de falafels, ainsi que de petits cafés. Un kebab ou un sandwich ne devrait pas coûter plus de 10 NIS. Il fait bon s'asseoir dans le parc au centre du rond-point pour manger en observant les habitants jouer aux cartes et fumer le narguilé.

♥ Abu Omar   MOYEN-ORIENTAL $

(Ein Al-Sultan St ; plats 20-50 NIS ; ☉6h-minuit). Située près de la place principale, cette table appréciée des locaux sert le meilleur poulet rôti de Cisjordanie. Manger sur place coûte le double mais vous ne le regretterez pas.

Al Essawe   MOYEN-ORIENTAL $

(Main Sq ; plats 15-45 NIS ; ☉6h-23h). Dans un angle dominant la place principale de Jéricho, la ravissante terrasse en étage d'Al Essawe est un endroit parfait pour prendre le pouls de la ville. Outre les plats arabes habituels et autres kebabs, falafels et mezze. Goûtez la limonade fraîche.

❶ Renseignements

Centre d'information touristique
(☎02-231-2607 ; Main Sq ; ☉8h-17h ; ☎). Une première étape essentielle pour les voyageurs indépendants. Les employés de ce kiosque situé sur la place principale vous diront – dans un anglais parfait – tout ce qu'il faut voir et comment y aller. Ils peuvent organiser des visites, vous recommander des hôtels et vous aider à planifier votre séjour à Jéricho.

❶ Comment s'y rendre et circuler

Les taxis collectifs allant de Jérusalem à Jéricho passent par le *checkpoint* d'Abu Dis (12 NIS), mais il est difficile de les arrêter et les voyageurs préfèrent souvent passer par Ramallah (18 NIS) ou Bethléem (21 NIS).

Sinon, vous pouvez louer les services d'un chauffeur de taxi à Bethléem ou Ramallah pour une excursion d'une journée à Jéricho et ses environs. La plupart des chauffeurs

demanderont au moins 200 ou 250 NIS par jour. Depuis Jérusalem, cela peut atteindre le double.

Hormis dans le centre, Jéricho, ville humide et poussiéreuse, se prête peu à la marche. En outre, la plupart des sites sont éloignés les uns des autres. Les taxis collectifs (environ 3 NIS) desservent la plupart d'entre eux, mais il est plus rapide et plus facile de négocier une course en taxi privé (20-30 NIS/heure est un prix correct).

Même si vous ne passez qu'une journée à Jéricho, n'oubliez pas votre passeport car les *checkpoints* israéliens sur la route pour sortir de la ville sont courants.

Hébron   الخليل   חברון

❷ 02 / 183 000 HABITANTS

La présence du tombeau d'Abraham (Ibrahim pour les musulmans), de ses fils et de leurs épouses respectives fait d'Hébron un haut lieu pour les trois religions monothéistes : le christianisme, le judaïsme et l'islam. Hélas, loin d'avoir favorisé un rapprochement entre musulmans et juifs, cette vénération commune a engendré à Hébron (Al Khalil en arabe) maints affrontements religieux.

Aujourd'hui, la ville se distingue de ses voisines de Cisjordanie par la présence de colonies juives implantées en son cœur, et non à sa périphérie, à quelques mètres seulement des demeures palestiniennes, protégées par des barrières anti-souffle, des fils barbelés et des milliers de soldats israéliens.

Hébron est réputée depuis l'Antiquité pour son artisanat : cuir, verre soufflé et poteries prêtes à la main.

La plupart des visiteurs s'y rendent lors d'un circuit organisé, mais une excursion d'une journée depuis Bethléem est un bon moyen de découvrir la ville pour un voyageur indépendant.

Histoire

Selon l'Ancien Testament, Hébron fut fondée en 1730 av. J.-C. Son nom biblique, Kiryat Arba ("village des quatre"), pourrait faire référence à son emplacement sur quatre collines, où s'implantèrent quatre tribus cananéennes.

Jusqu'au début du XXe siècle, Hébron a hébergé une petite communauté juive. Mais, en 1929, des nationalistes arabes prirent pour cible les juifs de la ville (tous des ultraorthodoxes antisionistes) et en tuèrent soixante-sept. Les autres durent s'enfuir.

Après 1967, des juifs orthodoxes retournèrent s'installer à Hébron, ce qui explique la présence actuelle en centre-ville d'enclaves d'extrémistes religieux (parmi les plus radicaux de Cisjordanie) gardées par l'armée israélienne. La colonie de Kiryat Arba, forte de plus 7 000 habitants, fut établie à proximité, dans un faubourg.

En 1994, lors de la fête juive de Pourim qui tombait en même temps que le ramadan, le médecin israélo-américain Baruch Goldstein ouvrit le feu sur des musulmans en train de prier dans la mosquée d'Ibrahim, faisant 29 morts et 200 blessés, avant d'être maîtrisé et battu à mort.

Sévèrement condamné par la majorité des juifs, y compris parmi les colons modérés, il fut salué en héros par la frange la plus radicale des sionistes religieux qui considèrent les Palestiniens comme des étrangers en Terre promise. Sa tombe demeure un lieu de pèlerinage fréquenté.

Beaucoup de rues sont interdites aux Palestiniens, et la fermeture de nombreuses boutiques du souk depuis les années 1990 a fait de ce secteur historique un quartier fantôme.

Il est courant de voir des soldats israéliens patrouiller dans la vieille ville, et les affrontements entre eux et de jeunes Palestiniens armés de pierres sont fréquents, en particulier le vendredi.

En 2017, l'Unesco a inscrit à la fois la vieille ville d'Hébron et le tombeau des Patriarches sur la liste des lieux saints islamiques, et en péril. Ce geste a provoqué la colère d'Israël qui a accusé les Nations unies de nier des liens centenaires entre cette ville et les Juifs.

◉ À voir

Pour le visiteur, la ville se divise grosso modo en trois parties. Ras Al Jora (place de Jérusalem, Jerusalem Sq), sur la route d'Hébron (ou Shari'a Al Quds) en arrivant de Bethléem, est un quartier commerçant jalonné de restaurants et d'ateliers de verre soufflé ou de céramiques.

Environ 3 km au sud, la route d'Hébron devient la rue Ein Sarah, qui débouche sur la place Al Manara. De celle-ci, en réalité un simple carrefour, tournez à droite et marchez sur 200 m pour rejoindre la gare routière, ou suivez l'embranchement de gauche pendant 10 minutes pour gagner Bab Al Zawieh, l'entrée du souk de la vieille ville, puis la mosquée d'Ibrahim (ou tombeau des Patriarches).

Le secteur juif s'étend au sud de la vieille ville, derrière de hauts murs et des barbelés. On peut facilement s'y rendre à pied depuis la mosquée d'Ibrahim. On peut aussi y entrer en franchissant le *checkpoint* de la place Al Manara. On vous demandera votre passeport aux *checkpoints* qui séparent les zones arabes et juives.

◉ Vieille ville

La vieille ville, qui arbore une splendide architecture mamelouke (même si nombre de bâtiments sont délabrés), renferme un souk que les commerçants ont dû quitter pour un espace en plein air en raison des affrontements avec les colons juifs.

En levant les yeux, vous verrez les filets installés au-dessus des rues étroites pour rattraper les ordures jetées des fenêtres depuis les maisons en surplomb (où vivent des colons juifs) sur les boutiques palestiniennes.

On peut aussi jeter un coup d'œil à travers les barbelés sur le souk de l'or, autrefois réputé dans toute la région mais aujourd'hui complètement interdit d'accès.

Mosquée d'Ibrahim/tombeau des Patriarches
MOSQUÉE, SYNAGOGUE

(◷ 8h-16h dim-jeu, sauf durant la prière). La plupart des visiteurs viennent à Hébron pour découvrir le tombeau des Patriarches et la grotte de Machpelah, où se dresse la mosquée d'Ibrahim (le nom musulman pour Abraham, l'un des cinq grands prophètes de l'islam). Pour les juifs et les musulmans, c'est un lieu saint. Le site fait l'objet de mesures de sécurité très strictes, et des espaces séparés accueillent les fidèles des deux religions.

Les cénotaphes des patriarches (Abraham, Isaac et Jacob) et de leurs épouses, pour la plupart de style mamelouk, ont l'allure de tentes décorées. La grotte située en dessous aurait été, selon les juifs et les musulmans, choisie par Abraham pour être le lieu où devait reposer sa descendance.

On peut jeter un coup d'œil dans la grotte à travers une grille métallique à l'angle de la mosquée. Dans la pièce qui permet de voir le cénotaphe d'Abraham, une petite niche près de la porte contient une empreinte de pied, celle de Mahomet selon les musulmans, celle d'Adam pour les juifs.

Construit sous Hérode le Grand (remarquez les grandes pierres rectangulaires caractéristiques à la base des murs), le complexe fut remanié au VIᵉ siècle par l'ajout d'une église byzantine, à côté de laquelle on édifia une synagogue. Après leur conquête au siècle suivant, les Arabes transformèrent la première en mosquée, mais laissèrent la seconde intacte. Au départ des croisés, les Mamelouks bâtirent une autre mosquée.

Pour entrer dans la mosquée, il faut retirer ses chaussures, et les femmes doivent se couvrir la tête d'un foulard (fourni à l'entrée au besoin). À l'entrée de la synagogue, les hommes se verront fournir des kippas et les femmes des foulards pour se couvrir les épaules.

🧭 Environs d'Hébron

Ateliers de verrerie
et de céramique   ATELIER

(Aljora St ; ☎ 02-222-8502 ; hebronglass@yahoo. com ; Ras Al Jora ; ⏱ 8h-18h, fermé ven matin). **GRATUIT** Situé en périphérie d'Hébron, sur la route principale d'accès à la ville depuis le nord, cet atelier appartient à la famille Natsheh depuis 350 ans. Les visiteurs peuvent voir les artisans souffler tout type d'articles, des verres à vin aux bouteilles colorées, et acheter des souvenirs dans la boutique voisine à des prix plus intéressants qu'à Bethléem et Jérusalem.

🛏 Où se loger

Si vous souhaitez passer la nuit à Hébron, il est toujours préférable de réserver, soit auprès de votre hôtel ou auberge de jeunesse à Bethléem, Ramallah ou Jérusalem, soit grâce une organisation comme l'Association d'échanges culturels Hébron-France (www. hebron-france.org).

🍴 Où se restaurer

Abu Salah   MOYEN-ORIENTAL **$**
(Bab-e-Zawi ; plats 10-35 NIS ; ⏱ 7h-22h). En lisière de la vieille ville, ce restaurant animé, de style buffet, est l'un des meilleurs pour manger un *shawarma*. Une poignée de chaises accueille les habitants pour dévorer des pitas au poulet ou à l'agneau.

ℹ Depuis/vers Hébron

Pour aller à Hébron depuis Jérusalem, passez par Bethléem, en prenant l'un des taxis collectifs qui circulent régulièrement. De la gare routière

---

COLONIES JUIVES DE CISJORDANIE

En général, on appelle colonies (*settlements* en anglais) les communautés juives israéliennes installées dans les Territoires palestiniens. On recense environ 350 000 colons israéliens en Cisjordanie, répartis dans plus d'une centaine de colonies, et plusieurs milliers d'autres dans les quartiers de Jérusalem occupés par Israël depuis 1967.

Les colonies peuvent varier d'un ensemble de caravanes perchées sur une colline isolée à de vastes zones urbaines, telles que Ma'ale Adumim, près de Jérusalem. Considérée aujourd'hui comme une banlieue de Jérusalem par la plupart des Israéliens, cette dernière abrite des dizaines de milliers d'habitants. Du côté des colons, les raisons de s'installer dans les Territoires palestiniens sont multiples. En général, ils citent les prix de l'immobilier plus intéressants qu'en Israël ou, pour les croyants, l'accomplissement de la prophétie biblique et le prolongement de la volonté de Dieu.

Les lois internationales interdisent le transfert de civils dans des territoires sous occupation militaire, et leur interprétation la plus courante est que les colonies juives en Cisjordanie et à Jérusalem-Est sont illégales. Le droit israélien conteste cette interprétation. Les plaintes les plus courantes à l'encontre des colonies tiennent au fait qu'elles occupent fréquemment des terres palestiniennes privées (par opposition aux terres appartenant aux autorités), détournent de précieuses ressources en eau des villes et villages palestiniens voisins et, surtout, fragmentent le territoire de Cisjordanie, empêchant ainsi l'établissement d'un État palestinien cohérent, d'un seul tenant et viable.

Les États-Unis et l'Union européenne ont déclaré que les colonies constituaient un obstacle à la paix, mais la coalition gouvernementale de droite de Benjamin Netanyahou, Premier ministre israélien, a poursuivi les implantations juives en Cisjordanie et à Jérusalem-Est.

Pour en savoir plus, consultez les sites de l'ONG palestinienne Al Haq (alhaq.mits.ps) ou de l'organisation israélienne de gauche B'Tselem (www.btselem.org). Vous aurez le point de vue des colons en vous rendant au centre des visiteurs et au musée de la colonie israélienne de Gush Etzion, près de Bethléem (www.gush-etzion.org.il).

d'Hébron, des taxis collectifs desservent Jéricho, Bethléem et Ramallah de 5h à 18h. Ils attendent d'être pleins pour démarrer.

Pour appréhender les choses sous un autre angle – celui des colons israéliens d'Hébron –, prenez le bus Egged n°160 à la gare routière centrale de Jérusalem. Il s'arrête juste à côté de la mosquée d'Ibrahim/tombeau des Patriarches, d'où l'on peut rejoindre à pied le secteur arabe de la ville.

La meilleure façon de découvrir Hébron est de prendre part à l'un des circuits organisés en général deux fois par semaine par des auberges de jeunesse et hôtels à Bethléem, Jérusalem ou Ramallah, en particulier celui de l'**Area D Hostel** (p. 287), à Ramallah.

Naplouse نابلس שכם

☑ 09 / 126 000 HABITANTS

Nichée au cœur d'une vallée sur l'importante route commerciale Damas-Jérusalem, Naplouse, antérieure à l'époque romaine, a connu des millénaires de splendeur et de destruction.

Située entre le mont Garizim et le mont Ebal, Naplouse (Sichem en hébreu) est historiquement une exportatrice d'huile d'olive, de coton et de caroube, mais elle est aujourd'hui plus réputée pour ses savons, ses sculptures en bois d'olivier et son *kenafeh* (pâtisserie au fromage blanc nappée de sirop renommée dans tout le Moyen-Orient).

Métropole passionnante et bouillonnante, Naplouse s'enorgueillit d'une vieille ville dont la beauté est en mesure de rivaliser avec celle de Jérusalem – d'autant plus que ses étroites ruelles ne sont pas encombrées par des groupes en circuit organisé. Naplouse est aussi un haut lieu de l'activisme palestinien. Sa place centrale est donc souvent couverte de drapeaux, de banderoles et d'affiches à l'effigie des martyrs ayant trouvé la mort au cours du conflit avec Israël.

Histoire

Après la dispersion des douze tribus d'Israël au Xᵉ siècle av. J.-C., l'antique Sichem fut proclamée capitale du royaume d'Israël, et résista pendant près de deux siècles aux conflits fratricides et aux menaces extérieures.

En 70, les Romains rasèrent Sichem et fondèrent Flavia Neapolis (nouvelle ville), nom que les Arabes prononcèrent par la suite Nablus (Naplouse). Des lieux de culte

gréco-romains se développèrent, puis furent anéantis lors de la conquête de la ville par les Arabes en 636. Les sanctuaires chrétiens furent alors transformés en mosquées, marquant Naplouse de l'empreinte qu'elle conserve aujourd'hui. La vieille ville date de l'époque ottomane. Des vestiges remontant à l'époque romaine subsistent toutefois.

Naplouse est désormais entourée de colonies juives parmi les plus extrémistes de Cisjordanie. Perchées sur les hauteurs environnantes, Bracha, Itamar, Yitzhar et Elon Moreh font souvent parler d'elles dans les médias en raison des heurts opposant leurs habitants aux Palestiniens ou aux soldats israéliens.

⊙ À voir

La plupart des voyageurs commencent par visiter **Al Qasaba** : la vieille ville ottomane forme un dédale de boutiques, d'échoppes de pâtisseries et d'étals où s'entassent montagnes de légumes et sacs d'épices. Ici, au milieu des clameurs ambiantes, vous pourrez découvrir une multitude de mosquées invitant à la contemplation, dont la **mosquée Al Kebir** (⊙ 7h-22h, fermée durant la prière).

Pour de plus amples informations, consultez le site www.nablusguide.com (en anglais).

Touqan Soap Factory FABRIQUE

(Martyrs Sq ; ⊙ 6h-15h sam-jeu). GRATUIT Touqan est l'une des nombreuses fabriques de savon ouvertes au public à Naplouse. Elle est en activité depuis 1872, et les techniques de fabrication ont guère changé depuis. Vous pourrez en acheter pour 7 NIS.

Au rez-de-chaussée, le savon est mélangé dans d'immenses cuves fumantes en pierre ; ensuite, à l'étage, il est étalé puis découpé en cubes par des ouvriers pieds nus munis de sortes de faucilles. Dans la pièce suivante, ils sont empilés avant d'être emballés à la main à un rythme spectaculaire (jusqu'à 1 000/heure).

Tell Balata Archaelogical Park RUINES

(www.tellbalata.com ; tarif plein/réduit/enfant 10/7/5 NIS ; ⊙ 8h-17h dim-jeu, 10h-17h ven et sam). Tell Balata renferme les vestiges de ce qui serait le premier peuplement de Naplouse, une ville remontant à 1700-1200 av. J.-C. Des traces vieilles de 4000-3000 ans av. J.-C. y ont même été retrouvées. Elle se développa autour d'une source dans la vallée entre les monts Garizim et Ebal. Non loin du puits de

Naplouse

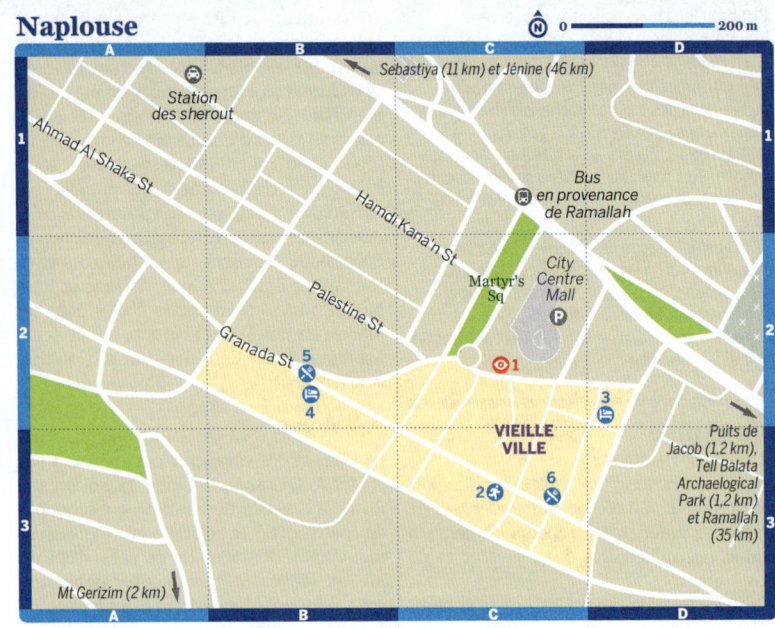

Naplouse

⊙ À voir
1 Touqan Soap Factory C2

✛ Activités
2 Hammam Al Shifa C3

🛏 Où se loger
3 Al Yasmeen Hotel................................ D2
4 Khan Al Wakalah B2

✕ Où se restaurer
5 Al Aqqad B2
6 Al Aqsa C3
   Zeit ou Zaatar .... (voir 3)

Jacob, Tell Balata recèle également un petit **musée** remarquable.

L'aménagement du parc archéologique, qui a reçu le soutien de l'Unesco, est toujours en cours, tout comme les fouilles. Les ruines les plus impressionnantes sont, de loin, celles d'un temple fortifié utilisé comme lieu de culte public. Un sentier longeant les limites du site permet au visiteur de retrouver les remparts de la vieille ville.

Tell Balata est bien indiqué depuis la route de Ramallah et, le plus souvent, désert. L'avantage est d'avoir l'endroit rien que pour soi ; l'inconvénient est que,

pour accéder au musée, il faut parfois tambouriner à la porte pour réveiller le portier assoupi.

Puits de Jacob ÉGLISE
(Jacob's Well ; don apprécié ; ⊙ 8h-12h et 14h-16h). Près de l'entrée de Balata, le plus grand camp de réfugiés en Cisjordanie, se trouve le puits de Jacob où, pour les chrétiens, Jésus aurait révélé être le Messie à la Samaritaine qui lui avait offert de l'eau (Jean IV, 13-14). L'église byzantine détruite lors de la révolte samaritaine de 529 fut remplacée par une église croisée qui tomba à son tour en ruine au Moyen Âge. L'église actuelle, Sainte-Photine-la-Samaritaine, a été construite dans les années 1860 par le patriarcat grec orthodoxe.

Le terrain qui entoure l'église offre un spectacle superbe, avec sa chapelle immaculée nichée dans un écrin de jardins verdoyants et paisibles. Descendez les marches près de l'autel pour voir le puits lui-même.

À environ 300 m au sud-est, le site de ce qui serait le tombeau de Joseph a récemment été l'objet de frictions entre les juifs, qui viennent y prier escortés par l'armée israélienne en coordination avec l'Autorité palestinienne, et la population arabe.

Ruines samaritaines
SITE HISTORIQUE
(Mont Gazirim ; adulte/enfant 22/10 NIS ; ☉ 8h-16h sam-jeu, 8h-15h ven). À 10 minutes à pied au-dessus du village samaritain de Kiryat Luza s'étend un ensemble de ruines. Une porte commande l'accès aux lieux ; sonnez à l'interphone et un garde vous laissera entrer.

Après avoir payé, vous serez libre de flâner sur le site. Vous verrez ce qui, selon les Samaritains, étaient les fondations de leur temple construit au Ve siècle av. J.-C. et qui ne subsista que 200 ans avant d'être détruit par les Maccabées en 128 av. J.-C.

Plus loin se trouve le rocher sur lequel Abraham se serait apprêté à sacrifier son fils Isaac, et des dizaines de bâtiments reliés entre eux par des passages en bois. Les vestiges d'une église remontant à 475 ont également été découverts. Possibilité de louer des jumelles (10 NIS).

Le mont Gazirim est à 10 minutes en taxi du centre de Naplouse. Comptez 50 à 70 NIS, attente incluse.

Si vous venez en voiture depuis Ramallah, tournez à gauche à l'embranchement de Tapuah pour éviter Naplouse ; le site est bien indiqué. Les chauffeurs devant rester au *checkpoint* militaire à l'extérieur du village, il faut les payer d'avance pour qu'ils vous attendent.

Musée des Samaritains
MUSÉE
(Mont Gazirim ; ☎ 02-237-0249 ; 15 NIS ; ☉ 9h-15h dim-ven). Aujourd'hui considérés comme juifs par l'État d'Israël, les Samaritains ne l'étaient pas au temps de Jésus. Contrairement aux juifs, en effet, ils ne reconnaissent que les cinq premiers livres de l'Ancien Testament, et leur lieu de culte le plus sacré est le mont Gazirim, pas le temple de Jérusalem.

Apprenez-en davantage sur cette communauté réduite à quelques centaines de personnes dans cet excellent musée, où un guide anglophone vous montrera une vidéo et répondra à toutes vos questions.

Sebastia
RUINES
GRATUIT Sebastia est un ensemble de ruines au-dessus du village du même nom, réputé être le plus ancien de Cisjordanie.

Colonie importante aux époques hellénistique et romaine, elle a abrité, selon les chrétiens et les musulmans, la sépulture de saint Jean Baptiste. Perché sur une colline offrant une vue panoramique sur la Cisjordanie, le site comprend des vestiges romains dont un amphithéâtre qui pouvait accueillir 7 000 personnes, et les restes d'une église byzantine, construite au-dessus de la tombe de Jean Baptiste.

Celle-ci fut profanée au milieu du IVe siècle et ses os en partie brûlés. Les restes furent emportés à Jérusalem puis à Alexandrie, en Égypte, où ils furent enterrés dans un monastère copte. Une mosquée, dans le village, renferme un **mausolée** en l'honneur de saint Jean Baptiste et un petit **musée** (☉ 8h-15h dim-jeu).

Sous contrôle d'Israël, qui néglige le site, et revendiqué par les Palestiniens, qui n'ont pas les moyens de l'entretenir et le fouiller, Sebastia est totalement négligée. Son importance archéologique est pourtant majeure, et les passionnés ne manqueront pas cette étape. Pour les autres, c'est un endroit parfait pour se promener dans les oliveraies et profiter d'une vue sensationnelle

Sebastia est à 11 km au nord-ouest de Naplouse ; un taxi, qu'il faut attendre, coûte autour de 150 NIS. Sinon, prenez un taxi collectif à Naplouse.

🏃 Activités

♥ Hammam Al Shifa
HAMMAM
(Al Nasar St ; 35 NIS ; ☉ hommes 9h-22h, femmes 8h-17h dim et jeu uniquement). Confiez vos objets de valeur avant de vous enrouler d'une serviette. Le hammam comporte une pièce chaude (une plate-forme surélevée sur laquelle s'allonger), un sauna et une étuve. Massages déconseillés aux âmes sensibles. Ce hammam peut être difficile à trouver, mais les gens du coin vous indiqueront le chemin. Fondé au XIIIe siècle, c'est l'un des plus anciens de Naplouse. Principalement réservé aux hommes, il est ouvert deux fois par semaine aux femmes.

🛏 Où se loger

♥ Khan Al Wakalah
HÔTEL $$
(☎ 09-237-7779 ; www.kawhotel.com ; s/d 180/250 NIS, d sans clim 100 NIS). Installé dans ce qui fut l'un des plus importants caravansérails de Naplouse, étape incontournable pour les voyageurs entre Damas et Jérusalem, cet hôtel propose 24 chambres disposées autour d'une cour ombragée. Grands lits confortables et pierres apparentes les caractérisent. La restauration du Khan Al Wakalah, subventionnée à hauteur de 2,5 millions d'euros par l'Union européenne, s'est achevée en 2008, après la destruction du bâtiment pendant la seconde Intifada. L'endroit a été utilisé comme salle

de spectacles jusqu'à l'ouverture de l'hôtel en 2017. La seule chambre simple de l'hôtel, au 2ᵉ étage, est l'une des plus belles.

Al Yasmeen Hotel   HÔTEL $$

(☎09-233-3555 ; www.alyasmeen.com ; s/d/tr 60/75/90 US$; @☎). Son emplacement au cœur de la vieille ville fait de l'Al Yasmeen le favori des touristes. Si de nombreuses chambres ont désespérément besoin d'être rénovées (demandez à en voir quelques-unes avant d'arrêter votre choix), elles sont propres, tranquilles et abordables.

✘ Où se restaurer

Outre les confiseries vendant des loukoums, du *halva* (barre de sésame aux fruits et aux noix) et des pâtisseries sirupeuses, Naplouse possède quantité de cafés à narguilé. Enfin, impossible de visiter Naplouse sans goûter au *kenafeh,* dessert palestinien renommé dans tout le Moyen-Orient.

♥ Al Aqsa   ARABE $

(Vieille ville ; kenafeh 6 NIS ; ⊙13h-19h30 sam-jeu). Une minuscule échoppe, à côté de la mosquée Al Kebir dans la Casbah, qui fait l'unanimité pour son *kenafeh*. Chaque jour, on coupe des portions de cette pâtisserie sur de grands plateaux ronds. Comme les gens du coin, consommez votre part dans la rue.

Al Aqqad   ARABE $

(Hitten St ; plats 10-30 NIS ; ⊙8h-tard sam-jeu). Restaurant typique de Naplouse, avec sciure sur le sol, non loin de la porte principale de la vieille ville. Le personnel parle peu anglais mais sera ravi de vous servir des délicieux *shawarma* garnis de poulet ou d'agneau, pickles et d'un piment explosif.

Zeit ou Zaatar   ARABE $$

(www.alyasmeen.com ; plats 35-70 NIS ; ⊙12h-22h). Le restaurant de l'Al Yasmeen Hotel se distingue par son excellente offre de plats levantins et palestiniens à base de produits bio et locaux, comme le *mansaf* (agneau cuit sur du riz). Il compte parmi les rares ouverts le vendredi. Attention, les portions sont énormes.

❶ Renseignements

Good Samaritan Center (⊙9h-16h dim-ven). Renseignements sur le mont Garizim.

❶ Depuis/vers Naplouse

Il n'existe pas de bus direct pour Naplouse au départ de Jérusalem. Le mieux pour rejoindre la ville consiste à venir de Ramallah, d'où des bus partent de la gare routière centrale toute la journée. En taxi depuis le *checkpoint* de Qalandia, comptez environ 100 NIS. Une **station de taxis collectifs** est située au nord de Martyrs Sq, d'où ils partent pour Ramallah et Jénine.

Pour vous rendre aux ruines samaritaines, prenez un taxi depuis le centre-ville. Il vous coûtera entre 50 et 70 NIS, temps d'attente inclus, mais vous devrez négocier.

Jénine   جنين   ג'נין

☎04 / 40 000 HABITANTS

Jénine ne possède pas de sites historiques comme Naplouse et Bethléem, elle ne jouit pas d'une vie nocturne festive comme Ramallah, elle n'est pas animée d'une ferveur religieuse comme Hébron et Jérusalem, mais à qui s'aventurera aussi loin dans le nord, elle révélera son authenticité et un caractère bien trempé.

Difficile pourtant de se remettre de la "bataille de Jénine" en 2002, durant la seconde Intifada, quand l'armée israélienne a investi le camp de réfugiés de la ville dans l'un des affrontements les plus violents qu'ait connu la région. Symbole de la renaissance de la ville, son cinéma a rouvert ses portes en 2010 grâce à un financement allemand, mais, alors qu'il peinait à rester à flot, il a été récemment détruit.

Toutefois, que vous vous perdiez une heure durant dans les allées de son souk bondé, que vous partiez à la recherche de son Freedom Theatre (théâtre de la Liberté) mondialement connu, ou que vous passiez une nuit ou deux chez un producteur d'huile d'olive dans l'un des villages alentour, Jénine vous donnera le sentiment d'être totalement à l'écart des sentiers battus.

◉ À voir

En face de la **Grande Mosquée de Jénine (Masjid Jenin Al Kabir)**, un dense lacis de ruelles forme la **vieille ville**, largement investie aujourd'hui par des fabricants de meubles, des barbiers et des ouvriers. À deux pâtés de maisons au sud de la mosquée, la rue du Roi Talal (King Talal St) conduit à la place de Jérusalem (Jerusalem Sq), à la gare routière principale et à la **Cinema Guesthouse** (p. 303). Au nord de cette rue, le souk bourdonne littéralement d'activité.

Le village chrétien de **Burqi'in** – où admirer l'une des plus anciennes églises du monde – est à 20 minutes en voiture de la ville. Les taxis collectifs stationnent à proximité de la Cinema Guesthouse.

♥ **Freedom Theatre**   THÉÂTRE
(✆ 04-250-3345 ; www.thefreedomtheatre.org ; ⊘ 9h-17h). GRATUIT Installé dans le camp de réfugiés de Jénine, le "théâtre de la Liberté" a persévéré malgré les épreuves, à commencer par l'assassinat en 2011 de son fondateur par des hommes cagoulés. Les cinéastes, acteurs et metteurs en scène palestiniens qui ont pris part à l'entreprise ont également vu leur liberté de mouvement sévèrement réduite par les autorités israéliennes. Malgré tout, le théâtre accueille régulièrement des spectacles, et les visiteurs sont toujours reçus avec chaleur. Envoyez un e-mail pour prévenir de votre visite.

En plus des spectacles annoncés sur le site Internet, le théâtre propose des expositions de photographie ainsi que des ateliers de réalisation. Des projets – dans le cadre desquels des bénévoles sont bienvenus – sont en cours pour lancer une école de théâtre pour les enfants palestiniens en 2018.

Le Freedom Theatre, fanal de la vie culturelle et militante de Jénine depuis la destruction de son cinéma, est à 25 minutes à pied au sud de Jerusalem Sq.

Église grecque orthodoxe Saint-Georges   ÉGLISE
(Burqi'in ; ⊘ 8h-18h, fermé 13h-15h dim). GRATUIT À la sortie de Burqi'in, cette église a été construite autour de la citerne abritant dix lépreux qui auraient été guéris par Jésus. Datant des IVe-Ve siècles, elle serait l'une des plus anciennes églises au monde.

Les taxis collectifs (3 NIS) vous y emmènent depuis une station située à 300 m à l'ouest de Masjid Jenin, près de la Cinema Guesthouse.

De la cour, plusieurs puits permettent d'accéder à une grotte située sous l'église, où les chrétiens persécutés se seraient réfugiés pour échapper aux Romains. Demandez à un employé de déverrouiller l'une des grilles, descendez par l'échelle et jetez un coup d'œil.

Canaan Fair Trade   FABRIQUE
(✆ 04-243 1991 ; www.canaanfairtrade.com ; ⊘ 8h-17h dim-jeu). ✎ Installée environ 2 km après Buqi'in, cette fabrique d'huile d'olive pratique le commerce équitable vis-à-vis des agriculteurs qui la fournissent. Elle peut par ailleurs vous mettre en rapport avec eux pour loger chez l'habitant. La visite inclut

une dégustation. Le 1er vendredi du mois de novembre est un moment idéal pour la visite car la fabrique accueille alors sa fête annuelle de la cueillette. Il est préférable d'appeler ou d'envoyer un e-mail pour les avertir de votre venue, surtout pour un séjour chez l'habitant.

🍽 Où se loger et se restaurer

♥ **Cinema Guesthouse**   PENSION $
(✆ 059 931 7968 ; www.cinemajenin.org ; 1 Azzaytoon St ; dort/s/d 75/125/250 NIS ; @ 🖥 📞). Un point de chute tranquille, dans le centre chaotique de Jénine, en face de la gare routière. Cette pension est idéale pour rencontrer d'autres voyageurs et se reposer un jour ou deux. Elle comporte trois dortoirs spacieux, quelques petites chambres individuelles et une cuisine commune agréable. Petit-déjeuner en sus (10 NIS). Le gérant parle anglais et connaît bien la région.

Awtar   INTERNATIONAL, MOYEN-ORIENTAL $
(Cinema Circle ; plats 20-60 NIS ; ⊘ 8h-minuit). Cap sur le toit-terrasse de ce restaurant, afin de vous régaler de mets arabes ou occidentaux, sous les étoiles. Même par les fraîches soirées, la terrasse est bondée de groupes venus prendre un verre, manger ou bavarder. Au rez-de-chaussée, les baies vitrées du restaurant (spécialités locales, pizzas, hamburgers, salades...) donnent sur la rue.

❶ Renseignements

Ne vous laissez pas rebuter par la tour assez délabrée qui abrite l'**office du tourisme de Jénine** (Jenin Visitor Center ; ⊘ 10h-14h sam-jeu), inauguré en 2013 grâce au financement du gouvernement espagnol. On y trouve plusieurs salles intéressantes, comportant entre autres une frise chronologique de l'histoire de Jénine de 7000 av. J.-C. à 2002, des expositions photographiques par écrans tactiles et des exemplaires d'objets artisanaux. Le personnel, anglophone, vous prodiguera d'utiles conseils sur les activités à Jénine et dans ses environs.

❶ Depuis/vers Jénine

Des bus circulent fréquemment entre Naplouse et Jénine (15 NIS) et entre Jénine et le *checkpoint* nord de Jalameh (4-5 NIS) pour les voyageurs à destination d'Afula, de Haïfa ou de Nazareth.

Rappelez-vous que contrairement à d'autres *checkpoints* de Cisjordanie, ouverts 24h/24, celui de Jalameh est ouvert seulement de 8h à 19h. Attendez-vous à une longue attente et une sécurité renforcée quand vous quittez la Cisjordanie en voiture, notamment le week-end.

La bande de Gaza

قطاع غزة

הזע תעוצר

En quelques chiffres

➡ Population totale : 1,81 million

➡ Nombre estimé de réfugiés : 1,1 million

➡ Superficie totale : 360 km²

➡ Âge moyen : 18 ans

➡ Chômeurs : 41%

Aperçu historique

➡ 1516-1917 : Empire ottoman

➡ 1917-1948 : Mandat britannique

➡ 1948-1967 : Occupation égyptienne

➡ 1967-2005 : Occupation israélienne

➡ 2006 : Opération Pluies d'été

➡ Depuis 2007 : Sous contrôle du Hamas

➡ 2009 : Opération Plomb durci

➡ 2014 : Opération Bordure protectrice

Introduction

Gaza est fermée aux touristes depuis la prise de contrôle du territoire en juin 2007 par le Hamas, parti islamiste, suite à des affrontements avec le Fatah rival. En réponse, Israël a isolé la population en interdisant l'accès à la bande de Gaza par voie terrestre, maritime et aérienne. Même s'il était permis aux touristes d'entrer dans la zone, un tel voyage serait formellement déconseillé : le Hamas et Israël sont entrés en guerre trois fois entre 2006 et 2014 et la bande de Gaza reste un endroit très instable et dangereux. Ainsi, le 30 mars 2018 et les semaines suivantes, des manifestations palestiniennes à la frontière ont entraîné l'intervention de l'armée israélienne. La violence des affrontements a atteint un niveau sans précédent depuis 2014, avec près de 60 Palestiniens tués durant la seule journée du 14 mai.

Avec seulement 45 km de long et quelque 10 km de large, Gaza est l'une des régions du monde les plus densément peuplées. Le taux d'alphabétisation y dépasse les 97% (www.pcbs.gov.ps) et les eaux qui bordent la bande de Gaza recèlent des réserves inexploitées de gaz naturel. Ses sites historiques sont vieux de 3 000 ans, et son littoral figure parmi les plus beaux de la Méditerranée. Pourtant, malgré les centaines de millions de dollars d'aide humanitaire, elle reste pauvre : des milliers de personnes vivent dans des camps de réfugiés délabrés ou des bâtiments bombardés.

Reclus sur leur bout de terre, entourés de murs israéliens fortifiés et d'une frontière fermée avec l'Égypte au sud, les Gazaouis ordinaires ne peuvent rien faire d'autre qu'attendre, dans l'espoir que dirigeants, ennemis et alliés étrangers trouvent enfin une issue à cette impasse.

À lire

➡ *Histoire de Gaza,* Jean-Pierre Filiu (2012)

➡ *Gaza 1956, en marge de l'histoire,* Joe Sacco (2010)

➡ *Gaza, au carrefour de l'histoire,* Gerald Butt (2011)

Histoire

Commerce et conquérants

Habitée dès l'âge du bronze, Gaza servait de centre de commerce aux Égyptiens de l'Antiquité – une inscription sur le temple d'Amon à Karnak, en Égypte, datant de 1500 av. J.-C., mentionne la prospérité de Gaza à cette époque. Avant l'arrivée d'Alexandre le Grand en 332 av. J.-C., la terre passa aux mains des Philistins, des Israélites (sous les rois David et Salomon), des Assyriens et des Perses. En 63 av. J.-C., Gaza devint une partie de la province romaine de Judée (nommée ensuite Syrie-Palestine) et fut gouvernée par un sénat de 500 hommes. À la fin du IVe siècle, l'évêque Porphyre obligea les Gazaouis à se convertir au christianisme et fit incendier le temple païen de Marna pour le remplacer par une église.

L'islam fit son entrée en 635, et les églises furent alors transformées en mosquées – un processus brièvement inversé en 1100 par les croisés, qui construisirent une cathédrale, dont une partie est désormais intégrée à la Grande Mosquée de Gaza.

Au XIVe siècle, Gaza tomba sous la domination des Mamelouks, mais une épidémie de peste frappa la population dans les années 1340, la décimant notablement. L'Empire ottoman régna de 1516 jusqu'à l'arrivée des Britanniques en 1917.

Durant la Première Guerre mondiale, l'aviation britannique, menée par le général Edmund Allenby, bombarda Gaza lors de combats visant à reprendre la Palestine aux Turcs, réduisant une grande partie de la ville en ruine. En 1927, un violent séisme détruisit une grande partie des bâtiments toujours en place.

Gaza sous occupation égyptienne, puis israélienne

Gaza fut placée sous mandat britannique jusqu'à la création de l'État d'Israël en 1948, date à laquelle les Palestiniens se réfugièrent en masse dans la région. Leur arrivée fit passer la population de 35 000 à 170 000 habitants en quelques mois. Réagissant à la déclaration d'indépendance d'Israël, l'Égypte occupa Gaza. Les projets de logement se développèrent sous l'occupation égyptienne, mais après la fermeture du détroit de Tiran par le président Nasser en 1967, la guerre des Six Jours éclata et Israël prit le contrôle de Gaza.

Les colons israéliens arrivèrent dans les années 1970 et les tensions croissantes donnèrent naissance à l'activisme palestinien et à des émeutes. L'organisation islamique radicale du Hamas fut formée en 1987 et la première Intifada ("soulèvement" en arabe), qui dura de 1987 à 1993, débuta à Gaza avec des jets de pierres, d'où son nom de "guerre

DANGERS DANS LA BANDE DE GAZA

Gaza est une zone inaccessible, sauf pour une minuscule poignée de journalistes et de travailleurs humanitaires. Les gouvernements de la plupart des pays déconseillent formellement tout voyage dans la région.

Israël et le Hamas – ou, souvent, les militants les plus extrémistes de Gaza – violent fréquemment les accords de cessez-le-feu, le premier en perpétrant des assassinats ciblés de chefs militants, le second en procédant à des tirs de roquettes qui entraînent en représailles des frappes aériennes israéliennes.

Des journalistes et des travailleurs humanitaires étrangers ont été tués alors qu'ils travaillaient à Gaza, notamment par le passé un activiste italien kidnappé et assassiné par un groupe islamiste en 2011, et un cameraman d'Associated Press mort dans l'explosion de matériel militaire israélien alors qu'il réalisait un reportage sur les conséquences de la guerre de 2014.

Les autorités israéliennes ont annoncé qu'elles empêcheraient toute rupture du blocus maritime, il est donc fortement déconseillé de participer à une flottille de protestation. En 2010, un raid israélien visant un bateau de protestation turc qui cherchait à débarquer à Gaza a fait 9 morts. Le 10e activiste est décédé à l'hôpital 4 ans plus tard après un coma prolongé.

Les journalistes et travailleurs humanitaires étrangers qui veulent entrer dans Gaza doivent non seulement obtenir la permission d'Israël, mais aussi celle du Hamas, qui contrôlent les entrées et les sorties des reporters de part et d'autre du *checkpoint* d'Erez. Du fait de l'instabilité dans le Sinaï, le poste-frontière de Rafah n'a été qu'exceptionnellement ouvert depuis octobre 2014.

UN AUTRE VISAGE

Il n'y a pas la même ambiance à Gaza qu'ailleurs dans les Territoires palestiniens. Les rues embouteillées et l'atmosphère générale de chaos évoquent davantage Le Caire que Ramallah. Même en temps de paix, la bande de Gaza reste un endroit très fortement politisé. Il n'est pas rare de voir des militants armés participer à des rassemblements pro-Hamas, et, dans l'une des grandes artères de la ville de Gaza, un monument a été érigé "en souvenir" de la première roquette tirée sur Tel-Aviv par le Hamas en 2012. De nombreuses maisons sont criblées d'éclats d'obus et d'impacts de balles, et les affiches à l'effigie des "martyrs" tués lors des combats contre Israël sont omniprésentes.

La plupart des Gazaouis sont très jeunes : plus de 43% ont moins de 14 ans, et l'âge moyen de la population dans son ensemble est de 18 ans (contre 40 ans dans la plupart des pays européens). Il est souvent rapporté que cette jeunesse participe aux tristement célèbres "camps d'été du Hamas" (où de très jeunes enfants posent avec des armes et suivent des entraînements militaires). Pourtant, la plupart des jeunes Gazaouis se rêvent en entrepreneurs, en hommes d'affaires ou en journalistes plutôt qu'en activistes.

Passionnée de football, la bande de Gaza compte quelque 30 clubs. En bord de plage, d'innombrables bars à narghilé retransmettent les matchs européens jusque tard dans la nuit. À l'instar de bien d'autres nations arabes, et d'Israël, les habitants sont des supporters purs et durs du Real Madrid ou du FC Barcelone. Quand les deux équipes s'affrontent, l'ambiance est électrique.

C'est à la plage que Gaza s'anime vraiment en temps de paix. Le soir, les mères en longues robes noires baignent leurs jeunes enfants dans l'eau, les familles se rassemblent sous des tentes, et les enfants jouent dans les vagues. À ces moments-là, les Gazaouis entraperçoivent ce que pouvait être la vie avant la guerre, la haine et la violence, et ce qu'elle sera de nouveau un jour.

des pierres". Une brève accalmie suivit les accords de paix d'Oslo et, en 1994, l'Autorité palestinienne prit le contrôle administratif de Gaza. Les négociations concernant le transfert du contrôle permanent à l'Autorité palestinienne échouèrent et la seconde Intifada éclata en septembre 2000, entraînant une série d'attentats-suicides par le Hamas et des raids de l'armée de l'air israélienne.

Sous la pression internationale et pour tenter d'accroître la sécurité intérieure d'Israël, le Premier ministre Ariel Sharon ordonna le retrait de la bande de Gaza. Les 21 colonies israéliennes et leurs 8 000 habitants furent évacués en août 2005.

Prise de pouvoir par le Hamas et montée des tensions

Une âpre lutte de pouvoir éclata dans les rangs palestiniens, menant à la victoire du Hamas aux élections législatives de janvier 2006. Cette victoire conduisit à la suspension du versement des taxes par Israël – taxes et droits de douanes sur les marchandises destinées aux Palestiniens transitant par Israël – à l'Autorité palestinienne et d'une grande partie de l'aide internationale (de nombreux pays considérant le Hamas comme une organisation terroriste).

En juin 2006, Gilad Shalit, un soldat de l'armée israélienne, fut enlevé à la frontière entre la bande de Gaza et Israël. Dans les jours qui suivirent, Israël lança l'"Opération Pluies d'été", une série de raids qui causa la mort de quelque 280 militants et plus de 100 civils côté palestinien. En janvier 2007, de violents affrontements éclatèrent dans les rangs palestiniens entre les partis rivaux Hamas et Fatah, avec leur lot d'assassinats ciblés et de pertes civiles. En juin 2007, le Hamas infligea une sévère défaite au Fatah et prit par la force le contrôle total de la bande de Gaza.

Parallèlement, entre 2005 et 2008, des milliers de roquettes Kassam et Grad et d'obus de mortiers furent lancés depuis la bande de Gaza vers le sud d'Israël, dont 87 roquettes pour la seule journée du 24 décembre 2008. En représailles, Israël lança l'"Opération Plomb durci" par les airs puis au sol. La guerre de Gaza provoqua la mort de plus de 1 400 Palestiniens, et des milliers de personnes perdirent leur foyer. Du côté israélien, on déplora la perte de 10 soldats et de 3 civils. De nombreuses ONG déclarèrent Gaza en état de crise humanitaire et, après trois semaines de combats, Israël décréta un cessez-le-feu.

Conflits récents

En 2011, le soldat israélien Gilad Shalit fut relâché par le Hamas, après plus de 5 ans de captivité, en échange de 1 027 prisonniers palestiniens. Cette négociation fut un succès pour le Hamas, alors de plus en plus impopulaire à Gaza du fait des difficultés économies permanentes. Le parti islamiste gagna encore en influence en juin 2012 avec l'élection en Égypte de Mohamed Morsi, affilié aux Frères musulmans. Avec le déferlement de denrées par les tunnels reliant le Sinaï à la bande de Gaza, cette dernière connut une brève croissance économique.

Le 10 novembre 2012, un obus de mortier tiré depuis Gaza atteignit une jeep militaire israélienne, blessant quatre soldats. La frappe aérienne israélienne effectuée en représailles tua quatre adolescents palestiniens qui jouaient au football. Leur mort entraîna le tir de dizaines de roquettes depuis Gaza qui, à leur tour, provoquèrent l'assassinat par Israël d'Ahmed Jaabari, un chef militaire du Hamas. Au moment où l'Égypte fut en mesure de négocier un cessez-le-feu le 21 novembre, on dénombrait plus d'une centaine de morts et près de 1 000 blessés parmi les Gazaouis.

La reconstruction des infrastructures détruites de Gaza fut plus aisée qu'en 2009, grâce aux alliés égyptiens du Hamas, et à l'importante aide financière du Qatar. Cependant, le coup d'État qui renversa Mohamed Morsi et porta au pouvoir les militaires égyptiens au Caire en juillet 2013 fut un cuisant revers pour le Hamas. Les tunnels d'acheminement furent progressivement démantelés, et le poste-frontière de Rafah de nouveau fermé. Au fil des mois, la popularité du Hamas à Gaza déclina à nouveau.

Début 2014, le Hamas à Gaza et le Fatah en Cisjordanie, ayant échoué à améliorer la vie des Palestiniens dans les deux territoires, firent face à la colère grandissante de la population. Les deux partis signèrent alors un traité de réconciliation pour mettre un terme à leur désaccord de sept années. Si ce traité fut bien accueilli par la communauté internationale, il fut en revanche rejeté par le Premier ministre israélien Benyamin Netanyahou, qui accusa Mahmoud Abbas, président de l'Autorité palestinienne, de privilégier le Hamas au détriment de la paix avec Israël.

À la fin avril, les négociations entre Israël et l'Autorité palestinienne – déjà vouées à l'échec depuis un certain temps – furent finalement rompues. Les relations entre Israéliens et Palestiniens se trouvaient à leur niveau le plus critique depuis la seconde Intifada (2001-2005). En juin 2014, l'assassinat de trois adolescents d'une colonie juive de Cisjordanie, suivi de l'arrestation

LA RECONSTRUCTION EN QUESTION

Lors d'un sommet organisé au Caire en octobre 2014, les donateurs internationaux ont promis 5,4 milliards de dollars pour financer la reconstruction de Gaza. L'UNRWA, l'agence des Nations unies dédiée aux réfugiés palestiniens créée en 1949 et distincte du Haut Conseil aux Réfugiés des Nations unies (UNHCR), a de son côté lancé un appel aux dons d'un montant de 1,6 milliard de dollars (les fonds les plus importants que l'on ait jamais songé à rassembler), au motif qu'il manquait déjà 75 000 foyers à Gaza avant la guerre, et que l'alimentation en eau et en électricité, ainsi que le système d'évacuation des eaux usées y étaient cruellement défaillants.

Malgré les promesses de dons, le processus de reconstruction apparaît aussi long qu'incertain. L'UNRWA, malgré un budget annuel avoisinant le milliard de dollars, déplore régulièrement son manque de moyens et le non-respect des promesses de dons. En mai 2015, le FMI indiquait que la reconstruction de la bande de Gaza avançait avec lenteur. Seuls 30% des dons avaient été effectivement versés. En 2018, les États-Unis, premiers contributeurs, ont annoncé la baisse de leur participation au budget de l'UNRWA, tant que celle-ci n'aura pas engagé les réformes indispensables à son fonctionnement et à sa transparence.

En outre, depuis la prise de pouvoir par le Hamas en 2007, Israël a restreint l'importation de matériaux de construction dans Gaza, affirmant qu'ils servent à construire des tunnels et des dépôts d'armes. La reconstruction nécessite aussi une coopération renouvelée entre le Hamas et le Fatah, qui contrôle l'Autorité palestinienne.

Enfin, l'amélioration des relations avec l'Égypte est cruciale pour permettre l'importation de matériaux via la frontière avec Gaza.

en Cisjordanie de 400 sympathisants ou membres du Hamas, mit le feu aux poudres et la guerre éclata entre Israël et le Hamas. Le Hamas et le Djihad islamique attaquèrent le territoire israélien par des tirs de roquette, ciblant plusieurs grandes villes. En réponse, Israël lança l'"Opération Bordure protectrice" le 8 juillet 2014. Au cours des 50 jours qui suivirent, 73 Israéliens et plus de 2 100 Palestiniens (dont 1 500 civils) furent tués, des milliers de gens se retrouvèrent sans toit et les quelques infrastructures que Gaza avait pu reconstruire furent sévèrement endommagées par les frappes aériennes israéliennes.

L'ampleur des tirs de roquette surprit la communauté internationale, mais la disproportion de la réponse israélienne et le nombre de victimes civiles palestiniennes furent condamnés. Des milliers de manifestants se rassemblèrent en Europe, aux États-Unis et même en Israël, où les habitants de Tel-Aviv, Jérusalem et Haïfa descendirent dans la rue pour protester contre l'action du gouvernement.

En 2017, le Hamas a nommé Yahya Sinwar, partisan d'une ligne dure, pour remplacer Ismaïl Haniyeh, Premier ministre de Gaza depuis sa prise de pouvoir en 2007. Proche collaborateur du cheikh Yassine – fondateur et dirigeant spirituel du Hamas –, il a été impliqué dans une série de meurtre de Palestiniens a été condamné en 1989 à 30 ans de prison, pour être libéré en 2011 lors de l'échange de prisonniers pour le soldat israélien Gilad Shalit.

Sinwar, qui rejette les négociations avec les Israéliens, est l'ancien chef de la branche armée du Hamas, les brigades al-Qassam. Sa nomination fait craindre un nouveau conflit avec Israël.

Le Hamas se voit également de plus en plus mis au défi par des groupes plus radicaux de Gaza, inspirés par l'État islamique, dont un allié de poids est implanté au Sinaï, au sud.

Gaza aujourd'hui

Au cours des dix dernières années, la vie à Gaza n'a cessé de se dégrader. Après la guerre avec Israël en 2014, les Nations unies estimaient que 100 000 Gazaouis avaient perdu leur domicile, les bombes israéliennes ayant ravagé des quartiers entiers comme Beit Lahia et Shejaiya dans la ville de Gaza.

La guerre de 2014 fut un tournant décisif pour Gaza et Israël. Mêmes les observateurs chevronnés du conflit furent choqués de la férocité de l'attaque menée par le Hamas et d'autres militants palestiniens ainsi que de la portée des roquettes lancées contre des villes israéliennes aussi éloignées que Netanya et Jérusalem.

À la fin du conflit, on dénombrait 2 100 Palestiniens et 73 Israéliens tués. Lors des pourparlers de paix au Caire, le Hamas demanda la fin du blocus et la permission de construire un port et un aéroport, mais trois ans plus tard, il n'avait obtenu qu'une modeste extension de la zone de pêche au large de la côte – une extension jugée très cher payée par de nombreux Palestiniens.

Après la guerre, Israël accusa le Hamas d'utiliser le béton destiné à la reconstruction des infrastructures pour bâtir des tunnels sous la frontière pour permettre divers trafics de contrebande et dans le but d'attaquer des villes israéliennes. Pendant ce temps, le Hamas fit face, dans la bande de Gaza, à un mouvement djihadiste de plus en plus influent et violent.

Exclu par le Fatah et les autorités palestiniennes, isolé du reste du monde et perdant le soutien des modérés comme des radicaux, le Hamas – et les 1,8 million de Gazaouis qu'il gouverne – semble dans une impasse depuis la guerre de 2014. Au vu de la situation, un nouveau conflit avec Israël n'est pas seulement probable, il paraît inévitable.

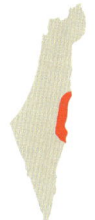

La mer Morte
البحر الميت   ים המלח

Le top des hébergements

➡ Shkedi's Camplodge (p. 326)

➡ Hôtel du Kibboutz d'Ein Gedi (p. 309)

➡ Hod HaMidbar (p. 323)

Les plus belles randonnées en famille

➡ Wadi David (p. 314)

➡ Wadi Arugot (p. 314)

➡ Wadi Bokek (p. 323)

Pourquoi y aller

Le point le plus bas du globe (428 m sous le niveau de la mer) ajoute à ses splendeurs naturelles des vestiges archéologiques fascinants. Le désert de Judée, avec ses escarpements rocheux et ses gorges arides, sert de cadre aux eaux bleu cobalt de la mer Morte, qu'entourent des établissements thermaux aux petits soins pour leur clientèle. Au cœur de la réserve naturelle d'Ein Gedi, les randonneurs se réjouiront de la fraîcheur des bassins d'eau douce et de la végétation luxuriante, qui évoquent le jardin d'Éden.

Sur les hauteurs s'étend le paysage lunaire et aride du désert de Judée. Dans la vallée, les humains œuvrant depuis des millénaires ont bâti Massada et Qumran (où l'on a retrouvé les manuscrits de la mer Morte), puis fait naître plus récemment kibboutz, hôtels de luxe, sentiers de randonnée, pistes cyclables et même un jardin botanique de renommée mondiale.

Quand partir
Ein Gedi

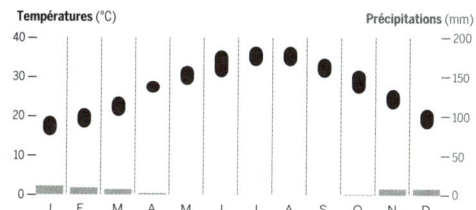

Nov-avr Temps chaud. Les grosses averses provoquent des crues subites dans les oueds du désert de Judée.

Juil à mi-sept Une véritable fournaise, avec une température record de 49,2°C. Partez à l'aube pour randonner.

Fin mars-avr et sept-oct La Pâque juive et Soukkot : les touristes israéliens prennent la région d'assaut.

À ne pas manquer

1 Les eaux salées de la mer Morte et leurs effets bénéfiques à la plage d'**Ein Bokek** (p. 322).

2 L'ascension du **sentier du Serpent** (p. 320) avant l'aube pour voir le soleil se lever sur les ruines de Massada.

3 Les bassins rafraîchissants alimentés par des cascades de la **réserve naturelle d'Ein Gedi** (p. 313).

4 Le récit du siège héroïque de la forteresse au **musée de Massada** (p. 320).

5 Une randonnée à vélo dans les vastes oueds du désert de Judée, autour de **Neot HaKikar** (p. 325).

6 Les ruines d'un village essénien dans le **parc national de Qumran** (p. 318) où furent découverts les manuscrits de la mer Morte.

7 Une soirée autour d'un feu de camp au **Shkedi's Camplodge** (p. 326).

8 Les soins dispensés par les spas des hôtels d'**Ein Bokek** (p. 323).

Histoire

Dès le IVᵉ siècle av. J.-C., la mer Morte était reconnue pour ses bienfaits thérapeutiques, loués par Aristote, Pline et Galien. Les Nabatéens collectaient le bitume à la surface de l'eau pour le vendre aux Égyptiens, qui l'utilisaient pour embaumer leurs morts.

Pendant la majeure partie de son histoire, la mer Morte – que se partagent aujourd'hui Israël, la Cisjordanie et la Jordanie – fut considérée comme un lieu malsain ; la tradition populaire prétendait qu'aucun oiseau ne pouvait la survoler sans mourir. La région devint donc un lieu de retraite privilégié pour les ascètes religieux et les personnages politiques en fuite : le futur roi David, le roi Hérode, Jésus et Jean-Baptiste auraient tous trouvé refuge sur ses rives ou dans les montagnes et les grottes environnantes.

La "mer du Diable", comme on la surnommait, resta longtemps isolée et ne fut explorée qu'en 1848 par la marine américaine. En 1930, Moshe Novomeysky, un ingénieur né en Sibérie et pionnier du sionisme, fonda la Palestine Potash Company (devenue Dead Sea Works) pour exploiter la potasse de la région. À l'issue de la guerre de 1948, Israël se retrouva avec un quart du rivage de la mer Morte, le reste demeurant en territoire jordanien, mais s'empara en 1967 de la rive nord-ouest.

Géographie

La mer Morte (Yam HaMelach, "la mer salée" en hébreu ; Bahr al-Mayit, "la mer des Morts" en arabe), dont la surface se trouve actuellement 431 m au-dessous du niveau de la mer, est le point le plus bas du globe. Encore reliée à la Méditerranée par la vallée de Jezreel il y a 2 millions d'années, elle fait partie du grand rift (dépression syro-africaine), qui s'étire sur 6 000 km, de la vallée de la Bekaa (Liban) au Mozambique et comprend le lac de Tibériade et la mer Rouge.

Mesurant environ 65 km de long et 18 km dans sa partie la plus large, la mer Morte est principalement alimentée par le Jourdain, mais reçoit aussi l'eau de sources, d'oueds (*wadi*) saisonniers et de crues subites. L'évaporation due à la chaleur compense l'absence de débouché de ce lac fermé, mais contribue à augmenter la concentration en sels minéraux (principalement chlorures de magnésium, de sodium, de calcium et de potassium) dans d'énormes proportions. La salinité de la mer Morte est d'environ 34%, soit dix fois supérieure à celle de l'océan.

Plus de 90% de l'eau du Jourdain étant détournés à des fins agricoles ou autres au Liban, en Syrie, en Israël, en Cisjordanie et en Jordanie, la mer Morte s'assèche de façon alarmante. Ainsi, son niveau baisse chaque année de 1 m à 1,20 m et son rivage recule de plusieurs mètres (jusqu'à 5 m en certains points). Ainsi, des années 1930 à nos jours, sa surface a réduit de plus d'un tiers.

Proposé dans les années 1980, le Med-Dead Project, qui visait à renflouer la mer Morte en la reliant à la Méditerranée tout en tirant partie d'un dénivelé de 400 m pour produire de l'électricité, a été finalement suspendu en raison de son coût élevé. En 2013, Israël, la Jordanie et les autorités palestiniennes ont signé un accord en vue de construire à travers la Jordanie un "canal de la mer Morte" (Red-Dead Canal) destiné à acheminer, sur 180 km de long, jusqu'à la mer Morte le surplus d'eau de mer d'une usine de dessalement d'Aqaba (Jordanie), située à l'extrême nord de la mer Rouge. De nombreux défenseurs de l'environnement comme les Friends of the Earth Middle East (EcoPeace Middle East, www.ecopeaceme.org) s'opposent à ce projet.

Les rives de la mer Morte sont émaillées de sources et d'oasis qui assurent la subsistance de 90 espèces d'oiseaux, 25 espèces de reptiles et d'amphibiens, 24 espèces de mammifères et plus de 400 variétés de plantes, dont certaines à l'extrême limite nord ou sud de leur aire naturelle.

Aujourd'hui, il existe en réalité deux lacs distincts connectés par un chenal creusé par l'homme. Même s'il rétrécit, le bassin septentrional atteint encore jusqu'à 300 m de profondeur. Quant au bassin méridional, une étendue de piscines d'évaporation artificielles, il serait déjà asséché si la Dead Sea Works n'y déversait pas de l'eau. Mais en raison de l'accumulation des dépôts de sel, son niveau monte pourtant. Les lacs sont séparés par une péninsule, HaLashon/Al Lisaan en hébreu/arabe ("la langue"), qui s'avance de la rive est.

Où se restaurer

La plupart des visiteurs de la mer Morte se sustentent là où ils logent. Le choix de restaurants reste essentiellement limité à Ein Bokek. Il en existe aussi un au kibboutz Ein Gedi et un dans le parc national de Qumran. Massada a un espace de restauration. Vous trouverez des magasins d'alimentation au kibboutz Ein Gedi et à Neot HaKikar.

❶ Depuis/vers la mer Morte

BUS

Il est possible, bien qu'un peu compliqué, de découvrir la mer Morte en bus. Afin d'éviter l'attente sous un soleil cuisant, préparez soigneusement votre itinéraire.

Des bus Egged (www.egged.co.il) desservent différents sites le long de la route 90, notamment, du nord au sud : Qumran, la réserve naturelle d'Ein Feshkha, celle d'Ein Gedi, le kibboutz d'Ein Gedi, le spa d'Ein Gedi, Massada, Ein Bokek et Hamei Zohar. Ils ont pour terminus les villes suivantes :

Beer Sheva – bus n°384 (27 NIS, 1 heure 30 pour Ein Bokek, 5/jour dim-jeu, 3 ven).

Eilat – bus n°444 (42,50 NIS, 2 heures 45 pour Ein Bokek, 8/jour dim-jeu, 3/jour ven, 3/jour sam après-midi et soir).

Jérusalem – bus n°s444 et 486 (34 NIS, 1 heure pour Ein Gedi, environ 1/heure 6h30-16h45 dim-jeu, 6h30-14h ven, au moins 1 sam soir)

Tel-Aviv – bus n°421 (48,40 NIS, 2 heures 30 pour Ein Bokek, -3/jour dim-jeu, 1/jour ven).
À Tel-Aviv, départ de la gare ferroviaire centrale (Arlozoroff/Savidor) ; passe par la route 6.

Toutes ces lignes permettent d'emprunter, vers le nord ou le sud, la route 90 comme, par exemple, de Massada à Ein Bokek ou à la réserve naturelle d'Ein Gedi.

Abraham Hostels (abrahamtours.com) organise des excursions d'une journée à la mer Morte (150-280 NIS) depuis Jérusalem et Tel-Aviv.

VOITURE

La rive ouest de la mer Morte est desservie par la route 90, la plus longue nationale d'Israël, qui continue au nord vers la frontière libanaise, au sud vers la frontière égyptienne à Taba. Un barrage routier militaire est installé à 14 km au nord d'Ein Gedi.

Trois nationales est-ouest mènent à la mer Morte :

Route 1 Grâce à cette voie rapide moderne (et à un tronçon de la route 90), Ein Gedi n'est qu'à 75 km de Jérusalem. La route 1 passe par la Cisjordanie où les problèmes de sécurité sont rares. Si vous allez vers Jérusalem, il y a un barrage militaire entre la localité israélienne de Ma'ale Adumim et Jérusalem.

Route 31 Elle relie Arad à la route 90 à quelques kilomètres au sud d'Ein Bokek. Pour rejoindre le flanc ouest de Massada (rampe romaine), prenez la route 3199 depuis Arad.

Route 25 Elle rejoint la pointe sud de la mer Morte, près de Neot HaKikar, via Beer Sheva et Dimona.

Depuis Tel-Aviv, le plus rapide pour rallier Ein Bokek est de prendre la route 6, mais pour Ein Gedi, il est en général un peu plus rapide de passer par Jérusalem.

Les habitants recommandent d'arriver dans la région avec le plein d'essence, car les seules stations-service se trouvent, du nord au sud, à l'embranchement de Lido (à 40 km au nord d'Ein Gedi, près de Jéricho) et aux embranchements de Neve Zohar (8 km au sud d'Ein Bokek) et d'Arava (à 33 km au sud d'Ein Bokek).

La plupart des randonnées étant des boucles, vous retrouvez votre point de départ. Pour celles d'une journée, vous pouvez demander (moyennant finances) qu'on vous dépose et qu'on revienne vous chercher. Adressez-vous par exemple aux B&B de Neot HaKikar.

Seule la compagnie Hertz dispose d'une agence dans la région, à Ein Bokek.

Ein Gedi   عين جدي   עין גדי

Nichée au creux de deux canyons grandioses qui plongent des paysages lunaires arides du désert de Judée vers les rives de la mer Morte, la réserve naturelle d'Ein Gedi est une des oasis les plus enchanteresses d'Israël. Ses bassins d'eau douce, ses ruisseaux, ses cascades et sa végétation luxuriante arrosée toute l'année par quatre sources sont un refuge pour la vie sauvage, comme le bouquetin de Nubie (*ya'el* en hébreu) et le daman des rochers (ou daman du Cap, *shafan sela* en hébreu), que vous avez de fortes chances de rencontrer. Ein Gedi constitue l'environnement le plus septentrional pour nombre de plantes plus communes dans les savanes d'Afrique de l'Est, à des milliers de kilomètres au sud, le long de la vallée du Grand Rift.

Le kibboutz d'Ein Gedi occupe une colline peu élevée à 3 km au sud de la réserve.

Histoire

Le site, dont le nom signifie littéralement la "source du chevreau", fut peuplé dès le chalcolithique (IVe millénaire av. J.-C.), époque à laquelle des tribus à peine sorties de l'âge de la pierre y érigèrent un temple. D'après le premier livre de Samuel (I Samuel, 23-29), David se serait réfugié à Ein Gedi pour fuir la colère de Saül. L'oasis est également mentionnée dans le *Cantique des Cantiques* (I, 14) : "Mon bien-aimé est pour moi une grappe de henné dans les vignes d'Ein Gedi."

◉ À voir et à faire

Lisière orientale du désert de Judée, le plateau qui surplombe la réserve naturelle d'Ein Gedi s'élève à environ 200 m d'altitude, soit 630 m au-dessus de la mer Morte.

Cinq sentiers partant d'Ein Gedi rejoignent le plateau et ses panoramas spectaculaires, loin de la foule.

L'itinéraire le plus ardu (6-8 heures), balisé en noir, relie le Wadi Arugot au Wadi David à travers le plateau, passant par le **point de vue d'Ein Gedi** (Mitzpeh Ein Gedi) et la source d'Ein Gedi. Pour randonneurs très expérimentés.

Les cinq sentiers assez difficiles qui rejoignent le plateau sont, du nord au sud, la **montée de Yishay** (Ma'aleh Yishai) qui grimpe le mont Yishai (départ de l'Ein Gedi Field School), la **montée d'Ein Gedi** (départ de la source d'Ein Gedi, sur le versant entre le Wadi David et le Wadi Arugot), la **montée de Bnei HaMoshavim** (un itinéraire très exigeant qui part du cours supérieur du Wadi Arugot), la **montée de Ha'Isiyyim** (départ près du sommet du Wadi Arugot) et la **montée de Tzruya** (Zeruya ; départ près du kibboutz d'Ein Gedi).

Une carte de randonnée SPNI au 1/50 000, vendue à l'entrée du Wadi Arugot, est indispensable pour cheminer sur ces itinéraires fermés de juin à septembre en raison de la chaleur extrême et du risque de crue subite.

Le personnel de la réserve vous aidera volontiers à organiser votre randonnée ; avant de vous lancer, indiquez-leur votre itinéraire prévu et votre numéro de téléphone.

♥ **Réserve naturelle d'Ein Gedi**   RÉSERVE
(☎ 08-658-4285 ; www.parks.org.il ; ⊘ 8h-16h ou 17h). La réserve réunit deux canyons plus ou moins parallèles, Wadi David et Wadi Arugot, chacun doté de sa propre entrée et de sa billetterie. Les vestiges d'une synagogue antique plusieurs fois remaniée y soulignent une très ancienne présence juive.

La carte-brochure en couleurs remise avec le ticket indique les nombreux sentiers par des codes couleur identiques à ceux du balisage, avec durée du parcours et heure de départ impérative pour être de retour avant la fermeture de la réserve. Les gardes s'assurent en effet que personne ne pénètre avant l'ouverture ou ne reste après la fermeture (les contrevenants encourant 365 NIS d'amende), afin de préserver la tranquillité des animaux du désert, tels que loups, chacals et renards, qui s'alimentent et s'abreuvent (la réserve abrite les seules sources permanentes de la région).

LA MER MORTE EIN GEDI

ⓘ RANDONNER SANS RISQUE

Quelques conseils destinés aux marcheurs pour se garder des dangers inhérents à la géographie et au climat de la mer Morte :

➡ Ne partez pas sans une carte de randonnée topographique SPNI à l'échelle 1/50 000 (87 NIS), pas utile dans Ein Gedi mais indispensable pour monter jusqu'au plateau. Uniquement en hébreu, la n°11 (*Ein Gedi v'Daroma*) couvre Ein Gedi et le sud, la n°8 (*Tzfon Midbar Yehuda v'Yam HaMelach*) Ein Gedi et le nord. On les achètera à l'Ein Gedi Field School (p. 315) ou à l'entrée de la réserve naturelle d'Ein Gedi au Wadi Arugot (p. 314).

➡ Prévoyez d'importantes provisions d'eau – au moins 5 litres par personne et par jour.

➡ Pour pallier la chaleur estivale, débutez la randonnée peu après l'aube (où dès que la réserve naturelle ouvre ses portes). Les jours de chaleur cuisante, les seuls chemins sûrs sont ceux qui longent le Wadi David.

➡ Des crues éclair peuvent transformer les canyons asséchés au-dessus de la mer Morte en torrents déchaînés. En fin d'automne, en hiver et au printemps, surveillez la météo et restez à l'écart des défilés étroits si une forte averse s'annonce dans le désert de Judée.

➡ En hiver, les températures pouvant chuter la nuit de façon vertigineuse, prévoyez une veste isolante pour éviter l'hypothermie au cas où vous seriez bloqué sur place.

➡ N'approchez pas des endroits où des panneaux indiquent la présence de dolines (*bol'anim*), qui peuvent s'ouvrir sous vos pieds et vous engloutir d'un coup .

➡ Ne vous aventurez pas dans les grottes (comme celles du mont Sodome). Elles sont toutes fermées au public, y compris la fameuse grotte de la Farine car, en raison de différents facteurs géologiques comme la forte concentration de sel, elles menacent de s'effondrer soudainement.

Un léopard d'Arabie (*Panthera pardus nimr*) a été aperçu pour la dernière fois en 2006 alors qu'il s'attaquait à des animaux de compagnie du kibboutz d'Ein Gedi. Cette espèce très gravement menacée est désormais considérée comme éteinte en Israël.

Il est interdit de manger, de fumer et d'introduire tout animal de compagnie.

Wadi David
RANDONNÉE

(Nahal David ; réserve naturelle d'Ein Gedi ; adulte/enfant avec synagogue antique 28/14 NIS ; ☺8h-16h ou 17h, dernière entrée 1 heure avant fermeture). Les bassins et cascades les plus accessibles et les plus prisés de la réserve naturelle d'Ein Gedi se trouvent sur le **cours inférieur du Wadi David** (Nahal David Tachton), autrement dit en aval de la **cascade de David** (Mapal David, 1 heure aller-retour).

Dans le pavillon d'accès, vous trouverez des toilettes où l'on peut enfiler son maillot de bain, des casiers gratuits (demandez une clé au personnel) et de l'eau potable fraîche. Le comptoir et la boutique voisine proposent des sandwichs, des glaces, des en-cas et des boissons (expresso compris).

Pour gagner le **cours supérieur du Wadi David** (Nahal David Elyon), beaucoup moins fréquenté, empruntez le sentier qui gravit la paroi sud du canyon. À l'intersection située peu après la minuscule **source de Shulamit** (Ma'ayan Shulamit), tournez à droite et

FESTIVALS ET COURSES

Le cadre désertique spectaculaire de la mer Morte et le climat évidemment sec favorisent les événements en plein air.

Festival de Tamar (☎03-723-0883 ; www.tamarfestival.com ; ☺pendant Soukkot). À Massada et autour, au kibboutz d'Ein Gedi et à Neot HaKikar, quatre jours de musique israélienne fin septembre ou début octobre.

Veredis Desert Challenge Festival (www.desertchallenge.co.il ; ☺mi-déc). Trois jours de courses de VTT dans la zone du mont Sodome.

Semi-marathon international d'Ein Gedi (Ein Gedi Experience ; www.eingedi-run.co.il ; ☺fin jan). Depuis 1981, un semi-marathon d'envergure mondiale qui se complète d'une course de 10 km et, pour les enfants, d'un parcours de 2 km.

descendez la pente jusqu'à la **grotte de Dodim** (grotte des Amoureux), au-dessus de la cascade de David. Le sentier de gauche mène aux ruines du **temple chalcolithique** (IVe millénaire av. J.-C), aux piscines naturelles de la **source d'Ein Gedi** (dont l'eau est détournée et mise en bouteilles par le kibboutz d'Ein Gedi) et au site archéologique de **Tel Goren** (VIIe-VIIIe siècle av. J.-C.), près de la base du Wadi Arugot.

Il y a parfois foule au Wadi David, surtout les jours de fête juive et lorsque des écoliers bruyants débarquent par bus entiers. Jusqu'à la première cascade, les 400 m de sentier sont parfaitement accessibles en fauteuil roulant.

Wadi Arugot
RANDONNÉE

(Nahal Arugot ; adulte/enfant avec parc national des Antiquités d'Ein Gedi 29/15 NIS ; ☺8h-16h ou 17h, dernière entrée 2 heures avant la fermeture). Moins fréquenté, le Wadi Arugot offre de magnifiques opportunités de balade le long de ruisseaux et sentiers bordés d'une végétation luxuriante. Excellente introduction à la géographie et aux écosystèmes de l'oasis, certains itinéraires n'en sont pas moins assez ardus.

Pour être de retour avant l'heure de fermeture, il faut avoir quitté à 14h (15h pendant l'heure d'été) la partie supérieure du Wadi Arugot, soit le secteur en amont de la cascade cachée (HaMapal HaNistar), y compris les bassins supérieurs (HaBreichot HaElyonot).

Il y a dans le bâtiment abritant la billetterie, à 20-30 minutes de marche (ou à 5 minutes en voiture) du parking du Wadi David, des casiers-consignes gratuits, une buvette vendant des glaces et des boissons fraîches, plus une boutique où acheter des cartes de randonnée SPNI au 1/50 000.

Synagogue antique
SITE ARCHÉOLOGIQUE

(Réserve naturelle d'Ein Gedi ; adulte/enfant avec réserve naturelle 28/14 NIS ; ☺8h-16h ou 17h). À mi-chemin environ entre les billetteries des deux Wadi, cette synagogue du Ve siècle a conservé un superbe pavement en mosaïque décoré des 12 signes du zodiaque et de trois inscriptions en araméen. Depuis 2016, une maquette montre le sanctuaire sous la forme qu'il avait à l'origine.

Jardin botanique d'Ein Gedi
JARDINS

(☎08-659-4726 ; Kibbutz Ein Gedi ; adulte/enfant 20/15 NIS ; ☺9h ou 9h30-15h30 ou 16h sam-jeu, 9h-14h ven). Ce célèbre jardin botanique, proche de l'entrée du kibboutz, rassemble

ATTENTION, DOLINES !

En 1990, la Geographical Survey of Israel dénombrait moins d'une centaine de dolines autour des rives du bassin nord de la mer Morte. Aujourd'hui, il en existe plus de 6 000, et 500 se forment chaque année. Si certaines font la taille d'une baignoire, d'autres peuvent atteindre jusqu'à 30 m de profondeur sur 50 m de diamètre. En tout cas, ce phénomène constitue une véritable crise environnementale.

La formation de dolines résulte directement de la baisse incessante du niveau de l'eau dans la mer Morte. Au fur et à mesure du recul du rivage, l'eau fraîche souterraine dissout les dépôts de sel situés entre 5 m et 60 m sous terre, d'où la formation de vides qui remontent petit à petit vers la surface, un peu comme une bulle d'air dans du miel. Et la fragilité du sol sus-jacent finit par céder et créer un trou. Au cours des dernières années, la plage d'Ein Gedi, Mineral Beach et un tronçon de la route 90 près d'Ein Gedi ont été fermés suite à des écroulements soudains. Personne ne sait où le prochain cratère se formera. Le seul accès au littoral de la mer Morte entre la pointe nord du bassin septentrional (plages de Kalya et Biankini sur la rive ouest) et Ein Bokek, est le site du Spa d'Ein Gedi – et même à cet endroit, l'accès en continu est loin d'être garanti.

Plusieurs vidéos sur Internet survolent de larges espaces semés de dolines. Parfait pour apprécier l'ampleur du phénomène.

un millier d'espèces végétales indigènes ou exotiques, dont certaines mentionnées dans la Bible, comme les arbres à encens, la myrrhe, les pommiers de Sodome hautement toxiques, des baobabs géants et des plantes minuscules capables de survivre pratiquement sans eau.

Spa d'Ein Gedi SPA
(☑08-620-1030 ; www.eingedispa.co.il ; rte 90 ; adulte sans/avec déj 95/155 NIS, 5-12 ans 56/110 NIS ; ☺9h-17h sam-jeu, 8h-16h30 ven). Dans ce spa propriété du kibboutz d'Ein Gedi (situé à 3 km au nord), on peut flotter sur les eaux de la mer Morte et s'enduire le corps de boue noire revigorante. Le rivage a reculé de 1,3 km depuis l'ouverture de l'établissement en 1984, mais un petit train (3/heure) mène les clients à la plage. Accès possible en fauteuil roulant. Avec 6 bassins d'eau sulfurée et une piscine d'eau douce, l'espace décline toute une gamme de soins. Café et restaurant sur place, casiers (18 NIS), serviette à l'achat (18 NIS).

🛏 Où se loger

Auberge de jeunesse
d'Ein Gedi AUBERGE DE JEUNESSE $
(Beit Sarah ; ☑02-594-5600 ; www.iyha.org.il ; près de la réserve naturelle ; dort/s/d 132/321/410 NIS, adulte/enfant supp 120/94 NIS ; @☎). Son cadre superbe et ses 87 chambres simples mais contemporaines (3 ou 5 lits) remportent un franc succès. Le dîner est souvent proposé (62 NIS, vendredi 71 NIS) et il n'est pas rare d'obtenir par l'auberge des réductions de 15

à 20% sur diverses attractions du secteur. À flanc de colline, 200 m au-dessus de l'embranchement pour la réserve naturelle d'Ein Gedi sur la route 90. Réservez très tôt.

Khan Ein Gedi CABANE $
(Ein Gedi Camp Lodge ; ☑Avi 052-606-3666, Ben 052-933-1019 ; www.facebook.com/eingedi camplodge ; kibboutz Ein Gedi ; dort en cabane 120 NIS ; ☺tte l'année ; ☎). À l'entrée du kibboutz d'Ein Gedi, ce paisible site à flanc de colline dispose de 8 cabanes simples, chacune abritant 5 matelas au sol. Salles de bains et cuisines partagées. Wi-Fi dans l'espace de détente où le bar lambrissé (ouvert 24 h/24 et 7 jours/7) vend des pizzas.

SPNI Ein Gedi
Field School AUBERGE DE JEUNESSE $$
(☑08-658-4288 ; www.natureisrael.org/eingedi ; près de la réserve naturelle ; dort/s/d 132/329/379 NIS, adulte/7-14 ans supp à partir de 123/84 NIS ; ☎). Moins plaisantes que celles de l'auberge de jeunesse d'Ein Ged, ces 46 chambres de 5 à 6 lits du centre d'étude de l'environnement de la SPNI n'en constituent pas moins d'excellentes bases pour partir en randonnée. On peut y dîner (57 NIS, vendredi 71 NIS) presque tous les soirs. Cartes de randonnée en vente à la réception où l'on bénéficie du Wi-Fi. À 800 m en amont de l'embranchement pour la réserve sur la route 90.

💙 Hôtel du Kibboutz d'Ein Gedi HÔTEL $$$
(☑08-659-4220 ; www.ein-gedi.co.il ; kibboutz Ein Gedi ; d à partir de 200-245 $US ; @☎☒). Cet ensemble de bâtiments bas au cœur

1

3

**1. Flotter dans la mer Morte
(p. 309)**
La haute teneur en magnésium, en
iode et en brome de son eau saumâtre
détend et soigne la peau.

**2. Réserve naturelle
d'Ein Gedi (p. 313)**
L'une des oasis les plus envoûtantes
d'Israël : bassins d'eau fraîche, cascades
paradisiaques et végétation luxuriante.

3. La mer Morte (p. 309)
Une "altitude" négative et des paysages
surréalistes pour le point le plus bas
de la Terre.

KAVRAM / SHUTTERSTOCK ©

KAVRAM / SHUTTERSTOCK ©

d'une luxuriante végétation exotique (dont deux immenses baobabs) bénéficie d'un spa et d'une piscine. Très agréables, les 160 chambres se répartissent en 4 catégories, certaines pouvant héberger 2 adultes et 2 enfants. La catégorie deluxe inclut l'accès au Spa d'Ein Gedi dans le tarif.

Le kibboutz a été fondé au début des années 1950 et longtemps le seul accès fut une piste jusqu'à Arad.

Où se restaurer

Peu d'endroits offrent de quoi se sustenter, prévoyez un pique-nique ou bien dînez là où vous logez. Il est possible de déjeuner au Spa d'Ein Gedi (p. 315).

Ouvert tous les jours, le café-bar (produits laitiers) de l'hôtel du kibboutz attire du monde avec son copieux buffet de viande kasher (110 NIS, vendredi 140 NIS), accessible aux non-hôtes s'il y a de la place.

Épicerie Kolbo   SUPÉRETTE **$**
(Kibboutz Ein Gedi ; ☉7h30-20h dim-jeu, 7h30-14h ven, 11h-14h sam). Le seul magasin d'alimentation dans le secteur. À côté de la salle de restaurant du kibboutz d'Ein Gedi.

Renseignements

Il y a un DAB dans l'hôtel du kibboutz.
SPNI Ein Gedi Field School (☎08-658-4288 ; www.natureisrael.org/eingedi ; près de la réserve naturelle d'Ein Gedi ; ☉8h30-16h dim-jeu). Les experts de la SPNI vous renseignent sur les randonnées, notamment celles du Wadi Mishmar et du Wadi Tze'elim réalisables en famille. Vente de cartes topographiques à l'échelle 1/50 000 (87 NIS). À 800 m en amont de l'embranchement de la réserve, sur la route 90.

Depuis/vers Ein Gedi

Les horaires de bus sont affichés aux deux entrées de la réserve naturelle (p. 313), au point information de la SPNI Ein Gedi Field School, à l'auberge de jeunesse (p. 315, près de la salle informatique) et à l'hôtel du kibboutz d'Ein Gedi (p. 315).

Côte nord-ouest

Prise à la Jordanie en 1967, cette partie presque inhabitée de la Cisjordanie se trouve à une courte distance en voiture de Jéricho. Elle abrite les grottes de Qumran, où furent découverts les manuscrits de la mer Morte, ainsi que plusieurs sites sauvages préservés.

 À voir

Parc national de Qumran   SITE ARCHÉOLOGIQUE
(☎02-994-2235 ; www.parks.org.il ; Rte 90 près de Kalya ; adulte/enfant 29/15 NIS ; ☉8h-16h ou 17h sam-jeu, 8h-15h ou 16h ven, dernière entrée 1 heure avant fermeture). Mondialement connu pour avoir conservé et caché les **manuscrits de la mer Morte** pendant près de 2 000 ans, Qumran accueillit un petit village d'esséniens à l'époque de Jésus – plus précisément de la fin du Ier siècle av. J.-C. à l'an 68, date à laquelle il fut détruit par les Romains. Depuis une passerelle en bois, on distingue clairement l'aqueduc, les canaux et les citernes qui assuraient l'alimentation en eau des habitants.

Outre les bains rituels (les esséniens étaient très exigeants sur la pureté), on peut voir un réfectoire et le scriptorium où furent peut-être rédigés les manuscrits. Les ruines ont fait l'objet de travaux de conservation sans le moindre ajout.

La visite du petit musée et le programme multimédia et multilingue (16 langues) de 7 minutes offrent une approche de la Qumran antique et des croyances esséniennes, outre l'exposition de quelques pièces antiques, tel un morceau de sandale. Audioguide en hébreu et en anglais. Accessible en fauteuil roulant. Restaurant sur place.

Qumran est un poste d'observation sûr pour admirer les crues subites en hiver.

À 35 km à l'est de Jérusalem et à 35 km au nord d'Ein Gedi, Qumran est une halte pour tous les bus reliant Jérusalem à la mer Morte.

Ein Feshkha   RÉSERVE NATURELLE
(Einot Tsukim ; ☎02-994-2355 ; www.parks.org.il ; Rte 90 ; ☉8h-16h ou 17h, 8h-19h juil-août, dernière entrée 1 heure avant fermeture). Une eau cristalline coule dans les ruisseaux qui alimentent cette oasis s'étirant sur 6,5 km au pied de l'escarpement qui forme la bordure ouest de la vallée de la mer Morte. Des sentiers ombragés mènent à plusieurs bassins d'eau légèrement saumâtre (accessibles les vendredi et samedi de fin mars à novembre, et tous les jours en juillet et août), tel le **bassin des Peupliers**, entouré de plantes résistantes au sel comme les tamaris.

Il n'existe aucun accès direct à la mer Morte, dont la surface réduit rapidement, comme en témoigne le panneau "la mer était ici en 1967" situé à quelque 2 km de l'actuel rivage. En revanche, on peut voir une **ferme** de la période du second Temple où les esséniens de Qumran produisaient du

MANUSCRITS DE LA MER MORTE

Considérés comme la plus importante découverte de l'histoire de la paléographie biblique, ces 950 étonnants rouleaux et fragments de parchemins et de papyrus furent l'objet d'une première découverte en 1947, par un berger bédouin à la recherche d'une chèvre égarée. Les différents fragments ont été exhumés jusqu'en 1956 et le travail international sur leur traduction ou la reconstitution d'ensembles se poursuit, la dernière publication pour la traduction d'un parchemin indéchiffrable jusque-là date de 2018.

Datant de la période du second Temple au début du christianisme (200 av J.-C.-68 apr. J.-C.), ils étaient en partie enfermés dans des jarres, à l'intérieur de 11 grottes à flanc de falaise près de Qumran. La plupart d'entre eux, dont le plus ancien manuscrit d'un livre de Bible hébraïque, des textes apocryphes et des descriptions de la vie en Judée au temps de Jésus, sont en hébreu, d'autres en araméen et quelques-uns en grec. Beaucoup se résument à de minuscules fragments, ce qui rend long et ardu le processus de reconstitution et de déchiffrage.

On doit probablement la rédaction de ces documents aux esséniens, une secte juive dissidente mentionnée par Flavius Josèphe. Ses membres aux mœurs ascétiques s'établirent dans le désert pour fuir la décadence censée corrompre la société juive.

Le musée d'Israël à Jérusalem, où sont exposés certains rouleaux, gère, avec l'aide de Google, le Dead Sea Scrolls Digital Project (dss.collections.imj.org.il), qui, depuis 2011, permet au grand public de visionner des images des rouleaux numérisées en haute résolution avec possibilité de recherche de passages (et traduction en diverses langues, notamment l'anglais et l'espagnol).

Pour en savoir plus sur le sujet, consultez le site www.centuryone.com/25dssfacts.html.

vin de datte et de l'huile de plaqueminier, et élevaient moutons et chèvres.

Le "cœur biologique" de la réserve, soit sa grande majorité, est interdit pour des raisons de préservation, mais une partie méridionale de cette **réserve cachée** reste accessible dans le cadre d'une **visite guidée** (en anglais à 11h et 13h le vendredi ainsi que le dimanche de mi-septembre à juin).

Ein Feshkha se trouve à 3 km au sud de Qumran.

 Où se loger

Metzukei Dragot　　　　　　PENSION $$
(☑052-247-4378, réservations 1-700-707-180 ; www.metzoke.co.il ; d à partir de 350 NIS, dort en grande tente sans petit-déj 27 US$; ☺réception 8h-20h ; ☎). Nichée sur une falaise surplombant de 600 m la mer Morte – la vue est véritablement spectaculaire –, ce très simple village de vacances à l'esprit hippie accueille festivals, évènements culturels et conférences New Age. Outre des centaines de couchages dans de grandes tentes, on peut dormir dans une des 53 chambres récemment rénovées.

❶ Depuis/vers la côte nord-est

Tous les bus Egged reliant Jérusalem à la mer Morte traversent cette région.

Massada　　مسعدة　　מצדה

Nul autre endroit en Israël ne permet de se faire une idée aussi précise de la vie en Judée romaine au Ier siècle. Siège spectaculaire de la dernière résistance au pouvoir romain au sommet de sa mesa désertique isolée, Massada disparut totalement, hommes et biens, en 73 (voir l'encadré p. 321). Inscrit au patrimoine mondial de l'Unesco en 2001, le site archéologique préserve les vestiges de palais construits par le roi Hérode, de multiples installations utilisées par les zélotes juifs, tout comme les traces, loin en contrebas, des huit camps de la Xe légion. Outre cette intense présence de l'histoire, la tombée du jour vue du haut du plateau est un moment inoubliable.

◉ À voir

**♥ Parc national
de Massada**　　　　SITE ARCHÉOLOGIQUE
(Metzada ; ☑08-658-4207, 08-658-4208 ; www.parks.org.il ; adulte/enfant 28/14 NIS ; ☺8h-16h ou 17h sam-jeu, 8h-15h ou 16h ven, dernière entrée 1 heure avant la fermeture). Mesurant 550 m de long sur 270 m de large, le plateau de Massada s'élève à 60 m d'altitude, soit environ 490 m au-dessus du niveau de la mer Morte. Le plus simple est de prendre

le **téléphérique** (aller-retour/aller simple 74/56 NIS, enfant 43/28 NIS ; ⊘ ttes les 15 minutes 8h-16h ou 17h sam-jeu, 8h-15h ou 16h ven), mais rien n'empêche de grimper là-haut par la rampe du siège romain (page ci-contre) côté ouest, ou bien par le sentier du Serpent (ci-après) côté est. Les traits de peinture noire que l'on remarque sur les vestiges distinguent les parties reconstruites (le haut) des éléments originaux (la base).

Pour faciliter la visite, on vous remettra une brochure avec plan des vestiges et un audioguide (20 NIS avec l'accès au musée). L'un comme l'autre sont disponibles aux guichets en 8 langues, dont le français, sur le plateau et au musée. Côté est, on peut assister, entre le guichet et le téléphérique, à une projection de 8 minutes sur les dernières heures sanglantes de Massada.

Prévoyez une bouteille à remplir car on trouve sur place de l'eau potable. En revanche il est interdit de manger tout comme de transporter des bagages volumineux (à déposer pour 10 NIS dans les consignes proches du guichet oriental).

En regardant dans n'importe quelle direction, vous devriez apercevoir au moins l'un des huit camps romains et le mur construit lors du siège. L'effort de guerre consenti par les légions romaines lors de ce siège est stupéfiant – on comprend pourquoi ces derniers ont commémoré leur victoire sur les rebelles de Judée en érigeant au centre de la Rome impériale un arc monumental, l'arc de Titus.

Tout le site est accessible en fauteuil roulant, sauf le palais nord.

♥ Musée de Massada   MUSÉE

(Centre d'accueil des visiteurs ; 20 NIS avec audioguide pour les ruines ; ⊘ 8h30-16h ou 17h sam-jeu, 8h30-15h ou 16h ven, dernière entrée 30 min avant fermeture). Excellente introduction à l'histoire et à l'archéologie du site, ce musée

rassemble 500 objets mis au jour sur place (une pièce et quatre papyrus sont des copies). La présentation des personnages ayant joué un rôle clé à Massada – Hérode le Grand, qui y fit édifier un palais au Ier siècle av. J.-C., l'historien Flavius Josèphe qui changea de camp et le chef des Sicaires lors de la Grande Révolte juive, Eleazar Ben Yair – contribue à rendre plus concret le drame qui se déroula en l'an 73.

Au nombre des objets exposés : pointes de flèches romaines, sandale en cuir d'une rebelle, restes de dattes, de blé, d'orge et d'olives, tessons de poterie marqués d'un nom, lesquels auraient servi, juste avant l'assaut final, à tirer au sort les 10 hommes chargés de tuer tous les autres.

Sauf si vous montez au lever du soleil, ce musée est une excellente première étape.

🏃 Activités

Des chemins relient les **huit camps romains** qui encerclent toujours Massada, permettant ainsi de faire le tour de la mesa en partie ou en totalité. Pour vous rendre compte de la géographie du secteur, consultez la carte en 3D placée face aux guichets du centre d'accueil des visiteurs.

De là part vers l'ouest un sentier assez raide qui gravit le mont Eléazar jusqu'au Camp H (1 heure aller), d'où les légionnaires avaient une vue plongeante sur l'activité des zélotes. Il descend ensuite jusqu'au pied de la rampe sur le versant ouest de Massada.

Sinon, un itinéraire baptisé **Shvil HaRatz** (sentier du Coureur) part du centre d'accueil vers le nord pour longer le mur du siège et mener en 3 heures jusqu'à la rampe.

Enfin, un autre sentier va du Camp D (nord de Massada) au **Wadi Tze'elim**, à 4 km au nord. Une magnifique randonnée.

N'oubliez pas de vous équiper d'une carte SPNI à l'échelle 1/50 000 au centre d'accueil des visiteurs.

Sentier du Serpent   RANDONNÉE

(Parc national de Massada) Ce sentier notoirement sinueux qui gravit le flanc est de Massada débute à proximité du centre d'accueil des visiteurs. Comptez 45 minutes à 1 heure d'ascension et 30 minutes pour redescendre. Pour voir le lever du soleil depuis le sommet, soyez en bas une heure avant, soit entre 4h30 (en juin) et 5h30 (en décembre).

Avant 8h, l'accès (et l'achat du ticket) se fait par la barrière de sécurité près de l'auberge de jeunesse.

SYMBOLE DE LA RÉSISTANCE

Massada est devenu le symbole de la résistance à l'oppression. Durant la Seconde Guerre mondiale, avant que les Britanniques n'arrêtent en 1942 les divisions allemandes de Rommel à El Alamein (Égypte), des Juifs de Palestine projetèrent de se retrancher sur le mont Carmel. De nombreuses unités de l'armée israélienne viennent y prêter serment.

MASSADA : MOURIR PLUTÔT QUE DE SE RENDRE

Après la conquête de Jérusalem par les Romains en 70, près d'un millier de rebelles juifs, appelés zélotes – parmi lesquels des femmes et des enfants –, opposèrent pendant plusieurs mois une résistance héroïque à la Xe légion qui les assiégeait, retranchés sur les hauteurs de Massada, une mesa désertique entourée de falaises à pic. Lorsque les machines de guerre furent sur le point d'ouvrir une brèche dans la forteresse, les défenseurs préférèrent se suicider collectivement plutôt que de tomber en esclavage.

Jusqu'aux fouilles archéologiques entamées en 1963, le seul témoignage sur la prise de Massada provenait de la chronique tenue par Flavius Josèphe, qui participa à la première guerre judéo-romaine (66-70) avant de devenir historien à Rome. Il rapporte qu'une fois la rampe de terre achevée par les légionnaires, ceux qu'on appelait sicaires (du grec *sica* désignant l'épée courte et recourbée qu'ils cachaient sous leur cape pour assassiner leurs ennemis) brûlèrent maisons et biens pour qu'ils ne tombent pas aux mains des Romains. Ils formèrent ensuite des groupes de dix personnes, dont l'une était chargée de tuer les neuf autres avant de se suicider, et continuèrent de la sorte jusqu'à ce qu'il n'en restât plus qu'un. Seuls deux femmes et cinq enfants survécurent à ce drame en se cachant.

Le sentier est en revanche fermé par extrême canicule et en cas de pluies torrentielles ou de vents violents. En juillet et en août, l'ascension n'est possible que jusqu'à 8h, et la descente jusqu'à 9h.

Rampe romaine
PROMENADE À PIED

(Parc national de Massada) Si vous n'avez pas envie de vous fatiguer, la rampe construite par les assiégeants romains entre leur camp et les hauteurs de Massada se gravit en 10 à 15 minutes seulement. Sur le flanc ouest, elle n'est accessible que depuis Arad, à 68 km en voiture du centre d'accueil des visiteurs ; suivez la route 31, puis la route 3199. Pour assister au coucher du soleil depuis le sommet, il faut attaquer la montée une demi-heure avant.

🎆 Fêtes et festivals

Son et lumière
SPECTACLE

(☎ 08-995-9333 ; adulte/enfant 45/35 NIS ; ⏰ 21h mar et jeu mars-oct). Cette mise en scène spectaculaire de l'histoire de Massada se déroule en plein air au pied de la rampe romaine, côté ouest. La narration est en hébreu, mais on peut louer un casque (15 NIS) pour une traduction simultanée en français. À 68 km du centre d'accueil des visiteurs. D'Arad, prenez la route 3199. Soyez-y pour 20h30.

Où se loger

Vous pouvez loger dans une auberge de jeunesse moderne à l'entrée orientale de Massada, ou bien à 16 km au sud, à Ein Bokek. Si vous souhaitez grimper à Massada par la rampe du siège romain (rampe romaine), mieux vaut dormir à Arad.

Dead Sea Adventure Hostel
AUBERGE DE JEUNESSE $

(☎ 058-496-0748 ; www.deadseaadventurehostel. com ; 68 Odem St, Arad ; dort 85-115 NIS, d 380 NIS ; 🛜). Cette accueillante "auberge de jeunesse d'aventure" possède des espaces de détente sympathiques et des dortoirs confortables. Ses programmes d'exploration à Massada et alentour plaisent beaucoup : programme sur www.wild-trails.com. L'établissement est installé en limite nord d'Arad, à 2,5 km de la gare routière. Desserte par les bus locaux n^{os}1 et 11. Réservez bien à l'avance.

Chenyon Layla Metzada Ma'arav
CAMPING $

(Campement ouest de Masada ; ☎ 08-628-0116, poste 1 08-628-0404 ; www.parks.org.il ; entrée ouest, parc national de Massada ; emplacement adulte/enfant 53/42 NIS, location grande tente avec matelas 75/65 NIS, bungalow 5 pers avec sdb 450 NIS ; ⏰ réception 8h-16h dim-jeu). Presque au pied de la rampe romaine, un terrain moderne et bien équipé sur le flanc ouest de Massada. Le prix comprend l'accès à la cuisine et l'entrée sur le site de Massada. Locations de matelas et de sacs de couchage (10 NIS/nuit). Enregistrement 16h-22h30 ; départ à 11h. Accès routier via Arad.

HI – Masada Guesthouse
AUBERGE DE JEUNESSE $$

(☎ 02-594-5623 ; www.iyha.org.il ; dort/s/d 170/400/530 NIS ; @🛜🏊). La base idéale pour emprunter au petit matin le sentier du Serpent et grimper au sommet pour le lever de soleil au-dessus de Massada. Les dortoirs non mixtes de 5-6 lits de cette auberge de 89 chambres sont presque luxueux. La piscine est ouverte de Pessah à Soukkot

(8h-17h45). On peut y dîner presque tous les soirs et à coup sûr le vendredi.

Réservez impérativement car l'endroit affiche souvent complet, surtout le vendredi. À quelques centaines de mètres sous le centre d'accueil des visiteurs de Masada (côté est). Accessible en fauteuil roulant.

HI – Arad Youth Hostel AUBERGE DE JEUNESSE **$$** (Blau Weiss Youth Hostel ; ☎02-594-5599 ; www.iyha. org.il ; 34 Atad St, Arad ; dort/s/d 150/355/450 NIS ; ☎). Personnel efficace et proximité de la gare routière d'Arad (5 minutes à pied) sont deux atouts majeurs de cette auberge de 53 chambres nettes et confortables nichées dans un bâtiment bas au cœur de jolis jardins. Toutes disposent d'un frigidaire, d'une bouilloire et de la télévision. Le délicieux buffet du petit-déjeuner est un assortiment israélien typique de légumes, d'olives et de fromages. Bon camp de base pour gagner Massada par l'ouest (accès par la rampe romaine).

Yehelim BOUTIQUE-HÔTEL **$$$** (☎077-563-2806 ; www.yehelim.com ; 72 Moav St, Arad ; d/ste à partir de 800/1 300 NIS ; ☎). On ne peut trouver plus stylé et plus confortable à Arad, sans compter la vue splendide sur le désert de cette adresse en bord d'agglomération. Pas plus d'une douzaine de chambres spacieuses et chacune différente, avec mobilier choisi, balcon et spa. Petits-déjeuners pantagruéliques et avis dithyrambiques.

✗ Où se restaurer

Centre d'accueil des visiteurs ESPACE DE RESTAURATION **$** (Entrée est, parc national de Masada, plats à partir de 25 NIS ; ☺8h-16h ou 16h30 ; ☑). Les comptoirs de cet espace de restauration proposent des falafels, des *shawarma*, des sandwichs et de la bière fraîche. À la cafétéria un repas coûte 65 NIS (55 NIS pour les végétariens). Un étage en-dessous de la billetterie.

ⓘ Depuis/vers Massada

Le centre d'accueil des visiteurs de Massada, sur le versant est du plateau, se trouve à 21 km au sud de la réserve naturelle d'Ein Gedi, au bout d'un embranchement de 3 km sur la route 90. Tous les bus interurbains desservant la mer Morte s'y arrêtent à proximité. Les horaires des bus sont affichés à la billetterie du centre.

La rampe romaine qui grimpe sur le versant ouest est accessible depuis Arad, par la route 3199. Seul 1 km sépare ces deux parties du site à vol d'oiseau, mais il faut parcourir 68 km

par la route ! Il n'y a pas de transport public, le seul moyen de s'y rendre depuis Arad est donc un **taxi** (☎08-997-4444 ; aller simple jour/nuit 150/200 NIS).

Ein Bokek عين بوقيق עין בוקק

Coincée entre les eaux turquoise du sud de la mer Morte et une imposante falaise brune, la plage bordée d'hôtels de luxe d'Ein Bokek (ou En Boqeq) est la principale zone touristique de la région, d'autant plus qu'il s'agit des plus belles plages gratuites du coin. On y trouve aussi le principal centre de soins de la mer Morte contre des maladies comme le psoriasis, l'arthrite et les maladies respiratoires, grâce aux minéraux et composés naturellement présents dans l'eau.

Les trois langues les plus parlées ici sont l'hébreu, l'arabe et le russe car, outre Juifs, Arabes et Druzes, le lieu attire nombre d'immigrés ou touristes de l'ex-Union soviétique.

À la différence des plages du bassin nord du lac, celles d'Ein Bokek ne bordent pas la mer elle-même mais des bassins d'évaporation (alimentés par les pompes et dont le niveau est constant), ce qui explique pourquoi le rivage ne recule pas.

◉ À voir

Une **promenade piétonne** (et une voie cycliste) de 3 km de long, plus quelques bus (8,20 NIS) relient les deux zones hôtelières balnéaires d'Ein Bokek : Ein Bokek même, au nord, et **Hamei Zohar**.

♥ Plage d'Ein Bokek PLAGE (☺24h/24) GRATUIT Cette large bande de sable impeccable le long de la zone hôtelière d'Ein Bokek a été récemment réaménagée en tant qu'espace entièrement public et gratuit. La belle plage de la mer Morte réunit une promenade attrayante, des maîtres-nageurs (7h-18h, 7h-16h en hiver), des abris pour se protéger du soleil, des douches, des vestiaires, des toilettes et un éclairage nocturne. Les équipements de type chaise longue sont réservés aux clients des hôtels.

✦ Activités

Pratiquement tous les hôtels d'Ein Bokek possèdent un spa avec piscine, saunas, bains thermaux, vaste gamme de soins et armée de thérapeutes majoritairement russes. Dans la plupart, il faut payer de 140 à 220 NIS par jour si l'on n'est pas client de l'hôtel pour

❶ FAIRE TREMPETTE DANS LA MER MORTE

Les eaux de la mer Morte possèdent certes des propriétés thérapeutiques, mais le brome et le chlorure qu'elles contiennent peuvent aussi causer des douleurs de légères à plus fortes. En conséquence, il importe d'être préparé avant de faire la planche.

➡ Surtout, ne vous rasez pas le jour qui précède la baignade sous peine de ressentir des brûlures désagréables. De même, les coupures, ampoules et écorchures que vous avez sur le corps se rappelleront à votre bon souvenir.

➡ Retirez vos bijoux, car l'argent noircit (rien d'irrémédiable, toutefois) et les autres métaux, sauf l'or 24 carats, peuvent également être détériorés.

➡ Enfilez des sandales en plastique pour protéger vos pieds des pierres coupantes sur la rive et dans l'eau , comme éviter de vous brûler la plante des pieds sur le sable brûlant.

➡ Il est toujours recommandé de mettre de la crème solaire, même si la pression atmosphérique très élevée de la mer Morte filtre les rayons ultraviolets, d'où un risque moindre d'attraper des coups de soleil, et ce malgré un soleil de plomb.

Pour profiter en toute sécurité dans la mer Morte, des précautions s'imposent :

➡ Ne plongez pas la tête dans l'eau, car le sel pique horriblement les yeux et risque de vous aveugler temporairement. Si cela se produit, gagnez calmement le rivage et demandez à quelqu'un de vous conduire vers la douche ou le robinet le plus proche (les plages d'Ein Bokek disposent d'installations spéciales pour se rincer les yeux).

➡ Avaler ne serait-ce que quelques gorgées d'eau de mer ou en inhaler se révèle très dangereux et peut même être fatal. Le cas échéant, cherchez immédiatement une assistance médicale, auprès des maîtres-nageurs par exemple.

➡ Buvez de grandes quantités d'eau – en plus de la chaleur, les minéraux qui saturent l'eau de la mer Morte déshydratent le corps de façon impressionnante.

➡ La baignade peut être si relaxante que certaines personnes ne remarquent pas les vents d'ouest qui les font dériver vers le milieu de la mer, en direction de la Jordanie.

---

accéder aux installations comme les chaises longues, soins spéciaux non compris. Déjeuner inclus dans certains forfaits.

Wadi Bokek
RANDONNÉE

(Nahal Bokek). Cet oued, l'un des trois du rivage occidental de la mer Morte que des sources alimentent toute l'année (les deux autres se trouvent à Ein Gedi), peut être le cadre parfait d'une petite et rafraîchissante randonnée d'une heure entre gorges étroites, végétation luxuriante et trous d'eau. On y accède par un tunnel piéton passant sous la route 90, entre le David Dead Sea Resort et le Leonardo Inn Hotel. On peut se garer au départ du sentier.

🛏 Où se loger

L'hébergement simple ou de milieu de gamme n'existe dans aucune des deux zones hôtelières, que ce soit le secteur animé d'Ein Bokek ou celui plus petit et plus calme de Hamei Zohar. En revanche, les options luxueuses abondent. Certains hôtels du côté est de la route d'accès disposent d'un accès direct à la plage. Les hôtels d'Ein Bobek

pratiquent des tarifs haute saison d'avril à mi-juin et de septembre à mi-novembre. Des remises importantes sont souvent proposées en ligne, surtout en basse saison.

À 1,5 km au sud de Hamei Zohar – la zone hôtelière d'Ein Bokek -, on trouve à Neve Zohar (Newe Zohar) des B&B sans grand charme mais qui sont parmi les moins chers de la mer Morte (350-500 NIS la chambre).

Il est autorisé de camper une nuit sur deux portions de la plage d'Ein Bokek : à l'extrémité nord de la nouvelle promenade, en face du David Dead Sea Resort, et à mi-chemin entre Ein Bokek et Hamei Zohar. Des panneaux indiquent les endroits où le camping est admis.

Hod HaMidbar
HÔTEL $$$

(☎08-668-8222 ; www.hodhotel.co.il ; d avec demi-pension 1 000-1 800 NIS ; @🛜✉). En plein sur la promenade en bord de mer, cette adresse réputée loue 203 chambres. La piscine surplombe la mer, le spa entièrement vitré du rez-de-chaussée renferme des bassins d'eau soufrée et des saunas. Prêt de vélo et appels internationaux gratuits.

Oasis Dead Sea Hotel
HÔTEL $$$

(☎ 08-668-8000 ; www.prima.co.il ; d à partir de 650 NIS ; @ 🛜 ☀). Deux piscines extérieures au cœur de jardins soignés, une réception où l'on joue souvent de la musique après 21h et l'accès au spa de l'Oasis Spa Club Hotel voisin (98 chambres réservées aux adultes) classent cet hôtel de 142 chambres parmi les meilleures options familiales. En face de la plage, de l'autre côté de la route.

Où se restaurer

La plupart des restaurants sont ceux des hôtels, mais leurs copieux buffets ne sont pas bon marché, même si vous parvenez à profiter d'une demi-pension. Parmi les adresses pour petits budgets, on trouve des cafés servant des sandwichs et, dans le Petra Shopping Center, un fast food. Vous trouverez des supérettes au centre commercial Sky Blue et au Petra Shopping Center.

Taj Mahal
MOYEN-ORIENTAL $$

(☎ 053-650-6502 ; www.taj-mahal.co.il ; plats 59-119 NIS ; ☻12h-minuit ; 🛜🅿). Dans une tente de bédouin garnie de tapis et de canapés bas, la meilleure table d'Ein Bokek vous régale de grillades (kasher), de *shakshuka*, de baklavas de Jérusalem-Est, avec narguilés et bières pression distinctes, plus danseuse orientale le vendredi à partir de 22h. Sur le terrain du Leonardo Inn Hotel, face à l'Isrotel Ganim.

100% LOCAL

VERTUS DE LA MER MORTE

L'eau de la mer Morte contient 20 fois plus de brome, 15 fois plus de magnésium et 10 fois plus d'iode que celles des mers du globe. Le brome, un composant de nombreux sédatifs, possède également des effets apaisants sur le système nerveux ; le magnésium recèle des propriétés antiallergiques et anti-inflammatoires et l'iode agit sur le système glandulaire – c'est en tout cas ce que l'on dit. L'air extrêmement sec de la mer Morte contient 10% d'oxygène de plus que celui du niveau de la mer. Par ailleurs, les températures élevées, le faible taux d'humidité et de précipitations ainsi que l'absence de pollens dans l'atmosphère se révèlent très bénéfiques pour les personnes souffrant de troubles respiratoires.

Tapuah S'dom
ISRAÉLIEN $$

(☎08-995-6128 ; plats 59-110 NIS ; ☻9h-21h ou 22h). Juste au sud du centre commercial Sky Blue, ce petit restaurant avec vue sur la mer depuis certaines de ses tables concocte bœuf, kébab, poulet, poissons et pâtes, plus de grandes salades et de délicieux desserts. Petit-déjeuner pour 50 à 90 NIS.

Achats

Sky Blue Mall
CENTRE COMMERCIAL

(Kanyonit Ein HaT'chelet) Situé dans la zone nord, ce centre commercial est la meilleure adresse d'Israël pour acheter des produits de beauté de la mer Morte. On y trouve aussi des articles de plage, notamment des tongs. Un autre, récent et beaucoup plus grand, le Kanyon Yam HaMelach, est en cours de construction juste à côté.

Renseignements

Vous trouverez plusieurs DAB dans le centre commercial Sky Blue et dans le Petra Shopping Center (dans le couloir allant au McDonald's). Ces centres commerciaux ont aussi des bureaux de change mais à des taux peu intéressants.

Office du tourisme de la mer Morte (☎08-997-5010 ; complexe Solarium 400 ; ☻8h-17h30 dim-jeu, 9h-13h ven ; 🛜). Excellente source de cartes et renseignements sur les hôtels, B&B, restaurants, activités de plein air et horaires de bus dans la région d'Ein Gedi (la zone située au nord, en Cisjordanie, dépend d'un autre conseil régional). On y trouve les cartes de randonnée SPNI à 1/50 000 pour un peu plus cher qu'à Ein Gedi, soit 110 NIS (contre 87 NIS). Face au Daniel Hotel.

Depuis/vers Ein Bokek

Le stationnement dans la zone hôtelière d'Ein Bokek, le long des trottoirs à bordure bleu et blanc, coûte 5 NIS/heure de 8h à 19h (18h ven) ou 25 NIS/jour – payer à l'avance pour plus d'un jour est possible. Les hôtels disposent de quelques emplacements gratuits. Il n'existe pas de consigne à Ein Bokek.

Sodome
سدوم סדום

La tradition tient ce site pour celui des cités bibliques de Sodome et de Gomorrhe, que Dieu aurait réduites à néant par le soufre et le feu en raison de la dépravation de leurs habitants (Genèse, 18-19). Aujourd'hui, le principal attrait du lieu réside dans les sentiers de randonnée et de VTT qui sillonnent le désert.

Le jour, les cheminées, conduits et réservoirs du complexe Dead Sea Works (DSW, à quelques kilomètres au sud du mont Sodome), oxydés par l'air salé, ressemblent à une dystopie industrielle du milieu du XXᵉ siècle mais, la nuit venue, lorsque des milliers de lampes jaunâtres éclairent ce vaste complexe, il revêt une beauté mystérieuse et surnaturelle. Parmi les produits de la DSW à base des eaux de la mer Morte – la seule ressource naturelle majeure, en plus du soleil et des gisements gaziers au large de la côte méditerranéenne – figurent les chlorures de magnésium et d'aluminium, la potasse (pour les engrais), le sel de table et des composants de cosmétiques.

À voir

Femme de Lot FORMATION ROCHEUSE
À 11 km au sud de l'extrémité d'Ein Bokek, sur les hauteurs du côté ouest de la route 90, cette colonne rocheuse détachée de la paroi du mont renvoie à l'épisode de la femme de Lot, qui fut transformée en statue de sel pour s'être retournée vers Sodome lors de sa fuite afin de contempler la cité en flammes (Genèse 19, 17 et 26).

"The Human Condition" SCULPTURE
(Matzav HaAdam ; Rte 90 ; ⊙ 24h/24). En haut d'un promontoire dominant la Dead Sea Works trône cette haute sculpture moderne en acier rouillé que des traverses de chemin de fer semblent tenter d'escalader.

À côté, un **point de vue** embrasse à la fois les installations industrielles, les bassins d'évaporation bleu électrique, les champs verdoyants situés en Jordanie et la splendeur sauvage du désert. La perspective offre le meilleur d'elle-même en fin d'après-midi, quand le soleil couchant embrase la chaîne du Moab jordanienne.

La voie d'accès de 600 m croise la route 90 à 250 m au nord de l'entrée principale de la DSW. Tournez au panneau portant l'inscription "Plant Viewing Point" sur fond marron (ignorez le panneau jaune "no trespassing", qui concerne les zones "hors piste") et suivez les flèches vertes "LaMitzpeh" ("vers le point de vue panoramique"). Au-delà de la sculpture, une piste de 4×4 conduit au **plateau d'Amiaz**.

Activités

Mont Sodome RANDONNÉE, VÉLO
L'une des formations géologiques les plus curieuses au monde, le mont Sodome

(sommet à 176 m sous le niveau de la mer) est formé presque exclusivement de sel, un matériau hautement soluble, que le climat sec a empêché de se dissoudre entièrement. Deux sentiers descendent ses flancs abrupts depuis un point de vue accessible en 4×4, dont le panorama revêt son plus bel aspect en fin d'après-midi.

Le mont Sodome s'élève à 250 m de haut, fait 11 km de long et jusqu'à 2 km de large. La **Ma'aleh HaSulamot** (montée de l'Échelle, descente 1 heure 30), ainsi nommée pour ses nombreuses marches, rejoint la route 90 de l'autre côté de la nationale par rapport aux bungalows calcinés par le soleil du premier camp d'ouvriers de DSW (1934). Ralliant également la route 90, le **Shvil HaDagim** (sentier des Poissons, descente 1 heure 30) doit son nom aux fossiles visibles dans la roche.

Au fil des millénaires, les précipitations ont toutefois creusé dans les entrailles du mont Sodome un dédale de **grottes** (fermées au public) pouvant atteindre 5,5 km de long et des forêts de délicates stalactites dans certaines. Beaucoup sont également reliées à la surface par des puits dans lesquels les randonneurs doivent prendre garde de ne pas tomber.

À l'ouest du mont Sodome, le **Wadi Sodom** est un terrain idéal pour le VTT. Si vous partez du sommet, comptez quelque 2 heures de descente (essentiellement) jusqu'aux environs de Neve Zohar. On peut aussi effectuer un circuit aller-retour jusqu'au superbe **Wadi Pratzim** (Wadi Perazim), dont la partie haute passe par la célèbre **grotte de la Farine** (fermée au public).

ⓘ Depuis/vers le mont Sodome

Il est nécessaire d'avoir un véhicule (un 4x4) pour explorer cette zone. Des opérateurs à Neot HaKikar et ailleurs peuvent organiser des transports et des excursions en 4x4.

Neot HaKikar
ناؤت هاكيكار נאות הכיכר
 08 / 900 HABITANTS

Collé à la frontière jordanienne dans un des coins les plus isolés d'Israël, ce *moshav* (communauté agricole coopérative) agricole est une base idéale pour visiter les oueds, plateaux et promontoires du sud de la mer Morte. Dotés d'agréables B&B, Neot HaKikar et le *moshav* d'Ein Tamar sont des lieux tranquilles et décontractés où l'on peut s'adonner au VTT, à la randonnée, à l'observation des oiseaux comme à la découverte du désert en Jeep. La plage la plus proche, celle d'Ein Bokek, se trouve à 30 minutes. En raison de la chaleur intense, certains lieux ferment de juillet à mi-septembre.

 Activités

Plusieurs oueds (*nechalim*) propices à la randonnée pédestre ou au VTT se situent à 20 minutes en 4×4 : Arava, Tzin (Zin), Amatzya (Amazyahu), Peres, Tamar, Tzafit et Ashalim. Mais on peut tout aussi bien sillonner à pied comme à VTT le mont Sodome et le plateau d'Amiaz (Mishor Amiaz).

Un bel éventail d'itinéraires tout-terrain, dont HeCharitz ("la Fente") et celui qui suit le Wadi Sodom jusqu'au Wadi Pratzim, se déploie à 30 minutes en voiture de Neot HaKikar. De juin à mi-septembre, il fait trop chaud pour randonner ou faire du vélo.

Le Makhtesh Katan (petit cratère, HaMakhtesh HaKatan), le plus petit des trois grands cratères d'érosion du pays, est aussi à une demi-heure de voiture à l'ouest, un trajet en 4×4 jusqu'à l'entrée du sentier que peut organiser votre lieu d'hébergement moyennant finances. Les véhicules ne sont pas autorisés à l'intérieur du *makhtesh*.

Le *moshav* dispose de courts de tennis et de terrains de basket, d'une aire de jeux pour enfants et d'une piscine publique (ouverte de Pessah à Souccot).

Des fermiers proposent une visite des cultures comprenant une initiation à l'agriculture en milieu désertique. Des artisans locaux fabriquent de la joaillerie, des poteries et des sculptures en métal.

Cycle Inn LOCATION DE VTT
(☑052-899-1146 ; uzicycleinn@gmail.com ; 5 heures 75 NIS ; ☉mi-sept à mai). Le prix du casque est inclus dans le tarif de location du VTT.

 Circuits organisés

Barak Horwitz CIRCUITS AVENTURE
(☑052-866-6062 ; barakhorwitz@gmail.com ; circuit de 2 heures 800 NIS/véhicule 4x4 pour 8). Basé à Neot HaKikar, Barak Horwitz connaît la région de la mer Morte comme sa poche. Outre l'organisation de circuits en 4×4, ce guide certifié se fera une joie de vous donner des conseils (gratuits) pour d'autres activités, notamment la randonnée – n'hésitez pas à le contacter par e-mail ou téléphone. Visites guidées également de Massada et d'autres sites de la mer Morte.

Où se loger

Vous trouverez à Neot HaKikar des B&B. Pour le petit-déjeuner, comptez 60/100 NIS par adulte/couple.

♥ **Shkedi's Camplodge** LODGE **$**
(Khan Shkedi ; ☑052-231-7371 ; www.shkedig. com ; dort/d/qua avec sdb commune et sans petit-déj 100/350/450 NIS ; ☉fermé juil à mi-sept ; ☎). Merveilleux endroit pour se poser quelques jours, cette retraite dans le désert est enchanteresse le soir, quand le propriétaire, et ses invités s'attardent autour du feu de camp. Les dortoirs (souvent pleins les vendredi et samedi) sont aménagés dans d'agréables et spacieux pavillons de bois. Vous profiterez de hamacs pour paresser les journées chaudes, de salles de bains propres et modernes et d'une cuisine équipée.

Melach HaAretz B&B **$$**
(☑08-655-1875, 050-759-4828 ; madmonynh.com ; d sans petit-déj 450-500 NIS ; ☎). Deux studios proches d'un jardin (idéal pour les enfants), agrémenté des sculptures en pierre, bois et métal d'Asaf Madmony, le propriétaire.

La Maison de Korin B&B **$$$**
(HaBayit Shel Korin ; ☑050-680-0545 ; www.korins.co.il ; d sans petit-déj 700 NIS, 100 NIS/ pers supp ; ☎). Dotés de Jacuzzi, des appartements de 3 pièces pouvant accueillir jusqu'à 6 personnes.

Où se restaurer

Neot HaKikar et Ein Tamar abritent tous deux une épicerie équipée d'un DAB, ouverte très tard le samedi soir. On peut commander ses repas de midi et du soir auprès des familles locales en réservant la veille (plats 70-100 NIS).

❶ **Depuis/vers Neot HaKikar**

Neot HaKikar se situe à 8 km au sud-est de l'embranchement dans sa direction sur la route 90 et à 11 km au sud-est de la bifurcation d'Arava, au point où la route 25 en provenance de Dimona et de Beer Sheva croise la route 90.

Tous les bus reliant Eilat à Beer Sheva, Tel-Aviv, la mer Morte et Jérusalem s'arrêtent à l'embranchement d'Arava où les propriétaires d'hébergements acceptent volontiers de venir vous chercher.

Le seul bus allant jusqu'à Neot HaKikar même est le bus n°321, qui effectue 2 circuits par jour – un tôt le matin, un autre dans l'après-midi – entre Neot HaKikar, Dimona (16 NIS, 40 min) et Ein Bokek (16 NIS, 45 min).

Le Néguev   بقنلا   בגנה

Dans ce chapitre ➡

Le top des restaurants

➡ Fish Market (p. 354)

➡ InnSense Bistro (p. 342)

➡ Kornmehl Farm (p. 336)

➡ Pastory (p. 354)

➡ Lasha Bakery (p. 342)

Le top des hébergements

➡ Midbara (p. 347)

➡ Carmey Avdat Winery (p. 337)

➡ iBex Hotel (p. 342)

➡ Kibbutz Lotan Guesthouse (p. 346)

➡ Khan Be'erotayim (p. 333)

➡ B&B de Shivta (p. 335)

Pourquoi y aller

Depuis des millénaires, voyageurs et marchands ont traversé le désert du Néguev, soit 250 km de terres arides depuis le nord de la mer Rouge. Aujourd'hui, l'antique port d'Eilat par lequel transitaient les précieuses cargaisons d'encens et de myrrhe du sud de l'Arabie est une station balnéaire connue avec ses 360 jours de soleil assuré, ses fonds marins, ses migrations d'oiseaux et ses randonnées. Plus au nord, les kibboutz de la vallée de l'Arava – une partie du grand rift – et leurs innovations agricoles en milieu désertique intéressent les voyageurs soucieux de développement durable.

Le long de l'antique route commerciale de la mer Rouge à la Méditerranée, le visiteur marche dans les pas des Nabatéens, qui ont édifié des cités telles Pétra (en Jordanie, aisément accessible d'Eilat), mais aussi Avdat, Shivta ou Mamshit, inscrites au patrimoine mondial. Nichée en plein désert telle une tour de guet au bord d'un cratère (*makhtesh*), Mitzpe Ramon aimante littéralement le voyageur.

Quand partir
Eilat

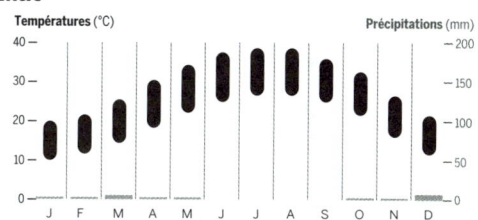

Mars-mai, fin sept-nov Soleil en journée, fraîcheur le soir : idéal pour les treks dans le désert.

Août Le festival de jazz de la mer Rouge agrémente l'été à Eilat.

Déc-fév Des pluies torrentielles occasionnelles peuvent créer des cascades dans le parc d'Ein Avdat.

À ne pas manquer

1 Les ruines de l'ancienne cité nabatéenne d'**Avdat** (p. 334) sur la route de l'encens.

2 Une randonnée dans le **parc national d'Ein Avdat** (p. 335), ponctuée de sources, bassins naturels et cascades.

3 La production viticole, et tout un art de vivre, au fil de la **route des vins de Ramat Hanegev** (p. 337).

4 Une randonnée colorée dans le plus grand cirque karstique au monde, le **Makhtesh Ramon** (p. 338).

5 La vie en harmonie avec le désert dans les kibboutz de l'**Arava** (p. 343).

6 La plongée et le snorkeling entre les splendides récifs coralliens d'**Eilat** (p. 347).

Géographie

Le désert du Néguev s'étend au sud du pays, entre le Sinaï égyptien à l'ouest et la Jordanie à l'est, le golfe d'Aqaba (mer Rouge) le bordant à son extrémité sud. Couvrant 12 800 km², il occupe plus de la moitié de la superficie d'Israël, mais, en raison de sa nature désertique (*neguev* signifie en hébreu "terre sèche"), il abrite moins de 10% de la population du pays.

Au sud de la plaine de Beer Sheva, le Néguev central est constitué de montagnes dépassant 1 000 m d'altitude et de plateaux où des dépressions rocailleuses, les *makhteshim*, qui créent des paysages quasi lunaires. Ces cratères, au nombre de cinq – le plus imposant étant le Makhtesh Ramon – constituent des phénomènes géologiques uniques au monde : ce sont d'immenses vallées érodées, cernées de falaises pentues, essentiellement calcaires, et drainées par un unique cours d'eau. D'anciennes coulées de laves, des argiles et de nombreuses autres roches confèrent au Néguev sa riche palette de couleurs.

Le Néguev a un climat désertique, les précipitations ne dépassent pas 300 mm par an au nord pour se réduire à 30 mm à Eilat.

Histoire

Le Néguev fut, à partir du IVe siècle av. J.-C., la terre des Nabatéens, peuple nomade dont la capitale se trouvait à Pétra (Jordanie). Villes, forteresses et caravansérails jalonnaient leur principale route marchande menant de Pétra jusqu'aux ports de la Méditerranée. Au IIe siècle de notre ère, toutes les villes nabatéennes furent annexées à la province romaine d'Arabie, puis furent abandonnées après la conquête arabe au VIIe siècle.

La région fut le domaine des Bédouins jusqu'à la colonisation israélienne. Lors du plan de partage de la Palestine, l'attribution de la majeure partie du désert du Néguev aux Juifs constitua l'un des enjeux du conflit israélo-arabe de 1948. Israël sortit victorieuse de cet affrontement et étendit son territoire dans le Néguev. Dispersés par la guerre, les Bédouins, au nombre de 60 000 en 1947, n'étaient plus que 11 000 en 1953. Aujourd'hui, ils sont environ 180 000 (25% de la population de la région), qui ont pour la plupart abandonné leur mode de vie traditionnel et se sont installés dans des villes nouvelles construites à leur intention à partir des années 1960, ou dans des campements considérés comme illégaux (et ne recevant, de ce fait, ni l'eau ni l'électricité, et dépourvus de structure éducative ou médicale).

Dès les premières années qui suivent l'indépendance d'Israël, le Néguev est au cœur de la politique de développement du pays. Israël entame alors la construction d'un canal pour dévier les eaux du Jourdain afin de permettre le développement d'une agriculture et le peuplement de la région, ce qui entraîne un déploiement des forces armées syriennes. En 1964 est construit le National Water Carrier, un vaste réseau de canaux reliant le lac de Tibériade au nord-ouest du Néguev, et permettant essentiellement les cultures d'oasis. Aujourd'hui, des gisements d'eau fossiles, essentiellement saumâtres, sont aussi exploités. Ainsi surgissent au milieu des paysages arides d'immenses oasis, des champs de blé, des pâturages et des serres où poussent tomates, salades ou poivrons.

Beer Sheva באר שבע بئرالسبع

📷 08 / 203 600 HABITANTS

En approchant de Beer Sheva depuis le nord, le paysage se fait plus désertique. Objet d'un développement très rapide dans les années 1960, la ville s'agrandit toujours aujourd'hui et commence à attirer les visiteurs grâce au renouveau de sa vieille ville. Beaucoup de voyageurs n'y font néanmoins qu'une courte halte – généralement pour transiter entre le train qui arrive du nord et les bus qui repartent vers le sud, ou pour se rendre au site archéologique proche de Tel Beersheva. C'est pourtant la quatrième ville du pays et la capitale du Néguev. Elle abrite le plus grand hôpital de la région et l'université Ben Gourion, qui compte plus de 20 000 étudiants.

La population est jeune et le niveau de formation élevé, beaucoup d'étudiants, tant juifs que bédouins, s'installant ici après avoir terminé leurs études. Les technologies de pointe y sont un secteur très porteur. Plutôt que d'arpenter les centres commerciaux climatisés où les habitants se retrouvent en masse, prenez le temps d'aller grignoter des falafels ou boire un café dans la vieille ville restée très authentique. Musées et exemples d'architecture ottomane ponctuent ses ruelles. Malheureusement, le célèbre marché bédouin a fermé en 2017, après plus d'un siècle d'existence.

Beer Sheva

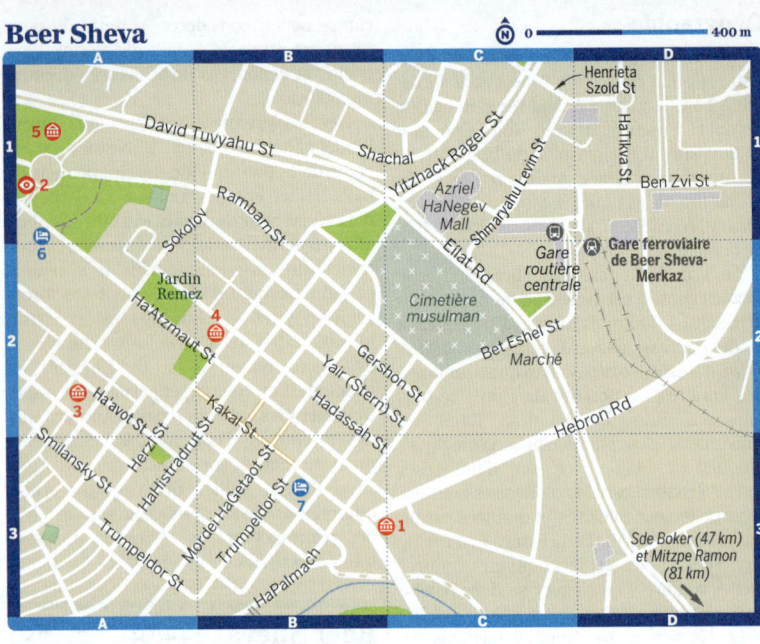

Histoire

Beer Sheva est une ville très ancienne, dont il est fait mention à plusieurs reprises dans l'Ancien Testament sous le nom de Bersabée. Aujourd'hui, il ne reste rien, ou presque, de cette époque. L'unique monument antique à avoir survécu est un puits situé dans la rue d'Hébron (Hebron Rd). Jusqu'à la fin du XIXᵉ siècle, Beer Sheva ne fut d'ailleurs guère plus qu'un ensemble de puits (d'où son nom censé signifier "puits du serment", "puits des sept" ou "septième puits") utilisés par les Bédouins, jusqu'à ce que les Ottomans entreprennent de développer la ville.

Pendant la Première Guerre mondiale, la ville fut prise par les forces alliées du général Allenby, après une charge de la cavalerie légère australienne. En 1948, l'armée égyptienne s'empara de Beer Sheva après la proclamation de l'État d'Israël, mais en octobre de la même année, les forces de défense israéliennes (IDF) la reconquirent, inaugurant une nouvelle ère d'immigration (dont beaucoup de Russes et d'Éthiopiens).

À voir

Quartier de travailleurs, la vieille ville un peu poussiéreuse réunit la majorité des lieux historiques de Beer Sheva. L'axe principal en est la rue Ha'Atzmaut. Parallèle, la rue Kakal forme un petit espace commerçant entièrement piétonnier. Situé à 1 km au sud-ouest de la gare routière et de la gare ferroviaire, le cœur historique est accessible à pied.

Musées d'Art du Néguev et des Cultures islamiques et proche-orientales   MUSÉE
(☎08-699-3535 ; www.negev-museum.org.il ; 60 Ha'Atzmaut St ; musée d'art adulte/enfant 20/10 NIS, 2 musées 35/20 NIS ; ◷10h-16h lun, mar et jeu, 12h-19h mer, 10h-14h ven-sam). Dans une belle demeure de 1906 qui fut celle du gouverneur ottoman se tiennent trois expositions par an. Dans la mosquée

ottomane construite la même année, avec des emprunts à l'architecture allemande, ont lieu des expositions annuelles consacrées aux cultures islamiques.

Gare ferroviaire turque ÉDIFICE HISTORIQUE
(Engine 70414 Compound ; ⏻ext 2, 08-623-4613 ; angle Eli David St et David Tuvyahu St ; mini-musée et voiture-salon tarif plein/réduit 30/20 NIS ; ⏺9h-17h dim-jeu, 9h-13h ven). Cet édifice de 1915 fait revivre la cité de l'époque ottomane, puis sous mandat britannique, et même la prise de la ville par la cavalerie de l'ANZAC pendant la Première Guerre mondiale à travers une formidable exposition de photos anciennes. La locomotive à vapeur exposée rappelle celles en circulation sur la ligne de Beer Sheva jusqu'en 1958. La visite donne accès à un mini-musée interactif, à une luxueuse voiture-salon de 1922 et au mémorial turc de la Première Guerre mondiale édifié en 2002. Plans et informations touristiques sur Beer Sheva à la billetterie.

Commonwealth War Cemetery CIMETIÈRE
(www.cwgc.org ; angle Ha'Atzmaut St et Hartzfeld St ; ⏺24h/24). Dans ce cimetière de la Première Guerre mondiale, reposent 1 241 soldats du Commonwealth dont 174 Australiens, 31 Néo-Zélandais et 67 combattants dont la dépouille n'a jamais été identifiée.

Negev Artists' House GALERIE
(⏻08-627-3828 ; 55 Ha'Avot St ; ⏺10h-13h30 lun-ven, 16h-19h30 lun-jeu, 11h-14h sam). **GRATUIT** Au sein de ce majestueux édifice de style colonial (1933), une galerie de quatre salles expose des œuvres d'artistes de la région.

Tel Beer Sheva SITE ARCHÉOLOGIQUE
(⏻08-646-7286 ; www.parks.org.il ; adulte/enfant 14/7 NIS ; ⏺8h-16h ou 17h, 8h-15h ou 16h ven, dernière entrée 1 heure avant fermeture). Inscrite au patrimoine mondial de l'Unesco en 2005 (tout comme les deux autres cités antiques de Galilée, Hazor et Megiddo) et site présumé de la biblique Bethsabée, Tel Beer Sheva fut une importante ville fortifiée du début de la période israélite (Xe siècle av. J.-C.). Magnifique exemple d'aménagement urbain de la période biblique, ce *tel* (du mot arabe *tall*, "colline") disposait d'un système de collecte des eaux comprenant cinq citernes souterraines creusées dans la roche, à utiliser en cas de siège.

À 7 km à l'est de la ville, près de la ville bédouine de Tel Sheva (tournez juste avant l'arche de bienvenue), le site est accessible grâce aux bus Metropoline nos10 et 15

(4,80 NIS, 30 min, 1-2 bus/heure) au départ de la gare routière centrale de Beer Sheva.

Beer Avraham MUSÉE BIBLIQUE
(Abraham's Well International Visitors Center ; ⏻08-623-4613 ; www.abraham.org.il ; 2 Hebron Rd ; visite guidée tarif plein/réduit 34/20 NIS ; ⏺8h30-17h dim-jeu, 9h-13h ven, dernière visite 1 heure avant fermeture). D'après la Bible, Dieu serait apparu à Isaac à Beer Sheva (Genèse 26, 23-25) après que son père Abraham y eut conclu un pacte avec Abimelech après l'appropriation d'un puits par ce dernier (Genèse 21, 25-34). Le centre international des visiteurs du prétendu puits d'Abraham, sis dans la cour et restauré à l'époque ottomane, consacre une visite guidée (45 minutes/1 heure) essentiellement tournée vers le premier des patriarches bibliques, avec un film de 15 minutes (en hébreu ou anglais, et sous-titrage en 7 langues).

En périphérie sud-est de la vieille ville.

Musée des Forces aériennes israéliennes MUSÉE
(⏻08-990-6888 ; Hatzerim ; adulte/enfant visite guidée comprise 30/20 NIS ; ⏺8h-16h30 dim-jeu). Sur le tarmac, une centaine d'avions historiques illustrent l'histoire forces aériennes israéliennes, parmi lesquels un Spitfire utilisé pendant la guerre de 1948, des Mig syriens et irakiens capturés, des avions de chasse et des hélicoptères d'attaque. Parmi les temps forts de la visite figurent l'histoire de Ron Arad (le pilote israélien capturé au Liban en 1986) et un hélicoptère qui transporta les présidents el-Sadate et Begin lors du traité de paix israélo-égyptien de 1979. Un film est projeté dans le Boeing 707 utilisé en 1991 pour l'opération Salomon qui achemina en Israël 14 000 Juifs éthiopiens.

Pendant les semaines de Pessah et de Soukkot, ces vieux avions reprennent du service et ceux des forces aériennes actuelles font des démonstrations.

En périphérie de la base aérienne de Hatzerim, soit 10 km à l'ouest de Beer Sheva. Le bus Dan BaDarom no40 ou 41 (aller-retour 9,50 NIS, 10 minutes, 2/heure) y mène depuis la gare routière centrale. Ayez sur vous votre passeport.

🛏 Où se loger

Hotel Aladdin HÔTEL $$
(⏻08-866-0828 ; www.aladdin-negev.com ; 1er étage, 25 Ha'Atzmaut St ; s/d 300/400 NIS ; ☎). Une bonne adresse si vous voulez vous loger dans la vieille ville, près des musées

EXCURSIONS À LA JOURNÉE AU DÉPART DE BEER SHEVA

Pour explorer le nord du Néguev et certains de ses sites attachés à la culture bédouine, Beer Sheva est un bon port d'attache.

Musée de la Culture bédouine (☎08-991-3322 ; www.joealon.org.il ; 15 NIS audioguide compris ; ⏱8h-16h dim-jeu). Ce musée, situé dans le Joe Alon Regional & Folklore Centre, promeut la culture et le patrimoine bédouins. Vêtements traditionnels, ustensiles de cuisine, outils et bijoux proviennent de deux collections – celle du kibboutz Lahav et celle du Musée bédouin, dans le sud du Sinaï – réunies par les anthropologues Orna et Avner Goren. Une tente accueille les visiteurs qui peuvent y prendre un café et discuter avec un Bédouin. À 27 km au nord-est de Beer Sheva, derrière (à l'ouest) le kibboutz Lahav.

Sidreh-Lakiya Negev Weaving (☎08-651-9883 ; www.sidreh.org ; maison 92, quartier 3, Lakiya ; visite 20 NIS ; ⏱9h-16h dim-jeu). Ce centre créé en 1991 dans le village de Lakiya vise à aider des Bédouines du Néguev à accéder à l'autonomie financière en perpétuant la tradition du filage et du tissage de la laine. Visites guidées (réservation indispensable) et vente de beaux tapis, coussins et accessoires fabriqués sur place. À 18 km au nord-est de Beer Sheva. Les panneaux indiquant "Negev Weaving" vous mèneront derrière la mosquée Abu Bakr, reconnaissable à son dôme jaune.

Parc national de Tel Arad (☎08-699-2444 ; www.parks.org.il ; adulte/enfant 14/7 NIS ; ⏱8h-16h ou 17h, 8h-15h ou 16h ven, dernière entrée 1 heure avant fermeture). Le parc renferme les vestiges d'une ville fortifiée cananéenne datant de l'âge du bronze ancien (3100-2650 av. J.-C.). L'endroit resta inhabité pendant presqu'un millénaire et demi avant d'être occupé par les Israélites à partir du XIe siècle av. J.-C. La ville fut à nouveau détruite au début du VIe siècle av. J.-C., cette fois par les Babyloniens. Le site comprend notamment les vestiges d'un temple israélite. Situé à 39 km à l'est de Beer Sheva.

et restaurants. Une famille veille sur ces 18 chambres impeccables contrastant avec les abords peu engageants.

Beit Yatziv AUBERGE DE JEUNESSE **$$**
(☎08-627-7444 ; www.beityatziv.co.il ; 79 Ha'Atzmaut St ; s/d 300/400 NIS, deluxe 450 NIS ; ⏱réception 7h-19h dim-jeu, 7h-11h ven ; 🅿🛜📺). Cette auberge de jeunesse qui fait partie d'un centre éducatif et culturel ne compte pas moins d'une centaine de chambres : 76 petites chambres standard avec lits jumeaux, réfrigérateur, TV et bouilloire, et 24 chambres "deluxe", plus grandes et plus récentes, équipées d'un bureau. Piscine ouverte aux résidents en juillet-août. Réservation par téléphone ou e-mail. Si la réception est fermée (notamment le samedi) et que vous avez prévenu, le gardien vous remettra la clé. Desservie par le bus n°13.

✗ Où se restaurer

Beit Ha'Ful ISRAÉLIEN **$**
(bet-aful.co.il ; 15 Ha-Histadrut ; plats à partir de 15 NIS ; ⏱8h-20h dim-jeu, 8h-14h ven ; ✍). Pour manger sur le pouce dans la vieille ville, rien ne vaut ce restaurant, que les habitants considèrent comme le meilleur spécialiste du *foul* (purée de fèves), qui prépare aussi

des sandwichs aux falafels et des *sabich* (pain plat fourré d'aubergines grillés, d'œufs durs, de salade et de sauce épicée à la mangue) corrects. On les déguste assis ou debout, à l'intérieur ou en terrasse.

Saba Jebeto SANDWICHS **$$**
(☎08-627 2829 ; www.sabajebeto.co.il ; 109 Rasco St ; plats 35-38 NIS ; ⏱9h30-24h dim-jeu, 9h30-16h ven, 19h-tard sam). Nommé d'après le père de Pinocchio, Geppetto, ce café situé dans le centre commercial Rusko City est célèbre pour ses sandwichs énormes et délicieux. L'épaisseur de la carte témoigne de la variété des ingrédients et assaisonnements possibles. Si vous aimez la viande, essayez le sandwich au rosbif. Les végétariens, quant à eux, apprécieront sans doute le sandwich au fromage bulgare et à la salade d'aubergines.

Arabica FUSION **$$**
(☎08-627 7801 ; www.arabica-rest.co.il ; 12 Herzl St ; plats à partir de 50 NIS ; ⏱8h30-16h dim-ven). Ce restaurant assez classe jouxte le Centre artistique pour la jeunesse, un hideux bâtiment au toit en pente revêtu de feutre vert. Sa cuisine rappelle davantage les États-Unis que le monde arabe, avec une carte de burgers, d'ailes de poulet et de steaks juteux. Des nouilles, pâtes et curries ajoutent une

touche d'exotisme, et l'Arabica propose aussi un bon choix de cocktails, de salades et de repas pour enfants.

Où prendre un verre

Manga BAR
(87 Yitzhak Rager St ; ☺20h-tard sam-jeu, fermé ven ; ☏). Les étudiants se retrouvent dans ce bar situé non loin du campus, face au centre médical Soraka, où il fait bon se relaxer entre amis sur la terrasse couverte en grignotant des sushis. À l'intérieur, la musique résonne à plein volume.

Smilansky BAR
(23 Smilansky St ; ☺17h-2h dim-jeu, 12h-2h ven-sam ; ☏). Avec son large choix de bières pression, de vins et de cocktails, ce bar à l'éclairage tamisé installé dans un vieux bâtiment ottoman marie Guinness et carpaccio. Belles assiettes de tapas, entre autres.

Achats

Lametayel LIVRES, ÉQUIPEMENT DE PLEIN AIR
(www.lametayel.co.il ; 8 Henrietta Szold St ; ☺10h-20h dim-jeu, 10h-14h ven). Pour se procurer guides, cartes et matériel de randonnée avant de s'aventurer dans le Néguev.

❶ Depuis/vers Beer Sheva

BUS

La gare routière centrale de Beer Sheva est le principal nœud de transports routiers du Néguev. Les bus desservent notamment :
Gare routière centrale de Tel-Aviv (bus Metropoline nos 369 et 370, 18,50 NIS, 1 heure 45, plusieurs bus/heure)
Jérusalem (bus Egged no 470, 34 NIS, 1 heure 45, 3 bus/heure)
Mitzpe Ramon (bus Metropoline nos 60, 64 et 65, 15 NIS, 1 heure 15, 2-4 bus/heure), via Sde Boker et Ein Avdat.
Mer Morte (bus Egged no 384, 27 NIS, 1 heure 30 jusqu'à Ein Bokek, 5 bus/jour dim-jeu, 3 bus/jour ven), via Arad.
Eilat (bus Egged nos 392, 393 et 397, 42,50 NIS, 3 heures 30, toutes les 1 ou 2 heures). Circule jusqu'au vendredi en fin d'après-midi et reprend le samedi en début d'après-midi.

TRAIN

Des trains directs relient la **gare ferroviaire de Beer Sheva-Merkaz** (www.rail.co.il) à Tel-Aviv (27 NIS, 1 heure 15, 2 trains/heure), à Haïfa (53 NIS, 2 heures 15, 1 train/heure), à Acre et à Nahariya. Le vendredi, le dernier train part à 13h16 en hiver et 15h16 en été ; le samedi, le service reprend après le coucher du soleil.

Hauts plateaux du Néguev
هضبة النقب   הר הנגב

Les hauts plateaux du Néguev (Ramat HaNegev) couvrent 20% du territoire israélien, regroupant de saisissants paysages désertiques, des kibboutz isolés, des vignobles raffinés et plusieurs sites nabatéens majeurs. Perchée au bord du *makhtesh* Ramon, la dynamique cité de Mitzpe Ramon peut parfois recevoir quelques flocons de neige au beau milieu de ce paysage lunaire.

Le long de la frontière égyptienne, la route 10 fermée aux civils pour des raisons de sécurité est parfois ouverte pour Pessah, Soukkot ou Hanoucca.

🛏 Où se loger

Khan Be'erotayim CAMPEMENT BÉDOUIN $$
(Be'erotayim Desert Lodge ; ☏08-655-5788 ; www.beerotayim.co.il ; 2 km au nord-ouest d'Ezouz ; demi-pension adulte/enfant 3-13 ans 295/165 NIS). À 360 m d'altitude, non loin de la frontière égyptienne, ce campement écologique au milieu de nulle part est idéal pour se détendre et contempler les étoiles. De vastes bungalows en adobe, avec tapis sur le sol et poêle à bois, accueillent les hôtes du caravansérail qui partagent les salles de bains. Chaises et tables ont été fabriquées par des Bédouins du Sinaï. Les repas sont préparés à partir de produits locaux, et l'électricité est exclusivement solaire. Méharées guidées (adulte/enfant 80/60 NIS l'heure).

À 85 km au sud-ouest de Beer Sheva et à 14 km au sud de Nitzana.

❶ Depuis/vers les hauts plateaux du Néguev

Les bus Metropoline nos 60 et 64, qui relient Beer Sheva à Mitzpe Ramon, effectuent des arrêts près de chaque site de la route 40, notamment au kibboutz Sde Boker, au campus Midreshet Ben-Gurion et au parc national d'Ein Avdat.

Sde Boker   سديه بوكير   שדה בוקר
🎵 08 / 2 230 HABITANTS
Le kibboutz Sde Boker doit sa célébrité à David Ben Gourion, le premier Premier ministre d'Israël (1948-1963), qui s'y retira à la fin de sa vie. Sa modeste demeure est aujourd'hui un lieu de pèlerinage pour les écoliers israéliens. Le kibboutz fut fondé en 1952 par de jeunes pionniers qui voulaient élever du bétail dans le désert, d'où son nom qui signifie "champ des cow-boys".

LA ROUTE DE L'ENCENS

Pendant des siècles, les Nabatéens controlèrent les routes commerciales, très fructueuses, qu'empruntaient les caravanes entre l'Arabie, d'une part, et les empires grec et romain, d'autre part. Ce peuple nomade originaire du nord de la péninsule Arabique s'installa dans le Néguev aux alentours du IVe siècle av. J.-C.

Les terres des Nabatéens passèrent sous domination romaine au tout début du Ier siècle av. J.-C. Un processus d'assimilation culturelle s'enclencha alors : les Nabatéens adoptèrent le calendrier géorgien, établirent des villages permanents et finirent par embrasser le christianisme. Ils parlaient une forme d'araméen, la *lingua franca* de la région, et étaient d'innovants ingénieurs. Maîtres de la survie en milieu désertique hostile, ils mirent au point des méthodes d'irrigation sophistiquées encore utilisées aujourd'hui et leurs rois aimaient impressionner leurs invités en gaspillant de l'eau devant eux.

Autrefois, la route de l'encens et des épices des Nabatéens s'étendait du Yémen et d'Oman, dans la péninsule Arabique, à la Méditerranée, en passant par ce qui est maintenant l'Arabie saoudite, la Jordanie (Pétra) et Gaza. Sur le trajet des caravanes, les villes d'Avdat, de Mamshit, de Shivta et de Haluza, dans le Néguev, prospérèrent, tandis que l'agriculture fleurissait dans les oueds asséchés des alentours. Les vestiges de trois de ces villes sont inscrits au patrimoine mondial de l'Unesco depuis 2005, sous l'appellation collective "route de l'encens - villes du désert du Néguev".

Avdat (Obodat)

Magnifiquement conservée, cette cité ancienne, à 650 m au-dessus du niveau de la mer, domine le désert. Nommée en hommage au monarque nabatéen Obodas Ier, Avdat fut construite au IIIe siècle av. J.-C. C'était à l'origine une halte pour les caravanes parties de Pétra et se rendant sur la côte méditerranéenne. Prospère pendant toute la période byzantine, la ville fut désertée après un séisme en 630 et la conquête musulmane du Néguev en 636.

Achetez les billets au **centre des visiteurs** (☎08-655-1511 ; www.parks.org.il ; adulte/enfant 18/14 NIS ; ☉8h-16h ou 17h, 8h-15h ou 16h ven, dernière entrée 1 heure avant fermeture) près de la station-service, où est diffusée une vidéo de 10 minutes (disponible en 10 langues) sur la route de l'encens. Visitez ensuite les bains de l'époque byzantine à proximité, avant de grimper (en voiture ou à pied, mais le sentier est pentu) jusqu'à l'ancienne ville. Parmi les vestiges, vous reconnaîtrez des thermes romains, des catacombes, plusieurs églises du IVe siècle, un atelier de potier et un pressoir à vin byzantin.

Niché dans un environnement désertique spectaculaire – le Wadi Tzin et le parc national d'Ein Avdat sont juste à côté –, le campus universitaire Midreshet Ben-Gurion, à 5 km de route au sud-ouest, est réputé pour ses recherches sur l'environnement désertique, l'agriculture en milieu aride et l'énergie solaire. Il dépend de l'université Ben Gourion du Néguev située à Beer Sheva.

🔴 À voir

Maison de Ben Gourion MAISON-MUSÉE
(☎08-656-0469 ; www.bgh.org.il ; kibboutz Sde Boker ; tarif plein/réduit 20/15 NIS ; ☉8h30-16h dim-jeu, 8h30-14h ven, 10h-16h sam). Comme l'avait demandé le père fondateur d'Israël dans son testament, la modeste maison du kibboutz où il finit ses jours avec sa femme Paula est restée inchangée. La visite commence par le salon au simple mobilier des années 1950-1960 pour s'achever par la

bibliothèque de 5 000 livres, avec une carte murale de 1952 montrant les frontières d'Israël après 1948. Ben Gourion lisait neuf langues, dont le grec qu'il avait appris seul pour lire des ouvrages de philosophie. Sur une table basse se trouve un livre au titre révélateur : *Vivons dans la paix et l'amitié*.

Deux films illustrent la vie du grand homme : le premier (12 min) évoque sa détermination farouche à œuvrer pour la création d'un État juif ; le second (15 min) s'attarde sur les défis qu'il dut relever en tant que leader politique.

En périphérie sud du kibboutz Sde Boker ; quittez la route 40 à la station-service Delek.

Tombe de Ben Gourion MÉMORIAL
(Midreshet Ben-Gurion ; ☉24h/24). Les tombes de David (1886-1973) et de Paula (1892-1968) Ben Gourion se trouvent au sommet d'une falaise, dans un cadre sublime dominant

Située sur la route 40, Avdat se trouve à 10 km au sud de Sde Boker (Midreshet Ben Gourion) et à 23 km au nord de Mitzpe Ramon. Les bus Metropoline nᵒˢ64 et 65 reliant Beer Sheva (15 NIS, 45 min) à Mitzpe Ramon (11,50 NIS, 12 min) passent par le site à raison de 2 bus/heure du dimanche au jeudi et d'un bus toutes les heures le vendredi jusqu'en fin d'après-midi.

Mamshit

La plus petite mais aussi la mieux conservée des villes nabatéennes d'Israël est **Mamshit** (☎08-655-6478 ; www.parks.org.il ; adulte/enfant 22/9 NIS ; ☺8h-16h ou 17h, 8h-15h ou 16h ven, dernière entrée 1 heure avant fermeture). Fondée au Iᵉʳ siècle av. J.-C., elle devint au IVᵉ siècle la seule ville entièrement fortifiée du Néguev. Les fouilles ont mis au jour des réservoirs, des tours de guet, deux églises du IVᵉ siècle et des cimetières romains et byzantins. Admirez le grand pavement en mosaïque dans la cour de l'église Saint-Nilus.

Mamshit se trouve sur la route 25, à 8 km au sud-est de Dimona. Tous les bus assurant la liaison entre Beer Sheva et Eilat via Dimona (par exemple le bus nᵒ397, 21,50 NIS, 30 min) peuvent vous déposer au bout de la route d'accès au site, soit à 1 km de l'entrée.

Shivta (Subeita)

La fondation de la plus isolée des cités nabatéennes, **Shivta** (☎050-738-3802 ; www.parks.org. il ; aube-crépuscule GRATUIT), remonte au Iᵉʳ siècle av. J.-C., tout début de la présence romaine. Ses ruines bien préservées datent de la période byzantine (Vᵉ-VIIᵉ siècles), lorsqu'elle représentait une étape importante sur la route des caravanes entre l'Égypte et l'Anatolie. Parmi elles figurent trois églises, des maisons, des rues pavées et un impressionnant système d'irrigation.

Shivta se trouve à 60 km au sud-ouest de Beer Sheva, à 8 km au sud de la route 211.

Pour profiter pleinement du splendide isolement du site, passez la nuit dans le **B&B** (www.nabato.co.il ; d petit-déj inclus 420-550 NIS sept-mai, 380-480 NIS juin-août) qui occupe un bâtiment en pierre édifié dans les années 1930 par une équipe anglo-américaine d'archéologues.

La base militaire du corps d'artillerie de Shivta, à 5 km au nord, est reliée à Beer Sheva par le bus Metropoline nᵒ44 (13 NIS, 3-5 bus/jour dim-ven). Ami, le propriétaire du B&B, vient volontiers chercher ses hôtes à l'arrêt de bus.

le Wadi Tzin (Zin) et la plaine d'Avdat. Un parc regroupant des plantes du désert a été aménagé près des sépultures, que fréquentent des bouquetins.

💙 **Parc national d'Ein Avdat**   PARC NATUREL (☎08-655-5684 ; www.parks.org.il ; adulte/enfant 28/14 NIS ; ☺8h-16h hiver, 8h-17h été, fermeture 1 heure plus tôt ven). Ein Avdat est une bizarrerie de la nature au milieu du désert : toute l'année, une source d'eau douce s'écoule par une cascade dans un étroit et abrupt ravin de craie blanche. Le long de son sinueux parcours s'égrainent des grottes habitées par des moines à l'époque byzantine. Afin de préserver l'habitat de la faune locale (des bouquetins notamment), il est interdit de nager et de patauger dans le ravin.

Le parc dispose de deux entrées : au nord, la falaise Zinim fait face à la grande porte jaune de Midreshet Ben-Gurion ; au sud, sur la route 40, à 4 km au nord des ruines nabatéennes du parc national d'Avda – entrée par laquelle on accède à de beaux points de vue, sans pouvoir descendre dans l'oued. En dehors des zones de pique-nique indiquées, il est interdit de manger dans le parc. Toilettes uniquement à chacune des entrées et au parking inférieur situé à 3 km de l'entrée nord.

Les deux principaux itinéraires de randonnée partent du parking inférieur. Le **sentier court** (partez au plus tard 1 heure 30 avant la fermeture du parc) est une boucle de 1,6 km qui passe par le bassin et la cascade d'Ein Avdat. Le **sentier long** (départ au plus tard 2 heures 30 avant la fermeture du parc) mène en 7 km jusqu'à l'entrée sud ; il comprend des échelles que l'on peut monter mais pas descendre, si bien qu'on ne peut parcourir cet itinéraire que dans un sens. Pour le retour, on trouve aisément un bus

CHÈVRES DE MONTAGNE

Les hauts plateaux du Néguev sont le terrain d'élection des chèvres de montagne depuis des milliers d'années. Traditionnellement associées au pastoralisme bédouin, elles sont désormais élevées dans des fermes israéliennes et la vente de produits à base de lait de chèvre fleurit le long des routes, notamment sur la route des vins. Voici deux exploitations respectivement situées à 12 km et à 15 km au nord de Sde Boker.

À la **Naot Farm** (☎054-421-8789 ; www.naotfarm.co.il ; Rte 40 ; ☺aube-crépuscule) qui élève des chèvres, on peut librement se promener dans la laiterie (traite à 6h et 15h) et une boutique vend les produits de la ferme : *labneh* (yaourt épais), *dulce de leche* et fromages (180-200 NIS/le kilo), plus quelques vins locaux. Il est possible d'y séjourner dans 5 bungalows bénéficiant d'une vue splendide sur le désert. À 3 km au sud de l'embranchement pour Tlalim, à 400 m à l'ouest de la route 40.

La **Kornmehl Farm** (☎08-655-5140 ; www.kornmehl.co.il ; Rte 40 ; plats 44-66 NIS ; ☺10h-18h mar-dim ; ☒) possède un cheptel de 60 chèvres. Une cabane en forme de wagon d'où l'on peut admirer le paysage a été aménagée pour accueillir ses hôtes autour d'un plateau de fromages, de pizzas et calzones au chèvre, plus une rafraîchissante boisson au yaourt maison. À 2,5 km au sud de l'embranchement pour Tlalim, à l'est de la route 40.

LE NÉGUEV HAUTS PLATEAUX DU NÉGUEV

près de l'entrée sud en direction du nord ou du sud. Un troisième itinéraire plus long (15 km, 6-7 heures de marche) mène à une source d'eau douce (baignade autorisée), **Ein Akev**, située de l'autre côté du Wadi Zin.

Le printemps et l'automne sont les meilleures saisons. Le personnel du parc vous fournira des cartes et les renseignements nécessaires sur les randonnées possibles.

🏃 Activités

Geofun Desert Cycling VÉLO
(☎08-655-3350 ; www.geofun.co.il ; Midreshet Ben-Gurion ; VTT adulte/jeune 80/60 NIS/jour ; ☺9h-18h lun-jeu, 9h-14h ven, fermé sam-dim). Basé dans la petite galerie marchande de Midreshet Ben-Gurion, Geofun loue des vélos, effectue des réparations et vend du matériel cycliste. Le personnel vous aidera volontiers à organiser votre excursion. Cartes disponibles.

🛏 Où se loger

Sde Boker
Field School AUBERGE DE JEUNESSE, PENSION $
(☎08-653-2016 ; sdeboker.co.il ; Midreshet Ben-Gurion ; auberge s/d à partir de 240/290 NIS, pension s/d à partir de 320/420 NIS, 110 NIS/enfant supp ; 📶). Les 68 chambres du centre d'étude de l'environnement de Sde Boker, à la lisière du Wadi Zin, sont divisées en deux parties. L'auberge de jeunesse est souvent remplie de groupes scolaires bruyants ; les chambres de 6 lits sont petites et rudimentaires, mais propres et équipées d'une bouilloire. Un petit peu plus confortables, les chambres de

la Hamburg House Guesthouse disposent de matelas en mousse, de la TV, d'une bouilloire et d'un réfrigérateur.

Accès Wi-Fi dans l'entrée. De mi-mai à septembre, les résidents ont accès aux piscines alentour. Si vous randonnez, le personnel vous fournira, outre le pique-nique, d'utiles renseignements.

Krivine Guesthouse B&B $$
(☎052-271-2304 ; www.krivine-guesthouse. com ; n°15, Neve Tzin Neighbourhood, Midreshet Ben-Gurion ; d/qua 550/750 NIS, supp 50 NIS/pers week-end et jours fériés). Tenue par un binôme franco-anglais, cette pension située au bout d'une allée résidentielle paisible compte trois suites avec terrasse et une chambre. Œuvres d'art originales aux murs et agréable espace commun.

🍴 Où se restaurer

Typique des années 1970 par le style, le centre commercial de Midreshet Ben-Gurion réunit un café-traiteur haut de gamme, une pizzeria, un restaurant de falafels, une boulangerie (succursale de Lasha, établissement réputé de Mitzpe Ramon) et un supermarché. Tous les restaurants sont fermés le vendredi soir, le samedi et les jours fériés juifs.

ℹ Renseignements

Sde Boker Field School Field Study Center (centre d'étude de l'environnement ; ☎08-653-2016 ; sdeboker.co.il ; Midreshet Ben-Gurion ; ☺8h-16h30 dim-jeu). Compétents, les guides de ce centre vous renseigneront sur les randonnées à faire dans le désert, ainsi que sur les mammifères, reptiles et oiseaux de proie locaux. Visite du serpentarium sur réservation téléphonique (adulte/enfant 10/7 NIS).

❶ Depuis/vers Sde Boker

Les bus Metropoline n°s60 et 64 (2-3/jour) reliant Beer Sheva (13 NIS, 40-50 min) et Mitzpe Ramon (13 NIS, 40 min) font halte au kibboutz Sde Boker, à la maison de Ben Gourion, à la porte principale de Midreshet Ben-Gurion et à la station-service en contrebas des ruines d'Avdat. Le bus n°65 est deux fois plus rapide mais s'arrête uniquement sur les grands axes. Signalez à l'avance au chauffeur où vous souhaitez descendre. Aucune de ces lignes ne fonctionne pendant le shabbat.

Mitzpe Ramon

متسبي رمون   מצפה רמון

♫ 08 / 5 000 HABITANTS

En hébreu, *mitzpe* signifie "tour de guet", de sorte que Mitzpe Ramon, perchée de façon spectaculaire à l'extrémité nord du "Grand Canyon" d'Israël – le *makhtesh* Ramon (voir encadré p. 338) – porte bien son nom. Les vues à couper le souffle sur ce phénomène géologique unique attirent un flot continu de visiteurs. Cette petite ville, et surtout le Spice Route Quarter, déborde d'une énergie innovante, et est bien équipée en infrastructures touristiques.

Les vastes espaces alentour, loin de la foule et des lumières de la ville (parfait pour

---

VAUT LE DÉTOUR

LA ROUTE DES VINS DE RAMAT HANEGEV

Ces dernières années, les vallées et les collines entre Mitzpe Ramon et Beer Sheva se sont couvertes de vignobles. Il s'agit des premières tentatives pour faire pousser du raisin dans les terres du Néguev depuis l'époque des Nabatéens, qui produisirent du vin à Shivta et à Avdat. Grâce à d'anciennes techniques nabatéennes et à une irrigation informatisée, les viticulteurs ont réussi à transformer des zones arides en terres fertiles.

Située sur le kibboutz du même nom, la **Sde Boker Winery** (kibboutz Sde Boker ; ☻8h30-16h dim-jeu, 8h30-14h ven, 10h-16h sam) a été fondée en 1999, en association avec l'université hébraïque d'agriculture de Rehovot, pour tester la possibilité de faire pousser du raisin avec de l'eau saumâtre. Le vigneron Zvi Remak, originaire de San Francisco, se concentre sur la fabrication de vins rouges artisanaux vieillis en tonneau issus de cépages cabernet sauvignon et merlot. Vous pouvez goûter ses vins au centre d'accueil des visiteurs, à côté de la maison de Ben Gourion.

Nichée dans une vallée abondamment plantée d'oliviers et d'arbres fruitiers et cernée par des pentes rocailleuses, la **Carmey Avdat Winery** (☏08-653-5177 ; www.carmey-avdat.co.il ; Rte 40, près du parc national d'Avdat) est un vignoble familial situé sur les ruines d'un ancien village agricole. Fondé en 1998, il produit du rosé, du merlot, du cabernet sauvignon et un assemblage de cabernet sauvignon et merlot. Des fromages et divers produits locaux sont en vente à la boutique. C'est aussi un bel endroit où passer quelques nuits (d 156-237 $). Sur le thème de la vie dans le désert, 6 bungalows rustiques bénéficient de beaux points de vue sur le désert, d'une cuisine et d'un petit bassin privatif. Le petit-déjeuner est apporté aux hôtes.

Les effluves entêtants du vin rouge embaument la cave coopérative de la **Boker Valley Vineyards Farm** (☏052-862-2930, 052-578-6863 ; www.bokerfarm.com ; rte 40), où l'on peut déguster 7 vins locaux pour 25 NIS (dégustation gratuite si vous achetez une bouteille). La ferme est tenue par une accueillante famille israélo-néerlandaise, qui cultive également des olives et des fruits (pour confitures) et vend entre autres produits locaux du fromage. Cinq bungalows en bois (d 165 $), rustiques mais confortables, sont répartis sur le versant rocailleux de la colline. Pouvant accueillir de 2 à 5 personnes, ils disposent chacun d'un hamac, d'une kitchenette et d'un barbecue extérieur. Les hôtes adorent le spa et les petits-déjeuners maison, délicieux. La ferme se trouve à 5 km au nord du kibboutz Sde Boker sur la route 40, sur le côté ouest de la route, entre les carrefours de Telalim et de Halukim.

Parmi les autres vins locaux proposés en dégustation figurent ceux produits par Ashba, Derech Eretz, Nana (essayez son chardonnay), Ramat Negev, Rota et Rujum. Pour plus d'informations sur la région de Ramat Hanegev, rendez-vous sur www.negevtour.co.il.

LE NÉGUEV MITZPE RAMON

contempler les étoiles), conviennent tout autant aux voyageurs en quête de solitude qu'aux amateurs d'activités sportives.

Bien que située au cœur du désert, Mitzpe Ramon est aussi l'un des lieux les plus froids d'Israël, en raison de son altitude (900 m au-dessus du niveau de la mer). Prévoyez des vêtements appropriés.

◉ À voir

La zone la plus dynamique de Mitzpe Ramon, le **Spice Route Quarter** (quartier de la route des épices), est un groupe de hangars et d'entrepôts bâtis il y a plusieurs dizaines d'années dans une zone industrielle. C'est ici que se concentre aujourd'hui l'énergie créatrice, entre ateliers artisanaux ou d'artistes, petits hôtels de charme, studios de yoga, cafés et pubs. Sans oublier un musée du tissage, une merveilleuse boulangerie et un club de jazz renommé dans tout le pays.

♥ Réserve naturelle de Makhtesh Ramon
SITE PROTÉGÉ

(www.parks.org.il ; ⊘24h/24) GRATUIT Parfois décrite comme la version israélienne du Grand Canyon, Makhtesh Ramon est la plus vaste zone protégée du pays. Elle se prête particulièrement aux activités de plein air avec un grand nombre de sentiers conçus pour la randonnée, le VTT et les balades à cheval, mais aussi des falaises, idéales pour les descentes en rappel. Composé de grès multicolore, de roches volcaniques et de fossiles, ce cirque d'érosion karstique forme un gigantesque cratère atteignant 500 m de profondeur, 8 km de large et 40 km de long. À 300 m du centre d'accueil des visiteurs, le belvédère, en surplomb au-dessus du vide, offre le meilleur point de vue.

Centre d'accueil des visiteurs du Makhtesh Ramon
MUSÉE, INFORMATIONS

(☏08-658-8691 ; www.parks.org.il ; adulte/enfant 28/14 NIS ; ⊘8h-16h ou 17h, 8h-15h ou 16h ven, dernière entrée 1 heure avant fermeture). Perché au bord du *makhtesh*, ce centre d'accueil des visiteurs fournit d'excellentes informations sur la réserve naturelle de Makhtesh Ramon, la faune locale et les possibilités d'activités en plein air. Il abrite également un musée composé de quatre espaces d'exposition, notamment une exposition en 3D sur la création du *makhtesh* et un documentaire sur les animaux du désert. Plus inattendue, l'exposition interactive consacrée à Ilan Ramon, le premier astronaute israélien, mort dans l'accident de la navette

Columbia en 2003. Visites guidées (1 heure, 4/heure, certaines en anglais).

Point de vue
NATURE

(Nahal Grofit St ; ⊘24h/24). Le Makhtesh Ramon se déploie ici sous vos yeux ébahis, non loin de bouquetins gambadant gentiment au bord de la falaise.

Bio Ramon
RÉSERVE NATURELLE

(www.parks.org.il ; adulte/enfant 22/9 NIS ; ⊘8h-16h ou 17h, 8h-15h ou 16h ven). Ce tout petit parc permet d'observer des créatures du désert que l'on ne verrait pas en liberté, à savoir des espèces nocturnes et/ou menacées. Cette approche intégrée de la géologie, de la flore et de la faune reproduit les six habitats des insectes, mammifères et reptiles vivant dans le désert du Néguev. Parmi les locataires du lieu (tous des rescapés) : des serpents (venimeux pour la plupart), des scorpions, des tortues, des rongeurs (comme le gros rat des sables), des lézards (comme le fouette-queue), des hérissons, des porcs-épics et des hiboux. Un film court (en 4 langues) montre comment certaines espèces survivent dans des conditions extrêmes. 25% de réduction sur présentation du billet du centre d'accueil des visiteurs de Ramon.

EthnoCenter
MUSÉE ETHNOGRAPHIQUE

(☏052-882-3895 ; www.ethnocenter.co.il ; Spice Route Quarter ; visite guidée adulte/enfant 25/15 NIS ; ⊘10h-22h lun-sam). Géré par une sympathique famille originaire du Daghestan, ce musée d'une seule pièce présente, démonstrations à l'appui, les techniques de tissage et de teinture utilisées pour fabriquer les tapis traditionnels du Caucase.

🏃 Activités

Certains des meilleurs itinéraires de randonnée du pays, dont une partie de l'Israel Trail, se trouvent autour de Mitzpe Ramon. Vous aurez le choix entre : une descente facile dans le *makhtesh* par le **Green Trail** (5,5 km, 2 heures 30 aller), qui passe par le seul endroit où il est autorisé d'emporter du sable coloré ; une randonnée assez difficile jusqu'à un ancien **mur d'ammonites** (5-6 heures aller) ; un superbe trek de Mitzpe Ramon à la **citerne de Hemet** (16 km, 5 heures aller), lequel longe la falaise avant de descendre dans un canyon verdoyant et d'atteindre une citerne vieille de 4 000 ans.

Avant de randonner, passez par le centre d'accueil des visiteurs du Makhtesh Ramon pour les informations utiles.

Mitzpe Ramon

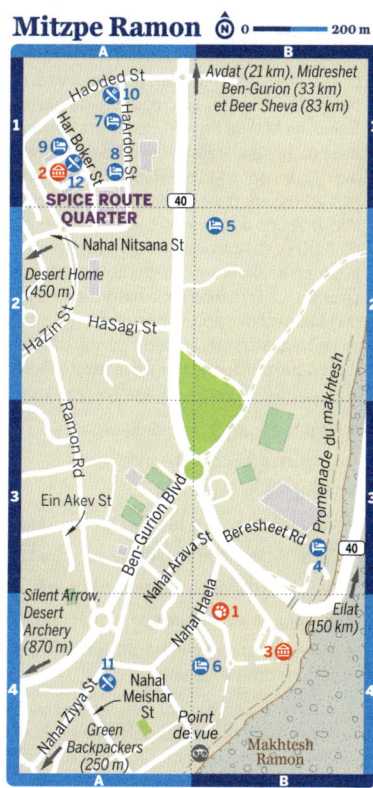

Mitzpe Ramon

Parmi les autres itinéraires de la région, citons : une boucle de 3,5 km vers **Wadi Ardon** ; une boucle de 7 km jusqu'au Wadi Ardon et au **Nekarot Horseshoe** et l'ascension difficile du **mont Ardon**, soit 5 à 6 heures aller-retour.

Shvil Net (www.shvilnet.net) publie une bonne carte au 1/40 000 couvrant la région de Makhtesh Ramon pour les cyclistes et les randonneurs. Vous pourrez vous la procurer au centre des visiteurs de Ramon (ci-contre).

Quelques sentiers ont été tracés dans le *makhtesh* : des cartes sont disponibles au centre d'étude de l'environnement de la SPNI (p. 340).

L'application gratuite Tiuli détaille la plupart des randonnées du pays, et notamment celles autour de Mitzpe Ramon. Cliquez sur la zone Central Negev ou tapez Makhtesh Ramon dans le moteur de recherche : outre des cartes et des itinéraires, vous trouverez des informations sur la géologie locale, la faune et la flore, et les références de guides locaux.

Alpaca Farm ÉQUITATION, ÉLEVAGE
(☎ 052-897-7010 ; www.alpaca.co.il ; 30 NIS, excursion à cheval 1 heure 30 175-195 NIS ; ♿). Voici une ferme bien peu ordinaire. Tout a commencé quand Ilan et Na'ama Dvir ont fait venir des Andes 188 lamas et alpagas

le climat de Mitzpe Ramon étant quasi similaire à celui des Andes. La production de laine s'est avérée peu rentable ; aujourd'hui, les visiteurs peuvent s'occuper des animaux andins et les nourrir, mais aussi découvrir les anciennes installations de production lainière.

La ferme propose aux débutants une promenade à cheval au bord du *makhtesh* (semaine/week-end 175/190 NIS, 1 heure 30), ainsi que des balades plus longues (semaine/week-end 300/450 NIS, 2 heures 30) sur les lignes de crêtes et sur un sentier dans le fond du *makhtesh* (semaine/week-end 600/900 NIS, 4 heures). Ces dernières ne s'adressent qu'aux cavaliers expérimentés. Des selles doubles sont disponibles pour ceux qui veulent chevaucher avec leurs enfants – lesquels paient moitié prix.

Des balades à dos de lamas sur le domaine de la ferme sont aussi proposées aux enfants de moins de 25 kg (20 NIS).

RANDONNÉES SUR LES HAUTS PLATEAUX DU NÉGUEV

Les sentiers de randonnée du Néguev révèlent une surprenante variété de paysages désertiques. Nous vous recommandons en particulier d'explorer les environs de Sde Boker, de Mitzpe Ramon, de Timna Park et d'Eilat. La SPNI (Société pour la protection de la nature en Israël) a ouvert des centres d'étude de l'environnement (*field schools*) avec logement à Mitzpe Ramon, à Eilat et à Hatzeva (au nord de la vallée de l'Arava). Ils s'adressent principalement aux groupes scolaires, mais vous pourrez y obtenir des informations actualisées sur les sentiers des environs et acheter des cartes de randonnée au 1/50 000. Autre source d'information : le personnel des auberges de jeunesse comme la Green Backpackers (ci-contre) de Mitzpe Ramon ou celui de la Sde Boker Field School (p. 336). La Direction de la nature et des parcs d'Israël, au centre d'accueil des visiteurs du Makhtesh Ramon, est également riche en informations et en cartes.

Le Néguev reste, en dépit de son développement rapide, un environnement rude. Il est donc indispensable de respecter les consignes de sécurité élémentaires :

➡ Avoir toujours sur soi une carte de randonnée de la SPNI au 1/50 000.

➡ Ne pas s'écarter des sentiers balisés.

➡ Emporter (et boire) beaucoup d'eau.

➡ S'enduire de crème solaire.

➡ Avoir la tête couverte et porter des lunettes de soleil.

➡ Partir tôt le matin et éviter le créneau 12h-15h comme de marcher en été.

➡ Éviter absolument les environs de la frontière israélo-égyptienne.

➡ Prévenir toujours quelqu'un de l'endroit où l'on se rend et ne jamais partir seul.

➡ En hiver, consulter impérativement les prévisions météo afin de ne pas être surpris par une crue soudaine.

Si vous vous perdez dans une zone couverte par le réseau téléphonique, composez le numéro d'urgence de l'Israel Nature & Parks Authority (*3639) pour savoir si un ranger se trouve dans les environs. Si vous avez besoin de secours, appelez le 100 (police).

Dans une vallée cachée à 3 km de Mitzpe Ramon, accessible par la piste en terre partant de l'extrémité du boulevard Ben-Gourion. Hébergement également (p. 342).

Desert Archery   TIR À L'ARC
(☎050-534-4598, 08-658-7274 ; www.desertar-chery.co.il ; 50 NIS/pers, minimum 4 pers). Cela ressemble à un parcours de golf, mais avec arc et flèches en place de clubs, et des ballons à la place des trous. Réservation indispensable. Près de l'auberge de jeunesse Silent Arrow.

iBex Excursions   À PIED, À VTT, À CHEVAL
(☎052-436-7878, 052-361-1115 ; www.ibexhotel.co.il ; 4 Har Ardon St, Spice Route Quarter). Aviva et Menachem organisent des excursions à VTT, à cheval ou à pied dans le *makhtesh* et sur les hauts plateaux du Néguev. Ils fournissent tous les renseignements nécessaires et assurent le transport des cyclistes et de leur équipement.

☞ Circuits organisés

❤ Astronomy Israel   ASTRONOMIE
(☎052-544-9789 ; www.astronomyisrael.com ; adulte/enfant 150/75 NIS ; ☺sam-jeu soir). Ira Machefsky organise des circuits de nuit (2 heures) pour découvrir le ciel le plus pur et le plus sombre d'Israël, à l'œil nu et à l'aide de télescopes. Ira a un grand sens de l'humour, et ses présentations bien aiguisées et théâtrales sont ponctuées de blagues, d'informations fascinantes et d'anecdotes musicales.

Yoash Limon   RANDONNÉE
(☎054-533-0948 ; www.yoashlimon.com). L'un des plus enthousiastes et expérimentés guides du Néguev, Yoash Limon, a travaillé comme garde forestier au monument national Bandelier (Nouveau-Mexique) et enseigne à l'école nationale de tourisme de Tel-Aviv. Passionné de randonnée et de descente en rappel, il conduit des sorties dans la région et des excursions en jeep.

Ramon Desert Tours
EN JEEP

(☎052-396-2715 ; www.ramontours.com ; excursion en jeep 2/4 heures 850/1 200 NIS/jeep). Ce prestataire expérimenté organise toutes sortes de circuits en jeep, d'une courte visite du *makhtesh* ou de la vallée du Zin à des excursions de plusieurs jours dans le désert.

Adam Sela
SPORTS D'AVENTURE

(☎050-530-8272 ; www.adamsela.com). Cette agence multiplie les moyens d'exploration du désert : jeep, VTT, trek et canyoning. Comptez 850/1 200 NIS pour 2/4 heures d'excursion en jeep pour 8 personnes.

Cameland
MÉHARÉES

(☎972-8-6552829 ; www.cameland.co.il ; méharée 1 heure/2 heures/4 heures 75/140/260 NIS). Cette ferme de chameaux propose un éventail de méharées dans le désert autour de Mitzpe. La ferme est située à 24 km de Beersheva, non loin de Mamshit (indications géographiques précises sur le site web).

🛏 Où se loger

Le choix d'hébergements est grand à Mitzpe Ramon et alentour, de la simple tente dans le désert aux hôtels de luxe. Les voyageurs à petits budgets peuvent parfois trouver des séjours "bénévoles" dans les lodges et auberges bon marché, en échangeant leurs services contre le logement et les repas.

Me'ever
AUBERGE DE JEUNESSE **$**

(☎08-949-5967 ; www.meeverland.com ; 4 Har Boker St, Spice Route Quarter ; dort 90 NIS sans petit-déj, d 250-360 NIS sans petit-déj ; 🕾). Géré en grande partie par des bénévoles, cet "espace créatif" installé dans un hangar de 1 000 m² accueille festivals, événements et ateliers alternatifs susceptibles de rassembler jusqu'à 600 participants. Il y a même un studio pour les cours de danse et d'expression corporelle. Autre avantage : quelques logements rudimentaires, soit un dortoir de 24 lits, un tipi intérieur et une cabane en adobe. Salles de bains communes.

Green Backpackers
AUBERGE DE JEUNESSE **$**

(☎08-653-2319 ; www.thegreenbackpackers.com ; 2/2 Nahal Sirpad St ; dort 88-100 NIS, d avec sdb privative/commune 385/285 NIS ; @🕾). Tenue avec enthousiasme par Lee et Yoash, deux passionnés de randonnée, cette chaleureuse auberge de jeunesse en périphérie de Mitzpe répond idéalement à qui souhaite se loger sans dépenser. Elle compte 24 lits, avec accès à un petit salon, à une cuisine commune et à une laverie (25 NIS/machine). Thé et café offerts ; petit-déjeuner basique pour 10 NIS.

Si vous arrivez par le bus, demandez à descendre à l'arrêt Nahal Sirpad/Har Gamal, qui se trouve juste en face.

Silent Arrow
LODGE **$**

(Hetz BaSheket ; ☎052-661-1561 ; silentarrow.com ; Mitzpe HaKochavim St ; dort/s/d/qua avec sdb commune 90/170/270/470 NIS sans petit-déj). Pour ceux qui recherchent le calme et la simplicité du désert, ce camping situé à 20 minutes à pied (1,5 km) de Motzpe propose des logements rudimentaires, un bloc sanitaire impeccable, une cour agréable, une cuisine commune tout équipée et un jardin d'herbes aromatiques. Choix entre la tente commune de 30 lits et les tentes privées. Électricité solaire exclusivement.

LE NÉGUEV MITZPE RAMON

QU'EST-CE QU'UN "MAKHTESH" ?

Généralement traduit par "cratère", parfois par "canyon", un *makhtesh* est en fait un cirque d'érosion. En d'autres termes, c'est une grande dépression asymétrique que l'érosion a créée à mesure que l'océan qui s'étendait autrefois à la place du Néguev s'est transformé en désert. Fournissant un aperçu de la croûte terrestre, les *makhteshim* que l'on trouve dans le Néguev et le Sinaï (Égypte) sont des formations géologiques considérées comme uniques en leur genre, chacun d'eux étant drainé par un oued (wadi).

On dénombre trois grands *makhteshim* en Israël :

Le plus grand *makhtesh* au monde (40 km sur 9 km), **Makhtesh Ramon**, au bord duquel est perchée la ville de Mitzpe Ramon.

Le **Makhtesh HaGadol** (grand *makhtesh*) dont l'accès se situe à environ 6 km au sud-est de la localité assoupie de Yeroham. La route 225 traverse le cratère, permettant d'admirer ses sables colorés.

Le **Makhtesh HaKatan** (petit *makhtesh*), quasi circulaire, qui se trouve non loin de la nationale reliant Dimona à la mer Morte (route 25). Les véhicules sont interdits à l'intérieur.

Desert Shade ÉCOLODGE **$**

(☎08-658-6229, 054-627-7413 ; www.desert-shade.com ; dort 90 NIS, tente s/d/tr/qua 180/280/360/445 NIS, moins cher en semaine ; 🖥). Situé au bord du *makhtesh* (la vue est extraordinaire, surtout au lever du soleil), le Desert Shade réunit différents types d'hébergement : une tente bédouine de 20 places, des dortoirs plus petits et des "écotentes" privatives en toile et murs de boue séchée. Un bâtiment séparé rassemble douches et toilettes. Les parties communes sont parfaites : agréable bar lounge, cuisine et aire de feu de camp au bord du cratère.

Le petit-déjeuner léger est facturé 30 NIS. Le lodge a son propre vignoble : n'oubliez pas de goûter leur assemblage rouge Rujum.

💙 **iBex Hotel** HÔTEL **$$**

(☎052-436-7878, 052-361-1115 ; www.ibexhotel.co.il ; 4 Har Ardon St, Spice Route Quarter ; s/d/ste 477/530/665 NIS, plus cher le week-end ; 🖥). Cyclistes émérites et conseillers avisés pour vos activités, Aviva et Menachem, les propriétaires du lieu, vous accueillent avec entrain dans 7 petites chambres à la thématique bédouine et 3 suites sur jardin avec kitchenette. Salon spacieux, et table à manger commune, sur laquelle ils servent un petit-déjeuner maison et un excellent café.

InnSense Suites BOUTIQUE-HÔTEL **$$**

(☎08-653-9595 ; www.innsense.co.il ; 8 Har Ardon St, Spice Route Quarter ; d dim-mer 500-650 NIS, jeu-sam 600-780 NIS, 37 $/enfant supp ; 🖥). Le premier boutique-hôtel de la ville a su tirer parti d'un bâtiment industriel du Spice Route Quarter. Les six suites en duplex sont immenses et décorées dans un style contemporain. Excellent restaurant sur place.

HI – Mitzpe Ramon
Youth Hostel AUBERGE DE JEUNESSE **$$**

(☎08-658-8443 ; mitzpe@iyha.org.il ; 4 Nahal HaEla ; dort/s/d 152/320/450 NIS ; ❖🖥). À 200 m du centre d'accueil des visiteurs du Makhtesh Ramon, cette vaste auberge borde quasiment le cratère, mais seules quelques-unes des 47 chambres ont vue dessus. Elle s'adresse principalement aux groupes. Excellent petit-déjeuner et chambres impeccables, avec TV, bouilloire et réfrigérateur.

Beresheet RESORT **$$$**

(☎08-569-8000, réservation 08-638-7799 ; www.isrotel.com ; 1 Beresheet Rd ; d 350-510 $, villa à partir de 700 $; 🖥🏊) Dominant le *makhtesh*, ce complexe hôtelier luxueux possède une piscine à débordement avec une superbe vue. Également une piscine intérieure, deux restaurants et un programme d'activités. Le buffet petit-déjeuner est renommé (150 NIS pour les non-résidents). Les chambres avec vue sur le cratère valent le supplément : au coucher du soleil, prendre l'apéritif sur leur balcon privé est un moment magique.

Le week-end, pendant les vacances ou l'été, un minimum de 2 ou 3 nuitées est parfois requis.

Desert Home B&B **$$$**

(Bait BaMidbar ; ☎052-322-9496 ; www.baitbamidbar.com ; 70 Ein Shaviv St ; d dim-mer 160 $, jeu et sam 170 $, ven 205 $; 🖥). En lisière d'un paisible quartier d'habitations, ce B&B s'adresse aux voyageurs qui apprécient leur confort. Chacune des 5 maisonnettes dotées d'une kitchenette est décorée avec des objets d'artisanat local. Vue sur le desert, bain à remous et petit-déjeuner de choix.

Alpaca Farm B&B **$$$**

(☎052-897-7010, 08-658-8047 ; www.alpacas-farm.com ; d 650-750 NIS ; 🖥). Les quatre chambres de ce B&B à flanc de colline sont spacieuses et confortables – TV, kitchenette et terrasse avec hamac. Les enfants adoreront les animaux sur place, dont des lamas, des alpagas, des chameaux et des chevaux. Minimum de 2 nuitées le week-end.

✘ Où se restaurer

Le Spice Route Quarter concentre l'essentiel des restaurants.

💙 **Lasha Bakery** BOULANGERIE **$**

(☎08-865-0111 ; www.lashabakery.com ; par Har Boker St, Spice Route Quarter ; ⏱9h-19h dim-jeu, 8h-15h environ ven). Cette excellente boulangerie est réputée dans tout le Néguev pour la qualité de ses pains à base de céréales complètes (blé, seigle, épeautre). Pâtisseries et *hallah* pour le shabbat également.

InnSense Bistro BISTROT **$$**

(MaMitzpa'it ; ☎08-653-9595 ; www.innsense.co.il ; 8 Har Ardon St, Spice Route Quarter ; plats 55-70 NIS ; ⏱8h30-22h30 mar-jeu et sam-dim, 8h30-12h et 17h30-22h30 ven, 8h30-12h lun ; 🖥🍴). À compter au nombre des rares tables ouvertes pendant le shabbat, le restaurant de l'hôtel InnSense sert une cuisine d'influence méditerranéenne d'un fort bon rapport qualité/prix. Le menu varie selon la saison, des pâtes au foie de poulet à la courge caramélisée ou au bœuf à la bière. Un adorable petit salon de thé vous accueille à l'étage. Réservation recommandée le vendredi soir.

HaKatze
ISRAÉLIEN $$

(☑ 08-659-5273 ; 2 Har Ardon St, Spice Route Quarter ; plats 50-65 NIS ; ⊙ 12h-20h ou 21h mer-lun ; 🖉). Les habitants apprécient cette table sans prétentions où l'on se régale d'une délicieuse cuisine maison : *labneh* (yaourt crémeux à l'ail et à la menthe) et houmous, salades, curries ou ragoûts de viande servis avec du riz ou de la semoule. Terrasse ombragée.

HeHavit
INTERNATIONAL $$

(☑ 053-944-1856 ; www.hahavit.rest.co.il ; Nahal Tziya St ; viandes 60-130 NIS, pâtes 45-55 NIS, salades 48-58 NIS ; ⊙ 12h-minuit dim-jeu, 12h-15h ven, après le crépuscule sam ; 📶🖉). Seul restaurant correct du centre de Mitzpe, le "Tonneau" est réputé pour ses salades (10 sortes), steaks, hamburgers, schnitzels, sandwichs et plats de pâtes. Grand choix de bières à la pression et musique rock le soir.

Où sortir

Plusieurs pubs ont élu domicile dans le Spice Route Quarter.

♥ Mitzpe Ramon Jazz Club
JAZZ

(☑ 050-526-5628 ; jazzramon.wordpress.com ; HaBoker St, Spice Route Quarter ; 30-40 NIS ; ⊙ 21h30-2h environ mer, jeu et ven). Cet établissement intimiste à la réputation bien établie accueille des stars israéliennes et des artistes locaux. Programme en ligne sur le site Web ou la page Facebook : jazz, blues, reggae, musique africaine ou rock. Jam-sessions gratuites le jeudi à partir de 23h ou minuit. C'est également un bar.

ℹ Renseignements

Avant de partir en randonnée, mieux vaut faire une halte au centre d'accueil des visiteurs du Makhtesh Ramon (p. 338) dont le personnel hyper-compétent vous fournira conseils et cartes de randonnée.

ℹ Depuis/vers Mitzpe Ramon

Les bus Metropoline n°s 60 et 64 circulent fréquemment entre Mitzpe et Beer Sheva (15 NIS, 1 heure 45, au moins 1 bus/h de 5h à 21h30), via le parc national Avdat et le Midreshet Sde Boker. Le bus n°65 (1 heure 15 pour Beer Sheva), qui ne s'arrête que sur la nationale, est plus rapide. Aucune de ces lignes ne circule pendant le shabbat.

Pour rejoindre Eilat (39,50 NIS, 2 heures 15, 4-6 bus/jour dim-jeu, 1 bus ven), prenez le bus Egged n°392 au départ de Beer Sheva : il s'arrête à Mitzpe le long de la route 40.

L'Arava
وادي عربة   הערבה

Faisant partie du grand rift syro-africain, qui court sur 6 000 km de la plaine de la Bekaa au centre du Mozambique, la vallée de l'Arava, désertique et peu peuplée, s'étend des rivages de la mer Morte à ceux de la mer Rouge, avec pour toile de fond la majestueuse chaîne de montagnes jordaniennes, multicolores, connue en Israël comme les monts Edom (rouges). On trouve là quelques-uns des paysages désertiques les plus sublimes d'Israël, notamment dans le parc national de Timna et autour du kibboutz Lotan. Depuis quelques années, la vallée est à la pointe des projets de développement durable en milieu désertique. Pour une expérience de vie écologique dans le désert, direction le kibboutz Lotan.

L'Arava est aussi un grand centre d'activités de plein air. Le parc national de Timna offre le cadre idéal pour découvrir ce qu'est randonner dans le désert. Une piste cyclable très populaire (une section de l'Israel National Bike Trail) longe un wadi entre Zofar et Paran, sur 33 km.

À voir

♥ Réserve naturelle
Yotvata Hai-Bar
RÉSERVE NATURELLE

(☑ 08-637-3057 ; www.parks.org.il ; Rte 90 ; adulte/ enfant 29/14 NIS ; ⊙ 8h30-16h ou 17h, 8h30-15h ou 16h ven, dernière entrée 1 heure avant fermeture). Créée en 1968 pour réintroduire des animaux disparus en Israël, cette réserve de 32 km² sur les terres salées de Yotvata héberge une grande variété de créatures du désert. Vous pouvez la traverser comme un safari si vous disposez de votre propre voiture (environ 2 heures). Parmi les herbivores que vous risquez d'apercevoir, citons la gazelle dorcas, le bouquetin de Nubie, l'âne sauvage de Somalie, l'oryx algazelle et l'addax (antilope saharienne).

Conduisez lentement, ne sortez pas de votre véhicule et, bien entendu, ne nourrissez pas les animaux. Vous pouvez laisser vos vitres ouvertes, mais attention aux autruches, qui n'hésiteront pas à venir voir ce qui se passe à l'intérieur. Les lieux réservés aux soins des animaux blessés et aux reptiles ne sont plus ouverts au public. Rapprochez-vous du personnel pour obtenir des informations sur les randonnées dans l'Arava et les montagnes autour d'Eilat ; cartes de randonnée au 1/50 000 en vente.

LES BÉDOUINS DU NÉGUEV

Lorsqu'on pense aux Bédouins, l'image de pasteurs nomades sillonnant le désert avec leurs troupeaux et vivant sous la tente vient à l'esprit. Mais les temps changent.

Les jeunes Bédouins se désignent souvent comme des "Arabes du Néguev", le mot *bedû* étant d'ordinaire associé à l'agriculture. Environ la moitié des 180 000 Bédouins de la région résident désormais dans des villes et villages, et certains ont fait de longues études. Ils parlent un mélange d'arabe et d'hébreu, et 5 à 10% des hommes ayant atteint l'âge requis font leur service militaire dans l'armée israélienne, souvent comme pisteurs, même si la conscription n'a pour eux rien d'obligatoire.

En réalité, personne ne sait vraiment combien ils sont au Moyen-Orient. Avant 1948, entre 65 000 et 90 000 d'entre eux peuplaient le Néguev. Après le premier conflit israélo-arabe, ceux qui restèrent furent confinés à 10% du territoire qu'ils habitaient précédemment, dans le Siyag (littéralement l'"enclos"). Jusqu'en 1966, il leur était interdit de se déplacer sans autorisation, ce qui rendait leurs migrations saisonnières impossibles. Ceci explique en partie que la moitié d'entre eux acceptèrent de se loger dans les sept villes planifiées par le gouvernement israélien dans les années 1960. Rahat, à 20 km au nord de Beer Sheva, est la plus grande de ces villes bédouines officielles. Quelque 40 000 personnes y vivent et la criminalité règne. Nous vous déconseillons de vous y aventurer. L'autre moitié des Bédouins du Néguev vit dans les campements isolés (considérés comme illégaux par le gouvernement) qui ponctuent le paysage à l'est et au sud de Beer Sheva.

En 2011, le gouvernement israélien a approuvé un projet controversé de 335 millions de dollars visant à reloger 30 000 Bédouins venant de villages non reconnus pour tenter de les intégrer, de gré ou de force, au reste de la société. Cependant, le plan Begin-Prawer ne tient pas compte des réels besoins des Bédouins et il a été élaboré sans les consulter. Selon le gouvernement israélien, l'objectif est de mieux intégrer les Bédouins et de réduire les différences socio-économiques entre ceux-ci et les autres citoyens israéliens. Pour ses opposants, il s'agit d'un plan de déplacement forcé des Bédouins du Néguev. Ils redoutent également que cette initiative crée les mêmes conditions socio-économiques défavorables qu'à Rahat.

De plus en plus de Bédouins se tournent vers le tourisme comme source de revenu, proposant des promenades à dos de chameau et des hébergements. Les visiteurs peuvent s'arrêter dans leurs campements éparpillés un peu partout dans le Néguev, pour siroter les trois tasses rituelles de café ou du thé sucré moyennant quelques shekels. Comme ils se déplacent fréquemment, trouver une tente spécifique peut s'avérer difficile.

L'entrée est à 35 km au nord d'Eilat, sur la route 90 en face du kibboutz Samar.

Parc national de Timna
PARC NATUREL

(☏ 08-631-6756 ; www.parktimna.co.il ; adulte/enfant 49/39 NIS, valide 3 jours ; ☉ 8h-16h sam-jeu, 8h-15h ven sept-juin, 8h-13h tlj juil-août). Les sables colorés et les montagnes escarpées de la vallée de Timna regorgent de minéraux, dont le cuivre, le fer et le manganèse. Ce parc est le site de l'une des premières mines de cuivre au monde (vers 5000 av. J.-C.), comme en témoignent les dizaines de galeries et puits de mine, les vestiges de fours de fusion datant de l'Égypte ancienne, les ruines d'un temple du XIVe siècle av. J.-C. dédié à la déesse Hathor, et les gravures rupestres représentant des autruches, des bouquetins et des chars de combat égyptiens.

Plus de 20 **sentiers de randonnée**, en majorité des boucles, permettent d'explorer ce paysage désertique et les sites archéologiques qui le ponctuent dans des parcours prenant entre 1 heure et la journée. Une fois dans le parc, vous pouvez rester jusqu'au crépuscule.

Le nouveau **centre des visiteurs** projette de petits courts-métrages sur la géographie de Timna comme sur la métallurgie du cuivre depuis l'Antiquité, et vend un intéressant livret (10 NIS). On peut aussi y louer des **vélos** (heure/jour 20/60 NIS) comme au **lac** artificiel, où se trouvent un restaurant et un loueur de pédalos.

On peut facilement passer une journée entière à explorer à pied le parc, mais il est si étendu qu'il vaut mieux louer une voiture pour y circuler. À 30 km d'Eilat.

👉 Circuits organisés

Kibboutz Lotan
ÉCO-KIBBOUTZ

(☎054-979-9030 ; www.kibboutzlotan.com ; visite guidée 30 NIS). 🖋 Le kibboutz Lotan est reconnu mondialement pour sa quête innovante de moyens *low-tech* (technologie rudimentaire), durables et abordables pour se procurer nourriture et abri. Au cours d'une visite guidée éclairante (1 heure 30, tous les jours à 9h30), découvrez le proto-type de l'**éco-campus**, où vous pourrez essayer une machine à laver alimentée par un vélo, ainsi que l'**éco-parc**, où sont testées des idées (parfois surprenantes) permettant de vivre de façon durable dans le désert.

Les visiteurs verront ainsi des maisons en ballots de paille recouverts de boue, des toilettes sèches avec compost et produits dérivés, une cuisinière solaire parabolique capable d'enflammer une feuille de palme en quelques secondes, et de malicieuses sculptures en boue peinte.

Le **centre d'écologie créative** du kibboutz propose des programmes éduca-tifs à forte dimension manuelle sur la permaculture, le traitement des déchets et le design régénératif. L'**éco-expérience** (65 $/jour, 4 jours minimum) associe cours et mise en pratique de projets de développe-ment durable. Des diplômés du **stage vert** (2 030 $, 4 semaines) ont établi des dizaines de sociétés de construction à base de boue séchée partout dans le monde. Logement (dans des dômes géodésiques couverts de boue séchée) et pension complète compris dans chacun de ces deux programmes.

Le bus régional n°20 qui part d'Eilat dessert le kibboutz, et les bus Egged depuis/vers Eilat s'arrêtent sur la route 90, à 1,5 km du kibboutz.

Kibboutz Neot Semadar
ÉCO-KIBBOUTZ

(☎054-979-8966 ; www.neot-semadar.com ; Shiza-fon Junction, Rte 40 ; visite adulte/-12 ans 25 NIS/gratuit ; ⊙galerie et visite 10h-13h dim-ven). 🖋 Créée à 420 m d'altitude sur le plateau qui surplombe l'Arava, cette communauté végé-tarienne de 200 habitants est connue en Israël pour son agriculture biologique, sa gamme de jus de fruits bio et sa fantasque **maison des arts** à l'étonnante tour de refroissement pour les ateliers (36 m) où il y a une galerie d'objets d'art et artisanaux.

Le meilleur moyen de découvrir le kibboutz est de s'y promener librement après s'être présenté à l'entrée aux heures d'ouverture. Un court-métrage sur l'histoire et la philosophie de la communauté sert d'in-troduction à la visite. Vous gagnerez ensuite la tour de refroidissement, l'exploitation laitière de chèvres et le vignoble (dégus-tation gratuite), qui ne produit guère plus de 10 000 bouteilles par an. L'entrée de la **galerie** est payante ; vous pourrez y admi-rer (et acheter) de magnifiques objets faits main : bijoux, poteries, étoffes, pièces de ferronnerie et gravures sur bois (objets aussi vendus en ligne sur www.etsy.com).

Renseignements sur le bénévolat (1 mois au minimum) sur le site Internet.

À 60 km au nord d'Eilat et à 90 km au sud de Mitzpe Ramon (et à 12 km au nord-ouest du kibboutz Lotan). Le kibboutz est desservi par tous les bus reliant Eilat à Mitzpe Ramon.

Kibboutz Ketura
ÉCO-KIBBOUTZ

(☎08-635-6658 ; www.ketura.org.il ; Rte 90). 🖋 L'un des plus intéressants d'Israël, le kibboutz Ketura, autrefois simple kibboutz agricole, est devenu un leader en matière d'écotechnologies innovantes. Fondé en 1973, il a la particularité d'être une commu-nauté multinationale et d'avoir une politique religieuse progressiste. Siège de l'**Arava Institute for Environmental Studies** (arava.org), mondialement reconnu pour ses recherches sur la biodiversité du désert, les énergies renouvelables, l'agriculture durable et la gestion transfrontalière de l'eau, il regroupe différentes entreprises, comme une plantation de dattes, une exploitation laitière, une centrale photovoltaïque et une usine d'algues qui produit le puissant antioxydant astaxanthine.

L'Arava Institute propose des programmes d'études environnementales d'un semestre, agréés par l'université Ben Gourion, qui attirent des étudiants du monde entier. Les visites (1 heure 30) sont gratuites pour les résidents de la pension du kibboutz ; sinon, le tarif est de 250 NIS par groupe. Situé à 50 km au nord d'Eilat.

Samar Bike
CYCLOTOURISME

(☎Yaron 052-304-0640, Yoni 054-496-4777 ; www.samarbike.com ; kibboutz Samar). Basée au kibboutz Samar, à 34 km au nord d'Eilat, cette agence organise des circuits dans l'Arava et propose également un service de transport et d'approvisionnement pour les cyclistes parcourant l'Israel National Trail. Elle est associée à l'excellente pension du kibboutz Elifaz, spécifiquement adaptée au cyclotourisme.

LE NÉGUEV L'ARAVA

🛏 Où se loger

Six kibboutz du sud de l'Arava disposent de pensions : Eilot, Elifaz, Ketura, Lotan, Neot Semadar et Yahel.

Dans le nord de l'Arava, certains *moshavim* (groupements coopératifs) ont des B&B, parfois très élégants.

Kibbutz Lotan
Guesthouse   PENSION $$
(☎054-979-9030 ; www.kibbutzlotan.com ; s 350-420 NIS, d 430-510 NIS, éco-dôme d/tr 260/360 NIS ; 🕸✉). 🌿 Cette éco-communauté pionnière propose deux types d'hébergement : 26 chambres de pension traditionnelles, simples mais confortables, et 10 éco-dômes géodésiques recouverts d'adobe, avec toilettes sèches partagées. Nombreux équipements : piscine, jardins ombragés, aire de jeux pour enfants, terrains de basket et de *disc golf*. Le petit-déjeuner, qui fait la part belle aux légumes et aux dattes cultivés dans le kibboutz, est servi dans le salon de thé.

Les bus Egged depuis/vers Eilat (45 min) peuvent déposer les passagers sur la route 90, à l'embranchement qui mène au kibboutz (1,5 km). Le bus Regional Council n°20 va jusqu'au kibboutz.

Kibbutz Ketura Guesthouse   PENSION $$
(☎08-735-6658 ; www.keren-kolot.co.il ; kibboutz Ketura ; s 350-400 NIS, d 420-530 NIS ; P@🕸✉). Confortable et extrêmement bien tenue, la pension du kibboutz assure la location de vélos et dispose d'un café (ouvert 8h-23h sauf pendant le shabbat). Les hôtes sont conviés à une visite guidée gratuite du kibboutz et à se joindre aux habitants le jour du shabbat pour un repas laitier le vendredi soir (adulte/enfant 50/45 NIS) et un déjeuner de viande le samedi (45/40 NIS) dans la salle à manger commune. Des offices pluralistes ont lieu à la synagogue pour le shabbat.

Tous les bus Egged parcourant la route 90 pourront vous déposer au kibboutz (précisez bien "Kibbutz Ketura", et non "Ketura Junction"). Si vous arrivez d'Eilat, le bus Regional Council n°20 s'y arrête également.

LES KIBBOUTZ D'ISRAËL

En 1910, quand le premier kibboutz a été établi sur les rives du lac de Tibériade, l'idée était à la fois pratique – la culture de plantes dans un climat rude nécessitait une action collective – et utopique. Le mot "kibboutz" signifie rassemblement ou regroupement, et à l'origine, les membres étaient motivés par des croyances égales en socialisme et en sionisme. Engagés dans la création d'une patrie juive, ils pensaient que la culture de terres collectives apporterait un fondement économique et politique solide à un éventuel État juif.

Au début de la Seconde Guerre mondiale, on comptait 79 kibboutz (*kibboutzim*) en Palestine, tous dépendant de l'agriculture comme moyen de subsistance. Le mouvement a atteint son apogée dans les années 1950 et 1960, quand de nombreux nouveaux kibboutz ont été établis par Nahal, un programme des forces de défense israéliennes qui alliait le service militaire à la création de nouvelles colonies agricoles.

Dans les années 1980, avec la montée de l'individualisme, un nombre croissant d'habitants ont commencé à quitter les kibboutz pour débuter une nouvelle vie et une nouvelle carrière dans les villes en pleine expansion d'Israël. Beaucoup de kibboutz se sont alors endettés et ont été contraints de privatiser. Les autres n'ont eu d'autre choix que de se réinventer en adoptant de nouveaux moyens de structurer l'économie du kibboutz et de trouver de nouvelles sources de revenus. Beaucoup se sont diversifiés dans des pratiques non agricoles comme les industries manufacturière et artisanale, le tourisme et les innovations environnementales.

Aujourd'hui, il existe environ 270 kibboutz en Israël. Environ 75% d'entre eux fonctionnent sur un modèle économique appelé le "renouvellement" (*mitchadesh*), dans lequel les habitants génèrent et conservent leur propre revenu. Les 25% restants sont gérés selon le modèle collectif traditionnel (*kibbutz shitufi*), où les membres sont rémunérés de manière égale, sans tenir compte du travail de chacun. Quatre de ces kibboutz collectifs se trouvent dans l'Arava et la plupart ont intégré un projet d'agriculture et de tourisme durables.

Pour d'intéressantes réflexions sur l'histoire du mouvement des *kibboutzim*, envisagez la lecture de *Civilisation du kibboutz*, de Clara Malraux publié en 1964, ou *Quel avenir pour les kibboutzim d'Israël ?* de Géraldine Gudefin (L'Harmattan, 2007).

Desert Days
BUNGALOWS **$$**

(Y'mei Midbar ; ☑052-617-0028 ; www.desert-days.com ; Zukim ; d/tr 570/770 NIS ; P🛜🖂). Les 14 bungalows en bottes de paille et terre crue sont appréciés des citadins en quête d'évasion et de tranquillité. Le cadre rocailleux désolé est adouci par trois bassins au milieu du désert. La plupart agrémentés d'une cuisine extérieure, les bungalows peuvent accueillir jusqu'à 6 personnes. Au nombre des installations écologiques : des toilettes sèches, le recyclage des eaux grises et de l'énergie solaire. À 114 km au nord d'Eilat et à 1 km de la route 90.

Neot Semadar Guesthouse
PENSION **$$**

(☑054-979-8957, 054-979-8433 ; www.neot-semadar.com ; kibboutz Neot Smadar ; d 420-450 NIS sans petit-déj). Une esthétique épurée caractérise ces 12 jolis bungalows écologiques, construits en terre au beau milieu d'un jardin sur une butte tranquille, à 1,5 km à l'est du kibboutz. Chacun dispose d'un réfrigérateur et d'une bouilloire. Vous pourrez prendre vos repas, y compris le petit-déjeuner, au Neot Semadar Inn.

♥ Midbara
LODGE **$$$**

(☑052-426-0320 ; www.midbara.co.il ; Tzukim ; d 650-1 000 NIS, jeu-sam 800-1 200 NIS ; P🛜🖂). Agréablement disséminés dans une petite vallée semée d'arbres fruitiers, les 13 douillets bungalows en adobe de ce lodge bénéficient d'une cuisine, de hamacs, d'un bassin privatif (chauffé au bois en hiver) pour la plupart, voire d'une cheminée. Une bonne adresse pour des vacances en famille, les enfants profitant des vélos (gratuits) et de la présence d'animaux (des poulets, un chameau et un paon). À 114 km au nord d'Eilat et à 1,5 km de la route 90.

Desert Routes Inn
AUBERGE DE JEUNESSE **$$$**

(Shvilim BaMidbar ; ☑03-500-4266, 052-366-5927 ; www.shvilimbamidbar.co.il ; Hatzeva ; d sem/week-end 488/650 NIS sans petit-déj, à partir de 400 NIS été ; P🛜🖂). Les propriétaires de cette auberge de 14 chambres proche de la frontière jordanienne, dans le nord de l'Arava, sont une mine d'informations sur la région et organisent des excursions en jeep, des randonnées et des descentes en rappel. Ils louent des chambres et des lits en dortoirs, tout en tenant un camping à proximité. Une cuisine commune et une tente d'accueil sont laissées à la disposition des voyageurs qui souhaitent préparer leurs propres repas.

À 150 km au nord d'Eilat et à 65 km au sud d'Ein Bokek (mer Morte).

Où se restaurer

Vous trouverez des restaurants à proximité du kibboutz Neot Semadar, ainsi que plusieurs établissements de bord de route le long de la route 90 dans le nord de l'Arava.

Neot Semadar Inn
CAFÉ **$$**

(Pundak Neot Semadar ; ☑054-979-8908, 08-635-8180 ; www.neot-semadar.com ; embranchement de Shizafon, Rte 40 ; plateau de fromages 48 NIS, labneh 26 NIS, plats 45 NIS ; ☉7h-19h dim-jeu, 7h-15h ven, 12h-18h sam ; ☑). Tenue par le kibboutz végétarien Neot Semadar, cette auberge 100% bio sert du fromage de chèvre, des glaces et du *labneh* du kibboutz, ainsi qu'un large choix de salades, de plats aux œufs, de houmous, de pâtes et de gâteaux. N'oubliez pas de goûter l'un des jus de fruits maison. Jardin luxuriant à l'arrière.

❶ Depuis/vers l'Arava

Presque tous les bus Egged assurant la liaison entre Eilat et le centre ou le nord d'Israël passent par l'Arava. Pour Tel-Aviv ou Jérusalem, il est fortement conseillé de réserver votre place bien à l'avance.

Eilat
ايلات
אילת

☑ 08 / 49 700 HABITANTS

Très prisée des familles israéliennes pour des vacances en bord de la mer, et des touristes venus d'Europe de l'Est en quête de soleil, la station balnéaire de la mer Rouge a un côté assez clinquant qui peut plaire ou pas. Elle est la plupart du temps bondée.

Si tenues légères et coups de soleil semblent y être de rigueur, les visiteurs semblent y passer du bon temps, y compris les enfants. Les eaux turquoise de la mer Rouge – aux récifs coralliens parmi les plus beaux du monde et préservés à ce jour du blanchissement –, sont propices à la baignade, à la plongée et au snorkeling. Les spectaculaires paysages du désert alentour offrent aussi un terrain idéal aux amateurs d'activités de plein air. La ville possède en outre un aquarium et des boutiques hors-taxe.

Histoire

Habitée depuis l'Antiquité, Eilat est mentionnée pour la première fois sous le nom d'Elath dans le Livre de l'Exode, après

LE NÉGUEV EILAT-

Eilat

Eilat

la traversée de la mer Rouge. Il y a déjà
6 000 ans, le désert autour d'Eilat était riche
en cuivre et le commerce prospérait avec le
port thébain d'Elim. L'encens et la myrrhe
en provenance d'Éthiopie et du pays de
Pount transitaient par le port d'Eilat, tout
comme le bitume et le natron de la mer
Morte. À l'époque romaine, une voie fut
construite pour relier la cité à Pétra, ouvrant
ainsi une nouvelle route commerciale avec
les Nabatéens.

Le commerce déclina après l'époque
romaine et les Ottomans construisirent
un port de l'autre côté de la baie, à Aqaba.
Mais Eilat resta connectée au monde
extérieur grâce à sa situation sur le Darb
el-Hajj (la route des pèlerins musulmans)
entre l'Afrique et La Mecque. La bourgade
demeura modeste et la vie relativement
calme jusqu'à ce que la ville moderne et
le port soient aménagés en 1949. Depuis
son développement touristique rapide, la
station balnéaire est fort fréquentée. Prévu
pour octobre 2018, le nouvel aéroport de
Timna, à 18 km au nord d'Eilat, devrait
renforcer cet engouement pour la station
balnéaire tout en libérant l'espace de l'ancienne piste pour de nouveaux projets
immobiliers.

● À voir

De la frontière jordanienne, à l'est, à la frontière égyptienne, à l'ouest, les plages d'Eilat
s'étirent sur 14 km. North Beach, orientée
est-ouest, est bordée de hauts bâtiments
occupés par des hôtels, tandis que South
Beach, orientée nord-sud, s'étend du Mall
HaYam (le centre commercial juste au sud
du vieil aéroport) au poste-frontière de Taba.

Deux portions de South Beach (le port et
la base navale) sont fermées aux visiteurs, et
deux des plages (Dolphin Reef et la réserve
naturelle de Coral Beach) sont payantes. Le
reste – divisé en une profusion de segments

affublés de noms officieux – est en libre accès. Certaines des plages de South Beach bénéficient de cafés, de transats et d'autres aménagements.

North Beach   PLAGE

(Carte p. 352 ; ⊙24h/24). Cette plage de galets et sa promenade sont souvent archipleines. C'est de loin l'endroit le plus populaire et le plus tendance d'Eilat. Restaurants, cafés, bars et événements sur la promenade attirent les foules jusqu'au petit matin. Douches publiques, toilettes et quelques cabines en bord de plage pour se changer.

♥ Réserve naturelle
de Coral Beach   SITE DE PLONGÉE

(Carte p. 348 ; ☑08-632-6422 ; www.parks.org.il ; adulte/enfant 35/21 NIS ; ⊙9h-17h ou 18h, 9h-16h ou 17h ven, dernière entrée 1 heure avant fermeture; ▣15). Authentique paradis pour les amateurs de snorkelling, les eaux cristallines de cette réserve n'ont pas leur pareil sur la partie israélienne de la côte de la mer Rouge. Deux ponts de bois relient le récif (1 km de long) au rivage, tout comme un sentier marin, les zones réservées au snorkeling étant délimitées par des bouées. Location de matériel de snorkeling pour 23 NIS (caution 100 NIS). Supermarché de l'autre côté de la rue, pour les courses du pique-nique.

Parc d'observation sous-marine   AQUARIUM

(Carte p. 348 ; ☑08-636-4200 ; www.coralworld. co.il ; Coral Beach ; adulte/enfant 109/89 NIS ; ⊙billetterie 8h30-16h, site 8h30-18h été, 8h30-crépuscule reste de l'année ; ▣15). Destination privilégiée des familles, le lieu tient son originalité de l'**observatoire** vitré qui vous offre, à 12 m sous la surface de la mer Rouge, une vue unique sur les poissons et les coraux du récif. L'aquarium possède aussi son bassin à requins et raies, le **Shark World** immergé à 7 m de profondeur, et l'excellent **Rare Fish Aquarium**, qui regroupe des espèces rares. Les tickets d'entrée étant valables trois jours, on peut revenir à loisir moyennant un ticket de retour (délivré gratuitement à la sortie).

Le repas des poissons et des tortues de mer (tortues vertes et tortues imbriquées) a lieu toutes les demi-heures. Les croisières à bord du **Coral 2000**, le bateau à fond de verre du parc, partent toutes les heures entre 10h25 et 13h25 (adulte/enfant 28/22 NIS). Les guides, en chemise turquoise, répondront à vos questions. À l'extrémité sud de la réserve naturelle de Coral Beach ; comptez 40 NIS pour le trajet en taxi depuis la ville.

Dolphin Reef Eilat   PLAGE, DAUPHINS

(Carte p 348 ; ☑08-630-0111 ; www.dolphinreef. co.il ; South Beach ; tarif plein/réduit 67/46 NIS ; ⊙9h-17h, 9h-18h ou plus tard été ; ▣15). Appréciée pour ses grands arbres et l'ombre qu'ils procurent, cette plage privée où courent des paons en liberté a un autre avantage : un banc de grands dauphins croise au large. On peut observer ces dauphins originaires de la mer Noire depuis des jetées flottantes ; ils viendront peut-être vous saluer lors d'une sortie snorkeling guidée (adulte/enfant 10 ans et plus 290/260 NIS) ou d'une initiation à la plongée (adulte/enfant 8 ans et plus 339/309 NIS) à réserver. Il est interdit de toucher les dauphins. Bassins de relaxation pour les plus de 18 ans, 2 restaurants, dont l'un est doté d'un bar sur la plage. Juste au sud du port.

Dekel Beach   PLAGE

(Palm Beach ; carte p. 348). Enserrée entre le port et la base navale à environ 1,5 km du centre-ville, cette plage est moins fréquentée que North Beach, mais fort appréciée pour le snorkeling.

Village Beach   PLAGE

(Carte p. 348). Juste au nord de Coral Beach, une agréable étendue de sable avec des eaux claires propices au snorkeling, des parasols gratuits et un bar où des fêtes tapageuses sont organisées en été.

Eilat Museum   MUSÉE

(Carte p. 352 ; ☑08-634-0754 ; www.eilat-history. org.il ; adulte/enfant 10/5 NIS ; ⊙10h-20h lun-jeu, 10h-14h ven, 12h-20h sam oct-mai, 10h-22h lun-jeu, 10h-14h ven, 12h-22h sam juin-sept). Ce musée retrace l'histoire récente d'Eilat, avant-poste israélien sur la mer Rouge : une partie sur la prise de la ville en 1949, des photos des pionniers d'Eilat dans les années 1940, 1950 et 1960, et plusieurs films, la plupart en anglais.

International Birding
& Research Center Eilat Park   OISEAUX

(IBRCE ; Eilat Birding Center ; carte p. 348 ; ☑050-767-1290 ; www.eilatbirds.com ; ⊙parc 24h/24, bureau 8h-16h dim-jeu). GRATUIT Deux fois par an, des centaines de millions d'oiseaux migrateurs traversent Eilat en allant d'Europe en Afrique, et vice versa. C'est dans ce centre au bord du lac, à 6 km au nord-est de la ville, qu'on les observe le mieux ; continuez vers le sud sur 400 m à partir du poste-frontière Yitzhak Rabin-Wadi Araba (suivez les panneaux). Vous y verrez la tourterelle masquée, le sirli du désert, l'ammomane élégante, la fauvette du désert, le faucon de Barbarie, le traquet à capuchon et le roselin de Lichtenstein, ainsi que de nombreux pélicans, cigognes et rapaces.

Les migrations ont lieu de mars à mai et de septembre à novembre. Les meilleurs moments de la journée pour observer les oiseaux sont les premières heures au lever du jour et les trois dernières heures avant le coucher du soleil. En journée, le personnel de l'IBRCE répondra à vos questions avec grâce et surtout une compétence hors pair.

Il existe des visites guidées (1 heure 30, 35 NIS si vous vous joignez à un groupe déjà programmé) dont vous pourrez demander les horaires et jours par téléphone ou e-mail.

Une station de baguage fonctionne pendant les premières heures du jour du 15 février au 15 mai et du 15 août au 31 novembre ; les visiteurs sont invités à s'y arrêter pour voir comment les oiseaux sont bagués, puis relâchés, à des fins de recherche.

À NE PAS MANQUER

SNORKELING ET PLONGÉE

Les récifs coralliens de la mer Rouge sont un paradis pour les amateurs de plongée. On compte 1 200 espèces de poissons et 250 de coraux. Cette intense vie marine à proximité du rivage fait d'Eilat est un lieu d'initiation idéal pour les enfants et les adultes débutants souhaitant suivre une formation PADI. Les meilleurs sites de plongée se trouvent dans la réserve naturelle de Coral Beach, à Lighthouse Reef, Neptune's Tables (Veronica's Reef), aux Caves et autour de deux épaves au large. Pour le snorkeling, privilégiez la réserve naturelle de Coral Beach (équipement disponible à la location), la plage publique près du Princess Hotel (un peu au nord de Taba) et Lighthouse Beach (équipement à louer).

Les prix varient, mais comptez en moyenne 230 NIS pour un baptême de plongée et 550 NIS pour une demi-journée d'initiation PADI, location de l'équipement comprise. Si vous préférez pratiquer la plongée ou le snorkeling en autonomie, comptez 40 NIS pour la location d'un tuba, d'un masque et de palmes (plus 40-60 NIS pour une combinaison de plongée) et 155 NIS pour un équipement de plongée complet, plus environ 25 NIS pour le rechargement des bouteilles.

Il existe à Eilat plus d'une douzaine de centres de plongée proposant des cours et du matériel à louer, presque tous le long de South Beach. Ils sont pour la plupart ouverts tous les jours de 8h ou 8h30 à 17h ou 17h30.

Aqua Sport International (carte p. 348 ; ☑08-633-4404 ; www.aqua-sport.com ; extrémité nord de Coral Beach ; ⏰8h30-17h30). Fondée en 1962, cette agence reconnue tenue par des Britanniques assure toute la préparation aux différents brevets PADI, des baptêmes de plongée comme des sorties snorkeling (250 NIS la journée). Au sud du pont piéton du Coral Beach Club. Succursale de l'autre côté de la frontière à Taba, d'où partent les croisières de 2 heures au coucher du soleil.

Deep Siam (carte p. 348 ; ☑08-632-3636 ; www.deepdivers.co.il ; Coral Beach ; ⏰8h-17h). Agence réputée. Baptêmes de plongée et large choix de cours de plongée.

Manta Isrotel Diving Center (carte p. 348 ; ☑08-633-3666 ; www.divemanta.com ; juste au nord de Coral Beach ; ⏰8h30-17h hiver, 8h30-18h été). Ce centre établi de longue date organise des baptêmes de plongée (220/360 NIS les 25/40 min ; à partir de 8 ans), des sorties guidées de snorkeling (225-270 NIS jusqu'à 3 personnes) et des cours SDI-TDI. Il dépend du Yam Suf Hotel de la chaîne Isrotel et propose par conséquent des services, comme du baby-sitting.

Reef Diving Group (☑08-630-0111 ; www.reefdivinggroup.co.il). Ce club très réputé possède deux succursales à Eilat et une à Tel-Aviv.

Snuba (carte p. 348 ; ☑08-637-2722 ; www.snuba.co.il ; South Beach, 1 km au nord de Taba). Cours PADI, baptêmes de plongée (220 NIS) à Caves Reef et "Snuba Adventure" d'une heure pour les débutants (200 NIS ; à partir de 8 ans). La pratique du "snuba diving" (contraction de *snorkel*, tuba, et de *scuba*, plongée), plongée sous-marine avec approvisionnement en air depuis la surface, ne requiert aucune certification.

Jardin botanique   JARDIN

(Carte p. 348 ; ☎08-631-8788 ; www.botanicgarden.co.il ; Carmel St, zone industrielle ; adulte/enfant 28/22 NIS ; ⏰8h30-19h/17h été/hiver dim-jeu, 8h30-15h ven, 19h/17h été/hiver sam ; 🚌5 & 6). Ce charmant jardin privé (qui fut d'abord une pépinière) renferme plus d'un millier d'espèces d'arbres, de buissons et de plantes tropicales du monde entier, ainsi qu'un ruisseau, des cascades, des sentiers de randonnée et une forêt tropicale. Comptez 22 NIS environ pour un trajet en taxi depuis le centre-ville.

Activités

Sous l'eau, sur l'eau, le long du rivage... Eilat fait le bonheur de tous, petits et grands, débutants ou experts. Si vous préférez la terre ferme, des sentiers sillonnent les collines rougeoyantes des environs.

Côté tourisme culturel, de nombreuses agences proposent des excursions d'une journée à Pétra (environ 315 $, dont 130 $ de droit de douane).

Camel Ranch   MÉHARÉES

(Carte p. 348 ; ☎08-637-0022 ; www.camel-ranch.co.il ; Nachal Shlomo ; "safaris" tarif plein/enfant 7-12 ans 150-245/110-180 NIS, parcours d'aventure tarif plein/-12 ans 106/96 NIS ; ⏰16h-20h lun-sam Pessah-Rosh ha-Shana, 10h-20h lun-sam Rosh ha-Shana-Pessah). Pour jouer les Lawrence d'Arabie, rendez-vous au Camel Ranch. Les randonnées à dos de chameau durent de 1 heure 30 à 4 heures. Il existe différentes formules, dont une au crépuscule ; elles comprennent une pause thé, un dîner et/ou un feu de camp. Les enfants de moins de 7 ans montent avec un de leurs parents. Réservation conseillée par téléphone ou sur le site Web (15% de réduction).

Vous pouvez aussi jouer les Tarzan sur le **parcours d'aventure** (*rope park*) ! Pour cela, il faut porter des chaussures fermées, mesurer au moins 1,20 m et peser moins de 120 kg. À 1,7 km de la Mitzrayim Rd/Rte 90 ; quittez l'autoroute à environ 600 m au sud de Dolphin Reef.

Alaemon Birding   OBSERVATION DES OISEAUX

(☎052-368-9773 ; eilatbirding.blogspot.co.il ; circuit 1 journée 1 400 NIS). Jusqu'en 2014, l'ornithologue Itai Shanni était le coordinateur du Centre ornithologique d'Israël pour la région d'Eilat et de l'Arava. Il organise des éco-circuits axés sur l'observation des oiseaux dans l'Arava. Il est indispensable de réserver au moins 3 semaines à l'avance de février à

À L'EAU !

Toutes ouvertes de 9h au crépuscule, les agences installées sur les pontons en bois de la promenade de North Beach, au niveau du Royal Beach Hotel, proposent un large éventail d'activités aquatiques, parfois sous-marines. Outre des croisières de 2 heures dans une embarcation à fond vitré (adulte/enfant 80/50 NIS) ou dans un bateau à moteur loué (150/250 NIS pour 30 min/1 heure, bateau de 5 pers), vous pouvez embarquer sur un bateau banane (45 NIS/personne), louer un Jet-Ski (150 NIS les 15 min avec moniteur), faire du parachute ascensionnel, du ski nautique (180 NIS les 15 min, 250 NIS leçon comprise) ou vous envoler sur un Flyboard (plate-forme propulsée en l'air par de l'eau sous pression fournie par un Jet-Ski ; 390 NIS/20 min, avec leçon).

---

mai, une semaine à l'avance le reste de l'année. Consultez les pages "Alaemon Birding" et "Eilat & Arava Birders" sur Facebook.

Ice Park Mall   PATINAGE

(Carte p. 352 ; angle Kampen St et Piestany St ; location de patins comprise 76 NIS ; ⏰11h-23h, 11h-minuit juil-août). Comme son nom l'indique, la grande attraction de ce centre commercial est la plus vaste patinoire d'Israël. Parfait pour un moment de détente et de fraîcheur au plus chaud de l'été.

👉 Circuits organisés

Desert Eco Tours   EN JEEP

(☎08-632-6477, 052-276-5753 ; www.desertecotours.com). Sorties en jeep dans la région d'Eilat (Red Canyon, 158 NIS/pers) et dans le Néguev, y compris au Makhtesh Ramon. Également des circuits très appréciés à Pétra et à Wadi Rum, en Jordanie.

Fêtes et festivals

♥ Red Sea Jazz Festival   MUSIQUE

(☎billetterie 03-511-1777 ; redseajazz.co.il ; ⏰jan et août). Toujours aussi apprécié depuis sa création en 1987, le Festival de jazz de la mer Rouge a lieu chaque année la dernière semaine d'août. Les concerts en plein air se déroulent autour du Sea Port d'Eilat. Les légendaires jam-sessions (gratuites) durent toute la nuit. Un événement est également organisé en janvier.

Centre-ville d'Eilat

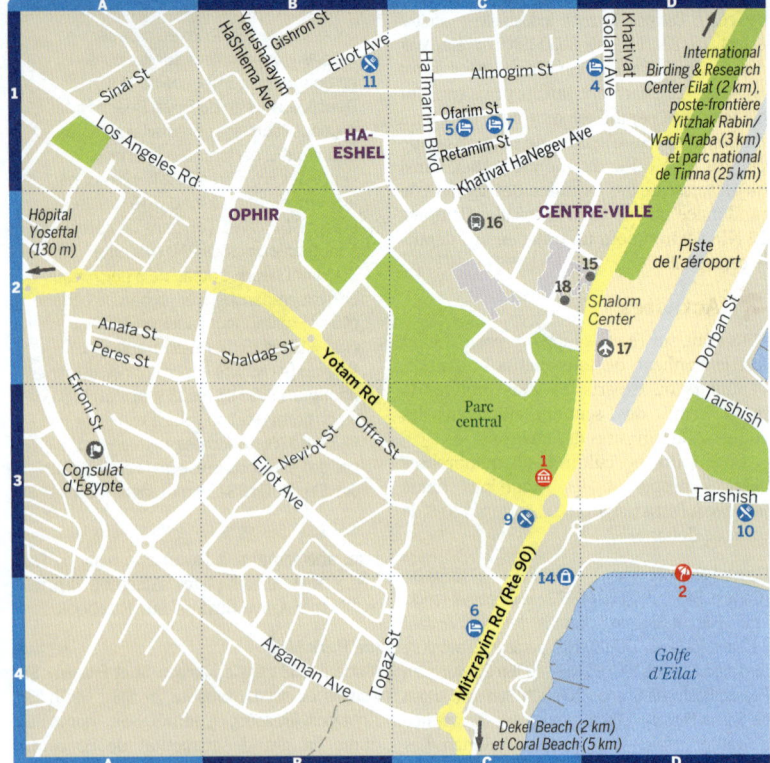

Eilat Chamber Music Festival   MUSIQUE (www.eilat-festival.co.il ; ☉ fév). Pendant quatre jours début février, ce festival international de musique de chambre accueille des ensembles, des nouvelles productions, des solistes reconnus et des master class.

🛏 Où se loger

En matière d'hébergement, Eilat offre le meilleur comme le pire, avec plus d'une cinquantaine d'établissements et quelque 15 000 chambres. Nombre des plus confortables longent la promenade de North Beach, les tarifs réduisant au fur et à mesure que l'on s'éloigne du rivage. Les petites rues autour de la gare routière centrale, à 1,5 km au nord-ouest de North Beach, recèlent des établissements corrects et bon marché. Si vous avez le sommeil léger, sachez que la promenade de North Beach est bruyante jusqu'à tôt le matin. Le week-end, la chambre vous sera facturée 25% plus cher et 50%

(ou plus) les jours fériés pour les écoles israéliennes comme en juillet et août.

Motel Aviv   HÔTEL **$** (Carte ci-dessus ; ☎ 08-637-4660 ; www.avivhostel. co.il ; 126 Ofarim St ; d 170-210 NIS sans petit-déj, ste 300-350 NIS sans petit-déj ; ☎ ✉). Cet établissement de 5 étages et 40 chambres, qui a une petite piscine, est d'un excellent rapport qualité/prix. Si les chambres standard sont petites et peu lumineuses, les suites, plus vastes, donnent pour certaines sur mer.

Arava Hostel   AUBERGE DE JEUNESSE **$** (Carte ci-dessus ; ☎ 08-637-4687 ; www.aravahostel. com ; 106 Almogim St ; dort/s/d 80/200/240 NIS ; @ ☎). Affiliée au réseau israélien ILH, l'Arava (100 places) n'a rien d'exceptionnel : chambres rudimentaires et assez sombres, dortoirs exigus, emplacement excentré. Côté avantages, citons un jardin ombragé, une cuisine, une laverie (20 NIS/machine) et un parking gratuit. Casier à bagages : 10 NIS.

Blue Hotel HÔTEL **$$**

(Carte ci-dessus ; ☑08-632-6601 ; www.bluehotel.
co.il ; 123 Ofarim St ; s 216-342 NIS, d 240-380 NIS ;
@🛜). Tenu par un couple israélo-irlandais,
cet établissement de 34 chambres offre un
bon rapport qualité/prix. Desservies par
des coursives extérieures, elles sont bien
équipées (réfrigérateur, TV, bouilloire). Il y
a des vélos à louer et les hôtes bénéficient
de réductions sur les forfaits de plongée au
Reef Diving Group.

**Eilat Youth Hostel
& Guest House** AUBERGE DE JEUNESSE **$$**

(Carte ci-dessus ; ☑02-594-5605 ; www.iyha.
org.il ; 18 Mitzrayim Rd/Rte 90 ; dort 126-155 NIS,
s 300-376 NIS, d 380-500 NIS ; @🛜). Cette
auberge de jeunesse de 107 chambres récemment rénovées est une très bonne affaire.
Bien située, elle dispose de chambres et de
dortoirs modernes et confortables. Adresse
courue des groupes scolaires. Une piscine
est en projet.

New Orchid Reef Hotel HÔTEL **$$$**

(Carte p. 348 ; ☑08-636-4444 ; www.orchid-
hotels.com ; Coral Beach ; d standard/vue mer
675/800 NIS, jeu-ven 1 250 NIS ; 🛜🍽). Cet hôtel
donne sur une belle étendue de sable proche
de la réserve naturelle de Coral Reef. Il
dispose d'une piscine de 10 m, d'une salle
de gym, d'un spa et d'un restaurant. Parmi
les activités proposées figurent le snorke-
ling, la planche à voile et le kayak de mer,
et des vélos sont à disposition gratuitement.
Spacieuses et douillettes, ses 79 chambres se
prolongent, pour certaines, par une terrasse
avec vue sur mer.

✖ Où se restaurer

La majorité des restaurants, cafés et pubs
touristiques longent la promenade de North
Beach ou les rues autour des lagons. Le
New Tourist Center (p. 354) réunit plusieurs
petites tables abordables. Pour faire vos
courses, il existe plusieurs supérettes à un
pâté de maisons de North Beach vers l'in-
térieur des terres, ainsi que le long de South
Beach (Mitzrayim Rd/Rte 90).

HaLev HaRachav
FALAFEL **$**

(Carte p. 348 ; HaTemarim Blvd ; falafels 19 NIS, shawarma 32 NIS ; ⏱ 11h-23h dim-jeu, 11h-15h ou 16h ven). Beaucoup d'habitants vous diront qu'on déguste ici les meilleurs falafels et *shawarma* d'Eilat. Reconnaissable au nombre "1978" sur le panneau en hébreu, plus l'indication *kosher* en anglais.

Uga Chaga
PÂTISSERIE **$**

(Carte p. 352 ; ☎ 050-996-7100 ; 173 Eilot Ave ; plats 32-45 NIS ; ⏱ 8h-20h dim-jeu, 8h-15h ou 16h ven ; ☎ ✐). Entre canapés rouges et petites tables blanches, ce petit café plein de charme régale les habitants de pâtisseries et gâteaux à la française, sandwichs, salades, *tchakchouka* et pâtes.

The Brewery
PUB **$$**

(HaMavshela ; carte p. 348 ; ☎ 08-935-0550 ; www.soof.co.il ; 2 HaOrgim St, zone industrielle ; plats 58-125 NIS ; ⏱ 17h-2h dim-jeu, 13h-2h ven-sam ; ☎). Cette microbrasserie conviviale – la première de la ville – est rapidement devenue le lieu de prédilection de nombreux habitants, pour manger ou boire un verre. Si vous avez faim, vous trouverez des plats corrects : salades, pâtes, poisson, fruits de mer et viande. Si vous avez soif, goûtez l'une des six bières de la Soof Craft Brewery.

♥ Pastory
ITALIEN **$$**

(Carte p. 352 ; ☎ 08-634-5111 ; pastory.co.il ; 7 Tarshish St ; plats 48-158 NIS ; ⏱ 13h-23h). Une authentique trattoria italienne, servant une cuisine délicieuse, située dans une petite rue de North Beach à l'arrière du Leonardo Plaza Hotel. Au programme : plateaux d'antipasti, pâtes nappées de sauces rustiques, pizzas tout juste sorties du four et irrésistible sélection de desserts et *gelati* maison.

Campania
ISRAÉLIEN **$$**

(Colonia ; ☎ 08-933-4993 ; www.colonia.co.il ; 160 Mitzrayim Rd/Rte 90 ; plats 44-98 NIS ; ⏱ 9h-tard ; ☎ ✐). À 300 m au nord du poste-frontière de Taba, cette table en extérieur réunit un splendide point de vue sur la mer et une cuisine délicieuse aux accents méditerranéens. La focaccia maison est divine ; la *tchakchouka* comme les pizzas sont aussi très bonnes. Tout est préparé à base d'excellents produits. Pour prolonger le plaisir, possibilité de passer la nuit sur place, dans l'une des 8 luxueuses tentes bédouines.

Giraffe
ASIATIQUE **$$**

(Carte p. 352 ; ☎ 08-631-6583 ; www.giraffe.co.il ; Herods Promenade ; sushis 16-45 NIS, nouilles 53-62 NIS, plats 54-69 NIS ; ⏱ 12h-23h). Succursale d'une chaîne très populaire de 9 restaurants asiatiques spécialisés dans les nouilles, le Giraffe affiche un large choix pour les végétariens et végétaliens, de bons menus enfants, le tout assorti de desserts européens. Emplacement de choix sur la promenade.

New Tourist Center
ISRAÉLIEN **$$**

(Carte p. 352 ; angle Rte 90 et Yotam Rd ; plats 35-110 NIS). Au sein du plus vieux centre commercial d'Eilat, des restaurants à prix corrects, ainsi que des bars, dont un pub irlandais.

♥ Fish Market
POISSON **$$$**

(Shuk HaDagim ; carte p. 348 ; ☎ 08-637-9830 ; shokdagim.rest.co.il ; Almog Beach, Rte 90 ; plats 79-119 NIS assortiment d'entrées et salades inclus ; ⏱ 12h30-23h ; ☎). Ce restaurant de poissons – d'aucuns diraient le meilleur d'Eilat – affiche au menu la pêche de la mer Rouge, de la Méditerranée et du delta du Nil, mais aussi du bœuf du Golan. Le barramundi compte parmi les spécialités de la maison. Chaque repas commence par une sélection de salades méditerranéennes à déguster sur fond de musique grecque, avec nappes et banquettes bleu et blanc assorties.

Last Refuge
POISSON **$$$**

(Carte p. 348 ; ☎ 08-637-3627 ; www.rol.co.il/sites/hamiflat ; extrémité nord de Coral Beach ; plats 92-140 NIS ; ⏱ 12h30-22h30). Figé dans les années 1970 (filets de pêche pendus au plafond, vieilles chansons françaises et beurre d'ail), cet endroit séduit les plus sceptiques par sa cuisine impeccable. La pêche du jour (si disponible) est grillée au charbon de bois, et les poissons, comme l'espadon pêché dans les environs, sont délicieux.

🍷 Où prendre un verre et faire la fête

La plupart des bars à Eilat sont tapageurs et situés autour du quartier de North Beach et du nouveau centre touristique. Les boîtes de nuit et les clubs sont corrects mais les établissements ne durent pas et les plus fréquentés changent chaque année – le personnel de votre hôtel devrait pouvoir vous renseigner.

Mike's Place
PUB

(Carte p. 352 ; ☎ 08-864-9550 ; www.mikesplacebars.com ; HaMayim St ; ⏱ 12h-2h ou tard ; ☎). La succursale méridionale de l'empire Mike, cinq bars sportifs en tout.

RANDONNÉES DANS LE DÉSERT

Les montagnes rouges découpées qui dominent l'horizon à l'ouest d'Eilat ont été façonnées par les mouvements tectoniques de la vallée du Grand Rift (qui va de la Syrie à l'Afrique). Ce paysage resplendissant de tons roses et marron (surtout à l'aube et au crépuscule) est parfait pour randonner. Parmi les itinéraires les plus populaires :

Red Canyon (facile, 2 km, 2 heures)

Mont Tzfahot (facile, 4 km, 2 heures 30)

Sh'choret Canyon (facile, 3 km, 3 heures)

Ein Netfim (intermédiaire, 2,5 km, 3 heures)

Wadi Gishron (facile, 3 km, 3 heures).

Mont Shlomo (difficile, 8 km, 6 heures).

Conseils et cartes de randonnée au SPNI Eilat Field School Information Center (ci-dessous), sur la Mitzrayim Rd/Rte 90, en face de la réserve naturelle de Coral Beach.

À l'office du tourisme d'Eilat (ci-dessous), vous pouvez prendre en photo avec votre smartphone les cartes de randonnée et les brochures.

Micro ouvert le lundi (à partir de 22h), jam-session le mardi (à partir de 22h), soirée filles le mercredi, et concerts les jeudi, vendredi et samedi à partir de 22h ou 22h30. Programme sur le site Web.

Three Monkeys Pub PUB
(Carte p. 352 ; 08-636-8888 ; North Beach Promenade ; 20h30-2h). Rempli de touristes brûlés par le soleil, ce bar géré par le Royal Beach Hotel d'Isrotel est populaire en raison de son emplacement sur la promenade et des concerts qui ont lieu la plupart des soirs de 21h30 à 0h30. Attention : les boissons sont chères et le service parfois lent et brusque.

Achats

Eilat étant une zone en duty free (que de magasins d'informatique !), les prix devraient être 17% plus bas que dans le reste du pays, mais c'est loin pourtant d'être toujours le cas.

Il n'en reste pas moins très rafraîchissant d'aller dans les galeries marchandes en pleine journée, chose particulièrement appréciable avec des enfants.

Mall HaYam GALERIE MARCHANDE
(Carte p. 352 ; mallhayam.co.il ; Ha-Palmakh St 1 ; 9h-23h sam-mer, 9h-minuit jeu, 9h-18h ven). En plein sur le front de mer, c'est dans cette galerie marchande très populaire que les Israéliens et les touristes vont faire leurs emplettes dans les enseignes de grandes chaînes, comme Zara, Mango et Castro, l'équivalent local.

Renseignements

Si vous voulez changer de l'argent, nous vous conseillons les bureaux de change autour de la gare routière centrale (HaTemarim Blvd) ou bien la poste pour son taux intéressant, mais l'attente y est longue.

Office du tourisme (carte p. 352 ; 08-630-9111 ; www.goisrael.com ; Bridge House, North Beach Promenade ; 8h30-17h dim-jeu, 8h-13h ven ;). Fournit des plans et des brochures gratuits et met à disposition des livres d'occasion en anglais, français, allemand... Vous pouvez consulter et photographier en toute légalité les topo-guides de 8 différentes zones de randonnée. Accès Wi-Fi gratuit et prises pour recharger smartphones et tablettes.

SPNI Eilat Field School Information Center (carte p. 348 ; 08-632-6468 ; www.spni.org.il ; Mitzrayim Rd/Rte 90 en face de la réserve naturelle de Coral Beach ; 8h-15h dim-jeu). Excellentes fiches en anglais sur des zones de randonnée (que l'on peut photograpier avec son smartphone). Vente de cartes de randonnée éditées au 1/50 000 par la SNPI (87 NIS). De la réception de la pension, montez l'escalier, le bureau est au bout du couloir.

Hôpital Yoseftal (carte p. 348 ; 08-635-8015 ; Yotam Rd, juste à l'ouest d'Argaman Ave ; 24h/24 urgences). L'hôpital d'Eilat dispose de 68 lits.

Depuis/vers Eilat
AVION

Construit dans la vallée de l'Arava à 18 km au nord d'Eilat, l'**aéroport international Ramon** (www.iaa.gov.il) est destiné à remplacer l'**aéroport** du centre-ville (carte p. 352 ;

ℹ CLIMAT À EILAT

Pendant les mois de juillet et août, la température atteint quotidiennement les 40°C, mais comme l'air est très sec (10 à 15% d'humidité), on n'a aucune sensation de moiteur. En décembre et janvier, le thermomètre atteint généralement les 20°C. Il ne pleut que 18 jours par an en moyenne.

☎ 08-637-1515 ; www.iaa.gov.il) et l'**aéroport d'Ovda** (☎ 08-367-5387 ; www.iaa.gov.il), utilisé depuis longtemps pour les vols à bas coût en provenance d'Europe. Ce sera également le deuxième aéroport international d'Israël. Il a été baptisé du nom d'Ilan Ramon, l'astronaute israélien décédé lors de la catastrophe de la navette spatiale *Columbia*, et de son fils Assaf, pilote de l'armée israélienne tué lors du crash de son F16.

Les compagnies Arkia (www.arkia.com) et Israir (www.israirairlines.com) assurent plusieurs liaisons quotidiennes entre Eilat et les deux aéroports de Tel-Aviv, Ben Gourion (35 min) et Sde Dov. Arkia dessert aussi Haïfa. Les prix varient selon la demande, entre 86 à 420 NIS l'aller simple depuis/vers Tel-Aviv.

Des compagnies à bas coût comme Finnair, Ryanair, Scandinavian, Transavia et Wizz assurent des vols directs entre de nombreuses villes d'Europe et Eilat, nombre de dessertes étant saisonnières (hiver et printemps).

BUS

La **gare routière centrale** (carte p. 352 ; www. bus.co.il ; HaTemarim Blvd) d'Eilat, à environ 1,5 km au nord-ouest de North Beach, est très bien reliée au reste d'Israël.
Beer Sheva (bus Egged n°s392, 393 et 397, 42,50 NIS, 3 heures 30, toutes les 1 ou 2 heures). Liaisons jusqu'en fin d'après-midi le vendredi et à partir du début d'après-midi le samedi.
Mer Morte (bus Egged n°444, 42,50 NIS, 2 heures 45 pour Ein Bokek, 8 bus/jour dim-jeu, 3 bus ven, 3 bus sam après-midi et soir)
Jérusalem (bus Egged n°s444 et 445, 70 NIS, 4 heures 15-5 heures, 10 bus dim, 4 bus/jour lun-mer, 7 bus jeu, 3 bus ven, 3 bus après-midi et soir). Le bus n°445 est un service rapide.
Mitzpe Ramon (bus Egged n°392, 39,50 NIS, 2 heures 15, 4-6 bus/jour dim-jeu, 1 bus ven)
Tel-Aviv (bus Egged n°s390, 393, 394 et 790, 70 NIS, 5 heures-5 heures 30, toutes les 1 ou 2 heures). Départs de 4h ou 5h à 19h ou 20h du dimanche au jeudi, plus une liaison de nuit partant à 1h. Le vendredi, dernier départ

à 15h, puis reprise du service le samedi à 11h. Réservation (fortement recommandée) sur www.egged.co.il (cliquez sur "Book Tickets Online") ou au *2800 ; la réservation est possible 14 jours avant le départ.

POSTES-FRONTIÈRES

Le poste-frontière Yitzhak Rabin-Wadi Araba, entre Israël et la Jordanie, se trouve à environ 5 km au nord-est d'Eilat, alors que celui de Taba, entre Israël et l'Égypte, est à quelque 9 km au sud-ouest.

ℹ Comment circuler

On peut facilement se déplacer dans le centre-ville à pied, mais vous devrez prendre un bus, un taxi ou votre propre véhicule pour vous rendre à South Beach et sur les différents sites accessibles par la Mitzrayim Rd/Rte 90 (qui mène au poste-frontière avec l'Égypte, Taba).

BUS

Le bus Egged n°15 part de la gare routière centrale pour rallier le poste-frontière de Taba en desservant les hôtels de North Beach et les plages de South Beach (4,20 NIS, 36 min). Départs toutes les heures de 8h à 21h du dimanche au jeudi, de 8h à 15h ou 16h le vendredi et de 9h à 19h le samedi. Le parcours en sens inverse (de Taba vers le nord) est assuré par le bus n°16.

TAXI

Pour rejoindre le poste-frontière Yitzhak Rabin-Wadi Araba avec la Jordanie, vous devrez prendre un taxi (50 NIS). Les distances à parcourir dans Eilat sont courtes, mais il fait parfois si chaud que vous apprécierez de prendre un taxi. Une course de l'ancien aéroport à la plupart des parties du centre-ville ou de North Beach coûte environ 15-20 NIS ; pour Coral Beach, comptez 35 NIS.

VOITURE

À l'ouverture du Ramon Airport, les agences de location de voitures regroupées au Shalom Center, en face du vieil aéroport, vont certainement se déplacer. En attendant la plupart se trouvent le long de la route 90, en face de la station-service Paz : **Hertz** (carte p. 352 ; ☎ 08-637-5050 ; www.hertz.co.il ; 8 HaTemarim Blvd, Shalom Center) ; **Budget** (carte p. 352 ; ☎ 03-935-0016 ; www.budget. co.il ; 2 HaTemarim Blvd, Shalom Center) ; **Eldan** (carte p. 352 ; ☎ 08-637-4027 ; www.eldan. co.il ; 2 HaTemarim Blvd, Shalom Center).

Le stationnement à Eilat coûte généralement 5 NIS/heure ou 25 NIS/jour, les parcmètres n'acceptant que les pièces. Le ticket journalier est valable dans toute la ville.

Pétra (Jordanie) البتراء

Le top des restaurants

- ➡ Al Saraya Restaurant (p. 368)
- ➡ Petra Kitchen (p. 365)
- ➡ Oriental Restaurant (p. 368)
- ➡ Basin Restaurant (p. 362)

Le top des hébergements

- ➡ Mövenpick Hotel (p. 368)
- ➡ Rocky Mountain Hotel (p. 368)
- ➡ Cleopatra Hotel (p. 368)
- ➡ Peace Way Hotel (p. 365)
- ➡ Petra Guest House Hotel (p. 368)

Pourquoi y aller

L'ancienne cité nabatéenne de Pétra, dont l'architecture caractéristique sublime un paysage par ailleurs magnifique, n'est pas seulement le joyau d'un pays déjà riche en sites majeurs, c'est aussi l'une des merveilles du monde. Oubliée durant des siècles, sinon des Bédouins qui y avaient élu domicile, elle fut redécouverte en 1812 par l'explorateur suisse Johann Ludwig Burckhardt.

Même si elle a été abondamment étudiée, la nécropole de Pétra doit à son emplacement difficile d'accès d'avoir gardé, encore à ce jour, une aura d'apparent mystère. Seul y conduit le Siq, un sentier autrefois sacré, étroit défilé pris entre deux immenses parois. C'est sur un Trésor taillé à même la roche rose que débouche, en plein soleil, ce sinueux chemin. Deux jours minimum sont nécessaires pour profiter au mieux de la région, qui abrite d'autres sites nabatéens comme la petite Pétra et se prête au camping et aux randonnées dans le désert.

Quand partir

Wadi Musa

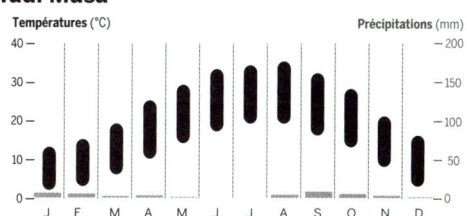

Mars-mai C'est le pic de la saison touristique : les lauriers-roses sont en fleur et l'on peut partir en randonnée en toute sécurité.

Mi-oct à fin nov La dernière chance pour visiter Pétra par beau temps, avant que les pluies n'interdisent l'accès de certains itinéraires.

Déc-jan En hiver, les touristes désertent pratiquement le site. Le ciel affiche un bleu éclatant dans la journée, mais il fait bien froid le soir.

Histoire

Pétra a été fondée au IIIe siècle av. J.-C. par les Nabatéens, un peuple nomade d'Arabie occidentale tourné vers le commerce caravanier. À son âge d'or, la cité comptait 30 000 habitants. Scribes et ingénieurs contribuèrent à son rayonnement. Vers l'an 100, les Romains prirent le contrôle de la cité et y laissèrent leur empreinte architecturale, dont la voie à colonnade.

Les tremblements de terre destructeurs de 363 et de 551 participèrent à l'abandon de la ville, qui tomba dans l'oubli, ne restant connue que des seuls Bédouins locaux. En 1812, le jeune explorateur suisse Johann Ludwig Burckhardt la redécouvrit en se faisant passer pour un pèlerin musulman.

Dans les années 1950, Pétra gagna quasiment rang de mythe en Israël, de nombreux jeunes Israéliens tentant de la visiter clandestinement, parfois au péril de leur vie. C'est depuis 1994 et le traité de paix entre Israël et la Jordanie que les Israéliens et les touristes qui visitent Israël ont le droit de se rendre légalement sur le site.

ℹ Depuis/vers Pétra

Pétra est à 2 heures en voiture d'Aqaba (120 km) et du poste-frontière Yitzhak Rabin-Wadi Araba avec Israël. Pour une excursion d'une journée depuis Eilat, comptez environ 315 $, dont 130 $ de frais de passage de frontière. Si vous optez pour les transports en commun, des minibus à destination de Wadi Musa partent d'Aqaba entre 6h30 et 8h30, avec un service supplémentaire en fin d'après-midi.

À ne pas manquer

1 Le **Siq** (p. 359), long défilé aux parois abruptes menant les visiteurs jusqu'à l'ancien monde.

2 Le **Trésor** (p. 359), monument emblématique de Pétra, au débouché du Siq, sublime au soleil levant.

3 L'ascension qui conduit au **haut lieu des Sacrifices** (p. 359) et la descente à travers un parterre de fleurs sauvages.

4 Les **tombeaux royaux** (p. 359), où les esprits se cachent dans la roche jaspée.

5 Les pierres érodées par les éléments du **Monastère** (p. 362), à découvrir au crépuscule.

6 **Petra by Night** (p. 365), le spectacle nocturne qui permet de parcourir le Siq en musique et à la lumière des bougies.

7 La préparation d'un repas jordanien grâce aux conseils des experts de **Petra Kitchen** (p. 365), à Wadi Musa.

8 Le petit Siq, les temples et tombeaux de la **petite Pétra** (p. 370), loin de la foule qui envahit son illustre voisine.

Si vous passez de Cisjordanie en Jordanie au poste-frontière du pont Allenby-King Hussein, vous pourrez prendre un minibus pour Wadi Musa entre 6h et 12h à la gare routière sud d'Amman (Wahadat).

La cité antique
 **À voir**

Plus de 800 sites ont été répertoriés à Pétra, dont quelque 500 tombes, mais les plus intéressants pour les visiteurs sont faciles d'accès. De l'entrée principale, un sentier descend jusqu'à la zone appelée **Bab As Siq** ("porte du Siq"), où se profilent les premiers monuments de la cité.

Commencez votre visite au centre d'accueil des visiteurs de Pétra (p. 365) à Wadi Musa, en face du Mövenpick Hotel. C'est ici que vous pourrez acheter vos billets et vous procurer un plan et des brochures explicatives. L'endroit dispose de toilettes, mais vous en trouverez aussi dans la cité antique.

Il existe plusieurs circuits intéressants, en particulier du **Wadi Muthlim** aux **tombeaux royaux** (1 heure 30, guide obligatoire), **Umm al-Biyara** (aller 3 heures) et **Djebel Haroun** (aller-retour 6 heures).

♥ Siq
CANYON

Long de 1,2 km, cet étroit défilé aux parois verticales est sans conteste un des lieux phares de Pétra. L'approche à travers ce mystérieux corridor qui serpente jusqu'à la cité cachée donne un avant-goût des merveilles qui vous attendent. Les Nabatéens ont, du reste, fait de ce passage une voie sacrée bordée de jalons spirituels.

♥ Trésor (Al Khazneh)
TOMBEAU

C'est en contemplant l'admirable façade hellénistique en grès ferrugineux de ce monument emblématique que la plupart des visiteurs cèdent au charme de Pétra. Taillé à même la paroi probablement à la fin du Ier siècle av. J.-C., peut-être comme tombeau du roi nabatéen Arétas IV (reg. vers 84-vers 62 av. J.-C.), il reçut plus tard le nom de Trésor car la légende laissait entendre qu'un pharaon lancé à la poursuite des Israélites avait celé ses richesses dans l'urne de pierre de 3,5 m de haut qui le couronne (laquelle servit d'ailleurs de cible à plus d'un tir).

Rue des Façades
RUINES

Après le Trésor, le défilé débouche sur le Siq extérieur, où s'empilent sur plusieurs niveaux une quarantaine de tombeaux

> ### ℹ ATTENTION AUX CHUTES
>
> Dans la cité antique de Pétra, de nombreux lieux jadis utilisés pour des sacrifices ou des rituels sont situés sur des hauteurs. Ils offrent de magnifiques points de vue et contribuent à la beauté du site, mais ne sont accessibles que par des escaliers abrupts, sans rambarde ni autre dispositif de sécurité.

nabatéens présentant des façades à merlons, à l'origine du surnom de l'endroit. Ils sont bien plus faciles d'accès que nombre de sépultures de Pétra.

♥ Haut lieu des Sacrifices (Al-Madbah)
POINT DE VUE

(Al Madbah). Bien conservé, le plus accessible des hauts lieux de Pétra trône au sommet du Djebel Madbah. Sa plate-forme comporte un ensemble de citernes et de rigoles creusées dans la roche, où s'écoulait le sang des animaux sacrifiés. Les escaliers qui y mènent sont indiqués juste avant le théâtre. En haut, tournez à droite au niveau des **obélisques**. Il est également possible d'y monter à dos d'âne (10 DJ l'aller), mais cet expédient, guère charitable pour les pauvres bêtes, est de surcroît moins gratifiant.

♥ Théâtre
THÉÂTRE

En taillant ce théâtre dans la roche il y a plus de 2 000 ans, les Nabatéens détruisirent au passage de nombreuses sépultures et habitations troglodytiques. L'édifice fut ensuite agrandi par les Romains pour atteindre la capacité de 8 500 places (soit environ 30% de la population de Pétra) peu après leur arrivée en 106. Après le tremblement de terre de l'an 363 qui l'endommagea gravement, une partie de ses éléments servirent à bâtir d'autres constructions.

♥ Tombeaux royaux
SÉPULTURES

En aval du théâtre, le lit du Wadi Musa s'élargit et la silhouette imposante du Djebel al-Khubtha domine la vallée. Sa paroi rocheuse orientée à l'ouest recèle des sépultures parmi les plus impressionnantes du site, baptisées "tombeaux royaux". La lumière dorée du couchant les montre sous un jour particulièrement fascinant.

On accède aux tombeaux royaux grâce à plusieurs escaliers qui partent du fond de la vallée, près du théâtre. Une superbe randonnée conduit des tombeaux royaux

PÉTRA (JORDANIE) LA CITÉ ANTIQUE

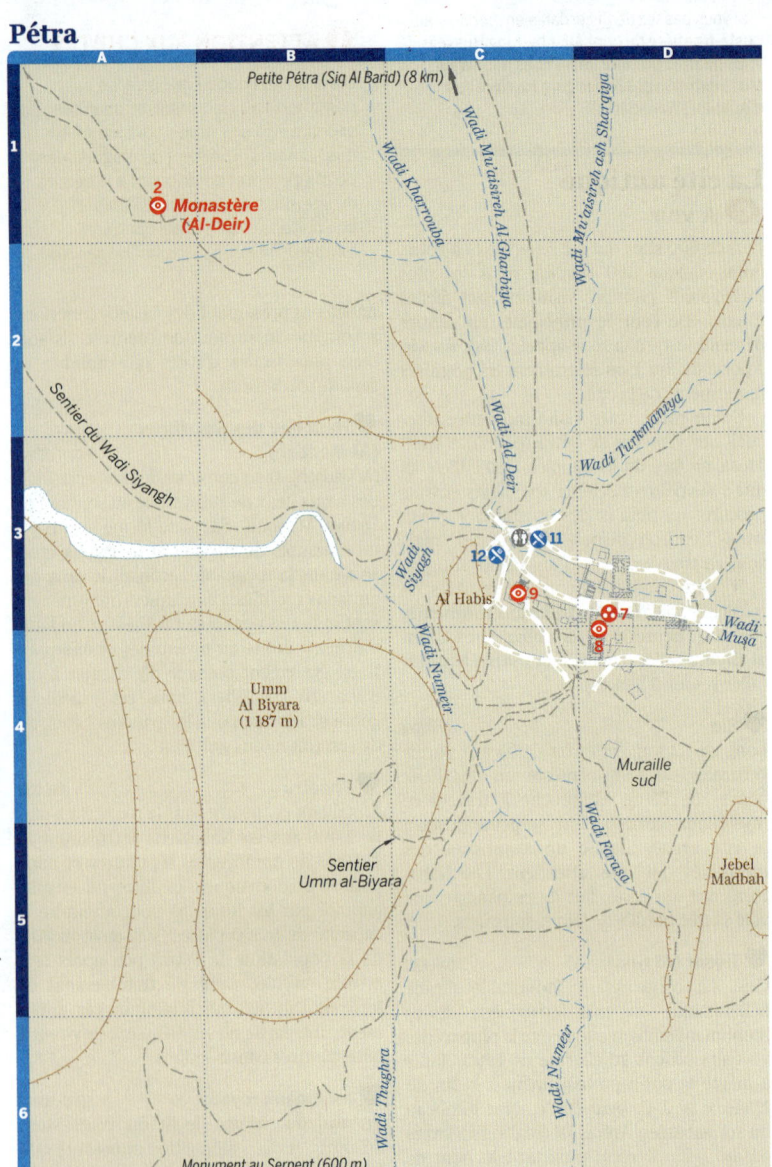

Carte avec les lieux suivants :

2 Monastère (Al-Deir)

Petite Pétra (Siq Al Barid) (8 km)

Wadi Kharrouba

Wadi Mu'aisireh Al Gharbiya

Wadi Mu'aisireh ash Sharqiya

Sentier du Wadi Siyangh

Wadi Ad Deir

Wadi Turkmaniya

Wadi Siyagh

12 **11**

Al Habis **9**

7
8

Wadi Numeir

Umm Al Biyara (1 187 m)

Muraille sud

Wadi Musa

Wadi Farasa

Jebel Madbah

Sentier Umm al-Biyara

Wadi Thughra

Wadi Numeir

Monument au Serpent (600 m), Jebel Haroun (5 km) et Sabra (9 km)

---

aux nombreux sites cultuels installés sur le sommet arasé du Djebel al-Khubtha, d'où la vue sur le Trésor est spectaculaire.

Parmi ces monuments, le plus caractéristique est le **tombeau à l'Urne**, reconnaissable à l'urne monumentale qui coiffe son fronton. Il fut construit en 70 probablement pour le roi Malichos II (40-70). L'immense salle intérieure du tombeau à l'Urne mesure 18 x 20 m. Le **tombeau de la Soie**, voisin, est remarquable pour la roche de sa façade, veinée de rose, de blanc et de

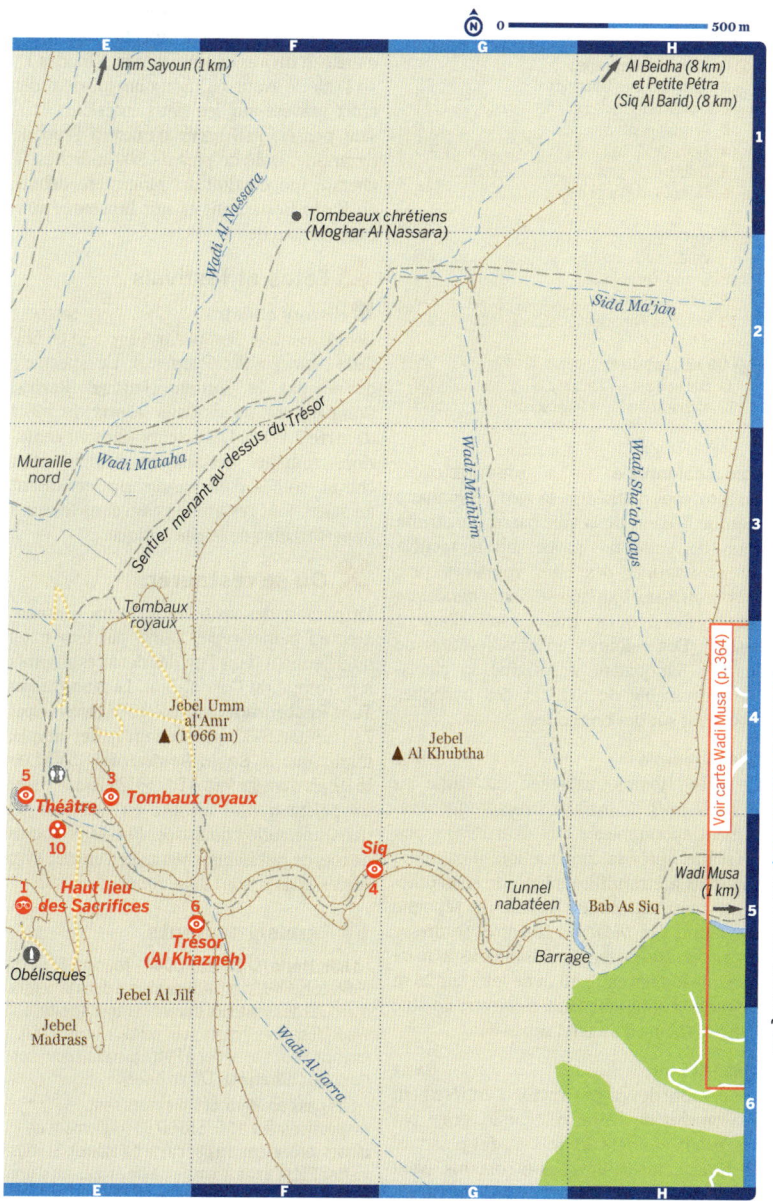

Voir carte Wadi Musa (p.364)

PÉTRA (JORDANIE) LA CITÉ ANTIQUE

jaune. Juste à côté, le **tombeau corinthien** est hélas très endommagé. Fortement érodé dans sa partie supérieure, le **tombeau à étages** ou **tombe palais**, sublime imitation d'un palais romain ou grec de trois niveaux, se distingue par son immense frontispice taillé dans la pierre. C'est le plus imposant de Pétra. L'entrée mène à des chambres funéraires à la sobriété caractéristique de la cité, tandis que les 18 colonnes du deuxième niveau constituent un de ses éléments les plus reconnaissables.

Pétra

Voie à colonnade
SITE ARCHÉOLOGIQUE

En contrebas du théâtre, la voie à colonnade marque le cœur de la ville basse. Construite vers 106, cette rue pavée suit le modèle du *decumanus* des cités romaines (axe est-ouest), sans toutefois le *cardo maximus* (axe nord-sud) qui s'y trouve habituellement associé. Des colonnes en grès revêtues de marbre flanquaient à l'origine sa chaussée carrossable de 6 m et des portiques ouvraient sur des boutiques.

Grand temple
TEMPLE

Ce grand temple nabatéen fut édifié au Ier siècle av. J.-C., mais sa structure fut sévèrement endommagée lors d'un séisme peu de temps après sa construction. Il continua toutefois à être utilisé, bien que sous différentes formes, jusqu'à la fin de l'époque byzantine. Un *theatron* (théâtre) se dresse en son centre. Le temple faisait jadis 18 m de haut, et son enceinte 40 m de long sur 28 m de large. L'intérieur était recouvert de stuc rouge et blanc d'un effet saisissant.

Qasr Al Bint
TEMPLE

Au nombre des rares structures maçonnées de Pétra, ce temple, érigé par les Nabatéens vers 30 av. J.-C., fut plus tard dédié au culte des empereurs romains, avant d'être détruit aux alentours du IIIe siècle. En dépit du nom que lui ont donné les Bédouins – Qasr Al Bint al-Firaun ("château de la fille du pharaon") –, il s'agissait d'un sanctuaire consacré aux dieux des Nabatéens.

♥ Monastère
SÉPULTURE

(Al Deir). Perché sur les hauteurs, le Monastère ressemble au Trésor, en plus grand (50 m de

large et 45 m de haut). Ce tombeau nabatéen était peut-être consacré au culte du seul roi nabatéen divinisé après sa mort, Obodas Ier, au Ier siècle avant J.-C. Son nom lui vient des croix gravées sur les murs intérieurs laissant penser qu'il servit d'église à l'époque byzantine. Doté de plus de 800 marches, le chemin qui conduit au Monastère débute au Basin Restaurant et suit l'ancienne voie processionnelle.

✸✸ Fêtes et festivals

♥ History of Petra
SPECTACLE

(Jordan Heritage Revival Company ; ☏ 06-581-0808 ; www.jhrc.jo ; ⊙ sam-jeu). Ce spectacle donné par la Jordan Heritage Revival Company est inclus dans le prix du billet d'entrée à Pétra. Les acteurs vêtus en centurions romains, certains en armure et à cheval, coiffés d'un casque d'acier luisant au soleil, font revivre le passé dans le cadre imperturbable de la cité antique.

✗ Où se restaurer

La plupart des visiteurs de Pétra viennent avec un panier repas fourni par leur hôtel ou déjeunent dans l'un des deux restaurants à proximité du Qasr al-Bint. Le **Nabataean Tent Restaurant** (buffet déj 10 DJ, paniers repas 7 DJ ; ⊙ 10h-15h30) propose un buffet simple, tandis que le **Basin Restaurant** (buffet déj 16 DJ, jus d'orange frais 4 DJ ; ⊙ 12h-16h; ✉) sert un déjeuner plus élaboré en extérieur ou dans une salle climatisée. Plusieurs stands de thé, de rafraîchissements et d'en-cas, avec places assises, sont disséminés sur le site.

❶ Renseignements

La **billetterie** (☏ 03-215-6044 ; Tourism St ; ⊙ 6h-16h, 6h-18h en été) se trouve dans le centre d'accueil des visiteurs devant l'entrée du site, à Wadi Musa. Les tickets sont vendus jusqu'à 16h, mais on peut s'attarder à Pétra jusqu'au coucher du soleil (19h en été, 17h en hiver).

Le pass un, deux et trois jours sont respectivement à 50/55/60 DJ (règlement en dinars jordaniens ou par carte bancaire). Si vous visitez Pétra dans le cadre d'une excursion d'une journée au départ d'Israël ou des Territoires palestiniens, l'entrée coûte 90 DJ. Elle est gratuite pour les enfants de moins de 12 ans et les visiteurs handicapés.

La visite guidée (pour 5 personnes minimum) est comprise dans le montant du billet. Celle-ci n'est pas obligatoire, mais nous la recommandons ; elle commence chaque heure pile entre 7h et 15h et dure 2 heures.

ℹ Comment circuler

Si vous achetez votre ticket au centre d'accueil des visiteurs, le trajet aller-retour à cheval le long du Bab al-Siq, pour parcourir les 800 m qui séparent l'entrée principale du début du Siq, est inclus dans le montant du billet (convenez d'une heure de retour). Un pourboire de 4 DJ est apprécié. Si vous faites l'aller à pied, vous pourrez rentrer à cheval pour 4 DJ. Sinon, des carrioles pouvant transporter 2 passagers vont de l'entrée principale au Trésor (2 km) pour 20 DJ par véhicule, plus 5 DJ de pourboire/personne.

On vous proposera aussi officieusement des trajets en âne ou en mule (avec guide) partout sur le site, à des tarifs négociables. Les ânes montent au haut lieu des Sacrifices (aller seul 10 DJ) et au Monastère (aller-retour 20 DJ). On peut aussi louer des mules pour les trajets plus longs, jusqu'au monument du Serpent (à partir de 25 DJ), à Djebel Haroun (50 DJ), et à Sabra (100 DJ).

Wadi Musa وادي موسى

🕿 03 / 18 000 HABITANTS / ALTITUDE 1 150 M

La ville moderne qui a poussé près du site de Pétra est Wadi Musa, la "vallée de Moïse". Il s'agit d'un ensemble paisible d'hôtels, de restaurants, de magasins et de maisons s'étalant sur environ 5 km, de la source de Moïse ("Ain Musa") à l'entrée principale de Pétra, qui est presque au fond de l'oued.

La ville est grosso modo divisée en trois. La partie haute comprend quelques hôtels haut de gamme le long de la route principale qui bénéficient de vues spectaculaires sur les rochers en grès érodés des alentours (mais pas sur Pétra). Les établissements les moins chers sont regroupés dans le centre-ville,

près de la gare routière et des magasins. Enfin, la partie basse de la ville, à 10 minutes à pied du centre, recèle la plupart des hôtels chics ou moyenne gamme, les boutiques de souvenirs, les restaurants touristiques et le célèbre Cave Bar.

🏃 Activités

Rien de tel qu'un tour au hammam après une journée passée à crapahuter dans la rocheuse Pétra. Cette tradition ancestrale connaît actuellement un grand succès, et beaucoup de nouveaux établissements ouvrent leurs portes, souvent rattachés à un hôtel.

La formule comprend généralement bain de vapeur, massage, pierres chaudes, gommage et remise en forme. Réservation conseillée ; les femmes peuvent demander une masseuse. Comptez entre 15 DJ et 30 DJ, selon les services demandés.

Salome Turkish Bath HAMMAM

(🕿 03-215-7342 ; en face d'Al Anbat II Hotel ; bain, gommage et massage 24 DJ ; ⊙ 15h-22h). Le Salome, dans lequel on pénètre par une grotte où sont exposés de vieux outils agricoles, possède un salon plein de cachet dans lequel il fait bon se détendre en buvant un thé. Ce petit hammam traditionnel, qui propose des bains mixtes avec gommage et massage, est fier de son authenticité dans une ville qui ne jure que par le changement.

Sella Turkish Bath HAMMAM

(🕿 03-215-7170 ; www.sellahotel.com ; King's Highway ; ⊙ 10h-minuit). Ce hammam propose une large sélection de services, dont un sauna et des bains séparés pour hommes et femmes. Vente de produits de la mer Morte.

DURÉE DES RANDONNÉES

C'est en marchant que l'on profite au mieux du site de Pétra. Rassurez-vous, nul besoin d'être un randonneur chevronné pour être conquis par l'esprit du lieu ; il suffit de savoir où aller et quand. Le tableau ci-dessous indique le temps nécessaire (aller simple) pour rejoindre les différents sites à une allure tranquille. À un rythme plus soutenu, on peut se rendre du centre d'accueil des visiteurs jusqu'au Trésor en 20 minutes, et au Basin Restaurant en 40 minutes, en suivant l'axe principal. Prévoyez le double pour le trajet du retour, qui s'effectue en montée.

ITINÉRAIRE DIRECT	TEMPS	DIFFICULTÉ
Du centre d'accueil des visiteurs à l'entrée du Siq	15 minutes	facile
De l'entrée du Siq au Trésor	20 minutes	facile
Du Trésor aux tombeaux royaux	20 minutes	facile
Du Trésor à l'obélisque du haut lieu des Sacrifices	45 minutes	moyenne
De l'obélisque au Basin Restaurant (par l'axe principal)	45 minutes	facile
Du Trésor au Basin Restaurant	30 minutes	facile
Du Basin Restaurant au Monastère	40 minutes	moyenne

PÉTRA (JORDANIE) WADI MUSA

Wadi Musa

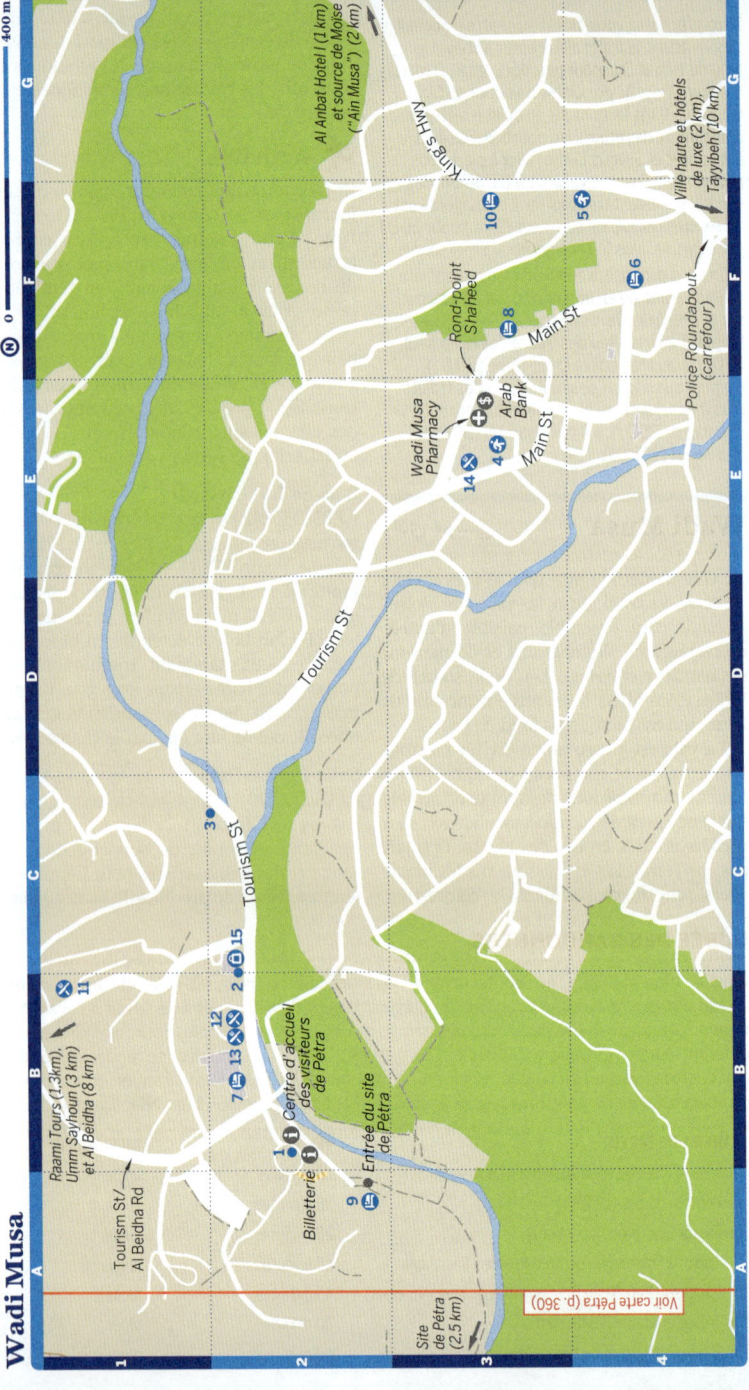

400 m

N

Al Anbat Hotel (1 km) et source de Moïse ("Ain Musa") (2 km)

King's Hwy

Ville haute et hôtels de luxe (2 km), Tayyibeh (10 km)

10 🏨

5 ✈

🏬 6

Rond-point Shaheed

🏛 8

Police Roundabout (carrefour)

Main St

Wadi Musa Pharmacy

➕ 💲

Arab Bank

14 🍴

4 🍴

Main St

Tourism St

3 ●

Tourism St

2 🍴 🍴 15

🏬 11

7 🛏 13 12 🍴 🍴

Centre d'accueil des visiteurs de Pétra

Raami Tours (1,3 km), Umm Sayhoun (3 km) et Al Beidha (8 km)

Tourism St/ Al Beidha Rd

1 ℹ
Billetterie ℹ

9 🛏

Entrée du site de Pétra

Site de Pétra (2,5 km)

Voir carte Pétra (P. 360)

Wadi Musa

🎓 Cours

♥ Petra Kitchen   CUISINE
(☎03-215-5900 ; www.petrakitchen.com ; Tourism St ; cours de cuisine 35 DJ/pers ; ⊙18h-21h). Situé à 100 m du Mövenpick Hotel, dans la rue principale, Petra Kitchen dispense tous les soirs des cours de cuisine à ceux qui souhaitent apprendre, auprès des habitants, à confectionner des mezze jordaniens, une soupe et un plat principal.

👉 Circuits organisés

La plupart des hôtels proposent des visites guidées à Pétra ou, plus souvent, dans les environs. Le Rocky Mountain Hotel (p. 368), par exemple, organise une randonnée jusqu'à Pétra par un itinéraire secondaire, tandis que le Cleopetra Hotel (p. 368) vous emmène pour 2 jours dans le Wadi Rum. Il existe d'excellents guides locaux indépendants, mais il est conseillé de réserver leurs services au **centre d'accueil des visiteurs de Pétra** (☎03-215-6044 ; www.visitpetra.jo ; Tourism St ; ⊙6h-18h mai-sept, 6h-16h oct-avr) GRATUIT.

♥ Petra by Night   CIRCUIT
(Centre d'acceuil des visiteurs, Tourism St ; adulte/-10 ans 17 DJ/gratuit ; ⊙20h30-22h30 lun, mer et jeu). Extrêmement prisée, cette promenade permet de voir le Siq et le Trésor au clair de lune. Le "circuit" (2 heures ; annulé en cas de pluie) part du centre d'accueil des visiteurs.

Raami Tours   CIRCUITS
(☎07-9620-3790, 03-215-4551 ; www.raamitours.com ; Umm Sayoun Rd). Cet organisme installé sur la route principale conduisant au village bédouin d'Umm Sayoun propose des circuits sur mesure en fonction des disponibilités, centres d'intérêt et budgets des clients (envoyez un e-mail au moins 3 jours avant votre venue).

Petra Moon Tourism Services   CIRCUIT
(☎07-96170666 ; www.petramoon.com ; Tourism St ; randonnée à cheval à la journée jusqu'au Djebel Haroun 100 US$, 3 pers min). Cette agence est la plus professionnelle de Wadi Musa pour les visites de Pétra et les circuits en Jordanie (notamment au Wadi Rum et à Aqaba). Elle propose des randonnées à cheval, des treks jusqu'à Dana (3 nuits) avec transport des bagages, des randonnées de Tayyibeh à Pétra et des treks à dos de chameau jusqu'au Wadi Rum. Organise également un circuit de 14 jours en Jordanie pour 10 à 26 personnes.

🛏 Où se loger

Les visiteurs ont le choix entre plus de 70 hôtels (dont aucun ne se trouve dans la cité antique) couvrant tous les budgets. En dehors de la haute saison (d'avril à mi-mai et d'octobre à novembre), les prix baissent considérablement, surtout pour les séjours de trois nuits ou plus.

📍 Centre-ville

Les hôtels du centre-ville ont l'avantage d'être proches de la gare routière, des cafés et des supermarchés. Le centre d'accueil des visiteurs de Pétra, en contrebas, est accessible à pied.

♥ Peace Way Hotel   BOUTIQUE-HÔTEL $
(☎03-215-6963 ; peaceway_petra@yahoo.com ; Main St ; s/d/tr 16/22/35 DJ ; 🖥🖨). Suite à une transformation radicale, cet établissement est devenu un hôtel de charme. Une lumière bleue émane des plafonds, et les tons chocolat du mobilier, des tissus et des lambris contrastent avec la teinte claire du marbre. Pour la qualité des prestations, c'est une excellente affaire, en centre-ville. Chose rare, les animaux sont acceptés.

Pétra

PROMENADE À PIED

Malgré toute sa splendeur, le Trésor ne constitue pas, comme beaucoup l'imaginent, le point d'orgue d'une visite à Pétra. D'une certaine façon, ce célèbre monument, qui accueille le visiteur après la traversée du Siq, incite à partir à la découverte des autres joyaux qui surgissent à chaque détour du site.

Même si le temps vous manque, arrangez-vous pour trouver deux heures supplémentaires afin d'effectuer le circuit qui suit. Les illustrations montrent les lieux phares que vous croiserez sur votre route en suivant le Wadi Musa depuis le **①** **Siq**, via le **②** **Trésor** et les tombes du **③** **Siq extérieur**. Muni d'une bonne paire de chaussures, grimpez jusqu'au **④** **haut lieu des Sacrifices** pour profiter d'un panorama imprenable. Rejoignez ensuite la **⑤** **rue des Façades** et le **⑥** **théâtre**. , avant d'attaquer les escaliers en face du **⑦** **tombeau à l'Urne** et de la **⑧** **tombe de la Soie** voisine : ces tombes royales revêtent leur plus bel aspect dans la lumière dorée du couchant.

Si la marche vous effraie, des ânes vous transporteront le long des pentes abruptes, tandis que le thé des stands bédouins vous redonnera des forces. Vous pourrez même regagner le Trésor à dos de chameau.

CONSEILS

→ Vers 7h en été, 8h en hiver, contemplez la façade du Trésor illuminée par le soleil du matin.

→ Postez-vous en face des tombes royales au coucher du soleil (vers 17h en été, 16h en hiver) et vous comprendrez pourquoi on l'appelle "ville rose".

→ Admirez les buissons de lauriers-roses qui fleurissent en mai.

Trésor

En observant ce monument emblématique, notez les petites cavités régulièrement espacées de part et d'autre de la façade, probablement la marque d'échafaudages nabatéens.

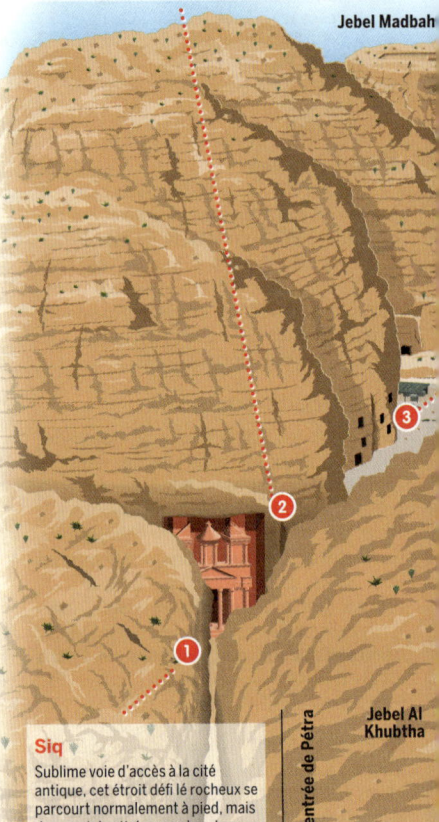

Jebel Madbah

Jebel Al Khubtha

Vers l'entrée de Pétra

Siq

Sublime voie d'accès à la cité antique, cet étroit défilé le rocheux se parcourt normalement à pied, mais des carrioles tirées par des chevaux sont à la disposition de ceux qui en ont besoin.

DESCENDRE AUTREMENT

Un bel itinéraire mène du haut lieu des Sacrifices au cœur de la ville basse via la tombe du Jardin.

Haut lieu des sacrifices

Dans les pas des Nabatéens, gravissez l'escalier processionnel qui monte en pente raide pour atteindre la plate-forme où ils brûlaient de l'encens et faisaient des libations en l'honneur de leurs divinités.

CHRISTOPHE CAPPELLI/SHUTTERSTOCK ©

CLAUDIODIVIZIA/SHUTTERSTOCK ©

Siq extérieur

Prenez le temps d'examiner les sépultures juste après le Trésor. Certaines semblent dotées d'un sous-sol, mais cela montre en réalité du sol s'est élevé au fil des siècles.

Rue des Facades

En jetant un coup d'œil à l'étage supérieur des tombes qui la bordent, vous apercevrez parfois une petite ouverture : placer la chambre funéraire en hauteur était censé décourager les pilleurs.

Escalier d'accès au haut lieu des Sacrifices

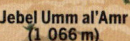

5

6

Boutiques, souvenirs, stands de thé et toilettes

Wadi Musa

Wadi Musa

Vers le cœur de la ville basse →

7

8

Jebel Umm al'Amr (1 066 m)

Tombes royales

Tombes royales

CAP SUR LES HAUTEURS

Pour une vue magique sur Pétra, montez l'escalier qui conduit au-dessus des tombes royales.

Tombeau à l'Urne

Baptisé d'après l'urne qui surmonte le fronton, cet édifice majestueux aux grandes arches restaurées fut probablement construit pour le roi … et le buste en toge dans l'ouverture centrale.

Tombe de la Soie

Il se peut que les bâtisseurs nabatéens aient choisi le Wadi Musa pour la beauté de son grès multicolore, auquel l'érosion donne ici un aspect moiré.

Théâtre

Contrairement à la plupart des amphithéâtres, généralement maçonnés, celui-ci a été taillé dans la roche. Au-dessus des gradins du fond, on distingue encore les vestiges des tombes antérieures démolies pour sa construction.

NAEBLYS/SHUTTERSTOCK ©

ALBERT H. TEICH/SHUTTERSTOCK ©

ⓘ BON À SAVOIR

→ Les femmes voyageant seules devront être sur leurs gardes dans les hôtels bon marché de Wadi Musa. Assurez-vous que les portes ferment bien et ne sont pas équipées de judas.

→ Traitez les déclarations d'amour enflammées des inconnus avec la prudence qui s'impose.

→ Réservez votre hôtel pour éviter que l'on vous harcèle en vous proposant tel ou tel hôtel à votre descente du minibus à Wadi Musa.

♥ Rocky Mountain Hotel   HÔTEL $

(☎07-9694-1865, 03-215-5100 ; therockymountainhotel.com ; Main St ; s/d/tr/q 26/39/50/60 DJ ; @�🛜). Cet hôtel pour globe-trotters a su trouver le ton juste. Il comprend un espace commun avec thé et café gratuits, ainsi qu'un toit-terrasse pour profiter du panorama. Navette gratuite pour l'entrée de Pétra ; départs à 7h30 et 8h30, retours à 16h et 17h.

♥ Cleopatra Hotel   HÔTEL $

(☎03-215-7090 ; Main St ; s/d/tr 18/25/32 DJ ; @🛜). Cet hôtel bon marché loue des chambres propres et lumineuses. Wi-Fi disponible dans l'espace commun de l'entrée pour 2 DJ. L'hôtel organise des excursions de 2 jours dans le Wadi Rum en 4x4 (50 DJ/personne, 3 personnes minimum), et Mosleh, le gérant, peut faire le nécessaire pour d'autres déplacements.

🛏 Ville basse

Beaucoup d'hôtels haut de gamme ou moyenne gamme sont situés dans cette partie de la ville, bien pourvue en restaurants et en boutiques de souvenirs, et d'où l'entrée de Pétra est accessible à pied.

♥ Petra Guest House Hotel   HÔTEL $$

(☎03-215-6266 ; www.guesthouse-petra.com ; près de Tourism St et du centre d'accueil des visiteurs ; ch à partir de 75 DJ ; P🛜☎03-2156266 ; s/d/tr 90/105/125 DJ ; ❄🛜). Difficile de loger plus près du site. Le Cave Bar, dans l'établissement, occupe une ancienne sépulture troglodytique. Les clients sont hébergés dans des bungalows style motel ou des chambres exiguës mais claires dans le bâtiment principal. Bon petit-déjeuner buffet. Un excellent rapport qualité/prix.

♥ Mövenpick Hotel   HÔTEL $$$

(☎03-215-7111 ; www.moevenpick.com ; Tourism St ; ch à partir de 500 DJ ; P@🛜☎). À 100 m de la billetterie, ce bel hôtel de style arabe au mobilier marqueté et aux fontaines en marbre est sis au fond de la vallé. Il ne n'a pas une vue exceptionnelle, mais ses luxueuses chambres sont vastes et lumineuses. Buffet exceptionnel.

✖ Où se restaurer

Les adresses les moins chères se concentrent autour du rond-point Shaheed et de la boulangerie Sanabel. De manière générale, les menus proposés se ressemblent, avec falafels et *shawarma*. Pour une offre un peu plus raffinée, cap sur l'entrée de Pétra. La cuisine internationale et l'alcool sont rares en dehors des hôtels cinq étoiles. Il est facile de faire des courses dans l'une des épiceries de Wadi Musa, et la plupart des hôtels préparent des paniers repas.

Sanabel Bakery   BOULANGERIE $

(Près de Main St ; ⏱5h-minuit). Parfaite pour acheter de quoi concocter un pique-nique. Bon choix de délicieuses douceurs arabes.

♥ Oriental Restaurant   JORDANIEN $$

(☎03-215-7087 ; Tourism St ; plats 6 DJ ; ⏱11h-21h30). Situé dans la rue principale, cet établissement incontournable sert de bonnes grillades et des spécialités jordaniennes comme le *mensaf* (agneau au riz). Jolie terrasse derrière la colonnade.

Red Cave Restaurant   JORDANIEN $$

(☎03-215-7799 ; redcaverestaurant.com ; Tourism St ; entrées 1 DJ, plats à partir de 5 DJ ; ⏱9h-22h). Agréable table troglodytique, où l'accent est mis sur les recettes bédouines, comme le *mensaf* (agneau au riz) et la *maqlouba* (riz renversé aux aubergines).

♥ Al Qantarah   JORDANIEN $$$

(☎03-215-5535 ; www.al-qantarah.com ; déj/dîner 10/12 DJ ; ⏱déj 11h30-16h30, dîner 19h-22h ; P🍴). Le meilleur restaurant de Wadi Musa, spécialisé dans la cuisine jordanienne. Ici, pas de menu : le déjeuner comme le dîner sont proposés en buffet, avec 15 salades et mezze, huit plats de viandes et soupes, et huit sortes de desserts. Il y a un coin cuisine et de la musique live tous les jours.

♥ Al Saraya Restaurant   INTERNATIONAL $$$

(☎03-215-7111 ; www.moevenpick.com ; Mövenpick Hotel, Tourism St ; buffet dîner 20 DJ ; ⏱déj 11h-15h, dîner 19h-22h ; P🍴). Pour un buffet international de premier ordre servi dans une salle très chic, à l'image de l'opulent Mövenpick Hotel qui l'abrite. Prenez le temps d'un dernier verre dans le majestueux bar lambrissé, ou d'un cocktail sur le toit-terrasse en été.

Où prendre un verre et faire la fête

 Cave Bar
BAR

(☎ 03-215-6266 ; www.guesthouse-petra.com ; ☎ 03-2156266 ; ⊗ 15h-23h). On ne saurait venir à Pétra sans visiter le bar jouissant du plus ancien cadre au monde, au sein du Petra Guest House Hotel. Aménagé dans un tombeau nabatéen vieux de 2 000 ans creusé dans la roche, ce haut lieu nocturne reste parfois ouvert jusqu'à 4h.

Al Maqa'ad Bar
BAR

(☎ 03-215-7111 ; www.moevenpickhotels.com ; Mövenpick Hotel, Tourism St ; ⊗ 16h-23h). Le bar du Mövenpick Hotel a un superbe cadre de style marocain : dégustez un cocktail ou une glace pour en savourer l'atmosphère. Les taxes et le service majorent l'addition de 26%. L'hôtel a un autre bar, le Roof Garden (sur le toit), à essayer si le temps le permet.

Achats

Une multitude de magasins de souvenirs entoure l'entrée du site. Un peu partout à Wadi Musa, des artisans versent du sable coloré dans des bouteilles et peuvent écrire votre nom. Vous trouverez des livres sur Pétra au centre d'accueil des visiteurs et le long de Tourism St, dans la ville basse de Wadi Musa.

Made in Jordan
ARTISANAT

(☎ 03-215-5900 ; Tourism St ; ⊗ 8h30-23h). Cette boutique vend de l'artisanat local de qualité, notamment de l'huile d'olive, du savon, du papier, des céramiques, des produits naturels de Wild Jordan à Amman, des bijoux de Wadi Musa, des broderies de Safi et des sacs d'Aqaba ainsi que des produits de la Jordan River Foundation. Cartes bancaires acceptées.

ℹ Renseignements

Il y a plusieurs DAB en ville, notamment à l'**Arab Bank** (Main St) dans le centre de Wadi Musa et au Mövenpick Hotel, près du centre d'accueil des visiteurs. On peut faire du change dans de nombreux hôtels, mais à un taux désavantageux. Les banques ouvrent de 8h à 14h du dimanche au jeudi et parfois de 9h à 11h le vendredi.

Le **Queen Rania Hospital** (☎ 03-215-0635 ; près du King's Highway), de bon niveau, dispose d'un service d'urgences. Il est situé à 5 km du carrefour appelé Police Roundabout sur la route de Tayyibeh.

À la **Wadi Musa Pharmacy** (Main St ; ⊗ 24h/24), près du rond-point Shaheed, vous trouverez une grande variété de médicaments et d'accessoires de toilettes.

ℹ Comment circuler

La gare routière de Wadi Musa se trouve dans le centre-ville, à 10 minutes de marche en amont de l'entrée de Pétra. Des taxis jaunes avec des touches de vert font la navette entre les deux (environ 4 DJ). À Pétra, la plupart des sites ne sont accessibles qu'à pied (chaussures solides et confortables indispensables !) ; pour les sites plus éloignés ou en hauteur, vous pouvez opter pour un chameau, un âne ou une mule.

ℹ PÉTRA À SON RYTHME

Pour apprécier au mieux le site, prenez le temps de flâner parmi les tombes anonymes et de vous arrêter pour boire un thé dans un petit stand tenu par des Bédouins.

Une demi-journée (5 heures). Longez le Siq en vous imprégnant de son atmosphère particulière et en savourant la découverte du Trésor. Résistez à la tentation de vous diriger vers le théâtre et, à la place, montez jusqu'au haut lieu des Sacrifices et suivez le sentier qui traverse les formations rocheuses multicolores du Wadi Farasa.

Un jour (8 heures). Suivez l'itinéraire précédent mais en prévoyant de quoi pique-niquer. Intéressez-vous ensuite aux tombeaux royaux, marchez jusqu'au Qasr Al Bint et suivez l'oued qui mène au Djebel Haroun jusqu'au monument du Serpent, parfait pour une pause déjeuner suivie d'une sieste. Pour conclure votre périple en beauté, gardez un peu d'énergie pour monter au Monastère.

Deux jours Aventurez-vous dans le Wadi Muthlim (s'il est ouvert), avant de vous attabler devant des grillades au Basin Restaurant. Explorez la beauté cachée du Wadi Siyagh et ses étendues d'eau, puis revenez en flânant le long de la rue des Façades. Assis près du théâtre, contemplez le spectacle incomparable des tombes royales au soleil couchant.

LA CAUSE ANIMALE

S'il est un domaine qui gâche particulièrement une visite à Pétra, à juste titre, c'est le mauvais traitement réservé aux animaux. La communauté locale, en partenariat avec l'administration de Pétra, tente d'améliorer le sort d'animaux qui sont à l'origine d'une grande partie des revenus des familles de Bédouins. Ces efforts commencent à porter leurs fruits ; les animaux dans l'ensemble paraissent mieux traités que par le passé.

Des incidents liés à des mauvais traitements se produisent cependant encore. Tout mauvais traitement peut être rapporté à la police touristique au centre d'accueil des visiteurs de Pétra, de préférence avec une preuve photographique ou vidéo.

Il revient aux touristes de s'assurer qu'ils ne sont pas trop lourds pour leur monture et de payer le tarif juste (indiqué par le centre d'accueil des visiteurs) pour la prestation.

Siq Al-Barid (petite Pétra)
البتراء الصغيرة (السيق البارد)

Le Siq al-Barid ("défilé froid"), souvent surnommé "la petite Pétra", mérite le détour. L'endroit aurait été un centre agricole et commerçant, étape pour les caravanes se rendant à Pétra. Les environs, pittoresques, valent la peine d'être explorés : certains sites figurent parmi les plus anciens habités au monde, comme Al-Beidha.

 À voir

♥ Siq de la petite Pétra   RUINES
(Siq Al Barid ; ☉ aube-crépuscule). GRATUIT Un chemin bien visible conduit au Siq Al Barid long de 400 m débouchant sur des espaces sableux plus vastes. Dans le premier se tient un **temple**. Quatre salles aménagées en **triclinium** – une à gauche et trois à droite – occupent le second espace : ils servaient probablement de salles à manger pour les marchands et les voyageurs. Quelque 50 m plus loin dans le Siq, la **maison peinte** est une autre petite salle à manger, à laquelle on accède par quelques marches.

Al Beidha   SITE NÉOLITHIQUE
(☉ aube-crépuscule). GRATUIT Les ruines néolithiques d'**Al Beidha**, vieilles de 9 000 ans, sont avec Jéricho l'un des sites archéologiques les plus anciens du Proche-Orient. Les 65 habitations (rondes pour les plus anciennes, rectangulaires pour les autres) dont les fondations ont été mises au jour marquent le passage d'une communauté de chasseurs-cueilleurs à une société sédentaire. Ce village fut abandonné vers 6 000 av. J.-C, laissant le site préservé.

Un sentier de randonnée (15 minutes) débutant à gauche de l'entrée de la petite Pétra conduit au site.

🛏 Où se loger

Les modestes campings des environs sont un refuge paisible, loin de l'atmosphère un tantinet claustrophobe de Wadi Musa. Si vous voyagez en famille, demandez s'il existe des réductions pour les enfants : certains campings font une ristourne de 50% pour les enfants de moins de 12 ans.

Seven Wonders Bedouin Camp   CAMPING $
(☏ 07-9795-8641 ; www.sevenwondersbedouin-camp.com ; près de Al Beidah Rd ; demi-pension/pers sous tente 30 DJ, B&B 20 DJ). Indiqué sur la piste qui part de la route conduisant à la petite Pétra et niché à flanc de colline, ce campement d'un bon rapport qualité/prix, est superbe le soir, lorsque les feux sont allumés et que leur lueur baigne les rochers en arrière-fond. Les voyageurs sont logés dans des tentes simples mais douillettes, avec électricité, tapis et moustiquaires. Eau chaude et serviettes de toilette sur demande.

Ammarin Bedouin Camp   CAMPING $$
(☏ 07-9975-5551 ; www.bedouincamp.net ; demi-pension/pers sous tente 52 DJ). À environ 10 minutes de marche de la petite Pétra, indiqué par des panneaux le long de la route d'approche, ce campement, établi à Siq Al Amti et caché dans un amphithéâtre de sable et de collines, est tenu par la tribu locale des Ammarins. On y dort sur des matelas et des couvertures dans une tente bédouine avec dalle en béton divisée en plusieurs parties. Annexe avec douche et toilettes propres. Réservation par e-mail indispensable.

ℹ Depuis/vers Sid al-Bariq

De Wadi Musa, le trajet en taxi privé coûte 10 DJ l'aller simple, et 20-25 DJ l'aller-retour, avec une heure sur place. Sinon, la petite Pétra peut faire l'objet d'une agréable promenade à pied de 8 km en suivant la route.

Comprendre Israël et les Territoires palestiniens

Israël et les Territoires palestiniens aujourd'hui

Il se passe rarement un mois sans que l'actualité nous rappelle qu'Israël et les Territoires palestiniens sont au centre du conflit le plus tenace du Moyen-Orient. Pourtant, à Jérusalem, Tel-Aviv, Haïfa, Ramallah et Naplouse, la vie continue pour les Israéliens comme pour les Palestiniens, et dans les rues pleines de sons, d'odeurs et d'activité, le visiteur peut se rendre compte que la région n'est pas que querelles et divisions.

ISRAËL 8,2 MILLIONS D'HABITANTS (DONT 550 000 COLONS EN CISJORDANIE ET À JÉRUSALEM-EST)

TERRITOIRES PALESTINIENS 4,5 MILLIONS D'HABITANTS

Population au km²

Israël	Cisjordanie	Gaza

≈ 400 personnes

Espoirs de paix ?

Le conflit Hamas-Israël de 2014 s'est terminé sans aucun véritable vainqueur, malgré les déclarations des deux camps. Le cessez-le-feu permanent proposé par l'Égypte n'a guère résolu les causes sous-jacentes du conflit, notamment le blocus de Gaza par Israël et l'Égypte, l'occupation continue, le statut d'apatride des Palestiniens et l'implacable opposition du Hamas à la paix avec Israël. L'économie israélienne a souffert des coûts directs du conflit et d'une importante chute du tourisme, tandis que la situation économique et les conditions de vie des Gazaouis ont dramatiquement empiré. Face au gouvernement israélien, qui se sent plus vulnérable dans l'opinion publique (et probablement, comme le Hamas, craint de devoir rendre des comptes devant la cour pénale internationale de La Haye), et aux islamistes palestiniens radicalisés, les modérés sont confrontés à une rude bataille.

Aux beaux jours du processus de paix d'Oslo, au milieu des années 1990, l'optimisme régnait parmi les Israéliens et les Palestiniens, mais aujourd'hui, après des années d'attentats-suicides, d'attaques à la roquette, de construction de tunnels de contrebande contrôlés par le Hamas dans la bande de Gaza et d'appels islamistes à la destruction d'Israël (destruction qui fait partie de la Charte du Hamas), les Israéliens ne croient plus à une véritable paix et se méfient des nouvelles initiatives, potentiellement risquées. Selon un sondage de 2016, près de 60% d'entre eux considèrent qu'une solution de paix impliquant la création de deux États n'est plus réaliste.

Divers facteurs ont également sapé les espoirs de réconciliation de nombreux Palestiniens après la guerre Hamas-Israël, notamment la poursuite de l'expansion des colonies, les humiliations quotidiennes aux *checkpoints* et la dérive populiste de la politique israélienne. Aujourd'hui, une chose est sûre : l'optimisme des populations sera difficile à raviver.

Le Premier ministre israélien, Benyamin Netanyahou, qui a entamé son quatrième mandat consécutif en mars 2015, reste flou sur sa position concernant une solution à deux États. Ses déclarations excluant la création d'un État palestinien l'opposent à une grande partie de la communauté internationale. Néanmoins, il a enregistré certains succès politiques, notamment avec la décision des États-Unis d'implanter leur ambassade à Jérusalem.

Si le président de l'Autorité palestinienne, Mahmud Abbas, et son Premier ministre, Rami Hamdallah, soutiennent la solution à deux États, ils semblent peu disposés à agir. Abbas s'efforce plutôt de faire reconnaître la Palestine par les entités internationales comme les Nations unies, et demande à la communauté internationale de fixer une date pour mettre fin à l'occupation d'Israël.

Loin de faiblir, l'inimitié entre Israéliens et Palestiniens n'a jamais été aussi forte, se traduisant par des accès de violence d'une régularité alarmante. Les partis de droite sont plus populaires que jamais, et à Gaza, en Cisjordanie et même en Israël, la colère monte chez les Palestiniens, accusant leurs dirigeants de complicité dans l'occupation israélienne, qui a marqué son 50e anniversaire en 2017.

Les attaques du "prix à payer"

En Cisjordanie, d'intransigeants colons juifs voient dans l'issue de la guerre des Six-Jours de 1967 un miracle prouvant que nous vivons une ère messianique. Ils considèrent également les accords d'Oslo de 1993 et le retrait de Gaza de 2005 comme une apostasie. Depuis 2008, certains d'entre eux emploient la violence pour dissuader le gouvernement israélien d'appliquer certaines politiques – concernant les colonies jugées illégales par les tribunaux israéliens, par exemple. Ces attaques, appelées "prix à payer" (*tag mechir*), comprennent la dégradation de mosquées, le bris de pare-brise de Palestiniens, les incendies de champs de Palestiniens, l'abattage d'oliviers, et – plus récemment – le vandalisme d'églises et la persécution du clergé chrétien à Jérusalem.

Les militants du "prix à payer" n'hésitent pas à user de menaces et de violence envers d'autres juifs israéliens et il arrive qu'ils saccagent des maisons de militants de gauche, jettent des pierres sur la police israélienne et vandalisent des véhicules et du matériel de Tsahal.

À l'origine de l'idéologie du "prix à payer" se trouvent les "Jeunes des collines", des colons de la deuxième génération qui considèrent que la Halacha (loi juive) prévaut sur les lois promulguées par le Knesset et les décisions des tribunaux israéliens. Ils se perçoivent comme d'inflexibles patriotes et des héros altruistes.

À lire

Israël-Palestine : vérités sur un conflit (Alain Gresh, 2010). Histoire et analyse.

Israël a déménagé (Diana Pinto, 2012). Israël, entre modernité et traditionalisme.

Atlas géopolitique d'Israël (Frédéric Encel, 2017). Cartes et infographies pour décrypter les enjeux du pays.

Le Vent jaune (David Grossman, 1987). Un portrait critique de l'occupation des Territoires palestiniens par Israël.

Une femme fuyant l'annonce (David Grossman, 2012). Un roman sincère sur les tensions émotionnelles au sein d'une famille dont le fils est soldat dans l'armée israélienne.

Judas (Amos Oz, 2017). Un récit sur le passage à l'âge adulte dans la Jérusalem divisée de 1959-1960.

À voir

Sallah Shabbati (Ephraïm Kishon, 1964). Satire sur la vie des immigrés dans un camp de transit des années 1950.

Yossi et Jagger (Eytan Fox, 2002). L'amour secret de deux officiers de l'armée israélienne.

Omar (Hany Abu-Assad, 2013). Thriller et histoire d'amour en Cisjordanie, sélectionné aux Oscars.

Documentaires

Precious Life (Shlomi Eldar, 2010). Les parents d'un bébé de Gaza luttent pour qu'ils reçoivent des soins en Israël.

À l'ouest du Jourdain (Amos Gitaï, 2017). Des citoyens israéliens et palestiniens s'efforcent de dépasser les clivages dus au conflit Israelo-palestinien.

Histoire

Israël et les Territoires palestiniens couvrent une région habitée – et disputée – depuis l'aube des civilisations. De grands empires et royaumes de l'Occident et du Moyen-Orient y ont régné : Égyptiens et Cananéens, Israélites et Philistins, Judéens et Samaritains, Grecs et Romains, Byzantins et Arabes, croisés et (brièvement) Mongols, Ottomans et Britanniques. Chaque peuple a laissé derrière lui un témoignage fascinant de ses aspirations sur lequel peut méditer le voyageur contemporain.

Les temps anciens

Les terres aujourd'hui occupées par Israël et les Territoires palestiniens sont habitées depuis 2 millions d'années. Entre 10 000 et 8000 av. J.-C., – un peu plus tardivement que dans la Mésopotamie voisine –, les habitants de lieux comme Jéricho abandonnèrent la chasse pour se consacrer à la culture de céréales et à la domestication d'animaux.

Au cours du IIIe millénaire av. J.-C., la région était occupée par des tribus de pasteurs semi-nomades. À la fin du IIe millénaire av. J.-C., des centres urbains avaient émergé, et des documents égyptiens attestent que les pharaons portaient un grand intérêt à cette zone où ils exerçaient une certaine influence. Vers 1800 av. J.-C., Abraham aurait conduit sa tribu nomade hors de Mésopotamie vers le pays de Canaan (les actuelles collines de Judée). En raison de la sécheresse et de mauvaises récoltes, ses descendants furent contraints de partir pour l'Égypte, mais la Bible raconte que Moïse les libéra de l'esclavage et les conduisit vers 1250 av. J.-C. en Terre promise (l'Exode). Les batailles qui les opposèrent aux Cananéens et aux Philistins poussèrent les Israélites à abandonner leur système tribal peu structuré pour s'unifier sous le commandement du roi Saül (1050-1010 av. J.-C.) et de ses successeurs, les rois David et Salomon.

Mythe et histoire s'entremêlent sur la vaste plate-forme rocheuse qui se trouve aujourd'hui à Jérusalem sous le dôme du Rocher. La plate-forme, à l'origine un autel à Baal ou à une autre divinité païenne, était connue des Juifs sous le nom de "pierre de fondation". L'univers y serait apparu et Adam y serait né de la terre. C'est aussi là qu'Abraham

Palestine, Israël, 10 000 ans d'histoire (Presses du Midi, 2007), d'Albert Hadida, est un vertigineux survol de l'histoire de cette terre depuis Abraham jusqu'à nos jours.

CHRONOLOGIE	**2 000 000 av. J.-C.**	**9000 av. J.-C.**	**4500-3500 av. J.-C.**
	Tel Ovadia, à 3 km au sud du lac de Tibériade, est peuplée par des hominidés. Vers 780 000 av. J.-C., leurs descendants s'installent au bord du Jourdain, à 13 km au nord du lac de Tibériade.	Au néolithique ancien, le climat favorable et l'eau attirent des populations à Jéricho, où elles établissent une communauté, entourée d'un mur en briques de terre crue.	Durant le chalcolithique, petits villages dans la vallée du Jourdain et le Golan, fabrication de poteries et d'objets en pierre. Agriculture et domestication des chèvres et des moutons.

UN PAYS, PLUSIEURS NOMS

Le territoire où se trouvent l'État d'Israël et les Territoires palestiniens a connu diverses appellations. Parmi elles : Canaan, Terre d'Israël (Eretz Yisra'el) et Juda (Yehudah), dans la Bible hébraïque ; Judée (Provincia Iudaea) et, après l'an 135, Syrie-Palestine, pour les Romains ; Al-Sham (Syrie) et Filastin (Palestine), dans les sources arabes ; et Terre sainte (*Terra Sancta* en latin) et Palestine, dans les textes chrétiens, musulmans et juifs.

aurait attaché son fils Isaac pour le sacrifier en signe d'obéissance à Dieu. Le roi Salomon, fils de David, fit construire ici au Xe siècle av. J.-C. le premier Temple (le temple de Salomon), pour abriter les rites sacrificiels du judaïsme.

Après le règne de Salomon (965-928 av. J.-C.), les Juifs entrèrent dans une période de divisions et de soumissions successives. Deux entités rivales se formèrent : le royaume d'Israël, occupant la partie nord de l'actuelle Cisjordanie et la Galilée, avec pour capitale Samarie ; et le royaume de Juda (931-587 av. J.-C.), au sud, dont la capitale était Jérusalem. Après l'anéantissement du royaume d'Israël par Sargon II d'Assyrie (règne 722-705 av. J.-C.) en 722 av. J.-C., les dix tribus du nord disparurent des témoignages historiques (encore aujourd'hui, des peuples du monde entier disent descendre des "dix tribus perdues").

En 587-586 av. J.-C., les Babyloniens s'emparèrent de Jérusalem, détruisant le premier Temple et exilant le peuple de Juda vers Babylone (l'actuel Irak). Cinquante ans plus tard, le roi perse Cyrus II vainquit Babylone et permit aux Juifs de rentrer sur la Terre d'Israël. Dès leur retour, les Juifs commencèrent la construction du second Temple, consacré en 516 av. J.-C.

La première mention non biblique d'Israël apparaît sur la stèle d'Israël, conservée au Musée égyptien du Caire, qui célèbre une victoire du pharaon Méneptah vers 1230 av. J.-C. : "Canaan est pillée, Ascalon est emportée, Israël est dévastée."

Grecs et Maccabées, Romains et chrétiens

À la mort d'Alexandre le Grand en 323 av. J.-C., l'un de ses généraux, Ptolémée, se rendit maître de l'Égypte et fonda une dynastie dont Cléopâtre devait être la dernière représentante. Il prit aussi le contrôle de la Terre d'Israël, mais en 200 av. J.-C., les Séleucides, autre dynastie issue d'un général d'Alexandre (Séleucos Ier Nicator), s'en emparèrent à leur tour.

Cette période dite "hellénistique" (en raison des origines grecques des Séleucides et de leur culte olympien) fut marquée par le conflit entre les Sadducéens – Juifs principalement urbains et issus de la classe supérieure, ouverts à la culture et au style de vie raffiné des Grecs – et les Pharisiens, réfractaires à l'hellénisation. Lorsque le roi séleucide Antiochos IV Épiphane interdit les sacrifices au Temple, le shabbat et

1250 av. J.-C.	970-931 av. J.-C.	931 av. J.-C.	586 av. J.-C.
Date estimée de l'exode biblique des Israélites hors d'Égypte. Les archéologues n'ont pas encore trouvé de preuve d'errance dans le désert et présument que les Israélites seraient originaires de Canaan.	Fils de David, le roi Salomon, à la sagesse légendaire, est à la tête d'Israël et construit le premier Temple à Jérusalem pour y abriter l'Arche d'alliance, contenant les Tables de la Loi.	Le royaume du nord d'Israël se sépare du royaume de Juda, centré sur Jérusalem, au sud. Les dix tribus du Nord tombent dans l'oubli ; les Juifs d'aujourd'hui sont les descendants des Judéens.	Nabuchodonosor, roi de Babylone, détruit le premier Temple et exile les Juifs à Babylone. Cyrus II, le roi de Perse, les autorise à revenir en Judée 48 ans plus tard.

L'ARC DE TITUS

En 82, les Romains célébrèrent la victoire difficilement arrachée par Titus en Judée en construisant un imposant arc de triomphe juste devant le Forum romain, à Rome. Ses frises représentent une procession de légionnaires romains ramenant des éléments du Temple de Jérusalem, dont une menora (candélabre) à sept branches. Plus de 17 siècles plus tard, l'arc de Titus, toujours en place aujourd'hui, inspira l'arc de Triomphe de Paris.

la circoncision, les Juifs, menés par Judas Maccabée, se révoltèrent. En utilisant des tactiques qu'on qualifierait aujourd'hui de tactiques de guérilla, ils s'emparèrent de Jérusalem et réhabilitèrent le Temple.

Les Hasmonéens, dynastie fondée par les Maccabées, devinrent pour l'Empire romain un utile rempart contre les incursions des Parthes, dont l'empire occupait l'actuel Iran. Toutefois, des luttes intestines déchiraient les Hasmonéens et, en 63 av. J.-C., Rome s'interposa. La tutelle de l'Empire romain sur la région (qui devint la province romaine de Judée) s'exerça parfois via un procurateur (dont le plus célèbre fut Ponce Pilate), mais Rome préféra en général installer un dirigeant local fort, comme Hérode le Grand (règne 37-4 av. J.-C.), qui mena de grands projets de construction tels que l'agrandissement du Temple.

Le Ier siècle fut une période de grands bouleversements dans la province romaine de Judée, notamment entre l'an 26 et l'an 29, époque à laquelle Jésus de Nazareth aurait prêché (pour l'histoire de Jésus et la naissance du christianisme, voir le chapitre *Religion*). Les tensions culminèrent en 66, lorsque les Juifs initièrent la Grande Révolte contre les Romains (Première Guerre judéo-romaine). Le futur empereur Titus réprima sévèrement la rébellion et fit détruire en 70 le second Temple, dont il ne reste qu'un mur de soutènement, connu aujourd'hui sous le nom de mur des Lamentations. Massada tomba en 73, mettant fin à la souveraineté juive (pourtant de pure forme) pendant près de 2 000 ans. Les Juifs furent chassés de Jérusalem, mais nombre d'entre eux restèrent dans d'autres parties de la Terre d'Israël.

Soixante ans après que Flavius Josèphe eut écrit sa *Guerre des Juifs* – récit personnel et clairement pro-Romains de la Grande Révolte –, la seconde révolte (132-135) éclata. Elle fut emmenée par Shimon Bar Kokhba, dont les troupes vivaient dans des grottes autour de la mer Morte et en qui certains voyaient le Messie. Sous le règne de l'empereur Hadrien, les Romains réprimèrent la rébellion avec difficulté, et avec une grande brutalité, décimant la population judéenne.

Après sa victoire, Hadrien chercha à faire disparaître le judaïsme et toute trace d'indépendance juive : des statues de Jupiter et d'Hadrien

Les Israéliens appellent *aliya*, mot d'origine hébraïque signifiant "ascension", l'émigration vers Israël. Le fait de quitter Israël pour un autre pays est parfois appelé avec dérision *yeridah* ("descente").

516 av. J.-C.	IVe siècle av. J.-C.	167-161 av. J.-C.	63 av. J.-C.
Le second Temple est consacré à Jérusalem. Bien que dépourvu de l'Arche d'alliance, perdue lors du passage de Nabuchodonosor, il sert de centre du judaïsme où se déroulent les sacrifices rituels d'animaux.	Les Nabatéens, une tribu nomade d'Arabie, fondent Pétra, aujourd'hui en Jordanie. Ils prospèrent grâce au commerce de l'encens entre le Yémen et la Corne de l'Afrique, et créent des cités dans le désert du Néguev.	Le roi séleucide Antiochos IV Épiphane interdit les sacrifices au Temple. Révolte et victoire des Maccabées (fêtée lors de Hanoucca) : naissance de la dynastie des Hasmonéens.	Le royaume de Judée devient un État inféodé à l'Empire romain après la prise de Jérusalem par Pompée. Les proconsuls romains gouvernent la Judée, mais les sacrifices continuent au Temple.

lui-même furent érigées à l'emplacement du Temple, les Juifs furent bannis d'Ælia Capitolina (le nouveau nom de Jérusalem) et la province romaine de Judée fut rebaptisée Syrie-Palestine, d'après le nom des Philistins, un peuple d'origine mycénienne, ennemi juré des Juifs depuis un millénaire.

Avec la destruction du Temple (seul lieu de culte) et l'interdiction des sacrifices d'animaux prescrits dans la Torah, la vie religieuse juive fut plongée dans la confusion. Afin de s'adapter à cette nouvelle situation, les Sages juifs fondèrent des académies en Palestine romaine et en Galilée, et réorientèrent la pratique du judaïsme vers la prière et les synagogues – les prières juives continuant à être effectuées en direction de Jérusalem (c'est encore le cas aujourd'hui). Le "judaïsme rabbinique" tel qu'on le connaît actuellement est presque en intégralité le résultat de principes, préceptes et précédents établis par les Sages et les rabbins après la destruction du second Temple.

Pendant les années qui suivirent la crucifixion de Jésus vers l'an 33, les juifs qui le reconnaissaient comme le Messie (les premiers chrétiens) et les autres pratiquaient souvent leur culte côte à côte, observant les rites juifs avec la même méticulosité. Toutefois, à la période de l'écriture des Évangiles (fin du Iᵉʳ siècle), des désaccords théologiques et politiques survinrent et les deux communautés se séparèrent. Les écrits chrétiens polémiques rédigés à cette période à l'encontre de la foi juive et distribués clandestinement – à cette époque, le christianisme, contrairement au judaïsme, était considéré par les Romains comme une secte illégale – furent utilisés pour justifier l'antisémitisme durant les siècles qui suivirent.

De manière générale, le christianisme fut réprimé par les Romains jusqu'en 313, date à laquelle l'Empire romain promulgua l'édit de Milan, accordant la liberté de culte à toutes les religions persécutées auparavant. Peu de temps après, Hélène, la mère de Constantin Iᵉʳ, s'attacha à retrouver et à consacrer les sites liés à la vie de Jésus. La plupart des grands sites chrétiens, dont la basilique du Saint-Sépulcre à Jérusalem, datent de cette période.

L'Empire byzantin – successeur chrétien de la partie orientale de l'Empire romain – gouverna la Palestine du IVᵉ siècle au début du VIIᵉ siècle. Cette période connut trois révoltes (une révolte des Juifs de Galilée, et deux des Samaritains), mais comme l'attestent les vestiges somptueux de Beit She'an et les belles synagogues de l'époque byzantine de Galilée, le pays était prospère et, en majeure partie, en paix.

En 614, les Perses envahirent le territoire : ils prirent Jérusalem, détruisirent les églises et s'emparèrent de la Sainte Croix. Le règne byzantin fut rétabli en 628, mais ne se maintint que peu de temps.

HISTOIRE GRECS ET MACCABÉES, ROMAINS ET CHRÉTIENS

Pour de nombreux juifs, lorsque le Messie viendra, le Temple sera reconstruit sur le mont du Temple/Haram Ash-Sharif de Jérusalem. On trouve dans le quartier juif de la vieille ville des vues d'artistes de ce "troisième Temple". Les musulmans souhaitent que le mont conserve ses mosquées.

37 av. J.-C.	Vers l'an 4 av. J.-C.	66-70	67
Le sénat romain nomme Hérode grand roi de Judée. Il reconstruit le second Temple, qui inclut l'actuel mur des Lamentations. Il fait ériger des palais au sommet de Massada et à l'Hérodium.	Un Juif du nom de Jésus voit le jour à Bethléem. Il grandit à Nazareth, prêche en Galilée avant d'être jugé et crucifié à Jérusalem par Ponce Pilate.	La colère des Juifs face à l'oppression des Romains déclenche la Grande Révolte, anéantie par Vespasien et Titus. Jérusalem et le second Temple sont détruits, mettant fin aux sacrifices.	Yosef ben Matityahu, commandant des forces juives de la Grande Révolte en Galilée, est fait prisonnier par les Romains et devient le grand historien romain Flavius Josèphe.

Musulmans et croisés

L'islam et la civilisation arabe arrivèrent en Palestine entre 636 et 638, lorsque le calife Omar Ier (Umar Ier), deuxième successeur du prophète Mahomet, accepta la reddition de Jérusalem par les Byzantins.

Pour les musulmans nouvellement arrivés, le mont du Temple/Haram Ash-Sharif était un lieu saint, Mahomet y ayant entrepris son "voyage nocturne" vers les cieux. Dans le Coran, cette ascension se déroule dans "un lieu très lointain", dans lequel les croyants voient Jérusalem, troisième ville sainte de l'islam sunnite (après La Mecque et Médine).

Les califes suivants édifièrent la mosquée Al-Aqsa et le dôme du Rocher sur le mont du Temple/Haram Ash-Sharif, qui servait de dépotoir

Agréable à lire, *Les Croisades vues par les Arabes* (J'ai Lu, 1999), de l'écrivain libanais Amin Maalouf, relate ce que les Arabes pensaient des croisés.

LA KABBALE, MYSTIQUE JUIVE

Les grands penseurs de la très prospère communauté juive de l'Espagne médiévale étaient des philosophes rationalistes, pour beaucoup versés dans les sciences et la médecine. Lorsque les Rois Catholiques espagnols expulsèrent les Juifs en 1492, la communauté subit une crise spirituelle à laquelle ces rationalistes ne surent guère répondre – l'expulsion semblait en effet profondément irrationnelle, hormis pour les Rois Catholiques, qui y trouvèrent un intérêt matériel en confisquant les biens des expulsés. Les Juifs conçurent alors une nouvelle méthode de connaissance mystique pour chercher à expliquer la raison de leurs malheurs. Le centre de cette mystique se trouvait à Safed (Tsfat), une ville reculée de Galilée, où s'installèrent nombre de ceux qui s'étaient réfugiés en Palestine après l'expulsion d'Espagne. La figure la plus éminente de ce mouvement fut le rabbin Isaac Louria (1534-1572). Il développa une ancienne forme de mysticisme appelée kabbale afin d'apporter des réponses aux questionnements qui hantaient les juifs depuis leur expulsion.

La kabbale, mot qui signifie "tradition" ou "réception", s'inspirait de textes antérieurs, comme le *Zohar* du XIIIe siècle, mais les adaptations de Louria eurent un tel retentissement que beaucoup sont désormais intégrées dans les grandes observances du judaïsme. Louria ne laissa aucun écrit, mais l'un de ses disciples compila l'essentiel de ses enseignements. Selon Louria, pour créer le monde, l'Infini (Eyn-Sof) s'était contracté, afin de laisser un espace à la Création. De ce fait, des étincelles de Lumière divine étaient tombées de leur emplacement d'origine et risquaient de servir de mauvais desseins. Les Juifs, soutenait Louria, pouvaient restaurer la Lumière divine et réparer l'Infini en accomplissant les 613 commandements de la loi de Moïse (le Décalogue – les Dix Commandements – n'était en fait qu'un début). Affirmant que le mal était inhérent à la création du monde, cette approche mystique donna aux juifs des pistes pour comprendre les horreurs de l'Inquisition et de l'expulsion, et leur montra qu'ils pouvaient réagir, en cherchant à approfondir leur spiritualité et, ainsi, à "réparer le monde".

73	132-135	IIe siècle	313
Trois ans après la chute de Jérusalem, la forteresse de Massada, dans le désert, succombe à la puissance des légions romaines, marquant la fin de la résistance juive en Judée.	Après l'interdiction de la circoncision par Hadrien, la révolte catastrophique de Bar Kokhba mène à une victoire écrasante des Romains et à la disparition quasi totale des communautés juives de Judée.	Des centres d'apprentissage juifs sont créés à Yavné, Tzipori et Beit She'arim. Les traditions orales sont compilées dans la Mishna et, plus tard, dans le Talmud.	Constantin Ier, le premier empereur chrétien de l'Empire romain, promulgue l'édit de Milan, accordant la liberté de culte pour toutes les religions, dont le christianisme.

à l'époque byzantine. Les Juifs furent à nouveau autorisés à s'installer à Jérusalem. Le christianisme étant considéré comme un précurseur de l'islam, les lieux saints des générations précédentes furent conservés, mais au fil du temps, de nombreux chrétiens se convertirent à l'islam et commencèrent à parler arabe.

Omar promit aux chrétiens de Jérusalem de garantir "la sécurité de leurs personnes, leurs biens, leurs églises, leurs croix". La promesse fut tenue jusqu'en 996, à l'arrivée au pouvoir du calife fatimide Al-Hakim, surnommé le "calife fou". Celui-ci persécuta les chrétiens et les juifs et ordonna en 1009 la destruction de leurs édifices religieux, dont le Saint-Sépulcre.

Les pèlerinages chrétiens vers les lieux saints de Jérusalem furent autorisés jusqu'en 1071, année de la prise de Jérusalem par les Turcs seldjoukides ; le voyage devint alors difficile à entreprendre et souvent dangereux en raison des troubles politiques. En 1095, le pape Urbain II lança un appel à la croisade pour rendre à la chrétienté les lieux de la Passion du Christ. Entre le début de la première croisade (1096) et l'arrivée des croisés à Jérusalem trois ans plus tard, les Seldjoukides furent chassés par la dynastie des Fatimides (1098), favorable, elle, à la réouverture des anciennes routes de pèlerinage. Il était pourtant trop tard pour que les chrétiens fassent marche arrière : en 1099, les croisés, menés par Godefroy de Bouillon, écrasèrent les défenseurs de Jérusalem et en massacrèrent les musulmans et les juifs. Une lutte sanglante qui allait durer deux siècles venait de s'engager.

De l'aveu même des chroniqueurs arabes, les croisés fondèrent à Jérusalem un État prospère, doté d'une administration efficace basée sur le même système féodal qu'en Europe. Le premier roi de Jérusalem, Baudouin Ier, frère de Godefroy de Bouillon, régna de 1100 à 1118. Se voyant en restaurateur du royaume de David, il se fit couronner le jour de Noël à Bethléem, ville natale du roi juif.

En 1187, le grand général kurde musulman Saladin (Salah ad-Din) défit une armée de croisés lors de la bataille de Hattin, en Galilée (non loin du mont Arbel), et s'empara de Jérusalem. Ses ennemis eux-mêmes louèrent son traitement respectueux des prisonniers et le point d'honneur qu'il mettait à respecter les trêves, contrairement aux chefs chrétiens.

Le dernier croisé quitta le Moyen-Orient avec la chute de Saint-Jean-d'Acre (Acre, Akko) en 1291.

> Le Temple était si essentiel dans la vie religieuse juive que, pour certains théologiens, seuls 270 des 613 commandements que sont censés suivre les juifs pieux peuvent véritablement être respectés tant que le Temple n'est pas reconstruit à Jérusalem.

Ottomans, sionistes et Britanniques

Les Turcs ottomans prirent Constantinople en 1453 et construisirent un vaste empire qui s'étendait dans les Balkans, au Moyen-Orient et en Afrique du Nord. En 1516, la Palestine fut intégrée à cet empire, et deux décennies plus tard, le sultan Soliman le Magnifique (règne 1520-1566)

358	614-628	638	749
Le calendrier luni-solaire hébraïque est adopté par le Sanhédrin juste avant sa dissolution. Il fait correspondre les mois lunaires à l'année solaire en insérant 7 mois de plus par cycle de 19 ans.	La Palestine est occupée par l'empire sassanide de Perse.	Six ans après la mort du prophète Mahomet, les armées musulmanes s'emparent de Jérusalem, apportant l'islam ainsi que la culture et la langue arabes en Palestine.	Un tremblement de terre détruit Beit She'an et Tibériade. À Jérusalem, il fait des milliers de morts et d'importants dégâts dans la mosquée al-Aqsa.

construisit les murailles qui entourent encore aujourd'hui la vieille ville de Jérusalem. Pendant les quatre siècles que dura l'emprise ottomane, la Palestine n'était vue que comme une région lointaine, tenue par des pachas plus soucieux des levées d'impôts que de bien gouverner.

Durant la campagne d'Égypte, expédition menée par la France pour combattre la Grande-Bretagne en Méditerranée et lui barrer la route des Indes, le général Bonaparte s'avança en 1799 en Palestine, enleva Gaza, Jaffa et fit le siège de Saint-Jean-d'Acre. Les assiégés turcs étaient commandés par Djezzar Pacha et soutenus par une flotte britannique placée sous les ordres de l'amiral Smith. Les Français durent renoncer à prendre la ville après huit assauts. Bonaparte remporta néanmoins la bataille du mont Tabor face à l'armée d'Abdallah Pacha venue secourir les assiégés de Saint-Jean-d'Acre.

Le manque d'efficacité du gouvernement en Palestine trahissait cependant le lent déclin de l'Empire ottoman, appelé à disparaître au lendemain de la Première Guerre mondiale. C'est pendant les dernières décennies de l'empire qu'apparurent dans la région des forces qui sont encore largement en présence de nos jours. Le sionisme naquit en grande partie pour faire face au nationalisme postnapoléonien et à la montée de l'antisémitisme en Europe de l'Ouest, ainsi qu'aux vagues de pogroms en Europe de l'Est. Si un petit nombre de Juifs était resté en Palestine de manière continue depuis l'époque romaine (par exemple, dans la ville de Peki'in, en Galilée) et que les Juifs pieux revenaient s'y installer lorsque le contexte politique le permettait, l'immigration sioniste organisée en colonies agricoles ne commença réellement qu'en 1882. Pour des raisons un peu différentes, des Juifs yéménites commencèrent à arriver la même année. Cette première vague, appelée première *aliya* (mot hébreu désignant l'émigration vers la Terre d'Israël, *aliya* signifiant littéralement "ascension"), fut complétée, à partir de 1903-1904, par une deuxième *aliya* composée principalement de jeunes socialistes laïques. Toutefois, jusqu'à la fin de la Première Guerre mondiale, la grande majorité des Juifs palestiniens appartenaient à la communauté orthodoxe conservatrice, qui ne portait en général aucun intérêt au sionisme, et vivait dans les quatre villes saintes du judaïsme : Hébron, Safed (Tsfat), Tibériade et Jérusalem, qui comptait une majorité juive depuis 1850 environ.

En 1896, le journaliste juif Theodor Herzl, originaire de Budapest, persuadé, après le traitement dégradant qui fut infligé en France au capitaine Dreyfus (traduit en cour martiale à Paris pour trahison avant d'être innocenté), que les Juifs ne pourraient jamais accéder à l'égalité et aux droits civils sans autodétermination, formula ses idées dans *L'État des Juifs*. L'année suivante, il organisa le premier congrès sioniste mondial à Bâle (Suisse). Inspirés par le sionisme politique, de jeunes

En 1869, le missionnaire baptiste Thomas Cook, pionnier du voyage organisé, conduisit un groupe de touristes anglais, issus de la classe moyenne, à Jérusalem.

1095-1099	1187	1291	XVIᵉ siècle
La première croisade fait route vers Jérusalem, sous autorité musulmane, défendue par les musulmans et les juifs. Les croisés massacrent des Juifs en Europe et en Terre sainte.	Saladin (Salah ad-Din) défait les croisés lors de la bataille décisive de Hattin, en Galilée, et prend Jérusalem, autorisant les Juifs à regagner la ville.	Les Mamelouks prennent Acre (Akko), dernier bastion des croisés, mettant fin à la domination chrétienne en Palestine jusqu'à l'arrivée des Britanniques en 1917.	Safed (Tsfat) devient un centre de savoir sur le judaïsme et la kabbale avec l'arrivée d'Isaac Louria (alias Ari), né à Jérusalem, et de rabbins séfarades fuyant l'Inquisition espagnole.

LE SIONISME

La Jewish Virtual Library (www.jewishvirtuallibrary.org) définit le sionisme comme "le mouvement national pour le retour des Juifs à leur terre d'origine et la réhabilitation de la souveraineté juive en Terre d'Israël". Le mot biblique "Sion" (Tziyon) fait référence à la fois à Jérusalem, en direction de laquelle les juifs prient depuis la période du Temple, et à la Terre d'Israël.

Selon l'historien Benyamin Neuberger, "le sionisme politique, mouvement de libération national du peuple juif, émergea au XIXᵉ siècle dans le contexte du nationalisme libéral qui déferlait alors sur l'Europe. Au centre de la pensée sioniste, on trouve l'idée que la Terre d'Israël est le berceau historique du peuple juif, et la conviction que, pour les Juifs, vivre ailleurs c'est se trouver en exil".

On retrouve ce thème dans la déclaration d'Indépendance de l'État d'Israël (1948), qui stipule :

"Israël est le lieu où naquit le peuple juif. C'est là que se forma son caractère spirituel, religieux et national. C'est là qu'il réalisa son indépendance, créa une culture d'une portée à la fois nationale et universelle et fit don de la Bible au monde entier. Contraint à l'exil, le peuple juif demeura fidèle au pays d'Israël à travers toutes les dispersions, priant sans cesse pour y revenir, toujours avec l'espoir d'y restaurer sa liberté nationale."

Les sionistes ont notamment comme objectif de permettre au peuple juif – qu'ils considèrent comme une nation – d'accéder à l'autodétermination nationale dans un monde fait d'États-nations, et d'offrir aux Juifs un lieu où ils puissent trouver refuge face à l'antisémitisme et aux persécutions.

Juifs originaires pour la plupart de Pologne et de Russie – dont beaucoup de laïcs et de socialistes – commencèrent à émigrer en Palestine.

En novembre 1917 dans le contexte de la Première Guerre mondiale, le gouvernement britannique, désireux d'obtenir le soutien des banquiers juifs américains, publia la déclaration Balfour stipulant que "le gouvernement de Sa Majesté envisage favorablement l'établissement en Palestine d'un foyer national pour le peuple juif". Le mois suivant, les forces britanniques, sous le commandement du général Edmund Allenby, prirent Jérusalem.

Immédiatement après la Première Guerre mondiale, les Juifs recommencèrent à immigrer en Palestine, territoire désormais sous mandat britannique – approuvé par la Société des Nations –, dont le gouvernement était à la fois accueillant, modernisé et compétent. La troisième *aliya* (1919-1923) concernait principalement de jeunes socialistes idéalistes, dont un grand nombre établirent des kibboutz (villages collectivistes) sur des terres peu productives rachetées à des propriétaires arabes absents – transactions qui entraînèrent parfois le

1536	1799	1837	1882
Le sultan ottoman Soliman le Magnifique commence la construction des fortifications actuelles de la vieille ville de Jérusalem.	Napoléon Iᵉʳ s'empare de Gaza, Jaffa et Haïfa, mais ne parvient pas à prendre le contrôle d'Acre ni à s'approcher de Jérusalem. Il abandonne brusquement son armée et rentre en France.	La Galilée est touchée par un violent tremblement de terre, anéantissant la majeure partie de Safed (Tsfat), où plus de 2 000 personnes sont tuées. À Tibériade, on dénombre 600 morts.	Les pogroms en Russie déclenchent la première vague d'immigration sioniste vers la Palestine. Des colonies agricoles comme Metula, Rosh Pina, Zikhron Yaakov et Rishon Le Zion sont créées.

déplacement de paysans arabes. En revanche, la quatrième *aliya* (1924-1929) se composait surtout de commerçants de la classe moyenne – pas exactement les pionniers dévoués que les dirigeants sionistes espéraient. Dans les années 1930, ils furent rejoints par les Juifs de la cinquième *aliya*, majoritairement des réfugiés de l'Allemagne nazie, issus pour beaucoup de milieux aisés.

L'essor de l'immigration juive provoqua la colère des Arabes palestiniens, qui commençaient à exprimer des idées nationalistes arabes et à percevoir l'accroissement de la population juive en Palestine comme une menace pour les intérêts arabes. Des émeutes antisionistes éclatèrent en 1921 et 1929, mais les Juifs continuèrent à immigrer, en particulier après l'arrivée d'Hitler au pouvoir en 1933. En 1931, la Palestine comptait 174 000 Juifs, soit 17% de la population ; en 1941, ils étaient 474 000, soit 30% de la population.

L'opposition arabe palestinienne croissante à l'égard du sionisme et de la politique du mandat britannique (notamment sur l'immigration juive) entraîna la Grande Révolte arabe (1936-1939), au cours de laquelle environ 400 civils juifs et 200 soldats britanniques furent tués. Le gouvernement mandataire écrasa le soulèvement, tuant quelque 5 000 Arabes palestiniens et eut pour conséquence le départ des dirigeants arabes contraints de s'exiler, dont Mohammed Amin al-Husseini, (grand mufti de Jérusalem) qui se réfugia dans l'Allemagne nazie. Les Juifs palestiniens profitèrent du boycott économique arabe pour accroître leur autonomie économique – en créant, par exemple, un port indépendant à Tel-Aviv. Cependant, les Britanniques – qui, en cas d'entrée en guerre contre l'Allemagne, auraient sûrement besoin du pétrole et de la bonne volonté politique des Arabes – se laissèrent convaincre de limiter de manière drastique l'immigration juive en Palestine. Alors que les Juifs d'Europe cherchaient désespérément à fuir Hitler (les nazis autorisèrent les Juifs à quitter l'Allemagne jusqu'à la fin de l'année 1941 dans la mesure où un pays pouvait les accueillir), les portes de la Palestine se refermaient brutalement. Même après la Seconde Guerre mondiale, les Britanniques empêchèrent les survivants de l'Holocauste de rejoindre la Palestine, provoquant l'indignation de l'opinion publique juive en Palestine et aux États-Unis. Les réfugiés qui tentaient de forcer le blocus étaient emprisonnés à Chypre.

En 1947, le gouvernement britannique, usé par la guerre et par les violences arabes et juives en Palestine, confia aux Nations unies, créées deux années auparavant, le soin de trouver une solution. En novembre, lors d'un rare moment d'entente entre les États-Unis et l'Union soviétique, l'Assemblée générale des Nations Unies vota en faveur de la partition de la région en deux États indépendants, l'un juif, l'autre arabe, où Jérusalem serait sous un "régime spécial

On découvre l'histoire de la Palestine sous l'occupation britannique à travers l'histoire de ses habitants d'aujourd'hui dans l'excellent *C'était en Palestine au temps des coquelicots* (Liana Levi, 2000), par l'historien israélien Tom Segev.

1909	1910	1916	1917
Emmenées par Meir Dizengoff, 66 familles fondent Tel-Aviv sur des dunes de sable au nord de Jaffa. Les 5 hectares achetés par le groupe sont répartis par tirage au sort.	Degania, le premier kibboutz, est créé par des socialistes venus de Russie, à l'extrémité sud du lac de Tibériade, sur un terrain acheté en 1904.	Les accords secrets Sykes-Picot partagent l'Empire ottoman en zones d'influence. La Palestine, la Transjordanie et le sud de l'Irak sont assignés à la Grande-Bretagne ; la France reçoit le Liban et la Syrie.	Déclaration Balfour : le gouvernement britannique soutient l'établissement d'un "foyer national pour le peuple juif" en Palestine. Le général Allenby prend Jérusalem aux Ottomans.

international". Le plan de partage fut accepté sur le principe par les Juifs palestiniens, mais rejeté par les Arabes palestiniens et les pays arabes voisins. Des groupes arabes commencèrent alors à attaquer des cibles juives. La protection des communautés, des intérêts économiques et des transports juifs palestiniens était assurée par la Haganah, une organisation militaire clandestine, ancêtre de l'Armée de défense d'Israël (*Tsava Hagana Le-Yisraël,* couramment désignée par la contraction Tsahal).

Le 14 mai 1948, à minuit, dès le départ des Britanniques, les Juifs proclamèrent la création d'un État juif indépendant ; le 15 mai, les armées égyptienne, syrienne, jordanienne, libanaise et irakienne envahirent la Palestine. Le maréchal britannique Bernard Montgomery, rendu célèbre par ses campagnes dans le désert nord-africain pendant la Seconde Guerre mondiale, déclara qu'Israël ne survivrait pas plus de trois semaines. À la grande surprise des États arabes – et du monde entier –, les 650 000 Juifs palestiniens, au lieu d'être vaincus, prirent le contrôle de 77% de la Palestine mandataire (le plan de partition leur en octroyait 56%). La Jordanie occupa (et annexa) la Cisjordanie et Jérusalem-Est, expulsant les habitants du quartier juif de la vieille ville, et l'Égypte prit le contrôle d'une zone que l'on appellerait plus tard la bande de Gaza.

Indépendance pour les uns, catastrophe pour les autres

La guerre israélo-arabe de 1948 apporta l'indépendance à Israël, un refuge aux survivants de l'Holocauste et aux réfugiés juifs des pays arabes, et la garantie que les Juifs fuyant la persécution auraient désormais une terre d'accueil. Les Arabes palestiniens, en revanche, se souviennent de la guerre de 1948 comme Al Nakba, la "catastrophe".

Environ 700 000 Arabes vivant dans ce qui allait devenir Israël fuirent ou furent chassés avant la fin de l'année. Cet épisode-clé du conflit ne peut être sous-estimé puisqu'il est à l'origine d'une catastrophe humanitaire et de la question non résolue des réfugiés palestiniens.

De nombreuses causes sont attribuées à cet exode de masse. Bien souvent, les attaques militaires juives dans les villes et villages, les tirs de mortiers et les tireurs embusqués forcèrent les Arabes à quitter leur foyer. Les annonces de villes tombées et d'atrocités, comme le massacre de Deir Yassin, où plus de 200 villageois furent tués par une milice sioniste, se répandirent rapidement. L'intimidation et la peur de connaître un destin similaire poussèrent plusieurs habitants à partir, en pensant qu'ils pourraient revenir. À la fin de l'année 1948, plus de 80% des Palestiniens étaient devenus réfugiés. Peu après l'exode, le gouvernement israélien

> Le sionisme a touché la fibre héroïque d'Hollywood. Paul Newman joua ainsi dans *Exodus* (Otto Preminger, 1960), adapté du roman de Leon Uris, lui-même très librement inspiré de l'histoire du navire éponyme emportant vers Israël des clandestins rescapés de la Shoah. Dans *L'Ombre d'un géant* (Melville Shavelson, 1966), Kirk Douglas incarne un colonel américain qui s'engage dans la guerre d'indépendance d'Israël.

1918	1929	1939-1945	1946
Les forces britanniques prennent le nord de la Palestine aux Ottomans. Dans l'une des dernières charges de cavalerie du monde, une brigade de lanciers indiens s'empare de Haïfa.	Émeutes entre Arabes et Juifs en raison d'un désaccord sur l'accès de ces derniers au mur des Lamentations. À Hébron, 67 Juifs sont tués au cours des troubles. D'autres sont cachés par leurs voisins musulmans.	La Shoah fait 6 millions de victimes juives en Europe. Des Juifs palestiniens s'engagent dans l'armée britannique. Les sionistes font passer clandestinement les réfugiés juifs en Palestine.	L'organisation clandestine paramilitaire sioniste Irgoun (Etzel), dirigée par Menahem Begin, fait exploser le centre de commandement militaire britannique, dans l'hôtel King David : 91 morts.

promulgua une série de lois empêchant les Arabes réfugiés en Palestine et à l'étranger de rentrer chez eux.

Après l'indépendance d'Israël, les réfugiés juifs démunis affluèrent. Ils venaient des camps d'internement britanniques de Chypre, des camps de "personnes déplacées" de l'Europe d'après-guerre (dont des centaines de milliers de survivants de l'Holocauste), de pays sur le point de se faire enfermer derrière le Rideau de fer (comme la Bulgarie), et de pays arabes dont les communautés juives étaient devenues la cible de violences (Irak, Yémen et Syrie notamment). En trois ans, la population juive d'Israël avait plus que doublé.

Guerres et attentats

Au printemps 1967, au nom du nationalisme panarabe, les capitales arabes – en particulier Le Caire – se mirent à revendiquer avec force la libération de toute la Palestine historique de ce qu'elles voyaient comme une occupation illégitime des Juifs israéliens. Le président égyptien Gamal Abdel Nasser ferma le détroit de Tiran au transport maritime israélien (comprenant des cargaisons de pétrole de l'Iran, alors allié d'Israël), ordonna le retrait du Sinaï des forces de maintien de la paix de l'ONU et prononça des discours galvanisants écoutés avec intérêt par des dizaines de millions d'Arabes. La Jordanie et la Syrie rassemblèrent des troupes au niveau de leurs frontières avec Israël. Les Israéliens, terrifiés, crurent Nasser sur parole lorsqu'il déclara le 3 mai : "Notre objectif de base sera la destruction d'Israël", et eurent peur de subir le même sort que les Juifs d'Europe durant la Seconde Guerre mondiale.

Le 6 juin, Israël lança une attaque préventive contre ses voisins arabes, dévastant leurs forces aériennes, puis, lors d'une guerre terrestre sur trois fronts, défit les armées syrienne, égyptienne et jordanienne. En moins d'une semaine (d'où le nom de guerre des Six-Jours), Israël prit le désert du Sinaï et la bande de Gaza à l'Égypte, la Cisjordanie et Jérusalem-Est à la Jordanie, et le plateau du Golan à la Syrie.

Les Israéliens réagirent de manière euphorique, et beaucoup ne purent interpréter cette étonnante victoire autrement que comme le signe d'une intervention divine. Certains virent dans ce triomphe une preuve que le processus messianique était bel et bien en marche et cherchèrent à coloniser les terres nouvellement conquises. À l'époque, peu d'Israéliens imaginaient les difficultés politiques, morales et démographiques que le contrôle israélien sur les Territoires palestiniens allait impliquer.

En 1973, pendant le Yom Kippour, jour le plus sacré du calendrier juif, l'Égypte et la Syrie lancèrent sur Israël une attaque-surprise sur deux fronts. Du fait de l'échec de ses services de renseignement, trop sûrs d'eux après la victoire de 1967, Israël fut d'abord pris au dépourvu et obligé de se retirer. Il se ressaisit rapidement et repoussa les armées arabes,

On dénombre 20 camps de réfugiés administrés par l'Office de secours et de travaux des Nations unies en Cisjordanie. La bande de Gaza en compte 8, et Jérusalem-Est 1. Plus de 50% des Palestiniens sont considérés comme des réfugiés par l'ONU.

1947	1948	1948-années 1970	1950
Plan de partition de la Palestine en deux États, l'un juif, l'autre arabe, accepté sur le principe par les sionistes, mais rejeté par les Arabes. Les combats se répandent dans toute la Palestine.	Les Britanniques quittent la Palestine, les forces sionistes tiennent à distance cinq armées arabes et milices locales. 700 000 réfugiés palestiniens ; proclamation de l'État d'Israël.	Quelque 600 000 Juifs quittent, fuient ou sont expulsés des pays arabes (Yémen, Syrie, Irak, Égypte, Libye et Maroc notamment) et trouvent refuge en Israël ; nombre d'entre eux restent des années en camps de transit.	La Jordanie annexe la Cisjordanie et Jérusalem-Est, conquis lors de la guerre de 1948. Le royaume hachémite renonce au territoire en 1988.

LA DIASPORA JUIVE

Pendant les 3 300 ans environ qui suivirent l'arrivée des Enfants d'Israël à Canaan, après leur exode hors d'Égypte raconté dans la Bible, il y eut toujours des Juifs sur la Terre d'Israël. Cependant, pendant les deux tiers de cette période, la plupart des Juifs vécurent hors de la Terre promise, dispersés dans d'autres pays, dans des communautés regroupées sous l'appellation de Diaspora juive (du mot grec signifiant "dispersion", "éparpillement").

La première grande Diaspora fut établie à Babylone (aujourd'hui l'Irak) après que Nabuchodonosor eut détruit le premier Temple et exilé les Juifs en 586 av. J.-C. Lorsque Cyrus II de Perse les autorisa à revenir en Judée 48 ans plus tard, nombre d'entre eux restèrent à Babylone.

Du IIIe au VIe siècle, les Sages juifs de Palestine et de Babylone se disputèrent la suprématie pour établir la loi juive. Ce fut finalement Babylone qui l'emporta.

Au XIe siècle, le siège des plus grandes instances juridiques du monde juif fut déplacé en Afrique du Nord (au Caire et à Kairouan, en Tunisie) et, de manière plus improbable, en Rhénanie, sur une terre lointaine que les Juifs appelaient Ashkénaze. Du XIIIe au XVe siècle, nombre des plus grands Sages vivaient en Espagne, appelée Sfarad en hébreu.

Persécutés en Europe de l'Ouest, les Juifs ashkénazes se déplacèrent à l'Est, vers les terres slaves, à partir du XIVe siècle, amenant avec eux le yiddish, un dialecte mélangeant l'allemand et l'hébreu. Au XVIIe siècle, les principaux centres de savoir sur le judaïsme du monde se trouvaient en Lituanie et en Pologne. Au XVIIIe siècle, pour la première fois dans l'histoire juive, plus de Juifs vivaient en Europe qu'en Afrique du Nord et en Asie. Les Juifs d'Europe de l'Est furent à nouveau dispersés à la fin du XIXe siècle lorsque nombre d'entre eux durent fuir les pogroms tsaristes.

L'expulsion des Juifs d'Espagne en 1492 entraîna la dispersion des Juifs séfarades sur les terres des Ottomans (qui accueillaient les exilés) et aux Pays-Bas, d'où certains partirent finalement pour l'Angleterre. La grande majorité des Juifs restés en Europe et qui se retrouvèrent sous l'occupation nazie pendant la Seconde Guerre mondiale mourut dans l'Holocauste ; la plupart furent fusillés, leurs corps jetés dans des fosses communes, ou tués dans les chambres à gaz.

Quelques Juifs séfarades vivaient en Amérique coloniale avant 1776, mais la majeure partie de la communauté juive américaine descend des immigrants ashkénazes du XIXe siècle. Aujourd'hui, les États-Unis et Israël, qui comptent chacun environ 6 millions de Juifs, se disputent la suprématie juive sur les plans culturel et religieux.

ce qui fit de nombreuses victimes dans les deux camps. Toutefois, pendant quelque temps, la situation de l'État hébreu parut si désespérée que le président égyptien Anouar el-Sadate présenta la guerre du Kippour comme une victoire. Et bien qu'en matière tactique et stratégique, Israël l'emportât, les Israéliens ne virent jamais ce conflit comme un triomphe.

1951	1956	1964	1967
Le roi Abdallah Ier de Jordanie est assassiné au mont du Temple/Haram Ash-Sharif à Jérusalem par un nationaliste palestinien. Son petit-fils, le roi Hussein, lui succède et gouverne jusqu'en 1999.	Blocus égyptien sur le passage des cargaisons israéliennes par la mer Rouge : prise du Sinaï par Israël. La Grande-Bretagne et la France utilisent le conflit comme prétexte pour tenter de reprendre le canal de Suez.	La Ligue arabe, réunie au Caire, fonde l'organisation de libération de la Palestine. Israël et la Syrie s'opposent sur les droits de captation des eaux du Jourdain.	En six jours, Israël remporte la guerre éclair contre l'Égypte, la Jordanie et la Syrie, faisant plus que tripler son territoire. Pour la première fois depuis 1948, les Israéliens peuvent prier devant le mur des Lamentations.

Profondément discréditée par les échecs de la guerre du Kippour et par la lassitude et la corruption apparentes du parti travailliste, la Première ministre Golda Meir mit fin à sa carrière politique en 1974. Trois ans plus tard, le parti travailliste, à la tête de tous les gouvernements successifs depuis 1948, perdit les élections, en partie à cause des Juifs mizrahim (moyen-orientaux et nord-africains) mécontents de leur marginalisation économique et politique. Le dirigeant du Likoud, Menahem Begin, un ancien combattant clandestin de droite (certains le qualifient de terroriste en raison des attaques perpétrées par son organisation à l'encontre de civils arabes et de symboles de l'occupation britannique), devint Premier ministre. Pourtant, lorsqu'en 1977, le président égyptien Anouar el-Sadate se rendit à Jérusalem pour proposer un accord de paix à Israël en échange du retrait des Israéliens du Sinaï et de promesses (jamais tenues) de progrès en faveur d'un État palestinien, Begin accepta la proposition, à la grande surprise de la communauté internationale. En 1978, sous la médiation du président américain Jimmy Carter, Begin et Sadate signèrent les accords de Camp David.

Au printemps 1982, Israël acheva l'évacuation du Sinaï, qui comptait 7 000 colons. Seulement six semaines après, l'émergence de tensions entre les forces de l'OLP (Organisation de libération de la Palestine), basées au Liban, et Israël, tout comme la tentative d'assassinat de l'ambassadeur israélien au Royaume-Uni par une faction palestinienne anti-OLP, furent utilisées par le ministre de la Défense israélien Ariel Sharon (ancien général de l'armée) pour justifier le lancement d'une invasion massive du Liban, visant à expulser l'OLP et à installer un régime chrétien pro-israélien. La guerre du Liban divisa les Israéliens à un degré sans précédent, en particulier parce qu'elle dura jusqu'en 1985 (les forces israéliennes occupèrent une "zone de sécurité" sur le territoire libanais jusqu'en mai 2000). De nombreux Israéliens pensaient que la guerre avait été initiée sans véritable accord du gouvernement, et ils furent plus nombreux encore à considérer leur pays corrompu lorsque les soldats de Tsahal ne purent empêcher leurs alliés chrétiens libanais de massacrer des Palestiniens dans les camps de réfugiés de Sabra et Chatila, à Beyrouth, en septembre 1982. À Tel-Aviv, 400 000 personnes participèrent à une gigantesque manifestation contre la guerre et les massacres ; ce fut la plus grande manifestation civile de l'histoire d'Israël – le film d'animation de 2008 *Valse avec Bachir*, sélectionné aux Oscars, traite du traumatisme persistant des Israéliens suite à la guerre du Liban.

Pendant ce temps, les Palestiniens, en Cisjordanie et à Gaza, depuis les camps de réfugiés de pays voisins, dans le monde arabe et au-delà, attendaient qu'une solution soit apportée à leur difficile situation. En 1964, la Ligue arabe, qui rassemble les représentants de 22 pays arabophones, avait créé l'Organisation de libération de la Palestine (OLP),

---

Le statut de "réfugiés palestiniens" englobe l'ensemble des personnes qui ont quitté leur région à la suite de la guerre de Palestine de 1948, mais aussi leurs descendants.

Les Arabes israéliens (notamment les Arabes palestiniens restés sur le territoire de ce qui est devenu Israël en 1948 et leurs descendants) furent soumis à la loi martiale jusqu'en 1966. Ils sont aujourd'hui 1,6 million et vivent surtout en Galilée.

1972	1973	1978	1982
Des terroristes palestiniens du groupe Septembre noir et du Fatah assassinent 11 entraîneurs et athlètes israéliens lors des JO de Munich. Le Mossad traque et élimine les meurtriers.	L'Égypte et la Syrie lancent une attaque-surprise contre Israël pendant le Yom Kippour, jour le plus sacré du calendrier juif.	Israël et l'Égypte signent les accords de Camp David. Israël ouvre une ambassade au Caire, l'Égypte fait de même à Tel-Aviv, et le Sinaï redevient égyptien.	Israël envahit le Liban. Les phalanges libanaises massacrent des Palestiniens aux camps de Sabra et Chatila. Yasser Arafat et les combattants de l'OLP quittent Beyrouth, déplaçant leur quartier général à Tunis.

mais il fallut attendre 1967 et la défaite de la guerre des Six-Jours pour qu'un Palestinien osât défier la Ligue et prendre le contrôle de l'OLP.

Yasser Arafat, né au Caire en 1929, travaillait comme ingénieur au Koweït à la fin des années 1950 lorsqu'il fonda le Fatah, acronyme en arabe de Mouvement de libération de la Palestine et proche du mot "conquête". C'est par le biais de ce parti qu'il fut promu à la tête de l'OLP en 1969. Depuis son exil en Jordanie et plus tard au Liban et en Tunisie, il lança une longue campagne terroriste afin d'affaiblir Israël (qui répondit par une campagne déterminée comprenant des opérations de commandos transfrontalières et des assassinats) et de maintenir la question palestinienne à l'ordre du jour mondial.

En 1987, un soulèvement populaire contre la domination israélienne éclata en Cisjordanie et à Gaza. Cette première Intifada (mot arabe signifiant "soulèvement") consista en une éruption spontanée d'attaques, de jets de pierres et de cocktails Molotov. Arafat, basé à Tunis, d'abord déconnecté des événements qui touchaient les populations des Territoires palestiniens, en prit rapidement le contrôle et recueillit le soutien de la communauté internationale pour la cause palestinienne.

En 1988, Arafat renonça publiquement au terrorisme et reconnut l'État d'Israël comme légitime. Cinq ans plus tard, en 1993, Israël (avec à sa tête Yitzhak Rabin) et l'OLP signèrent les accords d'Oslo, baptisés ainsi en raison des négociations secrètes menées dans la capitale norvégienne. Ils posèrent les fondements d'un accord en vertu duquel Israël devait restituer par étapes le contrôle de leur territoire aux Palestiniens, en commençant par les grandes villes de Cisjordanie et de Gaza. Les sujets les plus délicats – l'avenir de Jérusalem et le "droit de retour" des réfugiés palestiniens – devaient être négociés sur cinq ans pour aboutir à un ultime accord. Le principe de base du processus d'Oslo, fondé sur la mise en place de deux États, comme préconisé par l'ONU en 1947, se résumait pour l'essentiel à la formule : "la terre contre la paix".

L'ère des accords d'Oslo

Yasser Arafat arriva en juillet 1994 à Gaza pour diriger la nouvelle Autorité palestinienne. Durant les années suivantes, Israël restitua le contrôle de la majeure partie de Gaza et des grandes villes de Cisjordanie aux Palestiniens. Pourtant, les accords d'Oslo n'apportèrent pas de paix véritable. Pire, ils radicalisèrent ceux qui, dans chaque camp, rejetaient les compromis, et les violences s'accrurent. Les actes de terrorisme du Hamas et du Djihad islamique prirent une autre dimension avec les attentats-suicides contre des civils israéliens. Israël répliqua par l'assassinat de chefs du Hamas et du Djihad islamique en recourant à des méthodes causant souvent des victimes parmi les civils. Les incursions militaires et la violence des colons à l'encontre des Palestiniens s'accrurent et leurs

Yasser Arafat a rendu célèbre la coiffe traditionnelle qu'est le keffieh. Le sien était noir et blanc, ces couleurs ayant les faveurs du Fatah. Le keffieh rouge et blanc est souvent porté par les Bédouins de Jordanie, les membres de mouvements palestiniens de gauche et du Hamas.

HISTOIRE L'ÈRE DES ACCORDS D'OSLO

Les hommes arabes sont souvent appelés Abou ("père de") suivi du prénom de leur fils aîné. Yasser Arafat était connu sous le nom d'Abou Ammar, bien qu'il n'ait pas eu de fils : son nom de guerre était un hommage à l'un des disciples du prophète Mahomet.

1987-1993	1988	1991	1993
La frustration des Palestiniens explose lors de la première Intifada. Tsahal, formée pour combattre des armées, riposte ; les morts palestiniens valent à Israël une condamnation internationale.	Arafat déclare renoncer au terrorisme dans un discours à l'assemblée générale des Nations unies à Genève.	Yasser Arafat soutient l'invasion du Koweït par Saddam Hussein. En réponse, le Koweït et les autres pays du Golfe suspendent les financements de l'OLP et expulsent les Palestiniens.	Le Premier ministre israélien Yitzhak Rabin et le président de l'OLP Yasser Arafat, ennemis jurés depuis des décennies, signent les accords d'Oslo à la Maison-Blanche.

espoirs d'une amélioration économique et d'une liberté de mouvement ne furent pas satisfaits.

Le coup le plus dur porté au processus de paix fut sans doute, en novembre 1995, l'assassinat du Premier ministre Yitzhak Rabin, après un rassemblement pour la paix à Tel-Aviv, par un Juif orthodoxe d'extrême droite. Depuis les années qui avaient précédé, les nationalistes israéliens (en particulier les colons juifs) avaient multiplié les provocations, vouant Rabin aux gémonies pour avoir accepté de céder des morceaux de la "Terre d'Israël". De nombreux Juifs orthodoxes (à l'exception des ultraorthodoxes, qui sont non sionistes voire antisionistes) estimaient que la Judée et la Samarie (l'actuelle Cisjordanie), terres bibliques, ainsi que, à l'époque, Gaza étaient tombées sous le contrôle d'Israël dans le cadre d'un processus divin annonçant le début d'une ère messianique. Selon eux, renoncer au contrôle de terres qu'ils considéraient comme un droit imprescriptible accordé par Dieu n'entraînerait rien de moins que la fin du processus messianique.

L'assassinat de Rabin fut vécu comme un choc terrible par la plupart des Israéliens et, conformément à l'objectif du meurtrier, priva le processus de paix d'un partisan à qui les Israéliens avaient accordé leur confiance sur les questions de sécurité, en raison de son passé militaire – il avait été commandant de brigade en 1948 puis chef d'état-major en 1967.

La mort de Rabin fut suivie d'une série d'attentats-suicides du Hamas qui favorisa l'arrivée au pouvoir d'une coalition de droite dirigée par Benyamin Netanyahou. Mais, en 1999, un gouvernement de coalition de centre gauche mené par l'ancien chef d'état-major Ehoud Barak fut instauré. Barak et Arafat acceptèrent de se rendre au sommet de Camp David avec le président américain Bill Clinton afin de conclure un accord de paix définitif. Les négociations, tenues dans un climat de mécontentement continu depuis les accords d'Oslo, échouèrent. Des vagues de violence éclatèrent, déclenchées par la visite controversée du chef du Likoud, Ariel Sharon, sur le mont du Temple/Haram Ash-Sharif à Jérusalem. Sharon et Arafat furent accusés d'alimenter les troubles.

Arafat vit tout d'abord dans le recours à la violence un moyen de pousser Israël à faire davantage de concessions, mais il perdit rapidement le contrôle des jeunes chefs locaux du Fatah. Ceux-ci estimaient qu'il ne leur avait pas donné assez de pouvoir depuis son retour d'exil, l'accusant de confier tous les hauts postes militaires et politiques aux vieux membres du parti présents à ses côtés à Beyrouth et à Tunis. Ces nouveaux acteurs du Fatah ne tardèrent pas à s'allier au Hamas et au Djihad islamique, lançant une grande vague d'attentats-suicides.

HISTOIRE L'ÈRE DES ACCORDS D'OSLO

L'encyclopédie *Histoire des relations entre juifs et musulmans des origines à nos jours*, sous la direction d'A. Meddeb et B. Stora (A. Michel, 2013), couvre 14 siècles de cohabitation entre juifs et musulmans.

1994	**1995**	**2000-2005**	**2001**
Israël et la Jordanie signent un traité de paix qui délimite leur longue frontière et accorde à la Jordanie une partie de l'eau du Jourdain. Des ambassades sont ouvertes à Amman et Ramat Gan.	Après un rassemblement pour la paix à Tel-Aviv, le Premier ministre israélien Yitzhak Rabin est assassiné par un Juif d'extrême droite – un coup terrible au processus de paix défini par les accords d'Oslo.	La seconde Intifada se traduit par des dizaines d'attentats-suicides dans les villes israéliennes, entraînant des incursions meurtrières de Tsahal en Palestine et renforçant les inimitiés.	Ariel Sharon est élu Premier ministre en février. En décembre, des raids sont menés dans les Territoires palestiniens et Yasser Arafat est confiné à Ramallah.

Israël durcit sa position à l'égard des Palestiniens en 2001, date à laquelle Ariel Sharon, qui qualifiait en privé l'Intifada de "menace pour l'existence" d'Israël et qui s'était opposé aux efforts de Barak pour arriver à un accord avec Arafat, fut élu au poste de Premier ministre. Il envoya des chars occuper toutes les villes de Cisjordanie qui avaient été restituées à Arafat et ordonna des incursions fréquentes et meurtrières à Gaza, menant également des "assassinats ciblés" de leaders terroristes présumés. Il confina Arafat dans son quartier général de Ramallah en le cernant de tanks. Déprimé et malade, Arafat vit décroître sensiblement son influence, jusqu'à son évacuation vers la France pour être soigné et sa mort en novembre 2004. Au cours de la seconde Intifada (2000-2005), plus de 1 000 Israéliens, dont 70% de civils, furent tués par les Palestiniens, et près de 4 700 Palestiniens, dont plus de 2 000 civils, furent tués par les Israéliens, selon le groupe israélien de défense des droits de l'homme B'Tselem (www.btselem.org).

Son vieil ennemi ayant disparu, Sharon, contrevenant à sa réputation, proposa un plan radical de "désengagement" avec la construction d'une "clôture de sécurité" aux abords de la Cisjordanie – malgré l'opposition farouche des colons juifs – et le retrait des colonies isolées. En août 2005, les 8 600 colons israéliens de la bande de Gaza avaient été évacués, tout comme quatre colonies du nord de la Cisjordanie. En janvier 2006, Ariel Sharon subit une grave attaque cérébrale, que beaucoup de colons juifs interprétèrent comme une punition divine pour avoir trahi la Terre d'Israël. Il resta dans le coma jusqu'à sa mort en 2014.

Événements récents

Ehud Olmert, vice-Premier ministre puis remplaçant par intérim de Sharon, fut élu 12e Premier ministre d'Israël en mars 2006 après avoir promis la poursuite du retrait de l'essentiel de la Cisjordanie, mais ses projets ne furent jamais appliqués. Quelques mois plus tôt, le Hamas avait remporté les élections législatives palestiniennes, et l'année suivante, des hommes armés du Hamas prirent la bande de Gaza de force ; les responsables du Fatah qui ne réussirent pas à s'échapper furent torturés ou assassinés. Depuis, les États-Unis et l'Union européenne continuent de financer l'Autorité palestinienne dirigée par le Fatah en Cisjordanie, tandis que l'Iran, malgré des désaccords concernant la guerre civile en Syrie, fournit de l'argent et des armes au Hamas, à Gaza. De son côté, Olmert fut reconnu coupable de corruption et condamné à 6 ans de prison en 2014.

À l'été 2006, des militants du Hezbollah enlevèrent deux soldats israéliens en patrouille du côté israélien de la frontière israélo-libanaise. S'ensuivit une courte guerre entre Israël et le mouvement armé libanais,

2003	2004	2005	2006
La première phase de construction du mur de séparation est votée par le Conseil des ministres israéliens.	Yasser Arafat décède à 75 ans dans un hôpital parisien, et est enterré à Ramallah. Les théories de complot fusent ; certains affirment qu'il a été empoisonné.	Israël se retire de la bande de Gaza et évacue 21 colonies. Les colons juifs indignés se radicalisent ; les Palestiniens condamnent le contrôle persistant d'Israël sur les accès terrestres, maritimes et aériens.	Lancement de la seconde guerre du Liban. Lors des élections législatives palestiniennes, le mouvement islamiste du Hamas bat le Fatah.

soutenu par l'Iran. Ce groupe chiite lança des milliers de roquettes sur des villes et villages israéliens, plongeant le nord d'Israël dans la paralysie et tuant 43 civils. L'ampleur des bombardements israéliens en réponse sur les villes libanaises fut largement condamnée, et la guerre fut un parfait désastre diplomatique pour l'État hébreu ; mais plus de dix ans plus tard, le cessez-le-feu est toujours de mise.

En 2001, le Hamas et le Djihad islamique lancèrent leurs premières roquettes depuis Gaza vers les zones israéliennes voisines. Ces attaques s'amplifièrent après le retrait d'Israël de Gaza en 2006, et peu à peu, les roquettes Qassam artisanales furent améliorées et remplacées par des roquettes iraniennes Grad de 122 mm pouvant atteindre Beer Sheva, Rishon Le Zion, voire Tel-Aviv. Toutefois, Sderot et les kibboutz voisins furent les plus touchés par les attaques. À la fin de l'année 2008, Israël lança une importante offensive, nommée opération Plomb durci, destinée à arrêter les tirs de roquette. Le conflit fit rage pendant trois semaines et entraîna la destruction quasi totale des infrastructures de Gaza ; des milliers de personnes se retrouvèrent sans abri. Selon l'organisation de défense des droits de l'homme israélienne B'Tselem, 1 397 Palestiniens furent tués par les Israéliens pendant l'opération (Israël maintient qu'une grande majorité était des partisans de la lutte armée) et cinq soldats israéliens furent tués par les Palestiniens. Pourtant, le Hamas garda le contrôle et creusa de nouveaux tunnels de contrebande, pour contourner le blocus – très critiqué et largement assoupli pour le bien des civils en 2010 – de Gaza par Israël. L'Égypte ferma la frontière Gaza-Sinaï ; en 2013 et 2014, l'armée égyptienne détruisit quelque 1 200 tunnels de contrebande, supprimant une importante source de revenus pour le Hamas.

Les élections législatives israéliennes de 2013 portèrent au gouvernement une autre coalition, dirigée par Benyamin Netanyahou ; l'une des premières lois votées fut l'obligation pour les hommes de la communauté ultraorthodoxe croissante, jadis exemptés, de faire leur service militaire. Suite à l'échec des négociations de paix israélo-palestiniennes soutenues par les États-Unis, notamment à cause de la poursuite des constructions de colonies par le gouvernement de Netanyahou, l'Autorité palestinienne tenta de devenir membre, en tant qu'État indépendant, de diverses organisations internationales. En 2014, le président israélien Shimon Peres (à 90 ans, il était le plus vieux chef d'État du monde) fut remplacé dans cette fonction largement cérémonielle par Reuven "Ruby" Rivlin, un homme politique de droite, défenseur des droits civiques.

En 2014, le Fatah, qui dirige la majeure partie de la Cisjordanie, et le Hamas, qui contrôle Gaza, fondèrent un gouvernement d'unité nationale, mais différends et méfiance entre les groupes restent profonds. L'Égypte,

2008-2014	2009	2010	2012
Des colons juifs radicaux lancent des attaques surnommées "prix à payer" contre les Palestiniens et Tsahal pour décourager la politique israélienne, préjudiciable aux colonies israéliennes en Cisjordanie.	Le Likoud devance d'un seul siège le parti Kadima, d'Ariel Sharon, aux élections législatives. Benyamin Netanyahou devient Premier ministre.	Le 31 mai, une flottille internationale acheminant de l'aide humanitaire pour Gaza tente de forcer le blocus. L'armée israélienne intervient, causant 9 morts parmi les militants pro-palestiniens.	L'Assemblée générale de l'ONU reconnaît à la Palestine le statut d'État non membre observateur à l'issue d'un vote de 138 voix pour, 9 contre (dont Israël, le Canada et les États-Unis) et 41 abstentions.

dirigée par le président Abdel Fattah Al Sissi, est totalement hostile au Hamas, en partie à cause de l'opposition historique de l'armée égyptienne aux Frères musulmans.

En juin 2014, l'enlèvement et l'assassinat de trois adolescents israéliens entraînèrent une escalade de violence. Israël lança une importante répression sur le Hamas en Cisjordanie en réponse aux enlèvements, des centaines de Palestiniens furent arrêtés et 10 autres tués lors de raids. Des roquettes furent tirées sur Gaza, et depuis Gaza vers Israël. Les 50 jours de conflit qui suivirent tuèrent plus de 2 100 Palestiniens (dont 69% de civils, selon une estimation des Nations unies) et 73 Israéliens (dont 67 soldats), causant la destruction d'une grande partie de la bande de Gaza (notamment 17 200 habitations), un traumatisme pour des centaines de milliers de civils – notamment des enfants. La menace du Hamas sur la population israélienne fut quasiment neutralisée par le Dôme de fer, un système antimissile israélien.

La guerre ne contribua guère à améliorer les relations entre Israël et les Palestiniens, ni entre le Fatah et le Hamas. En 2015, Netanyahu fut réélu Premier ministre et constitua une coalition de partis de droite, comprenant des groupes pro-colonies et ultraorthodoxes tels que le Foyer juif de Naftali Bennett, qui soutient la colonisation en Cisjordanie et s'oppose fermement à la création d'un État palestinien. Toutefois, Netanyahou semble plus modéré sur la question "de deux États pour deux peuples". La même année, Israël et la Cisjordanie connurent une série de meurtres, la plupart perpétrés par des "loups solitaires" palestiniens.

En 2017, trois frères palestiniens attaquèrent des soldats israéliens dans l'enceinte de la mosquée al-Aqsa. En réponse, Israël installa des détecteurs de métaux aux portes du site. Après des semaines de protestations palestiniennes devant la vieille ville, ceux-ci furent finalement retirés.

Des manifestations pour le droit au retour des Palestiniens débutèrent le 30 mars 2018 dans la bande de Gaza et durèrent plusieurs semaines. Elles furent accueillies par des tirs israéliens qui causèrent la mort de plus d'une centaine de Palestiniens et en blessèrent plusieurs milliers. La journée du 14 mai fut la plus violente avec près de 60 morts. La réponse militaire du gouvernement israélien fit fortement réagir l'opinion publique internationale.

À ce jour, la situation reste tendue, notamment depuis que les États-Unis ont transféré leur ambassade de Tel-Aviv à Jérusalem pour l'anniversaire de la création de l'État d'Israël.

HISTOIRE ÉVÉNEMENTS RÉCENTS

2014	2015	Mai 2015	2017-2018
Après l'assassinat de trois jeunes Israéliens et d'un Palestinien, la tension monte entre Israël et le Hamas. Le 8 juillet débute l'opération Bordure protectrice sur la bande de Gaza, donnant lieu à 50 jours de combats.	Le Likoud remporte les élections législatives. Benyamin Netanyahou, reconduit au poste de Premier ministre, forme un gouvernement de coalition dominé par la droite dure, les groupes pro-colonies et les religieux.	Plusieurs milliers de Falashas d'Israël, juifs originaires d'Éthiopie, manifestent contre le racisme et les violences policières à l'égard de leur communauté, qui compte quelque 135 000 membres.	Le président américain proclame Jérusalem capitale d'Israël. L'ambassade est transférée de Tel-Aviv à Jérusalem pour les 70 ans de la création de l'État d'Israël.

Peuples d'Israël et des Territoires palestiniens

Près de 13 millions de personnes vivent en Israël et dans les Territoires palestiniens. La population israélienne se compose de 75% de Juifs, 17,6% d'Arabes musulmans, 1,7% d'Arabes chrétiens et 5,7% d'autres groupes. La Cisjordanie compte 83% de musulmans sunnites, 13% de juifs, environ 2% de chrétiens et 2% d'autres groupes. La bande de Gaza est presque exclusivement peuplée de musulmans sunnites. On dénombre environ 11 millions de Palestiniens dans le monde. 5 millions d'entre eux, vivant dans les Territoires palestiniens, en Jordanie, au Liban et en Syrie, sont considérés comme des réfugiés par les Nations unies.

Juifs

Les Juifs habitent le territoire d'Israël depuis des millénaires (leur population ayant connu des fluctuations), mais l'immigration massive des Juifs de la Diaspora est un phénomène datant essentiellement du XXe siècle. Des perspectives économiques et des raisons religieuses (et, pour beaucoup, le désir de vivre et d'élever ses enfants sans devoir affronter l'antisémitisme) ont provoqué l'arrivée de Juifs venant notamment de Russie, d'Europe de l'Est, d'Amérique du Sud, du Maroc, du Yémen, de Syrie, d'Éthiopie, d'Inde, d'Iraq, du Royaume-Uni, de France et des États-Unis.

La plupart des Israéliens, quelle que soit leur origine, voient dans l'État d'Israël un refuge protégeant les Juifs des persécutions. Cependant, le sionisme ne s'est pas établi sans difficulté et trois générations d'Israéliens ont grandi dans un climat de guerre, d'insécurité et d'instabilité. Cette réalité a en grande partie forgé leur tempérament : un Juif né en Israël est surnommé un *sabra*, nom emprunté à la figue de Barbarie, fruit à la peau épineuse mais à la chair tendre.

Sous ces dehors un peu rugueux, beaucoup d'Israéliens se reconnaissent dans la culture européenne et en ont adopté les mœurs et les tendances. Maîtrisant fort bien l'anglais, ce sont de grands voyageurs (parcourir le monde après son service dans l'armée tient presque du rite de passage) et des leaders internationaux en matière de technologies de pointe (porteurs d'innombrables innovations médicales et techniques).

Depuis 1948, Israël a accueilli, en proportion, plus d'immigrants que tout autre pays du monde. Environ 900 000 Juifs sont arrivés de l'ex-Union soviétique dans les années 1990. Plus récemment, plusieurs centaines de Juifs français (qui représentent la deuxième communauté après celle des États-Unis), inquiets de la montée de l'antisémisme en France, ont décidé de s'installer en Israël.

Séfarades

En 1492, les Juifs de *Sefarad* (nom hébreu de la péninsule Ibérique) n'eurent d'autre choix que la conversion au catholicisme, la mort ou l'expulsion. Certains Juifs séfarades (les Sephardim) fuirent en Afrique du Nord, d'autres se réfugièrent dans l'Empire ottoman, à l'époque favorable à leur installation.

Jusqu'à la fin du XIXe siècle, la majorité des Juifs de la Palestine ottomane étaient des Séfarades. Ils se définissaient non seulement par leur ascendance ibérique, mais aussi par une liturgie, des pratiques et des chants religieux bien distincts. Nombre des grands kabbalistes (mystiques juifs) de la Safed du XVIe siècle étaient séfarades.

Cinq siècles durant, la langue parlée par les Séfarades dans des pays comme la Turquie, la Grèce, la Bosnie et la Bulgarie fut le ladino (judéo-espagnol), pour l'essentiel de l'espagnol médiéval (castillan) combinant des mots hébreux et, selon les régions où s'installèrent les exilés, des éléments de turc, de grec, d'arabe et de français.

Pour plus de renseignements sur l'histoire, l'actualité et la culture des Séfarades, rendez-vous sur les sites sefarad.org (en français), www.sephardicstudies.org (en anglais) et www.esefarad.com (en espagnol et ladino).

Ashkénazes

Les ancêtres des Ashkénazes d'aujourd'hui sont arrivés en *Ashkenaz* (vieux terme hébreu faisant référence à l'Allemagne) au Xe siècle. Forcés d'aller toujours plus à l'est à mesure de vagues successives d'expulsions, les Juifs ashkénazes furent accueillis dans ce qui devint par la suite les empires de Russie et d'Autriche-Hongrie. Il y a un millénaire, les Ashkénazes ne représentaient que 3% de la population juive mondiale. Dans les années 1930, ce chiffre atteignait les 92%. De nos jours, environ la moitié des Juifs israéliens (et trois quarts des Juifs du monde entier) peuvent retracer leurs origines – soit directement, soit en effectuant un détour par l'Amérique du Nord et l'Amérique du Sud – en Europe centrale et en Europe de l'Est, et particulièrement en Russie, en Pologne, en Ukraine, au Belarus, en Lituanie, en Hongrie, en Roumanie, et bien sûr, en Allemagne et en Autriche.

Dès 1882, les pogroms et d'autres formes de persécutions poussèrent des millions d'Ashkénazes à émigrer d'Europe de l'Est vers les Amériques et l'Europe de l'Ouest. Cependant, de petits groupes de Juifs originaires de pays comme la Roumanie et la Russie choisirent plutôt la Palestine ottomane afin d'y établir de petites communautés agricoles (par exemple, Zikhron Yaakov). Des tensions apparurent très vite entre ces sionistes, socialistes pour certains d'entre eux, et les communautés ultra-orthodoxes traditionalistes de Palestine – conflit qui perdure à ce jour.

Le yiddish est l'une des caractéristiques culturelles des Ashkénazes. Cette langue, mélange d'allemand médiéval, d'hébreu et de mots d'origine slave, s'écrit en caractères hébraïques. De nombreux mots yiddish sont entrés dans la langue anglaise (c'est particulièrement vrai pour l'anglais américain) et dans la langue française. C'est le cas, pour ne citer que les plus connus, des mots *bagel* ou *blintz* (blinis).

En 1939, entre 11 et 13 millions de Juifs parlaient le yiddish. Aujourd'hui, en raison de l'Holocauste et de l'assimilation linguistique dans les pays comme Israël, les États-Unis, la Russie et l'Argentine,

Les liturgies et pratiques religieuses mizrahi et séfarade étant similaires, on utilise parfois le terme générique de "Séfarades" pour désigner également les Mizrahim – et ce quand bien même les Juifs de Bagdad, Damas, Sanaa et Boukhara n'aient jamais eu aucun lien avec la péninsule Ibérique.

PEUPLES D'ISRAËL ET DES TERRITOIRES PALESTINIENS JUIFS

LA LOI DU RETOUR

Votée par la Knesset (Parlement israélien) en 1950, la loi du Retour accorde la citoyenneté israélienne à tout Juif qui souhaite l'acquérir. Est éligible, à condition d'en faire demande, toute personne ayant au moins un grand-parent juif ou s'étant convertie au judaïsme, ainsi que son conjoint officiel, que le couple soit hétérosexuel ou, depuis 2014, homosexuel. Cette loi garantit aux Juifs du monde entier de toujours pouvoir trouver refuge quelque part en cas de persécution (ce qui n'était pas le cas dans les années 1930, avec les conséquences tragiques que l'on sait). Elle est donc l'un des socles de la mission d'Israël comme patrie des Juifs.

En 2013 et 2014, le Portugal et l'Espagne ont voté leurs propres "lois du Retour" accordant la citoyenneté portugaise et espagnole aux descendants des Séfarades expulsés de la péninsule Ibérique il y a 500 ans.

Plusieurs pays, dont l'Arménie, la Grèce et l'Allemagne, ont légiféré en accordant la citoyenneté ou le droit de séjour aux descendants de leurs émigrés juifs.

LES HÉBREUX NOIRS

Aussi appelés les Israélites hébreux africains de Jérusalem, les Hébreux noirs (www.africanhebrewisraelitesofjerusalem.com) sont des Afro-Américains qui revendiquent leur ascendance avec la tribu israélite du royaume de Juda, et considèrent Israël comme leur terre ancestrale. Après avoir passé du temps au Liberia, la communauté, emmenée par Ben Carter (aussi connu sous le nom de Ben Ammi Ben-Israel) s'établit en Israël en 1969. Bien qu'n'étant reconnus par aucun courant du judaïsme (leurs traditions prônent entre autres un régime végétalien strict, le jeûne pour shabbat et la polygamie), on leur a accordé le statut de résidents permanents en 2004 et ouvert l'accès à la citoyenneté en 2009. Beaucoup effectuent volontairement leur service militaire.

Environ 2 500 Hébreux noirs vivent dans la ville de Dimona, située dans le désert du Néguev. La communauté est connue pour son chœur de gospel et le chanteur Eddie Butler, qui a représenté Israël au concours de l'Eurovision en 1999 et 2006.

il n'en reste qu'un million de locuteurs. En Israël, on entend encore parler yiddish dans des lieux comme le quartier ultraorthodoxe de Mea Shearim, à Jérusalem.

Mizrahim

Les Juifs dont les familles sont arrivées en Israël en provenance d'Afrique du Nord (Maroc, Algérie, Tunisie et Libye), du Proche et Moyen-Orient (Iraq, Syrie, Yémen, Iran et Afghanistan) et d'Asie centrale (Ouzbékistan, Azerbaïdjan et Géorgie), mais aussi d'Inde, sont appelés *Edot HaMizrah* ("communautés de l'Orient") ou *Mizrahim* ("Orientaux"). Cette définition fait aussi bien référence à l'origine géographique qu'à des traditions liturgiques bien spécifiques.

Les Juifs yéménites commencèrent à émigrer vers la Palestine ottomane en 1881. Le nombre de Mizrahim augmenta considérablement après 1948. En effet, quelque 600 000 Juifs venus de pays arabes immigrèrent en Israël afin d'échapper à la violence et aux décrets anti-juifs. Ces dernières années, des groupes de Mizrahim commencent à demander réparation pour la perte de leurs biens (personnels et communs).

Les Mizrahim en Israël ont longtemps subi des discriminations de la part des Ashkénazes. Après 1948, nombre d'entre eux ont passé des années dans des colonies de repeuplement ou ont été envoyés dans de lointaines "villes nouvelles" dans le Néguev et en Galilée. Récemment, les mariages intercommunautaires entre Mizrahim, Séfarades et Ashkénazes sont devenus beaucoup plus courants. Et si les Mizrahim – en particulier les descendants des immigrés du Maroc – sont encore sous-représentés dans les universités mais surreprésentés dans les prisons, la culture populaire israélienne est néanmoins beaucoup plus ouverte et intégratrice. Le Shass, parti politique ultraorthodoxe, trouve la majeure partie de ses soutiens chez les Mizrahim religieux traditionalistes.

Pendant des siècles, les Mizrahim ont parlé plusieurs langues et dialectes, dont le maghrebi (dialecte judéo-arabe), le yahudi (dialecte judéo-arabe d'Iraq), et le juhuri (judéo-tat), langue perse parlée par les Juifs des montagnes du Caucase, du Daguestan et de l'Azerbaïdjan.

Juifs éthiopiens

Aussi appelés Beta Israel (Maison d'Israël) et, de manière un peu péjorative, Falashas ("exilés" ou "étrangers"), les Juifs d'Éthiopie seraient les descendants du roi Salomon et de la reine de Saba (Premier livre des Rois 10, 1-13). Selon d'autres sources, ils auraient été convertis au judaïsme il y a près de 2 000 ans par des marchands juifs yéménites.

Le judaïsme compte trois grandes traditions rituelles et liturgiques (ashkénaze, séfarade et Edot HaMizrah ou mizrahi), ainsi que diverses traditions locales venues de Rome et d'Alsace.

Les Juifs représentent seulement 0,2% de la population mondiale, mais 27% des prix Nobel de chimie, de physique, de médecine et d'économie leur ont été décernés.

Quoi qu'il en soit, on ne sait pas avec certitude comment et quand les Juifs s'installèrent en Éthiopie.

Les premiers Juifs éthiopiens sont arrivés en Israël dans les années 1960, mais c'est seulement après l'organisation de deux ponts aériens, l'opération Moïse (1984-1985) et l'opération Salomon (1991), que débuta une immigration de grande envergure. Aujourd'hui, on dénombre environ 121 000 Juifs d'ascendance éthiopienne en Israël, soit 2% de la population juive israélienne.

L'intégration à leur terre d'accueil n'a pas été aisée pour les Beta Israel, qui figurent encore parmi les plus pauvres du pays, et dont le niveau d'instruction se situe bien au-dessous de la moyenne. En 2015, quelque 10 000 Juifs éthiopiens ont manifesté à Tel-Aviv pour dénoncer le racisme et les discriminations dont ils sont l'objet. Parmi les Israéliens-Éthiopiens les plus connus, citons le mannequin Esti Mamo, qui a posé pour *Elle* et *Vogue,* ainsi que Yityish Titi Aynaw, Miss Israël 2013. Sept Juifs éthiopiens ont été membres de la Knesset (Parlement israélien).

Musulmans

Les sunnites représentent 17,4% de la population israélienne, environ 97% de la population arabe de Cisjordanie, et plus de 99% de la population de Gaza. Quelque 90% des Arabes israéliens sont musulmans. Les musulmans représentent 38% de la population de Galilée. Nazareth (66 000 habitants) cst la plus grande ville à majorité musulmane en Israël. À peu près un tiers des habitants de Jérusalem sont musulmans.

Traditionnellement, les musulmans palestiniens adhèrent à un islam modéré. La montée de l'intégrisme chez les Palestiniens depuis les années 1970, particulièrement visible à Gaza et dans certains endroits de Cisjordanie comme Hébron, est attribuée à divers facteurs. Au nombre de ces derniers, mentionnons la révolution islamique de 1979 dans l'Iran voisin, la désillusion de groupes de Palestiniens laïques comme le Fatah de Yasser Arafat, en partie imputable à une corruption endémique, et l'influence croissante de groupes islamistes radicaux dans le monde arabe et le monde musulman. Le Hamas, mouvement islamiste qui contrôle Gaza, est la branche palestinienne des Frères musulmans égyptiens. En Israël, les Frères musulmans ont engendré le Mouvement islamique israélien, lequel compte une branche nordiste, plus extrémiste, et une branche sudiste plus modérée. Celle-ci a soutenu les accords d'Oslo et compte des représentants à la Knesset (Parlement israélien).

Les musulmans palestiniens, en Israël et dans les Territoires palestiniens, se considèrent comme les gardiens du troisième lieu le plus saint de l'islam, la mosquée Al-Aqsa à Jérusalem, et de sites comme la mosquée Ibrahimi (tombeau des Patriarches) à Hébron. Les lieux saints musulmans, dont Haram ash-Sharif (mont du Temple) à Jérusalem, sont gérés de manière autonome par des fondations religieuses musulmanes appelées *waqf.*

L'islam et le judaïsme ont bien plus de points communs (pratiques religieuses, liturgie et jurisprudence) que chacun n'en a avec le christianisme :

➡ Les musulmans prient cinq fois par jour, et les juifs ont traditionnellement trois offices quotidiens.

➡ Les prescriptions alimentaires musulmanes (halal) concernant les animaux que l'on a le droit de consommer et leur abattage rituel sont très semblables à celles de la kashrout (nombre de musulmans considèrent d'ailleurs que la viande kasher est halal).

➡ La première partie de la Chahada (profession de foi islamique), "Il n'y a de Dieu qu'Allah", ressemble beaucoup à la première section du Shema juif, "Écoute,

Environ 2 000 musulmans de la communauté Ahmadiyya, fondée en Inde à la fin des années 1800 et connue pour sa tolérance, vivent dans le quartier de Kababir, à Haïfa, sur le mont Carmel. Afin d'améliorer leurs relations avec leurs voisins juifs, ils ont publié en 1987 une traduction du Coran en yiddish.

Presque tous les Arabes palestiniens et israéliens sont sunnites, toutefois Israël compte un village alaouite : Ghajar, à 4 km à l'est à vol d'oiseau de Metula. Il se trouve en partie au Liban et en partie sur une bande de terre annexée par Israël, en même temps que le Golan voisin, en 1967.

Israël, l'Éternel notre Dieu est un seul Seigneur". Dans les deux cas, on insiste sur l'absolue unicité de Dieu.

➡ Les mots arabe et hébreu pour désigner Dieu, Allah et Elohim, sont dérivés de la même racine sémitique.

Bédouins

Environ 1 Arabe israélien sur 6 est un Bédouin – c'est-à-dire un descendant de l'un des groupes de nomades musulmans sunnites arabophones qui mène historiquement une vie pastorale dans les déserts d'Arabie. Quelque 180 000 Bédouins vivent dans le désert du Néguev, dans 7 communes construites par le gouvernement et près de 45 villages non officiels ; 60 000 autres vivent dans des villages de Galilée. Bien que les Bédouins ne soient pas obligatoirement enrôlés par Tsahal, beaucoup y servent volontairement comme pisteurs.

Depuis longtemps, des tensions existent entre les Bédouins du Néguev et le gouvernement israélien. Ce dernier en effet, à l'instar de ses prédécesseurs britanniques et ottomans, tente de mettre un terme à la vie nomade des Bédouins en les installant dans des villages permanents.

Certains Bédouins sont encore polygames, même si la loi israélienne proscrit cette pratique.

Circassiens

Alors que la Russie impériale s'étendait dans le Caucase du Nord (région située entre la mer Noire et la mer Caspienne) au milieu des années 1800, des milliers de Circassiens, peuple caucasien de confession musulmane sunnite, furent expulsés de leurs foyers. Beaucoup trouvèrent refuge dans l'Empire ottoman, d'autres dans ce qui est aujourd'hui Israël.

Actuellement, quelque 4 000 Circassiens vivent dans deux villages galiléens, Kfar Kama et Rehaniye. Les hommes circassiens sont les seuls musulmans orthodoxes astreints à accomplir leur service militaire dans l'armée israélienne.

Chrétiens

En 1920, environ 1 personne sur 10, dans ce qui est aujourd'hui Israël et les Territoires palestiniens, était chrétienne. De nos jours, les chrétiens représentent à peu près 2% de la population d'Israël et 0,8% de la population des Territoires palestiniens. Cette baisse vertigineuse est en partie due à l'augmentation du nombre de juifs et de musulmans. Toutefois, l'émigration de chrétiens vers l'Europe, l'Amérique du Nord et l'Amérique du Sud, en partie liée à la montée du fondamentalisme islamique en Cisjordanie et à Gaza, a également joué un rôle déterminant.

En Israël, 80% des chrétiens sont arabes. Les autres sont pour la plupart des immigrés venus de l'ex-Union soviétique. Les communautés confessionnelles les plus importantes sont l'Église catholique de rite oriental (Église melkite, 53%), l'Église grecque orthodoxe (27%), l'Église catholique de rite latin (10%) et les maronites (7,5%). De tous les groupes religieux en Israël, y compris les juifs, ce sont les chrétiens qui comptent le plus grand nombre de lycéens susceptibles d'entreprendre des études universitaires. Ces dernières années, de plus en plus d'Arabes chrétiens israéliens se sont enrôlés volontairement dans l'armée.

Nazareth, dont la population chrétienne est passée de 60% en 1949 à moins de 30% aujourd'hui, et Bethléem, passée de 80% de chrétiens dans les années 1940 à moins de 25% de nos jours, sont les deux grandes villes chrétiennes. Les autres villes regroupant une communauté chrétienne d'importance sont entre autres Jérusalem, Haïfa et Ramallah.

Quelque 60 000 Africains, originaires pour la plupart d'Érythrée et du Soudan, ont cherché asile en Israël ces dernières années après avoir franchi illégalement la frontière depuis l'Égypte. En 2014, l'État hébreu a transféré certains d'entre eux dans un centre de rétention à Holot près de la frontière égyptienne, dans l'attente du traitement de leur dossier de demande d'asile. Depuis la fermeture du centre en mars 2018, les demandeurs d'asile peuvent choisir de quitter le pays contre une compensation financière ou d'être emprisonnés indéfiniment puis expulsés.

Druzes

Les Druzes, bien qu'arabophones, ne se considèrent pas pour la plupart comme des Arabes. Ils croient en un seul dieu et reconnaissent nombre des prophètes de l'islam mais sont tenus pour une branche hétérodoxe et syncrétiste du chiisme ismaélien. Les tenants de l'islam orthodoxe les ont même parfois persécutés pour hérésie depuis que leur religion fut fondée au Caire, au début du XIe siècle.

C'est justement pour échapper aux persécutions que les Druzes s'établirent dans les montagnes reculées du sud du Liban il y a environ mille ans, et c'est pour se protéger des accusations d'hérésie qu'ils gardent secrets les principes (tel celui de réincarnation) et les textes sacrés de leur religion. Ainsi, les gens extérieurs à la communauté n'y ont pas accès, pas plus que les Druzes laïques *(juhhal)*. Seuls les *uqqal* (initiés, hommes et femmes) les connaissent et sont admis à participer aux cérémonies religieuses du jeudi soir. La religion druze interdit la conversion et l'apostasie depuis le milieu du XIe siècle.

Les Druzes israéliens vivent principalement sur le mont Carmel (notamment à Daliyat Al Karmel), dans plusieurs villages de Galilée et sur le plateau du Golan, dont Majdal Shams est la plus grande ville druze – ses habitants se présentent en majorité comme syriens. La tradition exigeant que les Druzes fassent preuve de loyauté envers le pays où ils résident, les Druzes israéliens accomplissent leur service militaire. Ils sont nombreux à faire carrière dans l'armée et dans la police des frontières. Au cours de la guerre qui a opposé le Hamas et Israël en 2014, c'est un colonel druze, Ghassan Elian, qui a commandé la brigade Golani, prestigieuse brigade d'infanterie de Tsahal.

Samaritains

La religion des Samaritains pourrait être décrite comme résultant de la scission des Israélites entre Judéens (Juifs) et Samaritains. La Torah des Samaritains est composée de cinq livres écrits en hébreu, mais plusieurs points importants la distinguent de la Torah juive, notamment le lieu où Dieu aurait commandé d'édifier un autel pour les sacrifices. Les Juifs érigèrent le Temple de Jérusalem, tandis que les Samaritains construisirent le leur sur le mont Garizim, qui domine Naplouse.

À l'époque romaine, les Samaritains étaient les puissants rivaux politiques et religieux des Juifs. C'est pourquoi dans le Nouveau Testament, la parabole du Bon Samaritain (évangile selon Luc X, 25-37) brosse un portrait peu flatteur du judaïsme représenté par l'élite sacerdotale de Jérusalem.

Aujourd'hui, les Samaritains, au nombre de 810 seulement, ne sont pas considérés comme juifs, mais pas non plus tout à fait comme non-juifs. Leur religion et leur histoire sont si étroitement liées au judaïsme qu'en vertu de la loi du Retour, ils sont éligibles à la citoyenneté israélienne. Toutefois, en Israël, ils sont considérés (par eux-mêmes et par le Grand-Rabbinat) comme une communauté religieuse distincte.

Les Samaritains de l'époque contemporaine (voir www. thesamaritanupdate.com) vivent dans deux communautés : l'une, Kiryat Luza, sur le mont Garizim en Cisjordanie, près de Naplouse, l'autre en Israël, à Holon, dans la banlieue de Tel-Aviv. Alors que les Samaritains israéliens doivent accomplir leur service militaire, leurs cousins de Kiryat Luza sont considérés comme citoyens palestiniens, mais, chaque année, la communauté dans son entier se rassemble sur le mont Garizim pour le sacrifice du mouton à l'occasion de Pessah. La tradition date d'avant 1967, lorsque les deux communautés samaritaines étaient respectivement dans les girons jordanien et israélien. Elle perdure malgré les tensions récurrentes entre Israéliens et Palestiniens.

Le drapeau druze à cinq bandes horizontales, que l'on voit souvent dans les villages druzes, comporte cinq couleurs (comme la croix druze) : vert (l'esprit), rouge (l'âme), jaune (le verbe, médiateur entre le divin et le matériel), bleu (la volonté et le royaume de tous les possibles) et blanc (la volonté réalisée).

La communauté vietnamienne israélienne, qui compte environ 200 personnes, est née en 1977 lorsque le Premier ministre Menahem Begin a recueilli des boat people secourus en mer de Chine du Sud par des navires marchands israéliens.

La cuisine régionale

Israël et les Territoires palestiniens offrent une large palette de plats savoureux, introuvables ailleurs pour certains. Tous, y compris les variantes fusion novatrices, séduiront vos papilles. Dégustez-les dans de petites échoppes, dans des bistrots branchés ou dans des restaurants haut de gamme dont la réputation n'est plus à faire.

Spécialités régionales

Savoureux houmous

Ali Caravan
(Tel-Aviv)

Hummus Said
(Acre)

Abu Shukri
(Jérusalem)

Felafel HaZkenim
(Haïfa)

➜ **Bourekas** Feuilletés originaires des Balkans garnis de formage bulgare salé, de purée de pommes de terre, de champignons ou d'épinards.

➜ **Dattes** Il en existe diverses variétés, par exemple la *dekel nur* (*deglet nur*), de couleur plutôt jaune et translucide, ou l'énorme *medjoul*. En automne, on vend de grosses dattes jaunes charnues pas encore arrivées à maturité. Les congeler un peu avant de les consommer leur ôte leur goût amer.

➜ **Falafel** Boulettes de pois chiches frites, à déguster toutes chaudes. On les sert classiquement dans une pita ou enveloppées dans un *laffa* (pain pita plat) avec du houmous et/ou du *tahina*, des tomates, du concombre, des tranches de légumes vinaigrés, un condiment épicé comme la *schoug* yéménite, et parfois de la choucroute.

➜ **Grillades** Les week-ends ensoleillés, les familles s'installent dans les parcs autour d'un *mangal* (barbecue portatif) pour faire cuire de la viande rouge, servie avec de la pita et du houmous. Nombre de restaurants juifs et arabes sont spécialisés dans les viandes grillées : *kebab* (brochettes de boulettes de viande), *shishlik* (brochette d'agneau ou de poulet), *me'urav yerushalmi* (littéralement, "assortiment de grillades de Jérusalem" : cœur, foie, rate et autres morceaux de poulet grillés à la plancha) et foie d'oie.

En Israël, au petit-déjeuner, on vous demandera sûrement si vous voulez des *betzei ayin* (œufs au plat), des *beitzim mekushkashot* (œufs brouillés), une *chavita* (omelette) ou simplement un *beitza kasha* (œuf dur).

➜ **Houmous** Cette crème de pois chiches transcende les frontières culturelles, politiques et religieuses. On peut y tremper des aliments ou en recueillir sur un morceau de pita fraîche. Le houmous est souvent accompagné de *foul* (pâte de fèves) tiède, de pois chiches bouillis ou de *tahina* (crème de sésame). Les Arabes le servent parfois avec de la viande hachée. Une différence cependant : si les Juifs en mangent toute la journée, les Arabes le consomment traditionnellement chaud au petit-déjeuner ou en début d'après-midi.

➜ **Jachnoun** Pâte roulée au beurre, cuite lentement à la casserole, et servie avec de la purée de tomates et du *schoug* piquant ; traditionnellement consommée par les Juifs yéménites le matin du shabbat.

➜ **Kebbeh** Boulette de boulgour oblongue garnie de viande d'agneau ou de bœuf hachée. Les Juifs irakiens et kurdes mangent des *kebbeh* confectionnés avec de la semoule, dans une soupe acidulée.

➜ **Labneh** Sorte de yaourt aigre et crémeux accompagné d'huile d'olive et parsemé de *zaatar* (mélange d'épices composé d'hysope, de sumac et de sésame), se mangeant avec une pita ou un *laffa*.

➜ **Olives** Particulièrement appréciées au petit-déjeuner et au dîner, les olives, préparées selon une grande variété de styles, sont très différentes de leurs cousines grecques, italiennes ou espagnoles. La variété *souri* est très savoureuse.

ELDORADO POUR VÉGÉTARIEN

Il existe peu d'endroits au monde aussi agréables qu'Israël pour le voyageur végétarien. Dans la rue, on trouve facilement falafels, *sabikh* et *bourekas*. Presque tous les restaurants servent des salades très copieuses et souvent inventives. Même dans les établissements spécialisés dans les viandes grillées et autres restaurants arabes et levantins où la viande est privilégiée, les entrées de type mezze font d'excellents repas végétariens très bon marché.

➔ **Sabikh** Le grand rival du falafel est un sandwich de pita garni d'aubergine frite, d'œuf, de pommes de terre vapeur, de concombre, de tomates, de persil haché et de *tahina*. Il est traditionnellement consommé par les Juifs irakiens le matin du shabbat.

➔ **Shawarma** Pain pita garni d'émincé de poulet, de dinde ou d'agneau rôtis sur une grande broche. Le nec plus ultra du sandwich à déguster dans la rue.

➔ **Tchakchouka** Ragoût épicé d'œufs et de tomates, généralement servi au petit-déjeuner.

Aliments kasher et halal

Les juifs et les musulmans pratiquants observent des règles alimentaires, les aliments devant être kasher chez les premiers et halal chez les seconds. Les deux religions autorisent la consommation de certains animaux seulement (le porc étant considéré comme l'espèce la plus impure), et admettent les mêmes techniques d'abattage : après la récitation d'une bénédiction, les animaux sont égorgés alors qu'ils sont encore conscients, avec un couteau à la lame non dentelée.

En outre, chez les juifs, pour respecter la kashrout :

➔ Il ne faut pas consommer la viande des mammifères n'ayant pas les sabots fendus et ne ruminant pas leur nourriture (en pratique, on peut donc manger du bœuf, du veau, du mouton, de l'agneau et de la chèvre), pas non plus de fruits de mer (crevettes, langouste, poulpe, etc.), d'amphibiens, de reptiles et d'insectes (à l'exception des sauterelles). Tous les volatiles hormis ceux du genre oies et canards sont bannis également, ainsi que les rares poissons qui n'ont pas de nageoires et/ou d'écailles (par exemple, l'anguille et le poisson-chat).

➔ Il ne faut pas mélanger la viande et les produits laitiers.

La nourriture qui ne peut être classée comme viande ou lait, par exemple les légumes et le poisson, est dite *parveh* (*parve*, c'est-à-dire neutre), et peut se consommer avec du lait ou des plats de viande. Les aliments auxquels s'appliquent des critères particulièrement stricts sont dits *kasher l'mehadrin*. La viande labellisée "glatt kasher" provient de mammifères dont les poumons ont été certifiés "lisses", c'est-à-dire sans adhérences.

La loi israélienne n'oblige pas les restaurants à être kasher. Il appartient aux propriétaires d'organiser et de financer la certification opérée par le rabbinat local. Les restaurants kasher, qui doivent fermer pour le shabbat et les fêtes juives, sont presque toujours *basari* (*fleyshig* en yiddish ; "viande") ou *chalavi* (*milchig* en yiddish ; "produits laitiers", c'est-à-dire servant de la cuisine végétarienne et du poisson). À Tel-Aviv, les restaurants kasher sont l'exception plutôt que la règle, tandis qu'à Jérusalem-Ouest, il peut être très difficile de dénicher un restaurant le jour du shabbat.

Contrairement au judaïsme, l'islam interdit strictement l'alcool. Même les aliments contenant de l'alcool en doses infinitésimales, ou dont la préparation nécessite de l'alcool (par exemple, l'extrait de vanille), sont *haram* (interdits).

"Im hareef v'amba ?" demande le cuisinier qui prépare votre falafel. Il veut savoir si vous souhaitez du *schoug* (pâte de piment yéménite très épicée) et de l'*amba* (chutney de mangue à l'irakienne) dans ou sur votre falafel. La réponse la plus prudente est *"ktzat"* ("un peu").

Les principaux fromages en Israël sont le *gvina Bulgarit* (fromage bulgare, semblable à la feta), le *gvina Tsfatit* (fromage à pâte molle originaire de Safed), le *gvinat emek* (fromage jaune), et le fromage blanc frais semblable à la ricotta. Celui-ci est tellement apprécié que l'augmentation de son prix a entraîné un boycott de la part des consommateurs il y a quelques années. La Knesset a même diligenté une enquête.

PETIT-DÉJEUNER EN ISRAËL

Les hôtels, pensions, et même les auberges de jeunesse, se distinguent vraiment à l'heure du petit-déjeuner. La plupart servent un vrai festin comportant des œufs, des rollmops, d'autres sortes de harengs marinés, des fromages à pâte molle et dure, des salades de légumes, des olives vertes, des confitures, toutes sortes de pain, des céréales et des boissons chaudes.

Inspiré des traditions culinaires des kibboutz, dont les membres travaillent souvent dans les champs où il fait encore froid plusieurs heures durant avant le petit-déjeuner, le "petit-déjeuner israélien" est devenu un hit dans les hôtels locaux. On en propose diverses variantes dans les cafés et les restaurants.

Repas du shabbat

Les Arabes palestiniens, les Bédouins et les Druzes cuisent souvent leur pain dans un taboun (four en terre), qui sert aussi à la cuisson des pizzas et des bourekas (feuilletés salés originaires des Balkans).

Beaucoup de familles israéliennes, pratiquantes ou non, perpétuent la tradition du dîner pris en famille la veille du shabbat (Erev Shabbat). Le vendredi soir, parents, enfants et petits-enfants se réunissent pour un repas de fête, souvent après un bras de fer entre les membres par alliance de la famille concernant le choix de ceux qui recevront les enfants mariés. Dans de nombreux foyers, même laïcs, on allume des bougies puis on récite le kiddouch, bénédiction prononcée sur une coupe de vin. Le poulet figure parmi les plats traditionnels chez les Ashkénazes, tandis que le couscous est au menu des familles ayant des racines en Afrique du Nord.

Cuisiner est interdit lors du shabbat, aussi les seuls plats chauds que l'on pouvait traditionnellement manger au déjeuner du samedi (du moins avant l'invention de la plaque électrique) étaient des plats mis à mijoter sur le feu la veille. C'est ainsi que les juifs du monde entier en sont venus à consommer le *hamin* (*tcholent* en yiddish), ragoût cuisant longuement à feu doux et comportant généralement des pommes de terre, de la viande, des haricots, de l'orge, des pois chiches et des œufs durs.

Fêtes religieuses et grandes occasions

Fêtes juives

Bières locales
....
Goldstar, bière brune
....
Maccabee, bière blonde
....
Taybeh, bière palestinienne
....
Bazelet Amber Ale, bière du Golan
....
Alexander, bière artisanale haut de gamme
....
Dancing Camel, micro-brasseries de Tel-Aviv
....
Shapiro, bières blondes et brunes de Beit Shemesh
....
Negev, brassée dans le Sud

La nourriture occupe une place centrale dans toutes les fêtes juives, qu'elle brille par son abondance (lors de Pessah ou des mariages) ou par son absence (pour le jeûne de Yom Kippour, le Grand Pardon).

Chaque fête juive s'accompagne d'un ensemble d'aliments et de spécialités qui apparaissent dans les magasins et sur les marchés quelques semaines avant.

➔ **Rosh ha-Shana** Le Nouvel An juif se célèbre avec des pommes trempées dans du miel, du gâteau au miel, des pains *challah* ronds à la saveur sucrée et des grenades. Les Séfarades et les Mizrahim consomment aussi d'autres aliments tels que poireaux, courge, betterave, beignets et tête de poisson, chacun étant associé à une bénédiction.

➔ **Yom Kippour** Environ deux tiers des Juifs israéliens (pieux ou non) observent un jeûne de 25 heures qu'ils rompent par un festin.

➔ **Soukkot** Pendant 8 jours, la fête des Tabernacles commémore l'errance des Israélites 40 jours durant dans le désert après l'Exode. Les juifs pratiquants prennent leurs repas dans une *soukkah* (tente rectangulaire au toit plat constitué de branches). Pour en trouver une, rendez-vous dans un hôtel ou un restaurant kasher.

➔ **Hanoucca** On se gorge de *levivot* (*latkes* en yiddish ; galettes de pommes de terre) nappées de crème aigre ou de compote de pommes, et de *soufganiot* (beignets à la confiture) pour commémorer la fête des Lumières juive et la reconquête du Temple de Jérusalem.

➜ **Tu B'Shevat** Enfants et adultes dévorent un assortiment de fruits secs et de noix pour le "Nouvel An des arbres".

➜ **Pourim** *Oznei haman* ("oreilles d'Haman" ; *hamantashen* en yiddish). Pâtisseries triangulaires fourrées aux graines de pavot, aux pruneaux ou aux dattes, du nom du méchant, Hamam, dans l'histoire du Pourim.

➜ **Pessah (Pâque)** Persil, eau salée, plantes amères (généralement du raifort ou de la romaine), *charoset* (pâte sucrée à base de pommes et de noix râpées, de vin doux et de dattes émincées), os de jarret d'agneau et œuf dur : chacun symbolise un aspect de l'Exode. Le pain, ainsi que tous les aliments au levain, étant proscrit, il est remplacé par les *matzah*, de petits crackers azymes, préparés uniquement avec de la farine et de l'eau. Pendant la Pâque, vendre du pain est même interdit par la loi dans les quartiers juifs. Chez les Ashkénazes, le repas de fête typique comprend une soupe de poulet aux boulettes de *matzah* (*kneydlakh* en yiddish ; boulettes confectionnées avec du *matzah* pilé, des œufs et de l'huile ou de la graisse de poulet), et du *gefilte fish* (cabillaud poché ou boulettes de carpe).

➜ **Shavouot** La grande fête juive la plus végétarienne, où tous les produits laitiers sont à l'honneur. Parmi les plats à base de fromage les plus prisés, on trouve les *blintzes* (blinis ou crêpes farcies), souvent nappés de crème aigre.

Fêtes musulmanes

Durant le mois du ramadan, les musulmans pratiquants doivent s'abstenir de manger, de boire, de fumer et d'avoir des relations sexuelles entre le lever et le coucher du soleil. Mais c'est la rupture du jeûne qui fait de cette fête un grand moment gastronomique (et une période où nombre de fidèles prennent du poids !). Les gens se lèvent généralement avant le jour pour manger en attendant l'*iftar*, la levée du jeûne au crépuscule. Dans certains endroits, comme la station balnéaire israélienne de Jisr az-Zarka, des programmes organisés invitent, moyennant finances, des non-musulmans au repas de l'*iftar*. La friandise la plus appréciée à cette période est le *katayef*, une crêpe farcie de noix pilées ou de petits morceaux de fromage, et arrosée de sirop.

Lors de l'Aïd Al Adha (fête du Sacrifice), on sacrifie traditionnellement un animal, souvent un agneau ou un mouton, pour remercier Dieu de sa clémence. Et il y a bien sûr ce jour-là de l'agneau ou du mouton au menu.

À l'occasion d'une naissance, les parentes de la parturiente préparent souvent du *moughli*, un gâteau de riz aux épices qui favoriserait la montée de lait. Pendant les périodes de deuil, le café sucré est remplacé par un café amer.

Certains mets, notamment les *maamoul* – des gâteaux secs à base de farine et de semoule enrobant des dattes ou des noix –, sont de toutes les fêtes ainsi que toutes ces délicieuses pâtisseries dégoulinantes de miel et sucrées, comme le baklava. Les invités les apportent à leurs hôtes disposées sur un plateau enveloppé dans un torchon.

Où se restaurer et prendre un verre

Tel-Aviv et Jaffa se sont imposées sur la scène internationale comme destinations gastronomiques de premier ordre. On y trouve des restaurants pour tous budgets, et une kyrielle de brasseries et de *mis'adot shef* ("restaurants de chefs" dont le décor et les plats reflètent la personnalité très affirmée de leurs propriétaires) haut de gamme. Jérusalem offre aussi un vaste choix d'établissements mais, à quelques exceptions près, la qualité moyenne est très au-dessous de celle de Tel-Aviv. Toutefois, le pays entier peut réserver des expériences gastronomiques uniques : fruits de mer à Acre, cuisine arabe traditionnelle à Haïfa et en Galilée, steaks de viande locale dans le Golan, et festins végétariens à Moshav Amirim, en haute Galilée.

Les trois "M" – *majadra* (riz et lentilles aux oignons frits), *mansaf* (agneau cuit dans du yaourt aigre et servi sur du riz) et *maklube* (maklouba ; couches alternées de poulet ou d'agneau, de riz et de légumes, montées en gâteau que l'on renverse avant de servir) – sont des spécialités libanaises et palestiniennes.

Listes
des bars
et des
restaurants
....
*www.restaurants-
in-israel.co.il*

La plupart des restaurants juifs à Jérusalem étant kasher, cela signifie qu'à l'exception de ceux des hôtels, ils ferment pour le shabbat. Partout ailleurs en Israël, la grande majorité des établissements gastronomiques ne sont pas kasher. Ils sont donc ouverts sept jours sur sept, peuvent parfois servir ensemble de la viande et des produits laitiers, mais aussi des fruits de mer et même de la "viande blanche" (expression israélienne désignant le porc).

En Cisjordanie, la plupart des adresses pour petits budgets et des restaurants de milieu de gamme servent principalement une cuisine arabe du Levant comme le *shish taouk* (brochettes de poulet mariné) et *kofta* (kebab d'agneau), ainsi que de délicieux mezze : houmous et *mouttabal* (purée d'aubergine mélangée avec *tahina*, yaourt et huile d'olive), des salades, du *kibbeh* (croquettes de blé concassé farcies à la viande) et du fromage frit. Nombre de restaurants, particulièrement à Bethléem, proposent des plats palestiniens traditionnels comme le *mansaf* (pièce de viande servie sur du riz avec un bouillon gras) et la *maglouba* (poulet "renversé" recouvert de riz cuisiné aux fruits secs et aux épices). Naplouse est réputée à juste titre pour ses pâtisseries, notamment le *kenafeh*, un gâteau de fromage plat et chaud, composé de fromage nabulsi fondu, recouvert de cheveux d'ange orange et imbibé de sirop à l'eau de rose. À Hébron, goûtez le *kedra* (plat de riz et d'agneau au safran, cuit à la vapeur dans un pot en céramique).

Vie quotidienne

Les sites historiques, les parcs nationaux et les musées d'un pays aident à le connaître. Toutefois, rien de tel pour compléter cette approche que de fréquenter la population au plus près pour se familiariser avec ses valeurs et son mode de vie. C'est d'autant plus vrai en Israël et dans les Territoires palestiniens.

Israéliens

Bien qu'Israël soit une démocratie libérale à l'occidentale dont l'économie de haute technologie est en plein essor, son incroyable mosaïque de groupes ethniques, de croyances, de langues et d'histoires familiales engendre une grande diversité de visions du monde et de modes de vie.

La société israélienne s'est bâtie il y a un siècle sur les principes du socialisme comme l'illustre la vie en communauté du kibboutz (même si, à l'apogée des kibboutz à la fin des années 1980, seuls 3% de la population juive vivaient dans l'une de ces communautés). Aujourd'hui, la grande majorité des Israéliens a opté pour une existence confortable et matérialiste, avec ses aspirations propres (par exemple, le tourisme à l'étranger). La satisfaction de ces aspirations dépend d'ailleurs en grande partie de la possibilité de dénicher un bon emploi assorti d'une rémunération de classe moyenne.

Tel-Aviv est comme une bulle, dans laquelle les Juifs laïcs, aux côtés d'un petit nombre de Juifs orthodoxes modernes, et d'Arabes israéliens, travaillent, font du shopping, vont au restaurant, ont des activités sportives et artistiques, le tout avec un dynamisme et un style qui ont beaucoup en commun avec la Silicon Valley, Berlin et les villes en plein essor d'Asie de l'Est.

Dans le même temps, dans les quartiers haredi (ultraorthodoxes) comme Mea Shearim à Jérusalem, les habitants tentent de préserver (ou de recréer) le mode de vie d'Europe de l'Est du XVIIIe siècle. Si la plupart des kibboutz ont été "privatisés" (c'est-à-dire qu'ils comportent des appartements appartenant aux membres de la communauté, et que le revenu de ces derniers est déterminé individuellement par la force de travail de chacun), les habitants des 70 kibboutz "communautaires" restant dans le pays vivent toujours dans l'idéal socialiste des années 1950.

La culture et les arts hébraïques étant très importants, la littérature, les concerts, le théâtre et le cinéma sont partie intégrante de la vie de nombreux Juifs israéliens. En outre, leur amour du grand air fait d'eux des gens très actifs : randonnée, vélo, planche à voile, voyage, camping et autres loisirs sont extrêmement populaires.

La famille occupe une place prépondérante pour les Israéliens. Les jeunes Juifs peuvent quitter le nid familial à 18 ans pour servir dans l'armée, voyager dans le monde... Cependant, même chez les plus laïcs d'entre eux, il s'exerce une pression forte sur les hommes comme sur les femmes, chacun devant en effet trouver sa ou son partenaire et fonder une famille.

Gays et lesbiennes peuvent s'afficher ouvertement, voire adopter un mode de vie assez extravagant, à Tel-Aviv. En revanche, dans la conservatrice Jérusalem, la communauté homosexuelle, plus restreinte, adopte une attitude plus réservée et circonspecte.

JUIFS ET RELIGION

Le judaïsme (en tant que religion, identité nationale et civilisation) a un impact important sur la vie quotidienne de tous les Juifs israéliens. Pour les orthodoxes, et en particulier les ultraorthodoxes (haredim), presque toute action ou décision est liée d'une certaine façon à la Halakha (loi juive), comme interprétée depuis plus de 2 000 ans par la jurisprudence. Les Juifs laïcs font peu cas de la discipline juive au quotidien, mais leur vie est tout de même rythmée par le shabbat hebdomadaire et le cycle annuel des fêtes juives. De nombreux Juifs israéliens ne se définissent pas comme "laïcs" (ou laïcs idéologiques) mais traditionnels (*masorti*), c'est-à-dire qu'ils observent certaines traditions, mais pas toutes – par exemple, les jeunes peuvent participer au déjeuner du shabbat (samedi) avec leurs parents, avant de se rendre à un match de football.

La croissance exponentielle de la communauté haredi crée toutes sortes de tensions ; dans des quartiers anciennement laïcs, par exemple, les nouveaux résidents haredim réclament la fermeture des routes le jour du shabbat et la non-mixité dans les piscines.

La plupart des écoles dirigées par des ultraorthodoxes enseignent essentiellement des matières religieuses, n'apportant que peu de connaissances en sciences, mathématiques, histoire, littérature ou anglais, et créent des générations de jeunes gens qui peinent à s'insérer dans la vie active. Une majorité d'hommes ultraorthodoxes ne travaillent pas ; ils perçoivent une aide du gouvernement pour étudier dans une yeshiva (école talmudique) et dans un *kollelim* (séminaire pour hommes mariés). Les femmes haredim, qui ne sont pas tenues par la Halakha de consacrer leur temps aux études religieuses, entrent en nombre croissant dans le monde du travail. Elles constituent ainsi souvent la seule source de revenu du foyer, bien qu'elles doivent par ailleurs s'occuper de 6 ou 7 enfants, parfois plus.

Service militaire

Parmi les Juifs israéliens, 42% se définissent comme "laïcs", 38% "traditionnels" à des degrés divers, 12% orthodoxes modernes et 8% ultraorthodoxes (haredim). Source : sondage réalisé par le Bureau central des statistiques d'Israël en 2009.

Depuis la naissance d'Israël, l'armée fait partie du quotidien. Pour la plupart des jeunes Juifs israéliens, accomplir son service militaire, obligatoire pour tous (3 ans pour les hommes, 2 ans pour les femmes) est un rite de passage. Le service au sein de Tsahal (Armée de défense d'Israël) est également obligatoire pour les hommes druzes et circassiens. Certains Bédouins et Arabes chrétiens l'accomplissent quant à eux volontairement. En revanche, au grand dam de beaucoup, les hommes juifs ultraorthodoxes en sont le plus souvent dispensés, de même que la plupart des femmes juives orthodoxes et ultraorthodoxes.

Un service militaire spécial a toutefois été mis en place pour les haredim, qui leur permet, en 4 ans, de concilier études religieuses et armée, et de plus en plus de jeunes ultraorthodoxes le suivent.

Les réservistes peuvent être rappelés chaque année ou tous les deux ans (mais c'est rare) pour des entraînements, généralement jusqu'à 40 ans pour les hommes et 24 ans (ou jusqu'à la naissance de leur premier enfant) pour les femmes. Les soldats sont partout (en particulier dans les bus et les trains), et si cela peut surprendre les personnes qui visitent le pays pour la première fois, les Israéliens ne font plus guère attention à la prolifération des armes automatiques.

Femmes

Les femmes israéliennes jouissent d'une liberté personnelle, d'un statut social et d'opportunités professionnelles comparables à ceux des Européennes et elles jouent des rôles importants dans les domaines culturels, économique et politique (comme Golda Meir en son temps, ou Tzipi Livni à l'heure actuelle). Toutefois, comme à l'époque de l'Empire ottoman, le mariage et le divorce des Juifs dépendent du Grand Rabbinat, dominé par les orthodoxes. Le tribunal, entièrement composé de juges religieux, tend à favoriser les prérogatives des hommes au détriment des droits des femmes.

Ces dernières années, certains communautés israéliennes ultraorthodoxes se montrent de plus en plus pointilleuses (on pourrait même dire obsédées) sur la "décence", imposant des règles toujours plus strictes visant à séparer les hommes et les femmes. Ces restrictions incluent la ségrégation dans les transports publics (les femmes sont reléguées à l'arrière des bus) et sur les trottoirs, ainsi que l'interdiction pour les femmes d'apparaître sur des publicités. Ces tentatives se sont heurtées à de vives protestations, et le législateur a même prohibé l'exclusion des femmes et de leur image de la sphère publique.

Enfin, le débat sur la séparation des hommes et des femmes au mur des Lamentations se poursuit. Elle y est imposée depuis 1967 (mais avant 1948, cette zone de prière était mixte). Depuis 1988, le groupe féministe Women of the Wall milite pour la fin des restrictions relatives à la prière des femmes sur le site (interdiction de lire la Torah à voix haute et de porter des châles de prière). En 2017, Benyamin Netanyahou, à cause de la protestation des partis ultraorthodoxes de sa coalition, a renoncé à un accord de 2016 favorable à la création d'une zone de prière mixte.

VIE QUOTIDIENNE PALESTINIENS

Des centaines d'Israéliens ultraorthodoxes utilisent des téléphones portables "kasher". Ces appareils bloquent l'accès aux contenus jugés inappropriés, et ne disposent pas de fonction SMS ou vidéo (pour éviter les flirts illicites). Certains modèles sont dotés d'un menu en yiddish et de sonneries hassidiques.

Palestiniens

La vie quotidienne dans les Territoires palestiniens est très différente, d'une ville à l'autre, voire même d'une rue à l'autre. Pourtant, que l'on se trouve dans la partie musulmane conservatrice d'Hébron ou le quartier chrétien de Ramallah, ville plus libre, on s'aperçoit que les villes palestiniennes se définissent typiquement par leurs trottoirs bondés, leurs marchés grouillant d'activité et leurs rues embouteillées. À la campagne, la vie au milieu des collines ondoyantes et des oliveraies est plus paisible.

Valeurs et mode de vie

Les aléas de la vie quotidienne dans les Territoires palestiniens dépendent largement de l'état de la sécurité et de la situation économique, mais également de l'aide internationale qui se chiffre en centaines de millions de dollars chaque année, dont les principaux contributeurs sont l'UNRWA (Office de secours et de travaux des Nations unies pour les réfugiés de Palestine dans le Proche-Orient) qui est principalement financé par les États-Unis, et l'Union Européenne. Gaza, notamment, est dans une situation critique à cause de la politique du Hamas, des blocus israélien et égyptien, et, de la fermeture par l'Égypte des tunnels de contrebande en 2013-2014, et des dévastations de la guerre israélienne de l'été 2014 lors de l'opération Bordure protectrice – point d'orgue meurtrier de la spirale d'affrontements entre Israël et le Hamas depuis des années. En Cisjordanie, Israël a récemment retiré la plupart des *checkpoints* internes, ce qui permet aux Palestiniens de se rendre au travail ou à l'école plus facilement. Pour autant, la vie quotidienne est rude et source de frustrations, et les habitants ne savent jamais quand viendra la prochaine restriction du fait de décisions politiques, de frictions avec les forces de sécurité israéliennes ou avec les colons.

Malgré tout, les Palestiniens sont déterminés à tirer parti au mieux de leur situation difficile, malgré l'aide financière internationale souvent happée par les politiques. Inaltérables, les liens familiaux sont souvent renforcés par des partenariats commerciaux intrafamiliaux. Bien souvent, les grandes familles mutualisent leurs revenus pour construire une grande maison commune dotée d'unités séparées pour chaque famille.

Si Gaza est toujours contrôlée par des fondamentalistes musulmans, une grande partie de la Cisjordanie affiche un visage modéré. D'ailleurs les autorités de Cisjordanie sont souvent en conflit avec celles de

Selon le Programme des Nations unies pour le développement, Israël se classe au 19e rang (sur 187 pays) de l'indice de développement humain en 2016. La Palestine se classe au 114e rang.

Gaza – elles on, par exemple, réduit de 30% le salaire de quelque 60 000 fonctionnaires de Gaza. Ramallah, en particulier, possède son lot d'attributs occidentaux, comme des grosses voitures, des clubs de fitness et des bars ouverts tard le soir. Populaires, le football et le basket sont pratiqués partout, de la Cisjordanie à Gaza, par des jeunes sur des terrains improvisés.

Les Palestiniens sont également très liés à leur terre, surtout à leurs oliveraies, et ceux qui vivent en zone urbaine retournent souvent dans leur village natal pour participer aux récoltes en octobre et novembre.

Emploi et revenus

Les Palestiniens gagnent encore nettement moins que les Israéliens (le revenu annuel par habitant est de seulement 3 200 $US dans les Territoires palestiniens, contre 36 190 $US en Israël). En outre, le manque de perspectives économiques, en particulier pour les jeunes, contribue beaucoup à l'insatisfaction des Palestiniens face à leur sort. Avec un taux de chômage de 13% en Cisjordanie et de plus de 48% dans la bande de Gaza et l'une des plus fortes natalités au monde (une Palestinienne musulmane a en moyenne 7 enfants, ce qui est aussi le cas d'une Juive ultraorthodoxe en Israël), le foyer palestinien moyen est pauvre et surpeuplé.

Femmes

Comme beaucoup de femmes à travers le monde, les Palestiniennes ont traditionnellement été cantonnées au foyer. Depuis quelque temps toutefois, elles sont plus nombreuses à suivre des études supérieures et à travailler à l'extérieur. Sauf dans les zones les plus fondamentalistes, elles se sont peu à peu imposées dans le paysage politique. À titre d'exemple, Janet Michael a occupé le poste de maire de Ramallah de 2005 à 2012, et Hanan Ashrawi est connue pour être la porte-parole éloquente de la cause palestinienne. Néanmoins, comme le rapporte Amnesty International (www.amnesty.org), les femmes et les filles palestiniennes sont toujours victimes de violences sexuelles (persistance des crimes d'"honneur") et de discrimination.

Gouvernement et politique

La politique pèse particulièrement lourd dans la vie des Israéliens et des Palestiniens, dont l'affrontement séculaire peut parfois être marqué par une terrible violence.

Le système gouvernemental israélien

Du fait de désaccords pérennes sur les aspects les plus fondamentaux de l'identité israélienne, en particulier le rôle de la religion, les Israéliens n'ont jamais pu s'entendre sur une constitution. La Knesset (Parlement israélien) a donc établi une série de lois ayant valeur constitutionnelle, appelées Lois fondamentales, lesquelles comportent une déclaration partielle des droits des Israéliens. La Haute Cour de justice a le pouvoir d'examiner les nouvelles lois votées par la Knesset et d'en déterminer la constitutionnalité selon leur compatibilité avec les Lois fondamentales.

Pouvoir législatif et présidence

Israël est une démocratie parlementaire dont le parlement monocaméral, la Knesset (knesset.gov.il), compte 120 membres (MK), élus, pour une durée de 4 ans, au scrutin proportionnel plurinominal. Il peut se tenir des élections anticipées si la coalition en place perd un vote de confiance (de fait, les gouvernements israéliens durent en moyenne un peu plus de 2 ans).

Golda Meir (1898-1978), troisième femme Première ministre de l'histoire (1969-1974), est née à Kiev et a grandi à Milwaukee et à Denver, où elle est devenue sioniste socialiste, avant de s'installer en Palestine en 1921.

En raison du caractère fragmenté de la société israélienne – tant au plan religieux qu'idéologique, ethnique et linguistique – et du fait qu'il suffise à un parti de rassembler 3,25% des voix pour siéger au parlement, la Knesset compte généralement plus d'une dizaine de formations. Dans un tel contexte, il ne devient possible d'atteindre une majorité de 61 voix qu'à condition de former une coalition. Les partis les plus petits se retrouvent donc souvent investis d'un pouvoir important.

Tout citoyen israélien peut voter à partir de 18 ans. Il n'est pas possible de voter par procuration (sauf à appartenir au personnel diplomatique ou à la marine marchande). Les Israéliens vivant à l'étranger n'ont donc voix aux scrutins qu'à condition de se trouver en Israël le jour de leur tenue. Le suffrage porte sur des partis, et non sur des candidatures individuelles. Dans le cas, par exemple, où une formation politique totaliserait 10% du suffrage national, les 12 premiers candidats inscrits sur sa liste entreraient à la Knesset. La personnalité et les déclarations des têtes de liste peuvent donc jouer un certain rôle.

Le chef de l'État israélien est un président dont le rôle est surtout protocolaire. C'est toutefois lui qui décide, après chaque scrutin, du chef de parti autorisé à former une coalition ; charge lui revient également d'entériner la dissolution du parlement. La grâce présidentielle est une autre de ses prérogatives. La Knesset élit le président pour un septennat unique.

Pouvoir exécutif

Le Premier ministre préside le cabinet (gouvernement), dont les membres (ministres) sont choisis par lui, en partie selon le poids électoral de leurs formations respectives ; leur désignation doit être entérinée par la Knesset. Notons que certains des membres du cabinet sont ministres sans portefeuille. Le cabinet approuve les politiques sécuritaire, étrangère et intérieure du Premier ministre. En vertu du principe de "responsabilité ministérielle", les ministres ont devoir de soutenir les politiques décidées par le cabinet, quand bien même ils auraient, à titre personnel, voté contre. La réunion hebdomadaire du cabinet – régulièrement couverte par les médias – a lieu chaque dimanche.

Certains membres du gouvernement font aussi partie du puissant cabinet de sécurité dirigé par le Premier ministre, dont les membres – notamment les ministres de la Défense, des Affaires étrangères, de la Sécurité internationale, de l'Intérieur et des Finances – règlent les questions urgentes en matière de défense et de politique étrangère.

Reuven (Ruby) Rivlin, membre du parti de droite Likoud, a succédé en 2014 à Shimon Peres à la tête de l'État d'Israël. S'il s'oppose au compromis territorial, il est cependant un ardent défenseur des droits civils. En tant que président, il s'est énergiquement prononcé contre la discrimination et les discours politiques stigmatisant les citoyens arabes d'Israël.

Système judiciaire

Israël dispose d'un système judiciaire indépendant à trois degrés de juridiction : les tribunaux de première instance pour les affaires pénales et civiles courantes, les tribunaux de district pour les procès en appel, et la Cour suprême plus haute juridiction d'appel statuant aussi sur la légalité des actions gouvernementales lorsqu'elle siège en Haute Cour de justice (désignée par l'acronyme Bagatz).

Les tribunaux religieux – juifs, musulmans et chrétiens – sont compétents en matière de statut personnel (mariage et divorce principalement). La loi israélienne ne prévoit pas de mariage civil et, aucun des tribunaux religieux ne procédant à des mariages interreligieux, les couples multiconfessionnels désireux de se marier ne peuvent le faire qu'à l'étranger (à Chypre par exemple). Les mariages civils célébrés à l'étranger, y compris les mariages homosexuels, sont reconnus en Israël.

Introduction aux partis politiques israéliens

Vous n'arrivez pas à retenir le nom des formations politiques israéliennes mentionnées par les médias ? Voici un panorama succinct des 10 partis représentés à la 20e Knesset, élue en 2015 :

PAYSAGE POLITIQUE PALESTINIEN

Organisation de libération de la Palestine (OLP) Fondée en 1964, l'OLP est une coalition de factions palestiniennes. L'assemblée générale des Nations unies l'a reconnue comme "représentant du peuple palestinien" en 1974 et lui a conféré le statut d'"observateur non-membre" en 2012.

Fatah Laïque et nationaliste, le Fatah ("conquête") a longtemps été le parti politique dominant de l'OLP. Il fut fondé par Yasser Arafat (1929-2004) et quelques jeunes réfugiés palestiniens en 1959. Après s'être livré à des actes terroristes dans les années 1970 et 1980, il renonça à la violence en 1988 et reconnut "le droit de l'État d'Israël à exister dans la paix et la sécurité" en 1993. Après les accords d'Oslo, le Fatah d'Arafat acquit la réputation d'un parti corrompu au fonctionnement anti-démocratique et opaque.

Hamas À la fois mouvement militant et parti politique, le Hamas dirige actuellement Gaza. La charte du Hamas appelle à la destruction de l'État d'Israël par la "lutte armée" et à l'établissement d'un État islamique palestinien sur le territoire actuel d'Israël, de la bande de Gaza et de la Cisjordanie.

Djihad islamique Ce mouvement islamiste armé de Gaza est le rival du Hamas. Israël et la plupart des pays occidentaux le considèrent comme une organisation terroriste.

Likoud Parti de centre droit du Premier ministre Netanyahou, auquel se sont également agrégés des éléments populistes d'extrême droite. Les élections de 2015 ont été souvent qualifiées de référendums pour ou contre Netanyahou, figure controversée tant en Israël qu'à l'étranger. Le Likoud les a remportées avec une marge décisive après une campagne serrée. Ce parti pratique une ligne dure en matière de sécurité et de concessions aux Palestiniens.

Parti travailliste Une victoire inattendue de l'homme d'affaires Avi Gabbay aux élections du parti en 2017 a redonné espoir à ses partisans. Le parti qui dominait autrefois la politique israélienne pourrait enfin sortir de l'ombre du Likoud (le dernier leader travailliste en date était Ehud Barak en 2001). Ses thématiques clés : la négociation avec les Palestiniens et les inégalités économiques d'Israël.

Liste arabe commune Cette alliance entre Hadash, Balad, la Liste arabe unie et Ta'al est devenue le troisième parti représenté à la Knesset à l'issue des élections. Il regroupe des idéologies diverses et a promis de représenter les intérêts de la minorité arabe.

Yesh Atid Parti centriste favorable à l'économie de marché, dirigé par Yair Lapid. Il fut fondé en 2012 pour représenter la classe moyenne laïque.

Kulanu Parti influent de centre droit, dirigé par Moshe Kahlon. Son objectif principal est la fin de la vie chère en Israël.

Foyer juif Parti nationaliste religieux d'extrême droite représentant les sionistes orthodoxes et les colons cisjordaniens, dirigé par Naftali Bennett, fabricant de logiciels.

Shass Parti religieux séfarade ultraorthodoxe fondé pour combattre la discrimination contre les juifs non ashkénazes, soutenu par beaucoup de juifs "traditionnels" d'Afrique du Nord.

Yisra'el Beitenu Parti laïque nationaliste de droite dirigé par Avigdor Lieberman, né en URSS. Soutenu par de nombreux immigrés russophones.

Judaïsme unifié de la Torah Alliance de deux partis ashkénazes ultra-orthodoxes rivaux : Degel HaTorah, litvak ou "lituanien" et Agudat Yisrael, hassidique. Son objectif est d'obtenir des fonds pour le secteur ultraorthodoxe.

Meretz Parti de gauche fortement social-démocrate, soutenu par les Ashkénazes de classe moyenne supérieure.

L'Autorité palestinienne

L'Autorité palestinienne (Palestinian National Authority ; PA ou PNA) est un corps administratif intérimaire instauré en 1994 selon les accords d'Oslo. Il fut formé pour gouverner Gaza et certains secteurs de Cisjordanie pendant 5 ans, jusqu'à la création d'un État palestinien. Les négociations finales sont toujours en cours – et l'Autorité palestinienne toujours en place.

Dans le cadre du processus de paix d'Oslo, l'Autorité a pris le contrôle des affaires civiles et de la sécurité dans les grandes villes de Cisjordanie – regroupées sous le nom de Zone A, elles représentent environ 3% du territoire cisjordanien. La Zone B de la Cisjordanie, soit 25% de son territoire (de gros villages pour la plupart), est sous contrôle civil de l'Autorité et sous celui d'Israël en matière de sécurité. Le reste de la Cisjordanie (quelque 72% du territoire), appelé Zone C, est entièrement sous contrôle israélien, tant pour les affaires civiles que la sécurité. Quelque 300 000 Palestiniens de Cisjordanie vivent en Zone C, où les colonies, bases militaires et déviations routières israéliennes fragmentent les zones sous contrôle de l'Autorité en dizaines d'enclaves minuscules.

Depuis la violente prise de Gaza par le Hamas en 2007, la Cisjordanie et la bande côtière ont des gouvernements distincts. Reconnue et financée par la communauté internationale, l'Autorité contrôlée par le Fatah continue de gouverner une grande partie de la Cisjordanie, tandis que Gaza est soumise au gouvernement du Hamas qu'Israël, l'Égypte, les États-Unis et de nombreux gouvernements arabes et européens s'emploient à isoler.

Le Hamas et l'édification de l'État palestinien (Karthala, 2009), d'Olivier Danino, analyse l'identité du Hamas, son idéologie et ses objectifs.

UNE RÉCONCILIATION FATAH-HAMAS ?

Après les élections législatives palestiniennes de 2006, à l'issue desquelles le Hamas remporta 76 sièges et le Fatah 43, les chefs militaires du Fatah refusèrent de recevoir des ordres de leurs rivaux du Hamas et les deux partis ne purent s'accorder sur le partage du pouvoir. Ils ne tardèrent pas à s'infliger mutuellement enlèvements, attaques et assassinats. En 2007, les forces du Hamas chassèrent le Fatah de Gaza au terme d'une prise de contrôle sanglante, marquée d'affrontement de rue et d'exécutions sommaires. Le Fatah répliqua en s'en prenant aux intérêts du Hamas en Cisjordanie. Depuis cette date, les deux régions non contiguës formant les Territoires palestiniens sont dirigées par des gouvernements rivaux.

De nouvelles propositions de réconciliation ont été lancées fin 2017. Il est cependant à noter que les précédentes tentatives ont échoué en raison des différences idéologiques, de l'amertume laissée par les violences passées et d'un profond manque de confiance entre les deux factions. Dans leurs négociations avec Israël, les Palestiniens restent donc coincés entre le marteau et l'enclume. Ainsi, Israël refuse de négocier un traité de paix en l'absence d'une position palestinienne unique ; mais il refuse également de traiter avec le Hamas (et vice versa), excluant la présence du groupe islamiste à la table des négociations.

Quoi qu'il advienne, le soutien dont bénéficie le Hamas en Cisjordanie et à Gaza ne peut être ignoré, même s'il faiblit à mesure que la situation humanitaire de Gaza empire (la dernière centrale électrique a fermé en 2017, ce qui a plongé le territoire dans l'obscurité), favorisant la montée des mouvements islamistes plus radicaux.

Le Conseil législatif palestinien (PLC), ou parlement palestinien, est composé de 132 membres élus dans 16 districts (gouvernorats) de Cisjordanie et de Gaza. Les dernières élections, remportées par le Hamas, datent de 2006.

L'Autorité palestinienne est dirigée par un président exécutif élu au suffrage universel direct – du moins en théorie – tous les 4 ans. Yasser Arafat a occupé ce poste de 1994 à sa mort, en 2004. En janvier 2005, Mahmud Abbas (connu également sous le nom d'Abou Mazen) fut élu à ce poste et y est resté, aucune élection n'ayant été organisée depuis. Le président nomme le Premier ministre de l'Autorité palestinienne, qui doit être approuvé par le PLC.

Le PLC fonctionne avec difficulté, en partie à cause des mesures de restrictions israéliennes imposées à ses membres (surtout s'ils appartiennent au Hamas) et en partie à cause de la scission entre Fatah et Hamas survenue en 2007.

Qu'est-ce que le Hamas ?

En 1987, les leaders islamistes de Gaza fondèrent la branche palestinienne du mouvement égyptien des Frères musulmans, baptisée Harakat al-Muqawama al-Islamiya (Mouvement de la résistance islamiste). Plus connue sous son acronyme, Hamas, cette organisation islamiste cherche à établir un État palestinien islamique dans tout l'Israël actuel, en Cisjordanie et à Gaza, et veut la destruction d'Israël. Parce qu'il refuse de renoncer aux actes de violence contre les civils israéliens (par exemple, les attentats-suicides et les tirs de roquette), certains pays, notamment Israël, les États-Unis, la Grande-Bretagne et les pays de l'Union européenne, considèrent le Hamas comme une organisation terroriste.

Vers le début des années 1990, le Hamas – financé par des pays du Golfe et, plus tard, par l'Iran – gagna en prestige auprès des Palestiniens, non seulement pour son opposition intransigeante à Israël, mais aussi par sa mise en place de clubs pour la jeunesse, de centres médicaux et d'écoles dans des quartiers pauvres. Comparé au Fatah d'Arafat, jugé profondément corrompu, le Hamas était vu comme un parti pieux et honnête.

En 2005, le mouvement s'accorda avec Mahmud Abbas, successeur d'Arafat, pour jouer un rôle dans la politique parlementaire palestinienne. Lors des élections de l'Autorité palestinienne de janvier 2006, le Hamas remporta une majorité inattendue au Conseil législatif palestinien (parlement de l'Autorité palestinienne), en grande partie parce que les électeurs avaient voulu manifester leur lassitude face à la corruption du Fatah et à son incapacité chronique à répondre aux aspirations nationales palestiniennes.

Refusant de reconnaître Israël, de renoncer à la violence ou d'accepter des accords avec Israël signés par l'Autorité palestinienne – comme l'exigeaient les pays occidentaux –, le nouveau gouvernement du Hamas se retrouva ostracisé. Il connut aussi une opposition interne de membres du Fatah, déterminés à maintenir leur ligne nationaliste non islamiste, ainsi que leurs prérogatives. En 2007, à l'issue d'un putsch sanglant, le Hamas chassa le Fatah de Gaza, lança la chasse aux récalcitrants et tira une série de roquettes contre les villes et villages israéliens. Israël riposta en instaurant un blocus partiel de Gaza (l'Égypte en fit autant, pour ses propres raisons). Au cours des années suivantes, le Hamas et Israël s'affrontèrent lors de trois épisodes sanglants : autour du Nouvel An 2009, à la fin 2012 et durant l'été 2014.

Le leadership du Hamas à Gaza est remis en question par des groupes radicaux s'inspirant d'Al-Qaida et de l'organisation État islamique, ainsi que par des organisations plus extrêmes encore comme le mouvement du Djihad islamique.

Religion

Israël et les Territoires palestiniens sont le berceau de deux des trois grandes religions monothéistes : le judaïsme et le christianisme. La troisième, l'islam, tient Jérusalem pour sa troisième ville sainte tandis que les lieux saints d'une autre religion, le bahaïsme, se trouvent à Haïfa et à Acre. La religion est ici aussi prégnante que la politique, et les voyageurs venant pour d'autres raisons s'apercevront qu'elle jouera malgré tout un rôle important dans leur séjour.

Judaïsme

Le judaïsme, une des plus anciennes religions encore pratiquées, est fondé sur l'idée d'une alliance entre le peuple juif et Dieu. La théologie juive et le monothéisme strict du judaïsme se résument de manière succincte dans la prière du *chema* : "Écoute, Israël, le Seigneur est notre Dieu, le Seigneur est Un".

Selon la Torah (les 5 premiers livres de la Bible hébraïque), l'alliance entre Dieu et le peuple juif débuta avec le premier monothéiste, Abraham (XIXe siècle av. J.-C.), patriarche des juifs comme des musulmans. Cette alliance fut ensuite confirmée et renouvelée avec Moïse au mont Sinaï (XIIIe siècle av. J.-C.), où les Israélites – en plus de recevoir les Dix Commandements – passèrent du statut de tribu à celui de peuple. Ce peuple est lié éternellement par cette alliance – c'est le sens du mot "élu" – et doit non seulement respecter les *mizvot* (préceptes juifs découlant des Dix Commandements), mais aussi démontrer, à travers une conduite exemplaire, la véritable unité de Dieu à toutes les nations du monde.

Le judaïsme considère que Dieu est présent dans l'histoire et dans les actions des êtres humains. Le Mal survient quand les hommes ignorent délibérément la volonté de Dieu, le Bien lorsqu'ils suivent les règles qu'Il a fixées. Les hommes sont dotés à la fois du libre arbitre et d'une morale : ils peuvent choisir de suivre leurs mauvaises impulsions ou leur bonne nature.

L'histoire juive se divise en deux périodes : avant et après la destruction du second Temple de Jérusalem en l'an 70. Avant cette année capitale, le rituel juif et l'office étaient concentrés sur les sacrifices d'animaux effectués dans le Temple de Jérusalem par les *cohanim* (membres du clergé, dont descendent les juifs portant le nom de Cohen). Après la destruction de Jérusalem, les sacrifices prirent fin et laissèrent place à la prière, à la méditation et à l'étude comme principaux moyens de communication avec le Divin. Au cours des siècles suivants, la Loi orale du judaïsme fut mise par écrit dans la Mishna, puis développée dans le Talmud ; une grande partie de ce dernier, rédigé en araméen, se présente comme un ensemble de lois.

Durant les 1 500 années qui suivirent, des sages, génération après génération – instaurant des lois et enseignant dans des endroits comme Babylone (Iraq), l'Égypte, l'Espagne, Safed (en Galilée) et la Lituanie –, débattirent et affinèrent la théologie juive et les 613 commandements de la Halakha (loi juive). Le judaïsme orthodoxe (courant le plus conservateur de la religion) considère que la Loi orale, dans son intégralité, fut transmise au mont Sinaï, tandis que pour les mouvements réformé, conservateur et reconstructionniste, le judaïsme a toujours été

Avant l'Holocauste, le monde comptait environ 18 millions de juifs. Ils sont un peu plus de 13 millions aujourd'hui, dont environ 6 millions en Israël et 6 millions aux États-Unis.

LA KIPPA

Aucun commandement n'indique que les hommes juifs doivent se couvrir la tête. Porter une kippa (*yarmulke* en yiddish) relève simplement d'une tradition, plutôt bien ancrée il est vrai. Dans les sites sacrés juifs, tous les hommes doivent se couvrir la tête, d'une kippa ou de tout autre couvre-chef.

Il est souvent possible de déduire l'appartenance religieuse et même politique d'un homme juif en fonction du type de kippa qu'il porte. Les juifs orthodoxes sionistes, y compris les colons de Cisjordanie, adoptent souvent une kippa confectionnée au crochet et bordée de motifs, tandis que les ultraorthodoxes (haredim), des courants hassidique ou litvak, optent généralement pour une kippa en velours ou en satin noir de taille moyenne. Celle des juifs de Boukhara, en Asie centrale, est décorée de broderies. Quiconque porte une très large kippa tricotée au crochet est probablement un hassidique de Braslav ou un colon messianique de Cisjordanie – il ne faut pas confondre cette kippa avec le couvre-chef blanc, tricoté au crochet, porté par les hadjis, les musulmans qui ont effectué le pèlerinage (hadj) à La Mecque.

dynamique et proactif, changeant et évoluant au fil des générations car confronté à de nouvelles idées et de nouveaux événements.

Aujourd'hui, les rabbins ultraorthodoxes (haredim) – dont beaucoup sont non-sionistes (c'est-à-dire qu'au mieux, ils sont partagés quant au rôle de l'État d'Israël dans l'histoire juive) – ont le contrôle exclusif de la pratique de la religion d'État en Israël par le biais du Grand Tribunal rabbinique, malgré le fait que leurs fidèles ne constituent qu'une petite minorité de la population juive du pays. La vaste majorité des juifs de la Diaspora appartiennent aux mouvements libéraux (progressistes) ou ne sont affiliés à aucun mouvement.

Jérusalem, Sion et Israël ont toujours joué un rôle central dans le judaïsme, Dieu ayant promis la Terre d'Israël aux Enfants d'Israël dans la Torah. Dans la synagogue, l'arche sainte (Aron Kodesh) qui conserve les rouleaux de la Torah, et vers laquelle les fidèles se tournent pour prier, est orientée pour que la communauté prie en direction de Jérusalem.

Christianisme

Le christianisme est fondé sur la vie et les enseignements de Jésus de Nazareth, un juif qui vécut en Judée et en Galilée au Ier siècle, sur sa crucifixion par les Romains et sur sa résurrection 3 jours plus tard. Ces événements sont décrits dans le Nouveau Testament.

Le christianisme est issu d'un mouvement du judaïsme, et la plupart des disciples de Jésus, les apôtres, étaient juifs. Comme beaucoup de juifs de cette époque, Jésus désapprouvait la décadence et le matérialisme de la classe dirigeante de Jérusalem et méprisait l'autorité romaine. Après sa mort, en raison de l'insistance des disciples de Jésus à le faire reconnaître comme le Messie (de l'hébreu *mashiach,* signifiant "l'oint"), le christianisme commença à se distinguer du judaïsme. La polémique antijuive des premiers chrétiens, rédigée à l'époque où le christianisme était une secte menacée, persécutée par les Romains, eut de sérieuses implications au cours des siècles suivants, lorsque le christianisme devint tout-puissant en Europe.

Selon le Nouveau Testament, l'ange Gabriel apparut à Marie à Nazareth pour lui apprendre qu'elle allait concevoir et donner naissance au fils de Dieu (c'est l'Annonciation). Jésus est né à Bethléem (dans la terminologie et l'art chrétien, sa naissance est appelée la Nativité), mais a grandi à Nazareth, où il prêcha par la suite. Une bonne partie de son ministère (et beaucoup de ses miracles) se déroula autour du lac de Tibériade, dans des lieux comme Capharnaüm,

En 1920, 1 Arabe palestinien sur 10 était chrétien ; aujourd'hui, seul 1 résident des Territoires palestiniens sur 75 l'est. Bethléem, qui en 1948 comptait 85% de chrétiens, abrite désormais plus de trois quarts de musulmans.

Korazim, Bethsaïde et Kursi. Le Sermon sur la montagne advint près de Capharnaüm, sur le mont des Béatitudes, et la Transfiguration sur le mont Tabor. Les lieux présumés de ces épisodes de la vie de Jésus peuvent être visités.

À l'âge de 33 ans environ, Jésus, dont l'influence croissante avait alarmé les autorités juive et romaine, fut accusé de sédition et condamné à mort par le gouverneur romain de Judée, Ponce Pilate. Les chrétiens pensent que sa Passion (souffrance) était prédite dans la Bible hébraïque. D'après le Nouveau Testament, après la Cène, Jésus fut arrêté à Gethsémané ; il comparut devant le Sanhédrin (Cour suprême juive) et devant Ponce Pilate avant d'être condamné à mort. Les soldats romains le conduisirent au Golgotha (Calvaire), où il fut crucifié. Trois jours après son enterrement (Ensevelissement), sa tombe fut retrouvée vide, preuve de sa Résurrection.

Les disciples de Jésus sont connus sous le nom de chrétiens (du grec *Christ* signifiant "l'oint", ou "consacré"). Ils considèrent que Jésus est le fils de Dieu et le Messie. En revanche, les juifs n'acceptent pas Jésus comme le Messie ou comme le fils de Dieu – il s'agit de la différence théologique fondamentale entre les deux religions. Les musulmans considèrent Jésus comme un messager de Dieu et un prophète, mais ne croient pas à sa crucifixion ni à son expiation des péchés de l'humanité.

Vers l'an 325, Hélène (mère de Constantin le Grand) identifia l'emplacement présumé de la crucifixion et de l'inhumation de Jésus, et y fit construire une église (à l'endroit de l'actuelle basilique du Saint-Sépulcre). La première croisade (1095-1099) fut lancée en partie pour permettre aux chrétiens d'accéder à ce site.

La propriété des sites sacrés en Israël et dans les Territoires palestiniens a longtemps été un sujet de dispute parmi les nombreuses confessions chrétiennes du pays. Dans bon nombre de sites de Jérusalem et de Bethléem, les relations sont toujours régies par un "statu quo des Lieux saints" établi à l'époque de l'occupation de la Palestine par les Ottomans. Plus de la moitié de la basilique du Saint-Sépulcre, à Jérusalem, et une grande partie de la basilique de la Nativité, à Bethléem, sont placées sous la juridiction de la branche chrétienne la plus importante en Terre sainte, l'Église grecque orthodoxe (dont la plupart des membres locaux sont des Palestiniens arabophones).

Seuls environ 1 400 chrétiens (sur une population de 1,7 million d'habitants) vivent encore à Gaza. Ils étaient bien plus nombreux il y a quelques années, mais beaucoup ont fui l'occupation et la guerre, ainsi que les persécutions à leur encontre. Celles-ci seraient fréquentes depuis la prise de contrôle par le Hamas.

Islam

L'Islam (Anne-Marie Delcambre, La Découverte, 2004) présente clairement les fondements théologiques et sociologiques de cette religion.

Fondé par le prophète Mahomet (Muhammad, 570-632), qui vivait dans ce qui est désormais l'Arabie saoudite, l'islam se base sur la croyance en une unité absolue de Dieu (Allah) et dans les révélations du dernier prophète, Mahomet. Le mot arabe *islam* signifie "soumission absolue", sous-entendu à Dieu et à Sa parole.

Mahomet commença à prêcher la parole divine aux habitants de La Mecque vers 610, leur demandant de renoncer à l'idolâtrie, de croire en un seul Dieu et de craindre le jour du Jugement dernier, lorsque tous les hommes devront rendre compte de leurs actions.

Le Coran est le livre sacré de l'islam, le réceptacle de la parole divine transcrite par Mahomet au cours d'une période de 23 ans pendant laquelle il aurait reçu des révélations. Considéré par les musulmans comme étant la parole infaillible de Dieu, il est composé de 114 sourates (chapitres) rédigées dans un arabe classique très complexe et souvent poétique. Le Coran présente Dieu comme le créateur omniprésent du monde, à la sagesse et au pouvoir infinis. Les paroles et les actes attribués au Prophète, censés illustrer le comportement et les croyances islamiques corrects, sont appelés les *hadiths*.

LES CINQ PILIERS DE L'ISLAM

→ **Shahada** Profession de foi de l'islam, la Shahada résume la croyance islamique en l'unicité absolue de Dieu et en la finalité de la prophétie de Mahomet : "Le seul Dieu est Allah et Mahomet est son prophète." Tout individu qui récite trois fois, devant témoins, la Shahada (figurant sur le drapeau de l'Arabie saoudite), devient musulman.

→ **Salat** L'obligation de prier cinq fois par jour (au lever du soleil, à midi, en fin d'après-midi, au coucher du soleil et la nuit). La prière s'effectue en direction de La Mecque, n'importe où, sauf le vendredi à midi, lorsque les fidèles doivent se rendre à la mosquée.

→ **Zakat** Les musulmans sont tenus d'accorder une aumône aux plus démunis. Cette somme correspond à 2,5% de leur épargne. La Cisjordanie et Gaza possèdent environ 80 comités assurant la distribution de la *zakat*.

→ **Sawm** Le ramadan, le neuvième mois du calendrier musulman, commémore les révélations du Coran à Mahomet. Durant le ramadan, de l'aube au crépuscule, rien ne doit passer par les lèvres (nourriture, cigarette ou boisson) et les rapports sexuels sont interdits.

→ **Hadj** Le pèlerinage de La Mecque doit être réalisé au moins une fois dans sa vie. En récompense, le fidèle sera pardonné de tous ses péchés.

L'islam et le judaïsme ont des origines communes et les musulmans considèrent Adam, Noé, Abraham, Isaac, Jacob, Joseph et Moïse comme des prophètes. Par conséquent, les deux religions possèdent de nombreux sites sacrés en commun, dont le mont du Temple/Haram Ash-Sharif à Jérusalem et le tombeau des Patriarches à Hébron. En raison de ces liens étroits, les musulmans voient les juifs et les chrétiens comme des *ahl al-kitâb*, des gens du Livre. Le judaïsme a toujours considéré l'islam comme l'autre foi monothéiste (les sages juifs sont partagés au sujet du christianisme en raison de la Trinité).

Les musulmans pensent que Mahomet visita Jérusalem lors de son "voyage nocturne", durant lequel sa monture Bouraq le transporta de La Mecque à Jérusalem en une seule nuit. Il s'élança ensuite dans le ciel depuis le rocher autour duquel fut construit le dôme du Rocher, et en revint avec des révélations pour les fidèles. Pendant une brève période, Mahomet ordonna aux musulmans de prier vers Jérusalem.

Tout comme la grande majorité des Égyptiens, des Jordaniens et des Syriens, presque tous les musulmans palestiniens sont de confession sunnite, la branche la plus répandue dans le monde. Le mouvement du Hezbollah libanais, comme ses partisans en Iran, est chiite (*Shi'a*). La classe dirigeante syrienne appartient à une branche hétérodoxe de l'islam chiite, appelée alaouite (*Alawi*).

En 1993, feu le roi Hussein de Jordanie donna des fonds pour rénover la coupole du dôme du Rocher de Jérusalem. Elle est désormais couverte de 80 kg de feuilles d'or à 24 carats.

Arts

Israéliens et Palestiniens se sont montrés remarquablement créatifs en matière de littérature, de spectacles vivants, de musique et d'arts visuels. Sur place, les occasions d'immersion artistique foisonnent, entre festivals, théâtres, musées et librairies.

Littérature

Littérature israélienne

Toutes obédiences politiques confondues, les Israéliens tiennent la renaissance de l'hébreu et la création d'une littérature moderne en cette langue comme tout à la fois le couronnement et l'amorce des efforts culturels menés par l'État d'Israël. Voici quelques noms à suivre de près.

Samuel Joseph Agnon (1888-1970) fut prix Nobel de littérature. Son œuvre, dont son roman *La Dot des fiancées* (1931), explore la dichotomie entre tradition juive et modernité.

Rachel Blaustein (1890-1931), dite Rachel, est une des poétesses préférées des Israéliens. Son œuvre, marquée par l'angoisse autant que par la ferveur, se compose de trois recueils : *Saphiah* (Regain), *Minégéd* (De loin) et *Nébo*. Son œuvre est encore presque totalement à découvrir en français.

Yehuda Amichaï (1924-2000) a séduit un grand nombre de lecteurs avec sa façon doucement ironique d'explorer, en hébreu familier, la vie quotidienne. Plusieurs de ses recueils de poèmes et de nouvelles sont disponibles en français.

Ephraïm Kishon (1924-2005), né en Hongrie, fut l'auteur d'excellentes satires visant la société israélienne et les faiblesses humaines.

Aharon Appelfeld (1932-2018) a écrit une quarantaine d'ouvrages. La vie des juifs avant et pendant la Seconde Guerre mondiale est au centre de son œuvre, comme dans *Badenheim 1939* (1974), bien qu'il se défende d'être un écrivain de la Shoah.

Avraham B. Yehoshua (né en 1936) met en scène des personnages qui luttent pour sortir de leur solitude. *Rétrospective* (2012) a reçu le prix Médicis étranger.

Amos Oz (né en 1939) dresse dans la majorité de ses œuvres un tableau sombre et pourtant passionnant d'un Israël que peu de visiteurs étrangers perçoivent. *Mon Michaël* (Gallimard, 1995) est l'histoire captivante et mélancolique d'une jeune femme pendant un hiver gris et triste à Jérusalem.

Meir Shalev (né en 1948) rédige des romans drolatiques, empreints de fantaisie et de nostalgie sur fond d'histoire israélienne récente.

David Grossman (né en 1954) a établi sa réputation de romancier avec *Le Vent jaune* (1987), portrait cinglant de l'occupation par Israël des Territoires palestiniens.

Zeruya Shalev (née en 1959) explore, à travers les pensées de ses personnages, les liens familiaux, entre aspirations et compromis, ainsi que le poids du passé.

Orly Castel-Bloom (née en 1960) est connue pour sa sensibilité et son ironie, et ses personnages entre insignifiance et sentiments d'appartenance.

Etgar Keret (né en 1967) est surnommé la "voix de sa génération" pour ses nouvelles, scénarios et romans graphiques post-modernes souvent pleins d'humour. *Crise d'asthme* (2002) est l'un de ses titres phares.

Dorit Rabinyan (née en 1972), son roman *Sous la même étoile* (2017), qui raconte la passion entre une Israélienne et un Palestinien, avait été inscrit au programme du bac, mais le ministère de l'Éducation israélien l'avait retiré – avant de revenir sur sa décision –, provoquant la ruée des lecteurs dans les librairies.

Sayed Kashua (né en 1975), humoriste israélo-arabe, est célèbre pour les portraits ironiques qu'il dresse du quotidien.

Pour avoir un aperçu de la littérature israélienne, lisez l'**Anthologie de nouvelles israéliennes contemporaines** (1998, Gallimard).

Littérature palestinienne

La forme d'expression littéraire la plus répandue en Palestine a longtemps été la poésie, dont la figure de proue demeure Mahmoud Darwich (1941-2008). Ses recueils évoquent la perte et l'exil, comme *Pourquoi as-tu laissé le cheval à sa solitude ?* (1996) ou *Comme les fleurs d'amandier ou plus loin* (2007). Fadwa Touqan, disparue en 2003 à l'âge de 86 ans, était célèbre dans tout le monde arabe sous le nom de "poétesse de la Palestine". Elle se raconte dans une magnifique autobiographie parue en 1998 en deux volumes : *Le Rocher et la Peine*, qui évoque son enfance meurtrie et *Le Cri de la pierre*, où elle dit ses souffrances et ses espoirs pour une paix durable. Les poèmes de Taoufiq Ziyad (Zayyad ; 1929-1994) parlent quant à eux de liberté, de solidarité et de la relation des Palestiniens avec la terre.

Ce n'est qu'à partir des années 1960 que la fiction est apparue dans la littérature palestinienne. Émile Habibi (1922-1996) qui, comme Ziyad, fut député du parti communiste israélien à la Knesset, est ainsi l'auteur de sept romans, dont *Les Aventures extraordinaires de Sa'îd le Peptimiste* (1987), conte tragi-comique sur les turpitudes vécues par les Palestiniens ayant pris la nationalité israélienne après 1948.

Le premier ouvrage de Ghassan Kanafani (1936-1972), *Des hommes dans le soleil* (Sindbad, 1999), rassemble des nouvelles traitant de la vie, des espoirs et des rêves brisés d'une galerie de personnages palestiniens. Dans *L'Héritage*, Sahar Khalifeh (née en 1942 à Naplouse) livre un regard souvent perturbant sur la vie des Palestiniennes dans les Territoires occupés et à l'étranger.

L'International Jerusalem Book Fair (www.jerusalembookfair.com) est un salon du livre qui a lieu tous les deux ans depuis 1963. Aujourd'hui, une trentaine de pays participent à cet événement qui, rassemblant quelque 600 exposants, se clôt par l'attribution du prix Jérusalem de littérature.

Musique

Musique israélienne

La musique israélienne tient d'un riche ensemble de modes, de rythmes et de styles vocaux à la croisée de l'Orient et de l'Occident.

Quel que soit leur âge, les Israéliens écoutent volontiers des chansons des décennies passées sans les juger rétro. Parmi les vedettes du milieu du XXe siècle toujours appréciées, citons la chanteuse yéménite Shoshana Damari (1923-2006) célèbre pour sa prononciation incroyablement gutturale de la lettre *'ayn*. Naomi Shemer (1930-2004) composa une grande partie des titres israéliens des années 1960, 1970 et 1980, dont l'emblématique – mais guère diffusé – "Jerusalem of Gold" (1967).

Malgré l'interdiction en 1965 d'une tournée des Beatles par les autorités culturelles israéliennes, le rock s'est rapidement fait une place sur la scène musicale locale grâce à des groupes comme Poogy (Kaveret), Mashina, Teapacks (qui tient son nom du correcteur Tipp-Ex) et Benzin. Le rock a inspiré bon nombre des classiques de la pop israélienne, comme Shlomo Artzi, Arik Einstein, Matti Caspi, Shalom Hanoch, Yehudit Ravitz, Assaf Amdursky et Aviv Geffen. Idan Raichel a fait découvrir les mélodies éthiopiennes au grand public.

Parmi les artistes de hip-hop israéliens les plus connus figurent Shabak Samech, HaDag Nachash, Subliminal et le rappeur militant de droite The Shadow. Dana International (www.danainternational.co.il), un transsexuel à moitié yéménite qui a remporté le concours de l'Eurovision en 1998, est l'un des artistes dance les plus exubérants. En 2018, c'est la chanteuse israélienne Netta qui a remporté le concours.

Parmi les festivals de musique d'Israël : le Vocal Music Festival d'Abou Gosh (www.agfestival.co.il), deux fois par an, le Red Sea Jazz Festival d'Eilat (en.redseajazz.co.il) et, pour la dance music, la Love Parade annuelle de Tel-Aviv.

DANSES TRADITIONNELLES ET MODERNES

Israël compte plusieurs compagnies de danseurs mondialement connues. Bat Sheva Dance Company (www.batsheva.co.il), fondée par Martha Graham en 1964, est installée dans le Centre Suzanne Dellal (p. 152) à Tel-Aviv. De 1990 à 2017, elle est dirigée par le célèbre chorégraphe Ohad Naharin (né en 1952). La Kibbutz Contemporary Dance Company (www.kcdc.co.il/en/) se produit dans tout le pays.

Au royaume de la danse folklorique, Israël est réputé pour la *hora*, importée de Roumanie par les immigrants au XIXᵉ siècle. Le Karmiel Dance Festival (www.karmielfestival.co.il), qui se tient pendant trois jours début juillet à Carmiel, dans le centre de la Galilée, est l'endroit idéal pour l'apprécier.

La danse folklorique palestinienne la plus populaire est une danse en ligne appelée la *dabké*. L'une des meilleures compagnies palestiniennes est l'El-Funoun (www.el-funoun.org), installée à Al-Bireh, en Cisjordanie.

La musique mizrahi (orientale), avec ses rythmes moyen-orientaux et méditerranéens, trouve ses origines dans les mélodies d'Afrique du Nord (notamment de l'Égypte de l'époque d'Oum Kalthoum et du Maroc du milieu du siècle dernier), d'Iraq et du Yémen. Toutefois, de nombreuses œuvres modernes s'inspirent de styles musicaux méditerranéens, notamment de Turquie et de Grèce. Pendant des décennies, la musique mizrahi fut interdite à la radio – l'élite culturelle ashkénaze craignait une "levantinisation" – et pour dénicher les titres d'artistes tels que Zohar Argov (1955-1987) et Haim Moshe (né en 1956), il fallait écumer les magasins près de l'ancienne gare routière centrale de Tel-Aviv.

En revanche, aujourd'hui, la musique mizrahi pourrait bien être le genre le plus populaire en Israël. Les anciens Shlomo Bar (www.shlomobar.com) et Yair Dalal (www.yairdalal.com), inspirés respectivement de la musique juive traditionnelle marocaine et irakienne, se produisent toujours aux côtés des grandes stars Sarit Hadad (www.sarit-hadad.com), la Britney Spears israélienne, et Amir Benayoun, dont les concerts mêlent chansons d'amour, poèmes liturgiques juifs du Moyen Âge et nationalisme véhément. Moshe Peretz donne aussi dans la transgression, alternant musique mizrahi et rythmes plus traditionnels.

Une autre tendance populaire consiste à utiliser le vocabulaire et les rythmes liturgiques juifs pour exprimer des sentiments religieux latents. Récemment, des artistes comme Etti Ankri, Ehud Banai, David D'Or, Kobi Oz, Berry Sakharof et Gilad Segev se sont tournés vers les mélodies et la poésie liturgique traditionnelle (principalement séfarades et mizrahi), et rassemblent un public très large.

La musique mizrahi rencontre plus de succès que le klezmer, son équivalent traditionnel ashkénaze. Née dans les *shtetls* (ghettos) d'Europe de l'Est, la "soul" juive peut vous faire passer très vite d'un état de bonheur extatique au plus profond des désespoirs. Vous pourrez l'apprécier lors du Festival klezmer de Safed.

Israël a également une importante tradition classique occidentale importée par les réfugiés juifs qui ont fui le nazisme et les immigrants de Russie post-soviétique. L'Orchestre philharmonique d'Israël (www.ipo.co.il) – dont le premier concert, en 1936, fut dirigé par Arturo Toscanini – est mondialement connu.

Musique palestinienne

Outre la pop arabe entraînante importée de Beyrouth et du Caire, les visiteurs de Cisjordanie et des régions arabes pourront peut-être écouter de la musique folklorique traditionnelle, où dominent les accords de l'*oud* (instrument à cordes pincées), du *daf* (tambourin) et du *ney* (flûte).

Les meilleurs endroits en Israël pour dénicher des articles "judaïca" (objets de culte juifs) sont Jérusalem (dans la rue Yoel Moshe Salomon, par exemple), Safed (le quartier des synagogues et le quartier des artistes) et le marché artisanal de Nahalat Binyamin à Tel-Aviv (mardi et vendredi).

Dans un tout autre registre, prêtez l'oreille aux ballades romantiques et les hymnes nationalistes du Gazaoui Mohammed Assaf.

Quant à la musique alternative, le genre le plus répandu dans les Territoires palestiniens est le hip-hop, dont les pionniers sont les rappeurs DAM, de Lod, et des artistes comme les Palestinian Rapperz (de Gaza) et Ramallah Underground, des représentants plus récents.

Les concerts en Cisjordanie sont rares et plus fréquents en Israël.

Théâtre

Théâtre israélien

Les Israéliens adorent aller au théâtre, et Tel-Aviv, Jaffa, Jérusalem et Haïfa comptent nombre de compagnies, théâtres et festivals de toutes tailles. Chaque automne à Acre, le Festival du théâtre alternatif israélien (www.accofestival.co.il) fait place à des productions novatrices.

La plupart des représentations sont en hébreu, mais on trouve aussi des pièces en arabe, russe et yiddish. Certaines compagnies proposent des surtitres en anglais une fois par semaine ou plus souvent.

De nombreuses pièces contemporaines traitent de l'actualité politique et sociale. L'Holocauste, les *refuzniks* (les soldats israéliens qui refusent de combattre contre les Palestiniens), l'occupation de la Cisjordanie, le suicide et l'homosexualité dans le judaïsme orthodoxe sont les thèmes couramment explorés sur scène. Parmi les dramaturges marquants, citons Hanoch Levin (1942-1999), dont plusieurs pièces provocatrices ont été censurées dans les années 1970, Nissim Aloni (1926-1998), Yehoshua Sobol (né en 1939), Hillel Mittelpunkt (né en 1952) et Shmuel Hasfari (né en 1954).

Une comédie musicale de la troupe yiddish Yiddishpiel (www.yiddishpiel.co.il) vous transportera dans la Varsovie d'avant l'Holocauste, bien que les représentations soient lourdes de nostalgie et seulement sous-titrées en hébreu et en russe.

Pour une expérience originale et émouvante, rendez-vous au Nalaga'at Center (p. 152), de Jaffa, l'unique compagnie pour sourds et aveugles au monde.

ARTS THÉÂTRE

Découvrez la musique traditionnelle palestinienne sur le site www.barghouti.com/folklore/voice. La plupart des chansons ont été enregistrées pendant des mariages palestiniens. Reem Kelani, qui vit en Grande-Bretagne, est une chanteuse palestinienne traditionnelle renommée.

Le plus grand festival des arts du spectacle en Israël, l'Israel Festival (www.israel-festival.org.il), se tient tous les ans en mai et juin à Jérusalem.

BANKSY EN CISJORDANIE

L'histoire de l'artiste originaire de Bristol avec les Territoires palestiniens remonte à 2005, quand le mystérieux Britannique apposa son premier pochoir non loin du mur de séparation entre Jérusalem et Bethléem. Cette année-là, Banksy a réalisé neuf œuvres en Cisjordanie. Banksy raconte avoir été menacé par un soldat israélien et critiqué par un Palestinien âgé pour qui un tel mur ne mérite pas d'être embelli avec de l'art.

En 2015, Banksy a été introduit illégalement à Gaza par des tunnels de contrebande sous la frontière égyptienne et a créé des pochoirs dans la bande de Gaza ainsi qu'un faux documentaire sur les destructions causées par la guerre de 2014, diffusé sur son site Internet. Deux ans plus tard, il a ouvert le Walled Off Hotel (p. 283), à quelques mètres seulement du mur de séparation, pour mettre l'accent sur la détresse des Palestiniens.

Pour la plupart des Palestiniens, le Walled Off Hotel et le travail de Banksy – dont une bonne partie est encore visible – ont permis d'attirer l'attention des touristes et leur argent à Bethléem : revenus accrus pour les chauffeurs de taxi, les restaurants et les guides. Banksy et d'autres artistes, internationaux et locaux, ont également contribué à lancer une scène d'art de rue à Bethléem et ailleurs en Cisjordanie.

N'importe quel chauffeur de taxi de Bethléem vous conduira aux différentes œuvres de Banksy, mais pour un circuit organisé, adressez-vous au Walled Off Hotel ou au Banksy Shop voisin.

Théâtre palestinien

Depuis longtemps l'expression des aspirations nationales palestiniennes, cet art théâtral a été censuré par les Britanniques, interdit par les Israéliens, affaibli par le conflit et les fermetures et, depuis peu, il est la cible des islamistes.

Mais acteurs et metteurs en scène résistent. Juliano Mer-Khamis (1958-2011), le fondateur israélo-palestinien du Freedom Theatre de Jénine (p. 303) a été abattu par des hommes armés et cagoulés mais le théâtre est toujours en activité dans le camp de réfugiés de la ville.

Arts plastiques

Arts plastiques israéliens

L'Académie des arts et du design de Bezalel (www.bezalel.ac.il) à Jérusalem, créée en 1906 afin de former les artistes venant d'Europe et les artisans yéménites traditionnels, a développé un style distinctif alliant les thèmes bibliques aux courbes sinueuses de l'Art nouveau (*Judendstil*). Aujourd'hui, l'académie est l'une des forces motrices les plus intéressantes de la scène artistique d'Israël.

Dans les années 1930, des artistes juifs allemands fuyant le nazisme apportèrent avec eux les formes audacieuses de l'expressionnisme allemand. Le groupe Horizons nouveaux, qui fit son apparition après 1948 et s'efforça de rester proche des courants européens, domina jusque dans les années 1960. Le Roumain Marcel Janco, un des fondateurs du dadaïsme, immigra en Palestine en 1941 et créa par la suite le village d'artistes d'Ein Hod, où un musée renferme ses œuvres.

Dans les villes israéliennes, admirez la sculpture moderne et contemporaine, et la créativité du design israélien.

Les principaux musées d'art israéliens sont le musée d'Israël à Jérusalem (p. 92) et le Tel Aviv Museum of Art (p. 122), qui possèdent de superbes collections permanentes et exposent souvent des artistes israéliens contemporains comme Ra'anan Levy ou Avivit Ballas Baranes. Les nombreuses galeries d'art proposent également de belles expositions.

Arts plastiques palestiniens

L'art contemporain palestinien s'est distingué de l'art traditionnel basé sur l'artisanat dans les années 1960. Les meilleurs endroits pour y admirer ces œuvres sont le centre Khalil Sakakini (p. 289) à Ramallah et le Centre international de Bethléem (p. 280) en Cisjordanie.

Cinéma

Cinéma israélien

Le cinéma israélien a beaucoup évolué depuis les films muets de la fin de l'ère ottomane, les documentaires héroïques des années 1930 et 1940, et les comédies *borekas* (dont le nom provient d'une pâtisserie des Balkans) qui dominaient les écrans durant les années 1970.

Ces dernières années, des films et documentaires – dont la plupart portent un regard critique sur la société et la politique israéliennes, comme ceux d'Amos Gitaï notamment *Kadosh* (1999) et *Kippour* (2000) – raflent des prix de festivals majeurs, comme Cannes, Berlin, Toronto et Sundance. Les dix films sélectionnés aux Oscars incluent *Sallah* (*Sallah Shabati* ; 1964) d'Ephraïm Kishon, une comédie sur un camp de migrants juifs mizrahi dans les années 1950, et *Valse avec Bachir* (2008) d'Ari Floman, un documentaire d'animation sur la première guerre du Liban en 1982.

Le premier cinéma du pays, l'Eden, ouvrit à Tel-Aviv en 1914, aux abords du quartier Neve Tzedek. Aujourd'hui, on trouve de bonnes cinémathèques à Haïfa (www.haifacin.co.il), à Jérusalem (www.jer-cin.org.il) et à Tel-Aviv (www.cinema.co.il).

Voici quelques événements célébrant le 7ᵉ art en Israël :

Docaviv (www.docaviv.co.il) à Tel-Aviv

Haifa Film Festival (www.haifaff.co.il/eng)

Festival international du film étudiant (www.taufilmfest.com) à Tel-Aviv

Festival du film de Jérusalem (www.jff.org.il)

L'Other Israel Film Festival (www.otherisrael.org) s'intéresse aux minorités d'Israël, dont ses citoyens arabes

Festival international du film LGBT de Tel-Aviv (www.tlvfest.com)

Une base de données exhaustive des films tournés en Israël est consultable sur le site Web de l'Israel Film Center (www.israelfilmcenter.org), basé à Manhattan.

Cinéma palestinien

Le cinéma dans les Territoires palestiniens est freiné par le manque de ressources et d'écoles de cinéma, ainsi que par les menaces des islamistes.

Paradise Now (2005), mis en scène par Hany Abu-Assad, né à Nazareth et qui vit aux Pays-Bas, fut le premier film palestinien nommé aux Oscars. Controversé, il donne un visage humain aux auteurs palestiniens d'attentats-suicides.

Intervention divine (2002) d'Elia Suleiman raconte l'histoire d'amants, qui, entre Jérusalem et Ramallah composent avec les *checkpoints* pour leurs rendez-vous clandestins.

Omar, également signé Hany Abu-Assad, est un thriller politique évoquant la confiance et la trahison qui a été sélectionné aux Oscars en 2014.

Malheureusement, les deux cinémas de Cisjordanie – l'Al Kasaba Theater & Cinematheque de Ramallah et le Cinema Jenin qui a bénéficié d'un financement de pays étrangers – sont fermés depuis 2017, ce dernier ayant été rasé pour laisser la place à un centre commercial.

ARTS CINÉMA

Shashat (www.shashat.org), une ONG palestinienne dont l'action est axée sur les femmes dans le cinéma, organise chaque année, en novembre et en décembre, un festival du film des femmes palestiniennes.

Chaque automne, l'Israeli Academy of Film & Television (www.israelfilmacademy.co.il) désigne les vainqueurs des Ophirs, l'équivalent des Césars.

Environnement

Aux confins des continents asiatique et africain, et très proches de l'Europe, Israël et les Territoires palestiniens abritent une multitude d'habitats et d'écosystèmes. Les mammifères d'Asie, tel le porc-épic indien, y côtoient des mammifères des zones tropicales africaines comme le daman des rochers, mais aussi la fouine ou le renard, plus courants en Europe. Dans les forêts méditerranéennes de Galilée, chênes et sycomores évoquent les paysages de l'époque biblique et les déserts arides du Néguev abritent des espèces habituellement propres à l'Afrique. Les poissons et coraux de la mer Rouge sont également au nombre des trésors naturels de la région.

Une dizaine d'espèces de chauve-souris, dont deux sont sérieusement menacées, ont trouvé refuge durant la saison chaude dans des bunkers frais et isolés le long du Jourdain, abandonnés par Tsahal depuis le traité de paix israélo-jordanien de 1994.

L'Israel Nature & Parks Authority (www.parks.org. il) administre la plupart des parcs nationaux et des réserves naturelles israéliens. Économisez en optant pour la "Green Card" à 110 NIS, valable dans six parcs, ou pour une carte à 150 NIS, valable dans tous les parcs ; les deux sont utilisables pendant deux semaines.

Faune et habitats

Si la présence humaine en Israël et dans les Territoires palestiniens a de tout temps eu une influence sur la faune et ses habitats, les innovations des siècles derniers se sont révélées particulièrement destructrices. Ainsi, l'introduction des armes à feu au XIXe siècle a conduit à l'anéantissement de certains grands mammifères, reptiles ou oiseaux de la région – tels que guépards, ours, autruches et crocodiles. Depuis les années 1950, les écologistes israéliens œuvrant à la protection de la biodiversité ont réintroduit certaines espèces de mammifères.

Les luxuriantes zones humides (infestées de paludisme), qui couvraient autrefois la majeure partie du centre et du nord d'Israël, ont pour la plupart été asséchées au XXe siècle, provoquant la disparition d'habitats essentiels tant aux oiseaux qu'à certaines espèces de mammifères. Aujourd'hui, de petits sanctuaires tels que la réserve naturelle de la Hula, Agamon HaHula et celle d'En Afek (au nord de Haïfa) abritent quelques marais originels, lesquels sont autant de haltes indispensables aux oiseaux migrateurs. Ces sites figurent, comme bien d'autres dans le pays, au rang des plus beaux endroits au monde où observer la faune aviaire.

La plupart des 128 espèces de mammifères endémiques que comptent aujourd'hui Israël et les Territoires palestiniens se portent bien, tant grâce à une législation très contraignante en matière de chasse, qu'à la création de réserves naturelles couvrant près de 25% du territoire. Ces dernières ne suffisent toutefois pas à compenser la perte de la biodiversité. Petites et isolées, beaucoup n'offrent aux espèces en danger qu'une protection limitée. De plus, un grand nombre des réserves situées dans le sud tiennent également lieu de champs de manœuvres militaires. Certes, l'environnement s'en retrouve dans une certaine mesure épargné – les civils ne pouvant, de fait, accéder à ces réserves que les week-ends et les jours fériés – mais soldats, tanks et avions n'en perturbent pas moins la faune locale, en particulier les mammifères.

Fleurs sauvages

De janvier à mars environ (plus tard à des altitudes plus élevées, sur le mont Hermon notamment), les versants des collines se couvrent de fleurs sauvages multicolores. La forêt de Be'eri, dans le nord du Néguev, et celle de Beit Keshet, près de Nazareth, sont réputées pour les immenses tapis d'anémones et de cyclamens qui couvrent les sous-bois. Le mont Gilboa est connu pour ses iris et les collines de Jérusalem pour leurs orchidées.

Dans les années 1960, la première campagne environnementale israélienne réussit à convaincre la population de ne plus cueillir les fleurs sauvages, et la pratique demeure prohibée.

L'eau, source de vie

Au Proche-Orient, région aride s'il en est, aucune ressource n'est plus précieuse que l'eau. C'est pourquoi le roi Ézéchias (VIIIe siècle av. J.-C.) s'impliqua autant dans la construction d'un tunnel garantissant l'approvisionnement en eau de Jérusalem même en période de siège, et que semblables techniques furent mises en œuvre à Tel Hazor au IXe siècle av. J.-C. (ces deux sites sont ouverts au public). Tenue pour particulièrement délicate, la question de l'eau est encore de nos jours, à l'instar du sort des réfugiés et du statut de Jérusalem, une pierre d'achoppement dans le cadre des négociations de paix israélo-palestiniennes.

Sitôt proclamée son indépendance, Israël planifia le transport d'eau depuis la Galilée, relativement humide, jusqu'au sud, plus sec. Dans les années 1960, grâce aux réservoirs, tunnels et canaux ouverts du "National Water Carrier", d'une longueur de 130 km – visibles sur la route en traversant la basse Galilée –, de prodigieuses quantités d'eau furent acheminées vers le centre du pays et le désert du Néguev. Ces mesures exceptionnelles n'empêchèrent pas la précieuse ressource de malheureusement faire encore défaut.

Aujourd'hui, l'eau de pluie ne couvre qu'environ la moitié des besoins hydriques du pays. C'est cette pénurie chronique qui poussa les Israéliens à mettre au point l'irrigation moderne au goutte à goutte, en usage désormais dans le monde entier, et à construire des infrastructures où 90% des eaux usées sont recyclées pour l'agriculture.

Depuis 2005, Israël a fait construire cinq gigantesques usines de dessalement par osmose inverse sur la côte méditerranéenne, lesquelles fourniront bientôt 40% de l'eau potable du pays (au prix de quelque 10% de son électricité). Pour la première fois dans l'histoire

Dans *Israël-Palestine. La rareté de l'eau dans le processus de paix* (2012), Gilbert Benhayoun et René Teboul dressent un état des lieux de la question du partage de l'eau entre les Israéliens et les Palestiniens.

ENVIRONNEMENT L'EAU, SOURCE DE VIE

LES ANIMAUX DE LA BIBLE

Depuis 1968, une initiative du nom de Haï Bar (signifiant littéralement "vie sauvage") s'emploie à réintroduire des espèces animales mentionnées dans la Bible et qui se sont éteintes en Terre sainte.

Le programme fait venir un petit nombre d'animaux d'autres parties de la région et les élève en captivité jusqu'à ce que leur progéniture puisse être réintroduite progressivement dans son habitat naturel. Un projet parallèle a permis de rétablir la population d'oiseaux de proie, ravagée par l'usage des pesticides.

Si certains zoologistes contestent la présence historique de quelques espèces de mammifères sélectionnées, le dispositif Haï Bar est toutefois considéré comme une réussite. Après les ânes sauvages, ou onagres, cités dans les prophéties d'Esaïe, d'autres animaux menacés ont peu à peu réinvesti les grands espaces du pays. Un petit groupe de daims de Perse, animaux craintifs, fut ainsi secrètement acheminé d'Iran en 1978 – par le dernier vol El Al à avoir décollé de Téhéran avant la révolution conduite par Khomeyni – jusque dans la réserve d'Akhziv en Galilée et dans les collines à l'ouest de Jérusalem. Le bel oryx d'Arabie, que les croisés prirent pour une licorne (vues de côté, ses deux longues cornes bien parallèles semblent parfois n'en former qu'une), est également de retour.

Ayant quasiment achevé les réintroductions prévues, les deux centres d'élevage et de réacclimatation de Haï Bar – l'un à Yotvata dans la vallée d'Arava, l'autre sur le mont Carmel près de Haïfa – ont réduit leur activité, mais les passionnés de mammifères du Moyen-Orient en apprécieront la visite.

La première station solaire d'Israël, la Solar Flower Tower, est composée d'une tour de 30 m et de 30 miroirs mobiles (héliostats) qui suivent la course du soleil. Située dans le kibboutz Samar, à 34 km au nord d'Eilat, elle peut générer assez d'électricité pour 50 foyers.

du Proche-Orient, l'eau n'est plus un jeu à somme nulle. Au milieu des années 1960, des tensions entre Israël et la Syrie à propos des droits d'accès à l'eau ont failli mener à la guerre, et Israël reste en désaccord sur la question à la fois avec la Jordanie, qui partage un droit d'usage de l'eau du Jourdain, et les Palestiniens qui accusent Israël de piller l'eau de Cisjordanie. L'abondance d'une eau dessalée (à environ 0,60 \$US pour 1 000 litres) pourrait désamorcer une source majeure de conflit dans la région, et peut-être même jouer en faveur d'une coopération israélo-arabe au niveau politique et économique. Sans compter que chacun s'en trouverait libéré de la dépendance à la pluie et aux aquifères menacés par les infiltrations d'eau de mer (salinité, fertilisants et eaux usées sont déjà présents en excès dans les eaux souterraines de Gaza).

Les scientifiques israéliens réfléchissent également à des moyens moins coûteux d'optimiser l'utilisation de l'eau. Les peuples de l'Antiquité – notamment les Nabatéens – avaient développé en leur temps des techniques sophistiquées pour canaliser les rares précipitations à se produire dans le désert, afin de pouvoir cultiver même dans l'aride Néguev central. Le centre de recherche Even-Ari, près des ruines d'Avdat, s'emploie depuis les années 1960 à redécouvrir d'anciennes techniques nabatéennes de terrassement et de stockage de l'eau.

Conservation des zones humides

Au cours des années 1950, les zones humides de la Hula, dans le nord-est de la Galilée, ont été asséchées sans discernement au profit de terres agricoles, anéantissant un habitat important pour les oiseaux ainsi qu'une source-clé de nutriments pour le lac de Tibériade. Le détournement de l'eau de source et des eaux de pluie à des fins agricoles, industrielles et domestiques a entraîné la destruction des habitats aquatiques de nombreux cours d'eau d'Israël et des Territoires palestiniens, notamment le Jourdain, une situation aggravée par le déversement des eaux usées des villes de Cisjordanie.

MIGRATION : UN MILLIARD D'OISEAUX PAR AN

Deux fois par an, 500 millions d'oiseaux issus de 283 espèces migrent en faisant halte en Israël et dans les Territoires palestiniens : à l'automne, lorsqu'ils quittent l'Europe et le nord-ouest de l'Asie pour passer l'hiver en Afrique ; et au printemps quand ils retournent vers le nord pour se reproduire.

La plupart des oiseaux migrateurs préfèrent survoler les terres, où ils emmagasinent de la chaleur et conservent un maximum de leur énergie. Un grand nombre de volatiles passent donc par la côte israélienne et la vallée du Jourdain (la faille syro-africaine), le plus grand couloir migratoire aérien au monde, pour traverser la mer Méditerranée et la mer Caspienne en direction de l'Afrique.

La topographie de l'étroit couloir migratoire, entre la frontière orientale d'Israël et les Territoires palestiniens, traversé par autant d'oiseaux est une bénédiction pour les amateurs d'ornithologie.

Les sites Internet ci-après sont utiles :

Portail ornithologique israélien (www.birds.org.il). Renseignements sur les six principaux centres d'ornithologie d'Israël.

Agamon HaHula (www.agamon-hula.co.il). Les grues migratrices apprécient ces zones humides reconstituées dans la haute Galilée, et y restent parfois tout l'hiver.

Réserve naturelle et ornithologique de Lotan (www.kibbutzlotan.com). Le kibboutz de Lotan offre aux oiseaux migrateurs un sanctuaire verdoyant au cœur du désert d'Arava.

Centre international de recherches et d'ornithologie (www.eilat-birds.org). Une ancienne décharge près d'Eilat transformée en marais salant où les oiseaux épuisés peuvent se reposer.

L'ENVIRONNEMENT EN LIGNE

Pour connaître l'état de l'environnement – et les actions menées – en Israël et dans les Territoires palestiniens, consultez les sites Web des organisations écologistes suivantes :

Adam Teva v'Din (www.adamteva.org.il). La première organisation écologiste israélienne traîne devant la justice pollueurs et agences gouvernementales léthargiques.

Applied Research Institute of Jerusalem (www.arij.org). Organisation palestinienne indépendante de recherche et de défense.

Arava Institute for Environmental Studies (www.arava.org). Centre de recherche et d'enseignement accueillant Israéliens, Palestiniens et Jordaniens au kibboutz Ketura, près d'Eilat.

Friends of the Earth Middle East (www.foeme.org). Les Amis de la Terre promeuvent la coopération entre écologistes israéliens, palestiniens et jordaniens.

Ministère israélien de la Protection environnementale (www.sviva.gov.il). Ministère de plus en plus influent, responsable des réglementations et de l'application des lois sur l'environnement.

Life & Environment – syndicat des ONG environnementales d'Israël (www.sviva.net). Organisation faîtière regroupant plus de 130 groupes environnementaux israéliens.

Palestine Wildlife Society (www.wildlife-pal.org). ONG œuvrant à la sensibilisation et à la recherche sur la préservation de la nature.

Ministère palestinien des Affaires environnementales (www.mena.gov.ps). Responsable de la règlementation et de l'enseignement relatifs à l'environnement.

Société pour la protection de la nature en Israël (www.natureisrael.org). Première organisation écologiste d'Israël, historiquement et en matière d'importance. Elle dispose d'une branche en France et au Canada.

On note tout de même quelques points positifs. Les marais de la Hula ont ainsi été partiellement restaurés et la rivière Alexander (www.restorationplanning.com/alex.html), à 13 km au sud de Césarée, a été nettoyée et réhabilitée. En 2003, elle a remporté le prestigieux prix Thiess International Riverprize, décerné par l'International River Foundation (www.riverfoundation.org.au), en Australie.

La mer Morte en péril ?

Le pompage du Jourdain, de ses affluents et du lac de Tibériade par Israël, la Jordanie et la Syrie a réduit d'un milliard de mètres cubes (plus de 90 %) le volume d'eau alimentant naturellement la mer Morte. En conséquence, l'évaporation entraîne la baisse rapide de son niveau, de l'ordre de 1,2 m chaque année (sa surface représente à peine 70 % de ce qu'elle était il y a 20 ans). De nombreux effondrements se produisent sur le rivage, désormais jugé dangereux, ce qui menace à la fois l'agriculture et le tourisme.

Depuis des années, il est question de réapprovisionner la mer Morte au moyen d'eau de mer acheminée, soit depuis la Méditerranée par un canal entre les deux mers, soit de la mer Rouge via un autre canal. La différence d'altitude entre les mers – plus de 400 m – s'en trouverait mise à profit pour produire de l'énergie hydraulique.

En 2013, un accord fut signé par Israël, les autorités palestiniennes et la Jordanie pour construire un canal de 110 km à travers la Jordanie, voué à apporter quelque 100 millions de mètres cubes d'eau à la mer Morte et d'en dessaler une quantité comparable dans une usine à Aqaba. Les écologistes s'inquiètent cependant de l'impact potentiel de l'apport massif d'une eau de mer contenant des minéraux et des organismes vivants différents de ceux de la mer Morte.

Tel-Aviv a su convaincre une grande partie de ses habitants de prendre leur vélo plutôt que leur voiture, notamment grâce aux efforts de l'Association cycliste d'Israël (www.bike.org. il), active depuis 20 ans. La ville est désormais dotée de 120 km de pistes cyclables.

Les dangers du développement

La population d'Israël et des Territoires palestiniens s'est accrue de plus de deux millions d'habitants par tranche de dix ans depuis 1948, et a été multipliée par sept depuis l'Indépendance. Parallèlement, Israël, à l'origine nation en développement, s'est transformé en une économie occidentale prospère. L'industrialisation du pays, le boom immobilier et le développement du réseau routier ont entraîné leur cortège d'urbanisation et de pollution, dont les effets se font davantage sentir dans le pays, en raison de sa petite taille, qu'ailleurs. Et si Israël est à la pointe du progrès en matière de gestion de l'eau, il a pris beaucoup de retard dans d'autres domaines.

La pollution atmosphérique de nombreuses villes israéliennes et palestiniennes est pire que presque partout en Europe et atteint régulièrement des niveaux dangereux. Côté énergie solaire, rien n'a vraiment évolué depuis l'obligation, datant des années 1970, d'équiper toutes les constructions neuves de panneaux solaires passifs pour chauffer l'eau. La gestion des déchets est très sommaire, et le taux de recyclage assez faible. Peu coûteux, l'enfouissement des ordures dans des décharges municipales reste courant, malgré la diminution rapide des surfaces disponibles.

Le développement anarchique des zones urbanisées en périphérie des villes est devenu un problème, en l'absence de plan d'occupation des sols rigoureux. Au départ, l'habitat était surtout constitué d'immeubles, mais de plus en plus d'Israéliens ont fait construire des maisons individuelles, ce qui a entraîné la prolifération des zones pavillonnaires. Routes et banlieues ont ainsi peu à peu colonisé les espaces vierges. Les écologistes se sont battus pour endiguer cette tendance, mais leurs efforts ont rarement été couronnés de succès. Une campagne destinée à ralentir la construction sur le littoral a toutefois produit des résultats impressionnants : la loi interdit désormais toute construction à moins de 300 m de la côte et garantit l'accès du public à toutes les plages.

Ces dernières années, le mouvement écologiste israélien a gagné en puissance. Les partis "verts", élus dans certaines circonscriptions, ont acquis une légitimité.

Le conflit avec Israël, la pénurie de pétrole et les rivalités politiques intestines ont eu raison du système de traitement des eaux usées à Gaza. En conséquence, certaines rues de Gaza débordent d'excréments humains et 100 000 m^3 d'eaux usées se déversent quotidiennement dans la Méditerranée.

Israël pratique

Sécurité

Ce n'est pas dangereux ? C'est la question que vos amis et parents risquent de vous poser quand vous leur annoncerez votre intention de visiter Israël et/ou les Territoires palestiniens. La réponse dépend de l'actualité et peut changer en quelques jours. Seule certitude : il est toujours sage de suivre les conseils du ministère des Affaires étrangères de votre pays.

Conseils aux voyageurs

Un certain nombre de sites Web gouvernementaux fournissent conseils et informations sur les points chauds du moment. Informez le ministère des Affaires étrangères de votre pays de vos intentions de voyage.

Ministère des Affaires étrangères français (www.diplomatie.gouv.fr)

Ministère des Affaires étrangères de Belgique (diplomatie.belgium.be/fr/)

Département fédéral des Affaires étrangères suisse (www.eda.admin.ch/eda/fr)

Ministère des Affaires étrangères du Canada (www.voyage.gc.ca)

Actualités

En visite dans cette région, il est indispensable de consulter régulièrement les médias pour s'informer sur les éventuels risques en matière de sécurité.

Haaretz (www.haaretz.com) L'édition en anglais du journal israélien de centre gauche disponible en kiosque.

Kan, radio et télévision publique israélienne (www.kan.org.il) Diffuse, sur Internet, et dans les villes importante, une émission en 8 langues au cours de la journée dont une en français de 21h à 22h.

Jerusalem Post (www.jpost. com) Journal anglophone de centre-droit largement distribué.

Jerusalem Report (www.jpost. com/Jerusalem-Report) Ce bihebdomadaire anglophone analyse les problèmes d'actualité.

The Times of Israel (fr. timesofisrael.com) Magazine d'actualités en ligne.

Yediot Aharonot (www.ynetnews. com) Quotidien en hébreu relayé par un site Web en anglais.

Champs de mines

Certains endroits d'Israël et des Territoires palestiniens – notamment le long de la frontière jordanienne et dans les environs du plateau du Golan – sont toujours jonchés de mines antipersonnel. Heureusement, les zones minées connues sont indiquées en rose sur les cartes topographiques et sont délimitées par du fil barbelé accompagné de triangles rouges (ou rouille) et/ou de panneaux "Danger Mines !" jaune et rouge.

En randonnée, ne vous écartez pas des sentiers balisés et ne franchissez jamais les barbelés. Dans la vallée du Jourdain et l'Arava, il arrive que les crues éclair entraînent de vieilles mines au-delà des champs de mines connus – où que vous soyez, ne touchez *jamais* tout objet qui pourrait être un vieil obus, une vieille grenade ou une vieille mine.

Si vous vous retrouvez dans une zone minée, revenez sur vos pas uniquement si vous voyez distinctement vos empreintes. Dans le cas contraire, restez où vous êtes et demandez de l'aide. Si quelqu'un est blessé dans un champ de mines, ne vous précipitez pas pour l'aider, même s'il appelle au secours – trouvez une personne qui saura pénétrer dans une zone minée en toute sécurité.

Mesures de sécurité en Israël

La politique israélienne en matière de sécurité est une des plus rigoureuses au monde. Rues, routes, marchés et infrastructures publiques peuvent être bouclés sur ordre des services de renseignements (par exemple, en cas d'alerte à l'attentat-suicide) et des robots démineurs ramassent et détruisent tout sac ou colis abandonné. L'armée peut demander aux véhicules de se ranger et vérifier qu'ils ne transportent ni armes ni fugitifs, surtout près des postes de contrôle. Le nombre d'attentats terroristes en Israël a diminué ces dernières années, mais mieux vaut rester vigilant face à des personnes ou à des paquets suspects, surtout dans les transports publics.

À l'entrée des gares routières ou ferroviaires, des centres commerciaux, des supermarchés et autres lieux publics, les sacs peuvent être fouillés ou passés aux rayons X. Il peut aussi arriver qu'on vous passe au détecteur de métaux ou qu'on vous demande "*Yesh lecha neshek* ?" ("Portez-vous une arme à feu ?"). On s'y habitue étonnamment vite.

En 2011, Tsahal (l'armée israélienne) a déployé pour la première fois le dispositif de défense aérienne mobile "dôme de fer" (*Kippat Barzel*). Utilisé pour protéger les zones peuplées (surtout des villes comme Ashdod, Ashkelon, Be'er Sheva, Tel-Aviv et Jérusalem), ce système est capable d'intercepter et de détruire les roquettes de courte portée et les obus d'artillerie tirés depuis une distance comprise entre 4 km et 70 km. Il a fait preuve de sa grande efficacité et a été abondamment utilisé pendant le conflit entre Israël et le Hamas en 2014, au cours duquel il a intercepté et neutralisé 735 roquettes tirées depuis Gaza, dont 90% visaient des zones habitées.

Voyager en toute sécurité dans les Territoires palestiniens

La bande de Gaza est fermée aux voyageurs. La Cisjordanie est généralement sûre, et les Palestiniens sont accueillants envers les touristes. Comme dans d'autres régions peu visitées, ces derniers éveillent souvent la curiosité, mais on n'a pratiquement jamais entendu parler d'hostilité à l'égard de visiteurs en Cisjordanie.

Cependant, la Cisjordanie étant un territoire militairement occupé, les incidents entre l'armée israélienne et de jeunes Palestiniens aux postes de contrôle et dans certaines des villes les plus agitées sont courants, en particulier le vendredi et après des événements importants comme les funérailles d'un Palestinien.

Restez impérativement à l'écart de toutes manifestations et des lieux où elles sont fréquentes – notamment certains villages près des colonies israéliennes, à Hébron et au poste de contrôle de Qalandia. Consultez les conseils aux voyageurs de sites Internet gouvernementaux et renseignez-vous auprès de votre hôtel avant tout voyage.

Notez que si les circuits organisés constituent une très bonne façon de découvrir la Cisjordanie, il est préférable de décliner si l'on vous propose de vous emmener aux manifestations hebdomadaires de Bil'in

---

QUE FAIRE EN CAS DE TIRS DE ROQUETTE

Si vous entendez les sirènes d'alerte aérienne lors de votre séjour en Israël, rejoignez immédiatement le *mamad* (pièce en béton armé) ou l'abri antiaérien le plus proche et fermez-en toutes les portes et fenêtres). Selon le type de missile et la distance vous séparant du site de lancement à Gaza, dans le sud Liban ou en Syrie, vous ne disposerez peut-être que de 10 secondes pour vous préparer à l'impact (à Tel-Aviv, par exemple, un missile lancé de Gaza atterrit 90 secondes après l'avertissement sonore).

Si l'immeuble où vous vous trouvez ne comporte pas de *mamad* (seuls ceux construits après la première guerre du Golfe en sont pourvus), gagnez la pièce la plus éloignée de la direction d'où vient la menace et dotée du moins de murs extérieurs, de fenêtres et d'ouvertures possibles – à Eilat, la menace vient généralement du Sinaï ; à Tel-Aviv, de Gaza et, dans le nord, du Liban. Vous pouvez aussi vous abriter dans un escalier intérieur ou dans un couloir, le plus loin possible des portes et fenêtres. Si vous êtes au dernier étage d'un immeuble, descendez de 2 étages, mais pas au rez-de-chaussée.

Si vous êtes dehors ou dans un véhicule, entrez dans le bâtiment le plus proche et suivez les mêmes consignes. En zone découverte, allongez-vous sur le sol loin de votre voiture, face contre terre, et protégez-vous la tête avec les mains.

Sauf instructions supplémentaires (à la radio, notamment), vous pouvez quitter votre abri ou regagner votre voiture après 10 minutes.

Ces conseils sont valables toute l'année et pas seulement en temps de conflit actif. Le site Web du Commandement du Front intérieur israélien (www.oref.org.il/894-en/Pakar.aspx) fournit des conseils sur la conduite à tenir en cas d'attaque de roquette, de missile, d'arme chimique ou biologique, ainsi que des vidéos éducatives et une carte des délais d'alerte.

UN FIL D'ARIANE EN VOYAGE

Le **portail Ariane** (pastel.diplomatie.gouv.fr/fildariane), mis en place par le Centre de crise du ministère des Affaires étrangères, est un service gratuit permettant au voyageur français à l'étranger d'être contacté par le service consulaire, sur son téléphone portable ou par e-mail, au cas où des événements graves (crise politique, catastrophe naturelle, attentat…) se produiraient dans le pays durant son séjour, ou de contacter rapidement sa famille ou ses proches en France en cas de besoin.

La procédure d'inscription se réalise en ligne, où vous donnez des informations sur votre voyage (date de départ, de retour, numéro de téléphone portable, coordonnées d'éventuels contacts sur place, adresses de séjour et itinéraire prévu, etc.).

Grâce à ce service, vous recevrez en outre, avant votre départ, des recommandations de sécurité par e-mail si la situation dans le pays le justifie.

Il existe une application pour les smartphones et les tablettes, intitulée Conseils aux voyageurs.

(ou, d'ailleurs, à toute autre manifestation).

Voici quelques conseils pour voyager en Cisjordanie en toute sécurité :

➡ Avoir toujours son passeport sur soi. Vous n'en aurez pas besoin pour entrer en Cisjordanie, mais vous en aurez besoin, ainsi que de votre visa israélien sur feuille volante (p. 435), pour en sortir.

➡ Ne jamais se promener seul dans les camps de réfugiés. Vous devez être accompagné d'un guide local.

➡ Le moindre signe extérieur de judaïsme peut vous faire passer pour un colon israélien (et la plupart des Palestiniens n'aiment guère les colons).

➡ Éviter systématiquement les lieux où sont prévues des manifestations. Ne photographier sous aucun prétexte des manifestants palestiniens (ou des soldats israéliens) sans leur accord.

➡ Voyager le jour autant que possible. La mauvaise signalisation routière, les barrages routiers et les postes de contrôle sont déjà déroutants de jour ; la nuit ne fait qu'ajouter à la confusion.

➡ Rester toujours très prudent à l'approche des barrages et *checkpoints* – les soldats israéliens étant constamment en état d'alerte, les inquiéter

inutilement peut entraîner des problèmes et des confrontations. Ils ne savent pas qu'ils sont face à un simple visiteur curieux.

Militantisme

Israël est une démocratie où les manifestations politiques sont un droit garanti par la loi. Toutefois, les habitants des zones de Cisjordanie administrées par l'armée israélienne (c'est-à-dire sous contrôle militaire) ne bénéficient pas des mêmes droits. En conséquence, des moyens violents – coups de matraque, gaz lacrymogènes, grenades cataplexiantes et balles en caoutchouc – sont souvent utilisés contre les manifestants palestiniens et les Israéliens qui les soutiennent parfois lors des manifestations. Si vous vous trouvez dans une manifestation, même en tant que simple observateur, vous ne serez pas considéré comme un étranger innocent mais comme un participant au conflit.

Il arrive parfois que les manifestations dégénèrent. C'est particulièrement le cas quand les juifs ultra-orthodoxes affrontent la police dans des endroits comme le quartier de Mea

Shearim à Jérusalem ou la ville de Beit Shemesh. Il est aussi arrivé que des membres de groupes d'extrême droite agressent des militants de gauche lors de manifestations en faveur du compromis territorial ou contre les colonies israéliennes.

Le mont du Temple/ Haram Ash-Sharif dans la vieille ville de Jérusalem est un lieu de manifestation privilégié. Bien que la Jordanie détienne le contrôle administratif de ce lieu saint, les Israéliens y sont responsables de la sécurité et interdisent parfois l'accès à l'enceinte (et donc à la mosquée al-Aqsa) aux hommes musulmans de moins de 45 ans quand ils jugent la sécurité instable. Cela peut déclencher de violentes manifestations dans le quartier musulman de la vieille ville, près de la porte de Damas et dans Jérusalem-Est, surtout lors de la prière du vendredi après-midi. Mieux vaut éviter ces secteurs quand la situation politique est tendue.

Afin de préserver la paix, les forces de sécurité israéliennes interdisent également aux juifs de prier dans l'enceinte, ce qui met les ultranationalistes hors d'eux et a déjà engendré de violents affrontements entre forces de sécurité et manifestants.

Certaines commémorations observées par les Palestiniens s'accompagnent souvent de manifestations. Ces journées sont habituellement marquées par des violences (des deux côtés). Il est donc recommandé aux voyageurs de rester vigilants en Cisjordanie ou ses environs.

Journée de la Terre
Le 30 mars, journée de protestation (Yom Al Ard en arabe et Yom Ha Adama en hébreu) contre l'extension des colonies israéliennes de 1976.

Jour des prisonniers palestiniens
Le 17 avril, les Palestiniens honorent leurs compatriotes incarcérés en Israël.

Jour de la Nakba
Le 15 mai, commémoration d'Al Nakba ("la catastrophe" pour les Palestiniens) le jour qui suit l'indépendance d'Israël.

Jour de la Naksa
Le 5 juin, commémoration de la *naksa* ("la rechute" pour les Palestiniens) que représente la guerre des Six Jours de 1967.

Accidents de la circulation

Le nombre d'accidents de la route mortels en Israël a diminué ces dernières années (362 en 2017 contre plus de 600 accidents annuels en moyenne dans les années 1990) et le pourcentage d'accidents mortels par habitant est beaucoup plus bas que dans beaucoup d'autres pays (3,3 pour 100 000 habitants contre 5,4 en France et 11,6 aux États-Unis). Les routes israéliennes peuvent néanmoins être dangereuses, surtout les routes rurales et les nationales, où les chauffeurs ont tendance à rouler vite et à prendre des risques en doublant. Respectez les limitations de vitesse et conduisez toujours prudemment.

Vol

Le vol n'est pas plus un problème en Israël et dans les Territoires palestiniens qu'ailleurs, prenez-donc les précautions habituelles : ne laissez pas les objets de valeur dans votre véhicule ou votre chambre d'hôtel et gardez les documents importants et votre argent dans une ceinture cache-billets. À l'hôtel, placez vos objets de valeur et vos papiers dans le coffre de la réception. Dans les bus longue distance, vous pouvez mettre vos bagages en soute mais gardez avec vous vos objets de valeur. Les pickpockets œuvrent autour des sites touristiques très fréquentés et des marchés animés, restez donc vigilant et attentif. Le vol de vélos est en plein essor : utilisez un gros cadenas à chaîne en acier renforcé (pas un câble) et ne laissez jamais un vélo de valeur dans la rue la nuit.

Carnet pratique

Alimentation

Pour plus de détails sur la cuisine en Israël et dans les Territoires palestiniens, reportez-vous p. 398.

Ambassades et consulats

Ambassades et consulats d'Israël à l'étranger

Belgique
(☎02-373 55 00 ; brussels.mfa. gov.il ; av. de l'Observatoire 40, Bruxelles 1180)

Canada
(☎514-940 8500 ; montreal. mfa.gov.il ; 1 Westmount Sq, Suite 650, Westmount, QC H3Z 2P9 Montréal)

France
Paris (☎01 40 76 55 00 ; paris. mfa.gov.il ; 3 rue Rabelais, 75008 Paris) ; Marseille (☎04 91 53 44 95 ; C.Marseille@paris. mfa.gov.il ; 4 impasse Dragon, 13006 Marseille)

Jordanie
(☎06-550 35 00 ; embassies. gov.il/amman-en ; Maysaloun St, Rabiya, 11195, Amman)

Suisse
(☎031-356 35 00 ; bern.mfa. gov.il ; 32 Alpenstrasse, Berne)

Ambassades et consulats étrangers en Israël

Si l'État d'Israël a déclaré Jérusalem "réunifié" sa capitale, ce choix n'a pas été reconnu par une grande partie de la communauté internationale, et la plupart des représentations diplomatiques sont installées à Tel-Aviv ou à proximité. Certains pays conservent des consulats à Jérusalem, Haïfa et/ou à Eilat.

Belgique
Ambassade à Tel-Aviv (☎03-613 8130 ; israel.diplomatie.belgique. be ; Abba Hillel Silver St, 12, 15e ét, 5250606 Ramat-Gan) ; consulat général à Jérusalem (☎02 582 82 63 ; jerusalem. diplomatie.belgium.be ; 5 Baibars St, Sheikh Jarrah) ; consulat à Eilat (☎8 637 59 20 ; 440/4 Shani St) ; consulat à Haïfa (☎4 852 40 77 ; 22 Allenby Rd, 31334).

Canada
(☎03-636-3300 ; www. canadainternational.gc.ca/ israel ; 3 Nirim St, Tel-Aviv ; ⊙8h-16h lun-jeu, 8h-13h30 ven)

États-Unis
Ambassade à Jérusalem (☎02-630-4000 ; il.usembassy.gov/ embassy ; 14 David Flusser St) ; antenne àTel-Aviv (carte p. 128 ; ☎03-519-7575 ; il.usembassy. go ; 71 HaYarkon St).

France
(Carte p. 128 ; ☎03-520-8300 ; il.ambafrance.org ; 112 promenade Herbert Samuel ; ⊙8h-12h30 lun-ven) ; consulat à Jérusalem (carte p. 88 ; ☎02-629-8500 ; jerusalem.consulfrance.org ; 5 Paul Émile Botta St) ; consulat à Haïfa (☎04-813 8822 ; 37 Hagefen St).

Jordanie
(☎03-751-7722 ; 10e ét, 14 Abba Hillel St, Ramat Gan ; ⊙9h30-15h dim-jeu)

Suisse
Tel-Aviv (☎03-546 4455 ; www. eda.admin.ch/telaviv ; 228 HaYarkon St, 6340524)

Argent

La devise officielle israélienne est l'Israeli New Shekel (NIS ou ILS), souvent appelée shekel (*shkalim* au pluriel).

Le shekel se divise en 100 agorot. Il existe des pièces de 10 et 50 agorot (marquées ½ shekel) ainsi que de 2 et 5 NIS. On trouve aussi des billets de 10, 20, 50, 100 et 200 NIS.

Fin 2017, de nouveaux billets à l'effigie de figures féminines littéraires ont été mis en circulation. La poétesse Rachel (Rachel Blaustein ; 1890-1931) apparaît sur les billets de 20 NIS et Leah Goldberg (1911-1970) sur ceux de 100 NIS.

Les Territoires palestiniens ne possèdent pas de devise propre. On utilise le shekel israélien et, dans une moindre mesure, le dinar jordanien et les dollars américains.

Bureaux de change

Les banques prélèvent une commission importante ; il est généralement plus intéressant de changer ses devises dans les bureaux de poste à même d'accepter des devises étrangères ou dans les bureaux de change indépendants, car ni les uns ni les autres ne prennent de commission.

Distributeurs automatiques de billets (DAB)

Très répandus, les distributeurs de billets acceptent presque tous les cartes Visa, Mastercard, American Express et Diners. La plupart des DAB – mais pas tous –permettent l'avance de fonds avec des cartes Visa ou MasterCard.

À noter que les DAB ne sont pas disponibles à la frontière entre la Jordanie et l'Égypte.

Pour éviter que l'organisme qui vous a délivré votre carte de crédit ne soupçonne une fraude et ne bloque votre compte, informez-le de votre séjour en Israël et/ou dans les Territoires palestiniens.

Marchandage

La plupart de vos expériences de marchandage se dérouleront dans les souks, les marchés aux puces ou dans les taxis, qui, malgré le fait que la loi les oblige à utiliser un compteur, ratent rarement l'opportunité de délester les touristes de quelques shekels supplémentaires. Comme pour le marchandage dans le monde entier, restez courtois et rappelez-vous qu'en tant qu'acheteur, vous avez l'avantage.

Pourboire

Cette pratique est de plus en plus répandue en Israël et dans les lieux touristiques de Cisjordanie.

Guides Réunissez une cagnotte avec les autres visiteurs ; 10-20 NIS par personne.

Hôtels 10 NIS à 20 NIS par nuit pour les femmes de chambre.

Pubs Des boîtes à pourboire sont généralement placées sur le comptoir ; 10-15% de la note.

Restaurants 10-15% de la note pour les serveurs.

Taxis Les chauffeurs n'attendront pas de pourboire mais vous pouvez arrondir le prix de la course.

Assurance

Il est toujours sage de contracter une assurance voyage avant de partir. Outre les couvertures santé (un détour aux urgences peut coûter cher) et vol habituelles, vérifiez que votre assurance correspond à vos besoins spécifiques. Par exemple, si vous prévoyez de pratiquer la plongée, le parachutisme ou le ski, vérifiez que votre police couvre ces activités. Presque toutes les assurances excluent le risque de guerre.

Même en tant que touriste, il est possible d'obtenir une couverture médicale à prix raisonnable auprès d'un

des HMO (organismes de gestion de santé) israéliens à condition de séjourner au moins 3 à 6 mois dans le pays. Renseignez-vous aux bureaux des organismes suivants :

Maccabi Healthcare Services (www.maccabi4u.co.il). Consultez le Welcome Program.

Me'uchedet (www.meuhedet.co.il). Programme d'assurance pour non-résidents.

Bénévolat

En Israël, les possibilités de faire du bénévolat abondent. Il s'agit souvent de fouilles archéologiques, d'emplois dans des auberges de jeunesse ILH ou auprès d'organismes de défense de l'environnement. Consultez les sites Internet du National Council for Volunteering in Israel (www.ivolunteer.org.il) et d'Israel Hostels (www.hostels-israel.com/volunteer-in-a-hostel).

Israël
KIBBOUTZ

Depuis la création d'Israël, des centaines de milliers de jeunes gens (surtout européens) ont séjourné comme bénévoles dans un kibboutz. Si l'âge d'or de ces communautés agricoles est bien loin, il est toujours possible d'être bénévole dans une vingtaine de kibboutz. Le travail y est manuel, les semaines sont longues et la compensation pécuniaire faible, mais on est logé, nourri et blanchi. On dispose d'une assurance médicale et on a la chance de rencontrer d'autres jeunes gens et d'apprendre l'hébreu. Et c'est, bien sûr, une opportunité unique pour se plonger dans la vie du kibboutz. Les bénévoles ont accès aux équipements sportifs, à la piscine, aux événements culturels (comme les films projetés le soir) et au pub. Visites et activités sont souvent proposées les jours de congé.

Pour être volontaire, il faut avoir entre 18 (23 ans pour certains kibboutz) et 35 ans et être prêt à s'engager entre 2 et 6 mois. Il faut poser sa candidature depuis son pays d'origine au moins un mois avant d'arriver ; et remplir un formulaire médical. Il est peu probable de savoir à l'avance quel kibboutz vous accueillera. Vous trouverez plus de détails sur www.kibbutz.org.il/eng et pouvez découvrir l'expérience personnelle d'un bénévole britannique sur www.kibbutzvolunteer.com.

Territoires palestiniens

Dans les territoires palestiniens, il s'agit souvent d'aider les nombreuses ONG œuvrant pour améliorer la vie des palestiniens, comme Medical Aid for Palestinians (www.map-uk.org). Parmi les groupes accueillant les bénévoles :

Al Rowwad Centre (www.alrowwad.org/fr/)

Freedom Theatre (www.thefreedomtheatre.org)

Hope Flowers School (www.facebook.com/HopeFlowersSchool/)

Ibdaa Cultural Centre (en.ibdaa1948.org)

Palestinian Circus School (www.palcircus.ps)

Tent of Nations (www.tentofnations.org).

Il est essentiel de bien se renseigner avant de voyager en Cisjordanie en tant que bénévole car certaines organisations ont une meilleure réputation que d'autres.

En France

En France, quelques organismes offrent des opportunités de travail bénévole sur des projets de développement ou d'environnement, parfois sur des périodes courtes, de une à quatre semaines. Certaines associations s'adressent plus spécifiquement aux jeunes.

Les chantiers proposés vont de la réfection d'une école aux travaux liés à l'environnement. Il s'agit d'une bonne formule pour s'immerger dans le pays, connaître l'envers du décor touristique et bénéficier d'une ambiance internationale (les volontaires viennent de divers pays en général). En revanche, les conditions de vie sur un chantier sont spartiates, et prenez garde au décalage fréquent entre le programme et la réalité. La fouille archéologique peut rapidement se transformer, une fois sur place, en coup de peinture donné à la maison des jeunes locale. Le matériel est parfois rudimentaire, et la réalité du terrain souvent plus dure qu'on ne l'imaginait.

Voici quelques organismes à connaître : **Comité de coordination du service volontaire international** (CCIVS ; ☎01 45 68 49 36 ; cvivs.org) ; **Délégation catholique pour la coopération** (DCC ; ☎01 45 65 96 65 ; www.ladcc.org) ; **Jeunesse et Reconstruction** (☎01 47 70 15 88 ; www.volontariat.org) ; **Maison de l'Unesco** (☎01 45 68 10 00 ; www.unesco.org) ; **Service civil international** (SCI, branche française ; ☎03 20 55 22 58 ; www.sci-france.org)

Cartes de réduction

La carte Hostelling International (HI) offre des tarifs préférentiels dans les auberges de jeunesse affiliées. L'International Student Identity Card (ISIC) n'apporte plus autant de réductions que par le passé (aucune dans les transports publics, par exemple).

Certains musées et sites offrent des réductions aux citoyens israéliens seniors.

Si vous visitez de nombreux parcs nationaux et sites historiques administrés par l'Israel Nature & Parks Authority (INPA ; www.parks.org.il), économisez en choisissant la Green Card, permettant pendant 14 jours d'accéder aux sites de l'INPA pour 150 NIS (une carte pour 6 parcs coûte 110 NIS). Les membres de la Société pour la protection de la nature en Israël (www.natureisrael.org) bénéficient de remises sur l'hébergement dans les centres de formation et sur les sorties.

Cartes et plans

Les cartes des offices du tourisme, quand il y en a, sont souvent rudimentaires. D'excellentes cartes routières, publiées par la société Mapa (www.mapa.co.il/maps) installée à Tel-Aviv, sont vendues dans toutes les librairies d'Israël ; son site propose une carte détaillée en hébreu du pays entier. Les bases de données utilisées par Google Maps (www.maps.google.com) et les dispositifs GPS ne sont pas aussi développées qu'en Occident.

La Société pour la protection de la nature en Israël (SPNI ; www.natureisrael.org), connue en hébreu sous le nom de *HaChevra l'Haganat HaTeva*, publie pour les randonneurs une série de 20 cartes topographiques des sentiers (*mapot simun shvilim*) au 1/50 000, uniquement en hébreu. Elles indiquent les réserves naturelles (en vert avec le nom en violet), les sentiers balisés, mais aussi les zones utilisées par l'armée pour les exercices à balles réelles (*shitchei esh* ; indiquées en rose) et l'emplacement de vieux champs de mines (*sdot mokshim* ; en rose délimités par des triangles rouges). Les cartes peuvent être achetées directement auprès de la SPNI (dans un de ses centres de formation) ; elles sont également en vente dans les librairies ; des versions plastifiées sont disponibles.

Désagréments et dangers

Pour des informations détaillées sur les conditions de sécurité en Israël et les Territoires palestiniens, consultez le chapitre *Sécurité* (p. 428).

Israël est généralement un endroit tout à fait sûr et les agressions violentes envers les touristes sont extrêmement rares. Cependant, le pays présente des difficultés particulières dont il faut être conscient.

➡ Soyez prudent si vous visitez des zones limitrophes, en particulier de la Syrie et du Liban ou de la Cisjordanie.

➡ Suivez les actualités et n'hésitez pas à demander des conseils à votre hôtel ou auberge de jeunesse.

➡ Évitez les manifestations, surtout à Jérusalem, qui peuvent se transformer rapidement en émeutes.

➡ Si l'on vous pose des questions sur la situation politique, n'oubliez pas que l'émotion tend à prendre le dessus et que les discussions peuvent vite devenir houleuses.

➡ Quand vous le pouvez, utilisez les coffres dans les hôtels. Ne laissez pas vos effets personnels et objets de valeurs sans surveillance, surtout sur la plage.

➡ En Cisjordanie, l'hostilité envers les voyageurs est quasiment inexistante. Cependant, ceux-ci doivent faire preuve de prudence car la zone est sous occupation militaire et les affrontements entre soldats Israéliens et palestiniens sont courants. Restez à l'écart des manifestations et, autant que possible, des zones où les événements sont fréquents.

➡ Fumer est très courant en Cisjordanie et les zones non-fumeurs dans les bars et les restaurants sont rares. Ceci dit, de plus en plus d'hôtels et d'auberges de jeunesse interdisent de fumer dans les chambres, voire dans les espaces communs.

Douane

Les personnes qui se rendent en Israël, y compris en Cisjordanie, peuvent importer sans taxe 1 l d'alcool ou 2 l de vin par personne majeure, 250 ml de parfum, 250 g de tabac (200 cigarettes) et des cadeaux pour une valeur maximale de 200 $US. On peut amener en Israël des animaux familiers, à condition de fournir les papiers correspondants à l'avance au ministère israélien de l'Agriculture.

Les drogues, les objets associés à leur fabrication, leur vente ou leur consommation, les bombes lacrymogènes, les brouilleurs de radar (pour brouiller les pistolets détecteurs de vitesse de la police), la viande fraîche et les documents pornographiques sont interdits.

Électricité

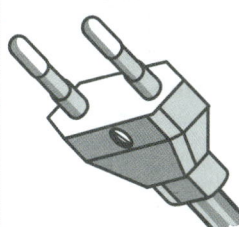

Type C
220 V/50 Hz

Type H
230 V/50 Hz

Formalités et visas

Avant le départ, il est impératif de contacter les ambassades et les consulats pour s'assurer que les modalités d'entrée sur le territoire n'ont pas changé. Nous vous conseillons de scanner ou de photocopier tous vos documents importants (pages d'introduction de votre passeport, cartes bancaire, police d'assurance, billets de train/d'avion/de bus, permis de conduire, etc.). Conservez ces copies à part des originaux. Vous remplacerez ainsi plus aisément ces documents en cas de perte ou de vol.

Israël

Israël ne tamponne plus les passeports des touristes (mais a toujours le droit de le faire). Ces derniers reçoivent une petite carte d'entrée permettant de prouver qu'ils sont entrés légalement dans le pays. Ne la perdez pas car c'est la seule preuve de la régularité de votre situation (par ex. : pour éviter de payer la TVA à l'hôtel ou passer un barrage en direction/depuis la Cisjordanie).

Les étudiants doivent avoir un visa étudiant (A/2) ; les bénévoles des kibboutz doivent obtenir de leur organisme d'accueil un visa bénévole (B/4).

Visa touristique à l'arrivée

En général, Israël accorde aux visiteurs occidentaux arrivant en Israël ou dans les Territoires palestiniens un visa touristique d'arrivée gratuit (B/2). Pour savoir quels ressortissants y ont droit, consultez www.mfa.gov.il (cliquez sur "Consular Services" puis sur "Visas"). Votre passeport doit être valable au moins 6 mois après votre date d'arrivée. Les autorités peuvent vous demander de faire la preuve que vous possédez l'argent suffisant et/ou un billet pour le retour ou pour un autre pays, mais le font rarement.

Les visas d'arrivée sont généralement valables 90 jours. Cependant, certains voyageurs, par exemple ceux qui arrivent d'Égypte ou de Jordanie par voie terrestre, ne se voient parfois accorder que 30 jours, voire 2 semaines – ce délai est à la discrétion de l'officier de contrôle à la frontière. Au moindre soupçon que vous venez participer à des manifestations pro-palestiniennes ou promouvez le boycott d'Israël, projetez de vous engager, comme missionnaire ou recherchez illégalement un emploi, vous pouvez être renvoyé chez vous par le premier avion.

Prorogations

Il existe deux moyens de prolonger un visa touristique (B/2).

➡ Faites une "incursion visa" en Égypte, en Jordanie ou à l'étranger. Vous pourriez obtenir 3 mois supplémentaires – ou un seul. Renseignez-vous auprès d'autres voyageurs pour connaître les derniers tuyaux.

➡ Demandez la prolongation de votre visa (90 NIS) à la Population & Immigration Authority (www.piba.gov.il), dépendant du ministère israélien de l'Intérieur, qui possède des bureaux à Jérusalem, Tel-Aviv et Eilat. Apportez un passeport valable au moins 6 mois au-delà de la période d'extension demandée, une photo récente, une lettre expliquant pourquoi vous souhaitez/avez besoin d'une prorogation (et les justificatifs), et la preuve d'un budget suffisant pour la durée du séjour. Les bureaux des petites villes sont souvent plus rapides.

Si vous possédez les conditions requises pour un visa d'*oleh* (immigrant) dans le cadre de la loi du Retour israélienne, c'est-à-dire que vous avez au moins un ascendant juif ou que vous êtes converti au judaïsme et avez les justificatifs, il est très simple de prolonger votre visa touristique aussi longtemps que vous le souhaitez, ou même de devenir citoyen israélien.

➡ En dépassant la durée de votre visa, vous encourez une amende, mais les voyageurs qui ne restent que quelques jours de plus n'ont d'ordinaire aucun ennui ni aucune amende. Mieux vaut ne pas prendre le risque.

Jordanie

Les ressortissants de la plupart des pays occidentaux ont droit à des visas de visiteurs de 3 mois pour Israël, délivrés aux trois postes-frontières avec la Jordanie.

Dans l'autre sens, les visas jordaniens à l'arrivée sont uniquement disponibles au poste-frontière Jourdain-Sheikh Hussein, à 30 km au sud du lac de Tibériade.

Depuis 2017, le poste-frontière Yitzhak Rabin-Wadi Araba, à quelques kilomètres au nord d'Eilat et Aqaba, et le poste-frontière pont Allenby/King Hussein ne délivrent plus de visas jordaniens à l'entrée.

Contactez une ambassade ou un consulat jordanien (à l'étranger ou à Ramat Gan, près de Tel-Aviv) pour obtenir un visa si vous êtes dans l'un des cas suivants :

➡ Vous souhaitez entrer en Jordanie par le poste-frontière pont Allenby/King Hussein ;

➡ Vous avez besoin d'un visa à entrées multiples ;

➡ Les visas à la frontière ne sont pas délivrés aux ressortissants de votre pays.

Les visas à entrée simple/double/multiple valables 2/3/6 mois à compter de la date de délivrance coûtent 40/60/120 DJ.

Attention : si vous êtes passé en Cisjordanie et/ou en Israël par le pont Allenby/King Hussein *et* retournez en Jordanie de la même manière, vous devrez demander un nouveau visa jordanien, sous réserve que votre visa ou sa prolongation soient encore valables. Conserver le tampon de sortie et présentez-le à votre retour.

Handicapés

En Israël, l'accessibilité des installations publiques aux personnes handicapées, y compris en fauteuil roulant, est proche de celle des pays d'Europe occidentale et d'Amérique du Nord. Presque tous les hôtels et les auberges de jeunesse HI doivent disposer d'au moins une chambre adaptée aux personnes en fauteuil roulant et beaucoup de sites touristiques, notamment les musées, les sites archéologiques et les plages, sont largement accessibles en fauteuil roulant. Un certain nombre de réserves naturelles comptent des sentiers adaptés aux fauteuils roulants (voir www.parks.org.il et www.kkl.org.il) et de nouveaux s'ajoutent chaque année. Côté restaurants, le tableau est mitigé car peu disposent de toilettes vraiment accessibles aux fauteuils roulants. Les rampes d'accès aux trottoirs pour fauteuils roulants sont très répandues.

Pour plus de détails sur l'accessibilité des lieux en Israël, consultez le site d'Access Israel (www.aisrael.org/eng). Yad Sarah Organisation (yad-sarah.net) loue fauteuils roulants, béquilles et autre matériel d'aide à la mobilité (caution demandée).

Les Territoires palestiniens sont moins bien équipés qu'Israël et la circulation est rendue plus difficile par les postes de contrôle du Tsahal, qu'il faut souvent passer à pied avec franchissement ou contournement de barrière à la clé.

L'**APF** (Association des paralysés de France ; 📞01 40 78 69 00 ; www.apf.asso.fr) peut fournir des informations utiles sur les voyages accessibles. L'agence de voyages **Yoola** (www.yoola.fr) et l'association **Ailleurs & Autrement** (www.ailleursetautrement.fr) organisent des voyages adaptés aux personnes à mobilité réduite. **Yanous** (www.yanous.com) et **handicap.fr** (www.handicap.fr) constituent également de bonnes sources d'information.

Hébergement

Auberges de jeunesse et écotourisme

Plusieurs dizaines de pensions et d'auberges de jeunesse indépendantes appartiennent à Israel Hostels (www.hostels-israel.com), dont les établissements membres proposent la nuit en dortoir à 100 NIS, des chambres doubles d'un bon rapport qualité/prix et d'incomparables opportunités de rencontre avec d'autres voyageurs.

Les 19 pensions et auberges de jeunesse israéliennes officiellement affiliées à Hostelling International (HI) disposent de chambres impeccables et

impersonnelles idéales pour les familles et proposent des petits-déjeuners copieux. Pour les détails, consultez le site Web de l'Israel Youth Hostels Association (www.iyha.org.il).

La Société pour la protection de la nature en Israël (Society for the Protection of Nature in Israel, SPNI ; www.natureisrael.org) dirige 9 établissements de tourisme écologique (*bet sefer sadeh*). Ces adresses proposent des chambres rudimentaires mais commodes et sont appréciées des groupes scolaires et des familles. Réservez tôt, surtout en période de vacances scolaires.

Les auberges pour pèlerins dirigées par des organisations religieuses accueillent principalement, mais pas exclusivement, les croyants. On s'en doute, l'ambiance y est moins festive que dans les auberges indépendantes mais elles constituent un logement bon marché.

Bed & Breakfast (zimmer)

L'hébergement le plus répandu en haute Galilée et dans le Golan est le *zimmer* (ou *tzimmer*). Personne ne sait comment le mot allemand signifiant "chambre" en est venu à symboliser pour les Israéliens tout ce qu'un chalet à la campagne peut avoir d'idyllique, encore que ce terme pourrait bien venir du "Zimmer frei" signalant souvent les pensions allemandes. Le prix des *zimmers* correspond souvent aux catégories moyenne à supérieure. Il n'est pas toujours possible d'y arriver tard le soir.

Un *zimmer* est souvent une chambre ou un bungalow en zone rurale avec décoration rustique en

pin vernis, TV, kitchenette et – dans les plus luxueuses – Jacuzzi. Certaines adresses proposent un excellent petit-déjeuner tandis que d'autres n'incluent que la chambre.

Pour trouver un *zimmer*, guettez les panneaux dans les rues ou consultez les sites Web suivants :

➡ www.zimmeril.com

➡ www.israeltours.co

➡ www.weekend.co.il (en hébreu)

➡ www.zimmer.co.il (en hébreu)

Camping

Si votre budget est serré, la tente (ou du moins le sac de couchage) est un bon moyen d'économiser vos shekels.

Le camping est interdit dans les réserves naturelles mais plusieurs organismes publics et privés gèrent des campings peu onéreux (www.campingil.org.il) dans une centaine de points du pays ; 22 d'entre eux, gérés par l'Israel Nature & Parks Authority (www.parks.org.il), sont à proximité de réserves naturelles. Certains sont dotés d'auvents (la tente n'est donc pas nécessaire), d'éclairage, de toilettes, de douches et de barbecues. En hébreu, demandez un *chenyon laila* ou un *orchan laila*.

Le camping est particulièrement pratiqué sur les rives du lac de Tibériade. Certaines plages aménagées – avec toilettes, douches correctes et surveillance – perçoivent un droit d'entrée par personne tandis que d'autres sont gratuites si vous arrivez à pied (les visiteurs motorisés paient un prix par véhicule).

Dans les Territoires palestiniens, évitez le camping pour des raisons de sécurité.

RÉSERVATION EN LIGNE

Trouvez un vol, un séjour ou un hôtel en quelques clics dans la rubrique "Réserver" de **www.lonelyplanet.fr**.

Hôtels

Israël et les Territoires palestiniens ont des hébergements pour tous les budgets et tous les styles de voyage. En Israël, les prix correspondent à ceux d'Europe occidentale (mais n'ont pas toujours les mêmes standards). Depuis ces dernières années, de plus en plus de petits hôtels de charme ouvrent. La Cisjordanie est un peu plus chère ; beaucoup des meilleures adresses sont regroupées à Ramallah et à Bethléem.

Les hôtels israéliens sont réputés pour leurs généreux petits-déjeuners sous forme de buffet. Si la plupart des restaurants d'hôtels ne servent que de la nourriture kasher, ils restent ouverts pendant le shabbat et les jours de fête juive.

Kibboutz hôteliers

Profitant de leur cadre charmant, souvent rural, de nombreux kibboutz proposent un hébergement de type pension de catégorie moyenne. Souvent construits à l'époque socialiste mais grandement améliorés depuis, ces établissements donnent accès aux équipements du kibboutz (piscine notamment), offrent une ambiance décontractée et proposent des petits-déjeuners délicieusement frais. Une chambre double avec petit-déjeuner ne coûte parfois que 350 NIS. Pour vous renseigner ou réserver, contactez la Kibbutz Hotels Chain (www.kibbutz.org.il).

Tarifs saisonniers
ISRAËL

Le prix des hébergements varie considérablement en fonction du jour de la semaine et de la saison.

Le tarif semaine s'applique généralement du samedi ou du dimanche au mercredi soir ou au jeudi soir.

PRIX DES CHAMBRES

Israël : les prix suivants correspondent à une chambre double avec petit-déjeuner pendant le week-end et en haute saison. Prix légèrement plus élevés à Tel-Aviv que dans le reste du pays.

$ moins de 350 NIS

$$ 350-600 NIS

$$$ plus de 600 NIS

Territoires Palestiniens : les prix suivants correspondent à une chambre double avec petit-déjeuner pendant le week-end et en haute saison.

$ moins de 200 NIS

$$ 200-400NIS

$$$ plus de 400 NIS

Le tarif week-end s'applique le vendredi, voire parfois le jeudi (beaucoup d'Israéliens ne travaillent pas le vendredi) et/ou le samedi soir.

Les tarifs haute saison sont en vigueur en juillet et août dans la plupart du pays, à l'exception des zones torrides comme la mer Morte et le lac de Tibériade.

Ils s'appliquent également durant les fêtes juives comme Rosh ha-Shanah, Shavu'ot, la semaine de Pessah et la fête des Tabernacles, surtout dans les lieux de vacances prisés comme la Galilée, le plateau du Golan et Eilat. Réservez largement à l'avance pour ces périodes.

Les prix des hébergements en shekels comprennent la TVA israélienne (17%), que les touristes étrangers ne doivent pas acquitter ; c'est pourquoi la plupart des établissements (mais pas certains B&B) pratiquent des prix moins élevés pour les non-Israéliens. Les prix en dollars US et les tarifs indiqués sur les sites de réservation hôtelière ne comprennent pas la TVA ; ils sont donc majorés de 17% sur la note des citoyens israéliens.

TERRITOIRES PALESTINIENS

Les prix restent constants toute l'année, à l'exception de Bethléem, où ils augmentent à Noël et à Pâques. Réservez pour ces périodes.

Heure locale

Rattachés au fuseau horaire GMT/UTC+2, Israël et les Territoires palestiniens avancent de 1 heure par rapport à la France, la Suisse et la Belgique et de 7 heures par rapport à Montréal la majeure partie de l'année. Les dates de début et de fin de l'heure d'été en Israël correspondent à peu près à celles de l'Europe (fin mars et fin octobre).

Homosexualité

Tel-Aviv, décorée de nombreux drapeaux arc-en-ciel, organise une immense Gay Pride et possède de nombreuses adresses pour sortir. Les communautés gays d'Haïfa et de Jérusalem sont moins importantes. La station balnéaire d'Eilat est accueillante envers les homosexuels, des touristes israéliens pour la plupart. La majeure partie des organismes locaux proposant aide, renseignements, contacts et événements sont basés à Tel-Aviv et à Jérusalem.

Les juifs orthodoxes, l'islam et presque toutes les églises chrétiennes sises en Terre sainte sont violemment opposés à l'homosexualité : la circonspection est donc de rigueur dans les quartiers religieux. L'homosexualité n'est pas illégale en Israël. Le mariage homosexuel n'existe pas dans le pays mais les mariages homosexuels officialisés à l'étranger y sont reconnus.

À l'exception de Ramallah, homosexualité et culture gay sont franchement tabous dans les Territoires palestiniens et des centaines de Palestiniens homosexuels se réfugient en Israël de peur d'être tués par leur famille. Même à Ramallah et Bethléem, il n'existe pas de scène nocturne LGBT en tant que telle, et comme dans le reste du monde arabe, des démonstrations publiques d'affection seront très mal vues et peuvent s'avérer relativement dangereuses.

Internet (accès)

On trouve des *hot-spots* Wi-Fi partout en Israël (notamment dans presque tous les cafés et dans beaucoup de restaurants). Le Wi-Fi est également disponible à bord de nombreux bus et trains interurbains, bien que le débit soit plus lent. La ville de Tel-Aviv offre le Wi-Fi dans des dizaines de lieux publics. Les auberges de jeunesse HI et beaucoup d'hôtels chics font payer le Wi-Fi et l'usage d'ordinateurs reliés à Internet, mais le Wi-Fi est généralement gratuit dans les B&B et auberges de jeunesse ILH et dans les hôtels de catégorie moyenne.

Les cartes SIM israéliennes et palestiniennes sont utilisables en Cisjordanie mais ces dernières ne fonctionneront que dans les zones proches des colonies israéliennes ou à la frontière. Les cartes SIM peuvent être achetées à bas coût dans les grandes villes (passeport nécessaire). Le Wi-Fi est assez répandu dans les café, les restaurants, les bars et les hôtels de toute la Cisjordanie.

Jours fériés

Israël

Gardez à l'esprit que pendant les fêtes juives comme Pessah, la plupart des restaurants, bars et même des supermarchés ferment à Jérusalem et dans les autres zones religieuses et Yom Kippour rend tout déplacement routier dans le pays pratiquement impossible.

De même que pour les fêtes religieuses, un certain nombre de fêtes nationales peuvent impacter votre séjour.

Journée de la mémoire de l'Holocauste
Yom HaSho'ah est un jour de commémoration solennelle des six millions de Juifs, dont 1,5 millions d'enfants, qui ont péri dans l'Holocauste. Les lieux de divertissement ferment. À 10h, les sirènes retentissent et les Israéliens se tiennent debout au garde-à-vous et en silence, où qu'ils se trouvent. (1-2 mai 2019, 20-2 avril 2020, 8-9 avril 2021).

Jour du souvenir Commémore
les victimes du terrorisme et les soldats morts en défendant Israël. Les lieux de divertissement ferment. À 20h et 11h, les sirènes retentissent et les Israéliens se tiennent debout au garde-à-vous et en silence, où qu'ils se trouvent. Tombe le jour précédant celui de l'indépendance israélienne (7-8 mai 2019, 27-28 avril 2020, 14-15 avril 2021).

Jour de l'indépendance d'Israël
Ha'Atzma'ut célèbre la déclaration d'indépendance d'Israël de 1948. Marqué de cérémonies officielles, de fêtes publiques avec de la musique live, des pique-niques et des randonnées. (8-9 mai 2019, 28-29 avril 2020, 15-16 avril 2021).

Yom Kippour
La fête juive du Grand Pardon est une journée solennelle de réflexion et de jeûne – et de cyclisme sur les routes désertes. Dans les territoires juifs, tous les commerces ferment et les transports (même en véhicule privé) cessent complètement ; les aéroports israéliens et les frontières ferment. (8-9 octobre 2019, 27-28 septembre 2020, 16-17 septembre 2021).

Hanoucca
Pendant la fête de la Lumière, attendez-vous à des fermetures comme pour Shabbat le premier et le dernier jour seulement. Certains israéliens partent en vacances, donc l'hébergement se fait plus rare et les prix des chambres flambent. (2-10 décembre 2018, 22-30 décembre 2019, 10-18 décembre 2020, 28 novembre-6 décembre 2021).

Territoires palestiniens

Les principales fêtes musulmanes se tiennent à des dates variables et dépendent de la lune.

Nouvel an musulman
Premier jour de Muharram.

Anniversaire du prophète
Célébré le 12 Rabi' Al Awal.

Lailat Al Miraj
Commémore le "voyage nocturne" du prophète Mahomet de la Mecque à Jérusalem et de Jérusalem au paradis. L'un des jours les plus sacrés de l'Islam ; des milliers de personnes se rendent au dôme du Rocher à Jérusalem.

Ramadan
Mois saint de jeûne des musulmans de l'aube au crépuscule. La plupart des boutiques et restaurants de Jérusalem-Est (notamment la vieille ville), de Cisjordanie et des villes arabes en Israël ferment pendant les heures du jour, mais le soir les rues s'animent.

Eid Al Fitr
Marque la fin du Ramadan avec 1 à 3 jours de fête en famille et entre amis. La plupart des boutiques et des services ferment dans les territoires arabes.

TU TE REPOSERAS LE SEPTIÈME JOUR

Le sabbat juif, "shabbat" en hébreu, débute 18 minutes (36 minutes à Jérusalem) avant le coucher du soleil le vendredi et s'achève le samedi une heure après le coucher du soleil.

La Halakha (loi juive) interdit de faire du commerce pendant le shabbat ; mais dans beaucoup de zones majoritairement juives d'Israël, notamment à Jérusalem-Ouest et à Tel-Aviv, des accords de statu quo autorisent les restaurants, lieux de distractions (théâtres, cinémas, discothèques, bars), musées et petites épiceries – mais pas les boutiques de détail ni les supermarchés – à rester ouverts pendant le shabbat.

Sur les terres appartenant à des kibboutz (par exemple, le Kibboutz Shefayim) et dans certains quartiers de Tel-Aviv (celui du vieux port), des commerces emploient du personnel non juif pendant le shabbat afin d'éviter les amendes du ministère du Travail et des Affaires sociales, qui recourt lui-même à des inspecteurs non juifs (généralement druzes) pendant le shabbat.

En règle générale, les transports publics israéliens ne circulent pas entre le milieu de l'après-midi du vendredi (l'heure exacte dépend du coucher du soleil) jusqu'au dimanche après-midi ou dimanche soir. À quelques exceptions près : certaines lignes de bus dans la ville d'Haïfa (où règne la mixité religieuse) fonctionnant 7j/7 depuis l'époque du mandat britannique, certains bus interurbains longue distance (les bus pour Eilat) et des lignes de bus desservant des villes majoritairement non juives. En revanche, beaucoup de *sherout* et de taxis normaux circulent durant le shabbat.

Dans les secteurs majoritairement musulmans (Jérusalem-Est, la vieille ville d'Acre, certains secteurs de Jaffa, de Cisjordanie et de Gaza), beaucoup d'activités cessent le vendredi mais reprennent le samedi. Dans les secteurs majoritairement chrétiens (Wadi Nisnas à Haïfa, Nazareth, Bethléem et les quartiers arménien et chrétien de la vieille ville de Jérusalem), les activités cessent généralement le dimanche.

Les parcs nationaux, les réserves naturelles ainsi que la plupart des musées sont ouverts 7j/7 mais ferment une heure ou deux plus tôt le vendredi soir. Les sites religieux chrétiens sont parfois fermés le dimanche matin et les visites des mosquées sont souvent interdites le vendredi.

Voir également le chapitre *Shabbat* p. 34

Eid Al Adha

Célébration d'Allah pour avoir empêché Ibrahim (Abraham dans la bible) de sacrifier son fils Isaac. C'est aussi la fin du haj.

Offices du tourisme

Presque toutes les grandes villes israéliennes possèdent un office du tourisme proposant brochures et plans ; certains organisent aussi des visites à pied.

Porte de Jaffa

(☏02-627-1422 ; www. itraveljerusalem.com ; Jaffa Gate ; ⏰8h30-17h sam-jeu, 8h30-13h30 ven). Office du tourisme efficace à Jérusalem.

Visites gratuites de Haïfa

(☏058 604-8428 ; www. facebook.com/freetourshaifa ; ⏰10h30 presque tous les mercredis). Très bon point de départ pour votre séjour à Haïfa. Quelques sites Web utiles :

➡ www.goisrael.com – ministère israélien du Tourisme

➡ www.igoogledisrael. com – informations sur les voyages et la vie en Israël

➡ www.parks.org.il – Israel Nature & Parks Authority

➡ www.travelujah.com – renseignements détaillés pour les voyageurs chrétiens

➡ www.travelpalestine.ps – ministère palestinien du Tourisme et des Antiquités

➡ www.visitpalestine.ps – excellent site de voyage basé à Ramallah.

La plupart des banques de Cisjordanie disposent maintenant d'offices du tourisme, certains de très bonne qualité, notamment à Jénine, Jéricho et Bethléem. Les hôtels et auberges de jeunesse sont une mine de renseignements sur les activités et destinations possibles.

Poste

Les lettres et les cartes postales mettent de 7 à 10 jours avec la Poste israélienne (www.israelpost. co.il) pour arriver en Amérique du Nord, un peu moins en Europe. Les lettres à destination d'Israël arrivent en 3 ou 4 jours si elles viennent d'Europe et en près d'une semaine si elles viennent d'ailleurs ; les colis sont plus lents. À l'intérieur du pays, une lettre pesant jusqu'à 50 g coûte 2 NIS.

Pour les livraisons express, privilégiez DHL

(www.dhl.co.il) et UPS (www.ups.com) ; le service de livraison express de la poste israélienne est moins cher mais plus lent et pas aussi fiable.

En Cisjordanie, il existe des bureaux de poste dans la plupart des villes principales mais le plus sûr est de demander à votre hôtel ou votre auberge de jeunesse de prendre en charge votre courrier.

Problèmes juridiques

On rapporte des cas où la police israélienne a arrêté des personnes pour possession d'infimes quantités de drogue, bien que la politique officielle soit plus tolérante. Lonely Planet déconseille à ses lecteurs l'usage de drogues, même les plus "douces", qui modifient le comportement.

Les visiteurs, contrairement aux citoyens israéliens, ne sont pas autorisés à faire du prosélytisme. La religion étant un sujet sensible ici, partager votre foi avec trop d'enthousiasme peut provoquer la colère des habitants et entraîner des complications avec la police.

La police palestinienne n'a pas le droit d'arrêter des touristes mais peut les remettre aux forces de sécurité israéliennes.

En cas d'arrestation, votre ambassade ne pourra pas faire grand-chose, à part laisser la justice suivre son cours.

Taxes

Il existe en Israël une taxe de valeur ajoutée de 17%, comprise dans tous les achats. Les citoyens israéliens doivent payer la TVA lorsqu'ils séjournent dans un hôtel mais les touristes en sont exempts.

Remboursement de la TVA

Les touristes étrangers peuvent se faire rembourser la TVA à partir de 400 NIS d'achats effectués dans certaines boutiques israéliennes (reconnaissables à l'autocollant "tax refund for tourists" apposé dans la vitrine). Ces achats doivent être enfermés dans un sac en plastique scellé et partiellement transparent et accompagnés d'une facture de détaxe (un ticket de caisse ne suffit pas). Faites-vous rembourser – moyennant des frais administratifs pouvant atteindre 15% – au moment de quitter le pays par voie terrestre ou aérienne. À l'aéroport Ben Gourion, le bureau correspondant se trouve dans le hall des départs ; effectuez les formalités de remboursement avant de passer le contrôle de sécurité car vous devrez montrer vos achats aux officiers de détaxe.

Téléphone

En Israël, les appels nationaux de fixe à fixe sont bon marché mais appeler un portable depuis un portable ou un fixe peut coûter 0,80 NIS la minute voire davantage, selon le fournisseur et l'abonnement. Attention si vous téléphonez de la chambre d'hôtel, les tarifs sont souvent exorbitants.

Téléphones portables

Bien que les portables et smartphones étrangers fonctionnent en Israël (à condition de fonctionner sur la bande 900/1 800 MHz), les frais d'itinérance peuvent être ruineux (voyez auprès de votre fournisseur). Heureusement, les divers opérateurs de téléphonie mobile israéliens, dont Orange (www.orange.

co.il), Pelefone (www.pelephone.co.il), Cellcom (www.cellcom.co.il), Hot Mobile (www.hotmobile.co.il) et Golan Telecom (www.golantelecom.co.il), proposent des cartes SIM prépayées et des forfaits mensuels bon marché avec diverses options d'itinérance de données. Un certain nombre de fournisseurs en ligne vendent des cartes SIM israéliennes à l'étranger.

Les numéros de téléphones mobiles commencent par ☎05, suivi d'un troisième chiffre.

Pour appeler un numéro de fixe depuis un mobile, composez toujours l'indicatif régional.

Près d'une frontière (notamment jordanienne), votre mobile peut passer sur un réseau jordanien. Revenez manuellement au réseau israélien pour éviter d'accumuler les frais d'itinérance élevés.

Dans les Territoires palestiniens, il est facile d'acheter des cartes SIM Jawwal et Wataniya – les deux fournisseurs palestiniens – pour les utiliser dans un téléphone débloqué.

Appels internationaux

Pour appeler Israël ou les Territoires palestiniens de l'étranger, composez le code d'accès international en vigueur dans votre pays (☎00 en France, en Belgique et en Suisse, ☎011 au Canada), suivi du ☎972 (indicatif d'Israël) ou le ☎972 ou ☎970 (indicatif des Territoires palestiniens), puis l'indicatif régional ou l'indicatif mobile (sans le zéro) et le numéro de votre correspondant.

En Israël, plusieurs opérateurs concurrents, chacun avec leur propre code d'accès international, proposent des services de téléphonie à l'internationale. Les appels directs internationaux peuvent coûter jusqu'à 3,80 NIS la minute, mais si vous vous inscrivez au préalable, les tarifs peuvent être remarquablement bas (jusqu'à 0,05 NIS/min). Voyez auprès de :

➜ Smile (www.012.net)

➜ Netvision (netvision.cellcom.co.il)

➜ Golan Telecom (www.golantelecom.co.il)

➜ Hot Mobile (www.hotmobile.co.il).

Pour appeler l'étranger depuis Israël, composez l'un de ces codes d'accès international, puis l'indicatif du pays (☏33 pour la France, ☏32 pour la Belgique, ☏41 pour la Suisse et ☏1 pour le Canada) et le numéro de votre correspondant, sans l'éventuel 0 initial.

Cartes téléphoniques

Diverses cartes prépayées, vendues dans les bureaux de poste, les kiosques de jeux et les kiosques à journaux permettent de passer des appels locaux et internationaux.

Travailler en Israël

Pour travailler légalement en Israël, il faut détenir un permis délivré par le ministère israélien de l'Intérieur et, comme en Amérique du Nord ou en Europe occidentale, il n'est jamais facile à obtenir. Si vous êtes éligible au visa *oleh* (immigrant) régi par la loi du Retour – c'est-à-dire si au moins l'un de vos parents ou grands-parents est juif et si vous possédez des papiers le prouvant – vous pouvez obtenir assez facilement un visa de travail.

Les Territoires palestiniens ayant le statut de territoires occupés, les personnes trouvant un travail en Cisjordanie ont besoin à la fois d'un permis de travail israélien

ISRAÉLIENS ET PALESTINIENS DE L'ÉTRANGER

Selon le Département d'État américain, le gouvernement israélien considère les enfants d'Israéliens nés à l'étranger comme des citoyens israéliens, et leur demande donc de se rendre en Israël et d'en sortir à l'aide d'un passeport israélien et d'accomplir leur service militaire en Israël. Les Palestiniens nés en Cisjordanie ou à Gaza – et, dans certains cas, leurs enfants et petits-enfants – sont considérés comme des Palestiniens ; ils doivent utiliser un passeport palestinien pour entrer en Palestine et en sortir, qu'ils possèdent ou non un autre passeport. Renseignez-vous sur www.travel.state.gov : sous "Learn About Your Destination", tapez "Israel" puis développez "Entry, Exit & Visa Requirements".

Sauf autorisation spéciale délivrée à l'avance, les personnes considérées par Israël comme palestiniennes doivent entrer dans le pays et le quitter par le pont Allenby/King Hussein et non, par exemple, par l'aéroport Ben Gourion. Inversement, les individus considérés comme citoyens israéliens peuvent arriver par n'importe quel aéroport israélien ou par voie terrestre *sauf* par le pont Allenby/King Hussein.

et d'une permission des autorités palestiniennes (PA). Il est arrivé qu'Israël rejette la demande de visas de travail aux étrangers souhaitant travailler pour les ONG palestiniennes. Il est arrivé que des personnes, suspectées de travailler sans visa, se sont déjà vues refuser l'entrée sur le territoire par les autorités israéliennes.

Us et coutumes

On marche parfois sur des œufs quand il s'agit des convenances en Israël et dans les territoires palestiniens, mais voici quelques règles qui vous aideront à ménager les susceptibilités locales.

➜ **Éviter autant que possible les sujets politiques** Sauf si vous connaissez très bien quelqu'un, il est souvent préférable d'éviter d'exprimer un avis sur le

conflit – ou au moins de prendre en compte vos interlocuteurs quand vous le faites. Les positions pro-israéliennes sont impopulaires en Cisjordanie, mieux vaut les garder pour vous.

➜ **Rester poli et courtois en toute circonstance** Même si personne d'autre ne l'est ! Les israéliens sont connus pour être assez brusques – et en sont presque fiers. Ne vous étonnez donc pas si on ne met pas toujours les formes.

➜ **S'habiller de façon appropriée selon les endroits** Dans les quartiers juifs orthodoxes et musulmans traditionnels et dans tous les sites religieux, une tenue pudique est de rigueur, en particulier pour les femmes. À Tel-Aviv et dans de nombreuses autres villes israéliennes, cependant, tout est permis.

Voyager en solo

Femmes seules

Les femmes se sentiront généralement aussi en sécurité et à l'aise en Israël et dans les Territoires palestiniens que dans n'importe quel pays occidental. Sur certaines plages, les femmes étrangères peuvent faire l'objet de regards insistants et d'attentions indésirables.

Cependant, une femme doit s'habiller pudiquement en Israël, et dans les Territoires palestiniens essentiellement. Si les vêtements près du corps, les shorts, les minijupes et les décolletés plongeants sont courants dans des centres urbains comme Tel-Aviv, ils ne sont pas appropriés aux endroits plus traditionalistes, et peuvent vous attirer des comportements hostiles dans des quartiers juifs ultraorthodoxes comme Mea Shearim à Jérusalem. Dans les secteurs traditionalistes et dans tous les sites religieux – juifs, musulmans, chrétiens, druzes et bahaïs –, vos vêtements doivent cacher genoux et épaules. Dans les secteurs musulman et chrétien, le pantalon est accepté pour les femmes, mais dans certains secteurs juifs et sur tous les lieux saints juifs, seule la jupe longue est acceptée.

Il est utile d'avoir toujours un foulard ou un châle avec soi. Il permet de se couvrir la tête et les épaules pour visiter les lieux saints musulmans (mosquées, tombeaux, mont du Temple/ Haram Ash-Sharif), et peut se révéler utile si votre conception de la tenue pudique n'est pas celle du gardien d'un site religieux.

Dans les bus et dans les *sherout*, un juif ultraorthodoxe peut être mal à l'aise si une femme s'assied à côté de lui. Selon le point de vue choisi, on peut penser que c'est son problème ou estimer qu'il faut respecter la sensibilité locale.

Transports

DEPUIS/VERS ISRAËL ET LES TERRITOIRES PALESTINIENS

Du fait des frontières et des traités de paix d'Israël avec l'Égypte et la Jordanie, il est théoriquement possible de combiner un séjour avec une excursion à Pétra et/ou sur la côte de la mer Rouge au Sinaï (Égypte). Toutefois, à l'heure où nous rédigeons ce guide, les déplacements touristiques vers le nord du Sinaï sont fortement déconseillés.

Voie aérienne

La principale porte d'entrée en Israël est l'**aéroport international Ben Gourion** (TLV ; www.iaa.gov.il/en-US/airports/bengurion), situé 50 km au nord-ouest de Jérusalem et 18 km au sud-est du centre de Tel-Aviv. L'aéroport accueille 20 millions de passagers par an. Pour les toutes dernières informations sur les arrivées et les départs, consultez le site de l'aéroport (en anglais).

L'**aéroport international Ramon** (www.iaa.gov.il/en-US/airports/Ramon), situé dans la vallée de l'Arava à 18 km au nord d'Eilat, devrait ouvrir en 2018 pour jouer le rôle de deuxième aéroport international d'Israël. Il remplace celui du centre-ville d'Eilat, et proposera des vols charters qui, jusque-là, desservaient l'aéroport d'**Ovda** (Uvda ; ☎08-367-5387 ; www.iaa.gov.il/en-US/airports/ovda). L'aéroport international Ramon accueillera aussi les vols pour Ben Gourion détournés en cas de menace de frappes de missiles, par exemple.

Les contrôles de sécurité étant très minutieux à l'aéroport, les passagers des vols internationaux doivent se faire enregistrer au moins 3 heures avant le décollage – pour aller en Israël comme pour en repartir.

TAXE DE DÉPART

Aucune taxe de départ ne s'applique si vous quittez Israël par voie aérienne. En revanche, une taxe s'applique aux postes-frontières avec l'Égypte et la Jordanie.

Les seules villes du Moyen-Orient directement reliées à Tel-Aviv par voie aérienne sont Amman, desservie par Royal Jordanian (www.rj.com), Le Caire, desservie par Air Sinai (une filiale confidentielle mais étonnamment chère d'Egyptair) et Istanbul, desservie par Turkish Airlines (www.turkishairlines.com).

Il n'y a pas d'aéroport dans les Territoires palestiniens. Pour se rendre en Cisjordanie par voie aérienne, il faut s'arrêter soit en Israël, soit en Jordanie.

Depuis la France

La compagnie nationale privée **EL AL** (www.elal.com) propose des vols directs pour Tel-Aviv au départ de Roissy-Charles-de-Gaulle (à partir de 350 €, durée 4 heures 30) et au départ de Marseille. Connue pour pratiquer les contrôles de sécurité les plus rigoureux, EL AL – comme d'autres compagnies israéliennes – aurait équipé ses avions d'un système de bouclier anti-missile.

Seconde compagnie israélienne, **Arkia** (www.airarkia.fr) dessert Tel-Aviv et Eilat au départ de Roissy-Charles-de-Gaulle à des tarifs souvent compétitifs.

Air France (www.airfrance.fr) propose des vols directs pour Tel-Aviv au départ de Roissy-Charles-de-Gaulle (à partir de 290 €, durée 4 heures 30) et Nice (à partir de 250 €, durée 3 heures 50).

Transavia (www.transavia.com), filiale du groupe Air France-KLM, dessert Tel-Aviv au départ de Paris-Orly et de Lyon (1 vol/sem) ; comptez 120-170 € l'aller-retour.

EasyJet (www.easyjet.com) et **XL Airways** (www.xl.com/fr) desservent Tel-Aviv depuis Roissy-Charles-de-Gaulle.

Quelques adresses utiles :

Les Connaisseurs du Voyage (www.connaisseursvoyage.fr)

OUI.sncf (www.oui.sncf)

Thomas Cook (www.thomascook.fr)

TUI (www.tui.fr)

Bourses des Voyages (www.bourse-des-voyages.com)

Voyageurs du Monde (www.voyageursdumonde.fr)

Depuis la Belgique

Au départ de Bruxelles, des vols directs réguliers sont assurés par **EL AL** (www.elal.co.il) et **Brussels Airlines** (www.brusselsairlines.be) ; comptez 240 € l'aller-retour. **Jetairfly** (www.jetairfly.com) dessert Tel-Aviv depuis Bruxelles.

Quelques adresses utiles :

Airstop (www.airstop.be)

Connections (www.connections.be)

Voyages Éole (www.voyageseole.be)

Depuis la Suisse

EL AL (www.elal.co.il) assure une liaison directe Zurich-Tel-Aviv. **Swiss** (www.swiss.com) dessert aussi Tel-Aviv depuis Zurich et Genève. Comptez à partir de 400 FS l'aller-retour. **EasyJet** (www.easyjet.com) a des vols directs vers Israël depuis Genève et Bâle-Mulhouse-Fribourg. Comptez à partir de 140 FS l'aller-retour.

Quelques adresses utiles :

STA Travel (www.statravel.ch)

TUI (www.tui.ch)

Depuis le Canada

Air Canada (www.aircanada.com) assure des vols directs Montréal-Tel-Aviv (à partir de 900 $C l'aller-retour, durée 10-11 heures). **EL AL** (www.elal.co.il) propose des vols directs depuis Toronto.

Quelques adresses utiles :

Expedia (www.expedia.ca)

Orbitz (www.orbitz.com)

Travel Cuts (www.travelcuts.com)

Travelocity (travelocity.ca)

Voie terrestre

Pour plus de détails sur les voyages par voie terrestre depuis/vers la Jordanie et l'Égypte, consultez la p. 36.

La Cisjordanie a un poste-frontière terrestre avec la Jordanie par le pont Allenby mais la zone est sous occupation israélienne et l'entrée sur le territoire ressemble donc beaucoup à une entrée sur le territoire israélien.

VOYAGES ORGANISÉS

Les voyagistes proposent de nombreux circuits en Israël, souvent thématiques, la plupart étant des itinéraires passant par les lieux saints, quand ils ne sont pas des pèlerinages religieux. D'autres optent pour des thèmes culturels ou historiques, incluant parfois une visite de Pétra. La plupart des agences généralistes proposent des séjours balnéaires à Tel-Aviv ou des séjours d'une semaine environ couplant Jérusalem et Tel-Aviv.

Akaoka (www.akaoka.com) Treks en Galilée, dans le Néguev et le désert de Judée.

Clio (www.clio.fr). "Israël et Palestine, grand circuit archéologique et culturel".

Explorator (www.explo.com). Circuit "Israël Palestine, regards géopolitiques".

Ikhar (www.ikhar.com). Itinéraire Israël et Jordanie sur mesure.

Intermèdes (www.intermedes.com). Circuits en compagnie de spécialistes de la région.

AGENCES EN LIGNE

Vous pouvez réserver votre vol via une agence en ligne ou vous renseigner auprès d'un comparateur de vols :

www.bourse-des-vols.com

www.ebookers.fr

www.expedia.fr

www.govoyages.com

www.illicotravel.com

www.kayak.fr

www.opodo.fr

www.skyscanner.fr

voyages.kelkoo.fr

www.oui.sncf

www.partirou.com

Joubert Voyages-Israel voyages (www.israel-voyages. com). Circuit "Les quatre mers d'Israël" (mer Morte, mer Rouge, Méditerranée et lac de Tibériade).

Nomade Aventure (www.nomade-aventure. com). Circuit "Sur les sentiers d'Abraham" (randonnée en Cisjordanie et découverte de Jérusalem et Bethléem).

Orients (www.orients.com). Circuit " Israël et Palestine : terre de croyances".

Partir en Israël (www. partirenisrael.com). Circuit découverte "Horizon" (Tel-Aviv, Jérusalem, Safed, Acre...).

Sarah Tours (www.sarah-tours.com). Spécialiste du voyage "kasher".

Superstar Holidays (www.superstar-holidays.fr). Tour-opérateur de la compagnie El Al.

Terres d'Aventure (www.terdav.com). Treks : "Néguev, route de l'encens", "Désert de Judée".

Touriscope (www.touriscope. fr). Circuit "découverte".

Voyageurs du Monde (www.voyageursdumonde. fr). Circuit "God-Trotter en Terre Sainte : Jordanie, Israël, Palestine".

Zig Zag (www.zigzag-randonnees.com). Randonnées "Wadis et désert du Néguev".

Itinéraires spirituels

Pèlerinages chrétiens-Terre Entière (www.terreentiere.com). Circuits "Pèlerinage parcours d'Évangile en Terre sainte" via Nazareth, lac de Tibériade, Bethléem et Jérusalem.

Routes bibliques (www.routesbibliques.fr). Pèlerinages à thème, en circuit organisé ou sur mesure.

Voie maritime

Sauf si vous avez votre propre bateau, il n'est pas possible de gagner Israël par la mer.

COMMENT CIRCULER

Avion

Tous les jours de la semaine, les vols pour Eilat depuis les aéroports Ben Gourion et Haïfa sont gérés par Arkia (www.arkia.com) et Israir (www.israirairlines.com).

Des offres sont souvent proposées en ligne. Vous pourrez trouver des allers depuis/vers Ben Gourion pour seulement 25 \$US, le prix d'un ticket de bus !

Bus

Israël

Les bus desservent chaque recoin d'Israël et des grandes villes mais si vous ne lisez pas l'hébreu, les itinéraires peuvent se révéler difficiles à comprendre – demandez aux habitants ou aux chauffeurs de bus.

Presque tous les villages, villes et kibboutz d'Israël sont desservis par un bus plusieurs fois par jour, mais du vendredi en milieu d'après-midi au samedi soir, la plupart des lignes interurbaines ne circulent pas (sauf celles pour Eilat et Majdal Shams).

Les billets s'achètent aux guichets des gares routières ou auprès des chauffeurs, qui rendent la monnaie. Les billets aller-retour, disponibles sur certaines lignes (comme celle pour Eilat), coûtent 15% de moins que deux billets simples.

La plupart des réductions s'obtiennent à l'aide de la carte rechargeable Rav-Kav, disponible en deux versions : personnalisée *(ishi)*, qui nécessite une photo d'identité et un formulaire à remplir ; ou anonyme *(anonimi)*, vendue dans les gares (5 NIS) et par les chauffeurs (10 NIS), qui est non nominative et donne droit à des réductions plus limitées. Les deux cartes vous font bénéficier d'une réduction

de 20% sur tous les billets, mais vous devez posséder un compte Rav-Kav différent pour chaque compagnie de bus (une carte peut contenir jusqu'à 8 comptes).

On dénombre une vingtaine de compagnies de bus qui rivalisent pour les appels d'offres du ministère des Transports, dont les anciens détenteurs du monopole Egged et Dan. Le **Public Transportation Info Center** (www.bus.co.il), assez simple d'utilisation, détaille en anglais toutes les lignes, les horaires et les prix. Les applications pour Android et iPhone peuvent être téléchargées depuis le site Internet. Pour obtenir des informations par SMS, envoyez votre question (en hébreu uniquement) en commençant par le mot *otobus* au ☑4949.

Quelques compagnies de bus que vous croiserez certainement :

Afikim (www.afikim-t.co.il)

Dan (www.dan.co.il)

Egged (www.egged.co.il)

Kavim (www.kavim-t.co.il)

Metropoline (www. metropoline.com)

Nateev Express (www. nateevexpress.com)

Nazareth Tourism & Transport (www.ntt-buses. com)

Rama (www.golanbus.co.il)
Les seuls billets qu'il faut réserver sont ceux de la compagnie Egged vers/depuis Eilat : réservez par Internet jusqu'à 14 jours à l'avance sur www.egged. co.il, par smartphone ou par téléphone (appelez le ☑2800 ou ☑03-694 8888). Il se peut que le système de réservation n'accepte que les cartes bancaires israéliennes ; PayPal peut être une autre solution.

À Jérusalem-Est et en Cisjordanie, quelques petites compagnies de bus arabes assurent le transport public. Elles fonctionnent tous les jours de la semaine.

Circuits organisés locaux

En Israël, cette solution est parfaite si vous disposez de peu de temps ou avez un centre d'intérêt particulier.

Abraham Tours (www. abrahamtours.com). Excellentes excursions à la journée pour Jérusalem, la Cisjordanie (y compris Bethléem, Naplouse et un "circuit à double récit" d'Hébron), la mer Morte, Massada, Haïfa, la Galilée et le Golan. Pour Pétra également.

Bein Harim Tours (www. beinharimtours.com). Circuits sur mesure et excursions à Pétra et en Jordanie.

Society for the Protection of Nature in Israel (natureisrael.org). La SPNI offre des circuits "yarok" (verts) qui conviennent à toute la famille. Consultez le site web pour une liste de sorties d'un ou deux jours, notamment l'observation des étoiles dans le désert (le vendredi soir). Seul le site en hébreu répertorie les circuits.

Touring Israel (www. touringisrael.com). Circuits sur mesure et haut de gamme.

United Tours (www. unitedtours.co.il). Important opérateur proposant des circuits de 1 jour ou 2 dans tout le pays.

Pour les circuits organisés en Cisjordanie, voir p. 275.

Sherout

Les Israéliens l'appellent *sherout* et les Palestiniens "service taxi", mais quel que soit le nom, c'est un moyen pratique pour se déplacer. Ces véhicules, généralement des minivans de 13 places, circulent sur un itinéraire déterminé avec un prix fixe, comme les bus sauf qu'ils n'ont pas d'arrêts définis. Si vous ne connaissez pas le tarif, demandez aux autres passagers.

Les *sherouts* (pluriel hébreu : *moni'ot sherut* – le mot *sherutim* signifie "toilettes" !) sont souvent plus rapides que les bus. Ils partent d'une station reconnaissable, mais seulement quand ils sont complets : vous aurez sans doute un peu d'attente, mais rarement plus de 20 minutes. Vous pouvez descendre n'importe où, mais devrez probablement vous acquitter du prix total jusqu'à la destination finale. De nombreux *sherouts* circulent 7j/7 et 24h/24 ; c'est le seul transport public en service en Israël pendant le shabbat et les fêtes juives, par exemple entre Tel-Aviv et Jérusalem. Les prix sont les mêmes, voire plus bas, que ceux des bus, sauf pendant le shabbat, où ils augmentent légèrement.

Train

Israel Railways (www. rail.co.il) gère un réseau confortable et commode de trains ; les détails concernant les heures de départ sont disponibles auprès du Public Transportation Info Center (www.bus.co.il). Les trains ne circulent pas du vendredi, en milieu d'après-midi, au samedi soir. Les billets aller-retour coûtent 10% de moins que deux billets simples ; les enfants de moins de 10 ans bénéficient de 20% de réduction. Contrairement aux bus, les trains en Israël sont accessibles en fauteuil roulant.

La plus ancienne ligne, inaugurée en 1892 et célèbre pour être panoramique, relie 3 gares de Tel-Aviv au sud de Jérusalem (23,50 NIS, 1 heure 30).

La ligne principale la plus fréquentée longe la côte au moins 2 fois par heure, offrant une belle vue sur la Méditerranée en reliant Tel-Aviv aux destinations suivantes :

Acre (41,50 NIS, 1 heure 30)

Beer Sheva (31,50 NIS, 1 heure 30, toutes les heures)

Haïfa (32 NIS, 1 heure)

Nahariya (46,50 NIS, 1 heure 30)

Aéroport Ben Gourion (16 NIS, 18 minutes, au moins 1/heure 24h/24 sauf durant le Shabbat).

Une nouvelle ligne grande vitesse est prévue pour septembre ou octobre 2018. Elle réduira le temps de trajet entre Tel-Aviv et Jérusalem à seulement 28 minutes et desservira également l'aéroport Ben Gourion. Une ligne Haïfa-Beit She'an a ouvert en 2016.

La Cisjordanie est dépourvue de lignes de train depuis les années 1940.

Pour visualiser la carte des différentes lignes et des stations, connectez-vous à www.rail.co.il/EN/Stations/Map/Pages/RouteMap.aspx.

Transports urbains

Taxi

Les taxis "spéciaux" (*speshel* ; c'est-à-dire non partagés) peuvent être très pratiques mais parfois pénibles, à cause de quelques chauffeurs peu scrupuleux qui appliquent des tarifs élevés pour les touristes. Le meilleur moyen d'éviter cela est de donner une adresse avec assurance, en indiquant un croisement. L'utilisation du compteur est presque toujours à votre avantage (la loi oblige le chauffeur à le démarrer si vous le demandez) ; assurez-vous qu'il est réinitialisé au prix de départ avant de monter.

Le compteur démarre à 12,30 NIS (10,50 NIS à Eilat). Le tarif 2 (25% plus cher que le tarif 1) s'applique entre 21h et 5h30, ainsi que le jour du shabbat et les jours de fêtes juives. L'attente est facturée 94 NIS l'heure. Comptez un supplément pour :

➜ Être récupéré à l'aéroport Ben Gourion – 5 NIS

➜ Un bagage de taille normale – 4,40 NIS

➜ Les 3e et 4e passagers – 4,90 NIS chacun

➜ Une réservation téléphonique – 5,20 NIS.

➡ Beaucoup d'Israéliens utilisent l'application mobile GetTaxi (gett.com/il ; en hébreu), pour commander et payer leurs courses en taxi à travers le pays (sauf Eilat).

Le pourboire n'est pas d'usage, mais si vous ne constatez aucune tentative d'entourloupe, vous pouvez laisser 1 ou 2 shekels.

Vélo

Le vélo est un excellent moyen de se déplacer en Israël. Les distances entre villes, villages, réserves naturelles et sites archéologiques sont relativement courtes ; de nombreuses routes ont de larges accotements (mais méfiez-vous des automobilistes, imprévisibles ; circuler à vélo est interdit sur certains grands axes) et vous trouverez des sentiers pour bicyclettes ainsi que des chemins qui offrent de très beaux paysages.

Le pire ennemi du cycliste en Israël – hormis les automobilistes – est la chaleur. Partez toujours le plus tôt possible et emportez beaucoup d'eau. Veillez aussi à bien choisir votre itinéraire : si la plaine littorale est plutôt plate, en haute Galilée, dans le Golan et la région de la mer Morte les pentes abruptes sont très nombreuses, tandis que le désert du Néguev et la vallée du Jourdain sont écrasés de chaleur. Une des meilleures randonnées à vélo à la journée est sans doute celle qui fait le tour du lac de Tibériade (plusieurs auberges de Tibériade louent des bicyclettes).

Les bus interurbains acceptent les vélos gratuitement, tout comme les trains – y compris ceux en direction de l'aéroport Ben Gourion – *sauf* pendant les heures de pointe (de 6h à 9h et de 15h à 19h) du dimanche au jeudi et le samedi soir (il n'y a pas d'heure de pointe le vendredi et la veille des fêtes juives, tous les trains acceptent les bicyclettes).

Les vélos pliants sont acceptés à l'intérieur des bus et dans tous les trains.

Certaines boutiques spécialisées en Israël louent des vélos à la semaine, et proposent parfois de racheter votre vélo à bon prix si vous en achetez un neuf. Il existe de nombreuses boutiques à Tel-Aviv (dans HaHashmona'im St), à Jérusalem, Haïfa et dans d'autres villes ; les plus grandes chaînes sont Rosen & Meents (www.rosen-meents.co.il) et Matzman & Merutz (www.matzman-merutz.co.il).

Certaines compagnies aériennes vous permettent d'emporter votre vélo à moindre coût, mais d'autres facturent une fortune, mieux vaut donc vérifier avant de réserver.

Des pistes cyclables ont été installées dans les villes d'Israël, mais Tel-Aviv possède le réseau le plus développé et propose un programme municipal de location de vélos : O-Fun (ofun.co.il/fr).

Les routes palestiniennes ne sont pas conçues pour le vélo et il est plutôt rare d'en voir en Cisjordanie. Néanmoins, de plus en plus de voyages organisés s'adressent aux cyclistes, notamment Bike Palestine (www.bikepalestine.com).

Voiture et moto

Pour conduire en Israël et dans les Territoires palestiniens, il suffit d'avoir un permis en règle (le permis de conduire international n'est pas nécessaire).

L'automobile club d'Israël est le Memsi (www.memsi.co.il).

En Cisjordanie, les routes qui relient les colonies israéliennes sont généralement modernes et rapides, mais sur les autres routes, la circulation est souvent ralentie par des charrettes tirées par des ânes, des bouchons et des *checkpoints* de l'armée.

Location

Avoir son véhicule permet de voyager à son rythme, de séjourner dans des pensions reculées, de se perdre sur les petites routes et, s'il le faut, de parcourir de longues distances en peu de temps. Sans grand intérêt à Jérusalem ou Tel-Aviv, où se garer est un véritable problème, c'est une excellente idée à Haïfa et en Galilée, dans le Golan et le Néguev, où beaucoup de villes et villages sont peu desservis par les bus.

Les agences de location sont concentrées dans HaYarkon St à Tel-Aviv (à un pâté de maisons de la plage), mais la plupart ont des bureaux dans tout le pays. Parmi les agences figurent :

Avis (www.avis.co.il)

Budget (www.budget.co.il)

Cal Auto (www.calauto.co.il)

Eldan (www.eldan.co.il). Seule agence ayant un bureau à Kiryat Shmona.

Green Peace (www.greenpeace.co.il). Basé à Jérusalem-Est ; collecte possible au pont Allenby.

Hertz (www.hertz.co.il). Seule compagnie implantée sur la mer Morte.

La location avec assurance et kilométrage illimité est très avantageuse, à 140 NIS par jour, 200 $US la semaine ou 600 $US par mois (les prix extrêmement bon marché annoncés en ligne ne comprennent pas l'assurance). Les Israéliens, contrairement aux touristes, paient une TVA (18%) sur la location. D'importantes réductions sont disponibles en ligne, sur les sites qui vendent également des billets d'avion. L'essence coûte environ 2 $US le litre.

Un supplément est facturé pour vous récupérer à l'aéroport. Si vous recevez une contravention, la compagnie de location pourra vous la faire suivre et compter 60 NIS pour frais de traitement. Certaines

CONDUIRE PENDANT LE SHABBAT

Selon la majorité des interprétations de la Halakha (loi juive), la conduite d'un véhicule motorisé viole la sainteté du shabbat, en partie parce qu'elle enfreint l'interdiction d'allumer un feu et de voyager plus de 2 000 coudées. Par conséquent, certains villages, quartiers et rues, peuplés presque exclusivement de juifs orthodoxes et ultraorthodoxes, sont fermés à la circulation du vendredi soir au samedi soir, ainsi que pendant plusieurs fêtes juives. Si vous arrivez en voiture devant une rue barrée, ne vous y aventurez pas, ou vous risquez d'être confronté à des habitants en colère, voire des jets de pierres.

Par tradition (et non par loi), personne ne conduit de véhicule motorisé dans les secteurs juifs d'Israël le jour du Yom Kippour – sauf en cas d'urgence.

compagnies exigent que les conducteurs soient âgés de plus de 25 ans.

Lisez attentivement votre contrat d'assurance dans sa totalité, surtout les passages concernant la franchise (déductible), qui peut s'élever à 400 $US ou plus – mais en payant un supplément (environ 18 $US), vous pourrez la réduire à zéro. Certaines cartes bancaires vous offrent une assurance CDW (Collision Damage Waiver) gratuite mais il se peut que vous deviez tout de même souscrire à une assurance de responsabilité civile (tiers) – vérifiez avec votre banque. Même les polices d'assurance vendues par les agences de location ne vous couvrent généralement pas contre les dommages au châssis ou aux pneus.

Sachez que la plupart des agences de location interdisent de se rendre avec leurs véhicules dans les zones A et B de Cisjordanie, définies par les accords d'Oslo II – Dallah (www.dallahrentacar. com) et Goodluck (www. goodluckcars.com) font exception. Vous pourrez emprunter sans problème la route 1 de Jérusalem à la mer Morte ou la route 90 de la mer Morte au lac de Tibériade.

À Tel-Aviv et sa banlieue, Car2Go (www.car2go.co.il) loue des voitures à l'heure en facturant 140 NIS pour un abonnement annuel puis 20 NIS de l'heure (180 NIS/ jour) et 2 NIS par kilomètre (1 NIS/km au-delà de 50 km).

Code de la route

On conduit à droite. Le port de la ceinture de sécurité est obligatoire en permanence. À moins d'utiliser un kit mains libres, il est interdit d'utiliser son téléphone portable en conduisant ; l'amende est d'environ 1 000 NIS.

La signalisation est donnée en anglais, en hébreu et (généralement) en arabe ; les transcriptions sont parfois insolites. Les meilleures cartes routières sont réalisées par **Mapa** (www.mapa.co.il/ maps) et sont disponibles dans toutes les librairies.

De novembre à mars, les phares doivent toujours être allumés sur les routes interurbaines.

Les voitures de police ont toujours leurs gyrophares bleus (parfois rouge et bleu) allumés. Si vous apercevez la lumière dans votre rétroviseur, cela ne signifie donc pas que vous devez vous arrêter (dans ce cas, ils vous feront signe).

État des routes

La plupart des routes sont en bon état, mais les plus récentes, construites suivant les normes de sécurité actuelles, sont plus sûres. Une importante minorité d'Israéliens conduit de façon imprévisible et/ou agressive. Soyez toujours prudent et attentif.

Les routes reliant le nord au sud portent des numéros pairs, celles reliant l'est à l'ouest des numéros impairs ; en général, plus on se dirige vers le nord ou vers l'est, plus les numéros augmentent. Ainsi, la route 2 longe la côte méditerranéenne, tandis que la route 90 suit la frontière jordanienne, à l'est du pays ; la route la plus au nord d'Israël, près de la frontière libanaise, est la route 99. La route 1 fait exception et relie Tel-Aviv à Jérusalem et à la mer Morte.

Israël a 3 routes payantes :

Route 6 (Kvish Shesh ; www. kvish6.co.il) remonte 140 km au centre du pays. Les factures – jusqu'à 33 NIS – sont envoyées aux propriétaires des voitures grâce à une base de données nationale des plaques d'immatriculation. Certaines agences de location facturent un supplément pour le règlement de ces péages pouvant aller jusqu'à 60 NIS. La seule façon d'éviter ceci est de vous acquitter vous-même des frais sur le site Internet.

Carmel Tunnels (www. carmeltunnels.co.il ; 1/2 tronçons 7,50/14,90 NIS). Passe sous le mont Carmel au sud de Haïfa. Le paiement peut se faire en espèces ou par carte bancaire.

Fast Lane (Nativ Mahir ; www.fastlane.co.il). Une voie express de 13 km entre l'aéroport Ben Gourion et Tel-Aviv. Les tarifs varient suivant le trafic – plus il est mauvais, plus vous payez.

Santé

Vous pourrez compter en Israël sur des infrastructures médicales de première qualité. Si les conditions sanitaires sont très bonnes en Israël, il faut néanmoins tenir compte des conditions spécifiques à la région, notamment les risques de déshydratation ou d'insolation.

AVANT LE DÉPART

Assurance

Il est conseillé de souscrire une assurance qui vous couvrira en cas d'annulation de votre voyage, de vol, de perte de vos affaires, de maladie ou encore d'accident.

Vérifiez notamment que les "sports à risques", comme la plongée, la moto ou même la randonnée ne sont pas exclus de votre contrat, ou encore que le rapatriement médical d'urgence, en ambulance ou en avion, est couvert. De même, le fait d'acquérir un véhicule dans un autre pays ne signifie pas nécessairement que vous serez protégé par votre propre assurance.

Vous pouvez contracter une assurance qui réglera directement les hôpitaux et les médecins, vous évitant ainsi d'avancer des sommes qui ne vous seront remboursées qu'à votre retour. Dans ce cas, conservez avec vous tous les documents nécessaires (les consultations médicales se règlent généralement en espèces : demandez un reçu pour le remboursement).

Attention ! Avant de souscrire une police d'assurance, vérifiez bien que vous ne bénéficiez pas déjà d'une assistance par votre carte bancaire, votre mutuelle ou votre assurance automobile.

N'oubliez pas de prendre avec vous les documents relatifs à l'assurance ainsi que les numéros à appeler en cas d'urgence.

Quelques conseils

Assurez-vous que vous êtes en bonne santé avant de partir. Si vous suivez un traitement de façon régulière, n'oubliez pas votre ordonnance (avec le nom du principe actif).

Vaccins

Plus vous vous éloignez des circuits classiques, plus il faut prendre vos précautions. Faites inscrire vos vaccinations dans un carnet international de vaccination (livret jaune) que vous pourrez vous procurer auprès de votre médecin ou d'un centre.

Le **ministère des Affaires étrangères** (www.diplomatie.gouv.fr/voyageurs) effectue une veille sanitaire et met régulièrement en ligne des recommandations sur les vaccinations.

Planifiez vos vaccinations à l'avance (au moins 6 semaines avant le départ), car certaines demandent des rappels ou sont incompatibles entre elles. Les vaccins ont des durées d'efficacité très variables ; certains sont contre-indiqués pour les femmes enceintes.

Voici les coordonnées de quelques centres de vaccination :

Institut Pasteur (☎01 45 68 80 88 ; www.pasteur.fr/fr/sante ; 209-211 rue de Vaugirard, 75015 Paris ; ⊘lun-sam, vaccinations sans rdv)

Centre de vaccination Air France (☎01 43 17 22 00 ; www.vaccinations-airfrance.fr ; 38 quai de Jemmapes, 75010 Paris ; ⊘lun-sam sans rdv)

Hôpital Saint-Louis – Centre de vaccination internationale et d'information aux voyageurs (☎ 01 42 49 46 83 ; www.vaccin-voyage-ghparis10.aphp.fr ; 1 av. Claude-Vellefaux, 75010 Paris ; ⊘jeu sur rdv, sam sans rdv)

Centre de vaccinations ISBA (☎04 72 76 88 66 ; www.isbasante.com ; 7 rue Jean-Marie-Chavant, 69007 Lyon ; ⊘lun-ven sur rdv). Autres centres en France. Coordonnées sur le site Web.

VACCINS RECOMMANDÉS

Maladie	Durée du vaccin	Précautions
Diphtérie	10 ans	Recommandé
Hépatite virale A	5 ans (environ)	Il existe un vaccin combiné hépatite A et B qui s'administre en trois injections.
Hépatite virale B	10 ans (environ)	Recommandé lors d'un séjour long
Rage	sans	Vaccination préventive lors d'un long séjour ou dans les zones reculées
Rougeole	toute la vie	Indispensable chez l'enfant
Tétanos et poliomyélite	10 ans	Fortement recommandé
Typhoïde	3 ans	Recommandé si vous voyagez dans des conditions d'hygiène médiocres

Santé sur Internet

Il existe de très bons sites Internet consacrés à la santé en voyage.

Avant de partir, vous pouvez consulter les conseils en ligne du **ministère des Affaires étrangères** (www.diplomatie.gouv.fr), de l'**Organisation mondiale de la santé** (OMS ; www.who.int/fr) ou le site très complet du **ministère de la Santé** (www.sante.gouv.fr). Vous trouverez, par ailleurs, plusieurs liens sur le site de **Lonely Planet** (www.lonelyplanet.fr).

PENDANT LE VOYAGE

Vols long-courriers

Les trajets en avion, principalement du fait d'une immobilité prolongée, peuvent favoriser la formation de caillots sanguins dans les jambes (par exemple une phlébite). Le risque est d'autant plus élevé que le vol est plus long.

Généralement, l'un des premiers symptômes est un gonflement ou une douleur du pied, de la cheville ou du mollet.

En prévention, buvez en abondance des boissons non alcoolisées, bougez les muscles de vos jambes lorsque vous êtes assis et levez-vous de temps à autre pour marcher dans la cabine.

Décalage horaire et mal des transports

Le décalage horaire est fréquent dans le cas de trajet traversant plus de trois fuseaux horaires. Il se manifeste par des insomnies, de la fatigue, des malaises ou des nausées. En prévention, buvez abondamment (des boissons non alcoolisées) et mangez léger. En arrivant, exposez-vous à la lumière naturelle et adoptez les horaires locaux aussi vite que possible (pour les repas, le coucher et le lever).

Pour réduire les risques d'avoir le mal des transports, mangez légèrement avant et pendant le voyage. Si vous êtes sujet à ces malaises, essayez de trouver un siège dans une partie du véhicule où les oscillations sont moindres : près de l'aile dans un avion, au centre sur un bateau et dans un bus. Les antihistaminiques préviennent efficacement le mal des transports, qui se caractérise principalement par une envie de vomir, mais ils peuvent provoquer une somnolence.

EN ISRAËL ET DANS LES TERRITOIRES PALESTINIENS

Précautions élémentaires

Faire attention à ce que l'on mange et à ce que l'on boit est la première des précautions à prendre. Les troubles gastriques et intestinaux sont fréquents, même si la plupart du temps ils restent sans gravité. Ne soyez cependant pas paranoïaque et ne vous privez pas de goûter la cuisine locale, cela fait partie du voyage. N'hésitez pas également à vous laver les mains fréquemment.

Eau

L'eau du robinet est potable en Israël, mais elle a souvent un goût désagréable (dans certains endroits, elle est légèrement saline). Chez eux, de nombreux Israéliens utilisent des filtres ou des fontaines à eau. L'eau minérale en bouteille est disponible partout.

Bien entendu, il ne faut pas boire l'eau des rivières ou des lacs, susceptible de contenir des bactéries ou des virus.

TROUSSE MÉDICALE DE VOYAGE

Veillez à emporter avec vous une petite trousse à pharmacie contenant quelques produits indispensables. Certains ne sont délivrés que sur ordonnance médicale. Attention, les liquides et les objets coupants sont interdits en cabine.

➡ des antibiotiques, à utiliser uniquement aux doses et aux périodes prescrites. Il n'est pas absurde de demander à votre médecin traitant de vous en prescrire pour le voyage

➡ un antidiarrhéique, en cas de forte diarrhée, surtout si vous voyagez avec des enfants

➡ un antihistaminique en cas de rhumes, allergies, piqûres d'insectes, mal des transports

➡ un antiseptique ou un désinfectant pour les coupures, les égratignures superficielles et les brûlures, ainsi que des pansements gras pour les brûlures

➡ de l'aspirine ou du paracétamol (douleurs, fièvre)

➡ une bande Velpeau et des pansements pour les petites blessures

➡ une paire de lunettes de secours (si vous portez des lunettes ou des lentilles de contact) et la copie de votre ordonnance

➡ un produit contre les moustiques, de l'écran total

➡ une pommade pour soigner les piqûres et les coupures et des comprimés pour stériliser l'eau

➡ une paire de ciseaux à bouts ronds, une pince à épiler et un thermomètre à alcool

➡ une petite trousse de matériel stérile comprenant une seringue, des aiguilles, du fil à suture, une lame de scalpel et des compresses

➡ des préservatifs (norme CE)

Problèmes de santé et traitement

L'autodiagnostic et l'autotraitement sont risqués ; aussi, chaque fois que cela est possible, adressez-vous à un médecin. Ambassades et consulats pourront en général vous en recommander un. Les grands hôtels également, mais les honoraires risquent d'être très élevés.

Disponibilité et coût des soins

Israël dispose de plusieurs très bons hôpitaux publics répartis dans le pays, ainsi que de nombreux hôpitaux privés et cliniques. Pour obtenir une liste des hôpitaux, consultez le site du ministère des Affaires étrangères (www.diplomatie. gouv.fr), rubrique Conseils aux voyageurs, ou www.

science.co.il/hospitals.asp (en anglais).

Les pharmacies (*beit merkachat*) sont nombreuses dans les villes israéliennes. Les pharmaciens parlent au moins l'anglais et peuvent vous conseiller une médication si vous décrivez votre problème. En ville, il y a toujours au moins une pharmacie de garde (*beit merkachat toran*) – appelez le ☎106 (centre d'appel local) pour plus de détails, ou consultez les liens du site www.onlineisrael.info/ search-internet/health/city (en hébreu uniquement). Certaines pharmacies Super Pharm sont ouvertes 24h/24. Dans les Territoires palestiniens, il arrive que les médicaments soient périmés. Vérifiez les dates.

Si vous avez besoin de médicaments délivrés sur ordonnance, il est préférable d'en emporter suffisamment pour la durée de votre séjour.

Gardez néanmoins avec vous une copie de l'ordonnance. Attention : les pharmacies israéliennes n'acceptent que les ordonnances délivrées par un médecin israélien.

Les cabinets de chirurgie dentaire privés se trouvent partout, dans les faubourgs des villes comme dans les centres commerciaux. Les soins dentaires sont de bonne qualité, mais gardez à l'esprit que votre assurance de voyage ne couvrira en général que le coût des soins d'urgence.

Les soins médicaux dans les Territoires palestiniens sont moins avancés, mais le pays est petit : en cas d'urgence, un hôpital israélien n'est jamais loin. Les hôpitaux palestiniens ne sont pas aussi mauvais que dans certaines parties du monde arabe, mais en tant qu'étranger, vous devrez payer directement, en espèces, et déclarer vos frais à votre assurance.

Maladies infectieuses et parasitaires

Diarrhée

Un simple changement de régime suffit à la provoquer ; bien que la qualité de l'eau et l'hygiène des aliments en Israël soient généralement bonnes, vous aurez peut-être la turista simplement parce que votre estomac n'est pas habitué à la nourriture, mais quelques visites aux toilettes sans aucun autre symptôme n'ont rien d'alarmant. Gardez à l'esprit qu'en été, la nourriture s'avarie rapidement, évitez donc les *shawarma* et les falafels vendus dans des établissements à la propreté douteuse, le houmous devant être gardé au frais jusqu'au moment de servir. (Il est d'ailleurs recommandé de manger du houmous dans un restaurant disposant d'une salle intérieure.) Redoublez de vigilance dans les Territoires palestiniens.

Il est recommandé d'emmener avec soi un antidiarrhéique et un antiseptique intestinal (de type Intetrix et Ercefuryl). Demandez conseil à un pharmacien et à un médecin (certains médicaments ne peuvent être délivrés sans ordonnance). La déshydratation est le danger principal lié à toute diarrhée, particulièrement chez les enfants. Ainsi le premier traitement consiste à boire beaucoup. Quand vous irez mieux, continuez à manger légèrement. Les antibiotiques peuvent être utiles dans le traitement de diarrhées très fortes, en particulier si elles sont accompagnées de nausées, de vomissements, de crampes d'estomac ou d'une fièvre légère. Trois jours de traitement sont généralement suffisants, et on constate normalement une amélioration dans les 24 heures. Toutefois, lorsque la diarrhée persiste au-delà

de 48 heures ou s'il y a présence de sang dans les selles, il est préférable de consulter un médecin.

Hépatites

L'hépatite est un terme général qui désigne une inflammation du foie. Elle est le plus souvent due à un virus. Les formes les plus habituelles se manifestent par une fièvre, une fatigue qui peut être intense, des douleurs abdominales, des nausées, des vomissements, associés à la présence d'urines très foncées et de selles décolorées presque blanches. La peau et le blanc des yeux prennent une teinte jaune (ictère). L'hépatite peut parfois se résumer à un simple épisode de fatigue sur quelques jours ou semaines.

Hépatite A. C'est la plus répandue, mais il existe un vaccin, recommandé en cas de fort risque d'exposition. La contamination est alimentaire : l'hépatite A se transmet par l'eau, les coquillages et, d'une manière générale, tous les produits manipulés à mains nues. Il n'y a pas de traitement médical ; il faut simplement se reposer, boire beaucoup, manger légèrement et s'abstenir totalement de toute boisson alcoolisée pendant au moins six mois.

Hépatite B. Elle est très répandue, mais la vaccination est très efficace. Elle se transmet par voie sexuelle ou sanguine (piqûre, transfusion). Évitez de vous faire percer les oreilles, tatouer, raser ou de vous faire soigner par piqûres si vous avez des doutes quant à l'hygiène des lieux. Les symptômes de l'hépatite B sont les mêmes que ceux de l'hépatite A.

Hépatite C. Ce virus se transmet par voie sanguine (transfusion ou utilisation de seringues usagées) et semble donner assez souvent des hépatites chroniques. La seule prévention est d'éviter tout contact sanguin, car il n'existe pour le moment aucun vaccin.

Typhoïde

La fièvre typhoïde est une infection du tube digestif. Elle se transmet directement de personne à personne par les mains contaminées ou indirectement par de l'eau ou de la nourriture contaminées par des matières fécales humaines (bactérie *Salmonella typhi*). Mieux vaut être vacciné, même si la vaccination n'est pas entièrement efficace.

Fièvre, maux de tête et de gorge parfois accompagnés de vomissements, de diarrhée ou de constipation, puis une éruption rose sur l'abdomen sont généralement les premiers symptômes, qui s'accompagnent parfois d'une septicémie (empoisonnement du sang). S'il n'y a pas d'autres complications, la fièvre et les autres symptômes disparaissent peu à peu jusqu'à la troisième semaine. Cependant, un suivi médical est indispensable, car les complications sont fréquentes, en particulier la pneumonie (infection aiguë des poumons) et la péritonite (éclatement de l'appendice). De plus, la typhoïde est très contagieuse.

VIH/sida

L'infection est présente dans pratiquement tous les pays. La transmission de cette infection se fait : par rapport sexuel (hétérosexuel ou homosexuel – anal, vaginal ou oral), d'où l'impérieuse nécessité d'utiliser des préservatifs à titre préventif ; par le sang, les produits sanguins et les aiguilles contaminées. Il est impossible de détecter la présence du VIH chez un individu apparemment en parfaite santé sans procéder à un examen sanguin.

Évitez, s'ils ne sont pas stérilisés, tous les instruments de chirurgie, les aiguilles d'acupuncture et de tatouage, ainsi que les

SOINS MÉDICAUX

Pour des premiers secours ou une évacuation par ambulance vers un hôpital en Israël, appelez le service médical d'urgence national, Magen David Adom (101), depuis n'importe quel téléphone. Ce dernier délivre les premiers soins à toute heure.

Pour des problèmes peu urgents, vous pouvez :

➡ Demander à votre hôtel l'adresse d'un médecin.

➡ Consulter la liste des médecins francophones sur le site de l'ambassade de France (www.ambafrance-il.org/Liste-des-medecins-francophones.html).

➡ Dans la région de Jérusalem, contacter les centres médicaux d'urgence Terem (www.terem.com) ou le Family Medical Center – Wolfson (fmcwolfson.com).

➡ À Tel-Aviv, contacter **Tel Aviv Doctor** (carte p. 128 ; ☎054 941 4243, numéro gratuit 1-800-201 999 ; www.telaviv-doctor.com ; 46 Basel St, près de Basel Sq ; ⊘tlj).

Si vous tombez gravement malade, mieux vaut contacter votre ambassade ou votre consulat.

instruments utilisés pour percer les oreilles ou le nez.

Toute demande de certificat attestant la séronégativité pour le VIH est contraire au Règlement sanitaire international (article 81).

Affections liées à l'environnement

Coup de soleil et insolation

Sous les tropiques, dans le désert ou en altitude, les coups de soleil sont plus fréquents, même par temps couvert. Utilisez un écran solaire haute protection et pensez à couvrir les endroits habituellement protégés, les pieds par exemple. Les lunettes de soleil sont indispensables.

Sur la plage, un parasol est vivement recommandé, de même que le port d'un chapeau. Évitez de vous exposer aux heures les plus chaudes (12h-16h) et privilégiez l'ombre.

Une exposition prolongée au soleil peut provoquer une insolation. Symptômes : nausées, peau chaude, maux de tête. Dans ce cas, il faut

rester dans le noir, appliquer une compresse d'eau froide sur les yeux et prendre de l'aspirine.

Coup de chaleur

De longues périodes d'exposition à des températures élevées peuvent vous rendre vulnérable au coup de chaleur. Cet état grave survient quand le mécanisme de régulation thermique du corps ne fonctionne plus : la température s'élève alors de façon dangereuse. Évitez l'alcool et les activités fatigantes lorsque vous arrivez dans un pays à climat chaud.

Symptômes : malaise général, transpiration faible ou inexistante et forte fièvre (39 à 41°C) et céphalée lancinante, difficultés à coordonner ses mouvements, signes de confusion mentale ou d'agressivité. Il faut absolument hospitaliser le malade. En attendant les secours, installez-le à l'ombre, ôtez-lui ses vêtements, couvrez-le d'un drap ou d'une serviette mouillés et éventez-le continuellement.

Coupures, piqûres et morsures

Coupures et égratignures

Les blessures s'infectent très facilement dans les climats chauds et cicatrisent difficilement. Coupures et égratignures doivent être traitées avec un antiseptique et du désinfectant cutané. Évitez si possible bandages et pansements, qui empêchent la plaie de sécher.

Les coupures de corail sont particulièrement longues à cicatriser, car le corail injecte un venin léger dans la plaie. Portez des chaussures pour marcher sur des récifs, et nettoyez chaque blessure à fond.

Piqûres d'insectes

Même lorsque les moustiques ne transmettent pas le paludisme, ils peuvent provoquer des irritations et des infections. Protégez-vous au moyen d'un répulsif à base de DEET. Les moustiques peuvent aussi transmettre la dengue.

Les abeilles et les guêpes ne posent problème que pour les personnes atteintes d'allergies sévères (anaphylaxie). Dans ce cas, transportez avec vous une dose injectable d'adrénaline.

Les mouches de sable (phlébotomes), présentes sur les plages méditerranéennes, ne provoquent rien de plus qu'une désagréable démangeaison, mais aussi parfois une ulcération de la peau appelée leishmaniose cutanée. Un répulsif prévient efficacement les piqûres.

Les climats arides ou secs sont propices aux scorpions. La piqûre est douloureuse, mais rarement dangereuse.

Les puces et les punaises se rencontrent occasionellement dans certaines literies douteuses. Les démangeaisons qu'elles provoquent sont terribles. Pour les éliminer à coup sûr, il convient de vaporiser un insecticide approprié sur les matelas.

Dans le même genre d'endroit, le risque de gale n'est pas non plus négligeable. Des parasites minuscules pénètrent sous la peau, surtout entre les doigts, et entraînent des démangeaisons douloureuses. Une lotion efficace est vendue en pharmacie ; les personnes en contact avec la personne infectée doivent également subir un traitement préventif.

Méduses

Les conseils des habitants vous éviteront de faire la rencontre des méduses et de leurs tentacules urticants. Certaines espèces peuvent être mortelles mais, en général, la piqûre est seulement douloureuse. Des antihistaminiques et des analgésiques limiteront la réaction et la douleur.

Morsures de serpents

La grande majorité des serpents ne sont pas venimeux – mais certains, comme la vipère de Palestine (*tzefa ; Vipera palaestinae*), le est. Ne marchez pas pieds nus et ne hasardez pas la main dans les trous et les anfractuosités.

Dans les faits, 50% des morsures de serpents venimeux se font sans injection de venin, et il existe généralement des antivenins quand c'est le cas. Il faut calmer la victime, lui interdire de bouger, bander étroitement le membre comme pour une foulure et l'immobiliser avec une attelle. Trouvez ensuite un médecin, et essayez de lui apporter le serpent mort. Ne tentez en aucun cas d'attraper le serpent s'il y a le moindre risque qu'il morde de nouveau. On sait désormais qu'il ne faut absolument pas sucer le venin ou poser un garrot.

Rage

La rage est rare mais présente ; évitez tout contact avec les chiens errants et les animaux sauvages tels que les renards.

La rage se transmet par une morsure d'animal (chien, chat...) infecté, voire par un coup de langue sur une blessure ou une égratignure. La maladie est mortelle. S'il y a le moindre risque que l'animal soit contaminé, consultez immédiatement un médecin. Envisagez de vous faire vacciner si vous êtes amené à manipuler des animaux ou si vous vous rendez dans des régions reculées où un traitement antirabique n'est pas disponible dans les 24 heures après la morsure. Il consiste en trois injections réparties sur un mois. Une personne non vaccinée aura besoin de cinq injections, dont la première 24 heures au plus tard après la morsure. Le vaccin ne garantit en rien l'immunité, et permet seulement de disposer de plus de temps pour attendre les soins appropriés.

Affections moins fréquentes

Leishmaniose

La leishmaniose, transmise par des phlébotomes – moucherons piqueurs endémiques de la région – contaminés, peut provoquer des ulcères à croissance lente sur la peau. Elle peut se compliquer en une fièvre potentiellement mortelle, en général accompagnée d'une anémie et d'une perte de poids. Des chiens contaminés et des animaux tels que les damans des rochers peuvent également transmettre l'infection. La meilleure protection consiste à éviter autant que possible de se faire piquer.

Syndrome respiratoire du Moyen-Orient

Depuis 2012, des cas de MERS (*Middle East Respiratory Syndrome*) ont été répertoriés dans la péninsule Arabique, en Jordanie et au Liban, mais aucun ici, jusqu'à ce jour. La fièvre, la toux et l'essoufflement comptent parmi les symptômes. La maladie se propage par contact étroit, exposant un grand nombre de personnes. Près d'un tiers des cas confirmés de MERS sont décédés, mais la plupart des victimes souffraient d'une maladie sous-jacente. Pour plus d'informations, rendez-vous sur www.who. int/csr/disease/coronavirus_ infections/faq/fr/.

Langues

HÉBREU

L'hébreu, parlé par 7 ou 8 millions de personnes dans le monde, est la langue nationale d'Israël. Il s'écrit de droite à gauche dans son propre alphabet.

Suivez les indications de prononciation en rouge données dans ce chapitre juste à côté des phrases en hébreu, vous vous ferez comprendre. Les lettres kh correspondent au "ch" allemand, une sorte de r prononcé au fond de la gorge. L'apostrophe (') indique un coup de glotte (comme une petite pause). Les syllabes accentuées sont notées en italique.

Formules courantes

Bonjour.	שלום.	cha·lom
Au revoir.	להתראות.	le·hit·ra·ot
Oui.	כן.	kène
Non.	לא.	lo
S'il vous plaît.	בבקשה.	bè·va·ka·cha
Merci.	תודה.	to·da
Excusez-moi.	סליחה.	sli·kha

Comment allez-vous ?
מה נשמע? · ma nich·ma

Bien, merci. Et vous ?
טוב, תודה · tov to·da
ואתה/ואת? · ve·a·ta/ve·at (m/f)

Comment vous appelez-vous ?
איך קוראים לך? · ekh kor·im le·kha/lakh (m/f)

Je m'appelle...
שמי ... · chmi ...

> ### POUR ALLER PLUS LOIN
> Indispensables pour mieux communiquer sur place : le *Guide de conversation hébreu* et le *Guide de conversation arabe égyptien* de Lonely Planet.

Parlez-vous anglais ?
אתה מדבר אנגלית? · a·ta me·da·ber ang·lit (m)
את מדברת אנגלית? · at me·da·be·ret ang·lit (f)

Je ne comprends pas.
אני לא מבין/מבינה. · a·ni lo me·vin/me·vi·na (m/f)

Hébergement

Où puis-je trouver... ?

	איפה...?	e·fo ...
un camping	אתר הקמפינג	a·tar ha·kemp·ing
une pension	בית ההרחה	bet ha·'a·ra·kha
un hôtel	בית המלון	bet ma·lon
une auberge de jeunesse	נוער אכסניית	akh·sa·ni·yat no·ar

Avez-vous une chambre... ?	יש לך חדר...?	yech le·kha/lakh khe·der ... (m/f)
simple	ליחיד	le·ya·khid
double	זוגי	zou·gi
Combien est-ce par... ?	כמה זה עולה ל...?	ka·ma ze o·le le ...
nuit	לילה	laï·la
personne	אדם	a·dam

Au restaurant

Pouvez-vous recommander un ...?	אתה יכול להמליץ על...?	a·ta ya·khol le·ham·lits al ... (m)
	את יכולה להמליץ על...?	at ye·cho·la le·ham·lits al ... (f)
café	בית קפה	bet ka·fe
restaurant	מסעדה	mis·a·da

Que conseillez-vous ?
מה אתה ממליץ? · ma a·ta mam·lits (m)
מה את ממליצה? · ma at mam·li·tsa (f)

CHIFFRES – HÉBREU

1	אחת	a·khat
2	שתיים	chta·yim
3	שלוש	cha·loch
4	ארבע	ar·ba
5	חמש	kha·mech
6	שש	chech
7	שבע	che·va
8	שמונה	chmo·ne
9	תשע	te·cha
10	עשר	e·ser
100	מאה	me·a
1 000	אלף	e·lef

L'hébreu utilise à l'écrit les mêmes chiffres que les pays occidentaux.

Quelle est la spécialité locale ?
מה המאכל המקומי? ma ha·ma·'a·khal ha·me·ko·mi

Avez-vous des plats végétariens ?
יש לכם אוכל yech la·khem o·khel
צמחוני? tsim·kho·ni

Puis-je avoir s'il vous plaît.
אני צריך/ a·ni tsa·rikh/...,
צריכה את tsri·kha et
..., בבקשה. ... be·va·ka·cha

l'addition החשבון ha·khech·bon
le menu התפריט ha·taf·rit

Urgences

À l'aide ! הצילו! ha·tsi·lou
Allez-vous-en ! לך מפה! lekh mi·po
Appelez... ! תתקשר ל...! tit·ka·cher le ...
 un médecin רופא ro·fe/ro·fa (m/f)
 la police משטרה mich·ta·ra
Je suis perdu(e).. אני אבוד a·ni a·voud (m)
 אני אבודה a·ni a·vou·da (f)

Où sont les toilettes ?
איפה השירותים? e·fo ha·che·rou·tim

Je suis malade.
אני חולה. a·ni kho·le/kho·la (m/f)

Achats et services

Je souhaiterais acheter...
אני מחפש ... a·ni me·kha·pes ... (m)
אני מחפשת ... a·ni me·kha·pe·set ... (f)

Puis-je voir ?
אפשר להסתכל ef·char le·his·ta·kel
על זה? al ze

En avez-vous d'autres ?
יש לך אחרים? yech le·kha/lakh a·khe·rim (m/f)

Combien cela coûte-t-il ?
כמה זה עולה? ka·ma ze o·le

C'est trop cher.
זה יקר מדי. ze ya·kar mi·daï

Il y a une erreur sur la note.
יש טעות בחשבון. yech ta·out ba·khech·bon

Où puis-je trouver un DAB ?
איפה יש כספומט? e·fo yech kas·po·mat

Transports et orientation

Est-ce le/l'... pour (Haïfa) ?
האם זה/ ha·im ze/
זאת ה ... zot ha ...
ל(חיפה)? le·(khaï·fa) (m/f)
 bateau אוניה o·ni·ya (f)
 bus אוטובוס o·to·bous (m)
 avion מטוס ma·tos (m)
 train רכבת ra·ke·vet (f)

À quelle heure est le ... bus ?
באיזו שעה be·e·zo cha·a
האוטובוס ha·o·to·bous
ה ...? ha ...
 premier ראשון ri·chon
 dernier אחרון a·kha·ron

Un billet..., s'il vous plaît.
כרטיס kar·tis
אחד ... e·khad ...
בבקשה. be·va·ka·cha
 aller simple לכיוון אחד le·ki·voun e·khad
 aller-retour הלוך ושוב ha·lokh va·chov

Combien cela coûte-t-il pour... ?
כמה זה ל ...? ka·ma ze le ...

Déposez-moi s'il vous plaît (cette adresse).
תיקח/תיקחי אותי ti·kakh/tik·khi o·ti
ל(כתובת הזאת) (lak·to·vet ha·zot)
בבקשה. be·va·ka·cha (m/f)

Où se trouve (le marché) ?
איפה ה (שוק)? e·fo ha (chouk)

Pouvez-vous me montrer (sur la carte) ?
אתה/את a·ta/at
יכול/יכולה להראות ya·khol/ye·kho·la le·har·ot
לי (על המפה)? li (al ha·ma·pa) (m/f)

Quelle est l'adresse ?
מה הכתובת? ma hak·to·vet

PANNEAUX – HÉBREU

Entrée	כניסה
Sortie	יציאה
Ouvert	פתוח
Fermé	סגור
Information	מודיעין
Interdit	אסור
Toilettes	שירותים
Hommes	גברים
Femmes	נשים

ARABE

L'arabe dialectal parlé dans les Territoires palestiniens (et indiqué ici) est l'arabe levantin. Il existe d'importantes différences entre cette variante et l'arabe standard moderne, qui est l'arabe écrit officiel dans le monde arabe, enseigné dans les écoles et utilisé dans l'administration et les médias. L'arabe s'écrit de droite à gauche.

Dans nos indications de prononciation, r est roulé, th se prononce comme le "th" anglais de "thin", et kh comme le "ch" allemand (un r prononcé au fond de la gorge). L'apostrophe (') indique le coup de glotte (comme une petite pause).

CHIFFRES – ARABE

1	١	واحد	waa·hed
2	٢	اثنين	'it·nayn
3	٣	ثلاثة	ta·laa·te
4	٤	اربع	'ar·ba'
5	٥	خمسة	kham·se
6	٦	ستة	sit·te
7	٧	سبعة	sab·'a
8	٨	ثمانية	ta·maa·ne
9	٩	تسعة	tis·'a
10	١٠	عشرة	'ach·ra
100	١٠٠	مية	mi·'e
1 000	١٠٠٠	الف	'elf

Les chiffres arabes, à l'inverse des lettres, s'écrivent de gauche à droite.

Formules courantes

Bonjour / Salut. مرحبا. — mar·ha·ba
Au revoir. خاطرك. — khaa·trak (m) / khaa·trik (f)
Oui. ايه. — 'ih
Non. لا. — laa
S'il vous plaît. اذا بتريد. — 'i·za bit·rid (m) / 'i·za bit·ri·di (f)
Merci. شكراً. — chouk·ran
Excusez-moi. عفواً. — 'af·wan
Désolé ! آسف. — 'aa·sif (m) / 'aas·fe (f)
Comment allez-vous ? كيفك؟/كيفك؟ — ki·fak/ki·fik (m/f)
Bien, merci. Et vous ? منيح./منيحة. — mnih/mni·ha (m/f) — وأنت/أنتي؟ — ou 'ent/'en·ti (m/f)
Comment vous appelez-vous ? شو اسمك؟ — chou 'es·mak (m) / chou 'es·mik (f)
Je m'appelle... اسمي ... — 'es·mi ...
Parlez-vous anglais ? بتحكي إنكليزي؟ — btah·ki ing·li·zi
Je ne comprends pas. ما فهمت. — maa fa·he·met

Achats et services

Je souhaiterais acheter... بدور عن ... — bi·daw·wer 'an ...
Puis-je le voir ? ورجني ياه؟ — war·ji·ni yaah (m) / war·ji·ni yaah (f)
En avez-vous d'autres ? في عندكن غيره؟ — fi 'ind·koun ghay·rou
Combien cela coûte-t-il ? قديش هيقه؟ — 'ad·dich ha'·'ou

C'est trop cher. هيدا غالي اكتير. — ha·da ghaa·li 'ik·tir
Il y a une erreur dans la note. في خطأ بالحساب. — fi kha·ta' bil·hi·saab
Où puis-je trouver un DAB ? وين جهاز الصرافة؟ — wen je·haez is·sa·raa·fe

Hébergement

Où puis-je trouver... ? وين ...؟ — wen ...
un camping مخيم — mou·khay·yam
une pension بيت الضيوف — bayt id·dou·youf
un hôtel فندق — foun·dou'
une auberge de jeunesse فندق شباب — foun·dou' cha·baab
Avez-vous une chambre... ? في عندكن غرفة ...؟ — fi 'ind·kouna ghour·fe ...
simple بتخت منفرد — bi·takht moun·fa·rid
double بتخت مزدوج — bi·takht mouz·daw·wej
Combien est-ce par... ? قديش هقه؟ — 'ad·dich li·...
nuit ليلة — lay·le
personne شخص — chakhs

Au restaurant

Pouvez-vous recommander بتوصي بـ...؟ — bit·waa·si bi·... oun ...?
café مقهى — ma'·ha
restaurant مطعم — mat·am

Que conseillez-vous ?
بشو بتوصي؟ — *bi·chou btou·si*

Quelle est la spécialité locale ?
شو الوجبة الخاصة؟ — *chou il·waj·be il·khaa·se*

Avez-vous des plats végétariens ?
في عندكن — *fi 'ind·koun*
طعام نباتي؟ — *ta·'aam na·baa·ti*

Puis-je avoir s'il vous plaît.	بدي ... ،	*bid·di ... ...,*
	لو سمحت.	*law sa·maht*
l'addition	الحساب	*il·hi·saab*
le menu	قائمة الطعام	*'ae·'i·met it·ta·'aam*

Urgences

| À l'aide ! | ساعدني! | *saa·'id·ni* (m) |
| | ساعديني! | *saa·'i·di·ni* (f) |

Allez-vous-en !
(à un homme/ روح!/ — *rouh/*
une femme) روحي! — *rou·hi*

Appelez... !	اتصل بـ...!	*'it·ta·sil bi·...*
un médecin	دكتور	*duk·tour*
la police	الشرطة	*ich·chour·ta*

Je suis perdu(e).
أنا ضائع. — *'a·na daa·'i'* (m)
أنا ضائعة. — *'a·na daa·'i·'e* (f)

Où sont les toilettes ?
وين الحمامات؟ — *wen il·ham·maa·maat*

Je suis malade.
أنا مريض. — *'a·na ma·rid* (m)
أنا مريضة. — *'a·na ma·ri·de* (f)

Transports et orientation

Est-ce le/l'... pour (Pétra) ?	هدا الـ... لـ(بيترا)؟	*ha·da il·... la·(bi·tra)*
bateau	سفينة	*sfi·ne*
bus	باص	*baas*
avion	طائرة	*taa·'i·re*
train	قطار	*'i·taar*

PANNEAUX – ARABE

Entrée	مدخل
Sortie	مخرج
Ouvert	مفتوح
Fermé	مغلق
Information	معلومات
Interdit	ممنوع
Toilettes	دوراتُ المياه
Hommes	الرجال
Femmes	النساء

À quelle heure est le bus ?	أمتى الباص...؟	*'em·ta ... il·baas il·...*
premier	اول	*'aw·wel*
dernier	اخر	*'aa·khir*

Un billet... vous plaît.	تذكرة ... اذا بتريد.	*taz·ki·re ... s'il 'i·za bit·rid*
aller simple	ذهاب	*za·haab*
aller-retour	ذهاب واياب	*za·haab ou 'i·yaab*

Combien cela coûte-t-il pour se rendre à ... ?
قديش الاجرة لـ...؟ — *'ad·dich il·'ouj·re la ...*

Déposez-moi s'il vous plaît à (cette adresse).
اوصلني عند — *'ou·sal·ni 'ind*
(هيدا العنوان). — *(ha·da il·'oun·waan)*

Où se trouve (le marché) ?
وين الـ(سوق)؟ — *wen il·(sou')*

Pouvez-vous me montrer (sur la carte) ?
بتورجني — *btwar·ji·ni*
(عالخريطة)؟ — *('al·kha·ri·te)*

Quelle est l'adresse ?
شو العنوان؟ — *chou il·'oun·waan*

GLOSSAIRE

L'origine des mots est indiquée entre parenthèses : hébreu (H) et arabe (A). Le singulier et le pluriel sont notés respectivement (s) et (pl) ; les termes masculins et féminins sont précisés avec (masc) et (fém).

abou (A) – père (de), souvent utilisé dans les noms propres ; voir aussi *oum*

agorot (H) – unité monétaire israélienne ; 1 shekel = 100 agorot

al (A) – correspond à l'article défini "le/la" ; s'écrit aussi "el-" ou en remplaçant le "l" par la lettre qui suit, par exemple : ash-sharif

aliya (H) – littéralement "ascension" ; désigne pour les Juifs l'acte d'immigration en Terre sainte

bab (A) – porte

bakashot (H) – cycle d'invocations chantées dans les synagogues après des rites séfarades (par exemple, à Alep, en Syrie) durant les premières heures du shabbat l'hiver

be'er (H) – puits

beit/beth (H) – maison

beit knesset (H) – synagogue

beit merkachat (H) – pharmacie

Bible hébraïque – Ancien Testament

bimah (H) – estrade centrale pour pupitre de Torah dans une synagogue

bir (A) – puits

birkat habayit (H) – bénédiction pour la maison

b'seder (H) – d'accord, OK

burj (A) – forteresse ou tour

caravanserai (A) – voir *khan*

chdéra (H) – avenue

Charia (A) – Loi islamique

cheikh – chef de tribu arabe ; nom donné à tout musulman respectable par son âge, sa fonction, etc.

chicha – mot désignant une pipe à eau en Égypte ; voir aussi *narguilé*

colons – Israéliens implantés dans des enclaves urbaines sur les territoires pris à la Jordanie, à l'Égypte et à la Syrie lors de la guerre des Six-Jours en 1967 ; le mot hébreu est *mitnachel*

Coran (A) – livre saint des musulmans

daf (A) – tambour

dag (H) – poisson

darom (H) – sud

derekh (H) – rue ou route

ein (H) – source

Eretz Yisra'el (H) – la Terre d'Israël

gadol (H) – grand

gan (H) – jardin ou parc

hadj (A) – pèlerinage annuel à La Mecque

hammam (A) – bains publics

har (H) – montagne

haraam (A) – littéralement "interdit" ; lieu saint ou sanctuaire religieux

haredi/harediya/haredim/harediyot (H, s/pl) – juif ultraorthodoxe, membre d'un mouvement hassidique ou de l'un des mouvements opposés au hassidisme, appelés litvaks ("lituaniens") ou "misnagdim" ("opposants")

hassidi/hassidim (H, masc s/masc pl) – membre d'un mouvement ultraorthodoxe à tendance mystique, fondé en Pologne au XVIIIᵉ siècle par le Ba'al Shem Tov

hazzanut (H) – chant liturgique juif

h'of hayam (H) – plage

hurva (H) – ruines

iftar (A) – rupture quotidienne du jeûne pendant le ramadan

Intifada (A) – littéralement "soulèvement" ; soulèvement populaire palestinien contre Israël. La première Intifada a duré de 1987 à 1990, la seconde de 2001 à 2005.

ir (H) – ville

ir atika (H) – vieille ville

islam (A) – littéralement "soumission volontaire à la volonté de Dieu (Allah)" ; l'islam est la religion d'une vaste majorité du peuple palestinien

israa' (A) – voyage nocturne que Mahomet fit de La Mecque à Jérusalem

juhhal (A) – littéralement "l'ignorant" ; membres de la communauté druze hormis les initiés ; voir aussi *uqqal*

kasher (H) – nourriture autorisée selon la loi juive ; voir aussi *kashrout*

kashrout (H) – ensemble des règles alimentaires de la loi juive

katan (H) – petit

keffieh (A) – coiffure traditionnelle des Bédouins faite d'un carré de tissu maintenu sur la tête par un cordon. Il est devenu sous sa forme à carreaux noirs et blancs l'emblème des Palestiniens

ketuba (A) – contrat de mariage juif

kfar (A) – village

khan (A) – caravansérail ; désigne en Orient une hôtellerie pour les caravanes, composée d'écuries et d'entrepôts au rez-de-chaussée et de chambres à l'étage, autour d'une cour centrale

khirbet (A) – ruines

kibboutz (H) – exploitation

GLOSSAIRE *suite*

communautaire ; autrefois exclusivement agricoles, les kibboutz ont aujourd'hui élargi le spectre de leurs activités ; voir aussi *moshav*

kibboutznik (H) – membre d'un kibboutz

kikar (H) – place, rond-point

kippa/kippot (H, s/pl) – calotte portée par les hommes juifs pratiquants (parfois par les femmes dans les milieux réformistes et conservateurs) ; *yarmulke* en yiddish

klezmer (H) – musique traditionnelle des Juifs ashkénazes

Knesset (H) – Parlement israélien

Ktovèt (H) – adresse

ma-arav (H) – ouest

ma'ayan (H) – source, bassin naturel

madrassa (A) – école ou université théologique musulmane

majdal (A) – tour

makhtesh (H) – cirque d'érosion, cratère

mapa (H) – carte

matkot (H) – tennis de plage israélien

matoss (H) – avion

ma-yim (H) – eau

menora (H) – candélabre à sept branches qui ornait l'ancien Temple de Jérusalem et constitue le symbole du judaïsme et de l'État d'Israël

midrahov (H) – zone piétonnière

mihrab (A) – niche de prière indiquant la direction de La Mecque dans une mosquée

mikveh (H) – bain rituel juif

minbar (A) – chaire à prêcher, dans une mosquée

mi'raj (A) – la montée au ciel et la descente aux enfers de Mahomet en compagnie de l'ange Gabriel

mishkan (H) – tabernacle

mitnachel (H) – colon juif de Cisjordanie ; terme parfois péjoratif

mitzvah (H) – commandement ou obligation religieuse ; bonne action

mizrah' (H) – est (point cardinal)

Mizrahi/Mizrahim (H, s/pl) – Juif originaire d'un pays du Maghreb ou du Moyen-Orient. Le terme est souvent utilisé comme synonyme de "Séfarade", qui s'applique normalement aux seuls descendants des Juifs expulsés d'Espagne

moshav/moshavim (H, s/pl) – communauté combinant des activités économiques collectives et individuelles ; voir aussi *kibboutz*

moshavnik (H) – membre d'un *moshav*

muqarna (A) – encorbellement décoratif ressemblant à des stalactites

nahal (H) – rivière

Naqba (A) – littéralement " la catastrophe" ; terme utilisé par les Palestiniens pour désigner la guerre israélo-arabe de 1948

ney (A) – flûte

oleh/olah/olim/olot (H, masc s / fém s / masc pl / fém pl) – immigrant

oum – mère (de) ; équivalent féminin d'*abou*

patouah' (H) – ouvert

ras (A) – promontoire

refuznik (H) – à l'origine, Juif de l'Union soviétique à qui l'on refusait l'autorisation d'émigrer en Israël ; aujourd'hui, parfois utilisé pour désigner les Israéliens qui refusent de servir dans l'armée en Cisjordanie

rehov (H) – rue

ribat (A, H) – auberge ou gîte pour pèlerins

sabil (A) – fontaine publique

sabra (H) – terme dérivé de *tzabar* (littéralement "figue de Barbarie") désignant un Israélien né en Israël

sagour (H) – fermé

servis (A) – minibus ou taxis collectifs dans les Territoires palestiniens ; voir aussi *sherout*

sha'ar (H) – porte

shabab (A) – littéralement "jeunes" ; jeunes lanceurs de pierres et agitateurs palestiniens formant la base de l'Intifada

shabbat (H) – jour chômé consacré à Dieu. Il débute le vendredi à la tombée de la nuit et s'achève le samedi une heure après le coucher du soleil

shalom (H) – paix ; bonjour ; au revoir

Shechina (H) – présence divine

shekel/sh'kalim (H, s/pl) – monnaie israélienne

shema (H) – profession de foi ; une des prières les plus importantes du judaïsme

sherout (H) – taxi collectif monospace qui parcourt un itinéraire fixe, comme un bus, dans les villes ou entre les villes. Voir aussi *servis*

shiva (H) – semaine de deuil observée par les proches ayant des liens au premier degré avec le défunt

shofar (H) – cor liturgique fait d'une corne de bélier qu'on utilise pour les fêtes de Rosh ha-Shana et de Yom Kippour

shtetl (H) – petit village juif traditionnel (ou ghetto) d'Europe centrale

sukkah/sukkot (H, s/pl) – petite cabane fabriquée pendant la fête de Soukkot

taboun (H) – four en argile
tallit – châle de prière
Talmud – Ensemble de préceptes régissant la vie des Juifs orthodoxes aujourd'hui. Le Talmud rassemble essentiellement des écrits rabbiniques relatifs à la loi juive, la morale, les coutumes et l'histoire. Ses deux volets sont la Mishna (compilation écrite de la loi orale juive) et la Gemara (discussion sur la Mishna et sur les écrits tannaïtiques afférents)

tel (H) – colline ; en archéologie, tumulus formé de couches urbaines superposées
Torah (H) – nom donné dans le judaïsme aux cinq premiers livres (Pentateuque) de la Bible hébraïque (l'Ancien Testament)
tsadik/tsadika (H, s mas/s fem) – personne dont les actes sont conformes à la loi juive ; juste
tsafone (H) – nord
tslila (H) – plongée
tzitzit (H) – "franges" ou "tresses" portées au coin des vêtements par les Juifs orthodoxes ; qualifie aussi les franges nouées du châle de prière (*tallit*)

ulpan/ulpanim (H, s/pl) – école de langues
uqqal (A) – le sage ; les initiés de la communauté druze ; voir aussi *juhhal*

wadi (A) – rivière asséchée sauf pendant les averses

ya'ar (H) – forêt
yad (H) – main ; mémorial
ya-yine (H) – vin
yeshiva/yeshivot (H, s/pl) – école talmudique

zimmer (H) – littéralement "chambre", en allemand ; B&B ou bungalow de vacances ; s'écrit aussi "tzimmer"

En coulisses

VOS RÉACTIONS ?

Vos commentaires nous sont très précieux et nous permettent d'améliorer constamment nos guides. Notre équipe lit toutes vos lettres avec la plus grande attention. Nous ne pouvons pas répondre individuellement à tous ceux qui nous écrivent, mais vos commentaires sont transmis aux auteurs concernés. Tous les lecteurs qui prennent la peine de nous communiquer des informations sont remerciés dans l'édition suivante, et ceux qui nous fournissent les renseignements les plus utiles se voient offrir un guide.

Pour nous faire part de vos réactions, prendre connaissance de notre catalogue et vous abonner à notre newsletter, consultez notre site Internet : www.lonelyplanet.fr

Nous reprenons parfois des extraits de notre courrier pour les publier dans nos produits, guides ou sites web. Si vous ne souhaitez pas que vos commentaires soient repris ou que votre nom apparaisse, merci de nous le préciser. Notre politique en matière de confidentialité est disponible sur notre site Internet.

À NOS LECTEURS

Merci à tous les voyageurs qui ont utilisé la dernière édition de ce guide et qui nous ont écrit pour nous faire part de leurs conseils, de leurs suggestions et de leurs anecdotes : JF Berrou, Natacha Cavalieri, Magali Fridman, Simon Levasseur, Hortense Marchand, Stanislas Trojniar, Romain Vitry.

UN MOT DES AUTEURS

Daniel Robinson

Je remercie spécialement (du sud au nord) : Chini Da-Silva, Gili Bat-Sara, Eran Hejams, Jody Sirota et Michael Chen (Eilat) ; Yair Sela (Samar) ; Alex Cicelsky, Doria Pinkas et Maya Galimidi (Lotan) ; Anat Sha'ul (Ne'ot Smadar) ; David et Ofra Faiman (Sde Boker) ; Gil Shkedi (Ne'ot HaKikar) ; David Lew (Massada) ; Lee, Meitar et Shani (Ein Gedi Field School) ; Sliman (réserve naturelle d'Ein Gedi) ; Eldad Hazan (Ein Feshkha/Einot Tzukim) ; Nisim Bados (Beit She'an) ; Nati et Ofer (Banias) ; Rachel Eshkol (Tzipori) ; Ido Itai et Amir Aviram (Gamla) ; Gregory et Hanoch (Yehudiya) ; Alon Malichi (Katzrin) ; Omer Feldman et Ya'akov Leiter (Safed) ; Ron Tsvi, Amihai et Tehila (Rosh Pina) ; HaKupa'it Vera (Tel Hatzor) ; Mordechai Kohelet Israel (Dalton) ; Tony (Jish) ; Inbar Rubin (Agamon HaHuleh) ; Anat Nissim (Musée naturel de Galil) ; Shadi (Tel Dan) ;

Talal (mont Hermon) et tout particulièrement Rachel, mon épouse ainsi que Yair et Sasson, mes fils pour leur soutien, leur compréhension et leur patience.

Orlando Crowcroft

J'aimerais remercier mes amis Nigel Wilson et Mary Pelletier à Ramallah, MC à Jérusalem et Heidi Levine à Tel-Aviv. Un grand merci à tout le personnel de l'Area D Hostel, Ayman du Cinema Guesthouse à Jénine, Canaan Khoury et sa famille à Taybeh et tous ceux qui m'ont si bien accueilli pendant mon séjour dans les Territoires palestiniens. J'aimerais aussi remercier mon éditrice Lauren Keith et mes co-auteurs Anita Isalska, Daniel Robinson et Dan Savery Raz. Ainsi que ma femme, Helen, pour tout.

Anita Isalska

D'innombrables rencontres et conversations fortuites ont fait avancer mes recherches ; merci à tous ceux qui, volontairement ou non, ont guidé mes pas. Je suis particulièrement reconnaissante envers Noga Tarnopolsky, Riman Barakat, Linda Gradstein, l'équipe de l'Educational Bookshop & Cafe pour leurs suggestions, et envers Slavica et Einav pour leurs excellents tuyaux. Un grand merci à Anna Heijblok, dont je n'oublierai pas les histoires sur Jérusalem. Enfin, je souhaite exprimer ma sincère gratitude à Normal Matt pour, comme toujours, son soutien depuis les tribunes.

Dan Savery Raz

Merci à l'éditrice de ce guide Lauren Keith pour avoir lancé et mené ce projet avec tant de fluidité. Merci aussi à Maoz Inon, à Yoram Hai (pour ses conseils végétaliens) et à Bea Hemming (pour m'avoir recommandé Bicicletta). Je remercie particulièrement Shiri, mon épouse, qui s'est occupée des enfants pendant mes longues heures d'écriture et mes deux filles, pour leur capacité à me faire toujours sourire.

CRÉDITS

Les cartes climatiques sont adaptées de "*World Map of the Köppen-Geiger Climate Classification*" dans Hydrology and Earth System Sciences, 11, 1633-44, de Peel MC, Finlayson BL & McMahon TA (2007).

Photo de couverture : mer Morte, vvvita/ Shutterstock ©.

Illustrations : Javier Martinez Zarracina p. 56 Michael Weldon p. 366.

À PROPOS DE CET OUVRAGE

Cette 5e édition du guide *Israël et les Territoires palestiniens* est une traduction-adaptation de la 9e édition du guide *Israel & the Palestinian Territories* (en anglais) mise à jour et rédigée par Daniel Robinson, Orlando Crowcroft, Anita Isalska, Dan Savery Raz et Jenny Walker. L'édition précédente a été écrite par Daniel Robinson, Orlando Crowcroft, Virginia Maxwell et Jenny Walker.

Traduction Giuseppe Ardiri, Timothée Roblin et Pauline Tardieu-Collinet

Direction éditoriale Didier Férat

Coordination éditoriale et adaptation française Muriel Chalandre-Yanes Blanch

Responsable prépresse Jean-Noël Doan

Maquette Gudrun Fricke

Couverture Adaptée en français par Laure Vilmot

Cartographie Cartes originales de Valentina Kremenchutskaya adaptées en français par Caroline Sahanouk

Remerciements à Alexandra Guyot, Agnès Mauxion-Poujol, Claire Rouyer et Julien Lannoy pour leur précieuse contribution au texte. Merci à Julie-Pomme Séramour pour sa préparation du manuscrit. Merci à toute l'équipe du bureau de Paris, notamment à Dominique Spaety. Merci à Darren O' Connell, Elizabeth Nguyen, Chris Love, Jacqui Saunders, Glenn van der Knijff et Claire Murphy du bureau de Melbourne ainsi qu'à Clare Mercer, Joe Revill, Sarah Nicholson, Luan Angel et Becky Henderson du bureau de Londres.

Index

Légende des cartes

À voir

- Plage
- Réserve ornithologique
- Temple bouddhiste
- Château/palais
- Église/cathédrale
- Temple confucéen
- Temple hindou
- Mosquée
- Temple jaïn
- Synagogue
- Monument
- Musée/galerie/édifice historique
- Ruines
- Sentō (bain public)
- Temple shintoïste
- Temple sikh
- Temple taoïste
- Cave/vignoble
- Zoo
- Autre site

Activités, cours et circuits organisés

- Bodysurfing
- Plongée/snorkeling
- Canoë/kayak
- Cours/circuits organisés
- Ski
- Snorkeling
- Surf
- Piscine/baignade
- Randonnée
- Planche à voile
- Autres activités

Où se loger

- Hébergement
- Camping

Où se restaurer

- Restauration

Où prendre un verre

- Bar
- Café

Où sortir

- Salle de spectacle

Achats

- Magasin

Renseignements

- Banque
- Ambassade/consulat
- Hôpital/centre médical
- Accès Internet
- Police
- Bureau de poste
- Centre téléphonique
- Toilettes
- Office du tourisme
- Autre adresse pratique

Géographie

- Plage
- Refuge/gîte
- Phare
- Point de vue
- Montagne/volcan
- Oasis
- Parc
- Col
- Aire de pique-nique
- Cascade

Agglomérations

- Capitale (pays)
- Capitale (région/État/province)
- Grande ville
- Petite ville/village

Transports

- Aéroport
- Poste frontière
- Bus
- Téléphérique/funiculaire
- Piste cyclable
- Ferry
- Métro
- Monorail
- Parking
- Station-service
- Station de métro
- Taxi
- T-Bane/Station T-Bane (norvégien)
- Gare/chemin de fer
- Tramway
- Tube Station (anglais)
- U-Bahn (allemand)
- Autre moyen de transport

Les symboles recensés ci-dessus ne sont pas tous utilisés dans ce guide

Routes

- Autoroute à péage
- Voie rapide
- Nationale
- Route secondaire
- Petite route
- Chemin
- Route non goudronnée
- Route en construction
- Place/rue piétonne
- Escalier
- Tunnel
- Passerelle
- Promenade à pied
- Promenade à pied (variar
- Sentier

Limites et frontières

- Pays
- État/province
- Frontière contestée
- Région/banlieue
- Parc maritime
- Falaise
- Rempart

Hydrographie

- Fleuve/rivière
- Rivière intermittente
- Canal
- Étendue d'eau
- Lac asséché/salé/intermittent
- Récif

Topographie

- Aéroport/aérodrome
- Plage/désert
- Cimetière (chrétien)
- Cimetière (autre)
- Glacier
- Marais
- Parc/forêt
- Site (édifice)
- Terrain de sport
- Mangrove

Anita Isalska

Jérusalem, Haïfa et la côte nord Anita est journaliste de voyage, éditrice et rédactrice publicitaire. Son travail pour Lonely Planet l'a menée des villes balnéaires grecques aux jungles de Malaisie, et dans de nombreux autres sites. Après de nombreuses heureuses années passées en tant qu'éditrice et auteur – dont quelques unes dans le bureau Lonely Planet de Londres – Anita travaille maintenant à son compte entre le Royaume-Uni, l'Australie et n'importe quelle pension des Balkans avec une bonne connexion Wi-Fi. Anita écrit sur le voyage, la nourriture et la culture pour une série de sites Web et de magazines. Lisez son travail sur www.anitaisalska.com.

Dan Savery Raz

Tel-Aviv Dan Savery Raz est un journaliste et éditeur originaire d'Essex, en Angleterre. Depuis 2008, Dan vit à Tel-Aviv avec son épouse. Il a été co-auteur de plusieurs éditions du guide *Israël et les Territoires palestiniens*, a pris part à la rédaction de nombreux livres Lonely Planet notamment *Le Best of, Voyages de rêve* et écrit pour BBC.com, *BBC History Magazine, HaAretz, Time Out, EasyJet Traveller* et *The Jerusalem Report*. De retour au Royaume-Uni, Dan a été éditeur adjoint pour *Flybe* magazine et scénariste principal pour *A Place in the Sun* en partenariat avec Channel 4. Pour aller plus loin : www.danscribe.com.

Jenny Walker

Pétra Jenny Walker a beaucoup écrit sur le Moyen-Orient dans de nombreux ouvrages Lonely Planet et est membre de la British Guild of Travel Writers. Son activité universitaire tourne depuis longtemps autour de cette région (mémoire sur Doughty et Lawrence, thèse à l'université d'Oxford sur la perception de l'Orient arabe et études de doctorat à la Nottingham Trent University) et est doyen à la Caledonian University College of Engineering à Oman. Elle a visité 120 pays, du Mexique à la Mongolie.

LES GUIDES LONELY PLANET

Une vieille voiture déglinguée, quelques dollars en poche et le goût de l'aventure, c'est tout ce dont Tony et Maureen Wheeler eurent besoin pour réaliser, en 1972, le voyage d'une vie : rallier l'Australie par voie terrestre via l'Europe et l'Asie. De retour après un périple harassant de plusieurs mois, et forts de cette expérience formatrice, ils rédigèrent sur un coin de table leur premier guide, *Across Asia on the Cheap*, qui se vendit à 1 500 exemplaires en l'espace d'une semaine. Ainsi naquit Lonely Planet, dont les guides sont aujourd'hui traduits en 13 langues.

LES AUTEURS

Daniel Robinson

Basse Galilée et Lac de Tibériade, Haute Galilée et Golan, la mer Morte, le Néguev Élevé près de San Francisco et de Chicago, Daniel a passé une partie de son enfance à Jérusalem, un peu de sa jeunesse au kibboutz Lotan et de nombreuses années à Tel-Aviv, où il a fait un doctorat en histoire ottomane tardive. Il a couvert des attentats-suicides pour l'Associated Press, et a participé à la campagne "Critical Mass" pour les voies cyclables. Auteur pour Lonely Planet depuis 1989, il a obtenu une licence d'études du Proche-Orient à Princeton et une maîtrise d'histoire juive à l'université de Tel-Aviv. Il adore faire du vélo sur les avenues historiques de Tel-Aviv, randonner dans la réserve naturelle d'Ein Gedi, et observer les oiseaux dans les vallées de la Hula et de l'Arava.

Orlando Crowcroft

La Cisjordanie, la bande de Gaza Orlando Crowcroft, rédacteur en chef de *Newsweek*, auteur et ancien correspondant, a visité pour la première fois les Territoires palestiniens en 2012 pour couvrir un tournoi de football et, depuis, il y fait régulièrement des reportages sur Israël, la Cisjordanie et Gaza. Quand il a commencé à écrire pour Lonely Planet, en 2014, il était pigiste à Tel-Aviv pour *The Guardian*. En 2017, il a publié son premier livre, *Rock in a Hard Place: Music and Mayhem in the Middle East*. Ses passions : la dégustation des eaux-de-vie locales et les voyages en voiture. Il n'a pas encore trouvé de bistrot qu'il n'aimait pas.

PAGE 479 AUTEURS (suite)

Israël et les Territoires palestiniens
5e édition
Traduit et adapté de l'ouvrage *Israel & the Palestinian Territories, 9th edition, July* 2018
© Lonely Planet Global Limited 2018
© Lonely Planet et Édi8 2018
Photographes © comme indiqué 2018

Dépôt légal Septembre 2018
ISBN 978-2-81617-133-4
Imprimé par ESTIMPRIM, Baume-les-Dames, France
Réimpression 02, Mars 2019

Bien que les auteurs et Lonely Planet aient préparé ce guide avec tout le soin nécessaire, nous ne pouvons garantir l'exhaustivité ni l'exactitude du contenu. Lonely Planet ne pourra être tenu responsable des dommages que pourraient subir les personnes utilisant cet ouvrage.

En Voyage Éditions | un département édi8